# Cisco IOS 12.0
# Network Security

Cisco Systems

Übersetzung:
Cosmos Consulting

# Cisco IOS 12.0
# Network Security

CISCO SYSTEMS
CISCO PRESS

Markt&Technik Verlag

Markt&Technik

Die Deutsche Bibliothek – CIP-Einheitsaufnahme

Ein Titeldatensatz für diese Publikation ist bei
Die Deutsche Bibliothek erhältlich.

Die Informationen in diesem Produkt werden ohne Rücksicht auf einen
eventuellen Patentschutz veröffentlicht.
Warennamen werden ohne Gewährleistung der freien Verwendbarkeit benutzt.
Bei der Zusammenstellung von Texten und Abbildungen wurde mit größter
Sorgfalt vorgegangen.
Trotzdem können Fehler nicht vollständig ausgeschlossen werden.
Verlag, Herausgeber und Autoren können für fehlerhafte Angaben
und deren Folgen weder eine juristische Verantwortung noch
irgendeine Haftung übernehmen.
Für Verbesserungsvorschläge und Hinweise auf Fehler sind Verlag und
Herausgeber dankbar.

Autorisierte Übersetzung der amerikanischen Originalausgabe:
CISCO IOS 12.0 Network Security © 1999 by Cisco Press

Alle Rechte vorbehalten, auch die der fotomechanischen Wiedergabe und der
Speicherung in elektronischen Medien.
Die gewerbliche Nutzung der in diesem Produkt gezeigten Modelle und Arbeiten
ist nicht zulässig.

Fast alle Hardware- und Softwarebezeichnungen, die in diesem Buch erwähnt werden,
sind gleichzeitig auch eingetragene Warenzeichen oder sollten als solche betrachtet werden.

Umwelthinweis:
Dieses Buch wurde auf chlorfrei gebleichtem Papier gedruckt.
Die Einschrumpffolie – zum Schutz vor Verschmutzung – ist aus umweltverträglichem
und recyclingfähigem PE-Material.

10 9 8 7 6 5 4 3 2 1

03 02 01 00

ISBN 3-8272-5677-1

© 2000 by Markt&Technik Verlag,
ein Imprint der Pearson Education Deutschland GmbH,
Martin-Kollar-Straße 10–12, D-81829 München/Germany
Alle Rechte vorbehalten
Einbandgestaltung: Helfer Grafik Design, München
Lektorat: Erik Franz, efranz@pearson.de
Übersetzung und Lokalisierung: Cosmos Consulting GmbH/
Systemhaus/ISP/Redaktion, Cisco@cosmosnet.de
Fachlektorat: Ralf Kothe, Cisco Systems GmbH
Herstellung: Claudia Bäurle, cbaeurle@pearson.de
Satz: text&form, Fürstenfeldbruck
Druck und Verarbeitung: Kösel, Kempten
Printed in Germany

# Inhaltsverzeichnis

| | | |
|---|---|---|
| Netzwerksicherheit: Ein Überblick | | 23 |
| **Teil I: Routing Grundlagen** | | **51** |
| **1** | **AAA: Ein Überblick** | **53** |
| 1.1 | Die Sicherheitsdienste des AAA | 53 |
| 1.1.1 | Die Vorteile des AAA | 55 |
| 1.1.2 | Die Philosophie des AAA | 55 |
| 1.1.3 | Die Methodenlisten | 56 |
| 1.2 | Die ersten Schritte | 56 |
| 1.2.1 | Ein Überblick über den Konfigurationsprozess des AAA | 56 |
| 1.2.2 | Die Aktivierung des AAA | 57 |
| 1.2.3 | Die Deaktivierung des AAA | 57 |
| 1.3 | Die nächsten Schritte | 58 |
| **2** | **Die Konfiguration der Authentifizierung** | **61** |
| 2.1 | Die Methodenlisten der AAA-Authentifizierung | 61 |
| 2.1.1 | Beispiele zu Methodenlisten | 62 |
| 2.1.2 | Das allgemeine Konfigurationsverfahren für die AAA-Authentifizierung | 64 |
| 2.2 | Die AAA-Authentifizierungsmethoden | 64 |
| 2.2.1 | Die Konfiguration der Login-Authentifizierung unter AAA | 65 |
| 2.2.2 | Die Konfiguration der PPP-Authentifizierung unter AAA | 69 |
| 2.2.3 | Die Konfiguration der AAA Skalierbarkeit für PPP-Anfragen | 72 |
| 2.2.4 | Die Konfiguration der ARA-Authentifizierung unter AAA | 73 |
| 2.2.5 | Die Konfiguration der NASI-Authentifizierung unter AAA | 76 |
| 2.2.6 | Das Festlegen einer Zeitdauer für die Login-Eingabe | 78 |
| 2.2.7 | Die Aktivierung des Passwort-Schutzes für den privilegierten Level | 79 |
| 2.2.8 | Die Aktivierung einer Authentifizierungsüberstimmung | 80 |
| 2.2.9 | Die Änderung des bei der Passworteingabe angezeigten Textes | 80 |
| 2.2.10 | Die Konfiguration persönlicher Login-Meldungen für die AAA-Authentifizierung | 80 |

| | | |
|---|---|---|
| 2.2.11 | Die Aktivierung der doppelten Authentifizierung | 82 |
| 2.2.12 | Die Aktivierung der automatisierten doppelten Authentifizierung | 85 |
| 2.3 | Die Nicht-AAA-Authentifizierungsmethoden | 88 |
| 2.3.1 | Die Konfiguration des line-Passwortschutzes | 89 |
| 2.3.2 | Die Einrichtung einer Benutzernamen-Authentifizierung | 90 |
| 2.3.3 | Die Aktivierung der CHAP- oder PAP-Authentifizierung | 91 |
| 2.3.4 | Die Verwendung des MS-CHAP | 96 |
| 2.3.5 | Die Konfiguration des TACACS- und des erweiterten TACACS-Passwortschutzes | 98 |
| 2.4 | Authentifizierungsbeispiele | 99 |
| 2.4.1 | RADIUS-Authentifizierungsbeispiele | 99 |
| 2.4.2 | TACACS+-Authentifizierungsbeispiele | 101 |
| 2.4.3 | TACACS and Extended TACACS-Authentifizierungsbeispiele | 102 |
| 2.4.4 | Kerberos-Authentifizierungsbeispiele | 103 |
| 2.4.5 | Ein AAA-Skalierungsbeispiel | 103 |
| 2.4.6 | Konfigurationsbeispiele für Login- und abgelehnte Login-Meldungen | 105 |
| 2.4.7 | Konfigurationsbeispiele zur doppelten Authentifizierung | 105 |
| 2.4.8 | Ein Konfigurationsbeispiel für die automatisierte doppelte Authentifizierung | 112 |
| 2.4.9 | Ein MS-CHAP-Konfigurationsbeispiel | 114 |
| **3** | **Die Authentifizierungsbefehle** | **117** |
| 3.1 | aaa authentication arap | 117 |
| 3.2 | aaa authentication banner | 120 |
| 3.3 | aaa authentication enable default | 121 |
| 3.4 | aaa authentication fail-message | 123 |
| 3.5 | aaa authentication local-override | 125 |
| 3.6 | aaa authentication login | 126 |
| 3.7 | aaa authentication nasi | 128 |
| 3.8 | aaa authentication password-prompt | 130 |
| 3.9 | aaa authentication ppp | 132 |
| 3.10 | aaa authentication username-prompt | 134 |
| 3.11 | aaa new-model | 135 |
| 3.12 | aaa processes | 136 |
| 3.13 | access-profile | 137 |
| 3.14 | arap authentication | 141 |
| 3.15 | clear ip trigger-authentication | 143 |
| 3.16 | ip trigger-authentication (globale Konfiguration) | 144 |
| 3.17 | ip trigger-authentication (Interface-Konfiguration) | 145 |
| 3.18 | login authentication | 147 |
| 3.19 | login tacacs | 148 |
| 3.20 | nasi authentication | 149 |
| 3.21 | ppp authentication | 150 |
| 3.22 | ppp chap hostname | 153 |
| 3.23 | ppp chap password | 154 |
| 3.24 | ppp chap refuse | 156 |

| | | |
|---|---|---:|
| 3.25 | ppp chap wait | 157 |
| 3.26 | ppp pap sent-username | 158 |
| 3.27 | ppp use-tacacs | 160 |
| 3.28 | show ip trigger-authentication | 161 |
| 3.29 | show ppp queues | 163 |
| 3.30 | timeout login response | 164 |
| **4** | **Die Konfiguration der Autorisierung** | **167** |
| 4.1 | Die AAA-Autorisierungsarten | 168 |
| 4.2 | Bezeichnete Methodenlisten für die Autorisierung | 168 |
| 4.3 | Die AAA-Autorisierungsmethoden | 170 |
| 4.4 | Die vorbereitenden Maßnahmen für die AAA-Autorisierung | 170 |
| 4.5 | Die Konfiguration der AAA-Autorisierung | 171 |
| 4.6 | Die Konfiguration der Autorisierung | 171 |
| 4.6.1 | TACACS+-Autorisierung | 172 |
| 4.6.2 | if-Authenticated-Autorisierung | 172 |
| 4.6.3 | none-Autorisierung | 172 |
| 4.6.4 | Local-Autorisierung | 172 |
| 4.6.5 | RADIUS-Autorisierung | 173 |
| 4.6.6 | Kerberos-Autorisierung | 173 |
| 4.7 | Die Konfiguration der AAA-Autorisierung mit bezeichneten Methodenlisten | 173 |
| 4.7.1 | Die Autorisierungsarten | 174 |
| 4.7.2 | Die Autorisierungsmethoden | 174 |
| 4.8 | Die Deaktivierung der Autorisierung für globale Konfigurationsbefehle | 175 |
| 4.9 | Die Autorisierung für das rückwärtige (Reverse) Telnet | 175 |
| 4.10 | Die Attribut-Value-Paare der Autorisierung | 177 |
| 4.11 | Konfigurationsbeispiele zur Autorisierung | 177 |
| 4.11.1 | Ein Konfigurationsbeispiel mit einer bezeichneten Methodenliste | 177 |
| 4.11.2 | TACACS+-Autorisierungsbeispiele | 179 |
| 4.11.3 | Ein RADIUS-Autorisierungsbeispiel | 180 |
| 4.11.4 | Beispiele zum Kerberos-Instanzen-Vergleich | 181 |
| 4.11.5 | Autorisierungsbeispiele für das reverse Telnet | 181 |
| **5** | **Die Autorisierungsbefehle** | **185** |
| 5.1 | aaa authorization | 185 |
| 5.2 | aaa authorization config-commands | 189 |
| 5.3 | aaa authorization reverse-access | 191 |
| 5.4 | aaa new-model | 194 |
| 5.5 | authorization | 196 |
| 5.6 | ppp authorization | 197 |
| **6** | **Die Konfiguration des Accountings** | **199** |
| 6.1 | Bezeichnete Methodenlisten für das Accounting | 199 |
| 6.2 | Die AAA-Accountingarten | 201 |
| 6.2.1 | Das Netzwerk-Accounting | 201 |
| 6.2.2 | Das Verbindungs-Accounting | 204 |

| | | |
|---|---|---:|
| 6.2.3 | Das EXEC-Accounting | 206 |
| 6.2.4 | Das System-Accounting | 208 |
| 6.2.5 | Das Befehls-Accounting | 208 |
| 6.3 | Die vorbereitenden Maßnahmen für das AAA-Accounting | 209 |
| 6.4 | Die Aufgabenliste zur Konfiguration des AAA-Accountings | 209 |
| 6.4.1 | Die Konfiguration des Accountings mit bezeichneten Methodenlisten | 210 |
| 6.4.2 | Die Aktivierung des Accountings | 211 |
| 6.4.3 | Die Überwachung des Accountings | 213 |
| 6.5 | Die Attribut-Value-Paare des Accountings | 213 |
| 6.6 | Konfigurationsbeispiele für das Accounting | 214 |
| 6.6.1 | Ein Accounting-Konfigurationsbeispiel | 214 |
| 6.6.2 | Ein Konfigurationsbeispiel mit einer bezeichneten Methodenliste | 215 |
| **7** | **Die Accountingbefehle** | **217** |
| 7.1 | aaa accounting | 217 |
| 7.2 | aaa accounting suppress null-username | 221 |
| 7.3 | aaa accounting update | 222 |
| 7.4 | accounting | 223 |
| 7.5 | ppp accounting | 225 |
| 7.6 | show accounting | 226 |
| **Teil II: Sicherheits-Server-Protokolle** | | **229** |
| **8** | **Die Konfiguration des RADIUS** | **231** |
| 8.1 | RADIUS-Überblick | 231 |
| 8.2 | Die Arbeitsweise des RADIUS | 233 |
| 8.3 | Die schrittweise Konfiguration des RADIUS | 234 |
| 8.3.1 | Die Konfiguration des Routers für die RADIUS-Server-Kommunikation | 235 |
| 8.3.2 | Die Konfiguration des Routers für die Verwendung herstellereigener RADIUS-Attribute | 236 |
| 8.3.3 | Konfiguration des Routers für hersteller-proprietäre RADIUS-Server-Kommunikation | 237 |
| 8.3.4 | Die Konfiguration des Routers für die Abfrage des RADIUS-Servers nach statischen Routen und IP-Adressen | 238 |
| 8.3.5 | Konfiguration des Routers für die erweiterten Port-Informationen eines Netzwerk-Access-Servers | 238 |
| 8.3.6 | Konfiguration der RADIUS-Authentifizierung | 240 |
| 8.3.7 | Konfiguration der RADIUS-Autorisierung | 240 |
| 8.3.8 | Konfiguration des RADIUS-Accountings | 240 |
| 8.3.9 | RADIUS-Attribute | 240 |
| 8.3.10 | Beispiele zur RADIUS-Konfiguration | 241 |
| **9** | **RADIUS-Befehle** | **245** |
| 9.1 | aaa nas-port extended | 245 |
| 9.2 | ip radius source-interface | 247 |
| 9.3 | radius-server attribute nas-port extended | 248 |
| 9.4 | radius-server configure-nas | 249 |

| | | |
|---|---|---|
| 9.5 | radius-server dead-time | 250 |
| 9.6 | radius-server extended-portnames | 251 |
| 9.7 | radius-server host | 252 |
| 9.8 | radius-server host non-standard | 253 |
| 9.9 | radius-server optional passwords | 255 |
| 9.10 | radius-server key | 255 |
| 9.11 | radius-server retransmit | 257 |
| 9.12 | radius-server timeout | 258 |
| 9.13 | radius-server vsa send | 259 |
| **10** | **Konfiguration des TACACS+** | **261** |
| 10.1 | TACACS+-Überblick | 262 |
| 10.2 | Die Arbeitsweise des TACACS+ | 263 |
| 10.3 | Die schrittweise Konfiguration des TACACS+ | 265 |
| 10.3.1 | Das Festlegen des TACACS+-Server-Hosts | 266 |
| 10.3.2 | Konfiguration des TACACS+-Authentifizierungsschlüssels | 267 |
| 10.3.3 | Konfiguration der TACACS+-Authentifizierung | 268 |
| 10.3.4 | Konfiguration der TACACS+-Autorisierung | 268 |
| 10.3.5 | Konfiguration des TACACS+-Accountings | 268 |
| 10.3.6 | Die TACACS+-AV-Paare | 268 |
| 10.4 | Beispiele zur TACACS+-Konfiguration | 268 |
| 10.4.1 | Beispiele zur TACACS+-Authentifizierung | 269 |
| 10.4.2 | Ein TACACS+-Autorisierungsbeispiel | 271 |
| 10.4.3 | Ein TACACS+-Accountingbeispiel | 272 |
| 10.4.4 | Beispiel zur TACACS+-Dämon-Konfiguration | 273 |
| **11** | **Konfiguration des TACACS und des erweiterten TACACS** | **275** |
| 11.1 | Die Beschreibung des TACACS-Protokolls | 276 |
| 11.2 | Die schrittweise Konfiguration des TACACS und des erweiterten TACACS | 277 |
| 11.2.1 | Konfiguration des TACACS-Passwortschutzes auf Benutzer-Level | 278 |
| 11.2.2 | Deaktivierung der Passwortüberprüfung auf Benutzer-Level | 278 |
| 11.2.3 | Konfiguration der optionalen Passwortverifizierung | 279 |
| 11.2.4 | Konfiguration des TACACS-Passwortschutzes auf dem privilegierten Level | 279 |
| 11.2.5 | Deaktivierung der Passwortüberprüfung im privilegierten Level | 280 |
| 11.2.6 | Die Aktivierung der Rückmeldung bei Benutzeraktionen | 280 |
| 11.2.7 | Konfiguration der Authentifizierung von Benutzeraktionen | 281 |
| 11.2.8 | Festlegen des TACACS-Server-Hosts | 282 |
| 11.2.9 | Beschränkung der Login-Versuche | 282 |
| 11.2.10 | Aktivierung des erweiterten TACACS-Modus | 282 |
| 11.2.11 | Aktivierung des erweiterten TACACS für die PPP-Authentifizierung | 283 |
| 11.2.12 | Aktivierung des Standard-TACACS für die ARA-Authentifizierung | 283 |
| 11.2.13 | Aktivierung des erweiterten TACACS für die ARA-Authentifizierung | 284 |
| 11.2.14 | Aktivierung des TACACS zur Verwendung einer bestimmten IP-Adresse | 285 |
| 11.3 | Beispiele zur TACACS-Konfiguration | 286 |
| **12** | **Befehle des TACACS, des erweiterten TACACS und des TACACS+** | **289** |
| 12.1.1 | Vergleich der TACACS-Befehle | 289 |

| | | |
|---|---|---|
| 12.2 | arap use-tacacs | 290 |
| 12.3 | enable last-resort | 292 |
| 12.4 | enable use-tacacs | 293 |
| 12.5 | ip tacacs source-interface | 294 |
| 12.6 | tacacs-server attempts | 295 |
| 12.7 | tacacs-server authenticate | 296 |
| 12.8 | tacacs-server directed-request | 297 |
| 12.9 | tacacs-server extended | 298 |
| 12.10 | tacacs-server host | 299 |
| 12.11 | tacacs-server key | 301 |
| 12.12 | tacacs-server last-resort | 302 |
| 12.13 | tacacs-server login-timeout | 303 |
| 12.14 | tacacs-server notify | 303 |
| 12.15 | tacacs-server optional-passwords | 304 |
| 12.16 | tacacs-server retransmit | 305 |
| 12.17 | tacacs-server timeout | 306 |
| **13** | **Konfiguration des Kerberos** | **309** |
| 13.1 | Ein Kerberos-Überblick | 309 |
| 13.2 | Arbeitsweise der Kerberos-Clientunterstützung | 312 |
| 13.2.1 | Authentifizierung gegenüber dem Grenz-Router | 312 |
| 13.2.2 | Erwerb eines TGT von einem KDC | 312 |
| 13.2.3 | Die Authentifizierung gegenüber Netzwerkdiensten | 313 |
| 13.3 | Die schrittweise Konfiguration des Kerberos | 314 |
| 13.3.1 | Konfiguration des KDC mit Kerberos-Befehlen | 315 |
| 13.3.2 | Konfiguration der Routers zur Verwendung des Kerberos-Protokolls | 317 |
| 13.3.3 | Überwachung und Betrieb des Kerberos | 323 |
| 13.4 | Beispiele zur Kerberos-Konfiguration | 324 |
| 13.4.1 | Beispiele zum Festlegen eines Kerberos-Bereichs | 324 |
| 13.4.2 | Ein Beispiel zum Kopieren der SRVTAB-Dateien | 324 |
| 13.4.3 | Nicht-Kerberos-Konfigurationsbeispiele | 324 |
| 13.4.4 | Ein Beispiel zur Vereinbarung einer verschlüsselten Telnet-Sitzung | 335 |
| **14** | **Die Kerberos-Befehle** | **337** |
| 14.1 | clear kerberos creds | 337 |
| 14.2 | connect | 338 |
| 14.3 | kerberos clients mandatory | 341 |
| 14.4 | kerberos credentials forward | 342 |
| 14.5 | kerberos instance map | 343 |
| 14.6 | kerberos local-realm | 344 |
| 14.7 | kerberos preauth | 345 |
| 14.8 | kerberos realm | 346 |
| 14.9 | kerberos server | 347 |
| 14.10 | kerberos srvtab entry | 349 |
| 14.11 | kerberos srvtab remote | 350 |
| 14.12 | key config-key | 351 |

| | | |
|---|---|---|
| 14.13 | show kerberos creds | 352 |
| 14.14 | telnet | 353 |

**Teil III: Verkehrs-Filterung und Firewalls**    359

| | | |
|---|---|---|
| **15** | **Access-Kontroll-Listen: Überblick und Richtlinien** | **361** |
| 15.1 | Eine Übersicht über Access-Kontroll-Listen | 361 |
| 15.1.1 | Wirkung von Access-Listen | 362 |
| 15.1.2 | Warum Sie Access-Listen konfigurieren sollten | 362 |
| 15.1.3 | Unter welchen Umständen Access-Listen konfiguriert werden sollten | 363 |
| 15.1.4 | Einfache und erweiterte Access-Listen | 364 |
| 15.2 | Ein Überblick über die Konfiguration von Access-Listen | 364 |
| 15.2.1 | Erzeugen von Access-Listen | 364 |
| 15.2.2 | Zuweisung der Access-Listen zu Schnittstellen | 368 |
| 15.3 | Das Auffinden von vollständigen Konfigurations- und Befehls-Informationen für Access-Listen | 368 |
| **16** | **Ein Überblick über Cisco-IOS-Firewalls** | **369** |
| 16.1 | Ein Überblick über Firewalls | 369 |
| 16.2 | Die Cisco-IOS-Firewall-Lösung | 370 |
| 16.2.1 | Das Cisco-IOS-Firewall-Feature-Set | 370 |
| 16.3 | Die Errichtung eines angepassten Firewalls | 371 |
| 16.4 | Weitere Richtlinien für die Konfiguration Ihrer Firewall | 375 |
| **17** | **Konfiguration der Schlüssel-Schloss-Sicherheit (Dynamische Access-Listen)** | **379** |
| 17.1 | Über das Schlüssel-Schloss-Verfahren | 379 |
| 17.1.1 | Die Vorteile des Schlüssel-Schloss-Verfahrens | 380 |
| 17.1.2 | Unter welchen Umständen Sie das Schlüssel-Schloss-Verfahren verwenden sollten | 381 |
| 17.1.3 | Die Funktionsweise des Schlüssel-Schloss-Verfahrens | 381 |
| 17.2 | Die Kompatibilität mit Versionen vor der Cisco-IOS-Version 11.1 | 382 |
| 17.3 | Die Spoofing-Risiken beim Schlüssel-Schloss-Verfahren | 382 |
| 17.4 | Der Einfluss des Schlüssel-Schloss-Verfahrens auf die Router-Performance | 383 |
| 17.5 | Vorbereitende Maßnahmen für die Konfiguration des Schlüssel-Schloss-Verfahrens | 383 |
| 17.6 | Konfiguration des Schlüssel-Schloss-Verfahrens | 384 |
| 17.6.1 | Konfigurationstipps zum Schlüssel-Schloss-Verfahren | 385 |
| 17.7 | Überprüfung der Schlüssel-Schloss-Konfiguration | 388 |
| 17.8 | Schlüssel-Schloss-Verwaltung | 388 |
| 17.8.1 | Anzeige der dynamischen Access-Listen-Einträge | 389 |
| 17.8.2 | Das manuelle Entfernen von dynamischen Access-Listen-Einträgen | 389 |
| 17.9 | Konfigurationsbeispiele zum Schlüssel-Schloss-Verfahren | 389 |
| 17.9.1 | Ein Beispiel des Schlüssel-Schloss-Verfahrens mit der lokalen Authentifizierung | 390 |
| 17.9.2 | Ein Beispiel des Schlüssel-Schloss-Verfahrens mit der TACACS+-Authentifizierung | 390 |

| | | |
|---|---|---|
| **18** | **Schlüssel-Schloss-Befehle** | **393** |
| 18.1 | access-enable | 393 |
| 18.2 | access-template | 394 |
| 18.3 | clear access-template | 396 |
| 18.4 | show ip accounting | 397 |
| **19** | **Konfiguration von IP-Sitzungsfiltern (Reflexive Access-Listen)** | **401** |
| 19.1 | Über reflexive Access-Listen | 401 |
| 19.1.1 | Vorteile der reflexiven Access-Listen | 402 |
| 19.1.2 | Was ist eine reflexive Access-Liste? | 402 |
| 19.1.3 | Wie reflexive Access-Listen die Sitzungsfilterung ausführen | 402 |
| 19.1.4 | Wo die reflexiven Access-Listen konfiguriert werden | 403 |
| 19.1.5 | Wirkungsweise von reflexiven Access-Listen | 403 |
| 19.1.6 | Anwendungsbeschränkungen für reflexive Access-Listen | 405 |
| 19.2 | Vorarbeiten: Bevor Sie reflexive Access-Listen konfigurieren | 405 |
| 19.2.1 | Die Wahl einer Schnittstelle: Intern oder Extern | 405 |
| 19.3 | Die Konfiguration der reflexiven Access-Listen | 406 |
| 19.3.1 | Konfigurationsliste für die externe Schnittstelle | 407 |
| 19.3.2 | Konfigurationsliste für die interne Schnittstelle | 407 |
| 19.3.3 | Erstellung von reflexiven Access-Listen | 408 |
| 19.3.4 | Verankerung der reflexiven Access-Liste(n) | 409 |
| 19.3.5 | Das optionale Setzen einer globalen Zeitdauer (Timeout) | 411 |
| 19.4 | Konfigurationsbeispiele zu reflexiven Access-Listen | 411 |
| 19.4.1 | Ein Konfigurationsbeispiel für eine externe Schnittstelle | 411 |
| 19.4.2 | Konfigurationsbeispiel für eine interne Schnittstelle | 413 |
| **20** | **Reflexive Access-Listen-Befehle** | **415** |
| 20.1 | evaluate | 415 |
| 20.2 | ip reflexive-list timeout | 417 |
| 20.3 | permit (reflexive) | 419 |
| **21** | **Konfiguration der TCP-Abfangfunktion (Schutz vor Dienstablehnungs-Attacken)** | **423** |
| 21.1 | Über die TCP-Abfangfunktion | 423 |
| 21.2 | Schrittweise Konfiguration der TCP-Abfangfunktion | 424 |
| 21.2.1 | Aktivierung der TCP-Abfangfunktion | 425 |
| 21.2.2 | Die Einstellung des TCP-Abfangmodus | 425 |
| 21.2.3 | Einstellung des Unterbrechungsmodus der TCP-Abfangfunktion | 426 |
| 21.2.4 | Änderung der Zeitgeber der TCP-Abfangfunktion | 426 |
| 21.2.5 | Änderung der aggressiven Grenzwerte der TCP-Abfangfunktion | 427 |
| 21.2.6 | Überwachung und die Verwaltung der TCP-Abfangfunktion | 428 |
| 21.3 | Konfigurationsbeispiel zur TCP-Abfangfunktion | 429 |
| **22** | **TCP-Abfangbefehle** | **431** |
| 22.1 | ip tcp intercept connection-timeout | 431 |
| 22.2 | ip tcp intercept drop-mode | 432 |
| 22.3 | ip tcp intercept finrst-timeout | 433 |

| | | |
|---|---|---|
| 22.4 | ip tcp intercept list | 434 |
| 22.5 | ip tcp intercept max-incomplete high | 435 |
| 22.6 | ip tcp intercept max-incomplete low | 437 |
| 22.7 | ip tcp intercept mode | 438 |
| 22.8 | ip tcp intercept one-minute high | 439 |
| 22.9 | ip tcp intercept one-minute low | 441 |
| 22.10 | ip tcp intercept watch-timeout | 442 |
| 22.11 | show tcp intercept connections | 443 |
| 22.12 | show tcp intercept statistics | 444 |
| **23** | **Konfiguration der kontext-basierten Access-Kontrolle (CBAC)** | **447** |
| 23.1 | Ein CBAC-Überblick | 447 |
| 23.1.1 | Was die CBAC bewirkt | 448 |
| 23.1.2 | Was die CBAC nicht bietet | 448 |
| 23.1.3 | Funktionsweise der CBAC | 449 |
| 23.1.4 | Wann und wo die CBAC konfiguriert werden sollte | 451 |
| 23.1.5 | Der CBAC-Prozess | 452 |
| 23.1.6 | Unterstützten Protokolle | 453 |
| 23.1.7 | Einschränkungen | 454 |
| 23.1.8 | Auswirkungen auf Arbeitsspeicher und Performance | 455 |
| 23.2 | Schrittweise Konfiguration der CBAC | 455 |
| 23.2.1 | Auswahl einer Schnittstelle: Intern oder Extern | 456 |
| 23.2.2 | Konfiguration der IP-Access-Listen auf der Schnittstelle | 457 |
| 23.2.3 | Konfiguration von globalen Zeitlimits und Grenzwerten | 459 |
| 23.2.4 | Erstellung einer Überprüfungsregel | 461 |
| 23.2.5 | Anwendung der Überprüfungsregel auf eine Schnittstelle | 465 |
| 23.2.6 | Anzeige der Konfiguration, des Zustands und der Statistiken für die kontext-basierte Access-Kontrolle | 466 |
| 23.2.7 | Fehlersuche (das Debugging) bei der kontext-basierten Access-Kontrolle | 466 |
| 23.2.8 | Das Verstehen der durch die kontext-basierten Access-Kontrolle erzeugten Syslog- und Konsolenmeldungen | 468 |
| 23.2.9 | Das Abschalten der CBAC | 470 |
| 23.3 | Ein CBAC-Konfigurationsbeispiel | 470 |
| **24** | **Befehle der kontext-basierten Access-Kontrolle (CBAC)** | **475** |
| 24.1 | ip inspect audit trail | 475 |
| 24.2 | ip inspect dns-timeout | 476 |
| 24.3 | ip inspect (Interface-Konfiguration) | 477 |
| 24.4 | ip inspect max-incomplete high | 479 |
| 24.5 | ip inspect max-incomplete low | 480 |
| 24.6 | ip inspect name (globale Konfiguration) | 482 |
| 24.7 | ip inspect one-minute high | 487 |
| 24.8 | ip inspect one-minute low | 488 |
| 24.9 | ip inspect tcp finwait-time | 490 |
| 24.10 | ip inspect tcp idle-time | 491 |
| 24.11 | ip inspect tcp max-incomplete host | 492 |

| | | |
|---|---|---|
| 24.12 | ip inspect tcp synwait-time | 494 |
| 24.13 | ip inspect udp idle-time | 495 |
| 24.14 | no ip inspect | 496 |
| 24.15 | show ip inspect | 497 |

**Teil IV: IP-Security und Verschlüsselung** — 501

| | | |
|---|---|---|
| **25** | **Ein Überblick über IP-Sicherheit und Verschlüsselung** | **503** |
| 25.1 | Cisco-Verschlüsselungstechnologie (CET) | 503 |
| 25.2 | IPSec-Netzwerksicherheit | 503 |
| 25.2.1 | Vergleich von IPSec und Cisco-Verschlüsselungstechnologie | 504 |
| 25.3 | Das Internet-Key-Exchange-Sicherheitsprotokoll | 507 |
| 25.4 | Die Zusammenarbeit mit Zertifizierungsautoritäten | 508 |
| **26** | **Konfiguration der Cisco-Verschlüsselungstechnologie** | **509** |
| 26.1 | Wozu dient die Verschlüsselung? | 510 |
| 26.2 | Ausführung der Cisco-Verschlüsselung | 511 |
| 26.2.1 | Was wird verschlüsselt? | 511 |
| 26.2.2 | Wo im Netzwerk werden Pakete verschlüsselt und entschlüsselt? | 511 |
| 26.2.3 | Unter welchen Umständen können verschlüsselte Pakete ausgetauscht werden? | 512 |
| 26.2.4 | Wie erkennt ein Verschlüsselungs-Router andere gegenüberliegende Verschlüsselungs-Router? | 512 |
| 26.2.5 | Welche Standards werden in der Cisco-Verschlüsselung ausgeführt? | 512 |
| 26.2.6 | Wie funktioniert die Cisco-Verschlüsselung? | 513 |
| 26.3 | Zusätzliche Informationsquellen | 517 |
| 26.4 | Vorbereitungen: Bevor Sie die Verschlüsselung konfigurieren | 517 |
| 26.4.1 | Adressierung der Peer-Router | 517 |
| 26.4.2 | Berücksichtigung Ihrer Netzwerktopologie | 518 |
| 26.4.3 | Adressierung der Crypto-Maschinen in jedem Peer-Router | 518 |
| 26.4.4 | Beschreibung der Anwendungseigenschaften und Beschränkungen | 520 |
| 26.5 | Konfiguration der Verschlüsselung | 522 |
| 26.5.1 | Erzeugen von öffentlichen/geheimen DSS-Schlüsseln | 523 |
| 26.5.2 | Austausch der öffentlichen DSS-Schlüssel | 525 |
| 26.5.3 | Aktivierung des DES-Verschlüsselungsalgorithmus | 528 |
| 26.5.4 | Erstellung von Verschlüsselungskarten und deren Zuordnung zu Schnittstellen | 529 |
| 26.5.5 | Die Sicherung Ihrer Konfiguration | 533 |
| 26.6 | Konfiguration der Verschlüsselung mit GRE-Tunnels | 533 |
| 26.6.1 | Verschlüsselung des reinen GRE-Tunnelverkehrs | 534 |
| 26.6.2 | Verschlüsselung von GRE-Tunnelverkehr und anderem Verkehr | 534 |
| 26.7 | Konfiguration der Verschlüsselung mit einem ESA in einem VIP2 | 535 |
| 26.7.1 | Zurücksetzen des ESA | 535 |
| 26.7.2 | Ausführung der zusätzlichen Verschlüsselungskonfiguration | 536 |
| 26.8 | Konfiguration der Verschlüsselung mit einem ESA in einem Cisco-Router der Serie 7200 | 537 |
| 26.8.1 | Erforderliche Schritte | 537 |

| | | |
|---|---|---|
| 26.8.2 | Optionale Schritte | 537 |
| 26.8.3 | Zurücksetzen des ESA | 537 |
| 26.8.4 | Ausführung der zusätzlichen Verschlüsselungskonfiguration | 539 |
| 26.8.5 | Aktivierung des ESA | 540 |
| 26.8.6 | Auswahl einer Crypto-Maschine | 540 |
| 26.8.7 | Löschen von DSS-Schlüsseln | 542 |
| 26.9 | Individuelle Einstellung der Verschlüsselung (Konfigurationsoptionen) | 543 |
| 26.9.1 | Einstellung der Zeitdauer von verschlüsselten Sitzungen | 543 |
| 26.9.2 | Verkürzung der Sitzungsaufbauzeiten durch zuvor erzeugte DH-Nummern | 544 |
| 26.9.3 | Änderung der Verschlüsselung-Access-Listen-Limits | 544 |
| 26.10 | Abschaltung der Verschlüsselung | 546 |
| 26.11 | Testlauf und Fehlersuche bei der Verschlüsselung | 547 |
| 26.11.1 | Testen der Verschlüsselungskonfiguration | 547 |
| 26.11.2 | Diagnose von Verbindungsproblemen | 548 |
| 26.11.3 | Diagnose bei verschiedenen anderen Problemen | 548 |
| 26.11.4 | Anwendung der Debug-Befehle | 551 |
| 26.12 | Beispiele zur Verschlüsselungskonfiguration | 551 |
| 26.12.1 | Beispiel zur Erzeugung von öffentlichen/geheimen DSS-Schlüsseln | 551 |
| 26.12.2 | Beispiel für den Austausch von öffentlichen DSS-Schlüsseln | 552 |
| 26.12.3 | Beispiel zur Aktivierung der DES-Verschlüsselungsalgorithmen | 554 |
| 26.12.4 | Beispiele zur Erstellung von Verschlüsselungs-Access-Listen, zur Erzeugung von Verschlüsselungskarten und zur Zuordnung der Verschlüsselungskarten zu Schnittstellen | 555 |
| 26.12.5 | Beispiel für die Veränderung der Verschlüsselungs-Access-Listen-Limits | 560 |
| 26.12.6 | Beispiele zur Konfiguration der Verschlüsselung mit GRE-Tunnels | 560 |
| 26.12.7 | Beispiele zur Konfiguration der ESA-spezifischen Verschlüsselung | 563 |
| 26.12.8 | Beispiele zum Löschen der DSS-Schlüssel | 564 |
| 26.12.9 | Beispiel zum Testen der Verschlüsselungsverbindung | 567 |
| **27** | **Befehle der Cisco-Verschlüsselungstechnologie** | **569** |
| 27.1 | access-list (Verschlüsselung) | 569 |
| 27.2 | clear crypto connection | 578 |
| 27.3 | crypto algorithm 40-bit-des | 580 |
| 27.4 | crypto algorithm des | 580 |
| 27.5 | crypto card | 580 |
| 27.6 | crypto card clear-latch | 582 |
| 27.7 | crypto cisco algorithm 40-bit-des | 583 |
| 27.8 | crypto cisco algorithm des | 585 |
| 27.9 | crypto cisco connections | 587 |
| 27.10 | crypto cisco entities | 589 |
| 27.11 | crypto cisco key-timeout | 591 |
| 27.12 | crypto cisco pregen-dh-pairs | 593 |
| 27.13 | crypto clear-latch | 595 |
| 27.14 | crypto esa | 595 |
| 27.15 | crypto gen-signature-keys | 595 |
| 27.16 | crypto key-exchange | 595 |

| | | |
|---|---|---|
| 27.17 | crypto key exchange dss | 595 |
| 27.18 | crypto key exchange dss passive | 597 |
| 27.19 | crypto key-exchange passive | 599 |
| 27.20 | crypto key generate dss | 599 |
| 27.21 | crypto key pubkey-chain dss | 602 |
| 27.22 | crypto key-timeout | 604 |
| 27.23 | crypto key zeroize dss | 604 |
| 27.24 | crypto map (globale Konfiguration) | 606 |
| 27.25 | crypto map (Interface-Konfiguration) | 609 |
| 27.26 | crypto pregen-dh-pairs | 611 |
| 27.27 | crypto public-key | 611 |
| 27.28 | crypto sdu connections | 611 |
| 27.29 | crypto sdu entities | 611 |
| 27.30 | crypto zeroize | 611 |
| 27.31 | deny | 611 |
| 27.32 | ip access-list extended (Verschlüsselung) | 617 |
| 27.33 | match address | 618 |
| 27.34 | permit | 620 |
| 27.35 | set algorithm 40-bit-des | 626 |
| 27.36 | set algorithm des | 627 |
| 27.37 | set peer | 629 |
| 27.38 | show crypto algorithms | 630 |
| 27.39 | show crypto card | 630 |
| 27.40 | show crypto cisco algorithms | 631 |
| 27.41 | show crypto cisco connections | 632 |
| 27.42 | show crypto cisco key-timeout | 634 |
| 27.43 | show crypto cisco pregen-dh-pairs | 634 |
| 27.44 | show crypto connections | 636 |
| 27.45 | show crypto engine brief | 636 |
| 27.46 | show crypto engine configuration | 638 |
| 27.47 | show crypto engine connections active | 639 |
| 27.48 | show crypto engine connections dropped-packets | 641 |
| 27.49 | show crypto key mypubkey dss | 642 |
| 27.50 | show crypto key pubkey-chain dss | 643 |
| 27.51 | show crypto key-timeout | 644 |
| 27.52 | show crypto map | 645 |
| 27.53 | show crypto mypubkey | 648 |
| 27.54 | show crypto pregen-dh-pairs | 648 |
| 27.55 | show crypto pubkey | 648 |
| 27.56 | show crypto pubkey name | 648 |
| 27.57 | show crypto pubkey serial | 648 |
| 27.58 | test crypto initiate-session | 648 |
| **28** | **Konfiguration der IPSec-Netzwerksicherheit** | **651** |
| 28.1 | IPSec-Überblick | 652 |
| 28.1.1 | Unterstützte Standards | 652 |

| | | |
|---|---|---|
| 28.1.2 | Eine Liste von Begriffen | 654 |
| 28.1.3 | Gemeinsamer Betrieb von IPSec mit anderen Cisco-IOS-Softwarefunktionen | 656 |
| 28.1.4 | Unterstützte Hardware, Switching-Pfade und Einkapselung | 656 |
| 28.1.5 | Einschränkungen | 656 |
| 28.1.6 | Überblick über die Funktionsweise von IPSec | 657 |
| 28.1.7 | Verschachtelung des IPSec-Verkehrs über mehrere Peer-Geräte | 659 |
| 28.1.8 | Vorbereitungen | 659 |
| 28.2 | Schrittweise Konfiguration von IPSec | 660 |
| 28.2.1 | Überprüfung der Access-Listen auf ihre Kompatibilität mit IPSec | 660 |
| 28.2.2 | Einstellung der globalen Laufzeiten für die IPSec-Sicherheitsassoziationen | 660 |
| 28.2.3 | Erzeugung von Verschlüsselungs-Access-Listen | 662 |
| 28.2.4 | Erstellen von Transformationssets | 668 |
| 28.2.5 | Erzeugung von Verschlüsselungskarten-Einträgen | 670 |
| 28.2.6 | Zuordnung der Verschlüsselungskartensätze zu Schnittstellen | 680 |
| 28.2.7 | Überwachung und Verwaltung IPSec | 681 |
| 28.3 | IPSec-Konfigurationsbeispiel | 683 |
| **29** | **Befehle der IPSec-Netzwerksicherheit** | **685** |
| 29.1 | clear crypto sa | 685 |
| 29.2 | crypto dynamic-map | 688 |
| 29.3 | crypto ipsec security-association lifetime | 691 |
| 29.4 | crypto ipsec transform-set | 694 |
| 29.5 | crypto map (globale Konfiguration) | 699 |
| 29.6 | crypto map (Interface-Konfiguration) | 704 |
| 29.7 | crypto map local-address | 706 |
| 29.8 | initialization-vector size | 708 |
| 29.9 | match address | 709 |
| 29.10 | mode | 711 |
| 29.11 | set peer | 713 |
| 29.12 | set pfs | 715 |
| 29.13 | set security-association level per-host | 717 |
| 29.14 | set security-association lifetime | 719 |
| 29.15 | set session-key | 722 |
| 29.16 | set transform-set | 725 |
| 29.17 | show crypto ipsec sa | 727 |
| 29.18 | show crypto ipsec security-association lifetime | 730 |
| 29.19 | show crypto ipsec transform-set | 730 |
| 29.20 | show crypto dynamic-map | 731 |
| 29.21 | show crypto map | 733 |
| **30** | **Konfiguration der Zusammenarbeit mit Zertifizierungsautoritäten (CAs)** | **737** |
| 30.1 | Überblick über die CA-Zusammenarbeit | 737 |
| 30.1.1 | Unterstützte Standards | 737 |
| 30.1.2 | Einschränkungen | 738 |
| 30.1.3 | Vorbereitungen | 739 |

| | | |
|---|---|---|
| 30.2 | Ein Überblick über Zertifizierungsautoritäten | 739 |
| 30.2.1 | Zweck der CAs | 739 |
| 30.2.2 | Durchführung der IPSec ohne CAs | 740 |
| 30.2.3 | Durchführung von IPSec mit CAs | 742 |
| 30.2.4 | Wie CA-Zertifikate von IPSec-Geräte eingesetzt werden | 742 |
| 30.2.5 | Registrierungsautoritäten | 743 |
| 30.3 | Schrittweise Konfiguration der CA-Zusammenarbeit | 743 |
| 30.3.1 | Verwaltung der NVRAM-Nutzung (optional) | 744 |
| 30.3.2 | Konfiguration des Host-Namens und IP-Domänennamens Ihres Routers | 745 |
| 30.3.3 | Erzeugung eines RSA-Schlüsselpaars | 745 |
| 30.3.4 | Adressierung einer CA | 746 |
| 30.3.5 | Authentifizierung der CA | 747 |
| 30.3.6 | Beantragen von eigenen Zertifikaten | 747 |
| 30.3.7 | Die Speicherung Ihrer Konfiguration | 748 |
| 30.3.8 | Überwachung und Verwaltung der Zusammenarbeit mit der Zertifizierungsautorität (optional) | 748 |
| 30.4 | Was als Nächstes zu tun ist | 751 |
| 30.5 | Konfigurationsbeispiele zur CA-Zusammenarbeit | 751 |
| **31** | **Befehle für die Zusammenarbeit mit Zertifizierungsautoritäten** | **755** |
| 31.1 | certificate | 755 |
| 31.2 | crl optional | 757 |
| 31.3 | crypto ca authenticate | 758 |
| 31.4 | crypto ca certificate chain | 760 |
| 31.5 | crypto ca certificate query | 761 |
| 31.6 | crypto ca crl request | 762 |
| 31.7 | crypto ca enroll | 763 |
| 31.8 | crypto ca identity | 766 |
| 31.9 | crypto key generate rsa | 768 |
| 31.10 | crypto key zeroize rsa | 771 |
| 31.11 | enrollment mode ra | 772 |
| 31.12 | enrollment retry-count | 773 |
| 31.13 | enrollment retry-period | 774 |
| 31.14 | enrollment url | 776 |
| 31.15 | query url | 777 |
| 31.16 | show crypto ca certificates | 778 |
| **32** | **Konfiguration des Internet-Key-Exchange-Sicherheitsprotokolls** | **781** |
| 32.1 | IKE-Überblick | 781 |
| 32.1.1 | Unterstützte Standards | 782 |
| 32.1.2 | Eine Liste von Begriffen | 783 |
| 32.2 | Schrittweise Konfiguration des IKE | 784 |
| 32.2.1 | Aktivierung oder Deaktivierung des IKE | 785 |
| 32.2.2 | Stellen Sie sicher, dass die Access-Listen mit dem IKE kompatibel sind | 786 |
| 32.2.3 | Erzeugung von IKE-Verfahren | 786 |
| 32.2.4 | Manuelle Konfiguration der RSA-Schlüssel | 792 |

| | | |
|---|---|---|
| 32.2.5 | Konfiguration der zuvor mitgeteilten Schlüssel | 794 |
| 32.2.6 | Aufheben der IKE-Verbindungen | 795 |
| 32.2.7 | Fehlersuche beim IKE | 796 |
| 32.3 | Was als Nächstes zu tun ist | 796 |
| 32.4 | IKE-Konfigurationsbeispiel | 796 |

## 33 Die Befehle des Internet-Key-Exchange-Sicherheitsprotokolls — 799

| | | |
|---|---|---|
| 33.1 | address | 799 |
| 33.2 | addressed-key | 801 |
| 33.3 | authentication (IKE-Verfahren) | 803 |
| 33.4 | clear crypto isakmp | 804 |
| 33.5 | crypto isakmp enable | 805 |
| 33.6 | crypto isakmp identity | 806 |
| 33.7 | crypto isakmp key | 808 |
| 33.8 | crypto isakmp policy | 810 |
| 33.9 | crypto key generate rsa | 812 |
| 33.10 | crypto key pubkey-chain rsa | 815 |
| 33.11 | encryption (IKE-Verfahren) | 817 |
| 33.12 | group (IKE-Verfahren) | 818 |
| 33.13 | hash (IKE-Verfahren) | 819 |
| 33.14 | key-string | 820 |
| 33.15 | lifetime (IKE-Verfahren) | 822 |
| 33.16 | named-key | 823 |
| 33.17 | show crypto isakmp policy | 825 |
| 33.18 | show crypto isakmp sa | 826 |
| 33.19 | show crypto key mypubkey rsa | 828 |
| 33.20 | show crypto key pubkey-chain rsa | 829 |

**Teil V: Weitere Sicherheitsfunktionen** — 833

## 34 Konfiguration der Passwörter und Privilegien — 835

| | | |
|---|---|---|
| 34.1 | Zugangsbeschränkung zu privilegierten EXEC-Befehlen | 835 |
| 34.1.1 | Setzen oder Ändern eines statischen Enable-Passworts | 836 |
| 34.1.2 | Schutz der Passwörter mit den Befehlen enable password und enable secret | 836 |
| 34.1.3 | Setzen oder Ändern eines Line-Passworts | 837 |
| 34.1.4 | Aktivierung des TACACS-Passwortschutzes für den privilegierten EXEC-Modus | 838 |
| 34.2 | Die Verschlüsselung von Passwörtern | 838 |
| 34.3 | Konfiguration von mehreren privilegierten Levels | 839 |
| 34.3.1 | Setzen des privilegierten Levels für einen Befehl | 840 |
| 34.3.2 | Änderung des privilegierten Standardlevels für Verbindungen | 840 |
| 34.3.3 | Anzeige der aktuellen privilegierten Levels | 840 |
| 34.3.4 | Das Einloggen in einen privilegierten Level | 840 |
| 34.4 | Wiederherstellung eines verlorenen Enable-Passworts | 841 |
| 34.4.1 | Prozess der Passwortwiederherstellung | 842 |
| 34.4.2 | Prozedur 1 zur Passwortwiederherstellung | 842 |

| | | |
|---|---|---|
| 34.4.3 | Prozedur 2 zur Passwortwiederherstellung | 845 |
| 34.5 | Wiederherstellung eines verlorenen Line-Passworts | 847 |
| 34.6 | Konfiguration der Identifizierungsunterstützung | 849 |
| 34.7 | Konfigurationsbeispiele zu Passwörtern und Privilegien | 849 |
| 34.7.1 | Beispiele über mehrere privilegierte Levels | 849 |
| 34.7.2 | Beispiele zu Benutzernamen | 850 |
| **35** | **Befehle zu Passwörtern und Privilegien** | **853** |
| 35.1 | enable | 853 |
| 35.2 | enable password | 854 |
| 35.3 | enable secret | 857 |
| 35.4 | ip identd | 859 |
| 35.5 | password | 860 |
| 35.6 | privilege level (global) | 861 |
| 35.7 | privilege level (Line) | 863 |
| 35.8 | service password-encryption | 864 |
| 35.9 | show privilege | 865 |
| 35.10 | username | 866 |
| **36** | **Authentifizierung der Nachbar-Router: Überblick und Richtlinien** | **871** |
| 36.1 | Vorteile der Nachbarauthentifizierung | 871 |
| 36.2 | Protokolle, die die Nachbarauthentifizierung einsetzen | 872 |
| 36.3 | Unter welchen Umständen die Nachbarauthentifizierung konfiguriert werden sollte | 872 |
| 36.4 | Funktionsweise der Nachbarauthentifizierung | 872 |
| 36.4.1 | Klartextauthentifizierung | 873 |
| 36.4.2 | MD5-Authentifizierung | 874 |
| 36.5 | Schlüsselverwaltung (von Schlüsselketten) | 874 |
| **37** | **Konfiguration der IP-Sicherheitsoptionen** | **877** |
| 37.1 | Konfiguration der einfachen IP-Sicherheitsoptionen | 877 |
| 37.1.1 | Aktivierung der IPSO und das Setzen der Sicherheitsklassifizierungen | 878 |
| 37.1.2 | Festlegung, wie die IP-Sicherheitsoptionen ausgeführt werden sollen | 878 |
| 37.2 | Konfiguration der erweiterten IP-Sicherheitsoptionen | 880 |
| 37.2.1 | Konfiguration der globalen Standardeinstellungen | 881 |
| 37.2.2 | Zuweisung der ESOs zu einer Schnittstelle | 881 |
| 37.2.3 | Die Zuweisung der AESOs zu einer Schnittstelle | 881 |
| 37.3 | Konfiguration der DNSIX-Verfolgungspurfunktion | 881 |
| 37.3.1 | Aktivierung der DNSIX-Verfolgungsspurfunktion | 882 |
| 37.3.2 | Angabe des Hosts, der die Verfolgungsspurmeldungen empfangen soll | 882 |
| 37.3.3 | Einstellung der Übertragungsparameter | 883 |
| 37.4 | Konfigurationsbeispiele zur IPSO | 883 |
| 37.4.1 | Beispiel 1 | 883 |
| 37.4.2 | Beispiel 2 | 884 |
| 37.4.3 | Beispiel 3 | 884 |

| 38 | Befehle der IP-Sicherheitsoptionen | 885 |
|---|---|---|
| 38.1 | dnsix-dmdp retries | 885 |
| 38.2 | dnsix-nat authorized-redirection | 886 |
| 38.3 | dnsix-nat primary | 887 |
| 38.4 | dnsix-nat secondary | 888 |
| 38.5 | dnsix-nat source | 889 |
| 38.6 | dnsix-nat transmit-count | 890 |
| 38.7 | ip security add | 891 |
| 38.8 | ip security aeso | 892 |
| 38.9 | ip security dedicated | 893 |
| 38.10 | ip security eso-info | 895 |
| 38.11 | ip security eso-max | 896 |
| 38.12 | ip security eso-min | 897 |
| 38.13 | ip security extended-allowed | 899 |
| 38.14 | ip security first | 900 |
| 38.15 | ip security ignore-authorities | 901 |
| 38.16 | ip security implicit-labelling | 902 |
| 38.17 | ip security multiLevel | 903 |
| 38.18 | ip security reserved-allowed | 905 |
| 38.19 | ip security strip | 906 |
| 38.20 | show dnsix | 907 |

**Teil VI: Anhänge** 909

**Anhang A: RADIUS-Attribute** 911
| A.1 | Die unterstützten RADIUS-Attribute | 911 |
|---|---|---|
| A.2 | Eine Liste zur Beschreibung der RADIUS-Attribute | 917 |

**Anhang B: TACACS+-Attribut-Werte-Paare** 941
| B.1 | Die TACACS+-AV-Paare | 941 |
|---|---|---|
| B.2 | TACACS+-Accounting-AV-Paare | 949 |

**Stichwortverzeichnis** 955

# Netzwerksicherheit: Ein Überblick

Dieses Kapitel enthält die folgenden Abschnitte:

- **Über dieses Buch** – Vorschau auf die Themen dieses Ratgebers.
- **Die Konzipierung effektiver Sicherheitsverfahren** – Erlernen Sie Tipps und Hinweise, um eine Sicherheitspolitik für Ihre Organisation zu erstellen. Eine Sicherheitspolitik sollte abgeschlossen und auf dem heutigen Stand sein, *bevor* Sie eine Sicherheitsmaßnahme konfigurieren.
- **Die Identifizierung von Sicherheitsrisiken und Cisco-IOS-Lösungen** – Die Identifizierung der möglichen allgemeinen Sicherheitsrisiken in Ihrem Netzwerk und die Bestimmung der adäquaten Cisco-IOS-Sicherheitsmaßnahmen, um sicher vor Einbrüchen zu schützen.

## Über dieses Buch

Dieses Buch beschreibt die Konfiguration der Cisco-IOS-Sicherheitsmaßnahmen Ihrer Cisco-Netzwerkgeräte. Diese Sicherheitsmaßnahmen können Ihr Netzwerk vor einer Schwächung oder einem Ausfall sowie vor einer Datengefährdung oder einem Datenverlust schützen, die durch mutwillige Attacken oder auch durch unbeabsichtigte und dennoch schädliche Fehler von wohlmeinenden Netzwerknutzern verursacht werden.

Dieser Ratgeber ist in fünf Teile gegliedert:

- Authentifizierung, Autorisierung, und Accounting (AAA)
- Sicherheits-Server-Protokolle
- Verkehrs-Filterung und Firewalls
- IP-Sicherheit und Verschlüsselung
- Andere Sicherheitsmaßnahmen

Jeder dieser Teile wird anschließend kurz beschrieben.

## Authentifizierung, Autorisierung und Accounting (AAA)

Dieser Teil beschreibt die Konfiguration der Authentifizierungs-, Autorisierungs- und Accounting-(AAA-)Musterlösung von Cisco. Das AAA stellt einen Baukasten dar, der die Konfiguration eines Satzes aus drei voneinander unabhängigen Sicherheitsfunktionen in einer einheitlichen, modularen Weise ermöglicht.

- Die Authentifizierung – Diese Methode dient der Identifizierung der Benutzer und beinhaltet den Login- und den Passwort-Dialog, das Challenge- und Responseverfahren, die Messaging-Unterstützung und je nach gewähltem Sicherheits-Protokoll die Verschlüsselung. Mit der Authentifizierung kann der Benutzer identifiziert werden, um ihm Zugang zum Netzwerk und den Netzwerk-Diensten zu gestatten. Die AAA-Authentifizierung wird konfiguriert, indem Sie eine bezeichnete Liste von Authentifizierungsmethoden erstellen und diese Liste verschiedenen Schnittstellen zuweisen.

- Die Autorisierung – Sie bietet die Methode der Fernzugriffskontrolle und beinhaltet die einmalige Autorisierung oder die Autorisierung für jeden einzelnen Dienst, jede Benutzer-Accountliste und jedes Benutzerprofil, die Unterstützung von Benutzergruppen sowie die Unterstützung von IP, IPX, ARA und Telnet.

  Die Fern-Sicherheits-Server, wie z.B. RADIUS oder TACACS+, weisen Benutzern bestimmte Rechte zu, indem sie dem entsprechenden Benutzer Attribut-Value-(AV-)Paare zuordnen, mit denen diese Rechte festgelegt werden. Die AAA-Autorisierung erfolgt durch die Zusammenführung einer Reihe von Attributen, mit denen beschrieben wird, zu welchen Anwendungen der Benutzer autorisiert ist. Diese Attribute werden mit den Informationen verglichen, die sich für einen gegebenen Benutzer in einer Datenbank befinden, und das Ergebnis wird an den AAA-Prozess zurückgegeben, um die aktuellen Rechte und Beschränkungen des Benutzers zu bestimmen.

- Das Accounting – Dieses bietet die Methode der Sammlung und Übermittlung von Sicherheits-Server-Informationen für Abrechnungen, Aufzeichnungen und Reports. Diese Informationen beinhalten z.B. die Benutzeridentität, Start- und Stoppzeiten, ausgeführte Befehle (z.B. PPP), Anzahl der Pakete und Byteanzahl. Durch das Accounting können Sie nachvollziehen, welche Dienste die Benutzer in Anspruch nehmen und welche Netzwerkressourcen sie konsumieren.

> **ANMERKUNG**
>
> Sie können die Authentifizierung auch ohne das AAA konfigurieren. Jedoch müssen Sie das AAA konfigurieren, wenn Sie RADIUS, Kerberos oder TACACS+ verwenden wollen oder wenn Sie die Ausweich-Authentifizierungsmethode anwenden wollen.

## Die Sicherheits-Server-Protokolle

Das AAA verwendet Sicherheitsprotokolle in vieler Hinsicht, um seine Sicherheitsfunktionen zu verwalten. Wenn Ihr Router oder Access-Server als ein Netzwerk-Access-Server fungiert, stellt das AAA das Mittel dar, mit dem Sie die Kommunikation zwischen Ihrem Netzwerk-Access-Server und Ihrem RADIUS-, TACACS+- oder Kerberos-Sicherheits-Server herstellen.

Die Kapitel in diesem Teil beschreiben die Konfiguration der folgenden Sicherheits-Server-Protokolle:

- RADIUS – Ein durch das AAA ausgeführtes, frei erhältliches Client/Server-System, das Netzwerke vor unautorisiertem Zugang schützt. In der Cisco-Ausführung laufen RADIUS-Clients auf Cisco-Routern und senden Authentifizierungs-Anfragen an einen zentralen RADIUS-Server, der alle Informationen über Benutzer-Authentifizierung und Netzwerk-Service-Zugang enthält.

- Kerberos – Ein Netzwerk-Authentifizierungsprotokoll mit Geheimschlüssel, das durch das AAA ausgeführt wird und den Data-Encryption-Standard-(DES-)Verschlüsselungsalgorithmus zur Verschlüsselung und Authentifizierung verwendet. Kerberos wurde konzipiert, um Anfragen nach Netzwerk-Ressourcen zu authentifizieren. Kerberos basiert auf dem Konzept der vertrauensvollen dritten Seite, die die sichere Verifizierung der Benutzer und Dienste ausführt. Die Hauptverwendung von Kerberos liegt in der Verifizierung, ob der Benutzer und die von ihm genutzten Netzwerk-Dienste auch tatsächlich diejenigen sind, für die sie sich ausgeben. Dies wird dadurch erreicht, dass der vertrauensvolle Kerberos-Server Eintrittskarten an die Benutzer ausgibt. Diese Karten mit einer begrenzten Lebensdauer werden in einem Ausweis-Cache des Benutzers gespeichert und können an Stelle des Standard-Authentifizierungsmechanismus mit Benutzernamen und Passwort verwendet werden.

- TACACS+ – Eine Sicherheitsapplikation, die durch das AAA ausgeführt wird und eine zentrale Überprüfung der Benutzer ermöglicht, die versuchen auf einen Router oder einen Netzwerk-Access-Server zuzugreifen. Die TACACS+-Dienste werden durch eine Datenbank auf einem laufenden TACACS+-Dämon unterhalten, typischerweise auf einer Unix- oder Windows-NT-Workstation. Das TACACS+ richtet sich an separate und modulare AAA-Geräte.

- TACACS und erweitertes TACACS – Das TACACS ist ein älteres Access-Protokoll, das nicht mit dem neueren TACACS+-Protokoll kompatibel ist. Das TACACS ermöglicht die Überprüfung des Passworts und die Authentifizierung sowie die Aufzeichnung der Benutzeraktivitäten für Sicherheits- und Accounting-Zwecke. Das erweiterte TACACS ist eine Weiterentwicklung des älteren TACACS-Protokolls, das dem TACACS zusätzliche Funktionen verleiht.

## Verkehrsfilterung und Firewalls

Dieser Abschnitt beschreibt die Konfiguration Ihrer Netzwerkgeräte, um den Verkehr zu filtern oder um als Firewall zu fungieren:

- Cisco führt die Filterung des Verkehrs mit Hilfe von Access-Kontroll-Listen durch (so genannte *Access-Listen*). Access-Listen legen fest, welcher Verkehr an Routerschnittstellen blockiert und welcher Verkehr weitergeleitet wird. Cisco kann sowohl einfache als auch erweiterte Access-Listen verwenden.

    - Einfache Access-Listen – Ein Überblick über einfache Access-Listen befindet sich in Kapitel 15 »Access-Kontroll-Listen: Überblick und Vorgehensweisen«. Dieses Kapitel beschreibt Tipps, Warnungen, Betrachtungen, Empfehlungen und allgemeine Vorgehensweisen zur Konfiguration von Access-Listen für die verschiedenen Netzwerk-Protokolle. Sie sollten für alle Netzwerk-Protokolle, die durch das Netzwerkgerät geroutet werden, einfache Access-Listen konfigurieren, z.B. für IP, IPX, AppleTalk usw.

    - Erweiterte Access-Listen – Die Möglichkeiten der erweiterten Access-Liste und deren Konfiguration werden in den restlichen Kapiteln des Teils 3 »Verkehrsfilterung und Firewalls« beschrieben. Die erweiterten Access-Listen bieten die Möglichkeit einer verfeinerten und dynamischen Verkehrsfilterung, um eine stärkere und flexiblere Netzwerk-Sicherheit zu gewährleisten.

- Die Cisco-IOS-Software enthält ein erweitertes Paket von Sicherheitsmaßnahmen, das es Ihnen ermöglicht, je nach Ihren individuellen Bedürfnissen einen einfachen oder einen ausgefeilten Firewall zu konfigurieren. Die Firewalls werden in Kapitel 16 »Überblick über Cisco-IOS-Firewalls« und in Kapitel 24 »Textbasierte Access-Kontroll-Befehle« beschrieben.

## IP-Sicherheit und Verschlüsselung

Dieser Teil beschreibt die Konfiguration von IP-Sicherheit und Verschlüsselung in den folgenden Kapiteln:

- Kapitel 26 »Konfiguration der Cisco-Verschlüsselungs-Technologie« – Dieses Kapitel beschreibt die Konfiguration der Cisco-Encryption-Technologie (CET). Die CET ermöglicht die Verschlüsselung von Netzwerkdaten, mit der gerouteter Verkehr davor geschützt wird, während der Reise durch das Netzwerk ausgespäht oder verfälscht zu werden. Dieses Verfahren ermöglicht die Verschlüsselung von IP-Paketen auf einem Cisco-Router, das Routing der verschlüsselten Informationen über ein Netzwerk und die Entschlüsselung auf dem Cisco-Zielrouter.

- Kapitel 28 »Konfiguration der IPSec-Netzwerk-Sicherheit« – Dieses Kapitel beschreibt die Konfiguration der IP-Security (IPSec). Die IPSec ermöglicht die sichere Übertragung sensibler Informationen über ungeschützte Netzwerke wie das Internet und stellt eine robustere Sicherheitslösung dar als die CET. Während die CET lediglich den Daten-Confidentiality-Dienst ermöglicht, bietet die IPSec darüber hinaus die Datenauthentifizierung und den Anti-Replay-Dienst.

- Kapitel 30 »Konfiguration der Certification-Autoritäts-Interoperabilität« – Dieses Kapitel beschreibt die Konfiguration der Certification-Autoritäts-(CA-)Interoperabilität. Die CA-Interoperabilität erlaubt die Kommunikation zwischen Cisco-IOS-Geräten und CAs. Auf diese Weise kann Ihr Cisco-IOS-Gerät digitale Zertifikate vom CA erhalten und nutzen.

- Kapitel 32 »Konfiguration des Internet-Key-Exchange-Security-Protokolls« – Dieses Kapitel beschreibt die Konfiguration des Internet-Key-Exchange (IKE). Ein IKE ist ein Protokollstandard zur Schlüsselverwaltung, der gemeinsam mit dem IPSec-Standard verwendet wird. Das IPSec kann ohne IKE konfiguriert werden, aber das IKE verbessert das IPSec durch zusätzliche Eigenschaften, Flexibilität und die vereinfachte Konfiguration des IPSec-Standards.

## Andere Sicherheitsmaßnahmen

Dieser Teil beschreibt drei wichtige Sicherheitsmaßnahmen in den folgenden Kapiteln:

- Kapitel 34 »Konfiguration der Passwörter und Privilegien« – Dieses Kapitel beschreibt die Konfiguration statischer Passwörter, die in Ihrem Netzwerkgerät gespeichert werden. Diese Passwörter werden dazu verwendet, den Zugriff auf die Befehlszeileneingabe des Geräts zu kontrollieren, mit denen die Gerätekonfiguration eingesehen und verändert werden kann.

  Dieses Kapitel beschreibt auch die Zuordnung privilegierter Levels zu bestimmten Passwörtern. Sie können bis zu 16 verschiedene privilegierte Level konfigurieren und jedes Level einem Passwort zuordnen. Für jedes privilegierte Level legen Sie eine Untermenge von Cisco-IOS-Befehlen fest, die ausführbar sind. Diese verschiedenen Level können Sie verwenden, um einigen Benutzern die Möglichkeit zu geben, alle Cisco-IOS-Befehle auszuführen und anderen Benutzern nur die Ausführung einer bestimmten Teilmenge von Befehlen zu erlauben.
  Dieses Kapitel beschreibt auch das Wiederauffinden von verlorenen Passwörtern.

- Kapitel 36 »Authentifizierung von Nachbarrouten: Überblick und Vorgehensweise« – Dieses Kapitel beschreibt die Sicherheitsvorteile und die Ausführung der Authentifizierung von Nachbarroutern.

  Wenn die NachbarAuthentifizierung auf einem Router konfiguriert ist, authentifiziert der Router erst seinen Nachbarrouter, bevor er Routenupdates von diesem Nachbarn akzeptiert. Hiermit wird gewährleistet, dass ein Router immer zuverlässige Routing-Update-Informationen von einer vertrauensvollen Quelle erhält.

- Kapitel 37 »Konfiguration von IP-Sicherheitsoptionen« – Dieses Kapitel beschreibt die Konfiguration der IP-Sicherheitsoptionen (IPSO), die im RFC 1108 beschrieben sind. Die IPSO werden allgemein verwendet, um der Sicherheitspolitik des U.S.-Verteidigungsministeriums zu entsprechen.

# Die Konzipierung einer effektiven Sicherheitspolitik

Eine wirkungsvolle Sicherheitspolitik soll sicherstellen, dass die Netzwerkeinrichtungen Ihrer Organisation vor Sabotage und vor widerrechtlichem Zugriff geschützt werden – sowohl durch vorsätzliche als auch durch unbeabsichtigte Aktionen.

Alle Netzwerksicherheitsmaßnahmen sollten in Einheit mit der Sicherheitspolitik Ihrer Organisation konfiguriert werden. Wenn Sie bisher keine Sicherheitspolitik betreiben oder Ihre Politik nicht mehr zeitgemäß ist, sollten Sie sicherstellen, dass eine Politik erarbeitet oder modernisiert wird, bevor Sie sich entscheiden, wie die Sicherheit auf Ihrem Cisco-Gerät konfiguriert werden soll.

Die folgenden Abschnitte zeigen Vorgehensweisen auf, die Ihnen dabei helfen sollen, eine effektive Sicherheitspolitik zu erarbeiten:

– Das Wesen der Sicherheitspolitik

– Zwei Stufen einer Sicherheitspolitik

– Tipps zur Entwicklung einer effektiven Sicherheitspolitik

### Das Wesen der Sicherheitspolitik

Sie sollten sich diese Aspekte der Sicherheitspolitik vergegenwärtigen:

– Eine Sicherheitspolitik sollte abgewogen werden. Mit jeder Sicherheitspolitik bewegt man sich zwischen der Benutzerproduktivität und den Sicherheitsmaßnahmen, die restriktiv und zeitaufwendig sein können. Das Ziel jedes Sicherheitskonzepts besteht in der Erzeugung eines Maximums an Sicherheit mit einem zugleich minimalen Einfluss auf Benutzerzugang und Produktivität. Einige Sicherheitsmaßnahmen, z.B. die Verschlüsselung der Netzwerkdaten, beschränken weder den Zugang noch die Produktivität. Auf der anderen Seite können verschlungene oder unnötig redundante Verifizierungs- und Autorisierungssysteme Benutzer frustrieren und gleichzeitig den Zugriff auf kritische Netzwerkressourcen verhindern.

– Eine Sicherheitspolitik sollte durch die unternehmerischen Erfordernisse bestimmt werden. Die unternehmerischen Erfordernisse sollten die Sicherheitspolitik diktieren. Keine Sicherheitspolitik sollte bestimmen, wie ein Unternehmen arbeitet.

– Eine Sicherheitspolitik ist ein lebendes Dokument. Da Unternehmen einem ständigen Wandel unterworfen sind, muss eine Sicherheitspolitik regelmäßig auf den neuesten Stand gebracht werden, um neuen Geschäftsrichtungen, dem technologischen Wandel und veränderten Ressourcenverteilungen Rechnung zu tragen.

## Zwei Stufen einer Sicherheitspolitik

Man kann sich eine Sicherheitspolitik in zwei Stufen vorstellen:

- Die Bedarfsstufe – Auf dieser Stufe legt eine Politik fest, bis zu welchem Grad Ihre Netzwerkeinrichtungen vor Einbruch oder Zerstörung geschützt werden müssen, und sie schätzt auch die Kosten (die Konsequenzen) einer Sicherheitslücke ab. Zum Beispiel könnte eine Vorgabe der Politik darin bestehen, dass nur Mitarbeiter der Personalabteilung Zugang zu den Personaldaten erhalten dürfen oder dass nur IS-Mitarbeiter die Backbone-Router konfigurieren dürfen. Die Politik könnte auch die Konsequenzen eines Netzwerkausfalls (aufgrund von Sabotage) berücksichtigen oder die Folgen, wenn sensible Informationen versehentlich in die Öffentlichkeit gelangen.

- Die Ausführungsstufe – In der Ausführungsstufe legt eine Politik Richtlinien fest, um die Politik der Bedarfsstufe umzusetzen, und sie verwendet hierzu eine bestimmte Technologie in einer vorbestimmten Weise. Zum Beispiel könnte die Politik der Ausführungsstufe Access-Listen erfordern, die dahingehend konfiguriert sind, dass nur Verkehr von internen Hostcomputern den Server erreichen kann, der die Personaldaten enthält.

Wenn Sie eine Sicherheitspolitik erarbeiten, legen Sie die Sicherheitsbedürfnisse fest, bevor Sie die nötigen Schutzmaßnahmen bestimmen, damit Sie nicht am Ende bestimmte technische Lösungen rechtfertigen müssen, die in Wahrheit nicht notwendig sind.

## Tipps zur Entwicklung einer effektiven Sicherheitspolitik

Um eine effektive Sicherheitspolitik zu entwickeln, sollten Sie die Empfehlungen der folgenden Abschnitte betrachten:

- Die Identifizierung Ihrer schützenswerten Netzwerkeinrichtungen
- Die Bestimmung der Risikopunkte
- Die Einschränkung der Zugangsbereiche
- Das Erkennen von Annahmen
- Die Bestimmung der Kosten von Sicherheitsmaßnahmen
- Die Berücksichtigung humaner Faktoren
- Die Begrenzung der Geheimnismenge
- Die Einführung eines umfassenden, bestmöglichen Schutzes
- Das Verstehen typischer Netzwerkfunktionen
- Die Rückbesinnung auf die physikalische Absicherung

## Die Identifizierung Ihrer schützenswerten Netzwerkeinrichtungen

Der erste Schritt zur Entwicklung einer Sicherheitspolitik liegt im Verstehen und Identifizieren der Netzwerkeinrichtungen Ihrer Organisation. Netzwerkeinrichtungen beinhalten die folgenden Komponenten:

- Die an ein Netzwerk angeschlossenen Hosts (z.B. PCs; dazu gehören auch die Betriebssysteme der Hosts, die Anwendungen und Dateien)
- Die Netzwerkgeräte (z.B. Router)
- Die Netzwerkdaten (Daten, die durch das Netzwerk reisen)

Es ist notwendig, sowohl Ihre Netzwerkeinrichtungen zu identifizieren als auch den Grad zu bestimmen, mit dem die einzelnen Einrichtungen abgesichert werden müssen. Zum Beispiel kann ein Subnetzwerk von Hosts äußerst sensible Daten enthalten, die um jeden Preis geschützt werden müssen, während ein weiteres Subnetzwerk von Hosts nur schwach gegen Sicherheitsrisiken abgesichert werden muss, da eine Ausspähung dieses Subnetzwerks weniger Kosten verursachen würde.

## Die Bestimmung der Risikopunkte

Es ist sehr wichtig zu wissen, wie potentielle Einbrecher in das Netzwerk Ihrer Organisation eindringen oder Netzwerkoperationen sabotieren können. Besonders zu berücksichtigen sind die Bereiche der Netzwerkverbindungen, Einwählpunkte und der fehlerhaft konfigurierten Hosts. Fehlerhaft konfigurierte Hosts werden als Einbruchstellen in ein Netzwerk häufig übersehen. Dies können Systeme mit ungeschützten Login-Accounts (Gast-Accounts) sein, sie können die Möglichkeit der Ausführung von Remote-Befehle zulassen (z.B. **rlogin** und **rsh**), es können aber auch ungenehmigte Modems angeschlossen sein oder es können einfach nachvollziehbare Passwörter verwendet werden.

## Die Einschränkung der Zugangsbereiche

Organisationen können vielfache Barrieren innerhalb von Netzwerken errichten, um zu verhindern, dass das illegale Eindringen in einen Teil des Systems nicht automatisch den Zugriff auf die gesamte Infrastruktur ermöglicht. Auch wenn die Unterhaltung einer hohen Sicherheitsstufe für das gesamte Netzwerk nicht finanzierbar ist (sowohl in Bezug auf Systeme und Ausrüstung als auch in Bezug auf die Produktivität), besteht meist die Möglichkeit, die sensibleren Bereiche Ihres Netzwerks mit einer höheren Sicherheitsstufe zu schützen.

## Das Erkennen von Annahmen

Jedes Sicherheitssystem basiert auf zu Grunde liegenden Annahmen. Eine Organisation kann beispielsweise annehmen, dass ihr Netzwerk nicht angezapft wird, dass Eindringlinge nicht gut unterrichtet sind, dass Einbrecher Standardsoftware verwenden oder dass ein abgeschlossener Raum sicher ist. Es ist sehr wichtig, solche Annahmen zu erkennen, zu betrachten und Ihre Annahmen zu berichtigen: Jede verborgene Annahme ist eine potentielle Sicherheitslücke.

### Die Bestimmung der Kosten von Sicherheitsmaßnahmen

Allgemein gesehen hat die Schaffung von Sicherheit ihren Preis. Dieser Preis ist messbar anhand erhöhter Verbindungszeiten, anhand der Unbequemlichkeit der Benutzerlegitimation, um Zugang zu den Einrichtungen zu erhalten, oder anhand des erhöhten Netzwerkmanagementbedarfs und manchmal auch anhand der tatsächlich investierten Finanzen, die für Geräte oder Softwareupgrades aufgewendet werden.

Einige Sicherheitsmaßnahmen stören unzweifelhaft einige anspruchsvolle Benutzer. Sicherheitsmaßnahmen können die Arbeit verzögern, kostspieligen administrativen und Schulungs-Overhead verursachen, signifikante Prozessorressourcen beanspruchen und spezielle Hardware erfordern.

Wenn Sie sich entscheiden, welche Sicherheitsmaßnahmen durchzuführen sind, sollten Sie eine Übersicht über deren Preis haben und diesen gegenüber den potentiellen Vorteilen abwägen. Wenn der Preis für die Sicherheit nicht proportional zu den tatsächlichen Gefahren ist, dann stellt deren Durchführung keinen Dienst für die Organisation dar.

### Die Berücksichtigung humaner Faktoren

Wenn Sicherheitsmaßnahmen mit essentiellen Systemanwendungen in Konflikt treten, werden einige Benutzer diese Maßnahmen ablehnen und manche werden sie sogar umgehen. Viele Sicherheitsverfahren scheitern, da ihre Designer diese Tatsache nicht berücksichtigen. Da beispielsweise automatisch erzeugte »Nonsens«-Passwörter sehr schwer zu merken sind, schreiben Benutzer diese oft auf die Unterseite ihrer Tastatur. Eine »sichere« Tür zu dem Raum, in dem sich das einzige Bandsicherungsgerät eines Systems befindet, ist hin und wieder nur angelehnt. Aus Bequemlichkeit sind häufig ungenehmigte Modems mit einem Netzwerk verbunden, um aufwendige Sicherheitsverfahren bei der Einwahl zu vermeiden. Um sicherzustellen, dass Ihre Sicherheitsmaßnahmen befolgt werden, muss es den Benutzern möglich sein, ihre Arbeit zu verrichten und gleichzeitig das Bedürfnis nach Sicherheit zu verstehen und zu akzeptieren.

Jeder Benutzer kann bis zu einem gewissen Grad die Systemsicherheit gefährden. Zum Beispiel kann ein Einbrecher häufig dadurch Passwörter erfahren, dass er legitime Benutzer einfach anruft, behauptet ein Systemadministrator zu sein und nach deren Passwort fragt. Wenn Benutzer ein Verständnis über Sicherheitsfragen besitzen und deren Ursachen kennen, dann sind sie wesentlich weniger anfällig dafür, die Sicherheit auf diese Weise zu gefährden.

Die Definition solch humaner Faktoren und aller korrespondierenden Verfahrensweisen muss als formaler Teil in Ihrer kompletten Sicherheitspolitik integriert werden.

Als Minimalanforderung müssen die Benutzer darüber belehrt werden, niemals Passwörter oder andere Geheimnisse über ungeschützte Telefonleitungen preiszugeben (vor allem nicht über Mobiltelefone oder Telefonzellen) oder auch über elektronische Mail. Sie sollten vorsichtig sein gegenüber Fragen, die von Menschen am Telefon gestellt werden. Einige Unternehmen haben ein offizielles Netzwerksicherheitstraining für ihre Mitarbeiter eingerichtet, bei dem Beschäftigte erst dann Zugang zum Netzwerk erhalten, wenn sie ein formelles Trainingsprogramm absolviert haben.

### Die Begrenzung der Geheimnismenge

Sicherheit basiert zumeist auf Geheimnissen. Zum Beispiel sind Passwörter und Verschlüsselungen Geheimnisse. Je mehr Geheimnisse jedoch existieren, um so schwieriger ist es, alle zu hüten. Daher ist es angeraten, eine Sicherheitspolitik zu konzipieren, die auf einer beschränkten Anzahl von Geheimnissen beruht. Letztendlich ist das wichtigste Firmengeheimnis die Information, mit deren Hilfe die Sicherheitsvorrichtungen umgangen werden können.

### Die Einführung eines umfassenden, bestmöglichen Schutzes

Gehen Sie systematisch vor, um einen Schutz aufzubauen, der mehrere sich überlappende Sicherheitsmethoden beinhaltet.

Praktisch jede Änderung, die an einem System vorgenommen wird, kann die Sicherheit gefährden. Dies gilt vor allem, wenn neue Dienste eingeführt werden. Die Systemadministratoren, Programmierer und Benutzer müssen bei jeder Änderung die Folgen für die Sicherheit berücksichtigen. Das Verständnis über die Sicherheitsauswirkungen einer Änderung verlangt Erfahrung. Es erfordert ein Querdenken und die Bereitschaft, jede Möglichkeit durchzugehen, mit der ein Dienst manipuliert werden kann. Das Ziel jeder Sicherheitspolitik liegt in der Erzeugung einer Umgebung, die nicht anfällig gegenüber jeder kleineren Änderung ist.

### Das Verstehen typischer Netzwerkfunktionen

Sie sollten verstehen, wie Ihr Netzwerksystem normalerweise funktioniert, sich bewusst sein, was ein typisches und was ein untypisches Verhalten ist, und damit vertraut sein, wie Geräte gewöhnlich genutzt werden. Diese Art von Bewusstsein hilft der Organisation beim Auffinden von Sicherheitsproblemen. Das Beobachten ungewöhnlicher Ereignisse kann hilfreich sein, um Eindringlinge zu erwischen, bevor sie dem System Schaden zufügen können. Softwareanalysetools können dabei helfen, ungewöhnliche Ereignisse zu entdecken, aufzuzeichnen und nachzuverfolgen. Darüber hinaus sollte eine Organisation genau wissen, auf welche Software sie sich verlässt, mit der diese Analysen ausgeführt werden, und ein Sicherheitssystem sollte nicht auf der Annahme beruhen, dass jede Software frei von Fehlern ist.

### Die Rückbesinnung auf die physikalische Absicherung

Der physikalische Schutz Ihrer Netzwerkgeräte und Hosts darf nicht vernachlässigt werden. Zum Beispiel wird der physikalische Schutz vieler Anlagen durch Sicherheitspersonal, Kameraüberwachung, Eingangskontrolle per Kartensystem oder andere Mittel durchgeführt, um den physikalischen Zugang zu Netzwerkgeräten und

Hosts zu kontrollieren. Der physikalische Zugang zu einem Computer oder Router gibt einem geschulten Benutzer die vollständige Kontrolle über dieses Gerät. Der physikalische Zugang zu einer Netzwerkverbindung ermöglicht es gewöhnlich einer Person, diese Verbindung anzuzapfen, sie zu verstopfen oder Verkehr einzuleiten. Softwarebasierte Sicherheitsverfahren können oft umgangen werden, wenn der Zugriff auf die Hardware nicht kontrolliert wird.

## Das Erkennen von Sicherheitsrisiken und Cisco-IOS-Lösungen

Die Cisco-IOS-Software bietet einen umfangreichen Satz von Sicherheitsmaßnahmen zum Schutz vor bestimmten Sicherheitsrisiken.

Dieser Abschnitt beschreibt einige alltägliche Sicherheitsrisiken, die in Ihrem Netzwerk auftreten können und er beschreibt, wie die Cisco-IOS-Software verwendet werden kann, um sich vor jedem dieser Risiken zu schützen:

– Der Schutz vor unautorisiertem Zugriff auf Netzwerkgeräte

– Der Schutz vor unautorisiertem Zugriff auf Netzwerke

– Der Schutz vor dem Abfangen von Netzwerkdaten

– Der Schutz vor betrügerischen Routenupdates

### Der Schutz vor unautorisiertem Zugriff auf Netzwerkgeräte

Wenn eine Person die Möglichkeit erlangt, über eine Konsole oder ein Terminal auf ein Netzwerkgerät zuzugreifen, z.B. auf einen Router, einen Switch oder einen Netzwerk-Access-Server, so könnte diese Person Ihrem Netzwerk erheblichen Schaden zufügen – beispielsweise durch eine Rekonfiguration dieses Geräts oder einfach durch ein Einsehen der Informationen der vorhandenen Gerätekonfiguration.

Typischerweise sollen Administratoren Zugriff auf Ihr Netzwerkgerät erhalten. Sie werden nicht wollen, dass andere Benutzer Ihres Local-Area-Netzwerks oder sich in das Netzwerk einwählende Benutzer Zugang zu einem Router haben.

Benutzer können auf Cisco-Netzwerkgeräte zugreifen, indem sie sich von außerhalb des Netzwerks über einen asynchronen Port einwählen, sich von außerhalb des Netzwerks über einen seriellen Port oder per Terminal oder Workstation aus dem lokalen Netzwerk heraus mit ihnen verbinden.

Um den unautorisierten Zugriff auf ein Netzwerkgerät zu verhindern, sollten Sie eine oder mehrere dieser Sicherheitsmaßnahmen konfigurieren:

– Als Minimalanforderung sollten Sie Passwörter und Privilegien auf jedem Netzwerkgerät für alle Geräteverbindungen und -ports konfigurieren, wie es in Kapitel 34 »Die Konfiguration von Passwörtern und Privilegien« beschrieben wird. Diese Passwörter sind im Netzwerkgerät gespeichert. Wenn Benutzer versuchen, auf das

Gerät über bestimmte Verbindungen oder Ports zuzugreifen, dann müssen sie das Passwort eingeben, das der Verbindung oder dem Port zugewiesen wurde, bevor sie Zugriff auf das Gerät erhalten.

- Als zusätzliche Sicherheitsstufe können Sie auch Paarungen aus Benutzername/Passwort konfigurieren, die in einer Datei im Netzwerkgerät gespeichert werden, wie es in Kapitel 34 »Die Konfiguration von Passwörtern und Privilegien« beschrieben wird. Diese Paare werden Verbindungen oder Schnittstellen zugeordnet und authentifizieren jeden Benutzer, bevor dieser Zugriff auf das Gerät erhält. Wenn Sie Privilegienlevel festgelegt haben, können Sie auch jeder Benutzername/Passwort-Paarung einen bestimmten Privileglevel (mit den zugeordneten Rechten und Privilegien) zuweisen.

- Wenn Sie die Benutzername/Passwort-Paarungen nutzen wollen, sie jedoch nicht lokal auf jedem einzelnen Netzwerkgerät, sondern zentral speichern wollen, dann können Sie diese in einer Datenbank auf einem Sicherheits-Server sichern. Mehrere Netzwerkgeräte können so dieselbe Datenbank nutzen, um die Informationen zur BenutzerAuthentifizierung (und gegebenenfalls auch zur Autorisierung) zu erhalten. Cisco unterstützt eine ganze Reihe von Sicherheits-Server-Protokollen, z.B. RADIUS, TACACS+ und Kerberos. Wenn Sie sich dafür entscheiden, die Datenbank auf einem Sicherheits-Server zur Speicherung von Benutzername/Passwort-Paarungen für das Login zu verwenden, müssen Sie Ihren Router oder Access-Server so konfigurieren, dass er das geeignete Protokoll unterstützt. Darüber hinaus müssen Sie vermutlich das AAA aktivieren, da die meisten unterstützten Sicherheits-Protokolle über die AAA-Sicherheitsdienste administriert werden müssen. Weitere Informationen über Sicherheits-Protokolle und das AAA finden Sie in den Kapiteln des Teils I »Authentifizierung, Autorisierung und Accounting (AAA)«.

> **ANMERKUNG**
> Cisco empfiehlt, dass nach Möglichkeit immer das AAA zur Durchführung der Authentifizierung verwendet wird.

- Wenn Sie einzelnen Benutzern bestimmte Rechte und Privilegien zuweisen möchten, können Sie das Autorisierungsverfahren des AAA nutzen, indem Sie ein Sicherheits-Protokoll wie z.B. TACACS+ oder RADIUS verwenden. Weitere Informationen über Sicherheits-Protokollverfahren und das AAA finden Sie in den Kapiteln des Teils I »Authentifizierung, Autorisierung und Accounting (AAA)«.

- Wenn Sie eine Ausweich-Authentifizierungsmethode verwenden möchten, müssen Sie das AAA konfigurieren. Das AAA ermöglicht es Ihnen, die Hauptmethode zur Authentifizierung von Benutzern festzulegen (z.B. eine Benutzername/Passwort-Datenbank, die auf einem TACACS+-Server gespeichert wird) und daraufhin Ausweichmethoden festzulegen (z.B. eine lokal gespeicherte Benutzername/Passwort-Datei). Die Ausweichmethode wird angewendet, wenn die Datenbank für die Hauptmethode nicht durch das Netzwerkgerät erreicht werden kann. Um das

AAA zu konfigurieren, beachten Sie die Kapitel des Teils I »Authentifizierung, Autorisierung und Accounting (AAA)«. Sie können bis zu vier getrennte Ausweichmethoden konfigurieren.

> **ANMERKUNG**
>
> Wenn Sie keine Ausweichmethoden konfiguriert haben, wird jeder Zugriff auf das Gerät immer dann abgelehnt werden, wenn die Benutzername/Passwort-Datenbank aus irgendeinem Grund nicht erreicht werden kann.

- Wenn Sie eine Aufzeichnung der Benutzerzugriffe vornehmen wollen, müssen Sie das AAA-Accounting konfigurieren, das in Kapitel 6 »Die Konfiguration des Accountings« beschrieben ist.

## Der Schutz vor unautorisiertem Zugriff auf Netzwerke

Wenn eine Person den unautorisierten Zugang in das interne Netzwerk Ihrer Organisation erlangt, dann kann diese Person Schäden in vielerlei Hinsicht anrichten, z.B. kann sie auf sensible Dateien eines Hosts zugreifen, einen Virus einschleusen oder die Netzwerkperformance verringern, indem Sie Ihr Netzwerk mit falschen Datenpaketen überschwemmt.

Dieses Risiko liegt auch dann vor, wenn eine Person innerhalb Ihres Netzwerks versucht, auf ein anderes internes Netzwerk zuzugreifen, z.B. auf das Subnetzwerk der Forschungs- und Entwicklungsabteilung, das sensible und kritische Daten enthält. Diese Person könnte mutwillig oder unbeabsichtigt Schaden anrichten. Sie könnte beispielsweise vertrauliche Dateien einsehen oder einen zeitkritischen Drucker abstürzen lassen.

Um vor dem unautorisierten Zugriff über ein Netzwerkgerät auf ein Netzwerk zu schützen, sollten Sie eine oder mehr der folgenden Sicherheitsmaßnahmen konfigurieren:

- Die Verkehrsfilterung – Cisco verwendet Access-Listen, um den Verkehr auf Netzwerkgeräten zu filtern. Einfache Access-Listen lassen lediglich bestimmten Verkehr durch das Gerät hindurch. Anderer Verkehr wird einfach verworfen. Sie können einzelne Hosts oder Subnetze festlegen, die Zugang in das Netzwerk erhalten und Sie können auch festlegen, welche Art von Verkehr in das Netzwerk geleitet wird. Einfache Access-Listen filtern den Verkehr im Allgemeinen anhand der Quell- und Zieladressen des Pakets anhand des Paketprotokolltyps.

    Auch die erweiterte Verkehrsfilterung ist möglich, mit der zusätzliche Filtermöglichkeiten einsetzbar sind. Zum Beispiel erfordert das Schlüssel-Schloss-Sicherheitsverfahren, dass sich jeder Benutzer mit Benutzernamen und Passwort authentifiziert, bevor der Verkehr dieses Benutzers in das Netzwerk gelassen wird.

    All diese Cisco-IOS-Verkehrsfilterungsmöglichkeiten sind in den Kapiteln des Teils III »Verkehrsfilterung und Firewalls« beschrieben.

– Die Authentifizierung – Sie können verlangen, dass sich Benutzer authentifizieren, bevor sie Zugang in das Netzwerk erhalten. Wenn Benutzer versuchen, auf einen Dienst oder Host innerhalb des geschützten Netzwerks zuzugreifen (z.B. eine Webseite oder einen Datei-Server), dann müssen sie erst bestimmte Daten eingeben, z.B. einen Benutzernamen und ein Passwort und möglicherweise zusätzliche Informationen, wie ihr Geburtsdatum oder den Mädchennamen ihrer Mutter. Nach der erfolgreichen Authentifizierung (die von der Authentifizierungsmethode abhängt) werden dem Benutzer bestimmte Privilegien zugewiesen, die es ihm erlauben, auf bestimmte Netzwerkeinrichtungen zuzugreifen. In den meisten Fällen wird diese Art von Authentifizierung dadurch ermöglicht, dass das CHAP oder PAP über eine serielle PPP-Verbindung gemeinsam mit einem bestimmten Sicherheits-Protokoll, z.B. TACACS+ oder RADIUS, verwendet wird.

Wie beim Schutz vor unautorisiertem Zugriff auf bestimmte Netzwerkgeräte müssen Sie sich auch hier entscheiden, ob die Authentifizierungsdatenbank lokal oder auf einem separaten Sicherheits-Server gespeichert werden soll. In diesem Falle ist eine lokale Sicherheitsdatenbank sinnvoll, wenn Sie sehr wenige Router besitzen, die den Netzwerkzugang ermöglichen. Eine lokale Sicherheitsdatenbank erfordert keinen separaten (und teuren) Sicherheits-Server. Eine ausgelagerte, zentral gespeicherte Sicherheitsdatenbank ist nur dann angebracht, wenn Sie eine große Anzahl von Routern betreiben, die den Netzwerkzugang ermöglichen, da dieses Verfahren verhindert, dass Sie jeden Router mit neuen oder geänderten Authentifizierungs- und Autorisierungsinformationen von möglicherweise Hunderttausenden von Einwählnutzern aktualisieren müssen. Eine zentrale Sicherheitsdatenbank ermöglicht auch die Erstellung eines einheitlichen Einwahlverfahrens innerhalb eines gesamten Unternehmens.

Die Cisco-IOS-Software unterstützt eine ganze Reihe von Authentifizierungsmethoden. Auch wenn das AAA die primäre (und die empfohlene) Methode für die Zugangskontrolle ist, bietet die Cisco-IOS-Software zusätzliche Verfahren für eine einfache Zugangskontrolle, die nicht vom AAA abgedeckt werden. Hierzu finden Sie weitere Informationen in Kapitel 2 »Die Konfiguration der Authentifizierung«.

## Der Schutz vor dem Abfangen von Netzwerkdaten

Wenn Pakete über ein Netzwerk wandern, dann können sie gelesen, verändert oder »entführt« werden. Entführungen treten dann auf, wenn eine hinterhältige Gegenseite eine Netzwerkverkehrssitzung abfängt und sich selbst als einen der Sitzungsendpunkte ausgibt.

Wenn die Daten über ein ungesichertes Netzwerk wandern, z.B. durch das Internet, dann sind die Daten deutlichen Risiken ausgesetzt. Sensible oder geheime Daten könnten in die Öffentlichkeit gelangen, kritische Daten könnten verändert und Kommunikationen unterbrochen werden, wenn Daten abgeändert werden.

Um die Daten während ihrer Reise über ein Netzwerk zu schützen, sollten Sie die Verschlüsselung der Netzwerkdaten konfigurieren, die in Kapitel 26 »Die Konfiguration der Cisco-Verschlüsselungs-Technologie (CET)« beschrieben ist.

Die CET schützt gerouteten Verkehr vor der Ausspähung und Veränderung, während er über ein Netzwerk reist. Dieses Verfahren verschlüsselt auf einem Cisco-Router die IP-Pakete, diese werden als verschlüsselte Informationen über ein Netzwerk geroutet und auf dem Cisco-Zielrouter wieder entschlüsselt. Zwischen den beiden Routern haben die Pakete eine verschlüsselte Form und können daher nicht gelesen oder verändert werden. Sie können festlegen, welcher Verkehr zwischen den beiden Routern verschlüsselt werden soll, je nachdem welche Daten die sensibelsten oder kritischsten sind.

Wenn Sie den Verkehr von Nicht-IP-Protokollen schützen wollen, so können Sie diese anderen Protokolle durch die Verwendung der GRE-Einkapselung in IP-Pakete einpacken und anschließend die IP-Pakete verschlüsseln.

Gewöhnlich verwenden Sie die CET nicht für Verkehr, der über Netzwerke geroutet wird, die als sicher erachtet werden. Sie sollten die Verwendung der CET dann in Betracht ziehen, wenn Ihrer Organisation dadurch Schaden zugefügt werden kann, dass der Verkehr, der über ungesicherte Netzwerke gesendet wird, z.B. über das Internet, durch unautorisierte Individuen ausgespäht oder verändert werden kann.

### Der Schutz vor betrügerischen Routenupdates

Alle Routing-Geräte bestimmen die Routen für einzelne Pakete durch die Verwendung von Informationen, die in Routentabellen gespeichert sind. Diese Routentabelleninformationen werden dadurch erzeugt, dass Routenupdates ausgewertet werden, die von benachbarten Routern empfangen werden.

Wenn ein Router ein betrügerisches Update empfängt, kann der Router dazu gebracht werden, den Verkehr an das falsche Ziel weiterzuleiten. In der Folge können sensible Daten in die falschen Hände geraten oder es kann eine Netzwerkkommunikation unterbrochen werden.

Um zu gewährleisten, dass nur Routenupdates von bekannten und vertrauenswürdigen Nachbar-Routern empfangen werden, sollten sie die Authentifizierung der Nachbar-Router konfigurieren, die in Kapitel 36 »Die Authentifizierung der Nachbar-Router: Überblick und Vorgehensweise« beschrieben ist.

## Über die Cisco IOS 12.0 Referenzbibliothek

Die Bücher der Cisco IOS 12.0 Referenzbibliothek sind Cisco-Dokumentationen, die die notwendigen Aufgaben und Befehle beschreiben, um Ihr Cisco-IOS-Netzwerk zu konfigurieren und zu betreiben.

Der Satz von Cisco-IOS-Softwarebüchern wendet sich vor allem an Benutzer, die Access-Server und Router konfigurieren und betreiben, aber nicht mit allen ihren Möglichkeiten vertraut sind, mit den Beziehungen zwischen den einzelnen Möglichkeiten oder auch mit den notwendigen Befehlen, um bestimmte Aufgaben auszuführen.

## Die Organisation der Cisco-IOS-Referenzbibliothek

Die Cisco IOS 12.0 Referenzbibliothek besteht aus elf Büchern. Jedes Buch enthält technologiespezifische Konfigurationskapitel, gefolgt von entsprechenden Kapiteln zur Befehlsbeschreibung. Jedes Konfigurationskapitel beschreibt Ciscos Verwendung der Protokolle und Technologien, die Konfigurationsmöglichkeiten und enthält ausführliche Konfigurationsbeispiele. Jedes Kapitel zur Befehlsbeschreibung ergänzt die Organisation der entsprechenden Konfigurationskapitel und bietet eine umfassende Syntaxbeschreibung der Befehle.

## Die erhältlichen Bücher der Cisco IOS 12.0 Referenzbibliothek

- Cisco IOS 12.0 Solutions for Network Protocols, Volume I: IP, 1-57870-154-6
  Dieses Buch ist ein umfassender Ratgeber, der die verfügbaren IP- und IP-Routingalternativen im Detail erklärt. Es beschreibt die Durchführung der IP-Adressierung und der IP-Dienste und die Konfiguration zur Unterstützung vielfältiger IP-Routingprotokolle, das BGP für ISP-Netzwerke eingeschlossen, sowie die einfachen und die erweiterten IP-Multicastfunktionen.

- Cisco IOS 12.0 Configuration Fundamentals, 1-57870-155-4
  Dieser umfassende Ratgeber beschreibt ausführlich die Grundlagen der Konfiguration von Cisco IOS. Sie erhalten einen vollständigen Überblick über Techniken zur Konfiguration und Wartung von Routern und Access-Servern. Neben der Einbindung praktischer Anleitungen und schrittweisen Erläuterungen erklärt dieses Buch auch die komplette Syntax der Router- und Access-Serverbefehle und zeigt individuelle Beispiele für jeden Befehl.

- Cisco IOS 12.0 Interface Configuration, 1-57870-156-2
  Dieses Buch ist ein umfassender Ratgeber, der die Konfiguration physikalischer und virtueller Schnittstellen ausführlich beschreibt – die zwei Arten von Schnittstellen, die auf Cisco-Routern unterstützt werden. Es bietet Ihnen die neuesten Informationen über Routeranwendungen und Befehle für Ihre Netzwerkumgebungen und erklärt den wirkungsvollen Einsatz dieser Techniken und Befehle in Ihren Netzwerken.

- Cisco IOS 12.0 Wide Area Netzwerking Solutions, 1-57870-158-9
  Dieses Buch liefert einen vollständigen Überblick über die Internetzwerktechnologien, insbesondere über ATM, Frame-Relay, SMDS, LAPB und X.25. Es erklärt Ihnen, wie Sie die Technologien in einer LAN/WAN-Umgebung konfigurieren.

- Cisco IOS 12.0 Switching Services, 1-57870-157-0
  Dieses Buch ist ein umfassender Ratgeber, der die verschiedenen Switchingmöglichkeiten von Cisco IOS ausführlich beschreibt. Die Switchingdienste von Cisco reichen vom Fast-Switching und Netflow-Switching bis hin zur LAN-Emulation.

Dieses Buch beschreibt die Konfiguration des Routings zwischen virtuellen LANs (VLANs) und erklärt, wie Sie VLANs wirkungsvoll auf Switches konfigurieren und betreiben.

- Cisco IOS 12.0 Multiservice Applications, 1-57870-159-7
Dieses Buch beschreibt die Konfiguration Ihres Routers oder Access-Servers zur Unterstützung von Voice-, Video- und Breitbandübertragungen. Die Voice- und Videounterstützung wird von Cisco durch die Verwendung der Voice-Pakettechnik erreicht. Bei der Voice-Pakettechnik wird das Paketformat und die Übertragung der Sprachsignale gemäß der ITU-T-Vorschrift H.323 ausgeführt, dies ist die ITU-T-Vorschrift zur Übertragung von Multimedia (Voice, Video und Daten) über ein Local-Area-Netzwerk (LAN).

- Cisco IOS 12.0 Netzwerk Security, 1-57870-160-0
Dieses Buch dokumentiert die Sicherheitskonfiguration von einer Fernwarte und für ein zentrales Unternehmens- oder Serviceprovidernetzwerk. Es beschreibt die Netzwerksicherheitsfeatures von AAA, Radius, TACACS+ und Kerberos. Des weiteren erklärt es auch das Verfahren zur Verschlüsselung von Daten über Unternehmensnetzwerke. Dieses Buch enthält viele Beispiele, die die Konfigurationen und Verfahren beschreiben, gemeinsam mit einer Diskussion über die Wahl der Sicherheitspolitik in einem Netzwerk und einige entscheidungsfördernde Ratschläge.

- Cisco IOS 12.0 Quality of Service, 1-57870-161-9
Cisco IOS 12.0 Quality of Service Solutions ist ein umfassender Ratgeber, der die Quality-of-Service-(QoS-)Features der Cisco IOS ausführlich beschreibt. Dieses Buch gibt Ihnen Anregungen über die Vorteile, die Sie bei der Anwendung der Cisco-IOS-QoS-Features erreichen können, und beschreibt die wirkungsvolle Konfiguration und Ausführung der verschiedenen QoS-Features. Einige der in diesem Buch beschriebenen Features beinhalten Committed-Access-Rate (CAR), Weighted-Fair-Queuing (WFQ) und Weighted-Random-Early-Detection (WRED) sowie viele weitere Features.

- Cisco IOS 12.0 Solutions for Network Protocols,
Volume II: IPX, AppleTalk, und More, 1-57870-164-3
Dieses Buch ist ein umfassender Ratgeber, der die verschiedenen Netzwerkprotokolle ausführlich beschreibt. Es erklärt die Ausführung diverser Protokolle in Ihrem Netzwerk. Dieses Buch beinhaltet eine Dokumentation der neuesten Funktionen der IPX- und AppleTalk-Desktop-Protokolle sowie die folgenden Netzwerkprotokolle: Apollo Domain, Banyan VINES, DECnet, ISO CLNS und XNS.

- Cisco IOS 12.0 Bridging und IBM Networking Solutions, 1-57870-162-7
Dieses Buch beschreibt die Unterstützung von Cisco für Netzwerke in IBM- und Bridging-Umgebungen. Die Unterstützung beinhaltet transparentes Bridging und transparentes Source-Route-Bridging, Source-Route-Bridging (SRB), Remote-Source-Route-Bridging (RSRB), Data-Link-Switching plus (DLS+), serielle Tunnel und blockierte serielle Tunnel, SDLC- und LLC2-Parameter, IBM-Netzwerkmediatranslation, Downstream-Physical-Unit und SNA-Servicepoint, die Unter-

stützung von SNA-Frame-Relay-Access, erweiterte Peer-to-Peer-Netzwerke und die Native-Client-Interface-Architektur (NCIA).

- Cisco IOS 12.0 Dial Solutions, 1-57870-163-5
  Dieses Buch liefert Ihnen Real-World-Lösungen und zeigt Ihnen, wie Sie diese in einem Netzwerk durchführen können. Kunden, die daran interessiert sind, Einwählmöglichkeiten in Ihrer Netzwerkumgebung zu schaffen, umfassen Personen, die sich von außen in ein Zentralbüro einwählen, Internet-Service-Provider (ISPs), ISP-Kunden in privaten Büros und Systemadministratoren eines Unternehmens-WANs, die das Dial-on-Demand-Routing (DDR) ausführen.

## Konventionen in diesem Buch

Die Cisco-IOS-Dokumentationsreihe verwendet die folgenden Konventionen:

| Konvention | Beschreibung |
|---|---|
| ^ oder Strg | Repräsentiert die Steuerungstaste. Wenn Sie beispielsweise ^D oder *Strg-D* lesen, sollten Sie die Steuerungstaste gedrückt halten, während Sie ein D eingeben. Tasten werden in fetten Buchstaben angezeigt und es wird nicht zwischen Groß- und Kleinschreibung unterschieden. |
| *Text* | Ein Text ist eine Folge von Zeichen ohne Anführungszeichen. Wenn Sie z.B. den SNMP-Communitytext auf public setzen, dann dürfen Sie den Text nicht in Anführungszeichen setzen. Sonst würde der Text auch die Anführungszeichen enthalten. |

Beispiele verwenden die folgenden Konventionen:

| Konvention | Beschreibung |
|---|---|
| `Bildschirm` | Zeigt eine Beispielinformation, die am Bildschirm angezeigt wird. |
| `Fett gedruckter Bildschirm` | Zeigt eine Beispielinformation, die Sie eingeben müssen. |
| < > | Nicht angezeigte Zeichen, z.B. Passwörter, werden in Kleiner/Größer-Zeichen eingeschlossen. |
| ! | Ein Ausrufezeichen am Beginn einer Zeile zeigt eine Kommentarzeile an. Bei bestimmten Prozessen werden Sie auch von der Cisco-IOS-Software angezeigt. |
| [ ] | Standardantworten auf Systemeingaben werden in eckigen Klammern angezeigt. |

Die folgenden Konventionen werden verwendet, um den Leser auf etwas hinzuweisen:

> **STOP**
>
> Das Stop-Icon bedeutet *Bitte Vorsicht*. In dieser Situation könnten Sie etwas ausführen, das zu Geräteschäden oder Datenverlust führen kann.

> **ANMERKUNG**
>
> Das Note-Icon bedeutet *Bitte beachten*. Hier stehen hilfreiche Empfehlungen und Verweise auf Informationen, die nicht in diesem Handbuch enthalten sind.

> **TIPP**
>
> Das Tipp-Icon bedeutet *Diese Aktion spart Zeit*. Sie können Zeit sparen, wenn Sie die Aktion ausführen, die in diesem Abschnitt beschrieben ist.

Der Begriff Router wird sowohl für Router als auch für Access-Server verwendet. Wird ein Feature nur von einem Access-Server unterstützt, wird der Begriff Access-Server verwendet.

Innerhalb der Beispiele werden Router und Access-Server im Wechsel gezeigt. Diese Geräte werden nur zu Beispielzwecken verwendet. Die Verwendung eines Geräts in einem Beispiel bedeutet nicht, dass das andere Gerät nicht unterstützt wird.

## Die Konventionen in der Befehlssyntax

Befehlsbeschreibungen verwenden folgende Konventionen:

| Konvention | Beschreibung |
|---|---|
| **fettgedruckt** | Dies sind Befehle und Schlüsselwörter, die eingegeben werden, wie sie hier gezeigt werden. |
| *kursiv* | Dies sind Argumente, bei denen Werte eingegeben werden sollen. Bei Texten, in denen keine kursive Schrift möglich war, sind die Argumente in Kleiner/Größer-Zeichen eingeschlossen (< >). |
| [x] | Eckige Klammern umschließen optionale Elemente. |
| {x \| y \| z} | Eine Auswahl erforderlicher Schlüsselwörter (hier x, y und z) erscheint in geschwungenen Klammern und durch vertikale Striche getrennt. Eines muss ausgewählt werden. |
| [x {y \| z}] | Geschwungene Klammern und vertikale Striche innerhalb von eckigen Klammern bedeuten eine notwendige Auswahl innerhalb eines optionalen Elements. Sie müssen keines verwenden. Wenn Sie es jedoch tun, müssen Sie eines davon auswählen. |

## Cisco-Connection-Online

Cisco-Connection-Online (CCO) ist der erste aktuelle Support-Channel von Cisco-Systems. Wartungskunden und Partner können sich selbst bei CCO registrieren lassen, um zusätzliche Informationen und Dienste zu erhalten.

CCO ist 7 Tage die Woche rund um die Uhr verfügbar und bietet reichhaltige Standard- und Vorzugsdienste für die Kunden und Geschäftspartner von Cisco. Die CCO-Dienste beinhalten Produktinformationen, Produktdokumentationen, Softwareupdates, Versionshinweise, technische Tipps, den Bug-Navigator, Konfigurationshinweise, Broschüren, Beschreibungen von Dienstangeboten und die Möglichkeit des Downloads von öffentlichen und autorisierten Dateien.

CCO bedient eine große Zahl von Benutzern über zwei Schnittstellen, die ständig aktualisiert und erweitert werden: eine textbasierte Version und eine Multimediaversion, die im World Wide Web (WWW) zu finden ist. Die textbasierte Version des CCO unterstützt Zmodem, Kermit, Xmodem, FTP und E-mail und ist exzellent für den schnellen Zugriff auf Informationen über geringe Bandbreiten. Die WWW-Version des CCO bietet eine bessere Aufmachung der Dokumente mit Fotos, Abbildungen, Grafiken und Videos sowie Hyperlinks zu verwandten Informationen.

Sie können CCO über die folgenden Adressen finden:

- WWW: http://www.cisco.com
- WWW: http://www-europe.cisco.com
- WWW: http://www-china.cisco.com
- Telnet: cco.cisco.com
- Modem: in Nordamerika: 408-526-8070; in Europa: 33 1 64 46 40 82. Verwenden Sie die folgenden Terminaleinstellungen: VT100-Emulation; Datenbits: 8; Parity: none; Stopbits: 1 und Verbindungsraten bis zu 28.8 kbps.

## Die Verwendung der Cisco-IOS-Software

Dieser Abschnitt gibt Ihnen hilfreiche Tipps, um die Cisco-IOS-Software unter Verwendung der Befehlszeilenschnittstelle zu verstehen und zu konfigurieren.

### Das Aufrufen der Hilfe

Durch die Eingabe eines Fragezeichens (?) an der Systemeingabeaufforderung werden eine Reihe von Befehlen aufgelistet, die für jeden Befehlsmodus zur Verfügung stehen. Sie können auch eine Liste aller zu einem Befehl gehörenden Schlüsselwörter und Argumente aufrufen mit dem textsensitiven Help-Feature.

Verwenden Sie die folgenden Befehle, um die Hilfe zu einem bestimmten Befehlsmodus, einem Befehl, einem Schlüsselwort oder einem Argument zu erhalten:

| Befehl | Folge |
|---|---|
| help | Liefert eine Kurzbeschreibung des Hilfesystems in jedem Befehlsmodus an. |
| *Abgekürzte Befehlseingabe*? | Liefert eine Liste von Befehlen, die mit einer bestimmten Zeichenfolge beginnen (kein Leerzeichen zwischen Befehl und Fragezeichen). |
| *Abgekürzte Befehlseingabe* <Tab> | Vollendet einen teilweise eingegebenen Befehl. |
| ? | Listet alle Befehle auf, die in einem bestimmten Befehlsmodus verfügbar sind. |
| *Befehl* ? | Listet die zu einem Befehl gehörigen Schlüsselwörter auf (Leerzeichen zwischen Befehl und Fragezeichen.) |
| *Befehl Schlüsselwort* ? | Listet die zu einem Schlüsselwort gehörigen Argumente auf (Leerzeichen zwischen Schlüsselwort und Fragezeichen.) |

### Beispiel: Wie man Befehlsoptionen findet

Dieser Abschnitt zeigt ein Beispiel, wie die Syntax für einen Befehl angezeigt wird. Die Syntax kann aus optionalen oder notwendigen Schlüsselwörtern bestehen. Um die Schlüsselwörter für einen Befehl zu erhalten, geben Sie ein Fragezeichen (?) an der Konfigurationseingabe ein oder aber nach Eingabe eines Teils eines Befehls und einem Leerzeichen. Die Cisco-IOS-Software zeigt daraufhin eine Liste der verfügbaren Schlüsselwörter an, zusammen mit einer Kurzbeschreibung der Schlüsselwörter. Wenn Sie sich z.B. im globalen Konfigurationsmodus befinden und den Befehl **arap** eingegeben haben und alle Schlüsselwörter dieses Befehls wissen wollen, würden Sie **arap ?** eingeben.

Die folgende Tabelle zeigt Beispiele, wie Sie das Fragezeichen (?) verwenden können, um Hilfen bei der Eingabe der Befehle zu erhalten. Sie führt Sie durch die Eingabe der folgenden Befehle:

- controller t1 1
- cas-group 1 timeslots 1-24 type e&m-fgb dtmf

| Befehl | Kommentar |
|---|---|
| `Router> enable`<br>`Password: <Passwort>`<br>`Router#` | Geben Sie den Befehl **enable** und das Passwort ein, um privilegierte EXEC-Befehle eingeben zu können.<br>Sie befinden sich im privilegierten EXEC-Modus, wenn die Eingabeaufforderung auf `Router#` wechselt. |
| `Router# config terminal`<br>`Geben Sie Konfigurationsbefehle ein, einen pro Zeile.`<br>`Beenden Sie mit Strg -Z.`<br>`Router(config)#` | Wechseln Sie in den globalen Konfigurationsmodus.<br>Sie befinden sich im globalen Konfigurationsmodus, wenn die Eingabeaufforderung auf `Router(config)#` wechselt. |

## 44  Network Security

| Befehl | Kommentar |
|---|---|
| `Router(config)# controller t1 ?`<br>`<0-3>  Controller unit number`<br>`Router(config)# controller t1 1`<br>`Router(config-controller)#` | Wechseln Sie in den Controller-Konfigurationsmodus durch Angabe des T1-Controllers, den Sie mit dem globalen Konfigurationsbefehl **controller t1** konfigurieren wollen.<br>Geben Sie ein **?** ein, um sich anzeigen zu lassen, was Sie anschließend in der Befehlszeile eingeben müssen. In diesem Beispiel müssen Sie eine Controllernummer zwischen 0 und 3 eingeben. Sie befinden sich im Controller-Konfigurationsmodus, wenn die Eingabeaufforderung auf `Router(config-controller)#` wechselt. |
| `Router(config-controller)# ?`<br>`Controller configuration commands:`<br>`  cablelength   Specify the cable length for a DS1 link`<br>`  cas-group     Configure the specified timeslots for CAS`<br>`                (Channel Associate Signals)`<br>`  channel-group Specify the timeslots to channel-group`<br>`                mapping for an interface`<br>`  clock         Specify the clock source for a DS1 link`<br>`  default       Set a command to its defaults`<br>`  description   Controller specific description`<br>`  ds0           ds0 commands`<br>`  exit          Exit from controller configuration mode`<br>`  fdl           Specify the FDL standard for a DS1 data`<br>`                link`<br>`  framing       Specify the type of Framing on a DS1 link`<br>`  help          Description of the interactive help`<br>`                system`<br>`  linecode      Specify the line encoding method for a`<br>`                DS1 link`<br>`  loopback      Put the entire T1 line into loopback`<br>`  no            Negate a command oder set its defaults`<br>`  pri-group     Configure the specified timeslots for PRI`<br>`  shutdown      Shut down a DS1 link (send Blue Alarm)`<br>`Router(config-controller)#` | Geben Sie ein **?** ein, um sich eine Liste aller für den T1-Controller verfügbaren Controller-Konfigurationsbefehle anzeigen zu lassen. |

| Befehl | Kommentar |
|---|---|
| `Router(config-controller)# cas-group ?`<br>`  <0-23>     Channel number`<br>`Router(config-controller)# cas-group` | Geben Sie den Befehl ein, mit dem Sie den Controller konfigurieren wollen. In diesem Beispiel wird der Befehl **cas-group** verwendet.<br>Geben Sie ein **?** ein, um sich anzeigen zu lassen, was Sie anschließend in der Befehlszeile eingeben müssen. In diesem Beispiel müssen Sie eine Kanalnummer zwischen 0 und 23 eingeben.<br>Da kein <cr> angezeigt wird, bedeutet dies, dass Sie weitere Schlüsselwörter eingeben müssen, um den Befehl zu vollenden. |
| `Router(config-controller)# cas-group 1 ?`<br>`  timeslots   List of timeslots in the cas-group`<br>`Router(config-controller)# cas-group 1` | Nachdem Sie die Kanalnummer eingegeben haben, geben Sie ein **?** ein, um sich anzeigen zu lassen, was Sie anschließend in der Befehlszeile eingeben müssen. In diesem Beispiel müssen Sie das Schlüsselwort **timeslots** verwenden.<br>Da kein <cr> angezeigt wird, bedeutet dies, dass Sie weitere Schlüsselwörter eingeben müssen, um den Befehl zu vollenden. |
| `Router(config-controller)# cas-group 1 timeslots ?`<br>`  <1-24>     List of timeslots which comprise the`<br>`             cas-group`<br>`Router(config-controller)# cas-group 1 timeslots` | Nachdem Sie das Schlüsselwort **timeslots** eingegeben haben, geben Sie ein **?** ein, um sich anzeigen zu lassen, was Sie anschließend in der Befehlszeile eingeben müssen. In diesem Beispiel müssen Sie eine Liste von Timeslots zwischen 1 und 24 eingeben.<br>Sie können Timeslotbereiche (z.B. 1-24), einzelne Timeslots, die durch Kommas getrennt werden (z.B. 1, 3, 5) oder eine Kombination aus beiden (z.B. 1-3, 8, 17-24) eingeben. Der 16. Timeslot wird in der Befehlszeile nicht berücksichtigt, da er für die Übertragung der Kanalsignalisierung reserviert ist.<br>Da kein <cr> angezeigt wird, bedeutet dies, dass Sie weitere Schlüsselwörter eingeben müssen, um den Befehl zu vollenden. |

## 46 Network Security

| Befehl | Kommentar |
|---|---|
| `Router(config-controller)# cas-group 1 timeslots 1-24 ?`<br>  `service    Specify the type of service`<br>  `type       Specify the type of signaling`<br>`Router(config-controller)# cas-group 1 timeslots 1-24` | Nachdem Sie die Timeslotbereiche eingegeben haben, geben Sie ein **?** ein, um sich anzeigen zu lassen, was Sie anschließend in der Befehlszeile eingeben müssen. In diesem Beispiel müssen Sie das Schlüsselwort **service** oder **type** verwenden.<br>Da kein <cr> angezeigt wird, bedeutet dies, dass Sie weitere Schlüsselwörter eingeben müssen, um den Befehl zu vollenden. |
| `Router(config-controller)# cas-group 1 timeslots 1-24 type ?`<br>  `e&m-fgb              E & M Type II FGB`<br>  `e&m-fgd              E & M Type IIFGD`<br>  `e&m-immediate-start  E & M Immediate Start`<br>  `fxs-ground-start     FXS Ground Start`<br>  `fxs-loop-start       FXS Loop Start`<br>  `sas-ground-start     SAS Ground Start`<br>  `sas-loop-start       SAS Loop Start`<br>`Router(config-controller)# cas-group 1 timeslots 1-24 type` | In diesem Beispiel wurde das Schlüsselwort **type** eingegeben. Geben Sie nach dem Schlüsselwort **type** ein **?** ein, um sich anzeigen zu lassen, was Sie anschließend in der Befehlszeile eingeben müssen. In diesem Beispiel müssen Sie einen der Signaltypen eingeben.<br>Da kein <cr> angezeigt wird, bedeutet dies, dass Sie weitere Schlüsselwörter eingeben müssen, um den Befehl zu vollenden. |
| `Router(config-controller)# cas-group 1 timeslots 1-24 type e&m-fgb ?`<br>  `dtmf      DTMF tone signaling`<br>  `mf        MF tone signaling`<br>  `service   Specify the type of service`<br>  `<cr>`<br>`Router(config-controller)# cas-group 1 timeslots 1-24 type e&m-fgb` | In diesem Beispiel wurde das Schlüsselwort **e&m-fgb** verwendet. Geben Sie nach Eingabe des Schlüsselworts **e&m-fgb** ein **?** ein, um sich anzeigen zu lassen, was Sie anschließend in der Befehlszeile eingeben müssen. In diesem Beispiel können Sie das Schlüsselwort **dtmf**, **mf** oder **service** verwenden, um den Typ der kanalzugehörigen Signalisierung anzugeben, die für den Signalisierungstyp **e&m-fgb** verfügbar ist.<br>Da ein <cr> angezeigt wird, bedeutet dies, dass Sie weitere Schlüsselwörter eingeben oder **<cr>** drücken können, um den Befehl abzuschicken. |

| Befehl | Kommentar |
|---|---|
| `Router(config-controller)# cas-group 1 timeslots 1-24 type e&m-fgb dtmf ?`<br>  `dnis      DNIS addr info provisioned`<br>  `service   Specify the type of service`<br>  `<cr>`<br>`Router(config-controller)# cas-group 1 timeslots 1-24 type e&m-fgb dtmf` | In diesem Beispiel wurde das Schlüsselwort **dtmf verwendet**. Geben Sie nach der Eingabe des Schlüsselworts **dtmf** ein ? ein, um sich anzeigen zu lassen, was Sie anschließend in der Befehlszeile eingeben müssen. In diesem Beispiel können Sie das Schlüsselwort **dnis** oder **service** verwenden, um die möglichen Optionen bei der Tonsignalisierung **dtmf** festzulegen.<br>Da ein `<cr>` angezeigt wird, bedeutet dies, dass Sie weitere Schlüsselwörter eingeben oder `<cr>` drücken können, um den Befehl abzuschicken. |
| `Router(config-controller)# cas-group 1 timeslots 1-24 type e&m-fgb dtmf`<br>`Router(config-controller)#` | In diesem Beispiel wurde `<cr>` gedrückt und der Befehl wurde abgeschlossen. |

## Eine Beschreibung der Befehlsmodi

Die Cisco-IOS-Benutzerschnittstelle ist in viele verschiedene Modi unterteilt. Welche Befehle Ihnen zur Verfügung stehen, hängt vom entsprechenden Modus ab, in dem Sie sich gerade befinden. Die Eingabe eines Fragezeichens (?) an der Systemeingabe liefert Ihnen eine Liste der Befehle, die in jedem Befehlsmodus verwendbar ist.

Wenn Sie eine Sitzung auf dem Router starten, dann beginnen Sie sie im Benutzermodus, der oft auch als EXEC-Modus bezeichnet wird. Im EXEC-Modus steht Ihnen nur eine geringe Teilmenge von Befehlen zur Verfügung. Um alle Befehle ausführen zu können, müssen Sie in den privilegierten EXEC-Modus wechseln. Gewöhnlich müssen Sie ein Passwort eingeben, um in den privilegierten EXEC-Modus zu gelangen. Aus dem privilegierten Modus heraus können Sie jeden EXEC-Befehl verwenden oder in den globaler Konfigurationsmodus wechseln. Die meisten der EXEC-Befehle sind direkt ausgeführte Befehle, z.B. **show**-Befehle, die ihnen den aktuellen Status von etwas anzeigen und **clear**-Befehle, die Zähler oder Schnittstellen auf Null setzen. Die EXEC-Befehle bleiben nicht erhalten, wenn der Router neu gebootet wird.

Die Konfigurationsmodi ermöglichen Ihnen die Änderung der laufenden Konfiguration. Wenn Sie die Konfiguration später speichern, dann bleiben diese Befehle auch nach dem Neustart des Routers erhalten. Um die verschiedenen Konfigurationsmodi aufzurufen, müssen Sie zuerst in den globalen Konfigurationsmodus wechseln. Aus dem globalen Konfigurationsmodus können Sie in den Interface-Konfigurationsmodus, den Sub-Interface-Konfigurationsmodus und in eine Reihe von protokollspezifischen Modi wechseln.

Der ROM-Monitormodus ist ein eigener Modus, der aufgerufen wird, wenn der Router nicht korrekt hochgefahren werden kann. Wenn Ihr Router oder Access-Server während des Bootvorgangs kein gültiges Betriebssystem findet oder wenn seine Konfigurationsdatei während des Startvorgangs beschädigt wird, dann kann das System in den Read-Only-Memory-(ROM-)Monitormodus wechseln.

## Übersicht über die Hauptbefehlsmodi

Die folgende Tabelle fasst die Hauptbefehlsmodi der Cisco-IOS-Software zusammen.

| Befehls-modus | Zugangsmethode | Eingabeauf-forderung | Beendigungsmethode |
|---|---|---|---|
| User EXEC | Login. | `Router>` | Verwenden Sie den Befehl **logout**. |
| Privile-gierter EXEC | Verwenden Sie im Benutzer-EXEC-Modus den EXEC-Befehl **enable**. | `Router#` | Mit dem Befehl **disable** kehren Sie in den Benutzer-EXEC-Modus zurück. Mit dem privilegierten EXEC-Befehl **configure terminal** wechseln Sie in den globalen Konfigurationsmodus. |
| Globale Konfigu-ration | Verwenden Sie im privilegierten EXEC-Modus den privilegierten EXEC-Befehl **configure terminal**. | `Router(config)#` | Mit dem Befehl **exit** oder **end** oder durch das Drücken der Kombination **Ctrl-Z** kehren Sie in den privilegierten EXEC-Modus zurück. Mit dem Befehl **interface** wechseln Sie in den Interface-Konfigurationsmodus. |
| Interface-Konfigu-ration | Legen Sie im globa-len Konfigurati-onsmodus mit dem Befehl **interface** eine Schnittstelle fest. | `Router(config-if)#` | Mit dem Befehl **exit** kehren Sie in den globalen Konfigurationsmodus zurück. Mit dem Befehl **end** oder durch das Drücken der Kombination **Ctrl-Z** kehren Sie in den privilegierten EXEC-Modus zurück. Mit dem Befehl **interface** wechseln Sie in den Sub-Interface-Konfigura-tionsmodus. |
| Subinter-face-Kon-figuration | Legen Sie im Inter-face-Konfigurati-onsmodus mit dem Befehl **interface** eine Sub-Schnitt-stelle fest. | `Router(config-subif)#` | Mit dem Befehl **exit** kehren Sie in den globalen Konfigurationsmodus zurück. Mit dem Befehl **end** oder durch das Drücken der Kombination **Ctrl-Z** kehren Sie in den privilegierten EXEC-Modus zurück. |
| ROM-Monitor | Verwenden Sie im privilegierten EXEC-Modus den EXEC-Befehl **re-load**. Halten Sie während der ersten 60 Sekunden des Systemboots die Break-Taste ge-drückt. | `>` | Mit dem Befehl **continue** kehren Sie in den Benutzer-EXEC-Modus zurück. |

## Die Verwendung der No- und der Standard-Form von Befehlen

Praktisch jeder Konfigurationsbefehl besitzt auch eine **no**-Form. Generell wird die **no**-Form verwendet, um eine Funktion zu deaktivieren. Verwenden Sie den Befehl ohne das Schlüsselwort **no**, um eine deaktivierte Funktion zu reaktivieren oder um eine Funktion zu aktivieren, die in der Standardeinstellung deaktiviert ist. Zum Beispiel ist das IP-Routing in der Standardeinstellung aktiviert. Verwenden Sie den Befehl **no ip routing**, um das IP-Routing zu deaktivieren, und anschließend den Befehl **ip routing**, um es zu reaktivieren. Die Befehlshandbücher der Cisco-IOS-Software liefern die vollständige Syntax für die Konfigurationsbefehle und beschreiben, was die **no**-Form eines Befehls bewirkt.

Konfigurationsbefehle können auch eine **default**-Form besitzen. Die **default**-Form eines Befehls setzt die Befehlseinstellung auf den Standardwert. Die meisten Befehle sind in der Standardeinstellung deaktiviert, folglich ist die **default**-Form gleichbedeutend mit der **no**-Form. Jedoch sind einige Befehle in der Standardeinstellung aktiviert und besitzen Variablen, die auf bestimmte Werte gesetzt sind. In diesen Fällen aktiviert der **default**-Befehl den Befehl und setzt die Variablen auf ihre Standardwerte. Die Befehlshandbücher der Cisco-IOS-Software beschreiben, was die **default**-Form eines Befehls bewirkt, wenn diese Wirkung von der der **no**-Form abweicht.

## Das Sichern von Konfigurationsänderungen

Verwenden Sie den Befehl **copy system:running-config nvram:startup-**, um Ihre Konfigurationsänderungen für Ihre Startkonfiguration zu sichern, damit sie nicht bei einem Systemneustart oder einem Stromausfall verloren geht. Zum Beispiel:

```
Router# copy system:running-config nvram:startup-config
Building configuration...
```

Die Sicherung der Konfiguration kann ein oder zwei Minuten beanspruchen. Nachdem die Konfiguration abgespeichert wurde, erscheint die folgende Anzeige:

```
[OK]
Router#
```

Bei den meisten Plattformen wird dieser Vorgang die Konfiguration im Nonvolatile-Random-Access-Memory (NVRAM) speichern. Bei den Class-A-Flash-File-Systemplattformen speichert dieser Vorgang die Konfiguration an der Stelle, die durch die Umgebungsvariable CONFIG_FILE festgelegt wird. Die Standardvariable von CONFIG_FILE zeigt auf NVRAM.

# TEIL 1

# Routing Grundlagen

1 AAA: Ein Überblick
2 Die Konfiguration der Authentifizierung
3 Die Authentifizierungsbefehle
4 Die Konfiguration der Autorisierung
5 Die Autorisierungsbefehle
6 Die Konfiguration des Accountings
7 Die Accountingbefehle

# KAPITEL 1

# AAA: Ein Überblick

Die Zugangskontrolle bietet Ihnen die Möglichkeit, den Zugang zum Netzwerk-Server und die Inanspruchnahme der Dienste auf bestimmte Personenkreise zu beschränken. Die Netzwerksicherheitsdienste Authentifizierung, Autorisierung und Accounting (AAA) bieten hierzu ein Hauptgerüst, mit dem Sie die Eingangskontrolle auf Ihrem Router oder Access-Server durchführen können.

## 1.1 Die Sicherheitsdienste des AAA

Das AAA stellt einen Baukasten dar, der die Konfiguration eines Satzes aus drei voneinander unabhängigen Sicherheitsfunktionen in einer einheitlichen Weise ermöglicht. Mit diesem modularen System bietet Ihnen das AAA die Möglichkeit, die folgenden Dienste auszuführen:

– Die Authentifizierung – Diese Methode dient der Identifizierung der Benutzer und beinhaltet das Login und den Passwort-Dialog, das Challenge- und Responseverfahren, die Messaging-Unterstützung und, je nach gewähltem Sicherheits-Protokoll, die Verschlüsselung.

Mit der Authentifizierung kann der Benutzer identifiziert werden, um ihm Zugang zum Netzwerk und zu den Netzwerk-Diensten zu gestatten. Die AAA-Authentifizierung wird konfiguriert, indem Sie eine bezeichnete Liste von Authentifizierungs-Methoden erstellen und diese Liste verschiedenen Schnittstellen zuweisen. Die Methodenliste legt bestimmte auszuführende Authentifizierungsverfahren fest und die Reihenfolge, in der sie ausgeführt werden. Damit diese Authentifizierungsmethoden ausgeführt werden, muss die Methodenliste einer bestimmten Schnittstelle zugeordnet werden. Die einzige Ausnahme bildet die Default-Methodenliste (die *default* genannt wird). Die Default-Methodenliste wird allen Schnittstellen automatisch zugewiesen, wenn keine andere Methodenliste festgelegt ist. Eine vereinbarte Methodenliste setzt die Default-Methodenliste außer Kraft.

Alle Authentifizierungsmethoden bis auf die lokale, die Verbindungs-Passwort- und die Aktivierungs-Authentifizierung müssen durch das AAA erfolgen. Informationen über die Konfiguration aller Authentifizierungsmethoden, also auch über diejenigen, die nicht durch die AAA-Sicherheitsdienste ausgeführt werden, finden Sie in Kapitel 2 »Die Konfiguration der Authentifizierung«.

- Die Autorisierung – Sie bietet die Methode der Fernzugriffskontrolle und beinhaltet die einmalige Autorisierung oder die Autorisierung für jeden einzelnen Dienst, jede Benutzer-Account-Liste und jedes Benutzerprofil, die Unterstützung von Benutzergruppen sowie die Unterstützung von IP, IPX, ARA, und Telnet.

Die AAA-Autorisierung erfolgt durch die Zusammenführung einer Reihe von Attributen, mit denen beschrieben wird, zu welchen Anwendungen der Benutzer autorisiert ist. Diese Attribute werden mit den Informationen verglichen, die sich für einen gegebenen Benutzer in einer Datenbank befinden, und das Ergebnis wird an den AAA-Prozess zurückgegeben, um die aktuellen Rechte und Beschränkungen des Benutzers zu bestimmen. Die Datenbank kann lokal auf dem Access-Server oder Router abgelegt oder entfernt auf einem RADIUS- oder TACACS+-Sicherheits-Server gespeichert werden. Die Fern-Sicherheits-Server, wie z.B. RADIUS oder TACACS+, weisen Benutzern bestimmte Rechte zu, indem sie dem entsprechenden Benutzer Attribut-Value-(AV)Paare zuordnen, mit denen diese Rechte festgelegt werden. Alle Autorisierungsmethoden müssen über das AAA vereinbart werden.

Auf die gleiche Weise wie bei der Authentifizierung konfigurieren Sie auch die AAA-Autorisierung durch Erstellung einer bezeichneten Liste von Autorisierungsmethoden und der anschließenden Zuordnung der Liste zu verschiedenen Schnittstellen. Informationen über die Konfiguration der Autorisierung unter Verwendung des AAA finden Sie in Kapitel 4 »Die Konfiguration der Autorisierung«.

- Das Accounting – Dieses bietet die Methode der Sammlung und Übermittlung von Sicherheits-Server-Informationen für Abrechnungen, Aufzeichnungen und Reports. Diese Informationen beinhalten z.B. die Benutzeridentität, Start- und Stoppzeiten, ausgeführte Befehle (z.B. PPP), Anzahl der Pakete und Byte-Anzahl.

Durch das Accounting können Sie nachverfolgen, welche Dienste die Benutzer in Anspruch nehmen und welche Netzwerkressourcen sie konsumieren. Wenn das AAA-Accounting aktiviert ist, meldet der Netzwerk-Access-Server die Benutzeraktivitäten an den TACACS+- oder RADIUS-Sicherheits-Server (je nachdem, welche Sicherheitsmethode Sie verwenden) in Form von Accounting-Berichten. Jeder Accounting-Bericht umfasst Accounting-AV-Paarungen und wird auf dem Access-Kontroll-Server gespeichert. Diese Daten können daraufhin für die Netzwerkverwaltung, Kundenabrechnungen und/oder Berichte ausgewertet werden. Alle Accounting-Methoden müssen über das AAA ausgeführt werden. Auf die gleiche Weise wie bei der Authentifizierung und Autorisierung konfigurieren Sie auch das

AAA-Accounting durch Erstellung einer bezeichneten Liste von Accounting-Methoden und der anschließenden Zuordnung dieser Liste zu verschiedenen Schnittstellen. Informationen über die Konfiguration des Accountings unter Verwendung des AAA finden Sie in Kapitel 6 »Die Konfiguration des Accountings«.

Das AAA verwendet Sicherheitsprotokolle, um seine Sicherheitsfunktionen zu verwalten. Wenn Ihr Router oder Access-Server als ein Netzwerk-Access-Server fungiert, stellt das AAA das Mittel dar, mit dem Sie die Kommunikation zwischen Ihrem Netzwerk-Access-Server und Ihrem RADIUS-, TACACS+- oder Kerberos-Sicherheits-Server herstellen.

Auch wenn das AAA die primäre (und die empfohlene) Methode für die Zugangskontrolle ist, bietet die Cisco-IOS-Software zusätzliche Möglichkeiten für eine einfache Zugangskontrolle, die nicht vom AAA abgedeckt werden, z.B. die lokale Benutzer-Authentifizierung, die Line-Passwort-Authentifizierung und die enable-Passwort-Authentifizierung. Jedoch bieten diese Funktionen nicht den gleichen Grad der Zugangskontrolle, die Ihnen das AAA ermöglicht.

### 1.1.1 Die Vorteile des AAA

Das AAA bietet Ihnen die folgenden Vorteile:

– erhöhte Flexibilität und Kontrolle

– Skalierbarkeit

– standardisierte Authentifizierungsmethoden, z.B. RADIUS, TACACS+ und Kerberos

– mehrere Ausweichsysteme

**ANMERKUNG**

Die veralteten Protokolle TACACS und erweitertes TACACS sind nicht kompatibel mit dem AAA. Wenn Sie diese Sicherheitsprotokolle vorziehen, werden Sie die Vorteile der AAA-Sicherheitsdienste nicht in Anspruch nehmen können.

### 1.1.2 Die Philosophie des AAA

Das AAA wurde erarbeitet, um Ihnen die Möglichkeit zu geben, die von Ihnen gewünschte Art der Authentifizierung und Autorisierung dynamisch zu konfigurieren, entweder auf der Basis einer Verbindung (eines Benutzers) oder auf der eines Dienstes (z.B. IP, IPX oder VPDN). Durch die Erstellung von Methodenlisten und der anschließenden Zuordnung dieser Methodenlisten zu bestimmten Diensten oder Schnittstellen legen Sie die gewünschte Art der Authentifizierung und Autorisierung fest.

### 1.1.3 Die Methodenlisten

Eine *Methodenliste* ist eine Liste, in der die Authentifizierungsmethoden abschnittsweise festgelegt sind, die bei der Benutzer-Authentifizierung angewendet werden. Die Methodenlisten ermöglichen Ihnen die Auswahl eines oder mehrerer zur Authentifizierung verwendeter Sicherheitsprotokolle und bietet somit für den Fall, dass die erste Methode fehlschlägt, ein Ausweichsystem für die Authentifizierung. Die Cisco-IOS-Software verwendet die erste Methode in der Liste zur Benutzer-Authentifizierung. Falls diese Methode nicht antwortet, wählt die Cisco-IOS-Software die nächste Authentifizierungsmethode, die in der Methodenliste erscheint. Dieser Prozess wird solange fortgeführt, bis eine erfolgreiche Kommunikation mit einer aufgelisteten Authentifizierungsmethode stattfindet oder die Authentifizierungsmethodenliste zu Ende ist und die Authentifizierung fehlschlägt.

> **ANMERKUNG**
>
> Die Cisco-IOS-Software versucht nur dann die Authentifizierung mit der nächsten aufgelisteten Authentifizierungsmethode, wenn keine Antwort von der vorherigen Methode erfolgt. Wenn die Authentifizierung zu irgendeinem Zeitpunkt in diesem Kommunikationszyklus fehlschlägt – d.h. der Sicherheits-Server oder die lokale Benutzernamendatenbank antwortet mit einer Ablehnung des Benutzerzugangs –, dann endet der Authentifizierungsprozess und es werden keine weiteren Authentifizierungsmethoden ausgeführt.

## 1.2 Die ersten Schritte

Sie sollten zuerst entscheiden, welche Art von Sicherheitsverfahren Sie durchführen wollen. Sie sollten die Sicherheitsrisiken in Ihrem eigenen Netzwerk abschätzen und sich für die passenden Verfahren entscheiden, die Sie vor unerlaubten Zutritten und Attacken schützen. Cisco empfiehlt Ihnen die Verwendung des AAA, auch wenn Ihre Sicherheitsbedürfnisse noch so gering sind.

### 1.2.1 Ein Überblick über den Konfigurationsprozess des AAA

Die Konfiguration des AAA ist relativ einfach, wenn Sie den zugrundeliegenden Prozess verstehen. Führen Sie die folgenden Schritte aus, um die Sicherheit auf einem Cisco-Router oder Access-Server unter Verwendung des AAA zu konfigurieren:

1. Aktivieren Sie das AAA mit dem globalen Konfigurationsbefehl **aaa new-model**.
2. Wenn Sie sich dafür entscheiden, einen separaten Sicherheits-Server zu verwenden, dann konfigurieren Sie Sicherheitsprotokollparameter, z.B. RADIUS, TACACS+ oder Kerberos.
3. Erstellen Sie mit dem Befehl **aaa authentication** die Methodenlisten für die Authentifizierung.

4. Ordnen Sie bei Bedarf die Methodenlisten einer bestimmten Schnittstelle oder Verbindung zu.

5. (Optional) Verwenden Sie den Befehl **aaa authorization**, um die Autorisierung zu konfigurieren.

6. (Optional) Verwenden Sie den Befehl **aaa accounting**, um das Accounting zu konfigurieren.

Eine vollständige Beschreibung der in diesem Kapitel verwendeten Befehle finden Sie in Kapitel 3 »Die Authentifizierungsbefehle«. Um eine Beschreibung anderer in diesem Kapitel enthaltener Befehle zu erhalten, können Sie online unter www.cisco.com eine Suche ausführen.

### 1.2.2 Die Aktivierung des AAA

Bevor Sie eine der AAA-Netzwerk-Sicherheitdienste in Anspruch nehmen können, müssen Sie das AAA aktivieren.

Verwenden Sie den folgenden Befehl im globalen Konfigurationsmodus, um das AAA zu aktivieren:

| Befehl | Zweck |
| --- | --- |
| aaa new-model | Aktiviert das AAA. |

**ANMERKUNG**

Wenn Sie das AAA aktivieren, können Sie keine Befehle mehr verwenden, die die älteren veralteten Protokolle TACACS oder erweitertes TACACS konfigurieren. Wenn Sie beabsichtigen das TACACS oder das erweiterte TACACS in Ihrem Sicherheitskonzept zu verwenden, so sollten Sie das AAA nicht aktivieren.

### 1.2.3 Die Deaktivierung des AAA

Sie können die AAA-Funktionen mit einem einfachen Befehl deaktivieren, wenn Sie sich aus bestimmten Gründen dafür entschieden haben, dass ihre Sicherheitsbedürfnisse nicht durch das AAA erfüllt werden können, sondern durch das TACACS, das erweiterte TACACS oder durch eine Verbindungs-Sicherheitsmethode, die auch ohne das AAA ausgeführt werden kann.

Verwenden Sie den folgenden Befehl im globalen Konfigurationsmodus, um das AAA zu deaktivieren:

| Befehl | Zweck |
| --- | --- |
| no aaa new-model | Deaktiviert das AAA. |

## 1.3 Die nächsten Schritte

Nachdem Sie das AAA aktiviert haben, können Sie nun die anderen Komponenten konfigurieren, die zu Ihrem gewählten Sicherheitskonzept gehören. Die Tabelle 1.1 beschreibt die AAA-Konfigurationsaufgaben und wo Sie die entsprechenden Informationen finden.

*Tabelle 1.1: Sicherheitsverfahren zur AAA-Zugangskontrolle*

| Aufgabe | Weitere Informationen |
| --- | --- |
| Konfiguration der lokalen Login-Authentifizierung. | Kapitel 2 »Die Konfiguration der Authentifizierung« |
| Kontrolle des Login durch die Sicherheits-Server-Authentifizierung. | Kapitel 2 »Die Konfiguration der Authentifizierung« |
| Erstellen von Methodenlisten für die Authentifizierung. | Kapitel 2 »Die Konfiguration der Authentifizierung« |
| Zuordnung der Methodenlisten zu einer bestimmten Schnittstelle oder Verbindung. | Kapitel 2 »Die Konfiguration der Authentifizierung« |
| Konfiguration der Radius-Sicherheitsprotokollparameter. | Kapitel 8 »Die Konfiguration des RADIUS« |
| Konfiguration der TACACS+-Sicherheitsprotokollparameter. | Kapitel 10 »Die Konfiguration des TACACS+« |
| Konfiguration der Kerberos-Sicherheitsprotokollparameter. | Kapitel 13 »Die Konfiguration des Kerberos« |
| Aktivierung der TACACS+-Autorisierung. | Kapitel 4 »Die Konfiguration der Autorisierung« |
| Aktivierung der RADIUS-Autorisierung. | Kapitel 4 »Die Konfiguration der Autorisierung« |
| Nachschlagen der unterstützten IETF-RADIUS-Attribute. | Appendix A »RADIUS-Attribute« |
| Nachschlagen der unterstützten herstellereigenen RADIUS-Attribute. | Appendix A »RADIUS-Attribute« |
| Nachschlagen der unterstützten TACACS+-AV-Paare. | Appendix B »TACACS+-Attribut-Value-Paare« |
| Aktivierung des Accounting. | Kapitel 6 »Die Konfiguration des Accounting« |

Die Tabelle 1.2 beschreibt Nicht-AAA-Konfigurationsaufgaben und wo Sie weitere Informationen finden.

*Tabelle 1.2: Sicherheitsverfahren für die Nicht-AAA-Zugangskontrolle*

| Aufgabe | Weitere Informationen |
| --- | --- |
| Konfiguration der Login-Authentifizierung. | Kapitel 2 »Die Konfiguration der Authentifizierung« |
| Konfiguration des TACACS. | Kapitel 11 »Die Konfiguration des TACACS und des erweiterten TACACS« |
| Konfiguration des erweiterten TACACS. | Kapitel 11 »Die Konfiguration des TACACS und des erweiterten TACACS« |

# KAPITEL 2

# Die Konfiguration der Authentifizierung

Die Authentifizierung identifiziert die Benutzer, bevor ihnen der Zugang zum Netzwerk und zu den Netzwerkdiensten gestattet wird. Grundlegend lässt sich die Cisco-IOS-Software-Ausführung der Authentifizierung in zwei Hauptbereiche unterteilen:

- Die AAA-Authentifizierungsmethoden
- Die Nicht-AAA-Authentifizierungsmethoden

Die Authentifizierung wird größtenteils durch die AAA-Sicherheitsdienste ausgeführt. Cisco empfiehlt Ihnen, bei der Authentifizierung möglichst das AAA zu verwenden.

Dieses Kapitel beschreibt sowohl die AAA- als auch die Nicht-AAA-Authentifizierungsmethoden. Am Ende dieses Kapitels finden Sie unter dem Abschnitt »Authentifizierungsbeispiele« verschiedene Beispiele zur Konfiguration. Eine vollständige Beschreibung der in diesem Kapitel verwendeten AAA-Befehle finden Sie in den weiteren Kapiteln des Teils I »Authentifizierung, Autorisierung und Accounting (AAA)«. Um eine Beschreibung anderer in diesem Kapitel enthaltener Befehle zu bekommen, können Sie online unter www.cisco.com eine Suche ausführen.

## 2.1 Die Methodenlisten der AAA-Authentifizierung

Um die AAA-Authentifizierung zu konfigurieren, erstellen Sie zuerst eine namentliche Liste mit Authentifizierungsmethoden und ordnen diese anschließend verschiedenen Schnittstellen zu. Die Methodenliste legt bestimmte auszuführende Authentifizierungsverfahren fest und die Reihenfolge, in der sie ausgeführt werden. Damit diese Authentifizierungsmethoden ausgeführt werden, muss die Methodenliste einer bestimmten Schnittstelle zugeordnet werden. Die einzige Ausnahme bildet die Default-Methodenliste (die *default* genannt wird). Die Default-Methodenliste wird allen Schnittstellen automatisch zugewiesen, wenn keine andere Methodenliste festgelegt ist. Eine vereinbarte Methodenliste setzt die Default-Methodenliste außer Kraft..

Eine *Methodenliste* ist eine Liste, in der die Authentifizierungsmethoden abschnittsweise festgelegt sind, die bei der Benutzer-Authentifizierung angewendet werden. Die Methodenlisten ermöglichen Ihnen die Auswahl eines oder mehrerer zur Authentifizierung verwendeter Sicherheitsprotokolle und bietet somit für den Fall, dass die erste Methode fehlschlägt ein Ausweichsystem für die Authentifizierung. Die Cisco-IOS-Software verwendet die erste Methode in der Liste zur Benutzer-Authentifizierung. Falls diese Methode nicht antwortet, wählt die Cisco-IOS-Software die nächste Authentifizierungsmethode, die in der Methodenliste erscheint. Dieser Prozess wird solange fortgeführt, bis eine erfolgreiche Kommunikation mit einer aufgelisteten Authentifizierungsmethode stattfindet oder die Authentifizierungsmethodenliste zu Ende ist.

Es sei darauf hingewiesen, dass die Cisco-IOS-Software nur dann die Authentifizierung mit der nächsten aufgelisteten Authentifizierungsmethode versucht, wenn keine Antwort von der vorherigen Methode erfolgt. Wenn die Authentifizierung zu irgendeinem Zeitpunkt in diesem Kommunikationszyklus fehlschlägt – d.h. der Sicherheits-Server oder die lokale Benutzernamendatenbank antwortet mit einer Ablehnung des Benutzerzugangs –, so endet der Authentifizierungsprozess und es werden keine weiteren Authentifizierungsmethoden ausgeführt.

### 2.1.1 Beispiele zu Methodenlisten

Abbildung 2.1 zeigt eine typische AAA-Netzwerkkonfiguration, die vier Sicherheits-Server enthält: R1 und R2 sind RADIUS-Server und T1 und T2 sind TACACS+-Server. Stellen wir uns vor, der Systemadministrator hat sich für eine Sicherheitslösung entschieden, in der alle Schnittstellen die gleichen Authentifizierungsmethoden verwenden sollen, um Point-to-Point-Protokoll-(PPP-)Verbindungen zu authentifizieren: Zuerst wird R1 für die Authentifizierungsinformationen kontaktiert. Wenn daraufhin keine Antwort erfolgt, wird R2 kontaktiert. Wenn R2 nicht antwortet, wird T1 kontaktiert. Wenn T1 nicht antwortet, wird T2 kontaktiert. Wenn alle ausgewählten Server nicht antworten, wird die Authentifizierung mit der lokalen Benutzernamendatenbank des eigentlichen Access-Servers ausgeführt. Um diese Konfiguration auszuführen, würde der Systemadministrator eine Default-Methodenliste durch Eingabe des folgenden Befehls erstellen:

```
aaa authentication ppp default radius tacacs+ local
```

In diesem Beispiel lautet der Name der Methodenliste *default*. Die in dieser Methodenliste enthaltenen Protokolle werden nach dem Listennamen in der Reihenfolge aufgelistet, in der sie aufgerufen werden sollen. Die Default-Liste wird allen Schnittstellen automatisch zugeordnet.

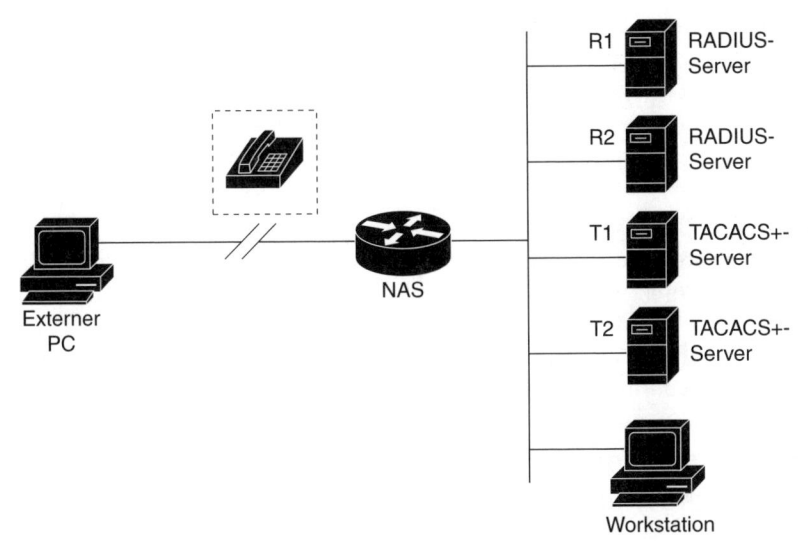

*Abbildung 2.1: Eine typische AAA-Netzwerkkonfiguration*

Wenn ein Benutzer versucht, sich von außen in das Netzwerk einzuwählen, dann fragt der Netzwerk-Access-Server zuerst R1 nach Authentifizierungsinformationen. Wenn R1 den Benutzer authentifiziert, dann sendet er eine PASS-(Passier-)Antwort an den Netzwerk-Access-Server und dem Benutzer wird der Zugang zum Netzwerk erlaubt. Wenn R1 eine FAIL-(Ablehn-)Antwort zurückgibt, so wird dem Benutzer der Zugang verwehrt und die Sitzung beendet. Falls R1 nicht antwortet, so interpretiert der Netzwerk-Access-Server dies als einen Fehlzustand und fragt daraufhin R2 nach Authentifizierungsinformationen. Diese Vorgehensweise wird solange mit den ausgewählten Methoden fortgeführt, bis der Benutzer entweder authentifiziert oder abgelehnt oder die Sitzung abgebrochen wurde.

Sie sollten sich bewusst sein, dass sich eine FAIL-Antwort wesentlich von einem Fehlzustand unterscheidet. Eine FAIL-Antwort sagt aus, dass der Benutzer nicht die Kriterien der anzuwendenden Authentifizierungsdatenbank erfüllt, um erfolgreich authentifiziert zu werden. Die Authentifizierung endet mit einer FAIL-Antwort. Ein Fehlzustand sagt aus, dass der Sicherheits-Server nicht auf eine Authentifizierungsanfrage geantwortet hat. Daher wurde kein Versuch zur Authentifizierung ausgeführt. Nur wenn ein Fehlzustand auftritt, wählt das AAA die nächste Authentifizierungsmethode, die in der Authentifizierungsmethodenliste aufgeführt ist.

Stellen wir uns vor, der Systemadministrator möchte eine Methodenliste nur einer bestimmten Schnittstelle oder einem Satz von Schnittstellen zuordnen. In diesem Fall wird der Systemadministrator eine bezeichnete Methodenliste erstellen und diese anschließend den entsprechenden Schnittstellen zuordnen. Das folgende Beispiel zeigt, wie der Systemadministrator eine Authentifizierungsmethode ausführt, die nur der Schnittstelle 3 zugeordnet wird:

```
aaa authentication ppp default radius tacacs+ local
aaa authentication ppp apple radius tacacs+ local none
 interface async 3
 ppp authentication chap apple
```

In diesem Beispiel lautet der Name der Methodenliste *apple* und die in dieser Methodenliste enthaltenen Protokolle werden nach dem Listennamen in der Reihenfolge aufgelistet, wie sie aufgerufen werden sollen. Nach der Erstellung der Methodenliste wird diese der passenden Schnittstelle zugeordnet. Achten Sie darauf, dass der Name der Methodenliste sowohl im Befehl **aaa authentication** als auch im Befehl **ppp authentication** gleich lauten muss.

### 2.1.2 Das allgemeine Konfigurationsverfahren für die AAA-Authentifizierung

Führen Sie die folgenden Schritte aus, um die AAA-Authentifizierung zu konfigurieren:

1. Aktivieren Sie das AAA mit dem globalen Konfigurationsbefehl **aaa new-model**. Weitere Informationen über die Konfiguration des AAA finden Sie in Kapitel 1 »AAA: Ein Überblick«.

2. Wenn Sie Sicherheits-Server verwenden, konfigurieren Sie die Sicherheitsprotokollparameter, z.B. die des RADIUS, TACACS+ oder Kerberos. Weitere Informationen über das RADIUS finden Sie in Kapitel 8 »Die Konfiguration des RADIUS«. Weitere Informationen über das TACACS+ finden Sie in Kapitel 10 »Die Konfiguration des TACACS+«. Weitere Informationen über das Kerberos finden Sie in Kapitel 13 »Die Konfiguration des Kerberos«.

3. Erstellen Sie die Methodenlisten zur Authentifizierung mit dem Befehl **aaa authentication**.

4. Ordnen Sie die Methodenlisten je nach Bedarf einer Schnittstelle oder Verbindung zu.

## 2.2 Die AAA-Authentifizierungsmethoden

Dieser Abschnitt betrachtet die folgenden AAA-Authentifizierungsmethoden:

- Die Konfiguration der Login-Authentifizierung unter AAA
- Die Konfiguration der PPP-Authentifizierung unter AAA
- Die Konfiguration der AAA-Skalierung für PPP-Anfragen
- Die Konfiguration der ARA-Authentifizierung unter AAA

- Die Konfiguration der NASI-Authentifizierung unter AAA
- Das Festlegen einer Zeitdauer für die Login-Eingabe
- Die Aktivierung des Passwort-Schutzes für den privilegierten Level
- Die Aktivierung einer Authentifizierungsüberstimmung
- Die Änderung des bei der Passworteingabe angezeigten Textes
- Die Konfiguration persönlicher Login-Meldungen für die AAA-Authentifizierung
- Die Aktivierung der doppelten Authentifizierung
- Die Aktivierung der automatisierten doppelten Authentifizierung

> **ANMERKUNG**
>
> Die AAA-Features sind erst dann verfügbar, wenn Sie das AAA mit dem Befehl **aaa new-model** aktivieren. Weitere Informationen über die Aktivierung des AAA finden Sie in Kapitel 1 »AAA: Ein Überblick«.

## 2.2.1 Die Konfiguration der Login-Authentifizierung unter AAA

Die AAA-Sicherheitsdienste beherbergen eine ganze Reihe von Login-Authentifizierungsmethoden. Verwenden Sie den Befehl **aaa authentication login**, um die AAA-Authentifizierung zu aktivieren, ganz gleich, für welche der unterstützten Login-Authentifizierungsmethoden Sie sich entschieden haben. Mit dem Befehl **aaa authentication login** erzeugen Sie eine oder mehrere Listen mit Authentifizierungsmethoden, die während des Login herangezogen werden. Diese Listen werden mit dem Line-Konfigurationsbefehl **login authentication** zugeordnet.

Verwenden Sie die folgenden Befehle, um die Login-Authentifizierung unter AAA zu konfigurieren, beginnen Sie dabei im globalen Konfigurationsmodus:

| Schritt | Befehl | Zweck |
|---|---|---|
| 1 | aaa new-model | Aktiviert das AAA. |
| 2 | aaa authentication login {default \| Listenname}Methode1 [Methode2...] | Erzeugt eine lokale Authentifizierungsliste. |
| 3 | line [aux \| console \| tty \| vty] Line-Nummer [letzte Line-Nummer] | Wechsel in den Line-Konfigurationsmodus, um die Authentifizierungsliste bestimmten Verbindungen zuzuordnen. |
| 4 | login authentication {default \| Listenname} | Ordnet die Authentifizierungsliste einer Verbindung oder einer Reihe von Verbindungen zu. |

Das Schlüsselwort *Listenname* ist eine Zeichenfolge, mit der die von Ihnen erzeugte Liste bezeichnet wird. Das Schlüsselwort *Methode* bezieht sich auf die eigentliche Methode, die der Authentifizierungsalgorithmus auszuführen versucht. Die zusätzlichen Authentifizierungsmethoden werden nur dann angewendet, wenn die vorherige Methode in einen Fehlzustand (Error) gerät, jedoch nicht, wenn sie fehlschlägt (FAIL). Wenn Sie festlegen wollen, dass die Authentifizierung auch dann erfolgreich ist, wenn alle Methoden einen Fehlzustand aufweisen, dann verwenden Sie das Schlüsselwort **none** als letzte Methode in der Befehlszeile.

Um beispielsweise festzulegen, dass die Authentifizierung auch dann erfolgreich ist, wenn (wie in diesem Beispiel) der TACACS+-Server mit einem Fehlzustand antwortet, so geben Sie folgenden Befehl ein:

```
aaa authentication login default tacacs+ none
```

### ANMERKUNG

Da das Schlüsselwort **none** es *jedem* Benutzer ermöglicht, sich beim Login erfolgreich zu authentifizieren, sollte es nur als eine Ausweichmethode zur Authentifizierung verwendet werden.

Um eine Default-Liste zu erzeugen, die dann angewendet wird, wenn im Befehl **login authentication** *keine* namentliche Liste festgelegt wurde, können Sie das Argument **default** verwenden und die Methoden anfügen, die Sie in Default-Situationen anwenden möchten. Die Default-Methodenliste wird allen Schnittstellen automatisch zugeordnet.

Um beispielsweise RADIUS als Default-Methode für die Benutzer-Authentifizierung während des Login zu verwenden, geben Sie folgenden Befehl ein:

```
aaa authentication login default radius
```

Tabelle 2.1 listet die unterstützten Login-Authentifizierungsmethoden auf.

*Tabelle 2.1: Die Login-Authentifizierungsmethoden unter AAA*

| Schlüsselwort | Beschreibung |
| --- | --- |
| enable | Verwendet das enable-Passwort zur Authentifizierung. |
| krb5 | Verwendet Kerberos 5 zur Authentifizierung. |
| krb5-telnet | Verwendet das Kerberos 5 Telnet-Authentifizierungsprotokoll bei einer Telnetverbindung mit dem Router. Wenn diese Methode gewählt wird, dann muss sich dieses Schlüsselwort als erste Methode in der Methodenliste befinden. |
| line | Verwendet das Line-Passwort zur Authentifizierung. |
| local | Verwendet die lokale Benutzernamendatenbank zur Authentifizierung. |
| none | Verwendet keine Authentifizierung. |
| radius | Verwendet die RADIUS-Authentifizierung. |
| tacacs+ | Verwendet die TACACS+-Authentifizierung. |

> **ANMERKUNG**
>
> Der Befehl **login** ändert nur den Benutzernamen und den privilegierten Level, aber er führt keine Shell aus. Daher werden keine Autobefehle ausgeführt. Um unter diesen Umständen Autobefehle auszuführen, müssen Sie eine Telnet-Sitzung zurück in den Router aufnehmen (Loopback). Stellen Sie sicher, dass der Router so konfiguriert ist, dass sichere Telnetsitzungen möglich sind, wenn Sie beabsichtigen Autobefehle auf diese Weise auszuführen.

### Die Login-Authentifizierung mit dem enable-Passwort

Verwenden Sie den Befehl **aaa authentication login** mit dem *Methoden*-Schlüsselwort **enable**, um das enable-Passwort als Login-Authentifizierungsmethode festzulegen. Um beispielsweise das enable-Passwort als Benutzer-Authentifizierungsmethode während des Logins festzulegen und wenn sonst keine weitere Methodenliste vereinbart wurde, geben Sie folgenden Befehl ein:

```
aaa authentication login default enable
```

Bevor Sie das enable-Passwort als Login-Authentifizierungsmethode verwenden können, müssen Sie das enable-Passwort vereinbaren. Weitere Informationen über die Vereinbarung von enable-Passwörtern finden Sie in Kapitel 34 »Die Konfiguration von Passwörtern und Privilegien«.

### Die Login-Authentifizierung über Kerberos

Die Authentifizierung über Kerberos unterscheidet sich von den meisten anderen Authentifizierungsmethoden: Das Passwort des Benutzers wird niemals an den entfernten Access-Server gesendet. Benutzer, die sich per Einwahl in das Netzwerk einloggen wollen, werden zur Eingabe Ihres Benutzernamens aufgefordert. Wenn das Key-Distribution-Center (KDC = Schlüsselausgabestelle) einen Eintrag für diesen Benutzer enthält, dann erzeugt es ein verschlüsseltes Ticket-Granting-Ticket (TGT = Eintrittskarte) mit dem Passwort dieses Benutzers und sendet es zurück an den Router. Der Benutzer wird daraufhin nach einem Passwort gefragt und der Router versucht das TGT mit diesem Passwort zu entschlüsseln. Ist er erfolgreich, so ist der Benutzer authentifiziert und das TGT wird im Ausweiscache des Benutzers auf dem Router gespeichert.

Es ist für einen Benutzer nicht notwendig, das KINIT-Programm auszuführen, um ein TGT zu erhalten, mit dem er sich dann beim Router authentifizieren kann. Der Grund hierfür liegt darin, dass das KINIT-Programm in der Cisco-IOS-Ausführung von Kerberos bereits im Login-Verfahren integriert ist.

Verwenden Sie den Befehl **aaa authentication login** mit dem *Methoden*-Schlüsselwort **krb5**, um das Kerberos als Login-Authentifizierungsmethode festzulegen. Um beispielsweise Kerberos als Benutzer-Authentifizierungsmethode während des Login festzulegen und wenn sonst keine weitere Methodenliste vereinbart wurde, geben Sie folgenden Befehl ein:

```
aaa authentication login default krb5
```

Bevor Sie das Kerberos als Login-Authentifizierungsmethode verwenden können, müssen Sie die Kommunikation mit dem Kerberos-Sicherheits-Server aktivieren. Weitere Informationen über die Aufnahme der Kommunikation mit einem Kerberos-Server finden Sie in Kapitel 13 »Die Konfiguration von Kerberos«.

### Die Login-Authentifizierung mit einem line-Passwort

Verwenden Sie den Befehl **aaa authentication login** mit dem *Methoden*-Schlüsselwort **line**, um das line-Passwort als Login-Authentifizierungsmethode festzulegen. Um beispielsweise das line-Passwort als BenutzerAuthentifizierungsmethode während des Login festzulegen und wenn sonst keine weitere Methodenliste vereinbart wurde, geben Sie folgenden Befehl ein:

```
aaa authentication login default line
```

Bevor Sie das line-Passwort als Login-Authentifizierungsmethode verwenden können, müssen Sie das line-Passwort vereinbaren. Weitere Informationen über die Vereinbarung von line-Passwörtern finden Sie im Abschnitt »Die Konfiguration des line-Passwortschutzes« in diesem Kapitel.

### Die Login-Authentifizierung mit einem lokalen Passwort

Verwenden Sie den Befehl **aaa authentication login** mit dem *Methoden*-Schlüsselwort **local**, um festzulegen, dass der Cisco-Router oder Access-Server die lokale Benutzernamendatenbank zur Authentifizierung verwendet. Um beispielsweise die lokale Benutzernamendatenbank als Authentifizierungsmethode während des Login festzulegen und wenn sonst keine weitere Methodenliste vereinbart wurde, geben Sie folgenden Befehl ein:

```
aaa authentication login default local
```

Informationen über das Hinzufügen von Benutzern in die lokale Benutzernamendatenbank finden Sie im Abschnitt »Die Einrichtung einer Benutzernamen-Authentifizierung« in diesem Kapitel.

### Die Login-Authentifizierung unter RADIUS

Verwenden Sie den Befehl **aaa authentication login** mit dem *Methoden*-Schlüsselwort **radius**, um RADIUS als Login-Authentifizierungsmethode festzulegen. Um beispielsweise RADIUS als Benutzer-Authentifizierungsmethode während des Login festzulegen und wenn sonst keine weitere Methodenliste vereinbart wurde, geben Sie folgenden Befehl ein:

```
aaa authentication login default radius
```

Bevor Sie RADIUS als Login-Authentifizierungsmethode verwenden können, müssen Sie die Kommunikation mit dem RADIUS-Sicherheits-Server aktivieren. Weitere Informationen über die Aufnahme der Kommunikation mit einem RADIUS-Server finden Sie in Kapitel 8 »Die Konfiguration von RADIUS«.

### Die Login-Authentifizierung unter TACACS+

Verwenden Sie den Befehl **aaa authentication login** mit dem *Methoden*-Schlüsselwort **tacacs+** um TACACS+ als Login-Authentifizierungsmethode festzulegen. Um beispielsweise TACACS+ als Benutzer-Authentifizierungsmethode während des Login festzulegen und wenn sonst keine weitere Methodenliste vereinbart wurde, geben Sie folgenden Befehl ein:

```
aaa authentication login default tacacs+
```

Bevor Sie TACACS+ als Login-Authentifizierungsmethode verwenden können, müssen Sie die Kommunikation mit dem TACACS+-Sicherheits-Server aktivieren. Weitere Informationen über die Aufnahme der Kommunikation mit einem TACACS+-Server finden Sie in Kapitel 10 »Die Konfiguration von TACACS+«.

## 2.2.2 Die Konfiguration der PPP-Authentifizierung unter AAA

Viele Benutzer greifen auf einen Netzwerk-Access-Server per Einwahl über asynchrone oder ISDN-Leitungen zu. Die Einwahl über asynchrone oder ISDN-Verbindungen umgeht die Befehlszeilen-Schnittstelle (CLI = Command-Line-Interface) völlig. Ein Netzwerkprotokoll (z.B. PPP oder ARA) setzt ein, sobald die Verbindung aufgebaut wurde.

Die AAA-Sicherheitsdienste enthalten eine ganze Reihe von Authentifizierungsmethoden für serielle Schnittstellen, auf denen das PPP ausgeführt wird. Verwenden Sie den Befehl **aaa authentication ppp**, um die AAA-Authentifizierung zu aktivieren, ganz gleich, für welche der unterstützten PPP-Authentifizierungsmethoden Sie sich entschieden haben.

Um die AAA-Authentifizierungsmethoden für serielle Verbindungen zu konfigurieren, auf denen das PPP ausgeführt wird, verwenden Sie die folgenden Befehle im globalen Konfigurationsmodus:

| Schritt | Befehl | Zweck |
|---|---|---|
| 1 | aaa new-model | Aktiviert das AAA. |
| 2 | aaa authentication ppp {default \| *Listenname*} *Methode1* [*Methode2*...] | Erzeugt eine lokale Authentifizierungsliste. |
| 3 | interface *Schnittstellentyp Schnittstellennummer* | Wechselt in den Interface-Konfigurationsmodus um die Authentifizierungsliste bestimmten Schnittstellen zuzuordnen. |
| 4 | ppp authentication {chap \| pap \| chap pap \| pap chap} [if-needed] {default \| *Listenname*} [callin] | Ordnet die Authentifizierungsliste einer Verbindung oder einer Reihe von Verbindungen zu. |

Mit dem Befehl **aaa authentication ppp** erzeugen Sie eine oder mehrere Listen mit Authentifizierungsmethoden, die herangezogen werden, wenn ein Benutzer versucht sich über das PPP zu authentifizieren. Diese Listen werden mit dem Line-Konfigurationsbefehl **ppp authentication** zugeordnet.

Um eine Default-Liste zu erzeugen, die dann angewendet wird, wenn im Befehl **ppp authentication** *keine* namentliche Liste festgelegt wurde, können Sie das Argument **default** verwenden und die Methoden anfügen, die Sie in Default-Situationen anwenden möchten.

Um beispielsweise die lokale Benutzernamendatenbank als Default-Methode für die Benutzer-Authentifizierung zu verwenden, geben Sie folgenden Befehl ein:

```
aaa authentication ppp default local
```

Das Schlüsselwort *Listenname* ist eine Zeichenfolge, mit der die von Ihnen erzeugte Liste bezeichnet wird. Das Schlüsselwort *Methode* bezieht sich auf die eigentliche Methode, die der Authentifizierungsalgorithmus auszuführen versucht. Die zusätzlichen Authentifizierungsmethoden werden nur dann angewendet, wenn die vorherige Methode in einen Fehlzustand (Error) gerät, jedoch nicht, wenn sie fehlschlägt (FAIL). Wenn Sie festlegen wollen, dass die Authentifizierung auch dann erfolgreich ist, wenn alle Methoden einen Fehlzustand aufweisen, dann verwenden Sie das Schlüsselwort **none** als letzte Methode in der Befehlszeile.

Um beispielsweise festzulegen, dass die Authentifizierung auch dann erfolgreich ist, wenn (wie in diesem Beispiel) der TACACS+-Server mit einem Fehlzustand antwortet, geben Sie folgenden Befehl ein:

```
aaa authentication ppp default tacacs+ none
```

> **ANMERKUNG**
>
> Da das Schlüsselwort **none** es *jedem* Benutzer ermöglicht, sich beim Einwählen erfolgreich zu authentifizieren, sollte es nur als eine Ausweichmethode zur Authentifizierung verwendet werden.

Tabelle 2.2 listet die unterstützten PPP-Authentifizierungsmethoden auf.

*Tabelle 2.2: Die PPP-Authentifizierungsmethoden unter AAA*

| Schlüsselwort | Beschreibung |
|---|---|
| if-needed | Führt keine Authentifizierung aus, wenn der Benutzer bereits über eine TTY-Verbindung authentifiziert wurde. |
| krb5 | Verwendet Kerberos 5 zur Authentifizierung (kann nur bei PAP-Authentifizierung verwendet werden). |
| local | Verwendet die lokale Benutzernamendatenbank zur Authentifizierung. |
| none | Verwendet keine Authentifizierung. |
| radius | Verwendet die RADIUS-Authentifizierung. |
| tacacs+ | Verwendet die TACACS+-Authentifizierung. |

### Die PPP-Authentifizierung unter Kerberos

Verwenden Sie den Befehl **aaa authentication ppp** mit dem *Methoden*-Schlüsselwort **krb5**, um Kerberos als Authentifizierungsmethode auf Schnittstellen festzulegen, auf denen das PPP ausgeführt wird. Um beispielsweise Kerberos als Benutzer-Authentifizierungsmethode festzulegen und wenn sonst keine weitere Methodenliste vereinbart wurde, geben Sie folgenden Befehl ein:

```
aaa authentication ppp default krb5
```

Bevor Sie Kerberos als Login-Authentifizierungsmethode verwenden können, müssen Sie die Kommunikation mit dem Kerberos-Sicherheits-Server aktivieren. Weitere Informationen über die Aufnahme der Kommunikation mit einem Kerberos-Server finden Sie in Kapitel 13 »Die Konfiguration von Kerberos«.

> **ANMERKUNG**
> Die Kerberos Login-Authentifizierung funktioniert nur mit der PPP-PAP-Authentifizierung.

### Die PPP-Authentifizierung mit einem lokalen Passwort

Verwenden Sie den Befehl **aaa authentication ppp** mit dem *Methoden*-Schlüsselwort **local**, um festzulegen, dass der Cisco-Router oder Access-Server die lokale Benutzernamendatenbank zur Authentifizierung verwendet. Um beispielsweise die lokale Benutzernamendatenbank als Authentifizierungsmethode auf Schnittstellen festzulegen, auf denen das PPP ausgeführt wird, und wenn sonst keine weitere Methodenliste vereinbart wurde, geben Sie folgenden Befehl ein:

```
aaa authentication ppp default local
```

Informationen über das Hinzufügen von Benutzern in die lokale Benutzernamendatenbank finden Sie im Abschnitt »Die Einrichtung einer Benutzernamen-Authentifizierung« in diesem Kapitel.

### Die PPP-Authentifizierung unter RADIUS

Verwenden Sie den Befehl **aaa authentication ppp** mit dem *Methoden*-Schlüsselwort **radius**, um RADIUS als Authentifizierungsmethode auf Schnittstellen festzulegen, auf denen das PPP ausgeführt wird. Um beispielsweise RADIUS als Authentifizierungsmethode festzulegen und wenn sonst keine weitere Methodenliste vereinbart wurde, geben Sie folgenden Befehl ein:

```
aaa authentication ppp default radius
```

Bevor Sie RADIUS als Authentifizierungsmethode verwenden können, müssen Sie die Kommunikation mit dem RADIUS-Sicherheits-Server aktivieren. Weitere Informationen über die Aufnahme der Kommunikation mit einem RADIUS-Server finden Sie in Kapitel 8 »Die Konfiguration von RADIUS«.

### Die PPP-Authentifizierung unter TACACS+

Verwenden Sie den Befehl **aaa authentication ppp** mit dem *Methoden*-Schlüsselwort **tacacs+**, um TACACS+ als Authentifizierungsmethode auf Schnittstellen festzulegen, auf denen das PPP ausgeführt wird. Um beispielsweise TACACS+ als Authentifizierungsmethode festzulegen und wenn sonst keine weitere Methodenliste vereinbart wurde, geben Sie folgenden Befehl ein:

```
aaa authentication ppp default tacacs+
```

Bevor Sie TACACS+ als Authentifizierungsmethode verwenden können, müssen Sie die Kommunikation mit dem TACACS+-Sicherheits-Server aktivieren. Weitere Informationen über die Aufnahme der Kommunikation mit einem TACACS+-Server finden Sie in Kapitel 10 »Die Konfiguration von TACACS+«.

## 2.2.3 Die Konfiguration der AAA Skalierbarkeit für PPP-Anfragen

Sie können die Anzahl der Hintergrundprozesse konfigurieren und überwachen, die der PPP-Manager auf einem Netzwerk-Access-Server (NAS) für die Verwaltung der AAA-Authentifizierungs- und Autorisierungsanfragen unterhält. In früheren Cisco-IOS-Versionen war nur ein Hintergrundprozess für die Verarbeitung aller AAA-Anfragen des PPP zuständig. Daraus folgte, dass der Parallelbetrieb der AAA-Server nicht vollständig ausgenutzt werden konnte. Das AAA-Skalierungsfeature ermöglicht Ihnen die Konfiguration der Prozessanzahl, die für die Verarbeitung von AAA-Anfragen des PPP verwendet wird. Damit können Sie die Anzahl der gleichzeitigen BenutzerAuthentifizierungen oder –autorisierungen deutlich erhöhen.

Verwenden Sie den folgenden Befehl im globalen Konfigurationsmodus, um eine bestimmte Anzahl von Hintergrundprozessen der Verarbeitung von AAA-Anfragen des PPP zu widmen:

| Befehl | Zweck |
| --- | --- |
| **aaa processes** *Anzahl* | Widmet eine bestimmte Anzahl von Hintergrundprozessen der Verarbeitung von AAA-Authentifizierungs- und Autorisierungsanfragen des PPP. |

Das Argument *Anzahl* vereinbart die Menge von Hintergrundprozessen, die für die Verarbeitung der AAA-Authentifizierungs- und Autorisierungsanfragen des PPP reserviert sind und es kann jeder Wert von 1 bis 2.147.483.647 konfiguriert werden. Aufgrund der Art und Weise, wie der PPP-Manager die Anfragen des PPP verwaltet, legt dieses Argument auch die Anzahl der Benutzer fest, die gleichzeitig neu authentifiziert werden können. Dieses Argument kann jederzeit verringert oder erhöht werden.

> **ANMERKUNG**
>
> Die Reservierung zusätzlicher Hintergrundprozesse kann kostspielig sein. Sie sollten so wenige Hintergrundprozesse wie möglich für die Verarbeitung der AAA-Anfragen des PPP konfigurieren.

## 2.2.4 Die Konfiguration der ARA-Authentifizierung unter AAA

Mit dem Befehl **aaa authentication arap** erzeugen Sie eine oder mehrere Listen mit Authentifizierungsmethoden, die herangezogen werden, wenn ein AppleTalk-Remote-Access- (ARA-) Benutzer versucht sich in den Router einzuloggen. Diese Listen werden mit dem Line-Konfigurationsbefehl **arap authentication** verwendet.

Verwenden Sie zumindest die ersten der folgenden Befehle und beginnen Sie im globalen Konfigurationsmodus:

| Schritt | Befehl | Zweck |
|---|---|---|
| 1 | **aaa new-model** | Aktiviert das AAA. |
| 2 | **aaa authentication arap** {default \| *Listenname*} *Methode1* [*Methode2*...] | Aktiviert die Authentifizierung für ARA-Benutzer. |
| 3 | **line** *Nummer* | (Optional) Wechselt in den Line-Konfigurationsmodus. |
| 4 | **autoselect arap** | (Optional) Aktiviert die automatische Auswahl des ARA. |
| 5 | **autoselect during-login** | (Optional) Startet automatisch die ARA-Sitzung beim Login des Benutzers. |
| 6 | **arap authentication** *Listenname* | (Optional – nicht notwendig, wenn im Befehl **aaa authentication arap** das Schlüsselwort **default** verwendet wird) Aktiviert die TACACS+-Authentifizierung für das ARA auf einer Verbindung. |

Das Schlüsselwort *Listenname* ist eine Zeichenfolge, mit der die von Ihnen erzeugte Liste bezeichnet wird. Das Schlüsselwort *Methode* bezieht sich auf die eigentliche Methode, die der Authentifizierungsalgorithmus auszuführen versucht, und zwar in der Reihenfolge, wie sie in der Liste eingegeben wurden.

Um eine Default-Liste zu erzeugen, die dann angewendet wird, wenn im Befehl **arap authentication** keine namentliche Liste festgelegt wurde, können Sie das Argument **default** verwenden und die Methoden anfügen, die Sie in Default-Situationen anwenden möchten.

Die zusätzlichen Authentifizierungsmethoden werden nur dann angewendet, wenn die vorherige Methode in einen Fehlzustand (Error) gerät, jedoch nicht, wenn sie fehlschlägt (FAIL). Wenn Sie festlegen wollen, dass die Authentifizierung auch dann erfolgreich ist, wenn alle Methoden einen Fehlzustand aufweisen, dann verwenden Sie das Schlüsselwort **none** als letzte Methode in der Befehlszeile.

> **ANMERKUNG**
>
> Da das Schlüsselwort **none** es *jedem* Benutzer ermöglicht, sich beim Login erfolgreich zu authentifizieren, sollte es nur als eine Ausweichmethode zur Authentifizierung verwendet werden.

Tabelle 2.3 listet die unterstützten Login-Authentifizierungsmethoden auf.

*Tabelle 2.3: Die ARAP-Authentifizierungsmethoden unter AAA*

| Schlüsselwort | Beschreibung |
| --- | --- |
| auth-guest | Ermöglicht Gastlogins nur dann, wenn sich der Benutzer bereits in den EXEC-Modus eingeloggt hat. |
| guest | Ermöglicht Gastlogins. |
| line | Verwendet das line-Passwort zur Authentifizierung. |
| local | Verwendet die lokale Benutzernamendatenbank zur Authentifizierung. |
| radius | Verwendet die RADIUS-Authentifizierung. |
| tacacs+ | Verwendet die TACACS+-Authentifizierung. |

Um beispielsweise eine mit dem ARA-Protokoll verwendete Default-AAA-Authentifizierungsmethodenliste zu erstellen, geben Sie folgenden Befehl ein:

```
aaa authentication arap default if-needed none
```

Wenn Sie dieselbe Authentifizierungsmethodenliste für das ARA-Protokoll erstellen wollen, sie aber mit *MIS-access* bezeichnen möchten, geben Sie folgenden Befehl ein:

```
aaa authentication arap MIS-access if-needed none
```

### Die ARA-Authentifizierung mit der Zulassung autorisierter Gastlogins

Verwenden Sie den Befehl **aaa authentication arap** mit dem Schlüsselwort **auth-guest**, um Gastlogins nur dann zuzulassen, wenn sich der Benutzer bereits erfolgreich in den EXEC-Modus eingeloggt hat. Diese Methode muss zu Anfang in der ARA-Authentifizierungsmethodenliste stehen. Es können ihr jedoch weitere Methoden folgen, falls diese nicht erfolgreich ist. Um zum Beispiel als Default-Authentifizierungsmethode alle autorisierten Gastlogins zuzulassen – d.h. Logins durch Benutzer, die sich bereits erfolgreich in den EXEC-Modus eingeloggt haben –, und die RADIUS-Authentifizierung nur dann zu verwenden, wenn diese Methode fehlschlägt, geben Sie folgenden Befehl ein:

```
aaa authentication arap default auth-guest radius
```

> **ANMERKUNG**
>
> Wenn Sie das AAA aktivieren, sind Gastlogins über das ARA in der Default-Einstellung deaktiviert. Um Gastlogins zu erlauben, geben Sie den Befehl **aaa authentication arap** mit einem der beiden Schlüsselwörter **guest** oder **auth-guest** ein.

### Die ARA-Authentifizierung mit der Zulassung von Gastlogins

Verwenden Sie den Befehl **aaa authentication arap** mit dem Schlüsselwort **guest**, um Gastlogins zuzulassen. Diese Methode muss zu Anfang in der ARA-Authentifizierungsmethodenliste stehen, es können ihr jedoch weitere Methoden folgen, falls diese nicht erfolgreich ist. Um zum Beispiel als Default-Authentifizierungsmethode alle Gastlogins zuzulassen und die RADIUS-Authentifizierung nur dann zu verwenden, wenn diese Methode fehlschlägt, geben Sie folgenden Befehl ein:

```
aaa authentication arap default guest radius
```

### Die ARA-Authentifizierung mit einem line-Passwort

Verwenden Sie den Befehl **aaa authentication arap** mit dem *Methoden*-Schlüsselwort **line**, um das line-Passwort als Authentifizierungsmethode festzulegen. Um beispielsweise das line-Passwort als ARA-Benutzer-Authentifizierungsmethode festzulegen und wenn sonst keine weitere Methodenliste vereinbart wurde, geben Sie folgenden Befehl ein:

```
aaa authentication arap default line
```

Bevor Sie das line-Passwort als ARA-Authentifizierungsmethode verwenden können, müssen Sie das line-Passwort vereinbaren. Weitere Informationen über die Vereinbarung von line-Passwörtern finden Sie im Abschnitt »Die Konfiguration des Line-Passwortschutzes« in diesem Kapitel.

### Die ARA-Authentifizierung mit einem lokalen Passwort

Verwenden Sie den Befehl **aaa authentication arap** mit dem *Methoden*-Schlüsselwort **local**, um festzulegen, dass der Cisco-Router oder Access-Server die lokale Benutzernamendatenbank zur Authentifizierung verwendet. Um beispielsweise die lokale Benutzernamendatenbank als ARA-Authentifizierungsmethode festzulegen und wenn sonst keine weitere Methodenliste vereinbart wurde, geben Sie folgenden Befehl ein:

```
aaa authentication arap default local
```

Informationen über das Hinzufügen von Benutzern in die lokale Benutzernamendatenbank finden Sie im Abschnitt »Die Einrichtung einer Benutzernamen-Authentifizierung« in diesem Kapitel.

### Die ARA-Authentifizierung unter RADIUS

Verwenden Sie den Befehl **aaa authentication arap** mit dem *Methoden*-Schlüsselwort **radius**, um RADIUS als ARA-Authentifizierungsmethode festzulegen. Um beispielsweise RADIUS als ARA-Benutzer-Authentifizierungsmethode festzulegen und wenn sonst keine weitere Methodenliste vereinbart wurde, geben Sie folgenden Befehl ein:

```
aaa authentication arap default radius
```

Bevor Sie RADIUS als ARA-Authentifizierungsmethode verwenden können, müssen Sie die Kommunikation mit dem RADIUS-Sicherheits-Server aktivieren. Weitere Informationen über die Aufnahme der Kommunikation mit einem RADIUS-Server finden Sie in Kapitel 8 »Die Konfiguration von RADIUS«.

### Die ARA-Authentifizierung unter TACACS+

Verwenden Sie den Befehl **aaa authentication arap** mit dem *Methoden*-Schlüsselwort **tacacs+**, um TACACS+ als ARA-Authentifizierungsmethode festzulegen. Um beispielsweise TACACS+ als ARA-Benutzer-Authentifizierungsmethode festzulegen und sonst keine weitere Methodenliste vereinbart wurde, geben Sie folgenden Befehl ein:

```
aaa authentication arap default tacacs+
```

Bevor Sie TACACS+ als ARA-Authentifizierungsmethode verwenden können, müssen Sie die Kommunikation mit dem TACACS+-Sicherheits-Server aktivieren. Weitere Informationen über die Aufnahme der Kommunikation mit einem TACACS+-Server finden Sie in Kapitel 10 »Die Konfiguration von TACACS+«.

## 2.2.5 Die Konfiguration der NASI-Authentifizierung unter AAA

Mit dem Befehl **aaa authentication nasi** erzeugen Sie eine oder mehrere Listen mit Authentifizierungsmethoden, die herangezogen werden, wenn ein NetWare-Asynchronous-Services-Interfaces-(NASI-)Benutzer versucht sich in den Router einzuloggen. Diese Listen werden mit dem Line-Konfigurationsbefehl **nasi authentication** verwendet.

Verwenden Sie zumindest die ersten der folgenden Befehle und beginnen Sie im globalen Konfigurationsmodus:

| Schritt | Befehl | Zweck |
|---|---|---|
| 1 | aaa new-model | Aktiviert das AAA. |
| 2 | aaa authentication nasi {default \| *Listenname*} *Methode1* [*Methode2*...] | Aktiviert die Authentifizierung für NASI-Benutzer. |
| 3 | line *Nummer* | (Optional – nicht notwendig, wenn im Befehl **aaa authentication nasi** das Schlüsselwort **default** verwendet wird). Wechselt in den Line-Konfigurationsmodus. |
| 4 | nasi authentication *Listenname* | (Optional – nicht notwendig, wenn im Befehl **aaa authentication nasi** das Schlüsselwort **default** verwendet wird). Aktiviert die Authentifizierung für NASI auf einer Verbindung. |

Das Schlüsselwort *Listenname* ist eine Zeichenfolge, mit der die von Ihnen erzeugte Liste bezeichnet wird. Das Schlüsselwort *Methode* bezieht sich auf die eigentliche Methode, die der Authentifizierungsalgorithmus auszuführen versucht, und zwar in der Reihenfolge, wie sie in der Liste eingegeben wurden.

Um eine Default-Liste zu erzeugen, die dann angewendet wird, wenn im Befehl **aaa authentication nasi** *keine* namentliche Liste festgelegt wurde, können Sie das Argument **default** verwenden und die Methoden anfügen, die Sie in Default-Situationen anwenden möchten.

Die zusätzlichen Authentifizierungsmethoden werden nur dann angewendet, wenn die vorherige Methode in einen Fehlzustand (Error) gerät, jedoch nicht, wenn sie fehlschlägt (FAIL). Wenn Sie festlegen wollen, dass die Authentifizierung auch dann erfolgreich ist, wenn alle Methoden einen Fehlzustand aufweisen, dann verwenden Sie das Schlüsselwort **none** als letzte Methode in der Befehlszeile.

### ANMERKUNG

Da das Schlüsselwort **none** es *jedem* Benutzer ermöglicht, sich beim Login erfolgreich zu authentifizieren, sollte es nur als eine Ausweichmethode zur Authentifizierung verwendet werden.

Tabelle 2.4 listet die unterstützten Login-Authentifizierungsmethoden auf.

*Tabelle 2.4: Die NASI-Authentifizierungsmethoden unter AAA*

| Schlüsselwort | Beschreibung |
| --- | --- |
| enable | Verwendet das enable-Passwort zur Authentifizierung. |
| line | Verwendet das line-Passwort zur Authentifizierung. |
| local | Verwendet die lokale Benutzernamendatenbank zur Authentifizierung. |
| none | Verwendet keine Authentifizierung. |
| tacacs+ | Verwendet die TACACS+-Authentifizierung. |

### Die NASI-Authentifizierung mit einem enable-Passwort

Verwenden Sie den Befehl **aaa authentication nasi** mit dem Argument **enable**, um das enable-Passwort als Authentifizierungsmethode festzulegen. Um beispielsweise das enable-Passwort als NASI-Benutzer-Authentifizierungsmethode festzulegen und wenn sonst keine weitere Methodenliste vereinbart wurde, geben Sie folgenden Befehl ein:

```
aaa authentication nasi default enable
```

Bevor Sie das enable-Passwort als Authentifizierungsmethode verwenden können, müssen Sie das enable-Passwort vereinbaren. Weitere Informationen über die Vereinbarung von enable-Passwörtern finden Sie in Kapitel 34 »Die Konfiguration von Passwörtern und Privilegien«.

### Die NASI-Authentifizierung mit einem line-Passwort

Verwenden Sie den Befehl **aaa authentication nasi** mit dem *Methoden*-Schlüsselwort **line**, um das line-Passwort als Login-Authentifizierungsmethode festzulegen. Um beispielsweise das line-Passwort als NASI-Benutzer-Authentifizierungsmethode festzulegen und wenn sonst keine weitere Methodenliste vereinbart wurde, geben Sie folgenden Befehl ein:

```
aaa authentication nasi default line
```

Bevor Sie das line-Passwort als NASI-Authentifizierungsmethode verwenden können, müssen Sie das line-Passwort vereinbaren. Weitere Informationen über die Vereinbarung von line-Passwörtern finden Sie im Abschnitt »Die Konfiguration des line-Passwortschutzes« in diesem Kapitel.

### Die NASI-Authentifizierung mit einem lokalen Passwort

Verwenden Sie den Befehl **aaa authentication nasi** mit dem *Methoden*-Schlüsselwort **local**, um festzulegen, dass der Cisco-Router oder Access-Server die lokale Benutzernamendatenbank zur Authentifizierung verwendet. Um beispielsweise die lokale Benutzernamendatenbank als NASI-Authentifizierungsmethode während des Login festzulegen und wenn sonst keine weitere Methodenliste vereinbart wurde, geben Sie folgenden Befehl ein:

```
aaa authentication nasi default local
```

Informationen über das Hinzufügen von Benutzern in die lokale Benutzernamendatenbank finden Sie im Abschnitt »Die Einrichtung einer Benutzernamen-Authentifizierung« in diesem Kapitel.

### Die NASI-Authentifizierung unter TACACS+

Verwenden Sie den Befehl **aaa authentication nasi** mit dem *Methoden*-Schlüsselwort **tacacs+**, um TACACS+ als NASI-Authentifizierungsmethode festzulegen. Um beispielsweise TACACS+ als NASI-Benutzer-Authentifizierungsmethode festzulegen und wenn sonst keine weitere Methodenliste vereinbart wurde, geben Sie folgenden Befehl ein:

```
aaa authentication nasi default tacacs+
```

Bevor Sie TACACS+ als Authentifizierungsmethode verwenden können, müssen Sie die Kommunikation mit dem TACACS+-Sicherheits-Server aktivieren. Weitere Informationen über die Aufnahme der Kommunikation mit einem TACACS+-Server finden Sie in Kapitel 10 »Die Konfiguration von TACACS+«.

## 2.2.6 Das Festlegen einer Zeitdauer für die Login-Eingabe

Der Befehl **timeout login response** ermöglicht es Ihnen, die Zeitdauer festzulegen, die das System auf eine Login-Eingabe wartet (z.B. Benutzername und Passwort), bevor der Prozess abgebrochen wird. Der Default-Loginwert beträgt 30 Sekunden. Sie können mit dem Befehl **timeout login response** eine Zeitdauer von einer bis 300 Sekunden einstellen. Verwenden Sie den folgenden Befehl im globalen Konfigurationsmodus, um die Default-Einstellung der Login-Zeitdauer von 30 Sekunden zu ändern:

| Befehl | Zweck |
|---|---|
| timeout login response *Sekunden* | Legt fest, wie lange das System auf Login-Information wartet, bevor der Prozess abgebrochen wird. |

### 2.2.7 Die Aktivierung des Passwort-Schutzes für den privilegierten Level

Verwenden Sie den Befehl **aaa authentication enable default**, um eine Reihe von Authentifizierungsmethoden zu erstellen, die festlegen, ob ein Benutzer Zugang zum privilegierten EXEC-Befehlslevel erhalten kann. Sie können bis zu vier Authentifizierungsmethoden vereinbaren. Die zusätzlichen Authentifizierungsmethoden werden nur dann angewendet, wenn die vorherige Methode in einen Fehlzustand (Error) gerät, jedoch nicht, wenn sie fehlschlägt (FAIL). Wenn Sie festlegen wollen, dass die Authentifizierung auch dann erfolgreich ist, wenn alle Methoden einen Fehlzustand aufweisen, dann verwenden Sie das Schlüsselwort **none** als letzte Methode in der Befehlszeile.

Verwenden Sie den folgenden Befehl im globalen Konfigurationsmodus:

| Befehl | Zweck |
|---|---|
| aaa authentication enable default *Methode1* [*Methode2*...] | Aktiviert die Prüfung von Benutzer-ID und Passwort für Benutzer, die versuchen in den privilegierten EXEC-Level zu gelangen. |

Das Schlüsselwort *Methode* bezieht sich auf die eigentliche Methode, die der Authentifizierungsalgorithmus auszuführen versucht, und ist abhängig von der eingegebenen Reihenfolge.

Die Tabelle 2.5 listet die unterstützten Login-Authentifizierungsmethoden auf.

*Tabelle 2.5: Die Default-Methoden zur Aktivierung der AAA-Authentifizierung*

| Schlüsselwort | Beschreibung |
|---|---|
| enable | Verwendet das enable-Passwort zur Authentifizierung. |
| line | Verwendet das line-Passwort zur Authentifizierung. |
| none | Verwendet keine Authentifizierung. |
| radius | Verwendet die RADIUS-Authentifizierung. |
| tacacs+ | Verwendet die TACACS+-Authentifizierung. |

## 2.2.8 Die Aktivierung einer Authentifizierungsüberstimmung

Verwenden Sie den Befehl **aaa authentication local-override**, um die Cisco-IOS-Software so zu konfigurieren, dass die lokale Benutzerdatenbank zur Authentifizierung herangezogen wird, bevor eine andere Form der Authentifizierung ausgeführt wird. Dieser Befehl ist hilfreich, wenn Sie den normalen Authentifizierungsprozess für bestimmte Personen aussetzen wollen (z.B. Systemadministratoren).

Verwenden Sie den folgenden Befehl im globalen Konfigurationsmodus:

| Befehl | Zweck |
| --- | --- |
| aaa authentication local-override | Bewirkt die Aussetzung der normalen Authentifizierung. |

## 2.2.9 Die Änderung des bei der Passworteingabe angezeigten Textes

Verwenden Sie den Befehl **aaa authentication password-prompt**, um den Default-Text zu ändern, den die Cisco-IOS-Software als Passwort-Eingabeaufforderung für den Benutzer anzeigt. Dieser Befehl ändert die Passwort-Eingabeaufforderung sowohl für das enable-Passwort als auch für die Login-Passwörter, die nicht von entfernten Sicherheits-Servern geliefert werden. Die **no**-Form dieses Befehls lässt die Passwort-Eingabeaufforderung wieder den folgenden Default-Wert anzeigen:

Password:

Der Befehl **aaa authentication password-prompt** ändert nicht den Dialog, der durch einen entfernten TACACS+- oder RADIUS-Server ausgeführt wird.

Verwenden Sie den folgenden Befehl im globalen Konfigurationsmodus:

| Befehl | Zweck |
| --- | --- |
| aaa authentication password-prompt *Zeichenfolge* | Ändert den angezeigten Default-Text, wenn ein Benutzer zur Eingabe eines Passworts aufgefordert wird. |

## 2.2.10 Die Konfiguration persönlicher Login-Meldungen für die AAA-Authentifizierung

Das AAA unterstützt die Verwendung konfigurierbarer persönlicher Meldungen für das Login und für abgelehnte Logins. Sie können Meldungen konfigurieren, die angezeigt werden, wenn sich ein Benutzer in das System einloggen möchte und sich unter AAA authentifiziert oder auch, wenn die Authentifizierung aus irgendwelchen Gründen fehlschlägt.

## Die Konfiguration einer Login-Meldung

Um eine Login-Meldung zu erstellen, müssen Sie ein Begrenzungszeichen konfigurieren, durch das das System erkennt, dass die folgende Zeichenfolge angezeigt werden soll und daran anschließend die eigentliche Zeichenfolge. Das Begrenzungszeichen wird am Ende der Zeichenfolge wiederholt, um das Ende der Meldung zu signalisieren. Für das Begrenzungszeichen kann jedes einzelne Zeichen des erweiterten ASCII-Zeichensatzes verwendet werden. Ist dieses Zeichen jedoch als Begrenzer vereinbart, dann kann es nicht mehr in der Zeichenfolge der Meldung verwendet werden.

Verwenden Sie die folgenden Befehle im globalen Konfigurationsmodus, um eine Meldung zu konfigurieren, die bei jedem Benutzer-Login angezeigt wird (und damit die Default-Meldung beim Login ersetzt):

| Schritt | Befehl | Zweck |
| --- | --- | --- |
| 1 | aaa new-model | Aktiviert das AAA. |
| 2 | aaa authentication banner *Begrenzer Zeichenfolge Begrenzer* | Erzeugt eine persönliche Login-Meldung. |

Die maximal in der Login-Meldung enthaltene Zeichenanzahl beträgt 2996 Zeichen.

## Die Konfiguration einer fehlgeschlagenen Login-Meldung

Um eine Meldung zu erstellen, die nach einem abgelehnten Login angezeigt wird, müssen Sie ein Begrenzungszeichen konfigurieren, durch das das System erkennt, dass die folgende Zeichenfolge angezeigt werden soll und anschließend die eigentliche Zeichenfolge. Das Begrenzungszeichen wird am Ende der Zeichenfolge wiederholt, um das Ende der Meldung zu signalisieren. Für das Begrenzungszeichen kann jedes einzelne Zeichen des erweiterten ASCII-Zeichensatzes verwendet werden. Ist dieses Zeichen jedoch als Begrenzer vereinbart, dann kann es nicht mehr in der Zeichenfolge der Meldung verwendet werden.

Verwenden Sie die folgenden Befehle im globalen Konfigurationsmodus, um eine Meldung zu konfigurieren, die bei jedem abgelehnten Benutzer-Login angezeigt wird (und damit die Default-Meldung beim abgelehnten Login ersetzt):

| Schritt | Befehl | Zweck |
| --- | --- | --- |
| 1 | aaa new-model | Aktiviert das AAA. |
| 2 | aaa authentication fail-message *Begrenzer Zeichenfolge Begrenzer* | Erzeugt eine Meldung, die bei der Ablehnung eines Benutzer-Login angezeigt wird. |

Die maximal in der abgelehnten Login-Meldung enthaltene Zeichenanzahl beträgt 2996 Zeichen.

## 2.2.11 Die Aktivierung der doppelten Authentifizierung

Die doppelte Authentifizierung ermöglicht eine zusätzliche Authentifizierung für PPP-Sitzungen. Bisher konnten PPP-Sitzungen nur mit einer einzigen Authentifizierungsmethode authentifiziert werden: entweder über das Passwort-Authentifizierungs-Protokoll (PAP) oder das Challenge-Handshake-Authentifizierungs-Protokoll (CHAP). Die doppelte Authentifizierung verlangt von den Einwahlbenutzern die Absolvierung einer zweiten Authentifizierungsstufe – nach der CHAP- oder PAP-Authentifizierung –, bevor sie Zugang zum Netzwerk erhalten.

Diese zweite (»doppelte«) Authentifizierung erfordert ein Passwort, das dem Benutzer bekannt, aber *nicht* auf dem externen Host des Benutzers gespeichert ist. Daher wird bei der zweiten Authentifizierung der Benutzer authentifiziert und nicht der Hostrechner. Dieses Verfahren bietet eine zusätzliche Sicherheitsstufe, die auch dann wirkungsvoll bleibt, wenn Informationen vom externen Hostrechner gestohlen werden. Darüber hinaus bietet dieses Verfahren eine erweiterte Flexibilität, da jedem Benutzer eigene individuelle Netzwerkprivilegien zugewiesen werden können.

Die zweite Authentifizierungsstufe kann Einmal-Passwörter wie Token-Card-Passwörter verwenden, die nicht durch das CHAP unterstützt werden. Wenn Einmal-Passwörter verwendet werden, hat ein gestohlenes Benutzerpasswort für einen Dieb keinerlei Wert.

### Wie die doppelte Authentifizierung funktioniert

Die doppelte Authentifizierung besteht aus zwei Stufen der Authentifizierung/Autorisierung. Diese beiden Stufen werden ausgeführt, nachdem sich der externe Benutzer eingewählt hat und eine PPP-Sitzung aufgenommen wurde.

In der ersten Stufe loggt sich der Benutzer mit dem externen Hostnamen ein. Das CHAP (oder PAP) authentifiziert den externen Host und das PPP kommuniziert daraufhin mit dem AAA, um den externen Host zu autorisieren. Während dieses Prozesses werden dem Benutzer die Netzwerk-Zugangsprivilegien des externen Hosts zugeordnet.

> **ANMERKUNG**
>
> Cisco empfiehlt allen Netzwerkadministratoren, die Autorisierung in dieser ersten Stufe nur auf Telnetverbindungen zum lokalen Host zu beschränken.

In der zweiten Stufe muss sich der externe Benutzer per Telnet beim Netzwerk-Access-Server anmelden, um authentifiziert zu werden. Wenn sich der externe Benutzer einloggt, muss er sich mit der AAA-Login-Authentifizierung authentifizieren. Der Benutzer muss daraufhin den Befehl **access-profile** eingeben, um durch das AAA erneut autorisiert zu werden. Wenn diese Autorisierung vollendet ist, wurde der Benutzer doppelt authentifiziert und kann auf das Netzwerk entsprechend der benutzerabhängigen Netzwerkprivilegien zugreifen.

Der Systemadministrator legt fest, welche Netzwerkprivilegien der externe Benutzer nach jeder Authentifizierungsstufe haben wird, indem er entsprechende Parameter auf einem Sicherheits-Server konfiguriert. Um die doppelte Authentifizierung zu verwenden, muss der Benutzer sie durch den Befehl **access-profile** aktivieren.

> **STOP**
>
> Die doppelte Authentifizierung kann einige unerwünschte Ereignisse auslösen, wenn sich mehrere Hosts eine PPP-Verbindung zu einem Netzwerk-Access-Server teilen, wie es in Bild 2.2 gezeigt wird.
>
> Erstens: Wenn ein Benutzer namens Bob eine PPP-Sitzung aufnimmt und die doppelte Authentifizierung auf dem Netzwerk-Access-Server aktiviert (in der Abbildung 2.2), dann wird jeder weitere Benutzer automatisch die gleichen Netzwerkprivilegien erhalten wie Bob, bis die PPP-Sitzung von Bob abgelaufen ist. Dieses Phänomen tritt ein, da das Autorisierungsprofil von Bob während der PPP-Sitzung der Schnittstelle des Netzwerk-Access-Servers zugeordnet ist und jeder PPP-Verkehr von anderen Benutzern die von Bob aufgenommene PPP-Sitzung nutzen wird.
>
> Zweitens: Ein Benutzer namens Bob hat eine PPP-Sitzung aufgenommen und die doppelte Authentifizierung aktiviert und anschließend führt – bevor die PPP-Sitzung von Bob abgelaufen ist –, eine andere Benutzerin namens Jane den Befehl **access-profile** aus (oder sie meldet sich per Telnet am Netzwerk-Access-Server an und es wird der Autobefehl **autocommand access-profile** ausgeführt). Als Folge wird eine erneute Autorisierung vorgenommen und der Schnittstelle wird das Autorisierungsprofil von Jane zugeordnet – dieses ersetzt damit das Profil von Bob. Dies kann den PPP-Verkehr von Bob unterbrechen oder stoppen, es kann aber auch passieren, dass Bob zusätzliche Autorisierungsprivilegien erhält, die ihm nicht zustehen.

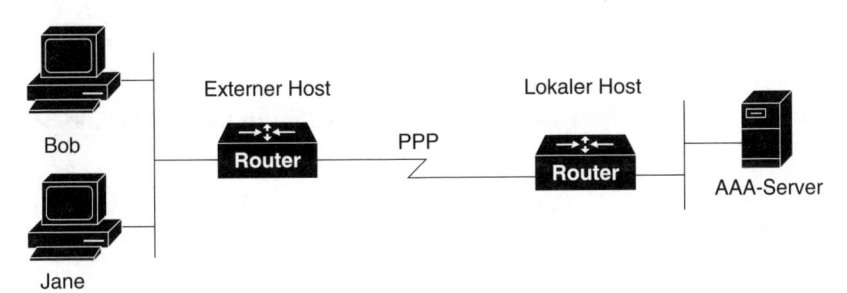

*Bild 2.2:   Eine möglicherweise riskante Topologie: Mehrere Hosts teilen sich eine PPP-Verbindung zu einem Netzwerk-Access-Server*

### Die Konfiguration der doppelten Authentifizierung

Führen Sie die folgenden Schritte durch, um die doppelte Authentifizierung zu konfigurieren:

1. Aktivieren Sie das AAA mit dem globalen Konfigurationsbefehl **aaa-new model**. Weitere Informationen über die Aktivierung von AAA finden Sie in Kapitel 1 »AAA: Ein Überblick.«

2. Konfigurieren Sie mit dem Befehl **aaa authentication** Ihren Netzwerk-Access-Server zur Verwendung von Methodenlisten für die Login- und PPP-Authentifizierung und ordnen Sie anschließend diese Methodenlisten den entsprechenden Verbindungen oder Schnittstellen zu.

3. Konfigurieren Sie mit dem Befehl **aaa authorization** die AAA-Netzwerkautorisierung während des Login. Weitere Informationen über die Konfiguration der Netzwerkautorisierung finden Sie in Kapitel 4 »Die Konfiguration der Autorisierung«.

4. Konfigurieren Sie die Sicherheitsprotokollparameter (z.B. RADIUS oder TACACS+). Weitere Informationen über RADIUS finden Sie in Kapitel 8 »Die Konfiguration von RADIUS«. Weitere Informationen über TACACS+ finden Sie in Kapitel 10 »Die Konfiguration von TACACS+«.

5. Verwenden Sie Access-Control-List-(ACL = Zugangs-Kontroll-Listen)AV-Paarungen auf dem Sicherheits-Server, damit sich ein Benutzer nur über eine Telnetverbindung mit dem lokalen Host verbinden kann.

6. (Optional) Konfigurieren Sie den Befehl **access-profile** als einen Autobefehl. Wenn Sie den Autobefehl konfigurieren, müssen Einwahlbenutzer den Befehl **access-profile** nicht mehr manuell eingeben, um die autorisierten Rechte über ihr persönliches Benutzerprofil zugewiesen zu bekommen.

> **ANMERKUNG**
>
> Wenn der Befehl **access-profile** als Autobefehl konfiguriert wird, muss sich der Benutzer weiterhin per Telnet beim lokalen Host einloggen, um die doppelte Authentifizierung vollständig auszuführen.

Wenn Sie benutzerabhängige Autorisierungsvereinbarungen erstellen, sollten Sie die folgenden Regeln beachten, die sich auf das Default-Verhalten des **access-profile**-Befehls beziehen:

– Verwenden Sie gültige AV-Paarungen, wenn Sie ACL-AV-Paare auf dem Sicherheits-Server konfigurieren. Eine Liste gültiger AV-Paarungen finden Sie in Kapitel 3 »Die Authentifizierungsbefehle«.

– Wenn Einwahlbenutzer die vorhandene Autorisierung der Schnittstelle nutzen (die vor der zweiten Stufe der Authentifizierung/Autorisierung existierte), sie aber unterschiedliche ACLs erhalten sollen, dann sollten Sie *nur* ACL-AV-Paare in den benutzerabhängigen Autorisierungsvereinbarungen vornehmen. Dies kann wünschenswert sein, wenn Sie ein Default-Autorisierungsprofil erstellen wollen, das dem externen Host zugeordnet werden soll, bestimmten Benutzern hingegen eigene ACLs zugeordnet werden sollen.

– Wenn diese benutzerabhängigen Autorisierungsvereinbarungen später der Schnittstelle zugeordnet werden, dann können sie entweder zur vorhandenen Schnittstellenkonfiguration *hinzugefügt* werden oder die vorhandene Schnittstellenkonfiguration *ersetzen* – je nachdem, welche Form des **access-profile**-Befehls zur Autorisierung des Benutzers verwendet wird. Sie sollten die Funktionsweise des **access-profile**-Befehls verstanden haben, bevor Sie Autorisierungsvereinbarungen konfigurieren.

– Wenn Sie ISDN- oder Multilink-PPP-Verbindungen nutzen, müssen Sie zusätzlich virtuelle Prozessschablonen auf dem lokalen Host konfigurieren.

Verwenden Sie den Debug-Befehl **debug aaa per-user**, um Probleme mit der doppelten Authentifizierung zu untersuchen.

### Der Zugriff auf ein Benutzerprofil nach der doppelten Authentifizierung

Wenn bei der doppelten Authentifizierung ein Einwahlbenutzer eine PPP-Verbindung zum lokalen Host aufbaut und den lokalen Hostnamen verwendet, dann wird der externe Host CHAP- (oder PAP-) authentifiziert. Nach der CHAP-(oder PAP-)Authentifizierung, kommuniziert das PPP mit dem AAA, um dem Benutzer die Netzwerk-Zugangsprivilegien des externen Hosts zuzuordnen (Cisco empfiehlt, dass die Privilegien in dieser ersten Stufe nur auf Telnetverbindungen zum lokalen Host beschränkt werden).

Wenn der Benutzer in die zweite Phase der doppelten Authentifizierung tritt und eine Telnetverbindung zum lokalen Host aufbaut, gibt er seinen persönlichen Benutzernamen und sein Passwort an (die sich vom CHAP- oder PAP-Benutzernamen und Passwort unterscheiden). Diese Aktion verursacht die AAA-Re-Authentifizierung auf der Basis des persönlichen Benutzernamen/Passwort-Paares. Die zuvor erteilten Rechte, die dem lokalen Host zugehören, behalten jedoch weiterhin ihre Gültigkeit. Je nach Verwendung des Befehls **access-profile**, werden die dem lokalen Host zugeordneten Zugriffsrechte durch die im Benutzerprofil vereinbarten Rechte ersetzt (replace) oder aber mit ihnen vereinigt (merge).

Verwenden Sie folgenden Befehl im EXEC-Konfigurationsmodus:

| Befehl | Zweck |
|---|---|
| access-profile [merge \| replace \| ignore-sanity-checks] | Greift nach der doppelten Authentifizierung auf die entsprechenden Benutzerrechte zu. |

Wenn Sie den Befehl **access-profile** als Autobefehl konfiguriert haben, dann wird er automatisch ausgeführt, wenn sich der Einwahlbenutzer einloggt.

### 2.2.12 Die Aktivierung der automatisierten doppelten Authentifizierung

Sie können den Prozess der doppelten Authentifizierung für Benutzer vereinfachen, indem sie die die automatisierte doppelte Authentifizierung ausführen. Die automatisierte doppelte Authentifizierung gewährleistet alle Sicherheitsvorteile der doppelten Authentifizierung und bietet gleichzeitig eine einfachere benutzerfreundliche Schnittstelle für Einwahlbenutzer. Mit der doppelten Authentifizierung wird eine zweite Stufe der Benutzer-Authentifizierung ermöglicht, wenn sich der Benutzer via Telnet bei einem Netzwerk-Access-Server oder Router anmeldet und einen Benutzername und ein Passwort eingibt. Mit der automatisierten doppelten Authentifizierung muss sich der Benutzer nicht via Telnet auf dem Netzwerk-Access-Server anmelden. Stattdessen antwortet der Benutzer auf eine Dialogbox, die ihn zur Eingabe eines Benutzernamens und eines Passworts oder einer persönlichen Identifikations-Nummer (PIN) auffordert. Um das Feature der automatisierten doppelten Authentifizierung verwenden zu können, muss auf den externen Benutzerhosts eine entsprechende Client-Anwendung ausgeführt werden. Für die Cisco-IOS-Version 12.0 ist die einzig verfügbare Client-Anwendungs-Software die Application-Server-Software für PCs von Glacier-Bay.

> **ANMERKUNG**
>
> Die automatisierte doppelte Authentifizierung ist wie auch das Feature der gewöhnlichen doppelten Authentifizierung nur für Multilink-PPP- und ISDN-Verbindungen geeignet. Die automatisierte doppelte Authentifizierung kann nicht mit anderen Protokollen wie dem X.25 oder dem SLIP verwendet werden.

### Die Konfiguration der automatisierten doppelten Authentifizierung

Die automatisierte doppelte Authentifizierung ist eine Erweiterung des vorhandenen doppelten Authentifizierungsfeatures. Um die automatisierte doppelte Authentifizierung zu konfigurieren, müssen Sie zuerst mit den folgenden Schritten die normale doppelte Authentifizierung konfigurieren:

1. Aktivieren Sie das AAA mit dem globalen Konfigurationsbefehl **aaa-new model**. Weitere Informationen über die Aktivierung von AAA finden Sie in Kapitel 1 »AAA: Ein Überblick.«

2. Konfigurieren Sie mit dem Befehl **aaa authentication** Ihren Netzwerk-Access-Server zur Verwendung von Methodenlisten für die Login- und PPP-Authentifizierung und ordnen Sie anschließend diese Methodenlisten den entsprechenden Verbindungen oder Schnittstellen zu.

3. Konfigurieren Sie mit dem Befehl **aaa authorization** die AAA-Netzwerkautorisierung während des Login. Weitere Informationen über die Konfiguration der Netzwerkautorisierung finden Sie in Kapitel 4 »Die Konfiguration der Autorisierung«.

4. Konfigurieren Sie die Sicherheitsprotokollparameter (z.B. RADIUS oder TACACS+). Weitere Informationen über RADIUS finden Sie in Kapitel 8 »Die Konfiguration von RADIUS«. Weitere Informationen über TACACS+ finden Sie in Kapitel 10 »Die Konfiguration von TACACS+«.

5. Verwenden Sie Access-Control-Listen-(ACL = Zugangs-Kontroll-Listen)AV-Paarungen auf dem Sicherheits-Server, damit sich ein Benutzer nur über eine Telnetverbindung mit dem lokalen Host verbinden kann.

6. (Optional) Konfigurieren Sie den Befehl **access-profile** als einen Autobefehl. Wenn Sie den Autobefehl konfigurieren, müssen Einwahlbenutzer den Befehl **access-profile** nicht mehr manuell eingeben, um die autorisierten Rechte über ihr persönliches Benutzerprofil zugewiesen zu bekommen.

> **ANMERKUNG**
>
> Wenn der Befehl **access-profile** als Autobefehl konfiguriert wird, muss sich der Benutzer weiterhin per Telnet beim lokalen Host einloggen, um die doppelte Authentifizierung vollständig auszuführen.

Wenn Sie benutzerabhängige Autorisierungsvereinbarungen erstellen, sollten Sie diese Regeln befolgen, die sich auf das Default-Verhalten des **access-profile**-Befehls beziehen:

– Verwenden Sie gültige AV-Paarungen, wenn Sie ACL-AV-Paare auf dem Sicherheits-Server konfigurieren. Eine Liste gültiger AV-Paarungen finden Sie in Kapitel 3 »Die Authentifizierungsbefehle«.

– Wenn Einwahlbenutzer die vorhandene Autorisierung der Schnittstelle nutzen (die vor der zweiten Stufe der Authentifizierung/Autorisierung existierte), sie aber unterschiedliche ACLs erhalten sollen, dann sollten Sie *nur* ACL-AV-Paare in den benutzerabhängigen Autorisierungsvereinbarungen vornehmen. Dies kann wünschenswert sein, wenn Sie ein Default-Autorisierungsprofil erstellen wollen, das dem externen Host zugeordnet werden soll, bestimmten Benutzern hingegen eigene ACLs zugeordnet werden sollen.

– Wenn diese benutzerabhängigen Autorisierungsvereinbarungen später der Schnittstelle zugeordnet werden, dann können sie entweder zur vorhandenen Schnittstellenkonfiguration *hinzugefügt* werden oder die vorhandene Schnittstellenkonfiguration *ersetzen* – je nachdem, welche Form des **access-profile**-Befehls zur Autorisierung des Benutzers verwendet wird. Sie sollten die Funktionsweise des **access-profile**- Befehls verstanden haben, bevor Sie Autorisierungsvereinbarungen konfigurieren.

– Wenn Sie ISDN- oder Multilink-PPP-Verbindungen nutzen, müssen Sie zusätzlich virtuelle Prozess-Schablonen auf dem lokalen Host konfigurieren.

Verwenden Sie den Debug-Befehl **debug aaa per-user**, um Probleme mit der doppelten Authentifizierung zu untersuchen.

Nachdem Sie die doppelte Authentifizierung konfiguriert haben, können Sie nun die automatisierte Erweiterung konfigurieren.

Verwenden Sie die folgenden Befehle, um die automatisierte doppelte Authentifizierung zu konfigurieren, beginnen Sie dabei im globalen Konfigurationsmodus:

| Schritt | Befehl | Zweck |
| --- | --- | --- |
| 1 | ip trigger-authentication [timeout Sekunden] [port Nummer] | Aktiviert die Automatisierung der doppelten Authentifizierung. |
| 2 | interface bri Nummer oder interface serial Nummer:23 | Wählt eine ISDN-BRI- oder ISDN-PRI-Schnittstelle aus und wechselt in den Interface-Konfigurationsmodus. |
| 3 | ip trigger-authentication | Ordnet der Schnittstelle die automatisierte doppelte Authentifizierung zu. |

Um Probleme bei der automatisierten doppelten Authentifizierung zu untersuchen, verwenden Sie die folgenden Befehle im privilegierten EXEC-Modus:

| Schritt | Befehl | Zweck |
| --- | --- | --- |
| 1 | show ip trigger-authentication | Zeigt die Liste von externen Hosts an, für die die automatisierte doppelte Authentifizierung versucht wurde (erfolgreich oder nicht erfolgreich). |
| 2 | clear ip trigger-authentication | Entleert die Liste von externen Hosts, für die die automatisierte doppelte Authentifizierung versucht wurde. (Dies entleert die Tabelle, die mit dem Befehl show ip trigger-authentication angezeigt wird.) |
| 3 | debug ip trigger-authentication | Zeigt die debug-Ausgabe der automatisierten doppelten Authentifizierung. |

## 2.3 Die Nicht-AAA-Authentifizierungsmethoden

Dieser Abschnitt betrachtet die folgenden Nicht-AAA-Authentifizierungsaufgaben:

- Die Konfiguration des line-Passwortschutzes
- Die Einrichtung einer Benutzernamen-Authentifizierung
- Die Aktivierung der CHAP- oder PAP-Authentifizierung
- Die Verwendung des MS-CHAP
- Die Konfiguration des TACACS- und des erweiterten TACACS-Passwortschutzes

## 2.3.1 Die Konfiguration des line-Passwortschutzes

Sie können auf einer Terminalverbindung eine Zugangskontrolle einführen, indem sie ein Passwort eingeben und die Überprüfung des Passworts aktivieren. Verwenden Sie hierzu die folgenden Befehle im line-Konfigurationsmodus:

| Schritt | Befehl | Zweck |
|---|---|---|
| 1 | password *Passwort* | Weist einem Terminal oder einem anderen Gerät einer Verbindung ein Passwort zu. |
| 2 | login | Aktiviert die Überprüfung des Passworts beim Login. |

Die Passwortprüfung berücksichtigt die Groß/Kleinschreibung und es können Leerzeichen verwendet werden. Zum Beispiel unterscheiden sich das Passwort *Secret* von dem Passwort *secret* und *zwei Worte* ist ebenso ein mögliches Passwort.

Sie können die line-Passwort-Verifizierung aussetzen, indem Sie die Passwortprüfung deaktivieren. Verwenden Sie hierzu den folgenden Befehl im line-Konfigurationsmodus:

| Befehl | Zweck |
|---|---|
| **no login** | Deaktiviert die Passwortprüfung oder lässt den Zugang zu einer Verbindung ohne eine Passwort-Verifizierung zu. |

Wenn Sie den line-Passwortschutz konfigurieren und anschließend das TACACS oder das erweiterte TACACS konfigurieren, dann erhalten die TACACS-Benutzernamen und Passwörter Vorrang vor den line-Passwörtern. Wenn Sie bisher noch keine Sicherheitsverfahren angewendet haben, empfiehlt Ihnen Cisco die Verwendung des AAA.

> **ANMERKUNG**
>
> Der Befehl **login** ändert nur den Benutzernamen und den privilegierten Level, aber er führt keine Shell aus. Daher werden keine Autobefehle ausgeführt. Um unter diesen Umständen Autobefehle auszuführen, müssen Sie eine Telnetsitzung zurück in den Router aufnehmen (Loopback). Stellen Sie sicher, dass der Router so konfiguriert ist, dass sichere Telnetsitzungen möglich sind, wenn Sie beabsichtigen Autobefehle auf diese Weise auszuführen.

## 2.3.2 Die Einrichtung einer Benutzernamen-Authentifizierung

Sie können ein Authentifizierungssystem erstellen, das auf Benutzernamen basiert und das in den folgenden Situationen hilfreich ist:

- Um ein TACACS-ähnliches Authentifizierungssystem mit Benutzernamen und verschlüsselten Passwörtern in Netzwerken betreiben zu können, die kein TACACS unterstützen.

- Um spezielle Logins zu verwenden, wie z.B. die Access-Listen-Verifizierung, keine Passwort-Verifizierung, die Ausführung von Autobefehlen beim Login und bei keinen »Escape-« Situationen.

Um die Benutzernamen-Authentifizierung zu erstellen, verwenden Sie die folgenden Befehle im globalen Konfigurationsmodus, je nachdem, wie sie Ihre Systemkonfiguration erfordert:

| Schritt | Befehl | Zweck |
|---|---|---|
| 1 | **username** *Name* [**nopassword** \| **password** *Verschlüsselungstyp* **password**] | Richtet die Benutzernamen-Authentifizierung mit verschlüsselten Passwörtern ein. |
|   | **username** *Name* [**access-class** *Nummer*] | oder (Optional) Richtet die Benutzernamen-Authentifizierung durch die Access-Liste ein. |
| 2 | **username** *Name* **privilege** *Level* | (Optional) Legt den privilegierten Level für den Benutzer fest. |
| 3 | **username** *Name* [**autocommand** *Befehl*] | (Optional) Legt einen Befehl zur automatischen Ausführung fest. |
| 4 | **username** *Name* [**noescape**] [**nohangup**] | (Optional) Setzt eine Login-Umgebung, bei der kein »Escape« möglich ist. |

Das Schlüsselwort **noescape** verhindert, dass Benutzer escape-Zeichen auf den Hosts eingeben können, mit denen sie verbunden sind. Der Zusatz **nohangup** trennt die Verbindung nach der Ausführung des Autobefehls nicht.

> **STOP**
>
> So lange Sie nicht den Befehl **service password-encryption** ausführen, werden die Passwörter in Ihrer Konfiguration im Klartext angezeigt. Weitere Informationen über den Befehl **service password-encryption** finden Sie in Kapitel 35 »Die Passwort- und Privilegien-Befehle«.

## 2.3.3 Die Aktivierung der CHAP- oder PAP-Authentifizierung

Eines der in den Einwahlverfahren der Internet-Service-Provider (ISPs) am häufigsten verwendeten Transportprotokolle ist das PPP. Gewöhnlich wählen sich externe Benutzer in einen Access-Server ein, um eine PPP-Sitzung aufzunehmen. Nachdem das PPP vereinbart wurde, sind die Einwahlbenutzer mit dem ISP-Netzwerk und dem Internet verbunden.

Da ISPs nur eigenen Kunden die Verbindung zu ihren Access-Servern gestatten wollen, müssen sich Einwahlbenutzer gegenüber dem Access-Server authentifizieren, bevor sie eine PPP-Sitzung aufnehmen dürfen. Gewöhnlich authentifizieren sich Einwahlbenutzer durch die Eingabe ihres Benutzernamens und durch ein Passwort, wenn sie vom Access-Server dazu aufgefordert werden. Auch wenn dies eine funktionierende Lösung ist, ist deren Verwaltung sehr aufwendig und äußerst lästig für die Einwahlbenutzer.

Eine bessere Lösung liegt in der Anwendung der Authentifizierungsprotokolle, die in das PPP integriert sind. In diesem Falle wählt sich der externe Benutzer in den Access-Server ein und startet eine Minimalversion des PPP mit dem Access-Server. Diese erlaubt dem Einwahlbenutzer keinen Zugang zum ISP-Netzwerk – sie erlaubt lediglich die Kommunikation des Access-Server mit dem externen Gerät.

Das PPP unterstützt derzeit zwei Authentifizierungsprotokolle: das PAP und das CHAP. Beide sind im RFC 1334 festgelegt und werden von synchronen und asynchronen Schnittstellen unterstützt. Die Authentifizierung über das PAP oder das CHAP ist äquivalent zur Eingabe des Benutzernamens und des Passworts bei der Aufforderung durch den Server. Das CHAP wird als sicherer angesehen, da das Passwort des Einwahlbenutzers niemals über die Verbindung gesendet wird.

Das PPP (mit oder ohne die PAP- oder CHAP-Authentifizierung) wird auch bei Outbound-Wählverfahren unterstützt. Ein Access-Server nutzt ein solches ausgehendes Wählverfahren, wenn er ein externes Gerät anwählt und versucht ein Transport-Protokoll (z.B. das PPP) zu starten.

**ANMERKUNG**

Um das CHAP oder das PAP zu verwenden, müssen Sie die PPP-Einkapselung betreiben.

Wenn das CHAP auf einer Schnittstelle aktiviert ist und ein externes Gerät versucht sich mit ihr zu verbinden, dann sendet der Access-Server ein CHAP-Paket an das externe Gerät. Das CHAP-Paket fordert das externe Gerät zu einer Antwort auf, es ist ein so genanntes »Challenge-Paket«. Das Challenge-Paket enthält eine ID, eine Zufallszahl und den Hostnamen des lokalen Routers.

Wenn das externe Gerät das Challenge-Paket empfängt, dann verknüpft es die ID, das Passwort des externen Gerätes und die Zufallszahl miteinander, verschlüsselt daraufhin alles gemeinsam und verwendet es als Passwort des externen Gerätes. Das externe Gerät sendet das Ergebnis zurück an den Access-Server, zusammen mit dem Namen, der zu dem im Verschlüsselungsprozess verwendeten Passwort gehört.

Wenn der Access-Server die Antwort empfängt, verwendet er den empfangenen Namen, um das in seiner Benutzerdatenbank gespeicherte Passwort zu bestimmen. Das ermittelte Passwort sollte mit dem Passwort übereinstimmen, das das externe Gerät in seinem Verschlüsselungsprozess verwendet hat. Der Access-Server verschlüsselt daraufhin die verknüpften Informationen mit dem neu ermittelten Passwort. Wenn das Ergebnis mit dem des empfangenen Antwortpakets übereinstimmt, ist die Authentifizierung erfolgreich.

Der Vorteil der CHAP-Authentifizierung liegt darin, dass das Passwort des externen Geräts niemals im Klartext übertragen wird. Dies verhindert, dass andere Geräte das Passwort nachvollziehen und damit illegalen Zugang in das ISP-Netzwerk erlangen können.

Die CHAP-Übertragungen treten nur während des Verbindungsaufbaus auf. Der Access-Server fordert während der Dauer der Wählverbindung kein weiteres Passwort an (Das lokale Gerät kann jedoch während einer Wählverbindung auf derartige Anfragen von anderen Geräten antworten).

Wenn das PAP aktiviert ist und ein externer Router versucht, sich mit dem Access-Server zu verbinden, dann muss er eine Authentifizierungsanfrage senden. Wenn der Benutzername und das Passwort in der Authentifizierungsanfrage akzeptiert werden, dann sendet die Cisco-IOS-Software eine Authentifizierungsbestätigung.

Nachdem Sie das CHAP oder das PAP aktiviert haben, wird der Access-Server die Authentifizierung von externen Geräten verlangen, die sich in den Access-Server einwählen. Wenn das externe Gerät das aktivierte Protokoll nicht unterstützt, wird der Anruf abgebrochen.

Führen Sie die folgenden Schritte aus, um das CHAP oder das PAP zu nutzen:

1. Aktivieren Sie die PPP-Einkapselung.
2. Aktivieren Sie das CHAP oder das PAP auf der Schnittstelle.
3. Konfigurieren Sie bei der Verwendung des CHAP die Hostnamen-Authentifizierung und das secret oder das Passwort für jedes externe System, mit dem die Authentifizierung erforderlich ist.

### Die Aktivierung der PPP-Einkapselung

Um die PPP-Einkapselung zu aktivieren, führen Sie folgenden Befehl im Interface-Konfigurationsmodus aus:

| Befehl | Zweck |
|---|---|
| encapsulation ppp | Aktiviert das PPP auf einer Schnittstelle. |

### Die Aktivierung der PAP- oder CHAP-Authentifizierung

Um die CHAP- oder die PAP-Authentifizierung auf einer Schnittstelle zu aktivieren, die für die PPP-Einkapselung konfiguriert ist, führen Sie folgenden Befehl im Interface-Konfigurationsmodus aus:

| Befehl | Zweck |
|---|---|
| ppp authentication {chap | chap pap | pap chap | pap} [if-needed] [*Listenname* | default] [callin] [one-time] | Legt die unterstützten Authentifizierungsmethoden fest und die Reihenfolge, in der sie angewendet werden. |

Wenn Sie den Befehl **ppp authentication chap** auf einer Schnittstelle konfigurieren, dann müssen alle auf dieser Schnittstelle eingehenden Anrufe, die eine PPP-Verbindung aufnehmen, durch das CHAP authentifiziert werden. Wenn Sie entsprechend den Befehl **ppp authentication pap** konfigurieren, müssen alle eingehenden Anrufe, die eine PPP-Verbindung aufnehmen, durch das PAP authentifiziert werden. Wenn Sie den Befehl **ppp authentication chap pap** konfigurieren, wird der Access-Server versuchen alle eingehenden Anrufe, die eine PPP-Verbindung aufnehmen, durch das CHAP zu authentifizieren. Wenn das externe Gerät das CHAP nicht unterstützt, wird der Access-Server versuchen den Anruf durch das PAP zu authentifizieren. Wenn das externe Gerät weder das CHAP noch das PAP unterstützt, wird die Authentifizierung fehlschlagen und die Wählverbindung wird abgebrochen. Wenn Sie den Befehl **ppp authentication pap chap** konfigurieren, wird der Access-Server versuchen alle eingehenden Anrufe, die eine PPP-Verbindung aufnehmen, durch das PAP zu authentifizieren. Wenn das externe Gerät das PAP nicht unterstützt, wird der Access-Server versuchen den Anruf durch das CHAP zu authentifizieren. Wenn das externe Gerät weder das PAP noch das CHAP unterstützt, wird die Authentifizierung fehlschlagen und die Wählverbindung wird abgebrochen. Wenn Sie den Befehl **ppp authentication** mit dem Schlüsselwort **callin** konfigurieren, wird der Access-Server das externe Gerät nur dann authentifizieren, wenn das externe Gerät die Wählverbindung initiierte.

Die Methodenlisten zur Authentifizierung und das Schlüsselwort **one-time** sind nur dann verfügbar, wenn Sie das AAA aktiviert haben – sie sind nicht verfügbar, wenn Sie das TACACS oder das erweiterte TACACS verwenden. Wenn Sie nach dem Befehl **ppp authentication** den Namen einer Authentifizierungsmethodenliste festlegen, wird das PPP versuchen die Verbindung mit den Methoden der bezeichneten Methodenliste zu authentifizieren. Wenn das AAA aktiviert ist und keine Methodenliste namentlich vereinbart wurde, wird das PPP versuchen die Verbindung mit den Default-Methoden zu authentifizieren. Der Befehl **ppp authentication** mit dem Schlüsselwort **one-time** aktiviert die Unterstützung für Einmal-Passwörter während der Authentifizierung.

Das Schlüsselwort **if-needed** ist nur dann verfügbar, wenn Sie das TACACS oder das erweiterte TACACS verwenden. Der Befehl **ppp authentication** mit dem Schlüsselwort **if-needed** hat zur Folge, dass das PPP das externe Gerät nur dann über das PAP oder das CHAP authentifizieren wird, wenn es nicht schon einmal während der aktuellen Wählverbindung authentifiziert worden ist. Wenn sich das externe Gerät bereits über ein Standard-Login-Verfahren authentifiziert hat und anschließend das PPP über die EXEC-Eingabe aufgerufen wurde, wird das PPP keine Authentifizierung über das CHAP ausführen, wenn auf der Schnittstelle **ppp authentication chap if-needed** konfiguriert wurde.

> **STOP**
>
> Wenn Sie einen *Listennamen* verwenden, der nicht mit dem Befehl **aaa authentication ppp** konfiguriert wurde, dann deaktivieren damit Sie das PPP auf dieser Verbindung.

Informationen über das Hinzufügen eines **username**-Eintrags für jedes externe System, von dem der lokale Router oder Access-Server die Authentifizierung erfordert, finden Sie im Abschnitt »Die Einrichtung der Benutzernamen-Authentifizierung«.

### Die Inbound- und die Outbound-Authentifizierung

Das PPP unterstützt zwei Wege der Authentifizierung. Gewöhnlich verlangt der Access-Server, wenn sich ein externes Gerät bei ihm einwählt, dass dieses seine Zugangsberechtigung nachweist. Dies wird auch als *Inbound-Authentifizierung* bezeichnet. Gleichzeitig kann auch das externe Gerät verlangen, dass der Access-Server seine Identität nachweist. Dies wird als *Outbound-Authentifizierung* bezeichnet. Ein Access-Server führt auch dann die Outbound-Authentifizierung aus, wenn er ein externes Gerät anwählt.

### Die Aktivierung der Outbound-PAP-Authentifizierung

Um die Outbound-PAP-Authentifizierung zu aktivieren, führen Sie folgenden Befehl im Interface-Konfigurationsmodus aus:

| Befehl | Zweck |
|---|---|
| **ppp pap sent-username** *Benutzername* **password** *Passwort* | Aktiviert die Outbound-PAP-Authentifizierung. |

Wenn ein Access-Server ein externes Gerät anwählt oder wenn er auf eine Outbound-Authentifizierungsanfrage eines externen Geräts antwortet, dann verwendet er zur eigenen Authentifizierung den Benutzernamen und das Passwort, die mit dem Befehl **ppp pap sent-username** festgelegt wurden.

### Die Erstellung eines allgemeinen CHAP-Geheim-Passworts

Sie können Ihren Router zur Erzeugung eines allgemeinen CHAP-Geheim-Passworts konfigurieren, das als Antwort auf Challenge-Pakete von einer unbekannten Gegenstelle verwendet wird. Wenn Ihr Router z.B. gleichzeitig eine Gruppe (eine Rotary) von Routern anruft (die entweder von einem anderen Hersteller sind oder mit einer älteren Version der Cisco-IOS-Software betrieben werden), zu der ein neuer (d.h. unbekannter) Router hinzugefügt wurde. Der Befehl **ppp chap password** ermöglicht es Ihnen, mehrere Benutzernamen- und Passwort-Konfigurationsbefehle durch eine einzige Kopie dieses Befehls auf jeder Einwahl-Schnittstelle oder asynchronen Gruppen-Schnittstelle zu ersetzen.

Um den Router, der eine Gruppe von Routern anruft, zur Konfiguration eines allgemeinen CHAP-Geheim-Passworts zu aktivieren, führen Sie folgenden Befehl im Interface-Konfigurationsmodus aus:

| Befehl | Zweck |
| --- | --- |
| ppp chap password *secret* | Aktiviert einen Router, der eine Gruppe von Routern anruft, zur Konfiguration eines allgemeinen CHAP-Geheim-Passworts. |

### Die Ablehnung von CHAP-Authentifizierungsanfragen

Um die CHAP-Authentifizierungsanfragen von Gegenstellen abzulehnen, d.h. die CHAP-Authentifizierung wird für alle Anrufe deaktiviert, führen Sie folgenden Befehl im Interface-Konfigurationsmodus aus:

| Befehl | Zweck |
| --- | --- |
| ppp chap refuse [callin] | Lehnt die CHAP-Authentifizierung von Gegenstellen ab, die zur CHAP-Authentifizierung auffordern. |

Wenn das Schlüsselwort **callin** verwendet wird, wird der Router nicht auf CHAP-Authentifizierungs-Challenges antworten, die er von der Gegenstelle erhalten hat, aber er wird weiterhin verlangen, dass die Gegenstelle auf alle CHAP-Challenges antwortet, die der Router sendet.

Wenn das Outbound-PAP aktiviert wurde (mit dem Befehl **ppp pap sent-username**), wird das PAP als Authentifizierungsmethode im Ablehnungspaket vorgeschlagen.

### Die Verzögerung der CHAP-Authentifizierung bis sich die Gegenstelle authentifiziert

Um festzulegen, dass der Router sich erst dann gegenüber einer Gegenstelle authentifizieren wird, wenn dieser sich selbst gegenüber dem Router authentifiziert hat, führen Sie folgenden Befehl im Interface-Konfigurationsmodus aus:

| Befehl | Zweck |
| --- | --- |
| ppp chap wait *secret* | Konfiguriert den Router zur Verzögerung der CHAP-Authentifizierung, bis sich die Gegenstelle selbst gegenüber dem Router authentifiziert hat. |

Dieser Befehl (die Default-Einstellung) legt fest, dass der Router sich solange nicht gegenüber einer Gegenstelle, die zur CHAP-Authentifizierung auffordert, authentifizieren wird, bis sich die Gegenstelle selbst gegenüber dem Router authentifiziert hat. Der Befehl **no ppp chap wait** legt fest, dass der Router sofort auf eine Authentifizierung-Challenge antwortet.

### 2.3.4 Die Verwendung des MS-CHAP

Das Microsoft CHAP (MS-CHAP) ist die Microsoft-Version des CHAP und ist eine Erweiterung zum RFC 1994. Das MS-CHAP wird wie die CHAP-Standardversion für die PPP-Authentifizierung verwendet. In diesem Falle findet die Authentifizierung zwischen einem PC unter Microsoft Windows NT oder Microsoft Windows 95 und einem Router oder Access-Server von Cisco statt, der als Netzwerk-Access-Server fungiert.

Das MS-CHAP unterscheidet sich vom Standard-CHAP folgendermaßen:

- Das MS-CHAP wird durch die Vereinbarung des CHAP-Algorithmus 0x80 in der LCP-Option 3 des Authentifizierungsprotokolls aktiviert.

- Das MS-CHAP-Antwortpaket hat ein Format, das so aufgebaut ist, dass es kompatibel mit Microsoft Windows NT 3.5 und 3.51, Microsoft Windows 95 und dem Microsoft LAN-Manager 2.$x$ ist. Dieses Format macht es nicht erforderlich, dass der Authentifizierende ein Klartext- oder reversibel verschlüsseltes Passwort speichert.

- MS-CHAP bietet einen durch den Authentifizierenden kontrollierten Wiederholungsmechanismus zur Authentifizierung.

- MS-CHAP bietet einen durch den Authentifizierenden kontrollierten Mechanismus zur Änderung des Authentifizierungspassworts.

- MS-CHAP legt eine Reihe von Fehlerursachencodes fest, die im Meldungsfeld des Fehlerpakets zurückgesendet werden.

Je nach den von Ihnen eingesetzten Sicherheitsprotokollen kann die PPP-Authentifizierung durch das MS-CHAP mit oder ohne die AAA-Sicherheitsdienste verwendet werden. Wenn Sie das AAA aktiviert haben, kann die PPP-Authentifizierung durch das MS-CHAP sowohl gemeinsam mit dem TACACS+ als auch mit dem RADIUS verwendet werden. Zwei neue, herstellereigene RADIUS-Attribute (IETF-Attribut 26) wurden hinzugefügt, um dem RADIUS die Unterstützung des MS-CHAP zu ermöglichen. Diese neuen Attribute sind in der Tabelle 2.6 aufgelistet.

*Tabelle 2.6: Herstellereigene RADIUS-Attribute für das MS-CHAP*

| Hersteller-ID-Nummer | Herstellertyp-Nummer | Hersteller-Proprietäre Attribute | Beschreibung |
|---|---|---|---|
| 311 | 11 | MSCHAP-Challenge | Enthält das Challenge, das von einem Netzwerk-Access-Server an einen MS-CHAP-Benutzer gesendet wird. Es kann sowohl in Access-Response- als auch in Access-Challenge-Paketen verwendet werden. |
| 311 | 1 | MSCHAP-Response | Enthält den Antwortwert, der durch den PPP-MS-CHAP-Benutzer als Antwort auf das Challenge geliefert wird. Er wird nur in Access-Response-Paketen verwendet. Dieses Attribut ist identisch mit der PPP-CHAP-ID. |

Führen Sie folgende Befehle im Interface-Konfigurationsmodus aus:

| Schritt | Befehl | Zweck |
|---|---|---|
| 1 | encapsulation ppp | Aktiviert die PPP-Einkapselung. |
| 2 | ppp authentication ms-chap [if-needed] [*Listenname* | default] [callin] [one-time] | Legt die PPP-Authentifizierung durch das MS-CHAP fest. |

Wenn Sie **ppp authentication ms-chap** auf einer Schnittstelle konfigurieren, dann müssen alle auf dieser Schnittstelle eingehenden Anrufe, die eine PPP-Verbindung aufnehmen, durch das MS-CHAP authentifiziert werden. Wenn Sie den Befehl **ppp authentication** mit dem Schlüsselwort **callin** konfigurieren, wird der Access-Server das externe Gerät nur dann authentifizieren, wenn das externe Gerät die Wählverbindung initiierte.

Die Methodenlisten zur Authentifizierung und das Schlüsselwort **one-time** sind nur dann verfügbar, wenn Sie das AAA aktiviert haben – sie sind nicht verfügbar, wenn Sie das TACACS oder das erweiterte TACACS verwenden. Wenn Sie nach dem Befehl **ppp authentication** den Namen einer Authentifizierungsmethodenliste festlegen, wird das PPP versuchen die Verbindung mit den Methoden der bezeichneten Methodenliste zu authentifizieren. Wenn das AAA aktiviert ist und keine Methodenliste namentlich vereinbart wurde, wird das PPP versuchen die Verbindung mit den Default-Methoden zu authentifizieren. Der Befehl **ppp authentication** mit dem Schlüsselwort **one-time** aktiviert die Unterstützung für Einmal-Passwörter während der Authentifizierung.

Das Schlüsselwort **if-needed** ist nur dann verfügbar, wenn Sie das TACACS oder das erweiterte TACACS verwenden. Der Befehl **ppp authentication** mit dem Schlüsselwort **if-needed** hat zur Folge, dass das PPP das externe Gerät nur dann über MS-CHAP authentifizieren wird, wenn es nicht schon einmal während der aktuellen Wählverbindung authentifiziert worden ist. Wenn sich das externe Gerät bereits über ein Standard-Login-Verfahren authentifiziert hat und anschließend das PPP über die EXEC-Eingabe aufgerufen wurde, wird das PPP keine Authentifizierung über das MS-CHAP ausführen, wenn auf der Schnittstelle **ppp authentication ms-chap if-needed** konfiguriert wurde.

> **ANMERKUNG**
>
> Wenn die PPP-Authentifizierung durch das MS-CHAP mit der Benutzernamen-Authentifizierung verwendet wird, muss das MS-CHAP secret in der lokalen Benutzername/Passwort-Datenbank enthalten sein. Weitere Informationen über die Benutzernamen-Authentifizierung finden Sie im Abschnitt »Die Einrichtung der Benutzernamen-Authentifizierung« in diesem Kapitel.

### 2.3.5 Die Konfiguration des TACACS- und des erweiterten TACACS-Passwortschutzes

Sie können das TACACS oder das erweiterte TACACS zur Kontrolle des Login-Zugangs auf dem Router verwenden. Führen Sie hierzu die Schritte in den folgenden Abschnitten durch:

– Das Setzen des TACACS-Passwortschutzes auf Benutzerebene

– Die Deaktivierung der Passwortprüfung auf Benutzerebene

Bevor Sie diese Schritte ausführen, müssen Sie die Kommunikation mit einem TACACS-Host auf dem Netzwerk aktiviert haben. Weitere Informationen finden Sie in Kapitel 11 »Die Konfiguration von TACACS und erweitertem TACACS«.

**Das Setzen des TACACS-Passwortschutzes auf Benutzerebene**

Sie können die TACACS-Passwortprüfung während des Logins aktivieren, indem Sie den folgenden Befehl im line-Konfigurationsmodus ausführen:

| Befehl | Zweck |
|---|---|
| **login tacacs** | Aktiviert den TACACS-eigenen Benutzer-ID und Passwortprüfmechanismus. |

## Die Deaktivierung der Passwortprüfung auf Benutzerebene

Wenn ein TACACS-Server nicht auf eine Login-Anfrage antwortet, lehnt die Cisco-IOS-Software die Anfrage in der Standardeinstellung ab. Jedoch können Sie diese Login-Ablehnung auf zwei Arten verhindern:

- Erlauben Sie einem Benutzer den Zugang in den privilegierten EXEC-Modus, wenn dieser Benutzer das Passwort eingibt, das durch den Befehl **enable** festgelegt wurde.

- Gewährleisten Sie ein erfolgreiches Login für den Benutzer durch die Freigabe des privilegierten EXEC-Modus ohne weitere Fragen.

Um eine dieser Möglichkeiten festzulegen, führen Sie einen der folgenden Befehle im globalen Konfigurationsmodus aus:

| Befehl | Zweck |
|---|---|
| **tacacs-server last-resort password** oder **tacacs-server last-resort succeed** | Erlaubt einem Benutzer den Zugang in den privilegierten EXEC-Modus oder setzt Last-Resort-Optionen für Logins. |

## 2.4 Authentifizierungsbeispiele

Dieser Abschnitt enthält die folgenden Konfigurationsbeispiele zur Authentifizierung:

- RADIUS-Authentifizierungsbeispiele
- TACACS+-Authentifizierungsbeispiele
- TACACS- und erweitertes TACACS-Authentifizierungsbeispiele
- Kerberos-Authentifizierungsbeispiele
- Ein AAA-Skalierungsbeispiel
- Konfigurationsbeispiele für Login- und abgelehnte Login-Meldungen
- Konfigurationsbeispiele für die doppelte Authentifizierung
- Ein Konfigurationsbeispiel für die automatisierte doppelte Authentifizierung
- Ein MS-CHAP-Konfigurationsbeispiel

### 2.4.1 RADIUS-Authentifizierungsbeispiele

Dieser Abschnitt enthält zwei Beispielkonfigurationen, die das RADIUS verwenden.

Das folgende Beispiel zeigt die Konfiguration des Routers zur Authentifizierung und Autorisierung unter RADIUS:

```
aaa authentication login radius-login RADIUS local
aaa authentication ppp radius-ppp if-needed radius
aaa authorization exec radius if-authenticated
aaa authorization network radius
line 3
login authentication radius-login
interface serial 0
ppp authentication radius-ppp
```

Die Zeilen in dieser Beispielkonfiguration zur RADIUS-Authentifizierung und -Autorisierung bewirken Folgendes:

- Der Befehl **aaa authentication login radius-login RADIUS local** konfiguriert den Router zur Verwendung von RADIUS für die Authentifizierung bei der Login-Eingabe. Wenn RADIUS einen Fehlzustand aufweist, wird der Benutzer über die lokale Datenbank authentifiziert.

- Der Befehl **aaa authentication ppp radius-ppp if-needed radius** konfiguriert die Cisco-IOS-Software zur PPP-Authentifizierung mit CHAP oder PAP, wenn der Benutzer nicht bereits eingeloggt ist. Wenn das EXEC-Verfahren den Benutzer authentifiziert hat, wird die PPP-Authentifizierung nicht ausgeführt.

- Der Befehl **aaa authorization exec radius if-authenticated** fragt die RADIUS-Datenbank nach Informationen, die während der EXEC-Autorisierung verwendet werden, z.B. Autobefehle und privilegierte Level, aber er autorisiert nur dann dazu, wenn der Benutzer erfolgreich authentifiziert wurde.

- Der Befehl **aaa authorization network radius** fragt das RADIUS nach Netzwerkautorisierungs-, Adressvergabe- und anderen Access-Listen.

- Der Befehl **login authentication radius-login** aktiviert die Methodenliste use-radius für die Verbindung 3.

- Der Befehl **ppp authentication radius-ppp** aktiviert die Methodenliste user-radius für die serielle Schnittstelle 0.

Das folgende Beispiel zeigt die Konfiguration des Routers zur Aufforderung und Überprüfung von Benutzernamen und Passwort, zur Autorisierung des EXEC-Levels des Benutzers und die Festlegung, dass dies die Autorisierungsmethode für den privilegierten Level 2 ist. Wenn in diesem Beispiel ein lokaler Benutzername an der Benutzereingabeaufforderung eingegeben wird, dann wird dieser Benutzername zur Authentifizierung verwendet.

Wenn der Benutzer über die lokale Datenbank authentifiziert wird, dann wird die EXEC-Autorisierung über das RADIUS fehlschlagen, da keine Daten durch die RADIUS-Authentifizierung gespeichert wurden. Die Methodenliste verwendet ebenso die lokale Datenbank, um einen Autobefehl zu finden. Wenn kein Autobefehl vorhanden ist, dann wird der Benutzer zum EXEC-Benutzer. Wenn der Benutzer anschließend versucht Befehle des zweiten privilegierten Levels auszuführen, dann wird mit dem TACACS+ die Autorisierung des Befehls versucht.

```
aaa authentication local-override
aaa authentication login default radius local
aaa authorization exec radius local
aaa authorization command 2 tacacs+ if-authenticated
```

Die Zeilen in diesem Beispiel einer RADIUS-Authentifizierungs- und Autorisierungskonfiguration bewirken Folgendes:

- Der Befehl **aaa authentication local-override** legt fest, dass die Benutzereingabeaufforderung erscheint, bevor die Authentifizierung startet, und dass die Authentifizierung immer dann die lokale Datenbank verwendet, wenn der Benutzer einen lokalen Account besitzt.

- Der Befehl **aaa authentication login default radius local** legt fest, dass der Benutzername und das Passwort durch das RADIUS überprüft wird oder durch die lokale Benutzerdatenbank des Routers, wenn das RADIUS nicht antwortet.

- Der Befehl **aaa authorization exec radius local** legt fest, dass die RADIUS-Authentifizierungsinformationen zur Bestimmung des Benutzer-EXEC-Levels verwendet werden, wenn sich der Benutzer über das RADIUS authentifiziert. Wenn keine RADIUS-Informationen verwendet werden, dann legt dieser Befehl fest, dass die lokale Benutzerdatenbank zur EXEC-Autorisierung verwendet wird.

- Der Befehl **aaa authorization command 2 tacacs+ if-authenticated** legt die TACACS+-Autorisierung für Befehle fest, die zum zweiten privilegierten Level gehören, wenn sich der Benutzer bereits erfolgreich authentifiziert hat.

## 2.4.2 TACACS+-Authentifizierungsbeispiele

Das folgende Beispiel konfiguriert das TACACS+ als das Sicherheitsprotokoll, das für die PPP-Authentifizierung verwendet werden soll:

```
aaa new-model
aaa authentication ppp test tacacs+ local
interface serial 0
ppp authentication chap pap test
tacacs-server host 10.1.2.3
tacacs-server key goaway
```

Die Zeilen in diesem Beispiel zur TACACS+-Authentifizierungskonfiguration bewirken Folgendes:

- Der Befehl **aaa new-model** aktiviert die AAA-Sicherheitsdienste.

- Der Befehl **aaa authentication** vereinbart eine Methodenliste namens *test*, die auf seriellen Schnittstellen verwendet werden soll, auf denen das PPP ausgeführt wird. Das Schlüsselwort **tacacs+** bewirkt, dass die Authentifizierung über das TACACS+ ausgeführt wird.

Wenn das TACACS+ während der Authentifizierung mit einer Fehlermeldung (oder gar nicht) antwortet, dann legt das Schlüsselwort **local** fest, dass die Authentifizierung durch die lokale Datenbank des Netzwerk-Access-Servers versucht werden soll.

− Der Befehl **interface** wählt die Verbindung aus.

− Der Befehl **ppp authentication** ordnet die Methodenliste *test* dieser Verbindung zu.

− Der Befehl **tacacs-server host** identifiziert den TACACS+-Dämon über die IP-Adresse 10.1.2.3.

− Der Befehl **tacacs-server key** legt den gemeinsamen Verschlüsselungstext *goaway* fest.

Das folgende Beispiel konfiguriert die AAA-Authentifizierung für das PPP:

```
aaa authentication ppp default if-needed tacacs+ local
```

In diesem Beispiel bewirkt das Schlüsselwort **default**, dass die PPP-Authentifizierung als Default allen Schnittstellen zugeordnet wird. Das Schlüsselwort **if-needed** bewirkt Folgendes: Wenn sich der Benutzer bereits durch das ASCII-Login-Verfahren authentifiziert hat, dann ist die PPP-Authentifizierung nicht mehr nötig und wird daher übersprungen. Wenn die Authentifizierung notwendig ist, dann bewirkt das Schlüsselwort **tacacs+**, dass die Authentifizierung durch das TACACS+ ausgeführt wird. Wenn das TACACS+ während der Authentifizierung mit einer Fehlermeldung (oder gar nicht) antwortet, dann legt das Schlüsselwort **local** fest, dass die Authentifizierung durch die lokale Datenbank des Netzwerk-Access-Servers versucht werden soll.

Das folgende Beispiel erzeugt den gleichen Authentifizierungsalgorithmus für das PAP, es wird jedoch statt der *default*-Methodenliste die *MIS-access*-Methodenliste aufgerufen:

```
aaa authentication pap MIS-access if-needed tacacs+ local
interface serial 0
ppp authentication MIS-access
```

In diesem Beispiel muss der Administrator mit dem Befehl **interface** die Schnittstellen angeben, denen dieses Authentifizierungsschema zugeordnet werden soll, da die Liste nicht wie die Default-Liste automatisch allen Schnittstellen zugeordnet wird. Der Administrator muss anschließend diese Methodenliste mit dem Befehl **ppp authentication** diesen Schnittstellen zuordnen.

### 2.4.3 TACACS and Extended TACACS-Authentifizierungsbeispiele

Das folgende Beispiel zeigt die Aktivierung des TACACS für die PPP-Authentifizierung:

```
int async 1
 ppp authentication chap
 ppp use-tacacs
```

Das folgende Beispiel zeigt die Aktivierung des TACACS für die ARAP-Authentifizierung:

```
line 3
 arap use-tacacs
```

### 2.4.4 Kerberos-Authentifizierungsbeispiele

Verwenden Sie den folgenden Befehl, um das Kerberos als Authentifizierungsmethode festzulegen:

```
aaa authentication login default krb5
```

Verwenden Sie folgenden Befehl, um die Kerberos-Authentifizierung für das PPP festzulegen:

```
aaa authentication ppp default krb5
```

### 2.4.5 Ein AAA-Skalierungsbeispiel

Das folgende Beispiel zeigt eine allgemeine Sicherheitskonfiguration, die unter AAA das RADIUS-Sicherheitsprotokoll verwendet. In diesem Beispiel ist der Netzwerk-Access-Server so konfiguriert, dass er 16 Hintergrundprozesse zur Verarbeitung von AAA-Anfragen für das PPP reserviert:

```
aaa new-model
radius-server host alcatraz
radius-server key myRaDiUSpassWoRd
radius-server configure-nas
username root password ALongPassword
aaa authentication ppp dialins radius local
aaa authentication login admins local
aaa authorization network radius local
aaa accounting network start-stop radius
aaa processes 16
line 1 16
 autoselect ppp
 autoselect during-login
 login authentication admins
 modem dialin
interface group-async 1
 group-range 1 16
 encapsulation ppp
 ppp authentication pap dialins
```

Die Zeilen in dieser RADIUS-AAA-Beispielkonfiguration bewirken Folgendes:

- Der Befehl **aaa new-model** aktiviert die AAA-Netzwerk-Sicherheitsdienste.
- Der Befehl **radius-server host** legt den Hostnamen des RADIUS-Servers fest.
- Der Befehl **radius-server key** legt den gemeinsamen Geheimtext zwischen dem Netzwerk-Access-Server und dem RADIUS-Server fest.

- Der Befehl **radius-server configure-nas** legt fest, dass der Cisco-Router oder Access-Server den RADIUS-Server nach statischen Routen und IP-Pool-Definitionen abfragen wird, wenn das Gerät gestartet wird.

- Der Befehl **username** legt den für die PPP-PAP-Anrufidentifikation verwendeten Benutzernamen und das Passwort fest.

- Der Befehl **aaa authentication ppp dialins radius local** legt die Authentifizierungsmethodenliste **dialins** fest, die wiederum festlegt, dass zuerst die Radius-Authentifizierung und dann (wenn der RADIUS-Server nicht antwortet) die lokale Authentifizierung auf seriellen Verbindungen unter PPP angewendet wird.

- Der Befehl **aaa authentication login admins local** legt für die Login-Authentifizierung eine andere Methodenliste namens *admins* fest.

- Der Befehl **aaa authorization network radius local** wird verwendet, um dem RADIUS-Benutzer eine Adresse und andere Netzwerkparameter zuzuweisen.

- Der Befehl **aaa accounting network start-stop radius** zeichnet die PPP-Nutzung auf.

- Der Befehl **aaa processes** reserviert 16 Hintergrundprozesse zur Verarbeitung von AAA-Anfragen für das PPP.

- Mit dem Befehl **line** wird vom globalen Konfigurationsmodus in den Line-Konfigurationsmodus gewechselt und es werden die zu konfigurierenden Verbindungen aufgerufen.

- Durch den Befehl **autoselect ppp** lässt die Cisco-IOS-Software den automatischen Start einer PPP-Sitzung auf diesen ausgewählten Verbindungen zu.

- Der Befehl **autoselect during-login** wird verwendet, um die Benutzernamen- und Passwort-Eingabeaufforderung ohne ein Drücken der Return-Taste anzuzeigen. Nachdem sich der Benutzer einloggt, beginnt die Autoselect-Funktion (in diesem Falle das PPP).

- Der Befehl **login authentication admins** weist die Methodenliste *admins* der Login-Authentifizierung zu.

- Der Befehl **modem dialin** konfiguriert die an die ausgewählten Verbindungen angeschlossenen Modems so, dass sie nur eingehende Anrufe akzeptieren.

- Der Befehl **interface group-async** wählt eine Gruppe von asynchronen Schnittstellen aus bzw. legt sie fest.

- Der Befehl **group-range** legt die asynchronen Schnittstellen als Mitglieder der Schnittstellengruppe fest.

- Der Befehl **encapsulation ppp** vereinbart auf den ausgewählten Schnittstellen das PPP als Einkapselungsmethode.

- Der Befehl **ppp authentication pap dialins** weist die Methodenliste *dialins* den ausgewählten Schnittstellen zu.

## 2.4.6 Konfigurationsbeispiele für Login- und abgelehnte Login-Meldungen

Das folgende Beispiel konfiguriert eine Login-Meldung (in diesem Fall den Ausdruck »Unauthorized Access Prohibited«), die angezeigt wird, wenn sich ein Benutzer in das System einloggt. Der Stern (*) wird als Begrenzungszeichen verwendet (RADIUS wird als Default-Login-Authentifizierungsmethode festgelegt).

```
aaa new-model
aaa authentication banner *Unauthorized Access Prohibited*
aaa authentication login default radius
```

Diese Konfiguration bewirkt die folgende Login-Meldung:

```
Unauthorized Access Prohibited
username:
```

Das folgende Beispiel konfiguriert zusätzlich eine Ablehnungs-Login-Meldung (in diesem Fall den Ausdruck »Failed login. Try again.«), die dann angezeigt wird, wenn ein Benutzer versucht sich in das System einzuwählen und dies abgelehnt wird. Der Stern (*) wird als Begrenzungszeichen verwendet (RADIUS wird als Default-Login-Authentifizierungsmethode festgelegt).

```
aaa new-model
aaa authentication banner *Unauthorized Access Prohibited*
aaa authentication fail-message *Failed login. Try again.*
aaa authentication login default radius
```

Diese Konfiguration bewirkt die folgenden Login- und abgelehnten Login-Meldungen:

```
Unauthorized Access Prohibited
username:
Password:
Failed login. Try again.
```

## 2.4.7 Konfigurationsbeispiele zur doppelten Authentifizierung

Die Beispiele in diesem Abschnitt illustrieren mögliche Konfigurationen, die für die doppelte Authentifizierung verwendet werden können. Ihre Konfigurationen können sich je nach Ihren Netzwerk- und Sicherheitserfordernissen deutlich von diesen unterscheiden,.

Die folgenden Beispiele werden aufgezeigt:

- Beispielkonfigurationen des lokalen Hosts zur doppelten Authentifizierung unter AAA
- Die Konfiguration des AAA-Servers mit einem Authentifizierungs/Autorisierungs-Beispiel der ersten Stufe (PPP)

## 106 Network Security

- Die Konfiguration des AAA-Servers mit Authentifizierungs/Autorisierungs-Beispielen der zweiten Stufe (benutzerabhängig)
- Eine vollständige Beispielkonfiguration unter TACACS+

> **ANMERKUNG**
>
> Diese Konfigurationsbeispiele enthalten bestimmte IP-Adressen und andere Informationen. Diese Informationen dienen nur der Illustration: Ihre Konfiguration wird andere IP-Adressen, Benutzernamen und Passwörter und andere Autorisierungsaussagen enthalten.

### Beispielkonfigurationen des lokalen Hosts zur doppelten Authentifizierung unter AAA

Diese beiden Beispiele konfigurieren einen lokalen Host zur Verwendung des AAA für die PPP- und Login-Authentifizierung sowie für die Netzwerk- und die EXEC-Autorisierung. Es wird jeweils ein Beispiel für das RADIUS und ein Beispiel für das TACACS+ gezeigt.

In beiden Beispielen konfigurieren die ersten drei Zeilen das AAA mit einem bestimmten Server als AAA-Server. Die nächsten beiden Zeilen konfigurieren das AAA für die PPP- und die Login-Authentifizierung und die letzten zwei Zeilen konfigurieren die Netzwerk- und die EXEC-Autorisierung. Die letzte Zeile ist nur dann notwendig, wenn der Befehl **access-profile** als Autobefehl ausgeführt wird.

*Die Router-Konfiguration mit einem RADIUS-AAA-Beispiel*

```
aaa new-model
radius-server host secureserver
radius-server key myradiuskey
aaa authentication ppp default radius
aaa authentication login default radius
aaa authorization network radius
aaa authorization exec radius
```

*Die Router-Konfiguration mit einem TACACS+-Server-Beispiel*

```
aaa new-model
tacacs-server host Sicherheit
tacacs-server key mytacacskey
aaa authentication ppp default tacacs+
aaa authentication login default tacacs+
aaa authorization network tacacs+
aaa authorization exec tacacs+
```

### Die Konfiguration des AAA-Servers mit einem Authentifizierungs-/Autorisierungsbeispiel der ersten Stufe (PPP)

Dieses Beispiel zeigt eine Konfiguration auf dem AAA-Server. Es wird ein Teil einer AAA-Beispielkonfiguration für RADIUS gezeigt.

Ein TACACS+-Server kann auf ähnliche Weise konfiguriert werden (siehe Abschnitt »Eine vollständige Beispielkonfiguration unter TACACS+« im weiteren Verlauf dieses Kapitels).

Dieses Beispiel vereinbart die Authentifizierung/Autorisierung eines externen Hosts namens *hostx*, der in der ersten Stufe der doppelten Authentifizierung über das CHAP authentifiziert wird. Beachten Sie, dass das ACL-AV-Paar dem externen Host nur Telnetverbindungen zum lokalen Host zugesteht. Der lokale Host besitzt die IP-Adresse 10.0.0.2.

*Ein Konfigurationsbeispiel eines RADIUS-AAA-Servers*

```
hostx   Password = "welcome"
        User-Service-Type = Framed-User,
        Framed-Protocol = PPP,
        cisco-avpair = "lcp:interface-config=ip unnumbered ethernet 0",
        cisco-avpair = "ip:inacl#3=permit tcp any 172.21.114.0 0.0.0.255 eq
telnet",
        cisco-avpair = "ip:inacl#4=deny icmp any any",
        cisco-avpair = "ip:route#5=55.0.0.0 255.0.0.0",
        cisco-avpair = "ip:route#6=66.0.0.0 255.0.0.0",
        cisco-avpair = "ipx:inacl#3=deny any"
```

## Die Konfiguration des AAA-Servers mit Authentifizierungs/ Autorisierungsbeispielen der zweiten Stufe (benutzerabhängig)

Dieser Abschnitt enthält Teile von AAA-Beispielkonfigurationen eines RADIUS-Servers. Diese Konfigurationen legen die Authentifizierung/Autorisierung für einen Benutzer (Bob) mit dem Benutzernamen *bobuser* fest, der in der zweiten Stufe der doppelten Authentifizierung benutzerauthentifiziert wird.

Ein TACACS+-Server kann auf ähnliche Weise konfiguriert werden (siehe Abschnitt »Eine vollständige Beispielkonfiguration unter TACACS+« im weiteren Verlauf dieses Kapitels).

*Konfigurationbeispiele eines RADIUS-AAA-Servers*

Die folgenden drei Beispiele zeigen RADIUS-AAA- Beispielkonfigurationen, die mit allen drei Formen des Befehls **access-profile** verwendet werden können.

Das erste Beispiel zeigt einen Teil einer AAA-Beispielkonfiguration, in der die Default-Form (ohne Schlüsselwörter) des **access-profile**-Befehls verwendet wird. Beachten Sie, dass nur ACL-AV-Paare vereinbart wurden. Dieses Beispiel ruft zudem den Befehl **access-profile** als Autobefehl auf:

```
bobuser       Password = "welcome"
        User-Service-Type = Shell-User,
        cisco-avpair = "shell:autocmd=access-profile"
        User-Service-Type = Framed-User,
        Framed-Protocol = PPP,
        cisco-avpair = "ip:inacl#3=permit tcp any host 10.0.0.2 eq telnet",
        cisco-avpair = "ip:inacl#4=deny icmp any any"
```

Das zweite Beispiel zeigt einen Teil einer AAA-Beispielkonfiguration, in der die **access-profile merge**-Form des **access-profile**-Befehls verwendet wird. Dieses Beispiel ruft zudem den Befehl **access-profile merge** als Autobefehl auf:

```
bobuser          Password = "welcome"
        User-Service-Type = Shell-User,
        cisco-avpair = "shell:autocmd=access-profile merge"
        User-Service-Type = Framed-User,
        Framed-Protocol = PPP,
        cisco-avpair = "ip:inacl#3=permit tcp any any"
        cisco-avpair = "ip:route=10.0.0.0 255.255.0.0",
        cisco-avpair = "ip:route=10.1.0.0 255.255.0.0",
        cisco-avpair = "ip:route=10.2.0.0 255.255.0.0"
```

Das dritte Beispiel zeigt einen Teil einer AAA-Beispielkonfiguration, in der die **access-profile replace**-Form des **access-profile**-Befehls verwendet wird. Dieses Beispiel ruft zudem den Befehl **access-profile replace** als Autobefehl auf:

```
bobuser          Password = "welcome"
        User-Service-Type = Shell-User,
        cisco-avpair = "shell:autocmd=access-profile replace"
        User-Service-Type = Framed-User,
        Framed-Protocol = PPP,
        cisco-avpair = "ip:inacl#3=permit tcp any any",
        cisco-avpair = "ip:inacl#4=permit icmp any any",
        cisco-avpair = "ip:route=10.10.0.0 255.255.0.0",
        cisco-avpair = "ip:route=10.11.0.0 255.255.0.0",
        cisco-avpair = "ip:route=10.12.0.0 255.255.0.0"
```

### Eine vollständige Beispielkonfiguration unter TACACS+

Dieses Beispiel zeigt sowohl die TACACS+-Autorisierungsprofilkonfigurationen für den externen Host (die in der ersten Stufe der doppelten Authentifizierung verwendet werden), als auch die für bestimmte Benutzer (die in der zweiten Stufe der doppelten Authentifizierung verwendet werden). Dieses TACACS+-Beispiel enthält in etwa die gleichen Konfigurationsinformationen, die in den zuvor gezeigten RADIUS-Beispielen enthalten sind.

Diese Beispielkonfiguration zeigt die Authentifizierungs/Autorisierungsprofile des TACACS+-Servers für den externen Host *hostx* und für drei Benutzer mit den Benutzernamen *bob_default*, *bob_merge* und *bob_replace*. Die Konfigurationen für diese drei Benutzernamen illustrieren verschiedene Konfigurationen, die den drei verschiedenen Formen des Befehls **access-profile** Rechnung tragen. Die drei Benutzerkonfigurationen demonstrieren auch die Einstellungen des Autobefehls für jede Form des **access-profile**-Befehls.

Bild 2.3 zeigt die Topologie. Das Beispiel, das der Abbildung folgt, zeigt eine TACACS+-Konfigurationsdatei.

Kapitel 2 • Die Konfiguration der Authentifizierung **109**

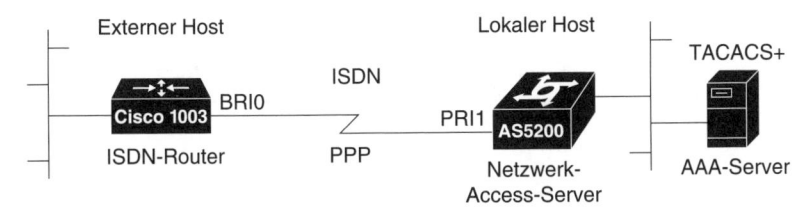

*Bild 2.3: Beispieltopologie für die doppelte Authentifizierung*

## Eine TACACS+-Konfigurationsdatei

Diese Beispielkonfiguration zeigt die Authentifizierungs/Autorisierungsprofile des TACACS+-Servers für den externen Host *hostx* und für drei Benutzer mit den Benutzernamen *bob_default*, *bob_merge* und *bob_replace*:

```
key = "mytacacskey"
default authorization = permit


#----------------------------Remote Host (BRI)------------------------
#
# This allows the remote host to be authenticated by the local host
# during first-stage authentication und provides the remote host
# authorization profile.
#
#--------------------------------------------------------------------
user = hostx
{
    login = cleartext "welcome"
    chap = cleartext "welcome"

    service = ppp protocol = lcp {
               interface-config="ip unnumbered ethernet 0"
    }
    service = ppp protocol = ip {
               # It is important to have the hash sign und some string after
               # it. This indicates to the NAS that you have a per-User
               # config.
               inacl#3="permit tcp any 172.21.114.0 0.0.0.255 eq telnet"
               inacl#4="deny icmp any any"
               route#5="55.0.0.0 255.0.0.0"
               route#6="66.0.0.0 255.0.0.0"
    }
    service = ppp protocol = ipx {
               # see previous comment about the hash sign und string, in protocol = ip
               inacl#3="deny any"
    }

}
```

## 110  Network Security

```
#------------------- "access-profile" default user "only acls" ----------------
#
# - Without arguments, access-profile removes any access-lists it can find
#   in the old configuration (both per-user und per-interface) und makes sure
#   that the new profile contains ONLY access-list definitions.
#
#-----------------------------------------------------------------------------
user = bob_default
{
        login = cleartext "welcome"
        chap = cleartext "welcome"
        service = exec
        {
                # this is the autocommand that executes when bob_default logs in
                autocmd = "access-profile"
        }
        service = ppp protocol = ip {
                # Put whatever access-lists, static routes, whatever
                # here.
                # If you leave this blank, the user will have NO IP
                # access-lists (not even the ones installed prior to
                # this)!
                inacl#3="permit tcp any host 10.0.0.2 eq telnet"
                inacl#4="deny icmp any any"
        }

        service = ppp protocol = ipx {
                # Put whatever access-lists, static routes, whatever
                # here.
                # If you leave this blank, the user will have NO IPX
                # access-lists (not even the ones installed prior to
                # this)!
        }

}

#------------------- "access-profile merge" user ----------------------
#
# With the 'merge' option, first all old access-lists are removed (as bevor),
#   but then (almost) all AV pairs are uploaded und installed. This
#   will allow for uploading any custom static routes, sap-filters und so on,
#   that the user may need in his oder her profile. This needs to be used with
#   care, as it leaves open the possibility of conflicting configurations.
#
#-----------------------------------------------------------------------------
user = bob_merge
{
        login = cleartext "welcome"
        chap = cleartext "welcome"

        service = exec
        {
                # this is the autocommand that executes when bob_merge logs in
                autocmd = "access-profile merge"
        }
```

## Kapitel 2 • Die Konfiguration der Authentifizierung

```
        service = ppp protocol = ip
        {
                # Put whatever access-lists, static routes, whatever
                # here.
                # If you leave this blank, the user will have NO IP
                # access-lists (not even the ones installed prior to
                # this)!
                inacl#3="permit tcp any any"
                route#2="10.0.0.0 255.255.0.0"
                route#3="10.1.0.0 255.255.0.0"
                route#4="10.2.0.0 255.255.0.0"
        }
        service = ppp protocol = ipx
        {
                # Put  whatever access-lists, static routes, whatever
                # here.
                # If you leave this blank, the user will have NO IPX
                # access-lists (not even the ones installed prior to
                # this)!
        }
}

#-------------------- "access-profile replace" user ----------------------
#
#- With the 'replace' option,
#  ALL old configuration is removed und ALL new configuration is installed.
#
# One caveat: access-profile checks the new configuration for address-pool and
# address AV pairs. As addresses cannot be renegotiated at this point, the
# command will fail (and complain) when it encounters such an AV pair.
# Such AV pairs are considered to be "invalid" for this context.
#-------------------------------------------------------------------------

user = bob_replace
{
        login = cleartext "welcome"
        chap = cleartext "welcome"

        service = exec
        {
                # this is the autocommand that executes when bob_replace logs in
                autocmd = "access-profile replace"
        }
        service = ppp protocol = ip
        {
                # Put whatever access-lists, static routes, whatever
                # here.
                # If you leave this blank, the user will have NO IP
                # access-lists (not even the ones installed prior to
                # this)!
                inacl#3="permit tcp any any"
                inacl#4="permit icmp any any"
```

```
                route#2="10.10.0.0 255.255.0.0"
                route#3="10.11.0.0 255.255.0.0"
                route#4="10.12.0.0 255.255.0.0"
        }
        service = ppp protocol = ipx
        {
                # put whatever access-lists, static routes, whatever
                # here.
                # If you leave this blank, the user will have NO IPX
                # access-lists (not even the ones installed prior to
                # this)!
        }
}
```

## 2.4.8 Ein Konfigurationsbeispiel für die automatisierte doppelte Authentifizierung

Dieses Beispiel zeigt eine vollständige Konfigurationsdatei eines Cisco 2509 Routers, auf der die automatisierte doppelte Authentifizierung konfiguriert ist. Den Konfigurationsbefehlen, die sich auf die automatisierte doppelte Authentifizierung beziehen, sind Beschreibungen mit einem doppelten Stern (**) vorangestellt:

```
Current configuration:
!
version 11.3
no service password-encryption
!
hostname myrouter
!
!
! **The following AAA commande are used to configure double authentication:
!
! **The following command enables AAA:
aaa new-model
! **The following command enables user authentication via the TACACS+ AAA server:
aaa authentication login default tacacs+
aaa authentication login console none
! **The following command enables device authentication via the TACACS+ AAA server:
aaa authentication ppp default tacacs+
! **The following command causes the remote user's authorization profile
!       to be downloaded from the AAA server to the Cisco 2509 router when required:
aaa authorization exec tacacs+
! **The following command causes the remote device's authorization profile
!       to be downloaded from the AAA server to the Cisco 2509 router when required:
aaa authorization network tacacs+
enable password mypassword
!
ip host blue 172.21.127.226
ip host green 172.21.127.218
ip host red 172.21.127.114
ip domain-name mycompany.com
ip name-server 171.69.2.75
! **The following command globally enables automated double authentication:
```

```
ip trigger-authentication timeout 60 port 7500
isdn switch-type basic-5ess
!
!
interface Ethernet0
 ip address 172.21.127.186 255.255.255.248
 no ip route-cache
 no ip mroute-cache
 no keepalive
 ntp disable
 no cdp enable
!
interface Virtual-Template1
 ip unnumbered Ethernet0
 no ip route-cache
 no ip mroute-cache
!
interface Serial0
 ip address 172.21.127.105 255.255.255.248
 encapsulation ppp
 no ip mroute-cache
 no keepalive
 shutdown
 clockrate 2000000
 no cdp enable
!
interface Serial1
 no ip address
 no ip route-cache
 no ip mroute-cache
 shutdown
 no cdp enable
!
! **Automated double authentication occurs via the ISDN BRI interface BRI0:
interface BRI0
 ip unnumbered Ethernet0
 ! **The following command turns on automated double authentication at this interface:
 ip trigger-authentication
 ! **PPP encapsulation is required:
 encapsulation ppp
 no ip route-cache
 no ip mroute-cache
 dialer idle-timeout 500
 dialer map ip 172.21.127.113 name myrouter 60074
 dialer-group 1
 no cdp enable
 ! **The following command specifies that device authentication occur via PPP CHAP:
 ppp authentication chap
!
router eigrp 109
 network 172.21.0.0
 no auto-summary
!
ip default-gateway 172.21.127.185
no ip classless
```

```
ip route 172.21.127.114 255.255.255.255 172.21.127.113
! **Virtual profiles are required for double authentication to work:
virtual-profile virtual-template 1
dialer-list 1 protocol ip permit
no cdp run
! **The following command defines where the TACACS+ AAA server is:
tacacs-server host 171.69.57.35 port 1049
tacacs-server timeout 90
! **The following command defines the key to use with TACACS+ traffic (required):
tacacs-server key mytacacskey
snmp-server community public RO
!
line con 0
 exec-timeout 0 0
 login authentication console
line aux 0
 transport input all
line vty 0 4
 exec-timeout 0 0
 password lab
!
end
```

## 2.4.9 Ein MS-CHAP-Konfigurationsbeispiel

Das folgende Beispiel konfiguriert einen Cisco AS5200 (der für das AAA und dessen Kommunikation mit einem RADIUS-Sicherheits-Server aktiviert ist) zur PPP-Authentifizierung mit dem MS-CHAP:

```
aaa new-model
aaa authentication login admins local
aaa authentication ppp dialins radius local
aaa authorization network radius local
aaa accounting network start-stop radius
username root password ALongPassword
radius-server host alcatraz
radius-server key myRaDiUSpassWoRd
interface group-async 1
 group-range 1 16
 encapsulation ppp
 ppp authentication ms-chap dialins
line 1 16
 autoselect ppp
 autoselect during-login
 login authentication admins
 modem dialin
```

Die Zeilen in dieser RADIUS-AAA- Beispielkonfiguration bewirken Folgendes:

- Der Befehl **aaa new-model** aktiviert die AAA-Netzwerk-Sicherheitsdienste.
- Der Befehl **aaa authentication login admins local** erzeugt eine andere Methodenliste namens *admins* für die Login-Authentifizierung.

Kapitel 2 • Die Konfiguration der Authentifizierung **115**

- Der Befehl **aaa authentication ppp dialins radius local** legt die Authentifizierungsmethodenliste *dialins* fest, die wiederum festlegt, dass zuerst die RADIUS-Authentifizierung und dann (wenn der RADIUS-Server nicht antwortet) die lokale Authentifizierung auf seriellen Verbindungen unter PPP angewendet wird.

- Der Befehl **aaa authorization network radius local** wird verwendet, um dem RADIUS-Benutzer eine Adresse und andere Netzwerkparameter zuzuweisen.

- Der Befehl **aaa accounting network start-stop radius** verfolgt die PPP-Nutzung.

- Der Befehl **username** legt den für die PPP-PAP-Anrufidentifikation verwendeten Benutzernamen und das Passwort fest.

- Der Befehl **radius-server host** legt den Hostnamen des RADIUS-Servers fest.

- Der Befehl **radius-server key** legt den gemeinsamen Geheimtext zwischen dem Netzwerk-Access-Server und dem RADIUS-Server fest.

- Der Befehl **interface group-async** wählt eine Gruppe von asynchronen Schnittstellen aus bzw. legt sie fest.

- Der Befehl **group-range** legt die asynchronen Schnittstellen als Mitglieder der Schnittstellengruppe fest.

- Der Befehl **encapsulation ppp** vereinbart auf den ausgewählten Schnittstellen das PPP als Einkapselungsmethode.

- Der Befehl **ppp authentication ms-chap dialins** wählt das MS-CHAP als Methode für die PPP-Authentifizierung aus und weist die Methodenliste *dialins* den ausgewählten Schnittstellen zu.

- Mit dem Befehl **line** wird vom globalen Konfigurationsmodus in den line-Konfigurationsmodus gewechselt und es werden die zu konfigurierenden Verbindungen aufgerufen.

- Durch den Befehl **autoselect ppp** lässt die Cisco-IOS-Software den automatischen Start einer PPP-Sitzung auf diesen ausgewählten Verbindungen zu.

- Der Befehl **autoselect during-login** wird verwendet, um die Benutzernamen- und Passwort-Eingabeaufforderung ohne Drücken der Return-Taste anzuzeigen. Nachdem sich der Benutzer einloggt, beginnt die Autoselect-Funktion (in diesem Falle das PPP).

- Der Befehl **login authentication admins** weist die Methodenliste *admins* der Login-Authentifizierung zu.

- Der Befehl **modem dialin** konfiguriert die an die ausgewählten Verbindungen angeschlossenen Modems so, dass sie nur eingehende Anrufe akzeptieren.

# KAPITEL 3

# Die Authentifizierungsbefehle

Dieses Kapitel beschreibt die Befehle, die sowohl für die Konfiguration der AAA- als auch für die Konfiguration der Nicht-AAA-Authentifizierungsmethoden verwendet werden. Die Authentifizierung identifiziert die Benutzer, bevor ihnen der Zugriff auf das Netzwerk und die Netzwerkdienste gestattet wird. Grundlegend lässt sich die Cisco-IOS-Software-Ausführung der Authentifizierung in zwei Hauptbereiche unterteilen:

– Die AAA-Authentifizierungsmethoden
– Die Nicht-AAA-Authentifizierungsmethoden

Die Authentifizierung wird größtenteils durch die AAA-Sicherheitsdienste ausgeführt. Cisco empfiehlt Ihnen bei der Authentifizierung möglichst das AAA zu verwenden.

Informationen über die Konfiguration der Authentifizierung mit AAA- oder auch Nicht-AAA-Methoden finden Sie in Kapitel 2 »Die Konfiguration der Authentifizierung«. Des Weiteren finden Sie einige Konfigurationsbeispiele, in denen die Befehle aus diesem Kapitel verwendet werden, im Abschnitt »Authentifizierungsbeispiele« am Ende des Kapitels 2 »Die Konfiguration der Authentifizierung.«

## 3.1 aaa authentication arap

Verwenden Sie den globalen Konfigurationsbefehl **aaa authentication arap**, um eine AAA-Authentifizierungsmethode für das AppleTalk-Remote-Access (ARA) zu aktivieren, die das RADIUS oder das TACACS+ verwendet. Verwenden Sie die **no**-Form dieses Befehls, um diese Authentifizierung zu deaktivieren.

**aaa authentication arap** {default | *Listenname*} *Methode1* [*Methode2*...]
**no aaa authentication arap** {default | *Listenname*} *Methode1* [*Methode2*...]

| Syntax | Beschreibung |
|---|---|
| default | Verwendet die Methoden, die nach diesem Argument aufgelistet sind, als Standardmethodenliste, wenn sich ein Benutzer einloggt. |
| Listenname | Zeichenfolge, mit der die Liste von Authentifizierungsmethoden bezeichnet wird, die bei einem Benutzer-Login angewendet werden. |
| Methode | Eines der Schlüsselwörter, die in Tabelle 3-1 beschrieben sind. |

**Standard**

Wenn die **default**-Liste nicht vereinbart ist, wird nur die lokale Benutzerdatenbank überprüft. Der folgende Befehl hat die gleiche Wirkung:

```
aaa authentication arap default local
```

**Befehlsmodus**

Globale Konfiguration

**Benutzungsrichtlinien**

Dieser Befehl erschien erstmals in der Cisco-IOS-Version 10.3.

Die Listennamen und die Standard-Liste, die Sie mit dem Befehl **aaa authentication arap** erzeugen, werden mit dem Befehl **arap authentication** verwendet. Achten Sie darauf: Wenn Sie das AAA aktivieren, sind ARAP-Gast-Logins in der Standardeinstellung deaktiviert. Um Gast-Logins zuzulassen, müssen Sie entweder die Methode **guest** oder **auth-guest** aus der Tabelle 3-1 verwenden. Sie können nur eine der beiden Methoden verwenden, da sie sich gegenseitig ausschließen.

Erzeugen Sie eine Liste durch die Eingabe des Befehls **aaa authentication arap** *Listenname Methode*. Mit *Listenname* bezeichnen Sie diese Liste, wobei Sie jede Zeichenfolge verwenden können (z.B. *MIS-access*). Das Argument *Methode* legt eine Liste von Methoden fest, die der Authentifizierungsalgorithmus in der angegebenen Reihenfolge auszuführen versucht. Die Tabelle 3.1 enthält Beschreibungen zu den Methoden-Schlüsselwörtern.

Verwenden Sie den Befehl **arap authentication** mit dem Schlüsselwort **default**, um eine Standardliste zu erzeugen, die verwendet wird, wenn keine andere Liste festgelegt wurde. Geben Sie nach dem Schlüsselwort die Methoden ein, die Sie in Standardsituationen verwenden wollen.

Die zusätzlichen Authentifizierungsmethoden werden nur dann verwendet, wenn die vorherige Methode mit einer Fehlermeldung antwortet, nicht bei einer abgelehnten Authentifizierung.

Verwenden Sie den Befehl **more system:running-config**, um die aktuell konfigurierten Methodenlisten zur Authentifizierung anzuzeigen.

*Tabelle 3.1: Die ARAP-Methoden der AAA-Authentifizierung*

| Schlüsselwort | Beschreibung |
| --- | --- |
| guest | Lässt Gast-Logins zu. Diese Methode muss sich an erster Stelle in der Methodenliste befinden, aber es können weitere Methoden folgen, falls diese nicht erfolgreich ist. |
| auth-guest | Lässt Gast-Logins nur dann zu, wenn sich der Benutzer bereits in den EXEC-Modus eingeloggt hat. Diese Methode muss sich an erster Stelle in der Methodenliste befinden, aber es können ihr weitere Methoden folgen, falls diese nicht erfolgreich ist. |
| line | Verwendet das line-Passwort zur Authentifizierung. |
| local | Verwendet die lokale Benutzernamendatenbank zur Authentifizierung. |
| tacacs+ | Verwendet die TACACS+-Authentifizierung. |
| radius | Verwendet die RADIUS-Authentifizierung. |

> **ANMERKUNG**
>
> Dieser Befehl kann nicht mit dem TACACS oder dem erweiterten TACACS verwendet werden.

### Beispiele

Das folgende Beispiel erzeugt eine Liste namens *MIS-access*, die zuerst versucht die TACACS+-Authentifizierung auszuführen und anschließend keine weitere Authentifizierung unternimmt:

```
aaa authentication arap MIS-access tacacs+ none
```

Das folgende Beispiel erzeugt die gleiche Liste, bezeichnet sie aber mit **default**. Damit wird sie für alle ARA-Protokoll-Authentifizierungen verwendet, wenn keine weitere Liste festgelegt wurde:

```
aaa authentication arap default tacacs+ none
```

### Verwandte Befehle

Sie können unter www.cisco.com eine Online-Recherche für eine Dokumentation verwandter Befehle ausführen.

**aaa authentication local-override**
**aaa new-model**

## 3.2 aaa authentication banner

Verwenden Sie den globalen Konfigurationsbefehl **aaa authentication banner**, um eine persönliche Meldung zu konfigurieren, die während des Benutzer-Logins angezeigt wird. Verwenden Sie die **no**-Form dieses Befehls, um die Meldung zu entfernen.

**aaa authentication banner** *bZeichenfolgeb*
**no aaa authentication banner**

| Syntax | Beschreibung |
|---|---|
| *b* | Das Begrenzungszeichen vor und hinter der Zeichenfolge signalisiert dem System, dass *Zeichenfolge* als die Meldung angezeigt werden soll. Für das Begrenzungszeichen kann jedes einzelne Zeichen des erweiterten ASCII-Zeichensatzes verwendet werden. Ist dieses Zeichen jedoch als Begrenzer vereinbart, dann kann es nicht mehr in der Zeichenfolge der Meldung verwendet werden. |
| *Zeichenfolge* | Jede Folge von Zeichen, bis auf das, welches als Begrenzungszeichen verwendet wird. Die maximal anzeigbare Zeichenanzahl beträgt 2996 Zeichen. |

**Standard**

Nicht aktiviert

**Befehlsmodus**

Globale Konfiguration

**Benutzungsrichtlinien**

Dieser Befehl erschien erstmals in der Cisco-IOS-Version 11.3(4) T.

Verwenden Sie den Befehl **aaa authentication banner**, um eine persönliche Meldung zu konfigurieren, die bei jedem Benutzer-Login angezeigt wird. Diese Meldung wird die Standardmeldung beim Login ersetzen.

Um eine Login-Meldung zu erstellen, müssen Sie ein Begrenzungszeichen konfigurieren, durch das das System erkennt, dass die folgende Zeichenfolge angezeigt werden soll und daran anschließend die eigentliche Zeichenfolge. Das Begrenzungszeichen wird am Ende der Zeichenfolge wiederholt, um das Ende der Meldung zu signalisieren. Für das Begrenzungszeichen kann jedes einzelne Zeichen des erweiterten ASCII-Zeichensatzes verwendet werden. Ist dieses Zeichen jedoch als Begrenzer vereinbart, dann kann es nicht mehr in der Zeichenfolge der Meldung verwendet werden.

### Beispiele

Das folgende Beispiel zeigt die Standard-Login-Meldung, wenn der Befehl **aaa authentication banner** nicht konfiguriert wurde (RADIUS ist hier als Standard-Login-Authentifizierungsmethode vereinbart).

```
aaa new-model
aaa authentication login default radius
```

Diesem Konfiguration erzeugt die folgende Standardanzeige:

```
User Verification Access
Username:
Password:
```

Das folgende Beispiel konfiguriert eine Login-Meldung (in diesem Fall den Ausdruck »Unauthorized Access Prohibited«), die angezeigt wird, wenn sich ein Benutzer in das System einloggt. Der Stern (*) wird als Begrenzungszeichen verwendet (RADIUS ist als Standard-Login-Authentifizierungsmethode festgelegt).

```
aaa new-model
aaa authentication banner *Unauthorized use is prohibited.*
aaa authentication login default radius
```

Diese Konfiguration erzeugt die folgende Login-Meldung:

```
Unauthorized use is prohibited.
username:
```

### Verwandte Befehle

Sie können unter www.cisco.com eine Online-Recherche für eine Dokumentation verwandter Befehle ausführen.

**aaa authentication fail-message**

## 3.3 aaa authentication enable default

Mit dem globalen Konfigurationsbefehl **aaa authentication enable default** aktivieren Sie die AAA-Authentifizierungsprüfung, ob ein Benutzer Zugang zum privilegierten EXEC-Befehlslevel erhalten kann. Verwenden Sie die **no**-Form dieses Befehls, um diese Autorisierungsmethode zu deaktivieren.

**aaa authentication enable default** *Methode1* [*Methode2...*]
**no aaa authentication enable default** *Methode1* [*Methode2...*]

| Syntax | Beschreibung |
|---|---|
| *Methode* | Mindestens eines der in Tabelle 3.2 beschriebenen Schlüsselwörter. |

## Standard

Wenn die **default**-Liste nicht konfiguriert ist, wird nur das enable-Passwort überprüft. Dies hat die gleiche Wirkung wie der folgende Befehl:

```
aaa authentication enable default enable
```

An der Konsole wird das enable-Passwort verwendet, wenn es existiert. Wenn kein Passwort vereinbart wurde, wird der Prozess auf jeden Fall fortgeführt.

## Befehlsmodus

Globale Konfiguration

## Benutzungsrichtlinien

Dieser Befehl erschien erstmals in der Cisco-IOS-Version 10.3.

Verwenden Sie den Befehl **aaa authentication enable default**, um eine Reihe von Authentifizierungsmethoden zu erstellen, die festlegen, ob ein Benutzer Zugang zum privilegierten EXEC-Befehlslevel erhalten kann. Sie können bis zu vier Authentifizierungsmethoden vereinbaren. Die zusätzlichen Authentifizierungsmethoden werden nur dann angewendet, wenn die vorherige Methode in einen Fehlzustand (Error) gerät, jedoch nicht, wenn sie fehlschlägt (FAIL). Wenn Sie festlegen wollen, dass die Authentifizierung auch dann erfolgreich ist, wenn alle Methoden einen Fehlzustand aufweisen, dann verwenden Sie das Schlüsselwort **none** als letzte Methode in der Befehlszeile.

Wenn für keine Funktion ein Standard-Authentifizierungsverfahren gesetzt wurde, dann ist die Standardeinstellung **none** und es wird keine Authentifizierung ausgeführt. Verwenden Sie den Befehl **more system:running-config**, um die aktuell konfigurierten Methodenlisten zur Authentifizierung anzuzeigen.

*Tabelle 3.2: Die enable-Standard-Methoden der AAA-Authentifizierung*

| Schlüsselwort | Beschreibung |
|---|---|
| enable | Verwendet das enable-Passwort zur Authentifizierung. |
| line | Verwendet das line-Passwort zur Authentifizierung. |
| none | Verwendet keine Authentifizierung. |
| tacacs+ | Verwendet die TACACS+-Authentifizierung. |
| radius | Verwendet die RADIUS-Authentifizierung. |

> **ANMERKUNG**
>
> Dieser Befehl kann nicht mit dem TACACS oder dem erweiterten TACACS verwendet werden.

## Beispiel

Das folgende Beispiel erzeugt eine Authentifizierungsliste, die zuerst versucht einen TACACS+-Server zu kontaktieren. Wenn kein Server gefunden wird, versucht das AAA das enable-Passwort zu verwenden. Wenn dieser Versuch auch einen Fehlzustand aufweist (da auf dem Server kein enable-Passwort konfiguriert ist), dann wird dem Benutzer der Zugang ohne eine Authentifizierung erlaubt.

```
aaa authentication enable default tacacs+ enable none
```

## Verwandte Befehle

Sie können unter www.cisco.com eine Online-Recherche für eine Dokumentation verwandter Befehle ausführen.

**aaa authentication local-override**
**aaa authorization**
**aaa new-model**
**enable password**

## 3.4 aaa authentication fail-message

Verwenden Sie den globalen Konfigurationsbefehl **aaa authentication fail-message**, um eine persönliche Meldung zu konfigurieren, die dann angezeigt wird, wenn ein Benutzer-Login abgelehnt wird. Verwenden Sie die **no**-Form dieses Befehls, um die Ablehnungsmeldung zu entfernen.

**aaa authentication fail-message** *bZeichenfolgeb*
**no aaa authentication fail-message**

| Syntax | Beschreibung |
| --- | --- |
| *b* | Das Begrenzungszeichen vor und hinter der Zeichenfolge signalisiert dem System, dass *Zeichenfolge* als die Meldung angezeigt werden soll. Für das Begrenzungszeichen kann jedes einzelne Zeichen des erweiterten ASCII-Zeichensatzes verwendet werden. Ist dieses Zeichen jedoch als Begrenzer vereinbart, dann kann es nicht mehr in der Zeichenfolge der Meldung verwendet werden. |
| *Zeichenfolge* | Jede Folge von Zeichen, bis auf das, das als Begrenzungszeichen verwendet wird. Die maximal anzeigbare Zeichenanzahl beträgt 2996 Zeichen. |

## Standard

Nicht aktiviert

## Befehlsmodus

Globale Konfiguration

### Benutzungsrichtlinien

Dieser Befehl erschien erstmals in der Cisco-IOS-Version 11.3(4) T.

Verwenden Sie den Befehl **aaa authentication fail-message,** um eine persönliche Meldung zu konfigurieren, die bei jedem abgelehnten Benutzer-Login angezeigt wird. Diese Meldung wird die Standardmeldung beim Login ersetzen.

Um eine Meldung zu erstellen, die nach einem abgelehnten Login angezeigt wird, müssen Sie ein Begrenzungszeichen konfigurieren, durch das das System erkennt, dass die folgende Zeichenfolge angezeigt werden soll und daran anschließend die eigentliche Zeichenfolge. Das Begrenzungszeichen wird am Ende der Zeichenfolge wiederholt, um das Ende der Meldung zu signalisieren. Für das Begrenzungszeichen kann jedes einzelne Zeichen des erweiterten ASCII-Zeichensatzes verwendet werden. Ist dieses Zeichen jedoch als Begrenzer vereinbart, dann kann es nicht mehr in der Zeichenfolge der Meldung verwendet werden.

### Beispiele

Das folgende Beispiel zeigt die standardmäßigen Login- und Login-Ablehnungsmeldungen, die angezeigt werden, wenn die Befehle **aaa authentication banner** und **aaa authentication fail-message** nicht konfiguriert wurden (RADIUS wird hier als Standard-Login-Authentifizierungsmethode festgelegt).

```
aaa new-model
aaa authentication login default radius
```

Diese Konfiguration erzeugt die folgende Standardanzeige:

```
User Verification Access
Username:
Password:
% Authentication failed.
```

Das folgende Beispiel konfiguriert sowohl eine Login-Meldung (»Unauthorized use is prohibited.«) und eine Meldung zur Ablehnung des Login (»Failed Login. Try again.«). Die Login-Meldung wird angezeigt, wenn sich ein Benutzer in das System einloggt. Login-Ablehnungsmeldung wird dann angezeigt, wenn ein Benutzer versucht sich in das System einzuwählen und dies abgelehnt wird. Der Stern (*) wird als Begrenzungszeichen verwendet (RADIUS wird als Standard-Login-Authentifizierungsmethode festgelegt).

```
aaa new-model
aaa authentication banner *Unauthorized use is prohibited.*
aaa authentication fail-message *Failed login. Try again.*
aaa authentication login default radius
```

Diese Konfiguration bewirkt die folgenden Login- und abgelehnten Login-Meldungen:

```
Unauthorized use is prohibited.
Username:
```

```
Password:
Failed login. Try again.
```

### Verwandte Befehle

Sie können unter www.cisco.com eine Online-Recherche für eine Dokumentation verwandter Befehle ausführen.

**aaa authentication banner**

## 3.5 aaa authentication local-override

Verwenden Sie den globalen Konfigurationsbefehl **aaa authentication local-override**, um die Cisco-IOS-Software so zu konfigurieren, dass die lokale Benutzerdatenbank zur Authentifizierung herangezogen wird, bevor eine andere Form der Authentifizierung ausgeführt wird. Verwenden Sie die **no**-Form dieses Befehls, um die Authentifizierungsüberstimmung zu deaktivieren.

**aaa authentication local-override**
**no aaa authentication local-override**

### Syntaxbeschreibung

Dieser Befehl besitzt keine Argumente oder Schlüsselwörter.

### Standard

Die Überstimmung ist deaktiviert.

### Befehlsmodus

Globale Konfiguration

### Benutzungsrichtlinien

Dieser Befehl erschien erstmals in der Cisco-IOS-Version 10.3.

Dieser Befehl ist hilfreich, wenn Sie den normalen Authentifizierungsprozess für bestimmte Personen aussetzen wollen (z.B. Systemadministratoren).

Wenn diese Authentifizierungsüberstimmung aktiviert ist, wird der Benutzer immer zur Eingabe seines Benutzernamens aufgefordert. Das System überprüft daraufhin, ob der eingegeben Benutzername mit einem lokalen Account übereinstimmt. Wenn sich der Benutzername nicht in der lokalen Datenbank befindet, dann wird das Login mit den Methoden fortgeführt, die mit anderen **aaa**-Befehle konfiguriert wurden (z.B. **aaa authentication login**). Bitte achten Sie darauf: Wenn Sie diesen Befehl verwenden, wird immer zuerst die Eingabeaufforderung *Username:* angezeigt.

## Beispiel

Das folgende Beispiel aktiviert die AAA-Authentifizierungsüberstimmung:

```
aaa authentication local-override
```

## Verwandte Befehle

Sie können unter www.cisco.com eine Online-Recherche für eine Dokumentation verwandter Befehle ausführen.

aaa authentication arap
aaa authentication enable default
aaa authentication login
aaa authentication ppp
aaa new-model

## 3.6 aaa authentication login

Verwenden Sie den globalen Konfigurationsbefehl **aaa authentication login**, um die AAA-Authentifizierung beim Login zu aktivieren. Verwenden Sie die **no**-Form dieses Befehls, um die AAA-Authentifizierung zu deaktivieren.

**aaa authentication login** {default | *Listenname*} *Methode1* [*Methode2*...]
**no aaa authentication login** {default | *Listenname*} *Methode1* [*Methode2*...]

| Syntax | Beschreibung |
|---|---|
| **Default** | Verwendet die Methoden, die nach diesem Argument aufgelistet sind, als Standardmethodenliste, wenn sich ein Benutzer einloggt. |
| *Listenname* | Zeichenfolge, mit der die Liste von Authentifizierungsmethoden bezeichnet wird, die bei einem Benutzer-Login aktiviert wird. |
| *Methode* | Mindestens eines der Schlüsselwörter, die in Tabelle 3-3 beschrieben sind. |

## Standard

Wenn keine **default**-Liste vereinbart wurde, wird nur die lokale Benutzerdatenbank überprüft. Dies hat die gleiche Wirkung wie der folgende Befehl:

```
aaa authentication login default local
```

> **ANMERKUNG**
>
> An der Konsole wird das Login ohne jede Authentifizierung erfolgreich sein, wenn **default** nicht vereinbart wurde.

### Befehlsmodus

Globale Konfiguration

### Benutzungsrichtlinien

Dieser Befehl erschien erstmals in der Cisco-IOS-Version 10.3.

Die Standard- und die optionalen Listennamen, die Sie mit dem Befehl **aaa authentication login** erzeugen, werden mit dem Befehl **login authentication** verwendet.

Erzeugen Sie eine Liste durch die Eingabe von **aaa authentication** *Listenname Methode* für ein bestimmtes Protokoll. Mit *Listenname* bezeichnen Sie diese Liste, wobei Sie jede Zeichenfolge verwenden können (z.B. MIS-access). Das Schlüsselwort *Methode* bezieht sich auf die eigentliche Methode, die der Authentifizierungsalgorithmus auszuführen versucht. Die Methoden-Schlüsselwörter sind in Tabelle 3.3 beschrieben.

Um eine Standardliste zu erzeugen, die dann angewendet wird, wenn im Befehl **login authentication** *keine* namentliche Liste festgelegt wurde, können Sie das Argument **default** verwenden und die Methoden anfügen, die Sie in Standardsituationen anwenden möchten.

Die zusätzlichen Authentifizierungsmethoden werden nur dann verwendet, wenn die vorherige Methode mit einer Fehlermeldung antwortet, nicht bei einer abgelehnten Authentifizierung. Um sicherzustellen, dass die Authentifizierung auch dann erfolgreich ist, wenn alle Methoden mit einer Fehlermeldung antworten, verwenden Sie das Schlüsselwort **none** als letzte Methode in der Befehlszeile.

Wenn die Authentifizierung nicht für eine bestimmte Verbindung aktiviert ist, dann wird in der Standardeinstellung der Zugang abgelehnt und es wird keine Authentifizierung ausgeführt. Verwenden Sie den Befehl **more system:running-config**, um die aktuell konfigurierten Methodenlisten zur Authentifizierung anzuzeigen.

*Tabelle 3.3: Die Login-Methoden der AAA-Authentifizierung*

| Schlüsselwort | Beschreibung |
|---|---|
| Enable | Verwendet das enable-Passwort zur Authentifizierung. |
| krb5 | Verwendet das Kerberos 5 zur Authentifizierung. |
| Line | Verwendet das line-Passwort zur Authentifizierung. |
| Local | Verwendet die lokale Benutzernamendatenbank zur Authentifizierung. |
| None | Verwendet keine Authentifizierung. |
| Radius | Verwendet die RADIUS-Authentifizierung. |
| tacacs+ | Verwendet die TACACS+-Authentifizierung. |
| krb5-telnet | Verwendet das Kerberos 5 Telnet-Authentifizierungsprotokoll, wenn das Telnet zur Verbindung mit dem Router verwendet wird. |

> **ANMERKUNG**
>
> Dieser Befehl kann nicht mit dem TACACS oder dem erweiterten TACACS verwendet werden.

### Beispiele

Das folgende Beispiel erzeugt eine AAA-Authentifizierungliste namens *MIS-access*. Diese Authentifizierung versucht zuerst eine TACACS+-Server zu kontaktieren. Wenn kein Server gefunden wird, liefert das TACACS+ eine Fehlermeldung und das AAA versucht das enable-Passwort zu verwenden. Wenn dieser Versuch auch eine Fehlermeldung liefert (wenn auf dem Server kein enable-Passwort konfiguriert ist), wird dem Benutzer der Zugang ohne Authentifizierung gestattet.

```
aaa authentication login MIS-access tacacs+ enable none
```

Das folgende Beispiel erzeugt die gleiche Liste, bezeichnet sie aber als **default**, die für alle Login-Authentifizierungen verwendet wird, wenn keine weitere Liste vereinbart wurde:

```
aaa authentication login default tacacs+ enable none
```

Das folgende Beispiel legt fest, dass beim Login das Kerberos 5 Telnet-Authentifizierungsprotokoll zur Authentifizierung verwendet wird, wenn das Telnet für eine Verbindung zum Router genutzt wird:

```
aaa authentication login default KRB5-TELNET krb5
```

### Verwandte Befehle

Sie können unter www.cisco.com eine Online-Recherche für eine Dokumentation verwandter Befehle ausführen.

**aaa authentication local-override**
**aaa new-model**
**login authentication**

## 3.7   aaa authentication nasi

Verwenden Sie den globalen Konfigurationsbefehl **aaa authentication nasi**, um die AAA-Authentifizierung zu aktivieren, wenn NetWare-Asynchronous-Services-Interfaces-(NASI-)Clients versuchen sich durch den Access-Server zu verbinden. Verwenden Sie die **no**-Form dieses Befehls, um die Authentifizierung für NASI-Clients zu deaktivieren.

**aaa authentication nasi {default | *Listenname*} *Methode1* [*Methode2*...]**
**no aaa authentication nasi {default | *Listenname*} *Methode1* [*Methode2*...]**

| Syntax | Beschreibung |
|---|---|
| default | Verwendet die Methoden, die nach diesem Argument aufgelistet sind, als Standardmethodenliste, wenn sich ein Benutzer einloggt. |
| Listenname | Zeichenfolge, mit der die Liste von Authentifizierungsmethoden bezeichnet wird, die bei einem Benutzer-Login angewendet werden. |
| Methode1 [Methode2...] | Eines der Schlüsselwörter, die in Tabelle 3-4 beschrieben sind. |

## Standard

Wenn keine **default**-Liste vereinbart wurde, wird nur die lokale Benutzerdatenbank ausgewählt. Dies hat die gleiche Wirkung wie der folgende Befehl:

```
aaa authentication nasi default local
```

## Befehlsmodus

Globale Konfiguration

## Benutzungsrichtlinien

Dieser Befehl erschien erstmals in der Cisco-IOS-Version 11.1.

Die Standard- und die optionalen Listennamen, die Sie mit dem Befehl **aaa authentication nasi** vereinbaren, werden mit dem Befehl **nasi authentication** verwendet.

Erzeugen Sie eine Liste durch die Eingabe des Befehls **aaa authentication nasi** *Listenname Methode*. Mit *Listenname* bezeichnen Sie diese Liste, wobei Sie jede Zeichenfolge verwenden können (z.B. *MIS-access*). Das Argument *Methode* legt eine Liste von Methoden fest, die der Authentifizierungsalgorithmus in der angegebenen Reihenfolge auszuführen versucht. Die Tabelle 3.4 enthält Beschreibungen zu den Methoden-Schlüsselwörtern.

Verwenden Sie den Befehl **nasi authentication** mit dem Schlüsselwort **default**, um eine Standard-Liste zu erzeugen, die verwendet wird, wenn keiner Verbindung eine Liste zugeordnet wurde. Geben Sie nach dem Schlüsselwort die Methoden ein, die Sie in Standardsituationen verwenden wollen.

Die daran anschließenden Authentifizierungsmethoden werden nur dann verwendet, wenn die vorherige Methode mit einer Fehlermeldung antwortet, nicht bei einer abgelehnten Authentifizierung. Um sicherzustellen, dass die Authentifizierung selbst dann erfolgreich ist, wenn alle Methoden mit einer Fehlermeldung antworten, verwenden Sie das Schlüsselwort **none** als letzte Methode in der Befehlszeile.

Wenn die Authentifizierung nicht für eine bestimmte Verbindung aktiviert ist, dann wird in der Standardeinstellung der Zugang abgelehnt und es wird keine Authentifizierung ausgeführt. Verwenden Sie den Befehl **more system:running-config**, um die aktuell konfigurierten Methodenlisten zur Authentifizierung anzuzeigen.

**130** Network Security

*Tabelle 3.4: Die NASI-Methoden der AAA-Authentifizierung*

| Schlüsselwort | Beschreibung |
|---|---|
| Enable | Verwendet das enable-Passwort zur Authentifizierung. |
| Line | Verwendet das line-Passwort zur Authentifizierung. |
| Local | Verwendet die lokale Benutzernamedatenbank zur Authentifizierung. |
| None | Verwendet keine Authentifizierung. |
| tacacs+ | Verwendet die TACACS+-Authentifizierung. |

> **ANMERKUNG**
>
> Dieser Befehl kann nicht mit dem TACACS oder dem erweiterten TACACS verwendet werden.

### Beispiele

Das folgende Beispiel erzeugt eine AAA-Authentifizierungsliste namens *list1*. Diese Authentifizierung versucht zuerst eine TACACS+-Server zu kontaktieren. Wenn kein Server gefunden wird, liefert das TACACS+ eine Fehlermeldung und das AAA versucht das enable-Passwort zu verwenden. Wenn dieser Versuch auch eine Fehlermeldung liefert (da auf dem Server kein enable-Passwort konfiguriert ist), wird dem Benutzer der Zugang ohne Authentifizierung gestattet.

```
aaa authentication nasi list1 tacacs+ enable none
```

Das folgende Beispiel erzeugt die gleiche Liste, bezeichnet sie aber als Standardliste, die für alle Login-Authentifizierungen verwendet wird, wenn keine weitere Liste vereinbart wurde:

```
aaa authentication nasi default tacacs+ enable none
```

### Verwandte Befehle

Sie können unter www.cisco.com eine Online-Recherche für eine Dokumentation verwandter Befehle ausführen.

**ipx nasi-server enable**
**ip trigger-authentication (global Konfiguration)**
**nasi authentication**
**show ipx nasi connections**
**show ipx spx-protocol**

## 3.8 aaa authentication password-prompt

Verwenden Sie den Befehl **aaa authentication password-prompt**, um den Standardtext zu ändern, der als Passwort-Eingabeaufforderung für den Benutzer angezeigt wird. Verwenden Sie die **no**-Form dieses Befehls, um wieder den Standardtext der Passwort-Eingabeaufforderung anzuzeigen.

aaa authentication password-prompt *Zeichenfolge*
no aaa authentication password-prompt *Zeichenfolge*

| Syntax | Beschreibung |
|---|---|
| *Zeichenfolge* | Zeichenfolge, die angezeigt wird, wenn der Benutzer zur Eingabe eines Passworts aufgefordert wird. Wenn diese Zeichenfolge Leerzeichen oder Sonderzeichen enthält, muss sie in Anführungszeichen eingegeben werden (zum Beispiel »Geben Sie Ihr Passwort ein:«). |

## Standard

Es ist keine benutzereigene *Zeichenfolge* vereinbart und die Passwort-Eingabeaufforderung zeigt »Password« an.

## Befehlsmodus

Globale Konfiguration

## Benutzungsrichtlinien

Dieser Befehl erschien erstmals in der Cisco-IOS-Version 11.0.

Verwenden Sie den Befehl **aaa authentication password-prompt**, um den Standardtext zu ändern, den die Cisco-IOS-Software als Passwort-Eingabeaufforderung für den Benutzer anzeigt. Dieser Befehl ändert die Passwort-Eingabeaufforderung sowohl für das enable-Passwort als auch für die Login-Passwörter, die nicht von entfernten Sicherheits-Servern geliefert werden. Die **no**-Form dieses Befehls lässt die Passwort-Eingabeaufforderung wieder den folgenden Standardwert anzeigen:

```
Password:
```

Der Befehl **aaa authentication password-prompt** ändert nicht den Dialog, der mit einem entfernten TACACS+- oder RADIUS-Server ausgeführt wird.

## Beispiel

Das folgende Beispiel ändert den Text der Passwort-Eingabeaufforderung:

```
aaa authentication password-prompt "Enter your password now:"
```

## Verwandte Befehle

Sie können unter www.cisco.com eine Online-Recherche für eine Dokumentation verwandter Befehle ausführen.

**aaa authentication username-prompt**
**aaa new-model**
**enable password**

## 3.9 aaa authentication ppp

Verwenden Sie den globalen Konfigurationsbefehl **aaa authentication ppp**, um eine oder mehr AAA-Authentifizierungsmethoden auf den seriellen Verbindungen zu konfigurieren, auf denen das PPP ausgeführt wird. Verwenden Sie die **no**-Form dieses Befehls, um die Authentifizierung zu deaktivieren.

aaa authentication ppp {default | *Listenname*} *Methode1* [*Methode2*...]
no aaa authentication ppp {default | *Listenname*} *Methode1* [*Methode2*...]

| Syntax | Beschreibung |
| --- | --- |
| default | Verwendet die Methoden, die nach diesem Argument aufgelistet sind, als Standardmethodenliste, wenn sich ein Benutzer einloggt. |
| *Listenname* | Zeichenfolge, mit der die Liste von Authentifizierungsmethoden bezeichnet wird, die bei einem Benutzer-Login angewendet wird. |
| *Methode1* [*Methode2*...] | Mindestens eines der Schlüsselwörter, die in Tabelle 3.5 beschrieben sind. |

### Standard

Wenn keine **default**-Liste vereinbart wurde, wird nur die lokale Benutzerdatenbank überprüft. Dies hat die gleiche Wirkung wie der folgende Befehl:

```
aaa authentication ppp default local
```

### Befehlsmodus

Globale Konfiguration

### Benutzungsrichtlinien

Dieser Befehl erschien erstmals in der Cisco-IOS-Version 10.3.

Die Listen, die Sie mit dem Befehl **aaa authentication ppp** erzeugen, werden mit dem Befehl **ppp authentication** verwendet. Diese Listen enthalten bis zu vier Authentifizierungsmethoden, die angewendet werden, wenn ein Benutzer versucht sich über die serielle Schnittstelle einzuloggen.

Erzeugen Sie eine Liste durch die Eingabe des Befehls **aaa authentication ppp** *Listenname Methode*. Mit *Listenname* bezeichnen Sie diese Liste, wobei Sie jede Zeichenfolge verwenden können (z.B. MIS-access). Das Schlüsselwort *Methode* bezieht sich auf die eigentliche Methode, die der Authentifizierungsalgorithmus auszuführen versucht. Sie können bis zu vier Methoden eingeben. Die Methodenschlüsselwörter sind in Tabelle 3.5 beschrieben.

Die zusätzlichen Authentifizierungsmethoden werden nur dann verwendet, wenn die vorherige Methode mit einer Fehlermeldung antwortet, nicht bei einer abgelehnten Authentifizierung. Um sicherzustellen, dass die Authentifizierung auch dann erfolgreich ist, wenn alle Methoden mit einer Fehlermeldung antworten, verwenden Sie das Schlüsselwort **none** als letzte Methode in der Befehlszeile.

Wenn für keine Funktion ein Authentifizierungsverfahren vereinbart wurde, ist die Standardeinstellung **none** und es wird keine Authentifizierung ausgeführt. Verwenden Sie den Befehl **more system:running-config**, um die aktuell konfigurierten Methodenlisten zur Authentifizierung anzuzeigen.

*Tabelle 3.5: Die PPP-Methoden der AAA-Authentifizierung*

| Schlüsselwort | Beschreibung |
| --- | --- |
| if-needed | Führt keine Authentifizierung durch, wenn der Benutzer bereits über eine TTY-Verbindung authentifiziert wurde. |
| krb5 | Verwendet das Kerberos 5 zur Authentifizierung (kann nur für die PAP-Authentifizierung verwendet werden). |
| local | Verwendet die lokale Benutzernamendatenbank zur Authentifizierung. |
| none | Verwendet keine Authentifizierung. |
| radius | Verwendet die RADIUS-Authentifizierung. |
| tacacs+ | Verwendet die TACACS+-Authentifizierung. |

### ANMERKUNG

Dieser Befehl kann nicht mit dem TACACS oder dem erweiterten TACACS verwendet werden.

### Beispiel

Das folgende Beispiel erzeugt eine AAA-Authentifizierungsliste namens *MIS-access* für serielle Verbindungen, auf denen das PPP ausgeführt wird. Diese Authentifizierung versucht zuerst einen TACACS+-Server zu kontaktieren. Wenn diese Aktion eine Fehlermeldung liefert, wird dem Benutzer der Zugang ohne eine Authentifizierung erlaubt.

```
aaa authentication ppp MIS-access tacacs+ none
```

### Verwandte Befehle

Sie können unter www.cisco.com eine Online-Recherche für eine Dokumentation verwandter Befehle ausführen.

**aaa authentication local-override**
**aaa new-model**
**ppp authentication**

## 3.10 aaa authentication username-prompt

Verwenden Sie den globalen Konfigurationsbefehl **aaa authentication username-prompt** um den angezeigten Standardtext zu ändern, wenn Benutzer zur Eingabe Ihres Benutzernamens aufgefordert werden. Verwenden Sie die **no**-Form dieses Befehls, um wieder den Standardtext der Benutzernamen-Eingabeaufforderung anzuzeigen.

aaa authentication username-prompt *Zeichenfolge*
no aaa authentication username-prompt *Zeichenfolge*

| Syntax | Beschreibung |
|---|---|
| *Zeichenfolge* | Zeichenfolge, die angezeigt wird, wenn der Benutzer zur Eingabe Ihres Benutzernamens aufgefordert wird. Wenn diese Zeichenfolge Leerzeichen oder Sonderzeichen enthält, muss sie in Anführungszeichen eingegeben werden (zum Beispiel »Geben Sie Ihren Namen ein:«). |

### Standard

Es ist keine benutzereigene *Zeichenfolge* vereinbart und die Benutzernamen-Eingabeaufforderung zeigt »Username« an.

### Befehlsmodus

Globale Konfiguration

### Benutzungsrichtlinien

Dieser Befehl erschien erstmals in der Cisco-IOS-Version 11.0.

Verwenden Sie den Befehl **aaa authentication username-prompt**, um den Standard-Text zu ändern, den die Cisco-IOS-Software als Benutzernamen-Eingabeaufforderung für den Benutzer anzeigt. Die **no**-Form dieses Befehls lässt die Benutzernamen-Eingabeaufforderung wieder den folgenden Standardwert anzeigen:

Username:

Einige Protokolle (z.B. TACACS+) bieten die Möglichkeit, die Verwendung der lokalen Informationen der Benutzernamen-Eingabeaufforderung auszusetzen. Die Verwendung des Befehls **aaa authentication username-prompt** wird unter diesen Umständen den Text der Benutzernamen-Eingabeaufforderung nicht ändern.

> **ANMERKUNG**
>
> Der Befehl **aaa authentication username-prompt** ändert keinen Dialog, der mit einem TACACS+-Fern-Server geführt wird.

### Beispiel

Das folgende Beispiel ändert den Text der Benutzernamen-Eingabeaufforderung:

```
aaa authentication username-prompt "Enter your name here:"
```

### Verwandte Befehle

Sie können unter www.cisco.com eine Online-Recherche für eine Dokumentation verwandter Befehle ausführen.

aaa authentication password-prompt
aaa new-model
enable password

## 3.11  aaa new-model

Führen Sie den globalen Konfigurationsbefehl **aaa new-model** aus, um das AAA-Modell für die Zugangskontrolle zu aktivieren. Verwenden Sie die **no**-Form dieses Befehls, um das AAA-Modell für die Zugangskontrolle zu deaktivieren.

aaa new-model
no aaa new-model

### Syntaxbeschreibung

Dieser Befehl besitzt keine Argumente oder Schlüsselwörter.

### Standard

Das AAA ist nicht aktiviert.

### Befehlsmodus

Globale Konfiguration

### Benutzungsrichtlinien

Dieser Befehl erschien erstmals in der Cisco-IOS-Version 10.0.

Dieser Befehl aktiviert das AAA-System für die Zugangskontrolle. Nachdem Sie das AAA aktiviert haben, sind die TACACS- und erweiterten TACACS-Befehle nicht mehr verwendbar. Wenn Sie die AAA-Funktionen initialisieren und sich später dazu entschließen, das TACACS oder das erweiterte TACACS zu verwenden, dann geben Sie erst die **no**-Form dieses Befehls ein und aktivieren Sie anschließend die TACACS-Version, die Sie ausführen möchten.

## Beispiel

Das folgende Beispiel initialisiert das AAA:

aaa new-model

## Verwandte Befehle

Sie können unter www.cisco.com eine Online-Recherche für eine Dokumentation verwandter Befehle ausführen.

aaa accounting
aaa authentication arap
aaa authentication enable default
aaa authentication local-override
aaa authentication login
aaa authentication ppp
aaa authorization
tacacs-server key

## 3.12 aaa processes

Verwenden Sie den globalen Konfigurationsbefehl **aaa processes**, um eine bestimmte Anzahl von Hintergrundprozessen für die Verarbeitung von AAA-Authentifizierungs- und Autorisierungsanfragen des PPP zu reservieren. Verwenden Sie die **no**-Form dieses Befehls, um wieder den Standardwert dieses Befehls aufzurufen.

**aaa processes** *Anzahl*
**no aaa processes** *Anzahl*

| Syntax | Beschreibung |
| --- | --- |
| *Anzahl* | Reserviert eine Anzahl von Hintergrundprozessen für die Verarbeitung von AAA-Anfragen des PPP. Gültige Werte reichen von 1 bis 2.147.483.647. |

## Standard

Die Standardeinstellung dieses Befehls reserviert einen Hintergrundprozess.

## Befehlsmodus

Globale Konfiguration

## Benutzungsrichtlinien

Dieser Befehl erschien erstmals in der Cisco-IOS-Version 11.3(2)AA.

Verwenden Sie den Befehl **aaa processes**, um eine bestimmte Anzahl von Hintergrundprozessen für die parallele Verarbeitung mehrerer AAA-Authentifizierungs- und Autorisierungsanfragen des PPP zu reservieren. Früher war nur ein Hintergrundprozess für die Verarbeitung aller AAA-Anfragen des PPP zuständig. Daraus folgte, dass gleichzeitig nur ein Benutzer authentifiziert oder autorisiert werden konnte. Dieser Befehl konfiguriert die Anzahl der Prozesse, die für die Verarbeitung von AAA-Anfragen des PPP verwendet werden. Auf diese Weise können Sie die Anzahl der gleichzeitigen Benutzer-Authentifizierungen oder -Autorisierungen deutlich erhöhen.

Das Argument *Anzahl* vereinbart die Menge von Hintergrundprozessen, die für die Verarbeitung der AAA-Authentifizierungs- und Autorisierungsanfragen des PPP reserviert sind. Dieses Argument legt auch die Anzahl der Benutzer fest, die gleichzeitig neu authentifiziert werden können, und es kann jederzeit verringert oder erhöht werden.

### Beispiel

Dieses Beispiel zeigt den Befehl **aaa processes** innerhalb einer Standard-AAA-Konfiguration. Die Authentifizierungsmethodenliste *dialins* legt das RADIUS als erste Authentifizierungsmethode auf seriellen PPP-Schnittstellen fest und anschließend (wenn der RADIUS-Server nicht antwortet) die Anwendung der lokalen Authentifizierung. Es wurden zehn Hintergrundprozesse für die Verarbeitung der AAA-Anfragen des PPP reserviert.

```
configure terminal
 aaa new-model
 aaa authentication ppp dialins radius local
 aaa processes 10
 interface 10
  encap ppp
  ppp authentication pap dialins
```

### Verwandte Befehle

Sie können unter `www.cisco.com` eine Online-Recherche für eine Dokumentation verwandter Befehle ausführen.

**show ppp queues**

## 3.13  access-profile

Verwenden Sie den EXEC-Befehl **access-profile**, um während einer PPP-Sitzung Ihre benutzerabhängigen Autorisierungsattribute einer Schnittstelle zuzuordnen. Verwenden Sie die Standardform des Befehls (ohne Schlüsselwörter), um existierende Zugangskontroll-Listen (ACLs – Access-Control-Listen) zu entfernen und die ACLs zu installieren, die in Ihrer benutzerabhängigen Konfiguration vereinbart sind.

**access-profile [merge | replace] [ignore-sanity-checks]**

| Syntax | Beschreibung |
|---|---|
| merge | (Optional) Auf die gleiche Weise wie die Standardform des Befehls entfernt diese Option die existierenden ACLs und behält gleichzeitig andere vorhandene Autorisierungsattribute dieser Schnittstelle bei. |
| | Die Verwendung dieser Option installiert jedoch zusätzlich zu den vorhandenen Attributen auch die benutzereigenen Autorisierungsattribute (die Standardform des Befehls installiert nur neue ACLs). Die benutzerabhängigen Autorisierungsattribute stammen von allen Attribut-Value-(AV-)Paaren, die in der benutzerabhängigen AAA-Konfiguration (im Autorisierungsprofil des Benutzers) festgelegt sind. |
| | Die resultierenden Autorisierungsattribute der Schnittstelle stellen eine Kombination aus den bisherigen und den neuen Konfigurationen dar. |
| replace | (Optional) Diese Option entfernt die existierenden ACLs *und* alle weiteren vorhandenen Autorisierungsattribute dieser Schnittstelle. |
| | Daraufhin tritt eine vollständig neue Autorisierungskonfiguration in Kraft, die alle AV-Paare der benutzerabhängigen AAA-Konfiguration verwendet. |
| | Diese Option sollte im Normalfall nicht angewendet werden, da sie *jegliche* vorhandene Konfiguration löscht, die statischen Routen eingeschlossen. Dies kann sich äußerst negativ auswirken, wenn das neue Benutzerprofil keine korrekten statischen Routen oder andere kritische Informationen aufruft. |
| ignore-sanity-checks | (Optional) Ermöglicht Ihnen die Verwendung aller AV-Paare, ganz gleich, ob sie gültig sind oder nicht. |

### Befehlsmodus

EXEC

### Benutzungsrichtlinien

Dieser Befehl erschien erstmals in der Cisco-IOS-Version 11.2 F.

Einwahlbenutzer können diesen Befehl verwenden, um die doppelte Authentifizierung für eine PPP-Sitzung zu aktivieren. Die doppelte Authentifizierung muss korrekt konfiguriert sein, damit dieser Befehl die gewünschte Wirkung zeigt.

Sie sollten diesen Befehl verwenden, wenn Einwahlbenutzer eine PPP-Verbindung nutzen wollen, um Zugang in das lokale Netzwerk zu erhalten.

Nachdem Sie über das CHAP (oder PAP) authentifiziert wurden, besitzen Sie beschränkte Zugriffsrechte. Um die doppelte Authentifizierung zu aktivieren und Ihre eigenen benutzerabhängigen Zugriffsrechte auf das Netzwerk zu erlangen, müssen Sie sich über Telnet beim Netzwerk-Access-Server anmelden und den Befehl **access-profile** ausführen. (Dieser Befehl kann auch als Autobefehl konfiguriert sein, was die manuelle Eingabe des Befehls unnötig macht.)

Dieser Befehl verursacht, dass alle folgenden Netzwerk-Autorisierungen in *Ihrem* Benutzernamen ausgeführt werden, nicht mehr mit dem Benutzernamen des externen *Hosts*.

Alle Änderungen an der Schnittstelle, die durch diesen Befehl verursacht werden, behalten solange ihre Wirkung, wie die Schnittstelle aktiv ist. Diese Änderungen werden unwirksam, wenn die Schnittstelle inaktiv wird. Dieser Befehl hat keine Wirkung auf den Normalbetrieb des Routers oder der Schnittstelle.

Die Standardform des Befehls **access-profile** dekonfiguriert (entfernt) die vorhandenen ACLs und fügt neue ACLs hinzu. Die neuen ACLs stammen von Ihrer benutzerabhängigen Konfiguration, die sich auf einem AAA-Server (z.B. einem TACACS+-Server) befindet. Durch den ACL-Austausch erfolgt eine Reautorisierung Ihrer Netzwerkprivilegien.

Die Standardform des Befehls kann fehlschlagen, wenn Ihre benutzerabhängige Konfiguration andere Aussagen enthält als ACL-AV-Paare. Alle Protokolle mit Nicht-ACL-Aussagen werden dekonfiguriert und es kann kein Verkehr dieser Protokolle über die PPP-Verbindung übertragen werden.

Die Befehlsform **access-profile merge** dekonfiguriert (entfernt) die vorhandenen ACLs von der Schnittstelle und fügt ihr neue Autorisierungsinformationen (inklusive neuer ACLs) hinzu. Diese neuen Autorisierungsinformationen enthalten Ihre vollständige benutzerabhängige Konfiguration von einem AAA-Server. Wenn eine der neuen Autorisierungsaussagen im Gegensatz zu einer vorhandenen Aussage steht, kann die neue Aussage die alte Aussage »überschreiben« oder sie kann ignoriert werden, je nach Aussage und angewendeter Parser-Regeln. Die daraus resultierende Schnittstellenkonfiguration ist somit eine Kombination aus der ursprünglichen Konfiguration und der neu installierten benutzerabhängigen Konfiguration.

> **STOP**
>
> Das neue Benutzer-Autorisierung-Profil (die benutzerabhängige Konfiguration) darf *keine* ungültigen und zwingend vorgeschriebenen AV-Paare enthalten, da sonst der Befehl fehlschlagen und das PPP-Protokoll (das das ungültige Paar beinhaltet) verworfen werden wird. Wenn allerdings ungültige und *optionale* AV-Paare im Benutzerprofil enthalten sind, dann wird der Befehl ausgeführt werden, wobei das ungültige AV-Paar ignoriert werden wird. Ungültige AV-Paartypen werden im weiteren Verlauf dieses Abschnitts aufgelistet.

Die Befehlsform **access-profile replace** entfernt die gesamte Autorisierungskonfiguration von der Schnittstelle und fügt die komplette benutzerabhängige Autorisierungskonfiguration hinzu. Diese benutzerabhängige Autorisierung enthält Ihre gesamte benutzerabhängige Konfiguration von einem AAA-Server.

Lassen Sie bei der Befehlsform **access-profile replace** besondere Vorsicht walten. Sie kann sehr negative und unerwartete Folgen haben, da diese Option *alle* Informationen der bisherigen Autorisierungskonfiguration löscht (statische Routen eingeschlossen), bevor die neue Autorisierungskonfiguration installiert wird.

**Ungültige AV-Paartypen:**

- addr
- addr-pool
- zonelist
- tunnel-id
- ip-addresses
- x25-addresses
- frame-relay
- source-ip

> **ANMERKUNG**
>
> Diese AV-Paartypen sind nur dann ungültig, wenn sie mit der doppelten Authentifizierung verwendet werden. Wenn sie sich im benutzerabhängigen Autorisierungsprofil befinden, wird der Befehl **access-profile** fehlschlagen. Dagegen können diese AV-Paartypen in anderen Zusammenhängen durchaus ihren Zweck erfüllen.

**Beispiel**

Dieses Beispiel aktiviert die doppelte Authentifizierung für einen Einwahlbenutzer. Dieses Beispiel setzt voraus, dass der Befehl **access-profile** *nicht* als Autobefehl konfiguriert wurde.

Der Einwahlbenutzer verbindet sich mit dem Netzwerk der Unternehmenszentrale der Bild 3.1.

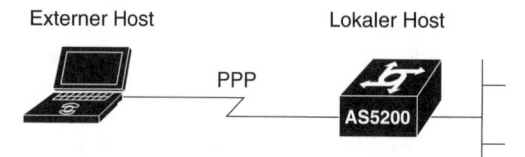

*Bild 3.1: Netzwerktopologie für die Aktivierung der doppelten Authentifizierung (Beispiel)*

Der Einwahlbenutzer startet eine Terminal-Emulationsanwendung, um sich per Telnet beim Netzwerk-Access-Server des Unternehmens anzumelden, einem lokalen AS5200-Host namens *hqnas*. Der Einwahlbenutzer namens Bob hat den Benutzernamen *bobuser*.

Dieses Beispiel ersetzt die ACLs auf der lokalen PPP-Hostschnittstelle. Die bisherigen ACLs, die während der PPP-Autorisierung der Schnittstelle zugeordnet waren, werden durch die ACLs ersetzt, die in den AV-Paaren der benutzerabhängigen Konfiguration festgelegt sind.

Der Einwahlbenutzer beginnt eine Telnetsitzung mit dem lokalen Host und loggt sich ein:

```
login: bobuser
Password: <welcome>
hqnas> access-profile
```

Wenn Bob sich bei hqnas einloggt, wird er neu authentifiziert, da hqnas für die AAA-Login-Authentifizierung über den RADIUS-Server des Unternehmens konfiguriert ist. Wenn Bob den Befehl **access-profile** eingibt, wird er reautorisiert und erhält die Konfigurationsprivilegien, die zu seinem eigenen Benutzerprofil gehören. Damit werden die Access-Listen und -Filter seiner benutzerabhängigen Konfiguration der Schnittstelle des Netzwerk-Access-Servers zugeordnet.

Nachdem die Reautorisierung abgeschlossen ist, wird Bob automatisch aus dem lokalen AS5200-Host ausgeloggt.

### Verwandte Befehle

Sie können unter www.cisco.com eine Online-Recherche für eine Dokumentation verwandter Befehle ausführen.

**connect**
**telnet**

## 3.14 arap authentication

Verwenden Sie den Line-Konfigurationsbefehl **arap authentication** um die AAA-Authentifizierung für das ARA auf einer Verbindung zu aktivieren. Verwenden Sie die **no**-Form des Befehls, um die Authentifizierung für eine ARA-Verbindung zu deaktivieren.

**arap authentication** {default | *Listenname*} [one-time]
**no arap authentication** {default | *Listenname*}

### STOP

Wenn Sie einen *Listennamen* verwenden, der nicht mit dem Befehl **aaa authentication arap** konfiguriert wurde, wird das ARA-Protokoll auf dieser Verbindung deaktiviert werden.

| Syntax | Beschreibung |
|---|---|
| default | Eine mit dem Befehl **aaa authentication arap** erzeugte Standardliste. |
| *Listenname* | Legt eine mit dem Befehl **aaa authentication arap** erzeugte Liste fest. |
| one-time | (Optional) Lässt die Angabe von Benutzernamen und Passwort im Benutzernamenfeld zu. |

### Standard

Die ARA-Protokoll-Authentifizierung verwendet mit dem Befehl **aaa authentication arap** die vereinbarte Standardliste. Wenn keine Standardliste vereinbart ist, wird die lokale Benutzerdatenbank überprüft.

### Befehlsmodus

Line-Konfiguration

### Benutzungsrichtlinien

Dieser Befehl erschien erstmals in der Cisco-IOS-Version 11.0.

Dieser Befehl wird Verbindungen zugeordnet und legt den Namen einer Liste mit AAA-Authentifizierungsmethoden fest, die während des Login angewendet werden. Wenn keine Liste angegeben wird, wird die Standardliste verwendet (auch wenn sie nicht in der Befehlszeile angegeben wird). Mit dem Befehl **aaa authentication arap** erzeugen Sie Standard- und andere Listen. Die Eingabe der **no**-Form des Befehls **arap authentication** hat die gleiche Wirkung, wie die Eingabe des Befehls mit dem Schlüsselwort **default**.

Erzeugen Sie vor der Eingabe dieses Befehls mit dem globalen Konfigurationsbefehl **aaa authentication arap** eine Liste von Authentifizierungsprozessen.

### Beispiel

Das folgende Beispiel legt fest, dass die TACACS+-Authentifizierungliste namens *MIS-access* auf der ARA-Verbindung 7 verwendet werden soll:

```
line 7
 arap authentication MIS-access
```

### Verwandte Befehle

Sie können unter www.cisco.com eine Online-Recherche für eine Dokumentation verwandter Befehle ausführen.

**aaa authentication arap**

## 3.15 clear ip trigger-authentication

Verwenden Sie den privilegierten EXEC-Befehl **clear ip trigger-authentication**, um die Liste von externen Hosts zu entleeren, für die die automatisierte doppelte Authentifizierung versucht wurde.

**clear ip trigger-authentication**

### Syntaxbeschreibung

Dieser Befehl besitzt keine Argumente oder Schlüsselwörter.

### Standard

Die Tabelleneinträge werden nach einer bestimmten Zeit entleert, wenn Sie dies nicht manuell mit diesem Befehl ausführen.

### Befehlsmodus

Privilegierter EXEC

### Benutzungsrichtlinien

Dieser Befehl erschien erstmals in der Cisco-IOS-Version 11.3 T.

Verwenden Sie diesen Befehl zur Problembehebung bei der automatisierten doppelten Authentifizierung. Dieser Befehl entleert die Liste mit externen Hosteinträgen, die durch den Befehl **show ip trigger-authentication** angezeigt wird.

### Beispiel

Das folgende Beispiel entleert die Tabelle mit externen Hosts:

```
router# show ip trigger-authentication
Trigger-authentication Host Tabelle:
Remote Host        Time Stamp
172.21.127.114     2940514234
router# clear ip trigger-authentication
router# show ip trigger-authentication
router#
```

### Verwandte Befehle

Sie können unter www.cisco.com eine Online-Recherche für eine Dokumentation verwandter Befehle ausführen.

**show ip trigger-authentication**

## 3.16 ip trigger-authentication (globale Konfiguration)

Verwenden Sie den globalen Konfigurationsbefehl **ip trigger-authentication**, um den automatisierten Teil der doppelten Authentifizierung auf einem Gerät zu aktivieren. Verwenden Sie die **no**-Form dieses Befehls, um den automatisierten Teil der doppelten Authentifizierung zu deaktivieren.

ip trigger-authentication [timeout *Sekunden*] [port *Nummer*]
no ip trigger-authentication

| Syntax | Beschreibung |
|---|---|
| **timeout** *Sekunden* | (Optional) Legt fest, wie oft das lokale Gerät ein UDP-Paket an den externen Host sendet, um den Benutzernamen und das Passwort (oder die PIN) des Benutzers abzufragen. Die Standardeinstellung ist 90 Sekunden. Weitere Details finden sie im nachfolgenden Abschnitt »Das Schlüsselwort Timeout«. |
| **port** *Nummer* | (Optional) Legt den UDP-Port fest, an den der lokale Router das UDP-Paket senden soll, um den Benutzernamen und das Passwort (oder die PIN) des Benutzers abzufragen. Der Standardport ist 7500. Weitere Details finden sie im nachfolgenden Abschnitt »Das Schlüsselwort port«. |

### Standard

Der Standard-Timeout beträgt 90 Sekunden und die Standard-Portnummer lautet 7500.

### Befehlsmodus

Globale Konfiguration

### Benutzungsrichtlinien

Dieser Befehl erschien erstmals in der Cisco-IOS-Version 11.3 T.

Konfigurieren Sie diesen Befehl auf dem lokalen Gerät (Router oder Netzwerk-Access-Server), in das sich externe Benutzer einwählen. Verwenden Sie diesen Befehl nur, wenn das lokale Gerät bereits für die doppelte Authentifizierung konfiguriert wurde. Dieser Befehl aktiviert die Automatisierung der zweiten Stufe der doppelten Authentifizierung.

### Das Schlüsselwort timeout

Während der zweiten Stufe der doppelten Authentifizierung – wenn der Einwahlbenutzer authentifiziert wird –, muss der Einwahlbenutzer einen Benutzernamen und ein Passwort (oder eine PIN) an das lokale Gerät senden. Bei der automatisierten doppelten Authentifizierung sendet das lokale Gerät während der zweiten benutzerabhängigen Authentifizierungsstufe ein UDP-Paket an den Host des Einwahlbenutzers. Dieses UDP-Paket lässt den externen Host eine Dialogbox starten, die den Benutzer zur Eingabe seines Benutzernamens und Passworts (oder einer PIN) auffordert.

Wenn das lokale Gerät innerhalb der timeout-Periode keine gültige Antwort auf das UDP-Paket erhält, wird das lokale Gerät ein weiteres UDP-Paket senden. Das Gerät wird nach jedem timeout-Intervall ein weiteres UDP-Paket senden, bis es eine Antwort erhält und den Benutzer authentifizieren kann.

In der Standardeinstellung hat das timeout-Intervall für UDP-Pakete eine Dauer von 90 Sekunden. Mit dem Befehl **timeout** können Sie ein anderes Intervall festlegen.

(Diese Zeitdauer bestimmt auch, wie lange die Einträge in der Tabelle mit den externen Hosts aufbewahrt werden. Weitere Details finden sie bei der Beschreibung des Befehls **show ip trigger-authentication**).

### Das Schlüsselwort port

Wie bereits im vorherigen Abschnitt beschrieben wurde, sendet das lokale Gerät ein UDP-Paket an den Host des Einwahlbenutzers, um den Benutzer zur Eingabe seines Benutzernamens und Passworts (oder einer PIN) aufzufordern. Dieses UDP-Paket wird standardmäßig aus dem UDP-Port 7500 gesendet (Die Client-Software des externen Hosts lauscht standardmäßig auf dem UDP-Port 7500). Wenn Sie die Portnummer ändern müssen, da der Port 7500 von einer anderen Anwendung verwendet wird, dann sollten Sie die Portnummer mit dem Schlüsselwort **port** ändern. Wenn Sie die Portnummer ändern, müssen Sie sie auf beiden Seiten ändern – sowohl auf dem lokalen Gerät als auch bei der Client-Software des externen Hosts.

### Beispiel

Das folgende Beispiel aktiviert die automatisierte doppelte Authentifizierung an sich und setzt das timeout-Intervall auf 120 Sekunden:

```
ip trigger-authentication timeout 120
```

### Verwandte Befehle

Sie können unter www.cisco.com eine Online-Recherche für eine Dokumentation verwandter Befehle ausführen.

**ip trigger-authentication (interface Konfiguration)**
**show ip trigger-authentication**

## 3.17 ip trigger-authentication (Interface-Konfiguration)

Verwenden Sie den Interface-Konfigurationsbefehl **ip trigger-authentication**, um die automatisierte doppelte Authentifizierung auf einer Schnittstelle festzulegen. Verwenden Sie die **no**-Form dieses Befehls, um die automatisierte doppelte Authentifizierung auf einer Schnittstelle abzuschalten.

**ip trigger-authentication**
**no ip trigger-authentication**

### Syntaxbeschreibung

Dieser Befehl besitzt keine Argumente oder Schlüsselwörter.

### Standard

Die automatisierte doppelte Authentifizierung für bestimmte Schnittstellen ist nicht aktiviert.

### Befehlsmodus

Interface-Konfiguration

### Benutzungsrichtlinien

Dieser Befehl erschien erstmals in der Cisco-IOS-Version 11.3 T.

Konfigurieren Sie diesen Befehl auf dem lokalen Gerät (Router oder Netzwerk-Access-Server), in das sich externe Benutzer einwählen. Verwenden Sie diesen Befehl nur, wenn das lokale Gerät bereits für die doppelte Authentifizierung konfiguriert und die automatisierte doppelte Authentifizierung mit dem Befehl **ip trigger-authentication (im globalen Konfigurationsmodus)** aktiviert wurde.

Dieser Befehl verursacht die automatische Ausführung der doppelten Authentifizierung, wenn sich ein Benutzer an der Schnittstelle einwählt.

### Beispiel

Das folgende Beispiel aktiviert die automatisierte doppelte Authentifizierung auf der ISDN-Basic-Rate-Interface-(BRI-)Schnittstelle BRI0:

```
interface BRI0
 ip trigger-authentication
 encapsulation ppp
 ppp authentication chap
```

### Verwandte Befehle

Sie können unter www.cisco.com eine Online-Recherche für eine Dokumentation verwandter Befehle ausführen.

**ip trigger-authentication (global Konfiguration)**

## 3.18 login authentication

Verwenden Sie den line-Konfigurationsbefehl **login authentication**, um die AAA-Authentifizierung für Logins zu aktivieren. Verwenden Sie die **no**-Form dieses Befehls, um entweder die TACACS+-Authentifizierung für Logins zu deaktivieren oder die Standardeinstellung aufzurufen.

**login authentication** {default | *Listenname*}
**no login authentication** {default | *Listenname*}

| Syntax | Beschreibung |
|---|---|
| **default** | Verwendet die mit dem Befehl **aaa authentication login** erzeugte Standardliste. |
| *Listenname* | Verwendet die angegebene, mit dem Befehl **aaa authentication login** erzeugte Liste. |

### Standard

Verwendet die mit dem Befehl **aaa authentication login** erzeugte Standardliste.

### Befehlsmodus

line-Konfiguration

### Benutzungsrichtlinien

Dieser Befehl erschien erstmals in der Cisco-IOS-Version 10.3.

Dieser Befehl wird Verbindungen zugeordnet und legt den Namen einer Liste mit AAA-Authentifizierungsmethoden fest, die während des Logins angewendet werden. Wenn keine Liste angegeben wird, wird die Standardliste verwendet (auch wenn sie nicht in der Befehlszeile angegeben wird).

**STOP**

Wenn Sie einen *Listenname* verwenden, der nicht mit dem Befehl **aaa authentication login** konfiguriert wurde, wird das Login auf dieser Verbindung deaktiviert werden.

Die Eingabe der **no**-Form des Befehls **login authentication** hat die gleiche Wirkung, wie die Eingabe des Befehls mit dem Schlüsselwort **default**.

Erzeugen Sie vor der Eingabe dieses Befehls mit dem globalen Konfigurationsbefehl **aaa authentication login** eine Liste von Authentifizierungsprozessen.

### Beispiele

Das folgende Beispiel legt fest, dass die Standard-AAA-Authentifizierung auf der Verbindung 4 verwendet wird:

```
line 4
 login authentication default
```

Das folgende Beispiel legt fest, dass die AAA-Authentifizierungsliste namens *list1* auf der Verbindung 7 verwendet wird:

```
line 7
 login authentication list1
```

### Verwandte Befehle

Sie können unter www.cisco.com eine Online-Recherche für eine Dokumentation verwandter Befehle ausführen.

**aaa authentication login**

## 3.19 login tacacs

Verwenden Sie den line-Konfigurationsbefehl **login tacacs**, um Ihren Router zur Verwendung der TACACS-Benutzer-Authentifizierung zu konfigurieren. Verwenden Sie die **no**-Form dieses Befehls, um die TACACS-Benutzer-Authentifizierung für eine Verbindung zu deaktivieren.

**login tacacs**
**no login tacacs**

### Syntaxbeschreibung

Dieser Befehl besitzt keine Argumente oder Schlüsselwörter.

### Standard

Deaktiviert

### Befehlsmodus

line-Konfiguration

### Benutzungsrichtlinien

Dieser Befehl erschien erstmals in der Cisco-IOS-Version 10.0.

Sie können die TACACS-Sicherheit nutzen, wenn Sie einen TACACS-Server konfiguriert haben und Sie über ein Command-Control-Language-(CCL-)Script verfügen, das es Ihnen erlaubt, die TACACS-Sicherheit anzuwenden.

> **ANMERKUNG**
>
> Dieser Befehl kann nicht mit dem AAA verwendet werden. Verwenden Sie stattdessen den Befehl **login authentication**.

### Beispiel

Im folgenden Beispiel werden die Verbindungen 1 bis 16 für die TACACS-Benutzer-Authentifizierung konfiguriert:

```
line 1 16
 login tacacs
```

## 3.20 nasi authentication

Verwenden Sie den line-Konfigurationsbefehl **nasi authentication**, um die AAA-Authentifizierung für NASI-Clients zu aktivieren, die sich mit einem Router verbinden. Verwenden Sie die **no**-Form des Befehls, um wieder zur Standardeinstellung zurückzukehren, die durch den Befehl **aaa authentication nasi** festgelegt wurde.

**nasi authentication {default | *Listenname*}**
**no login authentication {default | *Listenname*}**

| Syntax | Beschreibung |
|---|---|
| default | Verwendet die mit dem Befehl **aaa authentication nasi** erzeugte Standardliste. |
| *Listenname* | Verwendet die mit dem Befehl **aaa authentication nasi** erzeugte Liste. |

### Standard

Es wird die mit dem Befehl **aaa authentication nasi** erzeugte Standardliste verwendet.

### Befehlsmodus

line-Konfiguration

### Benutzungsrichtlinien

Dieser Befehl erschien erstmals in der Cisco-IOS-Version 11.1.

Dieser Befehl wird Verbindungen zugeordnet und legt den Namen einer Liste mit AAA-Authentifizierungsmethoden fest, die während des Login angewendet werden. Wenn keine Liste angegeben wird, wird die Standardliste verwendet (auch wenn sie nicht in der Befehlszeile angegeben wird). Mit dem Befehl **aaa authentication nasi** erzeugen Sie Standard- und andere Listen. Die Eingabe der **no**-Form dieses Befehls hat die gleiche Wirkung, wie die Eingabe des Befehls mit dem Schlüsselwort **default**.

## 150 Network Security

> **STOP**

Wenn Sie einen *Listenname* verwenden, der nicht mit dem Befehl **aaa authentication nasi** konfiguriert wurde, wird das Login auf dieser Verbindung deaktiviert werden.

Erzeugen Sie vor der Eingabe dieses Befehls mit dem globalen Konfigurationsbefehl **aaa authentication nasi** eine Liste von Authentifizierungsprozessen.

### Beispiele

Das folgende Beispiel legt fest, dass die Standard-AAA-Authentifizierung auf der Verbindung 4 verwendet wird:

```
line 4
 nasi authentication default
```

Das folgende Beispiel legt fest, dass die AAA-Authentifizierungsliste namens *list1* auf der Verbindung 7 verwendet wird:

```
line 7
 nasi authentication list1
```

### Verwandte Befehle

Sie können unter www.cisco.com eine Online-Recherche für eine Dokumentation verwandter Befehle ausführen.

**aaa authentication nasi**
**ipx nasi-server enable**
**show ipx nasi connections**
**show ipx spx-protocol**

## 3.21 ppp authentication

Verwenden Sie den Interface-Konfigurationsbefehl **ppp authentication**, um das CHAP oder das PAP (oder beide) zu aktivieren und um die Reihenfolge festzulegen, in der die CHAP- und die PAP-Authentifizierung auf der Schnittstelle angewendet wird. Verwenden Sie die **no**-Form dieses Befehls, um diese Authentifizierung zu deaktivieren.

**ppp authentication** {chap | chap pap | pap chap | pap} [if-needed]
    [*Listenname* | default] [callin] [one-time]
**no ppp authentication**

| Syntax | Beschreibung |
|---|---|
| chap | Aktiviert das CHAP auf einer seriellen Schnittstelle. |
| pap | Aktiviert das PAP auf einer seriellen Schnittstelle. |
| chap pap | Aktiviert sowohl das CHAP als auch das PAP und führt die CHAP-Authentifizierung vor der PAP-Authentifizierung aus. |
| pap chap | Aktiviert sowohl das CHAP als auch das PAP und führt die PAP-Authentifizierung vor der CHAP-Authentifizierung aus. |
| ms-chap | Aktiviert die Microsoftversion des CHAP (MS-CHAP) auf einer seriellen Schnittstelle. |
| if-needed | (Optional) Dieses Schlüsselwort wird mit dem TACACS und dem erweiterten TACACS verwendet. Mit dieser Option wird keine CHAP- oder PAP-Authentifizierung ausgeführt, wenn der Benutzer bereits authentifiziert wurde. Diese Option ist nur auf asynchronen Schnittstellen verwendbar. |
| *Listenname* | (Optional) Dieses Schlüsselwort wird mit dem AAA verwendet. Name der Liste von anzuwendenden Authentifizierungsmethoden. Wenn kein Listenname angegeben wird, verwendet das System die Standardeinstellung. Die Liste wird mit dem Befehl **aaa authentication ppp** erzeugt. |
| default | (Optional) Der Name der Methodenliste, die mit dem Befehl **aaa authentication ppp** erzeugt wurde. |
| Callin | (Optional) Legt fest, dass nur eingehende (empfangene) Anrufe authentifiziert werden. |
| one-time | (Optional) Akzeptiert die Eingabe des Benutzernamens und des Passworts im Benutzernamenfeld. |

> **STOP**
>
> Wenn Sie einen *Listennamen* verwenden, der nicht mit dem Befehl **aaa authentication ppp** konfiguriert wurde, wird das PPP auf dieser Verbindung deaktiviert werden.

## Standard

Die PPP-Authentifizierung ist nicht aktiviert.

## Befehlsmodus

Interface-Konfiguration

## Benutzungsrichtlinien

Dieser Befehl erschien erstmals in der Cisco-IOS-Version 10.0.

Wenn Sie die CHAP- oder die PAP-Authentifizierung (oder beide) aktivieren, fordert der lokale Router das externe Gerät dazu auf, seine Identität unter Beweis zu stellen, bevor die Übertragung von Datenverkehr zugelassen wird. Die PAP-Authentifizierung fordert das externe Gerät zur Übersendung eines Namens und eines Passworts auf, die mit einem Eintrag in der lokalen Benutzernamendatenbank oder in der Datenbank des Fern-Sicherheits-Servers verglichen werden. Die CHAP-Authentifizierung sendet ein Challenge- (Aufforderungs-)Paket an das externe Gerät. Das externe Gerät verschlüsselt den Challenge-Wert mit einem gemeinsamen Geheimwort und sendet den verschlüsselten Wert und seinen Namen in einem Response-(Antwort-)Paket zurück an den lokalen Router. Der lokale Router versucht den Namen des externen Geräts mit einem zugeordneten Geheimwort zu vergleichen, der in der lokalen Benutzernamendatenbank oder in der Datenbank des Fern-Sicherheits-Servers gespeichert ist. Er verwendet das Geheimwort, um das ursprüngliche Challenge-Paket zu verschlüsseln und überprüft so, ob die verschlüsselten Werte übereinstimmen.

Sie können das PAP oder das CHAP (oder beide) in jeder Reihenfolge aktivieren. Wenn Sie beide Methoden aktivieren, wird während des Verbindungsaufbaus die erste Methode angefordert. Wenn die Gegenstelle die zweite Methode empfiehlt oder die erste Methode ablehnt, wird die zweite Methode versucht. Einige externe Geräte unterstützen nur das CHAP und einige unterstützen nur das PAP. Gründen Sie die Reihenfolge, in der Sie die Methoden festlegen, auf der Fähigkeit des externen Geräts, auf die passende Methode zu reagieren und auf dem Grad der für Sie notwendigen Datenverbindungs-Sicherheit. Die PAP-Benutzernamen und -Passwörter werden als Klartext-Zeichenfolgen gesendet, die abgefangen und wieder verwendet werden können. Das CHAP hat die meisten der Sicherheitslücken geschlossen.

Die Aktivierung oder die Deaktivierung der PPP-Authentifizierung beeinflusst nicht die Fähigkeit des lokalen Routers, sich selbst gegenüber dem externen Gerät zu authentifizieren.

Wenn Sie das autoselect auf einer TTY-Verbindung verwenden, dann können Sie den Befehl **ppp authentication** anwenden, um die PPP-Authentifizierung für die entsprechende Schnittstelle zu aktivieren.

Das MS-CHAP ist die Microsoftversion des CHAP. Das MS-CHAP wird wie die Standardversion des CHAP für die PPP-Authentifizierung verwendet. In diesem Fall erfolgt die Authentifizierung zwischen einem PC unter Microsoft Windows NT oder Microsoft Windows 95 und einem Cisco-Router oder Access-Server, der als Netzwerk-Access-Server fungiert.

Die Aktivierung oder die Deaktivierung der PPP-Authentifizierung beeinflusst nicht die Bereitschaft des lokalen Routers, sich selbst gegenüber dem externen Gerät zu authentifizieren.

Wenn Sie das autoselect auf einer TTY-Verbindung verwenden, dann können Sie den Befehl **ppp authentication** anwenden, um die PPP-Authentifizierung für die entsprechende Schnittstelle zu aktivieren.

## Beispiel

Das folgende Beispiel aktiviert das CHAP auf der asynchronen Schnittstelle 4 und verwendet die Authentifizierungsliste *MIS-access*:

```
interface async 4
 encapsulation ppp
 ppp authentication chap MIS-access
```

## Verwandte Befehle

Sie können unter www.cisco.com eine Online-Recherche für eine Dokumentation verwandter Befehle ausführen.

**aaa authentication ppp**
**aaa new-model**
**autoselect**
**encapsulation ppp**
**ppp-use-tacacs**
**username**

## 3.22 ppp chap hostname

Verwenden Sie den Interface-Konfigurationsbefehl **ppp chap hostname**, um eine Gruppe von Anwahlroutern zu erzeugen, die bei der CHAP-Authentifizierung alle als ein einzelner Host betrachtet werden. Verwenden Sie die **no**-Form des Befehls, um diese Funktion zu deaktivieren.

**ppp chap hostname** *hostname*
**no ppp chap hostname** *hostname*

| Syntax | Beschreibung |
|---|---|
| *hostname* | Der im CHAP-Challenge-Paket gesendete Name. |

## Standard

Deaktiviert. In allen CHAP-Challenge-Paketen wird der Routername gesendet.

## Befehlsmodus

Interface-Konfiguration

## Benutzungsrichtlinien

Dieser Befehl erschien erstmals in der Cisco-IOS-Version 11.2.

Gewöhnlich benötigt ein Router, der eine Gruppe von Access-Routern anwählt, einen Benutzernameneintrag für jeden möglichen Router in der Gruppe, da jeder Router ein Challenge-Paket mit seinem Hostnamen sendet. Wenn ein Router zu dieser Anwahlgruppe hinzugefügt wird, müssen alle verbundenen Router aktualisiert werden. Der Befehl **ppp chap hostname** ermöglicht es Ihnen, einen Allgemeinnamen für alle Router in einer Gruppe festzulegen, sodass nur ein Benutzername auf dem anwählenden Router konfiguriert werden muss.

Dieser Befehl wird gewöhnlich mit der lokalen CHAP-Authentifizierung verwendet (wenn sich der Router gegenüber der Gegenstelle authentifizieren soll), aber er kann auch für die externe CHAP-Authentifizierung verwendet werden.

### Beispiel

Die Befehle im folgenden Beispiel legen die angewählte Schnittstelle 0 für die Haupteinwahl fest und vereinbaren das ppp als die Einkapselungsmethode, die von allen Mitglieds-Schnittstellen verwendet wird. Dieses Beispiel zeigt, dass die CHAP-Authentifizierung nur für empfangene Anrufe verwendet und dass der Benutzername *ISPCorp* in allen CHAP-Challenge- und Response-Paketen gesendet wird:

```
interface dialer 0
 encapsulation ppp
 ppp authentication chap callin
 ppp chap hostname ISPCorp
```

### Verwandte Befehle

Sie können unter www.cisco.com eine Online-Recherche für eine Dokumentation verwandter Befehle ausführen.

**aaa authentication ppp**
**ppp authentication**
**ppp chap password**
**ppp chap refuse**
**ppp chap wait**

## 3.23 ppp chap password

Auf einem Router, der eine Gruppe von Router anrufen soll, die diesen Befehl nicht unterstützen (z.B. Router mit älteren Versionen des Cisco-IOS-Betriebssystems), kann mit dem Interface-Konfigurationsbefehl **ppp chap password** ein allgemeines CHAP-Geheim-Passwort konfiguriert werden, das als Antwort auf Challenge-Pakete von einer unbekannten Gegenstelle verwendet wird. Verwenden Sie die **no**-Form dieses Befehls, um das PPP-CHAP-Passwort zu deaktivieren.

**ppp chap password** *secret*
**no ppp chap password** *secret*

| Syntax | Beschreibung |
|---|---|
| secret | Das Geheimpasswort, mit dem der Antwort-Wert auf jedes CHAP-Challenge-Paket von einer unbekannten Gegenstelle berechnet wird. |

## Standard

Deaktiviert

## Befehlsmodus

Interface-Konfiguration

## Benutzungsrichtlinien

Dieser Befehl erschien erstmals in der Cisco-IOS-Version 11.2.

Dieser Befehl ermöglicht es Ihnen, mehrere Benutzernamen- und Passwort-Konfigurationsbefehle durch eine einzige Kopie dieses Befehls auf jeder Einwahl- oder asynchronen Gruppen-Schnittstelle zu ersetzen.

Dieser Befehl wird nur für die ausgehende CHAP-Authentifizierung verwendet (wenn sich der Router gegenüber der Gegenstelle authentifizieren muss) und hat keine Wirkung auf die lokale CHAP-Authentifizierung.

## Beispiel

Die Befehle im folgenden Beispiel legen die ISDN-BRI-Nummer 0 fest. Die Einkapselungsmethode auf der Schnittstelle ist das PPP. Wenn ein CHAP-Challenge-Paket von einer Gegenstelle empfangen wird, deren Name nicht in der globalen Benutzernamenliste enthalten ist, dann wird das verschlüsselte Geheimpasswort 7 1234567891 entschlüsselt und zur Erzeugung eines CHAP-Response-Werts verwendet.

```
interface bri 0
 encapsulation ppp
 ppp chap password 7 1234567891
```

## Verwandte Befehle

Sie können unter www.cisco.com eine Online-Recherche für eine Dokumentation verwandter Befehle ausführen.

**aaa authentication ppp**
**ppp authentication**
**ppp chap hostname**
**ppp chap refuse**
**ppp chap wait**

## 3.24 ppp chap refuse

Verwenden Sie den Interface-Konfigurationsbefehl **ppp chap refuse**, um die Aufforderung von einer Gegenstelle zur CHAP-Authentifizierung abzulehnen. Verwenden Sie die **no**-Form dieses Befehls, um die CHAP-Authentifizierung zuzulassen.

**ppp chap refuse [callin]**
**no ppp chap refuse [callin]**

| Syntax | Beschreibung |
| --- | --- |
| Callin | (Optional) Dieses Schlüsselwort legt fest, dass der Router nicht auf CHAP-Authentifizierung-Challenge-Pakete antworten wird, die er von einer Gegenstelle empfängt. Er wird aber weiterhin von der Gegenstelle verlangen, dass diese jedes vom Router gesendete CHAP-Challenge-Paket beantwortet. |

### Standard

Deaktiviert

### Befehlsmodus

Interface-Konfiguration

### Benutzungsrichtlinien

Dieser Befehl erschien erstmals in der Cisco-IOS-Version 10.3.

Dieser Befehl legt fest, dass die CHAP-Authentifizierung für alle Anrufe deaktiviert ist, d.h. alle Versuche einer Gegenstelle, den Benutzer zu einer Authentifizierung mit dem CHAP zu bewegen, werden abgelehnt. Wenn das Schlüsselwort **callin** verwendet wird, wird die CHAP-Authentifizierung für eingehende Anrufe von der Gegenstelle deaktiviert, aber sie wird weiterhin für ausgehende Anrufe an die Gegenstelle ausgeführt.

Wenn das Outbound-(ausgehende)PAP aktiviert wurde (mit dem Befehl **ppp pap sent-username**), wird das PAP in dem Ablehnungspaket als Authentifizierungsmethode vorgeschlagen.

### Beispiel

Die Befehle im folgenden Beispiel legen die ISDN-BRI-Nummer 0 fest. Die Einkapselungsmethode auf der Schnittstelle ist das PPP. Dieses Beispiel deaktiviert die Ausführung der CHAP-Authentifizierung, wenn sich eine Gegenstelle einwählt und zur CHAP-Authentifizierung auffordert:

```
interface bri 0
 encapsulation ppp
 ppp chap refuse
```

**Verwandte Befehle**

Sie können unter www.cisco.com eine Online-Recherche für eine Dokumentation verwandter Befehle ausführen.

aaa authentication ppp
ppp authentication
ppp chap hostname
ppp chap password
ppp chap wait

## 3.25  ppp chap wait

Verwenden Sie den Interface-Konfigurationsbefehl **ppp chap wait**, um festzulegen, dass sich der Router erst dann gegenüber einer zur CHAP-Authentifizierung auffordernden Gegenstelle authentifizieren wird, wenn diese sich selbst gegenüber dem Router authentifiziert hat. Verwenden Sie die **no**-Form dieses Befehls, um zuzulassen, dass der Router sofort auf ein Authentifizierungs-Challenge-Paket antwortet.

ppp chap wait *secret*
no ppp chap wait *secret*

| Syntax | Beschreibung |
|---|---|
| Secret | Das Geheimpasswort, mit dem der Antwortwert auf jedes CHAP-Challenge-Paket von einer unbekannten Gegenstelle berechnet wird. |

**Standard**

Aktiviert

**Befehlsmodus**

Interface-Konfiguration

**Benutzungsrichtlinien**

Dieser Befehl erschien erstmals in der Cisco-IOS-Version 10.3.

Dieser Befehl (die Standardeinstellung) legt fest, dass der Router sich solange nicht gegenüber einer Gegenstelle, die zur CHAP-Authentifizierung auffordert, authentifizieren wird, bis sich die Gegenstelle selbst gegenüber dem Router authentifiziert hat.

## 158 Network Security

Die **no-Form** des Befehls legt fest, dass der Router sofort auf ein Authentifizierungs-Challenge-Paket antwortet.

### Beispiel

Die Befehle im folgenden Beispiel legen die ISDN-BRI-Nummer 0 fest. Die Einkapselungsmethode auf der Schnittstelle ist das PPP. Dieses Beispiel deaktiviert die Standardeinstellung, d.h. die Benutzer müssen nicht darauf warten, dass sich die Gegenstelle vollständig CHAP-authentifiziert hat, bevor sie sich selbst authentifizieren können:

```
interface bri 0
 encapsulation ppp
 no ppp chap wait
```

### Verwandte Befehle

Sie können unter www.cisco.com eine Online-Recherche für eine Dokumentation verwandter Befehle ausführen.

**aaa authentication ppp**
**ppp authentication**
**ppp chap hostname**
**ppp chap password**
**ppp chap refuse**

## 3.26 ppp pap sent-username

Verwenden Sie den Interface-Konfigurationsbefehl **ppp pap sent-username**, um die externe PAP-Unterstützung für eine Schnittstelle zu reaktivieren und den **sent-username** und das **password** in den Aufforderungspaketen zur PAP-Authentifizierung an die Gegenstelle zu verwenden. Verwenden Sie die **no**-Form dieses Befehls, um die externe PAP-Unterstützung zu deaktivieren.

**ppp pap sent-username** *username* **password** *password*
**no ppp pap sent-username**

| Syntax | Beschreibung |
| --- | --- |
| *username* | In den PAP-Authentifizierungsaufforderungen gesendeter Benutzername. |
| **password** | In den PAP-Authentifizierungsaufforderungen gesendetes Passwort. |
| *password* | Muss zwischen eins und 25 groß- oder kleingeschriebene alphanumerische Zeichen enthalten. |

## Standard

Die externe PAP-Unterstützung ist deaktiviert.

## Befehlsmodus

Interface-Konfiguration

## Benutzungsrichtlinien

Dieser Befehl erschien erstmals in der Cisco-IOS-Version 11.2.

Verwenden Sie diesen Befehl, um die externe PAP-Unterstützung zu reaktivieren (um z.B. auf die PAP-Authentifizierungsanfrage einer Gegenstelle zu antworten) und um die Parameter festzulegen, die bei der Sendung von PAP-Authentifizierungsaufforderungen verwendet werden.

Dieser Befehl ist schnittstellenabhängig. Er muss für jede Schnittstelle konfiguriert werden.

## Beispiel

Die Befehle im folgenden Beispiel legen die angewählte Schnittstelle 0 als Hauptschnittstelle einer Gruppe fest und vereinbaren, dass das ppp als Einkapsulungsmethode von der Schnittstelle verwendet wird. Die Authentifizierung durch das CHAP oder das PAP erfolgt nur auf empfangene Anrufe. Der Benutzername *ISPCorp* wird an die Gegenstelle gesendet, wenn diese den Router zur Authentifizierung mit dem PAP auffordert.

```
interface dialer0
 encapsulation ppp
 ppp authentication chap pap callin
 ppp chap hostname ISPCorp
 ppp pap sent username ISPCorp password 7 fjhfeu
 ppp pap sent-username ISPCorp password 7 1123659238
```

## Verwandte Befehle

Sie können unter www.cisco.com eine Online-Recherche für eine Dokumentation verwandter Befehle ausführen.

**aaa authentication ppp**
**ppp authentication**
**ppp chap hostname**
**ppp chap password**
**ppp use-tacacs**

## 3.27 ppp use-tacacs

Verwenden Sie den Interface-Konfigurationsbefehl **ppp use-tacacs**, um das TACACS für die PPP-Authentifizierung zu aktivieren. Verwenden Sie die **no**-Form des Befehls, um das TACACS für die PPP-Authentifizierung zu deaktivieren.

**ppp use-tacacs [single-line]**
**no ppp use-tacacs**

> **ANMERKUNG**
>
> Dieser Befehl ist nicht mit dem TACACS+ verwendbar. Er wurde durch den Befehl **aaa authentication ppp** ersetzt.

| Syntax | Beschreibung |
|---|---|
| single-line | (Optional) Akzeptiert den Benutzernamen und das Passwort im Benutzernamenfeld. Diese Option ist nur bei der Anwendung der CHAP-Authentifizierung verwendbar. |

### Standard

Das TACACS wird nicht für die PPP-Authentifizierung verwendet.

### Befehlsmodus

Interface-Konfiguration

### Benutzungsrichtlinien

Dieser Befehl erschien erstmals in der Cisco-IOS-Version 10.3.

Dieser Befehl ist schnittstellenabhängig. Verwenden Sie diesen Befehl nur, wenn Sie einen erweiterten TACACS-Server installiert haben.

Wenn die CHAP-Authentifizierung verwendet wird, dann vereinbart der Befehl **ppp use-tacacs** mit dem Schlüsselwort **single-line** Folgendes: Wenn an der Benutzernamen-Eingabeaufforderung gleichzeitig ein Benutzername und ein Passwort angegeben werden, die durch einen Stern (*) getrennt sind, dann wird eine Standard-TACACS-Login-Anfrage mit diesem Benutzernamen und Passwort ausgeführt. Wenn der Benutzername keinen Stern enthält, wird die normale CHAP-Authentifizierung ausgeführt.

Dieses Verfahren ist hilfreich, wenn das TACACS gemeinsam mit anderen Authentifizierungssystemen ausgeführt werden soll, die eine Klartextversion des Benutzerpassworts erfordern. Solche Systeme sind beispielsweise Systeme mit Einmal-Passwörtern, Token-Card-Systeme und das Kerberos.

> **STOP**
>
> Die normale CHAP-Authentifizierung verhindert, dass ein Klartextpasswort über die Verbindung übertragen wird. Wenn Sie die single-line-Option verwenden, werden die Passwörter im Klartext über die Verbindung gesendet.

Wenn der Benutzername und das Passwort im CHAP-Passwort enthalten sind, wird der CHAP-Geheimtext nicht von der Cisco-IOS-Software verwendet. Da die meisten PPP-Clients einen vereinbarten Geheimtext benötigen, können Sie jede zufällige Zeichenfolge verwenden und die Cisco-IOS-Software wird sie ignorieren.

### Beispiele

Das folgende Beispiel konfiguriert die asynchrone Schnittstelle 1 zur Verwendung des TACACS für die CHAP-Authentifizierung:

```
interface async 1
 ppp authentication chap
 ppp use-tacacs
```

Das folgende Beispiel konfiguriert die asynchrone Schnittstelle 1 zur Verwendung des TACACS für die PAP-Authentifizierung:

```
interface async 1
 ppp authentication pap
 ppp use-tacacs
```

### Verwandte Befehle

Sie können unter www.cisco.com eine Online-Recherche für eine Dokumentation verwandter Befehle ausführen.

**ppp authentication**
**tacacs-server extended**
**tacacs-server host**

## 3.28  show ip trigger-authentication

Verwenden Sie den privilegierten EXEC-Befehl **show ip trigger-authentication**, um sich die Liste von externen Hosts anzuzeigen, für die die automatisierte doppelte Authentifizierung versucht wurde.

**show ip trigger-authentication**

### Syntaxbeschreibung

Dieser Befehl besitzt keine Argumente oder Schlüsselwörter.

### Befehlsmodus

Privilegierter EXEC

### Benutzungsrichtlinien

Dieser Befehl erschien erstmals in der Cisco-IOS-Version 11.3 T.

Immer wenn ein Einwahlbenutzer in der zweiten Stufe der doppelten Authentifizierung benutzerauthentifiziert werden muss, sendet das lokale Gerät ein UDP-Paket an den Host des Einwahlbenutzers. Wenn das UDP-Paket gesendet wird, wird die Host-IP-Adresse des Benutzers in eine Tabelle eingetragen. Wenn weitere UDP-Pakete an den gleichen externen Host gesendet werden, wird kein neuer Tabelleneintrag vorgenommen. Stattdessen wird der vorhandene Eintrag mit einem neuen Zeitstempel versehen. Diese externe Hosttabelle enthält eine Sammelliste aus Hosteinträgen. Die Einträge werden nach einer bestimmten Zeitdauer entleert. Sie können die Tabelle aber auch manuell mit dem Befehl **clear ip trigger-authentication** entleeren. Das Zeitintervall zwischen zwei Entleerungen können Sie mit dem Befehl **ip trigger-authentication** (**globale Konfiguration**) einstellen.

Verwenden Sie diesen Befehl um sich die Liste der externen Hosts anzeigen zu lassen, für die die automatisierte doppelte Authentifizierung versucht wurde.

### Sample Display

Der folgende Text zeigt eine Beispielanzeige nach Ausführung des Befehls **show ip trigger-authentication**:

```
myfirewall# show ip trigger-authentication
Trigger-authentication Host Table:
Remote Host        Time Stamp
172.21.127.114     2940514234
```

Diese Ausgabe zeigt, dass die automatisierte doppelte Authentifizierung für einen Einwahlbenutzer versucht wurde. Der Host des Einwahlbenutzers besitzt die IP-Adresse 172.21.127.114. Der Versuch der automatischen doppelten Authentifizierung erfolgte, als der lokale Host (myfirewall) ein Paket an den UDP-Port 7500 des externen Hosts (172.21.127.114) sendete (der Standardport wurde in diesem Beispiel nicht geändert).

### Verwandte Befehle

Sie können unter www.cisco.com eine Online-Recherche für eine Dokumentation verwandter Befehle ausführen.

**clear ip trigger-authentication**

## 3.29 show ppp queues

Verwenden Sie den privilegierten EXEC-Befehl **show ppp queues**, um die Anzahl der Anfragen anzuzeigen, die von jedem der AAA-Hintergrundprozesse verarbeitet wurde.

**show ppp queues**

### Syntax Beschreibung

Dieser Befehl besitzt keine Argumente oder Schlüsselwörter.

### Befehlsmodus

Privilegierter EXEC

### Benutzungsrichtlinien

Dieser Befehl erschien erstmals in der Cisco-IOS-Version 11.3(2)AA.

Verwenden Sie den Befehl **show ppp queues**, um sich die Anzahl von Anfragen anzeigen zu lassen, die von jedem AAA-Hintergrundprozess verarbeitet wurden, die mittlere, für jede Anfragebearbeitung benötigte Zeitdauer sowie die für die noch in der Warteschlange befindlichen Anfragen. Diese Informationen können Ihnen dabei helfen, die Datenauslastung zwischen dem Netzwerk-Access-Server und dem AAA-Server auszutarieren.

Dieser Befehl zeigt Ihnen Informationen über die Hintergrundprozesse, die mit dem globalen Konfigurationsbefehl **aaa processes** konfiguriert wurden. Jede Zeile der Anzeige enthält Informationen über einen der Hintergrundprozesse. Wenn sich AAA-Anfragen in der Warteschlange befinden und Sie diesen Befehl eingeben, dann werden neben den Hintergrundprozessdaten auch diese Anfragen angezeigt.

### Beispielanzeige

Es folgt eine Beispielanzeige nach Eingabe des Befehls **show ppp queues**:

```
router# show ppp queues
Proc #0    pid=73   authens=59    avg. rtt=118s.  authors=160  avg. rtt=94s.
Proc #1    pid=74   authens=52    avg. rtt=119s.  authors=127  avg. rtt=115s.
Proc #2    pid=75   authens=69    avg. rtt=130s.  authors=80   avg. rtt=122s.
Proc #3    pid=76   authens=44    avg. rtt=114s.  authors=55   avg. rtt=106s.
Proc #4    pid=77   authens=70    avg. rtt=141s.  authors=76   avg. rtt=118s.
Proc #5    pid=78   authens=64    avg. rtt=131s.  authors=97   avg. rtt=113s.
Proc #6    pid=79   authens=56    avg. rtt=121s.  authors=57   avg. rtt=117s.
Proc #7    pid=80   authens=43    avg. rtt=126s.  authors=54   avg. rtt=105s.
Proc #8    pid=81   authens=139   avg. rtt=141s.  authors=120  avg. rtt=122s.
Proc #9    pid=82   authens=63    avg. rtt=128s.  authors=199  avg. rtt=80s.
queue len=0 max len=499
```

Tabelle 3.6 beschreibt die in der Beispielanzeige gezeigten Felder.

*Tabelle 3.6: Feldbeschreibungen für den Befehl show ppp queues*

| Feld | Beschreibung |
|---|---|
| Proc # | Zeigt den Hintergrundprozess an, der durch den Befehl **aaa processes** für die Verarbeitung von AAA-Anfragen des PPP reserviert wurde. Alle Daten in dieser Zeile gehören zu diesem Prozess. |
| pid= | Identifikationsnummer des Hintergrundprozesses. |
| authens= | Anzahl der Authentifizierungsanfragen, die der Prozess verarbeitet hat. |
| avg. rtt= | Mittlere vergangene Zeitdauer (in Sekunden), bis die Authentifizierungsanfrage abgeschlossen wurde. |
| authors= | Anzahl der Autorisierungsanfragen, die der Prozess verarbeitet hat. |
| avg. rtt= | Mittlere vergangene Zeitdauer (in Sekunden), bis die Autorisierungsanfrage abgeschlossen wurde. |
| queue len= | Aktuelle Länge der Warteschlange. |
| max len= | Maximal erreichte Länge der Warteschlange. |

### Verwandte Befehle

Sie können unter www.cisco.com eine Online-Recherche für eine Dokumentation verwandter Befehle ausführen.

**aaa processes**
**debug ppp**

## 3.30 timeout login response

Verwenden Sie den line-Konfigurationsbefehl **timeout login response**, um festzulegen, wie lange das System auf eine Login-Eingabe warten soll (z.B. Benutzername und Passwort), bevor der Prozess abgebrochen wird. Verwenden Sie die **no**-Form dieses Befehls, um die Zeitdauer auf null Sekunden zu setzen.

**timeout login response** *Sekunden*
**no timeout login response** *Sekunden*

| Syntax | Beschreibung |
|---|---|
| *Sekunden* | Ganze Zahl, mit der die Sekundenzahl festgelegt wird, die das System auf eine Login-Eingabe warten wird, bevor der Prozess abgebrochen wird. Die möglichen Einstellungen reichen von einer bis 300 Sekunden. |

### Standard

Die Standardzeitdauer für die Login-Eingabe beträgt 30 Sekunden.

### Befehlsmodus

line-Konfiguration

## Benutzungsrichtlinien

Dieser Befehl erschien erstmals in der Cisco-IOS-Version 11.3.

## Beispiel

Das folgende Beispiel ändert die Zeitdauer für die Login-Eingabe auf 60 Sekunden:

```
line 10
 timeout login response 60
```

# KAPITEL 4

# Die Konfiguration der Autorisierung

Mit der AAA-Autorisierung haben Sie die Möglichkeit, die Dienste einzuschränken, die einem Benutzer zur Verfügung stehen. Wenn die AAA-Autorisierung aktiviert ist, verwendet der Netzwerk-Access-Server zur Konfiguration der Benutzersitzung die Informationen, die er aus dem Benutzerprofil bezogen hat. Dieses befindet sich entweder in der lokalen Benutzerdatenbank oder auf dem Sicherheits-Server. Daraufhin wird dem Benutzer der Zugang zu einem erwünschten Dienst nur dann erlaubt, wenn es die Informationen im Benutzerprofil zulassen.

Dieses Kapitel beschreibt die folgenden Themen und Aufgaben:

- Die AAA-Autorisierungsarten
- Bezeichnete Methodenlisten für die Autorisierung
- Die AAA-Autorisierungsmethoden
- Die vorbereitenden Maßnahmen für die AAA-Autorisierung
- Die Konfiguration der AAA-Autorisierung
- Die Konfiguration der Autorisierung
- Die Konfiguration der AAA-Autorisierung mit bezeichneten Methodenlisten
- Die Deaktivierung der Autorisierung für globale Konfigurationsbefehle
- Die Autorisierung für das rückwärtige (Reverse) Telnet
- Die Attribut-Value-Paare der Autorisierung
- Konfigurationsbeispiele zur Autorisierung

Eine vollständige Beschreibung der in diesem Kapitel verwendeten Autorisierungsbefehle finden Sie in Kapitel 5 »Die Autorisierungsbefehle«. Eine Dokumentation anderer in diesem Kapitel erscheinender Befehle können Sie erhalten, wenn Sie eine Online-Recherche unter www.cisco.com ausführen.

## 4.1 Die AAA-Autorisierungsarten

Die Cisco-IOS-Software unterstützt drei Arten der Autorisierung:

- EXEC – Diese überprüft Attribute, die einer EXEC-Terminalsitzung eines Benutzers zugeordnet sind.
- Command – Diese überprüft die Befehle des EXEC-Modus, die ein Benutzer eingibt. Die Befehlsautorisierung versucht alle Befehle des EXEC-Modus zu autorisieren, einschließlich der globalen Konfigurationsbefehle, die zu einem bestimmten privilegierten Level gehören.
- Network – Diese überprüft die Netzwerkverbindungen, einschließlich der PPP-, SLIP- oder ARAP- Verbindungen.

## 4.2 Bezeichnete Methodenlisten für die Autorisierung

Die Methodenlisten für die Autorisierung vereinbaren die auszuführenden Autorisierungsverfahren und die Reihenfolge, in der diese Methoden angewendet werden. Eine Methodenliste ist eine bezeichnete Liste, in der die Reihenfolge der anzuwendenden Autorisierungsmethoden (z.B. RADIUS oder TACACS+) vereinbart sind. Die Methodenlisten ermöglichen die Anwendung eines oder mehrerer Sicherheitsprotokolle zur Autorisierung und stellen somit für den Fall, dass die erste Methode fehlschlägt, ein Ausweichsystem zur Verfügung. Die Cisco-IOS-Software verwendet die erste aufgelistete Methode, um einen Benutzer zur Nutzung bestimmter Netzwerkdienste zu autorisieren. Wenn diese Methode nicht antwortet, dann wählt die Cisco-IOS-Software die nächste aufgelistete Methode aus. Dieser Prozess wird fortgeführt, bis eine erfolgreiche Kommunikation mit einer der aufgelisteten Autorisierungsmethoden aufgenommen wurde oder bis alle vereinbarten Methoden fehlschlugen.

**ANMERKUNG**

Die Cisco-IOS-Software versucht die Autorisierung mit der nächsten aufgelisteten Methode nur dann, wenn keine Antwort von der vorherigen Methode erfolgt. Wenn die Autorisierung zu irgendeinem Zeitpunkt des Kommunikationszyklus fehlschlägt – d.h. der Sicherheits-Server oder die lokale Benutzernamendatenbank verbietet die Dienstenutzung –, dann endet der Autorisierungsprozess und es werden keine weiteren Autorisierungsmethoden versucht.

Cisco-IOS-Software unterstützt die folgenden sechs Autorisierungsmethoden:

- TACACS+ – Der Netzwerk-Access-Server tauscht Autorisierungsinformationen mit dem TACACS+-Sicherheits-Dämon aus. Die TACACS+-Autorisierung vereinbart bestimmte Benutzerrechte durch die Zuordnung von Attribut-Value-(AV-) Paaren, die in einer Datenbank auf dem TACACS+-Sicherheits-Server zusammen mit den entsprechenden Benutzerdaten gespeichert werden.

- If-Authenticated – Dem Benutzer wird der Zugang zu einer gewünschten Funktion unter der Voraussetzung gestattet, dass der Benutzer sich erfolgreich authentifiziert hat.
- None – Der Netzwerk-Access-Server verlangt keine Autorisierungsinformationen. Auf dieser Verbindung/Schnittstelle wird keine Autorisierung ausgeführt.
- Local – Der Router oder Access-Server überprüft seine lokale Datenbank, die mit dem Befehl **username** erstellt wurde. Mit den Informationen aus dieser Datenbank werden den Benutzern bestimmte Rechte zugewiesen. Über die lokale Datenbank kann nur ein eingeschränkter Satz von Funktionen kontrolliert werden.
- RADIUS – Der Netzwerk-Access-Server fordert Autorisierungsinformationen vom RADIUS-Sicherheits-Server an. Die RADIUS-Autorisierung vereinbart bestimmte Benutzerrechte durch die Zuordnung von Attributen, die in einer Datenbank auf dem RADIUS-Sicherheits-Server zusammen mit den entsprechenden Benutzerdaten gespeichert werden.
- Kerberos Instance Map – Der Netzwerk-Access-Server verwendet die Instanz, die durch den Befehl **kerberos instance map** für die Autorisierung vereinbart wurde.

Die Methodenlisten werden je nach erwünschter Autorisierungsart gesondert erstellt. Das AAA unterstützt vier verschiedene Autorisierungsarten:

- Network – Diese überprüft die Netzwerkverbindungen, einschließlich der PPP-, SLIP- oder ARAP- Verbindungen.
- EXEC – Diese überprüft Attribute, die einer EXEC-Terminalsitzung eines Benutzers zugeordnet sind.
- Commands – Diese überprüft die Befehle des EXEC-Modus, die ein Benutzer eingibt. Die Befehlsautorisierung versucht alle Befehle des EXEC-Modus zu autorisieren, einschließlich der globalen Konfigurationsbefehle, die zu einem bestimmten privilegierten Level gehören.
- Reverse Access – Diese überprüft rückwärtige (reverse) Telnetsitzungen.

Wenn Sie eine bezeichnete Methodenliste erzeugen, vereinbaren Sie eine bestimmte Liste von Autorisierungsmethoden für die angegebene Autorisierungsart.

Wenn die Methodenlisten erstellt sind, müssen sie bestimmten Verbindungen oder Schnittstellen zugeordnet werden, bevor eine der vereinbarten Methoden ausgeführt werden wird. Die einzige Ausnahme bildet die Standardmethodenliste (die mit *default* bezeichnet wird). Wenn der Befehl **aaa authorization** für eine bestimmte Autorisierungsart ohne Angabe einer bezeichneten Methodenliste ausgeführt wird, dann wird die Standardmethodenliste automatisch allen Schnittstellen oder Verbindungen zugeordnet, mit Ausnahme derer, für die eine bezeichnete Methodenliste ausdrücklich vereinbart wurde. (Eine vereinbarte Methodenliste überstimmt die Standardmethodenliste.) Wenn keine Standardmethodenliste vereinbart wurde, wird keine Autorisierung vorgenommen.

## 4.3 Die AAA-Autorisierungsmethoden

Das AAA unterstützt fünf verschiedene Autorisierungsmethoden:

- TACACS+ – Der Netzwerk-Access-Server tauscht Autorisierungsinformationen mit dem TACACS+-Sicherheits-Dämon aus. Die TACACS+-Autorisierung vereinbart bestimmte Benutzerrechte durch die Zuordnung von Attribut-Value-(AV-) Paaren, die in einer Datenbank auf dem TACACS+-Sicherheits-Server zusammen mit den entsprechenden Benutzerdaten gespeichert werden.

- If-Authenticated – Dem Benutzer wird der Zugang zu einer gewünschten Funktion unter der Voraussetzung gestattet, dass der Benutzer erfolgreich authentifiziert wurde.

- Local – Der Router oder Access-Server überprüft seine lokale Datenbank, die mit dem Befehl **username** erstellt wurde. Mit den Informationen aus dieser Datenbank werden den Benutzern bestimmte Rechte zugewiesen. Über die lokale Datenbank kann nur ein eingeschränkter Satz von Funktionen kontrolliert werden.

- RADIUS – Der Netzwerk-Access-Server fordert Autorisierungsinformationen vom RADIUS-Sicherheits-Server an. Die RADIUS-Autorisierung vereinbart bestimmte Benutzerrechte durch die Zuordnung von Attributen, die in einer Datenbank auf dem RADIUS-Sicherheits-Server zusammen mit den entsprechenden Benutzerdaten gespeichert werden.

- Kerberos Instance Map – Der Netzwerk-Access-Server verwendet die Instanz, die durch den Befehl **kerberos instance map** für die Autorisierung vereinbart wurde.

## 4.4 Die vorbereitenden Maßnahmen für die AAA-Autorisierung

Vor der Konfiguration der Autorisierung mit bezeichneten Methodenlisten ist die Ausführung der folgenden Schritte notwendig:

- Aktivieren Sie das AAA auf Ihrem Netzwerk-Access-Server. Weitere Informationen über die Aktivierung des AAA auf Ihrem Cisco-Router oder Access-Server finden Sie in Kapitel 1 »AAA: Ein Überblick«.

- Konfigurieren Sie die AAA-Authentifizierung. Die Autorisierung erfolgt generell nach der Authentifizierung und ihre korrekte Ausführung ist von der Authentifizierung abhängig. Weitere Informationen über die AAA-Authentifizierung finden Sie in Kapitel 2 »Die Konfiguration der Authentifizierung.«

- Vereinbaren Sie die Eigenschaften Ihres RADIUS- oder TACACS+-Sicherheits-Server, wenn Sie die RADIUS- oder TACACS+-Autorisierung ausführen wollen. Weitere Informationen über die Konfiguration Ihres Cisco-Netzwerk-Access-Servers für die Kommunikation mit Ihrem RADIUS-Sicherheits-Server finden Sie in Kapitel 8 »Die Konfiguration des RADIUS«. Weitere Informationen über die Konfiguration Ihres Cisco-Netzwerk-Access-Servers für die Kommunikation mit Ihrem TACACS+-Sicherheits-Server finden Sie in Kapitel 10 »Die Konfiguration des TACACS+«.

– Wenn Sie die lokale Autorisierung ausführen wollen, dann ordnen Sie mit dem Befehl **username** bestimmten Benutzern bestimmte Rechte zu.

– Wenn Sie das Kerberos verwenden wollen, dann erzeugen Sie im Kerberos-Key-Distribution-Center (Schlüsselverteilungszentrum) mit dem Befehl **kerberos instance map** administrative Benutzerinstanzen. Weitere Informationen über Kerberos finden Sie in Kapitel 13 »Die Konfiguration von Kerberos.«

## 4.5 Die Konfiguration der AAA-Autorisierung

Dieser Abschnitt beschreibt Folgendes:

– Die Konfiguration der Autorisierung
– Die Konfiguration der AAA-Autorisierung mit bezeichneten Methodenlisten
– Die Deaktivierung der Autorisierung für globale Konfigurationsbefehle
– Die Autorisierung für das rückwärtige (Reverse) Telnet
– Die Attribut-Value-Paare der Autorisierung

Im Abschnitt »TACACS+-Konfigurationsbeispiele« am Ende dieses Kapitels finden Sie Konfigurationsbeispiele zur Autorisierung, die die Befehle aus diesem Kapitel verwenden.

## 4.6 Die Konfiguration der Autorisierung

Mit dem Befehl **aaa authorization** können Sie Parameter vereinbaren, die den Netzwerkzugang für einen Benutzer einschränken. Verwenden Sie folgenden Befehl im globalen Konfigurationsmodus, um die AAA-Autorisierung zu aktivieren:

| Befehl | Zweck |
|---|---|
| aaa authorization {network | exec | command *Level*} {tacacs+ | if-authenticated | none | local | radius | krb5-instance} | Setzt Parameter, die den Netzwerkzugang eines Benutzers einschränken. |

> **ANMERKUNG**
>
> Authentifizierte Benutzer, die sich über die Konsole einloggen, umgehen die konfigurierte Autorisierung.

Verwenden Sie das Schlüsselwort **network**, um die Autorisierung für alle netzwerkbezogenen Dienstanfragen zu aktivieren (SLIP, PPP, PPP-NCPs und ARA-Protokolle eingeschlossen). Verwenden Sie das Schlüsselwort **exec**, um überprüfen zu lassen, ob ein Benutzer zur Ausführung einer EXEC-Shell autorisiert ist.

Verwenden Sie das Schlüsselwort **command**, um die Autorisierung für bestimmte, individuelle EXEC-Befehle zu aktivieren, die zu einem bestimmten privilegierten Level gehören. Auf diese Weise können Sie alle Befehle autorisieren, die einem bestimmten Befehlslevel von 0 bis 15 zugeordnet sind.

### 4.6.1 TACACS+-Autorisierung

Verwenden Sie den Befehl **aaa authorization** mit dem Schlüsselwort **tacacs+** *Methode*, damit der Netzwerk-Access-Server die Autorisierungsinformationen von einem TACACS+-Sicherheits-Server anfordert. Nähere Informationen über die Konfiguration der Autorisierung mit einem TACACS+-Sicherheits-Server finden Sie in Kapitel 10 »Die Konfiguration des TACACS+«. Ein Beispiel zur Aktivierung eines TACACS+-Servers zur Autorisierung der Netzwerkdienstenutzung, das das PPP und das ARA einschließt, finden Sie im Abschnitt »Ein TACACS+-Autorisierungsbeispiel« am Ende dieses Kapitels.

### 4.6.2 if-Authenticated-Autorisierung

Verwenden Sie den Befehl **aaa authorization** mit dem Schlüsselwort **if-authenticated** *Methode*, um Benutzern Zugriff auf die von ihnen gewünschten Funktionen zu gestatten, wenn sie authentifiziert wurden. Wenn Sie diese Methode wählen, wird authentifizierten Benutzern automatisch der Zugriff auf alle gewünschten Funktionen erlaubt.

### 4.6.3 none-Autorisierung

Verwenden Sie den Befehl **aaa authorization** mit dem Schlüsselwort **none** *Methode*, um für die Aktionen keine Autorisierung auszuführen, die mit einem bestimmten Authentifizierungstyp zusammenhängen. Wenn Sie diese Methode auswählen, dann ist die Autorisierung für alle Aktionen deaktiviert.

### 4.6.4 Local-Autorisierung

Verwenden Sie den Befehl **aaa authorization** mit dem Schlüsselwort **local** *Methode*, um die lokale Autorisierung zu verwenden. Daraufhin wird der Router oder Access-Server seine lokale Benutzerdatenbank überprüfen, um die Funktionen zu bestimmen, zu denen ein Benutzer berechtigt ist. Die durch die lokale Autorisierung gestatteten Funktionen werden mit dem globalen Konfigurationsbefehl **username** vereinbart. Eine Liste der erlaubten Funktionen finden Sie in Kapitel 2 »Die Konfiguration der Authentifizierung«.

## 4.6.5 RADIUS-Autorisierung

Verwenden Sie den Befehl **aaa authorization** mit dem Schlüsselwort **radius** *Methode*, damit der Netzwerk-Access-Server die Autorisierungsinformationen von einem RADIUS-Sicherheits-Server anfordert. Nähere Informationen über die Konfiguration der Autorisierung mit einem RADIUS-Sicherheits-Server finden Sie in Kapitel 8 »Die Konfiguration des RADIUS«. Ein Beispiel zur Aktivierung eines RADIUS-Servers zur Autorisierung der Netzwerkdienstenutzung, einschließlich des PPP und des ARA, finden Sie im Abschnitt »Ein RADIUS-Autorisierungsbeispiel« am Ende dieses Kapitels.

## 4.6.6 Kerberos-Autorisierung

Verwenden Sie den Befehl **krb5-instance** *Methode*, damit die Autorisierung eine Kerberos-Instanz daraufhin überprüft, ob ein Benutzer zur Ausführung einer EXEC-Shell in einem bestimmten privilegierten Level berechtigt ist. Nähere Informationen finden Sie im Abschnitt »Die Aktivierung des Kerberos-Instanzen-Vergleichs« in Kapitel 13 »Die Konfiguration des Kerberos«. Ein Beispiel zur Aktivierung des Kerberos-Instanzen-Vergleichs finden Sie im Abschnitt »Beispiele zum Kerberos-Instanzen-Vergleich« am Ende dieses Kapitels.

## 4.7 Die Konfiguration der AAA-Autorisierung mit bezeichneten Methodenlisten

Verwenden Sie die folgenden Befehle, um die AAA-Autorisierung mit bezeichneten Methodenlisten zu konfigurieren. Beginnen Sie im globalen Konfigurationsmodus:

| Schritt | Befehl | Zweck |
|---|---|---|
| 1 | **aaa authorization** {**network** | **exec** | **commands** *Level* | **reverse-access**} {**default** | *Listenname*} [*Methode1* [*Methode2*...] ] | Erzeugt eine Autorisierungsmethodenliste für eine bestimmte Autorisierungsart und aktiviert die Autorisierung. |
| 2 | **line** [**aux** | **console** | **tty** | **vty**] *Verbindungsnummer* [*letzte-Verbindungsnummer*] | Wechselt in den line-Konfigurationsmodus für die Verbindungen, denen Sie die Autorisierungsmethodenliste zuordnen wollen. |
| | | oder |
| | **interface** *Schnittstellentyp Schnittstellennummer* | Wechselt in den Interface-Konfigurationsmodus für die Schnittstellen, denen Sie die Autorisierungsmethodenliste zuordnen wollen. |
| 3 | **authorization** {**arap** | **commands** *Level* | **exec** | **reverse-access**} {**default** | *Listenname*} | Ordnet die Autorisierungsliste einer Verbindung oder einer Gruppe von Verbindungen zu. |
| | | oder |
| | **ppp authorization** {**default** | *Listenname*} | Ordnet die Autorisierungsliste einer Schnittstelle oder einer Gruppe von Schnittstellen zu. |

## 4.7.1 Die Autorisierungsarten

Jede Autorisierungsart benötigt eigene bezeichnete Autorisierungs-Methodenlisten. Verwenden Sie das Schlüsselwort **network**, um eine Methodenliste zu erzeugen, mit der die Autorisierung aller netzwerkbezogenen Dienstanfragen (SLIP, PPP, PPP NCP und ARA-Protokolle eingeschlossen) aktiviert wird.

Verwenden Sie das Schlüsselwort **exec**, um eine Methodenliste zu erzeugen, mit der überprüft wird, ob ein Benutzer zur Ausführung einer EXEC-Shell autorisiert ist.

Verwenden Sie das Schlüsselwort **commands**, um eine Methodenliste zu erzeugen, mit der die Autorisierung für bestimmte, individuelle EXEC-Befehle aktiviert wird, die zu einem bestimmten privilegierten Level gehören. Auf diese Weise können Sie alle Befehle autorisieren, die einem bestimmten Befehlslevel von 0 bis 15 zugeordnet sind.

Verwenden Sie das Schlüsselwort **reverse-access**, um eine Methodenliste zu erzeugen, mit der die Autorisierung für rückwärtige (reverse) Telnetfunktionen aktiviert wird.

Informationen über die von der Cisco-IOS-Software unterstützten Autorisierungsarten finden Sie im Abschnitt »Die AAA-Autorisierungsarten« in diesem Kapitel.

## 4.7.2 Die Autorisierungsmethoden

Verwenden Sie den Befehl **aaa authorization** mit dem Schlüsselwort **tacacs+** *Methode*, damit der Netzwerk-Access-Server die Autorisierungsinformationen von einem TACACS+-Sicherheits-Server anfordert. Nähere Informationen über die Konfiguration der Autorisierung mit einem TACACS+-Sicherheits-Server finden Sie in Kapitel 10 »Die Konfiguration des TACACS+«.

Verwenden Sie den Befehl **aaa authorization** {type} mit dem Schlüsselwort **if-authenticated** *Methode*, um Benutzern den Zugriff auf die von ihnen gewünschten Funktionen zu gestatten, wenn sie authentifiziert wurden. Wenn Sie diese Methode wählen, wird authentifizierten Benutzern automatisch der Zugriff auf alle gewünschten Funktionen erlaubt.

Es ist möglich, dass Sie zu einem bestimmten Zeitpunkt die Autorisierung auf einer bestimmten Schnittstelle oder Verbindung aussetzen wollen. Verwenden Sie das Schlüsselwort **none** *Methode*, um die Autorisierungsaktivitäten auf anzugebenden Verbindungen oder Schnittstellen zu unterbrechen.

Verwenden Sie den Befehl **aaa authorization** mit dem Schlüsselwort **local** *Methode*, um die lokale Autorisierung zu verwenden. Daraufhin wird der Router oder Access-Server seine lokale Benutzerdatenbank überprüfen, um die Funktionen zu bestimmen, zu denen ein Benutzer berechtigt ist. Die durch die lokale Autorisierung gestatteten Funktionen werden mit dem globalen Konfigurationsbefehl **username** vereinbart. Eine Liste der erlaubten Funktionen finden Sie in Kapitel 2 »Die Konfiguration der Authentifizierung«.

Verwenden Sie den Befehl **aaa authorization** mit dem Schlüsselwort **radius** *Methode*, damit der Netzwerk-Access-Server die Autorisierungsinformationen von einem RADIUS-Sicherheits-Server anfordert. Nähere Informationen über die Konfiguration der Autorisierung mit einem RADIUS-Sicherheits-Server finden Sie in Kapitel 8 »Die Konfiguration des RADIUS«.

Verwenden Sie den Befehl **krb5-instance** *Methode*, damit die Autorisierung eine Kerberos-Instanz daraufhin überprüft, ob ein Benutzer zur Ausführung einer EXEC-Shell in einem bestimmten privilegierten Level berechtigt ist. Nähere Informationen finden Sie im Abschnitt »Die Aktivierung des Kerberos-Instanzen-Vergleichs« in Kapitel 13 »Die Konfiguration des Kerberos«.

> **ANMERKUNG**
>
> Die Autorisierungsmethodenlisten für das SLIP folgen den PPP-Konfigurationen der entsprechenden Schnittstelle. Wenn keine Listen vereinbart oder diese keiner bestimmten Schnittstelle zugeordnet wurden (oder keine PPP-Einstellungen konfiguriert wurden), dann wird die Standardeinstellung für die Autorisierung angewendet.

## 4.8 Die Deaktivierung der Autorisierung für globale Konfigurationsbefehle

Der Befehl **aaa authorization** mit dem Schlüsselwort **command** versucht alle Befehle des EXEC-Modus zu autorisieren, einschließlich der globalen Konfigurationsbefehle, die zu einem bestimmten privilegierten Level gehören. Da es Konfigurationsbefehle gibt, die identisch mit einigen Befehlen des EXEC-Levels sind, kann dadurch einige Verwirrung im Autorisierungsprozess entstehen. Mit dem Befehl **no aaa authorization config-commands** wird nicht verhindert, dass der Netzwerk-Access-Server die Autorisierung von Konfigurationsbefehlen versucht. Um die AAA-Autorisierung für alle globalen Konfigurationsbefehle zu deaktivieren, verwenden Sie den folgenden Befehl im globalen Konfigurationsmodus:

| Befehl | Zweck |
| --- | --- |
| **no aaa authorization config-command** | Deaktiviert die Autorisierung für alle globalen Konfigurationsbefehle. |

## 4.9 Die Autorisierung für das rückwärtige (Reverse) Telnet

Das Telnet ist ein Standard-Terminalemulations-Protokoll das für Fern-Terminalverbindungen genutzt wird. Normalerweise loggen Sie sich in einen Netzwerk-Access-Server ein (gewöhnlich über eine Einwahlverbindung) und verwenden anschließend das Telnet, um von diesem Netzwerk-Access-Server aus Zugang zu anderen Netzwerkgeräten zu erhalten. Es ist jedoch möglich, dass Sie zu einem bestimmten Zeitpunkt eine rückwärtige (reverse) Telnetsitzung aufnehmen müssen. Bei rückwärtigen (reversen) Telnetsitzungen wird die Telnetverbindung in der entgegengesetzten Richtung aufgebaut – aus einem Netzwerk heraus zu einem Netzwerk-Access-Server an der Netzwerkgrenze, um Zugriff auf Modems oder andere Geräte zu erhalten, die mit diesem Netzwerk-Access-Server verbunden sind. Das rückwärtige (reverse) Telnet wird angewendet, um Benutzern die Möglichkeit zu geben, eine ausgehende Modemverbindung aufzubauen, indem diese sich per Telnet mit den Modemports eines Netzwerk-Access-Servers verbinden können.

Es ist sehr wichtig, den möglichen Zugriff auf Ports über das rückwärtige (reverse) Telnet zu kontrollieren. Eine dahingehend fehlerhafte Konfiguration kann z.B. unautorisierten Benutzern den freien Zugriff auf Modems gestatten, mit denen sie eingehende Anrufe abfangen und umleiten oder ausgehende Anrufe zu unautorisierten Zielen ausführen können.

Die Authentifizierung während des rückwärtigen (reversen) Telnets wird durch das Standard-AAA-Login-Verfahren für das Telnet ausgeführt. Typischerweise muss der Benutzer einen Benutzernamen und ein Passwort angeben um entweder eine Telnet- oder eine rückwärtige (reverse) Telnetsitzung aufnehmen zu können. Die rückwärtige (reverse) Telnetautorisierung bietet eine zusätzliche (optionale) Sicherheitsstufe durch die zusätzliche Autorisierung nach der Authentifizierung. Wenn sich der Benutzer erfolgreich über das Standard-Telnet-Login-Verfahren authentifiziert hat und die rückwärtige (reverse) Telnetautorisierung aktiviert ist, dann kann diese das RADIUS oder das TACACS+ verwenden, um zu überprüfen, ob dieser Benutzer zum rückwärtigen (reversen) Telnetzugang zu bestimmten asynchronen Ports berechtigt ist.

Die rückwärtige (reverse) Telnetautorisierung bietet Ihnen die folgenden Vorteile:

- Einen zusätzlichen Schutz durch die Sicherstellung, dass alle Benutzer, die eine rückwärtige (reverse) Telnetanwendung ausführen wollen, auch wirklich dazu berechtigt sind, auf einen bestimmten asynchronen Port über das rückwärtige (reverse) Telnet zuzugreifen.
- Eine alternative Methode (zu Access-Listen), um die rückwärtige (reverse) Telnet-Autorisierung zu verwalten.

Verwenden Sie den folgenden Befehl im globalen Konfigurationsmodus, um einen Netzwerk-Access-Server dahingehend zu konfigurieren, dass er Autorisierungsinformationen von einem TACACS+- oder RADIUS-Server anfordert, bevor er einem Benutzer den Aufbau einer rückwärtigen (reversen) Telnetsitzung erlaubt:

| Befehl | Zweck |
|---|---|
| aaa authorization reverse-access {radius \| tacacs+} | Konfiguriert einen Netzwerk-Access-Server zur Anforderung von Autorisierungsinformationen, bevor er einem Benutzer den Aufbau einer rückwärtigen (reversen) Telnetsitzung erlaubt. |

Diese Maßnahme aktiviert den Netzwerk-Access-Server zur Anforderung rückwärtiger (reverser) Telnetautorisierungsinformationen vom Sicherheits-Server, entweder RADIUS oder TACACS+. Die benutzereigenen, rückwärtigen (reversen) Telnetprivilegien müssen auf dem Sicherheits-Server selbst konfiguriert werden.

## 4.10 Die Attribut-Value-Paare der Autorisierung

Die RADIUS- und die TACACS+-Autorisierung vereinbaren beide bestimmte Benutzerrechte durch die Verarbeitung von Attributen, die in einer Datenbank auf dem Sicherheits-Server gespeichert sind. Sowohl beim RADIUS als auch beim TACACS+ werden die Attribute auf den Sicherheits-Servern vereinbart, dem Benutzer zugeordnet und von dort an den Netzwerk-Access-Server gesendet, wo sie der Verbindung des Benutzers zugeordnet werden.

Eine Liste der unterstützten RADIUS-Attribute finden Sie im Anhang A »Die RADIUS-Attribute«. Eine Liste der unterstützten TACACS+-AV-Paare finden Sie im Anhang B »Die TACACS+-Attribut-Value-Paare«.

## 4.11 Konfigurationsbeispiele zur Autorisierung

Dieser Abschnitt enthält die folgenden Konfigurationsbeispiele:
- Ein Konfigurationsbeispiel mit einer bezeichneten Methodenliste
- TACACS+-Autorisierungsbeispiel
- Ein RADIUS-Autorisierungsbeispiel
- Beispiele für den Kerberos-Instanzen-Vergleich
- Autorisierungsbeispiele für das rückwärtige (reverse) Telnet

### 4.11.1 Ein Konfigurationsbeispiel mit einer bezeichneten Methodenliste

Das folgende Beispiel konfiguriert einen Cisco AS5200 (der für das AAA und die Kommunikation mit einem RADIUS-Sicherheits-Server aktiviert ist) für die AAA-Dienste, die von dem RADIUS-Server geliefert werden. Wenn der RADIUS-Server nicht antwortet, wird daraufhin die lokale Datenbank nach Authentifizierungs- und Autorisierungsinformationen abgefragt und die Accountingdienste werden durch einen TACACS+-Server übernommen.

```
aaa new-model
aaa authentication login admins local
aaa authentication ppp dialins radius local
aaa authorization network scoobee radius local
aaa accounting network charley start-stop radius
username root password ALongPassword
```

```
radius-server host alcatraz
radius-server key myRaDiUSpassWoRd
interface group-async 1
 group-range 1 16
 encapsulation ppp
 ppp authentication chap dialins
 ppp authorization scoobee
 ppp accounting charley
line 1 16
 autoselect ppp
 autoselect during-login
 login authentication admins
 modem dialin
```

Die Zeilen in dieser RADIUS-AAA-Beispielkonfiguration bewirken Folgendes:

- Der Befehl **aaa new-model** aktiviert die AAA-Netzwerk-Sicherheitsdienste.

- Der Befehl **aaa authentication login admins local** vereinbart eine Methodenliste namens *admins* für die Login-Authentifizierung.

- Der Befehl **aaa authentication ppp dialins radius local** vereinbart die Authentifizierungs-Methodenliste *dialins* auf seriellen PPP-Verbindungen, in der zuerst die RADIUS-Authentifizierung und anschließend (wenn der RADIUS-Server nicht antwortet) die lokale Authentifizierung aufgerufen werden wird.

- Der Befehl **aaa authorization network scoobee radius local** vereinbart die Netzwerkautorisierungs-Methodenliste namens *scoobee* auf seriellen PPP-Verbindungen, in der zuerst die RADIUS-Authentifizierung aufgerufen wird. Wenn der RADIUS-Server nicht antwortet, wird daraufhin die lokale Netzwerkautorisierung ausgeführt.

- Der Befehl **aaa accounting network charley start-stop radius** vereinbart die Netzwerkaccounting-Methodenliste namens *charley* auf seriellen PPP-Verbindungen, in der die RADIUS-Accountingdienste (in diesem Fall Start- und Stoppberichte für bestimmte Ereignisse) verwendet werden.

- Der Befehl **username** vereinbart den Benutzernamen und das Passwort, die gemeinsam für die PPP-Passwort-Authentifizierungs-Protokoll-(PAP-)Anrufer-Identifizierung verwendet werden.

- Der Befehl **radius-server host** vereinbart den Name des RADIUS-Server-Hosts.

- Der Befehl **radius-server key** vereinbart den gemeinsamen Geheimtext, der zwischen dem Netzwerk-Access-Server und dem RADIUS-Server-Host verwendet wird.

- Der Befehl **interface group-async** wählt eine Gruppe von asynchronen Schnittstellen aus bzw. vereinbart diese.

- Der Befehl **group-range** vereinbart die zu einer Schnittstellengruppe zugehörigen asynchronen Mitgliedschnittstellen.

- Der Befehl **encapsulation ppp** Befehl legt die PPP-Einkapselungsmethode auf den angegebenen Schnittstellen fest.

- Der Befehl **ppp authentication chap dialins** legt das Challenge-Handshake-Authentifizierungs-Protokoll (CHAP) als PPP-Authentifizierungmethode fest und ordnet die Methodenliste *dialins* den angegebenen Schnittstellen zu.

- Der Befehl **ppp authorization scoobee** ordnet die Netzwerkautorisierungs-Methodenliste *scoobee* den angegebenen Schnittstellen zu.

- Der Befehl **ppp accounting charley** ordnet die Netzwerkaccounting-Methodenliste *charley* den angegebenen Schnittstellen zu.

- Mit dem Befehl **line** wechselt der Konfigurationsmodus aus der globalen Konfiguration in die line-Konfiguration und legt bestimmte zu konfigurierende Verbindungen fest.

- Der Befehl **autoselect ppp** konfiguriert die Cisco-IOS-Software dahingehend, dass der automatische Start einer PPP-Sitzung auf diesen ausgewählten Verbindungen zugelassen wird.

- Durch den Befehl **autoselect during-login** wird die Benutzernamen- und Passwort-Eingabeaufforderung angezeigt, ohne dass die Eingabetaste gedrückt werden muss. Nachdem sich der Benutzer eingeloggt hat, beginnt die Autoselect-Funktion (in diesem Falle das PPP).

- Der Befehl **login authentication admins** ordnet die Methodenliste *admins* der Login-Authentifizierung zu.

- Mit dem Befehl **modem dialin** werden die an die ausgewählten Verbindungen angeschlossenen Modems dahingehend konfiguriert, dass sie nur eingehende Anrufe annehmen.

### 4.11.2 TACACS+-Autorisierungsbeispiele

Das folgende Beispiel verwendet einen TACACS+-Server, um die Nutzung der Netzwerkdienste (PPP und ARA) zu autorisieren. Wenn der TACACS+-Server nicht verfügbar ist oder während des Autorisierungsprozesses ein Fehlzustand auftritt, soll die Ersatzmethode (none) alle Autorisierungsanfragen bestätigen:

```
aaa authorization network tacacs+ none
```

Das folgende Beispiel vereinbart die Netzwerkautorisierung über das TACACS+:

```
aaa authorization network tacacs+
```

Das folgende Beispiel liefert die gleiche Autorisierung, erzeugt aber zusätzlich Adresspools namens *mci* und *att*:

```
aaa authorization network tacacs+
ip address-pool local
ip local-pool mci 172.16.0.1 172.16.0.255
ip local-pool att 172.17.0.1 172.17.0.255
```

Diese Adresspools können daraufhin durch den TACACS-Dämon ausgewählt werden. Eine Beispielkonfiguration des Dämons folgt:

```
user = mci_customer1 {
    login = cleartext "some password"
    service = ppp protocol = ip {
        addr-pool=mci
    }
}
user = att_customer1 {
    login = cleartext "some other password"
    service = ppp protocol = ip {
        addr-pool=att
    }
}
```

### 4.11.3 Ein RADIUS-Autorisierungsbeispiel

Das folgende Beispiel zeigt die Konfiguration eines Routers, der das RADIUS zur Autorisierung nutzen soll:

```
aaa authorization exec radius if-authentifiziert
aaa authorization network radius
```

Die Zeilen in dieser RADIUS-Autorisierungs-Beispielkonfiguration bewirken Folgendes:

- Der Befehl **aaa authorization exec radius if-authenticated** konfiguriert den Netzwerk-Access-Server zur Kontaktierung des RADIUS-Servers, um festzustellen, ob ein Benutzer beim Einloggen dazu berechtigt ist, eine EXEC-Shell zu starten. Wenn während der Kontaktierung des RADIUS-Servers durch den Netzwerk-Access-Server ein Fehlzustand auftritt, dann lässt die Ersatzmethode den Start der CLI unter der Voraussetzung zu, dass sich der Benutzer korrekt authentifiziert hat.

  Mit den zurückgesendeten RADIUS-Informationen kann ein Autobefehl festgelegt oder dieser Verbindung eine Verbindungs-Access-Liste zugeordnet werden.

- Der Befehl **aaa authorization network radius** vereinbart die Netzwerkautorisierung über das RADIUS. Diese kann verwendet werden, um die Adressvergabe, die Anwendung von Access-Listen und verschiedene andere benutzerabhängige Größen zu verwalten.

> **ANMERKUNG**
>
> Da in diesem Beispiel keine Ersatzmethode festgelegt wurde, wird die Autorisierung abgelehnt, wenn aus irgendwelchen Gründen der RADIUS-Server nicht antwortet.

### 4.11.4 Beispiele zum Kerberos-Instanzen-Vergleich

Das folgende globale Konfigurationsbeispiel gleicht die Kerberos-Instanz namens *admin* mit dem enable-Modus ab:

```
kerberos instance map admin 15
```

Das folgende Beispiel konfiguriert den Router zur Überprüfung der Kerberos-Instanzen des Benutzers und setzt entsprechend privilegierte Level:

```
aaa authorization exec krb5-instance
```

Weitere Informationen über die Konfiguration des Kerberos finden Sie in Kapitel 13 »Die Konfiguration des Kerberos.«

### 4.11.5 Autorisierungsbeispiele für das reverse Telnet

Im folgenden Beispiel wird der Netzwerk-Access-Server die Autorisierungsinformationen von einem TACACS+-Sicherheits-Server anfordern, bevor er einem Benutzer erlaubt eine rückwärtige (reverse) Telnetsitzung aufzunehmen:

```
aaa new-model
aaa authentication login default tacacs+
aaa authorization reverse-access tacacs+
!
tacacs-server host 172.31.255.0
tacacs-server timeout 90
tacacs-server key goaway
```

Die Zeilen in dieser rückwärtigen (reversen) TACACS+-Telnet-Autorisierungs-Beispielkonfiguration bewirken Folgendes:

- Der Befehl **aaa new-model** aktiviert das AAA.

- Der Befehl **aaa authentication login default tacacs+** vereinbart das TACACS+ als Standardmethode für die Benutzer-Authentifizierung während des Login.

- Der Befehl **aaa authorization reverse-access tacacs+** vereinbart das TACACS+ als Methode für die Benutzer-Authentifizierung, wenn versucht wird eine rückwärtige (reverse) Telnetsitzung aufzunehmen.

- Der Befehl **tacacs-server host** identifiziert den TACACS+-Server.

- Der Befehl **tacacs-server timeout** setzt die Zeitdauer fest, die der Netzwerk-Access-Server auf Antwort vom TACACS+-Server wartet.

- Der Befehl **tacacs-server key** vereinbart den Verschlüsselungstext, der für jede TACACS+-Kommunikation zwischen dem Netzwerk-Access-Server und dem TACACS+-Dämon verwendet wird.

Das folgende Beispiel konfiguriert einen allgemeinen TACACS+-Server, um einem Benutzer namens *jim* den rückwärtigen (reversen) Telnetzugang auf den Port tty2 des

Netzwerk-Access-Servers namens *godzilla* und auf den Port tty5 des Netzwerk-Access-Servers namens *gamera* zu erlauben:

```
user = jim
  login = cleartext lab
  service = raccess {
    port#1 = godzilla/tty2
    port#2 = gamera/tty5
```

> **ANMERKUNG**
>
> In diesem Beispiel sind *godzilla* und *gamera* die konfigurierten Hostnamen von Netzwerk-Access-Servern, es sind aber keine DNS-Namen oder Pseudonyme.

Das folgende Beispiel konfiguriert den TACACS+-Server (CiscoSecure), um einem Benutzer namens *jim* den rückwärtigen (reversen) Telnetzugang zu gestatten:

```
user = jim
profile_id = 90
profile_cycle = 1
member = Tacacs_Users
service=shell {
default cmd=permit
}
service=raccess {
allow "c2511e0" "tty1" ".*"
refuse ".*" ".*" ".*"
password = clear "goaway"
```

> **ANMERKUNG**
>
> CiscoSecure unterstützt das rückwärtige (reverse) Telnet unter Verwendung der Befehlszeilenschnittstelle nur in den Versionen 2.1(x) bis zur Version 2.2(1).

Eine leere Bedingung *service=raccess {}* erlaubt einem Benutzer den bedingungslosen Zugang zu den Ports des Netzwerk-Access-Servers für das rückwärtige (reverse) Telnet. Wenn keine Bedingung *service=raccess* vorhanden ist, wird dem Benutzer jeder Zugang zu einem Port für das rückwärtige (reverse) Telnet verwehrt.

Weitere Informationen über die Konfiguration des TACACS+ finden Sie in Kapitel 10 »Die Konfiguration des TACACS+.«

Im folgenden Beispiel wird der Netzwerk-Access-Server die Autorisierung durch einen RADIUS-Sicherheits-Server anfordern, bevor er einem Benutzer erlaubt eine rückwärtige (reverse) Telnetsitzung aufzunehmen:

```
aaa new-model
aaa authentication login default radius
aaa authorization reverse-access radius
!
radius-server host 172.31.255.0
radius-server key go away
```

## Kapitel 4 • Die Konfiguration der Autorisierung

Die Zeilen in dieser Beispielkonfiguration zur rückwärtigen (reversen) RADIUS-Telnetautorisierung bewirken Folgendes:

– Der Befehl **aaa new-model** aktiviert das AAA.

– Der Befehl **aaa authentication login default radius** vereinbart das RADIUS als Standardmethode für die Benutzer-Authentifizierung während des Login.

– Der Befehl **aaa authorization reverse-access radius** vereinbart das RADIUS als Methode für die Benutzer-Authentifizierung, wenn versucht wird eine rückwärtige (reverse) Telnetsitzung aufzunehmen.

– Der Befehl **radius-server host** identifiziert den RADIUS-Server.

– Der Befehl **radius-server key** vereinbart den Verschlüsselungstext, der für jede RADIUS-Kommunikation zwischen dem Netzwerk-Access-Server und dem RADIUS-Dämon verwendet wird.

Das folgende Beispiel konfiguriert einen allgemeinen RADIUS-Server, um einem Benutzer namens *jim* den rückwärtigen (reversen) Telnetzugang auf den Port tty2 des Netzwerk-Access-Servers namens *godzilla* zu erlauben:

```
Password = "goaway"
User-Service-Type = Shell-user
cisco-avpair = "raccess:port#1=godzilla/tty2"
```

Eine leere Bedingung *raccess:port#1=nasname1/tty2* erlaubt einem Benutzer den bedingungslosen Zugang zu den Ports des Netzwerk-Access-Servers für das rückwärtige (reverse) Telnet. Wenn keine Bedingung *raccess:port#1=nasname1/tty2* vorhanden ist, wird dem Benutzer jeder Zugang zu einem Port für das rückwärtige (reverse) Telnet verwehrt.

Weitere Informationen über die Konfiguration des RADIUS finden Sie in Kapitel 8 »Die Konfiguration des RADIUS«.

# KAPITEL 5

# Die Autorisierungsbefehle

Dieses Kapitel beschreibt die Befehle, die bei der Authentifizierung, Autorisierung und beim Accounting (dem AAA) zur Konfiguration der Autorisierung verwendet werden. Mit der AAA-Autorisierung haben Sie die Möglichkeit, die Dienste einzuschränken, die einem Benutzer zur Verfügung stehen. Wenn die AAA-Autorisierung aktiviert ist, verwendet der Netzwerk-Access-Server zur Konfiguration der Benutzersitzung die Informationen, die er aus dem Benutzerprofil bezogen hat. Dieses befindet sich entweder in der lokalen Benutzerdatenbank oder auf dem Sicherheits-Server. Daraufhin wird dem Benutzer der Zugang zu einem erwünschten Dienst nur dann erlaubt, wenn es die Informationen im Benutzerprofil zulassen.

Informationen über die Konfiguration der Autorisierung unter AAA finden Sie in Kapitel 4 »Die Konfiguration der Autorisierung«. Sie finden Konfigurationsbeispiele, die die Befehle aus diesem Kapitel verwenden, in Abschnitt »Konfigurationsbeispiele zur Autorisierung« am Ende des Kapitels 4.

## 5.1 aaa authorization

Verwenden Sie den globalen Konfigurationsbefehl **aaa authorization**, um die Parameter zu setzen, die den Netzwerkzugang eines Benutzers einschränken. Verwenden Sie die **no**-Form dieses Befehls, um die Autorisierung für eine Funktion zu deaktivieren.

**aaa authorization** {network | exec | commands *level* | reverse-access} {default | *Listenname*} [*Methode1* [*Methode2*...] ]
**no aaa authorization** {network | exec | commands *level* | reverse-access}

| Syntax | Beschreibung |
|---|---|
| network | Führt die Autorisierung für alle netzwerkbezogenen Dienstanfragen aus, einschließlich SLIP, PPP, PPP NCPs und ARA. |
| exec | Führt die Autorisierung aus, mit der festgestellt wird, ob der Benutzer berechtigt ist eine EXEC-Shell auszuführen. Dieses Verfahren kann Benutzerprofil-Informationen liefern, z.B. Informationen über den **autocommand**. |
| commands | Führt die Autorisierung für alle Befehle des aufgerufenen privilegierten Levels aus. |
| *level* | Bestimmter Befehlslevel, der autorisiert werden soll. Gültige Einträge sind 0 bis 15. |
| reverse-access | Führt die Autorisierung für rückwärtige (reverse) Zugangsverbindungen aus, z.B. das rückwärtige (reverse) Telnet. |
| default | Verwendet die Autorisierungsmethoden, die nach diesem Argument aufgelistet sind, als Standardmethodenliste für die Autorisierung. |
| *Listenname* | Zeichenfolge, mit der die Liste von Autorisierungsmethoden bezeichnet wird. |
| *Methode1* [*Methode2*...] | Eines der Schlüsselwörter aus Tabelle 5-1. |

### Standard

Die Autorisierung ist für alle Aktionen deaktiviert (gleichbedeutend zum Methodenschlüsselwort **none**). Wenn der Befehl **aaa authorization** für eine bestimmte Autorisierungsart ohne Angabe einer bezeichneten Methodenliste ausgeführt wird, dann wird die Standardmethodenliste automatisch allen Schnittstellen oder Verbindungen zugeordnet, mit Ausnahme derer, für die eine bezeichnete Methodenliste ausdrücklich vereinbart wurde. (Eine vereinbarte Methodenliste überstimmt die Standard-Methodenliste.) Wenn keine Standardmethodenliste vereinbart wurde, wird keine Autorisierung vorgenommen.

### Befehlsmodus

Globale Konfiguration

### Benutzungsrichtlinien

Dieser Befehl erschien erstmals in der Cisco-IOS-Version 10.0.

> **ANMERKUNG**
>
> Dieser Befehl kann nicht mit dem TACACS oder dem erweiterten TACACS verwendet werden.

Verwenden Sie den Befehl **aaa authorization**, um die Autorisierung zu aktivieren und um bezeichnete Methodenlisten zu erzeugen, in der Autorisierungsmethoden vereinbart werden, die angewendet werden können, wenn ein Benutzer auf die angegebene

Funktion zugreift. Die Methodenlisten für die Autorisierung vereinbaren die auszuführenden Autorisierungsverfahren und die Reihenfolge, in der diese Methoden angewendet werden. Eine Methodenliste ist eine bezeichnete Liste, in der die Reihenfolge der anzuwendenden Autorisierungsmethoden (z.B. RADIUS oder TACACS+) vereinbart sind. Die Methodenlisten ermöglichen die Anwendung eines oder mehrerer Sicherheitsprotokolle zur Autorisierung und stellen somit für den Fall, dass die erste Methode fehlschlägt, ein Ausweichsystem zur Verfügung. Die Cisco-IOS-Software verwendet die erste aufgelistete Methode, um einen Benutzer zur Nutzung bestimmter Netzwerkdienste zu autorisieren. Wenn diese Methode nicht antwortet, dann wählt die Cisco-IOS-Software die nächste aufgelistete Methode aus. Dieser Prozess wird fortgeführt, bis eine erfolgreiche Kommunikation mit einer der aufgelisteten Autorisierungsmethoden aufgenommen wurde oder bis alle vereinbarten Methoden fehlschlugen.

**ANMERKUNG**

Die Cisco-IOS-Software versucht die Autorisierung mit der nächsten aufgelisteten Methode nur dann, wenn keine Antwort von der vorherigen Methode erfolgt. Wenn die Autorisierung zu irgendeinem Zeitpunkt des Kommunikationszyklus fehlschlägt – d.h. der Sicherheits-Server oder die lokale Benutzernamendatenbank verbietet die Dienstenutzung –, dann endet der Autorisierungsprozess und es werden keine weiteren Autorisierungsmethoden versucht.

Verwenden Sie den Befehl **aaa authorization**, um eine Liste durch Eingabe von *Listenname* und *Methode* zu erzeugen. Mit *Listenname* bezeichnen Sie diese Liste, wobei Sie jede Zeichenfolge verwenden können (außer allen Methodennamen). Das Argument *Methode* legt eine Liste von Autorisierungsmethoden in einer bestimmten Reihenfolge fest.

Die MethodenSchlüsselwörter sind in der Tabelle 5.1 beschrieben.

*Tabelle 5.1: Die Schlüsselwörter der AAA-Authorisierung*

| Schlüsselwort | Beschreibung |
|---|---|
| tacacs+ | Fordert Autorisierungsinformationen vom TACACS+-Server an. |
| if-authenticated | Ermöglicht dem Benutzer den Zugriff auf die gewünschte Funktion, wenn der Benutzer sich authentifiziert hat. |
| none | Es wird keine Autorisierung ausgeführt. |
| local | Verwendet die lokale Datenbank für die Autorisierung. |
| radius | Verwendet das RADIUS, um Autorisierungsinformationen zu erhalten. |
| krb5-instance | Verwendet die Instanz, die durch den Befehl **kerberos instance map** vereinbart wurde |

Cisco-IOS-Software unterstützt die folgenden sechs Autorisierungsmethoden:

- TACACS+ – Der Netzwerk-Access-Server tauscht Autorisierungsinformationen mit dem TACACS+-Sicherheits-Dämon aus. Die TACACS+-Autorisierung vereinbart bestimmte Benutzerrechte durch die Zuordnung von Attribut-Value-(AV-) Paaren, die in einer Datenbank auf dem TACACS+-Sicherheits-Server zusammen mit den entsprechenden Benutzerdaten gespeichert werden.

- If-Authenticated – Dem Benutzer wird der Zugang zu einer gewünschten Funktion unter der Voraussetzung gestattet, dass der Benutzer sich erfolgreich authentifiziert hat.

- None – Der Netzwerk-Access-Server verlangt keine Autorisierungsinformationen. Auf dieser Verbindung/Schnittstelle wird keine Autorisierung ausgeführt.

- Local – Der Router oder Access-Server überprüft seine lokale Datenbank, die mit dem Befehl **username** erstellt wurde. Mit den Informationen aus dieser Datenbank werden den Benutzern bestimmte Rechte zugewiesen. Über die lokale Datenbank kann nur ein eingeschränkter Satz von Funktionen kontrolliert werden.

- RADIUS – Der Netzwerk-Access-Server fordert Autorisierungsinformationen vom RADIUS-Sicherheits-Server an. Die RADIUS-Autorisierung vereinbart bestimmte Benutzerrechte durch die Zuordnung von Attributen, die in einer Datenbank auf dem RADIUS-Sicherheits-Server zusammen mit den entsprechenden Benutzerdaten gespeichert werden.

- Kerberos Instance Map – Der Netzwerk-Access-Server verwendet die Instanz, die durch den Befehl **kerberos instance map** für die Autorisierung vereinbart wurde.

Die Methodenlisten werden je nach erwünschter Autorisierungsart gesondert erstellt. Das AAA unterstützt vier verschiedene Autorisierungsarten:

- Network – Diese überprüft die Netzwerkverbindungen, einschließlich der PPP-, SLIP- oder ARAP- Verbindungen.

- EXEC – Diese überprüft Attribute, die einer EXEC-Terminalsitzung eines Benutzers zugeordnet sind.

- Commands – Diese überprüft die Befehle des EXEC-Modus, die ein Benutzer eingibt. Die Befehlsautorisierung versucht alle Befehle des EXEC-Modus zu autorisieren, einschließlich der globalen Konfigurationsbefehle, die zu einem bestimmten privilegierten Level gehören.

- Reverse Access – Diese überprüft rückwärtige (reverse) Telnetsitzungen.

Wenn Sie eine bezeichnete Methodenliste erzeugen, vereinbaren Sie eine bestimmte Liste von Autorisierungsmethoden für die angegebene Autorisierungsart.

Wenn die Methodenlisten vereinbart sind, müssen sie bestimmten Verbindungen oder Schnittstellen zugeordnet werden, bevor eine der angegebenen Methoden ausgeführt werden wird.

Durch den Autorisierungsbefehl wird als Teil des Autorisierungsprozesses ein Anfragepaket mit einer Reihe von AV-Paaren an den RADIUS- oder TACACS-Dämon gesendet. Der Dämon kann daraufhin eine der folgenden Möglichkeiten ausführen:

- Die Anfrage vollständig akzeptieren
- Änderungen in der Anfrage vornehmen
- Die Anfrage und die Autorisierung ablehnen

Eine Liste der unterstützten RADIUS-Attribute finden Sie in Anhang A »Die RADIUS-Attribute«. Eine Liste der unterstützten TACACS+-AV-Paare finden Sie in Anhang B »Die TACACS+-Attribut-Value-Paare«.

> **ANMERKUNG**
>
> Folgende fünf Befehle gehören zum privilegierten Level 0: **disable, enable, exit, help** und **logout**. Wenn Sie die AAA-Autorisierung für einen privilegierten Level größer 0 konfigurieren, dann werden dieses fünf Befehle nicht im Befehlssatz des privilegierten Levels enthalten sein.

### Beispiel

Das folgende Beispiel vereinbart die Netzwerkautorisierungs-Methodenliste namens *scoobee*, die festlegt, dass auf seriellen PPP-Verbindungen zuerst die RADIUS-Authentifizierung ausgeführt wird. Wenn der RADIUS-Server nicht antwortet, wird daraufhin die lokale Netzwerk-Authentifizierung aufgerufen.

```
aaa authorization network scoobee radius local
```

### Verwandte Befehle

Sie können unter `www.cisco.com` eine Online-Recherche für eine Dokumentation verwandter Befehle ausführen.

**aaa accounting**
**aaa new-model**

## 5.2 aaa authorization config-commands

Verwenden Sie die **no**-Form des globalen Konfigurationsbefehls **aaa authorization config-commands**, um die Autorisierung der AAA-Konfigurationsbefehle im EXEC-Modus zu deaktivieren. Verwenden Sie die Standardform dieses Befehls, um wieder den Standard aufzurufen, der durch die Eingabe des Befehls **aaa authorization commands** *Level Methode1* erzeugt wurde.

**aaa authorization config-commands**
**no aaa authorization config-commands**

### Syntaxbeschreibung

Dieser Befehl besitzt keine Argumente oder Schlüsselwörter.

## Standard

Nach Eingabe des Befehls **aaa authorization** *command Level Methode* ist dieser standardmäßig aktiviert – d.h. alle Konfigurationsbefehle im EXEC-Modus werden autorisiert werden.

## Befehlsmodus

Globale Konfiguration

## Benutzungsrichtlinien

Dieser Befehl erschien erstmals in der Cisco-IOS-Version 11.2.

Wenn der Befehl **aaa authorization** *command Level Methode* aktiviert ist, werden alle Befehle, die Konfigurationsbefehle eingeschlossen, durch das AAA mit der angegebenen Methode autorisiert. Da es Konfigurationsbefehle gibt, die identisch mit einigen Befehlen des EXEC-Levels sind, kann dadurch einige Verwirrung im Autorisierungsprozess entstehen. Durch den Befehl **no aaa authorization config-commands** wird der Netzwerk-Access-Server nicht mehr versuchen die Konfigurationsbefehle zu autorisieren.

Nach der Eingabe der **no**-Form dieses Befehls ist die AAA-Autorisierung der Konfigurationsbefehle vollständig deaktiviert. Sie sollten die **no**-Form dieses Befehl mit Bedacht verwenden, da dies die administrative Kontrolle der Konfigurationsbefehle deutlich verringert.

Verwenden Sie den Befehl **aaa authorization config-commands command**, wenn Sie nach Eingabe der **no**-Form dieses Befehls wieder die Standardeinstellung aufrufen wollen, die durch den Befehl **aaa authorization** *command level Methode* vereinbart wurde.

## Beispiel

Das folgende Beispiel legt fest, dass die TACACS+ Autorisierung für die Befehle des Levels 15 ausgeführt werden soll und dass die AAA-Autorisierung der Konfigurationsbefehle deaktiviert ist:

```
aaa new-model
aaa authorization command 15 tacacs+ none
no aaa authorization config-commands
```

## Verwandte Befehle

Sie können unter www.cisco.com eine Online-Recherche für eine Dokumentation verwandter Befehle ausführen.

**aaa authorization**

## 5.3 aaa authorization reverse-access

Verwenden Sie den Befehl **aaa authorization reverse-access** im globalen Konfigurationsmodus, um einen Netzwerk-Access-Server dahingehend zu konfigurieren, dass er Autorisierungsinformationen von einem Sicherheits-Server anfordert, bevor er einem Benutzer den Aufbau einer rückwärtigen (reversen) Telnetsitzung erlaubt. Verwenden Sie die **no**-Form dieses Befehls, um wieder den Standardwert dieses Befehls aufzurufen.

**aaa authorization reverse-access {radius | tacacs+}**
**no aaa authorization reverse-access {radius | tacacs+}**

| Syntax | Beschreibung |
| --- | --- |
| Radius | Legt fest, dass der Netzwerk-Access-Server die Autorisierung durch einen RADIUS-Sicherheits-Server anfordert, bevor er einem Benutzer den Aufbau einer rückwärtigen (reversen) Telnetsitzung erlaubt. |
| Tacacs+ | Legt fest, dass der Netzwerk-Access-Server die Autorisierung durch einen TACACS+-Sicherheits-Server anfordert, bevor er einem Benutzer den Aufbau einer rückwärtigen (reversen) Telnetsitzung erlaubt. |

### Standard

Dieser Befehl ist standardmäßig deaktiviert, d.h. die Autorisierung für das rückwärtige (reverse) Telnet wird nicht verlangt.

### Befehlsmodus

Globale Konfiguration

### Benutzungsrichtlinien

Dieser Befehl erschien erstmals in der Cisco-IOS-Version 11.3.

Das Telnet ist ein Standard-Terminalemulations-Protokoll das für Fern-Terminalverbindungen genutzt wird. Normalerweise loggen Sie sich in einen Netzwerk-Access-Server ein (gewöhnlich über eine Einwahlverbindung) und verwenden anschließend das Telnet, um von diesem Netzwerk-Access-Server aus Zugang zu anderen Netzwerkgeräten zu erhalten. Es ist jedoch möglich, dass Sie zu einem bestimmten Zeitpunkt eine rückwärtige (reverse) Telnetsitzung aufnehmen müssen. Bei rückwärtigen (reversen) Telnetsitzungen wird die Telnetverbindung in der entgegengesetzten Richtung aufgebaut – aus einem Netzwerk heraus zu einem Netzwerk-Access-Server an der Netzwerkgrenze, um Zugriff auf Modems oder andere Geräte zu erhalten, die mit diesem Netzwerk-Access-Server verbunden sind. Das rückwärtige (reverse) Telnet wird angewendet, um Benutzern die Fähigkeit zu geben, eine ausgehende Modemverbindung aufzubauen, indem diese sich per Telnet mit den Modemports eines Netzwerk-Access-Servers verbinden können.

Es ist sehr wichtig, den möglichen Zugriff auf Ports über das rückwärtige (reverse) Telnet zu kontrollieren. Eine dahingehend fehlerhafte Konfiguration kann z.B. unautorisierten Benutzern den freien Zugriff auf Modems gestatten, mit denen sie eingehende Anrufe abfangen und umleiten oder ausgehende Anrufe zu unautorisierten Zielen ausführen können.

Die Authentifizierung während des rückwärtigen (reversen) Telnets wird durch das Standard-AAA-Login-Verfahren für das Telnet ausgeführt. Typischerweise muss der Benutzer einen Benutzernamen und ein Passwort angeben um entweder eine Telnet- oder eine rückwärtige (reverse) Telnetsitzung aufnehmen zu können. Die rückwärtige (reverse) Telnetautorisierung bietet eine zusätzliche (optionale) Sicherheitsstufe durch die zusätzliche Autorisierung nach der Authentifizierung. Wenn sich der Benutzer erfolgreich über das Standard-Telnet-Login-Verfahren authentifiziert hat und die rückwärtige (reverse) Telnetautorisierung aktiviert ist, dann kann diese das RADIUS oder das TACACS+ verwenden, um zu überprüfen, ob dieser Benutzer zum rückwärtigen (reversen) Telnetzugang zu bestimmten asynchronen Ports berechtigt ist.

### Beispiele

Im folgenden Beispiel wird der Netzwerk-Access-Server die Autorisierungsinformationen von einem TACACS+-Sicherheits-Server anfordern, bevor er einem Benutzer erlaubt, eine rückwärtige (reverse) Telnetsitzung aufzunehmen:

```
aaa new-model
aaa authentication login default tacacs+
aaa authorization reverse-access tacacs+
!
tacacs-server host 172.31.255.0
tacacs-server timeout 90
tacacs-server key goaway
```

Die Zeilen in dieser rückwärtigen (reversen) TACACS+-Telnet-Autorisierungs-Beispielkonfiguration bewirken Folgendes:

- Der Befehl **aaa new-model** aktiviert das AAA.

- Der Befehl **aaa authentication login default tacacs+** vereinbart das TACACS+ als Standardmethode für die Benutzer-Authentifizierung während des Login.

- Der Befehl **aaa authorization reverse-access tacacs+** vereinbart das TACACS+ als Methode für die Benutzer-Authentifizierung, wenn versucht wird eine rückwärtige (reverse) Telnetsitzung aufzunehmen.

- Der Befehl **tacacs-server host** identifiziert den TACACS+-Server.

- Der Befehl **tacacs-server timeout** setzt die Zeitdauer fest, die der Netzwerk-Access-Server auf Antwort vom TACACS+-Server wartet.

- Der Befehl **tacacs-server key** vereinbart den Verschlüsselungstext, der für jede TACACS+-Kommunikation zwischen dem Netzwerk-Access-Server und dem TACACS+-Dämon verwendet wird.

Das folgende Beispiel konfiguriert einen allgemeinen TACACS+-Server, um einem Benutzer namens *jim* den rückwärtigen (reversen) Telnetzugang auf den Port tty2 des Netzwerk-Access-Servers namens *godzilla* und auf den Port tty5 des Netzwerk-Access-Servers namens *gamera* zu erlauben:

```
user = jim
  login = cleartext lab
  service = raccess {
    port#1 = godzilla/tty2
    port#2 = gamera/tty5
```

> **ANMERKUNG**
>
> In diesem Beispiel sind *godzilla* und *gamera* die konfigurierten Hostnamen von Netzwerk-Access-Servern, es sind aber keine DNS-Namen oder Pseudonyme.

Das folgende Beispiel konfiguriert den TACACS+-Server (CiscoSecure) um einem Benutzer namens *jim* den rückwärtigen (reversen) Telnetzugang zu gestatten:

```
user = jim
profile_id = 90
profile_cycle = 1
member = Tacacs_user
service=shell {
default cmd=permit
}
service=raccess {
allow "c2511e0" "tty1" ".*"
refuse ".*" ".*" ".*"
Password = clear "goaway"
```

> **ANMERKUNG**
>
> CiscoSecure unterstützt das rückwärtige (reverse) Telnet unter Verwendung der Befehlszeilenschnittstelle nur in den Versionen 2.1(x) bis zur Version 2.2(1).

Eine leere Bedingung *service=raccess {}* erlaubt einem Benutzer den bedingungslosen Zugang zu den Ports des Netzwerk-Access-Servers für das rückwärtige (reverse) Telnet. Wenn keine Bedingung *service=raccess* vorhanden ist, wird dem Benutzer jeder Zugang zu einem Port für das rückwärtige (reverse) Telnet verwehrt.

Weitere Informationen über die Konfiguration des TACACS+ finden Sie in Kapitel 10 »Die Konfiguration des TACACS+.«

Im folgenden Beispiel wird der Netzwerk-Access-Server die Autorisierung durch einen RADIUS-Sicherheits-Server anfordern, bevor er einem Benutzer erlaubt, eine rückwärtige (reverse) Telnetsitzung aufzunehmen:

```
aaa new-model
aaa authentication login default radius
aaa authorization reverse-access radius
```

```
!
radius-server host 172.31.255.0
radius-server key go away
```

Die Zeilen in dieser Beispielkonfiguration zur rückwärtigen (reversen) RADIUS-Telnetautorisierung bewirken Folgendes:

− Der Befehl **aaa new-model** aktiviert das AAA.

− Der Befehl **aaa authentication login default radius** vereinbart das RADIUS als Standardmethode für die Benutzer-Authentifizierung während des Login.

− Der Befehl **aaa authorization reverse-access radius** vereinbart das RADIUS als Methode für die Benutzer-Authentifizierung, wenn versucht wird eine rückwärtige (reverse) Telnetsitzung aufzunehmen.

− Der Befehl **radius-server host** identifiziert den RADIUS-Server.

− Der Befehl **radius-server key** vereinbart den Verschlüsselungstext, der für jede RADIUS-Kommunikation zwischen dem Netzwerk-Access-Server und dem RADIUS-Dämon verwendet wird.

Das folgende Beispiel konfiguriert einen allgemeinen RADIUS-Server, um einem Benutzer namens *jim* den rückwärtigen (reversen) Telnetzugang auf den Port tty2 des Netzwerk-Access-Servers namens *godzilla* zu erlauben:

```
Passwort = "goaway"
user-Service-Type = Shell-user
cisco-avpair = "raccess:port#1=godzilla/tty2"
```

Eine leere Bedingung *raccess:port#1=nasname1/tty2* erlaubt einem Benutzer den bedingungslosen Zugang zu den Ports des Netzwerk-Access-Servers für das rückwärtige (reverse) Telnet. Wenn keine Bedingung *raccess:port#1=nasname1/tty2* vorhanden ist, wird dem Benutzer jeder Zugang zu einem Port für das rückwärtige (reverse) Telnet verwehrt.

Weitere Informationen über die Konfiguration des RADIUS finden Sie in Kapitel 8 »Die Konfiguration des RADIUS«.

### Verwandte Befehle

Sie können unter www.cisco.com eine Online-Recherche für eine Dokumentation verwandter Befehle ausführen.

**aaa authorization**

## 5.4  aaa new-model

Verwenden Sie den globalen Konfigurationsbefehl **aaa new-model**, um das AAA-Modell der Zugangskontrolle zu aktivieren. Verwenden Sie die **no**-Form dieses Befehls, um das AAA-Modell der Zugangskontrolle zu deaktivieren.

aaa new-model
no aaa new-model

## Syntaxbeschreibung

Dieser Befehl besitzt keine Argumente oder Schlüsselwörter.

## Standard

Das AAA ist nicht aktiviert.

## Befehlsmodus

Globale Konfiguration

## Benutzungsrichtlinien

Dieser Befehl erschien erstmals in der Cisco-IOS-Version 10.0.

Dieser Befehl aktiviert das AAA-System für die Zugangskontrolle. Nachdem Sie das AAA aktiviert haben, sind die TACACS- und erweiterten TACACS-Befehle nicht mehr verwendbar. Wenn Sie die AAA-Funktionen initialisieren und sich später dazu entschließen, das TACACS oder das erweiterte TACACS zu verwenden, dann geben Sie erst die **no**-Form dieses Befehls ein und aktivieren Sie anschließend die TACACS-Version, die Sie ausführen möchten.

## Beispiel

Das folgende Beispiel initialisiert das AAA:

```
aaa new-model
```

## Verwandte Befehle

Sie können unter www.cisco.com eine Online-Recherche für eine Dokumentation verwandter Befehle ausführen.

**aaa accounting**
**aaa authentication arap**
**aaa authentication enable default**
**aaa authentication local-override**
**aaa authentication login**
**aaa authentication ppp**
**aaa authorization**
**tacacs-server key**

## 5.5 authorization

Verwenden sie den line-Konfigurationsbefehl **authorization**, um die AAA-Autorisierung für eine bestimmte Verbindung oder eine Gruppe von Verbindungen zu aktivieren. Verwenden Sie die **no**-Form dieses Befehls, um die Autorisierung zu deaktivieren.

**authorization** {arap | **commands** *level* | exec | reverse-access} [default | *Listenname*]
**no authorization** {arap | **commands** *level* | exec | reverse-access} [default | *Listenname*]

| Syntax | Beschreibung |
|---|---|
| arap | Aktiviert die Autorisierung für (eine) Verbindung(en), die für das AppleTalk-Remote-Access-(ARA-)Protokoll konfiguriert wurde(n). |
| commands | Aktiviert die Autorisierung auf der (den) ausgewählten Verbindung(en) für alle Befehle des angegebenen privilegierten Levels. |
| level | Bestimmter Befehlslevel der autorisiert werden soll. Gültige Einträge sind 0 bis 15. |
| Exec | Aktiviert die Autorisierung zur Feststellung, ob der Benutzer berechtigt ist eine EXEC-Shell auf der (den) ausgewählten Verbindung(en) auszuführen. |
| reverse-access | Aktiviert die Autorisierung zur Feststellung, ob dem Benutzer rückwärtige (reverse) Zugangsprivilegien zugestanden werden. |
| default | (Optional) Der Name der Standardmethodenliste, die mit dem Befehl **aaa authorization** erzeugt wurde. |
| Listenname | (Optional) Legt den Namen einer Liste mit zu verwendenden Autorisierungsmethoden fest. Wenn kein Listenname angegeben wird, verwendet das System die Default-Liste. Die Liste wird mit dem Befehl **aaa authorization** erzeugt. |

### Standard

Die Autorisierung ist nicht aktiviert.

### Befehlsmodus

line-Konfiguration

### Benutzungsrichtlinien

Dieser Befehl erschien erstmals in der Cisco-IOS-Version 11.3T.

Wenn Sie den Befehl **aaa authorization** für eine bestimmte Autorisierungsart aktiviert und dafür eine bezeichnete Autorisierungsmethodenliste erstellt haben (Sie können auch die Standardmethodenliste verwenden), dann müssen Sie die vereinbarten Listen den entsprechenden Verbindungen zuordnen, damit die Autorisierung ausgeführt wird. Verwenden Sie den Befehl **authorization**, um die angegebenen Methodenlisten (wenn keine angegeben wird, gilt die Standardmethodenliste) der ausgewählten Verbindung oder der Gruppe von Verbindungen zuzuordnen.

## Beispiel

Das folgende Beispiel aktiviert die Befehlsautorisierung (für den Level 15) und verwendet die Methodenliste namens *charlie* auf der Verbindung 10:

```
line 10
 authorization commands 15 charlie
```

## Verwandte Befehle

Sie können unter www.cisco.com eine Online-Recherche für eine Dokumentation verwandter Befehle ausführen.

**aaa accounting**
**aaa authentication arap**
**login authentication**
**nasi authentication**

## 5.6 ppp authorization

Verwenden Sie den Interface-Konfigurationsbefehl **ppp authorization**, um die AAA-Autorisierung auf der ausgewählten Schnittstelle zu aktivieren. Verwenden Sie die **no**-Form dieses Befehls, um die Autorisierung zu deaktivieren.

**ppp authorization** [default | *Listenname*]
**no ppp authorization**

| Syntax | Beschreibung |
| --- | --- |
| Default | (Optional) Der Name der Standardmethodenliste, die mit dem Befehl **aaa authorization** erzeugt wurde. |
| Listenname | (Optional) Legt den Namen einer Liste mit zu verwendenden Autorisierungsmethoden fest. Wenn kein Listenname angegeben wird, verwendet das System die Default-Liste. Die Liste wird mit dem Befehl **aaa authorization** erzeugt. |

## Standard

Die Autorisierung ist deaktiviert.

## Befehlsmodus

Interface-Konfiguration

## Benutzungsrichtlinien

Dieser Befehl erschien erstmals in der Cisco-IOS-Version 11.3T.

Wenn Sie den Befehl **aaa authorization** für eine bestimmte Autorisierungsart aktiviert und dafür eine bezeichnete Autorisierungsmethodenliste erstellt haben (Sie können auch die Standardmethodenliste verwenden), dann müssen Sie die vereinbarten Listen den entsprechenden Schnittstellen zuordnen, damit die Autorisierung ausgeführt wird. Verwenden Sie den Befehl **ppp authorization**, um die angegebenen Methodenlisten (wenn keine angegeben wird, gilt die Standardmethodenliste) der ausgewählten Schnittstelle oder der Gruppe von Schnittstellen zuzuordnen.

### Beispiel

Das folgende Beispiel aktiviert die Autorisierung auf der asynchronen Schnittstelle 4 und verwendet die Methodenliste namens *charlie*:

```
interface async 4
 encapsulation ppp
 ppp authorization charlie
```

### Verwandte Befehle

Sie können unter www.cisco.com eine Online-Recherche für eine Dokumentation verwandter Befehle ausführen.

**aaa authorization**

# KAPITEL 6

# Die Konfiguration des Accountings

Durch das AAA-Accountingverfahren können Sie nachverfolgen, welche Dienste die Benutzer in Anspruch nehmen und welche Netzwerkressourcen sie konsumieren. Wenn das **aaa accounting** aktiviert ist, meldet der Netzwerk-Access-Server die Benutzeraktivitäten an den TACACS+- oder RADIUS-Sicherheits-Server (je nachdem, welche Sicherheitsmethode Sie verwenden) in Form von Accounting-Berichten. Jeder Accounting-Bericht umfasst Accounting-AV-Paarungen und wird auf dem Access-Kontroll-Server gespeichert. Diese Daten können daraufhin für die Netzwerkverwaltung, Kundenabrechnungen und/oder Berichte ausgewertet werden.

Dieses Kapitel beschreibt die folgenden Themen und Aufgaben:

– Bezeichnete Methodenlisten für das Accounting

– Die AAA-Accountingarten

– Die vorbereitenden Maßnahmen für das AAA-Accounting

– Die Aufgabenliste zur Konfiguration des AAA-Accountings

– Die Attribut-Value-Paare des Accountings

– Konfigurationsbeispiele zum Accounting

Eine vollständige Beschreibung der in diesem Kapitel verwendeten Accountingbefehle finden Sie in Kapitel 7 »Die Accountingbefehle«. Eine Dokumentation anderer in diesem Kapitel erscheinender Befehle können Sie erhalten, wenn Sie eine Online-Recherche unter www.cisco.com ausführen.

## 6.1 Bezeichnete Methodenlisten für das Accounting

Wie die Methodenlisten für die Authentifizierung und die Autorisierung legen auch die Methodenlisten für das Accounting die Art und Weise fest, wie das Accounting ausgeführt wird. Bezeichnete Accounting-Methodenlisten geben Ihnen die Möglichkeit, ein bestimmtes Sicherheitsprotokoll auf bestimmte Verbindungen oder Schnittstellen für die Accountingdienste zu verwenden.

Cisco-IOS-Software unterstützt die folgenden zwei Accountingmethoden:

- TACACS+ – Der Netzwerk-Access-Server meldet Benutzeraktivitäten an den TACACS+-Sicherheits-Server in Form von Accountingberichten. Jeder Accountingbericht enthält Accounting-AV-Paare und wird auf dem Sicherheits-Server gespeichert.

- RADIUS – Der Netzwerk-Access-Server meldet Benutzeraktivitäten an den RADIUS-Sicherheits-Server in Form von Accountingberichten. Jeder Accountingbericht enthält Accounting-AV-Paare und wird auf dem Sicherheits-Server gespeichert.

Die Accounting-Methodenlisten sind von der angeforderten Accountingart abhängig. Das AAA unterstützt fünf Accountingarten:

- Netzwerk – Liefert Informationen über alle PPP-, SLIP- oder ARAP-Sitzungen, einschließlich der Paket- und Bytezahlen.

- EXEC – Liefert Informationen über Benutzer-EXEC-Terminalsitzungen auf dem Netzwerk-Access-Server.

- Befehle – Diese überprüft die Befehle des EXEC-Modus, die ein Benutzer eingibt. Die Befehlsautorisierung versucht alle Befehle des EXEC-Modus zu autorisieren, einschließlich der globalen Konfigurationsbefehle, die zu einem bestimmten privilegierten Level gehören.

- Verbindung – Liefert Informationen über alle Outbound- (ausgehenden) Verbindungen, die vom Netzwerk-Access-Server aufgenommen werden, z.B. Telnet, Lokal-Area-Transport (LAT), TN3270, Packet-Assembler/Disassembler (PAD) und rlogin.

- System – Liefert Informationen über Ereignisse der Systemstufe.

**ANMERKUNG**

Das System-Accounting verwendet keine Accountinglisten. Für das System-Accounting können Sie nur die Standardliste vereinbaren.

Es sei erneut betont: Wenn Sie eine bezeichnete Methodenliste erzeugen, dann vereinbaren Sie eine bestimmte Liste von Accountingmethoden für die angegebene Accountingart.

Accounting-Methodenlisten müssen bestimmten Verbindungen oder Schnittstellen zugeordnet werden, bevor eine der vereinbarten Methoden ausgeführt werden wird. Die einzige Ausnahme bildet die Standard-Methodenliste (die mit *default* bezeichnet wird). Wenn der Befehl **aaa accounting** für eine bestimmte Accountingart ohne Angabe einer bezeichneten Methodenliste ausgeführt wird, dann wird die Standard-

Methodenliste automatisch allen Schnittstellen oder Verbindungen zugeordnet, mit Ausnahme derer, für die eine bezeichnete Methodenliste ausdrücklich vereinbart wurde. (Eine vereinbarte Methodenliste überstimmt die Standard-Methodenliste). Wenn keine Standard-Methodenliste vereinbart wurde, wird kein Accounting vorgenommen.

## 6.2 Die AAA-Accountingarten

Das AAA unterstützt fünf Arten des Accountings:

− Das Netzwerk-Accounting

− Das Verbindungs-Accounting

− Das EXEC-Accounting

− Das System-Accounting

− Das Befehls-Accounting

### 6.2.1 Das Netzwerk-Accounting

Das Netzwerk-Accounting liefert Informationen über alle PPP-, SLIP- oder ARAP-Sitzungen, einschließlich der Paket- und Bytezahlen.

Das folgende Beispiel zeigt die in einem RADIUS-Netzwerk-Accountingbericht enthaltenen Informationen über einen PPP-Benutzer, der sich über eine EXEC-Sitzung einwählte:

```
Wed Jun 25 04:44:45 1997
        NAS-IP-Address = "172.16.25.15"
        NAS-Port = 5
        User-Name = "fgeorge"
        Client-Port-DNIS = "4327528"
        Caller-ID = "562"
        Acct-Status-Type = Start
        Acct-Authentic = RADIUS
        Service-Type = Exec-User
        Acct-Session-Id = "0000000D"
        Acct-Delay-Time = 0
        User-Id = "fgeorge"
        NAS-Identifier = "172.16.25.15"

Wed Jun 25 04:45:00 1997
        NAS-IP-Address = "172.16.25.15"
        NAS-Port = 5
        User-Name = "fgeorge"
        Client-Port-DNIS = "4327528"
        Caller-ID = "562"
        Acct-Status-Type = Start
        Acct-Authentic = RADIUS
        Service-Type = Framed
        Acct-Session-Id = "0000000E"
```

```
            Framed-IP-Address = "10.1.1.2"
            Framed-protocol = PPP
            Acct-Delay-Time = 0
            User-Id = "fgeorge"
            NAS-Identifier = "172.16.25.15"
Wed Jun 25 04:47:46 1997
            NAS-IP-Address = "172.16.25.15"
            NAS-Port = 5
            User-Name = "fgeorge"
            Client-Port-DNIS = "4327528"
            Caller-ID = "562"
            Acct-Status-Type = Stop
            Acct-Authentic = RADIUS
            Service-Type = Framed
            Acct-Session-Id = "0000000E"
            Framed-IP-Address = "10.1.1.2"
            Framed-protocol = PPP
            Acct-Input-Octets = 3075
            Acct-Output-Octets = 167
            Acct-Input-Packets = 39
            Acct-Output-Packets = 9
            Acct-Session-Time = 171
            Acct-Delay-Time = 0
            User-Id = "fgeorge"
            NAS-Identifier = "172.16.25.15"
Wed Jun 25 04:48:45 1997
            NAS-IP-Address = "172.16.25.15"
            NAS-Port = 5
            User-Name = "fgeorge"
            Client-Port-DNIS = "4327528"
            Caller-ID = "408"
            Acct-Status-Type = Stop
            Acct-Authentic = RADIUS
            Service-Type = Exec-User
            Acct-Session-Id = "0000000D"
            Acct-Delay-Time = 0
            User-Id = "fgeorge"
            NAS-Identifier = "172.16.25.152"
```

Das folgende Beispiel zeigt die in einem TACACS+-Netzwerk-Accountingbericht enthaltenen Informationen über einen PPP-Benutzer, der zuerst eine EXEC-Sitzung startete:

```
Wed Jun 25 04:00:35 1997        172.16.25.15    fgeorge tty4    562/4327528
starttask_id=28         service=shell
Wed Jun 25 04:00:46 1997        172.16.25.15    fgeorge tty4    562/4327528
starttask_id=30         addr=10.1.1.1   service=ppp
Wed Jun 25 04:00:49 1997        172.16.25.15    fgeorge tty4    408/4327528
update          task_id=30      addr=10.1.1.1   service=ppp     protocol=ip
addr=10.1.1.1
Wed Jun 25 04:01:31 1997        172.16.25.15    fgeorge tty4    562/4327528
stoptask_id=30          addr=10.1.1.1   service=ppp     protocol=ip
addr=10.1.1.1   bytes_in=2844   bytes_out=1682  paks_in=36      paks_out=24
elapsed_time=51
Wed Jun 25 04:01:32 1996        172.16.25.15    fgeorge tty4    562/4327528
stoptask_id=28          service=shell   elapsed_time=57
```

Kapitel 6 • Die Konfiguration des Accountings **203**

> **ANMERKUNG**
>
> Das genaue Format der Accounting-Paketberichte kann je nach Ihrem verwendeten Sicherheits-Server-Dämon variieren.

Das folgende Beispiel zeigt die in einem RADIUS-Netzwerk-Accountingbericht enthaltenen Informationen über einen PPP-Benutzer, der die Verbindung über autoselect aufnahm:

```
Wed Jun 25 04:30:52 1997
        NAS-IP-Address = "172.16.25.15"
        NAS-Port = 3
        User-Name = "fgeorge"
        Client-Port-DNIS = "4327528"
        Caller-ID = "562"
        Acct-Status-Type = Start
        Acct-Authentic = RADIUS
        Service-Type = Framed
        Acct-Session-Id = "0000000B"
        Framed-protocol = PPP
        Acct-Delay-Time = 0
        User-Id = "fgeorge"
        NAS-Identifier = "172.16.25.15"

Wed Jun 25 04:36:49 1997
        NAS-IP-Address = "172.16.25.15"
        NAS-Port = 3
        User-Name = "fgeorge"
        Client-Port-DNIS = "4327528"
        Caller-ID = "562"
        Acct-Status-Type = Stop
        Acct-Authentic = RADIUS
        Service-Type = Framed
        Acct-Session-Id = "0000000B"
        Framed-protocol = PPP
        Framed-IP-Address = "10.1.1.1"
        Acct-Input-Octets = 8630
        Acct-Output-Octets = 5722
        Acct-Input-Packets = 94
        Acct-Output-Packets = 64
        Acct-Session-Time = 357
        Acct-Delay-Time = 0
        User-Id = "fgeorge"
        NAS-Identifier = "172.16.25.15"
```

Das folgende Beispiel zeigt die in einem TACACS+-Netzwerk-Accounting-Bericht enthaltenen Informationen über einen PPP-Benutzer, der die Verbindung über autoselect aufnahm:

```
Wed Jun 25 04:02:19 1997       172.16.25.15    fgeorge Async5 562/4327528
starttask_id=35        service=ppp
Wed Jun 25 04:02:25 1997       172.16.25.15    fgeorge Async5 562/4327528
```

```
update          task_id=35       service=ppp       protocol=ip       addr=10.1.1.2
Wed Jun 25 04:05:03 1997              172.16.25.15    fgeorge Async5 562/4327528
stoptask_id=35         service=ppp      protocol=ip      addr=10.1.1.2
bytes_in=3366    bytes_out=2149       paks_in=42     paks_out=28
elapsed_time=164
```

## 6.2.2 Das Verbindungs-Accounting

Das Verbindungs-Accounting liefert Informationen über alle Outbound-(ausgehenden)Verbindungen, die der Netzwerk-Access-Server aufnimmt, z.B. Telnet, LAT, TN3270, PAD und rlogin.

Das folgende Beispiel zeigt die in einem RADIUS-Verbindungs-Accountingbericht enthaltenen Informationen über eine ausgehende Telnetverbindung:

```
Wed Jun 25 04:28:00 1997
        NAS-IP-Address = "172.16.25.15"
        NAS-Port = 2
        User-Name = "fgeorge"
        Client-Port-DNIS = "4327528"
        Caller-ID = "5622329477"
        Acct-Status-Type = Start
        Acct-Authentic = RADIUS
        Service-Type = Login
        Acct-Session-Id = "00000008"
        Login-Service = Telnet
        Login-IP-Host = "171.68.202.158"
        Acct-Delay-Time = 0
        User-Id = "fgeorge"
        NAS-Identifier = "172.16.25.15"

Wed Jun 25 04:28:39 1997
        NAS-IP-Address = "172.16.25.15"
        NAS-Port = 2
        User-Name = "fgeorge"
        Client-Port-DNIS = "4327528"
        Caller-ID = "5622329477"
        Acct-Status-Type = Stop
        Acct-Authentic = RADIUS
        Service-Type = Login
        Acct-Session-Id = "00000008"
        Login-Service = Telnet
        Login-IP-Host = "171.68.202.158"
        Acct-Input-Octets = 10774
        Acct-Output-Octets = 112
        Acct-Input-Packets = 91
        Acct-Output-Packets = 99
        Acct-Session-Time = 39
        Acct-Delay-Time = 0
        User-Id = "fgeorge"
        NAS-Identifier = "172.16.25.15"
```

## Kapitel 6 • Die Konfiguration des Accountings

Das folgende Beispiel zeigt die in einem TACACS+-Verbindungs-Accountingbericht enthaltenen Informationen über eine ausgehende Telnetverbindung:

```
Wed Jun 25 03:47:43 1997         172.16.25.15       fgeorge tty3      5622329430/4327528
start     task_id=10        service=connection     protocol=telnet
addr=171.68.202.158
cmd=telnet fgeorge-sun
Wed Jun 25 03:48:38 1997         172.16.25.15       fgeorge tty3      5622329430/4327528
stop      task_id=10              service=connection    protocol=telnet
addr=171.68.202.158
cmd=telnet fgeorge-sun      bytes_in=4467   bytes_out=96    paks_in=61
paks_out=72 e
lapsed_time=55
```

Das folgende Beispiel zeigt die in einem RADIUS-Verbindungs-Accountingbericht enthaltenen Informationen über eine ausgehende rlogin-Verbindung:

```
Wed Jun 25 04:29:48 1997
         NAS-IP-Address = "172.16.25.15"
         NAS-Port = 2
         User-Name = "fgeorge"
         Client-Port-DNIS = "4327528"
         Caller-ID = "5622329477"
         Acct-Status-Type = Start
         Acct-Authentic = RADIUS
         Service-Type = Login
         Acct-Session-Id = "0000000A"
         Login-Service = Rlogin
         Login-IP-Host = "171.68.202.158"
         Acct-Delay-Time = 0
         User-Id = "fgeorge"
         NAS-Identifier = "172.16.25.15"

Wed Jun 25 04:30:09 1997
         NAS-IP-Address = "172.16.25.15"
         NAS-Port = 2
         User-Name = "fgeorge"
         Client-Port-DNIS = "4327528"
         Caller-ID = "5622329477"
         Acct-Status-Type = Stop
         Acct-Authentic = RADIUS
         Service-Type = Login
         Acct-Session-Id = "0000000A"
         Login-Service = Rlogin
         Login-IP-Host = "171.68.202.158"
         Acct-Input-Octets = 18686
         Acct-Output-Octets = 86
         Acct-Input-Packets = 90
         Acct-Output-Packets = 68
         Acct-Session-Time = 22
         Acct-Delay-Time = 0
         User-Id = "fgeorge"
         NAS-Identifier = "172.16.25.15"
```

Das folgende Beispiel zeigt die in einem TACACS+-Verbindungs-Accountingbericht enthaltenen Informationen über eine ausgehende rlogin-Verbindung:

```
Wed Jun 25 03:48:46 1997         172.16.25.15     fgeorge tty3    5622329430/4327528
start    task_id=12      service=connection       protocol=rlogin
addr=171.68.202.158
cmd=rlogin fgeorge-sun /user fgeorge
Wed Jun 25 03:51:37 1997         172.16.25.15     fgeorge    tty3
5622329430/4327528
stop     task_id=12      service=connection       protocol=rlogin
addr=171.68.202.158
cmd=rlogin fgeorge-sun /user fgeorge bytes_in=659926 bytes_out=138   paks_in=2378
paks_
out=1251       elapsed_time=171
```

Das folgende Beispiel zeigt die in einem TACACS+-Verbindungs-Accountingbericht enthaltenen Informationen über eine ausgehende LAT-Verbindung:

```
Wed Jun 25 03:53:06 1997         172.16.25.15     fgeorge tty3    5622329430/4327528
start    task_id=18      service=connection       protocol=lat    addr=VAX
cmd=lat VAX
Wed Jun 25 03:54:15 1997         172.16.25.15     fgeorge tty3    5622329430/4327528
stop     task_id=18      service=connection       protocol=lat    addr=VAX
cmd=lat VAX   bytes_in=0       bytes_out=0     paks_in=0      paks_out=0
elapsed_time=6
```

### 6.2.3 Das EXEC-Accounting

Das EXEC-Accounting liefert Informationen über Benutzer-EXEC-Terminalsitzungen (Benutzer-Shells) auf dem Netzwerk-Access-Server und beinhaltet den Benutzernamen, das Datum, Start- und Stoppzeiten, die IP-Adresse des Access-Servers und (bei Einwahlnutzern) die Telefonnummer des Anrufenden.

Das folgende Beispiel zeigt die in einem RADIUS-EXEC-Accountingbericht enthaltenen Informationen über einen Einwahlnutzer:

```
Wed Jun 25 04:26:23 1997
        NAS-IP-Address = "172.16.25.15"
        NAS-Port = 1
        User-Name = "fgeorge"
        Client-Port-DNIS = "4327528"
        Caller-ID = "5622329483"
        Acct-Status-Type = Start
        Acct-Authentic = RADIUS
        Service-Type = Exec-User
        Acct-Session-Id = "00000006"
        Acct-Delay-Time = 0
        User-Id = "fgeorge"
        NAS-Identifier = "172.16.25.15"
Wed Jun 25 04:27:25 1997
        NAS-IP-Address = "172.16.25.15"
        NAS-Port = 1
        User-Name = "fgeorge"
        Client-Port-DNIS = "4327528"
```

```
        Caller-ID = "5622329483"
        Acct-Status-Type = Stop
        Acct-Authentic = RADIUS
        Service-Type = Exec-User
        Acct-Session-Id = "00000006"
        Acct-Session-Time = 62
        Acct-Delay-Time = 0
        User-Id = "fgeorge"
        NAS-Identifier = "172.16.25.15"
```

Das folgende Beispiel zeigt die in einem TACACS+-EXEC-Accountingbericht enthaltenen Informationen über einen Einwahlnutzer:

```
Wed Jun 25 03:46:21 1997          172.16.25.15      fgeorge tty3      5622329430/4327528
start       task_id=2       service=shell
Wed Jun 25 04:08:55 1997          172.16.25.15      fgeorge tty3      5622329430/4327528
stop        task_id=2       service=shell    elapsed_time=1354
```

Das folgende Beispiel zeigt die in einem RADIUS-EXEC-Accountingbericht enthaltenen Informationen über einen Telnetbenutzer:

```
Wed Jun 25 04:48:32 1997
        NAS-IP-Address = "172.16.25.15"
        NAS-Port = 26
        User-Name = "fgeorge"
        Caller-ID = "171.68.202.158"
        Acct-Status-Type = Start
        Acct-Authentic = RADIUS
        Service-Type = Exec-User
        Acct-Session-Id = "00000010"
        Acct-Delay-Time = 0
        User-Id = "fgeorge"
        NAS-Identifier = "172.16.25.15"

Wed Jun 25 04:48:46 1997
        NAS-IP-Address = "172.16.25.15"
        NAS-Port = 26
        User-Name = "fgeorge"
        Caller-ID = "171.68.202.158"
        Acct-Status-Type = Stop
        Acct-Authentic = RADIUS
        Service-Type = Exec-User
        Acct-Session-Id = "00000010"
        Acct-Session-Time = 14
        Acct-Delay-Time = 0
        User-Id = "fgeorge"
        NAS-Identifier = "172.16.25.15"
```

Das folgende Beispiel zeigt die in einem TACACS+-EXEC-Accountingbericht enthaltenen Informationen über einen Telnetbenutzer:

```
Wed Jun 25 04:06:53 1997          172.16.25.15      fgeorge tty26     171.68.202.158
starttask_id=41         service=shell
Wed Jun 25 04:07:02 1997          172.16.25.15      fgeorge tty26     171.68.202.158
stoptask_id=41          service=shell    elapsed_time=9
```

## 6.2.4 Das System-Accounting

Das System-Accounting liefert Informationen über alle Ereignisse auf der Systemstufe (wenn sich z.B. das System neu bootet oder wenn das Accounting ein- oder ausgeschaltet wird). Der folgende Accounting-Bericht ist ein Beispiel eines typischen TACACS+-System-Accountingberichts über einen Server, der anzeigt, dass das AAA-Accounting abgeschaltet wurde:

```
Wed Jun 25 03:55:32 1997       172.16.25.15    unknown unknown unknown
start    task_id=25   service=system  event=sys_acct  reason=reconfigure
```

> **ANMERKUNG**
>
> Das genaue Format der Accounting-Paketberichte kann je nach Ihrem verwendeten TACACS+-Dämon variieren.

Der folgende Accounting-Bericht ist ein Beispiel eines TACACS+-System-Accountingberichts, der anzeigt, dass das AAA-Accounting angeschaltet wurde:

```
Wed Jun 25 03:55:22 1997       172.16.25.15    unknown unknown unknown stop
task_id=23   service=system  event=sys_acct  reason=reconfigure
```

> **ANMERKUNG**
>
> Die Cisco-Ausführung des RADIUS unterstützt kein System-Accounting.

## 6.2.5 Das Befehls-Accounting

Das Befehls-Accounting liefert Informationen über die Befehle der EXEC-Shell eines bestimmten privilegierten Levels, der auf einem Netzwerk-Access-Server ausgeführt wird. Jeder Befehls-Accountingbericht enthält eine Liste der ausgeführten Befehle dieses privilegierten Levels mit der Angabe des Datums, der Uhrzeit und des Benutzers. Damit lässt sich erkennen, wann und von wem jeder dieser Befehl ausgeführt wurde.

Das folgende Beispiel zeigt die in einem TACACS+-Befehls-Accountingbericht enthaltenen Informationen über den privilegierten Level 1:

```
Wed Jun 25 03:46:47 1997       172.16.25.15    fgeorge tty3   5622329430/4327528
stop      task_id=3    service=shell   priv-lvl=1     cmd=show version <cr>
Wed Jun 25 03:46:58 1997       172.16.25.15    fgeorge tty3   5622329430/4327528
stop      task_id=4    service=shell   priv-lvl=1     cmd=show interfaces
Ethernet 0 <cr>
Wed Jun 25 03:47:03 1997       172.16.25.15    fgeorge tty3   5622329430/4327528
stop      task_id=5    service=shell   priv-lvl=1     cmd=show ip route <cr>
```

Das folgende Beispiel zeigt die in einem TACACS+-Befehls-Accountingbericht enthaltenen Informationen über den privilegierten Level 15:

```
Wed Jun 25 03:47:17 1997        172.16.25.15     fgeorge tty3    5622329430/4327528
stop      task_id=6      service=shell   priv-lvl=15   cmd=configure terminal
<cr>
Wed Jun 25 03:47:21 1997        172.16.25.15     fgeorge tty3    5622329430/4327528
stop      task_id=7      service=shell   priv-lvl=15   cmd=interface Serial 0
<cr>
Wed Jun 25 03:47:29 1997        172.16.25.15     fgeorge tty3    5622329430/4327528
stop      task_id=8      service=shell   priv-lvl=15   cmd=ip address 1.1.1.1
255.255.255.0 <cr>
```

**ANMERKUNG**

Die Cisco-Ausführung des RADIUS unterstützt kein System-Accounting.

## 6.3 Die vorbereitenden Maßnahmen für das AAA-Accounting

Vor der Konfiguration des Accountings mit bezeichneten Methodenlisten ist die Ausführung der folgenden Schritte notwendig:

– Aktivieren Sie das AAA auf Ihrem Netzwerk-Access-Server. Weitere Informationen über die Aktivierung des AAA auf Ihrem Cisco-Router oder Access-Server finden Sie in Kapitel 1 »AAA: Ein Überblick«.

– Vereinbaren Sie die Eigenschaften Ihres RADIUS- oder TACACS+-Sicherheits-Server, wenn Sie die RADIUS- oder TACACS+-Autorisierung ausführen wollen. Weitere Informationen über die Konfiguration Ihres Cisco-Netzwerk-Access-Servers für die Kommunikation mit Ihrem RADIUS-Sicherheits-Server finden Sie in Kapitel 8 »Die Konfiguration des RADIUS«. Weitere Informationen über die Konfiguration Ihres Cisco-Netzwerk-Access-Servers für die Kommunikation mit Ihrem TACACS+-Sicherheits-Server finden Sie in Kapitel 10 »Die Konfiguration des TACACS+«.

## 6.4 Die Aufgabenliste zur Konfiguration des AAA-Accountings

Dieser Abschnitt beschreibt die folgenden Aufgaben:

– Die Konfiguration des Accountings mit bezeichneten Methodenlisten

– Die Aktivierung des Accountings

– Die Überwachung des Accountings

Im Abschnitt »Konfigurationsbeispiele zum Accounting« am Ende dieses Kapitels finden Sie Konfigurationsbeispiele, die die Befehle aus diesem Kapitel verwenden.

## 6.4.1 Die Konfiguration des Accountings mit bezeichneten Methodenlisten

Verwenden Sie die folgenden Befehle, um das AAA-Accounting mit bezeichneten Methodenlisten zu konfigurieren. Beginnen Sie im globalen Konfigurationsmodus:

| Schritt | Befehl | Zweck |
|---|---|---|
| 1 | aaa accounting {system | network | exec | connection | commands *Level*} {default | *Listenname*} {start-stop | wait-start | stop-only | none} [*Methode1* [*Methode2*...] ] | Erzeugt eine Accounting-Methodenliste und aktiviert das Accounting. |
| 2 | line [aux | console | tty | vty] *Verbindungsnummer* [*letzte-Verbindungsnummer*] | Wechselt in den line-Konfigurationsmodus für die Verbindungen, denen Sie die Accounting-Methodenliste zuordnen wollen. |
| | oder | oder |
| | interface *Schnittstellentyp Schnittstellennummer* | Wechselt in den Interface-Konfigurationsmodus für die Schnittstellen, denen Sie die Accounting-Methodenliste zuordnen wollen. |
| 3 | accounting {arap | exec | connection | commands *Level*} {default | *Listenname*} | Ordnet die Accounting-Methodenliste einer Verbindung oder einer Gruppe von Verbindungen zu. |
| | oder | oder |
| | ppp accounting {default | *Listenname*} | Ordnet die Accounting-Methodenliste einer Schnittstelle oder einer Gruppe von Schnittstellen zu. |

**ANMERKUNG**

Das System-Accounting verwendet keine Accountinglisten. Für das System-Accounting können Sie nur die Standardliste vereinbaren.

### Die Accountingarten

Jede Accountingart benötigt eigene bezeichnete Accounting-Methodenlisten. Verwenden Sie das Schlüsselwort **arap**, um eine Methodenliste zu erzeugen, die Accounting-Informationen über ARAP-(Netzwerk-)Sitzungen liefert. Verwenden Sie das Schlüsselwort **exec**, um eine Methodenliste zu erzeugen, mit der Accountingberichte über

Benutzer-EXEC-Terminalsitzungen auf dem Netzwerk-Access-Server erstellt werden, die den Benutzername, das Datum und Start- und Stoppzeiten enthalten. Mit dem Schlüsselwort **commands** erzeugen Sie eine Methodenliste, die Accountinginformationen über bestimmte individuelle EXEC-Befehle liefern, die zu einem bestimmte privilegierten Level gehören. Mit dem Schlüsselwort **connection** erzeugen Sie eine Methodenliste, die Accountinginformationen über alle ausgehenden Verbindungen liefern, die durch den Netzwerk-Access-Server aufgenommen wurden.

Das System-Accounting unterstützt keine bezeichneten Methodenlisten.

Mit dem Schlüsselwort **stop-only** führen Sie ein minimales Accounting aus, durch das die angegebene Methode (RADIUS oder TACACS+) am Ende eines Benutzerprozesses eine Stopp-Meldung im Accountingbericht vermerkt. Wenn Sie weitere Accountinginformationen erhalten möchten, können Sie das Schlüsselwort **start-stop** verwenden. Daraufhin wird eine Start-Accountingmeldung zu Beginn des angeforderten Ereignisses gesendet und eine Stopp-Accountingmeldung am Ende des Ereignisses. Mit dem Schlüsselwort **wait-start** können Sie den Zugang und das Accounting noch besser kontrollieren, da hiermit sichergestellt wird, dass der RADIUS oder TACACS+-Sicherheits-Server die Start-Meldung bestätigt, bevor der Prozessaufruf durch den Benutzer zugelassen wird. Mit dem Schlüsselwort **none** beenden Sie alle Accounting-Aktivitäten auf dieser Verbindung oder Schnittstelle.

### Die Accountingmethoden

Verwenden Sie das Schlüsselwort **tacacs+** *Methode*, damit der Netzwerk-Access-Server die Accounting-Informationen an einen TACACS+-Sicherheits-Server sendet. Nähere Informationen über die Konfiguration des Accountings mit einem TACACS+-Sicherheits-Server finden Sie in Kapitel 10 »Die Konfiguration des TACACS+«.

Verwenden Sie das Schlüsselwort **radius** *Methode*, damit der Netzwerk-Access-Server die Accounting-Informationen an einen RADIUS-Sicherheits-Server sendet. Nähere Informationen über die Konfiguration des Accountings mit einem RADIUS-Sicherheits-Server finden Sie in Kapitel 8 »Die Konfiguration des RADIUS«.

**ANMERKUNG**

Die Accounting-Methodenlisten für das SLIP folgen den PPP-Konfigurationen der entsprechenden Schnittstelle. Wenn keine Listen vereinbart wurden oder diese keiner bestimmten Schnittstelle zugeordnet wurden (oder keine PPP-Einstellungen konfiguriert wurden), wird die Standardeinstellung für das Accounting angewendet.

## 6.4.2 Die Aktivierung des Accountings

Mit dem Befehl **aaa accounting** können Sie einen Bericht für jede einzelne zu überwachende Accountingfunktion erzeugen oder für alle gemeinsam. Verwenden Sie den folgenden Befehl im globalen Konfigurationsmodus, um das AAA-Accounting zu aktivieren:

| Befehl | Zweck |
|---|---|
| aaa accounting {system | network | connection | exec | command *Level*} {start-stop | wait-start | stop-only} {tacacs+ | radius} | Aktiviert das Accounting. |

Mit dem Schlüsselwort **stop-only** führen Sie ein minimales Accounting aus, durch das die angegebene Methode (RADIUS oder TACACS+) am Ende eines Benutzerprozesses eine Stopp-Meldung im Accountingbericht vermerkt. Wenn Sie weitere Accountinginformationen erhalten möchten, können Sie das Schlüsselwort **start-stop** verwenden. Daraufhin wird eine Start-Accountingmeldung zu Beginn des angeforderten Ereignisses gesendet und eine Stopp-Accountingmeldung am Ende des Ereignisses. Mit dem Schlüsselwort **wait-start** können Sie den Zugang und das Accounting noch besser kontrollieren, da hiermit sichergestellt wird, dass der RADIUS oder TACACS+-Sicherheits-Server die Start-Meldung bestätigt, bevor der Prozessaufruf durch den Benutzer zugelassen wird.

### Die Unterdrückung der Accounting-Berichterstattung für Sitzungen mit dem Benutzernamen Null

Wenn der Befehl **aaa accounting** aktiviert ist, dann erzeugt die Cisco-IOS-Software Accountingberichte für alle Benutzer des Systems, auch für die Benutzer, deren Benutzername aufgrund von Protokoll-Übersetzungen NULL lautet. Dies sind zum Beispiel Benutzer, die sich über Verbindungen einwählen, denen der Befehl **aaa authentication login** *Methodenliste* **none** zugeordnet ist. Verwenden Sie den folgenden Befehl im globalen Konfigurationsmodus, um für Sitzungen, die keinen Benutzernamen tragen, auch keine Accountingberichte zu erzeugen:

| Befehl | Zweck |
|---|---|
| **aaa accounting suppress null-username** | Verhindert die Erzeugung von Accountingberichten für Benutzer, deren Benutzername NULL lautet. |

### Die Erzeugung von Accounting-Zwischenberichten

Verwenden Sie den folgenden Befehl im globalen Konfigurationsmodus, um die Sendung periodischer Accounting-Zwischenberichte an den Accounting-Server zu aktivieren:

| Befehl | Zweck |
|---|---|
| **aaa accounting update** {newinfo | **periodic** *Nummer*} | Aktiviert die Sendung periodischer Accounting-Zwischenberichte an den Accounting-Server. |

Durch den Befehl **aaa accounting update** erstellt die Cisco-IOS-Software Accounting-Zwischenberichte für alle Systembenutzer. Wenn Sie das Schlüsselwort **newinfo** verwenden, werden die Accounting-Zwischenberichte immer dann an den Accounting-Server gesendet, wenn neue Accountinginformationen auftreten. Es könnte beispielsweise ein Bericht gesendet werden, wenn das IPCP den IP-Adressenaustausch mit der externen Gegenstelle abgeschlossen hat. Der Accounting-Zwischenbericht wird dann die IP-Adresse enthalten, die die externe Gegenstelle verwendet.

Wenn Sie das Schlüsselwort **periodic** verwenden, werden die Accounting-Zwischenberichte in Abhängigkeit von der Argumentzahl periodisch gesendet. Der Accounting-Zwischenbericht enthält alle Accounting-Informationen des Benutzers, die bis zu dem Zeitpunkt der Sendung aufgenommen wurden.

Diese beiden Schlüsselwörter schließen sich gegenseitig aus, d.h. das zuletzt konfigurierte Schlüsselwort überstimmt die vorherige Konfiguration. Wenn Sie zum Beispiel **aaa accounting update periodic** konfiguriert hatten und daraufhin **aaa accounting update newinfo** konfigurieren, dann werden für alle momentan eingeloggten Benutzer weiterhin periodische Accounting-Zwischenberichte erzeugt. Für alle neuen Benutzer werden dagegen Accountingberichte auf der Basis des **newinfo**-Algorithmus erzeugt.

**STOP**

Die Ausführung des Befehls **aaa accounting update periodic** kann eine starke Netzüberlastung verursachen, wenn viele Benutzer in das Netzwerk eingeloggt sind.

### 6.4.3 Die Überwachung des Accountings

Für das RADIUS- bzw. das TACACS+-Accounting existieren keine besonderen **show**-Befehle. Verwenden Sie den folgenden Befehl im privilegierten EXEC-Modus, um die Informationen über momentan eingeloggte Benutzer aus den Accounting-Berichten angezeigt zu bekommen:

| Befehl | Zweck |
| --- | --- |
| show accounting | Geht alle aktiven Sitzungen durch und zeigt alle Accountingberichte der aktiv aufgenommenen Funktionen an. |

## 6.5 Die Attribut-Value-Paare des Accountings

Der Netzwerk-Access-Server überwacht die Accountingfunktionen, die entweder durch die TACACS+-AV-Paare oder durch die RADIUS-Attribute vereinbart wurden, je nach der von Ihnen durchgeführten Sicherheitsmethode. Eine Liste der unterstützten RADIUS-Attribute finden Sie in Anhang A »Die RADIUS-Attribute«. Eine Liste der unterstützten TACACS+-AV-Paare finden Sie in Anhang B »Die TACACS+-Attribut-Value-Paare«.

## 6.6 Konfigurationsbeispiele für das Accounting

Dieser Abschnitt enthält die folgenden Konfigurationsbeispiele:

- Ein Accounting-Konfigurationsbeispiel
- Ein Konfigurationsbeispiel mit einer bezeichneten Methodenliste

### 6.6.1 Ein Accounting-Konfigurationsbeispiel

In der folgenden Beispielkonfiguration wird das RADIUS-Accounting verwendet, um die Anwendung aller EXEC-Befehle und Netzwerkdienste, z.B. SLIP, PPP und ARAP zu verfolgen:

```
aaa accounting exec start-stop radius
aaa accounting network start-stop radius
```

Der Befehl **show accounting** verursacht die folgende Anzeige für obige Konfiguration:

```
Active Accounted actions on tty0, User georgef Priv 1
  Task ID 2, EXEC Accounting record, 00:02:13 Elapsed
  task_id=2 service=shell
  Task ID 3, connection Accounting record, 00:02:07 Elapsed
  task_id=3 service=connection protocol=telnet address=172.21.14.90 cmd=synth
Active Accounted actions on tty1, User rubble Priv 1
  Task ID 5, network Accounting record, 00:00:52 Elapsed
  task_id=5 service=ppp protocol=ip address=10.0.0.98
Active Accounted actions on tty10, User georgef Priv 1
  Task ID 4, EXEC Accounting record, 00:00:53 Elapsed
  task_id=4 service=shell
```

Tabelle 6.1 beschreibt die in diesem Beispiel enthaltenen Felder.

*Tabelle 6.1:* ***show accounting*** *Feldbeschreibungen*

| Feld | Beschreibung |
|---|---|
| Active Accounted actions on | Terminalverbindung oder Schnittstellenname, über die sich der Benutzer eingeloggt hat. |
| User | Benutzer-ID. |
| Priv | Privilegierter Level des Benutzers. |
| Task ID | Eindeutige Zahl, mit der jede Accountingsitzung identifizierbar ist. |
| Accounting Record | Art der Accountingsitzung. |
| Elapsed | Vergangene Zeitdauer (hh:mm:ss) seit Aufnahme dieser Sitzung. |
| attribute=value | Zu dieser Accountingsitzung zugehörige AV-Paare. |

## 6.6.2 Ein Konfigurationsbeispiel mit einer bezeichneten Methodenliste

Das folgende Beispiel konfiguriert einen Cisco AS5200 (der für das AAA und die Kommunikation mit einem RADIUS-Sicherheits-Server aktiviert ist) für die AAA-Dienste, die von dem RADIUS-Server geliefert werden. Wenn der RADIUS-Server nicht antwortet, wird daraufhin die lokale Datenbank nach Authentifizierungs- und Autorisierungsinformationen abgefragt und die Accountingdienste werden durch einen TACACS+-Server übernommen.

```
aaa new-model
aaa authentication login admins lokale
aaa authentication ppp dialins radius lokale
aaa authorization network scoobee radius lokale
aaa accounting network charlie start-stop radius
username root password ALongPassword
radius-server host alcatraz
radius-server key myRaDiUSpassWoRd
interface group-async 1
 group-range 1 16
 encapsulation ppp
 ppp authentication chap dialins
 ppp authorization scoobee
 ppp accounting charlie
line 1 16
 autoselect ppp
 autoselect during-login
 login authentication admins
 modem dialin
```

Die Zeilen in dieser RADIUS-AAA-Beispielkonfiguration bewirken Folgendes:

- Der Befehl **aaa new-model** aktiviert die AAA-Netzwerk-Sicherheitsdienste.

- Der Befehl **aaa authentication login admins local** vereinbart eine Methodenliste namens *admins* für die Login-Authentifizierung.

- Der Befehl **aaa authentication ppp dialins radius local** vereinbart die Authentifizierungs-Methodenliste *dialins* auf seriellen PPP-Verbindungen, in der zuerst die RADIUS-Authentifizierung und anschließend (wenn der RADIUS-Server nicht antwortet) die lokale Authentifizierung aufgerufen werden wird.

- Der Befehl **aaa authorization network scoobee radius local** vereinbart die Netzwerkautorisierungs-Methodenliste namens *scoobee* auf seriellen PPP-Verbindungen, in der zuerst die RADIUS-Authentifizierung aufgerufen wird. Wenn der RADIUS-Server nicht antwortet, wird daraufhin die lokale Netzwerkautorisierung ausgeführt.

- Der Befehl **aaa accounting network charley start-stop radius** vereinbart die Netzwerkaccounting-Methodenliste namens *charley* auf seriellen PPP-Verbindungen, in der die RADIUS-Accountingdienste (in diesem Falle Start- und Stoppberichte für bestimmte Ereignisse) verwendet werden.

- Der Befehl **username** vereinbart den Benutzernamen und das Passwort, die gemeinsam für die PPP-Passwort-Authentifizierung-Protokoll-(PAP-)Anrufer-Identifizierung verwendet werden.

- Der Befehl **radius-server host** vereinbart den Name des RADIUS-Server-Hosts.

- Der Befehl **radius-server key** vereinbart den gemeinsamen Geheimtext, der zwischen dem Netzwerk-Access-Server und dem RADIUS-Server-Host verwendet wird.

- Der Befehl **interface group-async** wählt eine Gruppe von asynchronen Schnittstellen aus bzw. vereinbart diese.

- Der Befehl **group-range** vereinbart die zu einer Schnittstellengruppe zugehörigen asynchronen Mitgliedsschnittstellen.

- Der Befehl **encapsulation ppp** Befehl legt die PPP-Einkapselungsmethode auf den angegebenen Schnittstellen fest.

- Der Befehl **ppp authentication chap dialins** legt das Challenge-Handshake-Authentifizierungs-Protokoll (CHAP) als PPP-Authentifizierungmethode fest und ordnet die Methodenliste *dialins* den angegebenen Schnittstellen zu.

- Der Befehl **ppp authorization scoobee** ordnet die Netzwerkautorisierungs-Methodenliste *scoobee* den angegebenen Schnittstellen zu.

- Der Befehl **ppp accounting charley** ordnet die Netzwerkaccounting-Methodenliste *charley* den angegebenen Schnittstellen zu.

- Mit dem Befehl **line** wechselt der Konfigurationsmodus aus der globalen Konfiguration in die line-Konfiguration und legt bestimmte zu konfigurierende Verbindungen fest.

- Der Befehl **autoselect ppp** konfiguriert die Cisco-IOS-Software dahingehend, dass der automatische Start einer PPP-Sitzung auf diesen ausgewählten Verbindungen zugelassen wird.

- Durch den Befehl **autoselect during-login** wird die Benutzernamen- und Passwort-Eingabeaufforderung angezeigt, ohne dass die Eingabetaste gedrückt werden muss. Nachdem sich der Benutzer eingeloggt hat, beginnt die Autoselect-Funktion (in diesem Falle das PPP).

- Der Befehl **login authentication admins** ordnet die Methodenliste *admins* der Login-Authentifizierung zu.

- Mit dem Befehl **modem dialin** werden die an die ausgewählten Verbindungen angeschlossenen Modems dahingehend konfiguriert, dass sie nur eingehende Anrufe annehmen.

# KAPITEL 7

# Die Accountingbefehle

Dieses Kapitel beschreibt die Befehle, mit denen das Accounting auf einem Netzwerk verwaltet wird. Mit dem Accountingmanagement können Sie die Nutzung der Netzwerkressourcen durch einzelne Benutzer oder durch Benutzergruppen verfolgen. Durch das AAA-Accountingverfahren können Sie nachvollziehen, welche Dienste die Benutzer in Anspruch nehmen und welche Netzwerkressourcen sie konsumieren. Wenn das **aaa accounting** aktiviert ist, meldet der Netzwerk-Access-Server die Benutzeraktivitäten an den TACACS+- oder RADIUS-Sicherheits-Server (je nachdem, welche Sicherheitsmethode Sie verwenden) in Form von Accountingberichten. Jeder Accountingbericht umfasst Accounting-AV-Paarungen und wird auf dem Access-Kontroll-Server gespeichert. Diese Daten können daraufhin für die Netzwerkverwaltung, für Kundenabrechnungen und/oder Berichte ausgewertet werden.

Informationen über die Konfiguration des Accountings unter AAA finden Sie in Kapitel 6 »Die Konfiguration des Accountings«. Sie finden Konfigurationsbeispiele, die die Befehle aus diesem Kapitel verwenden, im Abschnitt » Konfigurationsbeispiele zum Accounting« am Ende des Kapitels 6.

## 7.1    aaa accounting

Verwenden Sie den globalen Konfigurationsbefehl **aaa accounting**, um das AAA-Accounting auf angeforderte Dienste für Abrechnungen oder aus Sicherheitsgründen zu aktivieren, wenn Sie das RADIUS oder das TACACS+ anwenden. Verwenden Sie die **no**-Form dieses Befehls, um das Accounting zu deaktivieren.

aaa accounting {system | network | exec | connection | commands *Level*} {default | *Listenname*}{start-stop | wait-start | stop-only | none} [*Methode1* [*Methode2*...] ]
no aaa accounting {system | network | exec | commands *Level*}

| Syntax | Beschreibung |
|---|---|
| system | Führt das Accounting für alle Ereignisse der Systemstufe aus, die nicht benutzerbezogen sind, z.B. Systemneustarts. |
| network | Führt das Accounting für alle netzwerkbezogenen Dienstanfragen durch, einschließlich SLIP, PPP, PPP NCPs und ARA. |
| exec | Führt das Accounting für EXEC-Sitzungen (Benutzer-Shells) durch. Dieses Schlüsselwort kann Informationen über das Benutzerprofil liefern, z.B. **autocommand**-Informationen. |
| connection | Liefert Informationen über alle Outbound-(ausgehenden)Verbindungen, die vom Netzwerk-Access-Server aufgenommen werden, z.B. Telnet, Lokal-Area-Transport (LAT), TN3270, Packet-Assembler/Disassembler (PAD) und rlogin. |
| commands | Führt das Accounting für alle Befehle des angegebenen privilegierten Levels aus. |
| *Level* | Bestimmter Befehlslevel für den das Accounting aufgenommen wird. Gültige Einträge sind 0 bis 15. |
| **default** | Verwendet die Accountingmethoden, die nach diesem Argument aufgelistet sind, als Standard-Methodenliste für das Accounting. |
| *Listenname* | Zeichenfolge, mit der die Liste von Accountingmethoden bezeichnet wird. |
| start-stop | Sendet eine Start-Accountingmeldung zu Beginn eines Prozesses und eine Stopp-Accountingmeldung am Ende eines Prozesses. Der Start-Accountingbericht wird im Hintergrund gesendet. Der aufgerufene Benutzerprozess beginnt ohne Rücksicht darauf, ob die Start-Accountingmeldung vom Accounting-Server empfangen wurde. |
| wait-start | Wie bei **start-stop** sendet dieses Schlüsselwort eine Start- und eine Stopp-Accountingmeldung an den Accounting-Server. Wenn Sie aber das Schlüsselwort **wait-start** verwenden, dann beginnt der aufgerufene Benutzerprozess erst dann, wenn die Start-Accountingmeldung bestätigt wurde. Es wird auch eine Stopp-Accountingmeldung gesendet. |
| stop-only | Sendet eine Stopp-Accountingmeldung am Ende eines aufgerufenen Benutzerprozesses. |
| **none** | Deaktiviert die Accountingdienste auf dieser Verbindung oder Schnittstelle. |
| *Methode1 [Methode2...]* | Mindestens eines der Schlüsselwörter aus Tabelle 7-1. |

### Standard

Das AAA-Accounting ist deaktiviert. Wenn der Befehl **aaa accounting** für eine bestimmte Accountingart ohne Angabe einer bezeichneten Methodenliste ausgeführt wird, dann wird die Standard-Methodenliste automatisch allen Schnittstellen oder Verbindungen zugeordnet, mit Ausnahme derer, für die eine bezeichnete Methodenliste ausdrücklich vereinbart wurde. (Eine vereinbarte Methodenliste überstimmt die Standard-Methodenliste.) Wenn keine Standard-Methodenliste vereinbart wurde, wird kein Accounting vorgenommen.

**Befehlsmodus**

Globale Konfiguration

**Benutzungsrichtlinien**

Dieser Befehl erschien erstmals in der Cisco-IOS-Version 10.3.

Verwenden Sie den Befehl **aaa accounting** um das Accounting zu aktivieren und bezeichnete Methodenlisten zu erzeugen, in der bestimmte Accounting-Methoden verbindungs- oder schnittstellenbezogen vereinbart werden. Die MethodenSchlüsselwörter sind in der Tabelle 7.1 beschrieben.

*Tabelle 7.1: Die AAA-Accounting-Schlüsselwörter*

| Schlüsselwort | Beschreibung |
|---|---|
| radius | Verwendet das RADIUS für die Accountingdienste. |
| tacacs+ | Verwendet das TACACS+ für die Accountingdienste. |

Die Cisco-IOS-Software unterstützt die folgenden zwei Accountingmethoden:

- TACACS+ – Der Netzwerk-Access-Server meldet Benutzeraktivitäten an den TACACS+-Sicherheits-Server in Form von Accountingberichten. Jeder Accountingbericht enthält Accounting-AV-Paare und wird auf dem Sicherheits-Server gespeichert.

- RADIUS – Der Netzwerk-Access-Server meldet Benutzeraktivitäten an den RADIUS-Sicherheits-Server in Form von Accountingberichten. Jeder Accountingbericht enthält Accounting-AV-Paare und wird auf dem Sicherheits-Server gespeichert.

Die Accounting-Methodenlisten legen die Art und Weise fest, wie das Accounting ausgeführt wird. Bezeichnete Accounting-Methodenlisten geben Ihnen die Möglichkeit, ein bestimmtes Sicherheitsprotokoll auf bestimmte Verbindungen oder Schnittstellen für die Accountingdienste zu verwenden. Sie erzeugen eine Liste durch die Eingabe von *Listenname* und *Methode*. Mit *Listenname* bezeichnen Sie diese Liste, wobei Sie jede Zeichenfolge verwenden können (außer allen Methodennamen). Das Argument *Methode* legt eine Liste von Autorisierungsmethoden in einer bestimmten Reihenfolge fest.

Jede Accountingart benötigt eigene bezeichnete Accounting-Methodenlisten. Verwenden Sie das Schlüsselwort **arap**, um Methodenliste zu erzeugen, die Accounting-Informationen über ARAP-(Netzwerk-)Sitzungen liefert. Verwenden Sie das Schlüsselwort **exec**, um eine Methodenliste zu erzeugen, mit der Accountingberichte über Benutzer-EXEC-Terminalsitzungen auf dem Netzwerk-Access-Server erzeugt werden, die den Benutzername, das Datum und die Start- und Stoppzeiten enthalten. Mit dem Schlüsselwort **commands** erzeugen Sie eine Methodenliste, die Accountinginformationen über bestimmte individuelle EXEC-Befehle liefert, die zu einem bestimmte privilegierten Level gehören. Mit dem Schlüsselwort **connection** erzeugen Sie eine Methodenliste, die Accountinginformationen über alle ausgehenden Verbindungen liefert, die durch den Netzwerk-Access-Server aufgenommen wurden.

> **ANMERKUNG**
>
> Das System-Accounting verwendet keine Accountinglisten. Für das System-Accounting können Sie nur die Standardliste vereinbaren.

Mit dem Schlüsselwort **stop-only** führen Sie ein minimales Accounting aus, durch das die angegebene Methode (RADIUS oder TACACS+) am Ende eines Benutzerprozesses eine Stopp-Meldung im Accountingbericht vermerkt. Wenn Sie weitere Accountinginformationen erhalten möchten, können Sie das Schlüsselwort **start-stop** verwenden. Daraufhin wird eine Start-Accountingmeldung zu Beginn des angeforderten Ereignisses gesendet und eine Stopp-Accountingmeldung am Ende des Ereignisses. Mit dem Schlüsselwort **wait-start** können Sie den Zugang und das Accounting noch besser kontrollieren, da hiermit sichergestellt wird, dass der RADIUS oder TACACS+-Sicherheits-Server die Start-Meldung bestätigt, bevor der Prozessaufruf durch den Benutzer zugelassen wird. Mit dem Schlüsselwort **none** beenden Sie alle Accounting-Aktivitäten auf dieser Verbindung oder Schnittstelle.

Wenn der Befehl **aaa accounting** aktiviert wird, dann überwacht der Netzwerk-Access-Server je nach der von Ihnen ausgeführten Sicherheitsmethode entweder die RADIUS-Accountingattribute oder die TACACS+-AV-Paare, die dieser Verbindung zugehören. Der Netzwerk-Access-Server berichtet über diese Attribute in Form von Accountingberichten, die daraufhin in einer Accounting-Logdatei auf dem Sicherheits-Server gespeichert werden. Eine Liste der unterstützten RADIUS-Attribute finden Sie in Anhang A »Die RADIUS-Attribute«. Eine Liste der unterstützten TACACS+-AV-Paare finden Sie in Anhang B »Die TACACS+-Attribut-Value-Paare«.

> **ANMERKUNG**
>
> Dieser Befehl kann nicht mit dem TACACS oder dem erweiterten TACACS verwendet werden.

### Beispiel

Das folgende Beispiel erzeugt eine Standard-Methodenliste für das Befehls-Accounting, bei der die Befehls-Accountingdienste durch einen TACACS+-Sicherheits-Server ausgeführt werden. Das Accounting wird für den privilegierten Befehlslevel 15 mit dem Schlüsselwort **stop-only** ausgeführt.

```
aaa accounting commands 15 default stop-only tacacs+
```

### Verwandte Befehle

Sie können online unter www.cisco.com eine Recherche nach verwandten Befehlen ausführen.

**aaa authentication**
**aaa authorization**
**aaa new-model**

## 7.2 aaa accounting suppress null-username

Verwenden Sie den globalen Konfigurationsbefehl **aaa accounting suppress null-username**, um zu verhindern, dass die Cisco-IOS-Software Accountingberichte über Benutzer sendet, deren Benutzername NULL lautet. Verwenden Sie die **no**-Form dieses Befehls um das Senden von Berichten über Benutzer mit einem NULL-Benutzernamen zuzulassen.

**aaa accounting suppress null-username**
**no aaa accounting suppress null-username**

### Syntaxbeschreibung

Dieser Befehl besitzt keine Argumente oder Schlüsselwörter.

### Standard

Deaktiviert

### Befehlsmodus

Globale Konfiguration

### Benutzungsrichtlinien

Dieser Befehl erschien erstmals in der Cisco-IOS-Version 11.2.

Wenn der Befehl **aaa accounting** aktiviert ist, dann erzeugt die Cisco-IOS-Software Accountingberichte für alle Benutzer des Systems, auch für die Benutzer, deren Benutzername aufgrund von Protokollübersetzungen NULL lautet. Dieser Befehl verhindert, dass Accountingberichte für Benutzer erzeugt werden, denen kein Benutzername zugeordnet wurde.

### Beispiel

Das folgende Beispiel unterdrückt Accountingberichte für Benutzer, denen kein Benutzername zugeordnet wurde:

```
aaa accounting suppress null-username
```

## Verwandte Befehle

Sie können online unter www.cisco.com eine Recherche nach verwandten Befehlen ausführen.

aaa accounting

## 7.3  aaa accounting update

Verwenden Sie den globalen Konfigurationsbefehl **aaa accounting update**, um periodische Accounting-Zwischenberichte an den Accounting-Server zu senden. Verwenden Sie die **no**-Form dieses Befehls, um die Sendung von Accounting-Zwischenberichten zu deaktivieren.

aaa accounting update {newinfo | periodic *Anzahl*}
no aaa accounting update

| Syntax | Beschreibung |
|---|---|
| **Newinfo** | Verursacht die Sendung eines Accounting-Zwischenberichts an den Accounting-Server, wenn sich neue berichtenswerte Accounting-informationen über den betreffenden Benutzer ergeben. |
| **Periodic** | Verursacht die periodische Sendung eines Accounting-Zwischenberichts an den Accounting-Server, deren Zeitintervall sich nach dem vereinbarten Argument *Anzahl* richtet. |
| *Anzahl* | Ganze Zahl, die das Zeitintervall in Minuten angibt. |

### Standard

Deaktiviert

### Befehlsmodus

Globale Konfiguration

### Benutzungsrichtlinien

Dieser Befehl erschien erstmals in der Cisco-IOS-Version 11.3.

Wenn der Befehl **aaa accounting update** verwendet wird, dann erstellt die Cisco-IOS-Software Accounting-Zwischenberichte für alle Systembenutzer. Wenn Sie das Schlüsselwort **newinfo** verwenden, werden die Accounting-Zwischenberichte immer dann an den Accounting-Server gesendet, wenn neue Accountinginformationen auftreten. Es könnte beispielsweise ein Bericht gesendet werden, wenn das IPCP den IP-Adressenaustausch mit der externen Gegenstelle abgeschlossen hat. Der Accounting-Zwischenbericht wird dann die IP-Adresse enthalten, die die externe Gegenstelle verwendet.

Wenn Sie das Schlüsselwort **periodic** verwenden, werden die Accounting-Zwischenberichte in Abhängigkeit von der Argumentzahl periodisch gesendet. Der Accounting-Zwischenbericht enthält alle Accountinginformationen des Benutzers, die bis zu dem Zeitpunkt der Sendung aufgenommen wurden.

Diese beiden Schlüsselwörter schließen sich gegenseitig aus, d.h. das zuletzt konfigurierte Schlüsselwort überstimmt die vorherige Konfiguration. Wenn Sie zum Beispiel **aaa accounting update periodic** konfiguriert hatten und daraufhin **aaa accounting update newinfo** konfigurieren, dann werden für alle momentan eingeloggten Benutzer weiterhin periodische Accounting-Zwischenberichte erzeugt. Für alle neuen Benutzer werden dagegen Accounting-Berichte auf der Basis des **newinfo**-Algorithmus erzeugt.

> **STOP**
>
> Die Ausführung des Befehls **aaa accounting update periodic** kann eine starke Netzüberlastung verursachen, wenn viele Benutzer in das Netzwerk eingeloggt sind.

### Beispiel

Das folgende Beispiel sendet PPP-Accountingberichte an einen entfernten RADIUS-Server. Es wird einen Accounting-Zwischenbericht an den RADIUS-Server senden, wenn die IPCP-Kommunikation abgeschlossen wurde, und er wird die angemeldete IP-Adresse dieses Benutzers enthalten:

```
aaa accounting network start-stop radius
aaa accounting update newinfo
```

### Verwandte Befehle

Sie können online unter `www.cisco.com` eine Recherche nach verwandten Befehlen ausführen.

**aaa accounting exec**
**aaa accounting network**

## 7.4 accounting

Verwenden Sie den line-Konfigurationsbefehl **accounting**, um die AAA-Accountingdienste auf einer bestimmten Verbindung oder auf einer Gruppe von Verbindungen zu aktivieren. Verwenden Sie die **no**-Form dieses Befehls, um die AAA-Accountingdienste zu deaktivieren.

**accounting {arap | commands *Level* | connection | exec} [default | *Listenname*]**
**no accounting {arap | commands *Level* | connection | exec} [default | *Listenname*]**

| Syntax | Beschreibung |
|---|---|
| arap | Aktiviert das Accounting auf Verbindungen, die für das AppleTalk-Remote-Access-(ARA-)Protokoll konfiguriert sind. |
| commands | Aktiviert das Accounting auf den ausgewählten Verbindungen für alle Befehle des angegebenen privilegierten Levels. |
| Level | Bestimmter Befehlslevel, für den das Accounting aufgenommen wird. Gültige Einträge sind 0 bis 15. |
| connection | Aktiviert sowohl das CHAP als auch das PAP und führt die PAP-Authentifizierung vor der CHAP-Authentifizierung aus. |
| Exec | Führt das Accounting für alle Ereignisse der Systemstufe aus, die nicht benutzerbezogen sind, z.B. Reloads auf den ausgewählten Verbindungen. |
| Default | (Optional) Der Name der Standard-Methodenliste, die mit dem Befehl **aaa accounting** erzeugt wurde. |
| Listenname | (Optional) Zeichenfolge, mit der die Liste von Accountingmethoden bezeichnet wird. Wenn kein Listenname angegeben wird, verwendet das System die Standardliste. Die Liste wird mit dem Befehl **aaa accounting** erzeugt. |

## Standard

Das Accounting ist deaktiviert.

## Befehlsmodus

line-Konfiguration

## Benutzungsrichtlinien

Dieser Befehl erschien erstmals in der Cisco-IOS-Version 11.3 T.

Wenn Sie den Befehl **aaa accounting** für eine bestimmte Autorisierungsart aktiviert und dafür eine bezeichnete Autorisierungs-Methodenliste erstellt haben (Sie können auch die Standard-Methodenliste verwenden), dann müssen Sie die vereinbarten Listen den entsprechenden Schnittstellen zuordnen, damit die Autorisierung ausgeführt wird. Verwenden Sie den Befehl **accounting**, um die angegebenen Methodenlisten (wenn keine angegeben wird, gilt die Standard-Methodenliste) der ausgewählten Verbindung oder der Gruppe von Verbindungen zuzuordnen.

## Beispiel

Das folgende Beispiel aktiviert die Befehls-Accountingdienste (für den Level 15) und verwendet die Accounting-Methodenliste namens *charlie* auf der Verbindung 10:

```
line 10
accounting commands 15 charlie
```

## Verwandte Befehle

Sie können online unter www.cisco.com eine Recherche nach verwandten Befehlen ausführen.

arap authentication
authorization
login authentication
nasi authentication

## 7.5  ppp accounting

Verwenden Sie den Interface-Konfigurationsbefehl **ppp accounting**, um die AAA-Accountingdienste auf den ausgewählten Schnittstelle zu aktivieren. Verwenden Sie die **no**-Form dieses Befehls, um die AAA-Accountingdienste zu deaktivieren.

ppp accounting [default | *Listenname*]
no ppp accounting

| Syntax | Beschreibung |
|---|---|
| **Default** | (Optional) Der Name der Standard-Methodenliste, die mit dem Befehl **aaa accounting** erzeugt wurde. |
| *Listenname* | (Optional) Zeichenfolge, mit der die Liste von Accountingmethoden bezeichnet wird. Wenn kein Listenname angegeben wird, verwendet das System die Standardliste. Die Liste wird mit dem Befehl **aaa accounting** erzeugt. |

### Standard

Das Accounting ist deaktiviert.

### Befehlsmodus

Interface-Konfiguration

### Benutzungsrichtlinien

Dieser Befehl erschien erstmals in der Cisco-IOS-Version 11.3 T.

Wenn Sie den Befehl **aaa accounting** für eine bestimmte Autorisierungsart aktiviert und dafür eine bezeichnete Autorisierungs-Methodenliste erstellt haben (Sie können auch die Standard-Methodenliste verwenden), dann müssen Sie die vereinbarten Listen den entsprechenden Schnittstellen zuordnen, damit die Autorisierung ausgeführt wird. Verwenden Sie den Befehl **ppp accounting**, um die angegebenen Methodenlisten (wenn keine angegeben wird, gilt die Standard-Methodenliste) der ausgewählten Schnittstelle oder der Gruppe von Schnittstellen zuzuordnen.

### Beispiel

Das folgende Beispiel aktiviert das Accounting auf der asynchronen Schnittstelle 4 und verwendet die Accounting-Methodenliste namens *charlie*:

```
interface async 4
 encapsulation ppp
 ppp accounting charlie
```

### Verwandte Befehle

Sie können online unter www.cisco.com eine Recherche nach verwandten Befehlen ausführen.

aaa accounting

## 7.6 show accounting

Verwenden Sie den EXEC-Befehl **show accounting,** um alle aktiven Sitzungen durchzugehen und alle Accountingberichte für aktiv aufgezeichnete Funktionen anzuzeigen bzw. auszudrucken. Verwenden Sie die **no**-Form dieses Befehls, um die Anzeige und den Ausdruck der Accounting-Berichte zu beenden.

show accounting {system | network | exec | command *Level*} {start-stop | wait-start | stop-only} tacacs+

no show accounting {system | network | exec | command *Level*}

| Syntax | Beschreibung |
| --- | --- |
| System | Zeigt das Accounting aller Ereignisse der Systemstufe an, die nicht benutzerbezogen sind, z.B. Systemneustarts. |
| Network | Zeigt das Accounting aller netzwerkbezogenen Dienstanfragen an, einschließlich SLIP, PPP, PPP NCPs und ARA. |
| Exec | Zeigt das Accounting für EXEC-Sitzungen (Benutzer-Shells) an. Dieses Schlüsselwort kann Informationen über das Benutzerprofil liefern, z.B. **autocommand**-Informationen. |
| Command | Zeigt das Accounting für alle Befehle des angegebenen privilegierten Levels an. |
| Level | Legt den anzuzeigenden Befehlslevel fest. Gültige Einträge sind 0 bis 15. |
| start-stop | Zeigt eine Start-Accountingmeldung zu Beginn eines Prozesses und eine Stopp-Accountingmeldung am Ende eines Prozesses an. Der Start-Accountingbericht wird im Hintergrund gesendet. Der aufgerufene Benutzerprozess beginnt ohne Rücksicht darauf, ob die Start-Accountingmeldung vom Accounting-Server empfangen wurde. |
| wait-start | Zeigt sowohl eine Start-Accountingmeldung als auch eine Stopp-Accountingmeldung an, die an den Accounting-Server gesendet wird. |
| stop-only | Zeigt eine Stopp-Accountingmeldung am Ende eines aufgerufenen Benutzerprozesses an. |
| tacacs+ | Zeigt die TACACS-Form des Accountings an. |

## Standard

Deaktiviert

## Befehlsmodus

EXEC

## Benutzungsrichtlinien

Dieser Befehl erschien erstmals in der Cisco-IOS-Version 11.1.

Mit dem Befehl **show accounting** können Sie sich die aktiven Accountingereignisse im Netzwerk anzeigen lassen. Er bietet dem Systemadministrators die Möglichkeit, mit einem kurzen Blick festzustellen, was im Netzwerk vor sich geht und eignet sich auch zur Sammlung von Informationen, wenn sich ein Datenverlust auf dem Accounting-Server ereignet.

Der Befehl **show accounting** zeigt zusätzliche Daten über den inneren Zustand des AAA an, wenn der Befehl **debug aaa accounting** aktiviert ist.

## Beispielanzeigen

Es folgt eine Beispielanzeige nach der Eingabe des Befehls **show accounting**, die die Accountingberichte eines EXEC-Login und einer ausgehenden Telnetsitzung anzeigt:

```
router# show accounting
Active Accounted actions on tty0, User (not logged in) Priv 1
 Task ID 1, EXEC Accounting record, 00:22:14 Elapsed
 task_id=1 service=shell
 Task ID 10, Connection Accounting record, 00:00:03 Elapsed
 task_id=10 service= line protocol=telnet addr=172.16.57.11 cmd=connect tom-ss20
Active Accounted actions on tty66, User tom Priv 1
 Task ID 9, EXEC Accounting record, 00:02:14 Elapsed
 task_id=9 service=shell
```

Es folgt eine Beispielanzeige nach der Eingabe des Befehls **show accounting**, die die Accountingberichte einer Netzwerk-Verbindung anzeigt:

```
router# show accounting
Active Accounted actions on tty33, User tom Priv 1
 Task ID 13, Network Accounting record, 00:00:10 Elapsed
 task_id=13 service=ppp protocol=ip addr=10.0.0.1
```

Es folgt eine Beispielanzeige nach der Eingabe des Befehls **show accounting**, die die Accountingberichte einer PPP-Sitzung anzeigt, die von der EXEC-Eingabe gestartet wurde:

```
router# show accounting
Active Accounted actions on tty0, User (not logged in) Priv 1
 Task ID 1, EXEC Accounting record, 00:35:16 Elapsed
 task_id=1 service=shell
```

```
Active Accounted actions on tty33, User ellie Priv 1
  Task ID 16, EXEC Accounting record, 00:00:17 Elapsed
  task_id=16 service=shell
Active Accounted actions on Interface Async33, User tom Priv 1
  Task ID 17, Network Accounting record, 00:00:13 Elapsed
  task_id=17 service=ppp protocol=ip addr=10.0.0.1
```

Tabelle 7.2 beschreibt die in diesem Beispiel enthaltenen Felder.

*Tabelle 7.2: Feldbeschreibungen des Befehls show accounting*

| Feld | Beschreibung |
|---|---|
| Active Accounted actions on | Terminalverbindung oder Schnittstellenname, über die sich der Benutzer eingeloggt hat. |
| User | Benutzer-ID. |
| Priv | Privilegierter Level des Benutzers. |
| Task ID | Eindeutige Zahl, mit der jede Accountingsitzung identifizierbar ist. *Continues* |
| Accounting record | Art der Accountingsitzung. |
| Elapsed | Vergangene Zeitdauer (hh:mm:ss) seit Aufnahme dieser Sitzung. |
| attribute=value | Zu dieser Accountingsitzung zugehörige AV-Paare. |

### Verwandte Befehle

Sie können online unter www.cisco.com eine Recherche nach verwandten Befehlen ausführen.

**debug aaa accounting**
**show line**
**show usersAbschnittswechs**

# Teil 2

# Sicherheits-Server-Protokolle

8 Die Konfiguration des RADIUS

9 RADIUS-Befehle

10 Konfiguration des TACACS+

11 Konfiguration des TACACS und des erweiterten TACACS

12 Befehle des TACACS, des erweiterten TACACS und des TACACS+

13 Konfiguration des Kerberos

14 Die Kerberos-Befehle

# KAPITEL 8

# Die Konfiguration des RADIUS

Dieses Kapitel beschreibt das Remote-Authentication-Dial-In-User-Service-(RADIUS-)Sicherheitssystem sowie dessen Arbeitsweise. Des Weiteren betrachtet es Netzwerkumgebungen, für die sich die Verwendung der RADIUS-Technologie eignet bzw. nicht eignet. Der Abschnitt »Die Liste der RADIUS-Konfigurationsaufgaben« beschreibt, wie der RADIUS mit dem Authentifizierungs-, Autorisierungs- und Accounting-(AAA-)Befehlssatz zu konfigurieren ist. Der Abschnitt »Beispiel zu der RADIUS-Authentifizierung und -Autorisierung« am Ende dieses Kapitels bietet zwei mögliche Anwendungsszenarien.

Dieses Kapitel behandelt die folgenden Themen:

– RADIUS-Überblick

– Die Arbeitsweise des RADIUS

– Die schrittweise Konfiguration des RADIUS

Eine vollständige Beschreibung der in diesem Kapitel verwendeten Radius-Befehle finden Sie in Kapitel 9 »Die RADIUS-Befehle«. Eine Dokumentation anderer in diesem Kapitel erscheinender Befehle können Sie erhalten, wenn Sie eine Online-Recherche unter www.cisco.com ausführen.

## 8.1 RADIUS-Überblick

RADIUS ist ein frei erhältliches Client/Server-System, das Netzwerke vor dem unautorisierten Zugang schützt. In der Cisco-Ausführung laufen RADIUS-Clients auf Cisco-Routern und senden Authentifizierungsanfragen an einen zentralen RADIUS-Server, der alle Informationen über Benutzer-Authentifizierung und Netzwerk-Service-Zugang enthält.

RADIUS ist ein vollkommen offenes Protokoll. Es wird im Quellcode-Format vertrieben, das so abgeändert werden kann, dass es mit jedem momentan auf dem Markt verfügbaren Sicherheitssystem betrieben werden kann.

Cisco unterstützt das RADIUS im Rahmen seines AAA-Sicherheitmodells. RADIUS kann zusammen mit anderen AAA-Sicherheitsprotokollen verwendet werden, z.B. mit TACACS+, Kerberos oder mit einer lokalen Benutzernamenprüfung. RADIUS wird auf allen Cisco-Plattformen unterstützt.

RADIUS wird auf einer ganzen Reihe von Netzwerkumgebungen ausgeführt, die eine hohe Sicherheitsstufe erfordern und gleichzeitig den Netzwerkzugang für Einwahlbenutzer ermöglichen müssen.

Sie sollten RADIUS in den folgenden Netzwerkumgebungen verwenden, die einen Zugriffsschutz benötigen:

- In Netzwerken mit Access-Servern verschiedener Hersteller, die alle RADIUS unterstützen. So können zum Beispiel Access-Server von verschiedenen Herstellern eine einzige Sicherheitsdatenbank eines RADIUS-Servers nutzen. In einem IP-basierten Netzwerk mit mehreren Access-Servern verschiedener Hersteller werden Einwahlnutzer über einen RADIUS-Server authentifiziert, der für die Zusammenarbeit mit dem Kerberos-Sicherheitssystem modifiziert wurde.

- In Netzwerk-Sicherheitsumgebungen, in denen Anwendungen das RADIUS-Protokoll unterstützen, z.B. in einer Access-Umgebung, die ein Smart-Card-Zugangskontrollsystem verwendet. In einem Fall wurde RADIUS mit den Enigma-Sicherheitskarten verwendet, um Benutzer zu überprüfen und den Zugang zu den Netzwerkressourcen zu gewähren.

- In Netzwerken, die bereits RADIUS verwenden. Sie können einen Cisco-Router mit RADIUS in dieses Netzwerk einfügen. Darin könnte der erste Schritt bestehen, wenn Sie den Wechsel zum Terminal-Access-Controller-Access-Control-System-(TACACS+-)Server vollziehen.

- In Netzwerken, in denen ein Benutzer nur auf einen einzigen Dienst zugreifen darf. Mit RADIUS können Sie den Benutzerzugang zu einem einzelnen Host kontrollieren, zu einer einzelnen Anwendung, z.B. Telnet oder zu einem einzelnen Protokoll, z.B. dem Point-to-Point-Protokoll (PPP). Wenn sich z.B. ein Benutzer einloggt, dann identifiziert RADIUS diesen Benutzer und autorisiert ihn zur Ausführung des PPPs mit der IP-Adresse 10.2.3.4 und die zugeordnete Access-Liste wird gestartet.

- In Netzwerken, die das Ressourcen-Accounting erfordern. Sie können RADIUS-Accounting unabhängig von RADIUS-Authentifizierung oder –Autorisierung betreiben. Die Funktionen des RADIUS-Accountings ermöglichen die Sendung von Daten bei Beginn und bei Beendigung eines Dienstes. Auf diese Weise können die während der Sitzung genutzten Ressourcenmengen (z.B. Zeitdauer, Paketzahl, Bytes usw.) bestimmt werden. Ein Internet-Service-Provider (ISP) kann eine Freeware-Version der RADIUS-Zugangskontroll- und Accounting-Software nutzen, um bestimmte Sicherheits- und Abrechnungsbedürfnisse zu erfüllen.

Die Verwendung von RADIUS ist in den folgenden Netzwerk-Sicherheitssituationen nicht sinnvoll:

- In Access-Umgebungen, in denen mehrere Protokolle ausgeführt werden. Die folgenden Protokolle werden vom RADIUS nicht unterstützt:
  - AppleTalk-Remote-Access-(ARA-)Protokoll
  - NetBIOS-Frame-Control-Protokoll (NBFCP)
  - NetWare-Asynchronous-Services-Interface (NASI)
  - X.25-PAD-Verbindungen
- In Router-zu-Router-Situationen. RADIUS bietet keine zweiseitige Authentifizierung. Es kann verwendet werden, um die Authentifizierung von einem Router zu einem Nicht-Cisco-Router auszuführen, wenn der Nicht-Cisco-Router die RADIUS-Authentifizierung erfordert.
- Netzwerke, die eine ganze Reihe von Diensten verwenden. RADIUS verbindet den Benutzer generell nur mit einem Dienstmodell.

## 8.2 Die Arbeitsweise des RADIUS

Wenn ein Benutzer ein Login und die Authentifizierung auf einem Access-Server versucht, der RADIUS verwendet, dann werden die folgende Schritte ausgeführt:

1. Der Benutzer wird zur Eingabe eines Benutzernamens und eines Passworts aufgefordert und dieser gibt seine persönlichen Angaben ein.
2. Der Benutzername und das verschlüsselte Passwort wird gemeinsam über das Netzwerk an den RADIUS-Server gesendet.
3. Der Benutzer empfängt eine der folgenden Antworten vom RADIUS-Server:
   a) ACCEPT – Der Benutzer ist authentifiziert.
   b) REJECT – Der Benutzer ist nicht authentifiziert und wird erneut zur Eingabe des Benutzernamens und des Passworts aufgefordert oder der Zugang wird verweigert.
   c) CHALLENGE – Ein Challenge-Paket wird durch den RADIUS-Server ausgesendet. Das Challenge-Paket erfragt zusätzliche Daten von dem Benutzer.
   d) CHANGE PASSWORD – Der RADIUS-Server sendet eine Aufforderung zur Angabe eines neuen Benutzerpassworts.

**234** Network Security

Die ACCEPT- oder REJECT-Antwort wird gemeinsam mit zusätzlichen Daten übertragen, die für die EXEC- oder Netzwerk-Autorisierung verwendet werden. Vor der Ausführung der RADIUS-Autorisierung muss erst die RADIUS-Authentifizierung abgeschlossen sein. Die ACCEPT- oder REJECT-Pakete enthalten die folgenden zusätzlichen Daten:

- Die Dienste, auf die der Benutzer zugreifen kann, einschließlich Telnet-, rlogin- oder Local-Area- Transport-(LAT-)Verbindungen sowie dem PPP, dem Serial-Line-Internet-Protokoll (SLIP) oder EXEC-Diensten.

- Die Verbindungsparameter, die die Host- oder Client-IP-Adresse, die –Access-Liste und die Benutzer-Zeitlimits enthalten.

## 8.3 Die schrittweise Konfiguration des RADIUS

Führen Sie die folgenden Schritte aus, um RADIUS auf Ihrem Cisco-Router oder Access-Server zu konfigurieren:

- Verwenden Sie den globalen Konfigurationsbefehl **aaa new-model**, um AAA zu aktivieren. Wenn Sie RADIUS verwenden wollen, muss AAA konfiguriert werden. Weitere Informationen über die Verwendung des Befehls **aaa new-model** finden Sie in Kapitel 1 »AAA: Ein Überblick«.

- Verwenden Sie den globalen Konfigurationsbefehl **aaa authentication**, um Methodenlisten für die RADIUS-Authentifizierung zu vereinbaren. Weitere Informationen über die Verwendung des Befehls **aaa authentication** finden Sie in Kapitel 2 »Die Konfiguration der Authentifizierung«.

- Verwenden Sie die Befehle **line** und **interface**, um die vereinbarten Methodenlisten anzuwenden. Weitere Informationen finden Sie in Kapitel 2 »Die Konfiguration der Authentifizierung«.

Die folgenden Konfigurationsschritte sind optional:

- Verwenden Sie bei Bedarf den globalen Befehl **aaa authorization**, um den Zugriff auf bestimmte Benutzerfunktionen einzuschränken. Weitere Informationen über die Verwendung des Befehls **aaa authorization** finden Sie in Kapitel 4 »Die Konfiguration der Autorisierung«.

- Verwenden Sie bei Bedarf den Befehl **aaa accounting**, um das Accounting für RADIUS-Verbindungen zu aktivieren. Weitere Informationen über die Verwendung des Befehls **aaa accounting** finden Sie in Kapitel 6 »Die Konfiguration des Accountings«.

Dieses Kapitel beschreibt die Einrichtung des RADIUS für die Authentifizierung, die Autorisierung und das Accounting auf Ihrem Netzwerk und enthält die folgenden Abschnitte:

- Die Konfiguration des Routers für die RADIUS-Server-Kommunikation

- Die Konfiguration des Routers für die Verwendung herstellereigener RADIUS-Attribute
- Die Konfiguration des Routers für die hersteller-proprietäre RADIUS-Server-Kommunikation
- Die Konfiguration des Routers für die Abfrage des RADIUS-Servers nach statischen Routen und IP-Adressen
- Die Konfiguration des Routers für die erweiterten Port-Informationen eines Netzwerk-Access-Servers
- Die Konfiguration der RADIUS-Authentifizierung
- Die Konfiguration der RADIUS-Autorisierung
- Die Konfiguration des RADIUS-Accountings
- Die RADIUS-Attribute
- Beispiele zur RADIUS-Konfiguration

## 8.3.1 Die Konfiguration des Routers für die RADIUS-Server-Kommunikation

Der RADIUS-Host ist gewöhnlich ein System, das von mehreren Benutzern verwendet wird, und auf dem die RADIUS-Server-Software von Livingston, Merit, Microsoft oder einem anderen Software-Entwickler betrieben wird. Ein RADIUS-Server und ein Cisco-Router verwenden einen gemeinsamen Geheimtext, um Passwörter und gegenseitige Antworten zu verschlüsseln.

Um RADIUS zur Verwendung der AAA-Sicherheitsbefehle zu konfigurieren, müssen Sie den Host festlegen, der den Radius-Server-Dämon betreibt, sowie einen Geheimtext, den dieser sich mit dem Router teilt. Verwenden Sie den Befehl **radius-server**, um den RADIUS-Server-Host und einen Geheimtext festzulegen.

Verwenden Sie die folgenden Befehle im globalen Konfigurationsmodus, um einen RADIUS-Server-Host und einen gemeinsamen Geheimtext festzulegen:

| Schritt | Befehl | Zweck |
|---|---|---|
| 1 | **radius-server host** {*Hostname* \| *IP-Adresse*} [**auth-port** *Portnummer*] [**acct-port** *Portnummer*] | Legt die IP-Adresse oder den Hostnamen des entfernten RADIUS-Server-Hosts fest und weist Authentifizierungs- und Accounting-Zielportnummern zu. |
| 2 | **radius-server key** *Zeichenfolge* | Legt die Zeichenfolge des gemeinsamen Geheimtextes fest, die zwischen dem Router und dem RADIUS-Server verwendet wird. |

Verwenden Sie die folgenden optionalen globalen **radius-server**-Konfigurationsbefehle, um die Kommunikation zwischen dem Router und dem RADIUS-Server zu modifizieren:

| Schritt | Befehl | Zweck |
|---|---|---|
| 1 | radius-server retransmit *Neuversuche* | Legt die Anzahl der erneut vom Router an den Server gesendeten RADIUS-Anfragen fest, bevor dieser aufgibt (Standard ist drei). |
| 2 | radius-server timeout *Sekunden* | Legt die Sekunden fest, die ein Router auf eine Antwort auf eine RADIUS-Anfrage wartet, bevor er die Anfrage erneut sendet. |
| 3 | radius-server dead-time *Minuten* | Legt die Minuten fest, nach denen ein RADIUS-Server, der nicht auf Authentifizierungsanfragen antwortet, bei Anfragen zur RADIUS-Authentifizierung übergangen wird. |

### 8.3.2 Die Konfiguration des Routers für die Verwendung herstellereigener RADIUS-Attribute

Die Standardbeschreibung der Internet-Engineering-Task-Force (IETF) legt als Methode zum Austausch herstellereigener Informationen zwischen dem Netzwerk-Access-Server und dem RADIUS-Server die Verwendung des herstellereigen Attributs (das Attribut 26) fest. Durch die herstellereigenen Attribute (VSAs – Vendor-Specific-Attributes) können die Hersteller ihre eigenen erweiterten Eigenschaften unterstützen, die nicht allgemein anwendbar sind. Die RADIUS-Ausführung von Cisco unterstützt eine herstellereigene Option, die das in der Beschreibung empfohlene Format verwendet. Die Hersteller-ID von Cisco ist 9 und die unterstützte Option hat den Herstellertyp 1, die mit *cisco-avpair* bezeichnet ist. Der Wert besteht aus einer Zeichenfolge der Form:

```
protocol : attribute sep value *
```

*protocol* enthält einen Wert des Cisco-*protocol*-Attributs für eine bestimmte Autorisierungsart. *attribute* und *value* sind ein zugehöriges Attribut/Value- (AV-) Paar, das in der Cisco-TACACS+-Spezifikation festgelegt ist, und das *sep* enthält ein = für vorgeschriebene Attribute und einen * für optionale Attribute. Auf diese Weise kann der ganze Satz von Funktionen, der für die TACACS+-Autorisierung verfügbar ist, auch für das RADIUS verwendet werden.

Das folgende AV-Paar verursacht beispielsweise während der IP-Autorisierung (während der IPCP-Adresszuordnung des PPP) die Aktivierung der Cisco-Funktion der mehrfach bezeichneten IP-Adress-Pools:

```
cisco-avpair= "ip:addr-pool=first"
```

Das folgende Beispiel wird einem Benutzer, der sich von einem Netzwerk-Access-Server einloggt, den direkten Zugriff auf EXEC-Befehle verleihen.

`cisco-avpair= "shell:priv-lvl=15"`

Andere Hersteller haben ihre eigenen, eindeutigen Hersteller-IDs, Optionen und zugehörigen VSAs. Weitere Informationen über Hersteller-IDs und VSAs finden Sie im RFC 2138 »Remote Authentication Dial-In User Service (RADIUS)«.

Verwenden Sie den folgenden Befehl im globalen Konfigurationsmodus, um den Netzwerk-Access-Server zur Erkennung und Verwendung von VSAs zu konfigurieren:

| Befehl | Zweck |
| --- | --- |
| radius-server vsa send [accounting \| authentication] | Aktiviert den Netzwerk-Access-Server zur Erkennung und Verwendung von VSAs, wie es durch das RADIUS IETF-Attribut 26 festgelegt ist. |

Eine vollständige Liste der RADIUS-Attribute und weitere Informationen über das herstellereigene Attribut 26 finden Sie in Anhang A »RADIUS-Attribute«.

### 8.3.3 Konfiguration des Routers für hersteller-proprietäre RADIUS-Server-Kommunikation

Obwohl eine Standardbeschreibung der IETF für RADIUS eine Methode für den Austausch hersteller-proprietärer Informationen zwischen dem Netzwerk-Access-Server und dem RADIUS-Server festlegt, haben einige Hersteller den Satz der RADIUS-Attribute durch eigene Attribute erweitert. Die Cisco-IOS-Software unterstützt einen Teil der hersteller-proprietären RADIUS-Attribute.

Wie bereits erwähnt, müssen Sie bei der Konfiguration des RADIUS (gleichgültig ob hersteller-proprietär oder gemäß der IETF-Beschreibung) den Host festlegen, auf dem der RADIUS-Server-Dämon ausgeführt wird, sowie die Zeichenfolge des Geheimtextes, den er sich mit dem Cisco-Gerät teilt. Der RADIUS-Host und der Geheimtext wird durch die **radius-server**-Befehle vereinbart. Mit dem Befehl **radius-server host non-standard** legen Sie fest, dass der RADIUS-Server eine hersteller-proprietäre Ausführung des RADIUS verwendet. Solange Sie den Befehl **radius-server host non-standard** nicht konfiguriert haben, werden hersteller-proprietäre Attribute nicht unterstützt.

Verwenden Sie die folgenden Befehle im globalen Konfigurationsmodus, um einen hersteller-proprietären RADIUS-Server-Host und einen gemeinsamen Geheimtext festzulegen:

| Schritt | Befehl | Zweck |
|---|---|---|
| 1 | radius-server host {*Hostname* | *IP-Adresse*} non-standard | Legt die IP-Adresse oder den Hostnamen des entfernten RADIUS-Server-Hosts sowie die Verwendung der hersteller-proprietären Ausführung des RADIUS fest. |
| 2 | radius-server key *Zeichenfolge* | Legt die Zeichenfolge des gemeinsamen Geheimtextes fest, der zwischen dem Router und dem hersteller-proprietären RADIUS-Server verwendet wird. Der Router und der RADIUS-Server verwenden diese Zeichenfolge, um Passwörter und gegenseitige Antworten zu verschlüsseln. |

### 8.3.4 Die Konfiguration des Routers für die Abfrage des RADIUS-Servers nach statischen Routen und IP-Adressen

Einige hersteller-proprietäre Ausführungen des RADIUS ermöglichen es dem Benutzer, statische Routen und IP-Pool-Vereinbarungen auf dem RADIUS-Server festzulegen, anstatt sie auf jedem einzelnen Netzwerk-Access-Server im Netzwerk vorzunehmen. Jeder Netzwerk-Access-Server erfragt die statischen Routen und IP-Pool-Informationen vom RADIUS-Server.

Verwenden Sie den folgenden Befehl im globalen Konfigurationsmodus, damit der Cisco-Router oder Access-Server den RADIUS-Server nach statischen Routen und IP-Pool-Vereinbarungen anfragt, wenn das Gerät neu startet:

| Befehl | Zweck |
|---|---|
| radius-server configure-nas | Lässt den Cisco-Router oder Access-Server den RADIUS-Server nach statischen Routen und IP-Pool-Vereinbarungen fragen, die innerhalb der gesamten Domain verwendet werden. |

> **ANMERKUNG**
>
> Da der Befehl **radius-server configure-nas** dann ausgeführt wird, wenn der Cisco-Router neu startet, wird er erst aktiv, wenn Sie den Befehl **copy system:running config nvram:startup-config** ausführen und den Router mit dem Befehl **reload** neu starten.

### 8.3.5 Konfiguration des Routers für die erweiterten Port-Informationen eines Netzwerk-Access-Servers

Es gibt einige Situationen, bei denen die PPP- oder die Login-Authentifizierung an einer Schnittstelle erfolgt, die sich von der Schnittstelle unterscheidet, an der die tatsächliche Einwahl stattfindet. Bei einer V.120 ISDN-Einwahl findet z.B. die Login- oder PPP-Authentifizierung auf einer virtuellen asynchronen Schnittstelle ttt statt, während die eigentliche Einwahl über einen der Kanäle der ISDN-Schnittstelle erfolgt.

Der Befehl **radius-server attribute nas-port extended** konfiguriert RADIUS zur Erweiterung der Länge des NAS-Port-Attribut-Feldes (das RADIUS-IETF-Attribut 5) auf 32 Bits. Die ersten 16 Bits des NAS-Port-Attributs zeigen den Typ und die Nummer der Controller-Schnittstelle, während die letzten 16 Bits die Schnittstelle anzeigen, auf der eine Authentifizierung ausgeführt wird.

Verwenden Sie den folgenden Befehl im globalen Konfigurationsmodus, um die erweiterten Schnittstellen-Informationen im NAS-Port-Attribut-Feld anzuzeigen:

| Befehl | Zweck |
| --- | --- |
| radius-server attribute nas-port extended | Erweitert die Länge des NAS-Port-Attribut-Felds von 16 auf 32 Bits, um die erweiterten Schnittstellen-Information anzuzeigen. |

**ANMERKUNG**

Dieser Befehl ersetzt den aufgehobenen Befehl **radius-server extended-portnames**.

Auf Plattformen mit mehreren Schnittstellen (Ports) pro Slot wird die RADIUS-Ausführung von Cisco kein eindeutiges NAS-Port-Attribut liefern, das die Unterscheidung zwischen den Schnittstellen ermöglicht. Wenn sich zum Beispiel eine doppelte PRI-Schnittstelle in Slot 1 befindet, wird sowohl der Aufruf Serial1/0:1 als auch der Aufruf Serial1/1:1 als NAS-Port = 20101 erscheinen.

Es wird erneut betont, dass dies in der Beschränkung auf die 16-Bit-Feldgröße des RADIUS-IETF-NAS-Port-Attributs begründet ist. In diesem Falle liegt die Lösung in der Ersetzung des NAS-Port-Attributs durch ein herstellereigenes Attribut (RADIUS-IETF-Attribut 26). Die Hersteller-ID von Cisco ist 9 und das Cisco-NAS-Port-Attribut besitzt den Subtyp 2. Die VSAs können durch den Befehl **radius-server vsa send** aktiviert werden. Die Port-Informationen in diesem Attribut werden durch den Befehl **aaa nas port extended** aufgerufen und konfiguriert.

Verwenden Sie die folgenden Befehle im globalen Konfigurationsmodus, um das NAS-Port-Attribute durch das RADIUS-IETF-Attribut 26 zu ersetzen und die erweiterten Feldinformationen anzuzeigen:

| Schritt | Befehl | Zweck |
| --- | --- | --- |
| 1 | radius-server vsa send [accounting \| authentication] | Aktiviert den Netzwerk-Access-Server zur Erkennung und Verwendung von VSAs, wie es durch das RADIUS IETF-Attribut 26 festgelegt ist. |
| 2 | aaa nas-port extended | Erweitert die Länge des VSA-NAS-Port-Felds von 16 auf 32 Bits, um die erweiterten Schnittstellen-Informationen anzuzeigen. |

Das Standard-NAS-Port-Attribut (RADIUS-IETF-Attribut 5) wird auch weiterhin gesendet werden. Wenn Sie nicht wollen, dass diese Informationen gesendet werden, dann können Sie dies mit dem Befehl **no radius-server attribute nas-port** unterbinden. Wird dieser Befehl konfiguriert, wird das Standard-NAS-Port-Attribut nicht weiter gesendet werden.

Eine vollständige Liste der RADIUS-Attribute finden Sie in Anhang A »RADIUS-Attribute«.

### 8.3.6 Konfiguration der RADIUS-Authentifizierung

Nachdem sie den RADIUS-Server und den RADIUS-Authentifizierungsschlüssel festgelegt haben, müssen Sie Methodenlisten für die RADIUS-Authentifizierung erstellen. Da die RADIUS-Authentifizierung durch AAA ermöglicht wird, müssen Sie den Befehl **aaa authentication** ausführen und als Authentifizierungsmethode RADIUS angeben. Weitere Informationen finden Sie in Kapitel 2 »Konfiguration der Authentifizierung«.

### 8.3.7 Konfiguration der RADIUS-Autorisierung

Die AAA-Autorisierung erlaubt Ihnen das Setzen von Parametern, mit denen der Netzwerk-Zugriff eines Benutzers eingeschränkt wird. Die Autorisierung unter RADIUS bietet eine Methode der Fern-Zugriffs-Kontrolle und umfasst die einmalige Autorisierung oder die Autorisierung für jeden Dienst, benutzerabhängige Account-Listen und Profile, die Unterstützung von Benutzergruppen und die Unterstützung von IP, IPX, ARA und Telnet. Da die RADIUS-Autorisierung durch AAA ermöglicht wird, müssen Sie den Befehl **aaa authorization** ausführen und als Autorisierungsmethode RADIUS angeben. Weitere Informationen finden Sie in Kapitel 4 »Konfiguration der Autorisierung«.

### 8.3.8 Konfiguration des RADIUS-Accountings

Durch das AAA-Accountingverfahren können Sie nachverfolgen, welche Dienste die Benutzer in Anspruch nehmen und welche Netzwerkressourcen sie konsumieren. Da das RADIUS-Accounting durch AAA ermöglicht wird, müssen Sie den Befehl **aaa accounting** ausführen und als Accountingmethode das RADIUS angeben. Weitere Informationen finden Sie in Kapitel 6 »Konfiguration des Accountings«.

### 8.3.9 RADIUS-Attribute

Der Netzwerk-Access-Server überwacht die RADIUS-Autorisierungs- und -Accounting-Funktionen, die durch die in jedem Benutzerprofil enthaltenen RADIUS-Attribute festgelegt sind. Eine Liste der unterstützten RADIUS-Attribute finden Sie in Anhang A »RADIUS-Attribute«.

### Die hersteller-proprietären RADIUS-Attribute

Eine Standardbeschreibung der Internet-Engineering-Task-Force (IETF) legt eine Methode zum Austausch herstellereigener Informationen zwischen dem Netzwerk-Access-Server und dem RADIUS-Server fest. Einige Hersteller haben den Satz von RADIUS-Attributen dennoch durch eigene Attribute erweitert. Die Cisco-IOS-Software unterstützt einen Teil der hersteller-proprietären RADIUS-Attribute. Eine Liste der untestützten hersteller-proprietären RADIUS-Attribute finden Sie in Anhang A »RADIUS-Attribute«.

### 8.3.10 Beispiele zur RADIUS-Konfiguration

Dieser Abschnitt enthält die folgenden RADIUS-Konfigurationsbeispiele:

- Ein Beispiel zur RADIUS-Authentifizierung und -Autorisierung
- Ein RADIUS-AAA-Beispiel
- Ein hersteller-proprietäres RADIUS-Konfigurationsbeispiel

#### Ein Beispiel zur RADIUS-Authentifizierung und -Autorisierung

Das folgende Beispiel zeigt die Konfiguration eines Routers für die RADIUS-Authentifizierung und die RADIUS-Autorisierung:

```
aaa authentication login use-radius radius local
aaa authentication ppp user-radius if-needed radius
aaa authorization exec radius
aaa authorization network radius
```

Die Zeilen in dieser Beispielkonfiguration einer RADIUS-Authentifizierung und -Autorisierung bewirken Folgendes:

- Der Befehl **aaa authentication login use-radius radius local** konfiguriert den Router zur Verwendung des RADIUS für die Authentifizierung bei der Login-Eingabe. Wenn RADIUS einen Fehlzustand aufweist, wird der Benutzer über die lokale Datenbank authentifiziert. In diesem Beispiel lautet der Name der Methodenliste **use-radius**, mit der die RADIUS- und anschließend die lokale Authentifizierung festgelegt ist.

- Der Befehl **aaa authentication ppp radius-ppp if-needed radius** konfiguriert die Cisco-IOS-Software zur PPP-Authentifizierung mit CHAP oder PAP, wenn der Benutzer nicht bereits eingeloggt ist. Wenn das EXEC-Verfahren den Benutzer authentifiziert hat, wird die PPP-Authentifizierung nicht ausgeführt. In diesem Beispiel lautet der Name der Methodenliste **user-radius**, mit der RADIUS als if-needed-Authentifizierungsmethode festgelegt wird.

- Der Befehl **aaa authorization exec radius** legt fest, dass die RADIUS-Informationen für die EXEC-Autorisierung, für Autobefehle und für Access-Listen verwendet werden.

- Der Befehl **aaa authorization network radius** legt fest, dass das RADIUS für die Netzwerk-Autorisierung, für die Adresszuweisung und für Access-Listen verwendet wird.

### Ein RADIUS-AAA-Beispiel

Das folgende Beispiel zeigt eine allgemeine Konfiguration, die RADIUS mit dem AAA-Befehlssatz verwendet:

```
radius-server host 123.45.1.2
radius-server key myRaDiUSpassWoRd
username root password ALongPassword
aaa authentication ppp dialins radius local
aaa authorization network radius local
aaa accounting network start-stop radius
aaa authentication login admins local
aaa authorization exec local
line 1 16
 autoselect ppp
 autoselect during-login
 Login-authentication admins
 modem ri-is-cd
interface group-async 1
 encaps ppp
 ppp authentication pap dialins
```

Die Zeilen in dieser RADIUS-AAA-Beispielkonfiguration bewirken Folgendes:

- Der Befehl **radius-server host** legt den Hostnamen des RADIUS-Servers fest.

- Der Befehl **radius-server key** legt den gemeinsamen Geheimtext zwischen dem Netzwerk-Access-Server und dem RADIUS-Server-Host fest.

- Der Befehl **aaa authentication ppp dialins radius local** legt die Authentifizierungs-Methodenliste *dialins* fest, in der vereinbart ist, dass zuerst die RADIUS-Authentifizierung und dann (wenn der RADIUS-Server nicht antwortet) die lokale Authentifizierung auf seriellen PPP-Verbindungen angewendet wird.

- Der Befehl **ppp authentication pap dialins** ordnet die Methodenliste *dialins* den ausgewählten Verbindungen zu.

- Der Befehl **aaa authorization network radius local** wird verwendet, um dem RADIUS-Benutzer eine Adresse und andere Netzwerkparameter zuzuweisen.

- Der Befehl **aaa accounting network start-stop radius** zeichnet die PPP-Nutzung auf.

- Der Befehl **aaa authentication login admins local** legt für die Login-Authentifizierung eine andere Methodenliste namens *admins* fest.

- Der Befehl **login authentication admins** weist die Methodenliste *admins* der Login-Authentifizierung zu.

## Ein hersteller-proprietäres RADIUS-Konfigurationsbeispiel

Das folgende Beispiel zeigt eine allgemeine Konfiguration, die ein hersteller-proprietären RADIUS mit dem AAA-Befehlssatz verwendet:

```
radius-server host alcatraz non-standard
radius-server key myRaDiUSpassword
radius-server configure-nas
username root password ALongpassword
aaa authentication ppp dialins radius local
aaa authorization network radius local
aaa accounting network start-stop radius
aaa authentication login admins local
aaa authorization exec local
line 1 16
autoselect ppp
autoselect during-login
Login-authentication admins
modem ri-is-cd
interface group-async 1
encaps ppp
ppp authentication pap dialins
```

Die Zeilen in dieser Beispielkonfiguration eines hersteller-proprietären RADIUS mit dem AAA-Befehlssatz bewirken Folgendes:

— Durch den Befehl **radius-server host non-standard** wird der Hostnamen des RADIUS-Servers sowie die Verwendung der hersteller-proprietären RADIUS-Version festgelegt.

— Der Befehl **radius-server key** legt den gemeinsamen Geheimtext zwischen dem Netzwerk-Access-Server und dem RADIUS-Server-Host fest.

— Der Befehl **radius-server configure-nas** legt fest, dass der Cisco-Router oder Access-Server den RADIUS-Server nach statischen Routen und IP-Pool-Vereinbarungen anfragen wird, wenn das Gerät neu startet.

— Der Befehl **aaa authentication ppp dialins radius local** legt die Authentifizierungs-Methodenliste *dialins* fest, in der vereinbart ist, dass zuerst die RADIUS-Authentifizierung und dann (wenn der RADIUS-Server nicht antwortet) die lokale Authentifizierung auf seriellen PPP-Verbindungen angewendet wird.

— Der Befehl **ppp authentication pap dialins** ordnet die Methodenliste *dialins* den ausgewählten Verbindungen zu.

— Der Befehl **aaa authorization network radius local** wird verwendet, um dem RADIUS-Benutzer eine Adresse und andere Netzwerkparameter zuzuweisen.

— Der Befehl **aaa accounting network start-stop radius** zeichnet die PPP-Nutzung auf. Der Befehl **aaa authentication login admins local** legt für die Login-Authentifizierung eine andere Methodenliste namens *admins* fest.

— Der Befehl **login authentication admins** weist die Methodenliste *admins* der Login-Authentifizierung zu.

# KAPITEL 9

# RADIUS-Befehle

Dieses Kapitel beschreibt die Befehle, die zur Konfiguration des RADIUS verwendet werden.

RADIUS ist ein frei erhältliches Client/Server-System, das Netzwerke vor unautorisiertem Zugang schützt. In der Cisco-Ausführung laufen RADIUS-Clients auf Cisco-Routern und senden Authentifizierungsanfragen an einen zentralen RADIUS-Server, der alle Informationen über Benutzer-Authentifizierung und Netzwerk-Service-Zugang enthält. Cisco unterstützt das RADIUS im Rahmen seines Authentifizierungs-, Autorisierungs- und Accounting-(AAA-)Sicherheitsmodells.

Informationen über die Konfiguration des RADIUS finden Sie in Kapitel 8 »Konfiguration des RADIUS«. Sie finden Konfigurationsbeispiele, die die Befehle aus diesem Kapitel verwenden, im Abschnitt »Beispiele zur RADIUS-Konfiguration« am Ende des Kapitels 8.

## 9.1 aaa nas-port extended

Verwenden Sie den globalen Konfigurationsbefehl **aaa nas-port extended**, um das NAS-Port-Attribut durch das RADIUS-Internet-Engineering-Task-Force-(IETF-)Attribut 26 zu ersetzen und erweiterte Feldinformationen anzuzeigen. Verwenden Sie die **no**-Form dieses Befehls, um keine erweiterten Feldinformationen anzuzeigen.

**aaa nas-port extended**
**no aaa nas-port extended**

### Syntaxbeschreibung

Dieser Befehl besitzt keine Argumente oder Schlüsselwörter.

## Standard

Deaktiviert

## Befehlsmodus

Globale Konfiguration

## Benutzungsrichtlinien

Dieser Befehl erschien erstmals in der Cisco-IOS-Version 11.3.

Auf Plattformen mit mehreren Schnittstellen (Ports) pro Slot wird die RADIUS-Ausführung von Cisco kein eindeutiges NAS-Port-Attribut liefern, das die Unterscheidung zwischen den Schnittstellen ermöglicht. Wenn sich zum Beispiel eine doppelte PRI-Schnittstelle in Slot 1 befindet, wird sowohl der Aufruf Serial1/0:1 als auch der Aufruf Serial1/1:1 als NAS-Port = 20101 erscheinen.

Es wird erneut betont, dass dies in der Beschränkung auf die 16-Bit-Feldgröße des RADIUS-IETF-NAS-Port-Attributs begründet ist. In diesem Falle liegt die Lösung in der Ersetzung des NAS-Port-Attributs durch ein herstellereigenes Attribut (RADIUS-IETF-Attribut 26). Die Hersteller-ID von Cisco ist 9 und das Cisco-NAS-Port-Attribut besitzt den Subtyp 2. Die VSAs können durch den Befehl **radius-server vsa send** aktiviert werden. Die Port-Informationen in diesem Attribut werden durch den Befehl **aaa nas port extended** aufgerufen und konfiguriert.

Das Standard-NAS-Port-Attribut (RADIUS-IETF-Attribut 5) wird auch weiterhin gesendet werden. Wenn Sie nicht wünschen, dass diese Informationen gesendet werden, dann können Sie dies mit dem Befehl **no radius-server attribute nas-port** unterbinden. Wenn dieser Befehl konfiguriert wird, dann wird das Standard-NAS-Port-Attribut nicht weiter gesendet werden.

## Beispiel

Das folgende Beispiel legt fest, dass das RADIUS die erweiterten Schnittstellen-Informationen anzeigen wird:

```
radius-server vsa send
aaa nas-port extended
```

## Verwandte Befehle

Sie können online unter www.cisco.com eine Recherche nach verwandten Befehlen ausführen.

**radius-server attribute nas-port**
**radius-server vsa send**

## 9.2 ip radius source-interface

Verwenden Sie den globalen Konfigurationsbefehl **ip radius source-interface**, um das RADIUS zu veranlassen die IP-Adresse einer angegebenen Schnittstelle für alle ausgehenden RADIUS-Pakete zu verwenden.

**ip radius source-interface** *Subschnittstellenname*
**no ip radius source-interface**

| Syntax | Beschreibung |
| --- | --- |
| *Subschnittstellenname* | Name der Schnittstelle, die RADIUS für alle ausgehenden Pakete verwendet. |

### Standard

Dieser Befehl besitzt keine werksseitige Standardeinstellung.

### Befehlsmodus

Globale Konfiguration

### Benutzungsrichtlinien

Dieser Befehl erschien erstmals in der Cisco-IOS-Version 11.3.

Verwenden Sie diesen Befehl, um die IP-Adresse einer Subschnittstelle als Quelladresse für alle ausgehenden RADIUS-Pakete zu verwenden. Diese Adresse wird solange verwendet, wie sich die Schnittstelle im *Up*-Zustand befindet. Auf diese Weise kann der RADIUS-Server einen IP-Adresseneintrag für alle Netzwerk-Access-Clients verwenden, anstatt eine ganze Liste von IP-Adressen zu unterhalten.

Dieser Befehl ist dann besonders wertvoll, wenn der Router viele Schnittstellen besitzt und Sie sicherstellen wollen, dass alle RADIUS-Pakete von einem bestimmten Router dieselbe IP-Adresse tragen sollen.

Die angegebene Schnittstelle muss eine eigene IP-Adresse besitzen. Wenn die angegebene Subschnittstelle keine IP-Adresse besitzt oder sich im *Down*-Zustand befindet, wechselt RADIUS in die Standardeinstellung. Um dies zu vermeiden, müssen Sie eine IP-Adresse an die Subschnittstelle vergeben oder die Schnittstelle in den *Up*-Zustand bringen.

### Beispiel

Das folgende Beispiel lässt RADIUS die IP-Adresse der Subschnittstelle s2 für alle ausgehenden RADIUS-Pakete verwenden:

```
ip radius source-interface s2
```

## Verwandte Befehle

Sie können online unter www.cisco.com eine Recherche nach verwandten Befehlen ausführen.

**ip tacacs source-interface**
**ip telnet source-interface**
**ip tftp source-interface**

## 9.3 radius-server attribute nas-port extended

Verwenden Sie den globalen Konfigurationsbefehl **radius-server attribute nas-port extended**, um die erweiterten Schnittstellen-Informationen des NAS-Port-Attributs anzuzeigen. Verwenden Sie die **no**-Form dieses Befehls, um die erweiterten Schnittstellen-Informationen nicht anzuzeigen.

**radius-server attribute nas-port extended**
**no radius-server attribute nas-port extended**

### Syntaxbeschreibung

Dieser Befehl besitzt keine Argumente oder Schlüsselwörter.

### Standard

Deaktiviert

### Befehlsmodus

Globale Konfiguration

### Benutzungsrichtlinien

Dieser Befehl erschien erstmals in der Cisco-IOS-Version 11.3.

Es gibt einige Situationen, bei denen die PPP- oder die Login-Authentifizierung an einer Schnittstelle erfolgt, die sich von der Schnittstelle unterscheidet, an der die tatsächliche Einwahl stattfindet. Bei einer V.120 ISDN-Einwahl findet z.B. die Login- oder PPP-Authentifizierung auf einer virtuellen asynchronen Schnittstelle ttt statt, während die eigentliche Einwahl über einen der Kanäle der ISDN-Schnittstelle erfolgt.

Der Befehl **radius-server attribute nas-port extended** konfiguriert RADIUS zur Erweiterung der Länge des NAS-Port-Attribut- (das RADIUS-IETF-Attribut 5) Felds auf 32 Bits. Die ersten 16 Bits des NAS-Port-Attributs zeigen den Typ und die Nummer der Controller-Schnittstelle, während die letzten 16 Bits die Schnittstelle anzeigen, auf der Authentifizierung ausgeführt wird.

> **ANMERKUNG**
>
> Dieser Befehl ersetzt den aufgehobenen Befehl **radius-server extended-portnames**.

### Beispiel

Das folgende Beispiel legt fest, dass RADIUS die erweiterten Schnittstellen-Informationen anzeigt:

```
radius-server attribute nas-port extended
```

### Verwandte Befehle

Sie können online unter www.cisco.com eine Recherche nach verwandten Befehlen ausführen.

**aaa nas-port extended**

## 9.4 radius-server configure-nas

Verwenden Sie den globalen Konfigurationsbefehl **radius-server configure-nas**, damit der Cisco-Router oder Access-Server den hersteller-proprietären RADIUS-Server nach domänenweit verwendeten statischen Routen und IP-Pool-Vereinbarungen anfragt, wenn das Gerät neu startet.

**radius-server configure-nas**

### Syntaxbeschreibung

Dieser Befehl besitzt keine Argumente oder Schlüsselwörter.

### Befehlsmodus

Globale Konfiguration

### Benutzungsrichtlinien

Dieser Befehl erschien erstmals in der Cisco-IOS-Version 11.3.

Verwenden Sie den Befehl **radius-server configure-nas**, damit der Cisco-Router oder Access-Server den hersteller-proprietären RADIUS-Server nach statischen Routen und IP-Pool-Vereinbarungen fragt, wenn das Gerät neu startet. Einige hersteller-proprietäre Ausführungen des RADIUS ermöglichen es dem Benutzer, statische Routen und IP-Pool-Vereinbarungen auf dem RADIUS-Server festzulegen, anstatt sie auf jedem einzelnen Netzwerk-Access-Server im Netzwerk vorzunehmen. Jeder Netzwerk-Access-Server erfragt bei einem Neustart die statischen Routen und IP-Pool-Informationen vom RADIUS-Server. Durch diesen Befehl wird der Cisco-Router die Informationen über statische Routen und IP-Pool-Vereinbarungen vom RADIUS-Server beziehen.

> **ANMERKUNG**
>
> Da der Befehl **radius-server configure-nas** dann ausgeführt wird, wenn der Cisco-Router neu startet, wird er erst wirkungsvoll, wenn Sie den Befehl **copy system:running config nvram:startup-config** ausführen.

### Beispiel

Das folgende Beispiel zeigt die Konfiguration eines Cisco-Routers oder Access-Servers, in deren Folge dieser bei einem Neustart den hersteller-proprietären RADIUS-Server nach vorgefertigten statischen Routen und IP-Pool-Vereinbarungen anfragt:

```
radius-server configure-nas
```

### Verwandte Befehle

Sie können online unter `www.cisco.com` eine Recherche nach verwandten Befehlen ausführen.

**radius-server host non-standard**

## 9.5 radius-server dead-time

Wenn die Erreichbarkeit einiger Server gefährdet ist, können Sie die RADIUS-Antwortzeiten verbessern. Verwenden Sie hierzu den globalen Konfigurationsbefehl **radius-server dead-time**, um die nicht verfügbaren Server sofort zu übergehen. Verwenden Sie die **no**-Form dieses Befehls, um die **dead-time** auf 0 zu setzen.

**radius-server dead-time** *Minuten*
**no radius-server dead-time**

| Syntax | Beschreibung |
| --- | --- |
| *Minuten* | Zeitdauer, die der RADIUS-Server bei Übertragungsanfragen nicht berücksichtigt wird, bis zu einem Maximum von 1440 Minuten (=24 Stunden). |

### Standard

Die Wartezeit ist auf 0 gesetzt.

### Befehlsmodus

Globale Konfiguration

### Benutzungsrichtlinien

Durch diesen Befehl wird die Cisco-IOS-Software jeden RADIUS-Server für »tot« erklären, der nicht auf Authentifizierungsanfragen antwortet. Hiermit wird die Wartezeit bis zu einem Anfrage-Timeout umgangen, bevor der nächste konfigurierte Server angefragt wird. Ein für tot erklärter RADIUS-Server wird bei weiteren Anfragen für die Zeitdauer der angegebenen *Minuten* übergangen oder bis alle Server für tot erklärt wurden.

### Beispiel

Das folgende Beispiel setzt eine 5-minütige Totzeit für RADIUS-Server, die nicht auf Authentifizierungsanfragen antworten:

```
radius-server dead-time 5
```

### Verwandte Befehle

Sie können online unter www.cisco.com eine Recherche nach verwandten Befehlen ausführen.

**radius-server host**
**radius-server retransmit**
**radius-server timeout**

## 9.6   radius-server extended-portnames

Verwenden Sie den globalen Konfigurationsbefehl **radius-server extended-portnames**, um die erweiterten Schnittstellen-Informationen des NAS-Port-Attributs anzuzeigen. Verwenden Sie die **no**-Form dieses Befehls, um die erweiterten Schnittstellen-Informationen nicht anzuzeigen.

**radius-server extended-portnames**
**no radius-server extended-portnames**

### Syntaxbeschreibung

Dieser Befehl besitzt keine Argumente oder Schlüsselwörter.

### Standard

Deaktiviert

### Befehlsmodus

Globale Konfiguration

### Benutzungsrichtlinien

> **ANMERKUNG**
>
> Dieser Befehl wurde durch den erweiterten Befehl **radius-server attribute nas-port** ersetzt.

## Beispiel

Das folgende Beispiel legt fest, dass RADIUS die erweiterten Schnittstellen-Informationen anzeigt:

```
radius-server extended-portnames
```

## 9.7 radius-server host

Verwenden Sie den globalen Konfigurationsbefehl **radius-server host**, um einen RADIUS-Server-Host festzulegen. Verwenden Sie die **no**-Form dieses Befehls, um den angegebenen RADIUS-Host zu löschen.

**radius-server host** {*Hostname* | *IP-Adresse*} [auth-port *Portnummer*]
    [acct-port *Portnummer*]
**no radius-server host** {*Hostname* | *IP-Adresse*}

| Syntax | Beschreibung |
|---|---|
| *Hostname* | DNS-Name des RADIUS-Server-Hosts. |
| *IP-Adresse* | IP-Adresse des RADIUS-Server-Hosts. |
| **auth-port** | (Optional) Legt den UDP-Zielport für Authentifizierungsanfragen fest. |
| *Portnummer* | (Optional) Portnummer für Authentifizierungsanfragen. Der Host wird nicht für die Authentifizierung verwendet, wenn sie 0 lautet. |
| **acct-port** | (Optional) Legt den UDP-Zielport für Accountinganfragen fest. |
| *Portnummer* | (Optional) Portnummer für Accountinganfragen. Der Host wird nicht für das Accounting verwendet, wenn sie 0 lautet. |

## Standard

Es ist kein RADIUS-Host festgelegt.

## Befehlsmodus

Globale Konfiguration

## Benutzungsrichtlinien

Mit der mehrfachen Eingabe des Befehls **radius-server host** können Sie mehrere Hosts vereinbaren. Die Software sucht nach den Hosts in der von Ihnen angegebenen Reihenfolge.

## Beispiele

Das folgende Beispiel legt den *host1* als den RADIUS-Server fest und verwendet Standard-Ports für das Accounting und die Authentifizierung:

```
radius-server host host1.domain.com
```

Das folgende Beispiel legt den Port 12 als Zielport für Authentifizierungsanfragen und den Port 16 als Zielport für Accountinganfragen auf einem RADIUS-Host namens *host1* fest:

```
radius-server host host1.domain.com auth-port 12 acct-port 16
```

Da die Eingabe einer Befehlszeile alle Portnummern zurücksetzt, muss die Angabe des Hosts und die Konfiguration der Accounting- und Authentifizierungs-Ports in einer einzigen Zeile erfolgen.

Wenn Sie für das Accounting und die Authentifizierung verschiedene Server verwenden wollen, dann sollten Sie für den entsprechenden Port eine 0 eingeben. Das folgende Beispiel legt fest, dass der RADIUS-Server *host1* für das Accounting, aber nicht für die Authentifizierung verwendet wird und dass der RADIUS-Server *host2* für die Authentifizierung, aber nicht für das Accounting verwendet wird:

```
radius-server host host1.domain.com auth-port 0
radius-server host host2.domain.com acct-port 0
```

### Verwandte Befehle

Sie können online unter www.cisco.com eine Recherche nach verwandten Befehlen ausführen.

aaa accounting
aaa authentication
aaa authorization
login authentication
login tacacs
ppp
ppp authentication
radius-server key
slip
tacacs-server
username

## 9.8 radius-server host non-standard

Verwenden Sie den globalen Konfigurationsbefehl **radius-server host non-standard**, um auf dem Host festzulegen, dass der Sicherheits-Server eine hersteller-proprietäre Ausführung des RADIUS verwendet. Durch diesen Befehl wird die Cisco-IOS-Software die Nicht-Standard-RADIUS-Attribute unterstützen. Verwenden Sie die **no**-Form dieses Befehls, um den angegebenen hersteller-proprietären RADIUS-Host zu löschen.

**radius-server host** {*Hostname* | *IP-Adresse*} **non-standard**
**no radius-server host** {*Hostname* | *IP-Adresse*} **non-standard**

| Syntax | Beschreibung |
|---|---|
| *Hostname* | DNS-Name des RADIUS-Server-Hosts. |
| *IP-Adresse* | IP-Adresse des RADIUS-Server-Hosts. |

## Standard

Es ist kein RADIUS-Host vereinbart.

## Befehlsmodus

Globale Konfiguration

## Benutzungsrichtlinien

Dieser Befehl erschien erstmals in der Cisco-IOS-Version 11.3.

Mit dem Befehl **radius-server host non-standard** können Sie der Software mitteilen, dass der RADIUS-Server eine hersteller-proprietäre Ausführung des RADIUS verwendet. Obwohl eine Standardbeschreibung der IETF für das RADIUS eine Methode für den Austausch hersteller-proprietärer Informationen zwischen dem Netzwerk-Access-Server und dem RADIUS-Server festlegt, haben einige Hersteller den Satz von RADIUS-Attributen durch eigene Attribute erweitert. Dieser Befehl ermöglicht der Cisco-IOS-Software die Unterstützung der meistverwendeten hersteller-proprietären RADIUS-Attribute. Die hersteller-proprietären Attribute werden erst dann unterstützt, wenn der Befehl **radius-server host non-standard** verwendet wurde.

Eine vollständige Liste der unterstützten herstellereigenen RADIUS-Attribute finden Sie in Anhang A »RADIUS-Attribute«.

## Beispiel

Das folgende Beispiel vereinbart einen hersteller-proprietären RADIUS-Server-Host namens *alcatraz*:

```
radius-server host alcatraz non-standard
```

## Verwandte Befehle

Sie können online unter www.cisco.com eine Recherche nach verwandten Befehlen ausführen.

**radius-server host**
**radius-server configure-nas**

## 9.9 radius-server optional passwords

Verwenden Sie den globalen Konfigurationsbefehl **radius-server optional-passwords**, um festzulegen, dass die erste RADIUS-Anfrage an einen RADIUS-Server *ohne* eine Passwortüberprüfung erfolgen soll. Verwenden Sie die **no**-Form dieses Befehls, um erneut die Standardeinstellung aufzurufen.

**radius-server optional-passwords**
**no radius-server optional-passwords**

### Syntaxbeschreibung

Dieser Befehl besitzt keine Argumente oder Schlüsselwörter.

### Standard

Deaktiviert

### Befehlsmodus

Globale Konfiguration

### Benutzungsrichtlinien

Dieser Befehl erschien erstmals in der Cisco-IOS-Version 11.2.

Wenn der Benutzer den Login-Namen eingibt, dann wird die Login-Anfrage mit dem Namen und einem Passwort der Länge 0 übertragen. Wenn dies akzeptiert wird, wird der Login-Vorgang abgeschlossen. Wenn der RADIUS-Server diese Anfrage ablehnt, verlangt die Server-Software die Eingabe eines Passworts und sendet erneut eine Anfrage, wenn der Benutzer ein Passwort eingegeben hat. Der RADIUS-Server muss die Benutzer-Authentifizierung ohne Passwörter unterstützen, damit dieses Verfahren verwendet werden kann.

### Beispiel

Das folgende Beispiel konfiguriert, dass das erste Login keine RADIUS-Verifizierung benötigt:

```
radius-server optional-passwords
```

## 9.10 radius-server key

Verwenden Sie den globalen Konfigurationsbefehl **radius-server key**, um den Authentifizierungs- und den Verschlüsselungstext für die gesamte RADIUS-Kommunikation zwischen dem Router und dem RADIUS-Dämon festzulegen. Verwenden Sie die **no**-Form dieses Befehls, um den Verschlüsselungstext aufzuheben.

**radius-server key** {*Zeichenfolge*}
**no radius-server key**

| Syntax | Beschreibung |
|---|---|
| *Zeichenfolge* | Der Schlüsseltext, der für die Authentifizierung und die Verschlüsselung verwendet wird. Dieser Schlüssel muss zu der auf dem RADIUS-Dämon verwendeten Verschlüsselung passen. |

### Standard

Deaktiviert

### Befehlsmodus

Globale Konfiguration

### Benutzungsrichtlinien

Dieser Befehl erschien erstmals in der Cisco-IOS-Version 11.1.

Nachdem Sie die AAA-Authentifizierung mit dem Befehl **aaa new-model** aktiviert haben, müssen Sie den Authentifizierungs und Verschlüsselungstext mit dem Befehl **radius-server key** festlegen.

> **ANMERKUNG**
>
> Legen Sie einen RADIUS-Schlüssel erst nach der Eingabe des Befehls **aaa new-model** fest.

Der eingegebene Schlüssel muss mit dem Schlüssel übereinstimmen, der auf dem RADIUS-Dämon verwendet wird. Alle vorangestellten Leerzeichen werden ignoriert, jedoch werden Leerzeichen innerhalb und am Ende des Schlüssels berücksichtigt. Wenn Sie Leerzeichen in Ihrem Schlüssel verwenden, dann sollten Sie den Schlüsseltext nicht in Anführungszeichen setzen, da sonst die Anführungszeichen als Teil des Schlüssels interpretiert werden.

### Beispiel

Das folgende Beispiel legt den Authentifizierungs- und Verschlüsselungstext »dare to go« fest:

```
radius-server key dare to go
```

### Verwandte Befehle

Sie können online unter www.cisco.com eine Recherche nach verwandten Befehlen ausführen.

login authentication
login tacacs
ppp
ppp authentication
radius-server host
slip
tacacs-server
username

## 9.11 radius-server retransmit

Verwenden Sie den globalen Konfigurationsbefehl **radius-server retransmit**, um festzulegen, wie oft die Cisco-IOS-Software die Liste der RADIUS-Server-Hosts durchgeht, bevor er aufgibt. Verwenden Sie die **no**-Form dieses Befehls, um die erneute Übertragung zu deaktivieren.

**radius-server retransmit** *Wiederholungen*
**no radius-server retransmit**

| Syntax | Beschreibung |
| --- | --- |
| *Wiederholungen* | Maximal wiederholte Übertragungsversuche. Die Standardeinstellung ist drei Versuche. |

### Standard

Drei Wiederholungen

### Befehlsmodus

Globale Konfiguration

### Benutzungsrichtlinien

Dieser Befehl erschien erstmals in der Cisco-IOS-Version 11.1.

Die Cisco-IOS-Software versucht alle Server anzufragen und wartet bei jedem auf ein Timeout, bevor er die Wiederholungszahl um Eins erhöht.

### Beispiel

Das folgende Beispiel setzt den Wert des Wiederholungszählers auf 5:

```
radius-server retransmit 5
```

## 9.12 radius-server timeout

Verwenden Sie den globalen Konfigurationsbefehl **radius-server timeout**, um die Zeitdauer festzulegen, die ein Router auf eine Antwort von einem Server-Host wartet. Verwenden Sie die **no**-Form dieses Befehls, um wieder die Standardeinstellung aufzurufen.

**radius-server timeout** *Sekunden*
**no radius-server timeout**

| Syntax | Beschreibung |
| --- | --- |
| *Sekunden* | Ganze Zahl, die die Zeitdauer des Timeouts in Sekunden angibt. Die Standardeinstellung ist fünf Sekunden. |

### Standard

5 Sekunden

### Befehlsmodus

Globale Konfiguration

### Benutzungsrichtlinien

Dieser Befehl erschien erstmals in der Cisco-IOS-Version 11.1.

### Beispiel

Das folgende Beispiel ändert die Zeitdauer auf 10 Sekunden:

```
radius-server timeout 10
```

### Verwandte Befehle

Sie können online unter www.cisco.com eine Recherche nach verwandten Befehlen ausführen.

**login authentication**
**login tacacs**
**ppp**
**ppp authentication**
**slip**
**tacacs-server**
**username**

## 9.13 radius-server vsa send

Verwenden Sie den globalen Konfigurationsbefehl **radius-server vsa send**, um den Netzwerk-Access-Server zur Erkennung und Verwendung von VSAs zu konfigurieren. Verwenden Sie die **no**-Form dieses Befehls, um wieder die Standardeinstellung aufzurufen.

**radius-server vsa send [accounting | authentication]**
**no radius-server vsa send [accounting | authentication]**

| Syntax | Beschreibung |
|---|---|
| accounting | (Optional) Beschränkt den Satz der erkannten herstellereigenen Attribute auf die Accounting-Attribute. |
| authentication | (Optional) Beschränkt den Satz der erkannten herstellereigenen Attribute auf die Authentifizierungs-Attribute. |

### Standard

Deaktiviert

### Befehlsmodus

Globale Konfiguration

### Benutzungsrichtlinien

Dieser Befehl erschien erstmals in der Cisco-IOS-Version 11.3 T.

Die Standardbeschreibung der Internet-Engineering-Task-Force (IETF) legt als Methode zum Austausch herstellereigener Informationen zwischen dem Netzwerk-Access-Server und dem RADIUS-Server die Verwendung des herstellereigener Attributs (das Attribut 26) fest. Durch die herstellereigenen Attribute (VSAs – Vendor-Specific-Attributes) können die Hersteller ihre eigenen erweiterten Eigenschaften unterstützen, die nicht allgemein anwendbar sind. Durch die Verwendung des Befehls **radius-server vsa send** erkennt und verwendet der Netzwerk-Access-Server sowohl die herstellereigenen Accounting- als auch die herstellereigenen Authentifizierungsattribute. Wenn Sie den Befehl **radius-server vsa send** mit dem Schlüsselwort **accounting** verwenden, dann beschränken Sie die erkannten herstellereigenen Attribute nur auf die Accountingattribute. Wenn Sie den Befehl **radius-server vsa send** mit dem Schlüsselwort **authentication** verwenden, dann beschränken Sie die erkannten herstellereigenen Attribute nur auf die Authentifizierungsattribute.

Die RADIUS-Ausführung von Cisco unterstützt eine herstellereigene Option, die das in der Beschreibung empfohlene Format verwendet. Die Hersteller-ID von Cisco ist 9 und die unterstützte Option hat den Herstellertyp 1, die mit *cisco-avpair* bezeichnet ist. Der Wert besteht aus einer Zeichenfolge der Form:

```
protocol : attribute sep value *
```

*protocol* enthält einen Wert des Cisco-*protocol*-Attributs für eine bestimmte Autorisierungsart. *attribute* und *value* sind ein zugehöriges Attribut/Value-(AV-)Paar, das in der Cisco-TACACS+-Spezifikation festgelegt ist, und das *sep* enthält ein = für vorgeschriebene Attribute und einen * für optionale Attribute. Auf diese Weise kann der ganze Satz von Funktionen, der für die TACACS+-Autorisierung verfügbar ist, auch für das RADIUS verwendet werden.

Das folgende AV-Paar verursacht beispielsweise während der IP-Autorisierung (während der IPCP-Adresszuordnung des PPP) die Aktivierung der Cisco-Funktion der mehrfach bezeichneten IP-Adress-Pools:

```
cisco-avpair= "ip:addr-pool=first"
```

Das folgende Beispiel wird einem Benutzer, der sich von einem Netzwerk-Access-Server einloggt, den direkten Zugriff auf EXEC-Befehle verleihen.

```
cisco-avpair= "shell:priv-lvl=15"
```

Andere Hersteller haben ihre eigenen eindeutigen Hersteller-IDs, Optionen und zugehörigen VSAs. Weitere Informationen über Hersteller-IDs und VSAs finden Sie im RFC 2138 »Remote Authentication Dial-In User Service (RADIUS)«.

### Beispiel

Das folgende Beispiel konfiguriert den Netzwerk-Access-Server zur Erkennung und Verwendung der herstellereigenen Accountingattribute:

```
radius-server vsa send accounting
```

### Verwandte Befehle

Sie können online unter `www.cisco.com` eine Recherche nach verwandten Befehlen ausführen.

### aaa nas-port extended

# KAPITEL 10

# Konfiguration des TACACS+

Die Cisco-IOS-Software unterstützt derzeit drei Versionen des Terminal-Access-Controller-Access-Control-System-(TACACS-)Sicherheitsprotokolls, wobei jede Version ein separates und eigenes Protokoll darstellt:

- Das TACACS+ – Ein aktuelles Protokoll, das detaillierte Accounting-Informationen und eine flexible administrative Kontrolle über die Authentifizierungs- und Autorisierungsprozesse bietet. Das TACACS+ wird durch das AAA ermöglicht und kann nur durch AAA-Befehle aktiviert werden.

- Das TACACS – Ein älteres Access-Protokoll, das nicht mit dem neueren TACACS+-Protokoll kompatibel ist und von Cisco verworfen wurde. Das TACACS ermöglicht die Passwort-Überprüfung und die Authentifizierung sowie die Aufzeichnung der Benutzeraktivitäten für Sicherheits- und Accountingzwecke.

- Das erweiterte TACACS – Eine Erweiterung des älteren TACACS-Protokolls, das zusätzliche Funktionen gegenüber dem TACACS bietet. Das erweiterte TACACS liefert Informationen über Protokoll-Übersetzungen und Routernutzung. Diese Informationen werden in UNIX-Aufzeichnungsspuren und Accountingdateien verwendet. Das erweiterte TACACS ist nicht mit dem neueren TACACS+-Protokoll kompatibel und und wurde auch von Cisco verworfen.

Diese Kapitel betrachtet die Aktivierung und die Konfiguration des TACACS+. Informationen über die verworfenen Protokolle TACACS und erweitertes TACACS finden Sie in Kapitel 11 »Die Konfiguration des TACACS und des erweiterten TACACS«. Eine Dokumentation anderer in diesem Kapitel erscheinender Befehle können Sie erhalten, wenn Sie eine Online-Recherche unter www.cisco.com ausführen.

## 10.1 TACACS+-Überblick

TACACS+ ist eine Sicherheits-Applikation, die eine zentrale Überprüfung der Benutzer ermöglicht, die versuchen auf einen Router oder einen Netzwerk-Access-Server zuzugreifen. Die TACACS+-Dienste werden durch eine Datenbank auf einem laufenden TACACS+-Dämon unterhalten, typischerweise auf einer UNIX- oder Windows NT-Workstation. Sie benötigen den Zugang zu einem TACACS+-Server und Sie müssen ihn konfigurieren, bevor die konfigurierten TACACS+-Funktionen auf Ihrem Netzwerk-Access-Server verwendbar sind.

Das TACACS+ bietet separate und kombinierte Authentifizierungs-, Autorisierungs- und Accountingmöglichkeiten. Das TACACS+ ermöglicht den unabhängigen Betrieb jedes Dienstes – die Authentifizierung, die Autorisierung und das Accounting – auf einem einzigen Access-Control-Server (dem TACACS+-Dämon). Jeder Dienst kann in seine eigene Datenbank eingebunden werden, um je nach den Fähigkeiten des Dämons die Vorteile anderer auf diesem Server oder Netzwerk verfügbarer Dienste nutzen zu können.

Ziel des TACACS+ ist es, ein Verfahren zur Verwaltung mehrfacher Netzwerk-Zugangspunkte über einen einzigen Management-Dienst zu ermöglichen. Die Familie der Access-Server und Router von Cisco und die Cisco-IOS-Benutzerschnittstelle (für Router und Access-Server) können als Netzwerk-Access-Server verwendet werden.

Die Netzwerk-Zugangspunkte ermöglichen traditionellen »einfachen« Terminals, Terminalemulationen, Workstations, Personal-Computern (PCs) und Routern in Kombination mit passenden Adaptern (z.B. Modems oder ISDN-Adapter) die Kommunikation durch Protokolle, wie das Point-to-Point-Protokoll (PPP), das Serial-Line-Internet-Protokoll (SLIP), das Compressed-SLIP (CSLIP) oder AppleTalk-Remote-Access- (ARA-) Protokoll. Mit anderen Worten ermöglicht ein Netzwerk-Access-Server Verbindungen zu einem einzelnen Benutzer, zu einem Netzwerk oder Subnetzwerk und zu anderen erreichbaren Netzwerken. Die Einheiten, die mit dem Netzwerk über einen Netzwerk-Access-Server verbunden sind, werden *Network-Access-Clients* genannt. Zum Beispiel ist ein PC, der das PPP über eine analoge Telefonleitung betreibt, ein Netzwerk-Access-Client. Das TACACS+, das über die AAA-Sicherheitsdienste administriert wird, kann die folgenden Dienste ausführen:

– Die Authentifizierung – Diese bietet die vollständige Kontrolle der Authentifizierung durch den Login- und den Passwort-Dialog, das Challenge- und Responseverfahren, die Messaging-Unterstützung.

   Das Authentifizierungsverfahren bietet die Möglichkeit, einen willkürlichen Dialog mit dem Benutzer zu führen (z.B. kann ein Benutzer nach dem Login und der Eingabe des Passworts zur Beantwortung einiger Fragen aufgefordert werden, z.B. nach der Heimatadresse, dem Mädchennamen der Mutter, dem Dienstgrad und der Sozialversicherungsnummer). Zusätzlich unterstützt der TACACS+-Authentifizierungsdienst das Senden von Meldungen an den Benutzerbildschirm. Zum Beispiel kann eine Meldung den Benutzer darüber benachrichtigen, dass sein Passwort geändert werden muss, da die Unternehmensrichtlinien zur Passwortalterung dies erfordern.

- Die Autorisierung – Diese bietet eine feinmaschige Kontrolle über die Benutzerrechte während der Dauer der Benutzersitzung, die beispielsweise die Aktivierung von Autobefehlen und der Zugangskontrolle sowie die Begrenzung der Sitzungsdauer oder der Protokollunterstützung beinhaltet. Darüber hinaus können Sie mit dem TACACS+-Autorisierungsverfahren auch die Menge der Befehle einschränken, die ein Benutzer ausführen darf.

- Das Accounting – Dieses ermöglicht die Sammlung und Übermittlung von Sicherheits-Server-Informationen für Abrechnungen, Aufzeichnungen und Reports an den TACACS+-Dämon. Ein Netzwerk-Manager kann das Accountingverfahren zur Aufzeichnung der Benutzeraktivitäten verwenden, um einen Sicherheitsbericht zu erstellen oder um Informationen für Benutzerabrechnungen zu erhalten. Ein Accountingbericht enthält den Benutzernamen, Start- und Stoppzeiten, ausgeführte Befehle (z.B. PPP) sowie Paket- und Byteanzahl.

Das TACACS+-Protokoll ermöglicht die Authentifizierung zwischen dem Netzwerk-Access-Server und dem TACACS+-Dämon und es gewährleistet die Datensicherheit, da die gesamte Protokoll-Kommunikation zwischen einem Netzwerk-Access-Server und einem TACACS+-Dämon verschlüsselt geführt wird.

Sie benötigen ein System, auf dem die TACACS+-Dämon-Software ausgeführt wird, um die TACACS+-Funktionalität auf Ihrem Netzwerk-Access-Server verwenden zu können.

Cisco hat die TACACS+-Protokoll-Spezifikation in einem RFC für Kunden veröffentlicht, die an der Entwicklung ihrer eigenen TACACS+-Software interessiert sind.

**ANMERKUNG**

Das TACACS+ stellt in Kombination mit dem AAA ein separates Protokoll dar und es unterscheidet sich von dem früheren TACACS oder dem erweiterten TACACS, die hiermit nicht weiter verwendet werden. Nachdem das AAA aktiviert wurde, können viele der ursprünglichen TACACS- und erweiterten TACACS-Befehle nicht mehr konfiguriert werden. Weitere Informationen über das TACACS oder das erweiterte TACACS finden Sie in Kapitel 11 »Die Konfiguration des TACACS und des erweiterten TACACS«.

## 10.2 Die Arbeitsweise des TACACS+

Wenn ein Benutzer ein einfaches ASCII-Login durch die Authentifizierung auf einem Access-Server versucht, der das TACACS+ verwendet, dann erfolgt typischerweise der folgenden Prozess:

1. Wenn die Verbindung aufgebaut wurde, kontaktiert der Netzwerk-Access-Server den TACACS+-Dämon, um eine Benutzernamen-Eingabeaufforderung zu erhal-

ten, die daraufhin dem Benutzer angezeigt wird. Der Benutzer gibt einen Benutzernamen ein und der Netzwerk-Access-Server kontaktiert darauhin den TACACS+-Dämon, um eine Passwort-Eingabeaufforderung zu beziehen. Der Netzwerk-Access-Server zeigt die Passwort-Eingabeaufforderung dem Benutzer an, der Benutzer gibt ein Passwort an und das Passwort wird daraufhin an den TACACS+-Dämon gesendet.

> **ANMERKUNG**
>
> TACACS+ ermöglicht die Führung einer willkürlichen Konversation zwischen dem Dämon und dem Benutzer, bis der Dämon genügend Informationen empfängt, um den Benutzer zu authentifizieren. Dies erfolgt gewöhnlich durch die Aufforderung zur Angabe einer Benutzernamen- und Passwort-Kombination, es können aber auch andere Dinge verlangt werden, z.B. der Mädchenname der Mutter. Dies obliegt alles der Kontrolle des TACACS+-Dämons.

2. Der Netzwerk-Access-Server empfängt schließlich eine der folgenden Antworts vom TACACS+-Dämon:

   - ACCEPT – Der Benutzer ist authentifiziert und der Dienst kann ausgeführt werden. Wenn der Netzwerk-Access-Server zur Ausführung der Autorisierung konfiguriert ist, dann wird zu diesem Zeitpunkt die Autorisierung gestartet.

   - REJECT – Der Benutzer ist nicht authentifiziert. Je nach TACACS+-Dämon wird dem Benutzer der weitere Zugang verwehrt werden oder er wird zur erneuten Ausführung der Login-Prozedur aufgefordert.

   - ERROR – Während des Authentifizierungsprozesses trat ein Fehlzustand auf. Dieser kann entweder auf dem Dämon oder in der Netzwerk-Verbindung zwischen dem Dämon und dem Netzwerk-Access-Server aufgetreten sein. Wenn eine ERROR-Antwort empfangen wird, dann wird der Netzwerk-Access-Server typischerweise eine alternative Methode zur Authentifizierung des Benutzers verwenden.

   - CONTINUE – Der Benutzer wird zur Eingabe zusätzlicher Authentifizierungsinformationen aufgefordert.

3. Ein PAP-Login ist einem ASCII-Login recht ähnlich, mit dem Unterschied, dass der Benutzername und das Passwort den Netzwerk-Access-Server in einem PAP-Protokoll-Paket erreicht, anstatt durch den Benutzer eingegeben zu werden, daher wird der Benutzer nicht zur Eingabe aufgefordert. Die PPP-CHAP-Logins sind im Prinzip gleich.

   Nach erfolgter Authentifizierung muss sich der Benutzer einer zusätzlichen Autorisierungsphase unterziehen, wenn die Autorisierung auf dem Netzwerk-Access-Server aktiviert ist. Der Benutzer muss erst die vollständige TACACS+-Authentifizierung erfolgreich bestanden haben, bevor die TACACS+-Autorisierung einsetzt.

4. Wenn die TACACS+-Autorisierung verlangt wird, dann wird der TACACS+-Dämon erneut kontaktiert und dieser sendet eine ACCEPT- oder REJECT-Autorisierungsantwort zurück. Wenn eine ACCEPT-Antwort erfolgt, wird die Antwort Daten in Form von Attributen enthalten, mit denen die EXEC- oder NETWORK-Sitzung dieses Benutzer festgelegt wird sowie die Dienste bestimmt werden, auf die der Benutzer zugreifen darf. Die Dienste beinhalten Folgendes:

   – elnet-, rlogin-, PPP-, SLIP- oder EXEC-Dienste

   – erbindungsparameter, die die Host- oder Client-IP-Adresse, die -Access-Liste und die Benutzer-Zeitlimits enthalten.

## 10.3 Die schrittweise Konfiguration des TACACS+

Führen Sie die folgenden Schritte aus, um Ihren Cisco-Router zur Unterstützung des TACACS+ zu konfigurieren:

– Verwenden Sie den globalen Konfigurationsbefehl **aaa new-model**, um das AAA zu aktivieren. Wenn Sie das RADIUS verwenden wollen, muss das AAA konfiguriert werden. Weitere Informationen über die Verwendung des Befehls **aaa new-model** finden Sie in Kapitel 1 »AAA: Ein Überblick«.

– Verwenden Sie den Befehl **tacacs-server host**, um die IP-Adresse eines oder mehrerer TACACS+-Dämons festzulegen. Verwenden Sie den Befehl **tacacs-server key**, um einen Verschlüsselungstext festzulegen, mit dem jede Kommunikation zwischen dem Netzwerk-Access-Server und dem TACACS+-Dämon verschlüsselt wird. Der gleiche Schlüsseltext muss auch auf dem TACACS+-Dämon konfiguriert sein.

– Verwenden Sie den globalen Konfigurationsbefehl **aaa authentication**, um Methodenlisten für die RADIUS-Authentifizierung zu vereinbaren. Weitere Informationen über die Verwendung des Befehls **aaa authentication** finden Sie in Kapitel 2 »Konfiguration der Authentifizierung«.

– Verwenden Sie die Befehle **line** und **interface**, um die vereinbarten Methodenlisten anzuwenden. Weitere Informationen finden Sie in Kapitel 2 »Konfiguration der Authentifizierung«.

– Verwenden Sie bei Bedarf den globalen Befehl **aaa authorization**, um den Zugriff auf bestimmte Benutzerfunktionen einzuschränken. Im Unterschied zur Authentifizierung, die verbindungs- oder schnittstellenweise konfiguriert werden kann, wird die Autorisierung übergreifend für den gesamten Netzwerk-Access-Server konfiguriert. Weitere Informationen über die Verwendung des Befehls **aaa authorization** finden Sie in Kapitel 4 »Die Konfiguration der Autorisierung«.

– Verwenden Sie bei Bedarf den Befehl **aaa accounting**, um das Accounting für RADIUS-Verbindungen zu aktivieren. Weitere Informationen über die Verwendung des Befehls **aaa accounting** finden Sie in Kapitel 6 »Die Konfiguration des Accountings«.

Führen Sie die Schritte in den folgenden Abschnitten aus, um das TACACS+ auf Ihrem Cisco-Router oder Access-Server zu konfigurieren:

- Das Festlegen des TACACS+-Server-Hosts
- Konfiguration des TACACS+-Authentifizierungsschlüssels
- Konfiguration der TACACS+-Authentifizierung
- Konfiguration des TACACS+-Accountings

Sie können Beispiele zur TACACS+-Konfiguration, die die Befehle aus diesem Kapitel verwenden, im Abschnitt »Beispiele zur TACACS+-Konfiguration« am Ende dieses Kapitels nachschlagen.

### 10.3.1 Das Festlegen des TACACS+-Server-Hosts

Der Befehl **tacacs-server host** ermöglicht es Ihnen, die Namen eines oder mehrerer IP-Hosts festzulegen, die einen TACACS+-Server unterhalten. Da die TACACS+-Software die Hosts in der angegebenen Reihenfolge kontaktiert, kann diese Funktion sehr nützlich sein, wenn Sie eine Liste von bevorzugten Dämons aufstellen möchten.

Verwenden Sie den folgenden Befehl im globalen Konfigurationsmodus, um einen TACACS+-Host festzulegen:

| Befehl | Zweck |
|---|---|
| tacacs-server host *Name* [single-connection] [port *Nummer*] [timeout *Zahl*] [key *Zeichenfolge*] | Legt einen TACACS+-Host fest. |

Mit dem Befehl **tacacs-server host** können Sie auch die folgenden Optionen konfigurieren:

- Mit dem Befehl **single-connection** können Sie eine einzelne Verbindung festlegen (nur gültig ab der CiscoSecure-Version 1.0.1). Um zu vermeiden, dass der Router bei jeder Kommunikation mit dem Dämon eine TCP-Verbindung aufbauen und beenden muss, unterhält die Option **single-connection** eine einzelne offene Verbindung zwischen dem Router und dem Dämon. Dieses Verfahren ist effizienter, da es dem Dämon die Verarbeitung einer grösseren Anzahl von TACACS-Operationen ermöglicht.

> **ANMERKUNG**
>
> Diese Option zeigt nur dann Wirkung, wenn der Dämon den Modus der einzelnen Verbindungen unterstützt. Im anderen Falle wird sich die Verbindung zwischen dem Netzwerk-Access-Server und dem Dämon aufhängen oder Sie werden fälschliche Fehlermeldungen erhalten.

- Mit dem Argument **port** *Nummer* können Sie festlegen, welche TCP-Portnummer beim Verbindungsaufbau zum TACACS+-Dämon verwendet wird. Die Standard-Portnummer ist 49.

- Mit dem Argument **timeout** *Zahl* können Sie die Zeitdauer (in Sekunden) festlegen, die der Router auf eine Antwort vom Dämon wartet, bevor der Prozess unterbrochen und ein Fehlzustand erklärt wird.

> **ANMERKUNG**
>
> Das Festlegen des Timeout-Wertes mit dem Befehl **tacacs-server host** überstimmt nur für diesen Server den Standard-Timeout-Wert, der mit dem Befehl **tacacs-server timeout** gesetzt wurde.

- Mit dem Argument **key** *Zeichenfolge* können Sie einen Verschlüsselungstext festlegen, mit dem jeder Datenverkehr zwischen dem Netzwerk-Access-Server und dem TACACS+-Dämon ver- und entschlüsselt wird.

> **ANMERKUNG**
>
> Das Festlegen des Verschlüsselungstextes mit dem Befehl **tacacs-server host** überstimmt nur für diesen Server den Standardschlüssel, der mit dem globalen Konfigurationsbefehl **tacacs-server key** gesetzt wurde.

Da einige der Parameter des **tacacs-server host**-Befehls die allgemeinen Einstellungen der Befehle **tacacs-server timeout** und **tacacs-server key** überstimmen, können Sie mit diesem Befehl die Sicherheit in Ihrem Netzwerk steigern, indem Sie einzelne TACACS+-Verbindungen individuell konfigurieren.

## 10.3.2 Konfiguration des TACACS+-Authentifizierungsschlüssels

Verwenden Sie den folgenden Befehl im globalen Konfigurationsmodus, um den Text für die TACACS+-Authentifizierung und die Verschlüsselung festzulegen:

| Befehl | Zweck |
| --- | --- |
| **tacacs-server key** *Schlüssel* | Legt den Schlüsseltext fest, der mit dem Schlüssel auf dem TACACS+-Dämon übereinstimmen muss. |

> **ANMERKUNG**
>
> Sie müssem denselben Schlüssel auf dem TACACS+-Dämon konfigurieren, damit die Verschlüsselung erfolgreich stattfinden kann.

### 10.3.3 Konfiguration der TACACS+-Authentifizierung

Nachdem Sie den TACACS+-Dämon und einen zugehörigen TACACS+-Verschlüsselungstext festgelegt haben, müssen Sie die Methodenlisten für die TACACS+-Authentifizierung erstellen. Da die TACACS+-Authentifizierung über das AAA ausgeführt wird, müssen Sie den Befehl **aaa authentication** verwenden und das TACACS+ als Authentifizierungsmethode angeben. Weiter Informationen finden Sie in Kapitel 2 »Konfiguration der Authentifizierung«.

### 10.3.4 Konfiguration der TACACS+-Autorisierung

Mit der AAA-Autorisierung können Sie Parameter setzen, die den Netzwerkzugang eines Benutzers einschränken können. Die Autorisierung über das TACACS+ kann Befehlen, Netzwerk-Verbindungen und EXEC-Sitzungen zugeordnet werden. Da die TACACS+-Autorisierung durch das AAA ermöglicht wird, müssen Sie den Befehl **aaa authorization** verwenden und das TACACS+ als Autorisierungsmethode angeben. Weitere Informationen finden Sie in Kapitel 4 »Konfiguration der Autorisierung«.

### 10.3.5 Konfiguration des TACACS+-Accountings

Mit dem AAA-Accounting können Sie nachverfolgen, welche Dienste die Benutzer beanspruchen, sowie den Umfang der von ihnen konsumierten Netzwerk-Ressourcen. Da das TACACS+-Accounting durch das AAA ermöglicht wird, müssen Sie den Befehl **aaa accounting** verwenden und das TACACS+ als Accountingmethode angeben. Weiter Informationen finden Sie in Kapitel 6 »Konfiguration des Accountings«.

### 10.3.6 Die TACACS+-AV-Paare

Der Netzwerk-Access-Server führt die TACACS+-Autorisierungs- und -Accountingfunktionen durch, indem er für jede Benutzersitzung TACACS+-Attribut-Value-(AV-) Paare aussendet und empfängt. Eine Liste der unterstützten TACACS+-AV-Paare finden Sie im Anhang B »TACACS+-Attribut-Value-Paare«.

## 10.4 Beispiele zur TACACS+-Konfiguration

In diesem Abschnitt werden die folgenden TACACS+-Konfigurationbeispiele gezeigt:

- Beispiele zur TACACS+-Authentifizierung
- Ein Beispiel zur TACACS+-Autorisierung
- Ein Beispiel zum TACACS+-Accounting
- Ein Beispiel zur TACACS+-Dämon-Konfiguration

## 10.4.1 Beispiele zur TACACS+-Authentifizierung

Das folgende Beispiel konfiguriert das TACACS+ als das Sicherheitsprotokoll, das für die PPP-Authentifizierung verwendet wird.

```
aaa new-model
aaa authentication ppp test tacacs+ local
tacacs-server host 10.1.2.3
tacacs-server key goaway
interface serial 0
 ppp authentication chap pap test
```

Die Zeilen in diesem Beispiel bewirken Folgendes:

– Der Befehl **aaa new-model** aktiviert die AAA-Sicherheitsdienste.

– Der Befehl **aaa authentication** vereinbart eine Methodenliste namens *test*, die auf seriellen Schnittstellen verwendet werden soll, auf denen das PPP ausgeführt wird. Das Schlüsselwort **tacacs+** bewirkt, dass die Authentifizierung über das TACACS+ ausgeführt wird.

Wenn das TACACS+ während der Authentifizierung mit einer Fehlermeldung (oder gar nicht) antwortet, dann legt das Schlüsselwort **local** fest, dass die Authentifizierung durch die lokale Datenbank des Netzwerk-Access-Servers versucht werden soll.

– Der Befehl **tacacs-server host** legt fest, dass der TACACS+-Dämon die IP-Adresse 10.1.2.3 besitzt. Der Befehl **tacacs-server key** legt den gemeinsamen Verschlüsselungstext *goaway* fest.

– Der Befehl **interface** wählt die Verbindung aus und der Befehl **ppp authentication** ordnet dieser Verbindung die Methodenliste *test* zu.

Das folgende Beispiel konfiguriert TACACS+ als Sicherheitsprotokoll, das für die PPP-Authentifizierung verwendet wird, jedoch wird statt der Methodenliste *test* die Methodenliste *default* verwendet:

```
aaa new-model
aaa authentication ppp default if-needed tacacs+ local
tacacs-server host 10.1.2.3
tacacs-server key goaway
interface serial 0
 ppp authentication default
```

Die Zeilen in diesem Beispiel bewirken Folgendes:

– Der Befehl **aaa new-model** aktiviert die AAA-Sicherheitsdienste.

– Der Befehl **aaa authentication** erzeugt die Methodenliste *default*, die auf allen seriellen PPP-Schnittstellen verwendet werden soll. Das Schlüsselwort **default** bedeutet, dass die PPP-Authentifizierung standardmäßig allen Schnittstellen zugeordnet wird. Das Schlüsselwort **if-needed** bewirkt Folgendes: Wenn sich der Benutzer bereits durch das ASCII-Login-Verfahren authentifiziert hat, ist die PPP-Authentifizierung nicht mehr nötig und wird daher übersprungen. Wenn die Authentifizierung notwendig ist, bewirkt das Schlüsselwort **tacacs+**, dass die Authentifizierung durch das TACACS+ ausgeführt wird. Wenn das TACACS+ während der Authentifizierung mit einer Fehlermeldung (oder gar nicht) antwortet, dann legt das Schlüsselwort **local** fest, dass die Authentifizierung durch die lokale Datenbank des Netzwerk-Access-Servers versucht werden soll.

– Der Befehl **tacacs-server host** legt fest, dass der TACACS+-Dämon die IP-Adresse 10.1.2.3 besitzt. Der Befehl **tacacs-server key** legt den gemeinsamen Verschlüsselungstext *goaway* fest.

– Der Befehl **interface** wählt die Verbindung aus und der Befehl **ppp authentication** ordnet dieser Verbindung die Standardmethodenliste zu.

Das folgende Beispiel erzeugt den gleichen Authentifizierungsalgorithmus für PAP, es ruft aber statt der Methodenliste *default* die Methodenliste *MIS-access* auf:

```
aaa new-model
aaa authentication pap MIS-access if-needed tacacs+ local
tacacs-server host 10.1.2.3
tacacs-server key goaway
interface serial 0
 ppp authentication pap MIS-access
```

Die Zeilen in diesem Beispiel bewirken Folgendes:

– Der Befehl **aaa new-model** aktiviert die AAA-Sicherheitsdienste.

– Der Befehl **aaa authentication** erzeugt die Methodenliste *MIS-access*, die auf seriellen PPP-Schnittstellen verwendet werden soll. Die Methodenliste *MIS-access* bewirkt, dass die PPP-Authentifizierung allen Schnittstellen zugeordnet wird. Das Schlüsselwort **if-needed** bewirkt, dass die PPP-Authentifizierung nicht notwendig ist und übergangen werden kann, wenn der Benutzer bereits durch die ASCI Login-Prozedur authentifiziert ist. Das Schlüsselwort **tacacs+** bewirkt, dass die Authentifizierung durch TACACS+ vorgenommen wird, wenn eine Authentifizierung notwendig ist. Wenn TACACS+ einen Fehler während der Authentifizierung meldet, kann die Authentifizierung durch Verwendung des Parameters **local** von der lokalen Datenbank des Netzwerk-Access-Server durchgeführt werden.

– Der Befehl **tacacs-server host** legt fest, dass der TACACS+-Dämon die IP-Adresse 10.1.2.3 besitzt. Der Befehl **tacacs-server key** legt den gemeinsamen Verschlüsselungstext *goaway* fest.

– Der Befehl **interface** wählt die Verbindung aus und der Befehl **ppp authentication** ordnet die Methodenliste *MIS-access* dieser Verbindung zu.

Das folgende Beispiel zeigt die Konfiguration eines TACACS+-Dämon mit der IP-Adresse 10.2.3.4 und dem Verschlüsselungstext *apple*:

```
aaa new-model
aaa authentication login default tacacs+ local
```

```
tacacs-server host 10.2.3.4
tacacs-server key apple
```

Die Zeilen in diesem Beispiel bewirken Folgendes:

- Der Befehl **aaa new-model** aktiviert die AAA-Sicherheitsdienste.

- Der Befehl **aaa authentication** erzeugt die Methodenliste *default*. An allen Schnittstellen werden die eingehenden ASCII-Logins (standardmäßig) das TACACS+ zur Authentifizierung verwenden. Wenn kein TACACS+-Server antwortet, wird daraufhin der Netzwerk-Access-Server die Informationen verwenden, die sich in der lokalen Benutzernamendatenbank für die Authentifizierung befinden.

- Der Befehl **tacacs-server host** legt fest, dass der TACACS+-Dämon die IP-Adresse 10.2.3.4 besitzt. Der Befehl **tacacs-server key** legt den gemeinsamen Verschlüsselungstext *apple* fest.

### 10.4.2 Ein TACACS+-Autorisierungsbeispiel

Das folgende Beispiel konfiguriert für die PPP-Authentifizierung das TACACS+-Sicherheitsprotokoll, das die Standardmethodenliste verwendet, und es konfiguriert die Netzwerk-Autorisierung über das TACACS+:

```
aaa new-model
aaa authentication ppp default if-needed tacacs+ local
aaa authorization network tacacs+
tacacs-server host 10.1.2.3
tacacs-server key goaway
interface serial 0
 ppp authentication default
```

Die Zeilen in diesem Beispiel bewirken Folgendes:

- Der Befehl **aaa new-model** aktiviert die AAA-Sicherheitsdienste.

- Der Befehl **aaa authentication** erzeugt die Methodenliste *default*, die auf allen seriellen PPP-Schnittstellen verwendet werden soll. Das Schlüsselwort **default** bedeutet, dass die PPP-Authentifizierung standardmäßig allen Schnittstellen zugeordnet wird. Das Schlüsselwort **if-needed** bewirkt Folgendes: Wenn sich der Benutzer bereits durch das ASCII-Login-Verfahren authentifiziert hat, dann ist die PPP-Authentifizierung nicht mehr nötig und wird daher übersprungen. Wenn die Authentifizierung notwendig ist, dann bewirkt das Schlüsselwort **tacacs+**, dass die Authentifizierung durch das TACACS+ ausgeführt wird. Wenn das TACACS+ während der Authentifizierung mit einer Fehlermeldung antwortet, dann legt das Schlüsselwort **local** fest, dass die Authentifizierung durch die lokale Datenbank des Netzwerk-Access-Servers versucht werden soll.

- Der Befehl **aaa authorization** konfiguriert die Netzwerk-Autorisierung über das TACACS+. Im Unterschied zu den Authentifizierungslisten wird diese Autorisierungliste immer allen auf dem Netzwerk-Access-Server eingehenden Netzwerk-Verbindungen zugeordnet.

– Der Befehl **tacacs-server host** legt fest, dass der TACACS+-Dämon die IP-Adresse 10.1.2.3 besitzt. Der Befehl **tacacs-server key** legt den gemeinsamen Verschlüsselungstext *goaway* fest.

– Der Befehl **interface** wählt die Verbindung aus und der Befehl **ppp authentication** ordnet dieser Verbindung die Standardmethodenliste zu.

### 10.4.3 Ein TACACS+-Accountingbeispiel

Das folgende Beispiel konfiguriert für die PPP-Authentifizierung das TACACS+-Sicherheitsprotokoll, das die Standard-Methodenliste verwendet und es konfiguriert das Accounting über das TACACS+:

```
aaa new-model
aaa authentication ppp default if-needed tacacs+ local
aaa accounting network stop-only tacacs+
tacacs-server host 10.1.2.3
tacacs-server key goaway
interface serial 0
 ppp authentication default
```

Die Zeilen in diesem Beispiel bewirken Folgendes:

– Der Befehl **aaa new-model** aktiviert die AAA-Sicherheitsdienste.

– Der Befehl **aaa authentication** erzeugt die Methodenliste *default*, die auf allen seriellen PPP-Schnittstellen verwendet werden soll. Das Schlüsselwort **default** bedeutet, dass die PPP-Authentifizierung standardmäßig allen Schnittstellen zugeordnet wird. Das Schlüsselwort **if-needed** bewirkt Folgendes: Wenn sich der Benutzer bereits durch das ASCII-Login-Verfahren authentifiziert hat, dann ist die PPP-Authentifizierung nicht mehr nötig und wird daher übersprungen. Wenn die Authentifizierung notwendig ist, dann bewirkt das Schlüsselwort **tacacs+**, dass die Authentifizierung durch das TACACS+ ausgeführt wird. Wenn das TACACS+ während der Authentifizierung mit einer Fehlermeldung antwortet, dann legt das Schlüsselwort **local** fest, dass die Authentifizierung durch die lokale Datenbank des Netzwerk-Access-Servers versucht werden soll.

– Befehl **aaa accounting** konfiguriert das Netzwerk-Accounting über das TACACS+. In diesem Beispiel wird immer dann ein Accounting-Bericht über abgeschlossene Sitzungen an den TACACS+-Dämon gesendet, wenn eine Netzwerk-Verbindung beendet wird.

– Befehl **tacacs-server host** legt fest, dass der TACACS+-Dämon die IP-Adresse 10.1.2.3 besitzt. Der Befehl **tacacs-server key** legt den gemeinsamen Verschlüsselungstext *goaway* fest.

– Befehl **interface** wählt die Verbindung aus und der Befehl **ppp authentication** ordnet dieser Verbindung die Standardmethodenliste zu.

## 10.4.4 Beispiel zur TACACS+-Dämon-Konfiguration

Das folgende Beispiel zeigt eine Beispielkonfiguration des TACACS+-Dämons. Die genaue Syntax, die von Ihrem TACACS+-Dämon verwendet wird, kann sich von der in diesem Beispiel verwendeten Syntax unterscheiden:

```
user = mci_customer1 {
    chap = cleartext "some chap password"
    service = ppp protocol = ip {
  inacl#1="permit ip any any precedence immediate"
  inacl#2="deny igrp 0.0.1.2 255.255.0.0 any"
    }
}
```

**KAPITEL 11**

# Konfiguration des TACACS und des erweiterten TACACS

Das Terminal-Access-Controller-Access-Control-System (TACACS) ermöglicht die zentrale Überprüfung der Benutzer, die versuchen auf einen Router oder einen Access-Server zuzugreifen. Die einfache Cisco-TACACS-Unterstützung wurde nach der ursprünglichen Defense-Data-Network-(DDN-)Applikation konzipiert. Die TACACS-Dienste werden in einer Datenbank auf einem TACACS-Server unterhalten, der typischerweise auf einer UNIX-Workstation betrieben wird. Sie müssen Zugang zu einem TACACS-Server haben und Sie müssen ihn konfigurieren, bevor Sie die TACACS-Funktionen auf Ihrem Cisco-Router konfigurieren.

Cisco führt das TACACS in der Cisco-IOS-Software aus, um die zentralisierte Kontrolle über den Zugriff auf Router und Access-Server zu ermöglichen. Für Cisco-IOS-Administrationsaufgaben kann die Authentifizierung aber auch an den Benutzerschnittstellen der Router und Access-Server erfolgen. Bei aktiviertem TACACS fordert der Router oder Access-Server zur Eingabe eines Benutzernamens und eines Passworts auf und verifiziert das Passwort über einen TACACS-Server.

Diese Kapitel beschreibt TACACS und das erweiterte TACACS-Protokoll sowie die verschiedenen Möglichkeiten, wie Sie diese zur Absicherung des Netzwerkzugangs verwenden können.

> **ANMERKUNG**
>
> Sowohl TACACS als auch das erweiterte TACACS werden ab sofort nicht mehr von Cisco angewendet.

Eine vollständige Beschreibung der in diesem Kapitel verwendeten TACACS- und erweiterten TACACS-Befehle finden Sie in Kapitel 12 »TACACS-, erweiterten TACACS- und TACACS+-Befehle«. Eine Dokumentation anderer in diesem Kapitel erscheinender Befehle können Sie erhalten, wenn Sie eine Online-Recherche unter www.cisco.com ausführen.

## 11.1 Die Beschreibung des TACACS-Protokolls

Die Cisco-IOS-Software unterstützt derzeit drei Versionen des Terminal-Access-Controller-Access-Control-System-(TACACS-)Sicherheitsprotokolls, wobei jede Version ein separates und eigenes Protokoll ist:

- TACACS+ – Ein aktuelles Protokoll, das detaillierte Accountinginformationen und eine flexible administrative Kontrolle über die Authentifizierungs- und Autorisierungsprozesse bietet. TACACS+ wird durch AAA ermöglicht und kann nur durch AAA-Befehle aktiviert werden.

- TACACS – Ein älteres Access-Protokoll, das nicht mit dem neueren TACACS+-Protokoll kompatibel ist und von Cisco verworfen wurde. Es ermöglicht die Passwort-Überprüfung und die Authentifizierung sowie die Aufzeichnung der Benutzeraktivitäten für Sicherheits- und Accountingzwecke.

- Das erweiterte TACACS – Eine Erweiterung des älteren TACACS-Protokolls, das zusätzliche Funktionen gegenüber dem TACACS bietet. Das erweiterte TACACS liefert Informationen über die Nutzung von Protokoll-Übersetzern und Routern. Diese Informationen werden in UNIX-Aufzeichnungsspuren und Accountingdateien verwendet. Das erweiterte TACACS ist nicht mit dem neueren TACACS+-Protokoll kompatibel und wurde auch von Cisco verworfen.

Dieses Kapitel betrachtet die Aktivierung und die Konfiguration des TACACS und des erweiterten TACACS. Informationen über das TACACS+ finden Sie in Kapitel 10 »Konfiguration des TACACS+«.

Tabelle 11.1 zeigt auf, welche Cisco-IOS-Befehle bei den verschiedenen Versionen des TACACS verwendbar sind.

*Tabelle 11.1: Eine Gegenüberstellung der verschiedenen TACACS-Befehle*

| Cisco-IOS-Befehl | TACACS | Erweitertes TACACS | TACACS+ |
|---|---|---|---|
| aaa accounting | – | – | Ja |
| aaa authentication arap | – | – | Ja |
| aaa authentication enable default | – | – | Ja |
| aaa authentication login | – | – | Ja |
| aaa authentication local override | – | – | Ja |
| aaa authentication ppp | – | – | Ja |
| aaa authorization | – | – | Ja |
| aaa new-model | – | – | Ja |
| arap authentication | – | – | Ja |
| arap use-tacacs | Ja | Ja | – |
| Enable last-resort | Ja | Ja | – |
| Enable use-tacacs | Ja | Ja | – |
| ip tacacs source-interface | Ja | Ja | Ja |
| login authentication | – | – | Ja |
| login tacacs | Ja | Ja | – |

*Tabelle 11.1: Eine Gegenüberstellung der verschiedenen TACACS-Befehle (Fortsetzung)*

| Cisco-IOS-Befehl | TACACS | Erweitertes TACACS | TACACS+ |
|---|---|---|---|
| ppp authentication | Ja | Ja | Ja |
| ppp use-tacacs | Ja | Ja | Ja |
| tacacs-server attempts | Ja | – | – |
| tacacs-server authenticate | Ja | Ja | – |
| tacacs-server directed-request | Ja | Ja | Ja |
| tacacs-server extended | – | Ja | – |
| tacacs-server host | Ja | Ja | Ja |
| tacacs-server key | – | – | Ja |
| tacacs-server last-resort | Ja | Ja | – |
| tacacs-server notify | Ja | Ja | – |
| tacacs-server optional-passwords | Ja | Ja | – |
| tacacs-server retransmit | Ja | Ja | – |
| tacacs-server timeout | Ja | Ja | Ja |

## 11.2 Die schrittweise Konfiguration des TACACS und des erweiterten TACACS

Sie können sowohl auf dem Benutzer- als auch auf den privilegierten Level des System-EXECs einen TACACS-Passwortschutz erstellen.

**ANMERKUNG**

Wenn Sie AAA initialisiert haben, können die TACACS- und die erweiterten TACACS-Befehle nicht mehr verwendet werden. Die obige Tabelle 11.1 zeigt auf, welche Befehle mit den drei Versionen verwendet werden können.

Der folgenden Abschnitt beschreibt die Funktionen, die durch das TACACS und das erweiterte TACACS zur Verfügung stehen. Die Software des erweiterten TACACS ist über das File-Transfer-Protokoll (FTP) erhältlich – lesen Sie hierzu die Datei README im Verzeichnis ftp-eng.cisco.com:

– Konfiguration des TACACS-Passwortschutzes auf Benutzer-Level
– Deaktivierung der Passwortüberprüfung auf Benutzer-Level
– Konfiguration der optionalen Passwortverifizierung
– Konfiguration des TACACS-Passwortschutzes auf dem privilegierten Level
– Deaktivierung der Passwortüberprüfung auf dem privilegierten Level
– Konfiguration der Benachrichtigung bei Benutzeraktionen
– Konfiguration der Authentifizierung von Benutzeraktionen

- Festlegen des TACACS-Server-Hosts
- Beschränkung der Login-Versuche
- Aktivierung des erweiterten TACACS-Modus
- Aktivierung des erweiterten TACACS für die PPP-Authentifizierung
- Aktivierung des Standard-TACACS für die ARA-Authentifizierung
- Aktivierung des erweiterten TACACS für die ARA-Authentifizierung
- Aktivierung des TACACS zur Verwendung einer bestimmten IP-Adresse

Beispiele zur TACACS-Konfiguration finden Sie im Abschnitt »TACACS-Konfigurationsbeispiele« am Ende dieses Kapitel.

### 11.2.1 Konfiguration des TACACS-Passwortschutzes auf Benutzer-Level

Verwenden Sie den folgenden Befehl im line-Konfigurationsmodus, um beim Login die Passwortüberprüfung zu aktivieren:

| Befehl | Zweck |
|---|---|
| login tacacs | Aktiviert den TACACS-Mechanismus zur Benutzer-ID- und Passwortüberprüfung. |

**ANMERKUNG**

Wenn Sie das TACACS konfigurieren, werden alle lokal auf dem Router gespeicherten Benutzernamen verwendet werden. Für die Authentifizierung wird der Router nicht auf den TACACS-Server zurückgreifen.

### 11.2.2 Deaktivierung der Passwortüberprüfung auf Benutzer-Level

Wenn ein TACACS-Server nicht auf eine Login-Anfrage antwortet, dann lehnt die Cisco-IOS-Software die Anfrage in der Standardeinstellung ab. Sie können jedoch diese Login-Ablehnung durch eine der beiden folgenden Möglichkeiten verhindern:

- Erlauben Sie einem Benutzer den Zugang in den privilegierten EXEC-Modus, wenn dieser Benutzer das Passwort eingibt, das durch den Befehl **enable** festgelegt wurde.
- Gewährleisten Sie ein erfolgreiches Login für den Benutzer, durch die Freigabe des privilegierten EXEC-Modus ohne weitere Fragen.

Kapitel 11 • Konfiguration des TACACS und des erweiterten TACACS  **279**

Um eine dieser Möglichkeiten festzulegen, führen Sie einen der folgenden Befehle im globalen Konfigurationsmodus aus:

| Befehl | Zweck |
|---|---|
| tacacs-server last-resort password | Erlaubt einem Benutzer den Zugang in den privilegierten EXEC-Modus. |
| tacacs-server last-resort succeed | Setzt Last-Resort-Optionen für Logins. |

### 11.2.3 Konfiguration der optionalen Passwortverifizierung

Verwenden Sie den folgenden Befehl im globalen Konfigurationsmodus, um festzulegen, dass die erste TACACS-Anfrage an einen TACACS-Server *ohne* eine Passwortüberprüfung erfolgen soll:

| Befehl | Zweck |
|---|---|
| tacacs-server optional-passwords | Legt das TACACS-Passwort als optional fest. |

Wenn der Benutzer den Login-Namen eingibt, dann wird die Login-Anfrage mit dem Namen und einem Passwort der Länge 0 übertragen. Wenn dies akzeptiert wird, wird der Login-Vorgang abgeschlossen. Wenn der TACACS-Server diese Anfrage ablehnt, dann verlangt der Terminalserver die Eingabe eines Passworts und sendet erneut eine Anfrage, wenn der Benutzer ein Passwort eingegeben hat. Der TACACS-Server muss die Benutzer-Authentifizierung ohne Passwörter unterstützen, damit diese Funktion verwendet werden kann. Diese Funktion unterstützt alle TACACS-Anfragen, wie z.B. Login-, SLIP- und enable-Anfragen.

### 11.2.4 Konfiguration des TACACS-Passwortschutzes auf dem privilegierten Level

Sie können das TACACS-Protokoll so konfigurieren, dass es die Zugangsberechtigung eines Benutzers zum privilegierten EXEC-Level überprüft. Verwenden Sie hierzu den folgenden Befehl im globalen Konfigurationsmodus:

| Befehl | Zweck |
|---|---|
| enable use-tacacs | Aktiviert den TACACS-Mechanismus zur Benutzer-ID- und Passwortüberprüfung auf dem privilegierten EXEC-Level. |

Wenn Sie den TACACS-Passwortschutz auf dem privilegierten EXEC-Level aktivieren, dann wird der EXEC-Befehl **enable** die Eingabe eines neuen Benutzernamen und eines neuen Passworts verlangen. Diese Informationen werden daraufhin an den

TACACS-Server gesendet, um die Authentifizierung auszuführen. Wenn Sie das erweiterte TACACS verwenden, dann wird auch jeder vorhandene UNIX-Benutzer-Identifikationscode an den Server übergeben.

> **STOP**
>
> Wenn Sie den Befehl **enable use-tacacs** verwenden, müssen Sie auch den Befehl **tacacs-server authenticate enable** ausführen, da Sie sich sonst selbst aussperren.

> **ANMERKUNG**
>
> Wenn Sie diese Funktion ohne das erweiterte TACACS verwenden, dann kann jeder Benutzer mit einem gültigen Benutzernamen und Passwort auf den privilegierten Befehlslevel zugreifen. Dies stellt ein potentielles Sicherheitsproblem dar. Der Grund hierfür liegt darin, dass ohne das erweiterte TACACS die nach der Eingabe des Befehls **enable** erfolgte TACACS-Anfrage nicht von einem Login-Versuch unterschieden werden kann.

### 11.2.5 Deaktivierung der Passwortüberprüfung im privilegierten Level

Sie können ein Last-Resort für den Fall festlegen, dass die TACACS-Server, die durch den Befehl **enable** aufgerufen werden, nicht antworten. Verwenden Sie einen der folgenden Befehle im globalen Konfigurationsmodus, um diese Last-Resort-Loginfunktion aufzurufen:

| Befehl | Zweck |
| --- | --- |
| enable last-resort password | Erlaubt einem Benutzer die Ausführung des Befehls **enable** durch die Abfrage des privilegierten EXEC-Level-Passworts. |
| enable last-resort succeed | Erlaubt einem Benutzer die Ausführung des Befehls **enable** ohne weitere Fragen. |

### 11.2.6 Die Aktivierung der Rückmeldung bei Benutzeraktionen

Mit dem Befehl **tacacs-server notify** können Sie den TACACS-Server zur Aussendung einer Meldung konfigurieren, wenn ein Benutzer eine der folgenden Aktionen ausführt:

- wenn er eine TCP-Verbindung aufbaut
- wenn er den Befehl **enable** eingibt
- wenn er sich ausloggt

Kapitel 11 • Konfiguration des TACACS und des erweiterten TACACS

Verwenden Sie den folgenden Befehl im globalen Konfigurationsmodus, um festzulegen, dass der TACACS-Server Rückmeldungen sendet:

| Befehl | Zweck |
|---|---|
| tacacs-server notify {connection [always] \| enable \| logout [always] \| slip [always]} | Aktiviert Server-Rückmeldungen bei Benutzeraktionen. |

Die wiederholte Aussendung der Meldung wird für eine Dauer von bis zu fünf Minuten durch einen Hintergrundprozess übernommen. Der Terminalbenutzer empfängt jedoch eine sofortige Antwort, die ihm den Zugriff auf das Terminal ermöglicht.

Der Befehl **tacacs-server notify** ist nur dann verfügbar, wenn Sie einen erweiterten TACACS-Server mit der neuesten erweiterten TACACS-Server-Software von Cisco installiert haben. Diese Software ist via FTP erhältlich (lesen Sie die Datei README im Verzeichnis ftp-eng.cisco.com).

### 11.2.7 Konfiguration der Authentifizierung von Benutzeraktionen

Für PPP- und SLIP-Sitzungen können Sie Folgendes festlegen: Wenn ein Benutzer versucht eine SLIP- oder PPP-Sitzung zu starten, dann verlangt die TACACS-Software eine Antwort (entweder vom TACACS-Server-Host oder vom Router), ob der Benutzer zum Start dieser Sitzung berechtigt ist. Sie können festlegen, dass die TACACS-Software die Authentifizierung auch dann ausführt, wenn ein Benutzer nicht eingeloggt ist. Sie können auch verlangen, dass die TACACS-Software Access-Listen verwendet.

Wenn ein Benutzer den Befehl **enable** ausführt, muss die TACACS-Software antworten, ob der Benutzer den Befehl ausführen darf. Sie können auch die Authentifizierung festlegen, die ausgeführt wird, wenn ein Benutzer den Befehl **enable** eingibt

Verwenden Sie den folgenden Befehl im globalen Konfigurationsmodus, um alle diese Einstellungen zu konfigurieren:

| Befehl | Zweck |
|---|---|
| tacacs-server authenticate {connection[always] \| enable \| slip [always] [access-lists]} | Aktiviert die Server-Authentifizierung von Benutzeraktionen. |

Der Befehl **tacacs-server authenticate** ist nur dann verfügbar, wenn Sie einen erweiterten TACACS-Server mit der neuesten erweiterten TACACS-Server-Software von Cisco installiert haben. Diese Software ist via FTP erhältlich (lesen Sie die Datei README im Verzeichnis ftp-eng.cisco.com).

## 11.2.8 Festlegen des TACACS-Server-Hosts

Der Befehl **tacacs-server host** ermöglicht es Ihnen, die Namen eines oder mehrerer IP-Hosts festzulegen, die einen TACACS+-Server unterhalten. Da die TACACS+-Software die Hosts in der angegebenen Reihenfolge kontaktiert, kann diese Funktion sehr nützlich sein, wenn Sie eine Liste von bevorzugten Servern aufstellen möchten.

Mit dem TACACS- und dem erweiterten TACACS-Befehl **tacacs-server retransmit** können Sie festlegen, wie oft die System-Software die Liste der TACACS-Server (die Standardeinstellung ist zweimal) durchgeht und wie lange sie auf eine Antwort wartet (die Standardeinstellung ist fünf Sekunden).

Verwenden Sie die folgenden Befehle je nach Ihrer Systemkonfiguration im globalen Konfigurationsmodus, um festzulegen, wie oft die Cisco-IOS-Software die Liste der Server durchgeht und wie lange der Server auf eine Antwort wartet:

| Schritt | Befehl | Zweck |
|---|---|---|
| 1 | **tacacs-server host** *Name* | Legt einen TACACS+-Host fest. |
| 2 | **tacacs-server retransmit** *Wiederholungen* | Legt fest, wie oft der Server die Liste der TACACS- und erweiterten TACACS-Server-Hosts durchgehen wird, bevor er aufgibt. |
| 3 | **tacacs-server timeout** *Sekunden* | Legt die Zeitdauer fest, die der Server auf eine Antwort vom TACACS- und erweiterten TACACS-Server-Host wartet. |

## 11.2.9 Beschränkung der Login-Versuche

Mit dem Befehl **tacacs-server attempts** können Sie festlegen, wie viele Login-Versuche auf einer Verbindung unter dem TACACS ausgeführt werden dürfen. Verwenden Sie den folgenden Befehl im globalen Konfigurationsmodus, um die Login-Versuche zu limitieren:

| Befehl | Zweck |
|---|---|
| **tacacs-server attempts** *Zahl* | Beschränkt die Anzahl der Login-Versuche, die auf einer TACACS-verifizierten Verbindung ausgeführt werden können. |

## 11.2.10 Aktivierung des erweiterten TACACS-Modus

Während das Standard-TACACS nur Benutzernamen- und Passwort-Informationen liefert, bietet der erweiterte TACACS-Modus auch Informationen über die Terminalanfragen. Diese ermöglichen die Erstellung von UNIX-Aufzeichnungsspuren und Accountingdateien, um die Nutzung von Protokoll-Übersetzern, Access-Servern und

Kapitel 11 • Konfiguration des TACACS und des erweiterten TACACS   **283**

Routern aufzeichnen zu können. Die Informationen enthalten Antworten von diesen Netzwerkgeräten und Gültigkeitsbestätigungen von Benutzeranfragen.

Via FTP ist eine nicht unterstützte, erweiterte TACACS-Server-Software abrufbar. Diese wendet sich an UNIX-Benutzer, die die Aufzeichnungsprogramme erstellen wollen (lesen sie die Datei README im Verzeichnis ftp-eng.cisco.com).

Verwenden Sie den folgenden Befehl im globalen Konfigurationsmodus, um den erweiterten TACACS-Modus zu aktivieren:

| Befehl | Zweck |
|---|---|
| tacacs-server extended | Aktiviert den erweiterten TACACS-Modus. |

**ANMERKUNG**

Wenn Sie das erweiterte TACACS konfigurieren, werden alle lokal auf dem Router gespeicherten Benutzernamen verwendet werden. Für die Authentifizierung wird der Router nicht auf den TACACS-Server zurückgreifen.

### 11.2.11 Aktivierung des erweiterten TACACS für die PPP-Authentifizierung

Sie können für die Authentifizierung innerhalb von PPP-Sitzungen das erweiterte TACACS verwenden. Verwenden Sie hierzu die folgenden Befehle im Interface-Konfigurationsmodus:

| Schritt | Befehl | Zweck |
|---|---|---|
| 1 | ppp authentication {chap \| chap pap \| pap chap \| pap} [if-needed] [*Listenname* \| **default**] [**callin**] | Aktiviert das CHAP oder das PAP. |
| 2 | ppp use-tacacs [**single-line**] | Aktiviert das erweiterte TACACS für die PPP-Authentifizierung. |

Ein Beispiel zur Aktivierung des TACACS für die PPP-Protokoll-Authentifizierung finden Sie im Abschnitt »Beispiele zur TACACS-Konfiguration« am Ende dieses Kapitels.

### 11.2.12 Aktivierung des Standard-TACACS für die ARA-Authentifizierung

Sie können für die Authentifizierung innerhalb von AppleTalk-Remote-Access- (ARA-)Protokoll-Sitzungen das Standard-TACACS-Protokoll verwenden. Verwenden Sie hierzu die folgenden Befehle und beginnen Sie im Interface-Konfigurationsmodus:

| Schritt | Befehl | Zweck |
|---|---|---|
| 1 | arap use-tacacs single-line | Aktiviert das Standard-TACACS für die ARA-Protokoll-Authentifizierung. |
| 2 | autoselect arap | Aktiviert den automatischen Aufruf des ARA. |
| 3 | autoselect during-login | (Optional) Veranlasst bei Benutzer-Login den automatischen Start der ARA-Sitzung. |

Der Befehl **arap use-tacacs single-line** ist sehr nützlich, wenn Sie TACACS gemeinsam mit anderen Authentifizierungssystemen betreiben, die eine Klartextversion des Benutzerpassworts benötigen. Derartige Systeme sind u.a. Einmal-Passwort- und Token-Card-Systeme.

Wenn Sie den Befehl **autoselect** mit dem optionalen Argument **during-login** verwenden, wird die Eingabeaufforderung für den Benutzername oder das Passwort angezeigt, ohne dass die **Return**-Taste gedrückt werden muss. Während die Aufforderung zur Eingabe des Benutzernamens oder des Passworts angezeigt wird, können Sie diese Aufforderung beantworten oder Sie können damit beginnen, Pakete eines automatisch gestarteten Protokolls zu senden.

Der Einwahlbenutzer loggt sich über das ARA folgendermaßen ein:

– **Schritt 1**: Wenn er durch die ARA-Applikation nach einem Benutzernamen gefragt wird, gibt der Einwahlbenutzer *Benutzername\*Passwort* ein und drückt die **Return**-Taste.

– **Schritt 2**: Wenn er durch die ARA-Applikation nach einem Passwort gefragt wird, gibt der Einwahlbenutzer **arap** ein und drückt die **Return**-Taste.

Beispiele zur Aktivierung des TACACS für die ARA-Protokoll-Authentifizierung finden Sie im Abschnitt »Beispiele zur TACACS-Konfiguration« am Ende dieses Kapitels.

### 11.2.13 Aktivierung des erweiterten TACACS für die ARA-Authentifizierung

Sie können das erweiterte TACACS für die Authentifizierung innerhalb von ARA-Protokollsitzungen verwenden. Die erweiterte TACACS-Server-Software ist via FTP erhältlich (lesen Sie die Datei README im Verzeichnis ftp-eng.cisco.com).

> **ANMERKUNG**
>
> Bevor Sie die Befehle der folgenden Tabelle und damit auch das ARA verwenden können, müssen Sie die Datei namens *Makefile* in der erweiterten TACACS-Server-Software editieren. Hierzu müssen Sie die Kommentarzeichen in den Zeilen entfernen, die die ARA-Unterstützung aktivieren. Anschließend müssen Sie die Datei neu kompilieren.

Nachdem Sie einen erweiterten TACACS-Server mit ARA-Unterstützung installiert haben, verwenden Sie die folgenden Befehle im line-Konfigurationsmodus auf jeder Verbindung:

| Schritt | Befehl | Zweck |
| --- | --- | --- |
| 1 | arap use-tacacs | Aktiviert das erweiterte TACACS unter dem ARA-Protokoll auf jeder Verbindung. |
| 2 | autoselect arap | Aktiviert den automatischen Aufruf des ARA. |
| 3 | autoselect during-login | (Optional) Veranlasst beim Benutzer-Login den automatischen Start der ARA-Sitzung. |

Wenn Sie den Befehl **autoselect** mit dem optionalen Argument **during-login** verwenden, wird die Eingabeaufforderung für den Benutzername oder das Passwort angezeigt, ohne dass die **Return**-Taste gedrückt werden muss. Während die Aufforderung zur Eingabe des Benutzernamens oder des Passworts angezeigt wird, können Sie diese Aufforderung beantworten oder Sie können damit beginnen, Pakete eines automatisch gestarteten Protokolls zu senden.

## 11.2.14 Aktivierung des TACACS zur Verwendung einer bestimmten IP-Adresse

Sie können festlegen, dass für alle ausgehenden TACACS-Pakete eine feste Quell-IP-Adresse verwendet wird. Mit dieser Funktion verwendet TACACS die IP-Adresse einer angegebenen Schnittstelle für alle ausgehenden TACACS-Pakete. Dieser Befehl ist dann besonders wertvoll, wenn der Router viele Schnittstellen besitzt und Sie sicherstellen wollen, dass alle TACACS-Pakete von einem bestimmten Router dieselbe IP-Adresse tragen sollen.

Verwenden Sie den folgenden Befehl im Konfigurationsmodus, damit das TACACS die IP-Adresse einer angegebenen Schnittstelle für alle ausgehenden TACACS-Pakete verwendet:

| Befehl | Zweck |
| --- | --- |
| ip tacacs source-interface *Subschnittstellenname* | Aktiviert das TACACS zur Verwendung der IP-Adresse einer angegebenen Schnittstelle für alle ausgehenden TACACS-Pakete. |

## 11.3 Beispiele zur TACACS-Konfiguration

Das folgende Beispiel zeigt die Aktivierung des TACACS für die PPP-Authentifizierung:

```
int async 1
 ppp authentication chap
 ppp use-tacacs
```

Das folgende Beispiel zeigt die Aktivierung des TACACS für die ARA-Authentifizierung:

```
line 3
 arap use-tacacs
```

Das folgende Beispiel zeigt eine vollständige TACACS-Konfiguration eines Cisco AS5200, der mit der Cisco-IOS-Version 11.1 betrieben wird:

```
version 11.1
service udp-small-servers
service tcp-small-servers
!
hostname isdn-14
!
enable password ww
!
username cisco password lab
isdn switch-type primary-5ess
!
controller T1 1
 framing esf
 clock source line primary
 linecode b8zs
 pri-group timeslots 1-24
!
interface Loopback20
 no ip address
!
interface Ethernet0
 ip address 172.16.25.15 255.255.255.224
!
interface Serial0
 no ip address
 shutdown
!
interface Serial1
 no ip address
 shutdown
 no cdp enable
!
interface Serial1:23
 ip address 150.150.150.2 255.255.255.0
 no ip mroute-cache
```

```
 encapsulation ppp
 isdn incoming-voice modem
 no peer default ip address pool
 dialer idle-timeout 1
 dialer map ip 150.150.150.1 name isdn-5 broadcast 1234
 dialer-group 1
 no fair-queue
 ppp multilink
 ppp authentication pap
 ppp pap sent-username isdn-14 password 7 05080F1C2243
!
interface Group-Async1
 ip unnumbered Ethernet0
 encapsulation ppp
 async mode interactive
 peer default ip address pool default
 no cdp enable
 ppp authentication chap
 ppp use-tacacs
 group-range 1 24
!
ip local pool default 171.68.187.1 171.68.187.8
no ip classless
ip route 0.0.0.0 0.0.0.0 172.16.25.1
ip route 192.100.0.12 255.255.255.255 Serial1:23
tacacs-server host 171.68.186.35
tacacs-server last-resort succeed
tacacs-server extended
tacacs-server authenticate slip access-lists
tacacs-server notify lineen always
tacacs-server notify logout always
tacacs-server notify slip always
!
dialer-list 1 protocol ip permit
!
line con 0
line 1 24
 session-timeout 30  output
 exec-timeout 1 0
 no activation-character
 autoselect during-login
 autoselect ppp
 no vacant-message
 modem InOut
 modem autoconfigure type microcom_hdms
 transport input all
 speed 115200
line aux 0
line vty 0 4
 password ww
 login

end
```

# KAPITEL 12

# Befehle des TACACS, des erweiterten TACACS und des TACACS+

Dieses Kapitel beschreibt die Befehle, die zur Konfiguration des TACACS, des erweiterten TACACS und des TACACS+ verwendet werden.

## 12.1.1 Vergleich der TACACS-Befehle

Derzeit existieren drei Versionen des TACACS-Sicherheitsprotokolls, wobei jedes für sich eine eigene Einheit darstellt. Die Cisco-IOS-Software unterstützt die folgenden TACACS-Versionen:

- TACACS+ – Es bietet detaillierte Accountinginformationen und eine flexible administrative Kontrolle über die Authentifizierungs- und Autorisierungsprozesse. Das TACACS+ wird durch das AAA ermöglicht und kann nur durch AAA-Befehle aktiviert werden.

- Das erweiterte TACACS – Es liefert Informationen über die Nutzung von Protokoll-Übersetzern und Routern. Diese Informationen werden in UNIX-Aufzeichnungsspuren und Accountingdateien verwendet.

- TACACS – Es ermöglicht die Passwort-Überprüfung und die Authentifizierung sowie die Aufzeichnung der Benutzeraktivitäten für Sicherheits- und Accountingzwecke.

Auch wenn TACACS+ durch AAA ermöglicht wird und bestimmte Befehle des AAA verwendet, gibt es doch einige gemeinsame Befehle für TACACS, das erweiterte TACACS und TACACS+. Die Tabelle 11.1 in Kapitel 11 »Konfiguration des TACACS und des erweiterten TACACS« zeigt auf, welche Cisco-IOS-Befehle für die verschiedenen TACACS- Versionen verwendbar sind.

> **ANMERKUNG**
>
> In Kapitel 3 »Authentifizierungsbefehle«, Kapitel 5 »Autorisierungsbefehle« und Kapitel 7 »Accountingbefehle« finden Sie Informationen über die AAA-spezifischen Befehle.

Informationen über die Konfiguration des TACACS und des erweiterten TACACS finden Sie in Kapitel 11 »Die Konfiguration des TACACS und des erweiterten TACACS«. Konfigurationsbeispiele, die die Befehle aus diesem Kapitel verwenden, finden Sie im Abschnitt »Beispiele zur TACACS-Konfiguration« am Ende des Kapitels 11 »Die Konfiguration des TACACS und des erweiterten TACACS«.

Informationen über die Konfiguration des TACACS+ finden Sie in Kapitel 10 »Die Konfiguration des TACACS+«. Konfigurationsbeispiele, die die Befehle aus diesem Kapitel verwenden, finden Sie im Abschnitt »Beispiele zur TACACS+-Konfiguration« am Ende des Kapitels 10 »Die Konfiguration des TACACS+«.

## 12.2 arap use-tacacs

Verwenden Sie den line-Konfigurationsbefehl **arap use-tacacs**, um das TACACS für die ARA-Authentifizierung zu aktivieren. Verwenden Sie die **no**-Form dieses Befehls, um das TACACS für die ARA-Authentifizierung zu deaktivieren.

**arap use-tacacs [single-line]**
**no arap use-tacacs**

| Syntax | Beschreibung |
| --- | --- |
| single-line | (Optional) Akzeptiert den Benutzernamen und das Passwort im Benutzernamenfeld. Wenn Sie eine ältere Version des TACACS verwenden (vor dem erweiterten TACACS), müssen Sie dieses Schlüsselwort verwenden. |

**Standard**

Deaktiviert

**Befehlsmodus**

line-Konfiguration

**Benutzungsrichtlinien**

Verwenden Sie diesen Befehl nur, wenn Sie einen erweiterten TACACS-Server installiert haben. Dieser Befehl erfordert den neuen erweiterten TACACS-Server.

> **ANMERKUNG**
>
> Dieser Befehl kann nicht mit dem TACACS+ verwendet werden. Verwenden Sie stattdessen den Befehl **arap authentication**.

Kapitel 12 • Befehle des TACACS, des erweiterten TACACS und des TACACS+

Der Befehl legt Folgendes fest: Wenn im Benutzernamenfeld ein Benutzername und ein Passwort durch einen Stern (*) getrennt angegeben sind, dann wird eine Standard-TACACS-Login-Anfrage mit diesem Benutzernamen und Passwort ausgeführt. Wenn der Benutzername keinen Stern enthält, wird die normale ARA-Authentifizierung mit dem TACACS ausgeführt.

Diese Funktion ist sehr nützlich, wenn Sie das TACACS gemeinsam mit anderen Authentifizierungssystemen betreiben, die eine Klartextversion des Benutzerpassworts benötigen. Derartige Systeme verwenden u.a. Einmal-Passwörter oder Token-Cards.

**STOP**

Die normale ARA-Authentifizierung verhindert die Übertragung des Klartextpassworts über die Verbindung. Wenn Sie das Schlüsselwort single-line verwenden, wandern die Passwörter im Klartext über die Verbindung und sind für jeden lesbar, der sich für solche Informationen interessiert.

Aufgrund des Zweiwegeverfahrens der ARA-Authentifizierung benötigt die ARA-Applikation die Eingabe eines Passwortwerts im Passwortfeld der ARA-Dialogbox. Dieses zweite Passwort muss *arap* lauten. Zuerst werden der Benutzername und das Passwort in der Form *Benutzername*password* im Namensfeld der Dialogbox eingegeben und dann das **arap** im Passwortfeld.

### Beispiel

Das folgende Beispiel aktiviert das TACACS für die ARA-Authentifizierung:

```
line 3
  arap use-tacacs
```

### Verwandte Befehle

Sie können online unter www.cisco.com eine Recherche nach verwandten Befehlen ausführen.

**arap enable**
**arap noguest**
**autoselect**
**tacacs-server extended**
**tacacs-server host**

## 12.3 enable last-resort

Verwenden Sie den globalen Konfigurationsbefehl **enable last-resort**, um die auszuführende Aktion für den Fall festzulegen, wenn die durch den Befehl **enable** verwendeten TACACS- und erweiterten TACACS-Server nicht antworten. Verwenden Sie die **no**-Form dieses Befehls, um den Standard wiederherzustellen.

enable last-resort {password | succeed}
no enable last-resort {password | succeed}

| Syntax | Beschreibung |
| --- | --- |
| Password | Erlaubt Ihnen den Zugang in den enable-Modus durch die Angabe des Passworts für den privilegierten Befehlslevel. Ein Passwort muss ein bis 25 groß- oder kleingeschriebene alphanumerische Zeichen enthalten. |
| Succeed | Erlaubt Ihnen den Zugang in den enable-Modus ohne weitere Fragen. |

### Standard

Der Zugang zum enable-Modus wird abgelehnt.

### Befehlsmodus

Globale Konfiguration

### Benutzungsrichtlinien

Diese zweite Authentifizierung wird nur dann verwendet, wenn der erste Versuch fehlschlägt.

> **ANMERKUNG**
>
> Das TACACS+ verwendet nicht diesen Befehl, sondern die Befehlsform **aaa authentication**.

### Beispiel

Im folgenden Beispiel kann der Benutzer, wenn der TACACS-Server nicht auf den enable-Befehl antwortet, den enable-Modus aufrufen, indem er das Passwort des privilegierten Levels eingibt:

```
enable last-resort password
```

### Verwandte Befehle

Sie können online unter www.cisco.com eine Recherche nach verwandten Befehlen ausführen.

enable

## 12.4 enable use-tacacs

Verwenden Sie den globalen Konfigurationsbefehl **enable use-tacacs**, um das TACACS so zu konfigurieren, dass es die Zugangsberechtigung eines Benutzers zum privilegierten EXEC-Level überprüft. Verwenden Sie die **no**-Form dieses Befehls, um die Überprüfung durch das TACACS zu deaktivieren.

**enable use-tacacs**
**no enable use-tacacs**

> **STOP**
>
> Wenn Sie den Befehl **enable use-tacacs** verwenden, müssen Sie auch den Befehl **tacacs-server authenticate enable** ausführen, da Sie sich sonst aus dem privilegierten Befehlslevel aussperren.

### Syntaxbeschreibung

Dieser Befehl besitzt keine Argumente oder Schlüsselwörter.

### Standard

Deaktiviert

### Befehlsmodus

Globale Konfiguration

### Benutzungsrichtlinien

Wenn Sie diesen Befehl zur Konfigurationsdatei hinzufügen, dann wird der EXEC-Befehl **enable** dazu auffordern, ein neues Benutzernamen- und Passwort-Paar anzugeben. Dieses Paar wird daraufhin an den TACACS-Server gesendet, um die Authentifizierung auszuführen. Wenn Sie das erweiterte TACACS verwenden, dann wird auch jeder vorhandene UNIX-Benutzer-Identifikationscode an den Server übergeben.

> **ANMERKUNG**
>
> Dieser Befehl initialisiert das TACACS. Verwenden Sie den Befehl **tacacs server-extended**, um das erweiterte TACACS zu initialisieren oder den Befehl **aaa new-model**, um das AAA und das TACACS+ zu initialisieren.

### Beispiel

Das folgende Beispiel legt die TACACS-Überprüfung während des privilegierten EXEC-Level-Login-Verfahrens fest:

```
enable use-tacacs
tacacs-server authenticate enable
```

## Verwandte Befehle

Sie können online unter www.cisco.com eine Recherche nach verwandten Befehlen ausführen.

tacacs-server authenticate enable

## 12.5 ip tacacs source-interface

Verwenden Sie den globalen Konfigurationsbefehl **ip tacacs source-interface**, um die IP-Adresse einer angegebenen Schnittstelle für alle ausgehenden TACACS-Pakete zu verwenden. Verwenden Sie die **no**-Form dieses Befehls, um die Verwendung der IP-Adresse der angegebenen Schnittstelle zu deaktivieren.

ip tacacs source-interface *Subschnittstellenname*
no ip tacacs source-interface

| Syntax | Beschreibung |
| --- | --- |
| *Subschnittstellenname* | Name der Schnittstelle, die das TACACS für alle seine ausgehenden Pakete verwendet. |

### Standard

Dieser Befehl besitzt keine werksseitige Standardeinstellung.

### Befehlsmodus

Globale Konfiguration

Verwenden Sie diesen Befehl um die IP-Adresse einer Subschnittstelle als Quelladresse für alle ausgehenden TACACS-Pakete zu verwenden. Diese Adresse wird solange verwendet, wie sich die Schnittstelle im *Up*-Zustand befindet. Auf diese Weise kann der TACACS-Server einen IP-Adress-Eintrag für alle Netzwerk-Access-Clients verwenden, anstatt eine Liste von IP-Adressen zu unterhalten.

Dieser Befehl ist dann besonders wertvoll, wenn der Router viele Schnittstellen besitzt und Sie sicherstellen wollen, dass alle TACACS-Pakete von einem bestimmten Router dieselbe IP-Adresse tragen sollen.

Die angegebene Schnittstelle muss eine eigene IP-Adresse besitzen. Wenn die angegebene Subschnittstelle keine IP-Adresse besitzt oder sich im *Down*-Zustand befindet, wechselt das TACACS in die Standardeinstellung. Um dies zu vermeiden, müssen Sie eine IP-Adresse an die Subschnittstelle vergeben oder die Schnittstelle in den *Up*-Zustand bringen.

# Kapitel 12 • Befehle des TACACS, des erweiterten TACACS und des TACACS+

## Beispiel

Das folgende Beispiel lässt das TACACS die IP-Adresse der Subschnittstelle s2 für alle ausgehenden TACACS- (TACACS, erweiterte TACACS- oder TACACS+-) Pakete verwenden:

```
ip tacacs source-interface s2
```

## Verwandte Befehle

Sie können online unter www.cisco.com eine Recherche nach verwandten Befehlen ausführen.

**ip radius source-interface**
**ip telnet source-interface**
**ip tftp source-interface**

## 12.6 tacacs-server attempts

Verwenden Sie den globalen Konfigurationsbefehl **tacacs-server attempts**, um festzulegen, wie viele Login-Versuche auf einer Verbindung unter dem TACACS ausgeführt werden dürfen. Verwenden Sie die **no**-Form dieses Befehls, um den Standard wieder herzustellen.

**tacacs-server attempts** *Wiederholungen*
**no tacacs-server attempts**

| Syntax | Beschreibung |
|---|---|
| *Wiederholungen* | Ganze Zahl, die die erlaubten Versuche festlegt. Die Standardeinstellung ist drei Versuche. |

## Standard

Drei Versuche

## Befehlsmodus

Globale Konfiguration

## Beispiel

Das folgende Beispiel lässt nur einen Login-Versuch zu:

```
tacacs-server attempt 1
```

## 12.7 tacacs-server authenticate

Verwenden Sie den globalen Konfigurationsbefehl **tacacs-server authenticate**, um mit der Cisco-IOS-Software Bedingungen festzulegen, unter denen ein Benutzer eine erwünschte Aktion unter dem TACACS oder dem erweiterten TACACS ausführen darf. Verwenden Sie die **no**-Form dieses Befehls, um die Authentifizierung aufzuheben.

**tacacs-server authenticate** {connection [always] enable | slip [always] [access-lists]} no tacacs-server authenticate

| Syntax | Beschreibung |
|---|---|
| connection | Legt eine erforderliche Antwort fest, wenn ein Benutzer eine TCP-Verbindung aufbaut. |
| always | (Optional) Führt die Authentifizierung auch dann durch, wenn ein Benutzer nicht eingeloggt ist. |
| enable | Legt eine erforderliche Antwort fest, wenn ein Benutzer den Befehl **enable** eingibt. |
| slip | Legt eine erforderliche Antwort fest, wenn ein Benutzer eine SLIP- oder PPP-Sitzung startet. |
| access-lists | (Optional) Fordert Access-Listen an und installiert sie. Diese Option ist nur für das Schlüsselwort **slip** verwendbar. |

### Standard

Deaktiviert

### Befehlsmodus

Globale Konfiguration

### Benutzungsrichtlinien

Der Befehl **tacacs-server authenticate** [connection | enable] erschien erstmals in der Cisco-IOS-Version 10.0. Der Befehl **tacacs-server authenticate** {connection [always] enable | slip [always] [access-lists]} erschien erstmals in der Cisco-IOS-Version 10.3.

Geben Sie eines der Schlüsselwörter ein, um die Aktion festzulegen (wenn ein Benutzer zum Beispiel den enable-Modus aufruft).

Bevor Sie den Befehl **tacacs-server authenticate** verwenden, müssen Sie den Befehl **tacacs-server extended** aktiviert haben.

> **ANMERKUNG**
>
> Dieser Befehl wird bei TACACS+ nicht verwendet. Er wurde durch den Befehl **aaa authorization** ersetzt.

Kapitel 12 • Befehle des TACACS, des erweiterten TACACS und des TACACS+ **297**

### Beispiel

Das folgende Beispiel konfiguriert, dass die TACACS-Logins zur Benutzer-Authentifizierung das Telnet oder das rlogin verwenden:

```
tacacs-server authenticate connect
```

### Verwandte Befehle

Sie können online unter www.cisco.com eine Recherche nach verwandten Befehlen ausführen.

**enable secret**
**enable use-tacacs**

## 12.8   tacacs-server directed-request

Verwenden Sie den globalen Konfigurationsbefehl **tacacs-server directed-request**, um bei einer gerichteten Anfrage nur den Benutzernamen an einen angegebenen Server zu senden. Verwenden Sie die **no**-Form dieses Befehls, um die gesamte Zeichenfolge an den TACACS-Server zu senden.

**tacacs-server directed-request**
**no tacacs-server directed-request**

### Syntaxbeschreibung

Dieser Befehl besitzt keine Argumente oder Schlüsselwörter.

### Standard

Aktiviert

### Befehlsmodus

Globale Konfiguration

### Benutzungsrichtlinien

Dieser Befehl erschien erstmals in der Cisco-IOS-Version 11.1.

Dieser Befehl sendet nur den Teil des Benutzernamens vor dem @-Symbol an den Host, der nach dem @-Symbol angegeben ist. Auf diese Weise können Sie bei aktivierter directed-request-Funktion eine Anfrage an jeden konfigurierten Server richten und es wird nur der Benutzername an den angegebenen Server gesendet.

Die Deaktivierung des Befehls **tacacs-server directed-request** verursacht die Sendung der gesamten Zeichenfolge (sowohl die vor als auch die hinter dem @-Symbol) an den Standard-TACACS-Server. Wenn die directed-request-Funktion deaktiviert ist, dann ruft der Router die Serverliste auf, beginnt mit dem ersten Server in der Liste und sendet die gesamte Zeichenfolge, wobei er die erste Antwort akzeptiert, die er vom Server erhält. Der Befehl **tacacs-server directed-request** ist sehr nützlich für Netzwerke, in denen eigene TACACS-Server-Software entwickelt wurde, die die gesamte Zeichenfolge aufsplittet und auf dieser Basis Entscheidungen trifft.

Bei aktiviertem **tacacs-server directed-request** kann der Benutzer nach dem @-Symbol nur konfigurierte TACACS-Server angeben. Wenn der durch den Benutzer angegebene Hostname nicht mit der IP-Adresse eines durch den Administrator konfigurierten TACACS-Servers übereinstimmt, dann wird die Benutzereingabe abgelehnt.

Verwenden Sie den Befehl **no tacacs-server directed-request**, um den Benutzern die Möglichkeit zu nehmen, zwischen konfigurierten TACACS-Servern zu wählen und zu erreichen, dass die gesamte Zeichenfolge an den Standard-Server übergeben wird.

### Beispiel

Das folgende Beispiel deaktiviert den Befehl **tacacs-server directed-request** und verursacht damit, dass die gesamte Benutzereingabe an den Standard-TACACS-Server übergeben wird:

```
no tacacs-server directed-request
```

## 12.9 tacacs-server extended

Verwenden Sie den globalen Konfigurationsbefehl **tacacs-server extended** um den erweiterten TACACS-Modus zu aktivieren. Verwenden Sie die **no**-Form dieses Befehls, um den Modus zu deaktivieren.

**tacacs-server extended**
**no tacacs-server extended**

### Syntaxbeschreibung

Dieser Befehl besitzt keine Argumente oder Schlüsselwörter.

### Standard

Deaktiviert

### Befehlsmodus

Globale Konfiguration

### Benutzungsrichtlinien

Dieser Befehl erschien erstmals in der Cisco-IOS-Version 10.0.

Diese Befehl initialisiert das erweiterte TACACS.

**Beispiel**

Das folgende Beispiel aktiviert den erweiterten TACACS-Modus:

tacacs-server erweitertes

**Verwandte Befehle**

Sie können online unter www.cisco.com eine Recherche nach verwandten Befehlen ausführen.

aaa new-model

## 12.10 tacacs-server host

Verwenden Sie den globalen Konfigurationsbefehl **tacacs-server host**, um einen TACACS-Host festzulegen. Verwenden Sie die **no**-Form dieses Befehls, um den angegebenen Namen oder die Adresse zu löschen.

**tacacs-server host** *Hostname* [**single-connection**] [**port** *Nummer*] [**timeout** *Zahl*]
    [**key** *Zeichenfolge*]
**no tacacs-server host** *Hostname*

| Syntax | Beschreibung |
| --- | --- |
| *Hostname* | Name oder IP-Adresse des Hosts. |
| single-connection | (Optional) Legt fest, dass der Router eine einzelne offene Verbindung für Bestätigungen von einem AAA/TACACS+-Server unterhält (ab der CiscoSecure-Version 1.0.1). Dieser Befehl beinhaltet keine Autodetect-Funktion und wird fehlschlagen, wenn der angegebene Host keinen CiscoSecure-Dämon betreibt. |
| port | (Optional) Legt eine Server-Portnummer fest. Diese Option überstimmt die Standardeinstellung Port 49. |
| *Nummer* | (Optional) Die Portnummer des Servers. Gültige Portnummern reichen von 1 bis 65535. |
| timeout | (Optional) Legt eine Zeitdauer fest. Diese überstimmt nur für diesen Server die allgemeine Zeitdauer mit dem Befehl **tacacs-server timeout**. |
| *Zahl* | (Optional) Ganze Zahl, die das Timeout-Intervall in Sekunden angibt. |
| key | (Optional) Legt einen Authentifizierungs- und Verschlüsselungstext fest. Dieser muss mit dem Schlüssel übereinstimmen, den der TACACS+-Dämon verwendet. Die Angabe dieses Schlüssels überstimmt nur für diesen Server den Schlüssel, der mit dem globalen Befehl **tacacs-server key** gesetzt wurde. |
| *Zeichenfolge* | (Optional) Zeichenfolge, die den Authentifizierungs- und Verschlüsselungstext festlegt. |

## Standard

Es ist kein TACACS-Host festgelegt.

## Befehlsmodus

Globale Konfiguration

## Benutzungsrichtlinien

Dieser Befehl erschien erstmals in der Cisco-IOS-Version 10.0.

Mit der mehrfachen Eingabe des Befehls **tacacs-server host** können Sie zusätzliche Hosts festlegen. Die Software sucht nach den Hosts in der von Ihnen angegebenen Reihenfolge. Verwenden Sie die Optionen **single-connection, port, timeout** und **key** nur dann, wenn Sie einen AAA/TACACS+-Server betreiben.

Da einige der Parameter des **tacacs-server host**-Befehls die allgemeinen Einstellungen der Befehle **tacacs-server timeout** und **tacacs-server key** überstimmen, können Sie mit diesem Befehl die Sicherheit in Ihrem Netzwerk steigern, indem Sie einzelne Router individuell konfigurieren.

## Beispiele

Das folgende Beispiel legt einen TACACS-Host namens *Sea_Change* fest:

```
tacacs-server host Sea_Change
```

Das folgende Beispiel legt fest, dass der Router für die AAA-Bestätigungen den Cisco-Secure-TACACS+-Host namens *Sea_Cure* auf der Portnummer 51 kontaktieren soll. Der Timeout-Wert für Anfragen auf dieser Verbindung beträgt drei Sekunden und der Verschlüsselungstext lautet *a_secret*.

```
tacacs-server host Sea_Cure single-connection port 51 timeout 3 key a_secret
```

## Verwandte Befehle

Sie können online unter www.cisco.com eine Recherche nach verwandten Befehlen ausführen.

**login tacacs**
**ppp**
**slip**
**tacacs-server key**
**tacacs-server timeout**

## 12.11 tacacs-server key

Verwenden Sie den globalen Konfigurationsbefehl **tacacs-server key**, um den Authentifizierungs- und den Verschlüsselungstext für die TACACS+-Kommunikation zwischen dem Router und dem TACACS+-Dämon festzulegen. Verwenden Sie die **no**-Form dieses Befehls, um den Verschlüsselungstext aufzuheben.

**tacacs-server key** *Schlüssel*
**no tacacs-server key** [*Schlüssel*]

| Syntax | Beschreibung |
|---|---|
| *Schlüssel* | Der Schlüsseltext, der für die Authentifizierung und die Verschlüsselung verwendet wird. Dieser Schlüssel muss mit dem Schlüssel des TACACS+-Dämons übereinstimmen. |

### Befehlsmodus

Globale Konfiguration

### Benutzungsrichtlinien

Dieser Befehl erschien erstmals in der Cisco-IOS-Version 11.1.

Nachdem Sie die AAA-Authentifizierung mit dem Befehl **aaa new-model** aktiviert haben, müssen Sie den Authentifizierungs- und Verschlüsselungstext mit dem Befehl **tacacs-server key** festlegen.

Der eingegebene Schlüssel muss mit dem Schlüssel übereinstimmen, der auf dem TACACS+-Dämon verwendet wird. Alle vorangestellten Leerzeichen werden ignoriert, jedoch werden Leerzeichen innerhalb und am Ende des Schlüssels berücksichtigt. Wenn Sie Leerzeichen in Ihrem Schlüssel verwenden, dann sollten Sie den Schlüsseltext nicht in Anführungszeichen setzen, da sonst die Anführungszeichen als Teil des Schlüssels interpretiert werden

### Beispiel

Das folgende Beispiel legt den Authentifizierungs- und Verschlüsselungstext *dare to go* fest:

```
tacacs-server key dare to go
```

### Verwandte Befehle

Sie können online unter www.cisco.com eine Recherche nach verwandten Befehlen ausführen.

**aaa new-model**
**tacacs-server host**

## 12.12 tacacs-server last-resort

Verwenden Sie den globalen Konfigurationsbefehl **tacacs-server last-resort**, damit der Netzwerk-Access-Server das privilegierte Passwort als Verifizierung verlangt oder um ein erfolgreiches Login ohne weitere Eingaben durch den Benutzer zuzulassen. Verwenden Sie die **no**-Form dieses Befehls, um Anfragen abzulehnen, wenn der Server nicht antwortet.

**tacacs-server last-resort** {password | succeed}
**no tacacs-server last-resort** {password | succeed}

| Syntax | Beschreibung |
|---|---|
| Password | Erlaubt dem Benutzer den Zugang zum EXEC-Befehlsmodus, wenn er das Passwort angibt, das durch den Befehl **enable** festgelegt wurde |
| Succeed | Erlaubt dem Benutzer den Zugang zum EXEC-Befehlsmodus ohne weitere Fragen. |

### Standard

Wenn Sie den TACACS-Server betreiben und der TACACS-Server nicht antwortet, wird die Anfrage in der Standardeinstellung abgelehnt.

### Befehlsmodus

Globale Konfiguration

### Benutzungsrichtlinien

Dieser Befehl erschien erstmals in der Cisco-IOS-Version 10.0.

Verwenden Sie den Befehl **tacacs-server last-resort**, um sicherzustellen, dass ein Login stattfinden kann. Wenn sich z.B. ein Systemadministrator einloggen muss, um Probleme mit ausgefallenen TACACS-Servern zu beheben.

> **ANMERKUNG**
>
> Dieser Befehl wird nicht im TACACS+ verwendet.

### Beispiel

Das folgende Beispiel erzwingt ein erfolgreiches Login:

```
tacacs-server last-resort succeed
```

Kapitel 12 • Befehle des TACACS, des erweiterten TACACS und des TACACS+

## Verwandte Befehle

Sie können online unter www.cisco.com eine Recherche nach verwandten Befehlen ausführen.

enable password
login (EXEC)

## 12.13 tacacs-server login-timeout

Der Befehl **timeout login response** ersetzt diesen Befehl. Lesen Sie die Beschreibung des Befehl **timeout login response** für weitere Informationen.

## 12.14 tacacs-server notify

Verwenden Sie den globalen Konfigurationsbefehl **tacacs-server notify**, damit eine Meldung an den TACACS-Server gesendet wird und ein Hintergrundprozess eine wiederholte Übertragung für eine Zeitdauer von bis zu fünf Minuten ausführt. Verwenden Sie die **no**-Form dieses Befehls, um die Benachrichtigungen zu deaktivieren.

**tacacs-server notify {connection [always] | enable | logout [always] | slip [always]}**
    **no tacacs-server notify**

| Syntax | Beschreibung |
|---|---|
| Connection | Legt die Sendung einer Meldung fest, wenn ein Benutzer eine TCP-Verbindung aufnimmt. |
| Always | (Optional) Sendet eine Meldung selbst dann, wenn ein Benutzer nicht eingeloggt ist. Diese Option ist nur für SLIP- oder PPP-Sitzungen möglich und kann mit den Schlüsselwörtern **logout** oder **slip** verwendet werden. |
| Enable | Legt die Sendung einer Meldung fest, wenn ein Benutzer den Befehl **enable** eingibt. |
| Logout | Legt die Sendung einer Meldung fest, wenn sich ein Benutzer ausloggt. |
| Slip | Legt die Sendung einer Meldung fest, wenn ein Benutzer eine SLIP- oder eine PPP-Sitzung startet. |

### Standard

Es wird keine Meldung an den TACACS-Server übertragen.

## Befehlsmodus

Globale Konfiguration

## Benutzungsrichtlinien

Dieser Befehl erschien erstmals in der Cisco-IOS-Version 10.0. Die Befehle **always** und **slip** erschienen erstmals in der Cisco-IOS-Version 11.0.

Der Terminalbenutzer erhält eine sofortige Antwort, die ihm den Zugriff auf die aufgerufene Funktion erlaubt. Geben Sie eines der Schlüsselwörter an, um die Aktion festzulegen, in deren Folge der TACACS-Server benachrichtigt wird (z.B. wenn sich ein Benutzer ausloggt).

> **ANMERKUNG**
>
> Dieser Befehl wird nicht im TACACS+ verwendet. Er wurde durch die Befehlsform **aaa accounting** ersetzt.

## Beispiel

Im folgenden Beispiel wird der TACACS-Server benachrichtigt, wenn sich ein Benutzer ausloggt:

```
tacacs-server notify logout
```

## 12.15 tacacs-server optional-passwords

Verwenden Sie den globalen Konfigurationsbefehl **tacacs-server optional-passwords**, um festzulegen, dass die erste TACACS-Anfrage an einen TACACS-Server *ohne* eine Passwort-Überprüfung erfolgen soll. Verwenden Sie die **no**-Form dieses Befehls, um wieder die Standardeinstellung aufzurufen.

**tacacs-server optional-passwords**
**no tacacs-server optional-passwords**

## Syntaxbeschreibung

Dieser Befehl besitzt keine Argumente oder Schlüsselwörter.

## Standard

Deaktiviert

**Befehlsmodus**

Globale Konfiguration

**Benutzungsrichtlinien**

Dieser Befehl erschien erstmals in der Cisco-IOS-Version 10.0.

Wenn der Benutzer den Login-Namen eingibt, dann wird die Login-Anfrage mit dem Namen und einem Passwort der Länge 0 übertragen. Wenn dies akzeptiert wird, wird der Login-Vorgang abgeschlossen. Wenn der TACACS-Server diese Anfrage ablehnt, verlangt die Server-Software die Eingabe eines Passworts und sendet erneut eine Anfrage, wenn der Benutzer ein Passwort eingegeben hat. Der TACACS-Server muss die Benutzer-Authentifizierung ohne Passwörter unterstützen, damit diese Funktion verwendet werden kann. Diese Funktion unterstützt alle TACACS-Anfragen, wie Login-, SLIP- und enable-Anfragen.

> **ANMERKUNG**
>
> Dieser Befehl wird nicht durch das TACACS+ verwendet.

**Beispiel**

Das folgende Beispiel konfiguriert, dass der erste Login keine TACACS-Verifizierung erfordert:

```
tacacs-server optional-passwords
```

## 12.16 tacacs-server retransmit

Verwenden Sie den globalen Konfigurationsbefehl **tacacs-server retransmit**, um festzulegen, wie oft die Cisco-IOS-Software die Liste der TACACS-Server durchgeht, bevor er aufgibt. Verwenden Sie die **no**-Form dieses Befehls, um die erneute Übertragung zu deaktivieren.

**tacacs-server retransmit** *Wiederholungen*
**no tacacs-server retransmit**

| Syntax | Beschreibung |
|---|---|
| *Wiederholungen* | Wiederholte Übertragungsversuche. |

## Standard

Zwei Wiederholungen

## Befehlsmodus

Globale Konfiguration

## Benutzungsrichtlinien

Dieser Befehl erschien erstmals in der Cisco-IOS-Version 10.0.

Die Cisco-IOS-Software versucht alle Server anzufragen und wartet bei jedem auf ein Timeout, bevor er die Wiederholungszahl um Eins erhöht.

## Beispiel

Das folgende Beispiel setzt den Wert des Wiederholungszählers auf 5:

```
tacacs-server retransmit 5
```

## 12.17 tacacs-server timeout

Verwenden Sie den globalen Konfigurationsbefehl **tacacs-server timeout,** um die Zeitdauer festzulegen, die ein Router auf eine Antwort von einem Server-Host wartet. Verwenden Sie die **no**-Form dieses Befehls, um wieder die Standardeinstellung aufzurufen.

**tacacs-server timeout** *Sekunden*
**no tacacs-server timeout**

| Syntax | Beschreibung |
|---|---|
| *Sekunden* | Ganze Zahl, die die Zeitdauer des Timeouts in Sekunden (zwischen 1 und 300) angibt. Die Standardeinstellung ist fünf Sekunden. |

## Standard

5 Sekunden

## Befehlsmodus

Globale Konfiguration

# Kapitel 12 • Befehle des TACACS, des erweiterten TACACS und des TACACS+

## Benutzungsrichtlinien

Dieser Befehl erschien erstmals in der Cisco-IOS-Version 10.0.

## Beispiel

Das folgende Beispiel ändert die Zeitdauer auf zehn Sekunden:

```
tacacs-server timeout 10
```

## Verwandte Befehle

Sie können online unter www.cisco.com eine Recherche nach verwandten Befehlen ausführen.

**tacacs-server host**

**KAPITEL 13**

# Konfiguration des Kerberos

Dieses Kapitel beschreibt das Kerberos-Sicherheitssystem und enthält die folgenden Themen:

- Ein Kerberos-Überblick
- Arbeitsweise der Kerberos-Clientunterstützung
- Die schrittweise Konfiguration des Kerberos

Eine vollständige Beschreibung der in diesem Kapitel verwendeten Kerberos-Befehle finden Sie in Kapitel 14 »Kerberos-Befehle«. Eine Dokumentation anderer in diesem Kapitel erscheinender Befehle können Sie erhalten, wenn Sie eine Online-Recherche unter www.cisco.com ausführen.

## 13.1 Ein Kerberos-Überblick

*Kerberos* ist ein am Massachusetts Institute of Technology (MIT) entwickeltes Netzwerk-Authentifizierungsprotokoll mit einem Geheimschlüssel, das den Data-Encryption-Standard-(DES-)Verschlüsselungsalgorithmus für die Verschlüsselung und die Authentifizierung verwendet. Kerberos wurde konzipiert, um Anfragen nach Netzwerkressourcen zu authentifizieren. Es basiert, wie auch andere Systeme mit Geheimschlüsseln, auf dem Konzept einer vertrauenswerten dritten Partei, die die Sicherheitsüberprüfung von Benutzern und Diensten übernimmt. Im Kerberos-Protokoll wird diese vertrauenswerte dritte Partei das *Key-Distribution-Center* (KDC = Schlüssel-Verteilungs-Zentrum) genannt.

Kerberos wird hauptsächlich zur Verifizierung verwendet, um zu überprüfen, ob die Benutzer und Netzwerkdienste auch wirklich diejenigen sind, für die sie sich ausgeben. Hierzu gibt ein vertrauenswerter Kerberos-Server Tickets (Eintrittskarten) an die Benutzer aus. Diese Tickets haben eine begrenzte Gültigkeitsdauer, sie werden in einem Benutzer-Ausweiscache gespeichert und können anstatt des Standard-Benutzernamen-und-Passwort-Authentifizierungsmechanismus verwendet werden.

Das Kerberos-Ausweisschema enthält ein Konzept namens *single logon* (einmaliges einloggen). Dieser Prozess erfordert die einmalige Benutzer-Authentifizierung und ermöglicht daraufhin die sichere Authentifizierung (ohne Verschlüsselung eines weiteren Passworts), wo immer dieser Benutzerausweis akzeptiert wird.

Seit der Cisco-IOS-Version 11.2 beinhaltet die Cisco-IOS-Software die Unterstützung des Kerberos 5. Auf diese Weise können alle Organisationen, die Kerberos 5 bereits einsetzen, die gleiche Kerberos-Authentifizierungsdatenbank auf ihren Routern verwenden, die sie bereits auf ihren anderen Netzwerk-Hosts (z.B. UNIX-Server und PCs) unterhalten.

Die folgenden Netzwerkdienste werden durch die Kerberos-Authentifizierungsfähigkeiten der Cisco-IOS-Software unterstützt:

- Telnet
- rlogin
- rsh
- rcp

**ANMERKUNG**

Die Ausführung der Kerberos-Clientunterstützung von Cisco basiert auf dem von CyberSafe entwickelten Quellcode, der aus dem MIT-Code hervorging. Folglich wurde die Kerberos-Ausführung von Cisco einer vollständigen Kompatibilitätsprüfung mit dem kommerziellen Kerberos-Server CyberSafe Challenger und dem frei erhältlichen MIT-Server-Code unterzogen.

Tabelle 13.1 listet die allgemeinen kerberosbezogenen Begriffe und deren Bedeutungen auf.

*Tabelle 13.1: Die Kerberos-Terminologie*

| Begriff | Bedeutung |
|---|---|
| Authentifizierung (Authentication) | Ein Prozess, durch den sich ein Benutzer oder Dienst gegenüber einem anderen Dienst identifiziert. Zum Beispiel kann sich ein Client gegenüber einem Router authentifizieren oder ein Router kann sich gegenüber einem anderen Router authentifizieren. |
| Autorisierung (Authorization) | Ein Mittel, mit dem ein Router bestimmt, welche Privilegien Sie in einem Netzwerk oder auf dem Router haben und welche Aktionen Sie ausführen dürfen. |
| Ausweis (Credential) | Ein allgemeiner Begriff, der sich auf Authentifizierungstickets bezieht, z.B. TGTs und Dienstausweise. Die Kerberos-Ausweise bestätigen die Identität eines Benutzers oder Dienstes. Wenn ein Netzwerkdienst entscheidet, dass der Kerberos-Server, der ein Ticket ausgegeben hat, vertrauenswürdig ist, dann kann dieses Ticket an Stelle einer erneuten Eingabe von Benutzernamen und Passwort verwendet werden. Ausweise besitzen eine Standardlebensdauer von acht Stunden. |

*Tabelle 13.1: Die Kerberos-Terminologie (Fortsetzung)*

| Begriff | Bedeutung |
|---|---|
| Stufe (Instance) | Ein Autorisierungs-Levelmarker für Kerberos-Darsteller. Die meisten Kerberos-Darsteller besitzen die Form *Benutzer@BEREICH* (z.B. *smith@DOMAIN.COM*). Ein Kerberos-Darsteller mit einer Kerberos-Stufe besitzt die Form *Benutzer/Stufe@BEREICH* (z.B. *smith/admin@DOMAIN.COM*). Die Kerberos-Stufe kann zur Angabe des Autorisierungs-Levels für den Benutzer verwendet werden, dessen Authentifizierung erfolgreich ist. Es bleibt den einzelnen Servern jedes Netzwerkdienstes überlassen, die Autorisierungsvergleiche der Kerberos-Stufen durchzuführen und anzuwenden. Achten Sie darauf, dass der Kerberos-Bereichsname großgeschrieben werden muss. |
| Kerberisiert (Kerberized) | Anwendungen und Dienste, die für die Unterstützung der Kerberos-Ausweis-Infrastruktur modifiziert wurden. |
| Kerberos-Bereich (Kerberos realm) | Eine Domäne, die Benutzer, Hosts und Netzwerkdienste enthält, die bei einem Kerberos-Server registriert werden. Dem Kerberos-Server wird dahingehend vertraut, dass er die Identität eines Benutzers oder Netzwerkdienstes gegenüber einem anderen Benutzer oder Netzwerkdienst bestätigen kann. Kerberos-Bereiche müssen immer großgeschrieben sein. |
| Kerberos-Server | Ein Dämon, der auf einem Netzwerkhost läuft. Benutzer und Netzwerkdienste registrieren ihre Identität bei dem Kerberos-Server. Netzwerkdienste fordern die Authentifizierung anderer Netzwerkdienste vom Kerberos-Server an. |
| Schlüsselverteilungs-Zentrum (Key-Distribution-Center = KDC) | Ein Kerberos-Server- und Datenbankprogramm, das auf einem Netzwerkhost läuft. |
| Darsteller (Principal) | Auch als eine *Kerberosidentität* bekannt. Dies ist die Form, wie Sie oder ein Dienst gegenüber dem Kerberos-Server erscheinen. |
| Dienstausweis (Service Credential) | Ein Ausweis für einen Netzwerkdienst. Wenn er vom KDC ausgegeben wird, dann wird dieser Ausweis mit dem Passwort verschlüsselt, das sich der Netzwerkdienst und das KDC teilen, sowie mit dem TGT des Benutzers. |
| SRVTAB | Ein Passwort, das sich ein Netzwerkdienst mit dem KDC teilt. Der Netzwerkdienst authentifiziert einen verschlüsselten Dienstausweis, indem er das SRVTAB (auch als KEYTAB bekannt) zur Entschlüsselung verwendet. |
| Ticket-Granting-Ticket (TGT) | Ein Ausweis, den das KDC an den authentifizierten Benutzer ausgibt. Wenn Benutzer ein TGT empfangen, dann können sie sich gegenüber Netzwerkdiensten innerhalb des Kerberos-Bereichs authentifizieren, der durch das KDC repräsentiert wird. |

## 13.2 Arbeitsweise der Kerberos-Clientunterstützung

Dieser Abschnitt beschreibt, wie das Kerberos-Sicherheitssystem auf einem Cisco Router arbeitet, der als Sicherheits-Server fungiert. Auch wenn Sie das Kerberos auf mehrere Arten modifizieren können (wegen der einfacheren Handhabung oder aus technischen Gründen), müssen externe Benutzer, die versuchen auf die Netzwerkdienste zuzugreifen, die folgenden drei Sicherheitsstufen absolvieren, bevor sie Zugang zu den Netzwerkdiensten erhalten:

— Authentifizierung gegenüber dem Grenz-Router
— Erwerb eines TGTs von einem KDC
— Authentifizierung gegenüber Netzwerkdiensten

### 13.2.1 Authentifizierung gegenüber dem Grenz-Router

Dieser Abschnitt beschreibt die erste Sicherheitsstufe, die Einwahlbenutzer absolvieren müssen, wenn sie versuchen auf ein Netzwerk zuzugreifen. Der erste Schritt im Kerberos-Authentifizierungsprozess besteht in der Benutzer-Authentifizierung gegenüber dem Grenz-Router. Der folgende Prozess beschreibt, wie Benutzer sich gegenüber einem Grenz-Router authentifizieren:

1. Der Einwahl-Benutzer eröffnet eine PPP-Verbindung zu dem Grenz-Router.
2. Der Router fordert vom Benutzer einen Benutzernamen und ein Passwort.
3. Der Router fordert vom KDC ein TGT für diesen bestimmten Benutzer an.
4. Das KDC sendet ein verschlüsseltes TGT an den Router, das die Benutzeridentität enthält (und andere Dinge).
5. Der Router versucht das TGT mit dem eingegebenen Passwort des Benutzers zu entschlüsseln. Wenn die Entschlüsselung erfolgreich ist, dann ist der Einwahl-Benutzer gegenüber dem Router authentifiziert.

Ein Einwahl-Benutzer, der erfolgreich eine PPP-Sitzung aufgebaut hat und gegenüber dem Grenz-Router authentifiziert wurde, befindet sich innerhalb der Firewall. Er muss sich aber immer noch gegenüber dem KDC selbst authentifizieren, bevor es ihm erlaubt wird, auf die Netzwerkdienste zuzugreifen. Dies ist darin begründet, dass das TGT, das durch das KDC ausgegeben wurde, auf dem Router gespeichert und nicht für weitere Authentifizierungen verwendet wird, solange sich der Benutzer nicht physikalisch auf den Router einloggt.

### 13.2.2 Erwerb eines TGT von einem KDC

Dieser Abschnitt beschreibt, wie sich Einwahl-Benutzer, die sich bereits gegenüber dem Grenz-Router authentifiziert haben, gegenüber einem KDC authentifizieren.

Wenn sich ein Einwahl-Benutzer gegenüber einem Grenz-Router authentifiziert, dann wird dieser Benutzer technisch betrachtet ein Teil des Netzwerks. Dies bedeutet, dass das Netzwerk derart erweitert wird, dass es den Einwahl-Benutzer und das Gerät oder auch das Netzwerk des Benutzers enthält. Um aber auch Zugang zu den Netzwerkdiensten zu erhalten, muss der Einwahl-Benutzer ein TGT vom KDC erwerben. Der folgende Prozess beschreibt, wie sich Einwahl-Benutzer gegenüber dem KDC authentifizieren:

1. Der Einwahl-Benutzer, der sich an einer Workstation an einem externen Ort befindet, startet das KINIT-Programm (Teil der Client-Software, die Sie gemeinsam mit dem Kerberos-Protokoll erhalten).
2. Das KINIT-Programm stellt die Identität des Benutzers fest und fragt das KDC nach einem TGT an.
3. Das KDC erzeugt ein TGT, das die Identität des Benutzers, die Identität des KDC und die Ablaufzeit des TGT enthält.
4. Das KDC verschlüsselt mithilfe des Benutzer-Passworts das TGT und sendet dieses an die Workstation.
5. Wenn das KINIT-Programm das verschlüsselte TGT empfängt, fordert es ein Passwort vom Benutzer (dieses ist das Passwort, das für den Benutzer in der KDC festgelegt ist).
6. Wenn das KINIT-Programm das TGT mit dem Passwort entschlüsseln kann, das der Benutzer eingegeben hat, dann ist der Benutzer gegenüber dem KDC authentifiziert und das KINIT-Programm speichert das TGT im Ausweiscache des Benutzers.

Ab diesem Zeitpunkt besitzt der Benutzer ein TGT und kann mit dem KDC sicher kommunizieren. Im Gegenzug erlaubt das TGT dem Benutzer sich gegenüber anderen Netzwerkdiensten zu authentifizieren.

### 13.2.3 Die Authentifizierung gegenüber Netzwerkdiensten

Der folgende Prozess beschreibt, wie sich ein Einwahl-Benutzer mit einem TGT gegenüber Netzwerkdiensten innerhalb eines gegebenen Kerberos-Bereichs authentifiziert. Wir gehen davon aus, dass der Benutzer sich an einer externen Workstation (Host A) befindet und sich in den Host B einloggen möchte.

1. Der Benutzer auf Host A startet ein kerberisierte Anwendung (z.B. Telnet) zum Host B.
2. Die kerberisierte Anwendung erzeugt eine Dienstausweis-Anfrage und sendet sie an das KDC. Die Dienstausweis-Anfrage enthält (neben anderen Dingen) die Identität des Benutzers und die Identität des erwünschten Netzwerkdienstes. Die Dienstausweis-Anfrage wird mit dem TGT verschlüsselt.

3. Das KDC versucht die Dienstausweis-Anfrage mit dem TGT zu entschlüsseln, das an den Benutzer auf Host A ausgegeben wurde. Wenn das KDC das Paket entschlüsseln kann, dann ist damit sichergestellt, dass der authentifizierte Benutzer auf Host A die Anfrage gesendet hat.

4. Das KDC erkennt die Identität des Netzwerkdienstes in der Dienstausweis-Anfrage.

5. Das KDC erzeugt einen Dienstausweis für den entsprechenden Netzwerkdienst auf Host B im Namen des Benutzers auf Host A. Der Dienstausweis enthält die Identität des Clients und die Identität des gewünschten Netzwerkdienstes.

6. Das KDC verschlüsselt daraufhin den Dienstausweis zweimal. Es verschlüsselt den Ausweis erst mit dem SRVTAB, das er sich mit dem im Ausweis angegebenen Netzwerkdienst teilt. Anschließend verschlüsselt es das resultierende Paket mit dem TGT des Benutzers (in diesem Fall mit dem auf Host A).

7. Das KDC sendet den doppelt verschlüsselten Ausweis an den Host A.

8. Der Host A versucht den Dienstausweis mit dem TGT des Benutzers zu entschlüsseln. Wenn der Host A den Dienstausweis entschlüsseln kann, dann ist damit sichergestellt, dass der Ausweis tatsächlich vom KDC kam.

9. Der Host A sendet den Dienstausweis an den erwünschten Netzwerkdienst. Beachten Sie, dass der Ausweis immer noch mit dem SRVTAB verschlüsselt ist, das sich das KDC und der Netzwerkdienst teilen.

10. Der Netzwerkdienst versucht den Dienstausweis mit seinem SRVTAB zu entschlüsseln.

11. Wenn der Netzwerkdienst den Ausweis entschlüsseln kann, dann ist damit sichergestellt, dass der Ausweis tatsächlich vom KDC ausgestellt wurde. Beachten Sie, dass der Netzwerkdienst allem vertraut, das er vom KDC entschlüsseln kann, selbst wenn er es indirekt von einem Benutzer empfängt. Der Grund hierfür liegt darin, dass der Benutzer zuerst gegenüber dem KDC authentifiziert wurde.

Ab diesem Zeitpunkt ist der Benutzer gegenüber dem Netzwerkdienst auf Host B authentifiziert. Dieser Prozess wir immer dann wiederholt, wenn ein Benutzer auf einen Netzwerkdienst im Kerberos-Bereich zugreifen möchte.

## 13.3 Die schrittweise Konfiguration des Kerberos

Um eine Kommunikation und Authentifizierung zwischen den Hosts und dem KDC in Ihrem Kerberos-Bereich zu ermöglichen, müssen sie gegenseitig kenntlich gemacht werden. Tragen Sie hierzu die Hosts in der Kerberos-Datenbank auf dem KDC ein und speichern Sie auf allen Hosts im Kerberos-Bereich die SRVTAB-Dateien, die durch das KDC erzeugt wurden. Nehmen Sie zudem Benutzereinträge in der KDC-Datenbank vor.

Dieser Abschnitt beschreibt, wie Sie ein kerberos-authentifiziertes Client/Serversystem installieren. Er enthält die folgenden Themen:

- Konfiguration des KDC mit Kerberos-Befehlen
- Konfiguration des Router zur Verwendung des Kerberos-Protokolls

Dieser Abschnitt setzt voraus, dass Sie die Kerberos-Administrationsprogramme auf einem UNIX-Host namens KDC installiert, die Datenbank initialisiert, einen Kerberos-Bereichsnamen und ein Passwort gewählt haben. Anweisungen über die Ausführung dieser Aufgaben finden Sie in der Dokumentation, die Sie zusammen mit Ihrer Kerberos-Software erhalten haben.

> **ANMERKUNG**
>
> Schreiben Sie sich zuerst Folgendes auf: Den Hostnamen oder die IP-Adresse des KDC, die KDC-Portnummer, mit der Sie die Anfragen überwachen wollen, sowie den Namen des Kerberos-Bereichs, den das KDC bedient. Diese Informationen werden Sie bei der Konfigurieren des Routers benötigen.

### 13.3.1 Konfiguration des KDC mit Kerberos-Befehlen

Nachdem Sie einen Host in seiner Funktion als KDC in Ihrem Kerberos-Bereich eingerichtet haben, müssen Sie alle Darsteller aus dem Bereich in der KDC-Datenbank eintragen. Darsteller können Netzwerkdienste auf Cisco-Router und -Hosts sein, es können aber auch Benutzer sein.

Führen Sie die Schritte in den folgenden Abschnitten aus, um mit den Kerberos-Befehlen Dienste in die KDC-Datenbank einzutragen (und damit die existierenden Datenbankinformationen zu verändern):

- Eintragen von Benutzern in die KDC-Datenbank
- Erzeugen von SRVTABs auf dem KDC
- Extrahieren von SRVTABs

> **ANMERKUNG**
>
> Alle Kerberos-Befehlsbeispiele basieren auf der Kerberos 5 Betaversion 5 der ursprünglichen MIT-Ausführung. Neuere Versionen verwenden eine etwas veränderte Schnittstelle.

#### Eintragen von Benutzern in die KDC-Datenbank

Gehen Sie wie folgt vor, um dem KDC Benutzer hinzuzufügen und privilegierte Stufen für diese Benutzer zu erzeugen: Mit der Eingabe des Befehls **su** werden Sie der

Benutzer **root** auf dem KDC-Host. Rufen Sie anschließend das Programm **kdb5_edit** auf, um die folgenden Befehle zu verwenden:

| Schritt | Befehl | Zweck |
|---|---|---|
| 1 | ank *Benutzername@REALM* | Mit dem Befehl **ank** (add new key = füge neuen Schlüssel hinzu) wird ein neuer Benutzer auf dem KDC eingetragen. Dieser Befehl wird ein Passwort verlangen, das der Benutzer eingeben muss, um sich gegenüber dem Router zu authentifizieren. |
| 2 | ank *Benutzername/Stufe@REALM* | Mit dem Befehl **ank** wird eine privilegierte Stufe eines Benutzers hinzugefügt. |

Um beispielsweise den Benutzer *loki* des Kerberos-Bereichs CISCO.COM einzutragen, geben Sie folgenden Kerberos-Befehl ein:

`ank loki@CISCO.COM`

> **ANMERKUNG**
>
> Der Kerberos-Bereichsname muss in Großbuchstaben geschrieben werden.

Es könnte sein, dass Sie z.B. privilegierte Stufen erzeugen wollen, damit Netzwerk-Administratoren eine Router-Verbindung auf dem enable-Level aufbauen können, ohne dass sie ein Klartextpasswort eingeben müssen (um die Sicherheit nicht zu gefährden).

Um für *loki* eine Stufe mit zusätzlichen Privilegien hinzuzufügen (in diesem Fall *enable*, es können aber auch andere Dinge eingegeben werden), geben Sie folgenden Kerberos-Befehl ein:

`ank loki/enable@CISCO.COM`

In jedem dieser Beispiele werden Sie zur Eingabe eines Passworts aufgefordert, das Sie dem Benutzer *loki* übermitteln müssen, um es beim Login zu verwenden.

Der Abschnitt »Aktivierung des Kerberos-Stufenabgleichs« beschreibt, wie die Kerberos-Stufen den verschiedenen Cisco-IOS-Privilegien-Leveln zugeordnet werden.

### Erzeugen von SRVTABs auf dem KDC

Alle Router, die zur Authentifizierung das Kerberos-Protokoll verwenden sollen, müssen ein SRVTAB besitzen. Dieser und der folgende Abschnitt beschreiben, wie die SRVTABs für einen Router namens *router1* erzeugt und extrahiert werden. Der Abschnitt »Das Kopieren der SRVTAB-Dateien« beschreibt, wie die SRVTAB-Dateien auf den Router kopiert werden.

Verwenden Sie den folgenden Befehl, um SRVTABs auf dem KDC einzutragen:

| Befehl | Zweck |
| --- | --- |
| ark *DIENST/HOSTNAME@REALM* | Mit dem Befehl **ark** (add random key) wird ein Netzwerkdienst, der von einem Host oder Router unterstützt wird, auf dem KDC eingetragen. |

Um beispielsweise einen kerberisierten Authentifizierungsdienst für einen Cisco-Router namens *router1* im Kerberos-Bereich CISCO.COM hinzuzufügen, geben Sie folgenden Kerberos-Befehl ein:

ark host/router1.cisco.com@CISCO.COM

Tragen Sie alle Netzwerkdienste von allen kerberisierten Hosts ein, die diesen KDC für die Authentifizierung verwenden.

### Extrahierung von SRVTABs

Die SRVTABs enthalten u.a. die Passwörter oder zufällig erzeugte Schlüssel für die Dienst-Darsteller, die Sie in die KDC-Datenbank eingegeben haben. Die Schlüssel der Dienst-Darsteller müssen dem Host mitgeteilt werden, der diesen Dienst ausführt. Hierzu müssen Sie die SRVTAB-Einträge in einer Datei speichern und diese anschließend auf den Router und auf alle Hosts im Kerberos-Bereich kopieren. Der Vorgang des Speicherns der SRVTAB-Einträge in einer Datei wird *Extraktion* der SRVTABs genannt. Verwenden Sie den folgenden Befehl, um die SRVTABs zu extrahieren:

| Befehl | Zweck |
| --- | --- |
| xst *Routername Host* | Verwendet den kdb5_edit-Befehl **xst**, um einen SRVTAB-Eintrag in eine Datei zu schreiben. |

Um z.B. das SRVTAB host/router1.cisco.com@CISCO.COM in eine Datei zu schreiben, geben Sie folgenden Kerberos-Befehl ein:

xst router1.cisco.com@CISCO.COM host

Verwenden Sie den Befehl **quit**, um das kdb5_edit-Programm zu beenden.

### 13.3.2 Konfiguration der Routers zur Verwendung des Kerberos-Protokolls

Führen Sie die Schritte in den folgenden Abschnitten aus, um einen Cisco-Router so zu konfigurieren, dass er als ein Netzwerk-Sicherheits-Server fungiert und die Benutzer über das Kerberos-Protokoll authentifiziert:

– Festlegen eines Kerberos-Bereichs

– Kopieren der SRVTAB-Dateien

- Festlegen der Kerberos-Authentifizierung
- Aktivierung der Ausweisweiterleitung
- Telnetsitzungen mit dem Router
- Aufbau einer verschlüsselten kerberisierten Telnetsitzung
- Aktivierung der unbedingten Kerberos-Authentifizierung
- Aktivierung der Kerberos-Stufenzuordnung
- Überwachung und Betrieb des Kerberos

### Festlegen eines Kerberos-Bereichs

Damit ein Router einen Benutzer aus der Kerberos-Datenbank authentifizieren kann, muss er den Hostnamen oder die IP-Adresse des Hosts kennen, der das KDC ausführt, und den Namen des Kerberos-Bereichs. Eventuell muss er auch dazu fähig sein, den Hostnamen oder die Domain-Name-System-(DNS-)Domäne dem Kerberos-Bereich zuordnen zu können.

Verwenden Sie die folgenden Befehle im globalen Konfigurationsmodus, um den Router so zu konfigurieren, dass er die Authentifizierung gegenüber einem angegebenen KDC in einem angegebenen Kerberos-Bereich ausführt. Achten Sie darauf, dass DNS-Domänennamen mit einem vorangestellten Punkt (.) beginnen müssen:

| Schritt | Befehl | Zweck |
|---|---|---|
| 1 | kerberos local-realm *Kerberosbereich* | Legt den Standardbereich für den Router fest. |
| 2 | kerberos server *Kerberosbereich* {*Hostname* | *IP-Adresse*} [*Portnummer*] | Legt fest, welchen KDC der Router in einem vorgegebenen Kerberos-Bereich verwendet und die optionale Portnummer, die der KDC überwacht (der Standard ist 88). |
| 3 | kerberos-realm {*DNS-Domäne* | *Host*} *Kerberosbereich* | (Optional) Vergleicht einen Hostnamen oder eine DNS-Domäne mit einem Kerberos-Bereich. |

> **ANMERKUNG**
>
> Das KDC-Gerät und alle kerberisierten Hosts müssen innerhalb eines 5-Minuten-Fensters miteinander kommunizieren, da sonst die Authentifizierung fehlschlägt. Daher sollten alle kerberisierten Geräte und vor allem das KDC das Netzwerk-Time-Protokoll (NTP) ausführen.

Die Befehle **kerberos local-realm**, **kerberos-realm** und **kerberos server** sind gleichbedeutend zu der UNIX-Datei *krb.conf*. Tabelle 13.3 stellt die Cisco-IOS-Konfigurationsbefehle einer Konfigurationsdatei des Kerberos 5 (krb5.conf) gegenüber.

*Tabelle 13.3: Die Konfigurationsdatei des Kerberos 5 und die Befehle*

| Die Datei krb5.conf | Cisco-IOS-Konfigurationsbefehl |
|---|---|
| [libdefaults] | (im Konfigurationsmodus) |
| default_realm = DOMAIN.COM | kerberos local-realm DOMAIN.COM |
| | Continues |
| [domain_realm] | (im Konfigurationsmodus) |
| .domain.com = DOMAIN.COM | kerberos-realm *.domain.com* |
| domain.com = DOMAIN.COM | DOMAIN.COM |
| | kerberos- realm *domain.com* |
| | DOMAIN.COM |
| [realms] | (im Konfigurationsmodus) |
| kdc = DOMAIN.PIL.COM:750 | kerberos server DOMAIN.COM |
| admin_server = DOMAIN.PIL.COM | 172.65.44.2 |
| default_domain = DOMAIN.COM | (172.65.44.2 ist die Beispiel-IP-Adresse für DOMAIN.PIL.COM) |

Ein Beispiel, in dem ein Kerberos-Bereich festgelegt wird, finden Sie im Abschnitt »Beispiele zum Festlegen eines Kerberos-Bereichs« am Ende dieses Kapitels.

### Kopieren der SRVTAB-Dateien

Damit sich Einwahl-Benutzer gegenüber dem Router mit Kerberos-Ausweisen authentifizieren können, muss sich der Router einen geheimen Schlüssel mit dem KDC teilen. Hierzu müssen Sie dem Router eine Kopie des SRVTAB übergeben, das Sie auf dem KDC extrahiert haben.

Die sicherste Methode, um die SRVTAB-Dateien auf die Hosts in Ihrem Kerberos-Bereich zu kopieren, besteht darin, die Dateien auf physikalische Speichermedien zu kopieren, der Reihe nach zu jedem Host zu gehen und die Dateien manuell auf das System zu kopieren. Wenn Sie die SRVTAB-Dateien auf den Router kopieren möchten, der kein physikalisches Datenspeicherlaufwerk besitzt, dann müssen Sie diese mit dem Trivial File Transfer Protokoll (TFTP) über das Netzwerk transferieren.

Verwenden Sie den folgenden Befehl im globalen Konfigurationsmodus, um die SRVTAB-Dateien vom entfernten KDC auf den Router zu kopieren:

| Befehl | Zweck |
|---|---|
| **kerberos srvtab remote** {*Hostname* | *IP-Adresse*} {*Dateiname*} | Bezieht eine SRVTAB-Datei vom KDC. |

Wenn Sie die SRVTAB-Datei vom Router auf das KDC kopieren, zerlegt der Befehl **kerberos srvtab remote** die Informationen in dieser Datei und speichert sie in der laufenden Konfiguration des Routers im Format **kerberos srvtab entry**. Um sicherzustellen, dass das SRVTAB bei einem Neubooten des Routers verfügbar ist (es muss nicht vom KDC bezogen werden), verwenden Sie den Konfigurationsbefehl **write memory**, um Ihre laufende Konfiguration (die die zerlegte SRVTAB-Datei enthält) in den NVRAM zu schreiben.

Ein Beispiel über das Kopieren der SRVTAB-Dateien finden Sie im Abschnitt »Ein Beispiel über das Kopieren der SRVTAB-Dateien« am Ende dieses Kapitels.

### Festlegen der Kerberos-Authentifizierung

Nun haben Sie das Kerberos auf Ihrem Router konfiguriert. Damit kann der Router die Authentifizierung mit dem Kerberos ausführen. Der nächste Schritt besteht darin, ihn dazu zu bringen. Da die Kerberos-Authentifizierung durch das AAA gewährleistet wird, müssen Sie den Befehl **aaa authentication** mit dem Kerberos als Authentifizierungsmethode eingeben. Weitere Informationen finden Sie in Kapitel 2 »Die Konfiguration der Authentifizierung«.

### Aktivierung der Ausweisweiterleitung

Soweit wie das Kerberos bis jetzt konfiguriert ist, besitzt jeder Benutzer, der gegenüber einem kerberisierten Router authentifiziert wurde, ein TGT, mit dem er sich gegenüber einem Host im Netzwerk authentifizieren kann. Wenn jedoch der Benutzer versucht sich die Ausweise nach der Authentifizierung gegenüber einem Host auflisten zu lassen, dann wird ihm angezeigt werden, dass keine Kerberos-Ausweise vorhanden sind.

Sie können den Router so konfigurieren, dass er die Benutzer-TGTs weiterleitet, wenn Sie zur Authentifizierung vom Router gegenüber den kerberisierten entfernten Hosts im Netzwerk verwendet werden, wenn dabei das kerberisierte Telnet, rcp, rsh oder rlogin (mit den entsprechenden Flags) verwendet wird.

Verwenden Sie den folgenden Befehl im globalen Konfigurationsmodus, sodass alle Clients die Benutzer-Ausweise weiterleiten, wenn sie sich mit anderen Hosts im Kerberos-Bereich verbinden:

| Befehl | Zweck |
| --- | --- |
| **kerberos credentials forward** | Lässt alle Clients die Benutzer-Ausweise nach erfolgreicher Kerberos-Authentifizierung weiterleiten. |

Bei aktivierter Ausweisweiterleitung werden die Benutzer-TGTs automatisch an den nächsten Host weitergeleitet, gegenüber dem sich die Benutzer authentifizieren. Auf diese Weise können sich Benutzer mit mehreren Hosts im Kerberos-Bereich verbinden, ohne dass sie jedes Mal das KINIT-Programm ausführen müssen, um ein neues TGT zu erhalten.

## Telnetsitzungen mit dem Router

Verwenden Sie den folgenden Befehl im globalen Konfigurationsmodus, um das Kerberos zur Benutzer-Authentifizierung zu verwenden, wenn ein Benutzer innerhalb des Netzwerks eine Telnetsitzung zum Router aufnimmt:

| Befehl | Zweck |
| --- | --- |
| aaa authentication login {default \| Listenname} krb5_telnet | Aktiviert das Kerberos 5 Telnet-Authentifizierungsprotokoll für die Login-Authentifizierung, wenn das Telnet für den Verbindungsaufbau zum Router verwendet wird. |

Obwohl die Telnetsitzungen zum Router authentifiziert werden, müssen Benutzer weiterhin ein Klartextpasswort eingeben, wenn sie den enable-Modus aufrufen möchten. Mit dem Befehl **kerberos instance map** können sie sich gegenüber dem Router für einen zuvor festgelegten privilegierten Level authentifizieren.

## Aufbau einer verschlüsselten kerberisierten Telnetsitzung

Eine andere Möglichkeit zum Aufbau einer abgesicherten Telnetsitzung besteht in der Verwendung des verschlüsselten kerberisierten Telnets (Encrypted Kerberized Telnet). Beim verschlüsselten kerberisierten Telnet werden Benutzer anhand ihres Kerberos-Ausweises authentifiziert, bevor eine Telnetsitzung aufgebaut wird. Die Telnetsitzung wird mit einer 56-Bit-DES-Verschlüsselung mit einem 64-Bit-Cipher-Feedback (CFB) verschlüsselt. Da die gesendeten und empfangenen Daten nicht im Klartext, sondern verschlüsselt sind, kann der Zugriff auf den angewählten Router oder Access-Server wesentlich besser kontrolliert werden.

> **ANMERKUNG**
>
> Diese Funktion ist nur verwendbar, wenn Sie das 56-Bit-Verschlüsselung-System besitzen. Der Export der 56-Bit-DES-Verschlüsselung unterliegt Ausfuhrbeschränkungen durch die US-Regierung.

Verwenden Sie einen der folgenden Befehle im EXEC-Befehlsmodus, um eine verschlüsselte kerberisierte Telnetsitzung von einem Router zu einem entfernten Host aufzubauen:

| Befehl | Zweck |
| --- | --- |
| connect *Host* [*Port*] /encrypt kerberos<br>oder<br>telnet *Host* [*Port*] /encrypt kerberos | Baut eine verschlüsselte Telnetsitzung auf. |

Wenn ein Benutzer eine Telnetsitzung von einem Cisco-Router zu einem externen Host aufbaut, dann vereinbart der Router mit dem externen Host den Benutzer mit Kerberos-Ausweisen zu authentifizieren. Wenn diese Authentifizierung erfolgreich ist, dann verhandelt daraufhin der Router mit dem externen Host, ob die Verschlüsselung verwendet wird oder nicht. Wenn diese Verhandlung erfolgreich verläuft, wird der ein- und ausgehende Verkehr über die 56-Bit-DES-Verschlüsselung mit dem 64-Bit-CFB verschlüsselt.

Wenn sich ein Benutzer über einen externen Host auf einen Cisco-Router einwählt, der für die Kerberos-Authentifizierung konfiguriert ist, dann werden der Host und der Router versuchen über die Verwendung der verschlüsselten Telnetsitzung zu verhandeln. Wenn diese Verhandlung erfolgreich verläuft, wird der Router alle ausgehenden Daten während der Telnetsitzung verschlüsseln.

Wenn die Verschlüsselungsverhandlungen nicht erfolgreich sind, wird die Sitzung abgebrochen und es wird eine Meldung an den Benutzer gesendet, dass die verschlüsselte Telnetsitzung nicht aufgebaut werden konnte.

Informationen über die Aktivierung der bidirektionalen (beidseitigen) Verschlüsselung auf einem externen Host finden Sie in den Handbüchern für das entsprechende externe Hostgerät.

Ein Beispiel über die Verwendung des verschlüsselten kerberisierten Telnets zum Aufbau einer abgesicherten Telnetsitzung finden Sie im Abschnitt »Ein Beispiel zur Vereinbarung einer verschlüsselten Telnetsitzung« am Ende dieses Kapitels.

### Aktivierung der unbedingten Kerberos-Authentifizierung

Als eine zusätzliche Sicherheitsstufe können Sie den Router so konfigurieren, dass, nachdem sich die Einwahl-Benutzer ihm gegenüber authentifiziert haben, sich diese gegenüber anderen Diensten im Netzwerk nur über das kerberisierte Telnet, rlogin, rsh oder rcp authentifizieren können. Wenn Sie die unbedingte Kerberos-Authentifizierung nicht aktiviert haben und die Kerberos-Authentifizierung fehlschlägt, dann wird die Anwendung versuchen den Benutzer über die Standard-Authentifizierungsmethode für diesen Netzwerkdienst zu authentifizieren. Zum Beispiel fordert das Telnet und das rlogin zur Eingabe eines Passworts auf und das rsh versucht die Authentifizierung über die lokale rhost-Datei.

Verwenden Sie den folgenden Befehl im globalen Konfigurationsmodus, um die unbedingte Kerberos-Authentifizierung zu aktivieren:

| Befehl | Zweck |
| --- | --- |
| kerberos clients mandatory | Wird das Telnet, rlogin, rsh und rcp ablehnen, wenn das Kerberos-Protokoll nicht mit dem entfernten Server verhandelbar ist. |

## Aktivierung der Kerberos-Stufenzuordnung

Wie bereits im Abschnitt »Das Erzeugen von SRVTABs auf dem KDC« erwähnt wurde, können Sie administrative Benutzerstufen in der KDC-Datenbank erzeugen. Mit dem Befehl **kerberos instance map** können Sie diese Stufen den privilegierten Cisco-IOS-Leveln zuordnen, sodass die Benutzer abgesicherte Telnetsitzungen mit dem Router in einem zuvor festgelegten privilegierten Level aufbauen können und dabei die Eingabe eines Klartextpassworts für den enable-Modus nicht benötigt wird.

Verwenden Sie den folgenden Befehl im globalen Konfigurationsmodus, um eine Kerberos-Stufe einem privilegierten Cisco-IOS-Level zuzuordnen:

| Befehl | Zweck |
| --- | --- |
| **kerberos instance map** *Stufe privilegierter-Level* | Ordnet eine Kerberos-Stufe einem privilegierten Cisco-IOS-Level zu. |

Wenn sich eine Kerberos-Stufe für den Benutzer *loki* in der KDC-Datenbank befindet (z.B. *loki/admin*), dann kann der Benutzer *loki* eine Telnetsitzung zum Router als loki/admin aufnehmen und er wird automatisch für den Zugang zum privilegierten Level 15 authentifiziert, unter der Voraussetzung, dass *admin* dem privilegierten Level 15 zugeordnet wurde (lesen Sie hierzu den vorderen Abschnitt »Eintragen von Benutzern in die KDC-Datenbank« in diesem Kapitel.

Mit dem Befehl **privilege level** können Cisco-IOS-Befehle für verschiedene privilegierte Level festgelegt werden.

Nachdem Sie eine Kerberos-Stufe einem privilegierten Cisco-IOS-Level zugeordnet haben, müssen Sie den Router zur Überprüfung der Kerberos-Stufen bei jedem Benutzer-Login konfigurieren. Verwenden Sie den Befehl **aaa authorization** mit dem Schlüsselwort **krb5-instance**, damit bei der Autorisierung überprüft wird, ob ein Benutzer zur Ausführung einer EXEC-Shell auf der Basis einer zugeordneten Kerberos-Stufe berechtigt ist. Weitere Informationen finden Sie in Kapitel 4 »Konfiguration der Autorisierung«.

### 13.3.3 Überwachung und Betrieb des Kerberos

Verwenden Sie die folgenden Befehle im EXEC-Modus, um die aktuellen Ausweise eines Benutzers anzuzeigen oder um sie zu löschen:

| Schritt | Befehl | Zweck |
| --- | --- | --- |
| 1 | show kerberos creds | Listet die Ausweise in einem aktuellen Benutzer-Ausweiscache auf. |
| 2 | clear kerberos creds | Entfernt alle Ausweise in einem aktuellen Benutzer-Ausweiscache. |

Ein Beispiel der Kerberos-Konfiguration finden Sie im Abschnitt »Nicht-Kerberos-Konfigurationsbeispiele« am Ende dieses Kapitels.

## 13.4 Beispiele zur Kerberos-Konfiguration

Dieser Abschnitt enthält die folgenden Konfigurationsbeispiele:

- Beispiele zum Festlegen eines Kerberos-Bereichs
- Ein Beispiel zum Kopieren der SRVTAB-Dateien
- Nicht-Kerberos-Konfigurationsbeispiele
- Ein Beispiel zur Vereinbarung einer verschlüsselten Telnetsitzung

### 13.4.1 Beispiele zum Festlegen eines Kerberos-Bereichs

Verwenden Sie den folgenden Befehl, um CISCO.COM als Standard-Kerberos-Bereich festzulegen:

```
kerberos local-realm CISCO.COM
```

Verwenden Sie den folgenden Kerberos-Befehl, um dem Router mitzuteilen, dass der CISCO.COM KDC auf dem Host 10.2.3.4 unter der Portnummer 170 läuft:

```
Kerberos server CISCO.COM 10.2.3.4 170
```

Verwenden Sie den folgenden Befehl, um die DNS-Domäne cisco.com dem Kerberos-Bereich CISCO.COM zuzuordnen:

```
kerberos-realm .cisco.com CISCO.COM
```

### 13.4.2 Ein Beispiel zum Kopieren der SRVTAB-Dateien

Um die SRVTAB-Datei für einen Router namens Router1.cisco.com auf einen Host namens Host123.cisco.com zu kopieren, würde der Befehl folgendermaßen aussehen:

```
kerberos srvtab remote host123.cisco.com router1.cisco.com-new-srvtab
```

### 13.4.3 Nicht-Kerberos-Konfigurationsbeispiele

Dieser Abschnitt beschreibt eine typische Nicht-Kerberos-Routerkonfiguration und zeigt die Ausgabe, die nach Eingabe des Befehls **write term** für diese Konfiguration erfolgt. Anschließend wird auf der Basis dieser Konfiguration die optionale Kerberos-Funktionalität hinzugefügt. Die Ausgabe für jede Konfiguration wird daraufhin angezeigt, um sie mit der vorherigen Konfiguration vergleichen zu können.

Dieses Beispiel zeigt, wie das Programm kdb5_edit verwendet wird, um die folgenden Konfigurationsschritte auszuführen:

1. Eintragen des Benutzers chet in die Kerberos-Datenbank.

2. Eintragen einer privilegierten Kerberos-Stufe für den Benutzer *chet* (*chet/admin*) in die Kerberos-Datenbank.

3. Eintragen einer restricted (beschränkten) Stufe für *chet* (*chet/restricted*) in die Kerberos-Datenbank.

4. Hinzufügen der Workstation chet-ss20.cisco.com.

5. Hinzufügen des Routers chet-2500.cisco.com in die Kerberos-Datenbank.

6. Hinzufügen der Workstation chet-ss20.cisco.com in die Kerberos-Datenbank.

7. Extrahieren der SRVTABs für den Router und die Workstations.

8. Auflisten der Inhalte der KDC-Datenbank (mit dem Befehl **ldb**).

Beachten Sie, dass in dieser Beispielkonfiguration der Host chet-ss20 auch der KDC ist:

```
chet-ss20# sbin/kdb5_edit
kdb5_edit: ank chet
Enter password:
Re-enter password for verification:
kdb5_edit: ank chet/admin
Enter password:
Re-enter password for verification:
kdb5_edit: ank chet/restricted
Enter password:
Re-enter password for verification:
kdb5_edit: ark host/chet-ss20.cisco.com
kdb5_edit: ark host/chet-2500.cisco.com
kdb5_edit: xst chet-ss20.cisco.com host
'host/chet-ss20.cisco.com@CISCO.COM' added to keytab
'WRFILE:chet-ss20.cisco.com-new-srvtab'
kdb5_edit: xst chet-2500.cisco.com host
'host/chet-2500.cisco.com@CISCO.COM' added to keytab
'WRFILE:chet-2500.cisco.com-new-srvtab'
kdb5_edit: ldb
entry: host/chet-2500.cisco.com@CISCO.COM
entry: chet/restricted@CISCO.COM
entry: chet@CISCO.COM
entry: K/M@CISCO.COM
entry: host/chet-ss20.cisco.com@CISCO.COM
entry: krbtgt/CISCO.COM@CISCO.COM
entry: chet/admin@CISCO.COM
kdb5_edit: q
chet-ss20#
```

Das folgende Beispiel zeigt die Ausgabe, die durch den Befehl **write term** erfolgte und die Konfiguration des Routers chet-2500 anzeigt. Dies ist eine typische Konfiguration ohne Kerberos-Authentifizierung.

```
chet-2500# write term
Building configuration...
Current configuration:
!
```

```
! Last configuration
change at 14:03:55 PDT Mon May 13 1996
!
version 11.2
service udp-small-servers
service tcp-small-servers
!
hostname chet-2500
!
clock timezone PST -8
clock summer-time PDT recurring
aaa new-model
aaa authentication login console none
aaa authentication ppp local local
enable password sMudgKin
!
username chet-2500 password 7 sMudgkin
username chet-3000 password 7 sMudgkin
username chetin password 7 sMudgkin
!
interface Ethernet0
 ip address 172.16.0.0 255.255.255.0
!
interface Serial0
 no ip address
 shutdown
 no fair-queue
!
interface Serial1
 no ip address
 shutdown
 no fair-queue
!
interface Async2
 ip unnumbered Ethernet0
 encapsulation ppp
 shutdown
 async dynamic routing
 async mode dedicated
 no cdp enable
 ppp authentication pap local
 no tarp propagate
!
interface Async3
 ip unnumbered Ethernet0
 encapsulation ppp
 shutdown
 async dynamic address
 async dynamic routing
 async mode dedicated
 no cdp enable
 ppp authentication pap local
 no tarp propagate
!
```

```
router eigrp 109
 network 172.17.0.0
 no auto-summary
!
ip default-gateway 172.30.55.64
ip domain-name cisco.com
ip name-server 192.168.0.0
ip classless
!
!
line con 0
 exec-timeout 0 0
 login authentication console
line 1 16
 transport input all
line aux 0
 transport input all
line vty 0 4
 password sMudgKin
!
ntp clock-period 17179703
ntp peer 172.19.10.0
ntp peer 172.19.0.0
end
```

Das folgende Beispiel zeigt, wie die Benutzer-Authentifizierung mit der Kerberos-Datenbank auf dem Router aktiviert wird. Um die Benutzer-Authentifizierung mit der Kerberos-Datenbank zu aktivieren, müssten Sie die folgenden Schritte ausführen:

1. Wechseln Sie in den Konfigurationsmodus.

2. Legen Sie den lokalen Kerberosbereich fest.

3. Geben Sie ein, welches Gerät das KDC beherbergt.

4. Aktivieren Sie die Ausweisweiterleitung.

5. Legen Sie das Kerberos Authentifizierungsmethode für das Login fest.

6. Verlassen Sie den Konfigurationsmodus (CTRL-Z).

7. Lassen Sie sich die neue Konfiguration am Terminal anzeigen:

```
chet-2500# configure term
Enter configuration commands, one per line.  End with CTRL-Z.
chet-2500(config)# kerberos local-realm CISCO.COM
chet-2500(config)# kerberos server CISCO.COM chet-ss20
Translating "chet-ss20"...domain server (192.168.0.0) [OK]
chet-2500(config)# kerberos credentials forward
chet-2500(config)# aaa authentication login default krb5
chet-2500(config)#
chet-2500#
%SYS-5-CONFIG_I: Configured from console by console
chet-2500# write term
```

Vergleichen Sie die folgende Konfiguration mit der vorherigen. Achten Sie in dieser neuen Konfiguration besonders auf die Zeilen, die mit den Worten *aaa*, *username* und *kerberos* (Zeilen 0 bis 20) beginnen:

```
Building configuration...
Current configuration:
!
! Last configuration change at 14:05:54 PDT Mon May 13 1996
!
version 11.2
service udp-small-servers
service tcp-small-servers
!
hostname chet-2500
!
clock timezone PST -8
clock summer-time PDT recurring
aaa new-model
aaa authentication login default krb5
aaa authentication login console none
aaa authentication ppp local local
enable password sMudgKin
!
username chet-2500 password 7 sMudgkin
username chet-3000 password 7 sMudgkin
username chetin password 7 sMudgkin
kerberos local-realm CISCO.COM
kerberos server CISCO.COM 172.71.54.14
kerberos credentials forward
!
interface Ethernet0
 ip address 172.16.0.0 255.255.255.0
!
interface Serial0
 no ip address
 shutdown
 no fair-queue
!
interface Serial1
 no ip address
 shutdown
 no fair-queue
!
interface Async2
 ip unnumbered Ethernet0
 encapsulation ppp
 shutdown
 async dynamic routing
 async mode dedicated
 no cdp enable
 ppp authentication pap local
 no tarp propagate
!
```

```
interface Async3
 ip unnumbered Ethernet0
 encapsulation ppp
 shutdown
 async dynamic address
 async dynamic routing
 async mode dedicated
 no cdp enable
 ppp authentication pap local
 no tarp propagate
!
router eigrp 109
 network 172.17.0.0
 no auto-summary
!
ip default-gateway 172.30.55.64
ip domain-name cisco.com
ip name-server 192.168.0.0
ip classless
!
!
line con 0
 exec-timeout 0 0
 login authentication console
line 1 16
 transport input all
line aux 0
 transport input all
line vty 0 4
 password sMudgKin
!
ntp clock-period 17179703
ntp peer 172.19.10.0
ntp peer 172.19.0.0
end
```

So weit, wie der Router bis jetzt konfiguriert ist, kann sich Benutzer *chet* in den Router mit einem Benutzernamen und Passwort einloggen und automatisch ein TGT erhalten, das im nächsten Beispiel aufgezeigt wird. Durch den Besitz eines Ausweises authentifiziert sich der Benutzer *chet* erfolgreich gegenüber dem Host chet-ss20 ohne einen Benutzernamen/Passwort anzugeben:

```
chet-ss20% telnet chet-2500
Trying 172.16.0.0 ...
Connected to chet-2500.cisco.com.
Escape character is '^]'.

User Access Verification
username: chet
password:
chet-2500> show kerberos creds
Default Principal: chet@CISCO.COM
Valid Starting         Expires                  Service Principal
13-May-1996 14:05:39   13-May-1996 22:06:40     krbtgt/CISCO.COM@CISCO.COM
```

```
chet-2500> telnet chet-ss20
Trying chet-ss20.cisco.com (172.71.54.14)... Open
Kerberos:     Successfully forwarded credentials

SunOS UNIX (chet-ss20) (pts/7)
Last login: Mon May 13 13:47:35 from chet-ss20.cisco.c
Sun Microsystems Inc.   SunOS 5.4      Generic July 1994
unknown mode: new
chet-ss20%
```

Das folgende Beispiel zeigt, wie die Authentifizierung auf dem Router mit Kerberos-Ausweisen erfolgt. Damit die Authentifizierung mit Kerberos-Ausweisen erfolgt, müssten Sie die folgenden Schritte ausführen:

– Wechseln Sie in den Konfigurationsmodus.

– Kopieren Sie die SRVTAB-Datei vom entfernten KDC.

– Aktivieren Sie das Kerberos 5 Telnet-Authentifizierungs-Protokoll für die Login-Authentifizierung, wenn das Telnet für die Verbindung zum Router verwendet wird.

– Lassen Sie sich die Konfiguration am Terminal anzeigen.

Beachten Sie, dass die neue Konfiguration eine Zeile mit **kerberos srvtab entry** enthält. Diese Zeile wurde durch den Befehl **kerberos srvtab remote** erzeugt:

```
chet-2500# configure term
Enter configuration commands, one per line. End with CTRL-Z.
chet-2500(config)#kerberos srvtab remote earth chet/chet-2500.cisco.com-new-srvtab
Translating "earth"...domain server (192.168.0.0) [OK]
Loading chet/chet-2500.cisco.com-new-srvtab from 172.68.1.123 (via Ethernet0): !
[OK - 66/1000 bytes]
chet-2500(config)# aaa authentication login default krb5-telnet krb5
chet-2500(config)#
chet-2500#
%SYS-5-CONFIG_I: Configured from console by console
chet-2500# write term
Building configuration...
Current configuration:
!
! Last configuration change at 14:08:32 PDT Mon May 13 1996
!
version 11.2
service udp-small-servers
service tcp-small-servers
!
hostname chet-2500
!
clock timezone PST -8
clock summer-time PDT recurring
aaa new-model
aaa authentication login default krb5-telnet krb5
aaa authentication login console none
aaa authentication ppp local local
```

## Kapitel 13 • Konfiguration des Kerberos

```
enable password sMudgKin
!
username chet-2500 password 7 sMudgkin
username chet-3000 password 7 sMudgkin
username chetin password 7 sMudgkin
kerberos local-realm CISCO.COM
kerberos srvtab entry host/chet-2500.cisco.com@CISCO.COM 0 832015393 1 1 8 7
sMudgkin
kerberos server CISCO.COM 172.71.54.14
kerberos credentials forward
!
interface Ethernet0
 ip address 172.16.0.0 255.255.255.0
!
interface Serial0
 no ip address
 shutdown
 no fair-queue
!
interface Serial1
 no ip address
 shutdown
 no fair-queue
!
interface Async2
 ip unnumbered Ethernet0
 encapsulation ppp
 shutdown
 async dynamic routing
 async mode dedicated
 no cdp enable
 ppp authentication pap local
 no tarp propagate
!
interface Async3
 ip unnumbered Ethernet0
 encapsulation ppp
 shutdown
 async dynamic address
 async dynamic routing
 async mode dedicated
 no cdp enable
 ppp authentication pap local
 no tarp propagate
!
router eigrp 109
 network 172.17.0.0
 no auto-summary
!
ip default-gateway 172.30.55.64
ip domain-name cisco.com
ip name-server 192.168.0.0
ip classless
!
!
```

```
line con 0
 exec-timeout 0 0
 login authentication console
line 1 16
 transport input all
line aux 0
 transport input all
line vty 0 4
 password sMudgKin
!
ntp clock-period 17179703
ntp peer 172.19.10.0
ntp peer 172.19.0.0
end
chet-2500#
```

Mit dieser Konfiguration kann der Benutzer eine Telnetsitzung zum Router mit den Kerberos-Ausweisen aufnehmen, wie das nächste Beispiel zeigt:

```
chet-ss20% bin/telnet -a -F chet-2500
Trying 172.16.0.0...
Connected to chet-2500.cisco.com.
Escape character is '^]'.
[ Kerberos V5 accepts you as "chet@CISCO.COM" ]

User Access Verification
chet-2500>[ Kerberos V5 accepted forwarded credentials ]
chet-2500> show kerberos creds
Default Principal: chet@CISCO.COM
Valid Starting          Expires                 Service Principal
13-May-1996 15:06:25    14-May-1996 00:08:29    krbtgt/CISCO.COM@CISCO.COM
chet-2500>q
line closed by foreign host.
chet-ss20%
```

Das folgende Beispiel zeigt, wie die Kerberos-Stufen den privilegierten Cisco-Leveln zugeordnet werden. Um die Kerberos-Stufen den privilegierten Leveln zuzuordnen, müssten Sie die folgenden Schritte ausführen:

1. Wechseln Sie in den Konfigurationsmodus.

2. Ordnen Sie die Kerberos-Stufe *admin* dem privilegierten Level 15 zu.

3. Ordnen Sie die Kerberos-Stufe *restricted* dem privilegierten Level 3 zu.

4. Legen Sie fest, dass die durch den Befehl **kerberos instance map** vereinbarte Stufe für die AAA-Autorisierung verwendet wird.

5. Lassen Sie sich die Konfiguration am Terminal anzeigen:

```
chet-2500# configure term
Enter configuration commands, one per line. End with CTRL-Z.
chet-2500(config)# kerberos instance map admin 15
chet-2500(config)# kerberos instance map restricted 3
chet-2500(config)# aaa authorization exec krb5-instance
chet-2500(config)#
```

```
chet-2500#
%SYS-5-CONFIG_I: Configured from console by console
chet-2500# write term
Building configuration...
Current configuration:
!
! Last configuration change at 14:59:05 PDT Mon May 13 1996
!
version 11.2
service udp-small-servers
service tcp-small-servers
!
hostname chet-2500
!
aaa new-model
aaa authentication login default krb5-telnet krb5
aaa authentication login console none
aaa authentication ppp default krb5 local
aaa authorization exec krb5-instance
enable password sMudgKin
!
username chet-2500 password 7 sMudgkin
username chet-3000 password 7 sMudgkin
username chetin password 7 sMudgkin
ip domain-name cisco.com
ip name-server 192.168.0.0
kerberos local-realm CISCO.COM
kerberos srvtab entry host/chet-2500.cisco.com@CISCO.COM 0 832015393 1 1 8 7
sMudgkin
kerberos server CISCO.COM 172.71.54.14
kerberos instance map admin 15
kerberos instance map restricted 3
kerberos credentials forward
clock timezone PST -8
clock summer-time PDT recurring
!
interface Ethernet0
 ip address 172.16.0.0 255.255.255.0
!
interface Serial0
 no ip address
 shutdown
 no fair-queue
!
interface Serial1
 no ip address
 shutdown
 no fair-queue
!
interface Async2
 ip unnumbered Ethernet0
 encapsulation ppp
 shutdown
 async dynamic routing
 async mode dedicated
```

```
 no cdp enable
 ppp authentication pap local
 no tarp propagate
!
interface Async3
 ip unnumbered Ethernet0
 encapsulation ppp
 shutdown
 async dynamic address
 async dynamic routing
 async mode dedicated
 no cdp enable
 ppp authentication pap local
 no tarp propagate
!
router eigrp 109
 network 172.17.0.0
 no auto-summary
!
ip default-gateway 172.30.55.64
ip classless
!
!
line con 0
 exec-timeout 0 0
 login authentication console
line 1 16
 transport input all
line aux 0
 transport input all
line vty 0 4
 password sMudgKin
!
ntp clock-period 17179703
ntp peer 172.19.10.0
ntp peer 172.19.0.0
end
chet-2500#
```

Das folgende Beispiel zeigt die Ausgabe der drei Sitzungsarten, die der Benutzer *chet* mit aktivierten Kerberos-Stufen nun aufnehmen kann:

```
chet-ss20% telnet chet-2500
Trying 172.16.0.0 ...
Connected to chet-2500.cisco.com.
Escape character is '^]'.
User Access Verification
username: chet
password:
chet-2500> show kerberos creds
Default Principal: chet@CISCO.COM
Valid Starting          Expires                 Service Principal
13-May-1996 14:58:28    13-May-1996 22:59:29    krbtgt/CISCO.COM@CISCO.COM
chet-2500> show privilege
Current privilege Level is 1
```

```
chet-2500> q
line closed by foreign host.
chet-ss20% telnet chet-2500
Trying 172.16.0.0 ...
Connected to chet-2500.cisco.com.
Escape character is '^]'.

User Access Verification
username: chet/admin
password:
chet-2500# show kerberos creds
Default Principal: chet/admin@CISCO.COM
Valid Starting          Expires                 Service Principal
13-May-1996 14:59:44    13-May-1996 23:00:45    krbtgt/CISCO.COM@CISCO.COM
chet-2500# show privilege
Current privilege Level is 15
chet-2500# q
line closed by foreign host.
chet-ss20% telnet chet-2500
Trying 172.16.0.0 ...
Connected to chet-2500.cisco.com.
Escape character is '^]'.
User Access Verification
username: chet/restricted
password:
chet-2500# show kerberos creds
Default Principal: chet/restricted@CISCO.COM
Valid Starting          Expires                 Service Principal
13-May-1996 15:00:32    13-May-1996 23:01:33    krbtgt/CISCO.COM@CISCO.COM
chet-2500# show privilege
Current privilege Level is 3
chet-2500# q
line closed by foreign host.
chet-ss20%
```

### 13.4.4 Ein Beispiel zur Vereinbarung einer verschlüsselten Telnet-Sitzung

Das folgenden Beispiel lässt einen Router eine verschlüsselte Telnetsitzung mit einem externen Host namens *Host1* vereinbaren:

```
router> telnet host1 /encrypt kerberos
```

# KAPITEL 14

# Die Kerberos-Befehle

Das *Kerberos* ist ein am Massachusetts Institute of Technology (MIT) entwickeltes Netzwerk-Authentifizierungs-Protokoll mit einem Geheimschlüssel, das den Data-Encryption-Standard-(DES-)Verschlüsselungsalgorithmus für die Verschlüsselung und die Authentifizierung verwendet. Das Kerberos wurde konzipiert, um Anfragen nach Netzwerkressourcen zu authentifizieren. Das Kerberos basiert, wie auch andere Systeme mit Geheimschlüsseln, auf dem Konzept einer vertrauenswerten dritten Partei, die die Sicherheitsüberprüfung von Benutzern und Diensten übernimmt. Im Kerberos-Protokoll wird diese vertrauenswerte dritte Partei das *Key-Distribution-Center* (KDC = Schlüsselverteilungszentrum) genannt.

Informationen über die Konfiguration des Kerberos finden Sie in Kapitel 13 »Konfiguration des Kerberos«. Konfigurationsbeispiele, die die Befehle aus diesem Kapitel verwenden, finden Sie im Abschnitt »Beispiele zur Kerberos-Konfiguration« am Ende des Kapitels 13 »Konfiguration des Kerberos«.

## 14.1 clear kerberos creds

Verwenden Sie den EXEC-Befehl **clear kerberos creds**, um die Inhalte des Ausweiscache zu entleeren.

**clear kerberos creds**

### Syntaxbeschreibung

Dieser Befehl besitzt keine Schlüsselwörter oder Argumente.

### Befehlsmodus

EXEC

## Benutzungsrichtlinien

Dieser Befehl erschien erstmals in der Cisco-IOS-Version 11.1.

Die Ausweise werden gelöscht, wenn sich der Benutzer ausloggt.

Cisco unterstützt das Kerberos 5.

## Beispiel

Das folgende Beispiel illustriert die Verwendung des Befehls **clear kerberos creds**:

```
cisco-2500> show kerberos creds
Default Principal: chet@cisco.com
Valid Starting         Expires               Service Principal
18-Dec-1995 16:21:07   19-Dec-1995 00:22:24  krbtgt/CISCO.COM@CISCO.COM
cisco-2500> clear kerberos creds
cisco-2500> show kerberos creds
No Kerberos credentials.
cisco-2500>
```

## Verwandte Befehle

Sie können online unter www.cisco.com eine Recherche nach verwandten Befehlen ausführen.

show kerberos creds

## 14.2 connect

Verwenden Sie den EXEC-Befehl **connect**, um sich auf einem Host einzuloggen, der Telnet, rlogin oder LAT unterstützt.

**connect** *Host* [*Port*] [*Schlüsselwort*]

| Syntax | Beschreibung |
|---|---|
| Host | Ein Hostname oder eine IP-Adresse. |
| Port | (Optional) Eine dezimale TCP-Portnummer, wobei der Standard der Telnet-Routerport (die dezimale 23) auf dem Host ist. |
| Schlüsselwort | (Optional) Eine der Optionen aus der Tabelle 14.1. |

Tabelle 14.1 beschreibt die Optionen, die für das Argument *Schlüsselwort* verwendet werden können.

*Tabelle 14.1: Verbindungsoptionen*

| Option | Beschreibung |
|---|---|
| /debug | Aktiviert den Telnet-Debuggingmodus. |
| /encrypt kerberos | Aktiviert eine verschlüsselte Telnetsitzung. Dieses Schlüsselwort ist nur dann verwendbar, wenn Sie über ein kerberisiertes Telnet-Untersystem verfügen. Wenn Sie die Authentifizierung mit Kerberos-Ausweisen ausführen, wird dieses Schlüsselwort eine Verschlüsselungsverhandlung mit dem entfernten Server verursachen. Wenn die Verschlüsselungsverhandlung fehlschlägt, wird die Telnetverbindung unterbrochen. Wenn die Verschlüsselungsverhandlung erfolgreich ist, wird die Telnetverbindung aufgebaut und die Telnetsitzung wird im verschlüsselten Modus fortgeführt (der gesamte Telnetverkehr der Sitzung wird verschlüsselt). |
| /line | Aktiviert den Telnet-Zeilenmodus. In diesem Modus sendet die Cisco-IOS-Software erst dann Daten an den Host, wenn Sie die Taste **Return** drücken. Sie können die Zeile mit den Standard-Befehlseditierzeichen der Cisco-IOS-Software editieren. Das Schlüsselwort **/line** hat nur eine lokale Wirkung. Der entfernte Router wird nicht über den Moduswechsel informiert. |
| /noecho | Deaktiviert das lokale Echo. |
| /route *Pfad* | Legt das Loose-Source-Routing fest. Das Argument *Pfad* ist eine Liste von Hostnamen oder IP-Adressen, die die Netzwerkknoten festlegt, und endet mit der Zieladresse. |
| /source-interface | Legt die Quell-Schnittstelle fest. |
| /stream | Schaltet die *Stream*-Verarbeitung ein, die einen reinen TCP-Strom ohne Telnet-Kontrollsequenzen aktiviert. Eine Stream-Verbindung verarbeitet keine Telnetoptionen und kann für Verbindungen mit Ports sinnvoll sein, die das UUCP und andere Nicht-Telnetprotokolle betreiben. |
| port-number | Portnummer. |
| Bgp | Border-Gateway-Protokoll. |
| chargen | Zeichengenerator. |
| cmd *rcmd* | Befehle zur Fernsteuerung. |
| daytime | Tageszeit. |
| discard | Unterbrechen. |
| domain | Domain-Name-System. |
| Echo | Echo. |
| Exec | EXEC. |
| finger | Finger. |
| ftp | File-Transfer-Protokoll. |
| ftp-data | FTP-Datenverbindungen (selten verwendet). |
| gopher | Gopher. |
| hostname | Netzwerk-Information-Center (NIC) Hostnamen-Server. |
| ident | Ident-Protokoll. |
| irc | Internet-Relay-Chat. |
| klogin | Kerberos-Login. |
| kshell | Kerberos-Shell. |

*Tabelle 14.1: Verbindungsoptionen (Fortsetzung)*

| Option | Beschreibung |
| --- | --- |
| login | Login (rlogin). |
| lpd | Druckerdienst. |
| nntp | Netzwerk-News-Transport-Protokoll. |
| node | Verbinde mit einem bestimmten LAT-Knoten. |
| pop2 | Post-Office-Protokoll v2. |
| pop3 | Post-Office-Protokoll v3. |
| port | Zielportname des LAT. |
| smtp | Simple-Mail-Transport-Protokoll. |
| sunrpc | Sun-Remote-Procedure-Call. |
| syslog | Systemlogging. |
| tacacs | Lege die TACACS-Sicherheit fest. |
| talk | Talk. |
| telnet | Telnet. |
| time | Zeit. |
| uucp | UNIX-zu-UNIX-Kopierprogramm. |
| whois | Wer ist (Spitzname). |
| www | World-Wide-Web (HTTP). |

### Befehlsmodus

EXEC

### Benutzungsrichtlinien

Dieser Befehl erschien erstmals in einer Version vor der Cisco-IOS-Version 10.0.

Mit der Cisco-IOS-Software-Ausführung des TCP/IP müssen Sie für eine Terminalverbindung die Befehle **connect, telnet, lat** oder **rlogin** nicht eingeben. Sie können einfach den bekannten Hostnamen eingeben – solange sich der Hostname von einem Befehlswort der Cisco-IOS-Software unterscheidet.

Geben Sie folgenden Befehl ein, um sich eine Liste der verfügbaren Hosts anzeigen zu lassen:

**show hosts**

Geben Sie folgenden Befehl ein, um sich den Zustand aller TCP-Verbindungen anzeigen zu lassen:

**show tcp**

Die Cisco-IOS-Software ordnet jeder Verbindung einen logischen Namen zu und mehrere Befehle verwenden diese Namen, um Verbindungen zu identifizieren. Der logische Name ist gleich dem Hostnamen, wenn dieser Name nicht bereits verwendet wird oder Sie den Verbindungsnamen mit dem EXEC-Befehl **name-connection** ändern. Wenn der Name bereits in Verwendung ist, ordnet die Cisco-IOS-Software der Verbindung einen Null-Namen zu.

## Beispiele

Das folgende Beispiel aktiviert eine verschlüsselte Telnetsitzung von einem Router zu einem entfernten Host namens *Host1*:

```
Router> connect host1 /encrypt kerberos
```

Das folgende Beispiel routet Pakete vom Quellsystem *Host1* an kl.domain.com, anschließend an 10.1.0.11 und schließlich zurück zum *Host1*:

```
Router> connect host1 /route:kl.domain.com 10.1.0.11 host1
```

Das folgende Beispiel baut eine Verbindung zum Host mit dem logischen Namen *Host1* auf:

```
Router> host1
```

## Verwandte Befehle

Sie können online unter www.cisco.com eine Recherche nach verwandten Befehlen ausführen.

**kerberos clients mandatory**
**lat**

## 14.3 kerberos clients mandatory

Verwenden Sie den globalen Konfigurationsbefehl **kerberos clients mandatory**, damit die Befehle **rsh**, **rcp**, **rlogin** und **telnet** fehlschlagen, wenn mit dem entfernten Server das Kerberos-Protokoll nicht verhandelt werden kann. Verwenden Sie die **no**-Form dieses Befehls, um die optionale Verwendung des Kerberos festzulegen.

**kerberos clients mandatory**
**no kerberos clients mandatory**

## Syntaxbeschreibung

Dieser Befehl besitzt keine Argumente oder Schlüsselwörter.

## Standard

Deaktiviert

## Befehlsmodus

Globale Konfiguration

## Benutzerrichtlinien

Dieser Befehl erschien erstmals in der Cisco-IOS-Version 11.2.

Wenn dieser Befehl nicht konfiguriert wurde und der Benutzer besitzt lokal gespeicherte Kerberos-Ausweise, dann werden die Befehle **rsh**, **rcp**, **rlogin** und **telnet** versuchen das Kerberos-Protokoll mit dem entfernten Server zu vereinbaren, und es werden die nicht-kerberisierten Protokolle verwendet, wenn diese Verhandlungen nicht erfolgreich sind.

Wenn dieser Befehl nicht konfiguriert wurde und der Benutzer keine Kerberos-Ausweise besitzt, werden die Standardprotokolle für das **rcp** und **rsh** verwendet, um das Kerberos-Protokoll zu vereinbaren.

### Beispiel

Das folgende Beispiel lässt die Befehle **rsh**, **rcp**, **rlogin** und **telnet** fehlschlagen, wenn sie das Kerberos-Protokoll nicht mit dem entfernten Server verhandeln können:

```
kerberos clients mandatory
```

### Verwandte Befehle

Sie können online unter www.cisco.com eine Recherche nach verwandten Befehlen ausführen.

**kerberos credentials forward**
**rlogin**
**rsh**
**telnet**

## 14.4 kerberos credentials forward

Verwenden Sie den globalen Konfigurationsbefehl **kerberos credentials forward**, damit alle Netzwerk-Anwendungsclients auf dem Router die Kerberos-Ausweise von Benutzern nach der erfolgreichen Kerberos-Authentifizierung weiterleiten. Verwenden Sie die **no**-Form dieses Befehls, um die Weiterleitung der Kerberos-Ausweise zu deaktivieren.

**kerberos credentials forward**
**no kerberos credentials forward**

### Syntaxbeschreibung

Dieser Befehl besitzt keine Argumente oder Schlüsselwörter.

### Standard

Deaktiviert

### Befehlsmodus

Globale Konfiguration

## Benutzungsrichtlinien

Dieser Befehl erschien erstmals in der Cisco-IOS-Version 11.2.

Aktivieren Sie die Ausweisweiterleitung, damit die Benutzer-TGTs an den Host weitergeleitet werden, auf dem sie sich authentifizieren. Auf diese Weise können sich Benutzer mit mehreren Hosts im Kerberos-Bereich verbinden, ohne dass sie jedes Mal das KINIT-Programm ausführen müssen, um ein TGT zu erhalten.

## Beispiel

Das folgende Beispiel lässt alle Netzwerk-Anwendungsclients auf dem Router die Kerberos-Ausweise von Benutzern nach einer erfolgreichen Kerberos-Authentifizierung weiterleiten:

```
kerberos credentials forward
```

## Verwandte Befehle

Sie können online unter www.cisco.com eine Recherche nach verwandten Befehlen ausführen.

**copy rcp**
**rlogin**
**rsh**
**telnet**

## 14.5 kerberos instance map

Verwenden Sie den globalen Konfigurationsbefehl **kerberos instance map**, um die Kerberos-Stufen den privilegierten Cisco-IOS-Leveln zuzuordnen. Verwenden Sie die no-Form dieses Befehls, um eine Kerberos-Stufenzuordnung zu deaktivieren.

**kerberos instance map** *Stufe privilegierter-Level*
**no kerberos instance map** *Stufe*

| Syntax | Beschreibung |
|---|---|
| *Stufe* | Name einer Kerberos-Stufe. |
| *privilegierter-Level* | Der privilegierte Level, auf den ein Benutzer gesetzt wird, wenn der Kerberos-Darsteller des Benutzers die passende Kerberos-Stufe enthält. Sie können bis zu 16 privilegierte Level festlegen, wobei Sie die Zahlen 0 bis 15 verwenden können. Der Level 1 ist der normale EXEC-Modus für Benutzer. |

## Standard

Privilegierter Level 1

## Befehlsmodus

Globale Konfiguration

## Benutzungsrichtlinien

Dieser Befehl erschien erstmals in der Cisco-IOS-Version 11.2.

Mit diesem Befehl erzeugen Sie Benutzerstufen mit Zugriffsrechten auf administrative Befehlen.

## Beispiel

Das folgende Beispiel setzt den privilegierten Level auf 15 für authentifizierte Kerberos-Benutzer mit der Stufe *admin* im Kerberos-Bereich:

```
kerberos instance map admin 15
```

## Verwandte Befehle

Sie können online unter www.cisco.com eine Recherche nach verwandten Befehlen ausführen.

aaa authorization

## 14.6 kerberos local-realm

Verwenden Sie den globalen Konfigurationsbefehl **kerberos local-realm**, um den Kerberos-Bereich festzulegen, in dem sich der Router befindet. Verwenden Sie die **no**-Form dieses Befehls, um den angegebenen Kerberos-Bereich von diesem Router zu entfernen.

kerberos local-realm *Kerberos-Bereich*
no kerberos local-realm

| Syntax | Beschreibung |
| --- | --- |
| *Kerberos-Bereich* | Der Name des Standard-Kerberos-Bereichs. Ein Kerberos-Bereich besteht aus Benutzern, Hosts und Netzwerkdiensten, die auf einem Kerberos-Server registriert sind. Der Kerberos-Bereich muss in Großbuchstaben geschrieben werden. |

## Standard

Deaktiviert

### Befehlsmodus

Globale Konfiguration

### Benutzungsrichtlinien

Dieser Befehl erschien erstmals in der Cisco-IOS-Version 11.1.

Der Router kann sich gleichzeitig in mehr als einem Bereich befinden. Jedoch kann der Befehl **kerberos local-realm** nur einmal verwendet werden. Der mit diesem Befehl festgelegte Bereich ist der Standardbereich.

### Beispiel

Das folgende Beispiel legt den Kerberos-Bereich DOMAIN.COM fest, in dem sich der Router befindet:

```
kerberos local-realm DOMAIN.COM
```

### Verwandte Befehle

Sie können online unter www.cisco.com eine Recherche nach verwandten Befehlen ausführen.

**kerberos preauth**
**kerberos realm**
**kerberos server**
**kerberos srvtab entry**
**kerberos srvtab remote**

## 14.7 kerberos preauth

Verwenden Sie den globalen Konfigurationsbefehl **kerberos preauth**, um für die Kommunikation mit dem KDC eine Vor-Authentifizierungsmethode zu verwenden. Verwenden Sie die **no**-Form dieses Befehls, um die Vor-Authentifizierung des Kerberos zu deaktivieren.

**kerberos preauth [encrypted-unix-timestamp | none]**
**no kerberos preauth**

| Syntax | Beschreibung |
|---|---|
| encrypted-unix-timestamp | (Optional) Verwendet eine verschlüsselte UNIX-Zeitmarke als eine schnelle Authentifizierungsmethode für die Kommunikation mit dem KDC. |
| none | (Optional) Verwendet keine Kerberos-Vor-Authentifizierung. |

**Standard**

Deaktiviert

**Befehlsmodus**

Globale Konfiguration

**Benutzungsrichtlinien**

Dieser Befehl erschien erstmals in der Cisco-IOS-Version 11.2.

Es ist sicherer, wenn Sie eine Vor-Authentifizierung für die Kommunikation mit dem KDC verwenden. Die Kommunikation mit dem KDC wird jedoch fehlschlagen, wenn das KDC diese besondere Version des **kerberos preauth**-Befehls nicht unterstützt. Wenn dies auftritt, schalten Sie die Vor-Authentifizierung mit der **none**-Option ab.

Die **no**-Form dieses Befehl ist gleichbedeutend mit dem Schlüsselwort **none**.

**Beispiele**

Das folgende Beispiel aktiviert die Vor-Authentifizierung des Kerberos:

```
kerberos preauth encrypted-unix-timestamp
```

Das folgende Beispiel deaktiviert die Vor-Authentifizierung des Kerberos:

```
kerberos preauth none
```

**Verwandte Befehle**

Sie können online unter www.cisco.com eine Recherche nach verwandten Befehlen ausführen.

**kerberos local-realm**
**kerberos server**
**kerberos srvtab entry**
**kerberos srvtab remote**

## 14.8 kerberos realm

Verwenden Sie den globalen Konfigurationsbefehl **kerberos realm**, um einem Kerberos-Bereich einen Hostnamen oder eine Domain-Name-System-(DNS-)Domäne zuzuordnen. Verwenden Sie die **no**-Form dieses Befehls, um eine Kerberos-Bereichszuordnung aufzuheben.

**kerberos realm** {*DNS-Domäne* | *Host*} *Kerberos-Bereich*
**no kerberos realm** {*dns-domain* | *Host*} *Kerberos-Bereich*

| Syntax | Beschreibung |
|---|---|
| DNS-Domäne | Name einer DNS-Domäne oder eines Hosts. |
| Host | Name eines DNS-Hosts. |
| Kerberos-Bereich | Name des Kerberos-Bereichs, zu dem die angegebene Domäne oder der Host gehört. |

### Standard

Deaktiviert

### Befehlsmodus

Globale Konfiguration

### Benutzungsrichtlinien

Dieser Befehl erschien erstmals in der Cisco-IOS-Version 11.1.

DNS-Domänen werden mit einem vorangestellten Punkt (.) eingegeben. Die Hostnamen dürfen nicht mit einem Punkt (.) beginnen. In dieser Zeile können mehrere Einträge enthalten sein.

Ein Kerberos-Bereich besteht aus Benutzern, Hosts und Netzwerkdiensten, die auf einem Kerberos-Server registriert sind. Der Kerberos-Bereich muss in Großbuchstaben geschrieben werden. Der Router kann sich gleichzeitig in mehr als einem Bereich befinden. Die Kerberos-Bereichsnamen müssen alle großgeschrieben werden.

### Beispiel

Das folgende Beispiel ordnet den Domänennamen domain.com dem Kerberos-Bereich DOMAIN.COM zu:

```
kerberos realm .domain.com DOMAIN.COM
```

### Verwandte Befehle

Sie können online unter www.cisco.com eine Recherche nach verwandten Befehlen ausführen.

kerberos local-realm
kerberos server
kerberos srvtab entry
kerberos srvtab remote

## 14.9  kerberos server

Verwenden Sie den globalen Konfigurationsbefehl **kerberos server**, um den Ort des Kerberos-Servers für einen angegebenen Kerberos-Bereich festzulegen. Verwenden Sie die **no**-Form dieses Befehls, um einen Kerberos-Server für einen angegebenen Kerberos-Bereich zu entfernen.

kerberos server *Kerberos-Bereich {Hostname | IP-Adresse} [Portnummer]*
no kerberos server *Kerberos-Bereich {Hostname | IP-Adresse}*

| Syntax | Beschreibung |
| --- | --- |
| Kerberos-Bereich | Der Name des Standard-Kerberos-Bereichs. Ein Kerberos-Bereich besteht aus Benutzern, Hosts und Netzwerkdiensten, die auf einem Kerberos-Server registriert sind. Der Kerberos-Bereich muss in Großbuchstaben geschrieben werden. |
| Hostname | Name des Hosts, der als Kerberos-Server für den angegebenen Kerberos-Bereich fungiert (wird beim Eintrag in eine IP-Adresse übersetzt). |
| IP-Adresse | IP-Adresse des Hosts, der als Kerberos-Server für den angegebenen Kerberos-Bereich fungiert. |
| Portnummer | (Optional) Port, den das KDC/TGS überwacht (der Standard ist Port 88). |

### Standard

Deaktiviert

### Befehlsmodus

Globaler Konfiguration

### Benutzungsrichtlinien

Dieser Befehl erschien erstmals in der Cisco-IOS-Version 11.1.

### Beispiel

Das folgende Beispiel legt 192.168.47.66 als den Kerberos-Server für den Kerberos-Bereich DOMAIN.COM fest:

```
kerberos server DOMAIN.COM 192.168.47.66
```

### Verwandte Befehle

Sie können online unter www.cisco.com eine Recherche nach verwandten Befehlen ausführen.

**kerberos local-realm**
**kerberos realm**
**kerberos srvtab entry**
**kerberos srvtab remote**

## 14.10 kerberos srvtab entry

Verwenden Sie den globalen Konfigurationsbefehl **kerberos srvtab remote** (nicht **kerberos srvtab entry**), um eine SRVTAB-Datei von einem entfernten Host zu beziehen und automatisch einen Kerberos-SRVTAB-Eintrag in der Konfiguration zu erzeugen. (Der Kerberos-SRVTAB-Eintrag ist das lokal gespeicherte SRVTAB des der Routers.) Verwenden Sie die **no**-Form dieses Befehls, um einen SRVTAB-Eintrag aus der Router-Konfiguration zu entfernen.

kerberos srvtab entry *Kerberos-Vertreter Vertretertyp Zeitmarke Schlüsselversions-Nummer Schlüsseltyp Schlüssellänge Schlüsseltext*
no kerberos srvtab entry *Kerberos-Vertreter Vertretertyp*

| Syntax | Beschreibung |
| --- | --- |
| Kerberos-Vertreter | Ein Dienst auf dem Router. |
| Vertretertyp | Version des Kerberos-SRVTABs. |
| Zeitmarke | Nummer, mit der das Datum und die Zeit repräsentiert werden, zu der der SRVTAB-Eintrag erzeugt wurde. |
| Schlüsselversions-Nummer | Version des Verschlüsselungsformats. |
| Schlüsseltyp | Verwendeter Verschlüsselungstyp. |
| Schlüssellänge | Länge des Schlüssels in Byte. |
| Schlüsseltext | Geheimer Schlüsseltext, den sich der Router mit dem KDC teilt. Er wird mit dem privaten DES-Schlüssel verschlüsselt (wenn verfügbar), wenn Sie Ihre Konfiguration auslesen. |

### Befehlsmodus

Globale Konfiguration

### Benutzungsrichtlinien

Dieser Befehl erschien erstmals in der Cisco-IOS-Version 11.2.

Wenn Sie den Befehl **kerberos srvtab remote** verwenden, um die SRVTAB-Datei von einem entfernten Host (i.A. dem KDC) zu kopieren, dann werden die Informationen aus dieser Datei zerlegt und in der laufenden Konfiguration des Routers im **kerberos srvtab entry**-Format gespeichert. Der Schlüssel für jeden SRVTAB-Eintrag wird mit einem privaten DES-Schlüssel verschlüsselt, wenn auf dem Router ein solcher festgelegt wurde. Um sicherzustellen, dass das SRVTAB bei einem Neubooten des Routers verfügbar ist (d.h. es muss nicht vom KDC bezogen werden), verwenden Sie den Konfigurationsbefehl **write memory**, um Ihre laufende Konfiguration in den NVRAM zu schreiben.

Wenn Sie eine Konfiguration mit einem SRVTAB, das mit einem privaten DES-Schlüssel verschlüsselt wurde, auf einem Router neu laden, auf dem kein privater DES-Schlüssel festgelegt ist, dann wird der Router eine Meldung anzeigen, die Sie darüber informiert, dass der SRVTAB-Eintrag beschädigt ist und der Eintrag gelöscht wird.

Wenn Sie den privaten DES-Schlüssel ändern und eine alte Version der Router-Konfiguration neu laden, in der SRVTAB-Einträge enthalten sind, die mit den alten privaten DES-Schlüsseln verschlüsselt wurden, dann wird der Router Ihre Kerberos-SRVTAB-Einträge wiederherstellen, aber die SRVTAB-Schlüssel werden beschädigt. In diesem Fall müssen Sie Ihre alten Kerberos-SRVTAB-Einträge löschen und Ihre Kerberos-SRVTABs mit dem Befehl **kerberos srvtab remote** neu auf den Router laden.

Auch wenn Sie den Befehl **kerberos srvtab entry** manuell auf dem Router konfigurieren können, sollten Sie dies generell nicht tun, da der Geheimtext automatisch durch den Router verschlüsselt wird, wenn Sie das SRVTAB mit dem Befehl **kerberos srvtab remote** kopieren.

### Beispiel

Im folgenden Beispiel ist Host/new-Router.domain.com@DOMAIN.COM der Host, 0 der Typ, 817680774 die Zeitmarke, 1 die Schlüsselversion. Die 1 zeigt an, dass das DES der Verschlüsselungstyp ist, 8 ist die Byteanzahl und .cCN.YoU.okK ist der verschlüsselte Schlüssel:

```
kerberos srvtab entry host/new-router.domain.com@DOMAIN.COM 0 817680774 1 1 8
.cCN.YoU.okK
```

### Verwandte Befehle

Sie können online unter www.cisco.com eine Recherche nach verwandten Befehlen ausführen.

**kerberos srvtab remote**
**key config-key**

## 14.11 kerberos srvtab remote

Verwenden Sie den globalen Konfigurationsbefehl **kerberos srvtab remote**, um eine krb5 SRVTAB-Datei vom angegebenen Host zu beziehen.

**kerberos srvtab remote** {*Hostname* | *IP-Adresse*} *Dateiname*

| Syntax | Beschreibung |
| --- | --- |
| *Hostname* | Gerät mit der Kerberos-SRVTAB-Datei. |
| *IP-Adresse* | IP-Adresse des Geräts mit der Kerberos-SRVTAB-Datei. |
| *Dateiname* | Name der SRVTAB-Datei. |

## Befehlsmodus

Globale Konfiguration

## Benutzungsrichtlinien

Dieser Befehl erschien erstmals in der Cisco-IOS-Version 11.2.

Wenn Sie den Befehl **kerberos srvtab remote** verwenden, um die SRVTAB-Datei von einem entfernten Host (i.A. dem KDC) zu kopieren, dann werden die Informationen aus dieser Datei zerlegt und in der laufenden Konfiguration des Routers im **kerberos srvtab entry**-Format gespeichert. Der Schlüssel für jeden SRVTAB-Eintrag wird mit einem privaten DES-Schlüssel verschlüsselt, wenn auf dem Router ein solcher festgelegt wurde. Um sicherzustellen, dass das SRVTAB bei einem Neubooten des Routers verfügbar ist (d.h. es muss nicht vom KDC bezogen werden), verwenden Sie den Konfigurationsbefehl **write memory**, um Ihre laufende Konfiguration in den NVRAM zu schreiben.

## Beispiel

Der Befehl im folgenden Beispiel kopiert die SRVTAB-Datei, die sich auf b1.domain.com befindet, auf einen Router namens s1.domain.com:

```
kerberos srvtab remote b1.domain.com s1.domain.com-new-srvtab
```

## Verwandte Befehle

Sie können online unter www.cisco.com eine Recherche nach verwandten Befehlen ausführen.

**kerberos srvtab entry**
**key config-key**

## 14.12 key config-key

Verwenden Sie den globalen Konfigurationsbefehl **key config-key**, um einen privaten DES-Schlüssel für den Router festzulegen. Verwenden Sie die **no**-Form dieses Befehls, um einen privaten DES-Schlüssel für den Router zu löschen.

**key config-key 1** *Zeichenfolge*

| Syntax | Beschreibung |
| --- | --- |
| *Zeichenfolge* | Privater DES-Schlüssel (kann aus bis zu acht alphanumerischen Zeichen bestehen). |

## Standard

Es ist kein DES-Schlüssel festgelegt

### Befehlsmodus

Globale Konfiguration

### Benutzungsrichtlinien

Dieser Befehl erschien erstmals in der Cisco-IOS-Version 11.2.

Dieser Befehl legt einen privaten DES-Schlüssel für den Router fest, der daraufhin in der Router-Konfiguration erscheinen wird. Dieser private DES-Schlüssel kann verwendet werden, um bestimmte Teile der Router-Konfiguration per DES zu verschlüsseln.

> **STOP**
>
> Der private DES-Schlüssel kann bei Verlust nicht wiederhergestellt werden. Wenn Sie einen Teil Ihrer Konfiguration mit dem privaten DES-Schlüssel verschlüsseln und den Schlüssel verlieren oder vergessen, dann können Sie die verschlüsselten Daten nicht wiederherstellen.

### Beispiel

Der Befehl im folgenden Beispiel legt *keyxx* als privaten DES-Schlüssel auf dem Router fest:

```
key config-key 1 keyxx
```

### Verwandte Befehle

Sie können online unter www.cisco.com eine Recherche nach verwandten Befehlen ausführen.

**kerberos srvtab entry**
**kerberos srvtab remote**

## 14.13 show kerberos creds

Verwenden Sie den EXEC-Befehl **show kerberos creds**, um die Inhalte Ihres Ausweiscache anzuzeigen.

**show kerberos creds**

### Syntaxbeschreibung

Dieser Befehl besitzt keine Schlüsselwörter oder Argumente.

### Befehlsmodus

EXEC

## Benutzungsrichtlinien

Dieser Befehl erschien erstmals in der Cisco-IOS-Version 11.1.

Der Befehl **show kerberos creds** hat die gleiche Wirkung wie der UNIX-Befehl **klist**.

Wenn Benutzer sich mit dem Kerberos authentifizieren, dann wird ihnen ein Authentifizierungsticket ausgestellt, das *credential* (Ausweis) genannt wird. Dieser Ausweis wird in einem Ausweiscache gespeichert.

## Sample Displays

Das folgende Beispiel zeigt die Einträge im Ausweiscache an:

```
Router> show kerberos creds
 Default Principal: user@domain.com
 Valid Starting          Expires                 Service Principal
 18-Dec-1995 16:21:07    19-Dec-1995 00:22:24    krbtgt/DOMAIN.COM@DOMAIN.COM
```

Das folgende Beispiel liefert eine Ausgabe darüber, dass sich *keine* Ausweise im Ausweiscache befinden:

```
Router> show kerberos creds
 No Kerberos credentials
```

## Verwandte Befehle

Sie können online unter www.cisco.com eine Recherche nach verwandten Befehlen ausführen.

**clear kerberos creds**

## 14.14 telnet

Verwenden Sie den EXEC-Befehl **telnet**, um sich auf einen Host einzuloggen, der das Telnet unterstützt.

**telnet** *Host* [*Port*] [*Schlüsselwort*]

| Syntax | Beschreibung |
|---|---|
| *Host* | Ein Hostname oder eine IP-Adresse. |
| *Port* | (Optional) Eine dezimale TCP-Portnummer, wobei der Standard der Telnet-Routerport (die dezimale 23) auf dem Host ist. |
| *Schlüsselwort* | (Optional) Eine der Optionen aus der Tabelle 14.3. |

Tabelle 14.3 beschreibt die Optionen, die für das Argument *Schlüsselwort* verwendet werden können.

*Tabelle 14.3: Telnet-Verbindungsoptionen*

| Option | Beschreibung |
|---|---|
| /debug | Aktiviert den Telnet-Debuggingmodus. |
| /encrypt kerberos | Aktiviert eine verschlüsselte Telnetsitzung. Dieses Schlüsselwort ist nur dann verwendbar, wenn Sie über ein kerberisiertes Telnet-Untersystem verfügen. Wenn Sie die Authentifizierung mit Kerberos-Ausweisen ausführen, wird dieses Schlüsselwort eine Verschlüsselungsverhandlung mit dem entfernten Server verursachen. Wenn die Verschlüsselungsverhandlung fehlschlägt, wird die Telnetverbindung unterbrochen. Wenn die Verschlüsselungsverhandlung erfolgreich ist, wird die Telnetverbindung aufgebaut und die Telnetsitzung wird im verschlüsselten Modus fortgeführt (der gesamte Telnetverkehr der Sitzung wird verschlüsselt). |
| /line | Aktiviert den Telnet-Zeilenmodus. In diesem Modus sendet die Cisco-IOS-Software erst dann Daten an den Host, wenn Sie die Taste **Return** drücken. Sie können die Zeile mit den Standard-Befehlseditierzeichen der Cisco-IOS-Software editieren. Das Schlüsselwort **/line** hat nur eine lokale Wirkung. Der entfernte Router wird nicht über den Moduswechsel informiert. |
| /noecho | Deaktiviert das lokale Echo. |
| /route *Pfad* | Legt das Loose-Source-Routing fest. Das Argument *Pfad* ist eine Liste von Hostnamen oder IP-Adressen, die die Netzwerkknoten festlegt, und endet mit der Zieladresse. |
| /source-interface | Legt die Quell-Schnittstelle fest. |
| /stream | Schaltet die *Stream*-Verarbeitung ein, die einen reinen TCP-Strom ohne Telnet-Kontroll-Sequenzen aktiviert. Eine Stream-Verbindung verarbeitet keine Telnetoptionen und kann für Verbindungen mit Ports sinnvoll sein, die das UUCP und andere Nicht-Telnetprotokolle betreiben. |
| Bgp | Border-Gateway-Protokoll. |
| Chargen | Zeichengenerator. |
| Cmd *rcmd* | Befehle zur Fernsteuerung. |
| daytime | Tageszeit. |
| Discard | Unterbrechen. |
| domain | Domain-Name-System. |
| Echo | Echo. |
| Exec | EXEC. |
| finger | Finger. |
| ftp | File-Transfer-Protokoll. |
| ftp-data | FTP-Datenverbindungen (selten verwendet). |
| gopher | Gopher. |
| hostname | Netzwerk-Information-Center (NIC) Hostnamen-Server. |
| Ident | Ident-Protokoll. |
| Irc | Internet-Relay-Chat. |
| klogin | Kerberos-Login. |
| kshell | Kerberos-Shell. |
| Login | Login (rlogin). |
| Lpd | Druckerdienst. |

*Tabelle 14.3: Telnet-Verbindungsoptionen (Fortsetzung)*

| Option | Beschreibung |
|---|---|
| nntp | Netzwerk-News-Transport-Protokoll. |
| Node | Verbinde mit einem bestimmten LAT-Knoten. |
| Pop2 | Post-Office-Protokoll v2. |
| Pop3 | Post-Office-Protokoll v3. |
| Port | Zielportname des LATs. |
| port-number | Portnummer. |
| Smtp | Simple-Mail-Transport-Protokoll. |
| sunrpc | Sun-Remote-Procedure-Call. |
| syslog | Systemlogging. |
| tacacs | Lege die TACACS-Sicherheit fest. |
| talk | Talk. |
| telnet | Telnet. |
| time | Zeit. |
| uucp | UNIX-zu-UNIX-Kopierprogramm. |
| whois | Wer ist (Spitzname). |
| www | World-Wide-Web (HTTP). |

### Befehlsmodus

EXEC

### Benutzungsrichtlinien

Dieser Befehl erschien erstmals in einer Version vor der Cisco-IOS-Version 10.0.

Mit der Cisco-IOS-Software-Ausführung des TCP/IP müssen Sie für eine Terminalverbindung die Befehle **connect** oder **telnet** nicht eingeben. Sie können einfach den bekannten Hostnamen eingeben – solange die folgenden Bedingungen erfüllt sind:

– Der Hostname stimmt nicht mit einem Befehlswort der Cisco-IOS-Software überein

– Das bevorzugte Transportprotokoll ist auf Telnet eingestellt

Verwenden Sie den Befehl **show hosts**, um sich eine Liste der verfügbaren Hosts anzeigen zu lassen. Verwenden Sie den Befehl **show tcp**, um sich den Zustand aller TCP-Verbindungen anzeigen zu lassen.

Die Cisco-IOS-Software ordnet jeder Verbindung einen logischen Namen zu und mehrere Befehle verwenden diese Namen, um Verbindungen zu identifizieren. Der logische Name ist gleich dem Hostnamen, wenn dieser Name nicht bereits verwendet wird oder Sie den Verbindungsnamen mit dem EXEC-Befehl **name-connection** ändern. Wenn der Name bereits in Verwendung ist, ordnet die Cisco-IOS-Software der Verbindung einen Null-Namen zu.

Die Telnet-Software unterstützt spezielle Telnetbefehle in Form von Telnetsequenzen, mit denen allgemeine Terminal-Kontrollfunktionen den ausgeführten systemspezifischen Funktionen zugeordnet werden. Um einen speziellen Telnetbefehl auszuführen, geben Sie die escape-Sequenz und anschließend ein Befehlszeichen ein. Die Standardescape-Sequenz ist die Ctrl-^-Kombination (drücken und halten Sie die Crtl- und Shift-Tasten und die Taste 6). Sie können das Befehlszeichen eingeben, während Sie die Ctrl-Taste gedrückt halten, oder bei losgelassener Ctrl-Taste. Sie können entweder groß- oder kleingeschriebene Buchstaben verwenden. Tabelle 14.5 listet die speziellen Telnet-escape-Sequenzen auf.

*Tabelle 14.5: Spezielle Telnet-escape-Sequenzen*

| Zweck | escape-Sequenz[1] |
|---|---|
| Pause | Ctrl-^ b |
| Prozessunterbrechung (IP=Interrupt Process) | Ctrl-^ c |
| Lösche Zeichen (EC=Erase Character) | Ctrl-^ h |
| Abbruch der Ausgabe (AO=Abort Output) | Ctrl-^ o |
| Sind Sie da? (AYT=Are You There?) | Ctrl-^ t |
| Lösche Zeile (EL=Erase Line) | Ctrl-^ u |

Zu jedem Zeitpunkt während einer aktiven Telnetsitzung, können Sie sich die Liste der Telnetbefehle anzeigen lassen, indem Sie die escape-Sequence-Tasten und ein Fragezeichen an der Systemeingabe eingeben:

**Ctrl-^ ?**

Es folgt ein Beispiel dieser Liste. In dieser Beispielanzeige repräsentiert das erste Dachsymbol (^) die Control-Taste und das zweite Dachsymbol repräsentiert die Kombination Shift-6 auf der Tastatur:

```
Router> ^^?
[Special telnet escape help]
^^B   sends telnet BREAK
^^C   sends telnet IP
^^H   sends telnet EC
^^O   sends telnet AO
^^T   sends telnet AYT
^^U   sends telnet EL
```

Sie können mehrere Telnetsitzungen parallel betreiben und zwischen ihnen hin und her wechseln. Um eine weitere Sitzung zu eröffnen, müssen Sie zuerst die aktuelle Verbindung aussetzen, indem Sie die escape-Sequenz drücken (standardmäßig **Ctrl-Shift-6** und dann **x [Ctrl^x]**) um zur Systembefehlseingabe zurückzukehren. Anschließend können Sie eine neue Verbindung mit dem Befehl **telnet** eröffnen.

---

1 Das Dachsymbol (^) bedeutet die Kombination Shift-6 auf Ihrer Tastatur.

Um eine aktive Telnetsitzung zu beenden, können Sie einen der folgenden Befehle an der Eingabeaufforderung des Geräts eingeben, mit dem Sie sich verbinden:

**close**
**disconnect**
**exit**
**logout**
**quit**

## Beispiele

Das folgende Beispiel eröffnet eine verschlüsselte Telnetsitzung von einem Router zu einem entfernten Host namens *Host1*:

```
Router> telnet host1 /encrypt kerberos
```

Das folgende Beispiel routet Pakete vom Quellsystem *Host1* zur Domäne kl.domain.com, anschließend zur Adresse 10.1.0.11 und schließlich zurück zum *Host1*:

```
Router> telnet host1 /route:kl.domain.com 10.1.0.11 host1
```

Das folgende Beispiel erstellt eine Verbindung zu einem Host mit dem logischen Namen *Host1*:

```
Router> host1
```

## Verwandte Befehle

Sie können online unter www.cisco.com eine Recherche nach verwandten Befehlen ausführen.

**connect**
**rlogin**

## TEIL 3

# Verkehrs-Filterung und Firewalls

15 Access-Kontroll-Listen: Überblick und Richtlinien

16 Ein Überblick über Cisco-IOS-Firewalls

17 Konfiguration der Schlüssel-Schloss-Sicherheit (Dynamische Access-Listen)

18 Schlüssel-Schloss-Befehle

19 Konfiguration von IP-Sitzungsfiltern (Reflexive Access-Listen)

20 Reflexive Access-Listen-Befehle

21 Konfiguration der TCP-Abfangfunktion (Schutz vor Dienstablehnungs-Attacken)

22 TCP-Abfangbefehle

23 Konfiguration der kontext-basierten Access-Kontrolle (CBAC)

24 Befehle der kontext-basierten Access-Kontrolle (CBAC)

# KAPITEL 15
# Access-Kontroll-Listen: Überblick und Richtlinien

Cisco bietet Ihnen die Möglichkeit, die einfache Verkehrsfilterung mittels Access-Kontroll-Listen durchzuführen (die auch als *Access-Listen* bezeichnet werden). Access-Listen können für alle gerouteten Netzwerk-Protokolle (IP, AppleTalk usw.) konfiguriert werden, mit denen diese Protokoll-Pakete gefiltert werden, während sie einen Router passieren.

Sie können Access-Listen auf Ihrem Router konfigurieren, um den Zugang zu einem Netzwerk zu kontrollieren: Access-Listen können verhindern, dass bestimmter Verkehr in ein Netzwerk hinein- oder herausgelangt.

Dieses Kapitel beschreibt Access-Listen als Teil einer Sicherheitslösung. Dieses Kapitel enthält Tipps, Warnungen, Betrachtungen, Empfehlungen und allgemeine Richtlinien über die Verwendung von Access-Listen.

Dieses Kapitel enthält die folgenden Abschnitte:

– Eine Übersicht über Access-Kontroll-Listen

– Ein Überblick über die Konfiguration von Access-Listen

– Das Auffinden vollständiger Konfigurations- und Befehlsinformationen für Access-Listen

## 15.1 Eine Übersicht über Access-Kontroll-Listen

Dieser Abschnitt beschreibt in Kürze, was Access-Listen bewirken, warum und wann Sie Access-Listen konfigurieren sollten und die Gegenüberstellung von einfachen und erweiterten Access-Listen.

### 15.1.1 Wirkung von Access-Listen

Access-Listen filtern den Netzwerk-Verkehr, indem sie kontrollieren, welche gerouteten Pakete an den Router-Schnittstellen weitergeleitet und welche blockiert werden. Ihr Router überprüft jedes Paket, um festzustellen, ob das Paket weitergeleitet oder verworfen werden soll, anhand der Kriterien, die Sie in den Access-Listen festgelegt haben.

Die Kriterien einer Access-Liste können die Quell-Adresse oder die Ziel-Adresse des Verkehrs sein, das Protokoll einer höher gelegenen Schicht oder andere Informationen. Beachten Sie, dass gelegentlich gewiefte Benutzer die einfachen Access-Listen erfolgreich umgehen oder übertölpeln können, da hier keine Authentifizierung erforderlich ist.

### 15.1.2 Warum Sie Access-Listen konfigurieren sollten

Es gibt viele Gründe für die Konfiguration von Access-Listen – Sie können Access-Listen beispielsweise dazu verwenden, die Inhalte von Routing-Updates zu begrenzen oder um eine Regulierung des Verkehrsflusses durchzuführen. Einer der wichtigsten Gründe für die Konfiguration von Access-Listen ist jedoch die Gewährleistung der Sicherheit in Ihrem Netzwerk. Auf dieses Thema konzentriert sich dieses Kapitel.

Sie sollten die Access-Listen verwenden, um einen Sicherheitsbasis für den Zugang in Ihr Netzwerk zu legen. Wenn Sie keine Access-Listen auf Ihrem Router konfigurieren, werden alle Pakete, die den Router passieren, in alle Teile Ihres Netzwerks eingelassen.

Access-Listen können z.B. einem Host den Zugang zu einem Teil Ihres Netzwerks erlauben und gleichzeitig verhindern, dass ein anderer Host Zugang zu demselben Bereich erhält. In Bild 15.1 wird dem Host A der Zugang zum Netzwerk der Personalabteilung gewährt, während es dem Host B nicht gestattet wird, auf das Netzwerk der Personalabteilung zuzugreifen.

Sie können Access-Listen auch für die Unterscheidung verwenden, welche Art von Verkehr an den Router-Schnittstellen weitergeleitet oder blockiert wird. Sie können zum Beispiel den E-Mail-Verkehr routen und gleichzeitig den gesamten Telnetverkehr blockieren.

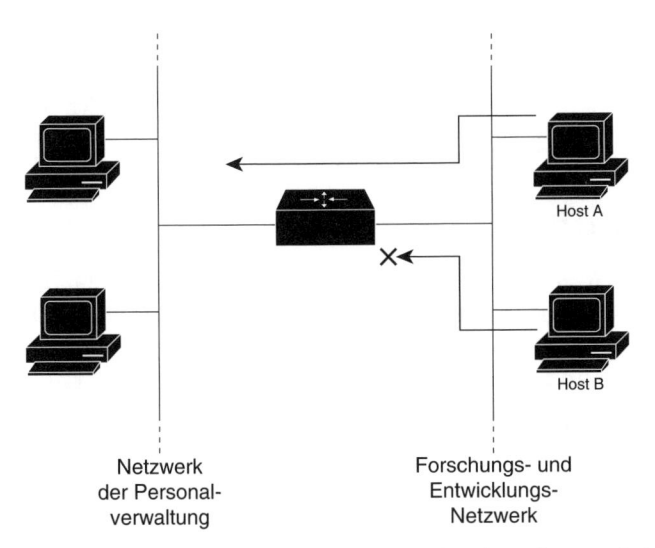

*Bild 15.1: Mit Verkehrsfiltern wird verhindert, dass Verkehr in ein Netzwerk geroutet wird*

### 15.1.3 Unter welchen Umständen Access-Listen konfiguriert werden sollten

Access-Listen sollten auf *Firewall-Routern* verwendet werden, die sich in der Regel zwischen Ihrem internen Netzwerk und einem externen Netzwerk, wie dem Internet, befinden. Sie können Access-Listen auch auf einem Router verwenden, der sich zwischen zwei Teilen Ihres Netzwerks befindet und der kontrollieren soll, welcher Verkehr einen bestimmten Teil Ihres internen Netzwerks erreicht oder verlässt.

Um die Sicherheitsvorteile der Access-Listen zu nutzen, sollten Sie die Access-Listen zumindest auf Grenz-Routern konfigurieren – also Router, die sich an den Grenzen Ihrer Netzwerke befinden. Dies bietet einen einfachen Puffer gegenüber dem externen Netzwerk oder zwischen einem weniger kontrollierten Bereich Ihres eigenen Netzwerks und einem sensibleren Bereich in Ihrem Netzwerk.

Auf diesem Router sollten Sie Access-Listen für jedes einzelne Netzwerk-Protokoll konfigurieren, das auf den Router-Schnittstellen konfiguriert ist. Sie können Access-Listen so konfigurieren, dass der eingehende oder der ausgehende Verkehr oder beides an einer Schnittstelle gefiltert wird.

Die Access-Listen müssen protokollweise erstellt werden. Das heißt Sie sollten die Access-Listen für jedes Protokoll erstellen, das auf einer Schnittstelle aktiviert ist, wenn Sie den Verkehrsfluss für dieses Protokoll regulieren möchten.

> **ANMERKUNG**
>
> Bei einigen Protokollen werden Access-Listen als *Filter* bezeichnet und der Vorgang der Anwendung von Access-Listen auf Schnittstellen als *Filterung*.

### 15.1.4 Einfache und erweiterte Access-Listen

Dieses Kapitel beschreibt die Verwendung der Standard-Access-Listen sowie die der statischen erweiterten Access-Listen, also die Grundtypen der Access-Listen. Sie sollten für jedes der gerouteten Protokolle, die auf den Router-Schnittstellen konfiguriert sind, einen dieser Access-Listentypen verwenden.

Neben den in diesem Kapitel beschriebenen Grundtypen von Access-Listen können Sie auch erweiterte Access-Listen verwenden, die zusätzliche Sicherheitsfunktionen bieten und Ihnen eine bessere Kontrolle über die Paketübertragung ermöglichen. Diese erweiterten Access-Listen und deren Funktionen werden in den anderen Kapiteln des Teils 3 »Verkehrsfilterung und Firewalls« beschrieben.

## 15.2 Ein Überblick über die Konfiguration von Access-Listen

Obwohl jedes Protokoll einen eigenen Satz aus speziellen Aufgaben und Regeln erfordert, mit denen Sie die Filterung des Verkehrs ausführen können, müssen bei den meisten Protokolle generell mindestens zwei Schritte durchgeführt werden. Der erste Schritt besteht in der Erzeugung einer Access-Liste und der zweite Schritt besteht in der Zuweisung der Access-Liste zu einer Schnittstelle.

Die beiden Schritte werden anschließend in folgenden Abschnitten beschrieben:

– Erzeugen von Access-Listen

– Zuweisung von Access-Listen zu Schnittstellen

### 15.2.1 Erzeugen von Access-Listen

Sie sollten Access-Listen für jedes Protokoll auf allen Routerschnittstellen erzeugen. Bei einigen Protokollen müssen Sie eine Access-Liste zur Filterung des eingehenden Verkehrs und eine Access-Liste für den ausgehenden Verkehr erzeugen.

Sie erzeugen eine Access-Liste, indem Sie das zu filternde Protokoll angeben, der Access-Liste einen eindeutigen Namen oder eine Nummer zuweisen und das Paket-Filterkriterium festlegen. Eine einzige Access-Liste kann mehrere Aussagen über Filterkriterien besitzen.

# Kapitel 15 • Access-Kontroll-Listen: Überblick und Richtlinien

Cisco empfiehlt, dass Sie Ihre Access-Listen auf einem TFTP-Server erzeugen und diese anschließend auf Ihren Router übertragen. Dies kann die Verwaltung Ihrer Access-Listen beträchtlich vereinfachen. Weitere Details finden Sie im Abschnitt »Das Erzeugen und Editieren von Access-Listen-Aussagen auf einem TFTP-Server« im weiteren Verlauf dieses Kapitels.

Die Protokolle, für die Sie Access-Listen konfigurieren können, sind in Tabelle 15.1 und Tabelle 15.3 aufgeführt.

## Die eindeutige Vergabe der Namen oder Nummern für jede Access-Liste

Wenn Sie Access-Listen auf einem Router konfigurieren, muss jede Access-Liste innerhalb eines Protokolls eindeutig bezeichnet sein, indem Sie entweder einen Namen oder eine Nummer an die Access-Liste des Protokolls vergeben.

> **ANMERKUNG**
>
> Die Access-Listen einiger Protokolle müssen mit einem Namen bezeichnet werden, während die Access-Listen von anderen Protokollen eine Nummer benötigen. Einige Protokolle erkennen sowohl einen Namen als auch eine Nummer. Wenn eine Nummer für eine Access-Liste verwendet wird, muss die Nummer innerhalb eines bestimmten Nummernbereiches liegen, der für das Protokoll gültig ist.

Für die Protokolle aus der Tabelle 15.1 können Sie die Access-Listen mit Namen bezeichnen.

*Tabelle 15.1: Protokolle deren Access-Listen mit Namen bezeichnet werden*

| Protokoll |
|---|
| Apollo Domain |
| IP |
| IPX |
| ISO CLNS |
| NetBIOS IPX |
| Source-Route-Bridging-NetBIOS |

Für die Protokolle aus Tabelle 15.2 können Sie die Access-Listen mit Nummern bezeichnen. Die Tabelle 15.2 listet auch den für jedes Protokoll gültigen Nummernbereich für die Access-Listen auf.

*Tabelle 15.2: Protokolle deren Access-Listen mit Nummern bezeichnet werden*

| Protokoll | Bereich |
|---|---|
| IP | 1 bis 99 |
| Erweitertes IP | 100 bis 199 |
| Ethernet-Typen-Code | 200 bis 299 |
| Ethernet-Adresse | 700 bis 799 |
| Transparentes Bridging (Protokolltyp) | 200 bis 299 |
| Transparentes Bridging (Herstellercode) | 700 bis 799 |
| Erweitertes transparentes Bridging | 1100 bis 1199 |
| DECnet und erweitertes DECnet | 300 bis 399 |
| XNS | 400 bis 499 |
| Erweitertes XNS | 500 bis 599 |
| AppleTalk | 600 bis 699 |
| Source-Route-Bridging (Protokolltyp) | 200 bis 299 |
| Source-Route-Bridging (Herstellercode) | 700 bis 799 |
| IPX | 800 bis 899 |
| Erweitertes IPX | 900 bis 999 |
| IPX SAP | 1000 bis 1099 |
| Standard-VINES | 1 bis 100 |
| Erweitertes VINES | 101 bis 200 |
| Einfaches (Simple) VINES | 201 bis 300 |

### Festlegen der Kriterien über die Weiterleitung oder die Blockade von Paketen

Wenn Sie eine Access-Liste erzeugen, dann legen Sie bestimmte Kriterien fest, mit denen jedes Paket verglichen wird, das durch den Router verarbeitet wird. Der Router überprüft mittels dieser Kriterien jedes Paket und entscheidet, ob das Paket weitergeleitet oder blockiert wird.

Typische Kriterien in einer Access-Liste sind die Quell- oder Ziel-Adresse eines Pakets oder ein höherschichtiges Protokoll eines Pakets. Jedoch besitzt jedes Protokoll seinen eigenen speziellen Satz von Kriterien, die Sie festlegen können.

In einer einzelnen Access-Liste können Sie mehrere Kriterien in mehreren, separaten Access-Listen-Aussagen festlegen. Jede dieser Aussagen sollte sich auf denselben Namen oder dieselbe Nummer beziehen, um die Aussagen in dieselbe Access-Liste einzubinden. Sie können beliebig viele Aussagen über Kriterien vornehmen, die Grenzen setzt hier nur der verfügbare Arbeitsspeicher. Es ist natürlich klar: Je mehr Aussagen Sie verwenden, desto schwieriger wird es für Sie sein, Ihre Access-Listen zu verstehen und zu verwalten.

## Das eingeschlossene Aussagekriterium »Deny-All-Traffic«

Am Ende jeder Access-Liste ist das Aussagekriterium »blockiere jeden Verkehr« (deny all traffic) immer enthalten. Daher wird jedes Paket, das mit keinem Ihrer Aussagekriterien übereinstimmt, blockiert werden.

> **ANMERKUNG**
>
> Bei den meisten Protokolle sollten Sie, wenn Sie eine eingehende Access-Liste zur Verkehrsfilterung verwenden, ein ausdrückliches Aussagekriterium in die Access-Liste einfügen, das Routing-Updates zulässt. Wenn Sie dies nicht tun, dann können Sie in der Folge die Kommunikation über die Schnittstelle verlieren, wenn Routing-Updates durch die eingeschlossene »blockiere jeden Verkehr«-Aussage am Ende der Access-Liste verworfen werden.

## Die Reihenfolge, in der Sie die Aussagekriterien eingeben

Seien Sie sich bewusst, dass jedes zusätzlich eingegebene Aussagekriterium an das *Ende* der Access-Listen-Aussagen angefügt wird. Beachten Sie zudem, dass Sie keine einzelnen Aussagen löschen können, nachdem Sie sie erzeugt haben. Sie können nur eine gesamte Access-Liste löschen.

Die Reihenfolge der Access-Listen-Aussagen ist wichtig! Wenn der Router darüber entscheidet, ein Paket weiterzuleiten oder zu blockieren, dann vergleicht die Cisco-IOS-Software das Paket mit den Aussagekriterien in der Reihenfolge, in der die Aussagen erzeugt wurden. Nachdem eine Übereinstimmung gefunden wurde, werden keine weiteren Aussagekriterien überprüft.

Wenn Sie ein Aussagekriterium eingeben, das ausdrücklich jeden Verkehr zulässt, dann werden keine später gemachten Aussagen mehr überprüft. Wenn Sie später zusätzliche Aussagen benötigen, müssen Sie die Access-Liste löschen und sie mit den neuen Einträgen erneut eingeben.

## Erzeugen und Editieren von Access-Listen-Aussagen auf einem TFTP-Server

Da die Reihenfolge der Aussagekriterien in einer Access-Liste wichtig ist und da Sie die Aussagekriterien nicht auf Ihrem Router neu ordnen oder löschen können, empfiehlt Ihnen Cisco, dass Sie alle Access-Listen-Aussagen auf einem TFTP-Server erzeugen und anschließend die gesamte Access-Liste auf Ihren Router kopieren.

Wenn Sie einen TFTP-Server verwenden wollen, erzeugen Sie die Access-Listen-Aussagen mit einem beliebigen Texteditor und Sie speichern die Access-Liste im ASCII-Format auf einem TFTP-Server, der durch Ihren Router erreichbar ist. Anschließend geben Sie auf Ihrem Router den Befehl **copy tftp:***Datei* **system:running-config** ein, um die Access-Liste auf Ihren Router zu kopieren. Führen Sie schließlich den Befehl **copy system:running-config nvram:startup-config** aus, um die Access-Liste im NVRAM Ihres Routers zu speichern.

Wenn Sie später Änderungen an einer Access-Liste vornehmen möchten, können Sie diese Änderungen in der Textdatei auf dem TFTP-Server vornehmen und die editierte Datei wie zuvor auf Ihren Router kopieren.

> **ANMERKUNG**
>
> Der erste Befehl in einer editierten Access-Listendatei sollte die vorherige Access-Liste löschen (geben Sie z.B. den Befehl **no access-list** am Beginn der Datei ein). Wenn Sie die vorherige Version der Access-Liste nicht zuerst löschen, dann werden Sie beim Kopieren der editierten Datei auf Ihren Router nur zusätzliche Aussagekriterien an das Ende der vorhandenen Access-Liste anfügen.

### 15.2.2 Zuweisung der Access-Listen zu Schnittstellen

Bei einigen Protokollen können Sie einer Schnittstelle bis zu zwei Access-Listen zuweisen: eine eingehende Access-Liste und eine ausgehende Access-Liste. Bei anderen Protokollen weisen Sie nur eine Access-Liste zu, die sowohl die ein- als auch die ausgehenden Pakete überprüft.

Wenn die Access-Liste eingehend (inbound) ist und der Router empfängt ein Paket, dann überprüft die Cisco-IOS-Software die Aussagekriterien der Access-Liste nach einer Übereinstimmung. Wenn das Paket zugelassen wird, verarbeitet die Software das Paket weiter. Wenn das Paket abgelehnt wird, verwirft die Software das Paket.

Wenn die Access-Liste ausgehend (outbound) ist und ein Paket empfangen und zu der ausgehenden Schnittstelle geroutet wurde, dann überprüft die Cisco-IOS-Software die Aussagekriterien der Access-Liste nach einer Übereinstimmung. Wenn das Paket zugelassen wird, überträgt die Software das Paket. Wenn das Paket abgelehnt wird, verwirft die Software das Paket.

## 15.3 Das Auffinden von vollständigen Konfigurations- und Befehls-Informationen für Access-Listen

Die in diesem Kapitel betrachteten Richtlinien gelten im allgemeinen für alle Protokolle. Die eigentliche Vorgehensweise zur Erzeugung von Access-Listen und ihre Zuweisung zu den Schnittstellen unterscheidet sich von Protokoll zu Protokoll und diese speziellen Informationen werden nicht in diesem Kapitel behandelt.

# KAPITEL 16

# Ein Überblick über Cisco-IOS-Firewalls

Dieses Kapitel beschreibt, wie Sie Ihr Cisco-Netzwerk-Gerät konfigurieren, damit Sie mit den Cisco-IOS-Sicherheitsfunktionen eine Firewall errichten können.

Dieses Kapitel enthält die folgenden Abschnitte:

- Ein Überblick über Firewalls
- Die Cisco-IOS-Firewall-Lösung
- Errichtung einer angepassten Firewall
- Weitere Richtlinien über die Konfiguration einer Firewall

## 16.1 Ein Überblick über Firewalls

Firewalls sind Netzwerk-Geräte, die den Zugang zu den Netzwerk-Anlagen Ihrer Organisation kontrollieren. Sie sind an den Eintrittspunkten in Ihr Netzwerk positioniert. Wenn Ihr Netzwerk über mehrere Eintrittspunkte verfügt, müssen Sie jeweils eine Firewall an jedem Punkt installieren, um eine wirksame Netzwerk-Zugangskontrolle zu gewährleisten.

Firewalls werden oft zwischen dem internen Netzwerk und einem externen Netzwerk, wie dem Internet, errichtet. Mit einer Firewall zwischen Ihrem Netzwerk und dem Internet wird jeder aus dem Internet kommende Verkehr die Firewall passieren, bevor er in Ihr Netzwerk eintritt.

Firewalls können auch für die Zugangskontrolle zu einem bestimmten Teil Ihres Netzwerks verwendet werden. Sie können z.B. Firewalls an allen Eintrittspunkten in ein Forschungs- und Entwicklungs-Netzwerk installieren, um den unauthorisierten Zugang zu firmeneigenen Informationen zu verhindern.

Die Hauptfunktion einer Firewall besteht in der Überwachung und Filterung von Datenverkehr. Firewalls können einfach oder ausgefeilt sein, je nach den Erfordernissen Ihres Netzwerks. Einfache Firewalls sind naturgemäß einfacher zu konfigurieren und zu verwalten. Möglicherweise benötigen Sie aber auch die Flexibilität einer wohl durchdachten Firewall.

## 16.2 Die Cisco-IOS-Firewall-Lösung

Die Cisco-IOS-Software bietet eine ganze Reihe von Sicherheitsfunktionen, mit denen Sie, je nach Ihren eigenen Bedürfnissen, eine einfache oder eine ausgefeilte Firewall konfigurieren können. Sie können ein Cisco-Gerät als eine Firewall konfigurieren, wenn das Gerät korrekt an einem Netzwerk-Eintrittspunkt positioniert ist. Die Sicherheitsfunktionen, mit denen die Firewall-Funktionalität ermöglicht wird, sind im Abschnitt »Das Erzeugen eines angepassten Firewalls« aufgeführt.

Neben den Sicherheitsfunktionen im Rahmen der Cisco-IOS-Standard-Funktionen, gibt es einen Cisco-IOS-Firewall-Feature-Set, der Ihrem Router zusätzliche Firewall-Fähigkeiten verleiht.

### 16.2.1 Das Cisco-IOS-Firewall-Feature-Set

Das Cisco-IOS-Firewall-Feature-Set vereint die vorhandene Cisco-IOS-Firewall-Technologie mit der neuen kontext-basierten Access-Kontroll-(CBAC=context-based access control)Funktion. Wenn Sie das Cisco-IOS-Firewall-Feature-Set auf Ihrem Cisco-Router konfigurieren, machen Sie aus Ihrem Router eine wirkungsvolle und robuste Firewall.

Das Cisco-IOS-Firewall-Feature-Set wurde konzipiert, unauthorisierten, externen Personen den Zugriff auf Ihr internes Netzwerk zu verwehren und Attacken auf Ihr Netzwerk zu verhindern, während gleichzeitig autorisierten Benutzern der Zugang zu den Netzwerk-Ressourcen gewährt wird.

Mit dem Cisco-IOS-Firewall-Feature-Set können Sie Ihren Cisco-IOS-Router auf verschiedene Weise konfigurieren:

– als Internet-Firewall oder als Teil einer Internet-Firewall
– als Firewall zwischen einzelnen Gruppen innerhalb Ihres internen Netzwerks
– als Firewall, die abgesicherte Verbindungen zu oder von Zweigstellen ermöglicht
– als Firewall zwischen dem Netzwerk Ihres Unternehmens und den Netzwerken Ihrer Partnerunternehmen

Das Cisco-IOS-Firewall-Feature-Set bietet die folgenden Vorteile:
- Es schützt die internen Netzwerke vor Eindringlingen.
- Es überwacht den Verkehr an den Netzwerk-Grenzen.
- Es schütz unternehmens-kritische Anwendungen über das World Wide Web.

## 16.3 Die Errichtung eines angepassten Firewalls

Wenn Sie eine Firewall errichten wollen, die auf die Sicherheitspolitik Ihrer Organisation abgestimmt ist, dann sollten Sie überprüfen, welche Cisco-IOS-Sicherheitsfunktionen angebracht sind und diese Funktionen konfigurieren. Um eine einfache Firewall zu erzeugen, müssen Sie zumindest die einfache Verkehrsfilterung konfigurieren. Sie können Ihr Cisco-Netzwerk-Gerät zu einem Firewall konfigurieren, indem Sie die folgenden Cisco-IOS-Sicherheitfunktionen verwenden:

- Standard-Access-Listen und statische erweiterte Access-Listen
- Schlüssel-Schloss-Prinzip (dynamische Access-Listen)
- Reflexive Access-Listen
- Abfangen von TCP-Paketen
- Kontext-basierte Access-Kontrolle
- Unterstützung von Sicherheits-Servern
- Netzwerk-Adress-Übersetzung (Network Address Transtlation, kurz: NAT)
- Cisco-Verschlüsselungs-Technologie
- IPSec-Netzwerk-Sicherheit
- Authentifizierung der Nachbar-Router
- Ereignis-Logging
- Authentifizierung und Autorisierung der Benutzer

Neben der Konfiguration dieser Funktionen sollten Sie die Richtlinien befolgen, die im Abschnitt »Weitere Richtlinien für die Konfiguration Ihrer Firewall« aufgeführt sind, in dem wichtige Sicherheitsverfahren dargestellt werden, mit denen Sie Ihre Firewall und Ihr Netzwerk schützen können. Die Tabelle 16.1 beschreibt die Cisco-IOS-Sicherheitsfunktionen.

*Tabelle 16.1: Die Cisco-IOS-Funktionen für eine robuste Firewall*

| Funktion | Kapitel | Kommentare |
|---|---|---|
| Standard-Access-Listen und statische erweiterte Access-Listen | Kapitel 15 »Access-Kontroll-Listen: Überblick und Richtlinien« | Standard- und statische erweiterte Access-Listen ermöglichen die einfache Verkehrsfilterung. Sie konfigurieren Kriterien, mit denen festgelegt wird, welche Pakete an einer Schnittstelle weitergeleitet und welche Pakete verworfen werden sollen. Diese Kriterien basieren auf den Informationen der Netzwerkschicht jedes Pakets. Sie können z.B. alle UDP-Pakete von einer bestimmten Quell-IP-Adresse oder von einem Adressbereich blockieren. Einige erweiterte Access-Listen können auch die Informationen der Transportschicht überprüfen, um zu bestimmen, ob die Pakete blockiert oder weitergeleitet werden sollen.<br><br>Um eine einfache Firewall zu konfigurieren, sollten Sie zumindest die einfache Verkehrsfilterung konfigurieren. Sie sollten einfache Access-Listen für alle Netzwerk-Protokolle konfigurieren, die durch Ihre Firewall geroutet werden, wie z.B. IP, IPX, AppleTalk usw. |
| Schlüssel-Schloss-Prinzip (dynamische Access-Listen) | Kapitel 17 »Die Konfiguration der Schlüssel-Schloss-Sicherheit (Dynamische Access-Listen)« | Die Schlüssel-Schloss-Sicherheit bietet die Verkehrsfilterung mit der Möglichkeit des zeitweiligen Zugangs durch den Firewall für bestimmte Personen. Diese Personen müssen zuerst authentifiziert werden (durch einen Benutzername/Passwort-Mechanismus), bevor der Firewall deren Verkehr durch die Firewall passieren lässt. Danach schließt die Firewall die zeitlich begrenzte Öffnung. Dieses Verfahren ermöglicht eine genauere Kontrolle über den Verkehr an der Firewall im Vergleich zu den Standard- oder zu den statischen erweiterten Access-Listen. |
| Reflexive Access-Listen | Kapitel 19 »Die Konfiguration von IP-Sitzungsfiltern (Reflexive Access-Listen)« | Reflexive Access-Listen filtern den IP-Verkehr, daher wird der TCP- oder UDP-Sitzungsverkehr nur dann durch den Firewall gelassen, wenn die Sitzung innerhalb des internen Netzwerks initiiert wurde.<br><br>Sie sollten reflexive Access-Listen nur dann konfigurieren, wenn Sie keine CBAC verwenden. |

*Tabelle 16.1: Die Cisco-IOS-Funktionen für eine robuste Firewall (Fortsetzung)*

| Funktion | Kapitel | Kommentare |
|---|---|---|
| Das Abfangen von TCPs | Kapitel 21 »Die Konfiguration der TCP-Abfangfunktion (Der Schutz vor Dienstablehnungs-Attacken)« | Das Abfangen von TCP-Paketen schützt TCP-Server innerhalb Ihres Netzwerks vor TCP-SYN-Überflutungsattacken, einer Art von Dienstablehnungs-(Denial-of-Service-)Attacken. Sie sollten reflexive Access-Listen nur dann konfigurieren, wenn Sie keine CBAC verwenden. |
| Kontextbasierte Access-Kontrolle | Kapitel 23 »Die Konfiguration der kontextbasierten Access-Kontrolle« | CBAC überprüft nicht nur die Informationen der Netzwerk- und der Transportschicht, sie überprüft auch die Informationen des Protokolls der Applikationsschicht (z.B. FTP-Informationen), um den Zustand der TCP- und UDP-Verbindungen zu erkennen. CBAC unterhält Verbindungs-Zustandsinformationen für einzelne Verbindungen. Diese Zustandsinformationen werden zur Fällung von intelligenten Entscheidungen darüber verwendet, ob Pakete zugelassen oder abgelehnt werden, und sie erzeugt und schließt dynamisch zeitweilige Öffnungen im Firewall. CBAC ist nur im Cisco-IOS-Firewall-Feature-Set enthalten. |
| Die Unterstützung von Sicherheits-Servern | Kapitel 10 »Konfiguration des TACACS+«, Kapitel 11 »Konfiguration des TACACS und des erweiterten TACACS«, Kapitel 8 »Konfiguration des RADIUS«, und Kapitel 13 »Konfiguration des Kerberos« | Das Cisco-IOS-Firewall-Feature-Set kann als Client für die folgenden unterstützten Sicherheits-Server konfiguriert werden:<br>– TACACS, TACACS+ und erweitertes TACACS<br>– RADIUS<br>– Kerberos<br>Sie können auf jedem dieser Sicherheits-Server eine Datenbank mit den Benutzerprofilen speichern. Um Zugang zu Ihrer Firewall zu erhalten oder um Zugang durch die Firewall in ein anderes Netzwerk zu erhalten, müssen Benutzer Authentifizierungsinformationen angeben (z.B. einen Benutzernamen und ein Passwort), die mit den Informationen auf dem Sicherheits-Server verglichen werden. Wenn die Benutzer die Authentifizierung absolvieren, wird ihnen der Zugang entsprechend ihrer eigenen festgelegten Privilegien gestattet. |

*Tabelle 16.1: Die Cisco-IOS-Funktionen für eine robuste Firewall (Fortsetzung)*

| Funktion | Kapitel | Kommentare |
|---|---|---|
| Netzwerk-Adress-Übersetzung | Kapitel 37 »Konfiguration der IP-Sicherheitsoptionen« | Sie können mit der Netzwerk-Adress-Übersetzung (NAT = Network-Address-Translation) interne IP-Netzwerk-Adressen gegenüber der Welt außerhalb der Firewall verbergen. |
| | | NAT wurde konzipiert, um den Verbrauch der IP-Adressen zu verringern und um in internen IP-Netzwerken nicht registrierte (nicht weltweit eindeutige) IP-Adressen vergeben zu können: NAT übersetzt in der Firewall diese unregistrierten IP-Adressen in öffentliche Adressen. Es kann auch derart konfiguriert werden, dass sie gegenüber der äußeren Welt nur eine Adresse für das gesamte interne Netzwerk weitermeldet. Dies bietet einen wirkungsvollen Schutz, da das gesamte interne Netzwerk vor der Welt verborgen wird. |
| | | NAT bietet Ihnen einen eingeschränkten Schutz vor Spoofing-Attacken, da die internen Adressen verborgen werden. Zusätzlich entfernt NAT alle Ihre internen Dienste aus dem externen Namensbereich. |
| | | NAT funktioniert nicht mit den Protokollen RPC, VDOLive oder SQL*Net »Redirected« der Applikationsschicht (NAT funktioniert dagegen mit SQL*Net »Bequeathed«). Konfigurieren Sie NAT nicht in Netzwerken, die Verkehr für diese nicht kompatiblen Protokolle übertragen. |
| Cisco Verschlüsselungs-Technologie | Kapitel 26 »Konfiguration der Cisco-Verschlüsselungs-Technologie« | Die Cisco Verschlüsselungs-Technologie (CET=Cisco Encryption-Technology) verschlüsselt nur IP-Pakete, die über ungeschützte Netzwerke wie das Internet übertragen werden. Sie legen fest, welcher Verkehr als schützenswert betrachtet wird und verschlüsselt werden soll. Diese Verschlüsselung verhindert, dass sensible IP-Pakete abgefangen und gelesen oder verfälscht werden. |

*Tabelle 16.1: Die Cisco-IOS-Funktionen für eine robuste Firewall (Fortsetzung)*

| Funktion | Kapitel | Kommentare |
|---|---|---|
| IPSec-Netzwerk-Sicherheit | Kapitel 28 »Konfiguration der IPSec-Netzwerk-Sicherheit« | IPSec ist ein Baukasten aus offenen Standards, der durch die Internet-Engineering-Task-Force (IETF) entwickelt wurde, um die Übertragungssicherheit von sensiblen Informationen über ungeschützte Netzwerke wie das Internet zu ermöglichen. IPSec arbeitet auf der Netzwerkschicht, sie schützt und authentifiziert IP-Pakete zwischen teilnehmenden IPSec-Geräten (oder *Peers*) z.B. Cisco-Routern. IPSec-Dienste ähneln denen der Cisco Verschlüsselungstechnologie, einer proprietären Sicherheitslösung, die mit der Cisco-IOS-Softwareversion 11.2 eingeführt wurde (der IPSec-Standard war bei Erscheinen der Version 11.2 noch nicht verfügbar). Jedoch bietet die IPSec eine robustere Sicherheitslösung und basiert zudem auf Standards. |
| Authentifizierung der Nachbar-Router | Kapitel 36 »Authentifizierung der Nachbar-Router: Überblick und Richtlinien« | Authentifizierung der Nachbar-Router erfordert, dass der Firewall alle benachbarten Router authentifiziert, bevor er ein Routen-Update von diesem Nachbarn akzeptiert. Dies stellt sicher, dass der Firewall nur legitimierte Routen-Updates aus einer vertrauten Quelle empfängt. |
| Authentifizierung und die Autorisierung der Benutzer | Kapitel 2 »Konfiguration der Authentifizierung« und Kapitel 4 »Konfiguration der Autorisierung« | Die Authentifizierung und die Autorisierung helfen Ihnen Ihr Netzwerk vor dem Zugang unautorisierter Benutzer zu schützen. |

## 16.4 Weitere Richtlinien für die Konfiguration Ihrer Firewall

Wie bei allen Netzwerkgeräten sollten Sie den Zugriff auf der Firewall immer durch die Konfiguration von Passwörtern schützen, wie es in Kapitel 34 »Konfiguration von Passwörtern und Privilegien« beschrieben ist. Sie sollten auch die Konfiguration der Authentifizierung, der Autorisierung und des Accountings für Benutzer in Betracht ziehen, die in den Kapiteln des ersten Teils »Authentifizierung, Autorisierung und Accounting (AAA)« beschrieben ist.

Weiterhin sollten Sie die folgenden Empfehlungen berücksichtigen:

- Wenn Sie die Passwörter für den privilegierten Zugang zur Firewall festlegen, sollten Sie eher den Befehl **enable secret** verwenden und nicht den Befehl **enable password**, dessen Verschlüsselungsalgorithmus nicht so robust ist.

- Setzen Sie ein Passwort auf den Konsolenport. Verwenden Sie in AAA-Umgebungen für die Konsole dieselbe Authentifizierung, die Sie überall verwenden. In Nicht-AAA-Umgebungen sollten Sie zumindest die Befehle **login** und **password** *Passwort* konfigurieren.

- Denken Sie über die Zugangskontrolle nach, *bevor* Sie einen Konsolenport auf irgendeine Weise im Netzwerk anbringen, ebenso beim Anschluss eines Modems an den Port. Seien Sie sich bewusst, dass ein *Break* an dem Konsolenport die totale Kontrolle über die Firewall verleihen kann, selbst dann, wenn die Zugangskontrolle konfiguriert wurde.

- Weisen Sie allen virtuellen Terminalports Access-Listen zu und aktivieren Sie den Passwort-Schutz. Verwenden Sie Access-Listen, um den Benutzerkreis einzuschränken, der sich über das Telnet in Ihren Router einloggen kann.

- Aktivieren Sie keinen lokalen Dienst (wie das SNMP oder das NTP), den Sie nicht nutzen. Das Cisco-Discovery-Protokoll (CDP) und das Netzwerk-Time-Protokoll (NTP) sind standardmäßig aktiviert und Sie sollten diese abschalten, wenn Sie sie nicht benötigen.

  Geben Sie den globalen Konfigurationsbefehl **no cdp run** ein, um das CDP abzuschalten. Um das NTP abzuschalten, geben Sie den Interface-Konfigurationsbefehl **ntp disable** auf jeder Schnittstelle ein, der das NTP nicht verwendet.

  Wenn Sie das NTP betreiben müssen, konfigurieren Sie das NTP nur auf den erforderlichen Schnittstellen und konfigurieren Sie das NTP so, dass es nur auf bestimmte Gegenstellen hört.

  Jeder aktivierte Dienst kann ein potentielles Sicherheitsrisiko bergen. Eine mutwillige und arglistige Person kann fähig sein, eine kreativen Weg zu finden, um die aktivierten Dienste zu missbrauchen und damit Zugriff auf den Firewall oder das Netzwerk zu erlangen.

  Schützen Sie die aktivierten lokalen Dienste vor einem Missbrauch. Schützen Sie die Dienste, indem Sie nur die Kommunikation mit bestimmten Gegenstellen zulassen und indem Sie Access-Listen konfigurieren, die Pakete für diese Dienste an bestimmten Schnittstellen ablehnen.

- Schützen Sie sich vor Spoofing: Schützen Sie die Netzwerke auf beiden Seiten des Firewalls vor Spoofing-Attacken von der gegenüberliegenden Seite. Sie können sich vor dem Spoofing durch die Konfiguration von eingehenden Access-Listen auf allen Schnittstellen schützen, die nur den Verkehr von erwarteten Quell-Adressen zulassen und jeden anderen Verkehr ablehnen.

Sie sollten das Quell-Routing (Source-Routing) deaktivieren. Geben Sie für das IP den globalen Konfigurationsbefehl **no ip source-route** ein. Die Deaktivierung des Quell-Routings auf *allen* Router kann auch vor Spoofing-Attacken schützen.

Sie sollten auch untergeordnete Dienste deaktivieren. Geben Sie für das IP die globalen Konfigurationsbefehle **no service tcp-small-servers** und **no service udp-small-servers** ein.

- Verhindern Sie, dass die Firewall als ein Relay verwendet wird, indem Sie Access-Listen auf allen asynchronen Telnetports konfigurieren.

- Normalerweise sollten Sie gerichtete Broadcasts für alle anwendbaren Protokolle auf Ihrer Firewall und auch auf allen anderen Routern deaktivieren. Geben Sie für das IP den Befehl **no ip directed-broadcast** ein. Selten benötigen einige IP-Netzwerke gerichtete Broadcasts; wenn dies der Fall ist, dann deaktivieren Sie die gerichteten Broadcasts natürlich nicht.

  Gerichtete Broadcasts können missbraucht werden, um die Kraft von Dienstablehnungsattacken zu vervielfachen, da jedes gesendete Dienstablehnungspaket per Broadcasts an jeden Host in einem Subnetz weitergegeben wird. Darüber hinaus bergen Hosts andere wesentliche Sicherheitsrisiken, wenn Sie Broadcasts verarbeiten.

- Konfigurieren Sie den Befehl **no proxy-arp**, um zu verhindern, dass interne Adressen enthüllt werden. (Dies ist sehr wichtig, wenn Sie die NAT noch nicht konfiguriert haben, um die Enthüllung der internen Adressen zu verhindern.)

- Stellen Sie die Firewall in einem gesicherten (verschlossenen) Raum auf.

# KAPITEL 17

# Konfiguration der Schlüssel-Schloss-Sicherheit (Dynamische Access-Listen)

Dieses Kapitel beschreibt die Konfiguration der Schlüssel-Schloss-Sicherheit auf Ihrem Router. Das Schlüssel-Schloss-Verfahren ist eine Sicherheitsfunktion zur Verkehrsfilterung, die für das IP-Protokoll verwendbar ist.

Eine vollständige Beschreibung der Schlüssel-Schloss-Befehle finden Sie in Kapitel 18 »Schlüssel-Schloss-Befehle«. Für eine Dokumentation anderer in diesem Kapitel enthaltener Befehle können Sie eine Online-Recherche unter der Internetadresse www.cisco.com ausführen.

Dieses Kapitel enthält die folgenden Abschnitte:

– Über das Schlüssel-Schloss-Verfahren

– Kompatibilität mit Versionen vor der Cisco-IOS-Version 11.1

– Spoofing-Risiken beim Schlüssel-Schloss-Verfahren

– Einfluss des Schlüssel-Schloss-Verfahrens auf die Router-Performance

– Vorbereitende Maßnahmen für die Konfiguration des Schlüssel-Schloss-Verfahrens

– Konfiguration des Schlüssel-Schloss-Verfahrens

– Überprüfung der Schlüssel-Schloss-Konfiguration

– Schlüssel-Schloss-Verwaltung

– Konfigurationsbeispiele zum Schlüssel-Schloss-Verfahren

## 17.1 Über das Schlüssel-Schloss-Verfahren

Das Schlüssel-Schloss-Verfahren ist eine Sicherheitsfunktion zur Verkehrsfilterung, die den IP-Protokollverkehr dynamisch filtert. Das Schlüssel-Schloss-Verfahren wird mittels dynamischer erweiterten IP-Access-Listen konfiguriert. Das Schlüssel-Schloss-Verfahren kann in Kombination mit anderen Standard-Access-Listen und statischer erweiterten Access-Listen verwendet werden.

# Network Security

Wenn das Schlüssel-Schloss-Verfahren konfiguriert wird, können bestimmte Benutzer, deren IP-Verkehr normalerweise an einem Router blockiert wird, einen zeitlich begrenzten Zugang durch den Router erhalten. Wenn das Schlüssel-Schloss-Verfahren ausgelöst wird, dann rekonfiguriert es die vorhandene IP-Access-Liste der Schnittstelle, damit bestimmte Benutzer den (die) von ihnen angegebenen Host(s) erreichen können. Danach rekonfiguriert das Schlüssel-Schloss-Verfahren die Schnittstelle wieder in ihren ursprünglichen Zustand zurück.

Wenn ein Benutzer Zugang zu einem Host durch einen Router erlangen möchte, auf dem das Schlüssel-Schloss-Verfahren konfiguriert ist, dann muss der Benutzer zuerst eine Telnetsitzung mit dem Router aufnehmen. Wenn ein Benutzer eine Standard-Telnetsitzung mit dem Router aufnimmt, dann versucht das Schlüssel-Schloss-Verfahren automatisch den Benutzer zu authentifizieren. Wenn der Benutzer authentifiziert wird, dann wird ihm der zeitweilige Zugang durch den Router gestattet und er kann den Zielhost erreichen.

## 17.1.1 Die Vorteile des Schlüssel-Schloss-Verfahrens

Das Schlüssel-Schloss-Verfahren bietet die gleichen Vorteile wie die Standard- und die statischen erweiterten Access-Listen (diese Vorteile werden in Kapitel 15 »Access-Kontroll-Listen: Überblick und Richtlinien« betrachtet). Jedoch hat das Schlüssel-Schloss-Verfahren die folgenden zusätzlichen Sicherheitsvorteile gegenüber den Standard- und den statische erweiterten Access-Listen:

– Das Schlüssel-Schloss-Verfahren verwendet einen Challenge-(Prüf-)Mechanismus um einzelne Benutzer zu authentifizieren.

– Das Schlüssel-Schloss-Verfahren bietet eine vereinfachte Verwaltung in großen Internetwerken.

– In vielen Fällen reduziert das Schlüssel-Schloss-Verfahren die Menge der zu verarbeitenden Routerprozesse, die durch Access-Listen anfallen.

– Das Schlüssel-Schloss-Verfahren reduziert die Möglichkeiten für Netzwerk-Hacker in ein Netzwerk einzubrechen.

Mit dem Schlüssel-Schloss-Verfahren können Sie festlegen, welchen Benutzern der Zugang zu welchen Quell-/Zielhosts gestattet wird. Diese Benutzer müssen einen Benutzer-Authentifizierungsprozess absolvieren, bevor ihnen der Zugang zu dem (den) angegebenen Host(s) gestattet wird. Das Schlüssel-Schloss-Verfahren erzeugt den dynamischen Benutzer-Zugang durch eine Firewall ohne andere konfigurierte Sicherheitsvorkehrungen zu behindern.

## 17.1.2 Unter welchen Umständen Sie das Schlüssel-Schloss-Verfahren verwenden sollten

Die folgenden zwei Beispiele sollen Ihnen aufzeigen, wann die Anwendung des Schlüssel-Schloss-Verfahrens angebracht ist:

- Wenn Sie möchten, dass ein bestimmter Einwahlbenutzer (oder eine Gruppe von Einwahlbenutzern) Zugang zu einem Host innerhalb Ihres Netzwerk erhalten kann, der (die) sich von seinem (ihren) externen Host(s) über das Internet einwählt (einwählen). Das Schlüssel-Schloss-Verfahren authentifiziert den Benutzer und erlaubt daraufhin den zeitlich begrenzten Zugang durch Ihre Firewall-Router für den Host des individuellen Benutzers oder für dessen Subnetz.

- Wenn Sie einer Teilmenge von Hosts in einem lokalen Netzwerk den Zugang zu einem Host in einem externen Netzwerk erlauben wollen, das durch eine Firewall geschützt ist. Mit dem Schlüssel-Schloss-Verfahren können Sie den Zugang zu dem externen Host allein für die erwünschte Gruppe von lokalen Benutzer-Hosts aktivieren. Das Schlüssel-Schloss-Verfahren erfordert die Benutzer-Authentifizierung durch einen TACACS+-Server oder einen anderen Sicherheits-Server, bevor den Hosts der Zugang zu den externen Hosts gewährt wird.

## 17.1.3 Die Funktionsweise des Schlüssel-Schloss-Verfahrens

Der folgende Prozess beschreibt das Schlüssel-Schloss-Verfahren:

1. Ein Benutzer nimmt eine Telnetsitzung zu einem Grenz-(Firewall-)Router auf, der für das Schlüssel-Schloss-Verfahren konfiguriert ist. Der Benutzer verbindet sich über den virtuellen Terminalport auf dem Router.

2. Die Cisco-IOS-Software empfängt das Telnetpaket, öffnet eine Telnetsitzung, fragt nach einem Passwort und führt einen Benutzer-Authentifizierungsprozess aus. Der Benutzer muss die Authentifizierung absolvieren, bevor ihm der Zugang durch den Router erlaubt wird. Der Authentifizierungsprozess kann durch den Router oder durch einen zentralen Access-Sicherheits-Server z.B. einen TACACS+- oder einen RADIUS-Server erfolgen.

3. Wenn der Benutzer die Authentifizierung erfolgreich absolviert hat, wird er oder sie aus der Telnetsitzung ausgeloggt und die Software erzeugt einen zeitweiligen Eintrag in der dynamischen Access-Liste, die den Zugang ermöglicht. (Je nach Konfiguration kann dieser zeitweilige Eintrag den Bereich der Netzwerke einschränken, zu denen der Benutzer den zeitweiligen Zugang erhält.)

4. Der Benutzer tauscht Daten durch die Firewall aus.

5. Die Software löscht den zeitweiligen Access-Listen-Eintrag, wenn ein konfiguriertes Zeitlimit erreicht wird oder wenn der Systemadministrator ihn manuell entfernt. Das konfigurierte Zeitlimit kann entweder ein Leerlauflimit sein oder eine absolute Zeitdauer.

> **ANMERKUNG**

Der zeitweilige Access-Listen-Eintrag wird nicht automatisch gelöscht, wenn der Benutzer eine Sitzung beendet. Der zeitweilige Access-Listen-Eintrag bleibt solange erhalten, bis ein konfiguriertes Zeitlimit erreicht oder bis er durch den Systemadministrator entfernt wird.

## 17.2 Die Kompatibilität mit Versionen vor der Cisco-IOS-Version 11.1

Für das Schlüssel-Schloss-Verfahren werden Erweiterungen für den Befehl **access-list** verwendet. Diese Erweiterungen sind rückwärts kompatibel – wenn Sie von einer früheren Version vor der Cisco-IOS-Version 11.1 auf eine neuere Version wechseln, dann werden Ihre Access-Listen automatisch so konvertiert, dass sie die Erweiterungen berücksichtigen. Wenn Sie jedoch versuchen das Schlüssel-Schloss-Verfahren mit einer Version vor der Cisco-IOS-Version 11.1 zu verwenden, dann können damit Probleme auftreten, die im folgenden Warnungsabschnitt beschrieben werden.

> **STOP**

Die Cisco-IOS-Versionen vor der Version 11.1 sind nicht aufwärts kompatibel mit den Access-Listen-Erweiterungen des Schlüssel-Schloss-Verfahrens. Wenn Sie eine Access-Liste mit einer Software speichern, die älter als die Version 11.1 ist, und anschließend diese Software verwenden, dann wird daraufhin die resultierende Access-Liste nicht korrekt interpretiert werden. *Dies kann schwere Sicherheitsprobleme verursachen.* Sie müssen Ihre alten Konfigurationsdateien mit der Cisco-IOS-Version 11.1 oder neuerer Software speichern, bevor Sie ein Betriebssystem mit diesen Dateien booten.

## 17.3 Die Spoofing-Risiken beim Schlüssel-Schloss-Verfahren

> **STOP**

Durch den Schlüssel-Schloss-Zugang kann ein externes Ereignis (eine Telnetsitzung) eine Öffnung in der Firewall verursachen. Solange diese Öffnung existiert, ist der Router anfällig gegenüber dem Quell-Adressen-Spoofing.

Wenn das Schlüssel-Schloss-Verfahren ausgelöst wird, erzeugt es eine dynamische Öffnung in der Firewall durch eine zeitweilige Rekonfiguration einer Schnittstelle, um dem Benutzer den Zugang zu erlauben. Solange diese Öffnung existiert, kann ein anderer Host die Adresse des authentifizierten Benutzers spoofen, um den Zugang hinter die Firewall zu erlangen. Das Schlüssel-Schloss-Verfahren selbst verursacht das Adress-Spoofing-Problem jedoch nicht. Das Problem wird hier nur als Warnung an den Benutzer angesprochen. Das Spoofing ist ein Problem, das mit allen Access-Listen besteht, und das Schlüssel-Schloss-Verfahren an sich hat nichts mit diesem Problem zu tun.

Um das Spoofing zu verhindern, können Sie die Netzwerkdaten-Verschlüsselung konfigurieren, die in Kapitel 26 »Die Konfiguration der Cisco Verschlüsselungs-Technologie« beschrieben ist. Konfigurieren Sie die Verschlüsselung derart, dass der Verkehr vom externen Host auf einem abgesicherten externen Router verschlüsselt wird und lokal an der Router-Schnittstelle entschlüsselt wird, die das Schlüssel-Schloss-Verfahren ausführt. Sie sollten sicherstellen, dass der gesamte Verkehr verschlüsselt ist, der mittels des Schlüssel-Schloss-Verfahrens übertragen wird, wenn er in den Router eintritt. Auf diese Weise können Hacker die Quell-Adresse nicht spoofen, da sie die Verschlüsselung nicht duplizieren können, oder sie können nicht so authentifiziert werden, wie es der Verschlüsselungsprozess erfordert.

## 17.4 Der Einfluss des Schlüssel-Schloss-Verfahrens auf die Router-Performance

Bei konfiguriertem Schlüssel-Schloss-Verfahren kann die Router-Performance folgendermaßen darunter leiden:

– Wenn das Schlüssel-Schloss-Verfahren ausgelöst wird, erzwingt die dynamische Access-Liste die Umstellung einer Access-Liste auf der Silicon-Switching-Engine (SSE). Dies verlangsamt den SSE-Switching-Pfad kurzzeitig.

– Die dynamischen Access-Listen benötigen das Leerlaufzeitlimit (auch wenn die Zeitdauer in der Standardeinstellung belassen wird) und können daher nicht per SSE geswitcht werden. Diese Einträge müssen im Fast-Switching-Pfad des Protokoll verarbeitet werden.

– Wenn externe Benutzer das Schlüssel-Schloss-Verfahren auf einem Grenz-Router auslösen, dann werden zusätzliche Access-Listen-Einträge auf der Schnittstelle des Grenz-Routers erzeugt. Die Access-Liste der Schnittstelle wächst und schrumpft dynamisch. Die Einträge werden dynamisch aus der Liste entfernt, nachdem entweder die Leerlaufzeit oder die maximale Zeitdauer erreicht wurde. Umfangreiche Access-Listen können die Performance des Paket-Switchings verringern. Wenn Sie Performanceprobleme beobachten, sollten Sie daher die Konfiguration des Grenz-Routers einsehen und überprüfen, ob zeitweilige Access-Listen-Einträge gelöscht werden müssen, die durch das Schlüssel-Schloss-Verfahren erzeugt wurden.

## 17.5 Vorbereitende Maßnahmen für die Konfiguration des Schlüssel-Schloss-Verfahrens

Das Schlüssel-Schloss-Verfahren verwendet erweiterte IP-Access-Listen. Sie benötigen solide Kenntnisse darüber, wie Access-Listen zur Verkehrsfilterung verwendet werden, bevor Sie versuchen das Schlüssel-Schloss-Verfahren zu konfigurieren. Die Access-Listen werden in Kapitel 15 »Die Access-Kontroll-Listen: Überblick und Richtlinien« beschrieben.

Das Schlüssel-Schloss-Verfahren nutzt die Authentifizierung und die Autorisierung der Benutzer, wie sie durch die Cisco Authentifizierungs-, Autorisierungs- und Accounting-(AAA)Musterlösung ausgeführt wird. Sie müssen die Konfiguration der AAA-Benutzer-Authentifizierung und Benutzer-Autorisierung verstanden haben, bevor Sie das Schlüssel-Schloss-Verfahren konfigurieren können. Die Authentifizierung und die Autorisierung der Benutzer wird im Teil I »Authentifizierung, Autorisierung und Accounting (AAA)« beschrieben.

Das Schlüssel-Schloss-Verfahren verwendet den Befehl **autocommand**, den Sie kennen sollten.

## 17.6 Konfiguration des Schlüssel-Schloss-Verfahrens

Verwenden Sie die folgenden Befehle, um das Schlüssel-Schloss-Verfahren zu konfigurieren, beginnen Sie dabei im globalen Konfigurationsmodus. Während Sie diese Schritte vollziehen, sollten Sie die im Abschnitt »Konfigurationstipps zum Schlüssel-Schloss-Verfahren« aufgeführten Richtlinien genau befolgen.

| Schritt | Befehl | Zweck |
|---|---|---|
| 1 | **access-list** *Access-Listennummer* [**dynamisch** *dynamischer-Name* [**timeout** *Minuten*]] {**deny** \| **permit**} **telnet** *Quelle Quellenplatzhalter Ziel Zielplatzhalter*[**precedence** *Vorrang*] [**tos** *Tos*] [**established**] [**log**] | Konfiguriert eine dynamische Access-Liste, die als Schablone und Platzhalter für zeitweilige Access-Listen-Einträge dient. |
| 2 | **interface** *Typ Nummer* | Konfiguriert eine Schnittstelle. |
| 3 | **ip access-group** *Access-Listen-Nummer* | Weist im Interface-Konfigurationsmodus die Access-Liste der Schnittstelle zu. |
| 4 | **line VTY** *Verbindungsnummer* [*letzte-Verbindungsnummer*] | Legt im globalen Konfigurationsmodus einen oder mehrere virtuelle Terminal-(VTY-)Ports fest. Wenn Sie mehrere VTY-Ports festlegen, müssen alle identisch konfiguriert werden, da die Software die verfügbaren VTY-Ports in einem Rotationsverfahren abfragt. Wenn Sie nicht alle Ihr VTY-Ports für den Schlüssel-Schloss-Zugang konfigurieren wollen, können Sie auch nur eine bestimmte Gruppe von VTY-Ports festlegen, die das Schlüssel-Schloss-Verfahren unterstützen. |

| Schritt | Befehl | Zweck |
|---|---|---|
| 5 | login tacacs<br>oder<br>**username** *Name* **password** *Geheimtext*<br>oder<br>**password** *Passwort*<br>**login local** | Konfiguriert die Benutzer-Authentifizierung. |
| 6 | **autocommand access-enable** [**host**] [**timeout** *Minuten*] | Aktiviert die Erzeugung von zeitweiligen Access-Listen-Einträgen. Wenn das Argument **host** *nicht* angegeben wird, dann erhalten alle Hosts des gesamten Netzwerks die Erlaubnis, einen zeitweiligen Access-Listen-Eintrag zu verursachen. Die dynamische Access-Liste enthält die Netzwerk-Maske, um die neue Netzwerk-Verbindung zu ermöglichen. |

Eine Beispielkonfiguration für ein Schlüssel-Schloss-Verfahren finden Sie im Abschnitt »Konfigurationsbeispiele zum Schlüssel-Schloss-Verfahren« im weiteren Verlauf dieses Kapitels.

### 17.6.1 Konfigurationstipps zum Schlüssel-Schloss-Verfahren

Sie sollten die Tipps in diesem Abschnitt verstanden haben, bevor Sie das Schlüssel-Schloss-Verfahren konfigurieren.

**Dynamische Access-Listen**

Verwenden Sie die folgenden Tipps für die Konfiguration dynamischer Access-Listen:

- Erzeugen Sie *nie* mehr als eine dynamische Access-Liste pro Access-Liste. Die Software beachtet immer nur die erste angegebene dynamische Access-Liste.

- Verwenden Sie *nie* den gleichen *dynamischen-Namen* für eine andere Access-Liste. Damit wird die Software die vorhandene Liste erneut nutzen. Alle mit Namen bezeichneten Einträge müssen vollkommen eindeutig innerhalb der gesamten Konfiguration stehen.

- Legen Sie die Eigenschaften für die dynamische Access-Liste auf die gleiche Weise zu, wie Sie die Eigenschaften für eine statische Access-Liste festlegen. Die zeitweiligen Access-Listen-Einträge übernehmen die Eigenschaften, die dieser Liste zugewiesen werden.

- Konfigurieren Sie das Telnet als Protokoll so, dass der Benutzer sich über das Telnet in den Router einloggen muss, um authentifiziert zu werden, bevor er oder sie Zugang durch den Router erhält.

- Legen Sie entweder eine Leerlaufzeitdauer mit dem Schlüsselwort **timeout** im Befehl **access-list** oder eine absolute Zeitdauer mit dem Befehl **access-enable** im Befehl **autocommand** fest. Sie müssen entweder eine Leerlaufzeitdauer oder eine absolute Zeitdauer festlegen – sonst bleibt der zeitweilige Access-Listen-Eintrag unendlich lange auf der Schnittstelle konfiguriert (auch nachdem der Benutzer seine Sitzung beendet hat), bis der Eintrag manuell durch einen Administrator entfernt wird (Sie können Leerlauf- und absolute Zeitdauern gemeinsam konfigurieren).

- Wenn Sie eine Leerlaufzeitdauer konfigurieren, dann sollte die Dauer gleich der WAN-Leerlaufzeitdauer sein.

- Wenn Sie sowohl die Leerlauf- als auch die absolute Zeitdauer konfigurieren, muss die Leerlaufzeitdauer kürzer als die absolute Zeitdauer sein.

- Die einzigen Werte, die im zeitweiligen Eintrag ersetzt werden, sind die Quell- oder die Ziel-Adresse, je nachdem, ob sich die Access-Liste in der eingehenden Access-Liste oder in der ausgehenden Access-Liste befindet. Alle anderen Eigenschaften, wie z.B. der Port, werden von der dynamischen Haupt-Access-Liste übernommen.

- Jeder Zusatz zu der dynamischen Liste wird immer am Anfang der dynamischen Liste eingefügt. Sie können nicht die Reihenfolge der zeitweiligen Access-Listen-Einträge festlegen.

- Zeitweilige Access-Listen-Einträge werden niemals in den NVRAM geschrieben.

- Wie die dynamischen Access-Listen manuell gelöscht oder angezeigt werden, können Sie im Abschnitt »Verwaltung des Schlüssel-Schloss-Verfahrens« im weiteren Verlauf dieses Kapitels nachlesen.

### Schlüssel-Schloss-Authentifizierung

Es stehen Ihnen drei mögliche Methoden zur Konfiguration eines Authentifizierungs-Abfrageprozesses zur Verfügung. Diese drei Methoden werden in diesem Abschnitt beschrieben.

**ANMERKUNG**

Cisco empfiehlt Ihnen die Verwendung des TACACS+-Servers für Ihren Authentifizierungs-Abfrageprozesses. Das TACACS+ ermöglicht den Authentifizierungs-, den Autorisierungs- und den Accounting-Dienst. Es ermöglicht auch die Protokollunterstützung, die Protokollspezifikation und eine zentralisierte Sicherheits-Datenbank. Die Verwendung eines TACACS+-Servers wird im nächsten Abschnitt »Methode 1 – Die Konfiguration eines Sicherheits-Servers« beschrieben.

*Methode 1 – Die Konfiguration eines Sicherheits-Servers*

Verwenden Sie einen Sicherheits-Server für die Netzwerk-Zugangskontrolle, z.B. einen TACACS+-Server. Diese Methode erfordert zusätzliche Konfigurationsschritte auf dem TACACS+-Server, aber sie bietet genauere Authentifizierungsabfragen und ausgefeiltere Aufzeichnungsmöglichkeiten.

```
Router# login tacacs
```

*Methode 2 – Die Konfiguration des Befehls **username***

Verwenden Sie den Befehl **username**. Diese Methode ist wirkungsvoller, da die Authentifizierung auf einer benutzerabhängigen Basis erfolgt.

```
Router# username Name password Passwort
```

*Methode 3 – Die Konfiguration der Befehle **password** und **login***

Verwenden Sie die Befehle **password** und **login**. Diese Methode ist weniger wirkungsvoll, da das Passwort portweise konfiguriert wird und nicht für einzelne Benutzer. Daher wird jeder Benutzer, der das Passwort kennt, erfolgreich authentifiziert werden.

```
Router# password Passwort
Router# login local
```

### Der Befehl autocommand

Nutzen Sie die folgenden Tipps, um den Befehl **autocommand** zu konfigurieren:

- Wenn Sie einen TACACS+-Server zur Benutzer-Authentifizierung verwenden, dann sollten Sie den Befehl **autocommand** auf dem TACACS+-Server als einen benutzerabhängigen Autobefehl konfigurieren. Wenn Sie die lokale Authentifizierung nutzen, dann sollten Sie den Befehl **autocommand** verbindungsabhängig verwenden.

- Konfigurieren Sie alle VTY-Ports mit dem gleichen **autocommand**-Befehl. Wenn Sie auf einem VTY-Port den **autocommand**-Befehl vergessen, dann wird einem zufälligen Host der EXEC-Moduszugang zu dem Router ermöglicht und es wird ein zeitweiliger Access-Listen-Eintrag in der dynamischen Access-Liste erzeugt.

- Wenn Sie nicht zuvor mit dem Befehl **access-list** eine Leerlaufzeitdauer festgelegt haben, müssen Sie nun mit dem Befehl **autocommand access-enable** eine absolute Zeitdauer festlegen. Sie müssen entweder eine Leerlaufzeitdauer oder eine absolute Zeitdauer festlegen – sonst bleibt der zeitweilige Access-Listen-Eintrag unendlich lange auf der Schnittstelle konfiguriert (auch nachdem der Benutzer seine Sitzung beendet hat), bis der Eintrag manuell durch einen Administrator entfernt wird (Sie können die Leerlauf- und absolute Zeitdauer gemeinsam konfigurieren).

- Wenn Sie sowohl die Leerlauf- als auch die absolute Zeitdauer konfigurieren, muss die Leerlaufzeitdauer kürzer als die absolute Zeitdauer sein.

## 17.7 Überprüfung der Schlüssel-Schloss-Konfiguration

Sie können überprüfen, ob das Schlüssel-Schloss-Verfahren erfolgreich auf dem Router konfiguriert ist, indem Sie einen Benutzer bitten die Verbindung zu testen. Der Benutzer sollte sich an einem Host befinden, der in der dynamischen Access-Liste zugelassen ist, und der Benutzer sollte die AAA-Authentifizierung und -Autorisierung konfiguriert haben.

Um die Verbindung zu testen, sollte der Benutzer eine Telnetverbindung zum Router aufnehmen, darauf warten, dass die Telnetsitzung beendet wird und daraufhin versuchen, auf einen Host auf der anderen Seite des Routers zuzugreifen. Dieser Host muss einer der in der dynamischen Access-Liste zugelassenen Hosts sein. Der Benutzer sollte auf den Host mit einer Anwendung zugreifen, die das IP verwendet.

Das folgende Beispiel zeigt auf, was Endbenutzer vermutlich sehen, wenn sie erfolgreich authentifiziert wurden. Beachten Sie, dass die Telnetverbindung direkt nach der Passworteingabe und der erfolgten Authentifizierung beendet wurde. Der zeitweilige Access-Listen-Eintrag wird daraufhin erzeugt und der Host, der die Telnetsitzung initiierte, hat nun Zugang durch die Firewall.

```
Router% telnet corporate
Trying 172.21.52.1 ...
Connected to corporate.domain.com.
Escape character ist '^]'.
User Access Verification
Password:Connection closed by foreign host.
```

Sie können anschließend den Befehl **show access-lists** auf dem Router verwenden, um die dynamischen Access-Listen anzusehen, die einen zusätzlichen Eintrag enthalten sollten, der dem Benutzer den Zugang durch den Router erlaubt.

## 17.8 Schlüssel-Schloss-Verwaltung

Wenn das Schlüssel-Schloss-Verfahren ausgeführt wird, dann wachsen und schrumpfen die dynamischen Access-Listen dynamisch mit den hinzugefügten und gelöschten Einträgen. Sie müssen sicherstellen, dass Einträge nach einer gewissen Zeit gelöscht werden, da während des Vorhandenseins von Einträgen das Risiko einer Spoofing-Attacke besteht. Zudem wächst mit der Anzahl der Einträge der negative Einfluss auf die Router-Performance.

Wenn Sie keine Leerlaufzeitdauer oder absolute Zeitdauer konfiguriert haben, bleiben die Einträge so lange in der dynamischen Access-Liste, bis Sie sie manuell entfernen. Wenn dies der Fall ist, sollten Sie bei der Entfernung der Einträge äußerst umsichtig vorgehen.

## 17.8.1 Anzeige der dynamischen Access-Listen-Einträge

Sie können sich die zeitweiligen Access-Listen-Einträge anzeigen lassen, wenn sie in Gebrauch sind. Nachdem ein zeitweiliger Access-Listen-Eintrag durch Sie oder durch den absoluten oder den Leerlaufzeitparameter gelöscht wird, kann er nicht mehr angezeigt werden. Die Anzahl von angezeigten Übereinstimmungen lässt erkennen, wie oft der Access-Listen-Eintrag aufgerufen wurde.

Verwenden Sie den folgenden Befehl im privilegierten EXEC-Modus, um sich die dynamischen Access-Listen anzeigen zu lassen, zusammen mit allen zeitweiligen Access-Listen-Einträgen, die momentan darin enthalten sind:

| Befehl | Zweck |
| --- | --- |
| show access-lists [*Access-Listen-Nummer*] | Zeigt die dynamischen Access-Listen und die zeitweiligen Access-Listen-Einträge an. |

## 17.8.2 Das manuelle Entfernen von dynamischen Access-Listen-Einträgen

Verwenden Sie den folgenden Befehl im privilegierten EXEC-Mode, um einen zeitweiligen Access-Listen-Eintrag manuell zu löschen:

| Befehl | Zweck |
| --- | --- |
| clear access-template [*Access-Listen-Nummer* \| *Name*] [*dynamischer-Name*] [*Quelle*] [*Ziel*] | Löscht eine dynamische Access-Liste. |

## 17.9 Konfigurationsbeispiele zum Schlüssel-Schloss-Verfahren

Dieser Abschnitt enthält die folgenden zwei Beispiele:

- Ein Beispiel des Schlüssel-Schloss-Verfahrens mit der lokalen Authentifizierung
- Ein Beispiel des Schlüssel-Schloss-Verfahrens mit der TACACS+-Authentifizierung

Cisco empfiehlt Ihnen die Verwendung eines TACACS+-Servers für die Authentifizierung, wie es im zweiten Beispiel gezeigt wird.

## 17.9.1 Ein Beispiel des Schlüssel-Schloss-Verfahrens mit der lokalen Authentifizierung

Dieses Beispiel zeigt die Konfiguration des Schlüssel-Schloss-Zugangs mit der lokal auf dem Router stattfindenden Authentifizierung. Das Schlüssel-Schloss-Verfahren ist auf der Schnittstelle Ethernet 0 konfiguriert.

```
interface ethernet0
 ip address 172.18.23.9 255.255.255.0
 ip access-group 101 in
access-list 101 permit tcp any host 172.18.21.2 eq telnet
access-list 101 dynamic mytestlist timeout 120 permit ip any any
line vty 0
login local
autocommand access-enable timeout 5
```

Der erste Access-Listen-Eintrag lässt nur das Telnet in den Router zu. Der zweite Access-Listen-Eintrag wird so lange ignoriert, bis das Schlüssel-Schloss-Verfahren ausgelöst wird.

Nachdem sich ein Benutzer per Telnet in den Router eingeloggt hat, versucht der Router den Benutzer zu authentifizieren. Wenn die Authentifizierung erfolgreich ist, wird der Befehl **autocommand** ausgeführt und die Telnetsitzung wird beendet. Der Befehl **autocommand** erzeugt einen zeitweiligen eingehenden Access-Listen-Eintrag an der Schnittstelle Ethernet 0, der auf dem zweiten Access-Listen-Eintrag basiert (mytestlist). Dieser zeitweilige Eintrag wird nach fünf Minuten gelöscht werden, wie es der Wert nach dem Timeout festlegt.

## 17.9.2 Ein Beispiel des Schlüssel-Schloss-Verfahrens mit der TACACS+-Authentifizierung

Das folgenden Beispiel zeigt die Konfiguration des Schlüssel-Schloss-Zugangs mit der Authentifizierung auf einem TACACS+-Server. Der Schlüssel-Schloss-Zugang ist auf der Schnittstelle BRI0 konfiguriert. Es sind vier VTY-Ports mit dem Passwort *cisco* angegeben.

```
aaa authentication login default tacacs+ enable
aaa accounting exec stop-only tacacs+
aaa accounting network stop-only tacacs+
enable password ciscotac
!
isdn switch-type basic-dms100
!
interface ethernet0
ip address 172.18.23.9 255.255.255.0
!!
interface BRI0
 ip address 172.18.21.1 255.255.255.0
 encapsulation ppp
 dialer idle-timeout 3600
 dialer wait-for-carrier-time 100
```

```
 dialer map ip 172.18.21.2 name diana
 dialer-group 1
 isdn spid1 2036333715291
 isdn spid2 2036339371566
 ppp authentication chap
 ip access-group 102 in
!
access-list 102 permit tcp any host 172.18.21.2 eq telnet
access-list 102 dynamisch testlist timeout 5 permit ip any any
!
!
ip route 172.18.250.0 255.255.255.0 172.18.21.2
priority-list 1 interface BRI0 high
tacacs-server host 172.18.23.21
tacacs-server host 172.18.23.14
tacacs-server key test1
tftp-server rom alias all
!
dialer-list 1 protocol ip permit
!
line con 0
 password cisco
line aux 0
line VTY 0 4
autocommand access-enable timeout 5
password cisco
!
```

# KAPITEL 18

# Schlüssel-Schloss-Befehle

Dieses Kapitel beschreibt die Schlüssel-Schloss-Befehle. Die Schlüssel-Schloss-Sicherheit ist ein Sicherheitsverfahren zur Verkehrsfilterung, das dynamische Access-Listen verwendet. Das Schlüssel-Schloss-Verfahren ist nur für den IP-Verkehr verwendbar.

Um eine vollständige Beschreibung von anderen Befehlen für die Konfiguration des Schlüssel-Schloss-Verfahrens zu erhalten, können Sie eine Online-Recherche unter der Adresse www.cisco.com ausführen.

Informationen über die Schlüssel-Schloss-Konfiguration finden Sie in Kapitel 17 »Konfiguration der Schlüssel-Schloss-Sicherheit (Dynamische Access-Listen)«.

## 18.1 access-enable

Verwenden Sie den EXEC-Befehl **access-enable**, um auf dem Router die Erzeugung von zeitweiligen Access-Listen-Einträgen in einer dynamischen Access-Liste zu aktivieren.

**access-enable** [host] [timeout *Minuten*]

| Syntax | Beschreibung |
| --- | --- |
| host | (Optional) Hiermit wird die Software nur dem Host den Zugang gewähren, der die Telnetsitzung verursacht hat. Wenn dies nicht festgelegt wird, dann gewährt die Software allen Hosts des angegebenen Netzwerks den Zugang. Die dynamische Access-Liste enthält die Netzwerkmaske, die für die Aktivierung des neuen Netzwerks verwendet wird. |
| timeout *Minuten* | (Optional) Legt eine Leerlaufzeitdauer für den zeitweiligen Access-Listen-Eintrag fest. Wenn der Access-Listen-Eintrag nicht innerhalb dieser Zeitdauer in Anspruch genommen wird, wird er automatisch gelöscht und der Benutzer muss sich erneut authentifizieren. In der Standardeinstellung bleiben die Einträge dauerhaft existent. Cisco empfiehlt Ihnen für diesen Wert die gleiche Zeitdauer zu verwenden, die für die WAN-Verbindung eingestellt ist. |

### Befehlsmodus

EXEC

### Benutzungsrichtlinien

Dieser Befehl erschien erstmals in der Cisco-IOS-Version 11.1.

Dieser Befehl aktiviert das Schlüssel-Schloss-Zugangsverfahren.

Sie sollten immer entweder eine Leerlaufzeitdauer (mit dem Schlüsselwort **timeout** in diesem Befehl) oder eine absolute Zeitdauer (mit dem Schlüsselwort **timeout** im Befehl **access-list**) festlegen, da sonst der zeitweilige Access-Listen-Eintrag unendlich lange erhalten bleibt, auch nachdem der Benutzer seine Sitzung beendet hat.

Verwenden Sie den Befehl **autocommand** mit dem Schlüsselwort **access-enable**, damit der Befehl **access-enable** ausgeführt wird, wenn sich ein Benutzer per Telnet in den Router einloggt.

### Beispiel

Im folgenden Beispiel wird die Software einen zeitweiligen Access-Listen-Eintrag erzeugen und die Software wird den Zugang nur für den Host ermöglichen, der die Telnetsitzung initiiert hat. Wenn der Access-Listen-Eintrag nicht innerhalb von zwei Minuten beansprucht wird, wird er gelöscht.

```
autocommand access-enable host timeout 2
```

### Verwandte Befehle

Sie können online unter www.cisco.com eine Recherche nach verwandten Befehlen ausführen.

**access-list (extended)**
**autocommand**

## 18.2 access-template

Verwenden Sie den EXEC-Befehl **access-template**, um manuell einen zeitweiligen Access-Listen-Eintrag auf einem Router vorzunehmen, mit dem Sie verbunden sind.

**access-template** [*Access-Listen-Nummer* | *Name*] [*dynamischer-Name*] [*Quelle*] [*Ziel*] [timeout *Minuten*]

| Syntax | Beschreibung |
|---|---|
| *Access-Listen-Nummer* | (Optional) Nummer der dynamischen Access-Liste. |
| *Name* | (Optional) Name einer IP-Access-Liste. Der Name darf kein Leerzeichen oder Anführungszeichen enthalten und muss mit einem Zeichen des Alphabets beginnen, um die Verwechslung mit nummerierten Access-Listen zu vermeiden. |
| *dynamischer-Name* | (Optional) Name einer dynamischen Access-Liste. |
| *Quelle* | (Optional) Quelladresse in einer dynamischen Access-Liste. Es sind die Schlüsselwörter **host** und **any** erlaubt. Alle anderen Attribute werden aus dem ursprünglichen Access-Listen-Eintrag übernommen. |
| *Ziel* | (Optional) Zieladresse in einer dynamischen Access-Liste. Es sind die Schlüsselwörter **host** und **any** erlaubt. Alle anderen Attribute werden aus dem ursprünglichen Access-Listen-Eintrag übernommen. |
| **timeout** *Minuten* | (Optional) Legt eine maximale Zeitdauer für jeden Eintrag innerhalb dieser dynamischen Liste fest. Diese Zeitdauer ist absolut, sie gibt genau an, wie lange ein Eintrag ab seiner Erzeugung in der Liste bleiben kann. Der Standardwert ist unendlich, d.h. ein Eintrag bleibt dauerhaft bestehen. |

## Befehlsmodus

EXEC

## Benutzungsrichtlinien

Dieser Befehl erschien erstmals in der Cisco-IOS-Version 11.1.

Dieser Befehl bietet eine Möglichkeit, um das Schlüssel-Schloss-Zugangsverfahren zu aktivieren.

Sie sollten immer entweder eine Leerlaufzeitdauer (mit dem Schlüsselwort **timeout** in diesem Befehl) oder eine absolute Zeitdauer (mit dem Schlüsselwort **timeout** im Befehl **access-list**) festlegen, da sonst der zeitweilige Access-Listen-Eintrag unendlich lange erhalten bleibt, auch nachdem der Benutzer seine Sitzung beendet hat.

## Beispiel

Im folgenden Beispiel ermöglicht die Software den IP-Zugang für eingehende Pakete, deren Quell-Adresse 172.29.1.129 und deren Ziel-Adresse 192.168.52.12 lautet. Alle anderen Quell- und Ziel-Paarungen werden verworfen.

```
access-template 101 payroll host 172.29.1.129 host 192.168.52.12 timeout 2
```

**Verwandte Befehle**

Sie können online unter www.cisco.com eine Recherche nach verwandten Befehlen ausführen.

Access-Listen (extended)
autocommand
clear access-template

## 18.3 clear access-template

Mit dem EXEC-Befehl **clear access-template** löschen Sie manuell einen zeitweiligen Access-Listen-Eintrag aus einer dynamischen Access-Liste.

clear access-template [*Access-Listen-Nummer* | *Name*] [*dynamischer-Name*] [*Quelle*] [*Ziel*]

| Syntax | Beschreibung |
|---|---|
| *Access-Listen-Nummer* | (Optional) Nummer der dynamischen Access-Liste, aus der der Eintrag gelöscht werden soll. |
| *Name* | (Optional) Name einer IP-Access-Liste, aus der der Eintrag gelöscht werden soll. Der Name darf kein Leerzeichen oder Anführungszeichen enthalten und muss mit einem Zeichen des Alphabets beginnen, um die Verwechslung mit nummerierten Access-Listen zu vermeiden. |
| *dynamischer-Name* | (Optional) Name der dynamischen Access-Liste, aus der der Eintrag gelöscht werden soll. |
| *Quelle* | (Optional) Quell-Adresse in einem zeitweiligen Access-Listen-Eintrag, der gelöscht werden soll. |
| *Ziel* | (Optional) Ziel-Adresse in einem zeitweiligen Access-Listen-Eintrag, der gelöscht werden soll. |

**Befehlsmodus**

EXEC

**Benutzungsrichtlinien**

Dieser Befehl erschien erstmals in der Cisco-IOS-Version 11.1.

Dieser Befehl bezieht sich auf das Schlüssel-Schloss-Zugangsverfahren. Es löscht alle zeitweiligen Access-Listen-Einträge, die mit den von Ihnen festgelegten Parametern übereinstimmen.

## Beispiel

Das folgende Beispiel löscht alle zeitweiligen Access-Listen-Einträge mit der Quell-Adresse 172.20.1.12 aus der dynamischen Access-Liste namens vendor:

```
clear access-template vendor 172.20.1.12
```

## Verwandte Befehle

Sie können online unter www.cisco.com eine Recherche nach verwandten Befehlen ausführen.

Access-Listen (extended)
access-template

## 18.4 show ip accounting

Verwenden Sie den privilegierten EXEC-Befehl **show ip accounting**, um sich entweder das aktive Accounting, die überprüfte Datenbank oder die Access-Listen-Verletzungen anzeigen zu lassen.

**show ip accounting** [**checkpoint**] [**output-packets** | **access-violations**]

| Syntax | Beschreibung |
|---|---|
| checkpoint | (Optional) Legt fest, dass die überprüfte Datenbank angezeigt werden soll. |
| output-packets | (Optional) Legt fest, dass die Informationen über die Pakete angezeigt werden sollen, die die Access-Kontrolle passierten und erfolgreich geroutet wurden. Dies ist die Standardeinstellung, wenn weder **output-packets** noch **access-violations** angegeben wird. |
| access-violations | (Optional) Legt fest, dass die Informationen über die Pakete angezeigt werden sollen, die von Access-Listen abgelehnt und nicht weitergeroutet wurden. |

## Standardeinstellungen

Wenn weder das Schlüsselwort **output-packets** noch das Schlüsselwort **access-violations** angegeben wird, zeigt der Befehl **show ip accounting** die Informationen über die Pakete an, die die Access-Kontrolle passierten und die damit erfolgreich geroutet wurden.

## Befehlsmodus

Privilegierter EXEC

## Benutzungsrichtlinien

Dieser Befehl erschien erstmals in der Cisco-IOS-Version 10.0.

Bevor Sie diesen Befehl verwenden, müssen Sie erst schnittstellenweise das IP-Accounting aktivieren.

## Sample Displays

Es folgt eine Beispielausgabe nach der Eingabe des Befehls **show ip accounting**:

```
Router# show ip accounting
  Source          Destination          Packets          Bytes
  172.30.19.40    172.30.67.20               7            306
  172.30.13.55    172.30.67.20              67           2749
  172.30.2.50     172.30.33.51              17           1111
  172.30.2.50     172.30.2.1                 5            319
  172.30.2.50     172.30.1.2               463          30991
  172.30.19.40    172.30.2.1                 4            262
  172.30.19.40    172.30.1.2                28           2552
  172.30.20.2     172.30.6.100              39           2184
  172.30.13.55    172.30.1.2                35           3020
  172.30.19.40    172.30.33.51            1986          95091
  172.30.2.50     172.30.67.20             233          14908
  172.30.13.28    172.30.67.53             390          24817
  172.30.13.55    172.30.33.51          214669        9806659
  172.30.13.111   172.30.6.23            27739        1126607
  172.30.13.44    172.30.33.51           35412        1523980
  172.30.7.21     172.30.1.2                11            824
  172.30.13.28    172.30.33.2               21           1762
  172.30.2.166    172.30.7.130             797         141054
  172.30.3.11     172.30.67.53               4            246
  172.30.7.21     172.30.33.51           15696         695635
  172.30.7.24     172.30.67.20              21            916
  172.30.13.111   172.30.10.1               16           1137
```

Tabelle 18.1 beschreibt die in der Anzeige aufgeführten Felder.

*Tabelle 18.1: Feldbeschreibungen zum Befehl* **show ip accounting**

| Feld | Beschreibung |
| --- | --- |
| Source | Quell-Adresse des Pakets. |
| Destination | Ziel-Adresse des Pakets. |
| Packets | Anzahl der Pakete, die von der Quell-Adresse zu der Ziel-Adresse übertragen wurde. |
| Bytes | Anzahl der Bytes, die von der Quell-Adresse zu der Ziel-Adresse übertragen wurde. |

Es folgt eine Beispielausgabe nach der Eingabe des Befehls **show ip accounting access-violations**, der die Informationen über die Pakete anzeigt, die durch die Access-Listen abgelehnt und nicht weitergeroutet wurden:

```
Router# show ip accounting access-violations
   Source          Destination      Packets         Bytes         ACL
   172.30.19.40    172.30.67.20           7           306          77
   172.30.13.55    172.30.67.20          67          2749         185
   172.30.2.50     172.30.33.51          17          1111         140
   172.30.2.50     172.30.2.1             5           319         140
   172.30.19.40    172.30.2.1             4           262          77
Accounting data age is 41
```

Tabelle 18.2 beschreibt die in der Anzeige aufgeführten Felder.

*Tabelle 18.2: Feldbeschreibungen zum Befehl **show ip accounting access-violation***

| Feld | Beschreibung |
|---|---|
| Source | Quell-Adresse des Pakets. |
| Destination | Ziel-Adresse des Pakets. |
| Packets | Beim Schlüsselwort **accounting** ist dies die Anzahl der Pakete, die von der Quell-Adresse zu der Ziel-Adresse übertragen wurde. |
| | Beim Schlüsselwort **access-violations** ist dies die Anzahl der Pakete, die von der Quell-Adresse an die Ziel-Adresse gesendet wurde und die die Access-Kontroll-Liste verletzt. |
| Bytes | Beim Schlüsselwort **accounting** ist dies die Anzahl der Bytes, die von der Quell-Adresse zu der Ziel-Adresse gesendet wurde. |
| | Beim Schlüsselwort **access-violations** ist dies die Anzahl der Bytes, die von der Quell-Adresse an die Ziel-Adresse gesendet wurde und die die Access-Kontrol-Liste verletzt. |
| ACL | Die Nummer der Access-Liste des letzten Pakets, das von der Quelle zum Ziel gesendet und durch eine Access-Liste abgelehnt wurde. |

## Verwandte Befehle

Sie können online unter www.cisco.com eine Recherche nach verwandten Befehlen ausführen.

**clear ip accounting**
**ip accounting**
**ip accounting-list**
**ip accounting-threshold**
**ip accounting-transits**

# KAPITEL 19
# Konfiguration von IP-Sitzungsfiltern (Reflexive Access-Listen)

Dieses Kapitel beschreibt die Konfiguration reflexiver Access-Listen auf Ihrem Router. Mit reflexiven Access-Listen besteht die Möglichkeit, den Netzwerkverkehr auf einem Router anhand der Informationen einer IP-Protokoll-Sitzung einer höheren Schicht zu filtern.

Eine vollständige Beschreibung der reflexiven Access-Listen-Befehle finden Sie in Kapitel 20 »Reflexive Access-Listen-Befehle«. Um eine Dokumentation über andere in diesem Kapitel enthaltene Befehle zu erhalten, können Sie eine Online-Recherche unter der Internetadresse www.cisco.com ausführen.

Dieses Kapitel enthält die folgenden Abschnitte:

- Über reflexive Access-Listen
- Vorarbeiten: Bevor Sie die reflexiven Access-Listen konfigurieren
- Konfiguration von reflexiven Access-Listen
- Konfigurationsbeispiele zu reflexiven Access-Listen

## 19.1 Über reflexive Access-Listen

Reflexive Access-Listen ermöglichen die Filterung von IP-Paketen anhand der Sitzungsinformationen einer höheren Schicht. Sie können reflexive Access-Listen verwenden, um den IP-Verkehr für Sitzungen zuzulassen, die aus Ihrem Netzwerk heraus aufgenommen wurden, und gleichzeitig den IP-Verkehr für Sitzungen abzulehnen, die außerhalb Ihres Netzwerks aufgenommen wurden. Dies wird durch die reflexive Filterung erreicht, eine Art von Sitzungsfilterung.

Reflexive Access-Listen können nur in Zusammenhang mit namentlich bezeichneten, erweiterten IP-Access-Listen erzeugt werden. Sie können keine reflexiven Access-Listen mit nummerierten oder mit namentlich bezeichneten Standard-IP-Access-Listen oder mit anderen Protokoll-Access-Listen erzeugen.

Sie können reflexive Access-Listen in Kombination mit anderen Standard-Access-Listen und statisch erweiterten Access-Listen verwenden.

### 19.1.1 Vorteile der reflexiven Access-Listen

Reflexive Access-Listen stellen einen wichtigen Teil für die Absicherung Ihres Netzwerks gegen Netzwerkhacker dar und sie können mit in einen Firewall-Schutz integriert werden. Mit den reflexiven Access-Listen können Sie eine Sicherheitsbarriere errichten, die vor dem Spoofing und vor bestimmten Dienstablehnungs-(Denial-of-Service-)Attacken schützt. Die Anwendung der reflexiven Access-Listen ist recht einfach und bietet im Vergleich zu den einfachen Access-Listen eine bessere Kontrolle darüber, welche Pakete in Ihr Netzwerk gelangen.

### 19.1.2 Was ist eine reflexive Access-Liste?

Reflexive Access-Listen gleichen den anderen Access-Listen in vieler Hinsicht. Reflexive Access-Listen enthalten Zustandsaussagen (Einträge), die die Kriterien für die Zulassung der IP-Pakete regeln. Diese Einträge werden der Reihe nach überprüft, und wenn eine Übereinstimmung auftritt, werden keine weiteren Einträge mehr nachgesehen.

Jedoch unterscheiden sich die reflexiven Access-Listen deutlich von anderen Access-Listen-Typen. Reflexive Access-Listen enthalten nur zeitweilige Einträge. Diese Einträge werden automatisch erzeugt, wenn eine neue IP-Sitzung beginnt (z.B. mit einem ausgehenden Paket) und die Einträge werden entfernt, wenn die Sitzung endet. Die reflexiven Access-Listen an sich werden nicht direkt einer Schnittstelle zugeordnet, sondern sie werden innerhalb einer erweiterten und namentlich bezeichneten IP-Access-Liste verankert, die der Schnittstelle zugeordnet ist. (Weitere Informationen hierüber finden Sie im Abschnitt »Konfiguration von reflexiven Access-Listen« im weiteren Verlauf dieses Kapitels.) Zudem besitzen reflexive Access-Listen auf Grund der Verankerung nicht die gewöhnliche Aussage »lehne jeden Verkehr ab« am Ende der Liste.

### 19.1.3 Wie reflexive Access-Listen die Sitzungsfilterung ausführen

Dieser Abschnitt vergleicht die Sitzungsfilterung mit einfachen Access-Listen und die Sitzungsfilterung mit reflexiven Access-Listen.

#### Die Ausführung der Sitzungsfilterung mit einfachen Access-Listen

Mit einfachen Standard- und statisch erweiterten Access-Listen können Sie durch Verwendung des Schlüsselwort **established** im Befehl **permit** eine tatsächliche Sitzungsfilterung beinahe erreichen. Das Schlüsselwort **established** filtert TCP-Pakete in Abhängigkeit davon, ob die ACK- oder RST-Bits gesetzt sind (gesetzte ACK- oder RST-Bits lassen erkennen, dass das Paket nicht das erste in der Sitzung ist, also gehört

Kapitel 19 • Konfiguration von IP-Sitzungsfiltern (Reflexive Access-Listen)

das Paket zu einer bereits aufgenomenen Sitzung). Dieses Filterkriterium ist gewöhnlich Bestandteil einer Access-Liste, die dauerhaft einer Schnittstelle zugeordnet ist.

### Die Ausführung der Sitzungsfilterung mit reflexiven Access-Listen

Reflexive Access-Listen ermöglichen eine wirklichkeitsgetreuere Form der Sitzungsfilterung, die wesentlich schwerer zu spoofen ist, da mehr Filterkriterien übereinstimmen müssen, bevor ein Paket durchgelassen wird (es werden nicht nur die ACK- und RST-Bits überprüft, sondern z.B. auch die Quell- und Ziel-Adressen und die Portnummern). Diese Sitzungsfilterung verwendet zudem zeitweilige Filter, die bei Beendigung einer Sitzung entfernt werden. Dies beschränkt die Gelegenheit einer Hackerattacke auf ein kleineres Zeitfenster.

Darüber hinaus ist die erste Methode, die das Schlüsselwort **established** verwendet, nur für das höherschichtige TCP-Protokoll verwendbar. Daher müssten Sie für die anderen Protokolle der höheren Schichten (z.B. UDP, ICMP usw.) entweder den gesamten eingehenden Verkehr zulassen oder alle möglichen zuzulassenden Quell/Ziel-Host/Port-Adressenpaarungen für jedes Protokoll festlegen. (Dieses Verfahren wäre nicht zu verwalten und würde gleichzeitig das Fassungsvermögen des verfügbaren NVRAM sprengen.)

### 19.1.4 Wo die reflexiven Access-Listen konfiguriert werden

Konfigurieren Sie reflexive Access-Listen auf Grenz-Routern – Router, durch die der Verkehr zwischen einem internen und einem externen Netzwerk geleitet wird. Sehr oft sind dies Firewall-Router.

---

**ANMERKUNG**

In diesem Kapitel beziehen sich die Begriffe *innerhalb Ihres Netzwerks* und *internes Netzwerk* auf ein kontrolliertes (geschütztes) Netzwerk, z.B. auf das Intranet Ihrer Organisation oder auf einen Teil des internen Netzwerks Ihrer Organisation, an das im Vergleich zu einem anderen Teil höhere Sicherheitsanforderungen gestellt werden. *Außerhalb Ihres Netzwerks* und *externes Netzwerk* bezieht sich auf ein unkontrolliertes (ungeschütztes) Netzwerk, z.B. das Internet oder ein Teil des Netzwerks Ihrer Organisation, das nicht hoch gesichert ist.

---

### 19.1.5 Wirkungsweise von reflexiven Access-Listen

Eine reflexive Access-Liste wird ausgelöst, wenn eine neue höherschichtige IP-Sitzung (z.B. TCP oder UDP) innerhalb Ihres Netzwerks initiiert wird, bei der ein Paket in das externe Netzwerk gesendet wird. Wenn die reflexive Access-Liste ausgelöst wird, dann wird ein neuer, zeitweiliger Eintrag erzeugt. Dieser Eintrag wird den Verkehr in Ihr Netzwerk einlassen, wenn der Verkehr Teil der Sitzung ist, aber er wird keinen Verkehr in Ihr Netzwerk einlassen, der nicht Teil der Sitzung ist.

Wenn zum Beispiel ein ausgehendes TCP-Paket aus Ihrem Netzwerk hinausgeleitet wird und dieses Paket das erste Paket einer TCP-Sitzung ist, dann wird ein neuer zeitweiliger reflexiver Access-Listen-Eintrag erzeugt. Dieser Eintrag wird der reflexiven Access-Liste hinzugefügt, die den eingehenden Verkehr überwacht. Der zeitweilige Eintrag hat die folgenden Eigenschaften:

- Der Eintrag ist immer ein **permit**-(Zulassungs-)Eintrag.
- Der Eintrag richtet sich an dasselbe Protokoll (TCP) wie das ursprüngliche ausgehende TCP-Paket.
- Der Eintrag enthält dieselben Quell- und Ziel-Adressen wie das ursprüngliche ausgehende TCP-Paket, es sei denn, die Adressen werden ausgetauscht.
- Der Eintrag enthält die selben Quell- und Ziel-Portnummern wie das ursprüngliche ausgehende TCP-Paket, es sei denn, die Portnummern werden ausgetauscht. (Diese Eintragseigenschaft gilt nur für TCP- und UDP-Pakete. Andere Protokolle wie das ICMP und das IGMP besitzen keine Portnummern und es werden andere Kriterien verwendet. Das ICMP verwendet stattdessen z.B. Typen-Nummern.)
- Der eingehende TCP-Verkehr wird mit dem Eintrag verglichen, bis der Eintrag ungültig wird. Wenn ein eingehendes TCP-Paket auf den Eintrag passt, wird das eingehende Paket in Ihr Netzwerk weitergeleitet.
- Der Eintrag wird ungültig (er wird entfernt), nachdem das letzte Paket der Sitzung durch die Schnittstelle getreten ist.
- Wenn für eine gewisse, konfigurierbare Zeitdauer (die Timeout-Periode) keine zu der Sitzung gehörigen Pakete entdeckt werden, wird der Eintrag ungültig.

Die zeitweiligen reflexiven Access-Listen-Einträge werden am Ende der Sitzung entfernt. Bei TCP-Sitzungen wird der Eintrag fünf Sekunden nach dem Empfang zweier gesetzter FIN-Bits oder sofort nach dem Empfang eines passenden TCP-Pakets mit gesetztem RST-Bit entfernt. (Zwei gesetzte FIN-Bits in einer Sitzung zeigen an, dass die Sitzung gerade zu Ende geht. Das 5-Sekunden-Fenster erlaubt die korrekte Beendigung der Sitzung. Ein gesetztes RST-Bit zeigt ein abruptes Ende der Sitzung.) Der zeitweilige Eintrag wird auch dann entfernt, wenn für eine gewisse, konfigurierbare Zeitdauer (die Timeout-Periode) keine zu der Sitzung gehörigen Pakete entdeckt werden.

Bei UDP- und anderen Protokollen wird das Ende der Sitzung auf eine andere Weise wie für das TCP bestimmt. Da andere Protokolle als verbindungslose (sitzungslose) Dienste betrachtet werden, sind keine Informationen über die Sitzungsverfolgung in den Paketen enthalten. Daher wird eine Sitzung als beendet betrachtet, wenn für eine gewisse, konfigurierbare Zeitdauer (die Timeout-Periode) keine zu der Sitzung gehörigen Pakete entdeckt wurden.

# Kapitel 19 • Konfiguration von IP-Sitzungsfiltern (Reflexive Access-Listen)

## 19.1.6 Anwendungsbeschränkungen für reflexive Access-Listen

Reflexive Access-Listen sind bei einigen Anwendungen nicht anwendbar, bei denen die Portnummern während einer Sitzung verändert werden. Wenn sich zum Beispiel die Portnummern eines zurückgesendeten Paket von denen des ursprünglich gesendeten Pakets unterscheiden, wird das zurückgesendete Paket abgelehnt werden, auch wenn das Paket tatsächlich Teil derselben Sitzung ist.

Die TCP-Anwendung des FTP ist ein Beispiel einer Anwendung mit wechselnden Portnummern. Wenn Sie mit konfigurierten reflexiven Access-Listen eine FTP-Anfrage aus Ihrem Netzwerk heraus starten, wird die Anfrage nicht vollständig ausgeführt. Stattdessen müssen Sie das passive FTP verwenden, wenn Anfragen aus Ihrem Netzwerk heraus erzeugt werden.

## 19.2 Vorarbeiten: Bevor Sie reflexive Access-Listen konfigurieren

Bevor Sie reflexive Access-Listen konfigurieren, müssen Sie entscheiden, ob Sie die reflexiven Access-Listen auf einer internen oder einer externen Schnittstelle konfigurieren wollen, was im nächsten Abschnitt »Die Wahl einer Schnittstelle: Intern oder Extern« beschrieben wird.

Sie sollten auch sicher sein, dass Sie das IP und die Access-Listen grundsätzlich verstanden haben. Sie sollten vor allem wissen, wie erweiterte und mit Namen bezeichnete IP-Access-Listen konfiguriert werden.

### 19.2.1 Die Wahl einer Schnittstelle: Intern oder Extern

Reflexive Access-Listen werden zumeist in einer von zwei grundlegenden Netzwerktopologien verwendet. Sie sollten bestimmen, welche der beiden Topologien der Ihrigen am nächsten kommt, um dann zu entscheiden, ob die reflexiven Access-Listen für eine interne Schnittstelle oder für eine externe Schnittstelle verwendet werden sollten (die Schnittstelle, die mit einem internen Netzwerk oder die Schnittstelle, die mit einem externen Netzwerk verbunden ist).

Die erste Topologie ist in Bild 19.1 gezeigt. In dieser einfachen Topologie werden die reflexiven Access-Listen für die *externe* Schnittstelle Serial 1 konfiguriert. Diese verhindert, dass der IP-Verkehr in den Router und in das interne Netzwerk gelangt, solange der Verkehr nicht Teil einer Sitzung ist, die innerhalb des internen Netzwerks gestartet wurde.

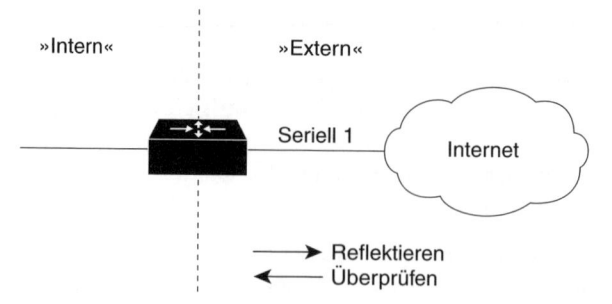

*Bild 19.1: Einfache Topologie – Reflexive Access-Listen werden auf externen Schnittstellen konfiguriert*

Die zweite Topologie ist in Bild 19.2 gezeigt. Bei dieser Topologie werden die reflexiven Access-Listen für die *interne* Schnittstelle Ethernet 0 konfiguriert. Dies ermöglicht, dass der externe Verkehr Zugang zu den Diensten in der Demilitarisierten Zone (DMZ) erhält, wie z.B. DNS-Dienste, und verhindert dennoch, dass IP-Verkehr in Ihr internes Netzwerk gelangt – solange der Verkehr nicht Teil einer Sitzung ist, die innerhalb des internen Netzwerks gestartet wurde.

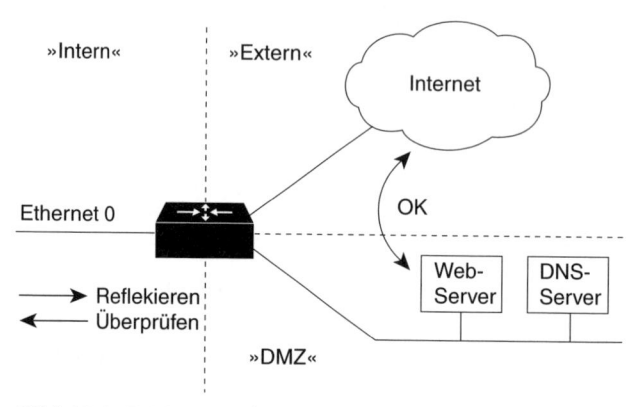

*Bild 19.2: DMZ-Topologie – Reflexive Access-Listen werden auf der internen Schnittstelle konfiguriert*

Bestimmen Sie anhand der beiden Beispieltopologien, ob Sie die reflexiven Access-Listen für eine interne oder eine externe Schnittstelle konfigurieren wollen.

## 19.3 Die Konfiguration der reflexiven Access-Listen

Im letzten Abschnitt »Vorarbeiten: Bevor Sie reflexive Access-Listen konfigurieren« haben Sie sich entschieden, ob Sie die reflexiven Access-Listen für eine interne oder eine externe Schnittstelle konfigurieren.

Führen Sie nun die Aufgaben aus einer der folgenden Konfigurationslisten aus.

## 19.3.1 Konfigurationsliste für die externe Schnittstelle

Führen Sie die folgenden Schritte durch, um reflexive Access-Listen für eine externe Schnittstelle zu konfigurieren:

1. Erstellen Sie die reflexive(n) Access-Liste(n) innerhalb einer *ausgehenden* erweiterten und mit Namen bezeichneten IP-Access-Liste.
2. Verankern Sie die reflexive(n) Access-Liste(n) in einer *eingehenden* erweiterten und mit Namen bezeichneten IP-Access-Liste.
3. Setzen Sie optional eine globale Zeitdauer (Timeout).

Diese Schritte werden in den Abschnitten nach der Konfigurationsliste für die interne Schnittstelle beschrieben.

> **ANMERKUNG**
>
> Die erstellte (ausgehende) reflexive Access-Liste überprüft den Verkehr, der aus Ihrem Netzwerk hinausgesendet wird: Wenn mit der festgelegten reflexiven Access-Liste Übereinstimmungen auftreten, werden zeitweilige Einträge in der verankerten (eingehenden) reflexiven Access-Liste erzeugt. Diese zeitweiligen Einträge werden daraufhin dem Verkehr zugeordnet, der in Ihr Netzwerk gesendet wird.

## 19.3.2 Konfigurationsliste für die interne Schnittstelle

Führen Sie die folgenden Schritte durch, um reflexive Access-Listen für eine interne Schnittstelle zu konfigurieren:

1. Erstellen Sie die reflexive(n) Access-Liste(n) innerhalb einer *eingehenden* erweiterten und mit Namen bezeichneten IP-Access-Liste.
2. Verankern Sie die reflexive(n) Access-Liste(n) in einer *ausgehenden* erweiterten und mit Namen bezeichneten IP-Access-Liste.
3. Setzen Sie optional eine globale Zeitdauer (Timeout).

Diese Schritte werden in den nächsten Abschnitten beschrieben.

> **ANMERKUNG**
>
> Die erstellte (eingehende) reflexive Access-Liste überprüft den Verkehr, der aus Ihrem Netzwerk hinausgesendet wird: Wenn mit der festgelegten reflexiven Access-Liste Übereinstimmungen auftreten, werden zeitweilige Einträge in der verankerten (ausgehenden) reflexiven Access-Liste erzeugt. Diese zeitweiligen Einträge werden daraufhin dem Verkehr zugeordnet, der in Ihr Netzwerk gesendet wird.

### 19.3.3 Erstellung von reflexiven Access-Listen

Um eine reflexive Access-Liste zu erstellen, müssen Sie einen Eintrag in einer erweiterten und mit Namen bezeichneten IP-Access-Liste vornehmen. Dieser Eintrag muss das Schlüsselwort **reflect** enthalten:

— Wenn Sie reflexive Access-Listen für eine externe Schnittstelle konfigurieren, sollte die erweiterte und mit Namen bezeichnete IP-Access-Liste dem ausgehenden Verkehr zugeordnet sein.

— Wenn Sie reflexive Access-Listen für eine interne Schnittstelle konfigurieren, sollte die erweiterte und mit Namen bezeichnete IP-Access-Liste dem eingehenden Verkehr zugeordnet sein.

Verwenden Sie die folgenden Befehle, um reflexive Access-Listen zu erstellen, beginnen Sie dabei im globalen Konfigurationsmodus:

| Schritt | Befehl | Zweck |
| --- | --- | --- |
| 1 | ip access-list extended *Name* | Externe Schnittstelle: Adressiert die ausgehende Access-Liste. |
| | | oder |
| | | Interne Schnittstelle: Adressiert die eingehende Access-Liste. |
| | | (Durch diesen Befehl wechseln Sie auch in den Access-Listen-Konfigurationsmodus). |
| 2 | permit *Protokoll* **any any** reflect *Name* [timeout *Sekunden*] | Erstellt die reflexive Access-Liste durch den reflexiven Eintrag **permit**. |
| | | Wiederholen Sie diesen Schritt für jedes höherschichtige IP-Protokoll. Sie können die reflexiven Filter z.B. für TCP-Sitzungen und für UDP-Sitzungen gleichermaßen verwenden. Sie können denselben *Namen* für mehrere Protokolle verwenden. |
| | | Zusätzliche Richtlinien für diesen Schritt finden Sie im folgenden Abschnitt »Die Kombination von reflexiven Access-Listen-Aussagen mit anderen Permit- und Deny-Einträgen«. |

Wenn die erweiterte und mit Namen bezeichnete IP-Access-Liste, die Sie gerade im ersten Schritt adressiert haben, bisher noch nicht der Schnittstelle zugeordnet wurde, dann müssen Sie auch diese erweiterte und mit Namen bezeichnete IP-Access-Liste der Schnittstelle zuordnen.

Verwenden Sie den folgenden Befehl im Interface-Konfigurationsmodus, um die erweiterte und mit Namen bezeichnete IP-Access-Liste der Schnittstelle zuzuordnen:

| Befehl | Zweck |
| --- | --- |
| ip access-group *Name* out oder | Externe Schnittstelle: Ordnet die erweiterte Access-Liste dem ausgehenden Verkehr der Schnittstelle zu. |
| ip access-group *Name* in | Interne Schnittstelle: Ordnet die erweiterte Access-Liste dem eingehenden Verkehr der Schnittstelle zu. |

**Die Kombination von reflexiven Access-Listen-Aussagen mit anderen Permit- und Deny-Einträgen**

Die erweiterte IP-Access-Liste, die die reflexive Access-Listen-Aussage **permit** enthält, kann auch andere normale **permit**- und **deny**-Aussagen (Einträge) enthalten. Jedoch ist wie bei allen Access-Listen die Reihenfolge der Einträge wichtig, die im weiteren Verlauf beschrieben wird.

Wenn Sie reflexive Access-Listen für eine externe Schnittstelle konfiguriert haben und ein ausgehendes IP-Paket die Schnittstelle erreicht, dann wird das Paket nacheinander mit jedem Eintrag in der ausgehenden Access-Liste verglichen, bis eine Übereinstimmung auftritt.

Wenn das Paket mit einem Eintrag übereinstimmt, der sich vor dem reflexiven **permit**-Eintrag befindet, dann wird das Paket nicht mit dem reflexiven **permit**-Eintrag verglichen und es wird kein zeitweiliger Eintrag für die reflexive Access-Liste erzeugt werden (die reflexive Filterung wird nicht ausgelöst).

Das ausgehende Paket wird nur dann mit dem reflexiven **permit**-Eintrag verglichen, wenn zuvor keine Übereinstimmung auftrat. Wenn dann das Paket mit dem angegebenen Protokoll im reflexiven **permit**-Eintrag übereinstimmt, wird das Paket aus der Schnittstelle weitergeleitet und ein entsprechender zeitweiliger Eintrag wird in der eingehenden reflexiven Access-Liste erzeugt (wenn der entsprechende Eintrag nicht bereits vorhanden ist, der anzeigt, dass das ausgehende Paket zu einer ausgeführten Sitzung gehört). Der zeitweilige Eintrag legt Kriterien fest, mit der nur der eingehende Verkehr zugelassen wird, der zur selben Sitzung gehört.

### 19.3.4 Verankerung der reflexiven Access-Liste(n)

Nachdem Sie eine reflexive Access-Liste innerhalb einer erweiterten IP-Access-Liste erstellt haben, müssen Sie die reflexive Access-Liste innerhalb einer anderen erweiterten und mit Namen bezeichneten IP-Access-Liste verankern:

- Wenn Sie reflexive Access-Listen für eine externe Schnittstelle konfigurieren, verankern Sie die reflexive Access-Liste innerhalb einer erweiterten und mit Namen bezeichneten IP-Access-Liste, die dem eingehenden Verkehr zugeordnet ist.

- Wenn Sie reflexive Access-Listen für eine interne Schnittstelle konfigurieren, verankern Sie die reflexive Access-Liste innerhalb einer erweiterten und mit Namen bezeichneten IP-Access-Liste, die dem ausgehenden Verkehr zugeordnet ist.

Nachdem Sie eine reflexive Access-Liste verankert haben, können Pakete, die in Richtung Ihres internen Netzwerks gesendet werden, mit allen zeitweiligen Einträgen der reflexiven Access-Liste verglichen werden, zusammen mit den anderen Einträgen in der erweiterten und mit Namen bezeichneten IP-Access-Liste.

Verwenden Sie die folgenden Befehle, um reflexive Access-Listen zu verankern, beginnen Sie dabei im globalen Konfigurationsmodus:

| Schritt | Befehl | Zweck |
|---|---|---|
| 1 | ip access-list extended *Name* | Externe Schnittstelle: Adressiert die eingehende Access-Liste. |
| | | oder |
| | | Interne Schnittstelle: Adressiert die ausgehenden Access-Liste. |
| | | (Durch diesen Befehl wechseln Sie auch in den Access-Listen-Konfigurationsmodus.) |
| 2 | **evaluate** *Name* | Fügt einen Eintrag hinzu, der auf die reflexive Access-Liste zeigt. Fügt einen Eintrag für jeden zuvor erstellten reflexiven Access-Listen-*Namen* hinzu. |

Auch hier ist die Reihenfolge der Einträge wichtig. Normalerweise wird ein Paket, das mit den Einträgen in einer Access-Liste verglichen wird, der Reihe nach mit jedem einzelnen Eintrag verglichen, und wenn eine Übereinstimmung auftritt, werden keine weiteren Einträge mehr berücksichtigt. Wenn eine reflexive Access-Liste in einer erweiterten Access-Liste verankert ist, dann werden die Einträge der erweiterten Access-Liste der Reihe nach bis zum verankerten Eintrag verglichen, nachfolgend werden die Einträge der reflexiven Access-Liste verglichen und anschließend die restlichen Einträge in der erweiterten Access-Liste in der vorgegebenen Reihenfolge. Wie gewöhnlich werden keine Einträge mehr berücksichtigt, wenn ein Paket mit *irgend einem* dieser Einträge übereinstimmt.

Wenn die erweiterte und mit Namen bezeichnete IP-Access-Liste, die Sie gerade im ersten Schritt adressiert haben, bisher noch nicht der Schnittstelle zugeordnet wurde, dann müssen Sie auch diese erweiterte und mit Namen bezeichnete IP-Access-Liste der Schnittstelle zuordnen.

Verwenden Sie den folgenden Befehl im Interface-Konfigurationsmodus, um die erweiterte und mit Namen bezeichnete IP-Access-Liste der Schnittstelle zuzuordnen:

| Befehl | Zweck |
|---|---|
| **ip access-group** *Name* **in** | Externe Schnittstelle: Ordnet die erweiterte Access-Liste dem ausgehenden Verkehr der Schnittstelle zu. |
| oder | |
| **ip access-group** *Name* **out** | Interne Schnittstelle: Ordnet die erweiterte Access-Liste dem eingehenden Verkehr der Schnittstelle zu. |

# Kapitel 19 • Konfiguration von IP-Sitzungsfiltern (Reflexive Access-Listen)

## 19.3.5 Das optionale Setzen einer globalen Zeitdauer (Timeout)

Reflexive Access-Listen-Einträge werden ungültig, wenn für eine bestimmte Zeitdauer keine Pakete einer Sitzung entdeckt wurden (die *Timeout-Periode*). Sie können die Zeitdauer für eine bestimmte reflexive Access-Liste festlegen, wenn Sie die reflexive Access-Liste erstellen. Wenn Sie für eine gegebene reflexive Access-Liste keine Zeitdauer festlegen, wird die Liste stattdessen die globale Zeitdauer verwenden.

Die Standardeinstellung der globalen Zeitdauer beträgt 300 Sekunden. Sie können jedoch die globale Zeitdauer jederzeit ändern. Verwenden Sie den folgenden Befehl im globalen Konfigurationsmodus, um die globale Zeitdauer zu ändern:

| Befehl | Zweck |
| --- | --- |
| **ip reflexive-list timeout** *Sekunden* | Ändert die globale Zeitdauer für zeitweilige reflexive Access-Listen-Einträge. |

## 19.4 Konfigurationsbeispiele zu reflexiven Access-Listen

Dieser Abschnitt enthält zwei Beispiele:
- Ein Konfigurationsbeispiel für eine externe Schnittstelle
- Ein Konfigurationsbeispiel für eine interne Schnittstelle

### 19.4.1 Ein Konfigurationsbeispiel für eine externe Schnittstelle

Diese Beispiel enthält reflexive Access-Listen, die für eine externe Schnittstelle konfiguriert wurden, und verwendet eine Topologie, die der Abbildung 19.1 ähnelt.

Dieses Konfigurationsbeispiel lässt sowohl den eingehenden als auch den ausgehenden TCP-Verkehr an der Schnittstelle Serial 1 zu, aber nur, wenn das erste Paket (in einer gegebenen Sitzung) innerhalb Ihres Netzwerks erzeugt wurde. Die Schnittstelle Serial 1 ist mit dem Internet verbunden.

Es wird die Schnittstelle festgelegt, der die Konfiguration zur Sitzungsfilterung zugeordnet wird:

```
interface serial 1
  description Access to the Internet via this interface
```

Die Access-Listen werden der Schnittstelle für den eingehenden Verkehr und für den ausgehenden Verkehr zugeordnet:

```
ip access-group inboundfilters in
ip access-group outboundfilters out
```

Die ausgehende Access-Liste wird erstellt. Dies ist die Access-Liste, die den gesamten ausgehenden Verkehr auf der Schnittstelle Serial 1 überprüft.

```
ip access-list extended outboundfilters
```

Die reflexive Access-Liste *tcptraffic* wird erstellt. Dieser Eintrag lässt den gesamten ausgehenden TCP-Verkehr zu und erzeugt eine neue Access-Liste namens *tcptraffic*. Zudem wird, wenn ein ausgehendes TCP-Paket das erste in einer neuen Sitzung ist, ein entsprechender zeitweiliger Eintrag automatisch in der reflexiven Access-Liste *tcptraffic* erzeugt.

```
permit tcp any any reflect tcptraffic
```

Die eingehende Access-Liste wird erstellt. Dies ist die Access-Liste, die den gesamten eingehenden Verkehr auf der Schnittstelle Serial 1 überprüft.

```
ip access-list extended inboundfilters
```

Die eingehenden Access-Liste-Einträge werden vorgenommen. Dieses Beispiel lässt erkennen, dass das BGP und das erweiterte IGRP auf der Schnittstelle ausgeführt wird. Zudem wird kein ICMP-Verkehr zugelassen. Der letzte Eintrag zeigt auf die reflexive Access-Liste. Wenn ein Paket nicht mit einem der ersten drei Einträge übereinstimmt, wird das Paket mit allen Einträgen in der reflexiven Access-Liste *tcptraffic* verglichen.

```
permit bgp any any
permit eigrp any any
deny icmp any any
evaluate tcptraffic
```

Es wird die globale Leerlaufzeitdauer für alle reflexiven Access-Listen festgelegt. Als in diesem Beispiel die reflexive Access-Liste *tcptraffic* erstellt wurde, wurde keine Zeitdauer festgelegt, daher verwendet die *tcptraffic*-Liste die globale Zeitdauer. Wenn nun für 120 Sekunden kein TCP-Verkehr auftritt, der Teil einer eingerichteten Sitzung ist, wird der entsprechende reflexive Access-Listen-Eintrag entfernt werden.

```
ip reflexive-list timeout 120
```

Die Beispielkonfiguration sieht nun folgendermaßen aus:

```
interface Serial 1
 description Access to the Internet via this interface
 ip access-group inboundfilters in
 ip access-group outboundfilters out
!
ip reflexive-list timeout 120
!
ip access-list extended outboundfilters
 permit tcp any any reflect tcptraffic
!
ip access-list extended inboundfilters
 permit bgp any any
 permit eigrp any any
 deny icmp any any
 evaluate tcptraffic
!
```

# Kapitel 19 • Konfiguration von IP-Sitzungsfiltern (Reflexive Access-Listen)

Mit dieser Konfiguration wird der EXEC-Befehl **show access-list** folgendes anzeigen, wenn bisher noch keine TCP-Sitzungen aufgenommen wurden:

```
Extended IP access list inboundfilters
 permit bgp any any
 permit eigrp any any
 deny icmp any any
 evaluate tcptraffic
Extended IP access list outboundfilters
 permit tcp any any reflect tcptraffic
```

Beachten Sie, dass die reflexive Access-Liste in dieser Anzeige nicht erscheint. Dies ist darin begründet, dass vor der Aufnahme jeglicher TCP-Sitzung kein Verkehr die reflexive Access-Liste ausgelöst hat und die Liste leer ist (sie besitzt keine Einträge). Wenn sie leer sind, werden die reflexiven Access-Listen nicht in der Anzeige nach dem Befehl **show access-list** angezeigt.

Nachdem eine Telnetverbindung von aus Ihrem Netzwerk heraus zu einem Ziel außerhalb Ihres Netzwerks aufgenommen wurde, zeigt der EXEC-Befehl **show access-list** folgendes:

```
Extended IP access list inboundfilters
 permit bgp any any (2 matches)
 permit eigrp any any
 deny icmp any any
 evaluate tcptraffic
Extended IP access list outboundfilters
 permit tcp any any reflect tcptraffic
Reflexive IP access list tcptraffic
 permit tcp host 172.19.99.67 eq telnet host 192.168.60.185 eq 11005 (5 matches)
 (time left 115 seconds)
```

Beachten Sie, dass die reflexive Access-Liste *tcptraffic* nun erscheint und den zeitweiligen Eintrag enthält, der erzeugt wurde, als die Telnetsitzung mit einem ausgehenden Paket aufgenommen wurde.

## 19.4.2 Konfigurationsbeispiel für eine interne Schnittstelle

Dies ist eine Beispielkonfiguration für reflexive Access-Listen, die für eine interne Schnittstelle konfiguriert wurde. Dieses Beispiel hat eine Topologie, die der von Bild 19.3 ähnelt.

Dieses Beispiel ähnelt dem vorherigen Beispiel. Der einzige Unterschied zwischen diesem Beispiel und dem vorherigen Beispiel besteht darin, dass die Einträge für die ausgehenden und die eingehenden Access-Listen vertauscht sind. Beachten Sie daher bitte das vorherige Beispiel um weitere Details und Beschreibungen zu erhalten:

```
interface Ethernet 0
 description Access from the I-net to our Internal Network via this interface
 ip access-group inboundfilters in
 ip access-group outboundfilters out
!
ip reflexive-list timeout 120
```

```
!
ip access-list extended outboundfilters
 permit bgp any any
 permit eigrp any any
 deny icmp any any
 evaluate tcptraffic
!
ip access-list extended inboundfilters
 permit tcp any any reflect tcptraffic
!
```

# KAPITEL 20

# Reflexive Access-Listen-Befehle

Dieses Kapitel beschreibt die reflexiven Access-Listen-Befehle, die zur Konfiguration von IP-Sitzungsfiltern verwendet werden. Die IP-Sitzungsfilter ermöglichen die Filterung der IP-Pakete anhand der höherschichtigen Protokollsitzungs-Informationen.

Wenn Sie eine vollständige Beschreibung von anderen Befehlen zur Konfiguration von reflexiven Access-Listen suchen, können Sie eine Online-Recherche unter der Internetadresse www.cisco.com ausführen.

Informationen über die Konfiguration von reflexiven Access-Listen finden Sie in Kapitel 19 »Konfiguration von IP-Sitzungsfiltern (Reflexive Access-Listen)«

## 20.1 evaluate

Verwenden Sie den Access-Listen-Konfigurationsbefehl **evaluate**, um eine reflexive Access-Liste innerhalb einer Access-Liste zu verankern. Verwenden Sie die **no**-Form dieses Befehls, um eine verankerte reflexive Access-Liste aus der Access-Liste zu entfernen.

**evaluate** *Name*
**no evaluate** *Name*

| Syntax | Beschreibung |
| --- | --- |
| *Name* | Der Name der reflexiven Access-Liste, mit der überprüft werden soll, welcher IP-Verkehr in Ihr internes Netzwerk gelangt. Dies ist der Name, der im Befehl **permit (reflexive)** festgelegt wurde. |

### Standard

Reflexive Access-Listen werden nicht überprüft.

### Befehlsmodus

Access-Listen-Konfiguration

### Benutzungsrichtlinien

Dieser Befehl erschien erstmals in der Cisco-IOS-Version 11.3.

Dieser Befehl wird für die reflexive Filterung verwendet, eine Form der Sitzungsfilterung.

Sie müssen die reflexive Access-Liste mit dem Befehl **permit (reflexive)** erstellen, bevor dieser Befehl funktionieren wird.

Dieser Befehl verankert eine reflexive Access-Liste innerhalb einer erweiterten und mit Namen bezeichneten IP-Access-Liste.

Wenn Sie reflexive Access-Listen für eine externe Schnittstelle konfigurieren, dann sollte die erweiterte und mit Namen bezeichnete IP-Access-Liste dem eingehenden Verkehr zugeordnet sein. Wenn Sie reflexive Access-Listen für eine interne Schnittstelle konfigurieren, dann sollte die erweiterte und mit Namen bezeichnete IP-Access-Liste dem ausgehenden Verkehr zugeordnet sein. (Mit anderen Worten: Verwenden Sie die Access-Liste entgegengesetzt zu der erstellten reflexiven Access-Liste.)

Dieser Befehl ermöglicht, dass der IP-Verkehr, der in Ihr internes Netzwerk gelangt, zuvor durch die reflexive Access-Liste überprüft wird. Verwenden Sie diesen Befehl als einen Eintrag (Zustandsaussage) in der IP-Access-Liste. Der Eintrag zeigt auf die reflexive Access-Liste, die zur Überprüfung verwendet wird.

Wie bei allen Access-Listen-Einträge ist auch hier die Reihenfolge der Einträge wichtig. Normalerweise wird ein Paket, das mit den Einträgen in einer Access-Liste verglichen wird, der Reihe nach mit jedem einzelnen Eintrag verglichen, und wenn eine Übereinstimmung auftritt, werden keine weiteren Einträge mehr berücksichtigt. Wenn eine reflexive Access-Liste in einer erweiterten Access-Liste verankert ist, dann werden die Einträge der erweiterten Access-Liste der Reihe nach bis zum verankerten Eintrag verglichen, dann werden die Einträge der reflexiven Access-Liste verglichen und anschließend die restlichen Einträge in der erweiterten Access-Liste in der vorgegebenen Reihenfolge. Wie gewöhnlich werden keine Einträge mehr berücksichtigt, wenn ein Paket mit *irgendeinem* dieser Einträge übereinstimmt.

### Beispiel

Dieses Beispiel verwendet die reflexive Filterung auf einer externen Schnittstelle. Dieses Beispiel erstellt eine erweiterte und mit Namen bezeichnete IP-Access-Liste namens *inboundfilters* und ordnet sie dem eingehenden Verkehr an der Schnittstelle zu. Die Access-Liste lässt den gesamten BGP- und erweiterten IGRP-Verkehr zu, lehnt den gesamten ICMP-Verkehr ab und verursacht, dass der gesamte TCP-Verkehr mittels der reflexiven Access-Liste *tcptraffic* überprüft wird.

Wenn die reflexive Access-Liste *tcptraffic* einen Eintrag besitzt, der mit einem eingehenden Paket übereinstimmt, dann wird das Paket in das Netzwerk eingelassen. Die Liste *tcptraffic* enthält nur Einträge, die den eingehenden Verkehr für existierende TCP-Sitzungen zulassen.

```
interface Serial 1
 description Access to the Internet via this interface
 ip access-group inboundfilters in
!
ip access-list extended inboundfilters
 permit bgp any any
 permit eigrp any any
 deny icmp any any
 evaluate tcptraffic
```

### Verwandte Befehle

Sie können online unter www.cisco.com eine Recherche nach verwandten Befehlen ausführen.

**ip access-list (extended)**
**ip reflexive-list timeout**
**permit (reflexive)**

## 20.2 ip reflexive-list timeout

Verwenden Sie den globalen Konfigurationsbefehl **ip reflexive-list timeout**, um festzulegen, wie lange die reflexiven Access-Listen-Einträge bestehen bleiben, wenn keine Pakete der Sitzung entdeckt werden. Verwenden Sie die **no**-Form des Befehls, um die Standardeinstellung der Zeitdauer aufzurufen. Dieser Befehl wirkt nur auf reflexive Access-Listen, für die noch keine Zeitdauer festgelegt wurde.

**ip reflexive-list timeout** *Sekunden*
**no ip reflexive-list timeout**

| Syntax | Beschreibung |
| --- | --- |
| *Sekunden* | Legt die Anzahl von abzuwartenden Sekunden fest (wenn kein Sitzungsverkehr stattfindet), bevor die zeitweiligen Access-Listen-Einträge ungültig werden. Verwenden Sie eine positive ganze Zahl zwischen 0 und $2^{32}-1$. |

### Standard

Der reflexive Access-Listen-Eintrag wird entfernt, wenn 300 Sekunden lang keine Pakete der Sitzung übertragen werden.

### Befehlsmodus

Globale Konfiguration

## Benutzungsrichtlinien

Dieser Befehl erschien erstmals in der Cisco-IOS-Version 11.3.

Dieser Befehl wird für die reflexive Filterung verwendet, eine Form der Sitzungsfilterung.

Dieser Befehl legt eine Zeitdauer fest, nach der ein reflexiver Access-Listen-Eintrag gelöscht wird, wenn in dieser Periode kein Sitzungsverkehr stattfand (die Timeout-Periode).

Wenn bei der reflexiven Filterung eine höherschichtige IP-Sitzung aus Ihrem Netzwerk heraus gestartet wird, dann wird innerhalb der reflexive Access-Listen ein zeitweiliger Eintrag erzeugt und ein Timer (Zeitgeber) aktiviert. Jedes Mal, wenn ein zu der Sitzung gehöriges Paket weitergeleitet wird (eingehend oder ausgehend), wird der Timer zurückgesetzt. Wenn dieser Timer bis auf Null heruntergezählt, ohne zurückgesetzt worden zu sein, wird der zeitweilige reflexive Access-Listen-Eintrag entfernt.

Der aktivierte Timer wird auf die Dauer der *Timeout-Periode* gesetzt. Es können für bestimmte reflexive Access-Listen eigene Zeitperioden festgelegt werden. Jedoch verwenden reflexive Access-Listen, für die keine eigene Timeout-Perioden festgelegt wurden, die global festgelegte Zeitperiode. Die globale Zeitperiode ist standardmäßig auf 300 Sekunden eingestellt. Sie können jedoch die globale Zeitdauer mit diesem Befehl jederzeit ändern.

Dieser Befehl hat keine Wirkung auf reflexive Access-Listen-Einträge, die bei der Eingabe dieses Befehls bereits erzeugt waren. Dieser Befehl ändert nur die Zeitperiode für die Einträge, die nach der Eingabe dieses Befehls erzeugt werden.

## Beispiele

Dieses Beispiel setzt die globale Timeout-Periode für reflexive Access-Listen-Einträge auf 120 Sekunden:

```
ip reflexive-list timeout 120
```

Dieses Beispiel ruft wieder die standardmäßige globale Timeout-Periode von 300 Sekunden auf:

```
no ip reflexive-list timeout
```

## Verwandte Befehle

Sie können online unter www.cisco.com eine Recherche nach verwandten Befehlen ausführen.

**evaluate**
**ip access-list (extended)**
**permit (reflexive)**

## 20.3 permit (reflexive)

Verwenden Sie den Access-Listen-Konfigurationsbefehl **permit (reflexive)**, um eine reflexive Access-Liste zu erzeugen und die automatische Erzeugung von zeitweiligen Einträge zu aktivieren. Verwenden Sie die **no**-Form dieses Befehls, um die reflexive Access-Liste zu entfernen (wenn nur ein Protokoll festgelegt war) oder um die Protokoll-Einträge aus der reflexiven Access-Liste zu löschen (wenn mehrere Protokolle festgelegt waren).

**permit** *Protokoll* **any any reflect** *Name* [**timeout** *Sekunden*]
**no permit** *Protokoll* **any any reflect** *Name*

| Syntax | Beschreibung |
|---|---|
| *Protokoll* | Name oder Nummer eines IP-Protokoll. Es kann eines der Schlüsselwörter **gre**, **icmp**, **ip**, **ipinip**, **nos**, **tcp** oder **udp** oder eine ganze Zahl innerhalb des Bereichs von 0 bis 255 angegeben werden, die für eine IP-Protokollnummer steht. Verwenden Sie das Schlüsselwort **ip**, wenn alle Internetprotokolle (einschließlich ICMP, TCP und UDP) verwendet werden sollen. |
| *Name* | Gibt den Namen der reflexiven Access-Liste an. Der Name darf kein Leerzeichen oder Anführungszeichen enthalten und muss mit einem Zeichen des Alphabets beginnen, um die Verwechslung mit nummerierten Access-Listen zu vermeiden. Der Name kann bis zu 64 Zeichen enthalten. |
| **timeout** *Sekunden* | (Optional) Legt die Zeitdauer fest, die abgewartet wird (wenn kein Sitzungsverkehr übertragen wird), bevor die Einträge in dieser reflexiven Access-Liste ungültig werden. Verwenden Sie eine positive ganze Zahl zwischen 0 und $2^{32}-1$. Wenn diese nicht angegeben wird, wird die Zeitdauer der globalen Timeout-Periode verwendet. |

### Standard

Wenn dieser Befehl nicht konfiguriert wird, werden keine reflexiven Access-Listen existieren und es wird keine Sitzungsfilterung stattfinden.

Wenn diesem Befehl ohne einen bestimmten **timeout**-Wert konfiguriert wird, werden die Einträge in dieser reflexiven Access-Liste nach der globalen Timeout-Periode entfernt.

### Befehlsmodus

Access-Listen-Konfiguration

### Benutzungsrichtlinien

Dieser Befehl erschien erstmals in der Cisco-IOS-Version 11.3.

Dieser Befehl wird für die reflexive Filterung verwendet, eine Form der Sitzungsfilterung.

Damit dieser Befehl eine Wirkung zeigt, müssen Sie die reflexive Access-Liste mit dem Befehl **evaluate** verankern.

Dieser Befehl erzeugt eine reflexive Access-Liste und löst die Erzeugung von Einträgen in derselben reflexiven Access-Liste aus. Dieser Befehl muss ein Eintrag (eine Zustandsaussage) in einer erweiterten und mit Namen bezeichneten IP-Access-Liste sein.

Wenn Sie reflexive Access-Listen für eine externe Schnittstelle konfigurieren, sollte die erweiterte und mit Namen bezeichnete IP-Access-Liste dem ausgehenden Verkehr zugeordnet sein.

Wenn Sie reflexive Access-Listen für eine interne Schnittstelle konfigurieren, sollte die erweiterte und mit Namen bezeichnete IP-Access-Liste dem eingehenden Verkehr zugeordnet sein.

IP-Sitzungen, die aus Ihrem Netzwerk heraus gestartet werden, werden durch die Aussendung eines Pakets aus Ihrem Netzwerk initiiert. Wenn ein derartiges Paket mit den Aussagen in der erweiterten und mit Namen bezeichneten IP-Access-Liste verglichen wird, dann wird das Paket auch mit diesem reflexiven **permit**-Eintrag verglichen.

Wie bei allen Access-Listen-Einträge ist die Reihenfolge der Einträge wichtig, da die Einträge in der eingegebenen Reihenfolge überprüft werden. Wenn ein IP-Paket die Schnittstelle erreicht, dann wird es nacheinander mit jedem Eintrag in der ausgehenden Access-Liste verglichen, bis eine Übereinstimmung auftritt.

Wenn das Paket mit einem Eintrag übereinstimmt, der sich vor dem reflexiven **permit**-Eintrag befindet, dann wird das Paket nicht mit dem reflexiven **permit**-Eintrag verglichen und es wird kein zeitweiliger Eintrag für die reflexive Access-Liste erzeugt werden (die reflexive Filterung wird nicht ausgelöst).

Das ausgehende Paket wird nur dann mit dem reflexiven **permit**-Eintrag verglichen, wenn zuvor keine Übereinstimmung auftrat. Wenn dann das Paket mit dem angegebenen Protokoll im reflexiven **permit**-Eintrag übereinstimmt, wird das Paket aus der Schnittstelle weitergeleitet und ein entsprechender zeitweiliger Eintrag wird in der eingehenden reflexiven Access-Liste erzeugt (wenn der entsprechende Eintrag nicht bereits vorhanden ist, der anzeigt, dass das ausgehende Paket zu einer ausgeführten Sitzung gehört). Der zeitweilige Eintrag legt Kriterien fest, mit denen nur der eingehende Verkehr zugelassen wird, der zur selben Sitzung gehört.

*Die Eigenschaften von reflexive Access-Listen-Einträgen*

Dieser Befehl aktiviert die Erzeugung von zeitweiligen Einträgen in derselben reflexiven Access-Liste, die durch diesen Befehl erstellt wurde. Die zeitweiligen Einträge werden erzeugt, wenn ein Paket, das Ihr Netzwerk verlässt, mit dem in diesem Befehl festgelegten Protokoll übereinstimmt. (Das Paket löst die Erzeugung eines zeitweiligen Eintrags aus.) Diese Einträge haben die folgenden Eigenschaften:

- Der Eintrag ist immer ein **permit**-(Zulassungs-)Eintrag.

- Der Eintrag legt dasselbe höherschichtige Protokoll fest, das im ursprünglich auslösenden Paket verwendet wurde.

- Der Eintrag enthält dieselben Quell- und Ziel-Adressen wie das ursprüngliche auslösende Paket, es sei denn die Adressen wurden vertauscht.

- Wenn das ursprünglich auslösende Paket ein TCP- oder UDP-Paket war, dann enthält der Eintrag dieselben Quell- und Ziel-Portnummern wie das Paket, es sei denn die Portnummern wurden vertauscht.
  Wenn das ursprünglich auslösende Paket kein TCP- oder UDP-Paket war, dann sind keine Portnummern zugeordnet und es werden andere Kriterien verwendet. Für das ICMP werden zum Beispiel Typennummern verwendet. Der zeitweilige Eintrag enthält dieselbe Typennummer wie das ursprüngliche Paket (mit einer Ausnahme: wenn das ursprüngliche ICMP-Paket den Typ 8 besaß, muss das zurückgesendete ICMP-Paket den Typ 0 besitzen, damit eine Übereinstimmung stattfindet).

- Der Eintrag übernimmt alle Werte des ursprünglich auslösenden Pakets, mit Ausnahme derjenigen Werte, die in den vorherigen Punkten beschrieben wurden.

- Der eingehende IP-Verkehr wird mit dem Eintrag verglichen, bis der Eintrag ungültig wird. Wenn ein eingehendes IP-Paket auf den Eintrag passt, wird das eingehende Paket in Ihr Netzwerk weitergeleitet.

- Der Eintrag wird ungültig (er wird entfernt), nachdem das letzte Paket der Sitzung durch die Schnittstelle getreten ist.

- Wenn für eine gewisse, konfigurierbare Zeitdauer (die Timeout-Periode) keine zu der Sitzung gehörigen Pakete entdeckt werden, wird der Eintrag ungültig.

**Beispiel**

Dieses Beispiel erstellt eine reflexive Access-Liste namens *tcptraffic* in einer ausgehenden Access-Liste, die den gesamten BGP- und erweiterten IGRP-Verkehr zulässt und den gesamten ICMP-Verkehr ablehnt. Dieses Beispiel ist für eine externe Schnittstelle (eine Schnittstelle, die mit einem externen Netzwerk verbunden ist).

Zuerst wird die Schnittstelle angegeben und die Access-Liste wird der Schnittstelle für den ausgehenden Verkehr zugeordnet:

```
interface Serial 1
 description Access to the Internet via this interface
 ip access-group outboundfilters out
```

Anschließend wird die ausgehende Access-Liste erstellt und die reflexive Access-Liste *tcptraffic* wird mit einem reflexiven **permit**-Eintrag erzeugt:

```
ip access-list extended outboundfilters
 permit tcp any any reflect tcptraffic
```

## Verwandte Befehle

Sie können online unter `www.cisco.com` eine Recherche nach verwandten Befehlen ausführen.

**evaluate**
**ip access-list (extended)**
**ip reflexive-list timeout**

# KAPITEL 21
# Konfiguration der TCP-Abfangfunktion (Schutz vor Dienstablehnungs-Attacken)

Dieses Kapitel beschreibt die Konfiguration Ihres Router, mit der TCP-Server vor TCP-SYN-Überflutungs-Attacken geschützt werden, einer Art von Dienstablehnungs-(Denial-of-Service-)Attacke. Dies wird durch die Konfiguration der Cisco-IOS-Funktion erreicht, die unter *TCP-Intercept* (das Abfangen von TCP-Paketen) bekannt ist.

Eine vollständige Beschreibung der TCP-Abfang-Befehle finden Sie in Kapitel 22 »TCP-Abfang-Befehle«. Um eine Dokumentation über andere in diesem Kapitel enthaltene Befehle zu erhalten, können Sie eine Online-Recherche unter der Internetadresse www.cisco.com ausführen.

Dieses Kapitel enthält die folgenden Abschnitte:

– Über die TCP-Abfangfunktion

– Die schrittweise Konfiguration der TCP-Abfangfunktion

– Ein Konfigurationsbeispiel zur TCP-Abfangfunktion

## 21.1 Über die TCP-Abfangfunktion

Die TCP-Abfangfunktion betreibt eine eigene Software, um TCP-Server vor TCP-SYN-Überflutungs-Attacken zu schützen, einer Art von Dienstablehnungs-(Denial-of-Service-)Attacke.

Eine SYN-Überflutungs-Attacke tritt dann auf, wenn ein Hacker einen Server mit einer Flut von Verbindungsanfragen überschwemmt. Da diese Meldungen unerreichbare Absenderadressen enthalten, können die Verbindungen nicht eingerichtet werden. Die resultierende Menge nicht aufgehobener offener Verbindungen überfordert schließlich den Server. Auf diese Weise kann der Server dazu gebracht werden, gültige Dienstanfragen abzulehnen. Ebenso kann damit auch verhindert werden, dass sich legitimierte Benutzer mit einer Webseite verbinden, dass sie ihre E-Mail lesen, den FTP-Dienst nutzen können usw.

Die TCP-Abfangfunktion schützt vor SYN-Überflutungs-Attacken, indem es TCP-Verbindungsanfragen abfängt und überprüft. Im Abfangmodus, fängt die TCP-Abfangsoftware die TCP-Synchronisierungs-(SYN-)Pakete ab, die von Clients zu Servern gesendet werden und mit einer erweiterten Access-Liste übereinstimmen. Die Software baut eine Verbindung mit dem Client im Namen des Zielservers auf, und wenn diese erfolgreich ist, baut sie anschließend die Verbindung mit dem Server im Namen des Clients auf und verknüpft die beiden Halb-Verbindungen transparent (durchlässig) miteinander. Auf diese Weise werden Verbindungsversuche von unerreichbaren Hosts niemals den Server erreichen. Die Software fängt während der gesamten Dauer der Verbindung weiterhin die Pakete ab und leitet sie weiter.

Im Fall von nicht legitimierten Anfragen schützt die Software die Zielserver durch ihre aggressiven Zeitgeber bei halb offenen Verbindungen und ihre Grenzwerte bei TCP-Verbindungsanfragen, während gültige Anfragen weiterhin zugelassen werden.

Wenn Sie Ihre eigene Sicherheitspolitik konzipieren und die TCP-Abfangfunktion verwenden wollen, dann können Sie wählen, ob alle Anfragen abgefangen werden sollen oder nur diejenigen, die aus bestimmten Netzwerken stammen oder an bestimmte Server gerichtet sind. Sie können auch die Verbindungsrate und den Grenzwert für ausstehende Verbindungen konfigurieren.

Sie können die TCP-Abfangfunktion auch im Überwachungsmodus betreiben, im Gegensatz zum Abfangmodus. Im Überwachungsmodus überwacht die Software passiv die Verbindungsanfragen, die durch den Router fließen. Wenn der Aufbau einer Verbindung innerhalb eines konfigurierbaren Zeitraums fehlschlägt, greift die Software ein und unterbricht den Verbindungsversuch.

Die TCP-Optionen, die während des Handshake-Verfahrens verhandelt werden (z.B. das RFC 1323 über die Fenstergröße), werden nicht vereinbart werden, da die TCP-Abfangsoftware nicht weiß, zu was der Server fähig ist oder was er vereinbaren wird.

## 21.2 Schrittweise Konfiguration der TCP-Abfangfunktion

Führen Sie die folgenden Schritte aus, um die TCP-Abfangfunktion zu konfigurieren. Der erste Schritt ist notwendig, während die restlichen Schritte optional sind:

- Aktivierung der TCP-Abfangfunktion
- Einstellung des TCP-Abfangmodus
- Einstellung des Unterbrechungsmodus der TCP-Abfangfunktion
- Änderung der Zeitgeber der TCP-Abfangfunktion
- Änderung der aggressiven Grenzwerte der TCP-Abfangfunktion
- Überwachung und Verwaltung der TCP-Abfangfunktion

## 21.2.1 Aktivierung der TCP-Abfangfunktion

Verwenden Sie die folgenden Befehle im globalen Konfigurationsmodus, um die TCP-Abfangfunktion zu aktivieren:

| Schritt | Befehl | Zweck |
|---|---|---|
| 1 | access-list *Access-Listennummer* {deny \| permit} tcp any *Ziel Zielplatzhalter* | Erstellt eine erweiterte IP-Access-Liste. |
| 2 | ip tcp intercept list *Access-Listennummer* | Aktiviert die TCP-Abfangfunktion. |

Sie können eine Access-Liste erstellen, die alle Anfragen abfängt oder nur diejenigen, die aus bestimmten Netzwerken stammen oder an bestimmte Server gerichtet sind. Typischerweise wird die Access-Liste die Quelle als **any** angeben und bestimmte Zielnetzwerke oder Zielserver festlegen. Das heißt Sie versuchen nicht, anhand der Quelladressen zu filtern, da Sie nicht unbedingt wissen, von wem Sie die Pakete abfangen müssen. Sie geben das Ziel an, um damit die Zielserver zu schützen.

Wenn keine Access-Listenübereinstimmung gefunden wird, lässt der Router die Anfrage ohne weitere Aktion passieren.

## 21.2.2 Die Einstellung des TCP-Abfangmodus

Die TCP-Abfangfunktion kann entweder im aktiven Abfangmodus oder im passiven Überwachungsmodus arbeiten. Die Standardeinstellung ist der Abfangmodus.

Im Abfangmodus fängt die Software aktiv jede eingehende Verbindungsanfrage (ein SYN-Paket) ab und antwortet im Namen des Servers mit einer Bestätigung (ein ACK-Paket) und einem SYN-Paket. Daraufhin wartet sie auf ein ACK-Paket des von ihr gesendete SYN-Pakets vom Client. Wenn dieses ACK-Paket empfangen wird, wird das ursprüngliche SYN-Paket an den Server gesendet und die Software führt einen dreiseitigen Handshake mit dem Server aus. Wenn dieser abgeschlossen ist, werden die beiden Halb-Verbindungen vereinigt.

Im Überwachungsmodus dürfen Verbindungsanfragen durch den Router zum Server passieren, aber sie werden solange überwacht, bis die Verbindung eingerichtet wurde. Wenn die Verbindung nicht innerhalb von 30 Sekunden eingerichtet wurde (diese Zeitdauer ist mit dem Befehl **ip tcp intercept watch-timeout** konfigurierbar), dann sendet die Software ein Reset-Paket an den Server um den hängenden Zustand zu bereinigen.

Verwenden Sie den folgenden Befehl im globalen Konfigurationsmodus, um den TCP-Abfangmodus festzulegen:

| Befehl | Zweck |
|---|---|
| **ip tcp intercept mode** {intercept \| watch} | Legt den TCP-Abfangmodus fest. |

## 21.2.3 Einstellung des Unterbrechungsmodus der TCP-Abfangfunktion

Wenn ein Server attackiert wird, dann wird die TCP-Abfangfunktion aggressiver in ihrem Schutzverhalten. Wenn die Anzahl der unvollständigen Verbindungen 1100 oder die Anzahl der eingehenden Verbindungen in der letzten Minute 1100 übersteigt, wird bei jeder neu eingehenden Verbindung die älteste Teil-Verbindung gelöscht. Auch wird der Zeitgeber für die erste Übertragungswiederholung um die Hälfte auf 0,5 Sekunden reduziert (damit wird die gesamte Zeit für einen Verbindungsaufbauversuch halbiert).

In der Standardeinstellung verwirft die Software die älteste Teil-Verbindung. Sie können die Software aber auch so konfigurieren, dass sie eine zufällige Verbindung verwirft. Verwenden Sie den folgenden Befehl im globalen Konfigurationsmodus, um den Unterbrechungsmodus einzustellen:

| Befehl | Zweck |
|---|---|
| ip tcp intercept drop-mode {oldest \| random} | Legt den Unterbrechungsmodus fest. |

## 21.2.4 Änderung der Zeitgeber der TCP-Abfangfunktion

In der Standardeinstellung wartet die Software 30 Sekunden darauf, dass eine überwachte Verbindung den eingerichteten (established) Zustand erreicht, bevor sie ein Reset-Paket an den Server sendet. Verwenden Sie den folgenden Befehl im globalen Konfigurationsmodus, um diese Zeitdauer zu ändern:

| Befehl | Zweck |
|---|---|
| ip tcp intercept watch-timeout *Sekunden* | Ändert die erlaubte Zeitdauer zur Erreichung des eingerichteten Zustands. |

In der Standardeinstellung wartet die Software fünf Sekunden nach dem Empfang eines Reset-Pakets oder nach dem eines FIN-Exchange-Pakets, bevor sie die Verwaltung der Verbindung aufgibt. Verwenden Sie den folgenden Befehl im globalen Konfigurationsmodus, um diese Zeitdauer zu ändern:

| Befehl | Zweck |
|---|---|
| ip tcp intercept finrst-timeout *Sekunden* | Ändert die Zeitdauer zwischen dem Empfang eines Reset-Pakets oder eines FIN-Exchange-Pakets und der Aufgabe der Verbindungsverwaltung. |

In der Standardeinstellung verwaltet die Software eine Verbindung nach der letzten Aktivität noch 24 Stunden weiter. Verwenden Sie den folgenden Befehl im globalen Konfigurationsmodus, um diese Zeitdauer zu ändern:

| Befehl | Zweck |
| --- | --- |
| ip tcp intercept connection-timeout *Sekunden* | Ändert die Zeitdauer, wie lange die Software eine Verbindung nach der letzten Aktivität noch verwalten wird. |

## 21.2.5 Änderung der aggressiven Grenzwerte der TCP-Abfangfunktion

Zwei Faktoren legen fest, wann das aggressive Verhalten beginnt und wann es endet: die Menge der unvollständigen Verbindungen und die Menge der eingegangenen Verbindungsanfragen innerhalb der letzten Minute. Beide Grenzwerte besitzen einen Standardwert, der verändert werden kann.

Wenn ein Grenzwert überschritten wird, dann geht die TCP-Abfangfunktion davon aus, dass der Server attackiert wird, und sie wechselt in den aggressiven Modus. Wenn sich die TCP-Abfangfunktion im aggressiven Modus befindet, passiert folgendes:

- Bei jeder neu eingehenden Verbindung wird die älteste Teil-Verbindung gelöscht. (Sie können auch den zufälligen Unterbrechungsmodus einstellen.)

- Der Zeitgeber für die erste Übertragungswiederholung wird um die Hälfte auf 0,5 Sekunden reduziert und damit die gesamte Zeit für einen Verbindungsaufbauversuch halbiert. (Wenn sich die TCP-Abfangfunktion nicht im aggressiven Modus befindet, verkürzt der Programmcode die Zeiten für die wiederholte Übertragung der SYN-Segmente exponentiell. Der Zeitgeber für die erste Wiederholung einer Übertragung beträgt eine Sekunde. Die weiteren Zeitperioden sind zwei Sekunden, vier Sekunden, acht Sekunden und 16 Sekunden. Der Programmcode wiederholt die Übertragungen viermal, bevor er abbricht, folglich wird der Prozess unterbrochen, wenn nach 31 Sekunden keine Bestätigung empfangen wurde.)

- Wenn sich die TCP-Abfangfunktion im Überwachungsmodus befindet, wird der Überwachungszeitgeber halbiert. (In der Standardeinstellung wird der Überwachungszeitgeber dann 15 Sekunden warten.)

Mit dem Befehl **ip tcp intercept drop-mode** können Sie statt der ältesten Verbindung eine zufällige Verbindung unterbrechen lassen.

> **ANMERKUNG**
>
> Die beiden Faktoren, die das aggressive Verhalten bestimmen, hängen voneinander ab und arbeiten zusammen. Wenn *einer* der **high**-Werte überschritten wird, setzt das aggressive Verhalten ein. Wenn *beide* Größen unter den **low**-Wert fallen, endet das aggressive Verhalten.

Sie können den Grenzwert zur Auslösung des aggressiven Modus ändern, der auf der Gesamtzahl der unvollständigen Verbindungen beruht. Die Standardwerte für **low** und **high** betragen jeweils 900 und 1100 unvollständige Verbindungen. Verwenden Sie die folgenden Befehle im globalen Konfigurationsmodus, um diese Werte zu ändern:

| Befehl | Zweck |
|---|---|
| ip tcp intercept max-incomplete low *Nummer* | Setzt den Grenzwert zur Beendigung des aggressiven Modus. |
| ip tcp intercept max-incomplete high *Nummer* | Setzt den Grenzwert zur Auslösung des aggressiven Modus. |

Sie können den Grenzwert zur Auslösung des aggressiven Modus ändern, der auf der Menge der in der letzten Minute empfangenen Verbindungsanfragen beruht. Die Standardwerte für **low** und **high** betragen jeweils 900 und 1100 Verbindungsanfragen. Verwenden Sie die folgenden Befehle im globalen Konfigurationsmodus, um diese Werte zu ändern:

| Befehl | Zweck |
|---|---|
| ip tcp intercept one-minute low *Nummer* | Setzt den Grenzwert zur Beendigung des aggressiven Modus. |
| ip tcp intercept one-minute high *Nummer* | Setzt den Grenzwert zur Auslösung des aggressiven Modus. |

### 21.2.6 Überwachung und die Verwaltung der TCP-Abfangfunktion

Verwenden Sie einen der folgenden Befehle im EXEC-Modus, um sich die TCP-Abfanginformationen anzeigen zu lassen:

| Befehl | Zweck |
|---|---|
| show tcp intercept connections | Zeigt die unvollständigen Verbindungen und die eingerichteten Verbindungen an. |
| show tcp intercept statistics | Zeigt die TCP-Abfangstatistiken an. |

## 21.3 Konfigurationsbeispiel zur TCP-Abfangfunktion

Die folgende Konfiguration erstellt die erweiterte IP-Access-Liste 101, durch die die Software die Pakete für alle TCP-Server im Subnetz 192.168.1.0/24 abfängt:

```
ip tcp intercept list 101
!
```

access-list 101 permit tcp any 192.168.1.0 0.0.0.255

# KAPITEL 22

# TCP-Abfangbefehle

Dieses Kapitel beschreibt die TCP-Abfangbefehle. Die TCP-Abfangfunktion (TCP-Intercept) ist eine verkehrsfilternde Sicherheitsfunktion, mit der TCP-Server vor TCP-SYN-Überflutungs-Attacken geschützt werden, einer Art von Dienstablehnungs-(Denial-of-Service-)Attacke. Die TCP-Abfangfunktion ist nur für den IP-Verkehr verwendbar.

Wenn Sie eine vollständige Beschreibung von anderen Befehlen zur Konfiguration der TCP-Abfangfunktion suchen, können Sie eine Online-Recherche unter der Internetadresse www.cisco.com ausführen.

Informationen über die Konfiguration TCP-Abfangfunktion finden Sie in Kapitel 21 »Konfiguration der TCP-Abfangfunktion (Der Schutz vor Dienstablehnungs-Attakken)«.

## 22.1 ip tcp intercept connection-timeout

Verwenden Sie den globalen Konfigurationsbefehl **ip tcp intercept connection-timeout**, um die Zeitdauer zu verändern, die eine Verbindung nach der letzten Aktivität noch weiterhin verwaltet wird. Verwenden Sie die **no**-Form dieses Befehls, um die Standardeinstellung aufzurufen.

ip tcp intercept connection-timeout *Sekunden*
no ip tcp intercept connection-timeout [*Sekunden*]

| Syntax | Beschreibung |
|---|---|
| *Sekunden* | Die Zeitdauer (in Sekunden), die die Software eine Verbindung nach der letzten Aktivität noch verwalten wird. Der minimale Wert beträgt eine Sekunde. Die Standardeinstellung beträgt 86.400 Sekunden (24 Stunden). |

## Standard

86.400 Sekunden (24 Stunden)

## Befehlsmodus

Globale Konfiguration

## Benutzungsrichtlinien

Dieser Befehl erschien erstmals in der Cisco-IOS-Version 11.2 F.

## Beispiel

Im folgenden Beispiel wird die Software eine Verbindung noch weitere zwölf Stunden verwalten (43.200 Sekunden), wenn in der Zwischenzeit keine Aktivitäten stattfanden:

```
ip tcp intercept connection-timeout 43200
```

## 22.2   ip tcp intercept drop-mode

Verwenden Sie den globalen Konfigurationsbefehl **ip tcp intercept drop-mode**, um den Unterbrechungsmodus der TCP-Abfangfunktion zu aktivieren. Verwenden Sie die **no-**Form dieses Befehls, um die Standardeinstellung aufzurufen.

**ip tcp intercept drop-mode {oldest | random}**
**no ip tcp intercept drop-mode [oldest | random]**

| Syntax | Beschreibung |
| --- | --- |
| oldest | Die Software verwirft die älteste Teil-Verbindung. Dies ist die Standardeinstellung. |
| random | Die Software verwirft eine zufällig ausgewählte Teil-Verbindung. |

## Standard

oldest

## Befehlsmodus

Globale Konfiguration

## Benutzungsrichtlinien

Dieser Befehl erschien erstmals in der Cisco-IOS-Version 11.2 F.

Wenn die Anzahl der unvollständigen Verbindungen 1100 übersteigt oder die Anzahl der eingehenden Verbindungen in der letzten Minute 1100 übersteigt, wird bei jeder neu eingehenden Verbindung die älteste Teil-Verbindung gelöscht werden. Auch wird der Zeitgeber für die erste Übertragungswiederholung um die Hälfte auf 0,5 Sekunden reduziert (damit wird die gesamte Zeit für einen Verbindungsaufbauversuch halbiert).

Die oberen Schwellen mit den Werten 1100 können mit den Befehlen **ip tcp intercept max-incomplete high** und **ip tcp intercept one-minute high** konfiguriert werden.

Verwenden Sie den Befehl **ip tcp intercept drop-mode** um statt der ältesten Teil-Verbindung ein zufällige Teil-Verbindung zu verwerfen.

### Beispiel

Das folgende Beispiel ruft den zufälligen Unterbrechungsmodus auf:

```
ip tcp intercept drop-mode random
```

### Verwandte Befehle

Sie können online unter www.cisco.com eine Recherche nach verwandten Befehlen ausführen.

**ip tcp intercept max-incomplete high**
**ip tcp intercept max-incomplete low**
**ip tcp intercept one-minute high**
**ip tcp intercept one-minute low**

## 22.3 ip tcp intercept finrst-timeout

Verwenden Sie den globalen Konfigurationsbefehl **ip tcp intercept finrst-timeout**, um die Zeitdauer zu ändern, die die Software nach dem Empfang eines Reset-Pakets oder eines FIN-Exchange-Pakets wartet, bevor sie die Verwaltung der Verbindung aufgibt. Verwenden Sie die **no**-Form dieses Befehls, um die Standardeinstellung aufzurufen.

**ip tcp intercept finrst-timeout** *Sekunden*
**no ip tcp intercept finrst-timeout** [*Sekunden*]

| Syntax | Beschreibung |
|---|---|
| *Sekunden* | Zeitdauer (in Sekunden), die die Software verstreichen lässt, wenn ein Reset-Paket oder ein FIN-Exchange-Paket empfangen wurde, bevor sie die Verwaltung einer Verbindung aufgeben wird. Der minimale Wert beträgt eine Sekunde. Die Standardeinstellung beträgt fünf Sekunden. |

### Standard

5 Sekunden

## Befehlsmodus

Globale Konfiguration

## Benutzungsrichtlinien

Dieser Befehl erschien erstmals in der Cisco-IOS-Version 11.2 F.

Auch nachdem die zwei Enden der Verbindung vereinigt wurden, fängt die Software die hin und her gesendeten Pakete weiterhin ab. Verwenden Sie diesen Befehl, wenn Sie einstellen wollen, wie schnell nach dem Empfang eines Reset- oder FIN-Exchange-Pakets die Software das Abfangen der Pakete beenden soll.

## Beispiel

Das folgende Beispiel lässt die Software zehn Sekunden warten, bevor sie den Abfangmodus verlässt:

```
ip tcp intercept finrst-timeout 10
```

## 22.4 ip tcp intercept list

Verwenden Sie den globalen Konfigurationsbefehl **ip tcp intercept list**, um die TCP-Abfangfunktion zu aktivieren. Verwenden Sie die **no**-Form dieses Befehls, um die TCP-Abfangfunktion zu deaktivieren.

ip tcp intercept list *Access-Listennummer*
no ip tcp intercept list *Access-Listennummer*

| Syntax | Beschreibung |
|---|---|
| *Access-Listennummer* | Erweiterte Access-Listennummer im Bereich von 100 bis 199. |

## Standard

Deaktiviert

## Befehlsmodus

Globale Konfiguration

## Benutzungsrichtlinien

Dieser Befehl erschien erstmals in der Cisco-IOS-Version 11.2 F.

Die TCP-Abfangfunktion fängt TCP-Verbindungsversuche und schützt Server vor TCP-SYN-Überflutungs-Attacken, die auch unter Dienstablehnungs-(Denial-of-Service-)Attacken bekannt sind.

Die TCP-Pakete, die mit der Access-Liste übereinstimmen, werden dem Softwarecode der TCP-Abfangfunktion zur Verarbeitung übergeben, dessen Modus durch den Befehl **ip tcp intercept mode** festgelegt ist. Der TCP-Abfangcode fängt die Verbindungen entweder ab oder er überwacht sie.

Wenn Sie möchten, dass alle TCP-Verbindungsversuche an den TCP-Abfangcode übergeben werden, müssen Sie eine Access-Liste erstellen, die mit allen Paketen übereinstimmt.

### Beispiel

Die folgende Konfiguration erstellt die erweiterte IP-Access-Liste 101, durch die die Software die Pakete für alle TCP-Server im Subnetz 192.168.1.0/24 abfängt:

```
ip tcp intercept list 101
!
access-list 101 permit tcp any 192.168.1.0 0.0.0.255
```

### Verwandte Befehle

Sie können online unter www.cisco.com eine Recherche nach verwandten Befehlen ausführen.

access-list (extended)
ip tcp intercept mode
show tcp intercept connections
show tcp intercept statistics

## 22.5 ip tcp intercept max-incomplete high

Verwenden Sie den globalen Konfigurationsbefehl **ip tcp intercept max-incomplete high**, um die maximal erlaubte Anzahl unvollständiger Verbindungen festzulegen, bevor die Software in den aggressiven Modus wechselt. Verwenden Sie die **no**-Form dieses Befehls, um die Standardeinstellung aufzurufen.

**ip tcp intercept max-incomplete high** *Nummer*
**no ip tcp intercept max-incomplete high** [*Nummer*]

| Syntax | Beschreibung |
|--------|--------------|
| *Nummer* | Legt die maximal erlaubte Anzahl unvollständiger Verbindungen fest, ab der die Software in den aggressiven Modus wechselt. Der gültige Bereich ist 1 bis 2.147.483.647. Die Standardeinstellung beträgt 1100. |

### Standard

1100 unvollständige Verbindungen

### Befehlsmodus

Globale Konfiguration

### Benutzungsrichtlinien

Dieser Befehl erschien erstmals in der Cisco-IOS-Version 11.2 F.

Wenn die Anzahl der unvollständigen Verbindungen die konfigurierte *Nummer* übersteigt, wird die TCP-Abfangfunktion aggressiv. Der aggressive Modus hat die folgenden Eigenschaften:

- Bei jeder neu eingehenden Verbindung wird die älteste Teil-Verbindung gelöscht.
- Der Zeitgeber für die erste Übertragungswiederholung wird um die Hälfte auf 0,5 Sekunden reduziert (und damit die gesamte Zeit für einen Verbindungsaufbauversuch halbiert).
- Der Überwachungszeitgeber wird auf 15 Sekunden halbiert.

Mit dem Befehl **ip tcp intercept drop-mode** können Sie statt der ältesten Verbindung eine zufällige Verbindung unterbrechen lassen.

> **ANMERKUNG**
>
> Die beiden Faktoren, die das aggressive Verhalten bestimmen (Verbindungsanfragen und unvollständige Verbindungen), hängen voneinander ab und arbeiten zusammen. Wenn *einer* der mit **ip tcp intercept one-minute high** oder **ip tcp intercept max-incomplete high** eingestellten Werte überschritten wird, setzt das aggressive Verhalten ein. Wenn *sowohl* die Verbindungsanfragen als auch die unvollständigen Verbindungen die Grenzwerte unterschreiten, die mit den Befehlen **ip tcp intercept one-minute low** und **ip tcp intercept max-incomplete low** eingestellt wurden, endet der aggressive Modus.

Die Software beendet den aggressiven Modus, wenn die Anzahl der unvollständigen Verbindungen unter den Wert fällt, der durch den Befehl **ip tcp intercept max-incomplete low** festgelegt wurde.

### Beispiel

Das folgende Beispiel erlaubt 1500 unvollständige Verbindungen, bevor die Software in den aggressiven Modus wechselt:

```
ip tcp intercept max-incomplete high 1500
```

### Verwandte Befehle

Sie können online unter www.cisco.com eine Recherche nach verwandten Befehlen ausführen.

**ip tcp intercept drop-mode**
**ip tcp intercept max-incomplete low**

ip tcp intercept one-minute high
ip tcp intercept one-minute low

## 22.6 ip tcp intercept max-incomplete low

Verwenden Sie den globalen Konfigurationsbefehl **ip tcp intercept max-incomplete low**, um die Anzahl unvollständiger Verbindungen festzulegen, unterhalb der die Software den aggressiven Modus verlässt. Verwenden Sie die **no**-Form dieses Befehls, um die Standardeinstellung aufzurufen.

ip tcp intercept max-incomplete low *Nummer*
no ip tcp intercept max-incomplete low [*Nummer*]

| Syntax | Beschreibung |
|---|---|
| *Nummer* | Legt die Anzahl unvollständiger Verbindungen fest, unterhalb der die Software den aggressiven Modus verlässt. Der gültige Bereich ist 1 bis 2.147.483.647. Die Standardeinstellung beträgt 1100. |

**Standard**

900 unvollständige Verbindungen

**Befehlsmodus**

Globale Konfiguration

**Benutzungsrichtlinien**

Dieser Befehl erschien erstmals in der Cisco-IOS-Version 11.2 F.

Wenn *sowohl* die Verbindungsanfragen als auch die unvollständigen Verbindungen die Grenzwerte unterschreiten, die mit den Befehlen **ip tcp intercept one-minute low** und **ip tcp intercept max-incomplete low** eingestellt wurden, wird die TCP-Abfangfunktion den aggressiven Modus verlassen.

**ANMERKUNG**

Die beiden Faktoren, die das aggressive Verhalten bestimmen (Verbindungsanfragen und unvollständige Verbindungen), hängen voneinander ab und arbeiten zusammen. Wenn *einer* der mit **ip tcp intercept one-minute high** oder **ip tcp intercept max-incomplete high** eingestellten Werte überschritten wird, setzt das aggressive Verhalten ein. Wenn *sowohl* die Verbindungsanfragen als auch die unvollständigen Verbindungen die Grenzwerte unterschreiten, die mit den Befehlen **ip tcp intercept one-minute low** und **ip tcp intercept max-incomplete low** eingestellt wurden, endet der aggressive Modus.

Unter dem Befehl **ip tcp intercept max-incomplete high** können Sie eine Beschreibung des aggressiven Modus nachlesen.

### Beispiel

Das folgende Beispiel lässt die Software den aggressiven Modus verlassen, wenn die Anzahl der unvollständigen Verbindungen unter 1000 fällt:

```
ip tcp intercept max-incomplete low 1000
```

### Verwandte Befehle

Sie können online unter www.cisco.com eine Recherche nach verwandten Befehlen ausführen.

ip tcp intercept drop-mode
ip tcp intercept max-incomplete high
ip tcp intercept one-minute high
ip tcp intercept one-minute low

## 22.7   ip tcp intercept mode

Verwenden Sie den globalen Konfigurationsbefehl **ip tcp intercept mode**, um den TCP-Abfangmodus zu wechseln. Verwenden Sie die **no**-Form dieses Befehls, um die Standardeinstellung aufzurufen.

**ip tcp intercept mode {intercept | watch}**
**no ip tcp intercept mode [intercept | watch]**

| Syntax | Beschreibung |
|---|---|
| Intercept | Aktiver Modus, in dem die TCP-Abfangsoftware die TCP-Pakete abfängt und weiterverarbeitet, die von Cients an die Server gesendet werden und mit der konfigurierten Access-Liste übereinstimmen. Dies ist die Standardeinstellung. |
| Watch | Im Überwachungsmodus lässt die Software die Verbindungsversuche durch den Router passieren und überwacht sie solange, bis die Verbindungen eingerichtet sind. |

### Standard

intercept

### Befehlsmodus

Globale Konfiguration

## Benutzungsrichtlinien

Dieser Befehl erschien erstmals in der Cisco-IOS-Version 11.2 F.

Wenn die TCP-Abfangfunktion aktiviert ist, dann befindet sie sich in der Standardeinstellung im Abfangmodus. Im Abfangmodus fängt die Software aktiv jede eingehende Verbindungsanfrage (ein SYN-Paket) ab und antwortet im Namen des Servers mit einer Bestätigung (ein ACK-Paket) und einem SYN-Paket. Daraufhin wartet sie auf ein ACK-Paket des von ihr gesendete SYN-Paket vom Client. Wenn dieses ACK-Paket empfangen wird, wird das ursprüngliche SYN-Paket an den Server gesendet und die Software führt einen dreiseitigen Handshake mit dem Server aus. Wenn dieser abgeschlossen ist, werden die beiden Halb-Verbindungen vereinigt.

Im Überwachungsmodus dürfen Verbindungsanfragen durch den Router zum Server passieren, aber sie werden solange überwacht, bis die Verbindung eingerichtet wurde. Wenn die Verbindung nicht innerhalb von 30 Sekunden eingerichtet wurde (diese Zeitdauer ist mit dem Befehl **ip tcp intercept watch-timeout** konfigurierbar), dann sendet die Software ein Reset-Paket an den Server, um den hängenden Zustand zu bereinigen.

## Beispiel

Das folgende Beispiel ruft den Überwachungsmodus auf:

```
ip tcp intercept mode watch
```

## Verwandte Befehle

Sie können online unter www.cisco.com eine Recherche nach verwandten Befehlen ausführen.

ip tcp intercept watch-timeout

## 22.8  ip tcp intercept one-minute high

Verwenden Sie den globalen Konfigurationsbefehl **ip tcp intercept one-minute high**, um den Grenzwert der maximal in der letzten Minute empfangenen Verbindungsanfragen festzulegen, oberhalb dem die Software in den aggressiven Modus wechselt. Verwenden Sie die **no**-Form dieses Befehls, um die Standardeinstellung aufzurufen.

ip tcp intercept one-minute high *Nummer*
no ip tcp intercept one-minute high [*Nummer*]

| Syntax | Beschreibung |
|---|---|
| Nummer | Legt den Grenzwert der maximal in der letzten Minute empfangenen Verbindungsanfragen fest, oberhalb dem die Software in den aggressiven Modus wechselt. Der gültige Bereich ist 1 bis 2.147.483.647. Die Standardeinstellung beträgt 1100. |

## Standard

1100 Verbindungsanfragen

## Befehlsmodus

Globale Konfiguration

## Benutzungsrichtlinien

Dieser Befehl erschien erstmals in der Cisco-IOS-Version 11.2 F.

Wenn die Anzahl der Verbindungsanfragen die konfigurierte *Nummer* übersteigt, wird die TCP-Abfangfunktion aggressiv. Der aggressive Modus hat die folgenden Eigenschaften:

- Bei jeder neu eingehenden Verbindung wird die älteste Teil-Verbindung gelöscht.
- Der Zeitgeber für die erste Übertragungswiederholung wird um die Hälfte auf 0,5 Sekunden reduziert (und damit die gesamte Zeit für einen Verbindungsaufbauversuch halbiert).
- Der Überwachungszeitgeber wird auf 15 Sekunden halbiert.

Mit dem Befehl **ip tcp intercept drop-mode** können Sie statt der ältesten Verbindung eine zufällige Verbindung unterbrechen lassen.

> **ANMERKUNG**
>
> Die beiden Faktoren, die das aggressive Verhalten bestimmen (Verbindungsanfragen und unvollständige Verbindungen), hängen voneinander ab und arbeiten zusammen. Wenn *einer* der mit **ip tcp intercept one-minute high** oder **ip tcp intercept max-incomplete high** eingestellten Werte überschritten wird, setzt das aggressive Verhalten ein. Wenn *sowohl* die Verbindungsanfragen als auch die unvollständigen Verbindungen die Grenzwerte unterschreiten, die mit den Befehlen **ip tcp intercept one-minute low** und **ip tcp intercept max-incomplete low** eingestellt wurden, endet der aggressive Modus.

## Beispiel

Das folgende Beispiel erlaubt 1400 Verbindungsanfragen, bevor die Software in den aggressiven Modus wechselt:

```
ip tcp intercept one-minute high 1400
```

## Verwandte Befehle

Sie können online unter www.cisco.com eine Recherche nach verwandten Befehlen ausführen.

**ip tcp intercept drop-mode**
**ip tcp intercept max-incomplete high**

ip tcp intercept max-incomplete low
ip tcp intercept one-minute low

## 22.9 ip tcp intercept one-minute low

Verwenden Sie den globalen Konfigurationsbefehl **ip tcp intercept one-minute low**, um den Grenzwert der maximal in der letzten Minute empfangenen Verbindungsanfragen festzulegen, unterhalb dem die Software den aggressiven Modus verlässt. Verwenden Sie die **no**-Form dieses Befehls, um die Standardeinstellung aufzurufen.

**ip tcp intercept one-minute low** *Nummer*
**no ip tcp intercept one-minute low** [*Nummer*]

| Syntax | Beschreibung |
|---|---|
| *Nummer* | Legt den Grenzwert der in der letzten Minute empfangenen Verbindungsanfragen fest, unterhalb dem die Software den aggressiven Modus verlässt. Der gültige Bereich ist 1 bis 2.147.483.647. Die Standardeinstellung beträgt 900. |

### Standard

900 Verbindungsanfragen

### Befehlsmodus

Globale Konfiguration

### Benutzungsrichtlinien

Dieser Befehl erschien erstmals in der Cisco-IOS-Version 11.2 F.

Wenn *sowohl* die Verbindungsanfragen als auch die unvollständigen Verbindungen die Grenzwerte unterschreiten, die mit den Befehlen **ip tcp intercept one-minute low** und **ip tcp intercept max-incomplete low** eingestellt wurden, wird die TCP-Abfangfunktion den aggressiven Modus verlassen.

> **ANMERKUNG**
>
> Die beiden Faktoren, die das aggressive Verhalten bestimmen (Verbindungsanfragen und unvollständige Verbindungen), hängen voneinander ab und arbeiten zusammen. Wenn *einer* der mit **ip tcp intercept one-minute high** oder **ip tcp intercept max-incomplete high** eingestellten Werte überschritten wird, setzt das aggressive Verhalten ein. Wenn *sowohl* die Verbindungsanfragen als auch die unvollständigen Verbindungen die Grenzwerte unterschreiten, die mit den Befehlen **ip tcp intercept one-minute low** und **ip tcp intercept max-incomplete low** eingestellt wurden, endet der aggressive Modus.

Unter dem Befehl **ip tcp intercept one-minute high** können Sie eine Beschreibung des aggressiven Modus nachlesen.

### Beispiel

Das folgende Beispiel lässt die Software den aggressiven Modus verlassen, wenn die Anzahl der Verbindungsanfragen unter 1000 fällt:

```
ip tcp intercept one-minute low 1000
```

### Verwandte Befehle

Sie können online unter www.cisco.com eine Recherche nach verwandten Befehlen ausführen.

ip tcp intercept drop-mode
ip tcp intercept max-incomplete high
ip tcp intercept max-incomplete low
ip tcp intercept one-minute high

## 22.10  ip tcp intercept watch-timeout

Verwenden Sie den globalen Konfigurationsbefehl **ip tcp intercept watch-timeout**, um festzulegen, wie lange die Software wartet, dass eine überwachte Verbindung den eingerichteten (established) Zustand erreicht, bevor sie ein Reset-Paket an den Server sendet. Verwenden Sie die **no**-Form dieses Befehls, um die Standardeinstellung aufzurufen.

**ip tcp intercept watch-timeout** *Sekunden*
**no ip tcp intercept watch-timeout** [*Sekunden*]

| Syntax | Beschreibung |
| --- | --- |
| *Sekunden* | Zeitdauer (in Sekunden), die die Software darauf wartet, dass eine überwachte Verbindung den eingerichteten (established) Zustand erreicht, bevor sie ein Reset-Paket an den Server sendet. Der minimale Wert beträgt eine Sekunde. Die Standardeinstellung beträgt 30 Sekunden. |

### Standard

30 Sekunden

### Befehlsmodus

Globale Konfiguration

### Benutzungsrichtlinien

Dieser Befehl erschien erstmals in der Cisco-IOS-Version 11.2 F.

Verwenden Sie diesen Befehl, wenn Sie die TCP-Abfangfunktion in den passiven Überwachungsmodus versetzt haben und Sie die Standardzeitdauer für die Verbindungsüberwachung verändern wollen. Während des aggressiven Modus ist diese Überwachungszeitdauer halbiert.

### Beispiel

Das folgende Beispiel lässt die Software 60 Sekunden darauf warten, dass eine überwachte Verbindung den eingerichteten (established) Zustand erreicht, bevor sie ein Reset-Paket an den Server sendet:

```
ip tcp intercept watch-timeout 60
```

### Verwandte Befehle

Sie können online unter www.cisco.com eine Recherche nach verwandten Befehlen ausführen.

ip tcp intercept mode

## 22.11 show tcp intercept connections

Verwenden Sie den EXEC-Befehl **show tcp intercept connections**, um sich unvollständige und eingerichtete TCP-Verbindungen anzeigen zu lassen.

**show tcp intercept connections**

### Syntaxbeschreibung

Dieser Befehl besitzt keine Argumente oder Schlüsselwörter.

### Befehlsmodus

EXEC

### Benutzungsrichtlinien

Dieser Befehl erschien erstmals in der Cisco-IOS-Version 11.2 F.

### Sample Display

Es folgt eine Beispielanzeige nach der Eingabe des Befehls **show tcp intercept connections**:

```
Router# show tcp intercept connections
Incomplete:
Client                Server              State    Create     Timeout    Mode
172.19.160.17:58190   10.1.1.30:23        SYNRCVD  00:00:09   00:00:05   I
172.19.160.17:57934   10.1.1.30:23        SYNRCVD  00:00:09   00:00:05   I
```

```
Established:
Client                  Server              State   Create      Timeout   Mode
171.69.232.23:1045      10.1.1.30:23        ESTAB   00:00:08    23:59:54  I
```

Tabelle 22.1 beschreibt die signifikanten Felder der Anzeige.

*Tabelle 22.1: Feldbeschreibungen zum Befehl show tcp intercept connections*

| Feld | Beschreibung |
| --- | --- |
| Incomplete: (=Unvollständig) | Die Zeilen mit Informationen unterhalb von Incomplete zeigen Verbindungen an, die noch nicht eingerichtet sind. |
| Client | IP-Adresse und Port des Clients. |
| Server | IP-Adresse und Port des Servers, der durch die TCP-Abfangfunktion geschützt wird. |
| State (=Zustand) | SYNRCVD – Verbindung ist mit dem Client eingerichtet. SYNSENT – Verbindung ist mit dem Server eingerichtet. ESTAB – Verbindung ist mit beiden eingerichtet, es werden Daten ausgetauscht. |
| Create (=Erzeugt) | Stunden:Minuten:Sekunden seit die Verbindung erzeugt wurde. |
| Timeout | Stunden:Minuten:Sekunden zeigen den Zeitgeber für die wiederholte Übertragung. |
| Mode | I – Abfang- (Intercept-) Modus. W – Überwachungs- (Watch-) Modus. |
| Established: (=Eingerichtet) | Die Zeilen mit Informationen unterhalb von Established zeigen Verbindungen an, die bereits eingerichtet sind. Die Felder gleichen denen unter der Rubrik Incomplete, bis auf das Timeout-Feld, das in der nächsten Zeile beschrieben ist. |
| Timeout | Stunden:Minuten:Sekunden bis der Zeitgeber für die Verbindung abläuft, es sei denn die Software empfängt ein FIN-Exchange-Paket. In diesem Fall werden hier die Stunden:Minuten:Sekunden für den FIN- oder RESET-Zeitgeber angezeigt. |

### Verwandte Befehle

Sie können online unter www.cisco.com eine Recherche nach verwandten Befehlen ausführen.

**ip tcp intercept connection-timeout**
**ip tcp intercept finrst-timeout**
**ip tcp intercept list**
**show tcp intercept statistics**

## 22.12 show tcp intercept statistics

Verwenden Sie den EXEC-Befehl **show tcp intercept statistics**, um sich die TCP-Abfangstatistiken anzeigen zu lassen.

**show tcp intercept statistics**

## Syntaxbeschreibung

Dieser Befehl besitzt keine Argumente oder Schlüsselwörter.

## Befehlsmodus

EXEC

## Benutzungsrichtlinien

Dieser Befehl erschien erstmals in der Cisco-IOS-Version 11.2 F.

## Sample Display

Es folgt eine Beispielanzeige nach der Eingabe des Befehls **show tcp intercept statistics**:

```
Router# show tcp intercept statistics
intercepting new connections using access-list 101
2 incomplete, 1 established connections (total 3)
1 minute connection request rate 2 requests/sec
```

## Verwandte Befehle

Sie können online unter www.cisco.com eine Recherche nach verwandten Befehlen ausführen.

**ip tcp intercept connection-timeout**
**ip tcp intercept finrst-timeout**
**ip tcp intercept list**
**show tcp intercept connections**

# KAPITEL 23
# Konfiguration der kontext-basierten Access-Kontrolle (CBAC)

Dieses Kapitel beschreibt die Konfiguration der kontextbasierten Access-Kontrolle (CBAC=context-based Access-Control). Die CBAC ermöglicht eine erweiterte Funktionalität der Verkehrsfilterung und sie kann als integrierter Bestandteil Ihrer Netzwerk-Firewall verwendet werden.

Weitere Informationen über Firewalls finden Sie in Kapitel 16 »Ein Überblick über Cisco-IOS-Firewalls«.

Eine vollständige Beschreibung der in diesem Werk verwendeten CBAC-Befehle finden Sie in Kapitel 24 »Befehle der kontext-basierten Access-Kontrolle (CBAC)«. Für eine Dokumentation anderer in diesem Kapitel enthaltener Befehle können Sie eine Online-Recherche unter der Internetadresse www.cisco.com ausführen.

## 23.1 Ein CBAC-Überblick

Dieser Abschnitt beschreibt:

- Was die CBAC bewirkt
- Was die CBAC nicht bietet
- Funktionsweise der CBAC
- Wann und wo die CBAC konfiguriert werden sollte
- Der CBAC-Prozess
- Die unterstützten Protokolle
- Einschränkungen
- Auswirkungen auf Arbeitsspeicher und Performance

## 23.1.1 Was die CBAC bewirkt

Die CBAC filtert TCP- und UDP-Pakete auf intelligente Weise anhand von Protokollsitzungs-Informationen der Applikationsschicht und sie kann für Intranets, Extranets und das Internet verwendet werden. Sie können die CBAC so konfigurieren, dass nur dann bestimmter TCP- und UDP-Verkehr durch eine Firewall gelassen wird, wenn die Verbindung aus demjenigen Netzwerk heraus aufgenommen wurde, das Sie schützen wollen. (Mit anderen Worten: Die CBAC kann den Sitzungsverkehr überprüfen, der aus dem externen Netzwerk stammt.) Obwohl dieses Beispiel die Überprüfung des Sitzungsverkehrs betrachtet, der aus dem externen Netzwerk stammt, kann die CBAC auch den Sitzungsverkehr überprüfen, der von beiden Seiten der Firewall stammt.

Ohne die CBAC beschränkt sich die Filterung des Verkehrs auf die Anwendung von Access-Listen, die die Pakete nur auf der Netzwerkschicht überprüfen oder maximal auf der Transportschicht. Die CBAC überprüft aber nicht nur die Informationen der Netzwerkschicht und der Transportschicht, sondern auch die Protokoll-Informationen der Applikationsschicht (z.B. FTP-Verbindungsinformationen), um den Zustand der TCP- oder UDP-Sitzung zu bestimmen. Dies ermöglicht die Unterstützung von Protokollen mit mehreren Kanälen, die durch Vereinbarungen im Kontrollkanal erzeugt werden. Die meisten Multimedia-Protokolle und auch einige andere Protokolle (z.B. FTP, RPC und SQL*Net) nutzen mehrere Kanäle.

Die CBAC beobachtet den Verkehr, der durch die Firewall wandert, um Zustandsinformationen über TCP und UDP-Sitzungen zu erhalten und zu verwalten. Diese Zustandsinformationen werden zur Erzeugung von zeitweiligen Öffnungen in den Access-Listen der Firewall verwendet, um den zurückgesendeten Verkehr zuzulassen und zusätzliche Datenverbindungen für zulässige Sitzungen zu ermöglichen (Sitzungen, die aus dem geschützten internen Netzwerk heraus aufgenommen wurden).

Die CBAC bietet zusätzlich die folgenden Vorteile:

- Java-Blockierung

- Verhütung von Dienstablehnungs-(Denial-of-Service-)Attacken und deren Entdeckung

- Real-Time-Alarmierungen und Aufzeichnungsspuren

## 23.1.2 Was die CBAC nicht bietet

Die CBAC erfüllt die intelligente Filterung nicht für alle Protokolle. Sie funktioniert nur bei den Protokollen, die Sie festlegen. Wenn Sie kein bestimmtes Protokoll für die CBAC festlegen, dann werden die vorhandenen Access-Listen bestimmen, wie das Protokoll gefiltert wird. Es werden keine zeitweiligen Öffnungen für Protokolle erzeugt, für die die CBAC-Überprüfung nicht festgelegt wurde.

# Kapitel 23 • Konfiguration der kontext-basierten Access-Kontrolle (CBAC)

Die CBAC schützt nicht vor Attacken, die aus dem geschützten Netzwerk stammen. Die CBAC entdeckt und schützt nur vor den Attacken, die durch die Firewall gelangen.

Die CBAC schützt vor bestimmten Attacken, aber sie sollte nicht als ein perfekter und undurchdringlicher Schutz angesehen werden. Entschlossene und erfahrene Angreifer könnten dennoch wirkungsvolle Attacken führen. Es gibt niemals einen vollkommenen Schutz, daher entdeckt und schützt die CBAC nur vor den meist verwendeten Attacken auf Ihr Netzwerk.

## 23.1.3 Funktionsweise der CBAC

Sie sollten die Dinge in diesem Abschnitt verstanden haben, bevor Sie die CBAC konfigurieren. Wenn Sie nicht wissen, wie die CBAC funktioniert, könnten Sie unbeabsichtigte Sicherheitsrisiken durch die fehlerhafte Konfiguration der CBAC verursachen.

### Überblick über die Funktionsweise der CBAC

Die CBAC erzeugt zeitweilige Öffnungen in den Access-Listen der Firewall-Schnittstellen. Diese Öffnungen werden erzeugt, wenn bestimmter Verkehr Ihr internes Netzwerk durch die Firewall verlässt. Die Öffnungen lassen den daraufhin zurückgesendeten Verkehr durch die Firewall in Ihr internes Netzwerk (der normalerweise blockiert wird) und erlauben auch die Einrichtung zusätzlicher Datenkanäle. Der Verkehr wird nur dann zurück durch die Firewall gelassen, wenn er Teil derselben Sitzung ist wie der ursprüngliche Verkehr, der die CBAC auslöste, als er das Netzwerk durch die Firewall verließ.

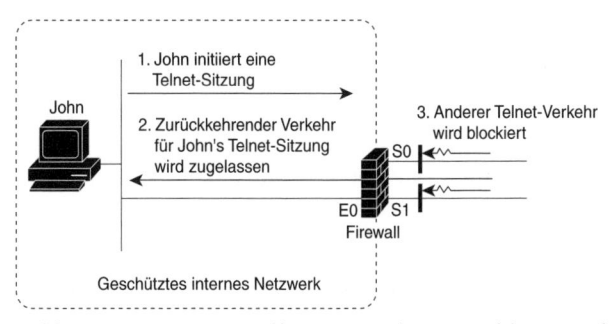

*Bild 23.1: Die CBAC öffnet zeitweilige Durchlässe in den Access-Listen der Firewall*

In Abbildung 23.1 sind die eingehenden Access-Listen an S0 und S1 so konfiguriert, dass sie den Telnetverkehr blockieren und es ist keine ausgehende Access-Liste an E0 konfiguriert. Wenn die Verbindungsanfrage für die Telnetsitzung von John durch die Firewall tritt, erzeugt die CBAC eine zeitweilige Öffnung in der eingehenden Access-Liste an S0 um den zurückgesendeten Telnetverkehr für die Telnetsitzung von John durchzulassen. (Wenn dieselbe Access-Liste sowohl der S0 als auch der S1 zugeordnet wäre, würde die gleiche Öffnung auf beiden Schnittstellen auftreten.) Wenn es notwendig wäre, würde die CBAC auch eine entsprechende Öffnung in einer ausgehenden Access-Liste an E0 erzeugen, um den zurückgesendeten Verkehr durchzulassen.

## Details zur Funktionsweise der CBAC

Dieser Abschnitt beschreibt, wie die CBAC Pakete überprüft und daraus Zustandsinformationen über Sitzungen bezieht, mit denen sie die intelligente Filterung ausführt.

*Die Pakete werden überprüft*

Bei der CBAC legen Sie fest, welche Protokolle überprüft werden sollen, und Sie geben eine Schnittstelle und die Richtung der Schnittstelle an (hinein oder hinaus), aus der bzw. in die die Überprüfung erfolgen soll. Es werden nur die angegebenen Protokolle durch die CBAC überprüft. Es werden alle Pakete der angegebenen Protokolle überprüft, die in jeder Richtung durch die Firewall treten, solange sie durch die Schnittstelle treten, auf der die Überprüfung konfiguriert ist.

Die Pakete, die in die Firewall eintreten, werden nur dann durch die CBAC überprüft, wenn sie zuerst die eingehende Access-Liste an der Schnittstelle passiert haben. Wenn ein Paket durch die Access-Liste abgelehnt wird, wird das Paket einfach verworfen und nicht durch die CBAC überprüft.

Die CBAC überprüft *und* überwacht nur die Kontrollkanäle von Verbindungen. Die Datenkanäle werden dagegen nicht überprüft. Zum Beispiel werden während FTP-Sitzungen sowohl die Kontroll- als auch die Datenkanäle (die erzeugt werden, wenn eine Datei übertragen wird) in Hinsicht auf Zustandsänderungen überwacht, dagegen wird nur der Kontrollkanal überprüft (d.h. die CBAC-Software zerlegt die FTP-Befehle und -Antworten und analysiert sie).

Die CBAC-Überprüfung erkennt anwendungsspezifische Befehle im Kontrollkanal und entdeckt und verhindert bestimmte Attacken der Anwendungsebene.

*Eine Zustandstabelle unterhält Informationen über den Sitzungszustand*

Immer wenn ein Paket überprüft wird, werden in einer Zustandstabelle die Informationen über den Zustand der Paketverbindung erneuert.

Der zurückgesendete Verkehr wird nur dann durch die Firewall gelassen, wenn die Zustandstabelle Informationen enthält, die anzeigen, dass das Paket zu einer zulässigen Sitzung gehört. Diese Überprüfung kontrolliert den Verkehr, der zu einer gültigen Sitzung gehört, und leitet den Verkehr weiter, den sie nicht erkennt. Bei der Überprüfung des zurückgesendeten Verkehrs werden die Informationen in der Zustandstabelle erneuert, falls dies erforderlich ist.

*Die UDP-Sitzungen werden abgeschätzt*

Beim UDP – einem verbindungslosen Dienst – gibt es keine wirklichen Sitzungen. Daher schätzt die Software Sitzungen ab, indem sie die Informationen im Paket betrachtet und damit bestimmt, ob das Paket anderen UDP-Paketen ähnelt (zum Beispiel über gleiche Quell-/Zieladressen und Portnummern verfügt) und ob das Paket kurz nach einem ähnlichen UDP-Paket auftrat (*kurz* bedeutet: innerhalb der konfigurierbaren UDP-Leerlauf-Zeitperiode).

*Die Access-Listen-Einträge werden dynamisch erzeugt und gelöscht, um den zurückgesendeten Verkehr und zusätzliche Datenverbindungen zuzulassen*

Die CBAC erzeugt und löscht Access-Listen-Einträge auf den Firewall-Schnittstellen dynamisch, entsprechend den Informationen, die sich in den Zustandstabellen befinden. Diese Access-Listen-Einträge werden den Schnittstellen zugeordnet, um den Verkehr zu überwachen, der zurück in das interne Netzwerk fließt. Diese Einträge erzeugen zeitweilige Öffnungen in der Firewall um nur den Verkehr einzulassen, der Teil einer zulässigen Sitzung ist.

Die zeitweiligen Access-Listen-Einträge werden niemals im NVRAM gespeichert.

### 23.1.4 Wann und wo die CBAC konfiguriert werden sollte

Konfigurieren Sie die CBAC auf Firewalls, die Ihre internen Netzwerke schützen. Diese Firewalls sollten aus einem Cisco-Router bestehen, auf dem das Cisco-Firewall-Feature-Set konfiguriert wurde, wie es im früheren Abschnitt »Das Cisco-IOS-Firewall-Feature-Set« beschrieben wurde.

Verwenden Sie die CBAC, wenn z.B. folgender Verkehr durch die Firewall fließt:

– Standard-TCP- und UDP-Internetanwendungen

– Multimedia-Anwendungen

– Oracle-Unterstützung

Verwenden Sie die CBAC für diese Anwendungen, wenn Sie möchten, dass dieser Anwendungsverkehr nur dann durch die Firewall gelassen wird, wenn die Verkehrssitzung auf einer bestimmten Seite der Firewall aufgenommen wurde (gewöhnlich innerhalb des geschützten internen Netzwerks).

In den meisten Fällen werden Sie die CBAC nur in einer Richtung auf einer einzigen Schnittstelle konfigurieren, damit der Verkehr nur dann zurück in das interne Netzwerk gelassen wird, wenn der Verkehr Teil einer zulässigen (gültigen und eingerichteten) Sitzung ist.

In selteneren Fällen könnten Sie eine komplexere Lösung benötigen, bei der Sie die CBAC in zwei Richtungen auf einer oder mehreren Schnittstellen konfigurieren. Die CBAC wird gewöhnlich nur dann in zwei Richtungen konfiguriert, wenn die Netzwerke auf beiden Seiten der Firewalls geschützt werden sollen, wie bei Extranet- oder Intranet-Konfigurationen. Wenn sich z.B. die Firewall zwischen zwei Netzwerken von Partnerunternehmen befindet, wollen Sie eventuell den Verkehr in einer Richtung für bestimmte Anwendungen beschränken und den Verkehr in der anderen Richtung für andere Anwendungen blockieren.

## 23.1.5 Der CBAC-Prozess

Dieser Abschnitt beschreibt eine Beispielsequenz von Ereignissen, die auftreten kann, wenn die CBAC auf einer externen Schnittstelle konfiguriert ist, die mit einem externen Netzwerk wie dem Internet verbunden ist.

In diesem Beispiel verlässt ein TCP-Paket das interne Netzwerk durch die externe Schnittstelle der Firewalls. Das TCP-Paket ist das erste Paket einer Telnetsitzung und die CBAC-Überprüfung ist für das Telnet konfiguriert.

1. Das Paket erreicht die externe Schnittstelle der Firewalls.

2. Das Paket wird mit der vorhandenen ausgehenden Access-Liste der Schnittstelle verglichen und das Paket wird zugelassen. (Ein abgelehntes Paket wäre zu diesem Zeitpunkt einfach verworfen worden.)

3. Das Paket wird durch die CBAC überprüft, um Informationen über den Zustand der Paketverbindung zu bestimmen und aufzunehmen. Diese Informationen werden in einem neuen Zustandstabellen-Eintrag gespeichert, der für die neue Verbindung erzeugt wird.
(Wenn die Paket-Anwendung – das Telnet – nicht zur CBAC-Überprüfung konfiguriert wäre, würde das Paket zu diesem Zeitpunkt einfach aus der Schnittstelle weitergeleitet werden, ohne durch die CBAC überprüft zu werden. Lesen Sie den Abschnitt »Erstellung einer Überprüfungsregel« zur Konfiguration von CBAC-Überprüfungsinformationen.)

4. Auf der Basis der erhaltenen Zustandsinformationen erzeugt die CBAC einen zeitweiligen Access-Listen-Eintrag, der am Anfang der eingehenden erweiterten Access-Liste der externen Schnittstelle eingefügt wird. Dieser zeitweilige Access-Listen-Eintrag wird vorgenommen um die eingehenden Pakete zuzulassen, die Teil derselben Verbindung sind, zu der das gerade überprüfte ausgehende Paket gehört.

5. Das ausgehende Paket wird aus der Schnittstelle hinausgeleitet.

6. Später erreicht ein eingehendes Paket die Schnittstelle. Dieses Paket ist Teil derselben Telnetverbindung, die zuvor durch das ausgehende Paket eingerichtet wurde. Das eingehende Paket wird mit der eingehenden Access-Liste verglichen und durch den zuvor erzeugten zeitweiligen Access-Listen-Eintrag zugelassen.

7. Das zugelassene eingehende Paket wird durch die CBAC überprüft und der Eintrag in der Verbindungs-Zustandstabelle bei Bedarf erneuert. Auf der Basis der erneuerten Zustandsinformationen können die zeitweiligen Einträge in der eingehenden erweiterten Access-Liste abgeändert werden, um nur Pakete zuzulassen, die für den aktuellen Zustand der Verbindung gültig sind.

8. Alle zusätzlich eingehenden oder ausgehenden Pakete, die zu der Verbindung gehören, werden überprüft, um den Zustandstabelleneintrag zu erneuern und um die zeitweiligen eingehenden Access-Listen-Einträge bei Bedarf zu verändern. Danach werden sie durch die Schnittstelle weitergeleitet.

9. Wenn die Verbindung beendet wird oder das Zeitlimit abgelaufen ist, wird der Verbindungseintrag in der Zustandstabelle gelöscht und die zeitweiligen eingehenden Access-Listen-Einträge der Verbindung werden entfernt.

In dem hier beschriebenen Beispielprozess werden die Access-Listen der Firewall folgendermaßen konfiguriert:

– Eine ausgehende IP-Access-Liste (Standard oder erweitert) wird der externen Schnittstelle zugeordnet. Diese Access-Liste lässt alle Pakete zu, die Sie aus dem Netzwerk hinauslassen wollen, einschließlich der Pakete, die Sie durch die CBAC überprüfen lassen wollen. In diesem Fall werden Telnetpakete hinausgelassen.

– Eine eingehende erweiterte IP-Access-Liste wird der externen Schnittstelle zugeordnet. Diese Access-Liste lehnt jeden Verkehr ab, der durch die CBAC überprüft wird, einschließlich der Telnetpakete. Wenn die CBAC durch ein ausgehendes Paket ausgelöst wird, erzeugt die CBAC eine zeitweilige Öffnung in der eingehenden Access-Liste, um nur den Verkehr einzulassen, der Teil einer gültigen und existierenden Sitzung ist.

Wenn die eingehende Access-Liste so konfiguriert wäre, dass der *gesamte* Verkehr eingelassen wird, dann würde die CBAC sinnlose Öffnungen in der Firewall für diejenigen Pakete erzeugen, die ohnehin zugelassen werden würden.

### 23.1.6 Unterstützten Protokolle

Sie können die CBAC zur Überprüfung der folgenden Sitzungstypen konfigurieren:

– Alle TCP-Sitzungen, ohne Rücksicht auf das Applikationsschicht-Protokoll (gelegentlich als *single-channel* oder *generische* TCP-Überprüfung bezeichnet)

– Alle UDP-Sitzungen, ohne Rücksicht auf das Applikationsschicht-Protokoll (gelegentlich als *single-channel* oder *generische* UDP-Überprüfung bezeichnet)

Sie können die CBAC auch zur Überprüfung bestimmter Applikationsschicht-Protokolle konfigurieren. Die folgenden Applikationsschicht-Protokolle können alle für die CBAC konfiguriert werden:

– CU-SeeMe (nur die White-Pine-Version)

– FTP

– H.323 (z.B. NetMeeting, ProShare)

– Java

– UNIX-r-Befehle (z.B. rlogin, rexec und rsh)

– RealAudio

– RPC (Sun RPC, aber nicht DCE RPC oder Microsoft RPC)

– SMTP

- SQL*Net
- StreamWorks
- TFTP
- VDOLive

Wenn ein Protokoll für die CBAC konfiguriert wurde, wird der Protokoll-Verkehr überprüft, die Zustandsinformationen aufbewahrt und die Pakete werden generell nur dann durch die Firewall gelassen, wenn sie zu einer zulässigen Sitzung gehören.

### 23.1.7 Einschränkungen

Die CBAC ist nur für den IP-Protokoll-Verkehr verwendbar. Es werden nur TCP- und UDP-Pakete überprüft. (Anderer IP-Verkehr wie z.B. ICMP-Verkehr kann nicht durch die CBAC und sollte stattdessen mit einfachen Access-Listen gefiltert werden.)

Sie können die CBAC zusammen mit allen anderen Firewall-Funktionen verwenden, die in Kapitel 16 »Ein Überlick über Cisco-IOS-Firewalls« erwähnt werden.

Die CBAC funktioniert mit dem Fast-Switching und dem Prozess-Switching.

Wenn Sie bei der CBAC-Konfiguration Ihre Access-Listen rekonfigurieren, dann sollten Sie auf folgendes achten: Wenn Ihre Access-Listen den TFTP-Verkehr in eine Schnittstelle hinein blockieren, werden Sie über diese Schnittstelle nicht mehr aus dem Netz booten können. (Dies ist keine CBAC-spezifische Einschränkung, sondern Teil der vorhandenen Access-Listen-Funktionalität.)

Pakete mit der Firewall als Quell- oder Zieladresse werden nicht durch die CBAC überprüft oder mit Access-Listen verglichen.

Die CBAC ignoriert ICMP-Unerreichbarkeitsmeldungen.

#### FTP-Verkehr und die CBAC

Beim FTP lässt die CBAC keine dreiseitigen Verbindungen zu (Dreiwege-FTP-Übertragungen).

Wenn die CBAC den FTP-Verkehr überprüft, erlaubt es nur Datenkanäle mit dem Zielportbereich von 1024 bis 65.535.

Die CBAC wird keinen Datenkanal öffnen, wenn die FTP-Client-Server-Authentifizierung fehlschlägt.

#### Kompatibilität der Cisco-Verschlüsselungs-Technologie mit der CBAC

Wenn verschlüsselter Verkehr zwischen zwei Routern ausgetauscht wird und die Firewall befindet sich zwischen den beiden Routern, dann ist es möglich, dass die CBAC nicht so funktioniert, wie es zu erwarten ist. Da die Paketinhalte verschlüsselt sind, kann die CBAC die Inhalte nicht genau überprüfen.

# Kapitel 23 • Konfiguration der kontext-basierten Access-Kontrolle (CBAC)

Zudem wird, wenn sowohl die Verschlüsselung als auch die CBAC auf derselben Firewall konfiguriert sind, die CBAC für bestimmte Protokolle nicht funktionieren. In diesem Fall wird die CBAC beim Einfachkanal-TCP und –UDP funktionieren, mit Ausnahme des Java und des SMTP. Die CBAC wird aber nicht bei Mehrkanal-Protokollen funktionieren, mit Ausnahme des StreamWorks und des CU-SeeMe. Wenn Sie die Verschlüsselung auf der Firewall konfigurieren wollen, sollten Sie daher die CBAC nur für die folgenden Protokolle konfigurieren:

- Allgemeines TCP
- Allgemeines UDP
- CU-SeeMe
- StreamWorks

### Kompatibilität zwischen IPSec und CBAC

Wenn die CBAC und die IPSec auf demselben Router aktiviert sind und der Ziel-Router ein Endpunkt der IPSec für den bestimmten Strom von Datenpaketen ist, dann ist die IPSec mit der CBAC kompatibel (d.h. die CBAC kann ihre normale Überprüfung auf diesen Strom von Datenpaketen ausführen).

Wenn der Router keinen IPSec-Endpunkt darstellt und ein IPSec-Paket empfängt, dann wird die CBAC dieses Paket nicht überprüfen, da die Protokollnummer im IP-Header des IPSec-Pakets keine TCP- oder UDP-Nummer trägt. Die CBAC überprüft nur UDP- und TCP-Pakete.

### 23.1.8 Auswirkungen auf Arbeitsspeicher und Performance

Die Anwendung der CBAC benötigt pro Verbindung im Schnitt fast 600 Bytes Arbeitsspeicher. Wegen der Speicherbelastung sollten Sie die CBAC nur dann verwenden, wenn Sie sie benötigen. Es fällt nur eine geringe Menge von zusätzlichen Prozessen an, wenn die Pakete überprüft werden.

Gelegentlich muss die CBAC lange Access-Listen vergleichen, die die Performance belasten könnte. Jedoch wird dieser Einfluss dadurch aufgehoben, dass die CBAC die Access-Listen durch eine beschleunigte Methode abgleicht (CBAC zerteilt die Access-Listen und vergleicht die Bruchstücke).

## 23.2 Schrittweise Konfiguration der CBAC

Führen Sie diese Schritte durch, um CBAC zu konfigurieren. Sie werden in den nachfolgenden Abschnitten beschrieben:

- Auswahl einer Schnittstelle: Intern oder Extern
- Konfiguration von IP-Access-Listen auf der Schnittstelle
- Konfiguration von globalen Zeitlimits und Grenzwerten

- Erstellung einer Überprüfungsregel
- Zuordnung der Überprüfungsregel zu einer Schnittstelle

Sie können weiterhin diese optionalen Schritte ausführen, die in den darauf folgenden Abschnitten beschrieben werden:

- Erstellung einer Überprüfungsregel
- Fehlersuche (Das Debugging) bei der kontext-basierten Access-Kontrolle
- Verstehen der durch die kontext-basierten Access-Kontrolle erzeugten Syslog- und Konsolenmeldungen
- Deaktivierung der CBAC

**ANMERKUNG**

Wenn Sie eine CBAC-Konfiguration ausführen wollen, aber noch nicht ganz verstanden haben, wie die CBAC funktioniert, dann können Sie unbeabsichtigte Sicherheitsrisiken durch die fehlerhafte Konfiguration der CBAC verursachen. Sie sollten die Funktionsweise der CBAC wirklich verstanden haben, bevor Sie die CBAC konfigurieren.

Konfigurationsbeispiele zur CBAC finden Sie im Abschnitt »Ein CBAC-Konfigurationsbeispiel« am Ende dieses Kapitels.

### 23.2.1 Auswahl einer Schnittstelle: Intern oder Extern

Sie müssen sich entscheiden, ob Sie die CBAC auf einer internen oder einer externen Schnittstelle Ihrer Firewall konfigurieren. *Intern* bezieht sich auf die Seite, aus der die Sitzungen stammen müssen, deren Verkehr durch die Firewall durchgelassen werden soll. *Extern* bezieht sich auf die Seite, aus der die Sitzungen nicht stammen dürfen. (Sitzungen, die von der externen Seite stammen, werden blockiert.)

Wenn Sie die CBAC in zwei Richtungen konfigurieren wollen, dann sollten Sie die CBAC erst in eine Richtung konfigurieren und dabei die entsprechenden internen und externen Schnittstellenzuordnungen verwenden. Wenn Sie die CBAC danach in die andere Richtung konfigurieren, werden die Schnittstellenzuordnungen vertauscht. (Die CBAC wird selten in zwei Richtungen konfiguriert und gewöhnlich nur dann, wenn die Firewall sich zwischen zwei Netzwerken befindet, die voreinander geschützt werden müssen, z.B. zwei Partner-Netzwerke, die durch die Firewall miteinander verbunden sind.)

Die Firewall wird meistens in einer von zwei grundlegenden Netzwerk-Topologien verwendet. Sie sollten bestimmen, welche der beiden Topologien der Ihrigen am nächsten kommt, um dann zu entscheiden, ob die CBAC für eine interne Schnittstelle oder für eine externe Schnittstelle verwendet werden sollte.

Die erste Topologie ist in Bild 23.2 gezeigt. In dieser einfachen Topologie wird die CBAC für die *externe* Schnittstelle Serial 1 konfiguriert. Sie verhindert, dass der festgelegte Protokoll-Verkehr in der Firewall und in das interne Netzwerk gelangt, solange der Verkehr nicht Teil einer Sitzung ist, die innerhalb des internen Netzwerks gestartet wurde.

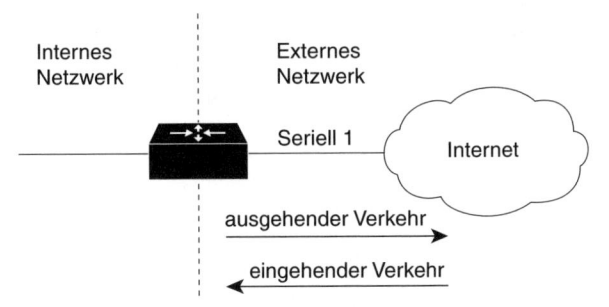

*Bild 23.2: Einfache Topologie – Die CBAC wird auf einer externen Schnittstelle konfiguriert*

Die zweite Topologie ist in Bild 23.3 gezeigt. Bei dieser Topologie wird die CBAC für die *interne* Schnittstelle Ethernet 0 konfiguriert. Dies ermöglicht, dass der externe Verkehr Zugang zu den Diensten in der Demilitarisierten Zone (DMZ) erhält, wie z.B. zu den DNS-Diensten und verhindert dennoch, dass der festgelegte Verkehr in Ihr internes Netzwerk gelangt – solange der Verkehr nicht Teil einer Sitzung ist, die innerhalb des internen Netzwerks gestartet wurde.

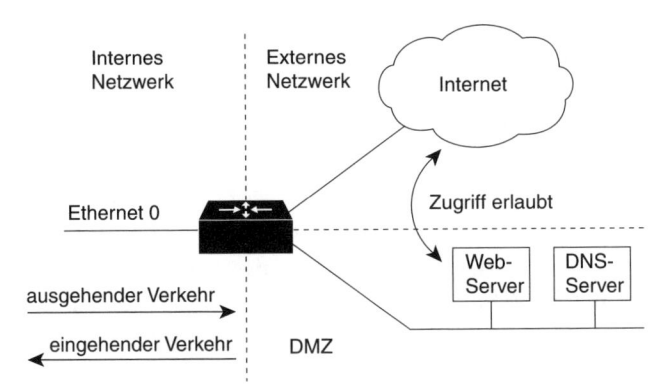

*Bild 23.3: DMZ-Topologie – Die CBAC wird auf der internen Schnittstelle konfiguriert*

Bestimmen Sie anhand der beiden Beispieltopologien, ob Sie die CBAC auf einer internen oder auf einer externen Schnittstelle konfigurieren wollen.

## 23.2.2 Konfiguration der IP-Access-Listen auf der Schnittstelle

Damit die CBAC korrekt funktioniert, müssen Sie sicherstellen, dass die entsprechenden IP-Access-Listen auf der Schnittstelle konfiguriert sind.

Befolgen Sie diese beiden Grundregeln, wenn Sie Ihre IP-Access-Listen auf der Firewall überprüfen:

- Lassen Sie den CBAC-Verkehr aus dem Netzwerk durch die Firewall passieren. Alle Access-Listen, die den Verkehr überprüfen, der das geschützte Netzwerk verlässt, sollten den Verkehr durchlassen, der durch die CBAC überprüft wird. Wenn zum Beispiel das Telnet durch die CBAC überprüft wird, dann sollte der Telnetverkehr von allen Access-Listen durchgelassen werden, die auf den Verkehr angewendet werden, der das Netzwerk verlässt.

- Verwenden Sie erweiterte Access-Listen um den zurückgesendeten CBAC-Verkehr vor dem Eintritt in das Netzwerk durch die Firewall abzulehnen. Damit zeitweilige Öffnungen in einer Access-Liste erzeugt werden können, muss die Access-Liste eine erweiterte Access-Liste sein. Wenn Sie dem zurückgesendeten Verkehr Access-Listen zuordnen, müssen Sie immer erweiterte Access-Listen verwenden. Die Access-Listen sollten den zurückgesendeten CBAC-Verkehr ablehnen, da die CBAC zeitweilige Durchlässe in den Access-Listen erzeugen wird. (Sie möchten, dass der Verkehr normalerweise blockiert wird, bevor er in Ihr Netzwerk eintritt.)

> **ANMERKUNG**
>
> Wenn Ihre Firewall nur zwei Verbindungen besitzt (eine in das interne Netzwerk und eine zum externen Netzwerk), dann werden alle eingehenden Access-Listen gut funktionieren, da die Pakete gestoppt werden, bevor sie eine Möglichkeit erhalten, den der Router selbst zu beeinflussen.

### Die externe Schnittstelle

Hier sind einige Tipps für Ihre Access-Listen, wenn Sie die CBAC auf einer externen Schnittstelle konfigurieren:

- Wenn Sie eine ausgehende IP-Access-Liste auf der externen Schnittstelle besitzen, kann die Access-Liste eine Standard- oder eine erweiterte Access-Liste sein. Diese ausgehende Access-Liste sollte den Verkehr durchlassen, der durch die CBAC überprüft werden soll. Wenn der Verkehr nicht durchgelassen wird, wird er nicht durch die CBAC überprüft werden, stattdessen wird er einfach verworfen.

- Die eingehende IP-Access-Liste auf der externen Schnittstelle muss eine erweiterte Access-Liste sein. Diese eingehende Access-Liste sollte den Verkehr ablehnen, der durch die CBAC überprüft werden soll. (Die CBAC wird zeitweilige Öffnungen in dieser eingehenden Access-Liste erzeugen, um nur den passenden zurückgesendeten Verkehr zuzulassen, der Teil einer gültigen und existierenden Sitzung ist.)

# Kapitel 23 • Konfiguration der kontext-basierten Access-Kontrolle (CBAC)

### Die interne Schnittstelle

Hier sind einige Tipps für Ihre Access-Listen, wenn Sie die CBAC auf einer internen Schnittstelle konfigurieren:

- Wenn Sie eine eingehende IP-Access-Liste auf der internen Schnittstelle besitzen oder eine ausgehende IP-Access-Liste auf einer (mehreren) externen Schnittstelle(n) besitzen, dann können diese Access-Listen Standard- oder erweiterte Access-Listen sein. Diese Access-Listen sollten den Verkehr durchlassen, der durch die CBAC überprüft werden soll. Wenn der Verkehr nicht durchgelassen wird, wird er nicht durch die CBAC überprüft werden, stattdessen wird er einfach verworfen.

- Die ausgehende IP-Access-Liste auf der internen Schnittstelle und die eingehende IP-Access-Liste auf der externen Schnittstelle müssen erweiterte Access-Listen sein. Diese ausgehenden Access-Listen sollten den Verkehr ablehnen, der durch die CBAC überprüft werden soll. (Die CBAC wird zeitweilige Öffnungen in dieser eingehenden Access-Liste erzeugen, um nur den passenden zurückgesendeten Verkehr zuzulassen, der Teil einer gültigen und existierenden Sitzung ist.) Sie müssen nicht unbedingt auf der ausgehenden internen Schnittstelle *und* auf der eingehenden externen Schnittstelle eine erweiterte Access-Liste konfigurieren, es ist aber zumindest eine notwendig, um den Verkehr einzuschränken, der durch die Firewall in das interne geschützte Netzwerk fließt.

## 23.2.3 Konfiguration von globalen Zeitlimits und Grenzwerten

Die CBAC verwendet Zeitgeber und Grenzwerte, um zu bestimmen, wie lange die Zustandsinformationen für eine Sitzung verwaltet und um wann Sitzungen verworfen werden, die nicht vollständig eingerichtet wurden. Diese Zeitgeber und Grenzwerte werden übergreifend (global) auf alle Sitzungen angewendet.

Sie können die Standard-Zeitgeber und Grenzwerte verwenden oder Sie können diese Werte Ihren Sicherheitsanforderungen entsprechend anpassen. Sie sollten die Zeitgeber und Grenzwerte verändern, bevor Sie mit der Konfiguration der CBAC fortfahren. Beachten Sie: Wenn Sie den aggressiveren host-spezifischen TCP-Dienstablehnungs-(Denial-of-sevice-)Schutz aktivieren wollen, der das Blockieren der Verbindungsaufnahme mit einem Host beinhaltet, müssen Sie die angegebene **block-time** im Befehl **ip inspect tcp max-incomplete host** setzen (siehe letzte Zeile der folgenden Tabelle).

Alle verwendbaren CBAC-Zeitgeber und -Grenzwerte sind in der folgenden Tabelle aufgeführt, zusammen mit dem entsprechenden Befehl und dem Standardwert.

Verwenden Sie die globalen Konfigurationsbefehle aus der Befehlspalte, um einen der in der Zeitgeber- oder Grenzwertspalte aufgeführten globalen Zeitgeber und Grenzwerte zu ändern:

| Veränderbare Zeitgeber und Grenzwerte | Befehl | Standard |
|---|---|---|
| Die Zeitdauer, die die Software wartet, bis eine TCP-Sitzung den eingerichteten (established) Zustand erreicht, bevor die Sitzung verworfen wird. | ip inspect tcp synwait-time *Sekunden* | 30 Sekunden |
| Die Zeitdauer, die eine TCP-Sitzung weiterhin verwaltet wird, wenn die Firewall ein FIN-Exchange-Paket empfängt. | ip inspect tcp finwait-time *Sekunden* | 5 Sekunden |
| Die Zeitdauer, die eine TCP-Sitzung weiterhin verwaltet wird, wenn keine Aktivität mehr stattfindet (der TCP-Leerlaufzeitgeber).[1] | ip inspect tcp idle-time *Sekunden* | 3600 Sekunden (1 Stunde) |
| Die Zeitdauer, die eine UDP-Sitzung weiterhin verwaltet wird, wenn keine Aktivität mehr stattfindet (der UDP-Leerlaufzeitgeber).[1] | ip inspect udp idle-time *Sekunden* | 30 Sekunden |
| Die Zeitdauer, die eine DNS-Namensbestimmungs-Sitzung weiterhin verwaltet wird, wenn keine Aktivität mehr stattfindet. | ip inspect dns-timeout *Sekunden* | 5 Sekunden |
| Die Anzahl der existierenden halboffenen Sitzungen, oberhalb derer die Software mit dem Löschen von halboffenen Sitzungen beginnt.[2] | ip inspect max-incomplete high *Nummer* | 500 existierende halboffene Sitzungen |
| Die Anzahl der existierenden halboffenen Sitzungen, unterhalb derer die Software keine halboffenen Sitzungen mehr löscht.[2] | ip inspect max-incomplete low *Nummer* | 400 existierende halboffene Sitzungen |
| Die Rate neuer uneingerichteter Sitzungen, oberhalb derer die Software mit dem Löschen von halboffenen Sitzungen beginnt.[2] | ip inspect one-minute high *Nummer* | 500 halboffene Sitzungen pro Minute |
| Die Rate neuer uneingerichteter Sitzungen, unterhalb derer die Software keine halboffenen Sitzungen mehr löscht.[2] | ip inspect one-minute low *Nummer* | 400 halboffene Sitzungen pro Minute |
| Die Anzahl der existierenden halboffenen TCP-Sitzungen mit derselben Ziel-Hostadresse, oberhalb derer die Software damit beginnt, die halboffenen Sitzungen zur selben Ziel-Hostadresse zu verwerfen.[3] | ip inspect tcp max-incomplete host *Nummer* block-time *Sekunden* | 50 existierende halboffene TCP-Sitzungen. 0 Sekunden |

Um einen beliebigen Zeitgeber oder Grenzwert zurück auf den Standardwert zu setzen, können Sie die **no**-Form der Befehle aus der vorherigen Tabelle verwenden.

---

[1] Die globalen TCP- und UDP-Leerlaufzeitgeber können für bestimmte Applikationsschicht-Protokollsitzungen überstimmt werden, wie es in der Beschreibung zum Befehl **ip inspect name (global configuration)** in Kapitel 24 »Befehle der kontext-basierten Access-Kontrolle« beschrieben ist.

[2] Beachten Sie für weiter Informationen den folgenden Abschnitt »Halboffene Sitzungen«.

[3] Immer wenn der Grenzwert **max-incomplete host** überschritten wird, wird die Software halboffene Sitzungen unterschiedlich verwerfen, je nachdem ob der Zeitgeber **block-time** eine Null oder eine andere positive Nummer enthält. Wenn der Zeitgeber **block-time** Null ist, wird die Software für den Host die älteste vorhandene halboffene Sitzung löschen, für den eine neue Verbindungsanfrage eintrifft und sie wird das SYN-Paket durchlassen. Wenn der Zeitgeber **block-time** größer Null ist, wird die Software alle existierenden halboffenen Sitzungen für den Host löschen und anschließend alle neuen Verbindungsanfragen zu dem Host blockieren. Die Software wird solange alle neuen Verbindungsanfragen blockieren, bis der Zeitgeber **block-time** abgelaufen ist.

## Kapitel 23 • Konfiguration der kontext-basierten Access-Kontrolle (CBAC)

### Halboffene Sitzungen

Eine ungewöhnlich hohe Zahl von halboffenen Sitzungen (entweder absolute oder die Rate der eingehenden) kann anzeigen, dass eine Dienstablehnungs-(Denial-of-Service-)Attacke stattfindet. Beim TCP bedeutet *halboffen*, dass die Sitzung noch nicht den eingerichteten (established) Zustand erreicht hat – der Dreiwege-Handshake des TCP wurde noch nicht abgeschlossen. Beim UDP bedeutet *halboffen*, dass die Firewall noch keinen zurückgesendeten Verkehr bemerkt hat.

Die CBAC misst sowohl die Gesamtzahl der existierenden halboffenen Sitzungen als auch die Rate der Sitzungseinrichtungsversuche. Sowohl beim TCP als auch beim UDP wird die Gesamtzahl der halboffenen Sitzungen und die Rate der Sitzungseinrichtungsversuche gezählt. Die Messungen erfolgen in Minutenintervallen.

Wenn die Anzahl der existierenden halboffenen Sitzungen über einen Grenzwert steigt (die Zahl im Befehl **max-incomplete high**), dann löscht die Software die erforderliche Anzahl von halboffenen Sitzungen, um neue Verbindungsanfragen zu ermöglichen. Die Software wird weiterhin die nötigen halboffenen Anfragen löschen, bis die Anzahl der existierenden halboffenen Sitzungen unter einen anderen Grenzwert fällt (die Zahl im Befehl **max-incomplete low**).

Wenn die Rate der neuen Verbindungsversuche über einen Grenzwert steigt (die Zahl im Befehl **one-minute high**), dann löscht die Software die erforderliche Anzahl von halboffenen Sitzungen, um neue Verbindungsversuche. zu ermöglichen. Die Software wird weiterhin die nötigen halboffenen Anfragen löschen, bis die Rate der neuen Verbindungsversuche unter einen anderen Grenzwert fällt (die Zahl im Befehl **one-minute low**). Die Grenzwertraten werden anhand der Anzahl der neuen Sitzungsverbindungsversuche bestimmt, die in der letzten einminütigen Zeitperiode eingetroffen sind (die Rate wird als eine exponentielle Zerfallsrate bestimmt).

### 23.2.4 Erstellung einer Überprüfungsregel

Nachdem Sie die globalen Zeitgeber und Grenzwerte konfiguriert haben, müssen Sie eine Überprüfungsregel festlegen. Diese Regel legt fest, welcher IP-Verkehr (welche Applikationsschicht-Protokolle) durch die CBAC auf einer Schnittstelle überprüft werden.

Normalerweise legen Sie nur eine Überprüfungsregel fest. Die einzige Ausnahme kann dann auftreten, wenn Sie die CBAC in zwei Richtungen aktivieren wollen, wie es im früheren Abschnitt »Wann und wo die CBAC konfiguriert werden sollte« beschrieben wurde. Wenn Sie die CBAC in beiden Richtungen einer einzigen Firewall-Schnittstelle konfigurieren wollen, sollten Sie zwei Regeln konfigurieren, eine für jede Richtung.

Eine Überprüfungsregel sollte jedes gewünschte Applikationsschicht-Protokoll festlegen sowie das allgemeine TCP oder das allgemeine UDP, wenn dies erwünscht ist. Die Überprüfungsregel besteht aus einer Reihe von Aussagen, in der jede ein Protokoll aufführt und denselben Überprüfungsregelnamen angibt.

Befolgen Sie die Anweisungen in den folgenden Abschnitten, um eine Überprüfungsregel zu erstellen:

- Konfiguration der Applikationsschicht-Protokoll-Überprüfung
- Konfiguration der allgemeinen TCP- und UDP-Überprüfung

### Konfiguration der Applikationsschicht-Protokoll-Überprüfung

> **ANMERKUNG**
>
> Wenn Sie wollen, dass die CBAC-Überprüfung auch auf den Verkehr für NetMeeting 2.0 (ein H.323 Applikationsschicht-Protokoll) angewendet wird, müssen Sie auch die Überprüfung für das TCP konfigurieren, wie es im späteren Abschnitt »Konfiguration der allgemeinen TCP- und UDP-Überprüfung« beschrieben ist. Dies ist erforderlich, da das NetMeeting 2.0 einen zusätzlichen TCP-Kanal verwendet, der nicht in der H.323-Spezifikation festgelegt ist.

Verwenden Sie einen oder beide der folgenden globalen Konfigurationsbefehle, um die CBAC-Überprüfung für ein Applikationsschicht-Protokoll zu konfigurieren:

| Befehl | Zweck |
| --- | --- |
| **ip inspect name** *Überprüfungsname Protokoll* [**timeout** *Sekunden*] | Konfiguriert die CBAC-Überprüfung für ein Applikationsschicht-Protokoll (außer für RPC und Java). Verwenden Sie ein *Protokoll*-Schlüsselwort aus der Tabelle 23-1. |
| | Wiederholen Sie diesen Befehl für jedes gewünschte Protokoll. Verwenden Sie im Befehl denselben *Überprüfungsnamen*, um eine einzige Überprüfungsregel zu erzeugen. |
| **ip inspect name** *Überprüfungsname* **rpc program-number** *Nummer* [**wait-time** *Minuten*] [**timeout** *Sekunden*] | Aktiviert die CBAC-Überprüfung für das RPC-Applikationsschicht-Protokoll. |
| | Sie können mehrere RPC-Programmnummern angeben, indem Sie diesen Befehl für jeder Programmnummer wiederholen. |
| | Verwenden Sie im Befehl denselben *Überprüfungsnamen*, um eine einzige Überprüfungsregel zu erzeugen. |

Sie finden eine Beschreibung des Befehls **ip inspect name (globale Konfiguration)** in Kapitel 24 »Die Befehle der kontext-basierten Access-Kontrolle (CBAC)«, um vollständige Informationen über die Funktion dieses Befehls mit jedem Applikationsschicht-Protokoll zu erhalten.

Lesen Sie den folgenden Abschnitt »Die Konfiguration der Java-Überprüfung«, um die CBAC-Überprüfung für Java zu aktivieren.

Tabelle 23.1 zeigt die Schlüsselwörter der Applikations-Protokolle.

*Tabelle 23.1: Die Schlüsselwörter der Applikations-Protokolle*

| Applikations-Protokoll | *Protokoll*-Schlüsselwort |
|---|---|
| CU-SeeMe | Cuseeme |
| FTP | ftp |
| H.323 | h323 |
| UNIX-r-Befehle (rlogin, rexec, rsh) | Rcmd |
| RealAudio | Realaudio |
| SMTP | Smtp |
| SQL*Net | Sqlnet |
| StreamWorks | Streamworks |
| TFTP | tftp |
| VDOLive | vdolive |

*Die Konfiguration der Java-Überprüfung*

Bei Java müssen Sie sich vor dem Risiko schützen, dass Benutzer unabsichtlich zerstörerische Applets in Ihr Netzwerk downloaden. Um sich gegen dieses Risiko zu schützen, sollten Sie verlangen, dass alle Benutzer das Java in ihrem Browser deaktivieren. Wenn dies keine akzeptable Lösung darstellt, können Sie die CBAC verwenden, um Java-Applets auf der Firewall zu filtern. Damit wird den Benutzern nur der Download von Applets erlaubt, die sich innerhalb der Firewall befinden, und zusätzlich nur vertrauenswerte Applets, die sich außerhalb der Firewalls befinden.

Die Filterung von Java-Applets unterscheidet zwischen vertrauenswerten und nicht vertrauenswerten Applets, indem eine Liste von externen Sites zugrunde gelegt wird, die Sie als »freundlich« bezeichnen. Wenn ein Applet von einer freundlichen Site kommt, dann lässt die Firewall das Applet passieren. Wenn das Applet nicht von einer freundlichen Site kommt, wird das Applet blockiert. (Alternativ können Sie auch alle Applets von externen Sites durchlassen, bis auf diejenigen, die von unfreundlichen Sites stammen.)

Verwenden Sie die folgenden globalen Konfigurationsbefehle, um alle Java-Applets zu blockieren, bis auf die Applets von freundlichen Orten:

| Schritt | Befehl | Zweck |
|---|---|---|
| 1 | **ip access-list standard** *Name* **permit** ... **deny** ... (Verwenden Sie passende **permit**- und **deny**-Aussagen) oder **access-list** *Access-Listen-Nummer* {**deny** \| **permit**} *Quelle*[*Quellenplatzhalter*] | Erzeugt eine Standard-Access-Liste, die nur den Verkehr von freundlichen Sites zulässt und Verkehr von unfreundlichen Sites ablehnt. Wenn Sie möchten, dass alle internen Benutzer freundliche Applets downloaden können, dann verwenden Sie das Schlüsselwort **any** für das entsprechende Ziel – aber seien Sie vorsichtig, dass Sie das Schlüsselwort **any** nicht aus Versehen falsch verwenden und damit alle Applets durchlassen. |
| 2 | **ip inspect name** *Überprüfungsname* **http** [**java-list** *Access-Liste*] [**timeout** *Sekunden*] | Blockiert alle Java-Applets bis auf die Applets von den freundlichen Sites, die zuvor in der Access-Liste festgelegt wurden. Die Java-Blockade funktioniert nur mit Standard-Access-Listen. Verwenden Sie im Befehl denselben *Überprüfungsnamen*, den Sie für die anderen Protokolle verwendet haben, um eine einzige Überprüfungsregel zu erzeugen. |

**STOP**

CBAC entdeckt oder blockiert keine verkapselten Java-Applets. Daher werden Java-Applets, die eingepackt oder verkapselt sind, also Applets mit den Dateiendungen .zip oder .jar *nicht* an der Firewall blockiert. Die CBAC entdeckt oder blockiert auch keine Java-Applets, die per FTP, Gopher, HTTP usw. von einem Nicht-Standardport geladen werden.

*Die Konfiguration der allgemeinen TCP- und UDP-Überprüfung*

Sie können die TCP- und die UDP-Überprüfung so konfigurieren, dass die TCP- und UDP-Pakete durch die Firewall in Ihr internes Netzwerk eingelassen werden, auch wenn die Applikationsschicht-Protokoll-Überprüfung nicht konfiguriert ist. Jedoch erkennt die TCP- und die UDP-Überprüfung keine applikations-spezifischen Befehle und kann daher nicht alle zurückgesendeten Pakete einer Anwendung durchlassen, vor allem wenn die zurückgesendeten Pakete eine andere Portnummer besitzen, wie das zuvor ausgesendete Paket.

Jedes überprüfte Applikationsschicht-Protokoll hat Vorrang vor der TCP- oder der UDP-Paket-Überprüfung. Wenn die Überprüfung zum Beispiel für das FTP konfiguriert ist, werden alle Kontrollkanal-Informationen in der Zustandstabelle aufgenommen und der gesamte FTP-Verkehr wird zurück durch die Firewall gelassen, wenn die Kontrollkanal-Informationen für den Zustand der FTP-Sitzung gültig sind. Die Tatsache, dass die TCP-Überprüfung konfiguriert wurde, ist für die FTP-Zustandsinformationen ohne Bedeutung.

Bei der TCP- und der UDP-Überprüfung müssen die Pakete, die in das Netzwerk eintreten, genau dem entsprechenden Paket gleichen, das zuvor das Netzwerk verlassen hat. Die eintretenden Pakete müssen dieselben Quell-/Zieladressen und Quell-/Zielportnummern wie das ausgesendete Paket besitzen (aber entgegengesetzt). Wenn dies nicht der Fall ist, werden die eintretenden Pakete an der Schnittstelle blockiert. Zudem werden alle TCP-Pakete verworfen, die eine Sequenznummer außerhalb des Fensters besitzen.

Bei der konfigurierten UDP-Überprüfung werden nur die Antworten zurück durch die Firewall gelassen, wenn sie innerhalb einer konfigurierbaren Zeitdauer nach der letzten Anfragesendung ankommen (diese Zeitdauer wird mit dem Befehl **ip inspect udp idle-time** konfiguriert).

Verwenden Sie einen oder beide der folgenden globalen Konfigurationsbefehle, um die CBAC-Überprüfung für TCP- oder UDP-Pakete zu konfigurieren:

| Befehl | Zweck |
|---|---|
| ip inspect name *Überprüfungsname* tcp [timeout *Sekunden*] | Aktiviert die CBAC-Überprüfung für TCP-Pakete. Verwenden Sie im Befehl denselben *Überprüfungsnamen*, den Sie für die anderen Protokolle verwendet haben, um eine einzige Überprüfungsregel zu erzeugen. |
| ip inspect name *Überprüfungsname* udp [timeout *Sekunden*] | Aktiviert die CBAC-Überprüfung für UDP-Pakete. Verwenden Sie im Befehl denselben *Überprüfungsnamen*, den Sie für die anderen Protokolle verwendet haben, um eine einzige Überprüfungsregel zu erzeugen. |

## 23.2.5 Anwendung der Überprüfungsregel auf eine Schnittstelle

Nachdem Sie eine Überprüfungsregel erstellt haben, wenden Sie diese Regel auf eine Schnittstelle an.

Normalerweise wenden Sie nur eine Überprüfungsregel auf eine Schnittstelle an. Die einzige Ausnahme kann dann auftreten, wenn Sie die CBAC in zwei Richtungen aktivieren wollen, wie es im früheren Abschnitt »Wann und wo die CBAC konfiguriert werden sollte« beschrieben wurde. Wenn Sie die CBAC in beiden Richtungen einer einzigen Firewall-Schnittstelle konfigurieren wollen, sollten Sie zwei Regeln konfigurieren, eine für jede Richtung.

Wenn Sie die CBAC auf einer externen Schnittstelle konfigurieren, dann wenden Sie die Regel auf den ausgehenden Verkehr an.

Wenn Sie die CBAC auf einer internen Schnittstelle konfigurieren, dann wenden Sie die Regel auf den eingehenden Verkehr an.

Verwenden Sie den folgenden Interface-Konfigurationsbefehl, um eine Überprüfungsregel auf eine Schnittstelle anzuwenden:

| Befehl | Zweck |
|---|---|
| ip inspect *Überprüfungsname* {in \| out} | Wendet eine Überprüfungsregel auf eine Schnittstelle an. |

## 23.2.6 Anzeige der Konfiguration, des Zustands und der Statistiken für die kontext-basierte Access-Kontrolle

Sie können sich mit einem oder mehreren der folgenden EXEC-Befehle bestimmte CBAC-Informationen anzeigen lassen:

| Befehl | Zweck |
|---|---|
| show ip inspect name *Überprüfungsname* | Zeigt eine bestimmte konfigurierte Überprüfungsregel an. |
| show ip inspect config | Zeigt die vollständige CBAC-Überprüfungs-Konfiguration. |
| show ip inspect interfaces | Zeigt die Schnittstellen-Konfiguration in Hinsicht auf die zugeordneten Überprüfungsregeln und Access-Listen. |
| show ip inspect session [detail] | Zeigt die existierenden Sitzungen an, die momentan durch die CBAC verfolgt und überprüft werden. |
| show ip inspect all | Zeigt die gesamte CBAC-Konfiguration und alle existierenden Sitzungen an, die momentan durch die CBAC verfolgt und überprüft werden. |

## 23.2.7 Fehlersuche (das Debugging) bei der kontext-basierten Access-Kontrolle

Um Fehler in der CBAC zu suchen, können Sie die Meldungen zur Nachverfolgung einschalten, die an der Konsole angezeigt werden, wenn eine CBAC-Sitzung beendet wird.

Verwenden Sie die folgenden globalen Konfigurationsbefehle, um die Meldungen zur Nachverfolgung einzuschalten:

| Befehl | Zweck |
|---|---|
| ip inspect audit trail | Schaltet die CBAC-Nachverfolgungsmeldungen an. |

Wenn es erforderlich ist, können Sie auch die **debug**-Befehle der CBAC verwenden, die in diesem Abschnitt aufgeführt sind. (Die Fehlersuche kann für jeden der Befehle in diesem Abschnitt durch die Verwendung der **no**-Form des Befehls abgeschaltet werden. Um alle Debug-Befehle zu deaktivieren, können Sie die privilegierten EXEC-Befehle **no debug all** oder **undebug all** verwenden.)

Die verwendbaren **debug**-Befehle sind in den folgenden Abschnitten aufgeführt:

– Allgemeine Debug-Befehle

– Debug-Befehle der Transportschicht

– Debug-Befehle für Applikations-Protokolle

### Allgemeine Debug-Befehle

Sie können die folgenden allgemeinen **debug**-Befehle im privilegierten EXEC-Modus verwenden:

| Befehl | Zweck |
|---|---|
| debug ip inspect function-trace | Zeigt Meldungen über Software-Funktionen an, die durch die CBAC aufgerufen werden. |
| debug ip inspect object-creation | Zeigt Meldungen über Software-Objekte an, die durch die CBAC erzeugt werden. Die Objekterzeugung korrespondiert mit dem Beginn von CBAC-überprüften Sitzungen. |
| debug ip inspect object-deletion | Zeigt Meldungen über Software-Objekte an, die durch die CBAC gelöscht werden. Die Objektlöschung korrespondiert mit der Beendigung von CBAC-überprüften Sitzungen. |
| debug ip inspect events | Zeigt Meldungen über CBAC-Software-Ereignisse an, einschließlich der Informationen über die CBAC-Paketverarbeitung. |
| debug ip inspect timers | Zeigt Meldungen über CBAC-Zeitgeberereignisse an, z.B. wenn der CBAC-Leerlaufzeitgeber abgelaufen ist. |
| debug ip inspect detail | Aktiviert die Detail-Option, die zusammen mit anderen Optionen verwendet werden kann, um zusätzliche Informationen zu erhalten. |

### Debug-Befehle der Transportschicht

Sie können die folgenden **debug**-Befehle der Transportschicht im privilegierten EXEC-Modus verwenden:

| Befehl | Zweck |
|---|---|
| debug ip inspect tcp | Zeigt Meldungen über CBAC-überprüfte TCP-Ereignisse an, einschließlich der Details über die TCP-Pakete. |
| debug ip inspect udp | Zeigt Meldungen über CBAC-überprüfte UDP-Ereignisse an, einschließlich der Details über die UDP-Pakete. |

### Die Debug-Befehle für Applikations-Protokolle

Sie können den folgenden **debug**-Befehl für Applikations-Protokolle im privilegierten EXEC-Modus verwenden:

| Befehl | Zweck |
|---|---|
| **debug ip inspect** *protocol* | Zeigt Meldungen über CBAC-überprüfte Protokoll-Ereignisse an, einschließlich der Details über die Protokoll-Pakete. Beachten Sie die Tabelle 23.2, um das entsprechende Protokoll-Schlüsselwort zu bestimmen. |

Tabelle 23.2 enthält die Schlüsselwörter der Applikations-Protokolle für den Befehl **debug ip inspect**.

*Tabelle 23.2: Schlüsselwörter der Applikations-Protokolle für den Befehl* **debug ip inspect**

| Applikations-Protokoll | *Protokoll*-Schlüsselwort |
|---|---|
| CU-SeeMe | cuseeme |
| FTP-Befehle und –Antworten | ftp-cmd |
| FTP-Tokens (aktiviert die Verfolgung der zerlegten FTP-Tokens) | ftp-tokens |
| H.323 | h323 |
| Java-Applets | http |
| UNIX-r-Befehle (rlogin, rexec, rsh) | rcmd |
| RealAudio | realaudio |
| RPC | rpc |
| SMTP | smtp |
| SQL*Net | sqlnet |
| StreamWorks | streamworks |
| TFTP | tftp |
| VDOLive | vdolive |

### 23.2.8 Das Verstehen der durch die kontext-basierten Access-Kontrolle erzeugten Syslog- und Konsolenmeldungen

CBAC liefert Syslog-Meldungen, Konsolen-Alarmmeldungen und Nachverfolgungs-Meldungen. Diese Meldungen sind sehr hilfreich, da diese Sie bei Netzwerkattacken alarmieren und auch eine Verfolgungsspur erzeugen können, mit der Details über durch die CBAC überprüfte Sitzungen angezeigt werden können. Obwohl sie allgemein als Fehlermeldungen bezeichnet werden, zeigen nicht alle Fehlermeldungen Probleme mit Ihrem System an.

Kapitel 23 • Konfiguration der kontext-basierten Access-Kontrolle (CBAC)    **469**

Die folgenden Arten von Fehlermeldungen können durch die CBAC erzeugt werden:

– Fehlermeldungen über festgestellte Dienstablehnungs-(Denial-of-Service-)Attacken

– Fehlermeldungen über festgestellte SMTP-Attacken

– Fehlermeldungen über Java-Blockierungen

– FTP-Fehlermeldungen

– Fehlermeldungen über Verfolgungsspuren (Audit-Trails)

### Fehlermeldungen über festgestellte Dienstablehnungs-(Denial-of-Service-)Attacken

Die CBAC entdeckt und blockiert Dienstablehnungsattacken und benachrichtigt Sie, wenn solche Dienstablehnungsattacken auftreten. Fehlermeldungen wie die folgenden lassen erkennen, dass Dienstablehnungsattacken auftraten:

```
%FW-4-ALERT_ON: getting aggressive, count (550/500) current 1-min rate: 250
%FW-4-ALERT_OFF: calming down, count (0/400) current 1-min rate: 0
```

Wenn die Fehlermeldungen %FW-4-ALERT_ON und %FW-4-ALERT_OFF gemeinsam erscheinen, zeigt jedes »aggressive/calming« -Meldungspaar eine einzelne Attacke an. Das obige Beispiel zeigt eine einzelne Attacke.

Fehlermeldungen wie die folgenden können anzeigen, dass eine Dienstablehnungsattacke auf einem bestimmten TCP-Host auftrat:

```
%FW-4-HOST_TCP_ALERT_ON: Max tcp half-open connections (50) exceeded for host
172.21.127.242.
%FW-4-BLOCK_HOST: Blocking new TCP connections to host 172.21.127.242 for 2
minutes (half-open count 50 exceeded)
%FW-4-UNBLOCK_HOST: New TCP connections to host 172.21.127.242 no longer blocked
```

### Fehlermeldungen über festgestellte SMTP-Attacken

Die CBAC entdeckt und blockiert SMTP-Attacken (illegale SMTP-Befehle) und benachrichtigt Sie, wenn SMTP-Attacken auftreten. Fehlermeldungen wie die folgenden lassen erkennen, dass SMTP-Attacken auftraten:

```
%FW-4-SMTP_INVALID_BEFEHL: Invalid SMTP command from initiator
(192.168.12.3:52419)
```

### Fehlermeldungen über Java-Blockierungen

Die CBAC entdeckt und blockiert einzelne Java-Applets und benachrichtigt Sie, wenn ein Java-Applet blockiert wurde. Fehlermeldungen wie die folgenden lassen erkennen, dass ein Java-Applet blockiert wurde:

```
%FW-4-HTTP_JAVA_BLOCK: JAVA applet is blocked from (172.21.127.218:80) to
(172.16.57.30:44673).
```

### FTP-Fehlermeldungen

Die CBAC entdeckt und verhindert FTP-Attacken und benachrichtigt Sie, wenn diese auftreten. Fehlermeldungen wie die folgenden können erscheinen, wenn die CBAC diese FTP-Attacken entdeckt:

```
%FW-3-FTP_PRIV_PORT: Privileged port 1000 used in PORT command  -- FTP client
10.0.0.1  FTP server 10.1.0.1
         %FW-3-FTP_SESSION_NOT_AUTHENTICATED: command issued bevor the session is
authenticated  -- FTP client 10.0.0.1
%FW-3-FTP_NON_MATCHING_IP_ADDR: Non-matching address 172.19.148.154 used in PORT
 command  -- FTP client 172.19.54.143   FTP server 172.16.127.242
```

### Fehlermeldungen über Verfolgungsspuren (Audit-Trails)

Die CBAC ermöglicht Meldungen zur Nachverfolgung von Spuren, um Details von überprüften Sitzungen aufzuzeichnen. Anhand der Portnummer des Antwortenden können Sie feststellen, welches Protokoll überprüft wurde. Die Portnummer folgt der Adresse des Antwortenden. Es folgen beispielhafte Nachverfolgungsmeldungen:

```
%FW-6-SESS_AUDIT_TRAIL: tcp session initiator (192.168.1.13:33192) sent 22 bytes -
- responder (192.168.129.11:25) sent 208 bytes
%FW-6-SESS_AUDIT_TRAIL: http session initiator (172.16.57.30:44673) sent
1599 bytes -- responder (172.21.127.218:80) sent 93124 bytes
```

#### 23.2.9  Das Abschalten der CBAC

Sie können die CBAC mit dem globalen Konfigurationsbefehl **no ip inspect** abschalten.

> **ANMERKUNG**
>
> Der Befehl **no ip inspect** entfernt alle CBAC-Konfigurationseinträge und versetzt alle globalen CBAC-Zeitgeber und -Grenzwerte in ihre Standardeinstellungen. Alle vorhandenen Sitzungen werden gelöscht und die zugehörigen Access-Listen werden entfernt.

In den meisten Situationen wirkt sich das Abschalten der CBAC nicht negativ auf die Sicherheit aus, da die CBAC zulassende Access-Listen erzeugt. Ohne die konfigurierte CBAC werden keine zulassenden Access-Listen unterhalten. Daher wird von außen kein eingehender Verkehr (zurückgesendeter Verkehr oder Verkehr aus den Datenkanälen) durch die Firewall gelangen. Die Ausnahmen stellen die SMTP- und die Java-Blockierungen dar. Mit abgeschaltetem CBAC können unerlaubte SMTP-Befehle oder Java-Applets durch die Firewall gelangen.

### 23.3  Ein CBAC-Konfigurationsbeispiel

Dieses Beispiel einer Konfigurationsdatei zeigt eine Firewall, auf der die CBAC konfiguriert ist. Die Firewall befindet sich zwischen dem internen Netzwerk eines geschützten Außenbüros und einer WAN-Verbindung zur Hauptgeschäftsstelle des Un-

# Kapitel 23 • Konfiguration der kontext-basierten Access-Kontrolle (CBAC)

ternehmens. Die CBAC auf der Firewall ist so konfiguriert, dass das interne Netzwerk vor potentiellen Netzwerkangriffen aus der Richtung der WAN-Verbindung geschützt wird.

Die Firewall besitzt zwei konfigurierte Schnittstellen:

- Ethernet 0 ist an das interne geschützte Netzwerk angeschlossen
- Serial 0 ist an das WAN mittels Frame-Relay angeschlossen

```
!---------------------------------------------------------------
! This first section contains some configuration that is not required for CBAC,
! but illustrates good security practices. Note that there are no services
! on the Ethernet side. E-mail is picked up via POP from a server on the corporate
! side.
!---------------------------------------------------------------
!
version 11.2
!
! The following three commands should appear in almost every config
!
service password-encryption
service udp-small-servers
no service tcp-small-servers
!
hostname fred-examplecorp-fr
!
boot system flash c1600-fw1600-l
enable secret 5 <elided>
!
username fred password <elided>
ip subnet-zero
no ip source-route
ip domain-name example.com
ip name-server 172.19.2.132
ip name-server 198.92.30.32
!
!
!---------------------------------------------------------------
!The next section includes configuration required specifically for CBAC
!---------------------------------------------------------------
!
!The e commands define the inspection rule "myfw", allowing
! the specified protocols to be inspected. Note that Java applets will be permitted
! according to access list 51, defined later in this configuration .
!
ip inspect name myfw cuseeme timeout 3600
ip inspect name myfw ftp timeout 3600
ip inspect name myfw http java-list 51 timeout 3600
ip inspect name myfw rcmd timeout 3600
ip inspect name myfw realaudio timeout 3600
ip inspect name myfw smtp timeout 3600
ip inspect name myfw tftp timeout 30
ip inspect name myfw udp timeout 15
```

```
ip inspect name myfw tcp timeout 3600
!
!The following interface configuration applies the "myfw" inspection rule to
! inbound traffic at Ethernet 0. Since this interface is on the internal network
! side of the Firewall, traffic entering Ethernet 0 is actually exiting the
! internal network.
!Applying the inspection rule to this interface causes inbound traffic (which is
! exiting the network) to be inspected; return traffic will only be permitted back
! through the Firewall if part of a session which began from within the network.
!Also note that access list 101 is applied to inbound traffic at Ethernet 0.
! Any traffic that passes the access list will be inspected through the CBAC.
! (Traffic blocked by the access list will not be inspected.)
!
interface Ethernet0
 description ExampleCorp Ethernet chez fred
 ip address 172.19.139.1 255.255.255.248
 ip broadcast-address 172.19.131.7
 no ip directed-broadcast
 no ip proxy-arp
 ip inspect myfw in
 ip access-group 101 in
 no ip route-cache
 no cdp enable
!
interface Serial0
 description Frame Relay (Telco ID 22RTQQ062438-001) to ExampleCorp HQ
 no ip address
 ip broadcast-address 0.0.0.0
 encapsulation frame-relay IETF
 no ip route-cache
 no arp frame-relay
 bandwidth 56
 service-module 56k clock source line
 service-module 56k network-type dds
 frame-relay lmi-type ansi
!
!Note that the following interface configuration applies access list 111 to
! inbound traffic at the external serial interface. (Inbound traffic is
! entering the network.) When CBAC inspection occurs on traffic exiting the
! network, temporary openings will be added to access list 111 to allow returning
! traffic that is part of existing sessions.
!
interface Serial0.1 point-to-point
 ip unnumbered Ethernet0
 ip access-group 111 in
 no ip route-cache
 bandwidth 56
 no cdp enable
 frame-relay interface-dlci 16
!
ip classless
ip route 0.0.0.0 0.0.0.0 Serial0.1
!
!The following access list defines "friendly" und "hostile" sites for Java
! applet blocking. Because Java applet blocking is defined in the inspection
```

# Kapitel 23 • Konfiguration der kontext-basierten Access-Kontrolle (CBAC)  473

```
! rule "myfw" und references access list 51, applets will be actively denied
! if they are from any of the "deny" addresses und allowed only if they are from
! either of the two "permit" networke.
!
access-list 51 deny    172.19.1.203
access-list 51 deny    172.19.2.147
access-list 51 permit  172.18.0.0 0.1.255.255
access-list 51 permit  192.168.1.0 0.0.0.255
access-list 51 deny    any
!
!The following access list 101 is applied to interface Ethernet 0 above.
! This access list permits all traffic that should be CBAC inspected und also
! provides anti-spoofing. The access list is deliberately set up to deny unknown
! IP protocols, because no such unknown protocols will be in legitimate use.
!
access-list 101 permit tcp 172.19.139.0 0.0.0.7 any
access-list 101 permit udp 172.19.139.0 0.0.0.7 any
access-list 101 permit icmp 172.19.139.0 0.0.0.7 any
access-list 101 deny   ip any any
!
!The following access list 111 is applied to interface Serial 0.1 above.
! This access list filters traffic coming in from the external side. When
! CBAC inspection occurs, temporary openings will be added to the beginning of
! this access list to allow return traffic back into the internal network.
!This access list should restrict traffic that will be inspected by
! CBAC. (Remember that CBAC will open holes as necessary to permit returning
traffic.)
!Comments precede each access list entry. These entries aren't all specifically
related
! to CBAC, but are created to provide general good Sicherheit.
!
! Anti-spoofing.
access-list 111 deny    ip 172.19.139.0 0.0.0.7 any
! Port 22 is SSH... encrypted, RSA-authenticated remote login. Can be used to get
to
! field  office host from ExampleCorp headquarters.
access-list 111 permit tcp any host 172.19.139.2 eq 22
! Sometimes EIGRP is run on the Frame Relay link. When you use an
! input access list, you have to explicitly allow even control traffic.
! This could be more restrictive, but there would have to be entries
! for the EIGRP multicast as well as for the office's own unicast address.
access-list 111 permit igrp any any
! These are the ICMP types actually used...
! administratively-prohibited is useful when you're trying to figure out why
! you can't reach something you think you should be able to reach.
access-list 111 permit icmp any 172.19.139.0 0.0.0.7 administratively-prohibited
! This allows network admins at headquarters to ping hosts at the field office:
access-list 111 permit icmp any 172.19.139.0 0.0.0.7 echo
! This allows the field office to do outgoing pings
access-list 111 permit icmp any 172.19.139.0 0.0.0.7 echo-reply
! Path MTU discovery requires too-big messages
access-list 111 permit icmp any 172.19.139.0 0.0.0.7 packet-too-big
! Outgoing traceroute requires time-exceeded messages to come back
access-list 111 permit icmp any 172.19.139.0 0.0.0.7 time-exceeded
! Incoming traceroute
```

```
access-list 111 permit icmp any 172.19.139.0 0.0.0.7 traceroute
! Permits all unreachables because if you are trying to debug
! things from the remote office, you want to see them. If nobody ever did
! any debugging from the network, it would be more appropriate to permit only
! port unreachables oder no unreachables at all.
access-list 111 permit icmp any 172.19.139.0 0.0.0.7 unreachable
! These next two entries permit user on most ExampleCorp networke to telnet to
! a host in the field office. This is for remote administration by the network
admins.
access-list 111 permit tcp 172.18.0.0 0.1.255.255 host 172.19.139.1 eq telnet
access-list 111 permit tcp 192.168.1.0 0.0.0.255 host 172.19.139.1 eq telnet
! Final deny for explicitness
access-list 111 deny   ip any any
!
no cdp run
snmp-server community <elided> RO
!
line con 0
 exec-timeout 0 0
 password <elided>
 login local
line vty 0
 exec-timeout 0 0
 password <elided>
 login local
 length 35
line vty 1
 exec-timeout 0 0
 password 7 <elided>
 login local
line vty 2
 exec-timeout 0 0
 password 7 <elided>
 login local
line vty 3
 exec-timeout 0 0
 password 7 <elided>
 login local
line vty 4
 exec-timeout 0 0
 password 7 <elided>
 login local
!
scheduler interval 500
end
```

# KAPITEL 24
# Befehle der kontext-basierten Access-Kontrolle (CBAC)

Dieses Kapitel beschreibt die Befehle der kontext-basierten Access-Kontrolle (CBAC=context-based Access-Control). CBAC filtert TCP- und UDP-Pakete auf intelligente Weise anhand von Protokollsitzungs-Informationen der Applikationsschicht und sie kann für Intranets, Extranets und das Internet verwendet werden. Ohne die CBAC beschränkt sich die Filterung des Verkehrs auf die Anwendung von Access-Listen, die die Pakete nur auf der Netzwerkschicht überprüfen oder maximal auf der Transportschicht. Die CBAC überprüft dagegen nicht nur die Informationen der Netzwerkschicht und der Transportschicht, sondern auch die Protokoll-Informationen der Applikationsschicht (z.B. FTP-Verbindungsinformationen), um den Zustand der TCP- oder UDP-Sitzung zu bestimmen. Diese Zustandsinformationen werden zur Erzeugung von zeitweiligen Öffnungen in den Access-Listen der Firewalls verwendet, um den zurückgesendeten Verkehr zuzulassen und zusätzliche Datenverbindungen für zulässige Sitzungen zu ermöglichen (Sitzungen die aus dem geschützten internen Netzwerk heraus aufgenommen wurden).

Wenn Sie eine vollständige Beschreibung von anderen Befehlen zur CBAC-Konfiguration suchen, können Sie eine Online-Recherche unter der Internetadresse www.cisco.com ausführen.

Weitere Konfigurationsinformationen finden Sie in Kapitel 23 »Konfiguration der kontext-basierten Access-Kontrolle (CBAC)«.

## 24.1 ip inspect audit trail

Verwenden Sie den globalen Konfigurationsbefehl **ip inspect audit trail**, um CBAC-Nachverfolgungs-Meldungen anzuschalten, die immer dann an der Konsole angezeigt werden, wenn eine CBAC-Sitzung beendet wird. Verwenden Sie die **no**-Form dieses Befehls, um die CBAC-Nachverfolgungs-Meldungen auszuschalten.

**ip inspect audit trail**
**no ip inspect audit trail**

## Syntaxbeschreibung

Dieser Befehl besitzt keine Argumente oder Schlüsselwörter.

## Standard

Es werden keine Nachverfolgungs-Meldungen angezeigt.

## Befehlsmodus

Globale Konfiguration

## Benutzungsrichtlinien

Dieser Befehl erschien erstmals in der Cisco-IOS-Version 11.2 P.

## Beispiel

Das folgende Beispiel schaltet die CBAC-Nachverfolgungs-Meldungen an:

```
ip inspect audit trail
```

Daraufhin werden z.B. folgende Nachverfolgungs-Meldungen angezeigt.

```
%FW-6-SESS_AUDIT_TRAIL: tcp session initiator (192.168.1.13:33192) sent 22 bytes -
- responder (192.168.129.11:25) sent 208 bytes
%FW-6-SESS_AUDIT_TRAIL: ftp session initiator 192.168.1.13:33194) sent 336 bytes -
- responder (192.168.129.11:21) sent 325 bytes
```

Diese Meldungen sind Beispiele von Nachverfolgungs-Meldungen. Anhand der Portnummer des Antwortenden können Sie feststellen, welches Protokoll überprüft wurde. Die Portnummer folgt der IP-Adresse des Antwortenden.

## 24.2 ip inspect dns-timeout

Verwenden Sie den globalen Konfigurationsbefehl **ip inspect dns-timeout**, um den DNS-Leerlaufzeitgeber festzulegen (die Zeitdauer, die eine DNS- Namensbestimmungs-Sitzung weiterhin verwaltet wird, wenn keine Aktivität mehr stattfindet). Verwenden Sie die **no-**Form dieses Befehls, um den Zeitgeber auf die Standardeinstellung von fünf Sekunden zurückzusetzen.

**ip inspect dns-timeout** *Sekunden*
**no ip inspect dns-timeout**

| Syntax | Beschreibung |
|---|---|
| *Sekunden* | Legt die Zeitdauer fest, die eine DNS-Namensbestimmungs-Sitzung weiterhin verwaltet wird, wenn keine Aktivität mehr stattfindet. |

**Standard**

5 Sekunden

**Befehlsmodus**

Globale Konfiguration

**Benutzungsrichtlinien**

Dieser Befehl erschien erstmals in der Cisco-IOS-Version 11.2 P.

Falls die Software ein gültiges UDP-Paket für eine neue DNS-Namensbestimmungs-Sitzung entdeckt, wenn die CBAC-Überprüfung für das UDP konfiguriert ist, dann erhebt die Software Zustandsinformationen für die neue DNS-Sitzung.

Wenn die Software für eine durch den DNS-Leerlaufzeitgeber festgelegte Zeitdauer keine Pakete für die DNS-Sitzung entdeckt, dann wird die Software die Zustandsinformationen für die Sitzung nicht weiterverwalten.

Der DNS-Leerlaufzeitgeber gilt für alle DNS-Namensbestimmungs-Sitzungen, die durch die CBAC überprüft werden.

Der Wert des DNS-Leerlaufzeitgebers überstimmt den globalen UDP-Zeitgeber. Der Wert des DNS-Leerlaufzeitgebers tritt auch in den aggressiven Modus ein und überstimmt alle Zeitgeber, die für bestimmte Schnittstellen festgelegt wurden, wenn Sie einen Satz von Überprüfungsregeln mit dem Befehl **ip inspect name (globale Konfiguration)** vereinbaren.

**Beispiele**

Das folgende Beispiel setzt den DNS Leerlaufzeitgeber auf 30 Sekunden:

```
ip inspect dns-timeout 30
```

Das folgende Beispiel versetzt den DNS Leerlaufzeitgeber zurück in die Standardeinstellung (fünf Sekunden):

```
no ip inspect dns-timeout
```

## 24.3   ip inspect (Interface-Konfiguration)

Verwenden Sie den Interface-Konfigurationsbefehl **ip inspect**, um einen Satz von Überprüfungsregeln auf eine Schnittstelle anzuwenden. Verwenden Sie die **no**-Form dieses Befehls, um den Regelsatz von der Schnittstelle zu entfernen.

**ip inspect** *Überprüfungsname* {**in** | **out**}
**no ip inspect** *Überprüfungsname* {**in** | **out**}

| Syntax | Beschreibung |
|---|---|
| *Überprüfungsname* | Legt fest, welcher Satz von Überprüfungsregeln angewendet werden soll. |
| In | Wendet die Überprüfungsregeln auf den eingehenden Verkehr an. |
| Out | Wendet die Überprüfungsregeln auf den ausgehenden Verkehr an. |

### Standard

Wenn auf keinen Satz der Überprüfungsregeln eine Schnittstelle angewendet wird, wird auch kein Verkehr durch die CBAC überprüft.

### Befehlsmodus

Interface-Konfiguration

### Benutzungsrichtlinien

Dieser Befehl erschien erstmals in der Cisco-IOS-Version 11.2 P.

Verwenden Sie diesen Befehl, um einen Satz von Überprüfungsregeln auf eine Schnittstelle anzuwenden.

Typischerweise wenden Sie die Regel auf den ausgehenden Verkehr an, wenn die Schnittstelle mit dem externen Netzwerk verbunden ist. Alternativ können Sie die Regel auch auf den eingehenden Verkehr anwenden, wenn die Schnittstelle mit dem internen Netzwerk verbunden ist.

Falls Sie die Regeln auf den ausgehenden Verkehr anwenden, dann werden die zurückgesendeten, eingehenden Pakete durchgelassen, wenn sie zu einer gültigen Verbindung mit existierenden Zustandsinformationen gehören. Diese Verbindung muss mit einem ausgehenden Paket initiiert worden sein.

Falls Sie die Regeln auf den eingehenden Verkehr anwenden, dann werden die zurückgesendeten, ausgehenden Pakete durchgelassen, wenn sie zu einer gültigen Verbindung mit existierenden Zustandsinformationen gehören. Diese Verbindung muss mit einem eingehenden Paket initiiert worden sein.

### Beispiel

Das folgende Beispiel wendet einen Satz von Überprüfungsregeln namens *outboundrules* auf den ausgehenden Verkehr einer externen Schnittstelle an. Damit wird nur der eingehende IP-Verkehr durchgelassen, der Teil einer existierenden Sitzung ist, und es wird jeder andere eingehende Verkehr abgelehnt, der nicht Teil einer existierenden Sitzung ist.

```
interface serial0
 ip inspect outboundrules out
```

## Verwandte Befehle

Sie können online unter www.cisco.com eine Recherche nach verwandten Befehlen ausführen.

ip inspect name (globale Konfiguration)

## 24.4 ip inspect max-incomplete high

Verwenden Sie den globalen Konfigurationsbefehl **ip inspect max-incomplete high**, um die Anzahl der existierenden halboffenen Sitzungen festzulegen, oberhalb derer die Software mit dem Löschen von halboffenen Sitzungen beginnt. Verwenden Sie die **no**-Form dieses Befehls, um den Grenzwert auf die Standardeinstellung von 500 halboffenen Sitzungen zurückzusetzen.

ip inspect max-incomplete high *Anzahl*
no ip inspect max-incomplete high

| Syntax | Beschreibung |
|---|---|
| *Anzahl* | Legt die Anzahl der existierenden halboffenen Sitzungen fest, oberhalb derer die Software mit dem Löschen von halboffenen Sitzungen beginnt. |

## Standard

500 halboffene Sitzungen

## Befehlsmodus

Globale Konfiguration

## Benutzungsrichtlinien

Dieser Befehl erschien erstmals in der Cisco-IOS-Version 11.2 P.

Eine ungewöhnlich hohe Zahl von halboffenen Sitzungen (entweder absolute oder die Rate der eingehenden) kann anzeigen, dass eine Dienstablehnungs-(Denial-of-Service-)Attacke stattfindet. Beim TCP bedeutet *halboffen*, dass die Sitzung noch nicht den eingerichteten (established) Zustand erreicht hat. Beim UDP bedeutet *halboffen*, dass die Firewall noch keinen zurückgesendeten Verkehr bemerkt hat.

Die CBAC misst sowohl die Gesamtzahl der existierenden halboffenen Sitzungen als auch die Rate der Sitzungseinrichtungsversuche. Sowohl beim TCP als auch beim UDP wird die Gesamtzahl der halboffenen Sitzungen und die Rate der Sitzungseinrichtungsversuche gezählt. Die Messungen erfolgen in Minutenintervallen.

Wenn die Anzahl der existierenden halboffenen Sitzungen über einen Grenzwert steigt (die Zahl im Befehl **max-incomplete high**), dann löscht die Software die erforderliche Anzahl von halboffenen Sitzungen, um neue Verbindungsanfragen zu ermöglichen. Die Software wird weiterhin die nötigen halboffenen Anfragen löschen, bis die Anzahl der existierenden halboffenen Sitzungen unter einen anderen Grenzwert fällt (die Zahl im Befehl **max-incomplete low**).

Der globale Wert, der für diesen Grenzwert festgelegt wurde, wird auf alle TCP- und UDP-Verbindungen angewendet, die durch die CBAC überprüft werden.

### Beispiel

Das folgende Beispiel lässt die Software mit dem Löschen von halboffenen Sitzungen beginnen, wenn die Anzahl der existierenden halboffenen Sitzungen über 900 steigt, und sie wird keine halboffenen Sitzungen mehr löschen, wenn die Anzahl unter 800 sinkt:

```
ip inspect max-incomplete high 900
ip inspect max-incomplete low 800
```

### Verwandte Befehle

Sie können online unter www.cisco.com eine Recherche nach verwandten Befehlen ausführen.

ip inspect max-incomplete low
ip inspect one-minute high
ip inspect one-minute low
ip inspect tcp max-incomplete host

## 24.5 ip inspect max-incomplete low

Verwenden Sie den globalen Konfigurationsbefehl **ip inspect max-incomplete low**, um die Anzahl der existierenden halboffenen Sitzungen festzulegen, unterhalb derer die Software keine halboffenen Sitzungen mehr löschen wird. Verwenden Sie die **no**-Form dieses Befehls, um den Grenzwert auf die Standardeinstellung von 400 halboffenen Sitzungen zurückzusetzen.

**ip inspect max-incomplete low** *Anzahl*
**no ip inspect max-incomplete low**

| Syntax | Beschreibung |
| --- | --- |
| *Anzahl* | Legt die Anzahl der existierenden halboffenen Sitzungen fest, unterhalb derer die Software keine halboffenen Sitzungen mehr löschen wird. |

### Standard

400 halboffene Sitzungen

# Kapitel 24 • Befehle der kontext-basierten Access-Kontrolle (CBAC)

## Befehlsmodus

Globale Konfiguration

## Benutzungsrichtlinien

Dieser Befehl erschien erstmals in der Cisco-IOS-Version 11.2 P.

Eine ungewöhnlich hohe Zahl von halboffenen Sitzungen (entweder absolute oder die Rate der eingehenden) kann anzeigen, dass eine Dienstablehnungs-(Denial-of-Service-)Attacke stattfindet. Beim TCP bedeutet *halboffen*, dass die Sitzung noch nicht den eingerichteten (established) Zustand erreicht hat. Beim UDP bedeutet *halboffen*, dass die Firewall noch keinen zurückgesendeten Verkehr bemerkt hat.

CBAC misst sowohl die Gesamtzahl der existierenden halboffenen Sitzungen als auch die Rate der Sitzungseinrichtungsversuche. Sowohl beim TCP als auch beim UDP wird die Gesamtzahl der halboffenen Sitzungen und die Rate der Sitzungseinrichtungsversuche gezählt. Die Messungen erfolgen in Minutenintervallen.

Wenn die Anzahl der existierenden halboffenen Sitzungen über einen Grenzwert steigt (die Zahl im Befehl **max-incomplete high**), dann löscht die Software die erforderliche Anzahl von halboffenen Sitzungen, um neue Verbindungsanfragen zu ermöglichen. Die Software wird weiterhin die nötigen halboffenen Anfragen löschen, bis die Anzahl der existierenden halboffenen Sitzungen unter einen anderen Grenzwert fällt (die Zahl im Befehl **max-incomplete low**).

Der globale Wert, der für diesen Grenzwert festgelegt wurde, wird auf alle TCP- und UDP-Verbindungen angewendet, die durch die CBAC überprüft werden.

## Beispiel

Das folgende Beispiel lässt die Software mit dem Löschen von halboffenen Sitzungen beginnen, wenn die Anzahl der existierenden halboffenen Sitzungen über 900 steigt, und sie wird keine halboffenen Sitzungen mehr löschen, wenn die Anzahl unter 800 sinkt:

```
ip inspect max-incomplete high 900
ip inspect max-incomplete low 800
```

## Verwandte Befehle

Sie können online unter www.cisco.com eine Recherche nach verwandten Befehlen ausführen.

ip inspect max-incomplete high
ip inspect one-minute high
ip inspect one-minute low
ip inspect tcp max-incomplete host

## 24.6 ip inspect name (globale Konfiguration)

Verwenden Sie den globalen Konfigurationsbefehl **ip inspect name**, um einen Satz von Überprüfungsregeln festzulegen. Verwenden Sie die **no**-Form dieses Befehls, um die Überprüfungsregel für ein Protokoll zu entfernen oder um den gesamten Satz von Überprüfungsregeln aufzuheben.

ip inspect name *Überprüfungsname Protokoll* [timeout *Sekunden*]
oder
ip inspect name *Überprüfungsname* http [java-list *Access-Liste*] [timeout *Sekunden*]
   (nur für das Java-Protokoll)
oder
ip inspect name *Überprüfungsname* rpc program-number *Nummer*
   [wait-time *Minuten*][timeout *Sekunden*] (nur für das RPC-Protokoll)

no ip inspect name *Überprüfungsname Protokoll* (entfernt die Überprüfungsregel für ein Protokoll)
no ip inspect name (hebt den gesamten Satz von Überprüfungsregeln auf)

| Syntax | Beschreibung |
|---|---|
| *Überprüfungsname* | Benennt den Satz der Überprüfungsregeln. Wenn Sie ein Protokoll zu einem existierenden Regelsatz hinzufügen wollen, dann verwenden Sie denselben *Überprüfungsnamen* des existierenden Regelsatzes. |
| *Protokoll* | Protokoll-Schlüsselwort aus der Tabelle 24.1. |
| **timeout** *Sekunden* | (Optional)Um die globalen TCP- oder UDP-Leerlaufzeitgeber für das angegebene Protokoll zu überstimmen, geben Sie hier die Anzahl von Sekunden für einen anderen Leerlaufzeitgeber an. Dieser Zeitgeber überstimmt die globalen TCP- und UPD-Zeitgeber, er überstimmt aber nicht den globalen DNS-Zeitgeber. |
| **java-list** *Access-Liste* | (Optional) Gibt die Access-Liste (Name oder Nummer) an, die zur Bestimmung von freundlichen Sites verwendet wird. Dieses Schlüsselwort ist nur für das http-Protokoll verwendbar, um Java-Applets zu blockieren. Die Java-Blockierung funktioniert nur mit Standard-Access-Listen. |
| **rpc program-number** *Nummer* | Legt die zugelassene Programmnummer fest. Dieses Schlüsselwort ist nur für das RPC-Protokoll verwendbar. |
| **wait-time** *Minuten* | (Optional) Legt die Anzahl von Minuten fest, um ein kleines Loch in der Firewall offen zu halten, um zusätzliche Verbindungen von derselben Quelladresse zu derselben Zieladresse und deren Ports zu ermöglichen. Die standardmäßige Wait-time beträgt null Minuten. Dieses Schlüsselwort ist nur für das RPC-Protokoll verwendbar. |

*Tabelle 24.1: Protokoll-Schlüsselwörter*

| Protokoll | Protokoll-Schlüsselwort |
|---|---|
| Transportschicht-Protokolle | |
| TCP | Tcp |
| UDP | Udp |
| Applikationsschicht-Protokolle | |
| CU-SeeMe | cuseeme |
| FTP | ftp |
| Java (siehe den Abschnitt »Java-Überprüfung« in diesem Kapitel) | http |
| H.323 (siehe den Abschnitt »H.323-Überprüfung« in diesem Kapitel) | h323 |
| UNIX-r-Befehle (rlogin, rexec, rsh) | Rcmd |
| RealAudio | Realaudio |
| RPC (siehe den Abschnitt »RPC-Überprüfung« in diesem Kapitel) | Rpc |
| SMTP (siehe den Abschnitt »SMTP-Überprüfung« in diesem Kapitel) | Smtp |
| SQL*Net | Sqlnet |
| StreamWorks | streamworks |
| TFTP | tftp |
| VDOLive | vdolive |

### Standard

Es sind keine Überprüfungsregeln festgelegt, solange Sie sie nicht mit diesem Befehl vereinbaren.

### Befehlsmodus

Globale Konfiguration

### Benutzungsrichtlinien

Dieser Befehl erschien erstmals in der Cisco-IOS-Version 11.2 P.

Wenn Sie einen Satz von Überprüfungsregeln festlegen wollen, geben Sie diesen Befehl für jedes Protokoll ein, das durch die CBAC überprüft werden soll, verwenden Sie dabei immer denselben *Überprüfungsnamen*. Geben Sie jedem Satz von Überprüfungsregeln einen eindeutigen *Überprüfungsnamen*. Erstellen Sie entweder einen oder zwei Regelsätze pro Schnittstelle – Sie können einen Satz zur Überprüfung sowohl des eingehenden als auch des ausgehenden Verkehrs erstellen. Sie können aber auch zwei Sätze festlegen: einen für den ausgehenden Verkehr und einen für den eingehenden Verkehr.

Wenn Sie einen einzigen Satz von Überprüfungsregeln festlegen wollen, konfigurieren Sie die Überprüfung für alle gewünschten Applikationsschicht-Protokolle und bei Bedarf für das TCP oder das UDP. Diese Kombination aus TCP-, UDP- und Applikationsschicht-Protokollen bildet gemeinsam einen einzelnen Satz von Überprüfungsregeln mit einem eindeutigen Namen.

Im Allgemeinen wird, bei entsprechend konfigurierter Überprüfung, der zurückgesendete Protokoll-Verkehr nur dann in das interne Netzwerk eingelassen, wenn die Pakete Teil einer gültigen und existierenden Sitzung sind, für die Zustandsinformationen aufgenommen wurden.

*Die TCP- und die UDP-Überprüfung*

Sie können die TCP- und die UDP-Überprüfung so konfigurieren, dass die TCP- und UDP-Pakete durch die Firewall in Ihr internes Netzwerk eingelassen werden, auch wenn die Applikationsschicht-Protokoll-Überprüfung nicht konfiguriert ist. Jedoch erkennt die TCP- und die UDP-Überprüfung keine applikations-spezifischen Befehle und kann daher nicht alle zurückgesendeten Pakete einer Anwendung durchlassen, vor allem wenn die zurückgesendeten Pakete eine andere Portnummer besitzen, wie das zuvor ausgesendete Paket.

Jedes überprüfte Applikationsschicht-Protokoll hat Vorrang vor der TCP- oder der UDP-Paket-Überprüfung. Wenn die Überprüfung zum Beispiel für das FTP konfiguriert ist, werden alle Kontrollkanal-Informationen in der Zustandstabelle aufgenommen und der gesamte FTP-Verkehr wird zurück durch die Firewall gelassen, wenn die Kontrollkanal-Informationen für den Zustand der FTP-Sitzung gültig sind. Die Tatsache, dass die TCP-Überprüfung konfiguriert wurde, ist für die FTP-Zustandsinformationen ohne Bedeutung.

Bei der TCP- und der UDP-Überprüfung müssen die Pakete, die in das Netzwerk eintreten, dem zugehörigen Paket genau gleichen, das zuvor das Netzwerk verlassen hat. Die eintretenden Pakete müssen dieselben Quell-/Zieladressen und Quell-/Zielportnummern wie das ausgesendete Paket besitzen (aber entgegengesetzt). Wenn dies nicht der Fall ist, werden die eintretenden Pakete an der Schnittstelle blockiert. Zudem werden alle TCP-Pakete verworfen, die eine Sequenznummer außerhalb des Fensters besitzen.

*Die Überprüfung der Applikationsschicht-Protokolle*

Wenn Sie die Überprüfung für ein Applikationsschicht-Protokoll konfigurieren, dann wird im Allgemeinen den Paketen dieses Protokolls der Ausgang aus der Firewall gestattet und die Pakete für dieses Protokoll werden nur dann zurück durch die Firewall gelassen, wenn sie zu einer gültigen und existierenden Sitzung gehören. Jedes Protokoll-Paket wird überprüft, um Informationen über den Sitzungszustand aufzunehmen und um zu bestimmen, ob das Paket zu einer gültigen und existierenden Sitzung gehört.

Die Java-, H.323-, RPC-, SMTP- und SQL*Net-Überprüfungen werden in den nächsten drei Abschnitten detaillierter beschrieben.

*Die Java-Überprüfung*

Bei Java müssen Sie sich vor dem Risiko schützen, dass Benutzer unabsichtlich zerstörerische Applets in Ihr Netzwerk downloaden. Um sich gegen dieses Risiko zu schützen, sollten Sie verlangen, dass alle Benutzer das Java in ihrem Browser deaktivieren. Wenn dies keine akzeptable Lösung darstellt, können Sie die CBAC verwenden, um Java-Applets auf die Firewall zu filtern. Damit wird den Benutzern nur der Download von Applets erlaubt, die sich innerhalb der Firewall befinden, und zusätzlich nur vertrauenswerte Applets, die sich außerhalb der Firewall befinden.

Die Filterung von Java-Applets unterscheidet zwischen vertrauenswerten und nicht vertrauenswerten Applets, indem eine Liste von externen Sites zugrunde gelegt wird, die Sie als freundlich bezeichnen. Wenn ein Applet von einer freundlichen Site kommt, dann lässt die Firewall das Applet passieren. Wenn das Applet nicht von einer freundlichen Site kommt, wird das Applet blockiert. Alternativ können Sie auch alle Applets von externen Sites durchlassen, bis auf diejenigen, die von unfreundlichen Sites stammen.

### ANMERKUNG

Bevor Sie die Java-Überprüfung konfigurieren, müssen Sie eine Standard-Access-Liste konfigurieren, in der freundliche und unfreundliche externe Sites festgelegt werden. Konfigurieren Sie diese Access-Liste, um Verkehr von freundlichen Sites zuzulassen und Verkehr von unfreundlichen Sites abzulehnen. Wenn Sie keine Access-Liste konfigurieren und stattdessen eine Platzhalter für die Access-Liste im Befehl **ip inspect name** *Überprüfungsname* **http** verwenden, werden alle Java-Applets blockiert werden.

### STOP

CBAC entdeckt oder blockiert keine verkapselten Java-Applets. Daher werden Java-Applets, die eingepackt oder verkapselt sind, also Applets mit den Dateiendungen .zip oder .jar *nicht* an der Firewall blockiert. CBAC entdeckt oder blockiert auch keine Java-Applets, die per FTP, Gopher, HTTP usw. von einem Nicht-Standardport geladen werden.

### Die H.323-Überprüfung

Wenn Sie wollen, dass die CBAC-Überprüfung auch auf den Verkehr für NetMeeting 2.0 (ein H.323 Applikationsschicht-Protokoll) angewendet wird, müssen Sie auch die Überprüfung für das TCP konfigurieren, wie es im späteren Abschnitt »Die Konfiguration der allgemeinen TCP- und UDP-Überprüfung« beschrieben ist. Dies ist erforderlich, da das NetMeeting 2.0 einen zusätzlichen TCP-Kanal verwendet, der nicht in der H.323-Spezifikation festgelegt ist.

### Die RPC-Überprüfung

Die RPC-Überprüfung ermöglicht die Angabe verschiedener Programmnummern. Sie können mehrere Programmnummern festlegen, indem Sie mehrere Einträge für die RPC Überprüfung vornehmen, jeden mit einer anderen Programmnummer. Wenn eine Programmnummer festgelegt wird, dann wird der gesamte Verkehr für diese Programmnummer zugelassen. Wenn eine Programmnummer nicht festgelegt wurde, wird der gesamte Verkehr für diese Programmnummer blockiert. Wenn Sie zum Beispiel einen RPC-Eintrag mit der NFS-Programmnummer vornehmen, wird der gesamte NFS-Verkehr durch die Firewall gelassen.

*Die SMTP-Überprüfung*

Die SMTP-Überprüfung wird alle SMTP-Befehle nach illegalen Befehlen überprüfen. Alle Pakete mit illegalen Befehlen werden verworfen und die SMTP-Sitzung wird sich aufhängen und schließlich durch Zeitüberschreitung aufgehoben. Ein illegaler Befehl ist jeder Befehl, der sich von den folgenden legalen Befehle unterscheidet:

- DATA
- EHLO
- EXPN
- HELO
- HELP
- MAIL
- NOOP
- QUIT
- RCPT
- RSET
- SAML
- SEND
- SOML
- VRFY

*Die Verwendung des Schlüsselworts* **timeout**

Wenn Sie einen Zeitgeber für ein beliebiges Transportschicht- oder Applikationsschicht-Protokoll angeben, wird der Zeitgeber den globalen Leerlaufzeitgeber für die Schnittstelle überstimmen, auf die der Satz von Überprüfungsregeln angewendet wird.

Wenn das Protokoll das TCP oder ein TCP-Applikationsschicht-Protokoll ist, dann wird der Zeitgeber den globalen TCP-Leerlaufzeitgeber überstimmen. Wenn das Protokoll das UDP oder ein UDP-Applikationsschicht-Protokoll ist, dann wird der Zeitgeber den globalen UDP-Leerlaufzeitgeber überstimmen.

Wenn Sie für ein Protokoll keinen Zeitgeber festlegen, dann wird der Wert des Zeitgebers, der einer neuen Sitzung dieses Protokolls zugeordnet wird, von dem entsprechenden, globalen TCP- oder UDP-Zeitgeber übernommen, der während des Sitzungsaufbaus gültig ist.

# Kapitel 24 • Befehle der kontext-basierten Access-Kontrolle (CBAC)

## Beispiel

Das folgende Beispiel lässt die Software die TCP-Sitzungen und die UDP-Sitzungen überprüfen und lässt im Besonderen nur den CU-SeeMe-, FTP- und RPC-Verkehr zurück durch die Firewall, der für existierende Sitzungen bestimmt ist. Für den FTP-Verkehr wird der Leerlaufzeitgeber gesetzt, um den globalen TCP-Leerlaufzeitgeber zu überstimmen. Für den RPC-Verkehr werden nur die Programmnummern 100003, 100005 und 100021 zugelassen.

```
ip inspect name myrules tcp
ip inspect name myrules udp
ip inspect name myrules cuseeme
ip inspect name myrules ftp timeout 120
ip inspect name myrules rpc program-number 100003
ip inspect name myrules rpc program-number 100005
ip inspect name myrules rpc program-number 100021
```

## Verwandte Befehle

Sie können online unter www.cisco.com eine Recherche nach verwandten Befehlen ausführen.

**ip inspect (interface Konfiguration)**

## 24.7   ip inspect one-minute high

Verwenden Sie den globalen Konfigurationsbefehl **ip inspect one-minute high,** um die Rate von neuen uneingerichteten Sitzungen festzulegen, oberhalb derer die Software mit dem Löschen von halboffenen Sitzungen beginnt. Verwenden Sie die **no**-Form dieses Befehls, um den Grenzwert auf die Standardeinstellung von 500 halboffenen Sitzungen zurückzusetzen.

ip inspect one-minute high *Anzahl*
no ip inspect one-minute high

| Syntax | Beschreibung |
|---|---|
| *Anzahl* | Legt die Rate von neuen uneingerichteten Sitzungen fest, oberhalb derer die Software mit dem Löschen von halboffenen Sitzungen beginnt. |

## Standard

500 halboffene Sitzungen

## Befehlsmodus

Globale Konfiguration

### Benutzungsrichtlinien

Dieser Befehl erschien erstmals in der Cisco-IOS-Version 11.2 P.

Eine ungewöhnlich hohe Zahl von halboffenen Sitzungen (entweder absolute oder die Rate der eingehenden) kann anzeigen, dass eine Dienstablehnungs-(Denial-of-Service-)Attacke stattfindet.

CBAC misst sowohl die Gesamtzahl der existierenden halboffenen Sitzungen als auch die Rate der Sitzungseinrichtungsversuche. Sowohl beim TCP als auch beim UDP wird die Gesamtzahl der halboffenen Sitzungen und die Rate der Sitzungseinrichtungsversuche gezählt. Die Messungen erfolgen in Minutenintervallen.

Wenn die Rate der neuen Verbindungsversuche über einen Grenzwert steigt (die Zahl im Befehl **one-minute high**), dann löscht die Software die erforderliche Anzahl von halboffenen Sitzungen, um neue Verbindungsversuche zu ermöglichen. Die Software wird weiterhin die nötigen halboffenen Anfragen löschen, bis die Rate der neuen Verbindungsversuche unter einen anderen Grenzwert fällt (die Zahl im Befehl **one-minute low**). Die Grenzwertraten werden anhand der Anzahl der neuen Sitzungsverbindungsversuche bestimmt, die in der letzten einminütigen Zeitperiode eingetroffen sind (die Rate wird als eine exponentielle Zerfallsrate bestimmt).

Der globale Wert, der für diesen Grenzwert festgelegt wird, wird auf alle TCP- und UDP-Verbindungen angewendet, die durch die CBAC überprüft werden.

### Beispiel

Das folgende Beispiel lässt die Software mit dem Löschen von halboffenen Sitzungen beginnen, wenn mehr als 1000 Sitzungseinrichtungsversuche in der letzten Minute auftraten, und sie wird keine halboffenen Sitzungen mehr löschen, wenn weniger als 950 Sitzungseinrichtungsversuche in der letzten Minute auftraten:

```
ip inspect one-minute high 1000
ip inspect one-minute low 950
```

### Verwandte Befehle

Sie können online unter www.cisco.com eine Recherche nach verwandten Befehlen ausführen.

**ip inspect one-minute low**
**ip inspect max-incomplete high**
**ip inspect max-incomplete low**
**ip inspect tcp max-incomplete host**

## 24.8 ip inspect one-minute low

Verwenden Sie den globalen Konfigurationsbefehl **ip inspect one-minute low**, um die Rate von neuen uneingerichteten Sitzungen festzulegen, unterhalb derer die Software keine halboffenen Sitzungen mehr löschen wird. Verwenden Sie die **no**-Form dieses

Kapitel 24 • Befehle der kontext-basierten Access-Kontrolle (CBAC)

Befehls, um den Grenzwert auf die Standardeinstellung von 400 halboffenen Sitzungen zurückzusetzen.

**ip inspect one-minute low** *Anzahl*
**no ip inspect one-minute low**

| Syntax | Beschreibung |
|---|---|
| *Anzahl* | Legt die Rate von neuen uneingerichteten Sitzungen fest, unterhalb derer die Software keine halboffenen Sitzungen mehr löschen wird. |

## Standard

400 halboffene Sitzungen

## Befehlsmodus

Globale Konfiguration

## Benutzungsrichtlinien

Dieser Befehl erschien erstmals in der Cisco-IOS-Version 11.2 P.

Eine ungewöhnlich hohe Zahl von halboffenen Sitzungen (entweder absolute oder die Rate der eingehenden) kann anzeigen, dass eine Dienstablehnungs-(Denial-of-Service-)Attacke stattfindet.

CBAC misst sowohl die Gesamtzahl der existierenden halboffenen Sitzungen als auch die Rate der Sitzungseinrichtungsversuche. Sowohl beim TCP als auch beim UDP wird die Gesamtzahl der halboffenen Sitzungen und die Rate der Sitzungseinrichtungsversuche gezählt. Die Messungen erfolgen in Minutenintervallen.

Wenn die Rate der neuen Verbindungsversuche über einen Grenzwert steigt (die Zahl im Befehl **one-minute high**), dann löscht die Software die erforderliche Anzahl von halboffenen Sitzungen, um neue Verbindungsversuche zu ermöglichen. Die Software wird weiterhin die nötigen halboffenen Anfragen löschen, bis die Rate der neuen Verbindungsversuche unter einen anderen Grenzwert fällt (die Zahl im Befehl **one-minute low**). Die Grenzwertraten werden anhand der Anzahl der neuen Sitzungsverbindungsversuche bestimmt, die in der letzten einminütigen Zeitperiode eingetroffen sind (die Rate wird als eine exponentielle Zerfallsrate bestimmt).

Der globale Wert, der für diesen Grenzwert festgelegt wird, wird auf alle TCP- und UDP-Verbindungen angewendet, die durch die CBAC überprüft werden.

## Beispiel

Das folgende Beispiel lässt die Software mit dem Löschen von halboffenen Sitzungen beginnen, wenn mehr als 1000 Sitzungseinrichtungsversuche in der letzten Minute auftraten, und sie wird keine halboffenen Sitzungen mehr löschen, wenn weniger als 950 Sitzungseinrichtungsversuche in der letzten Minute auftraten:

```
ip inspect one-minute high 1000
ip inspect one-minute low 950
```

### Verwandte Befehle

Sie können online unter www.cisco.com eine Recherche nach verwandten Befehlen ausführen.

ip inspect one-minute high
ip inspect max-incomplete high
ip inspect max-incomplete low
ip inspect tcp max-incomplete host

## 24.9 ip inspect tcp finwait-time

Verwenden Sie den globalen Konfigurationsbefehl **ip inspect tcp finwait-time**, um festzulegen, wie lange eine TCP-Sitzung weiterhin verwaltet wird, nachdem die Firewall ein FIN-Exchange-Paket entdeckt hat. Verwenden Sie die **no**-Form dieses Befehls, um den Zeitgeber auf die Standardeinstellung von fünf Sekunden zurückzusetzen.

**ip inspect tcp finwait-time** *Sekunden*
**no ip inspect tcp finwait-time**

| Syntax | Beschreibung |
|---|---|
| *Sekunden* | Legt fest, wie lange eine TCP-Sitzung weiterhin verwaltet wird, nachdem die Firewall ein FIN-Exchange-Paket entdeckt hat. |

### Standard

Fünf Sekunden

### Befehlsmodus

Globale Konfiguration

### Benutzungsrichtlinien

Dieser Befehl erschien erstmals in der Cisco-IOS-Version 11.2 P.

Wenn die Software ein gültiges TCP-Paket entdeckt, das das erste in einer Sitzung ist, und die CBAC-Überprüfung für das Protokoll des Pakets konfiguriert ist, dann nimmt die Software die Zustandsinformationen für die neue Sitzung auf.

Verwenden Sie diesen Befehl, um festzulegen, wie lange die Zustandsinformationen einer TCP-Sitzung weiterhin verwaltet werden, wenn die Firewall ein FIN-Exchange-

Kapitel 24 • Befehle der kontext-basierten Access-Kontrolle (CBAC) **491**

Paket für die Sitzung entdeckt. Das FIN-Exchange-Paket erscheint dann, wenn die TCP-Sitzung zur Beendigung bereit ist.

Der global festgelegte Wert für diesen Zeitgeber wird auf alle TCP-Sitzungen angewendet, die durch die CBAC überprüft werden.

Der mit diesem Befehl gesetzte Zeitgeberwert wird auch als *finwait*-Timeout bezeichnet.

> **ANMERKUNG**
>
> Wenn die Option -n zusammen mit dem rsh verwendet wird und die ausgeführten Befehle vor dem Ablauf des *finwait*-Timeouts keine Ausgabe produzieren, wird die Sitzung verworfen und es wird keine weitere Ausgabe erfolgen.

### Beispiele

Das folgende Beispiel ändert den *finwait*-Timeout auf zehn Sekunden:

```
ip inspect tcp finwait-time 10
```

Das folgende Beispiel setzt den *finwait*-Timeout zurück in die Standardeinstellung (fünf Sekunden):

```
no ip inspect tcp finwait-time
```

## 24.10 ip inspect tcp idle-time

Verwenden Sie den globalen Konfigurationsbefehl **ip inspect tcp idle-time**, um den TCP-Leerlaufzeitgeber festzulegen (die Zeitdauer, die eine TCP-Sitzung weiterhin verwaltet wird, wenn keine Aktivität mehr stattfindet). Verwenden Sie die **no**-Form dieses Befehls, um den Zeitgeber in die Standardeinstellung von 3600 Sekunden (eine Stunde) zurückzusetzen.

**ip inspect tcp idle-time** *Sekunden*
**no ip inspect tcp idle-time**

| Syntax | Beschreibung |
| --- | --- |
| *Sekunden* | Legt die Zeitdauer fest, die eine TCP-Sitzung weiterhin verwaltet wird, wenn keine Aktivität mehr stattfindet. |

### Standard

3600 Sekunden (eine Stunde)

### Befehlsmodus

Globale Konfiguration

### Benutzungsrichtlinien

Dieser Befehl erschien erstmals in der Cisco-IOS-Version 11.2 P.

Wenn die Software ein gültiges TCP-Paket entdeckt, das das erste in einer Sitzung ist, und die CBAC-Überprüfung für das Protokoll des Pakets konfiguriert ist, dann nimmt die Software die Zustandsinformationen für die neue Sitzung auf.

Wenn die Software für eine durch den TCP-Leerlaufzeitgeber festgelegte Zeitdauer keine Pakete für die Sitzung entdeckt, wird die Software die Zustandsinformationen für die Sitzung nicht weiterverwalten.

Der global festgelegte Wert für diesen Zeitgeber wird auf alle TCP-Sitzungen angewendet, die durch die CBAC überprüft werden. Dieser globale Wert kann für bestimmte Schnittstellen überstimmt werden, wenn Sie einen Satz von Überprüfungsregeln mit dem Befehl **ip inspect name (globale Konfiguration)** erstellen.

> **ANMERKUNG**
>
> Dieser Befehl hat keine Wirkung auf die aktuell festgelegten Überprüfungsregeln, für die eigene Zeitgeber verwendet wurden. Die Sitzungen, die aufgrund dieser Regeln erzeugt werden, übernehmen weiterhin den eigens dafür festgelegten Zeitgeber. Wenn Sie den TCP-Leerlaufzeitgeber mit diesem Befehl ändern, wird der neue Zeitgeber auf alle neu festgelegten Überprüfungsregeln angewendet und auf alle existierenden Überprüfungsregeln, die keinen eigens für sie festgelegten Zeitgeber besitzen. Somit werden alle neuen Sitzungen, die auf diesen Regeln gründen (die keinen eigenen Zeitgeber besitzen) den globalen Wert des Zeitgebers übernehmen.

### Beispiele

Das folgende Beispiel setzt den globalen TCP-Leerlaufzeitgeber auf 1800 Sekunden (30 Minuten):

```
ip inspect tcp idle-time 1800
```

Das folgende Beispiel setzt den globalen TCP-Leerlaufzeitgeber zurück in die Standardeinstellung von 3600 Sekunden (eine Stunde):

```
no ip inspect tcp idle-time
```

## 24.11 ip inspect tcp max-incomplete host

Verwenden Sie den globalen Konfigurationsbefehl **ip inspect tcp max-incomplete host**, um Grenzwerte und Blockierzeitgeber festzulegen, um host-spezifische TCP-Dienstablehnungen zu entdecken und sie zu verhindern. Verwenden Sie die **no**-Form dieses Befehls, um die Grenzwerte und Blockierzeitgeber in ihre Standardeinstellungen zurück zu setzen.

**ip inspect tcp max-incomplete host** *Anzahl* **block-time** *Sekunden*
**no ip inspect tcp max-incomplete host**

… Kapitel 24 • Befehle der kontext-basierten Access-Kontrolle (CBAC)

| Syntax | Beschreibung |
|---|---|
| *Anzahl* | Legt die erlaubte Anzahl der existierenden halboffenen TCP-Sitzungen mit derselben Ziel-Hostadresse fest, oberhalb derer die Software damit beginnt, die halboffenen Sitzungen zur selben Ziel-Hostadresse zu verwerfen. Verwenden Sie eine Zahl von 1 bis 250. |
| *Sekunden* | Legt fest, wie lange die Software weiterhin neue Verbindungsanfragen zum Host löschen wird. |

## Standard

50 halboffene Sitzungen und 0 Sekunden

## Befehlsmodus

Globale Konfiguration

## Benutzungsrichtlinien

Dieser Befehl erschien erstmals in der Cisco-IOS-Version 11.2 P.

Eine ungewöhnlich hohe Anzahl von halboffenen Sitzungen mit derselben Ziel-Hostadresse kann anzeigen, dass eine Dienstablehnungsattacke gegen den Host geführt wird.

Jedes Mal, wenn die Anzahl der halboffenen Sitzungen mit derselben Ziel-Hostadresse über einen Grenzwert steigt (die Anzahl des Befehls **max-incomplete host**), löscht die Software die halboffenen Sitzungen entsprechend einer der folgenden Methoden:

- Wenn der Zeitgeber **block-time** *Sekunden* gleich *Null* ist (die Standardeinstellung), wird die Software für den Host die älteste vorhandene halboffene Sitzung löschen, für den eine neue Verbindungsanfrage eintrifft. Dies stellt sicher, dass die Anzahl der halboffenen Sitzungen zu einem gegebenen Host niemals über den festgelegten Grenzwert steigt.

- Wenn der Zeitgeber **block-time** *Sekunden* größer Null ist, wird die Software alle existierenden halboffenen Sitzungen für den Host löschen und anschließend alle neuen Verbindungsanfragen zu dem Host blockieren. Die Software wird solange alle neuen Verbindungsanfragen blockieren, bis der Zeitgeber **block-time** abgelaufen ist.

Die Software sendet zudem Syslog-Meldungen, wenn der Grenzwert **max-incomplete host** überschritten wird und wenn sie mit der Blockade von Verbindungsversuchen zu einem Host beginnt oder sie beendet.

Die globalen Werte, die für den Grenzwert und die Blockierzeitgeber festgelegt werden, werden auf alle TCP-Verbindungen angewendet, die durch die CBAC überprüft werden.

### Beispiele

Das folgende Beispiel ändert den Grenzwert **max-incomplete host** auf 40 halboffene Sitzungen und setzt den Zeitgeber **block-time** auf zwei Minuten (120 Sekunden):

```
ip inspect tcp max-incomplete host 40 block-time 120
```

Das folgende Beispiel ruft die Standardeinstellungen auf (50 halboffene Sitzungen und 0 Sekunden):

```
no ip inspect tcp max-incomplete host
```

### Verwandte Befehle

Sie können online unter www.cisco.com eine Recherche nach verwandten Befehlen ausführen.

**ip inspect max-incomplete high**
**ip inspect max-incomplete low**
**ip inspect one-minute high**
**ip inspect one-minute low**

## 24.12 ip inspect tcp synwait-time

Verwenden Sie den globalen Konfigurationsbefehl **ip inspect tcp synwait-time**, um die Zeitdauer festzulegen, die die Software wartet, bis eine TCP-Sitzung den eingerichteten (established) Zustand erreicht, bevor die Sitzung verworfen wird. Verwenden Sie die **no**-Form dieses Befehls, um den Zeitgeber in die Standardeinstellung von 30 Sekunden zurück zu setzen.

**ip inspect tcp synwait-time** *Sekunden*
**no ip inspect tcp synwait-time**

| Syntax | Beschreibung |
|---|---|
| *Sekunden* | Die Zeitdauer, die die Software wartet, bis eine TCP-Sitzung den eingerichteten (established) Zustand erreicht, bevor die Sitzung verworfen wird. |

### Standard

30 Sekunden

### Befehlsmodus

Globale Konfiguration

### Benutzungsrichtlinien

Dieser Befehl erschien erstmals in der Cisco-IOS-Version 11.2 P.

# Kapitel 24 • Befehle der kontext-basierten Access-Kontrolle (CBAC)

Verwenden Sie diesen Befehl, um die Zeitdauer festzulegen, die die Software wartet, bis eine TCP-Sitzung den eingerichteten (established) Zustand erreicht, bevor die Sitzung verworfen wird. Die Sitzung wird als eingerichtet (established) betrachtet, wenn das erste SYN-Bit der Sitzung entdeckt wird.

Der global festgelegte Wert für diesen Zeitgeber wird auf alle TCP-Sitzungen angewendet, die durch die CBAC überprüft werden.

### Beispiele

Das folgende Beispiel setzt den *synwait*-Zeitgeber auf 20 Sekunden:

```
ip inspect tcp synwait-time 20
```

Das folgende Beispiel versetzt den *synwait*-Zeitgeber zurück in die Standardeinstellung (30 Sekunden):

```
no ip inspect tcp synwait-time
```

## 24.13 ip inspect udp idle-time

Verwenden Sie den globalen Konfigurationsbefehl **ip inspect udp idle-time**, um den UDP-Leerlaufzeitgeber festzulegen (die Zeitdauer, die eine UDP-Sitzung weiterhin verwaltet wird, wenn keine Aktivität mehr stattfindet). Verwenden Sie die **no**-Form dieses Befehls, um den Zeitgeber in die Standardeinstellung von 30 Sekunden zurück zu setzen.

**ip inspect udp idle-time** *Sekunden*
**no ip inspect udp idle-time**

| Syntax | Beschreibung |
| --- | --- |
| *Sekunden* | Legt die Zeitdauer fest, die eine UDP-Sitzung weiterhin verwaltet wird, wenn keine Aktivität mehr stattfindet. |

### Standard

30 Sekunden

### Befehlsmodus

Globale Konfiguration

### Benutzungsrichtlinien

Dieser Befehl erschien erstmals in der Cisco-IOS-Version 11.2 P.

Wenn die Software ein gültiges TCP-Paket entdeckt, das das erste in einer Sitzung ist, und die CBAC-Überprüfung ist für das Protokoll des Pakets konfiguriert, dann nimmt die Software die Zustandsinformationen für eine neue UDP-Sitzung auf. Da das UDP ein verbindungsloser Dienst ist, gibt es auch keine wirklichen Sitzungen. Daher schätzt die Software Sitzungen ab, indem sie die Informationen im Paket betrachtet und damit bestimmt, ob das Paket anderen UDP-Paketen ähnelt (z.B. über gleiche Quell-/Zieladressen und Portnummern verfügt) und ob das Paket kurz nach einem ähnlichen UDP-Paket auftrat.

Wenn die Software für eine durch den UDP-Leerlaufzeitgeber festgelegte Zeitdauer keine Pakete für die Sitzung entdeckt, wird die Software die Zustandsinformationen für die Sitzung nicht weiterverwalten.

Der global festgelegte Wert für diesen Zeitgeber wird auf alle UDP-Sitzungen angewendet, die durch die CBAC überprüft werden. Dieser globale Wert kann für bestimmte Schnittstellen überstimmt werden, wenn Sie einen Satz von Überprüfungsregeln mit dem Befehl **ip inspect name (globale Konfiguration)** erstellen.

> **ANMERKUNG**
>
> Dieser Befehl hat keine Wirkung auf die aktuell festgelegten Überprüfungsregeln, für die eigene Zeitgeber verwendet wurden. Die Sitzungen, die aufgrund dieser Regeln erzeugt werden, übernehmen weiterhin den eigens dafür festgelegten Zeitgeber. Wenn Sie den UDP-Leerlaufzeitgeber mit diesem Befehl ändern, wird der neue Zeitgeber auf alle neu festgelegten Überprüfungsregeln angewendet und auf alle existierenden Überprüfungsregeln, die keinen eigens für sie festgelegten Zeitgeber besitzen. Somit werden alle neuen Sitzungen, die auf diesen Regeln gründen (die keinen eigenen Zeitgeber besitzen) den globalen Wert des Zeitgebers übernehmen.

### Beispiele

Das folgende Beispiel setzt den globalen UDP-Leerlaufzeitgeber auf 120 Sekunden (zwei Minuten):

```
ip inspect udp idle-time 120
```

Das folgende Beispiel setzt den globalen UDP-Leerlaufzeitgeber zurück in die Standardeinstellung (30 Sekunden):

```
no ip inspect udp idle-time
```

## 24.14 no ip inspect

Verwenden Sie den globalen Konfigurationsbefehl **no ip inspect**, um die CBAC auf einer Firewall vollständig abzuschalten.

**no ip inspect**

### Syntaxbeschreibung

Dieser Befehl besitzt keine Argumente oder Schlüsselwörter.

# Kapitel 24 • Befehle der kontext-basierten Access-Kontrolle (CBAC)

## Befehlsmodus

Globale Konfiguration

## Benutzungsrichtlinien

Dieser Befehl erschien erstmals in der Cisco-IOS-Version 11.2 P.

Schalten Sie CBAC mit dem Befehl **no ip inspect** ab.

> **ANMERKUNG**
>
> Der Befehl **no ip inspect** entfernt alle CBAC-Konfigurationseinträge und versetzt alle globalen CBAC-Zeitgeber und -Grenzwerte in ihre Standardeinstellungen. Alle vorhandenen Sitzungen werden gelöscht und die zugehörigen Access-Listen werden entfernt.

## Beispiel

Das folgende Beispiel schaltet die CBAC auf einer Firewall ab:

```
no ip inspect
```

## 24.15 show ip inspect

Verwenden Sie den privilegierten EXEC-Befehl **show ip inspect**, um sich die CBAC-Konfiguration und Sitzungsinformationen anzeigen zu lassen.

**show ip inspect {name** *Überprüfungsname* **| config | interfaces | session [detail] | all}**

| Syntax | Beschreibung |
|---|---|
| name *Überprüfungsname* | Zeigt die konfigurierte Überprüfungsregel mit dem Namen *Überprüfungsname*. |
| config | Zeigt die vollständige CBAC-Überprüfungs-Konfiguration. |
| interfaces | Zeigt die Interface-Konfiguration in Hinsicht auf die zugeordneten Überprüfungsregeln und Access-Listen. |
| session [detail] | Zeigt die existierenden Sitzungen an, die momentan durch die CBAC verfolgt und überprüft werden. Das optionale Schlüsselwort **detail** lässt zusätzliche Details über diese Sitzungen anzeigen. |
| All | Zeigt die gesamte CBAC-Konfiguration und alle existierenden Sitzungen an, die momentan durch die CBAC verfolgt und überprüft werden. |

## Befehlsmodus

Privilegierter EXEC

## Benutzungsrichtlinien

Dieser Befehl erschien erstmals in der Cisco-IOS-Version 11.2 P.

## Sample Display

Es folgt eine Beispielausgabe die nach der Eingabe des Befehls **show ip inspect name myinspectionrule** ausgegeben wurde, bei der die Überprüfungsregel *myinspectionrule* konfiguriert war:

```
Inspection Rule Configuration
 Inspection name myinspectionrule
    tcp timeout 3600
    udp timeout 30
    ftp timeout 3600
```

Die Ausgabe zeigt die Protokolle, die durch die CBAC überprüft werden sollen, und die zugehörigen Leerlaufzeitgeber für jedes Protokoll.

Das Folgende ist eine Beispielausgabe nach der Eingabe des Befehls **show ip inspect config**:

```
Session audit trail is disabled
one-minute (sampling period) thresholds are [400:500] connections
max-incomplete sessions thresholds are [400:500]
max-incomplete tcp connections per host is 50. Block-time 0 minute.
tcp synwait-time is 30 sec -- tcp finwait-time is 5 sec
tcp idle-time is 3600 sec -- udp idle-time is 30 sec
dns-timeout is 5 sec
Inspection Rule Configuration
 Inspection name myinspectionrule
    tcp timeout 3600
    udp timeout 30
    ftp timeout 3600
```

Die Ausgabe zeigt die CBAC-Konfiguration, die globalen Zeitgeber, Grenzwerte und Überprüfungsregeln eingeschlossen.

Es folgt eine Beispielausgabe nach der Eingabe des Befehls **show ip inspect interfaces**:

```
Interface Configuration
 Interface Ethernet0
  Inbound inspection rule is myinspectionrule
    tcp timeout 3600
    udp timeout 30
    ftp timeout 3600
  Outgoing inspection rule is not set
  Inbound access list is not set
  Outgoing access list is not set
```

Das Folgende ist eine Beispielausgabe nach der Eingabe des Befehls **show ip inspect- sessions**:

```
Established Sessions
 Session 25A3318 (10.0.0.1:20)=>(10.1.0.1:46068) ftp-data SIS_OPEN
 Session 25A6E1C (10.1.0.1:46065)=>(10.0.0.1:21) ftp SIS_OPEN
```

Die Ausgabe zeigt die Quell- und Zieladressen und Portnummern (durch Doppelpunkte getrennt) und lässt erkennen, dass die Sitzung eine FTP-Sitzung ist.

## Kapitel 24 • Befehle der kontext-basierten Access-Kontrolle (CBAC)

Das Folgende ist eine Beispielausgabe nach der Eingabe des Befehls **show ip inspect-sessions detail**:

```
Established Sessions
 Session 25A335C (40.0.0.1:20)=>(30.0.0.1:46069) ftp-data SIS_OPEN
    Created 00:00:07, Last heard 00:00:00
    Bytes sent (initiator:responder) [0:3416064] acl created 1
    Inbound access-list 111 applied to interface Ethernet1
 Session 25A6E1C (30.0.0.1:46065)=>(40.0.0.1:21) ftp SIS_OPEN
    Created 00:01:34, Last heard 00:00:07
    Bytes sent (initiator:responder) [196:616] acl created 1
    Inbound access-list 111 applied to interface Ethernet1
```

Die Ausgabe enthält Zeiten, gesendete Byte-Anzahl und welche Access-Liste zugeordnet ist.

Das Folgende ist eine Beispielausgabe nach der Eingabe des Befehls **show ip inspect all**:

```
Session audit trail is disabled
one-minute (sampling period) thresholds are [400:500] connections
max-incomplete sessions thresholds are [400:500]
max-incomplete tcp connections per host is 50. Block-time 0 minute.
tcp synwait-time is 30 sec -- tcp finwait-time is 5 sec
tcp idle-time is 3600 sec -- udp idle-time is 30 sec
dns-timeout is 5 sec
Inspection Rule Configuration
 Inspection name all
    tcp timeout 3600
    udp timeout 30
    ftp timeout 3600
Interface Configuration
 Interface Ethernet0
  Inbound inspection rule is all
    tcp timeout 3600
    udp timeout 30
    ftp timeout 3600
  Outgoing inspection rule is not set
  Inbound access list is not set
  Outgoing access list is not set
 Established Sessions
 Session 25A6E1C (30.0.0.1:46065)=>(40.0.0.1:21) ftp SIS_OPEN
```

# TEIL 4

# IP-Security und Verschlüsselung

25 Ein Überblick über IP-Sicherheit und Verschlüsselung

26 Konfiguration der Cisco-Verschlüsselungstechnologie

27 Befehle der Cisco-Verschlüsselungstechnologie

28 Konfiguration der IPSec-Netzwerksicherheit

29 Befehle der IPSec-Netzwerksicherheit

30 Konfiguration der Zusammenarbeit mit Zertifizierungsautoritäten (CAs)

31 Befehle für die Zusammenarbeit mit Zertifizierungsautoritäten

32 Konfiguration des Internet-Key-Exchange-Sicherheitsprotokolls

33 Die Befehle des Internet-Key-Exchange-Sicherheitsprotokolls

# KAPITEL 25

# Ein Überblick über IP-Sicherheit und Verschlüsselung

Dieses Kapitel beschreibt in Kürze die folgenden Sicherheitsfunktionen und deren Zusammenhänge:

– Cisco-Verschlüsselungstechnologie

– IPSec-Netzwerk-Sicherheit

– Internet-Key-Exchange-Sicherheitsprotokoll

– Zusammenarbeit mit Zertifizierungsautoritäten

## 25.1 Cisco-Verschlüsselungstechnologie (CET)

Die Cisco-Verschlüsselungstechnologie (CET = Cisco-Encryption-Technology) ist eine proprietäre Sicherheitslösung, die mit der Cisco-IOS-Version 11.2 eingeführt wurde. Sie ermöglicht die Netzwerk-Datenverschlüsselung auf der IP-Paketebene und wendet die folgenden Standards an:

– Digital-Signature-Standard (DSS)

– Öffentlichen Diffie-Hellman-(DH-)Schlüsselalgorithmus

– Daten-Verschlüsselungsstandard (DES = Data-Encryption-Standard)

Weitere Informationen über CET finden Sie in Kapitel 26 »Konfiguration der Cisco-Verschlüsselungstechnologie«.

## 25.2 IPSec-Netzwerksicherheit

IPSec ist ein integriertes System aus offenen Standards, das von der Internet-Engineering-Task-Force (IETF) entwickelt wurde. Sie ermöglicht eine sichere Übertragung von vertraulichen Informationen über ungeschützte Netzwerke wie das Internet. Sie agiert auf Netzwerkebene und wendet die folgenden Standards an:

- IPSec
- Internet-Key-Exchange (IKE = Internet-Schlüsselaustausch)
- DES
- MD5 (die HMAC-Variante)
- SHA (die HMAC-Variante)
- Authentifizierungs-Header (AH)
- Encapsulating-Security-Payload (ESP = Einkapselung der schützenswerten Datenfracht)

IPSec-Dienste sind denen der Cisco-Verschlüsselungstechnologie (CET) sehr ähnlich. Jedoch bietet IPSec eine robustere Sicherheitslösung und basiert auf Standards. Es ermöglicht neben den Daten-Vertraulichkeits-(Data-Confidentiality-)Diensten auch zusätzlich Daten-Authentifizierungs- und Kopierschutz-(AntiReplay-)Dienste, während CET lediglich die Daten-Vertraulichkeitsdienste ermöglicht.

Weitere Informationen über IPSec finden Sie in Kapitel 28 »Konfiguration der IPSec-Netzwerksicherheit«.

### 25.2.1 Vergleich von IPSec und Cisco-Verschlüsselungstechnologie

IPSec bietet die gleichen Vorteile wie CET: Beide Technologien schützen vertrauliche Daten, die über ungeschützte Netzwerke reisen, und IPSec-Sicherheitsdienste werden wie bei CET auf der Netzwerkebene ausgeführt; daher ist es nicht erforderlich, einzelne Workstations, PCs oder Anwendungen zu konfigurieren. Dieser Vorteil kann Ihnen große Kosten ersparen. Anstatt Sicherheitsdienste zu verwenden, die Sie gar nicht einsetzen müssen, und die Sicherheit in jeder einzelnen Anwendung und in jedem Computer einzurichten, können Sie einfach die Netzwerkinfrastruktur ändern, um die benötigten Sicherheitsdienste zu ermöglichen.

IPSec bietet auch die folgenden zusätzlichen Vorteile, die nicht in der CET enthalten sind:

- Da IPSec auf Standards basiert, können Cisco-Geräte mit anderen IPSec-fähigen Netzwerkgeräten zusammenarbeiten, um die IPSec-Sicherheitsdienste zu ermöglichen. IPSec-fähige Geräte können sowohl Cisco-Geräte als auch Nicht-Cisco-Geräte sein, wie PCs, Server und andere Rechnersysteme.

  Cisco und dessen Partner – Microsoft eingeschlossen – beabsichtigen, IPSec für einen übergreifenden Bereich von Plattformen anzubieten, vor allem in der Cisco-IOS-Software, der Cisco-PIX-Firewall, in Windows 95 und in Windows NT. Cisco arbeitet eng mit der IETF zusammen, um sicherzustellen, dass IPSec schnellstmöglich standardisiert wird.

– Einem mobilen Benutzer wird es ermöglicht, eine gesicherte Verbindung mit seinem Büro aufzunehmen. Zum Beispiel kann der Benutzer einen IPSec-Tunnel mit einer Unternehmens-Firewall einrichten – und die Authentifizierungsdienste anfordern –, um Zugang in das Netzwerk des Unternehmens zu erhalten. Der gesamte Verkehr zwischen dem Benutzer und der Firewall wird daraufhin authentifiziert. Der Benutzer kann anschließend mit einem internen Router oder einem Endsystem einen zusätzlichen IPSec-Tunnel einrichten und die persönlichen Datendienste anfordern.

– IPSec bietet die Unterstützung für das IKE-Protokoll (IKE = Internet-Schlüsselaustausch) und für digitale Zertifikate. IKE ermöglicht Verhandlungsdienste und Schlüsselbezugsdienste für IPSec. Mit digitalen Zertifikaten können Geräte automatisch gegenüber anderen authentifiziert werden, ohne dass der manuelle Schlüsselaustausch erfolgen muss, der bei der Cisco-Verschlüsselungstechnologie erforderlich ist. Weitere Informationen finden Sie in Kapitel 32 »Konfiguration des Internet-Key-Exchange-Sicherheitsprotokolls«.

Durch diese Unterstützung sind IPSec-Lösungen gegenüber den CET-Lösungen im Vorteil und IPSec ist in vielen Fällen für die Verwendung in mittelgroßen, großen und wachsenden Netzwerken vorzuziehen, in denen gesicherte Verbindungen zwischen vielen Geräte benötigt werden.

Diese und andere Unterschiede zwischen IPSec und CET werden in den folgenden Abschnitten beschrieben.

### Die Unterschiede zwischen IPSec und der Cisco-Verschlüsselungstechnologie

Sollten Sie besser CET oder IPSec in Ihrem Netzwerk anwenden? Die Antwort hängt von Ihren Bedürfnissen ab.

Wenn Sie lediglich Cisco-Router-zu-Cisco-Router-Verschlüsselung benötigen, können Sie CET betreiben, die eine ausgereiftere und schnellere Lösung darstellt.

Wenn Sie eine Lösung benötigen, die auf Standards basiert und die Zusammenarbeit zwischen Komponenten verschiedener Hersteller erfordert oder auch externe Client-Verbindungen ermöglichen soll, dann sollten Sie IPSec anwenden. Auch wenn Sie die Datenauthentifizierung mit oder ohne Verschlüsselung ausführen wollen, ist IPSec die richtige Wahl.

Bei Bedarf können Sie CET und IPSec parallel in Ihrem Netzwerk konfigurieren, sogar parallel auf demselben Gerät. Ein Cisco-Gerät kann gleichzeitig mit mehreren Gegenstellen CET-gesicherte Sitzungen und IPSec-gesicherte Sitzungen unterhalten.

Tabelle 25.1 vergleicht die CET und die IPSec.

*Tabelle 25.1: Die Gegenüberstellung der CET und der IPSec*

| Eigenschaft | Cisco-Verschlüsselungstechnologie | IPSec |
|---|---|---|
| Verfügbarkeit | Ab der Cisco-IOS-Version 11.2. | Ab der Cisco-IOS-Version 11.3(3)T. |
| Standards | Vor-IETF-Standards. | IETF-Standard. |
| Zusammenarbeit | Cisco-Router mit Cisco-Router. | Alle IPSec-fähigen Ausführungen. |
| Lösung für den Einwahlzugang | Nein. | Die Client-Verschlüsselung wird verfügbar sein. |
| Geräte-Authentifizierung | Manuell zwischen jeder Gegenstelle (Peer) bei der Installation. | Das IKE verwendet digitale Zertifikate als eine Art »digitalen Ausweis« (wenn die Unterstützung der Zertifizierungsautorität konfiguriert ist). Sie unterstützt auch die manuell konfigurierte Authentifizierung mit gemeinsamen Geheimtexten und manuell konfigurierten öffentlichen Schlüsseln. |
| Unterstützung von Zertifikaten | Nein. | Sie unterstützt die X509.V3. Sie wird den Public-Key-Infrastructure-Standard unterstützen, wenn der Standard vollendet ist. |
| Geschützter Verkehr | Es wird ausgewählter IP-Verkehr verschlüsselt, auf der Basis der von Ihnen erstellten, erweiterten Access-Listen. | Es wird ausgewählter IP-Verkehr verschlüsselt und/oder authentifiziert, auf der Basis der erstellten, erweiterten Access-Listen. Zusätzlich kann anderer Verkehr mit unterschiedlichen Schlüsseln oder unterschiedlichen Algorithmen geschützt werden. |
| Hardware-Unterstützung | Der Verschlüsselungs-Service-Adapter (ESA) für die Cisco-Geräte 7200/7500. | Die Unterstützung ist für später eingeplant. |
| Paketerweiterung | Keine. | Der Tunnelmodus fügt einen neuen IP- und IPSec-Header zum Paket hinzu. Der Transportmodus fügt einen neuen IPSec-Header hinzu. |
| Verschlüsselungsbereich | Die IP- und ULP-Header bleiben unverschlüsselt. | Im Tunnelmodus werden die IP- und ULP-Header beide verschlüsselt. Im Transportmodus bleiben die IP-Header unverschlüsselt, aber die ULP-Header werden verschlüsselt (im Tunnelmodus werden die inneren IP-Header auch verschlüsselt). |
| Datenauthentifizierung mit oder ohne Verschlüsselung | Reine Verschlüsselung. | Die Datenauthentifizierung und die Verschlüsselung können gemeinsam konfiguriert oder es können die AH-Header zur Datenauthentifizierung ohne Verschlüsselung verwendet werden. |

Kapitel 25 • Ein Überblick über IP-Sicherheit und Verschlüsselung **507**

*Tabelle 25.1: Die Gegenüberstellung der CET und der IPSec (Fortsetzung)*

| Eigenschaft | Cisco-Verschlüsselungstechnologie | IPSec |
|---|---|---|
| IKE-Unterstützung | Nein. | Ja. |
| Redundante Topologien | Konkurrierende redundante CET-Gegenstellen (Peers) werden nicht unterstützt. | Konkurrierende redundante IPSec-Gegenstellen (Peers) werden unterstützt. |

### Performance-Auswirkungen von IPSec

Die IPSec-Paketverarbeitung ist aus den folgenden Gründen langsamer als die CET-Paketverarbeitung:

- IPSec bietet als zusätzlichen Schritt die paketweise Datenauthentifizierung, die nicht durch CET ausgeführt wird.
- IPSec führt die Paketerweiterung ein, so dass die Fragmentierung und die neuerliche Zusammensetzung der IPSec-Pakete häufiger erforderlich sind.

### IPSec-Zusammenarbeit mit anderen Cisco-IOS-Softwarefunktionen

Sie können die Cisco-Verschlüsselungstechnologie und IPSec gemeinsam verwenden. Beiden Verschlüsselungstechnologien können parallel in Ihrem Netzwerk existieren. Jeder Router kann konkurrierende Verschlüsselungsverbindungen unterstützen, die entweder IPSec oder Cisco-Verschlüsselungstechnologie verwenden. Selbst eine einzelne Schnittstelle kann jeweils IPSec oder CET einsetzen, um unterschiedliche Datenflüsse zu schützen.

## 25.3 Das Internet-Key-Exchange-Sicherheitsprotokoll

Das IKE-Sicherheitsprotokoll (IKE = Internet-Schlüsselaustausch) ist ein Protokollstandard zur Schlüsselverwaltung, das in Kombination mit dem IPSec-Standard verwendet wird. IPSec kann ohne das IKE konfiguriert werden, aber IKE verbessert IPSec, indem es zusätzliche Funktionen, Flexibilität und Konfigurationserleichterungen für den IPSec-Standard ermöglicht.

Weitere Informationen über IKE finden Sie in Kapitel 32 »Die Konfiguration des Internet-Key-Exchange-Sicherheitsprotokolls«.

## 25.4 Die Zusammenarbeit mit Zertifizierungsautoritäten

Die Möglichkeit zur Zusammenarbeit mit Zertifizierungsautoritäten (CA = Certification-Authority) wird durch die Unterstützung des IPSec-Standards ermöglicht. Durch diese Unterstützung kann Ihr Cisco-IOS-Gerät mit einer CA kommunizieren und es kann so digitale Zertifikate von der CA beziehen und verwenden. Auch wenn IPSec in Ihrem Netzwerk ohne eine CA ausgeführt wird, ermöglicht eine CA eine bessere Verwaltung und Nutzung des IPSec.

Weitere Informationen über die Zusammenarbeit mit CAs finden Sie in Kapitel 30 »Konfiguration der Zusammenarbeit mit Zertifizierungsautoritäten«.

# KAPITEL 26
# Konfiguration der Cisco-Verschlüsselungstechnologie

Dieses Kapitel beschreibt die Konfiguration Ihres Routers für die Netzwerk-Datenverschlüsselung mit der Cisco-Verschlüsselungstechnologie (CET = Cisco-Encryption-Technology). Dieses Kapitel enthält die folgenden Abschnitte:

- Wozu dient die Verschlüsselung?
- Ausführung der Cisco-Verschlüsselung
- Zusätzliche Informationsquellen
- Vorbereitungen: Bevor Sie die Verschlüsselung konfigurieren
- Konfiguration der Verschlüsselung
- Konfiguration der Verschlüsselung mit GRE-Tunnels
- Konfiguration der Verschlüsselung mit einem ESA in einem VIP2
- Konfiguration der Verschlüsselung mit einem ESA in einem Cisco-Router der Serie 7200
- Individuelle Einstellung der Verschlüsselung (die Konfigurationsoptionen)
- Abschalten der Verschlüsselung
- Testlauf und Fehlersuche bei der Verschlüsselung
- Beispiele zur Verschlüsselungskonfiguration

**ANMERKUNG**

Immer wenn in diesem Kapitel der Begriff *Verschlüsselung* verwendet wird, dann ist damit die Verschlüsselung von Netzwerkdaten gemeint und sie bezieht sich nicht auf andere Arten der Verschlüsselung.

Eine vollständige Beschreibung der in diesem Kapitel aufgezeigten Verschlüsselungsbefehle finden Sie in Kapitel 27 »Befehle der Cisco-Verschlüsselungstechnologie (CET)«. Für eine Dokumentation über andere in diesem Kapitel enthaltene Befehle können Sie eine Online-Recherche unter der Internetadresse www.cisco.com ausführen.

## 26.1 Wozu dient die Verschlüsselung?

Die Daten, die über ungesicherte Netzwerke wandern, sind anfällig gegenüber vielen Arten von Attacken. Sie können durch jede Person gelesen, verändert oder verfälscht werden, die Zugriff auf die Route hat, über die Ihre Daten gesendet werden. Zum Beispiel kann ein Protokoll-Analyzer Pakete lesen und Zugang zu geheimen Verschlusssachen erhalten. Es kann auch sein, dass eine feindliche Gegenseite mit Paketen hantiert und damit innerhalb Ihrer Organisation beträchtlichen Schaden durch die Behinderung, Verlangsamung oder Unterbrechung der Netzwerkkommunikation anrichtet.

Die Verschlüsselung bietet ein Mittel zum Schutz der Netzwerkdaten, die von einem Cisco-Router zu einem anderen über ungesicherte Netzwerke gesendet werden. Die Verschlüsselung ist besonders wichtig, wenn geheime, vertrauliche oder kritische Daten übertragen werden.

Bild 26.1 illustriert die Verschlüsselung eines IP-Pakets, während es über ein ungesichertes Netzwerk wandert.

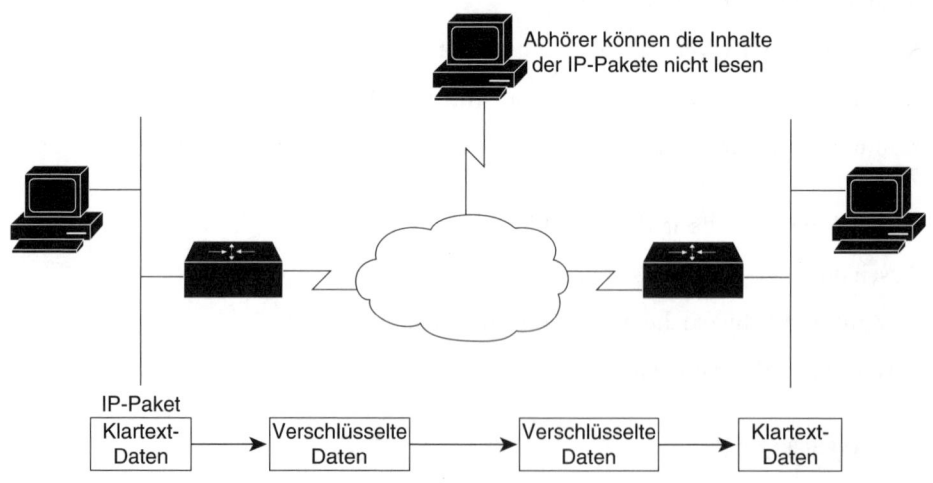

*Bild 26.1: Die IP-Paketverschlüsselung*

## 26.2 Ausführung der Cisco-Verschlüsselung

Die folgenden Abschnitte beantworten diese Fragen:

- Was wird verschlüsselt?
- Wo im Netzwerk werden Pakete verschlüsselt und entschlüsselt?
- Unter welchen Umständen können verschlüsselte Pakete ausgetauscht werden?
- Wie erkennt ein Verschlüsselungs-Router andere gegenüberliegende Verschlüsselungs-Router?
- Welche Standards werden in der Cisco-Verschlüsselung ausgeführt?
- Wie funktioniert die Cisco-Verschlüsselung?

### 26.2.1 Was wird verschlüsselt?

Die Netzwerk-Datenverschlüsselung wird auf der IP-Paketebene ermöglicht. Es können nur IP-Pakete verschlüsselt werden (wenn Sie ein anderes Netzwerk-Protokoll als das IP verschlüsseln wollen, müssen Sie das Protokoll in ein IP-Paket einkapseln).

Ein IP-Paket wird nur dann verschlüsselt/entschlüsselt, wenn das Paket den Kriterien entspricht, die Sie bei der Verschlüsselungskonfiguration Ihres Routers festlegen.

Wenn Pakete verschlüsselt sind, können zwar einzelne IP-Pakete während der Übertragung erkannt werden, aber die IP-Paketfracht (die sog. Payloads) kann nicht gelesen werden. Es sei hier angemerkt, dass der IP-Header und die höherschichtigen Protokoll-Header (zum Beispiel TCP oder UDP) nicht verschlüsselt sind. Dagegen ist die gesamte Datenfracht (die Payload-Daten) innerhalb des TCP- oder UDP-Pakets verschlüsselt und sie kann daher während der Übertragung nicht gelesen werden.

### 26.2.2 Wo im Netzwerk werden Pakete verschlüsselt und entschlüsselt?

Die Ver- und Entschlüsselung der IP-Pakete findet nur auf den Routern statt, die Sie mit CET konfigurieren. Solche Router werden als *Peer-Encrypting-Router* bezeichnet (oder einfach als *Peer-Router* Peer = gleichberechtigtes Gegenüber). Zwischengeschaltete Knoten nehmen nicht an der Ver-/Entschlüsselung teil.

Sehr oft werden Peer-Router am Rand von ungesicherten Netzwerke positioniert (z.B. am Übergang in das Internet), um eine abgesicherte Kommunikation zwischen zwei geschützten Netzwerken zu ermöglichen, die physikalisch getrennt sind. Klartext- (also unverschlüsselter) Verkehr, der von der sicheren Netzwerkseite in einen Peer-Router eintritt, wird verschlüsselt und über das ungesicherte Netzwerk weitergeleitet.

Wenn der verschlüsselte Verkehr den entfernten Peer-Router erreicht, entschlüsselt der Router den Verkehr, bevor er ihn in das zweite sichere Netzwerk weiterleitet.

Die Pakete werden an einer ausgehenden Schnittstelle des Peer-Routers verschlüsselt und an der eingehenden Schnittstelle des anderen Peer-Routers entschlüsselt.

### 26.2.3 Unter welchen Umständen können verschlüsselte Pakete ausgetauscht werden?

Verschlüsselte Pakete können zwischen Peer-Routern nur während verschlüsselter Sitzungen ausgetauscht werden. Wenn ein Peer-Router ein zu verschlüsselndes Paket entdeckt, muss erst eine verschlüsselte Sitzung eingerichtet werden. Nachdem eine verschlüsselte Sitzung aufgebaut wurde, kann der verschlüsselte Verkehr frei zwischen den Peer-Routern fließen. Wenn die Sitzung abgelaufen ist, muss eine neue Sitzung eingerichtet werden, bevor der verschlüsselte Verkehr wieder übertragen werden kann.

### 26.2.4 Wie erkennt ein Verschlüsselungs-Router andere gegenüberliegende Verschlüsselungs-Router?

Während des Aufbaus jeder verschlüsselten Sitzung versuchen die beiden teilnehmenden Peer-Router sich gegenseitig zu authentifizieren. Wenn eine Authentifizierung fehlschlägt, wird die verschlüsselte Sitzung nicht eingerichtet und es wird kein verschlüsselter Verkehr übertragen. Die Authentifizierung der Peer-Router gewährleistet, dass nur bekannte und vertraute Peer-Router verschlüsselten Verkehr miteinander austauschen, und sie verhindert, dass Router dazu verführt werden, den vertraulichen verschlüsselten Verkehr an nicht legitimierte oder vorgegaukelte Ziel-Router zu senden.

### 26.2.5 Welche Standards werden in der Cisco-Verschlüsselung ausgeführt?

Cisco wendet die folgenden Standards an, um die Verschlüsselungsdienste zu ermöglichen: den digitalen Signatur-Standard (DSS), den öffentlichen Diffie-Hellman-(DH-)Verschlüsselungsalgorithmus und den Daten-Verschlüsselungsstandard (DES = Data-Encryption-Standard). Der DSS wird für die Authentifizierung der Peer-Router verwendet. Der DH-Algorithmus und der DES-Standard werden verwendet, um verschlüsselte Kommunikations-Sitzungen zwischen teilnehmenden Peer-Routern aufzunehmen und zu führen.

## 26.2.6 Wie funktioniert die Cisco-Verschlüsselung?

Die folgenden Abschnitte bieten einen Überblick über den Prozess der Cisco-Verschlüsselung:

- Aktivierung der Authentifizierung der Peer-Router durch einen Austausch des DSS-Schlüssels
- Ein Router baut eine verschlüsselte Sitzung mit einem Peer-Router auf
- Der Peer-Router verschlüsselt und entschlüsselt die Daten während einer verschlüsselten Sitzung

### Aktivierung der Authentifizierung der Peer-Router durch einen Austausch des DSS-Schlüssels

Die Authentifizierung der Peer-Router findet während der Einrichtung jeder verschlüsselten Sitzung statt. Bevor sich die Peer-Router aber gegenseitig authentifizieren können, müssen Sie für jeden Peer-Router DSS-Schlüssel erzeugen (sowohl öffentliche als auch geheime DSS-Schlüssel) und die öffentlichen (public) DSS-Schlüssel mit jedem Peer-Router austauschen (und überprüfen) (siehe Bild 26.3). Die Erzeugung und der Austausch der DSS-Schlüssel erfolgt lediglich einmal pro Peer-Router. Danach werden diese DSS-Schlüssel immer dann verwendet, wenn eine verschlüsselte Sitzung stattfindet (die Erzeugung und der Austausch der DSS-Schlüssel wird im späteren Abschnitt »Konfiguration der Verschlüsselung« beschrieben).

Alle DSS-Schlüssel eines Peer-Routers sind eindeutig: ein eindeutiger öffentlicher (public) DSS-Schlüssel und ein eindeutiger geheimer (private) DSS-Schlüssel. Die geheimen DSS-Schlüssel werden in einem geheimen Bereich des Router-NVRAM gespeichert, der nicht mit Befehlen, wie z.B. **more system:running-config** oder **more nvram:startup-config** eingesehen werden kann. Wenn Sie einen Router mit einem Verschlüsselungsdienst-Adapter (ESA = Encryption-Service-Adapter) besitzen, werden die DSS-Schlüssel im veränderungsgesicherten Arbeitsspeicher des ESA gespeichert.

Der geheime DSS-Schlüssel wird keinem anderen Gerät mitgeteilt. Der öffentliche DSS-Schlüssel wird dagegen an alle anderen Peer-Router weitergegeben. Sie müssen mit dem Administrator des Peer-Routers kommunizieren, um die öffentlichen Schlüssel zwischen den beiden Peer-Routern auszutauschen und Sie und der andere Administrator müssen sich gegenseitig verbal die öffentlichen Schlüssel des jeweils anderen Routers bestätigen (die verbale Bestätigung wird gelegentlich als *Voice-Authentifizierung* bezeichnet).

Wenn eine verschlüsselte Sitzung eingerichtet wird, verwendet jeder Router den öffentlichen DSS-Schlüssel des Peer-Routers, um sich gegenüber dem Peer-Router zu authentifizieren. Der Prozess der Peer-Router-Authentifizierung und des Aufbaus der verschlüsselten Sitzungen wird im Folgenden beschrieben.

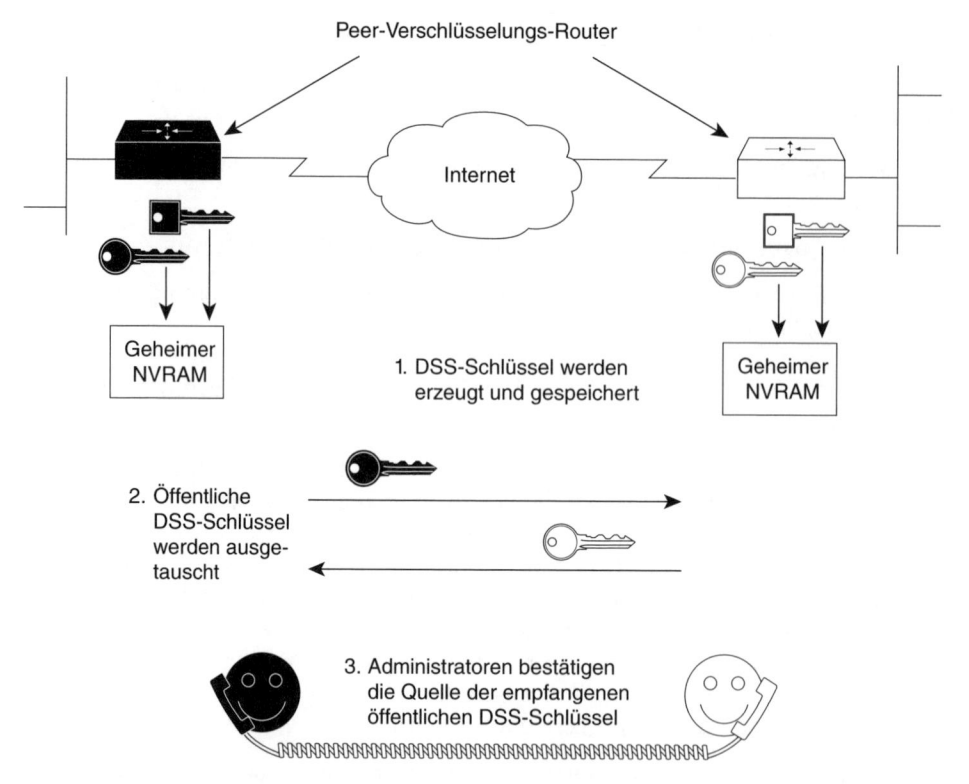

*Bild 26.2: Ein Überblick über den Austausch der DSS-Schlüssel*

## Ein Router baut eine verschlüsselte Sitzung mit einem Peer-Router auf

Bevor ein Cisco-Router verschlüsselte Daten zu einem Peer-Router senden kann, muss eine verschlüsselte Sitzung eingerichtet werden (siehe Bild 26.3). Eine verschlüsselte Sitzung wird immer dann eingerichtet, wenn ein Router ein IP-Paket entdeckt, das verschlüsselt werden soll, und noch keine verschlüsselte Sitzung existiert.

Zwei Peer-Router tauschen Verbindungsmeldungen aus, um eine Sitzung einzurichten. Diese Meldungen erfüllen zwei Aufgaben. Die erste Aufgabe besteht in der Authentifizierung jedes Routers gegenüber dem anderen. Die Authentifizierung wird dadurch erreicht, dass den Verbindungsmeldungen Signaturen angefügt werden: Eine *Signatur* ist eine Zeichenfolge, die von jedem lokalen Router mit dessen geheimem DSS-Schlüssel erzeugt wird und die durch den entfernten Router mit dem öffentlichen (zuvor ausgetauschten) DSS-Schlüssel des lokalen Routers überprüft wird. Eine Signatur ist immer eindeutig von dem sendenden Router erzeugt und kann nicht durch ein anderes Gerät imitiert werden. Wenn eine Signatur betätigt wird, dann ist der Router, der diese Signatur gesendet hat, damit authentifiziert.

# Kapitel 26 • Konfiguration der Cisco-Verschlüsselungstechnologie 515

Die zweite Aufgabe der Verbindungsmeldungen besteht in der Erzeugung eines zeitweiligen DES-Schlüssels (eines *Sitzungsschlüssels*). Mit diesem Schlüssel werden während einer verschlüsselten Sitzung alle Daten verschlüsselt. Um den DES-Schlüssel zu erzeugen, müssen DH-Nummern in den Verbindungsmeldungen ausgetauscht werden. Daraufhin werden die DH-Nummern zur Berechnung eines gemeinsamen DES-Sitzungsschlüssels verwendet, den sich die beiden Router teilen.

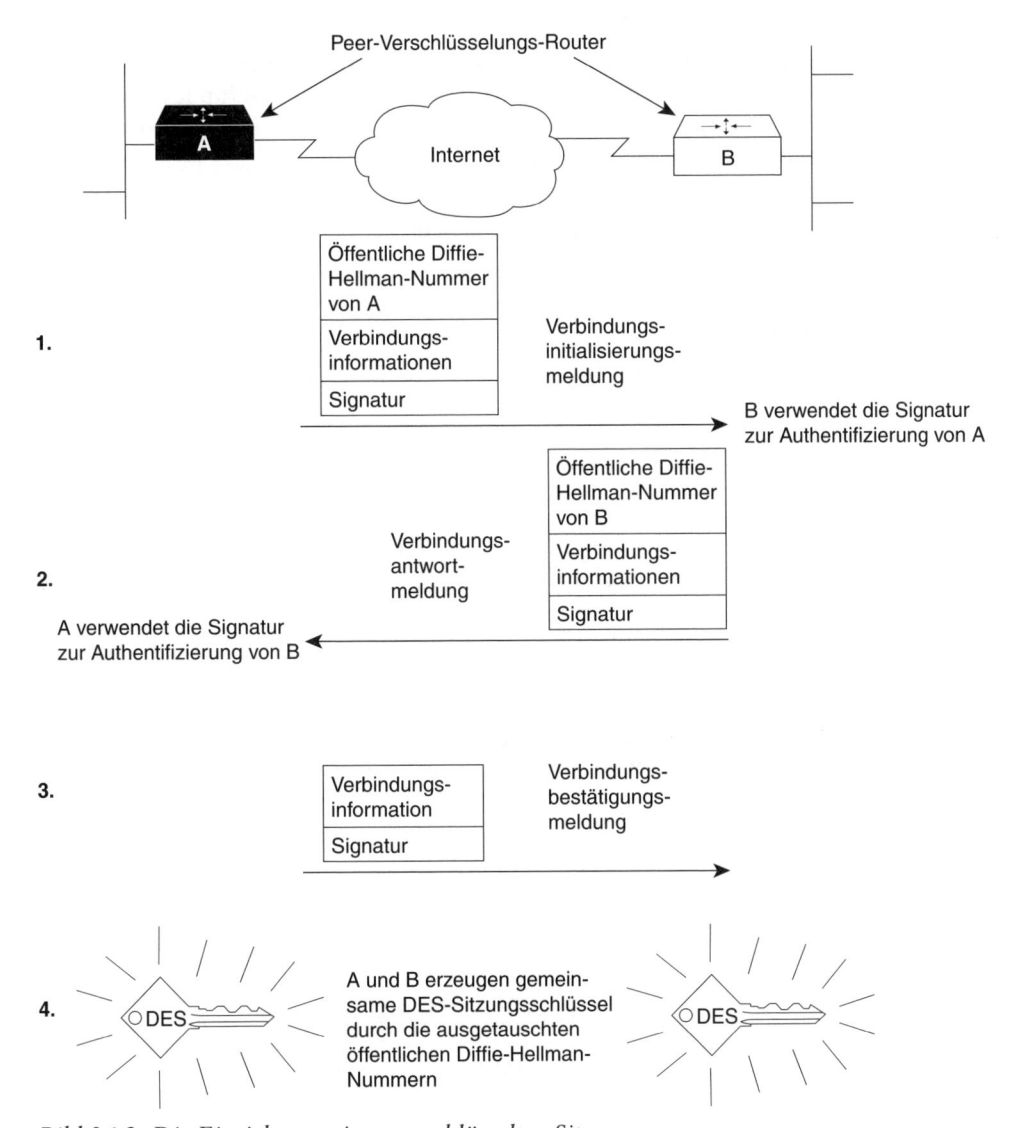

*Bild 26.3: Die Einrichtung einer verschlüsselten Sitzung*

## Peer-Router verschlüsseln und entschlüsseln die Daten während einer verschlüsselten Sitzung

Nachdem sich die beiden Peer-Router gegenseitig authentifiziert haben und der Sitzungsschlüssel (ein DES-Schlüssel) erzeugt wurde, können Daten verschlüsselt und übertragen werden. Ein DES-Verschlüsselungs-Algorithmus wird mit dem DES-Schlüssel verwendet, um während der verschlüsselten Sitzung IP-Pakete zu verschlüsseln und zu entschlüsseln (siehe Bild 26.4).

Eine verschlüsselte Kommunikationssitzung wird beendet, wenn das Zeitlimit der Sitzung abläuft. Wenn die Sitzung beendet wird, werden die DH-Nummern und der DES-Schlüssel verworfen. Wenn eine weitere verschlüsselte Sitzung erforderlich ist, werden dafür neue DH-Nummern und DES-Schlüssel erzeugt.

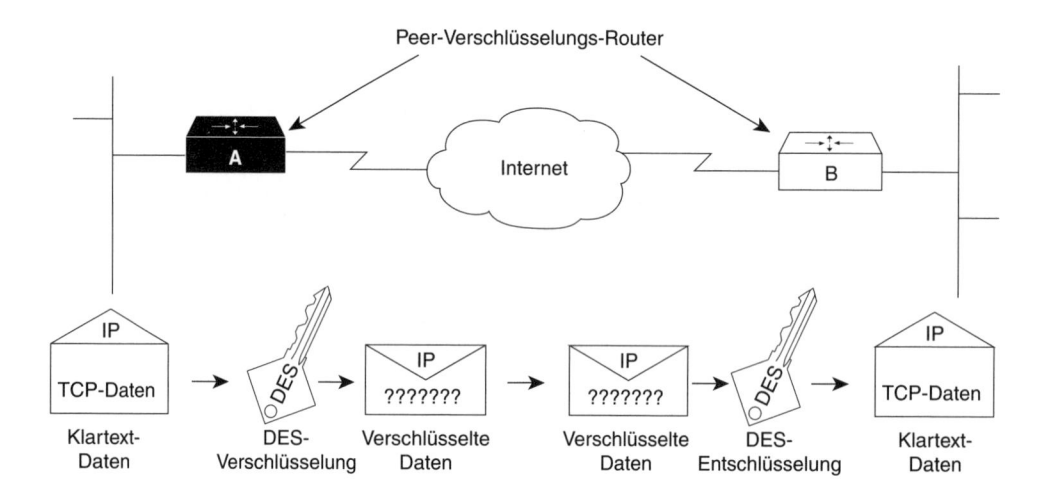

1. Mit dem DES-Schlüssel wird auf den Routern A und B ausgehender IP-Verkehr verschlüsselt und eingehender IP-Verkehr entschlüsselt.

2. Wenn die Sitzung endet, werden die DES-Schlüssel und die Diffie-Hellman-Nummern verworfen.

*Bild 26.4: Die Verschlüsselung der Daten*

## 26.3  Zusätzliche Informationsquellen

Die folgenden Materialen bieten Ihnen zusätzliche Hintergrundinformationen über die Verschlüsselung von Netzwerkdaten, einschließlich der Theorie, der Standards und rechtlicher Rahmenbedingungen:

- *Applied Cryptography*, Bruce Schneier.
- *Network Security: Private Communication in a Public World*, Kaufman, Perlman und Specinen.
- *Actually Useful Internet Security Techniques*, Larry J. Hughes, Jr.
- *FIPS140*, Federal Information Processing Standard.
- Defense Trade Regulations (Parts 120 to 126).
- *Information Security and Privacy in Network Environments*, Office of Technology Assessment.

## 26.4  Vorbereitungen: Bevor Sie die Verschlüsselung konfigurieren

Sie sollten die Richtlinien in diesem Abschnitt verstehen und befolgen, bevor Sie daran gehen, Ihr System mit CET zu konfigurieren. Dieser Abschnitt beschreibt die folgenden Richtlinien:

- Adressierung der Peer-Router
- Berücksichtigung Ihrer Netzwerktopologie
- Adressierung der Crypto-Maschinen in jedem Peer-Router
- Beschreibung der Anwendungseigenschaften und Anwendungsbeschränkungen

### 26.4.1  Adressierung der Peer-Router

Sie müssen alle Peer-Router festlegen, die an der Verschlüsselung teilnehmen sollen. *Peer-Router* sind Router, die für die Verschlüsselung konfiguriert sind und zwischen denen der gesamte verschlüsselte Verkehr übertragen wird. Diese Peer-Router sind gewöhnlich Router, die unter Ihrer administrativen Kontrolle stehen und die IP-Pakete über ein unkontrolliertes Netzwerk (wie das Internet) übertragen. Teilnehmende Peer-Router können auch Router sein, die nicht von Ihnen administriert werden. Dies sollte jedoch nur der Fall sein, wenn Sie eine vertrauenswürdige, kooperative Beziehung mit dem Administrator des anderen Routers unterhalten. Diese Person sollten Ihnen und Ihrer Organisation bekannt und vertraut sein.

Peer-Router sollten entsprechend den Richtlinien der folgenden Abschnitte innerhalb einer Netzwerktopologie gelegen sein.

## 26.4.2 Berücksichtigung Ihrer Netzwerktopologie

Wählen Sie eine Netzwerktopologie zwischen Peer-Verschlüsselungs-Routern mit Bedacht aus. Vor allem sollten Sie das Netzwerk so einrichten, dass ein Strom von IP-Paketen immer genau das gleiche Paar von Verschlüsselungs-Routern nehmen muss. Erzeugen Sie keine Verschlüsselungs-Routerketten (d.h. setzen Sie keinen Verschlüsselungs-Router zwischen zwei Peer-Verschlüsselungs-Router).

Häufige Routenwechsel zwischen Peer-Verschlüsselungs-Routerpaaren, z.B. aus Gründen der Lastverteilung, verursachen eine sehr hohe Zahl von Verbindungen und es werden sehr wenige Datenpakete übertragen. Beachten Sie, dass die Lastverteilung durchaus verwendet werden kann, aber nur wenn diese für die verschlüsselnden Peer-Router transparent ausgeführt wird. Das heißt die Peer-Router sollten nicht an der Lastverteilung teilnehmen: Nur die Geräte zwischen den beiden Peer-Routern sollten die Lastverteilung ausführen.

Eine häufig für die Verschlüsselung verwendete Netzwerktopologie besteht aus einer Hub-and-Spoke-Anordnung zwischen einem Haupt-Router und einem Zweig-Router eines Unternehmens. Auch Internet-Firewall-Router werden oft als Peer-Verschlüsselungs-Router eingesetzt.

## 26.4.3 Adressierung der Crypto-Maschinen in jedem Peer-Router

Die Verschlüsselung wird durch einen Softwaredienst ausgeführt, der sich *Crypto-Maschine* (engl. *crypto engine*) nennt. Um die Verschlüsselung auf einem Router auszuführen, müssen Sie zuerst die Crypto-Maschine des Routers konfigurieren, damit dieser zu einem Verschlüsselungs-Peer wird. Anschließend können Sie jede Schnittstelle, die durch diese Crypto-Maschine betrieben wird, zur Ausführung der Verschlüsselung konfigurieren. (Um eine Crypto-Maschine zu konfigurieren, müssen Sie mindestens einen DSS-Schlüssel für diese Maschine erzeugen und austauschen, wie es im Abschnitt »Konfiguration der Verschlüsselung« im weiteren Verlauf dieses Kapitels beschrieben wird.)

Je nach Hardwarekonfiguration betreiben verschiedene Crypto-Maschinen auch verschiedene Router-Schnittstellen. In einigen Fällen kann es notwendig sein, dass Sie mehrere gleichberechtigte Crypto-Maschinen nebeneinander auf einem einzigen Router konfigurieren, besonders dann, wenn ein Router mehrere Schnittstellen besitzt, die Sie für die Verschlüsselung verwenden wollen, und diese Schnittstellen durch verschiedene Crypto-Maschinen betrieben werden.

Es gibt drei Arten von Crypto-Maschinen: die Cisco-IOS-Crypto-Maschine, die VIP2-Crypto-Maschine und die ESA-Crypto-Maschine.

Wenn Sie einen Cisco-Router der Serien 7200, RSP7000 oder 7500 besitzen, der eine oder mehrere VIP2-Boards (VIP2-40 oder höher) oder ESA-Karten enthält, dann kann Ihr Router auch mehrere Crypto-Maschinen beherbergen. Alle anderen Router besitzen nur eine Crypto-Maschine, nämlich die Cisco-IOS-Crypto-Maschine.

Wenn Sie eine Crypto-Maschine auf einem Cisco-Router der Serien 7200, RSP7000 oder 7500 konfigurieren, müssen Sie festlegen, welche Maschine Sie konfigurieren wollen, indem Sie bei der Eingabe der crypto-Befehle die Gehäuse-Slotnummer der Maschine angeben.

> **ANMERKUNG**
>
> Bei Cisco-7000-Systemen, die einen RSP7000 besitzen, und bei allen Cisco-7500-Systemen benötigt der ESA für die Ausführung einen VIP2-40 und dieser muss im PA-Slot 1 installiert sein.

Die drei verschiedenen Crypto-Maschinen werden in den folgenden Abschnitten beschrieben.

### Die Cisco-IOS-Crypto-Maschine

Jeder Router mit der Cisco-IOS-Verschlüsselungs-Software besitzt eine Cisco-IOS-Crypto-Maschine. Bei vielen Cisco-Routern ist die Cisco-IOS-Crypto-Maschine die einzige verfügbare Crypto-Maschine. Die einzigen Ausnahmen bilden die Cisco-Router der Serien 7200, RSP7000 und 7500, die auch zusätzliche Crypto-Maschinen besitzen können und die in den nächsten beiden Abschnitten beschrieben werden.

Wenn ein Router über keine zusätzlichen Crypto-Maschinen verfügt, dann betreibt die Cisco-IOS-Crypto-Maschine alle Router-Schnittstellen: Sie müssen die Cisco-IOS-Crypto-Maschine konfigurieren, bevor Sie eine Router-Schnittstelle für die Verschlüsselung konfigurieren können.

Die Cisco-IOS-Crypto-Maschine wird durch die Gehäuse-Slot-Nummer des Routen-Switch-Prozessors (RSP) adressiert (bei Routern ohne RSP wird die Cisco-IOS-Crypto-Maschine automatisch ausgewählt und muss daher während der Konfiguration nicht extra angegeben werden).

### Die VIP2-Crypto-Maschine (nur bei Cisco-Routern der Serien RSP7000 und 7500)

Die Cisco-Router der Serien RSP7000 und 7500 mit einem Versatile-Interface-Prozessor der zweiten Generation (ein VIP2 der Version VIP2-40 oder höher) besitzen zwei Crypto-Maschinen: die Cisco-IOS-Crypto-Maschine und die VIP2-Crypto-Maschine.

Die VIP2-Crypto-Maschine betreibt die zugehörigen VIP2-Port-Schnittstellen. Die Cisco-IOS-Crypto-Maschine betreibt alle anderen Router-Schnittstellen. (Diese Regeln setzen voraus, dass kein ESA auf dem VIP2 installiert ist. Wenn der VIP2 einen installierten ESA besitzt, werden die Schnittstellen auf andere Weise betrieben, was im nächsten Abschnitt beschrieben wird.)

Die VIP2-Crypto-Maschine wird durch die Gehäuse-Slot-Nummer des VIP2 adressiert.

> **ANMERKUNG**
>
> Bei Cisco-7000-Systemen, die einen RSP7000 besitzen, und bei allen Cisco-7500-Systemen benötigt der ESA für die Ausführung einen VIP2-40 und dieser muss im PA-Slot 1 installiert sein.

## Die Crypto-Maschine des Encryption-Service-Adapters (nur bei Cisco-Routern der Serien 7200, RSP7000 und 7500)

Die Cisco-Router der Serien 7200, RSP7000 und 7500 mit einem ESA besitzen eine ESA-Crypto-Maschine.

*Die Cisco-Router der Serie 7200 mit einem ESA*

Wenn ein Cisco-Router 7200 einen aktiven ESA besitzt, dann betreibt die ESA-Crypto-Maschine – und nicht die Cisco-IOS-Crypto-Maschine – alle Router-Schnittstellen (Bei einem inaktiven ESA, betreibt die Cisco-IOS-Crypto-Maschine alle Router-Schnittstellen. Auf dem Cisco 7200 können Sie bestimmen, welche Maschine aktiv ist. Es ist immer nur eine Maschine aktiv).

Der ESA ist in einen Gehäuse-Slot des Cisco 7200 eingesteckt und die ESA-Crypto-Maschine wird durch die Gehäuse-Slot-Nummer des ESAs adressiert.

*Die Cisco-Router der Serien RSP7000 und 7500 mit einem ESA*

Der ESA und ein zugehöriger Portadapter stecken auf einem VIP2-Board. Die ESA-Crypto-Maschine – und nicht die VIP2-Crypto-Maschine – betreibt die zugehörigen VIP2-Port-Schnittstellen. Die Cisco-IOS-Crypto-Maschine betreibt alle übrigen Schnittstellen.

Bei einem Cisco-Router RSP7000 oder bei einem der Serie 7500 wird die ESA-Crypto-Maschine über die Gehäuse-Slot-Nummer des VIP2 adressiert.

### 26.4.4 Beschreibung der Anwendungseigenschaften und Beschränkungen

Die folgenden Abschnitte beschreiben die Eigenschaften und Einschränkungen, die mit der Verschlüsselung einhergehen:

- Die Einkapselung
- Multicast von verschlüsseltem Verkehr
- IP-Fragmentierung
- Eingeschränkten Switching-Arten des VIP2
- Anzahl der gleichzeitig ausgeführten verschlüsselten Sitzungen
- Auswirkungen auf die Performance

## Die Einkapselung

Sie können bei der IP-Verschlüsselung jede Einkapselungsart mit Ausnahme der folgenden verwenden: Wenn Sie einen VIP2 der zweiten Generation mit einer seriellen Schnittstelle besitzen, wird die Verschlüsselung nicht für den Verkehr der seriellen Schnittstelle funktionieren, wenn Sie nicht das Point-to-Point Protokoll (PPP), das High-Level-Data-Link-Control- (HDLC-)Protokoll oder das Frame-Relay-Protokoll verwenden. Sie können zum Beispiel keine Verschlüsselung anwenden, wenn Sie X.25 oder SMDS für die serielle Schnittstelle eines VIP2 konfiguriert haben.

Tabelle 26.1 zeigt die Port-Adapter-Unterstützung der einzelnen Plattformen.

*Tabelle 26.1: Port-Adapter-Unterstützung*

| Schnittstelle | Einkapselung | 7200 Software | 7200 ESA | 7500/VIP frei erhältliche Software | 7500/VIP-ESA |
|---|---|---|---|---|---|
| 4E, 8E, 5EFL | | Ja | Ja | Ja | Ja |
| FE | | Ja | Ja | Ja | Ja |
| 4R | | Ja | Ja | Ja | Ja |
| FDDI | | Ja | Ja | Ja | Ja |
| 100VG | | Ja | Ja | Ja | Ja |
| 4T | PPP, HDLC, Frame-Relay | Nein | Nein | Ja | Nein |
| 4T+, 8T | PPP | Ja | Ja | Ja | Ja |
| | HDLC | Ja | Ja | Ja | Ja |
| | Frame-Relay | Ja | Ja | Ja | Ja |
| | X.25 | Ja | Ja | Nein | Nein |
| | SMDS | Ja | Ja | Nein | Nein |
| HSSI | PPP | Ja | Ja | Ja | Ja |
| | HDLC | Ja | Ja | Ja | Ja |
| | Frame-Relay | Ja | Ja | Ja | Ja |
| | X.25 | Ja | Ja | Nein | Nein |
| | SMDS | Ja | Ja | Nein | Nein |
| CT1, CE1 | PPP | Ja | Ja | Ja | Ja |
| | HDLC | Ja | Ja | Ja | Ja |
| | Frame-Relay | Ja | Ja | Ja | Ja |
| | X.25 | Ja | Ja | Nein | Nein |
| | SMDS | Ja | Ja | Nein | Nein |
| PRI | HDLC | Ja | Ja | Nein | Nein |
| | PPP | Ja | Ja | Nein | Nein |
| BRI | HDLC | Ja | Ja | Nein | Nein |
| | PPP | Ja | Ja | Nein | Nein |
| ATM | | Ja | Ja | Ja | Nein |
| CT3 | | Nein | Nein | Ja | Nein |

### Multicast von verschlüsseltem Verkehr

Ein verschlüsselter Multicast wird nicht unterstützt.

### IP-Fragmentierung

IP-Fragmentierung wird bei der Verschlüsselung für alle Plattformen unterstützt, mit Ausnahme des VIP2. Wenn Sie die Verschlüsselung für VIP2-Schnittstellen konfigurieren, werden alle IP-Fragmente verworfen werden.

### Eingeschränkten Switching-Arten des VIP2

Wenn Sie die Verschlüsselung für VIP2-Schnittstellen auf einem Cisco-Router RSP7000 oder auf einem der Serie 7500 konfigurieren, müssen Sie das verteilte (distributed) Switching (DSW) auf den Quell- und Zielschnittstellen verwenden, auf denen die Verschlüsselung/Entschlüsselung ausgeführt wird.

Diese Einschränkung bedeutet, dass jedes Protokoll, das nicht mit dem DSW kompatibel ist, wie z.B. das SMDS, auch nicht auf VIP2-Verschlüsselungsschnittstellen verwendet werden kann.

### Anzahl der gleichzeitig ausgeführten verschlüsselten Sitzungen

Jeder Verschlüsselungs-Router kann verschlüsselte Sitzungen mit vielen anderen Router einrichten, wenn diese auch Peer-Verschlüsselungs-Router sind. Verschlüsselungs-Router können auch mehrere verschlüsselte Sitzungen mit mehreren Peer-Routern gleichzeitig einrichten. Es können bis zu 299 parallele verschlüsselte Sitzungen pro Router unterstützt werden.

### Performance-Auswirkungen

Wenn Sie die Verschlüsselung intensiv nutzen, wird sehr viel Prozessorzeit für die Verschlüsselung benötigt. Dies wirkt sich negativ auf die Performance aus, in Form von Schnittstellenüberlastung oder durch eine verlangsamte CPU-Funktion. Wenn Sie statt der Cisco-IOS-Crypto-Maschine eine ESA-Crypto-Maschine einsetzen, können Sie die gesamte Router-Performance steigern, da die Cisco-IOS-Software nicht durch den Verschlüsselungsprozess beansprucht wird.

## 26.5 Konfiguration der Verschlüsselung

Damit verschlüsselter Verkehr zwischen zwei Routern übertragen wird, müssen Sie die Verschlüsselung auf beiden Routern konfigurieren. Dieser Abschnitt beschreibt die erforderlichen Schritte zur Konfiguration der Verschlüsselung auf einem Router: Sie müssen diese Schritte für jeden Peer-Verschlüsselungs-Router wiederholen (Router, die an der Verschlüsselung teilhaben).

Führen Sie die in den folgenden Abschnitten beschriebenen Schritte aus, um die Verschlüsselung auf einem Router zu konfigurieren:

- Erzeugen von öffentlichen/geheimen DSS-Schlüsseln (zur Konfiguration einer Crypto-Maschine erforderlich)
- Austausch der öffentlichen DSS-Schlüssel (zur Konfiguration einer Crypto-Maschine erforderlich)
- Aktivierung des DES-Verschlüsselungsalgorithmus (zur Konfiguration eines Routers erforderlich)
- Erstellung der Verschlüsselungskarten und deren Zuordnung zu Schnittstellen (zur Konfiguration der Router-Schnittstellen erforderlich)
- Sicherung Ihrer Konfiguration

**ANMERKUNG**

Es sind zusätzliche Schritte erforderlich, wenn Sie die Verschlüsselung mit GRE-Tunnels oder mit einem ESA konfigurieren. Diese zusätzlichen Schritte werden im weiteren Verlauf dieses Kapitels beschrieben, und zwar in den Abschnitten »Konfiguration der Verschlüsselung mit GRE-Tunnels«, »Konfiguration der Verschlüsselung mit einem ESA in einem VIP2« und »Konfiguration der Verschlüsselung mit einem ESA in einem Cisco-Router der Serie 7200«. Bevor Sie die Verschlüsselung konfigurieren, sollten Sie die entsprechenden anderen Abschnitte durcharbeiten.

Beispiele zu diesen Konfigurationen finden Sie im Abschnitt »Konfigurationsbeispiele zur Verschlüsselung« am Ende dieses Kapitels.

### 26.5.1  Erzeugen von öffentlichen/geheimen DSS-Schlüsseln

Sie müssen DSS-Schlüssel für jede von Ihnen verwendete Crypto-Maschine erzeugen. Wenn Sie mehr als eine Crypto-Maschine einsetzen, müssen Sie für jede Maschine eigene DSS-Schlüssel erzeugen (dies sind die Crypto-Maschinen, die Sie zuvor anhand der Beschreibung im früheren Abschnitt »Adressierung der Crypto-Maschinen in jedem Peer-Router« adressiert haben).

Das von Ihnen erzeugte DSS-Schlüssel-Paar wird von Peer-Routern zur gegenseitigen Authentifizierung verwendet, bevor eine verschlüsselte Sitzung eingerichtet wird. Dasselbe DSS-Schlüsselpaar wird von einer Crypto-Maschine für alle verschlüsselten Sitzungen verwendet (ganz gleich, welcher Peer-Verschlüsselungs-Router sich mit ihr verbindet).

Verwenden Sie zumindest den ersten der folgenden Befehle im globalen Konfigurationsmodus, um die DSS-Schlüssel für eine Crypto-Maschine zu erzeugen:

| Befehl | Zweck |
| --- | --- |
| **crypto key generate dss** *Schlüsselname* [*Slot*] | Erzeugt öffentliche und geheime DSS-Schlüssel. |
| **show crypto key mypubkey dss** [*Slot*] | Zeigt Ihre öffentlichen DSS-Schlüssel an (geheime Schlüssel sind nicht einsehbar). |
| **copy system:running-config nvram:startup-config** | Speichert die DSS-Schlüssel im geheimen NVRAM (führen Sie diesen Schritt nur für die Cisco-IOS-Crypto-Maschinen aus). |

**ANMERKUNG**

Sie müssen den Befehl **copy system:running-config nvram:startup-config** (früher **copy running-config startup-config**) verwenden, um den DSS-Schlüssel einer Cisco-IOS-Crypto-Maschine in einem geheimen Bereich des NVRAM zu speichern. Die DSS-Schlüssel werden *nicht* zusammen mit Ihrer Konfiguration abgespeichert, wenn Sie einen Befehl wie **copy system:running-config rcp:** oder **copy system:running-config tftp:** ausführen.

Wenn Sie Schlüssel für eine ESA-Crypto-Maschine erzeugen, wird während der DSS-Schlüssel-Erzeugung folgendes stattfinden:

- Sie werden zur Eingabe eines Passworts aufgefordert.

- Wenn Sie zuvor den Befehl **crypto key zeroize dss** verwendet haben, um den ESA zurückzusetzen, sollten Sie zu diesem Zeitpunkt ein neues Passwort für den ESA erzeugen.

- Wenn Sie zuvor den Befehl **crypto card clear-latch** verwendet haben, um den ESA zurückzusetzen, sollten Sie das Passwort verwenden, das Sie vergeben haben, als Sie den ESA zurücksetzten. Wenn Sie sich nicht mehr an das Passwort erinnern, müssen Sie den ESA mit dem Befehl **crypto key zeroize dss** entleeren. Sie können daraufhin Schlüssel erzeugen und ein neues Passwort für den ESA festlegen.

- Der DSS-Schlüssel wird automatisch im veränderungsgesicherten Arbeitsspeicher des ESA abgespeichert.

Die Konfiguration der Verschlüsselung mit einem ESA wird in den späteren Abschnitten »Konfiguration der Verschlüsselung mit einem ESA in einem VIP2« und »Konfiguration der Verschlüsselung mit einem ESA in einem Cisco-Router der Serie 7200« beschrieben.

## 26.5.2 Austausch der öffentlichen DSS-Schlüssel

Sie müssen die öffentlichen DSS-Schlüssel mit allen teilnehmenden Peer-Routern austauschen. Damit können sich Peer-Router beim Start von verschlüsselten Kommunikationssitzungen gegenseitig authentifizieren.

Wenn Ihr Netzwerk mehrere Peer-Verschlüsselungs-Router enthält, müssen Sie die DSS-Schlüssel mehrere Male austauschen (einmal für jeden Peer-Router). Immer wenn Sie Ihrer Netzwerk-Topologie einen Peer-Verschlüsselungs-Router hinzufügen, müssen Sie den DSS-Schlüssel mit dem neuen Router austauschen, um die verschlüsselte Kommunikation mit diesem neuen Router zu aktivieren.

> **ANMERKUNG**
>
> Wenn Sie die DSS-Schlüssel austauschen, müssen Sie den Administrator des Peer-Verschlüsselungs-Routers anrufen. Sie müssen während des Schlüsseltauschs in Sprachkontakt mit dem anderen Administrator stehen, um die Quelle des ausgetauschten öffentlichen DSS-Schlüssels per Voice-Authentifizierung zu bestätigen.

Sie müssen die öffentlichen DSS-Schlüssel von jeder eingesetzten Crypto-Maschine austauschen.

Um die öffentlichen DSS-Schlüssel erfolgreich auszutauschen, müssen Sie mit einem bekannten Administrator des anderen Peer-Routers zusammenarbeiten. Sie und der Administrator des Peer-Routers müssen die folgenden Schritte in der angegebenen Reihenfolge ausführen (siehe Bild 26.9):

Schritt 1  Rufen Sie den anderen Administrator per Telefon an. Halten Sie das Gespräch mit dieser Person aufrecht, bis Sie alle Schritte aus dieser Liste vollendet haben.

Schritt 2  Sie und der andere Administrator entscheiden sich, wer die PASSIVE Rolle und wer die AKTIVE Rolle übernimmt.

Schritt 3  Die PASSIVE Person aktiviert eine DSS-Austauschverbindung, indem sie den folgenden Befehl im globalen Konfigurationsmodus ausführt:

| Befehl | Zweck |
|---|---|
| **crypto key exchange dss passive** [*TCP-Port*] | Aktiviert eine DSS-Austauschverbindung. |

Schritt 4  Die AKTIVE Person initiiert eine DSS-Austauschverbindung und sendet einen öffentlichen DSS-Schlüssel, indem sie folgenden Befehl im globalen Konfigurationsmodus ausführt:

| Befehl | Zweck |
|---|---|
| crypto key exchange dss *IP-Adresse Schlüsselname* [*TCP-Port*] | Initiiert eine Verbindung und sendet einen öffentlichen DSS-Schlüssel. |

Die Seriennummer und der Fingerabdruck des öffentlichen DSS-Schlüssels von AKTIV werden an Ihren beiden Bildschirmen angezeigt. Die Seriennummer und der Fingerabdruck sind Zahlenwerte, die durch den öffentlichen DSS-Schlüssel von AKTIV erzeugt wurden.

Schritt 5  Sie bestätigen sich gegenseitig verbal, dass die Seriennummer und der Fingerabdruck auf Ihren beiden Bildschirmen jeweils identisch sind.

Schritt 6  Wenn die angezeigten Seriennummern und Fingerabdrücke übereinstimmen, sollte die PASSIVE Person den DSS-Schlüssel der AKTIVen Person akzeptieren, indem er ein y eingibt.

Schritt 7  Die PASSIVE Person sendet einen öffentlichen DSS-Schlüssel an die AKTIVE Person, indem er die Eingabetaste an der Eingabeaufforderung des Bildschirms drückt und an der nächsten Eingabeaufforderung eine Crypto-Maschine auswählt.

Schritt 8  Nun werden die DSS-Seriennummer und der Fingerabdruck der PASSIVEn Person auf beiden Bildschirmen angezeigt.

Schritt 9  Wie zuvor bestätigen Sie sich gegenseitig verbal, dass nun die DSS-Seriennummer und der Fingerabdruck der PASSIVEn Seite auf den beiden Bildschirmen identisch sind.

Schritt 10  AKTIV akzeptiert nun den PASSIVEn öffentlichen DSS-Schlüssel.

Schritt 11  Der Austausch ist vollständig und Sie können den Anruf beenden.

Die hier aufgezeigten Schritte (die in Bild 26.5 illustriert werden) müssen zwischen Ihrem Router und einem Peer-Router für jeden anderen Peer-Router durchgeführt werden, mit dem Sie die verschlüsselten Sitzungen ausführen wollen.

# Kapitel 26 • Konfiguration der Cisco-Verschlüsselungstechnologie **527**

1, 2. Hallo, ich bin »aktiv« — Hallo, ich bin »passiv«

3. PASSIV aktiviert die Verbindung

4. Sende den öffentlichen DSS-Schlüssel von AKTIV

Beide überprüfen die DSS-Seriennummer und den Fingerabdruck

5. Mein Bildschirm zeigt: »Seriennummer = ...« »Fingerabdruck = ...« — Mein Bildschirm zeigt das gleiche

6. Akzeptieren Sie meinen DSS-Schlüssel? — Yes

7. Sende den öffentlichen DSS-Schlüssel von PASSIV

8. Beide überprüfen die DSS-Seriennummer und den Fingerabdruck von PASSIV

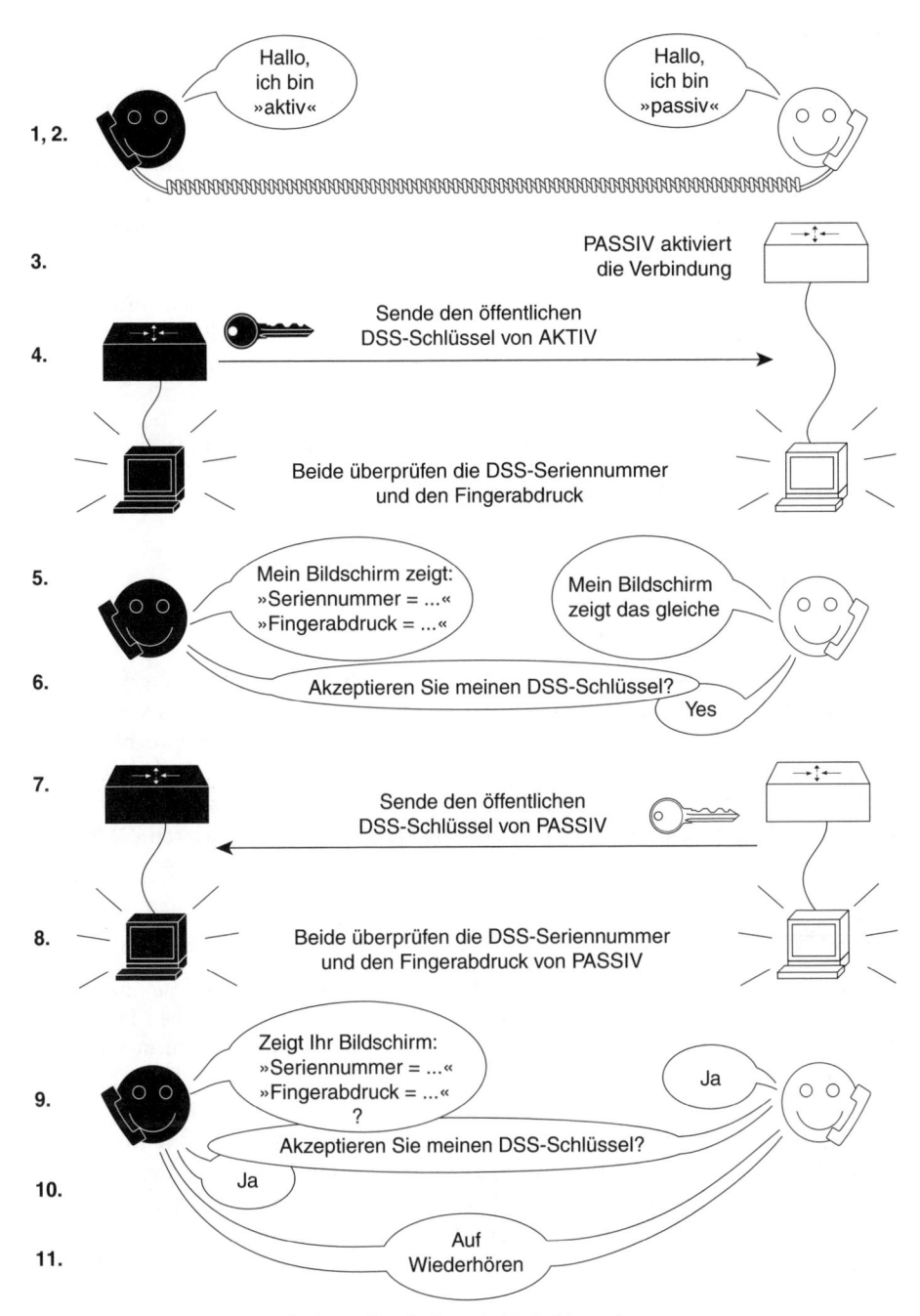

9. Zeigt Ihr Bildschirm: »Seriennummer = ...« »Fingerabdruck = ...« ? — Ja

10. Akzeptieren Sie meinen DSS-Schlüssel? — Ja

11. Auf Wiederhören

*Bild 26.5: Der Austausch der öffentlichen DSS-Schlüssel*

### 26.5.3 Aktivierung des DES-Verschlüsselungsalgorithmus

Die Cisco-Router verwenden DES-Verschlüsselungsalgorithmen und DES-Schlüssel zur Ver- und Entschlüsselung der Daten. Sie müssen alle DES-Verschlüsselungsalgorithmen allgemein aktivieren, die Ihr Router in den verschlüsselten Sitzungen verwendet. Wenn ein DES-Algorithmus nicht allgemein aktiviert wurde, werden Sie ihn nicht verwenden können (durch die einmalige Aktivierung eines DES-Algorithmus kann er von allen Crypto-Maschinen eines Routers verwendet werden).

Um eine verschlüsselte Sitzung mit einem Peer-Router führen zu können, müssen Sie mindestens einen DES-Algorithmus aktivieren, der auch auf dem Peer-Router aktiviert ist. Sie müssen denselben DES-Algorithmus auf beiden Peer-Routern konfigurieren, damit die Verschlüsselung vonstatten gehen kann.

CET unterstützt die folgenden vier Arten von DES-Verschlüsselungsalgorithmen:

– DES mit 8-Bit-Chiffrier-Rückmeldung (CFB = Cipher-FeedBack)

– DES mit 64-Bit-CFB

– 40-Bit-Variante des DES mit 8-Bit-CFB

– 40-Bit-Variante des DES mit 64-Bit-CFB

Die 40-Bit-Varianten verwenden einen 40-Bit-DES-Schlüssel, der für Angreifer einfacher zu knacken ist als der einfache DES, der einen 56-Bit-DES-Schlüssel verwendet. Einige internationale Anwendungen müssen – wegen bestehender Exportbeschränkungen – den 40-Bit-DES verwenden. Zudem wird der 8-Bit-CFB häufiger verwendet als der 64-Bit-CFB, obwohl er mehr CPU-Zeit benötigt. Es können auch andere Voraussetzungen vorliegen, die Sie zur Verwendung des einen oder anderen DES-Typs veranlassen.

> **ANMERKUNG**
>
> Wenn Sie ein aus den USA exportierbares Betriebssystem verwenden, können Sie nur die 40-Bit-Variante des DES aktivieren und verwenden. Sie können nicht die einfachen DES-Algorithmen aktivieren und verwenden, die bei den exportierbaren Betriebssystem nicht verfügbar sind.

Ein DES-Algorithmus ist auf Ihrem Router standardmäßig aktiviert. Wenn Sie den Standard-DES-Algorithmus nicht verwenden wollen, können Sie ihn deaktivieren. Wenn Sie ein nicht exportierbares Betriebssystem verwenden, wird der Standard-DES-Algorithmus der einfache DES mit der 64-Bit-CFB sein. Wenn Sie ein exportierbares Betriebssystem verwenden, wird der Standard-DES-Algorithmus die 40-Bit-Variante des DES mit 64-Bit-CFB sein.

Wenn Sie nicht wissen, ob Ihr Betriebssystem exportierbar oder nicht exportierbar ist, können Sie mit dem Befehl **show crypto cisco-algorithms** feststellen, welche DES-Algorithmen momentan aktiviert sind.

Verwenden Sie einen oder mehrere der folgenden Befehle im globalen Konfigurationsmodus, um einen oder mehr DES-Algorithmen allgemein zu aktivieren:

| Befehl | Zweck |
| --- | --- |
| crypto cisco-algorithm des [cfb-8 \| cfb-64] | Aktiviert den DES mit 8-Bit oder 64-Bit-CFB. |
| crypto cisco-algorithm 40-bit-des [cfb-8 \| cfb-64] | Aktiviert den 40-Bit-DES mit 8-Bit oder 64-Bit-CFB. |
| show crypto cisco-algorithms | Zeigt alle aktivierten DES-Algorithmen an. |

## 26.5.4 Erstellung von Verschlüsselungskarten und deren Zuordnung zu Schnittstellen

Der Zweck dieses Vorgehens besteht darin, Ihrem Router mitzuteilen, auf welchen Schnittstellen der Verkehr verschlüsselt/entschlüsselt werden soll, welche IP-Pakete auf diesen Schnittstellen verschlüsselt oder entschlüsselt werden sollen und welcher DES-Verschlüsselungalgorithmus zur Verschlüsselung/ Entschlüsselung der Pakete verwendet werden soll.

Es sind momentan drei Schritte erforderlich, um diese Aufgabe auszuführen:

Schritt 1  Die Erzeugung einer Verschlüsselungs-Access-Liste (die bei der Erzeugung der Verschlüsselungskarte angegeben wird).

Schritt 2  Die Erzeugung der Verschlüsselungskarten.

Schritt 3  Die Zuordnung der Verschlüsselungskarten zu Schnittstellen.

> **ANMERKUNG**
>
> Sie sollten die zu konfigurierenden Schnittstellen derart auswählen, dass der Verkehr auf der ausgehenden Schnittstelle des lokalen Peer-Routers verschlüsselt und der Verkehr an der eingehenden Schnittstelle des entfernten Peer-Routers entschlüsselt wird.

### Erzeugung einer Verschlüsselungs-Access-Liste

In diesem Schritt wird in den Verschlüsselungs-Access-Listen festgelegt, welche IP-Pakete verschlüsselt und welche IP-Pakete nicht verschlüsselt werden. Die Verschlüsselungs-Access-Listen werden mit Hilfe von erweiterten IP-Access-Listen erzeugt. (Gewöhnlich werden IP-Access-Listen zur Verkehrsfilterung eingesetzt. Die Verschlüsselungs-Access-Listen werden aber *nicht* zur Verkehrsfilterung verwendet, statt dessen wird mit ihnen festgelegt, welche Pakete verschlüsselt oder nicht verschlüsselt werden sollen.)

Verwenden Sie einen der folgenden Befehle im globalen Konfigurationsmodus, um Verschlüsselungs-Access-Listen für die Verschlüsselung der IP-Pakete zu erstellen:

| Befehl | Zweck |
|---|---|
| access-list *Access-Listennummer* [dynamic *dynamischer-Name* [timeout *Minuten*]] {deny \| permit} *Protokoll Quelle Quellenplatzhalter Ziel Zielplatzhalter* [precedence *Vorrang*] [tos *TOS*] [log] | Legt Bedingungen fest, um zu bestimmen, welche IP-Pakete verschlüsselt werden (aktivieren oder deaktivieren Sie die Verschlüsselung für den Verkehr, für den diese Bedingungen zutreffen)[1] |
| oder | |
| ip access-list extended *Name* Geben Sie anschließend das passende Schlüsselwort **permit** oder **deny** ein. | |

Wenn Sie das Schlüsselwort **permit** verwenden, wird der ausgewählte Verkehr, der zwischen den angegebenen Quell- und Zieladressen ausgetauscht wird, durch die Peer-Router verschlüsselt/entschlüsselt. Wenn Sie das Schlüsselwort **deny** verwenden, wird der ausgewählte Verkehr nicht durch die Peer-Router verschlüsselt/entschlüsselt.

Die von Ihnen auf dem lokalen Router erstellte Verschlüsselungs-Access-Liste muss eine gespiegelte Verschlüsselungs-Access-Liste auf dem entfernten Peer-Router besitzen, damit der lokal verschlüsselte Verkehr auf dem entfernten Peer-Router entschlüsselt wird.

Die von Ihnen erstellte Verschlüsselungs-Access-Liste wird einer Schnittstelle als eine ausgehende Verschlüsselungs-Access-Liste zugeordnet, wenn Sie eine Verschlüsselungskarte erstellen und diese Verschlüsselungskarte der Schnittstelle zugeordnet haben (diese beiden Schritte werden in den nächsten beiden Abschnitten beschrieben).

**STOP**

Wenn Sie Verschlüsselungs-Access-Listen erzeugen, *warnt* Sie Cisco vor der Verwendung des Schlüsselworts **any**, um damit die Quell- oder Zieladressen festzulegen. Die Verwendung des Schlüsselworts **any** kann extreme Probleme verursachen, wenn ein Paket in Ihren Router eintritt und für einen Router bestimmt ist, der nicht für die Verschlüsselung konfiguriert ist. Dies würde dazu führen, dass Ihr Router versucht, eine verschlüsselte Sitzung mit einem Nichtverschlüsselungs-Router aufzunehmen.

---

1 Sie legen Bedingungen in einer IP-Access-Liste fest, die entweder durch einen Namen oder durch eine Nummer bezeichnet ist. Der Befehl **access-list** kennzeichnet eine nummerierte Access-Liste. Der Befehl **ip access-list extended** kennzeichnet eine namentlich bezeichnete Access-Liste.

## ANMERKUNG

Wenn Ihre Verschlüsselungs-Access-Listen mehr als 100 verschiedene Quelladressen oder mehr als zehn Zieladressen für eine einzelne Quelladresse festlegt, müssen Sie bestimmte Standardeinstellungen ändern, die im späteren Abschnitt »Änderung der Verschlüsselungs-Access-Listen-Limits« beschrieben werden.

## ANMERKUNG

Wenn Sie die Access-Listen Ihres Routers mit einem Befehl wie **show ip access-lists** ansehen wollen, werden *alle* erweiterten IP-Access-Listen in der Befehlsausgabe angezeigt. Diese enthält erweiterte IP Access-Listen, die zur Verkehrsfilterung verwendet werden, sowie solche, die für die Verschlüsselung eingesetzt werden. Die Ausgabe auf den Befehl **show** unterscheidet nicht zwischen den beiden Verwendungen der erweiterten Access-Listen.

## Über Verschlüsselungskarten

Die Verschlüsselungskarten werden verwendet, um den (die) DES-Verschlüsselungsalgorithmus(en) festzulegen, der (die) zusammen mit jeder im letzten Schritt erstellten Access-Liste verwendet werden soll(en). Die Verschlüsselungskarten werden auch zur Adressierung der Peer-Router verwendet, welche die entfernten Endpunkte der Verschlüsselungsdienste darstellen.

Die Verschlüsselungskarten-Einträge mit demselben Verschlüsselungskartennamen (aber unterschiedlichen Karten-Sequenznummern) werden in einem Verschlüsselungskartensatz zusammengefasst. Später werden Sie diese Verschlüsselungskartensätze den einzelnen Schnittstellen zuordnen. Daraufhin wird der gesamte IP-Verkehr, der durch die Schnittstelle gelangt, mit dem zugeordneten Verschlüsselungskartensatz verglichen. Wenn ein Verschlüsselungskarten-Eintrag ausgehenden IP-Verkehr als schützenswert erkennt und die Verschlüsselungskarte die Verwendung des IKE vorsieht, dann wird eine Sicherheitsassoziation (SA) mit dem entfernten Peer-Router aufgenommen, die sich nach den Parametern richtet, die im Verschlüsselungskarten-Eintrag festgelegt sind. Falls dies nicht der Fall ist, und der Verschlüsselungskarten-Eintrag die Verwendung der manuellen Sicherheitsassoziation festlegt, sollte eine Sicherheitsassoziation bereits über die Konfiguration eingerichtet sein (wenn ein dynamischer Verschlüsselungskarten-Eintrag ausgehenden Verkehr als schützenswert erkennt und keine Sicherheitsassoziation vorhanden ist, wird das Paket verworfen).

Die Vorgaben, die in den Verschlüsselungskarten-Einträgen festgelegt sind, werden während der Verhandlung über die Sicherheitsassoziationen verwendet. Wenn der lokale Router die Verhandlung initiiert, wird er die in den statischen Verschlüsselungskarten-Einträgen festgelegten Vorgaben verwenden, um das Angebot zu erzeugen, das an den angegebenen IPSec-Peer-Router gesendet wird. Wenn der IPSec-Peer-Router die Verhandlung initiiert, wird der lokale Router sowohl die Vorgaben der statischen Verschlüsselungskarten-Einträge als auch die aus allen angegebenen dynamischen Verschlüsselungskarten-Einträgen überprüfen, um zu entscheiden, ob er das Angebot (engl. Offer) des Peer-Routers annehmen oder ablehnen soll.

Wenn Sie mehr als einen Verschlüsselungskarten-Eintrag für eine bestimmte Schnittstelle erzeugen, dann sollten Sie die *Sequenznummer* im Karteneintrag einsetzen, um unter den Karteneinträgen eine Rangliste zu vergeben: Je kleiner die *Sequenznummer* ist, desto höher ist die Priorität. Auf der Schnittstelle, der dieser Verschlüsselungskartensatz zugeordnet wurde, wird der Verkehr zuerst mit den Karteneinträgen der höheren Priorität verglichen.

### Erzeugung von Verschlüsselungskarten

Sie müssen genau eine Verschlüsselungskarte für jede Schnittstelle erstellen, die verschlüsselte Daten an einen Peer-Verschlüsselungs-Router senden soll. Sie können einer einzelnen Schnittstelle nur einen Verschlüsselungskartensatz zuordnen. Mehrere Schnittstellen können sich denselben Verschlüsselungskartensatz teilen, wenn Sie dieselben Vorgaben mehreren Schnittstellen zuordnen wollen.

Verwenden Sie die folgenden Befehle, um eine Verschlüsselungskarte zu erstellen. Der erste Befehl wird im globalen Konfigurationsmodus verwendet. Die anderen Befehle erfolgen im Crypto-Map-Konfigurationsmodus:

| Schritt | Befehl | Zweck |
|---|---|---|
| 1 | **crypto map** *Kartenname Sequenznummer* [cisco] | Bezeichnet die Verschlüsselungskarte (die Ausführung dieses Befehl lässt Sie in den Crypto-Map-Konfigurationsmodus wechseln). |
| 2 | **set peer** *Schlüsselname* | Bezeichnet den entfernten Peer-Router. |
| 3 | **match address** [*Access-Listennummer* \| *Name*] | Legen Sie mindestens eine Verschlüsselungs-Access-Liste fest. |
| 4 | **set-algorithm des** [cfb-8 \| cfb-64] oder **set-algorithm 40-bit-des** [cfb-8 \| cfb-64] | Legen Sie mindestens einen DES- Verschlüsselungsalgorithmus fest (dies muss ein zuvor von Ihnen aktivierter Algorithmus sein). |

> **ANMERKUNG**
>
> Wenn Sie ein aus den USA exportierbares Betriebssystem verwenden, können Sie nur die 40-Bit-Variante des DES aktivieren und verwenden. Sie können die einfachen DES-Algorithmen nicht aktivieren und verwenden, die bei dem exportierbaren Betriebssystem nicht verfügbar sind.

Wenn Sie einen zusätzlichen, unterschiedlichen Parametersatz für dieselbe Schnittstelle festlegen wollen, wiederholen Sie die Schritte der vorherigen Liste, verwenden denselben *Kartennamen* aber mit einer anderen *Sequenznummer* für den Verschlüsselungskarten-Befehl. Weitere Informationen über dieses Thema finden Sie in der Beschreibung des Befehls **crypto map** in Kapitel 27 »Befehle der Cisco-Verschlüsselungstechnologie«.

## Zuordnung der Verschlüsselungskarten zu einzelnen Schnittstellen

Dieser Schritt setzt die von Ihnen erstellten Verschlüsselungskarten in Kraft. Sie müssen jeder Schnittstelle (physikalischen oder logischen) genau einen Verschlüsselungskartensatz zuordnen, durch den die ausgehenden Daten verschlüsselt und die eingehenden Daten entschlüsselt werden. Diese Schnittstelle ermöglicht die verschlüsselte Verbindung zu einem Peer-Verschlüsselungs-Router. Eine Schnittstelle wird keine Daten verschlüsseln/entschlüsseln, wenn Sie der Schnittstelle keine Verschlüsselungskarte zuordnen.

Verwenden Sie den folgenden Befehl im Interface-Konfigurationsmodus, um einer Schnittstelle eine Verschlüsselungskarte zuzuordnen:

| Befehl | Zweck |
|---|---|
| crypto map *Kartenname* | Weist einer Schnittstelle eine Verschlüsselungskarte zu. |

### 26.5.5 Die Sicherung Ihrer Konfiguration

Cisco empfiehlt Ihnen, dass Sie nach der Verschlüsselungskonfiguration Ihres Router eine Sicherungskopie Ihrer Konfiguration erstellen (achten Sie darauf, dass keine unautorisierte Person Zugang zu dieser gesicherten Konfiguration erhält).

## 26.6 Konfiguration der Verschlüsselung mit GRE-Tunnels

Wenn sich die Endpunkte eines GRE-Tunnels auf den Peer-Verschlüsselungs-Routern befinden, können Sie die Verschlüsselung so konfigurieren, dass der gesamte Verkehr durch den GRE-Tunnel verschlüsselt wird.

Beachten Sie, dass Sie keinen ausgewählten GRE-Tunnelverkehr verschlüsseln können: Entweder wird der gesamte GRE-Tunnelverkehr verschlüsselt oder es wird kein GRE-Tunnelverkehr verschlüsselt.

Um die Verschlüsselung mit GRE-Tunnels zu konfigurieren, führen Sie dieselben grundlegenden Schritte des vorherigen Abschnitts »Konfiguration der Verschlüsselung« aus. Des Weiteren müssen Sie auch die zusätzlichen Anweisungen befolgen, die als nächstes beschrieben werden (für zwei Fälle):

– Verschlüsselung des reinen GRE-Tunnelverkehrs
– Verschlüsselung des GRE-Tunnelverkehrs und von anderem Verkehr

Beispiele zur Konfiguration der Verschlüsselung mit einem GRE-Tunnel finden Sie im Abschnitt »Beispiele zur Konfiguration der Verschlüsselung mit GRE-Tunnels« im weiteren Verlauf dieses Kapitels.

### 26.6.1 Verschlüsselung des reinen GRE-Tunnelverkehrs

Befolgen Sie diese zwei zusätzlichen Anweisungen, um nur den Verkehr durch den GRE-Tunnel zu verschlüsseln:

- Wenn Sie Ihre Verschlüsselungs-Access-Liste erstellen, sollte die Liste nur ein Aussagekriterium enthalten. Geben Sie in dieser einen Aussage **gre** als Protokoll an und legen Sie die Tunnel-Quelladresse als Quelle und die Tunnel-Zieladresse als Ziel fest.

- Ordnen Sie die Verschlüsselungskarte sowohl der physikalischen Schnittstelle als auch der Tunnel-Schnittstelle zu (ohne GRE-Tunnels müssen Sie die Verschlüsselungskarte nur der physikalischen Schnittstelle zuordnen).
Vergessen Sie nicht, dass die Zuordnung einer Verschlüsselungskarte zu der physikalischen und der Tunnel-Schnittstelle an beiden Enden des GRE-Tunnels erfolgen muss.

### 26.6.2 Verschlüsselung von GRE-Tunnelverkehr und anderem Verkehr

Befolgen Sie diese drei zusätzlichen Anweisungen, um sowohl den GRE-Tunnelverkehr als auch bestimmten anderen Nicht-GRE-Tunnelverkehr zu verschlüsseln:

- Erzeugen Sie zwei getrennte Verschlüsselungs-Access-Listen auf die folgende Weise:

- Die erste Verschlüsselungs-Access-Liste sollte nur ein Aussagekriterium enthalten. Geben Sie in dieser einen Aussage **gre** als Protokoll an und legen Sie die Tunnel-Quelladresse als Quelle und die Tunnel-Zieladresse als Ziel fest.

- Geben Sie in der zweiten Verschlüsselungs-Access-Liste an, welcher Nicht-GRE-Verkehr verschlüsselt werden soll (zum Beispiel könnten Sie **tcp** als Protokoll angeben und ein Subnetz als Quelle/Platzhalter und ein Subnetz als Ziel/Platzhalter festlegen).

- Erstellen Sie zwei getrennte Verschlüsselungskartensätze auf die folgende Weise:

- Legen Sie im ersten Verschlüsselungskartensatz eine einzelne Verschlüsselungskarte fest, die die erste Verschlüsselungs-Access-Liste enthält, zusammen mit einem DES-Algorithmus und dem entfernten Peer-Router.

- Legen Sie im zweiten Verschlüsselungskartensatz mindestens zwei Verschlüsselungskarten-Unteraussagen fest. Die erste Unteraussage sollte genau mit den Aussagen der ersten Verschlüsselungskarte übereinstimmen. Die zweite Unteraussage sollte die zweite Verschlüsselungs-Access-Liste, einen DES-Algorithmus und den entfernten Peer-Router enthalten.

– Ordnen Sie den ersten Verschlüsselungskartensatz der Tunnel-Schnittstelle zu und den zweiten der physikalischen Schnittstelle (ohne GRE-Tunnels müssen Sie nur physikalischen Schnittstellen eine Verschlüsselungskarte zuordnen).
Vergessen Sie nicht, dass die Zuordnung einer Verschlüsselungskarte zu der physikalischen und der Tunnel-Schnittstelle an beiden Enden des GRE-Tunnels erfolgen muss.

## 26.7 Konfiguration der Verschlüsselung mit einem ESA in einem VIP2

Um die Verschlüsselung mit einem ESA zu konfigurieren, müssen Sie zusätzlich zu den grundlegenden, im Abschnitt »Konfiguration der Verschlüsselung« beschriebenen Schritten weitere Anweisungen ausführen.

Dieser Abschnitt beschreibt die Konfiguration eines ESA, der sich in einem VIP2 in einem Cisco-Router RSP7000 oder in einem der Serie 7500 befindet.

Führen Sie die folgenden Schritte in der vorgegebenen Reihenfolge aus, um die Verschlüsselung mit einem ESA zu konfigurieren, der sich in einem VIP2 befindet:

1. Setzen Sie den ESA zurück.
2. Führen Sie die zusätzliche Verschlüsselungskonfiguration aus.

**ANMERKUNG**

Bei Cisco-7000-Systemen, die einen RSP7000 besitzen, und bei allen Cisco-7500-Systemen benötigt der ESA für die Ausführung einen VIP2-40 und dieser muss im PA-Slot 1 installiert sein. Jedesmal, wenn Sie den ESA oder den VIP2 entfernen und wieder einsetzen, müssen Sie den ESA erneut zurücksetzen.

Beispiele zu ESA-spezifischen Konfigurationsaufgaben finden Sie im Abschnitt »Konfigurationsbeispiele zur ESA-spezifischen Verschlüsselung« im weiteren Verlauf dieses Kapitels.

### 26.7.1 Zurücksetzen des ESA

Wenn der ESA noch nie zuvor verwendet oder wenn er entfernt und wieder eingesetzt wurde, wird die »Tampered«-LED des ESA leuchten und er muss zurückgesetzt werden.

Wenn Sie den ESA in einem VIP2 nicht zurücksetzen, wird die ESA-Crypto-Maschine nicht verwendet. Statt dessen wird die VIP2-Crypto-Maschine die zugehörigen VIP2-Port-Schnittstellen betreiben (und die Cisco-IOS-Crypto-Maschine wird die anderen Router-Schnittstellen betreiben).

Führen Sie die folgenden Schritte aus, um einen ESA zurückzusetzen:

- Verwenden Sie die folgenden Befehle im globalen Konfigurationsmodus, um einen ESA zurückzusetzen, der noch nie zuvor verwendet wurde (oder der zuvor verwendet wurde und für den Sie das ESA-Passwort wissen):

| Schritt | Befehl | Zweck |
| --- | --- | --- |
| 1 | crypto card clear-latch *Slot* | Setzt den ESA zurück, indem die ESA-Hardware-Verbindung gelöst wird. |
| 2 | password | Erzeugen Sie bei der Aufforderung ein neues Passwort für den ESA oder geben Sie das zuvor vergebene ESA-Passwort ein. |

- Verwenden Sie den folgenden Befehl im globalen Konfigurationsmodus, um einen ESA zurückzusetzen, der zuvor verwendet wurde, für den Sie aber das ESA-Passwort nicht kennen:

| Befehl | Zweck |
| --- | --- |
| crypto key zeroize dss *Slot* | Entleert den ESA (dies löscht alle DSS-Schlüssel für den ESA). |

### 26.7.2 Ausführung der zusätzlichen Verschlüsselungskonfiguration

Wenn alle drei Komponenten, also der Router, der VIP2 und der ESA, zuvor bereits für die Verschlüsselung konfiguriert wurden, müssen Sie eventuell keine zusätzliche Konfiguration ausführen. Jedoch müssen Sie zumindest in den folgenden Fällen eine zusätzliche Konfiguration ausführen (siehe den Abschnitt »Konfiguration der Verschlüsselung« für eine Beschreibung der Schritte):

- Wenn Sie den Verdacht hegen, dass der alte ESA-Schlüssel in die Öffentlichkeit gelangte, sollten Sie für den ESA neue DSS-Schlüssel erzeugen und austauschen (verwenden Sie denselben ESA-*Schlüsselnamen*, der zuvor vergeben wurde).

- Wenn der ESA umgesteckt wurde und nun andere Schnittstellen wie zuvor betreibt, müssen entweder alle Peer-Router ihre Verschlüsselungskarten erneuern, um den veränderten Gegenstellen Rechnung zu tragen oder Sie müssen neue DSS-Schlüssel für den ESA erzeugen und austauschen und dabei den *Schlüsselnamen* vergeben, der momentan in den Verschlüsselungskarten der Peer-Router festgelegt ist.

- Wenn Sie den ESA zuvor mit dem Befehl **crypto key zeroize dss** zurückgesetzt haben, weil Sie das ESA-Passwort nicht wussten, müssen Sie zumindest DSS-Schlüssel für die ESA-Crypto-Maschine erzeugen und austauschen.

Wie immer sollten Sie nicht vergessen, eine Sicherungskopie Ihrer Konfiguration zu erstellen.

## 26.8 Konfiguration der Verschlüsselung mit einem ESA in einem Cisco-Router der Serie 7200

Um die Verschlüsselung mit einem ESA zu konfigurieren, müssen Sie zusätzlich zu den grundlegenden, im Abschnitt »Die Konfiguration der Verschlüsselung« beschriebenen Schritten einige weitere spezielle Schritte ausführen.

Dieser Abschnitt beschreibt die Konfiguration für einen ESA, der sich in einem Cisco-Router der Serie 7200 befindet.

Beispiele für ESA-spezifische Konfigurationen finden Sie im Abschnitt »Konfigurationsbeispiele zur ESA-spezifischen Verschlüsselung« im weiteren Verlauf dieses Kapitels.

### 26.8.1 Erforderliche Schritte

Führen Sie die folgenden Schritte in der vorgegebenen Reihenfolge aus (beachten Sie die folgenden Abschnitte für weitere Beschreibungen):

1. Zurücksetzen des ESA
2. Ausführung der zusätzlichen Verschlüsselungskonfiguration
3. Aktivierung des ESA

> **ANMERKUNG**
>
> Jedesmal, wenn Sie den ESA entfernen und wieder einsetzen, müssen Sie den ESA erneut zurücksetzen und neu aktivieren.

### 26.8.2 Optionale Schritte

Sie können diese zusätzlichen optionalen Schritte ausführen (beachten Sie die folgenden Abschnitte für weitere Beschreibungen):

– Wählen Sie eine Crypto-Maschine aus (nachdem die Verschlüsselung konfiguriert wurde, könnte es sein, dass Sie die verwendete Crypto-Maschine wechseln wollen – auf die Cisco-IOS-Crypto-Maschine oder die ESA-Crypto-Maschine).

– Löschen Sie die DSS-Schlüssel (wenn Sie den ESA oder den Cisco 7200 entfernen oder umstellen wollen, könnte es sein, dass Sie aus Sicherheitsgründen die DSS-Schlüssel löschen wollen).

### 26.8.3 Zurücksetzen des ESA

Wenn der ESA noch nie zuvor verwendet oder wenn er entfernt und wieder eingesetzt wurde, wird die »Tampered«-LED des ESA leuchten und er muss zurückgesetzt werden.

# 538 Network Security

Führen Sie die folgenden Schritte aus, um einen ESA in einem Cisco-Router der Serie 7200 zurückzusetzen:

- Verwenden Sie die folgenden Befehle im globalen Konfigurationsmodus, um einen ESA zurückzusetzen, der noch nie zuvor verwendet wurde:

| Schritt | Befehl | Zweck |
|---|---|---|
| 1 | crypto card clear-latch *Slot* | Setzt den ESA zurück, indem die ESA-Hardware-Verriegelung gelöst wird. |
| 2 | password | Erzeugen Sie bei der Aufforderung ein neues Passwort für den ESA. |

- Verwenden Sie den folgenden Befehl im globalen Konfigurationsmodus, um einen ESA zurückzusetzen, der zuvor verwendet wurde und der eine zusätzliche Konfiguration benötigt (wenn beispielsweise die vorherige Konfiguration des ESA unvollständig oder unsicher ist, wenn Sie neue DSS-Schlüssel für den ESA erzeugen wollen oder der Router nicht für die Verschlüsselung konfiguriert ist):

| Schritt | Befehl | Zweck |
|---|---|---|
| 1 | crypto card clear-latch *Slot* | Setzt den ESA zurück, indem die ESA-Hardware-Verriegelung gelöst wird. |
| 2 | password | Geben Sie bei der Aufforderung das zuvor vergebene ESA-Passwort ein. |
| 3 | no | Wenn Sie gefragt werden, ob Sie den ESA aktivieren (enable) wollen, geben Sie **no** ein. |

- Verwenden Sie den folgenden Befehl im globalen Konfigurationsmodus, um einen ESA zurückzusetzen, der zuvor verwendet wurde und dessen Verschlüsselungskonfiguration bereits vollständig ist und wenn Sie bereit sind, die Verschlüsselung des Verkehrs mit der ESA-Crypto-Maschine zu starten:

| Schritt | Befehl | Zweck |
|---|---|---|
| 1 | crypto card clear-latch *Slot* | Setzt den ESA zurück, indem die ESA-Hardware-Verriegelung gelöst wird. |
| 2 | password | Geben Sie bei der Aufforderung das zuvor vergebene ESA-Passwort ein. |
| 3 | yes | Wenn Sie gefragt werden, ob Sie den ESA aktivieren (enable) wollen, geben Sie **yes** ein. |

# Kapitel 26 • Konfiguration der Cisco-Verschlüsselungstechnologie 539

> **ANMERKUNG**
>
> Nachdem Sie den ESA in der beschriebenen Weise zurückgesetzt haben, wird der ESA automatisch aktiv und beginnt mit der Verschlüsselung des Verkehrs. Nur in diesem Fall müssen Sie keine zusätzliche Verschlüsselungskonfiguration ausführen (aber fertigen Sie wie immer eine Sicherungskopie Ihrer Konfiguration an).

– Verwenden Sie den folgenden Befehl im globalen Konfigurationsmodus, um einen ESA zurückzusetzen, der zuvor verwendet wurde, wenn Sie das ESA-Passwort nicht kennen:

| Befehl | Zweck |
|---|---|
| crypto key zeroize dss *Slot* | Entleert den ESA (dies löscht alle DSS-Schlüssel für den ESA). |

## 26.8.4 Ausführung der zusätzlichen Verschlüsselungskonfiguration

Nachdem Sie den ESA in einem Cisco-Router der Serie 7200 zurückgesetzt haben, führen Sie die Verschlüsselungskonfiguration fort, indem Sie die Anweisungen aus einem der folgenden Punkte ausführen:

– Wenn der Router und der ESA noch nie zuvor für die Verschlüsselung konfiguriert wurden, führen Sie alle Schritte aus, die im früheren Abschnitt »Die Konfiguration der Verschlüsselung« beschrieben sind, und aktivieren anschließend den ESA, wie es im nächsten Abschnitt »Die Aktivierung des ESA« beschrieben wird.

– Wenn der ESA noch nie zuvor für die Verschlüsselung konfiguriert wurde, aber der Router für die Verschlüsselung konfiguriert ist, führen Sie nur die folgenden zwei Schritte aus, die im früheren Abschnitt »Die Konfiguration der Verschlüsselung« beschrieben sind:

– Erzeugen Sie öffentliche/geheime DSS-Schlüssel (für die ESA-Crypto-Maschine).

– Tauschen Sie die öffentlichen DSS-Schlüssel aus (für die ESA-Crypto-Maschine).

Nachdem Sie die DSS-Schlüssel für die ESA-Crypto-Maschine erzeugt und ausgetauscht haben, aktivieren Sie den ESA, wie es im nächsten Abschnitt »Aktivierung des ESA« beschrieben wird.

– Wenn der Router und der ESA beide bereits für die Verschlüsselung konfiguriert wurden, kann es sein, dass Sie den ESA nur aktivieren müssen, wie es im nächsten Abschnitt »Aktivierung des ESA« beschrieben wird. Jedoch müssen Sie zumindest in den folgenden Fällen eine zusätzliche Konfiguration vornehmen, bevor Sie den ESA aktivieren (siehe den Abschnitt »Konfiguration der Verschlüsselung« für eine Beschreibung der Schritte):

- Wenn der ESA erzeugte DSS-Schlüssel besitzt, sie aber noch nicht mit dem Peer-Router ausgetauscht wurden, müssen Sie die Schlüssel austauschen.

- Wenn Sie den Verdacht hegen, dass der alte ESA-Schlüssel verraten wurde, sollten Sie für den ESA neue DSS-Schlüssel erzeugen und austauschen. Verwenden Sie dabei denselben ESA-*Schlüsselnamen*, der zuvor vergeben wurde.

- Wenn der ESA aus einem anderen Router eingebaut wurde, müssen Sie für den ESA neue DSS-Schlüssel erzeugen und austauschen. Verwenden Sie dabei denselben ESA-*Schlüsselnamen*, der zuvor vergeben wurde.

- Wenn Sie den ESA zuvor mit dem Befehl **crypto key zeroize dss** zurückgesetzt haben, weil Sie das ESA-Passwort nicht wussten, müssen Sie zumindest DSS-Schlüssel für die ESA-Crypto-Maschine erzeugen und austauschen.

### 26.8.5 Aktivierung des ESA

Verwenden Sie den folgenden Befehl im globalen Konfigurationsmodus, um einen ESA in einem Cisco-Router der Serie 7200 zu aktivieren:

| Befehl | Zweck |
|---|---|
| **crypto card enable** *Slot* | Aktiviert den ESA. |

**ANMERKUNG**

Wenn Sie den ESA aktivieren und die Cisco-IOS-Crypto-Maschine gerade Verkehr verschlüsselt, wird die Sitzung unterbrochen und es wird eine neue Sitzung durch die ESA-Crypto-Maschine eingerichtet. Dies kann eine kurzzeitige Verzögerung des verschlüsselten Verkehrs verursachen.

Vergessen Sie nicht, wie immer eine Sicherungskopie Ihrer Konfiguration zu erstellen, wenn Sie fertig sind.

### 26.8.6 Auswahl einer Crypto-Maschine

Dies ist ein optionaler Schritt.

Nachdem die Verschlüsselung auf einem Cisco-Router der Serie 7200 mit einem ESA konfiguriert wurde, könnte es sein, dass Sie die verwendete Crypto-Maschine wechseln wollen – auf die Cisco-IOS-Crypto-Maschine oder die ESA-Crypto-Maschine. Dieser Abschnitt beschreibt, wie Sie von einer Crypto-Maschine zur anderen wechseln.

Sie sollten nur eine Crypto-Maschine auswählen, wenn die Maschine vollständig für die Verschlüsselung konfiguriert ist.

Wenn Sie den Router mit einem funktionsfähig installierten ESA booten, wird der ESA während des Boot-Vorgangs standardmäßig zur aktiven Crypto-Maschine. Falls nicht, wird die Cisco-IOS-Crypto-Maschine die standardmäßig aktive Crypto-Maschine.

> **ANMERKUNG**
>
> Wenn Sie von einer Crypto-Maschine zur anderen wechseln und gerade eine Verschlüsselungssitzung ausgeführt wird, wird die Sitzung unterbrochen und es wird eine neue Sitzung durch die neu ausgewählte Crypto-Maschine eingerichtet. Dies kann eine kurzzeitige Verzögerung des verschlüsselten Verkehrs verursachen.

### Auswahl der Cisco-IOS-Crypto-Maschine

Wenn die ESA-Crypto-Maschine den Verkehr verschlüsselt, Sie aber wollen, dass stattdessen die Cisco-IOS-Crypto-Maschine den Verkehr verschlüsselt, können Sie auf die Cisco-IOS-Crypto-Maschine wechseln, ohne den ESA entfernen zu müssen (Sie können dies auch für Testzwecke ausführen).

> **STOP**
>
> Bevor Sie auf die Cisco-IOS-Crypto-Maschine wechseln, sollten Sie sicher sein, dass die Cisco-IOS-Crypto-Maschine mit erzeugten und ausgetauschten DSS-Schlüssel konfiguriert wurde. Falls dies nicht der Fall ist, werden Sie bei einem Maschinenwechsel die Fähigkeit zur Verschlüsselung verlieren.

Verwenden Sie den folgenden Befehl im globalen Konfigurationsmodus, um die Cisco-IOS-Crypto-Maschine auszuwählen:

| Befehl | Zweck |
|---|---|
| **crypto card shutdown** *Slot* | Schaltet den ESA ab. |

Nachdem Sie die Cisco-IOS-Crypto-Maschine ausgewählt haben, wird die Cisco-IOS-Crypto-Maschine zur aktiven Maschine, die die Router-Schnittstellen betreibt. Die Cisco-IOS-Crypto-Maschine wird die Verschlüsselungsdienste ausführen und der ESA wird inaktiv bleiben.

### Auswahl der ESA-Crypto-Maschine

Wenn die Cisco-IOS-Crypto-Maschine den Verkehr verschlüsselt, Sie aber wollen, dass statt dessen eine installierte ESA-Crypto-Maschine den Verkehr verschlüsselt, können Sie auf die ESA-Crypto-Maschine wechseln.

> **STOP**

Bevor Sie auf die ESA-Crypto-Maschine wechseln, sollten Sie sicher sein, dass die ESA-Crypto-Maschine mit erzeugten und ausgetauschten DSS-Schlüsseln konfiguriert wurde. Ist dies nicht der Fall, werden Sie bei einem Maschinenwechsel die Fähigkeit zur Verschlüsselung verlieren.

Verwenden Sie den folgenden Befehl im globalen Konfigurationsmodus, um die ESA-Crypto-Maschine auszuwählen:

| Befehl | Zweck |
|---|---|
| **crypto card enable** *Slot* | Aktiviert den ESA. |

Nachdem Sie die ESA-Crypto-Maschine ausgewählt haben, wird die ESA-Crypto-Maschine zur aktiven Maschine, die die Router-Schnittstellen betreibt. Die ESA-Crypto-Maschine wird die Verschlüsselungsdienste ausführen und der Cisco-IOS-Crypto-Maschine wird inaktiv bleiben.

### 26.8.7 Löschen von DSS-Schlüsseln

Dies ist ein optionaler Schritt.

Wenn Sie den ESA oder den Cisco 7200 entfernen oder umstellen wollen, wenn der DSS-Schlüssel in die Öffentlichkeit gelangt oder wenn Sie die Verschlüsselung auf dem Router abschalten wollen, müssen Sie eventuell die DSS-Schlüssel aus potenziellen Sicherheitsgründen löschen. Dieser Abschnitt beschreibt, wie Sie ein DSS-Schlüsselpaar für einen ESA oder für einen Cisco-Router der Serie 7200 löschen.

Verwenden Sie die folgenden Befehle, um die DSS-Schlüssel zu löschen; beginnen Sie im EXEC-Modus:

| Schritt | Befehl | Zweck |
|---|---|---|
| 1 | **show crypto key mypubkey dss** | Zeigt alle vorhandenen DSS-Schlüsselsets an (ESA- und Cisco-IOS-Schlüssel). |
| 2 | **show crypto engine configuration** | Bestimmt die aktuelle (die aktive) Crypto-Maschine. |
| 3 | **crypto card enable** *Slot* (wechselt zur Cisco-IOS-Crypto-Maschine) oder **crypto card shutdown** *Slot* (wechselt zur ESA-Crypto-Maschine) | Wenn die aktuelle Maschine nicht die Maschine ist, deren Schlüssel Sie löschen wollen, müssen Sie die Maschinen wechseln. (Wenn Sie Schlüssel löschen, löscht die Software die Schlüssel der momentan aktiven Maschine.) |

| Schritt | Befehl | Zweck |
|---|---|---|
| 4 | show crypto engine configuration | Bestätigt, dass die aktuelle Crypto-Maschine die Maschine ist, deren Schlüssel Sie löschen wollen. |
| 5 | crypto key zeroize dss (für die Cisco-IOS-Crypto-Maschine) oder crypto key zeroize dss *Slot* (für die ESA-Crypto-Maschine) | Löscht die DSS-Schlüssel für die aktuelle Crypto-Maschine. |

Nachdem Sie die DSS-Schlüssel für eine Crypto-Maschine gelöscht haben und Sie diese Maschine wieder für die Verschlüsselung einsetzen wollen, müssen Sie für diese Maschine wieder neue DSS-Schlüssel erzeugen und austauschen. Bei der ESA-Crypto-Maschine müssen Sie zusätzlich den ESA aktivieren.

## 26.9 Individuelle Einstellung der Verschlüsselung (Konfigurationsoptionen)

Die folgenden Abschnitte beschreiben Optionen, die Sie für eine individuelle Verschlüsselung auf einem Router konfigurieren können:

– Einstellung der Zeitdauer von verschlüsselten Sitzungen

– Verkürzung der Sitzungsaufbauzeiten durch zuvor erzeugte DH-Nummern

– Veränderung der Verschlüsselungs-Access-Listen-Limits

### 26.9.1 Einstellung der Zeitdauer von verschlüsselten Sitzungen

Die Standardzeitdauer für eine verschlüsselte Sitzung beträgt 30 Minuten. Wenn die Standardzeitdauer abläuft, muss eine verschlüsselte Sitzung neu vereinbart werden, damit die verschlüsselte Kommunikation fortgeführt werden kann. Sie können diese Standardzeitdauer für verschlüsselte Sitzungen verlängern oder verkürzen.

Es kann angebracht sein, die Sitzungszeiten zu verkürzen, wenn Sie glauben, dass ein Sitzungsschlüssel ausgespäht werden könnte. Es kann aber auch angebracht sein, die Sitzungszeiten zu verlängern, wenn Ihr System Probleme mit den auftretenden Unterbrechungen hat, wenn die Sitzungen neu verhandelt werden.

Verwenden Sie mindestens den ersten der folgenden Befehle im globalen Konfigurationsmodus, um die Zeitdauer für verschlüsselte Sitzungen zu verändern:

| Schritt | Befehl | Zweck |
|---|---|---|
| 1 | crypto cisco key-timeout *Minuten* | Legt die maximale Zeitdauer für verschlüsselte Sitzungen fest. |
| 2 | show crypto cisco key-timeout | Zeigt die festgelegte Zeitdauer für verschlüsselte Sitzungen an. |

### 26.9.2 Verkürzung der Sitzungsaufbauzeiten durch zuvor erzeugte DH-Nummern

Die DH-Nummer werden paarweise während der Einrichtung einer verschlüsselten Sitzung erzeugt (die DH-Nummern werden während der verschlüsselte Sitzungseinrichtung zur Berechnung der DES-Sitzungsschlüssel verwendet). Die Erzeugung dieser Nummern ist ein CPU-intensiver Vorgang, der die Sitzungseinrichtung stark verlangsamen kann – besonders für kleinere Router. Um die Zeitdauer für eine Sitzungseinrichtung zu beschleunigen, können Sie die vorherige Erzeugung von DH-Nummern wählen. Es ist gewöhnlich nur die vorherige Erzeugung von ein oder zwei DH-Nummern notwendig.

Verwenden Sie den folgenden Befehl im globalen Konfigurationsmodus, um DH-Nummern im Vorfeld zu erzeugen:

| Befehl | Zweck |
|---|---|
| crypto cisco pregen-dh-pairs *Zahl* [*Slot*] | Erzeugt DH-Nummern im Vorfeld. |

### 26.9.3 Änderung der Verschlüsselung-Access-Listen-Limits

Wenn Sie Verschlüsselungs-Access-Listen konfigurieren, dann legen Sie in den Aussagekriterien Paare aus Quell- und Zieladressen fest. Jeder Verkehr, der mit diesen Kriterien übereinstimmt, wird daraufhin verschlüsselt.

In der Standardeinstellung können Sie maximal 100 unterschiedliche Quellen (Hosts oder Subnetze) in einer Verschlüsselungs-Access-Liste festlegen. Zusätzlich können Sie maximal zehn unterschiedliche Ziele pro Quelladresse festlegen. Wenn Sie zum Beispiel sechs unterschiedliche Quelladressen festlegen, können Sie bis zu zehn Zieladressen für jede der sechs Quellen festlegen, also insgesamt 60 Aussagekriterien in der Access-Liste.

# Kapitel 26 • Konfiguration der Cisco-Verschlüsselungstechnologie 545

### Warum sind diese Limits vorgegeben?

Diese Einschränkungen sind vorgegeben, da hierfür eine gewisse Menge an Arbeitsspeicher für Verschlüsselungsverbindungen reserviert werden muss. Wenn mehr Verbindungen möglich sein sollen, muss auch mehr Arbeitsspeicher reserviert werden.

### Unter welchen Umständen sollten diese Limits verändert werden?

In den meisten Situationen sind die Standardeinstellungen von maximal 100 Quellen und maximal zehn Zielen pro Quelle ausreichend. Cisco rät Ihnen davon ab, diese Standardeinstellungen zu verändern, solange nicht wirklich die Anzahl der Quellen oder Ziele pro Quelle überschritten wird.

Jedoch ist es möglich, dass Sie einen oder beide Maximalwerte ändern wollen. Wenn zum Beispiel mehr als zehn externe Stellen sich mit einem Server hinter Ihrem Router verbinden müssen, benötigen Sie mehr als zehn Zieladressen (eine pro externe Stelle), um jeweils ein Paar mit der Quelladresse des Servers in der Verschlüsselungs-Access-Liste des lokalen Routers zu bilden. In diesem Fall müssen Sie die Standardeinstellung von maximal zehn Zieladressen pro Quelladresse ändern.

Wenn Sie die Limits verändern, sollten Sie die Menge des reservierten Arbeitsspeichers berücksichtigen. Generell sollten Sie, wenn Sie einen Wert erhöhen, den anderen Wert verringern. Dies verhindert, dass Ihr Router zu wenig Arbeitsspeicher zur Verfügung hat, weil zu viel davon reserviert wurde.

### Wie viel Arbeitsspeicher wird reserviert, wenn die Limits verändert werden?

Wenn Sie die Standardeinstellungen verändern, wird auch die Menge des reservierten Arbeitsspeichers für die verschlüsselten Verbindungen verändert.

Für jede zusätzliche Quelle werden die folgenden zusätzlichen Bytes Arbeitsspeicher reserviert:

```
64 + (86 x die festgelegte Anzahl der maximalen Ziele)
```

Für jedes zusätzliche Ziel werden die folgenden zusätzlichen Bytes Arbeitsspeicher reserviert:

```
68 x die festgelegte Anzahl der maximalen Quellen
```

Wenn Sie zum Beispiel maximal fünf Quellen und maximal 250 Ziele pro Quelle festlegen, berechnet sich der Arbeitsspeicher, der für die Verschlüsselungsverbindungen reserviert wird, folgendermaßen:

```
{5 x [64 + (68 x 250)]} + {250 x (68 x 5)} = 170320 Bytes
```

### Wie werden die Limits verändert?

Verwenden Sie einen oder beide der folgenden Befehle im globalen Konfigurationsmodus, um die Standardlimits zu verändern. Rebooten Sie anschließend den Router, damit die Änderungen in Kraft treten:

| Befehl | Zweck |
|---|---|
| crypto cisco entities *Anzahl* | Ändert die maximale Anzahl einzelner Quellen (Hosts oder Subnetze), die Sie in den Aussagen der Verschlüsselungs-Access-Liste festlegen können. |
| crypto cisco connections *Anzahl* | Ändert die maximale Anzahl von Zielen (Hosts oder Subnetze) pro Quelle, die Sie in den Aussagen der Verschlüsselungs-Access-Liste festlegen können. |

> **ANMERKUNG**
>
> Sie müssen den Router rebooten, damit diese Änderungen in Kraft treten.

Ein Beispiel zur Änderung dieser Werte finden Sie im Abschnitt »Ein Beispiel zur Änderung der Verschlüsselungs-Access-Listen-Limits« im weiteren Verlauf dieses Kapitels.

## 26.10 Abschaltung der Verschlüsselung

Sie können die Verschlüsselung für bestimmte Router-Schnittstellen abschalten oder Sie können die Verschlüsselung für den gesamten Router komplett abschalten.

– Um die Verschlüsselung auf allen Schnittstellen abzuschalten, die von einer einzigen Crypto-Maschine betrieben werden, können Sie die DSS-Schlüssel für diese Maschine löschen. Das Löschen der DSS-Schlüssel wird in diesem Abschnitt beschrieben.

– Um die Verschlüsselung auf bestimmten, aber beliebigen Schnittstellen abzuschalten, können Sie die Verschlüsselungskarten mit dem Befehl **no crypto map** (**Interface-Konfiguration**) von den Schnittstellen entfernen.

– Um die Verschlüsselung für einen Router komplett abzuschalten, können Sie die DSS-Schlüssel für alle Crypto-Maschinen des Routers löschen. Das Löschen der DSS-Schlüssel wird in diesem Abschnitt beschrieben.

Das Löschen der DSS-Schlüssel dekonfiguriert die Verschlüsselung für die Crypto-Maschine und verringert auch das Sicherheitsrisiko dadurch, dass der Schlüssel nicht missbraucht werden kann, wenn Sie die physikalische Kontrolle über den Router oder den ESA verlieren.

# Kapitel 26 • Konfiguration der Cisco-Verschlüsselungstechnologie 547

Nachdem Sie die DSS-Schlüssel für eine Crypto-Maschine gelöscht haben, können Sie keine Verschlüsselung mehr auf den Schnittstellen ausführen, die durch diese Crypto-Maschine betrieben wird.

**STOP**

Die DSS-Schlüssel können nach einer Löschung nicht wiederhergestellt werden. Verwenden Sie diese Funktion daher nur mit äußerster Vorsicht.

Verwenden Sie den folgenden Befehl im globalen Konfigurationsmodus für alle Plattformen, außer für Cisco-Router der Serie 7200, um die öffentlichen/geheimen DSS-Schlüssel für eine Crypto-Maschine zu löschen:

| Befehl | Zweck |
| --- | --- |
| crypto key zeroize dss [*Slot*]1 | Löscht einen DSS-Schlüssel für eine Crypto-Maschine. |

Wenn Sie bei einem Cisco-Router der Serie 7200 die öffentlichen/geheimen DSS-Schlüssel für eine Crypto-Maschine löschen wollen, lesen Sie den früheren Abschnitt »Löschen der DSS-Schlüssel« in diesem Kapitel.

## 26.11 Testlauf und Fehlersuche bei der Verschlüsselung

Dieser Abschnitt betrachtet die Überprüfung Ihrer Konfiguration und die korrekte Ausführung der Verschlüsselung. Dieser Abschnitt diskutiert auch die Diagnose von Verschlüsselungsproblemen.

Sie sollten alle erforderlichen Konfigurationsschritte ausgeführt haben (die bisher in diesem Kapitel beschrieben wurden), bevor Sie Ihre Verschlüsselungskonfiguration austesten oder eine Fehlersuche ausführen.

Dieser Abschnitt enthält die folgenden Themen:

– Testen der Verschlüsselungskonfiguration
– Diagnose bei Verbindungsproblemen
– Diagnose bei verschiedenen anderen Problemen
– Anwendung der Debug-Befehle

### 26.11.1 Testen der Verschlüsselungskonfiguration

Wenn Sie die eingerichtete Verschlüsselung zwischen Peer-Routern testen wollen, können Sie den manuellen Aufbau einer Sitzung versuchen, indem Sie die IP-Adresse eines lokalen Hosts und die eines entfernten Hosts verwenden, die beide in einer Ver-

---

1 Nur die Cisco-Router der Serien 7200 und 7500 benötigen das Argument *Slot*.

schlüsselungs-Access-Liste festgelegt sind (die Verschlüsselungs-Access-Liste muss in einer erstellten Verschlüsselungskarte enthalten und diese Verschlüsselungskarte muss einer Schnittstelle zugeordnet worden sein, damit dieser Test erfolgreich verlaufen kann).

Verwenden Sie die folgenden Befehle im privilegierten EXEC-Modus, um die Verschlüsselungseinrichtung zu testen:

| Schritt | Befehl | Zweck |
| --- | --- | --- |
| 1 | test crypto initiate-session *Quell-IP-Adresse Ziel-IP-Adresse Kartenname Sequenznummer* | Richtet eine Test-Verschlüsselungssitzung ein. |
| 2 | show crypto cisco connections | Beobachtet den Verbindungszustand. |

Ein Beispiel am Ende dieses Kapitels erklärt, wie die Ausgabe auf den Befehl **show crypto cisco connections** zu interpretieren ist

### 26.11.2 Diagnose von Verbindungsproblemen

Verwenden Sie die folgenden Befehle im privilegierten EXEC-Modus, wenn Sie den Zustand einer Verbindung überprüfen wollen:

| Befehl | Zweck |
| --- | --- |
| show crypto cisco connections | Überprüft den Zustand aller Verschlüsselungsverbindungen. |
| show crypto map | Überprüft den Zustand einer Verschlüsselungskarte. |
| show crypto engine connections active | Überprüft, ob die Verbindung eingerichtet ist und ob Pakete verschlüsselt werden. |

### 26.11.3 Diagnose bei verschiedenen anderen Problemen

Wenn Sie die Verschlüsselung anwenden, können dabei einige der Probleme auftreten, die in den folgenden Abschnitten beschrieben werden:

– Verworfene Pakete

– Schwierigkeiten beim Aufbau von Telnetsitzungen

– Ungültige öffentliche/geheime DSS-Schlüssel

– ESA-Crypto-Maschine ist nicht aktiv

– Es wird bei der Erzeugung der DSS-Schlüssel ein Passwort gefordert

– Der Router hängt

# Kapitel 26 • Konfiguration der Cisco-Verschlüsselungstechnologie 549

## Verworfene Pakete

Pakete werden gewöhnlich während des Aufbaus einer verschlüsselten Sitzung verworfen. Wenn dies ein Problem für Ihr Netzwerk darstellt, sollten Sie die Dauer der Verschlüsselungssitzungen verlängern, wie es im früheren Abschnitt »Die Einstellung der Zeitdauer von verschlüsselten Sitzungen« beschrieben ist. Je länger die Sitzungen dauern, desto weniger Unterbrechungen treten durch Neuverhandlungen von Sitzungen auf.

Pakete können auch verworfen werden, wenn Sie die Crypto-Maschinen in einem Cisco-Router der Serie 7200 mit einem ESA wechseln. Wenn dies ein Problem darstellt, sollten Sie nur dann die Crypto-Maschinen wechseln, wenn sehr wenig verschlüsselter Verkehr übertragen wird.

An VIP2-Schnittstellen werden IP-Fragmente immer verworfen, da die IP-Fragmentierung nicht bei der Verschlüsselung auf VIP2-Schnittstellen unterstützt wird.

## Schwierigkeiten beim Aufbau von Telnetsitzungen

Hosts können Schwierigkeiten beim Aufbau von Telnetsitzungen erfahren, wenn die Sitzung zwei verschlüsselnde Peer-Router zum Aufbau der Verbindung verwendet. Diese Schwierigkeit tritt häufiger bei kleineren Peer-Routern, wie z.B. Cisco-Routern der Serie 2500 auf. Der Aufbau von Telnetsitzungen kann fehlschlagen, wenn das Zeitlimit für einen Telnetverbindungsversuch abläuft, bevor der verschlüsselte Sitzungsaufbau abgeschlossen ist.

Wenn der Aufbau einer Telnetsitzung fehlschlägt, sollte der Host eine kurze Zeit warten (wenige Sekunden reichen aus) und anschließend erneut versuchen, die Telnetverbindung aufzunehmen. Nach der kurzen Pause sollte der Aufbau der verschlüsselten Sitzung abgeschlossen sein, und die Telnetsitzung kann eingerichtet werden. Die Aktivierung der im Vorfeld erzeugten DH-Nummern (im weiteren Verlauf dieses Kapitels beschrieben) kann auch zum beschleunigten Aufbau der Verschlüsselungssitzungen beitragen.

## Ungültige öffentliche/geheime DSS-Schlüssel

Wenn der NVRAM ausfällt oder wenn an Ihrem ESA herumhantiert oder dieser ersetzt wurde, sind die öffentlichen/geheimen DSS-Schlüssel nicht mehr gültig. Wenn dies auftritt, müssen Sie die DSS-Schlüssel erneut erzeugen und austauschen. Die Erzeugung und der Austausch der DSS-Schlüssel sind im früheren Abschnitt »Konfiguration der Verschlüsselung« beschrieben.

## Die ESA-Crypto-Maschine ist nicht aktiv

Wenn ein installierter ESA nicht aktiv ist, wenn Sie einen Router booten, dann zeigt der Router eine Meldung an, die dieser Meldung ähnelt. An dieser Meldung lässt sich ablesen, dass der Router auf die Cisco-IOS-Crypto-Maschine gewechselt ist:

```
There are no keys on the ESA in slot 2- ESA not enabled
...switching to SW crypto engine
```

Sie können auch erkennen, ob die ESA-Crypto-Maschine aktiv ist, indem Sie den Befehl **show crypto engine brief** ausführen – betrachten Sie das Feld »crypto engine state« in der Ausgabe. Wenn keine Crypto-Maschine aktiv ist, zeigt das Zustandsfeld »pending« (= in der Schwebe) an.

Die ESA-Crypto-Maschine wird nicht aktiv sein, wenn Sie den ESA entfernt und wieder eingesetzt haben, wenn am ESA herumhantiert oder die Verschlüsselung nicht richtig für den ESA konfiguriert wurde.

Wenn die Cisco-IOS-Crypto-Maschine aktiv ist, Sie aber statt dessen die ESA-Crypto-Maschine einsetzen möchten, müssen Sie sicherstellen, dass die ESA-Crypto-Maschine zurückgesetzt wurde (mit dem Befehl **crypto card clear-latch**) und bei Cisco-Routern der Serie 7200 müssen Sie die ESA-Crypto-Maschine auch aktiviert haben (mit dem Befehl **crypto card enable**). Sie müssen eventuell auch eine zusätzliche Konfiguration ausführen und überprüfen. Die Anweisungen zur Konfiguration der Verschlüsselung mit einem ESA finden Sie in den früheren Abschnitten »Konfiguration der Verschlüsselung mit einem ESA in einem VIP2« und »Konfiguration der Verschlüsselung mit einem ESA in einem Cisco-Router der Serie 7200«.

Um zu überprüfen, ob der ESA DSS-Schlüssel besitzt, können Sie den Befehl **show crypto card** ausführen und das Feld »DSS Key set« in der Ausgabe überprüfen. Wenn das Feld ein »yes« enthält, verfügt der ESA über erzeugte und gespeicherte DSS-Schlüssel. In diesem Fall müssen Sie den ESA nur zurücksetzen und neu aktivieren.

### Es wird bei der Erzeugung der DSS-Schlüssel ein Passwort gefordert

Wenn Sie versuchen, einen DSS-Schlüssel für die Cisco-IOS-Crypto-Maschine auf einem Cisco-Router der Serie 7200 mit einem installierten ESA ohne DSS-Schlüssel zu erzeugen, wird der Router davon ausgehen, dass Sie versuchen, einen Schlüssel für den ESA zu erzeugen, und er wird Sie nach dem ESA-Passwort fragen:

– Wenn Sie Schlüssel für den ESA erzeugen, müssen Sie das ESA-Passwort angeben. Wenn Sie das Passwort nicht kennen, müssen Sie den ESA zurücksetzen, wie es in einem früheren Abschnitt »Konfiguration der Verschlüsselung mit einem ESA in einem Cisco-Router der Serie 7200« in diesem Kapitel beschrieben ist.

– Wenn Sie Schlüssel für die Cisco-IOS-Crypto-Maschine erzeugen wollen und nicht für die ESA-Crypto-Maschine, müssen Sie die Cisco-IOS-Crypto-Maschine auswählen, um sie zur aktiven Maschine zu machen.
Verwenden Sie den folgenden Befehl im globalen Konfigurationsmodus, um die Cisco-IOS-Crypto-Maschine auszuwählen:

| Befehl | Zweck |
|---|---|
| **crypto card shutdown** *Slot* | Schaltet den ESA ab. |

– Wenn die Cisco-IOS-Crypto-Maschine aktiv ist, können Sie Schlüssel für den Router erzeugen und Sie werden nicht nach einem Passwort gefragt.

### Der Router hängt

Wenn Sie einen konfigurierten ESA aus einem VIP2 entfernen, müssen Sie den Router rebooten. Wenn Sie dies nicht tun, kann sich der Router aufhängen, wenn er versucht, auf den nicht vorhandenen ESA zuzugreifen.

#### 26.11.4 Anwendung der Debug-Befehle

Die Debug-Befehle können Sie auch zur Hilfe bei der Problembehebung verwenden.

## 26.12 Beispiele zur Verschlüsselungskonfiguration

Die folgenden Abschnitte liefern Beispiele für die Konfiguration und für Testläufe Ihres Routers für die CET:

- Beispiel zur Erzeugung von öffentlichen/geheimen DSS-Schlüsseln
- Beispiel für den Austausch von öffentlichen DSS-Schlüsseln
- Beispiel für die Aktivierung der DES-Verschlüsselungsalgorithmen
- Beispiele zur Erstellung von Verschlüsselungs-Access-Listen, zur Erzeugung von Verschlüsselungskarten und zur Zuordnung der Verschlüsselungskarten zu Schnittstellen
- Beispiel für die Veränderung der Verschlüsselungs-Access-Listen-Limits
- Beispiele zur Konfiguration der Verschlüsselung mit GRE-Tunnels
- Beispiele zur Konfiguration der ESA-spezifischen Verschlüsselung
- Beispiele zum Löschen der DSS-Schlüssel
- Beispiel zum Testen der Verschlüsselungsverbindung

### 26.12.1 Beispiel zur Erzeugung von öffentlichen/geheimen DSS-Schlüsseln

Das folgende Beispiel zeigt zwei verschlüsselnde Peer-Router (namens Apricot und Banana), die ihre entsprechenden öffentlichen/geheimen DSS-Schlüssel erzeugen. Apricot ist ein Cisco-Router der Serie 2500. Banana ist ein Cisco-Router der Serie 7500 mit einem RSP im Gehäuse-Slot 4 und einem ESA/VIP2-Gehäuse-Slot 2.

*Apricot*

```
Apricot(config)# crypto key generate dss Apricot
Generating DSS keys .... [OK]
Apricot(config)#
```

*Banana*

```
Banana(config)# crypto key generate dss BananaIOS 4
Generating DSS keys .... [OK]
Banana(config)# crypto key generate dss BananaESA 2
% Initialize the crypto card password. You will need
   this password in order to generate new signature
   keys oder clear the crypto card extraction latch.
password: <passwd>
Re-enter password: <passwd>
Generating DSS keys .... [OK]
Banana(config)#
```

Das in diesem Beispiel eingegebene Passwort ist ein neues Passwort, das Sie erzeugen, wenn Sie erstmalig DSS-Schlüssel für eine ESA-Crypto-Maschine erzeugen. Wenn Sie ein weiteres Mal für dieselbe ESA-Crypto-Maschine DSS-Schlüssel erzeugen, müssen Sie dasselbe Passwort verwenden, um die neue Erzeugung der Schlüssel abzuschließen.

### 26.12.2 Beispiel für den Austausch von öffentlichen DSS-Schlüsseln

Es folgt ein Beispiel für den Austausch von öffentlichen DSS-Schlüsseln zwischen zwei Peer-Verschlüsselungs-Routern (Apricot und Banana). Apricot ist ein Cisco-Router der Serie 2500 und Banana ein Cisco-Router der Serie 7500 mit einem ESA. In diesem Beispiel sendet Apricot seinen öffentlichen Cisco-IOS-DSS-Schlüssel und Banana seinen öffentlichen ESA-DSS-Schlüssel. Die DSS-Schlüssel wurden bereits erzeugt, wie es im letzten Beispiel gezeigt wurde.

Bevor Befehle eingegeben werden, muss ein Administrator den anderen Administrator anrufen. Nachdem das Telefongespräch aufgenommen wurde, entscheiden die beiden Administratoren darüber, welcher Router die PASSIVE Rolle und welcher die AKTIVE Rolle übernimmt (es kann frei gewählt werden). In diesem Beispiel übernimmt der Router Apricot die AKTIVE Rolle und der Router Banana die PASSIVE Rolle. Zu Beginn aktiviert der PASSIVE eine Verbindung auf die folgende Weise:

*Banana (PASSIVE)*

```
Banana(config)# crypto key exchange dss passive
Enter escape character to abort if connection does not complete.
Wait for connection from peer[confirm]<Return>
Waiting ....
```

Der PASSIVE muss warten, während der AKTIVE die Verbindung initiiert und einen öffentlichen DSS-Schlüssel sendet.

*Apricot (AKTIVE)*

```
Apricot(config)# crypto key exchange dss 192.168.114.68 Apricot
Public keys for Apricot:
   Serial Number  01461300
   Fingerprint    0F1D 373F 2FC1 872C D5D7
```

```
Wait for peer to send a key[confirm]<Return>
Waiting ....
```

Nachdem der AKTIVE einen öffentlichen DSS-Schlüssel gesendet hat, werden die Seriennummer und der Fingerabdruck an beiden Terminals angezeigt, wie es im letzten und im nächsten Beispielabschnitt gezeigt wird:

*Banana (PASSIVE)*

```
Public keys for Apricot:
    Serial Number 01461300
    Fingerprint   0F1D 373F 2FC1 872C D5D7
Add this public key to the configuration? [yes/no]: y
```

Nun müssen die beiden Administratoren sich gegenseitig verbal bestätigen, dass Ihre beiden Bildschirme dieselben Seriennummern und Fingerabdrücke anzeigen. Wenn dies der Fall ist, wird der PASSIVE den DSS-Schlüssel akzeptieren, wie es zuvor durch das y gezeigt wird, und er sendet nun auch einen öffentlichen DSS-Schlüssel an AKTIVE:

```
Send peer a key in return[confirm]<Return>
Which one?
BananaIOS? [yes]: n
BananaESA? [yes]: <Return>
Public keys for BananaESA:
    Serial Number 01579312
    Fingerprint   BF1F 9EAC B17E F2A1 BA77
Banana(config)#
```

Beide Administratoren überprüfen die Seriennummern und Fingerabdrücke auf Ihren Bildschirmen. Erneut bestätigen sie sich gegenseitig verbal, dass die beiden Bildschirme dieselben Nummern anzeigen.

*Apricot (AKTIVE):*

```
Public keys for BananaESA:
    Serial Number 01579312
    Fingerprint   BF1F 9EAC B17E F2A1 BA77

Add this public key to the configuration? [yes/no]: y
Apricot(config)#
```

AKTIVE akzeptiert den öffentlichen DSS-Schlüssel von Apricot. Beide Administratoren beenden das Gespräch und der Schlüsselaustausch ist abgeschlossen.

Bild 26.6 zeigt die vollständigen Bildschirme der beiden Router. Die Schritte in der Abbildung sind nummeriert, um den abschnittsweisen Austausch zu illustrieren.

```
       ┌ Banana (config) # crypto key exchange dss passive
       │ Enter escape character to abort if connection does not complete.
   2.  │ Wait for connection from peer [confirm]<Return>
       └ Waiting ....
       ┌ Public key for Apricot:
   4b. │   Serial Number 01461300
       └   Fingerprint   0F1D 373F 2FC1 872C D5D7
   5b. [ Add this public key to the configuration? [yes/no]: y
       ┌ Send peer a key in return[confirm]<Return>
       │ Which one?
   6.  │ BananaIOS? [yes]: n
       └ BananaESA? [yes]: <Return>
       ┌ Public key for BananaESA:
   7a. │   Serial Number 01579312
       └   Fingerprint   BF1F 9EAC B17E F2A1 BA77
   8c. [ Banana(config)#


   3.  [ Apricot(config)# crypto key exchange dss 192.168.114.68 Apricot
       ┌ Public key for Apricot:
   4a. │   Serial Number 01461300
       └   Fingerprint 0F1D 373F 2FC1 872C D5D7
       ┌ Wait for peer to send a key[confirm]<Return>
   5c. └ Waiting ...
       ┌ Public key for BananaESA:
   7b. │   Serial Number 01579312
       └   Fingerprint BF1F 9EAC B17E F2A1 BA77
       ┌ Add this public key to the configuration? [yes/no]: y
   8b. └ Apricot(config)#
```

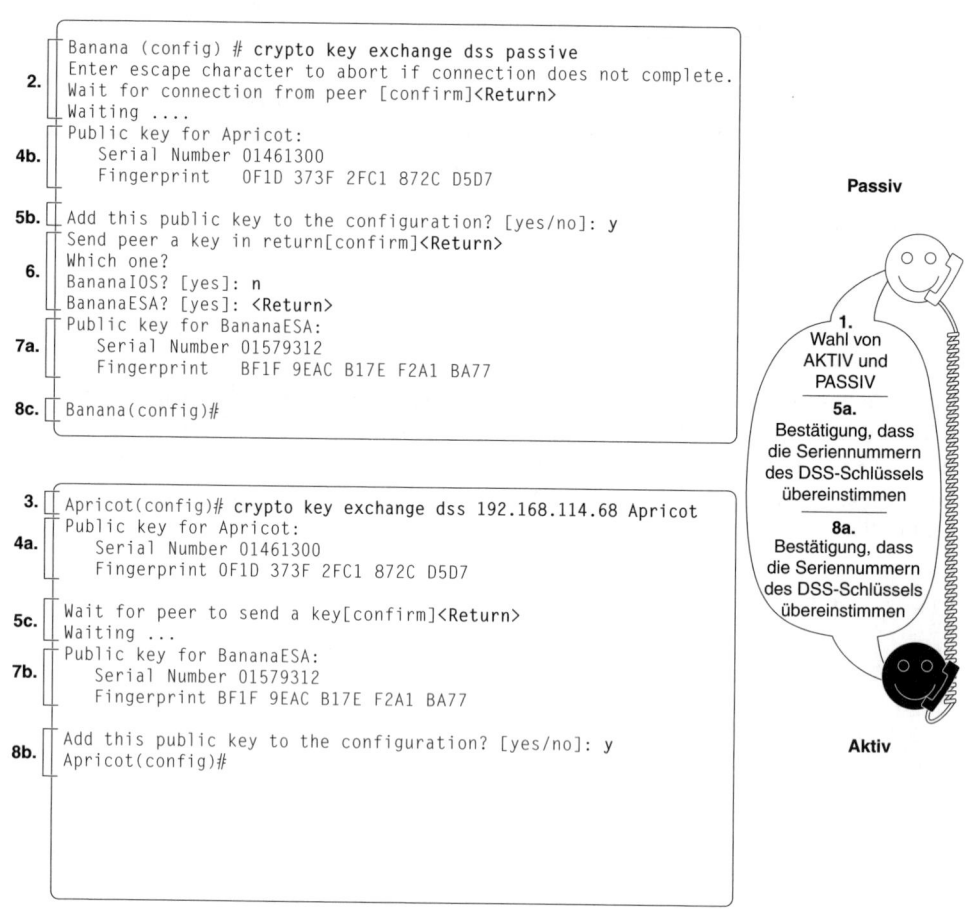

**Passiv**

**1.** Wahl von AKTIV und PASSIV

**5a.** Bestätigung, dass die Seriennummern des DSS-Schlüssels übereinstimmen

**8a.** Bestätigung, dass die Seriennummern des DSS-Schlüssels übereinstimmen

**Aktiv**

*Bild 26.6: Der Austausch von öffentlichen DSS-Schlüsseln (Die Nummern lassen den abschnittsweisen Verlauf der Ereignisse erkennen)*

### 26.12.3 Beispiel zur Aktivierung der DES-Verschlüsselungsalgorithmen

In diesem Beispiel aktiviert ein Router (Apricot) zwei globale DES-Algorithmen: den einfachen DES-Algorithmus mit 8-Bit-Chiffrierrückmeldung (CFB = Cipher-Feed-Back) und den 40-Bit-DES-Algorithmus mit 8-Bit-CFB. Ein anderer Router (Banana) aktiviert global drei DES-Algorithmen: den einfachen DES-Algorithmus mit 8-Bit-CFB, den einfachen DES-Algorithmus mit 64-Bit-CFB und den 40-Bit-DES-Algorithmus mit 8-Bit-CFB.

Die folgenden Befehle werden im globalen Konfigurationsmodus eingegeben.

*Apricot*
```
crypto cisco-algorithm des cfb-8
crypto cisco-algorithm 40-bit-des cfb-8
```

*Banana*
```
crypto cisco-algorithm des cfb-8
crypto cisco-algorithm des cfb-64
crypto cisco-algorithm 40-bit-des cfb-8
```

## 26.12.4 Beispiele zur Erstellung von Verschlüsselungs-Access-Listen, zur Erzeugung von Verschlüsselungskarten und zur Zuordnung der Verschlüsselungskarten zu Schnittstellen

Die folgenden zwei Beispiele zeigen, wie die Schnittstellen für die verschlüsselte Übertragung konfiguriert werden. Teilnehmende Router werden als verschlüsselnde Peer-Router für die IP-Paket-Verschlüsselung konfiguriert.

### Beispiel 1

Im ersten Beispiel kommuniziert ein Forschungsteam an einer externen Zweigstelle mit einem Forschungskoordinator in der Hauptgeschäftsstelle. Geheime Firmeninformationen werden über IP-Verkehr ausgetauscht, der nur aus TCP-Daten besteht. Bild 26.7 zeigt die Netzwerktopologie.

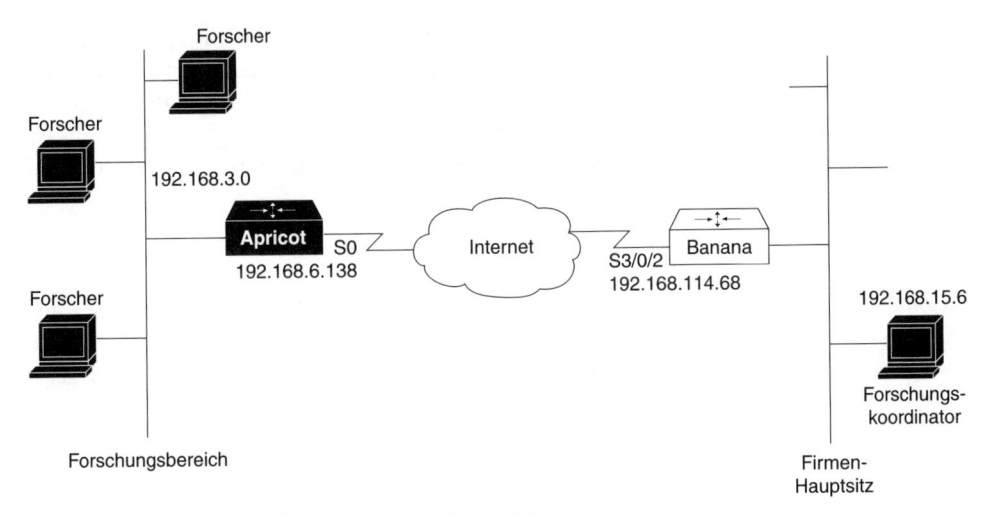

*Bild 26.7: Die Netzwerktopologie zum Beispiel 1*

Apricot ist ein Cisco-Router der Serie 2500 und Banana ein Cisco-Router der Serie 7500 mit einem ESA/VIP2 im Gehäuse-Slot 3.

*Apricot*

```
Apricot(config)# access-list 101 permit tcp 192.168.3.0 0.0.0.15 host 192.168.15.6
Apricot(config)# crypto map Research 10
Apricot(config-crypto-map)# set peer BananaESA
Apricot(config-crypto-map)# set algorithm des cfb-8
Apricot(config-crypto-map)# match address 101
Apricot(config-crypto-map)# exit
Apricot(config)# interface s0
Apricot(config-if)# crypto map Research
Apricot(config-if)# exit
Apricot(config)#
```

*Banana*

```
Banana(config)# access-list 110 permit tcp host 192.168.15.6 192.168.3.0 0.0.0.15
Banana(config)# crypto map Rsrch 10
Banana(config-crypto-map)# set peer Apricot
Banana(config-crypto-map)# set algorithm des cfb-8
Banana(config-crypto-map)# set algorithm des cfb-64
Banana(config-crypto-map)# match address 110
Banana(config-crypto-map)# exit
Banana(config)# interface s3/0/2
Banana(config-if)# crypto map Rsrch
Banana(config-if)# exit
Banana(config)#
```

Da Banana zwei aktivierte DES-Algorithmen für die Verschlüsselungskarte Rsrch verwendet, kann Banana einen der beiden Algorithmen für den Verkehr auf der Schnittstelle S3/0/2 auswählen. Da aber Apricot nur einen aktivierten DES-Algorithmus (CFB-8 DES) für die Verschlüsselungskarte Research verwendet, kann nur dieser DES-Algorithmus für den gesamten verschlüsselten Verkehr zwischen Apricot und Banana verwendet werden.

### Beispiel 2

Im zweiten Beispiel müssen Angestellte in zwei Zweigstellen und in der Hauptgeschäftsstelle vertrauliche Informationen miteinander austauschen. Es wird eine Mischung aus TCP- und UDP-Verkehr durch IP-Pakete übertragen. Bild 26.8 zeigt die in diesem Beispiel verwendete Netzwerktopologie.

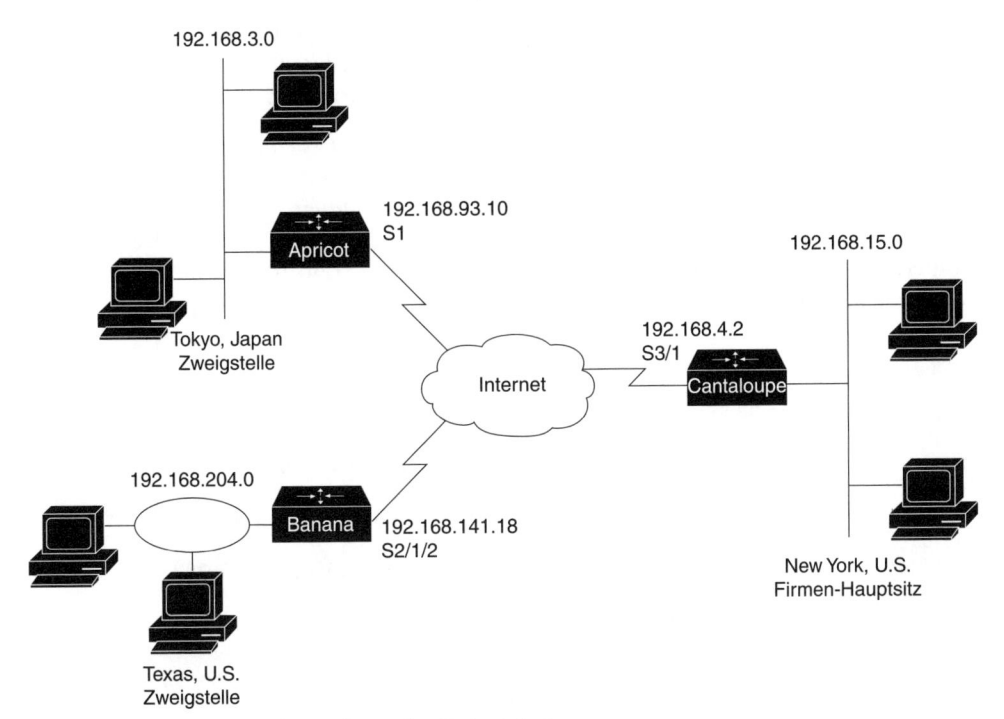

*Bild 26.8: Die Netzwerktopologie des Beispiels 2*

Apricot ist ein Cisco-Router der Serie 2500; er ist mit dem Internet über die Schnittstelle S1 verbunden. Sowohl Banana als auch Cantaloupe sind Cisco-Router der Serie 7500 mit ESA-Karten. Banana ist mit dem Internet über die ESA-betriebene VIP2-Schnittstelle S2/1/2 verbunden. Bei Cantaloupe sind bereits alle VIP2-Schnittstellen (die durch die ESA-Karte betrieben werden) für die abseitige Verbindung mit verschiedenen Finanzdiensten belegt; daher wurde er mit dem Internet über eine serielle Schnittstelle (S3/1) in Slot 3 verbunden (die Schnittstelle S3/1 von Cantaloupe wird durch die Cisco-IOS-Crypto-Maschine betrieben).

Apricot wird eine Schnittstelle verwenden, um mit Banana und Cantaloupe gleichermaßen zu kommunizieren. Da dieser Schnittstelle nur eine Verschlüsselungskarte zugeordnet werden kann, erzeugt Apricot eine Verschlüsselungskarte, die zwei unterschiedliche Sätze mit Aussagen enthält, die jeweils verschiedene *Sequenznummern*-Werte, aber denselben *Kartennamen* besitzen. Durch die *Sequenznummern* 10 und 20 erzeugt Apricot einen einzigen Verschlüsselungskartensatz namens »TXandNY«, der eine Unteraussage für verschlüsselte Sitzungen mit Banana und eine zweite unterschiedliche Unteraussage für verschlüsselte Sitzungen mit Cantaloupe enthält.

Banana und Cantaloupe verwenden auch eine einzige Schnittstelle, um mit den jeweils anderen beiden Routern zu kommunizieren; sie werden daher die selbe Strategie wie Apricot zur Erzeugung der Verschlüsselungskartensätze anwenden.

In diesem Beispiel hat Apricot DSS-Schlüssel mit dem *Schlüsselnamen* Apricot.TokyoBranch, Banana hat DSS-Schlüssel mit dem *Schlüsselnamen* BananaESA.TXbranch und Cantaloupe hat DSS-Schlüssel mit dem *Schlüsselnamen* CantaloupeIOS.NY erzeugt. Jeder Router hat auch seine öffentlichen DSS-Schlüssel mit den anderen beiden Routern ausgetauscht und jeder Router hat jeden DES-Algorithmus aktiviert, der in den Verschlüsselungskarten festgelegt ist.

*Apricot*

```
Apricot(config)# access-list 105 permit tcp 192.168.3.0 0.0.0.15 192.168.204.0 0.0.0.255
Apricot(config)# access-list 105 permit udp 192.168.3.0 0.0.0.15 192.168.204.0 0.0.0.255
Apricot(config)# access-list 106 permit tcp 192.168.3.0 0.0.0.15 192.168.15.0 0.0.0.255
Apricot(config)# access-list 106 permit udp 192.168.3.0 0.0.0.15 192.168.15.0 0.0.0.255
Apricot(config)# crypto map TXandNY 10
Apricot(config-crypto-map)# set peer BananaESA.TXbranch
Apricot(config-crypto-map)# set algorithm 40-bit-des cfb-8
Apricot(config-crypto-map)# match address 105
Apricot(config-crypto-map)# exit
Apricot(config)# crypto map TXandNY 20
Apricot(config-crypto-map)# set peer CantaloupeIOS.NY
Apricot(config-crypto-map)# set algorithm 40-bit-des cfb-64
Apricot(config-crypto-map)# match address 106
Apricot(config-crypto-map)# exit
Apricot(config)# interface s1
Apricot(config-if)# crypto map TXandNY
Apricot(config-if)# exit
Apricot(config)#
```

*Banana*

```
Banana(config)# access-list 110 permit tcp 192.168.204.0 0.0.0.255 192.168.3.0 0.0.0.15
Banana(config)# access-list 110 permit udp 192.168.204.0 0.0.0.255 192.168.3.0 0.0.0.15
Banana(config)# access-list 120 permit tcp 192.168.204.0 0.0.0.255 192.168.15.0 0.0.0.255
Banana(config)# access-list 120 permit udp 192.168.204.0 0.0.0.255 192.168.15.0 0.0.0.255
Banana(config)# crypto map USA 10
Banana(config-crypto-map)# set peer Apricot.TokyoBranch
Banana(config-crypto-map)# set algorithm 40-bit-des cfb-8
Banana(config-crypto-map)# match address 110
Banana(config-crypto-map)# exit
Banana(config)# crypto map USA 20
Banana(config-crypto-map)# set peer CantaloupeIOS.NY
```

# Kapitel 26 • Konfiguration der Cisco-Verschlüsselungstechnologie

```
Banana(config-crypto-map)# set algorithm des cfb-64
Banana(config-crypto-map)# match address 120
Banana(config-crypto-map)# exit
Banana(config)# interface s2/1/2
Banana(config-if)# crypto map USA
Banana(config-if)# exit
Banana(config)#
```

*Cantaloupe*

```
Cantaloupe(config)# access-list 101 permit tcp 192.168.15.0 0.0.0.255
192.168.3.0 0.0.0.15
Cantaloupe(config)# access-list 101 permit udp 192.168.15.0 0.0.0.255
192.168.3.0 0.0.0.15
Cantaloupe(config)# access-list 102 permit tcp 192.168.15.0 0.0.0.255
192.168.204.0 0.0.0.255
Cantaloupe(config)# access-list 102 permit udp 192.168.15.0 0.0.0.255
192.168.204.0 0.0.0.255
Cantaloupe(config)# crypto map satellites 10
Cantaloupe(config-crypto-map)# set peer Apricot.TokyoBranch
Cantaloupe(config-crypto-map)# set algorithm 40-bit-des cfb-64
Cantaloupe(config-crypto-map)# match address 101
Cantaloupe(config-crypto-map)# exit
Cantaloupe(config)# crypto map satellites 20
Cantaloupe(config-crypto-map)# set peer BananaESA.TXbranch
Cantaloupe(config-crypto-map)# set algorithm des cfb-64
Cantaloupe(config-crypto-map)# match address 102
Cantaloupe(config-crypto-map)# exit
Cantaloupe(config)# interface s3/1
Cantaloupe(config-if)# crypto map satellites
Cantaloupe(config-if)# exit
Cantaloupe(config)#
```

Die obigen Konfigurationen werden die DES-Verschlüsselungsalgorithmen auf den verschlüsselten IP-Verkehr anwenden, wie es in Bild 26.9 gezeigt wird.

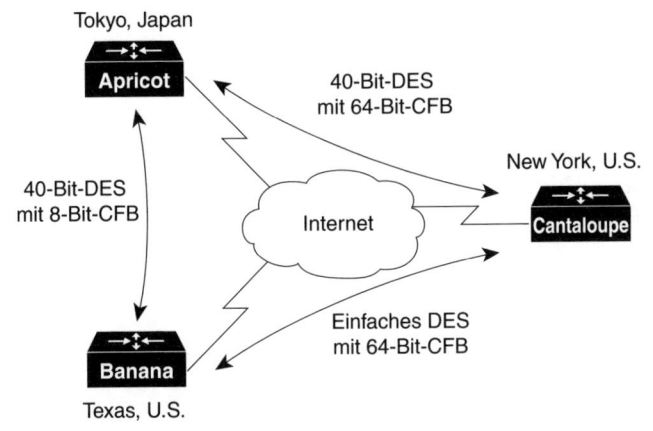

*Bild 26.9: Die DES-Verschlüsselungsalgorithmen zum Beispiel 2*

## 26.12.5 Beispiel für die Veränderung der Verschlüsselungs-Access-Listen-Limits

In diesem Beispiel sollen sich 50 externe Stellen mit einem einzigen Server verbinden. Die Verbindungen zwischen dem Server und jeder externen Seite müssen verschlüsselt werden. Der Server befindet sich hinter dem lokalen Router namens Apricot. Jede externe Stelle wählt sich über ihren eigenen Router ein.

Wegen der großen Anzahl von Zieladressen, die paarweise mit derselben Quelladresse in der lokalen Verschlüsselungs-Access-Liste geführt werden müssen, werden die Standardlimits verändert.

```
Apricot(config)# crypto cisco connections 60
%Please reboot for the new connection size to take effect
Apricot(config)# crypto cisco entities 5
%Please reboot for the new table size to take effect
```

Obwohl nur ein Server und nur 50 externe Stellen vorhanden sind, legt dieses Beispiel fünf Quellen und 60 Ziele fest. Damit bleibt Raum für ein zukünftiges Anwachsen der Verschlüsselungs-Access-Liste. Wenn eine andere Quelle oder ein anderes Ziele später hinzugefügt wird, müssen die Limits nicht erhöht und der Router muss nicht erneut gebootet werden, da sonst ein Unterbrechungsprozess verursacht werden würde.

## 26.12.6 Beispiele zur Konfiguration der Verschlüsselung mit GRE-Tunnels

Es werden hier zwei Beispielkonfigurationen für die Verschlüsselung mit GRE-Tunnels gezeigt:

- Beispiel zur Verschlüsselung von reinem GRE-Tunnelverkehr
- Beispiel zur Verschlüsselung von GRE-Tunnelverkehr und anderem Nicht-GRE-Verkehr

### Beispiel zur Verschlüsselung von reinem GRE-Tunnelverkehr

Durch diese Konfiguration wird der gesamte Verkehr durch den GRE-Tunnel verschlüsselt. Auf dieser Schnittstelle wird kein anderer Verkehr verschlüsselt. Der GRE-Tunnel reicht vom Router Apricot bis zum Router Banana (für jeden Router werden nur Teile der Konfigurationsdateien gezeigt).

*Apricot*

```
crypto map BananaMap 10
 set algorithm 40-bit-des
 set peer Banana
 match address 101
!
```

```
interface Tunnel0
 no ip address
 ipx network 923FA800
 tunnel source 10.1.1.2
 tunnel destination 10.1.1.1
 crypto map BananaMap
!
interface Serial0
 ip address 10.1.1.2 255.255.255.0
 crypto map BananaMap
!
access-list 101 permit gre host 10.1.1.2 host 10.1.1.1
```

*Banana*

```
crypto map ApricotMap 10
 set algorithm 40-bit-des
 set peer Apricot
 match address 102
!
interface Tunnel0
 no ip address
 ipx network 923FA800
 tunnel source 10.1.1.1
 tunnel destination 10.1.1.2
 crypto map ApricotMap
!
interface Serial0
 ip address 10.1.1.1 255.255.255.0
 clockrate 2000000
 no cdp enable
 crypto map ApricotMap
!
access-list 102 permit gre host 10.1.1.1 host 10.1.1.2
```

**Beispiel zur Verschlüsselung von GRE-Tunnelverkehr und anderem Nicht-GRE-Verkehr**

Diese Konfiguration verschlüsselt den gesamten GRE-Tunnelverkehr und sie verschlüsselt auch den TCP-Verkehr zwischen zwei Hosts mit den IP-Adressen 172.16.25.3 und 192.168.3.5. Der GRE-Tunnel reicht vom Router Apricot bis zum Router Banana (für jeden Router werden nur Teile der Konfigurationsdateien gezeigt).

*Apricot*

```
crypto map BananaMapTunnel 10
 set algorithm 40-bit-des
 set peer Banana
 match address 101
!
crypto map BananaMapSerial 10
 set algorithm 40-bit-des
```

```
 set peer Banana
 match address 101
crypto map BananaMapSerial 20
 set algorithm 40-bit-des
 set peer Banana
 match address 110
!
interface Tunnel0
 no ip address
 ipx network 923FA800
 tunnel source 10.1.1.2
 tunnel destination 10.1.1.1
 crypto map BananaMapTunnel
!
interface Serial0
 ip address 10.1.1.2 255.255.255.0
 crypto map BananaMapSerial
!
access-list 101 permit gre host 10.1.1.2 host 10.1.1.1
access-list 110 permit tcp host 172.16.25.3 host 192.168.3.5
```

*Banana*

```
crypto map ApricotMapTunnel 10
 set algorithm 40-bit-des
 set peer Apricot
 match address 102
!
crypto map ApricotMapSerial 10
 set algorithm 40-bit-des
 set peer Apricot
 match address 102
crypto map ApricotMapSerial 20
 set algorithm 40-bit-des
 set peer Apricot
 match address 112
!
interface Tunnel0
 no ip address
 ipx network 923FA800
 tunnel source 10.1.1.1
 tunnel destination 10.1.1.2
 crypto map ApricotMapTunnel
!
interface Serial0
 ip address 10.1.1.1 255.255.255.0
 clockrate 2000000
 no cdp enable
 crypto map ApricotMapSerial
!
access-list 102 permit gre host 10.1.1.1 host 10.1.1.2
access-list 112 permit tcp host 192.168.3.5 host 172.16.25.3
```

## 26.12.7 Beispiele zur Konfiguration der ESA-spezifischen Verschlüsselung

Dieser Abschnitt enthält die folgenden Beispiele:

- Beispiele über das Zurücksetzen eines ESA
- Beispiel zur Aktivierung eines ESA (nur für Cisco-Router der Serie 7200)
- Beispiele zum Wechsel auf eine andere Crypto-Maschine (nur für Cisco-Router der Serie 7200)

### Beispiele für das Zurücksetzen eines ESA

Das folgenden Beispiel setzt einen ESA in einem Cisco-Router der Serie 7500 zurück. Der ESA befindet sich in einem VIP2, der sich wiederum im Slot 4 des Router-Gehäuses befindet.

```
Banana(config)# crypto card clear-latch 4
% Enter the crypto card password.
password: <passwd>
Banana(config)#
```

Das folgende Beispiel setzt einen ESA ohne DSS-Schlüssel in einem Cisco-Router der Serie 7200 zurück. Der ESA befindet sich im Slot 2 des Router-Gehäuses.

```
Apricot(config)# crypto card clear-latch 2
% Enter the crypto card password.
password: <passwd>
ESA in slot 2 not enabled.
[OK]
Apricot(config)#
```

Das folgende Beispiel setzt einen ESA mit DSS-Schlüssel in einem Cisco-Router der Serie 7200 zurück. Der ESA wurde zwar zuvor auf demselben Router verwendet, er wurde aber entfernt und neu installiert. Der Administrator will keine Änderungen an der Verschlüsselungskonfiguration vornehmen. Der ESA befindet sich im Slot 2 des Router-Gehäuses.

```
Apricot(config)# crypto card clear-latch 2
% Enter the crypto card password.
password: <passwd>
Keys were found for this ESA- enable ESA now? [yes/no]: yes
...switching to HW crypto engine
[OK]
Apricot(config)#
```

Das folgende Beispiel setzt einen ESA mit DSS-Schlüssel in einem Cisco-Router der Serie 7200 zurück. Der ESA wurde zuvor in einem anderen Router verwendet; daher müssen neue DSS-Schlüssel erzeugt und ausgetauscht werden, bevor der ESA funktionsfähig ist. Der ESA befindet sich im Slot 2 des Router-Gehäuses.

```
Apricot(config)# crypto card clear-latch 2
% Enter the crypto card password.
```

```
password: <passwd>
Keys were found for this ESA- enable ESA now? [yes/no]: no
ESA in slot 2 not enabled.
[OK]
Apricot(config)#
```

### Beispiel zur Aktivierung eines ESA (nur für Cisco-Router der Serie 7200)

Das folgende Beispiel aktiviert einen ESA im Slot 2 des Router-Gehäuses:

```
Apricot(config)# crypto card enable 2
...switching to HW crypto engine
Apricot(config)#
```

### Beispiele zum Wechsel auf eine andere Crypto-Maschine (nur für Cisco-Router der Serie 7200)

Wechseln Sie nur dann auf eine andere Crypto-Maschine, wenn die neue Maschine auch vollständig für die Verschlüsselung konfiguriert ist.

Das folgende Beispiel wechselt von der Cisco-IOS-Crypto-Maschine auf die ESA-Crypto-Maschine. Die ESA-Crypto-Maschine befindet sich im Slot 4 des Router-Gehäuses.

```
Apricot(config)# crypto card enable 4
...switching to HW crypto engine
Apricot(config)#
```

Das folgende Beispiel wechselt von der ESA-Crypto-Maschine auf die Cisco-IOS-Crypto-Maschine. Die ESA-Crypto-Maschine befindet sich im Slot 4 des Router-Gehäuses.

```
Apricot(config)# crypto card shutdown 4
...switching to SW crypto engine
Apricot(config)#
```

## 26.12.8 Beispiele zum Löschen der DSS-Schlüssel

Dieser Abschnitt enthält ein Beispiel für einen Cisco-Router der Serie 7500 und ein Beispiel für einen Cisco-Router der Serie 7200 mit einem installierten ESA.

### Beispiel für einen Cisco-Router der Serie 7500

Das folgende Beispiel löscht alle DSS-Schlüssel auf einem Cisco-Router der Serie 7500. Der RSP befindet sich im Gehäuse-Slot 3 und ein VIP2 befindet sich im Gehäuse-Slot 4. Das Löschen aller DSS-Schlüssel schaltet die Verschlüsselung auf dem Router komplett ab. Die Schlüssel der Cisco-IOS-Crypto-Maschine werden zuerst gelöscht und anschließend die Schlüssel der VIP2-Crypto-Maschine.

```
Apricot(config)# crypto key zeroize dss 3
Warning! Zeroize will remove your DSS signature keys.
Do you want to continue? [yes/no]: y
Keys to be removed are named Apricot.IOS.
```

# Kapitel 26 • Konfiguration der Cisco-Verschlüsselungstechnologie   565

```
Do you really want to remove these keys? [yes/no]: y
[OK]
Apricot(config)# crypto key zeroize dss 4
Warning! Zeroize will remove your DSS signature keys.
Do you want to continue? [yes/no]: y
Keys to be removed are named Apricot.VIP.
Do you really want to remove these keys? [yes/no]: y
[OK]
Apricot(config)#
```

## Beispiel für einen Cisco-Router der Serie 7200

Das folgende Beispiel löscht nur die DSS-Schlüssel für einen ESA, der sich im Gehäuse-Slot 2 eines Cisco-Routers der Serie 7200 befindet. Die DSS-Schlüssel der Cisco-IOS-Crypto-Maschine werden in diesem Beispiel nicht gelöscht.

1 Betrachten der vorhandenen DSS-Schlüssel:

```
Apricot# show crypto key mypubkey dss
crypto key pubkey-chain dss Apricot.IOS 01709642
BDD99A6E EEE53D30 BC0BFAE6 948C40FB 713510CB 32104137 91B06C8D C2D5B422
D9C154CA 00CDE99B 425DB9FD FE3162F1 1E5866AF CF66DD33 677259FF E5C24812
quit
crypto key pubkey-chain dss Apricot.ESA 01234567
866AFCF6 E99B425D FDFE3162 BC0BFAE6 13791B06 713510CB 4CA00CDE 0BC0BFAE
3791B06C 154C0CDE F11E5866 AE6948C4 DD336772 3F66DF33 355459FF 2350912D
quit
Apricot#
```

Diese Ausgabe zeigt, dass für die Cisco-IOS-Crypto-Maschine und für die ESA-Crypto-Maschine DSS-Schlüssel vorhanden sind.

2 Überprüfung der aktiven Crypto-Maschine:

```
Apricot# show crypto engine configuration
engine name:        Apricot.IOS
engine type:        software
serial number:      01709642
platform:           rsp crypto engine
Encryption Process Info:
input queue top:    44
input queue bot:    44
input queue count:  0
Apricot#
```

Die Ausgabe zeigt, dass die Cisco-IOS-Crypto-Maschine die aktive Maschine ist.

3 Um die DSS-Schlüssel für die ESA-Crypto-Maschine zu löschen, müssen Sie auf die ESA-Crypto-Maschine wechseln:

```
Apricot# config terminal
Enter configuration commands, one per connection. End with Ctrl-Z.
Apricot(config)# crypto card enable 2
...switching to HW crypto engine
Apricot(config)#
```

4 Überprüfung, ob die ESA-Crypto-Maschine nun die aktive Maschine ist:

```
Apricot(config)# exit
Apricot# show crypto engine configuration
engine name:        Apricot.ESA
engine type:        hardware
serial number:      01234567
platform:           esa crypto engine
Encryption Process Info:
input queue top:    0
input queue bot:    0
input queue count:  0
Apricot#
```

Die Ausgabe zeigt, dass die ESA-Crypto-Maschine nun die aktive Maschine ist.

5 Löschen der ESA-DSS-Schlüssel:

```
Apricot# config terminal
Enter configuration commands, one per connection.  End with Ctrl-Z.
Apricot(config)# crypto key zeroize dss 2
Warning! Zeroize will remove your DSS signature keys.
Do you want to continue? [yes/no]: y
Keys to be removed are named Apricot.ESA.
Do you really want to remove these keys? [yes/no]: y
[OK]
Apricot(config)#
```

6 Betrachten der vorhandenen DSS-Schlüssel:

```
Apricot(config)# exit
Apricot# show crypto key mypubkey dss
crypto key pubkey-chain dss Apricot.IOS 01709642
BDD99A6E EEE53D30 BC0BFAE6 948C40FB 713510CB 32104137 91B06C8D C2D5B422
D9C154CA 00CDE99B 425DB9FD FE3162F1 1E5866AF CF66DD33 677259FF E5C24812
quit
Apricot#
```

Die Ausgabe zeigt, dass die Schlüssel der ESA-Crypto-Maschine gelöscht wurden.

7 Überprüfen der aktiven Crypto-Maschine:

```
Apricot# show crypto engine configuration
engine name:        Apricot.IOS
engine type:        software
serial number:      01709642
platform:           rsp crypto engine
Encryption Process Info:
input queue top:    0
input queue bot:    0
input queue count:  0
Apricot#
```

Die Ausgabe zeigt, dass das System sich wieder in der Standardeinstellung befindet und die Cisco-IOS-Crypto-Maschine als aktive Maschine verwendet.

## 26.12.9 Beispiel zum Testen der Verschlüsselungsverbindung

Das folgende Beispiel richtet aus Testgründen eine Verschlüsselungssitzung ein und überprüft sie.

Es wird hier dieselbe Netzwerktopologie und Konfiguration des vorhergehenden Beispiels vorausgesetzt, das in Bild 26.15 gezeigt ist.

In diesem Beispiel richtet der Router Apricot testweise eine Verschlüsselungssitzung mit dem Router Banana ein und beobachtet dabei den Verbindungszustand, um zu überprüfen, ob eine verschlüsselte Sitzungsverbindung erfolgreich zustande kommt.

1 Der Router Apricot richtet testweise eine Verschlüsselungsverbindung mit dem Router Banana ein:

```
Apricot# test crypto initiate-session 192.168.3.12 192.168.204.110
BananaESA.TXbranch 10
Sending CIM to: 192.168.204.110 from: 192.168.3.12.
Connection id: -1
```

Beachten Sie, dass der Wert der Verbindungs-ID (= Connection id) gleich –1 ist. Ein negativer Wert lässt erkennen, dass die Verbindung eingerichtet wird.

2 Der Router Apricot führt den Befehl **show crypto cisco connections** aus:

```
Apricot# show crypto cisco connections
Pending Connection Table
PE              UPE              Timestamp              Conn_id
192.168.3.10    192.168.204.100  Mar 01 1993 00:01:09   -1
Connection Table
PE              UPE              Conn_id  New_id  Alg   Time
192.168.3.10    192.168.204.100  -1       1       0     Not Set
                 flags:PEND_CONN
```

Schauen Sie in der schwebenden Verbindungstabelle (= Pending Connection Table) nach einem Eintrag mit einem Conn_id-Wert, der mit dem zuvor angezeigten Wert der Verbindungs-ID übereinstimmt – in diesem Fall suchen Sie einen Eintrag mit einem Conn_id-Wert von –1. Wenn dies der erste Versuch zur Einrichtung einer verschlüsselten Verbindung ist, wird hier nur ein Eintrag angezeigt (wie hier zu sehen ist).

Beachten Sie die PE- und UPE-Adressen für diesen Eintrag.

3 Schauen Sie nun in der Verbindungstabelle (= Connection Table) nach einem Eintrag mit denselben PE- und UPE-Adressen. In diesem Fall befindet sich nur ein Eintrag in beiden Tabellen; daher findet sich der richtige Verbindungstabellen-Eintrag schnell.

4 Beachten Sie in diesem Verbindungstabellen-Eintrag die Werte für Conn_id und New_id. In diesem Fall ist der Wert für die Conn_id gleich –1 (wie in der schwebenden Verbindungstabelle) und der Wert für die New_id ist gleich 1. Der New_id-Wert von 1 wird an die Testverbindung vergeben, wenn die Einrichtung

abgeschlossen wird (positive Zahlen werden für eingerichtete aktive Verbindungen vergeben).

5 Apricot wartet einige Sekunden, damit die Testverbindung eingerichtet werden kann, und führt den Befehl **show crypto cisco connections** erneut aus:

```
Apricot# show crypto cisco connections
Connection Table
PE              UPE              Conn_id New_id  Alg   Time
192.168.3.10    192.168.204.100  1       0       0     Mar 01 1993 00:02:00
                flags:TIME_KEYS
```

Schauen Sie wieder, wie zuvor nach dem Verbindungstabellen-Eintrag mit denselben PE- und UPE-Adressen. Beachten Sie, dass in diesem Eintrag der Conn_id-Wert auf 1 verändert wurde. Dies lässt erkennen, dass die Testverbindung erfolgreich eingerichtet wurde, da der Conn_id-Wert nun den New_id-Wert aus Schritt 4 angenommen hat. Zudem wurde der New_id-Wert zu diesem Zeitpunkt auf 0 zurückgesetzt. Dies zeigt an, dass momentan keine neuen Verbindungen eingerichtet werden.

In der Befehlsausgabe von Schritt 5 wird keine schwebende Verbindungstabelle mehr angezeigt, also sind momentan keine schwebenden Verbindungen vorhanden. Dies liefert auch einen guten Hinweis darauf, dass die Testverbindung erfolgreich eingerichtet wurde.

Der Befehl **show crypto cisco connections** wird in Kapitel 27 »Befehle der Cisco-Verschlüsselungstechnologie« im Detail erklärt. Dort können Sie eine Beschreibung finden, wie die Verbindungs-IDs während und nach der Verbindungseinrichtung vergeben werden.

# Kapitel 27
# Befehle der Cisco-Verschlüsselungstechnologie

Dieses Kapitel beschreibt die Befehle der Cisco-Verschlüsselungstechnologie (CET = Cisco Encryption Technology). Cisco bietet mit der Netzwerkdaten-Verschlüsselung ein Mittel zum Schutz der Netzwerkdaten, die von einem Cisco-Router zu einem anderen über ungesicherte Netzwerke gesendet werden.

Wenn Sie eine vollständige Beschreibung von anderen Befehlen zur Konfiguration der CET suchen, können Sie eine Online-Recherche unter der Internetadresse www.cisco.com ausführen. Weitere Konfigurationsinformationen finden Sie in Kapitel 26 »Konfiguration der Cisco-Verschlüsselungs-Technologie«.

## 27.1 access-list (Verschlüsselung)

Verwenden Sie den globalen Konfigurationsbefehl **access-list** einer erweiterten IP-Access-Liste, um eine nummerierte Verschlüsselungs-Access-Liste zu erstellen. Verwenden Sie die **no**-Form dieses Befehls, um eine nummerierte Verschlüsselungs-Access-Liste zu entfernen.

access-list *Access-Listennummer* [dynamic *dynamischer-Name* [timeout *Minuten*]]
    {deny | permit} *Protokoll Quelle Quellen-Platzhalter Ziel*
    *Ziel-Platzhalter* [precedence *Vorrang*] [tos *TOS*] [log]
no access-list *Access-Listennummer*

Für das Internet-Control-Message-Protokoll (ICMP) können Sie auch die folgende Syntax verwenden:

access-list *Access-Listennummer* [dynamic *dynamischer-Name* [timeout *Minuten*]]
    {deny | permit} icmp *Quelle Quellen-Platzhalter Ziel*
    *Ziel-Platzhalter* [*ICMP-Typ* [*ICMP-Code*] | *ICMP-Meldung*]
    [precedence *Vorrang*] [tos *TOS*] [log]

## 570 Network Security

Für das Internet-Group-Management-Protokoll (IGMP) können Sie auch die folgende Syntax verwenden:

access-list *Access-Listennummer* [dynamic *dynamischer-Name* [timeout *Minuten*]]
{deny | permit} igmp *Quelle Quellen-Platzhalter Ziel
Ziel-Platzhalter* [igmp-type] [precedence *Vorrang*] [tos *TOS*]
[log]

Für das TCP können Sie auch die folgende Syntax verwenden:

access-list *Access-Listennummer* [dynamic *dynamischer-Name* [timeout *Minuten*]]
{deny | permit} tcp *Quelle Quellen-Platzhalter* [*Operator-Port* [*Port*]]
*Ziel Ziel-Platzhalter* [*Operator-Port* [*Port*]] [established]
[precedence *Vorrang*] [tos *TOS*] [log]

Für das User-Datagram-Protokoll (UDP) können Sie auch die folgende Syntax verwenden:

access-list *Access-Listennummer* [dynamic *dynamischer-Name* [timeout *Minuten*]]
{deny | permit} udp *Quelle Quellen-Platzhalter* [*Operator-Port* [*Port*]]
*Ziel Ziel-Platzhalter* [*Operator-Port* [*Port*]] [precedence
*Vorrang*] [tos *TOS*] [log]

| Syntax | Beschreibung |
|---|---|
| *Access-Listennummer* | Nummer einer Verschlüsselungs-Access-Liste. Diese ist eine dezimale Zahl im Bereich von 100 bis 199. |
| **dynamic** *dynamischer-Name* | (Optional) Adressiert diese Verschlüsselungs-Access-Liste als eine dynamische Verschlüsselungs-Access-Liste. Weitere Informationen über den Schlüssel-Schloss-Zugang finden Sie in Kapitel 17 »Konfiguration der Schlüssel-Schloss-Sicherheit (Dynamische Access-Listen)«. |
| **timeout** *Minuten* | (Optional) Legt die absolute Zeitdauer (in Minuten) fest, die ein zeitweiliger Access-Listeneintrag in einer dynamischen Access-Liste verbleibt. Die Standardzeitdauer ist unendlich und belässt einen Eintrag permanent in der Liste. Weitere Informationen über den Schlüssel-Schloss-Zugang finden Sie in Kapitel 17 »Konfiguration der Schlüssel-Schloss-Sicherheit (Dynamische Access-Listen)«. |
| **deny** | Der IP-Verkehr wird nicht verschlüsselt/entschlüsselt, wenn die Bedingungen zutreffen. |
| **permit** | Der IP-Verkehr wird verschlüsselt/entschlüsselt, wenn die Bedingungen zutreffen. |
| *Protokoll* | Name oder Nummer eines IP-Protokolls. Es kann eines der Schlüsselwörter **eigrp**, **gre**, **icmp**, **igmp**, **igrp**, **ip**, **ipinip**, **nos**, **ospf**, **tcp** oder **udp** oder eine ganze Zahl im Bereich von 0 bis 255 (eine IP-Protokollnummer) verwendet werden. Verwenden Sie das Schlüsselwort **ip**, um alle Internet-Protokolle auszuwählen, das ICMP, das TCP und das UDP eingeschlossen. Einige Protokolle ermöglichen zusätzliche Einschränkungen, die im folgenden Text beschrieben werden. |

| Syntax | Beschreibung |
|---|---|
| Quelle | Nummer des Netzwerks oder Hosts, von dem das Paket gesendet wird. Es gibt drei andere Möglichkeiten, die Quelle anzugeben:<br>– Verwenden Sie eine 32-Bit-Zahl im vierteiligen gepunktet dezimalen Format.<br>– Verwenden Sie das Schlüsselwort **any** als eine Verallgemeinerung für die *Quelle* und den *Quellen-Platzhalter* 0.0.0.0 255.255.255.255. Dieses Schlüsselwort wird im allgemeinen *nicht* empfohlen.<br>– Verwenden Sie **host** *Quelle* als eine Verallgemeinerung für eine *Quelle* und den *Quellen-Platzhalter* der *Quelle* 0.0.0.0. |
| *Quellen-Platzhalter* | Platzhalterbits (Maske), die der Quelle zugeordnet werden. Es gibt drei andere Möglichkeiten, um den Quellen-Platzhalter festzulegen:<br>– Verwenden Sie eine 32-Bit-Zahl im vierteiligen gepunktet dezimalen Format. Verwenden Sie an den Bitpositionen eine Eins, die Sie ignorieren wollen.<br>– Verwenden Sie das Schlüsselwort **any** als eine Verallgemeinerung für die *Quelle* und den *Quellen-Platzhalter* 0.0.0.0 255.255.255.255. Dieses Schlüsselwort wird im allgemeinen *nicht* empfohlen.<br>– Verwenden Sie **host** *Quelle* als eine Verallgemeinerung für eine *Quelle* und den *Quellen-Platzhalter* der *Quelle* 0.0.0.0. |
| *Ziel* | Nummer des Netzwerks oder Hosts, an den das Paket gesendet wird. Es gibt drei andere Möglichkeiten, um das Ziel festzulegen:<br>– Verwenden Sie eine 32-Bit-Zahl im vierteiligen gepunktet dezimalen Format.<br>– Verwenden Sie das Schlüsselwort **any** als eine Verallgemeinerung für das *Ziel* und den *Ziel-Platzhalter* 0.0.0.0 255.255.255.255. Dieses Schlüsselwort wird im allgemeinen *nicht* empfohlen.<br>– Verwenden Sie **host** *Ziel* als eine Verallgemeinerung für ein *Ziel* und den *Ziel-Platzhalter* des *Ziels* 0.0.0.0. |
| *Ziel-Platzhalter* | Platzhalterbits, die dem Ziel zugeordnet werden. Es gibt drei andere Möglichkeiten, um die Ziel-Platzhalter festzulegen:<br>– Verwenden Sie eine 32-Bit-Zahl im vierteiligen gepunktet dezimalen Format. Verwenden Sie an den Bitpositionen eine Eins, die Sie ignorieren wollen.<br>– Verwenden Sie das Schlüsselwort **any** als eine Verallgemeinerung für das *Ziel* und den *Ziel-Platzhalter* 0.0.0.0 255.255.255.255. Dieses Schlüsselwort wird im allgemeinen *nicht* empfohlen.<br>– Verwenden Sie **host** *Ziel* als eine Verallgemeinerung für ein *Ziel* und den *Ziel-Platzhalter* des *Ziels* 0.0.0.0. |
| **precedence** *Vorrang* | (Optional) Pakete können anhand des Vorrangs für die Verschlüsselung ausgewählt werden, indem eine Zahl von 0 bis 7 oder ein Name verwendet wird. |
| **tos** *TOS* | (Optional) Pakete können anhand des Type-of-Service-Levels für die Verschlüsselung ausgewählt werden, indem eine Zahl von 0 bis 15 oder ein Name angegeben wird. |
| *ICMP-Typ* | (Optional) ICMP-Pakete können für die Verschlüsselung anhand des ICMP-Meldungstyps ausgewählt werden. Der Typ ist eine Zahl von 0 bis 255. |

| Syntax | Beschreibung |
|---|---|
| ICMP-Code | (Optional) ICMP-Pakete, die durch den ICMP-Meldungstyp für die Verschlüsselung ausgewählt werden, können auch anhand des ICMP-Meldungscodes ausgewählt werden. Der Code ist eine Zahl von 0 bis 255. |
| ICMP-Meldung | (Optional) ICMP-Pakete können für die Verschlüsselung durch einen ICMP-Meldungstypnamen oder durch den ICMP-Meldungstyp und den Codenamen ausgewählt werden. |
| IGMP-Typ | (Optional) IGMP-Pakete können für die Verschlüsselung durch den ICMP-Meldungstyp oder den Meldungsnamen ausgewählt werden. Ein Meldungstyp ist eine Zahl von 0 bis 15. |
| Operator | (Optional) Vergleicht Quell- oder Zielports. Mögliche Operanden enthalten **lt** (kleiner als), **gt** (größer als), **eq** (gleich), **neq** (nicht gleich) und **range** (im Bereich).<br>Wenn sich der Operator hinter der *Quelle* und dem *Quellen-Platzhalter* befindet, muss er dem Quell-Port entsprechen.<br>Wenn sich der Operator hinter dem *Ziel* und *Ziel-Platzhalter* befindet, muss er dem Zielport entsprechen.<br>Der Operator **range** benötigt zwei Portnummern. Alle anderen Operatoren benötigen nur eine Portnummer. |
| Port | (Optional) Die dezimale Nummer oder der Name eines TCP- oder UDP-Ports. Eine Portnummer ist eine Zahl von 0 bis 65.535.<br>TCP-Portnamen können nur für die TCP-Filterung verwendet werden. UDP-Portnamen können nur für die UDP-Filterung verwendet werden. |
| **established** | (Optional) Gilt nur für das TCP-Protokoll: bedeutet eine eingerichtete Verbindung. Eine Übereinstimmung tritt dann auf, wenn das TCP-Datenpaket die ACK- oder RST-Bits gesetzt hat. Der nicht zutreffende Fall besteht dann, wenn ein erstes TCP-Datenpaket versucht, eine Verbindung aufzubauen. |
| **log** | (Optional) Verursacht die Sendung einer informelle Logging-Meldung über das Paket, das mit dem Eintrag übereinstimmt, an die Konsole (der Meldungslevel, der an die Konsole gemeldet wird, wird durch den Befehl **logging console** bestimmt).<br>Die Meldung enthält die Access-Listennummer, ob das Paket verschlüsselt/entschlüsselt war oder nicht, das Protokoll, ob es TCP, UDP, ICMP oder eine Nummer war, und nach Möglichkeit die Quell- und Zieladressen und Quell- und Zielportnummern. Die Meldung wird nach dem ersten passenden Paket erzeugt und anschließend in 5-Minuten-Intervallen und es enthält dann die Anzahl der verschlüsselten/entschlüsselten Pakete bzw. der nicht verschlüsselten/entschlüsselten Pakete des letzten 5-Minuten-Intervalls. |

## Standard

Es sind keine nummerierten Verschlüsselungs-Access-Listen erstellt und daher wird auch kein Verkehr verschlüsselt/entschlüsselt. Nach der Erstellung enthalten alle Verschlüsselungs-Access-Listen eine eingeschlossene »deny«-Aussage (»nicht verschlüsseln/entschlüsseln«) am Ende der Liste.

## Befehlsmodus

Globale Konfiguration

## Benutzungsrichtlinien

Dieser Befehl erschien erstmals in der Cisco-IOS-Version 11.2.

Verwenden Sie die Verschlüsselungs-Access-Listen, um festzulegen, welche Pakete auf einer Schnittstelle verschlüsselt/entschlüsselt werden und welche im Klartext (unverschlüsselt) übertragen werden sollen.

Wenn ein Paket mit einer Verschlüsselungs-Access-Liste verglichen wird, werden die Aussagen in der Verschlüsselungs-Access-Liste in der Reihenfolge abgearbeitet, wie sie erzeugt wurden. Wenn ein Paket die Bedingungen in einer Aussage erfüllt, werden keine weiteren Aussagen überprüft. Dies bedeutet, dass Sie die Reihenfolge genau berücksichtigen müssen, wenn Sie die Aussagen eingeben.

Um die Verschlüsselungs-Access-Liste einsetzen zu können, müssen Sie zuerst die Access-Liste in einer Verschlüsselungskarte angeben und dann die Verschlüsselungskarte einer Schnittstelle zuordnen, indem Sie die Befehle **crypto map** (**globale Konfiguration**) und **crypto map** (**Interface-Konfiguration**) ausführen.

Fragmentierte IP-Pakete werden anders als das erste Fragment sofort durch jede erweiterte IP-Access-Liste akzeptiert. Die erweiterten Access-Listen, die den virtuellen Terminalverbindungszugang kontrollieren oder die Inhalte von Routing-Updates begrenzen sollen, müssen nicht mit dem TCP-Quell-Port, dem Type-of-Service-Wert oder dem Paketvorrang übereinstimmen.

> **ANMERKUNG**
>
> Wenn eine Access-Liste erstmals erzeugt wird, werden alle folgenden Eingaben (die evtl. vom Terminal aus erfolgen) an das Ende der Liste angefügt. Sie können einer bestimmten Access-Liste keine einzelnen Access-Listen-Befehlszeilen hinzufügen oder sie daraus entfernen.

> **STOP**
>
> Wenn Sie Verschlüsselungs-Access-Listen erzeugen, rät Ihnen Cisco davon ab, das Schlüsselwort **any** zu verwenden, um die Quell- oder Zieladressen festzulegen. Wenn Sie das Schlüsselwort **any** mit einer **permit**-Aussage verwenden, können größte Probleme auftreten, wenn ein Paket in Ihren Router eintritt und es für einen Router bestimmt ist, der nicht für die Verschlüsselung konfiguriert ist. Dies würde verursachen, dass Ihr Router versucht, eine Verschlüsselungssitzung mit einem Nichtverschlüsselungs-Router aufzunehmen.
>
> Wenn Sie in einem **deny**-Befehl das Schlüsselwort **any** fehlerhaft verwenden, können Sie unabsichtlich verursachen, dass kein Paket verschlüsselt wird, was ein großes Sicherheitsrisiko darstellt.

> **ANMERKUNG**
>
> Wenn Sie die Access-Listen Ihres Routers mit einem Befehl wie **show ip access-lists** ansehen, werden *alle* erweiterten IP-Access-Listen in der Befehlsausgabe angezeigt. Diese beinhalten erweiterte IP-Access-Listen, die zur Verkehrsfilterung eingesetzt werden, und solche, die für die Verschlüsselung verwendet werden. Die Ausgabe auf den Befehl **show** unterscheidet nicht zwischen der Verwendung der erweiterten Access-Listen.

Es folgt eine Liste von Vorrangs-(Precedence-)Namen:

- critical
- flash
- flash-override
- immediate
- internet
- network
- priority
- routine

Es folgt eine Liste von Type-of-Service-(TOS-)Namen:

- max-reliability
- max-throughput
- min-delay
- min-monetary-cost
- normal

Es folgt eine Liste von ICMP-Meldungstypnamen und Codenamen:

- administratively-prohibited
- alternate-address
- conversion-error
- dod-host-prohibited
- dod-net-prohibited
- echo
- echo-reply
- general-parameter-problem
- host-isolated

- host-precedence-unreachable
- host-redirect
- host-tos-redirect
- host-tos-unreachable
- host-unknown
- host-unreachable
- information-reply
- information-request
- mask-reply
- mask-request
- mobile-redirect
- net-redirect
- net-tos-redirect
- net-tos-unreachable
- net-unreachable
- network-unknown
- no-room-for-option
- option-missing
- packet-too-big
- parameter-problem
- port-unreachable
- precedence-unreachable
- protocol-unreachable
- reassembly-timeout
- redirect
- router-advertisement
- router-solicitation
- source-quench
- source-route-failed
- time-exceeded

- timestamp-reply
- timestamp-request
- traceroute
- ttl-exceeded
- unreachable

Es folgt eine Liste von IGMP-Meldungsnamen:

- dvmrp
- host-query
- host-report
- pim
- trace

Es folgt eine Liste der TCP-Portnamen, die statt der Portnummern verwendet werden können. Schauen Sie im aktuellen Assigned-Numbers-RFC (RFC über die vergebenen Nummern) nach, um einen Bezug zu diesen Protokollen zu finden. Die zu diesen Protokollen gehörenden Portnummern können Sie auch aufrufen, wenn Sie ein ? anstatt einer Portnummer eingeben.

- bgp
- chargen
- daytime
- discard
- domain
- echo
- finger
- ftp
- ftp-data
- gopher
- hostname
- irc
- klogin
- kshell
- lpd
- nntp

- pop2
- pop3
- smtp
- sunrpc
- syslog
- tacacs-ds
- talk
- telnet
- time
- uucp
- whois
- www

Es folgt eine Liste der UDP-Portnamen, die statt der Portnummern verwendet werden können. Schauen Sie im aktuellen Assigned-Numbers-RFC (RFC über die vergebenen Nummern) nach, um einen Bezug zu diesen Protokollen zu finden. Die zu diesen Protokollen gehörenden Portnummern können Sie auch aufrufen, wenn Sie ein ? anstatt einer Portnummer eingeben.

- biff
- bootpc
- bootps
- discard
- dns
- dnsix
- echo
- mobile-ip
- nameserver
- netbios-dgm
- netbios-ns
- ntp
- rip
- snmp
- snmptrap

- sunrpc
- syslog
- tacacs-ds
- talk
- tftp
- time
- who
- xdmcp

**Beispiel**

Das folgende Beispiel erzeugt eine nummerierte Verschlüsselungs-Access-Liste, die ein Class-C-Subnetz als Quelle und ein Class-C-Subnetz als Ziel für die IP-Pakete angibt. Wenn der Router diese Verschlüsselungs-Access-Liste verwendet, wird der gesamte TCP-Verkehr verschlüsselt, der zwischen den Quell- und Ziel-Subnetzen übertragen wird.

```
Router1(config)# access-list 101 permit tcp 172.21.3.0 0.0.0.255 172.22.2.0 0.0.0.255
```

Diese Verschlüsselungs-Access-Liste wird einer Schnittstelle als eine ausgehende Verschlüsselungs-Access-Liste zugeordnet, nachdem der Routeradministrator eine Verschlüsselungskarte erstellt und die Verschlüsselungskarte der Schnittstelle zugeordnet hat.

**Verwandte Befehle**

Sie können online unter www.cisco.com eine Recherche nach verwandten Befehlen durchführen.

access-list (erweitert) (zur Verkehrsfilterung verwendet)
crypto map (globale Konfiguration)
crypto map (Interface-Konfiguration)
ip access-list extended (Verschlüsselung)
show ip access-lists

## 27.2  clear crypto connection

Verwenden Sie den globalen Konfigurationsbefehl **clear crypto connection**, um eine laufende verschlüsselte Sitzung zu unterbrechen.

**clear crypto connection** *Verbindungs-ID* [*Slot* | rsm | vip]

| Syntax | Beschreibung |
|---|---|
| *Verbindungs-ID* | Adressiert die zu beendende verschlüsselte Sitzung. |
| *Slot* | (Optional) Adressiert die Crypto-Maschine. Dieses Argument ist nur auf Cisco-Routern der Serien 7200, RSP7000 und 7500 verwendbar. Wenn kein Slot angegeben wird, wird die Cisco-IOS-Crypto-Maschine ausgewählt. Verwenden Sie die Gehäuse-Slotnummer der Crypto-Maschinenposition. Für die Cisco-IOS-Crypto-Maschine ist dies die Gehäuse-Slotnummer des Route-Switch-Prozessors (RSP). Für die Versatile-Interface-Prozessor-(VIP2-)Crypto-Maschine ist dies die Gehäuse-Slotnummer des VIP2. Für die ESA-Crypto-Maschine ist dies die Gehäuse-Slotnummer des ESA (beim Cisco 7200) oder die des VIP2 (beim Cisco RSP7000 und 7500). |
| rsm | (Optional) Dieses Schlüsselwort ist nur auf dem Cisco-Catalyst-Switch der Serie 5000 verwendbar. Es adressiert das Route-Switch-Modul (RSM) auf dem Cisco-Catalyst-Switch der Serie 5000. |
| vip | (Optional) Dieses Schlüsselwort ist nur auf dem Cisco-Catalyst-Switch der Serie 5000 verwendbar. Es adressiert den VIP2 auf dem Cisco-Catalyst-Switch der Serie 5000. |

## Befehlsmodus

Globale Konfiguration

## Benutzungsrichtlinien

Dieser Befehl erschien erstmals in der Cisco-IOS-Version 11.2. Das Argument *Slot* und die Schlüsselwörter **rsm** und **vip** wurden in der Cisco-IOS-Version 12.0 hinzugefügt.

Mit diesem Befehl können Sie eine laufende verschlüsselte Sitzung unterbrechen. Verschlüsselte Sitzungen enden normalerweise erst dann, wenn die Zeitdauer für die Sitzung abläuft. Verwenden Sie den Befehl **show crypto cisco connections**, um den Verbindungs-ID-Wert anzusehen.

## Beispiel

Das folgende Beispiel beendet eine schwebende (pending) verschlüsselte Sitzung (Sie können eine eingerichtete verschlüsselte Sitzung auf die gleiche Weise beenden).

```
Router1# show crypto cisco connections
Pending Connection Table
PE              UPE             Timestamp              Conn_id
192.168.3.10    192.168.204.100 Mar 01 1993 00:01:09   -1

Connection Table
PE              UPE             Conn_id  New_id  Alg  Time     Slot
192.168.3.10    192.168.204.100 -1       1       0    Not Set  4
                flags:PEND_CONN
```

```
Router1# clear crypto connection -1
Router1# show crypto cisco connections
Connection Table
PE              UPE              Conn_id  New_id  Alg  Time
192.168.3.10    192.168.204.100  0        0       0    Mar 01 1993 00:02:00
                flags:BAD_CONN
router1#
```

Zuerst wird der Befehl **show crypto cisco connections** ausgeführt, um die Verbindungs-ID (Conn_id) für die schwebende (pending) Verbindung (–1) einzusehen. Dieser Wert wird daraufhin verwendet, um die zu beendende Verbindung anzugeben.

Beachten Sie: Nachdem die Verbindung entfernt wurde, enthält die neue, durch den Befehl **show crypto cisco connections** aufgerufene schwebende Verbindungstabelle (Pending Connection Table) den vorherigen Verbindungseintrag (Verbindungs-ID –1) nicht mehr. Zudem zeigt die Verbindungstabelle (Connection Table) keine –1 mehr in der Rubrik *Conn_id*.

**Verwandte Befehle**

Sie können online unter www.cisco.com eine Recherche nach verwandten Befehlen durchführen.

**show crypto cisco connections**

## 27.3 crypto algorithm 40-bit-des

Der Befehl **crypto cisco algorithm 40-bit-des** ersetzt diesen Befehl. Lesen Sie die Beschreibung des Befehls **crypto cisco algorithm 40-bit-des** für weitere Informationen.

## 27.4 crypto algorithm des

Der Befehl **crypto cisco algorithm des** ersetzt diesen Befehl. Lesen Sie die Beschreibung des Befehls **crypto cisco algorithm des** für weitere Informationen.

## 27.5 crypto card

Verwenden Sie den globalen Konfigurationsbefehl **crypto card**, um entweder die ESA-Crypto-Maschine oder die Cisco-IOS-Crypto-Maschine in einem Cisco-Router der Serie 7200 zu aktivieren (auszuwählen).

**crypto card {enable | shutdown} *Slot***

| Syntax | Beschreibung |
| --- | --- |
| enable | Wählt die ESA-Crypto-Maschine aus, indem der ESA aktiviert wird. |
| shutdown | Wählt die Cisco-IOS-Crypto-Maschine aus, indem der ESA abgeschaltet wird. |
| *Slot* | Die Gehäuse-Slotnummer des ESA. |

## Standard

Die Cisco-IOS-Crypto-Maschine ist die ausgewählte (aktive) Crypto-Maschine.

## Befehlsmodus

Globale Konfiguration

## Benutzungsrichtlinien

Dieser Befehl erschien erstmals in der Cisco-IOS-Version 11.2 P.

Dieser Befehl ist nur bei einem Cisco-Router der Serie 7200 mit einem installierten ESA verwendbar.

Wenn der ESA nicht aktiviert ist, wird die Cisco-IOS-Crypto-Maschine als Crypto-Maschine eingesetzt.

Wenn Sie mit diesem Befehl die ESA-Crypto-Maschine auswählen, muss die gesamte Verschlüsselungskonfiguration für den ESA bereits abgeschlossen sein.

### ANMERKUNG

Wenn Sie eine Crypto-Maschine (entweder die ESA- oder die Cisco-IOS-Crypto-Maschine) auswählen, die noch nicht vollständig für die Verschlüsselung konfiguriert wurde, wird der Router keinerlei Verkehr verschlüsseln können. Jede existierende Verschlüsselungssitzung wird abrupt unterbrochen werden. Daher müssen Sie die gesamte Verschlüsselungskonfiguration abschließen, bevor Sie eine Crypto-Maschine mit diesem Befehl aktivieren. Wenn eine verschlüsselte Verkehrssitzung eingerichtet ist, während Sie von einer Crypto-Maschine zur anderen wechseln, dann wird die Sitzung unterbrochen und es wird eine neue Sitzung durch die neu aktivierte Crypto-Maschine eingerichtet. Dies kann eine kurzzeitige Verzögerung des verschlüsselten Verkehrs verursachen.

## Beispiele

Das folgende Beispiel aktiviert einen ESA im Gehäuse-Slot 2 des Routers:

```
Router1(config)# crypto card enable 2
...switching to HW crypto engine
router1(config)#
```

Das folgende Beispiel wechselt von der Cisco-IOS-Crypto-Maschine zur ESA-Crypto-Maschine. Die ESA-Crypto-Maschine befindet sich im Gehäuse-Slot 4 des Routers.

```
Router1(config)# crypto card enable 4
...switching to HW crypto engine
router1(config)#
```

Das folgende Beispiel wechselt von der ESA-Crypto-Maschine zur Cisco-IOS-Crypto-Maschine. Die ESA-Crypto-Maschine befindet sich im Gehäuse-Slot 4 des Routers.

```
Router1(config)# crypto card shutdown 4
...switching to SW crypto engine
router1(config)
```

## 27.6 crypto card clear-latch

Verwenden Sie den globalen Konfigurationsbefehl **crypto card clear-latch**, um einen Encryption-Service-Adapter (ESA) zurückzusetzen. Dieser Befehl setzt den ESA zurück, indem eine Hardware-Verriegelung gelöst wird, die dann einrastet, wenn ein ESA aus dem Gehäuse entfernt und neu eingesetzt wird.

**crypto card clear-latch** {*Slot* | vip}

| Syntax | Beschreibung |
|--------|--------------|
| Slot | Adressiert den zurückzusetzenden ESA. Dieses Argument ist nur auf Cisco-Routern der Serien 7200, RSP7000 und 7500 verwendbar. |
| | Bei einem Cisco-Router der Serie 7200 ist dies die Gehäuse-Slotnummer des ESA. Bei einem Cisco RSP7000 oder einem Router der Serie 7500 ist dies die Gehäuse-Slotnummer des VIP2 der zweiten Generation des ESA. |
| vip | Dieses Schlüsselwort ist nur auf dem Cisco-Catalyst-Switch der Serie 5000 verwendbar. Es adressiert den VIP2 auf dem Cisco-Catalyst-Switch der Serie 5000. |

### Standard

Die ESA-Verriegelung ist nicht gelöst.

### Befehlsmodus

Globale Konfiguration

### Benutzungsrichtlinien

Dieser Befehl erschien erstmals in der Cisco-IOS-Version 11.2. Das Schlüsselwort **vip** wurde in der Cisco-IOS-Version 12.0 hinzugefügt.

Wenn ein ESA noch nie zuvor verwendet oder er entfernt und wieder eingesetzt wurde, wird der ESA nicht funktionieren, solange Sie ihn nicht mit diesem Befehl zurückgesetzt haben. Bevor der ESA zurückgesetzt wird, ist die Hardware-Verriegelung eingerastet und die »Tampered« LED leuchtet.

Damit dieser Befehl abgeschlossen wird, müssen Sie das ESA-Passwort eingeben. Wenn der ESA kein Passwort besitzt, müssen Sie zu diesem Zeitpunkt eines erzeugen (der ESA besitzt kein Passwort, wenn er noch nie verwendet wurde oder wenn Sie den ESA zuvor mit dem Befehl **crypto key zeroize dss** zurückgesetzt haben).

Wenn Sie ein zuvor vergebenes Passwort vergessen haben, müssen Sie statt des Befehls **crypto card clear-latch** den Befehl **crypto key zeroize dss** verwenden, um den

ESA zurückzusetzen. Nachdem Sie den Befehl **crypto key zeroize dss** ausgeführt haben, müssen Sie erneut die DSS-Schlüssel erzeugen und austauschen. Wenn Sie neue DSS-Schlüssel erzeugen, werden Sie auch zur Erzeugung eines neuen Passworts aufgefordert.

### Beispiel

Das folgende Beispiel setzt eine ESA-Karte zurück. Die ESA-Karte befindet sich in einem VIP2, der sich wiederum im Slot 1 befindet.

```
Router1(config)# crypto card clear-latch 1
% Enter the crypto card password.
password: <passwd>
router1(config)#
```

Das folgende Beispiel setzt eine ESA-Karte zurück, die sich in einem VIP2 auf einem Cisco-Catalyst-Switch der Serie 5000 befindet:

```
Router1(config)# crypto card clear-latch vip
% Enter the crypto card password.
password: <passwd>
router1(config)#
```

### Verwandte Befehle

Sie können online unter www.cisco.com eine Recherche nach verwandten Befehlen ausführen.

**crypto key generate dss**
**crypto key zeroize dss**

## 27.7 crypto cisco algorithm 40-bit-des

Verwenden Sie den globalen Konfigurationsbefehl **crypto cisco algorithm 40-bit-des**, um die 40-Bit-Data-Encryption-Standard-(DES-)Algorithmustypen global zu aktivieren. Verwenden Sie die **no**-Form dieses Befehls, um einen 40-Bit-DES-Algorithmustyp global zu deaktivieren.

**crypto cisco algorithm 40-bit-des [cfb-8 | cfb-64]**
**no crypto cisco algorithm 40-bit-des [cfb-8 | cfb-64]**

| Syntax | Beschreibung |
|---|---|
| cfb-8 | (Optional) Wählt den 8-Bit-Chiffrier-Rückmeldungs- (CFB = Cipher-Feedback) Modus des 40-Bit-DES-Algorithmus. Wenn bei diesem Befehl kein CFB-Modus angegeben wird, ist der 64-Bit-CFB-Modus die Standardeinstellung. |
| cfb-64 | (Optional) Wählt den 64-Bit-CFB-Modus des 40-Bit-DES-Algorithmus. Wenn bei diesem Befehl kein CFB-Modus angegeben wird, ist der 64-Bit-CFB-Modus die Standardeinstellung. |

## Standard

Auch wenn Sie diesen Befehl niemals verwenden, ist ein DES-Algorithmus standardmäßig aktiviert. Wenn Sie ein nicht aus den USA exportierbares Betriebssystem verwenden, wird standardmäßig der einfache DES-Algorithmus mit dem 8-Bit-CFB aktiviert (der einfache DES-Algorithmus verwendet einen 56-Bit-DES-Schlüssel). Wenn Sie ein aus den USA exportierbares Betriebssystem verwenden, wird standardmäßig der 40-Bit-DES-Algorithmus mit dem 8-Bit-CFB aktiviert.

Wenn Sie nicht wissen, ob Ihr Betriebssystem exportierbar oder nicht exportierbar ist, können Sie mit dem Befehl **show crypto cisco-algorithms** feststellen, welche DES-Algorithmen momentan aktiviert sind.

## Befehlsmodus

Globale Konfiguration

## Benutzungsrichtlinien

Dieser Befehl erschien erstmals in der Cisco-IOS-Version 11.2.

Mit diesem Befehl aktivieren Sie einen 40-Bit-DES-Algorithmustyp. Wenn ein DES-Algorithmustyp einmal aktiviert wurde, können alle Crypto-Maschinen auf einem Router diesen Typ verwenden.

Sie müssen alle DES-Algorithmen aktivieren, die für die Kommunikation mit allen anderen verschlüsselnden Peer-Routern benötigt werden. Wenn Sie einen DES-Algorithmus nicht aktivieren, können Sie diesen Algorithmus nicht verwenden, selbst dann nicht, wenn Sie später versuchen, den Algorithmus in einer Verschlüsselungskarte anzuwenden.

Wenn Ihr Router versucht, eine verschlüsselte Kommunikationssitzung mit einem Peer-Router einzurichten und die beiden Router an den beiden Enden nicht denselben DES-Algorithmus aktiviert haben, wird die verschlüsselte Sitzung fehlschlagen. Wenn zumindest ein gemeinsamer DES-Algorithmus an beiden Enden aktiviert ist, wird die verschlüsselte Sitzung fortgeführt.

Der 40-Bit-DES verwendet einen 40-Bit-DES-Schlüssel, der für Angreifer einfacher zu knacken ist als der einfache DES, der einen 56-Bit-DES-Schlüssel verwendet. Jedoch können einige internationale Anwendungen Sie wegen bestehender Exportbeschränkungen dazu nötigen, den 40-Bit-DES zu verwenden.

> **ANMERKUNG**

Wenn Sie ein aus den USA exportierbares Betriebssystem verwenden, können Sie nur die 40-Bit-Variante des DES aktivieren und verwenden. Sie können nicht die einfachen DES-Algorithmen aktivieren und verwenden, die bei den exportierbaren Betriebssystemen nicht verfügbar sind.

Der 8-Bit-CFB wird häufiger verwendet als der 64-Bit-CFB, obwohl er mehr CPU-Zeit benötigt. Wenn Sie weder den 8-Bit- noch den 64-Bit-CFB angeben, wird der 64-Bit-CFB standardmäßig ausgewählt.

### Beispiel

Das folgende Beispiel aktiviert den 40-Bit-DES mit dem 8-Bit-CFB und den 40-Bit-DES mit dem 64-Bit-CFB:

```
crypto cisco algorithm 40-bit-des cfb-8
crypto cisco algorithm 40-bit-des cfb-64
```

### Verwandte Befehle

Sie können online unter www.cisco.com eine Recherche nach verwandten Befehlen durchführen.

**crypto cisco algorithm des**
**show crypto cisco algorithms**

## 27.8 crypto cisco algorithm des

Verwenden Sie den globalen Konfigurationsbefehl **crypto cisco algorithm des**, um die DES-Algorithmustypen global zu aktivieren, die einen 56-Bit-DES-Schlüssel verwenden. Verwenden Sie die **no**-Form dieses Befehls, um einen DES-Algorithmustyp global zu deaktivieren.

**crypto cisco algorithm des [cfb-8 | cfb-64]**
**no crypto cisco algorithm des [cfb-8 | cfb-64]**

| Syntax | Beschreibung |
|---|---|
| cfb-8 | (Optional) Wählt den 8-Bit-CFB-Modus des einfachen DES-Algorithmus. Wenn bei diesem Befehl kein CFB-Modus angegeben wird, ist der 64-Bit-CFB-Modus die Standardeinstellung. |
| cfb-64 | (Optional) Wählt den 64-Bit-CFB-Modus des einfachen DES-Algorithmus. Wenn bei diesem Befehl kein CFB-Modus angegeben wird, ist der 64-Bit-CFB-Modus die Standardeinstellung. |

### Standard

Auch wenn Sie diesen Befehl niemals verwenden, ist ein DES-Algorithmus standardmäßig aktiviert. Wenn Sie ein nicht aus den USA exportierbares Betriebssystem verwenden, wird standardmäßig der einfache DES-Algorithmus mit dem 8-Bit-CFB aktiviert (der einfache DES-Algorithmus verwendet einen 56-Bit-DES-Schlüssel). Wenn Sie ein aus den USA exportierbares Betriebssystem verwenden, wird standardmäßig der 40-Bit-DES-Algorithmus mit dem 8-Bit-CFB aktiviert.

Wenn Sie nicht wissen, ob Ihr Betriebssystem exportierbar oder nicht exportierbar ist, können Sie mit dem Befehl **show crypto cisco-algorithms** feststellen, welche DES-Algorithmen momentan aktiviert sind.

### Befehlsmodus

Globale Konfiguration

### Benutzungsrichtlinien

Dieser Befehl erschien erstmals in der Cisco-IOS-Version 11.2.

Mit diesem Befehl können Sie einen DES-Algorithmustyp aktivieren, der einen 56-Bit-DES-Schlüssel verwendet. Wenn ein DES-Algorithmustyp einmal aktiviert wurde, können alle Crypto-Maschinen auf einem Router diesen Typ verwenden.

Sie müssen alle DES-Algorithmen aktivieren, die für die Kommunikation mit allen anderen verschlüsselnden Peer-Routern benötigt werden. Wenn Sie einen DES-Algorithmus nicht aktivieren, können Sie diesen Algorithmus nicht verwenden, selbst dann nicht, wenn Sie später versuchen, den Algorithmus in einer Verschlüsselungskarte anzuwenden.

Wenn Ihr Router versucht, eine verschlüsselte Kommunikationssitzung mit einem Peer-Router einzurichten und die beiden Router an den beiden Enden nicht denselben DES-Algorithmus aktiviert haben, wird die verschlüsselte Sitzung fehlschlagen. Wenn zumindest ein gemeinsamer DES-Algorithmus an beiden Enden aktiviert ist, wird die verschlüsselte Sitzung fortgeführt.

> **ANMERKUNG**
>
> Wenn Sie ein aus den USA exportierbares Betriebssystem verwenden, können Sie nur die 40-Bit-Variante des DES aktivieren und verwenden. Sie können nicht die einfachen DES-Algorithmen aktivieren und verwenden, die bei den exportierbaren Betriebssystem nicht verfügbar sind.

Der 8-Bit-CFB wird häufiger verwendet als der 64-Bit-CFB, obwohl er mehr CPU-Zeit benötigt. Wenn Sie weder den 8-Bit noch den 64-Bit-CFB angeben, wird der 64-Bit-CFB standardmäßig ausgewählt.

### Beispiel

Das folgende Beispiel aktiviert den DES mit dem 8-Bit-CFB und den DES mit dem 64-Bit-CFB:

```
crypto cisco algorithm des cfb-8
crypto cisco algorithm des cfb-64
```

**Verwandte Befehle**

Sie können online unter www.cisco.com eine Recherche nach verwandten Befehlen durchführen.

crypto cisco algorithm 40-bit-des
show crypto cisco algorithms

## 27.9 crypto cisco connections

Verwenden Sie den globalen Konfigurationsbefehl **crypto cisco connections**, um die maximale Anzahl von Zielen (Hosts oder Subnetze) pro Quelle zu verändern, die Sie in Aussagen von Verschlüsselungs-Access-Listen festlegen können. Verwenden Sie die **no**-Form dieses Befehls, um wieder die Standardeinstellung aufzurufen.

crypto cisco connections *Nummer*
no crypto cisco connections [*Nummer*]

| Syntax | Beschreibung |
| --- | --- |
| *Nummer* | Legt die maximale Anzahl von Zielen pro Quelle fest. Verwenden Sie einen Wert von 3 bis 500. |
| | Dieses Argument ist nicht erforderlich, wenn Sie die **no**-Form des Befehls verwenden. |

**Standard**

Mit jeder einzelnen Quelle können maximal zehn Ziele paarweise in Aussagekriterien von Verschlüsselungs-Access-Listen festgelegt werden.

**Befehlsmodus**

Globale Konfiguration

**Benutzungsrichtlinien**

Dieser Befehl erschien erstmals in der Cisco-IOS-Version 11.3.

Wenn Sie Verschlüsselungs-Access-Listen konfigurieren, dann legen Sie in den Aussagekriterien Paare aus Quell- und Zieladressen fest. Jeder Verkehr, der mit diesen Kriterien übereinstimmt, wird daraufhin verschlüsselt.

In der Standardeinstellung können Sie maximal 100 unterschiedliche Quellen (Hosts oder Subnetze) in einer Verschlüsselungs-Access-Liste festlegen. Zusätzlich können Sie maximal zehn unterschiedliche Ziele pro einzelner Quelladresse festlegen. Wenn Sie zum Beispiel sechs unterschiedliche Quelladressen festlegen, können Sie bis zu zehn Zieladressen für jede der sechs Quellen festlegen, also insgesamt 60 Aussagekriterien in der Access-Liste.

Verwenden Sie diesen Befehl, wenn Sie mehr als zehn Ziele für eine bestimmte Quelle (Hosts oder Subnetze) in Aussagen von Verschlüsselungs-Access-Listen festlegen müssen.

In den meisten Situationen sind die Standardeinstellungen von maximal 100 Quellen und maximal zehn Zielen pro Quelle ausreichend. Cisco rät Ihnen davon ab, diese Standardeinstellungen zu verändern, so lange nicht wirklich die Anzahl der Quellen oder Ziele pro Quelle überschritten wird.

> **ANMERKUNG**
> Sie müssen den Router rebooten, damit diese Änderungen in Kraft treten.

*Auswirkungen auf den Arbeitsspeicher*

Wenn Sie die Standardeinstellungen verändern, wird auch die Menge des reservierten Arbeitsspeichers für die verschlüsselten Verbindungen verändert.

Wenn Sie diesen Befehl ausführen, sollten Sie vorher die Menge des reservierten Arbeitsspeichers berücksichtigen. Generell sollten Sie die Befehle **crypto cisco entities** und **crypto cisco connections** gemeinsam ausführen: Wenn Sie einen Wert erhöhen, sollten Sie den anderen Wert verringern. Dies verhindert, dass Ihr Router zu wenig Arbeitsspeicher zur Verfügung hat, weil zu viel davon reserviert wurde.

Für jede zusätzliche Quelle im Befehl **crypto cisco entities** werden die folgenden zusätzlichen Bytes Arbeitsspeicher reserviert:

```
64 + (86 x die festgelegte Anzahl der maximalen Ziele)
```

Für jedes zusätzliche Ziel im Befehl **crypto cisco connections** werden die folgenden zusätzlichen Bytes Arbeitsspeicher reserviert:

```
68 x die festgelegte Anzahl der maximalen Quellen
```

Wenn Sie zum Beispiel maximal fünf Quellen und maximal 250 Ziele pro Quelle festlegen, berechnet sich der Arbeitsspeicher, der für die Verschlüsselungsverbindungen reserviert wird, folgendermaßen:

```
{5 x [64 + (68 x 250)]} + {250 x (68 x 5)} = 170320 Bytes
```

### Beispiel

In diesem Beispiel sollen sich 50 externe Stellen mit einem einzigen Server verbinden. Die Verbindungen zwischen dem Server und jeder externen Seite müssen verschlüsselt werden. Der Server befindet sich hinter dem lokalen Router namens Router1. Jede externe Stelle wählt sich über ihren eigenen Router ein.

Wegen der großen Zahl von Zieladressen, die paarweise mit derselben Quelladresse in der lokalen Verschlüsselungs-Access-Liste geführt werden müssen, werden die Standardlimits verändert.

```
Router1(config)# crypto cisco connections 60
%Please reboot for the new connection size to take effect
Router1(config)# crypto cisco entities 5
%Please reboot for the new table size to take effect
```

Beachten Sie, dass die maximale Anzahl von Quellen verringert wurde, um die höhere Maximalzahl von Zielen pro Quelle auszugleichen. Dies verhindert, dass zu viel Arbeitsspeicher für die Verschlüsselungsverbindungen reserviert wird.

Obwohl nur ein Server und nur 50 externe Stellen vorhanden sind, legt dieses Beispiel fünf Quellen und 60 Ziele fest. Damit bleibt Raum für ein zukünftiges Anwachsen der Verschlüsselungs-Access-Liste. Wenn eine andere Quelle oder ein anderes Ziele später hinzugefügt wird, müssen die Limits nicht erhöht und der Router muss nicht erneut gebootet werden, da sonst ein Unterbrechungsprozess verursacht werden würde.

### Verwandte Befehle

Sie können online unter www.cisco.com eine Recherche nach verwandten Befehlen durchführen.

crypto cisco entities

## 27.10 crypto cisco entities

Verwenden Sie den globalen Konfigurationsbefehl **crypto cisco entities**, um die maximale Anzahl von Quellen (Hosts oder Subnetze) festzulegen, die Sie in Aussagen von Verschlüsselungs-Access-Listen festlegen können. Verwenden Sie die **no**-Form dieses Befehls, um wieder die Standardeinstellung aufzurufen.

crypto cisco entities *Nummer*
no crypto cisco entities [*Nummer*]

| Syntax | Beschreibung |
| --- | --- |
| Nummer | Legt die maximale Anzahl von Quellen fest. Verwenden Sie einen Wert von drei bis 500. |
| | Dieses Argument ist nicht erforderlich, wenn Sie die **no**-Form des Befehls verwenden. |

### Standard

Es können maximal 100 Quellen in Aussagekriterien von Verschlüsselungs-Access-Listen festgelegt werden.

### Befehlsmodus

Globale Konfiguration

**Benutzungsrichtlinien**

Dieser Befehl erschien erstmals in der Cisco-IOS-Version 11.3.

Wenn Sie Verschlüsselungs-Access-Listen konfigurieren, dann legen Sie in den Aussagekriterien Paare aus Quell- und Zieladressen fest. Jeder Verkehr, der mit diesen Kriterien übereinstimmt, wird daraufhin verschlüsselt.

In der Standardeinstellung können Sie maximal 100 unterschiedliche Quellen (Hosts oder Subnetze) in einer Verschlüsselungs-Access-Liste festlegen. Zusätzlich können Sie maximal zehn unterschiedliche Ziele pro einzelner Quelladresse festlegen. Wenn Sie zum Beispiel sechs unterschiedliche Quelladressen festlegen, können Sie bis zu zehn Zieladressen für jede der sechs Quellen festlegen, also insgesamt 60 Aussagekriterien in der Access-Liste.

Verwenden Sie diesen Befehl, wenn Sie mehr als 100 Quellen (Hosts oder Subnetze) in Aussagen von Verschlüsselungs-Access-Listen festlegen müssen.

In den meisten Situationen sind die Standardeinstellungen von maximal 100 Quellen und maximal zehn Zielen pro Quelle ausreichend. Cisco rät Ihnen davon ab, diese Standardeinstellungen zu verändern, so lange nicht wirklich die Anzahl der Quellen oder Ziele pro Quelle überschritten wird.

> **ANMERKUNG**
> Sie müssen den Router rebooten, damit diese Änderungen in Kraft treten.

*Auswirkungen auf den Arbeitsspeicher*

Wenn Sie die Standardeinstellungen verändern, wird auch die Menge des reservierten Arbeitsspeichers für die verschlüsselten Verbindungen verändert.

Wenn Sie diesen Befehl ausführen, sollten Sie vorher die Menge des reservierten Arbeitsspeichers berücksichtigen. Generell sollten Sie die Befehle **crypto cisco entities** und **crypto cisco connections** gemeinsam ausführen: Wenn Sie einen Wert erhöhen, sollten Sie den anderen Wert verringern. Dies verhindert, dass Ihr Router zu wenig Arbeitsspeicher zur Verfügung hat, weil zu viel davon reserviert wurde.

Für jede zusätzliche Quelle im Befehl **crypto cisco entities** werden die folgenden zusätzlichen Bytes Arbeitsspeicher reserviert:

```
64 + (86 x die festgelegte Anzahl der maximalen Ziele)
```

Für jedes zusätzliche Ziel im Befehl **crypto cisco connections** werden die folgenden zusätzlichen Bytes Arbeitsspeicher reserviert:

```
68 x die festgelegte Anzahl der maximalen Quellen
```

Wenn Sie zum Beispiel maximal fünf Quellen und maximal 250 Ziele pro Quelle festlegen, berechnet sich der Arbeitsspeicher, der für die Verschlüsselungsverbindungen reserviert wird, folgendermaßen:

```
{5 x [64 + (68 x 250)]} + {250 x (68 x 5)} = 170320 Bytes
```

**Beispiel**

In diesem Beispiel sollen sich 50 externe Stellen mit einem einzigen Server verbinden. Die Verbindungen zwischen dem Server und jeder externen Seite müssen verschlüsselt werden. Der Server befindet sich hinter dem lokalen Router namens Router1. Jede externe Stelle wählt sich über ihren eigenen Router ein.

Wegen der großen Zahl von Zieladressen, die paarweise mit derselben Quelladresse in der lokalen Verschlüsselungs-Access-Liste geführt werden müssen, werden die Standardlimits verändert.

```
Router1(config)# crypto cisco connections 60
%Please reboot for the new connection size to take effect
Router1(config)# crypto cisco entities 5
%Please reboot for the new table size to take effect
```

Beachten Sie, dass die maximale Anzahl von Quellen verringert wurde, um die höhere Maximalzahl von Zielen pro Quelle auszugleichen. Dies verhindert, dass zu viel Arbeitsspeicher für die Verschlüsselungsverbindungen reserviert wird.

Obwohl nur ein Server und nur 50 externe Stellen vorhanden sind, legt dieses Beispiel fünf Quellen und 60 Ziele fest. Damit bleibt Raum für ein zukünftiges Anwachsen der Verschlüsselungs-Access-Liste. Wenn eine andere Quelle oder ein anderes Ziele später hinzugefügt wird, müssen die Limits nicht erhöht und der Router muss nicht erneut gebootet werden, da sonst ein Unterbrechungsprozess verursacht werden würde.

**Verwandte Befehle**

Sie können online unter www.cisco.com eine Recherche nach verwandten Befehlen durchführen.

crypto cisco connections

## 27.11 crypto cisco key-timeout

Verwenden Sie den globalen Konfigurationsbefehl **crypto cisco key-timeout**, um die Zeitdauer für verschlüsselte Sitzungen festzulegen. Verwenden Sie die **no**-Form dieses Befehls, um die Zeitdauer für verschlüsselte Sitzungen zurück in die Standardeinstellung von 30 Minuten zu setzen.

**crypto cisco key-timeout** *Minuten*
**no crypto cisco key-timeout** *Minuten*

| Syntax | Beschreibung |
|---|---|
| *Minuten* | Legt die Zeitdauer für verschlüsselte Sitzungen fest. Es können 1 bis 1440 Minuten (24 Stunden) in 1-Minuten-Schritten festgelegt werden. Geben Sie eine ganze Zahl im Bereich von 1 bis 1440 an. |
| | Wenn die **no**-Form dieses Befehls verwendet wird, ist dieses Argument optional. Jeder in diesem Argument angegebene Wert wird vom Router ignoriert. |

### Standard

Verschlüsselte Sitzungen laufen nach 30 Minuten ab.

### Befehlsmodus

Globale Konfiguration

### Benutzungsrichtlinien

Dieser Befehl erschien erstmals in der Cisco-IOS-Version 11.2.

Nachdem eine verschlüsselte Kommunikationssitzung eingerichtet wurde, ist sie für eine bestimmte Zeitdauer gültig. Nach dieser Zeitdauer ist diese Sitzung abgelaufen. Es muss eine neue Sitzung vereinbart und ein neuer DES-(Sitzungs-)Schlüssel erzeugt werden, damit die verschlüsselte Kommunikation weiterlaufen kann. Verwenden Sie diesen Befehl, um die erlaubte Zeitdauer für eine verschlüsselte Kommunikationssitzung zu verändern.

### Beispiele

Das folgende Beispiel setzt die Zeitdauer für eine verschlüsselte Sitzung auf zwei Stunden:

```
crypto cisco key-timeout 120
```

Das folgende Beispiel zeigt eine Möglichkeit, um die Standardsitzungsdauer von 30 Minuten aufzurufen:

```
no crypto cisco key-timeout
```

Das folgende Beispiel zeigt eine andere Möglichkeit, um die Standardsitzungsdauer von 30 Minuten aufzurufen:

```
crypto cisco key-timeout 30
```

## Verwandte Befehle

Sie können online unter www.cisco.com eine Recherche nach verwandten Befehlen durchführen.

show crypto cisco key-timeout

## 27.12 crypto cisco pregen-dh-pairs

Verwenden Sie den globalen Konfigurationsbefehl **crypto cisco pregen-dh-pairs**, um die vorzeitige Erzeugung von öffentlichen Diffie-Hellman-(DH-)Nummern zu aktivieren. Verwenden Sie die **no**-Form dieses Befehls, um die vorzeitige Erzeugung von öffentlichen Diffie-Hellman-(DH-)Nummern für alle Crypto-Maschinen zu deaktivieren.

crypto cisco pregen-dh-pairs *Zahl* [*Slot* | rsm | vip]
no crypto cisco pregen-dh-pairs

| Syntax | Beschreibung |
|---|---|
| *Zahl* | Legt fest, wie viele öffentliche DH-Nummern im Vorfeld erzeugt und in Reserve gehalten werden sollen. Geben Sie eine ganze Zahl im Bereich von 0 bis 10 ein. |
| *Slot* | (Optional) Adressiert die Crypto-Maschine. Dieses Argument ist nur auf Cisco-Routern der Serien 7200, RSP7000 und 7500 verwendbar.<br>Wenn kein Slot angegeben wird, wird die Cisco-IOS-Crypto-Maschine ausgewählt.<br>Verwenden Sie die Gehäuse-Slotnummer, in der sich die Crypto-Maschine befindet. Für die Cisco-IOS-Crypto-Maschine ist dies die Gehäuse-Slotnummer des RSP. Für der VIP2 Crypto-Maschine ist dies die Gehäuse-Slotnummer des VIP2. Für die ESA-Crypto-Maschine ist dies die Gehäuse-Slotnummer des ESA (Cisco 7200) oder des VIP2 (Cisco RSP7000 und 7500). |
| rsm | (Optional) Dieses Schlüsselwort ist nur auf dem Cisco-Catalyst-Switch der Serie 5000 verwendbar. Es adressiert das RSM auf dem Cisco-Catalyst-Switch der Serie 5000. |
| vip | (Optional) Dieses Schlüsselwort ist nur auf dem Cisco-Catalyst-Switch der Serie 5000 verwendbar. Es adressiert den VIP2 auf dem Cisco-Catalyst-Switch der Serie 5000. |

## Standard

Die DH-Nummernpaare werden nur dann erzeugt, wenn sie während der Einrichtung von verschlüsselten Sitzungen benötigt werden.

## Befehlsmodus

Globale Konfiguration

## Benutzungsrichtlinien

Dieser Befehl erschien erstmals in der Cisco-IOS-Version 11.2. Die Schlüsselwörter **rsm** und **vip** wurden in der Cisco-IOS-Version 12.0 hinzugefügt.

Jede verschlüsselte Sitzung verwendet ein eigenes Paar von DH-Nummern. Jedesmal, wenn eine neue Sitzung eingerichtet wird, müssen neue DH-Nummernpaare erzeugt werden. Wenn die Sitzung beendet wird, werden die DH-Nummern verworfen. Die Erzeugung dieser Nummern ist ein CPU-intensiver Vorgang, der die Sitzungseinrichtung stark verlangsamen kann – besonders bei kleineren Routern.

Um die Zeitdauer für eine Sitzungseinrichtung zu beschleunigen, können Sie sich dafür entscheiden, eine bestimmte Menge von DH-Nummernpaaren im Vorfeld zu erzeugen und in Reserve zu halten. Wenn dann eine verschlüsselte Kommunikationssitzung eingerichtet wird, wird ein DH-Nummernpaar aus dieser Reserve entnommen. Nachdem ein DH-Nummernpaar verwendet wurde, wird die Reserve automatisch mit einem neuen DH-Nummernpaar aufgefüllt; daher sollte immer ein DH-Nummernpaar zur Verwendung bereitstehen.

Es ist gewöhnlich nicht notwendig, mehr als ein oder zwei DH-Nummernpaare im Vorfeld zu erzeugen, solange Ihr Router nicht zu oft mehrere verschlüsselte Sitzungen gleichzeitig einrichten muss, bei denen die zuvor erzeugte Reserve von einer oder zwei DH-Nummernpaaren zu schnell aufgebraucht wird.

Wenn Sie einen Cisco-Router der Serien 7200, RSP7000 oder 7500 besitzen oder einen Cisco-Catalyst-Switch der Serie 5000, dann können Sie diesen Befehl für jede aktive Crypto-Maschine ausführen.

Wenn Sie die Anzahl von vorerzeugten Paaren auf Null setzen, deaktivieren Sie die vorherige Erzeugung, dennoch sind die Paare, die sich in der Reserve befinden, weiter verwendbar. Wenn Sie die **no**-Form des Befehls verwenden, wird die vorherige Erzeugung für *alle* Crypto-Maschinen Ihres Router deaktiviert und es werden alle DH-Nummernpaare in der Reserve gelöscht. Wenn Sie einen Cisco-Router der Serien 7200, RSP7000 oder 7500 oder einen Cisco-Catalyst-Switch der Serie 5000 besitzen und die vorherige Erzeugung der DH-Nummern nur für eine Crypto-Maschine beenden wollen, sollten Sie das Argument *Zahl* auf 0 setzen und die Crypto-Maschine im Argument *Slot* angeben.

## Beispiele

Das folgende Beispiel aktiviert die vorzeitige Erzeugung von öffentlichen DH-Nummernpaaren für einen Cisco-Router der Serie 2500. Es werden zwei DH-Nummernpaare in ständiger Reserve gehalten.

crypto cisco pregen-dh-pairs 2

Das folgende Beispiel aktiviert die vorzeitige Erzeugung von öffentlichen DH-Nummernpaaren für die ESA-Crypto-Maschine einer VIP2-Karte im Slot 3 eines Cisco-Routers der Serie 7500. Es wird ein DH-Nummernpaar in ständiger Reserve gehalten.

```
crypto cisco pregen-dh-pairs 1 3
```

Das folgende Beispiel aktiviert die vorzeitige Erzeugung von öffentlichen DH-Nummernpaaren für einen VIP in einem Cisco-Catalyst-Switch der Serie 5000:

```
crypto cisco pregen-dh-pairs 1 vip
```

**Verwandte Befehle**

Sie können online unter www.cisco.com eine Recherche nach verwandten Befehlen durchführen.

**show crypto cisco pregen-dh-pairs**

## 27.13 crypto clear-latch

Der Befehl **crypto card clear-latch** ersetzt diesen Befehl. Lesen Sie die Beschreibung des Befehls **crypto card clear-latch** für weitere Informationen.

## 27.14 crypto esa

Der Befehl **crypto card** ersetzt diesen Befehl. Lesen Sie die Beschreibung des Befehls **crypto card** für weitere Informationen.

## 27.15 crypto gen-signature-keys

Der Befehl **crypto key generate dss** ersetzt diesen Befehl. Lesen Sie die Beschreibung des Befehls **crypto key generate dss** für weitere Informationen.

## 27.16 crypto key-exchange

Der Befehl **crypto key exchange dss** ersetzt diesen Befehl. Lesen Sie die Beschreibung des Befehls **crypto key exchange dss** für weitere Informationen.

## 27.17 crypto key exchange dss

Der Administrator des verschlüsselnden Peer-Routers, der die AKTIVE Rolle übernimmt, muss den globalen Konfigurationsbefehl **crypto key exchange dss** ausführen, um die öffentlichen Digital-Signature-Standard-(DSS-)Schlüssel auszutauschen.

**crypto key exchange dss** *IP-Adresse Schlüsselname* [*TCP-Port*]

| Syntax | Beschreibung |
|---|---|
| *IP-Adresse* | Die IP-Adresse des Peer-Routers (mit der PASSIVEn Rolle), der mit Ihnen am Schlüsselaustausch teilnimmt. |
| *Schlüsselname* | Adressiert die Crypto-Maschine – entweder die Cisco-IOS-Crypto-Maschine, eine VIP2-Crypto-Maschine der zweiten Generation oder eine ESA-Crypto-Maschine. Dieser Name muss mit dem Argument *Schlüsselname* übereinstimmen, das Sie vergeben haben, als Sie die DSS-Schlüssel mit dem Befehl **crypto key generate dss** erzeugten. |
| *TCP-Port* | (Optional) Die Cisco-IOS-Software verwendet die nicht reservierte[1] TCP-Portnummer 1964, um einen Schlüsselaustausch anzuzeigen. Sie können dieses optionale Schlüsselwort verwenden, um zur Kennzeichnung eines Schlüsselaustauschs eine andere Nummer zu verwenden, wenn Ihr System die Portnummer 1964 bereits für andere Zwecke einsetzt. Wenn dieses Schlüsselwort verwendet wird, müssen Sie denselben Wert verwenden, den der PASSIVE Router als *TCP-Port*-Wert einsetzt. |

**Standard**

Es sind keine DSS-Schlüssel ausgetauscht.

**Befehlsmodus**

Globale Konfiguration

**Benutzungsrichtlinien**

Dieser Befehl erschien erstmals in der Cisco-IOS-Version 11.2.

Die verschlüsselnden Peer-Router müssen untereinander die öffentlichen DSS-Schlüssel austauschen, bevor eine verschlüsselte Kommunikation stattfinden kann.

Wenn Sie einen Cisco-Router der Serien 7200, RSP7000 oder 7500 besitzen, müssen Sie für jede Crypto-Maschine, die Sie einsetzen wollen, öffentliche DSS-Schlüssel austauschen.

Um öffentliche DSS-Schlüssel auszutauschen, müssen die beiden Router-Administratoren telefonisch vereinbaren, welcher Router die PASSIVE Rolle und welcher Router die AKTIVE Rolle übernimmt.

Der PASSIVE Administrator verwendet den Befehl **crypto key exchange dss passive**, um den DSS-Schlüsselaustausch zu beginnen. Anschließend verwendet der AKTIVE Administrator den Befehl **crypto key exchange dss**, um den ersten öffentlichen DSS-Schlüssel zu senden. Während des gesamten Vorgangs des Schlüsselaustauschs müssen die beiden Administratoren das Telefongespräch aufrechterhalten, um den Empfang der DSS-Schlüssel zu bestätigen. Um den Empfang der DSS-Schlüssel zu bestätigen, sollten die Administratoren Ihre Bildschirme betrachten und die Seriennummern und Fingerprints der DSS-Schlüssel vergleichen. Die Aufforderungen am Bildschirm führen beide Administratoren durch den Vorgang des Austauschs.

## Beispiel

Das folgende Beispiel zeigt einen DSS-Schlüsselaustausch aus der Sicht eines Routers mit Namen Router2. Router2 übernimmt die AKTIVE Rolle. Der andere Router heißt Router1. Router1 übernimmt die PASSIVE Rolle und hat zuvor DSS-Schlüssel mit dem *Schlüsselnamen* Router1 erzeugt. Router2 hat zuvor DSS-Schlüssel mit dem *Schlüsselnamen* Router2ESA erzeugt:

```
Router2(config)# crypto key exchange dss 172.21.114.68 Router2ESA
Public key for Router2ESA:
   Serial Number 01461300
   Fingerprint   0F1D 373F 2FC1 872C D5D7
Wait for peer to send a key[confirm]<Return>
Waiting ....
Public key for Router1:
   Serial Number 01579312
   Fingerprint   BF1F 9EAC B17E F2A1 BA77

Add this public key to the configuration? [yes/no]: y
router2(config)#
```

## Verwandte Befehle

Sie können online unter www.cisco.com eine Recherche nach verwandten Befehlen durchführen.

**crypto key exchange dss passive**
**crypto key pubkey-chain dss**
**show crypto key mypubkey dss**
**show crypto key pubkey-chain dss**

## 27.18 crypto key exchange dss passive

Der Administrator des verschlüsselnden Peer-Routers, der die PASSIVE Rolle übernimmt, muss den globalen Konfigurationsbefehl **crypto key exchange dss passive** verwenden, um einen Austausch von öffentlichen DSS-Schlüsseln zu aktivieren.

**crypto key exchange dss passive** [*TCP-Port*]

| Syntax | Beschreibung |
| --- | --- |
| *TCP-Port* | (Optional) Die Cisco-IOS-Software verwendet die nicht reservierte[1] TCP-Portnummer 1964, um einen Schlüsselaustausch anzuzeigen. Sie können dieses optionale Schlüsselwort verwenden, um zur Kennzeichnung eines Schlüsselaustauschs eine andere Nummer zu verwenden, wenn Ihr System die Portnummer 1964 bereits für andere Zwecke einsetzt. Wenn dieses Schlüsselwort verwendet wird, müssen Sie denselben Wert verwenden, den der AKTIVE Router als *TCP-Port*-Wert einsetzt. |

## Standard

Es sind keine DSS-Schlüssel ausgetauscht.

## Befehlsmodus

Globale Konfiguration

## Benutzungsrichtlinien

Dieser Befehl erschien erstmals in der Cisco-IOS-Version 11.2.

Die verschlüsselnden Peer-Router müssen untereinander die öffentlichen DSS-Schlüssel austauschen, bevor eine verschlüsselte Kommunikation stattfinden kann.

Um öffentliche DSS-Schlüssel auszutauschen, müssen die beiden Router-Administratoren telefonisch vereinbaren, welcher Router die PASSIVE Rolle und welcher Router die AKTIVE Rolle übernimmt.

Anschließend sollte der PASSIVE Administrator den Befehl **crypto key exchange dss passive** verwenden, um den DSS-Schlüsselaustausch zu beginnen. Während des gesamten Vorgangs des Schlüsselaustauschs müssen die beiden Administratoren das Telefongespräch aufrechterhalten, um den Empfang der DSS-Schlüssel zu bestätigen. Um den Empfang der DSS-Schlüssel zu bestätigen, sollten die Administratoren Ihre Bildschirme betrachten und die Seriennummern und Fingerprints der DSS-Schlüssel vergleichen. Die Aufforderungen am Bildschirm führen beide Administratoren durch den Vorgang des Austauschs.

## Beispiel

Das folgende Beispiel zeigt einen DSS-Schlüsselaustausch aus der Sicht eines Routers mit Namen Router1. Router1 übernimmt die PASSIVE Rolle und hat zuvor DSS-Schlüssel mit dem *Schlüsselnamen* Router1 erzeugt. Der andere Router heißt Router2 und hat zuvor DSS-Schlüssel mit dem *Schlüsselnamen* Router2ESA erzeugt:

```
Router1(config)# crypto key exchange dss passive
Enter escape character to abort if connection does nicht complete.
Wait for connection from peer[confirm]<Return>
Waiting ....
Public key for Router2ESA:
    Serial Number 01461300
    Fingerprint   0F1D 373F 2FC1 872C D5D7
Add this public key to the configuration? [yes/no]: y
Send peer a key in return[confirm]<Return>
Which one?

Router1? [yes]: <Return>
Public key for Router1:
    Serial Number 01579312
    Fingerprint   BF1F 9EAC B17E F2A1 BA77

router1(config)#
```

## Verwandte Befehle

Sie können online unter www.cisco.com eine Recherche nach verwandten Befehlen durchführen.

crypto key exchange dss
crypto key pubkey-chain dss
show crypto key mypubkey dss
show crypto key pubkey-chain dss

## 27.19 crypto key-exchange passive

Der Befehl **crypto key exchange dss passive** ersetzt diesen Befehl. Lesen Sie die Beschreibung des Befehls **crypto key exchange dss passive** für weitere Informationen.

## 27.20 crypto key generate dss

Verwenden Sie den globalen Konfigurationsbefehl **crypto key generate dss**, um ein öffentliches/geheimes DSS-Schlüsselpaar zu erzeugen.

**crypto key generate dss** *Schlüsselname* [*Slot* | rsm | vip]

| Syntax | Beschreibung |
|---|---|
| *Schlüsselname* | Ein Name, den Sie der Crypto-Maschine zuordnen. Dieser bezeichnet entweder die Cisco-IOS-Software-Crypto-Maschine, eine VIP2-Crypto-Maschine der zweiten Generation oder eine ESA-Crypto-Maschine. Es ist jede Zeichenfolge gültig. Wenn Sie einen vollständigen Domänennamen verwenden, können die öffentlichen Schlüssel einfacher identifiziert werden. |
| *Slot* | (Optional) Adressiert die Crypto-Maschine. Dieses Argument ist nur auf Cisco-Routern der Serien 7200, RSP7000 und 7500 verwendbar. Wenn kein Slot angegeben wird, wird die Cisco-IOS-Crypto-Maschine ausgewählt. Verwenden Sie die Gehäuse-Slotnummer, in der sich die Crypto-Maschine befindet. Für die Cisco-IOS-Crypto-Maschine ist dies die Gehäuse-Slotnummer des RSP. Für der VIP2 Crypto-Maschine ist dies die Gehäuse-Slotnummer des VIP2. Für die ESA-Crypto-Maschine ist dies die Gehäuse-Slotnummer des ESA (Cisco 7200) oder des VIP2 (Cisco RSP7000 und 7500). |
| rsm | (Optional) Dieses Schlüsselwort ist nur auf dem Cisco-Catalyst-Switch der Serie 5000 verwendbar. Es adressiert das RSM auf dem Cisco-Catalyst-Switch der Serie 5000. |
| vip | (Optional) Dieses Schlüsselwort ist nur auf dem Cisco-Catalyst-Switch der Serie 5000 verwendbar. Es adressiert den VIP2 auf dem Cisco-Catalyst-Switch der Serie 5000. |

## Standard

Es sind keine öffentlichen/geheimen DSS-Schlüssel festgelegt.

## Befehlsmodus

Globale Konfiguration

## Benutzungsrichtlinien

Dieser Befehl erschien erstmals in der Cisco-IOS-Version 11.2. Die Schlüsselwörter **rsm** und **vip** wurden in der Cisco-IOS-Version 12.0 hinzugefügt.

Mit diesem Befehl erzeugen Sie ein öffentliches/geheimes DSS-Schlüsselpaar. Diese ist der erste erforderliche Konfigurationsschritt zur Einrichtung eines Routers für die Verschlüsselung der Netzwerkdaten.

Wenn Sie einen Cisco-Router der Serien 7200, RSP7000 oder 7500 besitzen, verwenden Sie das Argument *Slot*. Wenn Sie einen Cisco-Catalyst-Switch der Serie 5000 besitzen, verwenden Sie das Schlüsselwort **rsm** oder **vip**. Sie müssen diesen Befehl einmal für jede von Ihnen verwendete Crypto-Maschine ausführen.

### ANMERKUNG

Sie müssen den Befehl **copy system:running-config nvram:startup-config** (früher **copy running-config startup-config**) verwenden, um den DSS-Schlüssel einer Cisco-IOS-Crypto-Maschine in einem geheimen Bereich des NVRAM zu speichern. Die DSS-Schlüssel werden *nicht* zusammen mit Ihrer Konfiguration abgespeichert, wenn Sie einen Befehl wie **copy system:running-config rcp:** oder **copy system:running-config tftp:** ausführen.

Wenn Sie einen Cisco-Router der Serien 7200, RSP7000 oder 7500 oder einen Cisco-Catalyst-Switch der Serie 5000 mit einem ESA verwenden, dann werden die für die ESA-Crypto-Maschine erzeugten DSS-Schlüssel während des Erzeugungsprozesses automatisch im veränderungsgesicherten Arbeitsspeicher des ESA abgespeichert.

### ANMERKUNG

Wenn der NVRAM ausfällt oder wenn an Ihrem ESA herumhantiert oder dieser ersetzt wurde, sind die öffentlichen/geheimen DSS-Schlüssel nicht mehr gültig. Wenn dies auftritt, müssen Sie die DSS-Schlüssel erneut erzeugen und austauschen.

*Das ESA-Passwort*

Wenn Sie einen Cisco-Router der Serien 7200, RSP7000 oder 7500 oder einen Cisco-Catalyst-Switch der Serie 5000 mit einem ESA verwenden, dann werden Sie zur Eingabe eines Passworts aufgefordert, wenn Sie DSS-Schlüssel für die ESA-Crypto-Maschine erzeugen.

Wenn Sie den ESA zuvor mit dem Befehl **crypto key zeroize dss** zurückgesetzt haben, müssen Sie zu diesem Zeitpunkt ein neues Passwort erzeugen.

Wenn Sie den ESA zuvor mit dem Befehl **crypto card clear-latch** zurückgesetzt haben, haben Sie zu diesem Zeitpunkt ein neues Passwort erzeugt. Verwenden Sie nun dasselbe Passwort. Wenn Sie das Passwort vergessen haben, haben Sie nur noch die Möglichkeit, zuerst den Befehl **crypto key zeroize dss** zu verwenden und dann die DSS-Schlüssel neu zu erzeugen.

Wenn Sie die DSS-Schlüssel für den ESA neu erzeugen müssen, dann müssen Sie dasselbe ESA-Passwort eingeben, um die erneute Erzeugung der DSS-Schlüssel abzuschließen.

### Beispiele

Das folgende Beispiel erzeugt ein erstmaliges öffentliches/geheimes DSS-Schlüsselpaar auf einem Cisco-Router der Serie 2500:

```
Router1(config)# crypto key generate dss Router1
Generating DSS keys .... [OK]
router1(config)#
```

Das folgende Beispiel erzeugt öffentliche/geheime DSS-Schlüsselpaare für einen Cisco-Router der Serie 7500 mit einem RSP in Slot 4 und einem VIP2 (mit einem ESA) in Slot 3. Der ESA wurde zuvor mit dem Befehl **crypto key zeroize dss** zurückgesetzt. Beachten Sie: Wenn die DSS-Schlüssel für den ESA erzeugt werden, müssen Sie ein neu erzeugtes Passwort eingeben:

```
Router1(config)# crypto key generate dss Router1RSP 4
Generating DSS keys .... [OK]
Router1(config)# crypto key generate dss Router1ESA 3
% Initialize the crypto card password. You will need
   this password in order to generate new signature
   keys oder clear the crypto card extraction latch.
password: <passwd>
Re-enter password: <passwd>
Generating DSS keys .... [OK]
router1(config)#
```

Im letzten Beispiel ermöglicht die ESA-Crypto-Maschine die Verschlüsselungsdienste für die VIP2-Schnittstellen, und die Cisco-IOS-Crypto-Maschine (die sich im RSP befindet) ermöglicht die Verschlüsselungsdienste für alle anderen angegebenen Ports.

Das nächste Beispiel zeigt die erneute Erzeugung der DSS-Schlüssel für dieselbe ESA-Crypto-Maschine aus dem letzten Beispiel (die DSS-Schlüssel für diese Crypto-Maschine existieren bereits). Beachten Sie, dass das im letzten Beispiel verwendete Passwort in diesem Beispiel eingegeben werden muss, um die neuerliche Erzeugung der DSS-Schlüssel abzuschließen.

```
Router1(config)# crypto key generate dss Router1ESA 3
% Generating new DSS keys will require re-exchanging
   public keys with peers who already have the public key
   named Router1ESA!
```

```
Generate new DSS keys? [yes/no]: y
% Enter the crypto card password.
password: <passwd>
Generating DSS keys .... [OK]
```

**Verwandte Befehle**

Sie können online unter www.cisco.com eine Recherche nach verwandten Befehlen durchführen.

show crypto key mypubkey dss

## 27.21 crypto key pubkey-chain dss

Verwenden Sie den globalen Konfigurationsbefehl **crypto key pubkey-chain dss**, um den öffentlichen DSS-Schlüssel eines verschlüsselnden Peer-Routers manuell festzulegen. Verwenden Sie die **no**-Form dieses Befehls, um den öffentlichen DSS-Schlüssel eines verschlüsselnden Peer-Routers zu löschen.

**crypto key pubkey-chain dss**
  named-key <*Schlüsselname*> [special-usage]
  serial-number [special-usage]
  key-string
  <*hex*> <*hex*> <*hex*> ...
  <*hex*> <*hex*> <*hex*> ...
  quit
**no crypto key pubkey-chain dss** *Schlüsselname* [*Serien-Nummer*]

| Syntax | Beschreibung |
| --- | --- |
| *Schlüsselname* | Adressiert die Crypto-Maschine des verschlüsselnden Peer-Routers. Wenn das Gerät ein Cisco-Router ist, sollte der Name aus einem vollständigen und gültigen Domänennamen bestehen. |
| *special-usage* | Wenn der Parameter *special-usage* (spezielle Verwendung) nicht angegeben wird, wird der Schlüssel als ein Schlüssel für allgemeine Zwecke angesehen. |
| *Seriennummer* | Die Seriennummer des öffentlichen DSS-Schlüssels des verschlüsselnden Peer-Routers.<br>Wenn die **no**-Form dieses Befehls verwendet wird, ist dieses Argument optional. Jeder in diesem Argument angegebene Wert wird vom Router ignoriert. |
| *hex* | Der öffentliche DSS-Schlüssel des verschlüsselnden Peer-Routers, im hexadezimalen Format. |
| quit | Wenn Sie den öffentlich Schlüssel eingegeben haben, geben Sie **quit** ein, um den hexadezimalen Eingabemodus zu verlassen. |

## Standard

Es sind keine DSS-Schlüssel auf dem verschlüsselnden Peer-Router vorhanden.

## Befehlsmodus

Globale Konfiguration

Wenn Sie diesen Befehl ausführen, wird der hexadezimale Eingabemodus aufgerufen. Um den Befehl abzuschließen, müssen Sie in den globalen Konfigurationsmodus zurückkehren, indem Sie den Befehl **quit** an der *config-pubkey*-Aufforderung eingeben.

## Benutzungsrichtlinien

Dieser Befehl erschien erstmals in der Cisco-IOS-Version 11.2.

Mit diesem Befehl können Sie öffentliche DSS-Schlüssel auf verschlüsselnden Peer-Routern festlegen. Dies ist eine Alternative zur Verwendung der Befehle **crypto key exchange dss passive** und **crypto key exchange dss**. Der Administrator des gegenüberliegenden Peer-Routers kann die genauen Werte für den *Schlüsselnamen*, die *Seriennummer* und die Befehlsargumente *hex* liefern. Der Administrator des Peer-Routers kann diese Werte aufrufen, indem er den Befehl **show crypto key mypubkey dss** auf dem Peer-Router ausführt.

## Beispiel

Das folgende Beispiel legt den öffentliche DSS-Schlüssel eines verschlüsselnden Peer-Routers fest:

```
Router1(config)# crypto key pubkey-chain dss
Router1(config-pubkey)# named-key Router.domain.com
Router1(config-pubkey)# serial number 03259625
Router1(config-pubkey)# key-string 8F1440B9 4C860989 8791A12B 69746E27 307ACACB
62915B02 0261B58F 1F7ABB10 90CE70A9 08F86652 16B52064 37C857D4 7066DAA3 7FC33212
445275EE 542DCD06
Router1(config-pubkey)# quit
Router1(config)# exit
Router1#
%SYS-5-CONFIG_I: Configured from console by console
Router1# show crypto key pubkey-chain dss name router.domain.com
Key name: Router.domain.com
Serial number: 03259625
Usage: Signature Key
Source: Manually entered
Data:
8F1440B9 4C860989 8791A12B 69746E27 307ACACB 62915B02 0261B58F 1F7ABB10
90CE70A9 08F86652 16B52064 37C857D4 7066DAA3 7FC33212 445275EE 542DCD06
router1#
```

**Verwandte Befehle**

Sie können online unter www.cisco.com eine Recherche nach verwandten Befehlen durchführen.

crypto key exchange dss
crypto key exchange dss passive
show crypto key mypubkey dss
show crypto key pubkey-chain dss

## 27.22 crypto key-timeout

Der Befehl **crypto cisco key-timeout** ersetzt diesen Befehl. Lesen Sie die Beschreibung des Befehls **crypto cisco key-timeout** für weitere Informationen.

## 27.23 crypto key zeroize dss

Verwenden Sie den globalen Konfigurationsbefehl **crypto key zeroize dss**, um das öffentliche/geheime DSS-Schlüsselpaar einer Crypto-Maschine zu löschen.

**crypto key zeroize dss** [*Slot* | rsm | vip]

**STOP**

Die DSS-Schlüssel können nach einer Löschung nicht wiederhergestellt werden. Verwenden Sie diesen Befehl daher nur mit äußerster Vorsicht.

| Syntax | Beschreibung |
|---|---|
| *Slot* | (Optional) Adressiert die Crypto-Maschine. Dieses Argument ist nur auf Cisco-Routern der Serien 7200, RSP7000 und 7500 verwendbar. |
| | Wenn kein Slot angegeben wird, wird die Cisco-IOS-Crypto-Maschine ausgewählt. |
| | Verwenden Sie die Gehäuse-Slotnummer der Crypto-Maschinenposition. Für die Cisco-IOS-Crypto-Maschine ist dies die Gehäuse-Slotnummer des Route-Switch-Prozessors (RSP). Für die Versatile-Interface-Prozessor-(VIP2-)Crypto-Maschine ist dies die Gehäuse-Slotnummer des VIP2. Für die ESA-Crypto-Maschine ist dies die Gehäuse-Slotnummer des ESA (beim Cisco 7200) oder die des VIP2 (beim Cisco RSP7000 und 7500). |
| rsm | (Optional) Dieses Schlüsselwort ist nur auf dem Cisco-Catalyst-Switch der Serie 5000 verwendbar. Es adressiert das Route-Switch-Modul (RSM) auf dem Cisco-Catalyst-Switch der Serie 5000. |
| vip | (Optional) Dieses Schlüsselwort ist nur auf dem Cisco-Catalyst-Switch der Serie 5000 verwendbar. Es adressiert den VIP2 auf dem Cisco-Catalyst-Switch der Serie 5000. |

## Standard

Die öffentlichen/geheimen DSS-Schlüssel bleiben unendlich lange bestehen.

## Befehlsmodus

Globale Konfiguration

## Benutzungsrichtlinien

Dieser Befehl erschien erstmals in der Cisco-IOS-Version 11.2. Die Schlüsselwörter **rsm** und **vip** wurden in der Cisco-IOS-Version 12.0 hinzugefügt.

Wenn Sie sich dafür entscheiden, die Verschlüsselung auf einem Router entweder vollständig oder nur für eine bestimmte Crypto-Maschine auszusetzen, dann können Sie das (die) öffentliche(n)/geheime(n) DSS-Schlüsselpaar(e) für die Crypto-Maschine(n) Ihres Routers löschen. Wenn Sie diese aber löschen, können Sie diese Crypto-Maschine nicht mehr für verschlüsselte Sitzungen mit Peer-Routern verwenden, es sei denn, Sie erzeugen zuvor neue DSS-Schlüssel und tauschen sie aus. Wenn nur eine Crypto-Maschine auf Ihrem Router konfiguriert ist, wird dieser Befehl jede weitere Verschlüsselung auf dem Router verhindern.

### STOP

Wenn Sie diesen Befehl auf einem Cisco-Router der Serie 7200 verwenden, werden die DSS-Schlüssel der momentan aktiven Crypto-Maschine gelöscht. Vergewissern Sie sich, dass Sie die richtige Maschine ausgewählt haben, bei der Sie die Schlüssel löschen wollen. Sie können zur Überprüfung der aktiven Crypto-Maschine den Befehl **show crypto engine configuration** verwenden. Wenn die momentan aktive Crypto-Maschine nicht die Maschine ist, deren DSS-Schlüssel Sie löschen wollen, müssen Sie die richtige Crypto-Maschine mit dem Befehl **crypto esa** auswählen.

Diesen Befehl können Sie verwenden, wenn Sie das erforderliche Passwort zur Beendigung der Befehle **crypto card clear-latch** oder **crypto key generate dss** verloren haben. Nach dem Befehl **crypto key zeroize dss** müssen Sie neue DSS-Schlüssel erzeugen und austauschen. Sie werden zur Eingabe eines neuen Passworts aufgefordert, wenn Sie mit dem Befehl **crypto key generate dss** neue DSS-Schlüssel erzeugen.

## Beispiele

Das folgende Beispiel löscht die öffentlichen/geheimen DSS-Schlüssel eines Routers namens Router1, der ein Cisco-Router der Serie 7500 mit einem RSP in Slot 4 ist:

```
Router1(config)# crypto key zeroize dss 4
Warning! Zeroize will remove your DSS signature keys.
Do you want to continue? [yes/no]: y
Keys to be removed are named Router1IOS.
Do you really want to remove these keys? [yes/no]: y
[OK]
router1(config)#
```

Das folgende Beispiel löscht die öffentlichen/geheimen DSS-Schlüssel auf dem RSM eines Cisco-Catalyst-Switch der Serie 5000:

```
Router1(config)# crypto key zeroize dss rsm
Warning! Zeroize will remove your DSS signature keys.
Do you want to continue? [yes/no]: y
Keys to be removed are named Router1IOS.
Do you really want to remove these keys? [yes/no]: y
[OK]
router1(config)#
```

**Verwandte Befehle**

Sie können online unter www.cisco.com eine Recherche nach verwandten Befehlen durchführen.

crypto key generate dss

## 27.24 crypto map (globale Konfiguration)

Verwenden Sie den globalen Konfigurationsbefehl **crypto map**, um einen Verschlüsselungskarten-Eintrag zu erzeugen oder zu verändern und in den Crypto-Map-Konfigurationsmodus zu wechseln. Verwenden Sie die **no**-Form dieses Befehls, um einen Verschlüsselungskarten-Eintrag oder -satz zu löschen.

crypto map *Kartenname Sequenznummer* [cisco]
no crypto map *Kartenname* [*Sequenznummer*]

> **ANMERKUNG**
>
> Geben Sie den Befehl **crypto map** *Kartenname Sequenznummer* ohne ein Schlüsselwort ein, um einen vorhandenen Verschlüsselungskarten-Eintrag zu verändern.

| Syntax | Beschreibung |
| --- | --- |
| cisco | (Standardwert) Mit diesem neuen Verschlüsselungskarten-Eintrag wird angezeigt, dass statt IPSec CET für den Schutz des angegebenen Verkehrs verwendet wird. Wenn Sie dieses Schlüsselwort verwenden, sind keine der IPSec-eigenen Konfigurationsbefehle für Verschlüsselungskarten verwendbar. Stattdessen sind hier die CET-eigenen Befehle verwendbar. |
| *Kartenname* | Der Name, mit dem Sie den Verschlüsselungskartensatz bezeichnen. |
| *Sequenznummer* | Die Nummer, die Sie an den Verschlüsselungskarten-Eintrag vergeben. Zusätzliche Erklärungen über die Verwendung dieses Arguments finden Sie im Abschnitt »Benutzungsrichtlinien«. |

## Standard

Es ist keine Verschlüsselungskarte vorhanden.

## Befehlsmodus

Globale Konfiguration.

Mit diesem Befehl rufen Sie den Crypto-Map-Konfigurationsmodus auf.

## Benutzungsrichtlinien

Dieser Befehl erschien erstmals in der Cisco-IOS-Version 11.2. Das Schlüsselwort **cisco** wurde in der Cisco-IOS-Version 11.3 T hinzugefügt.

Dieser Befehl ist auch in Kapitel 29 »Befehle der IPSec-Netzwerksicherheit« erklärt, in dem er allerdings eine etwas andere Funktionalität besitzt.

Mit diesem Befehl können Sie entweder eine neue Verschlüsselungskarte erzeugen oder eine vorhandene verändern. Verschlüsselungskarten verknüpfen bestehende Verschlüsselungs-Access-Listen, Peer-Router und DES-Algorithmen miteinander. Eine Verschlüsselungskarte muss später einer Schnittstelle zugeordnet werden, damit diese Vorgaben in Kraft treten. Dies erfolgt mit dem Befehl **crypto map (Interface-Konfiguration)**.

Wenn Sie den Befehl **crypto map (globale Konfiguration)** ausführen, wechselt der Router in den Crypto-Map-Konfigurationsmodus. In diesem Modus legen Sie die Verschlüsselungskarten fest. Hierzu werden die Befehle des Crypto-Map-Konfigurationmodus verwendet.

Ein Eintrag in einer Verschlüsselungskarte muss aus drei Teilen bestehen. Zuerst legen Sie fest, welcher entfernte, verschlüsselnde Peer-Router (welche Crypto-Maschine) die entfernten Verschlüsselungsdienste ausführt (der entfernte Verschlüsselungs-Endpunkt). Dies erfolgt durch den Befehl **set peer** (Peer = gleichberechtigtes Gegenüber). Als Nächstes geben Sie an, welche Verschlüsselungs-Access-Liste(n) an den Verschlüsselungsdiensten mit dem Peer-Router beteiligt ist/sind. Dies erfolgt durch den Befehl **match address**. Als Letztes legen Sie fest, welche(r) DES-Algorithmus/men auf die verschlüsselten Pakete in der Access-Liste angewendet werden soll(en). Dies erfolgt entweder durch den Befehl **set algorithm 40-bit-des** Befehl oder durch den Befehl **set algorithm des**.

Da einer Schnittstelle nur eine Verschlüsselungskarte zugeordnet werden kann, ermöglicht das Argument *Sequenznummer* eine Möglichkeit, verschiedene getrennte Karteneinträge innerhalb einer einzelnen Karte zu erzeugen. Bild 27.1 zeigt das sequentielle Nummernkonzept auf.

Mehrere getrennte Karten-Einträge sind sehr hilfreich, wenn ein Routerport die Verschlüsselungsschnittstelle für mehr als einen entfernten Peer-Router darstellt.

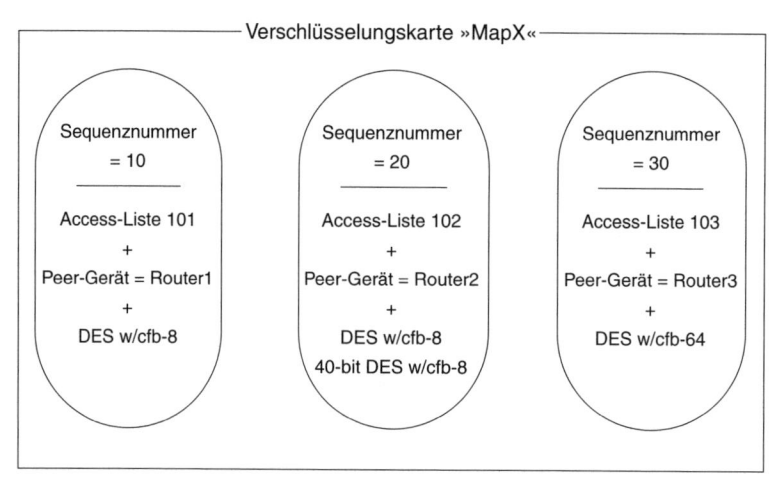

```
┌─────────── Verschlüsselungskarte »MapX« ───────────┐
│                                                    │
│   Sequenznummer      Sequenznummer     Sequenznummer │
│      = 10                = 20               = 30     │
│                                                    │
│   Access-Liste 101   Access-Liste 102  Access-Liste 103 │
│        +                  +                  +       │
│   Peer-Gerät = Router1  Peer-Gerät = Router2  Peer-Gerät = Router3 │
│        +                  +                  +       │
│   DES w/cfb-8         DES w/cfb-8        DES w/cfb-64 │
│                      40-bit DES w/cfb-8              │
│                                                    │
└────────────────────────────────────────────────────┘
```

*Bild 27.1: Eine Verschlüsselungskarte mit Unteraussagen*

*Mehrere Verschlüsselungskarten-Einträge mit demselben* Kartennamen *bilden einen Verschlüsselungskartensatz*

Ein *Verschlüsselungskartensatz* ist eine Sammlung aus Verschlüsselungskarten-Einträgen, die alle eine unterschiedliche *Sequenznummer*, aber denselben *Kartennamen* besitzen. Daher kann von einer einzelnen Schnittstelle bestimmter Verkehr an einen IPSec-Peer-Router weitergeleitet werden, bei dem ein bestimmtes Sicherheitsverfahren angewendet wird, und es kann anderer Verkehr an denselben oder an einen anderen IPSec-Peer-Router weitergeleitet werden, bei dem ein anderes IPSec-Sicherheitsverfahren angewendet wird. Um dies zu erreichen, müssen Sie zwei Verschlüsselungskarten-Einträge erzeugen, die beide denselben *Kartennamen* tragen, aber verschiedene *Sequenznummern* besitzen. Ein Verschlüsselungskartensatz kann eine Mischung aus CET- und IPSec-Verschlüsselungskarten-Einträgen enthalten.

*Das Argument* Sequenznummer

Die Nummer, die Sie im Argument *Sequenznummer* vergeben, sollte nicht zufällig gewählt sein. Diese Nummer wird für die Rangfolge mehrerer Verschlüsselungskarten-Einträge innerhalb eines Verschlüsselungskartensatzes verwendet. Innerhalb eines Verschlüsselungskartensatzes wird ein Verschlüsselungskarten-Eintrag mit einer kleineren *Sequenznummer* vor einem Karten-Eintrag mit einer höheren *Sequenznummer* überprüft; somit besitzt der Karten-Eintrag mit der kleineren Nummer eine höhere Priorität.

Stellen Sie sich zum Beispiel einen Verschlüsselungskartensatz mit drei Verschlüsselungskarten-Einträgen vor: *mymap 10*, *mymap 20* und *mymap 30*. Der Verschlüsselungskartensatz namens *mymap* wird der Schnittstelle Serial 0 zugeordnet. Wenn der Verkehr durch die Schnittstelle Serial 0 tritt, wird der Verkehr zuerst mit *mymap 10* verglichen. Wenn der Verkehr mit einem **permit**-Eintrag in der erweiterten Access-Liste in *mymap 10* übereinstimmt, wird der Verkehr entsprechend der Informationen in *mymap 10* verarbeitet (das erforderliche Eingehen von IPSec-Sicherheits-Assoziationen oder CET-Verbindungen eingeschlossen). Wenn der Verkehr nicht auf die Access-Liste von *mymap 10* passt, wird der Verkehr mit *mymap 20* und dann mit *mymap 30* verglichen, bis der Verkehr mit einem **permit**-Eintrag in einem Karteneintrag übereinstimmt. Wenn der Verkehr mit keinem **permit**-Eintrag eines Verschlüsselungskarten-Eintrags übereinstimmt, wird er ohne die Anwendung eines CET-(oder IPSec-)Sicherheitsverfahrens weitergeleitet.

### Beispiel

Das folgende Beispiel erzeugt eine Verschlüsselungskarte und legt die Kartenparameter fest:

```
Router1(config)# crypto map Research 10
Router1(config-crypto-map)# set peer Router2ESA.HQ
Router1(config-crypto-map)# set algorithm des cfb-8
Router1(config-crypto-map)# match address 101
Router1(config-crypto-map)# exit
Router1(config)#
```

### Verwandte Befehle

Sie können online unter www.cisco.com eine Recherche nach verwandten Befehlen ausführen.

**crypto map (Interface-Konfiguration)**
**match address**
**set algorithm 40-bit-des**
**set algorithm des**
**set peer**
**show crypto map**
**show crypto mypubkey**

## 27.25 crypto map (Interface-Konfiguration)

Verwenden Sie den Interface-Konfigurationsbefehl **crypto map,** um eine zuvor erstellte Verschlüsselungskarte einer Schnittstelle zuzuordnen. Verwenden Sie die **no**-Form dieses Befehls, um die Verschlüsselungskarte von der Schnittstelle zu entfernen.

**crypto map** *Kartenname*
**no crypto map** [*Kartenname*]

| Syntax | Beschreibung |
| --- | --- |
| *Kartenname* | Der Name der Verschlüsselungskarte. Diese Name wurde bei der Erstellung der Verschlüsselungskarte vergeben. |
| | Wenn die **no**-Form dieses Befehls verwendet wird, ist dieses Argument optional. Jeder in diesem Argument verwendete Wert wird ignoriert. |

## Standard

Den Schnittstellen sind keine Verschlüsselungskarten zugeordnet.

## Befehlsmodus

Interface-Konfiguration

## Benutzungsrichtlinien

Dieser Befehl erschien erstmals in der Cisco-IOS-Version 11.2.

Dieser Befehl wird auch in Kapitel 29 »Die Befehle der IPSec-Netzwerksicherheit« beschrieben.

Mit diesem Befehl weisen Sie eine Verschlüsselungskarte einer Schnittstelle zu. Sie müssen einer Schnittstelle einen Verschlüsselungskartensatz zuordnen, bevor diese Schnittstelle die CET- oder IPSec-Dienste ausführen kann. Einer Schnittstelle kann nur ein Verschlüsselungskartensatz zugeordnet werden. Wenn mehrere Verschlüsselungskarten-Einträge denselben *Kartennamen*, aber verschiedene *Sequenznummern* besitzen, werden sie als Teil desselben Satzes behandelt und alle der Schnittstelle zugeordnet. Dem Verschlüsselungskarten-Eintrag mit der kleinsten *Sequenznummer* wird die höchste Priorität verliehen und er wird zuerst überprüft.

## Beispiel

Das folgende Beispiel weist den Verschlüsselungskartensatz *mymap* der Schnittstelle S0 zu. Wenn Verkehr durch S0 tritt, wird der Verkehr mit allen Verschlüsselungskarten-Einträge des *mymap*-Satzes verglichen. Wenn ausgehender Verkehr mit einer Access-Liste in einem der Verschlüsselungskarten-Einträge von *mymap* übereinstimmt, wird durch die Informationen aus dem Verschlüsselungskarten-Eintrag eine Sicherheitsassoziation (bei IPsec) oder eine CET-Verbindung (bei CET) eingerichtet (wenn noch keine Sicherheitsassoziation oder Verbindung existiert).

```
interface S0
  crypto map mymap
```

## Verwandte Befehle

Sie können online unter www.cisco.com eine Recherche nach verwandten Befehlen durchführen.

**crypto map (globale Konfiguration)**
**show crypto map**

## 27.26 crypto pregen-dh-pairs

Der Befehl **crypto cisco pregen-dh-pairs** ersetzt diesen Befehl. Lesen Sie die Beschreibung des Befehls **crypto cisco pregen-dh-pairs** für weitere Informationen.

## 27.27 crypto public-key

Der Befehl **crypto key pubkey-chain dss** ersetzt diesen Befehl. Lesen Sie die Beschreibung des Befehls **crypto key pubkey-chain dss** für weitere Informationen.

## 27.28 crypto sdu connections

Der Befehl **crypto cisco connections** ersetzt diesen Befehl. Lesen Sie die Beschreibung des Befehls **crypto cisco connections** für weitere Informationen.

## 27.29 crypto sdu entities

Der Befehl **crypto cisco entities** ersetzt diesen Befehl. Lesen Sie die Beschreibung des Befehls **crypto cisco entities** für weitere Informationen.

## 27.30 crypto zeroize

Der Befehl **crypto key zeroize dss** ersetzt diesen Befehl. Lesen Sie die Beschreibung des Befehls **crypto key zeroize dss** für weitere Informationen.

## 27.31 deny

Verwenden Sie den Access-Listen-Konfigurationsbefehl **deny**, um die Bedingungen für eine mit Namen bezeichnete Verschlüsselungs-Access-Liste festzulegen. Der Befehl **deny** verhindert, dass IP-Verkehr verschlüsselt/entschlüsselt wird, wenn die Bedingungen auf den Verkehr zutreffen. Verwenden Sie die **no**-Form dieses Befehls, um eine *deny*-Bedingung aus einer Verschlüsselungs-Access-Liste zu entfernen.

deny *Quelle [Quellen-Platzhalter]*
no deny *Quelle [Quellen-Platzhalter]*

deny *Protokoll Quelle Quellen-Platzhalter Ziel Ziel-Platzhalter* [precedence *Vorrang*] [tos *TOS*] [log]

no deny *Protokoll Quelle Quellen-Platzhalter Ziel Ziel-Platzhalter* [precedence *Vorrang*] [tos *TOS*] [log]

Für ICMP können Sie auch die folgende Syntax verwenden:

**deny icmp** *Quelle Quellen-Platzhalter Ziel Ziel-Platzhalter* [*ICMP-Typ* [*ICMP-Code*]
 | *ICMP-Meldung*] [**precedence** *Vorrang*] [**tos** *TOS*] [**log**]

Für IGMP können Sie auch die folgende Syntax verwenden:

**deny igmp** *Quelle Quellen-Platzhalter Ziel Ziel-Platzhalter* [*IGMP-Typ*]
[**precedence** *Vorrang*] [**tos** *TOS*] [**log**]

Für TCP können Sie auch die folgende Syntax verwenden:

**deny tcp** *Quelle Quellen-Platzhalter* [*Operator-Port* [*Port*]] *Ziel Ziel-Platzhalter*
[*Operator-Port* [*Port*]] [**established**] [**precedence** *Vorrang*] [**tos** *TOS*] [**log**]

Für UDP können Sie auch die folgende Syntax verwenden:

**deny udp** *Quelle Quellen-Platzhalter* [*Operator-Port* [*Port*]] *Ziel Ziel-Platzhalter*
[*Operator-Port* [*Port*]] [**precedence** *Vorrang*] [**tos** *TOS*] [**log**]

| Syntax | Beschreibung |
|---|---|
| *Quelle* | Nummer des Netzwerks oder Hosts, von dem das Paket gesendet wird. Es gibt zwei Möglichkeiten, die Quelle anzugeben:<br>– Verwenden Sie eine 32-Bit-Zahl im vierteiligen gepunktet dezimalen Format.<br>– Verwenden Sie das Schlüsselwort **any** als eine Verallgemeinerung für die *Quelle* und den *Quellen-Platzhalter* 0.0.0.0 255.255.255.255. Dieses Schlüsselwort wird im allgemeinen *nicht* empfohlen. |
| *Quellen-Platzhalter* | (Optional) Platzhalterbits, die der *Quelle* zugeordnet werden. Es gibt zwei Möglichkeiten, um den *Quellen-Platzhalter* festzulegen:<br>– Verwenden Sie eine 32-Bit-Zahl im vierteiligen gepunktet dezimalen Format. Verwenden Sie an den Bitpositionen eine Eins, die Sie ignorieren wollen.<br>– Verwenden Sie das Schlüsselwort **any** als eine Verallgemeinerung für die *Quelle* und den *Quellen-Platzhalter* 0.0.0.0 255.255.255.255. Dieses Schlüsselwort wird im allgemeinen *nicht* empfohlen. |
| *Protokoll* | Name oder Nummer eines IP-Protokolls. Es kann eines der Schlüsselwörter **eigrp, gre, icmp, igmp, igrp, ip, ipinip, nos, ospf, tcp** oder **udp** oder eine ganze Zahl im Bereich von 0 bis 255 (eine IP-Protokollnummer) verwendet werden. Verwenden Sie das Schlüsselwort **ip**, um alle Internet-Protokolle auszuwählen, einschließlich des ICMP, des TCP und des UDP. Einige Protokolle ermöglichen zusätzliche Einschränkungen, die im folgenden Text beschrieben werden. |

| Syntax | Beschreibung |
|---|---|
| Quelle | Nummer des Netzwerks oder Hosts, von dem das Paket gesendet wird. Es gibt drei andere Möglichkeiten, die Quelle anzugeben:<br>– Verwenden Sie eine 32-Bit-Zahl im vierteiligen gepunkteten dezimalen Format.<br>– Verwenden Sie das Schlüsselwort **any** als eine Verallgemeinerung für die *Quelle* und den *Quellen-Platzhalter* 0.0.0.0 255.255.255.255. Dieses Schlüsselwort wird im allgemeinen *nicht* empfohlen.<br>– Verwenden Sie **host** *Quelle* als eine Verallgemeinerung für eine *Quelle* und den *Quellen-Platzhalter* der *Quelle* 0.0.0.0. |
| Quellen-Platzhalter | Platzhalterbits (Maske), die der Quelle zugeordnet werden. Es gibt drei andere Möglichkeiten, den Quellen-Platzhalter festzulegen:<br>– Verwenden Sie eine 32-Bit-Zahl im vierteiligen gepunkteten dezimalen Format. Verwenden Sie an den Bitpositionen eine Eins, die Sie ignorieren wollen.<br>– Verwenden Sie das Schlüsselwort **any** als eine Verallgemeinerung für die *Quelle* und den *Quellen-Platzhalter* 0.0.0.0 255.255.255.255. Dieses Schlüsselwort wird im allgemeinen *nicht* empfohlen.<br>– Verwenden Sie **host** *Quelle* als eine Verallgemeinerung für eine *Quelle* und den *Quellen-Platzhalter* der *Quelle* 0.0.0.0. |
| Ziel | Nummer des Netzwerks oder Hosts, an den das Paket gesendet wird. Es gibt drei andere Möglichkeiten, das Ziel festzulegen:<br>– Verwenden Sie eine 32-Bit-Zahl im vierteiligen gepunkteten dezimalen Format.<br>– Verwenden Sie das Schlüsselwort **any** als eine Verallgemeinerung für das *Ziel* und den *Ziel-Platzhalter* 0.0.0.0 255.255.255.255. Dieses Schlüsselwort wird im allgemeinen *nicht* empfohlen.<br>– Verwenden Sie **host** *Ziel* als eine Verallgemeinerung für ein *Ziel* und den *Ziel-Platzhalter* des *Ziels* 0.0.0.0. |
| Ziel-Platzhalter | Platzhalterbits, die dem Ziel zugeordnet werden. Es gibt drei andere Möglichkeiten, die Ziel-Platzhalter festzulegen:<br>– Verwenden Sie eine 32-Bit-Zahl im vierteiligen gepunkteten dezimalen Format. Verwenden Sie an den Bitpositionen eine Eins, die Sie ignorieren wollen.<br>– Verwenden Sie das Schlüsselwort **any** als eine Verallgemeinerung für das *Ziel* und den *Ziel-Platzhalter* 0.0.0.0 255.255.255.255. Dieses Schlüsselwort wird im allgemeinen *nicht* empfohlen.<br>– Verwenden Sie **host** *Ziel* als eine Verallgemeinerung für ein *Ziel* und den *Ziel-Platzhalter* des *Ziels* 0.0.0.0. |
| **precedence** *Vorrang* | (Optional) Pakete können anhand des Vorrangs für die Verschlüsselung ausgewählt werden, indem eine Zahl von 0 bis 7 oder einer der Namen verwendet wird, die im Abschnitt »Benutzerrichtlinien« des Befehls **access-list** (**Verschlüsselung**) aufgeführt sind. |
| **tos** *TOS* | (Optional) Pakete können anhand des Type-of-Service-Levels für die Verschlüsselung ausgewählt werden, indem eine Zahl von 0 bis 15 oder einer der Namen verwendet wird, die im Abschnitt »Benutzerrichtlinien« des Befehls **access-list** (**Verschlüsselung**) aufgeführt sind. |

| Syntax | Beschreibung |
|---|---|
| *ICMP-Typ* | (Optional) ICMP-Pakete können für die Verschlüsselung anhand des ICMP-Meldungstyps ausgewählt werden. Der Typ ist eine Zahl von 0 bis 255. |
| *ICMP-Code* | (Optional) ICMP-Pakete, die durch den ICMP-Meldungstyp für die Verschlüsselung ausgewählt werden, können auch anhand des ICMP-Meldungscodes ausgewählt werden. Der Code ist eine Zahl von 0 bis 255. |
| *ICMP-Meldung* | (Optional) ICMP-Pakete können für die Verschlüsselung durch einen ICMP-Meldungstypnamen oder durch den ICMP-Meldungstyp und den Codenamen ausgewählt werden. |
| *IGMP-Typ* | (Optional) IGMP-Pakete können für die Verschlüsselung durch den ICMP-Meldungstyp oder den Meldungsnamen ausgewählt werden. Ein Meldungstyp ist eine Zahl von 0 bis 15. |
| *Operator* | (Optional) Vergleicht Quell- oder Zielports. Mögliche Operanden enthalten **lt** (kleiner als), **gt** (größer als), **eq** (gleich), **neq** (nicht gleich) und **range** (im Bereich).<br>Wenn sich der Operator hinter der *Quelle* und dem *Quellen-Platzhalter* befindet, muss er dem Quellport entsprechen.<br>Wenn sich der Operator hinter dem *Ziel* und *Ziel-Platzhalter* befindet, muss er dem Zielport entsprechen.<br>Der Operator **range** benötigt zwei Portnummern. Alle anderen Operatoren benötigen nur eine Portnummer. |
| *Port* | (Optional) Die dezimale Nummer oder der Name eines TCP- oder UDP-Ports. Eine Portnummer ist eine Zahl von 0 bis 65,535.<br>TCP-Portnamen können nur für die TCP-Filterung verwendet werden.<br>UDP-Portnamen können nur für die UDP-Filterung verwendet werden. |
| **established** | (Optional) Gilt nur für das TCP-Protokoll: Bedeutet eine eingerichtete Verbindung. Eine Übereinstimmung tritt dann auf, wenn das TCP-Datenpaket die ACK- oder RST-Bits gesetzt hat. Der nicht zutreffende Fall besteht dann, wenn ein erstes TCP-Datenpaket versucht, eine Verbindung aufzubauen. |
| **log** | (Optional) Verursacht die Sendung einer informellen Logging-Meldung über das Paket, das mit dem Eintrag übereinstimmt, an die Konsole (der Meldungslevel, der an die Konsole gemeldet wird, wird durch den Befehl **logging console** bestimmt).<br>Die Meldung enthält die Access-Listennummer, ob das Paket zugelassen oder abgelehnt wurde, das Protokoll, ob es TCP, UDP, ICMP oder eine Nummer war, und nach Möglichkeit die Quell- und Zieladressen und Quell- und Zielportnummern. Die Meldung wird nach dem ersten passenden Paket erzeugt und anschließend in 5-Minuten-Intervallen und es enthält dann die Anzahl der zugelassenen oder abgelehnten Pakete des letzten 5-Minuten-Intervalls. |

### Standard

Es ist keine bestimmte Bedingung festgelegt, unter der die Verschlüsselung eines Paketes verhindert wird. Wenn aber ein Paket mit keiner der **deny**- oder **permit**-Befehlsaussagen übereinstimmt, wird das Paket nicht verschlüsselt/entschlüsselt (lesen Sie den folgenden Abschnitt »Benutzerrichtlinien« für weitere Informationen über den Vergleich von Bedingungen in Verschlüsselungs-Access-Listen).

### Befehlsmodus

Access-Listen-Konfiguration

### Benutzungsrichtlinien

Dieser Befehl erschien erstmals in der Cisco-IOS-Version 11.2.

Mit diesem Befehl legen Sie Bedingungen fest, unter denen ein Paket nicht verschlüsselt/entschlüsselt wird. Verwenden Sie diesen Befehl, nachdem Sie den Befehl **ip access-list extended** (Verschlüsselung) ausgeführt haben.

Nachdem eine mit Namen bezeichnete Verschlüsselungs-Access-Liste durch die Befehle **permit** und **deny** vollständig erstellt wurde, muss die Verschlüsselungs-Access-Liste in einer Verschlüsselungskarte festgelegt und diese Verschlüsselungskarte muss daraufhin einer Schnittstelle zugeordnet werden. Nachdem dies erfolgt ist, werden die Pakete auf dem Router entweder verschlüsselt/entschlüsselt oder nicht verschlüsselt/entschlüsselt, je nach den Bedingungen, die in den **permit**- und **deny**-Befehlen festgelegt wurden.

Wenn ein Paket mit den Bedingungen in einem **deny**-Befehl übereinstimmt, wird das Paket nicht verschlüsselt/entschlüsselt. Ein Paket wird auch dann nicht verschlüsselt/entschlüsselt, wenn keinerlei Bedingungen aus allen **deny**- und **permit**-Befehlen zutreffen. Dies erfolgt, da alle Verschlüsselungs-Access-Listen am Ende eine eingeschlossene »deny«- (»nicht verschlüsseln/entschlüsseln«) Aussage enthalten.

---

**STOP**

Wenn Sie Verschlüsselungs-Access-Listen erzeugen, rät Ihnen Cisco davon ab, das Schlüsselwort **any** in den **permit**- oder **deny**-Befehlen zu verwenden, um die Quell- oder Zieladressen festzulegen. Wenn Sie das Schlüsselwort **any** mit einer **permit**-Aussage verwenden, können größte Probleme auftreten, wenn ein Paket in Ihren Router eintritt und es für einen Router bestimmt ist, der nicht für die Verschlüsselung konfiguriert ist. Dies würde verursachen, dass Ihr Router versucht, eine Verschlüsselungssitzung mit einem Nichtverschlüsselungs-Router aufzunehmen.

Wenn Sie in einem **deny**-Befehl das Schlüsselwort **any** fehlerhaft verwenden, können Sie unabsichtlich verursachen, dass kein Paket verschlüsselt wird, was ein großes Sicherheitsrisiko darstellt.

## Beispiele

*Beispiel 1: Eine fehlerhaft konfigurierte Access-Liste*

Dieses erste Beispiel zeigt eine mit Namen bezeichnete Verschlüsselungs-Access-Liste, die fehlerhaft konfiguriert wurde. Nachdem diese Liste einer Schnittstelle mittels einer Verschlüsselungskarte zugeordnet wurde, wird kein UDP-Verkehr verschlüsselt. Dies tritt auf, obwohl auch **permit**-Befehle verwendet wurden.

```
ip access-list extended Router1cryptomap10
  deny UDP any any
  permit UDP 192.168.33.145  0.0.0.15   172.31.0.0  0.0.255.255
  permit UDP 192.168.33.145  0.0.0.15   10.0.0.0    0.255.255.255
```

*Beispiel 2: Eine weitere fehlerhaft konfigurierte Access-Liste*

Das zweite Beispiel zeigt eine weitere fehlerhafte Konfiguration einer Verschlüsselungs-Access-Liste. Dieses Beispiel lässt den Router allen UDP-Verkehr verschlüsseln, der die Schnittstelle verlässt, auch den Verkehr an Router, die nicht für die Verschlüsselung konfiguriert sind. Wenn dies auftritt, versucht der Router eine Verschlüsselungssitzung mit einem nichtverschlüsselnden Router einzurichten.

```
ip access-list extended Router1cryptomap10
  permit UDP 192.168.33.145  0.0.0.15   172.31.0.0  0.0.255.255
  permit UDP 192.168.33.145  0.0.0.15   10.0.0.0    0.255.255.255
  permit UDP any any
```

*Beispiel 3: Eine korrekt konfigurierte Access-Liste*

Das dritte Beispiel verschlüsselt/entschlüsselt nur den Verkehr, dessen Quell- und Zieladressen mit denen in den beiden *permit*-Aussagen übereinstimmt. Der gesamte andere Verkehr wird nicht verschlüsselt/entschlüsselt.

```
ip access-list extended Router1cryptomap10
  permit UDP 192.168.33.145  0.0.0.15   172.31.0.0  0.0.255.255
  permit UDP 192.168.33.145  0.0.0.15   10.0.0.0    0.255.255.255
```

## Verwandte Befehle

Sie können online unter www.cisco.com eine Recherche nach verwandten Befehlen durchführen.

access-list (Verschlüsselung)
ip access-list extended (Verschlüsselung)
**permit**
show ip access-list

## 27.32 ip access-list extended (Verschlüsselung)

Verwenden Sie den globalen Konfigurationsbefehl **ip access-list extended**, um eine mit Namen bezeichnete Verschlüsselungs-Access-Liste zu erzeugen. Verwenden Sie die **no**-Form dieses Befehls, um eine mit Namen bezeichnete Verschlüsselungs-Access-Liste zu entfernen.

ip access-list extended *Name*
no ip access-list extended *Name*

| Syntax | Beschreibung |
| --- | --- |
| *Name* | Name der Verschlüsselungs-Access-Liste. Namen können kein Leerzeichen oder Fragezeichen enthalten und müssen mit einem Zeichen des Alphabets beginnen, um Verwechslungen mit nummerierten Access-Listen zu vermeiden. |

### Standard

Es existiert keine mit Namen bezeichnete Verschlüsselungs-Access-Liste.

### Befehlsmodus

Globale Konfiguration

Dieser Befehl ruft den Access-Listen-Konfigurationsmodus auf.

### Benutzungsrichtlinien

Dieser Befehl erschien erstmals in der Cisco-IOS-Version 11.2.

Mit diesem Befehl konfigurieren Sie eine mit Namen bezeichnete IP-Access-Liste (als Gegensatz zu einer nummerierten IP-Access-Liste). Dieser Befehl lässt Sie in den Access-Listen-Konfigurationsmodus wechseln. In diesem Modus führen Sie die Befehle **deny** und **permit** aus, um die Bedingungen festzulegen, unter denen der Verkehr verschlüsselt/entschlüsselt oder nicht verschlüsselt/entschlüsselt wird.

Um die Verschlüsselungs-Access-Liste anzuwenden, müssen Sie die Access-Liste zuerst in einer Verschlüsselungskarte festlegen und anschließend die Verschlüsselungskarte einer Schnittstelle zuordnen.

### Beispiele

*Beispiel 1: Eine fehlerhaft konfigurierte Access-Liste*

Dieses erste Beispiel zeigt eine mit Namen bezeichnete Verschlüsselungs-Access-Liste, die fehlerhaft konfiguriert wurde. Nachdem diese Liste einer Schnittstelle mittels einer Verschlüsselungskarte zugeordnet wurde, wird kein UDP-Verkehr verschlüsselt. Dies tritt auf, obwohl auch **permit**-Befehle verwendet wurden.

```
ip access-list extended Router1cryptomap10
  deny UDP any any
  permit UDP 192.168.33.145  0.0.0.15  172.31.0.0  0.0.255.255
  permit UDP 192.168.33.145  0.0.0.15  10.0.0.0    0.255.255.255
```

*Beispiel 2: Eine weitere fehlerhaft konfigurierte Access-Liste*

Das zweite Beispiel zeigt eine weitere fehlerhafte Konfiguration einer Verschlüsselungs-Access-Liste. Dieses Beispiel lässt den Router allen UDP-Verkehr verschlüsseln, der die Schnittstelle verlässt, auch den Verkehr an Router, die nicht für die Verschlüsselung konfiguriert sind. Wenn dies auftritt, versucht der Router eine Verschlüsselungssitzung mit einem nichtverschlüsselnden Router einzurichten.

```
ip access-list extended Router1cryptomap10
  permit UDP 192.168.33.145  0.0.0.15  172.31.0.0  0.0.255.255
  permit UDP 192.168.33.145  0.0.0.15  10.0.0.0    0.255.255.255
  permit UDP any any
```

*Beispiel 3: Eine korrekt konfigurierte Access-Liste*

Das dritte Beispiel verschlüsselt/entschlüsselt nur den Verkehr, dessen Quell- und Zieladressen mit denen in den beiden *permit*-Aussagen übereinstimmen. Der gesamte andere Verkehr wird nicht verschlüsselt/entschlüsselt.

```
ip access-list extended Router1cryptomap10
  permit UDP 192.168.33.145  0.0.0.15  172.31.0.0  0.0.255.255
  permit UDP 192.168.33.145  0.0.0.15  10.0.0.0    0.255.255.255
```

**Verwandte Befehle**

Sie können online unter www.cisco.com eine Recherche nach verwandten Befehlen durchführen.

access-list (Verschlüsselung)
crypto map (globale Konfiguration)
crypto map (Interface-Konfiguration)
deny
ip access-list (used for traffic filtering purposes)
permit
show ip access-list

## 27.33 match address

Verwenden Sie den Crypto-Map-Konfigurationsbefehl **match address**, um eine erweiterte Access-Liste in einem Verschlüsselungskarten-Eintrag festzulegen. Verwenden Sie die **no**-Form dieses Befehls, um die erweiterte Access-Liste aus einem Verschlüsselungskarten-Eintrag zu entfernen.

match address [*Access-Listen-ID* | *Name*]
no match address [*Access-Listen-ID* | *Name*]

| Syntax | Beschreibung |
|---|---|
| Access-Listen-ID | (Optional) Adressiert die erweiterte Access-Liste durch ihren Namen oder ihre Nummer. Dieser Wert sollte mit dem Argument *Access-Listennummer* oder *Name* der erweiterten Access-Liste übereinstimmen. |
| Name | (Optional) Adressiert die mit Namen bezeichnete Verschlüsselungs-Access-Liste. Dieser Name sollte mit dem Argument *Name* der mit Namen bezeichneten Verschlüsselungs-Access-Liste übereinstimmen. |

### Standard

In einem Verschlüsselungskarten-Eintrag sind keine Access-Listen festgelegt.

### Befehlsmodus

Crypto-Map-Konfiguration

### Benutzungsrichtlinien

Dieser Befehl erschien erstmals in der Cisco-IOS-Version 11.2.

Dieser Befehl wird auch in Kapitel 29 »Befehle der IPSec-Netzwerksicherheit« beschrieben.

Dieser Befehl wird für alle statischen Verschlüsselungskarten-Einträge benötigt. Wenn Sie einen dynamischen Verschlüsselungskarten-Eintrag vornehmen (mit dem Befehl **crypto dynamic-map**), ist dieser Befehl nicht erforderlich, aber er wird dringend empfohlen.

Mit diesem Befehl legen Sie eine erweiterte Access-Liste in einem Verschlüsselungskarten-Eintrag fest. Sie müssen diese Access-Liste auch mit den Befehlen **access-list** oder **ip access-list extended** erzeugen.

Die mit diesem Befehl angegebene erweiterte Access-Liste wird durch die IPSec verwendet (oder durch die CET, je nach den Vorgaben des Verschlüsselungskarten-Eintrags), um zu bestimmen, welcher Verkehr durch die Verschlüsselung geschützt werden soll und welcher Verkehr nicht dafür vorgesehen ist. (Der Verkehr, der durch die Access-Liste zugelassen wird, wird geschützt. Der Verkehr, der durch die Access-Liste abgelehnt wird, wird im Kontext des zugehörigen Verschlüsselungskarten-Eintrags nicht geschützt.)

> **ANMERKUNG**
>
> Die Verschlüsselungs-Access-Liste wird *nicht* zur Ablehnung oder Zulassung des Verkehrs durch die Schnittstelle verwendet. Diese Bestimmung erfolgt über eine Access-Liste, die der Schnittstelle direkt zugeordnet wird.

Die in diesem Befehl angegebene Verschlüsselungs-Access-Liste wird zur Bewertung des eingehenden und des ausgehenden Verkehrs verwendet. Ausgehender (outbound)

Verkehr wird mit den Verschlüsselungs-Access-Listen verglichen, die in den Verschlüsselungskarten-Einträgen der Schnittstelle festgelegt sind, um zu bestimmen, ob er durch die Verschlüsselung geschützt werden soll, und wenn ja (wenn der Verkehr mit einem **permit**-Eintrag übereinstimmt), welche Verschlüsselung angewendet wird. (Falls nötig, werden bei statischen IPSec-Verschlüsselungskarten neue Sicherheitsassoziationen (SAs) mit Hilfe der Datenstromidentität entsprechend dem betreffenden **permit**-Eintrag eingerichtet. Im Falle der CET werden neue Verbindungen eingerichtet. Wenn im Falle von dynamischen Verschlüsselungskarten-Einträgen keine SA existiert, wird das Paket verworfen.) Nachdem der Verkehr die regulären Access-Listen der Schnittstelle passiert hat, wird er mit den Verschlüsselungs-Access-Listen verglichen, die in den Verschlüsselungskarten-Einträgen der Schnittstelle festgelegt sind, um zu bestimmen, ob er durch die Verschlüsselung geschützt werden soll, und wenn ja, welche Verschlüsselung angewendet wird. (Im Falle der IPSec wird ungeschützter Verkehr verworfen, da er durch die IPSec hätte geschützt werden sollen. Im Falle der CET wird der Verkehr entschlüsselt, obwohl er nie zuvor verschlüsselt wurde.)

Im Falle der IPSec wird die Access-Liste auch zur Identifizierung des Datenstroms verwendet, für den die IPSec-Sicherheitsassoziationen getroffen wurden. Im ausgehenden Fall wird der **permit**-Eintrag als Datenstromidentität (generell) verwendet, während im eingehenden Fall die Datenstromidentität, die durch den gegenüberliegenden Peer-Router festgelegt wurde, durch die Verschlüsselungs-Access-Liste zugelassen werden muss.

### Beispiel

Das folgende Beispiel erzeugt eine Verschlüsselungskarte und legt eine Verschlüsselungs-Access-Liste in der Karte fest:

```
Router1(config)# crypto map Research 10
router1(config-crypto-map)# match address 101
```

### Verwandte Befehle

Sie können online unter www.cisco.com eine Recherche nach verwandten Befehlen durchführen.

access-list (Verschlüsselung)
crypto map (globale Konfiguration)
ip access-list extended (Verschlüsselung)
show crypto map

## 27.34 permit

Verwenden Sie den Access-Listen-Konfigurationsbefehl **permit**, um die Bedingungen für eine mit Namen bezeichnete Verschlüsselungs-Access-Liste festzulegen. Der Befehl **permit** bewirkt, dass IP-Verkehr verschlüsselt/entschlüsselt wird, wenn die Bedingungen auf den Verkehr zutreffen. Verwenden Sie die **no**-Form dieses Befehls, um eine permit-Bedingung aus einer Verschlüsselungs-Access-Liste zu entfernen.

**permit** *Quelle* [*Quellen-Platzhalter*]
**no permit** *Quelle* [*Quellen-Platzhalter*]

**permit** *Protokoll Quelle Quellen-Platzhalter Ziel Ziel-Platzhalter* [**precedence** *Vorrang*] [**tos** *TOS*] [**log**]
**no permit** *Protokoll Quelle Quellen-Platzhalter Ziel Ziel-Platzhalter* [**precedence** *Vorrang*] [**tos** *TOS*] [**log**]

Für ICMP können Sie auch die folgende Syntax verwenden:

**permit icmp** *Quelle Quellen-Platzhalter Ziel Ziel-Platzhalter* [*ICMP-Typ* [*ICMP-Code*] | *ICMP-Meldung*] [**precedence** *Vorrang*] [**tos** *TOS*] [**log**]

Für IGMP können Sie auch die folgende Syntax verwenden:

**permit igmp** *Quelle Quellen-Platzhalter Ziel Ziel-Platzhalter* [*IGMP-Typ*] [**precedence** *Vorrang*] [**tos** *TOS*] [**log**]

Für TCP können Sie auch die folgende Syntax verwenden:

**permit tcp** *Quelle Quellen-Platzhalter* [*Operator-Port* [*Port*]] *Ziel Ziel-Platzhalter* [*Operator-Port* [*Port*]] [**established**] [**precedence** *Vorrang*] [**tos** *TOS*] [**log**]

Für UDP können Sie auch die folgende Syntax verwenden:

**permit udp** *Quelle Quellen-Platzhalter* [*Operator-Port* [*Port*]] *Ziel Ziel-Platzhalter* [*Operator-Port* [*Port*]] [**precedence** *Vorrang*] [**tos** *TOS*] [**log**]

| Syntax | Beschreibung |
| --- | --- |
| *Quelle* | Nummer des Netzwerks oder Hosts, von dem das Paket gesendet wird. Es gibt zwei Möglichkeiten, die Quelle anzugeben:<br>– Verwenden Sie eine 32-Bit-Zahl im vierteilig gepunktet dezimalen Format.<br>– Verwenden Sie das Schlüsselwort **any** als eine Verallgemeinerung für die *Quelle* und den *Quellen-Platzhalter* 0.0.0.0 255.255.255.255. Dieses Schlüsselwort wird im allgemeinen *nicht* empfohlen. |
| *Quellen-Platzhalter* | (Optional) Platzhalterbits, die der *Quelle* zugeordnet werden. Es gibt zwei Möglichkeiten, den *Quellen-Platzhalter* festzulegen:<br>– Verwenden Sie eine 32-Bit-Zahl im vierteilig gepunktet dezimalen Format. Verwenden Sie an den Bitpositionen eine Eins, die Sie ignorieren wollen.<br>– Verwenden Sie das Schlüsselwort **any** als eine Verallgemeinerung für die *Quelle* und den *Quellen-Platzhalter* 0.0.0.0 255.255.255.255. Dieses Schlüsselwort wird im allgemeinen *nicht* empfohlen. |

| Syntax | Beschreibung |
|---|---|
| *Protokoll* | Name oder Nummer eines IP-Protokolls. Es kann eines der Schlüsselwörter **eigrp, gre, icmp, igmp, igrp, ip, ipinip, nos, ospf, tcp** oder **udp** oder eine ganze Zahl im Bereich von 0 bis 255 (eine IP-Protokollnummer) verwendet werden. Verwenden Sie das Schlüsselwort **ip**, um alle Internet-Protokolle auszuwählen, einschließlich des ICMP, des TCP und des UDP. Einige Protokolle ermöglichen zusätzliche Einschränkungen, die im folgenden Text beschrieben werden. |
| *Quelle* | Nummer des Netzwerks oder Hosts, von dem das Paket gesendet wird. Es gibt drei andere Möglichkeiten, die Quelle anzugeben:<br>– Verwenden Sie eine 32-Bit-Zahl im vierteiligen gepunktet dezimalen Format.<br>– Verwenden Sie das Schlüsselwort **any** als eine Verallgemeinerung für die *Quelle* und den *Quellen-Platzhalter* 0.0.0.0 255.255.255.255. Dieses Schlüsselwort wird im allgemeinen *nicht* empfohlen.<br>– Verwenden Sie **host** *Quelle* als eine Verallgemeinerung für eine *Quelle* und den *Quellen-Platzhalter* der *Quelle* 0.0.0.0. |
| *Quellen-Platzhalter* | Platzhalterbits (Maske), die der Quelle zugeordnet werden. Es gibt drei andere Möglichkeiten, den Quellen-Platzhalter festzulegen:<br>– Verwenden Sie eine 32-Bit-Zahl im vierteiligen gepunktet dezimalen Format. Verwenden Sie an den Bitpositionen eine Eins, die Sie ignorieren wollen.<br>– Verwenden Sie das Schlüsselwort **any** als eine Verallgemeinerung für die *Quelle* und den *Quellen-Platzhalter* 0.0.0.0 255.255.255.255. Dieses Schlüsselwort wird im allgemeinen *nicht* empfohlen.<br>– Verwenden Sie **host** *Quelle* als eine Verallgemeinerung für eine *Quelle* und den *Quellen-Platzhalter* der *Quelle* 0.0.0.0. |
| *Ziel* | Nummer des Netzwerks oder Hosts, an den das Paket gesendet wird. Es gibt drei andere Möglichkeiten, das Ziel festzulegen:<br>– Verwenden Sie eine 32-Bit-Zahl im vierteiligen gepunktet dezimalen Format.<br>– Verwenden Sie das Schlüsselwort **any** als eine Verallgemeinerung für das *Ziel* und den *Ziel-Platzhalter* 0.0.0.0 255.255.255.255. Dieses Schlüsselwort wird im allgemeinen *nicht* empfohlen.<br>– Verwenden Sie **host** *Ziel* als eine Verallgemeinerung für ein *Ziel* und den *Ziel-Platzhalter* des *Ziels* 0.0.0.0. |
| *Ziel-Platzhalter* | Platzhalterbits, die dem Ziel zugeordnet werden. Es gibt drei andere Möglichkeiten, die Ziel-Platzhalter festzulegen:<br>– Verwenden Sie eine 32-Bit-Zahl im vierteiligen gepunktet dezimalen Format. Verwenden Sie an den Bitpositionen eine Eins, die Sie ignorieren wollen.<br>– Verwenden Sie das Schlüsselwort **any** als eine Verallgemeinerung für das *Ziel* und den *Ziel-Platzhalter* 0.0.0.0 255.255.255.255. Dieses Schlüsselwort wird im allgemeinen *nicht* empfohlen.<br>– Verwenden Sie **host** *Ziel* als eine Verallgemeinerung für ein *Ziel* und den *Ziel-Platzhalter* des *Ziels* 0.0.0.0. |

| Syntax | Beschreibung |
|---|---|
| precedence *Vorrang* | (Optional) Pakete können anhand des Vorrangs für die Verschlüsselung ausgewählt werden, indem eine Zahl von 0 bis 7 oder einer der Namen verwendet wird, die im Abschnitt »Benutzerrichtlinien« des Befehls **access-list (Verschlüsselung)** aufgeführt sind. |
| tos *TOS* | (Optional) Pakete können anhand des Type-of-Service-Levels für die Verschlüsselung ausgewählt werden, indem eine Zahl von 0 bis 15 oder einer der Namen verwendet wird, die im Abschnitt »Benutzerrichtlinien« des Befehls **access-list (Verschlüsselung)** aufgeführt sind. |
| *ICMP-Typ* | (Optional) ICMP-Pakete können für die Verschlüsselung anhand des ICMP-Meldungstyps ausgewählt werden. Der Typ ist eine Zahl von 0 bis 255. |
| *ICMP-Code* | (Optional) ICMP-Pakete, die durch den ICMP-Meldungstyp für die Verschlüsselung ausgewählt werden, können auch anhand des ICMP-Meldungs-Codes ausgewählt werden. Der Code ist eine Zahl von 0 bis 255. |
| *ICMP-Meldung* | (Optional) ICMP-Pakete können für die Verschlüsselung durch einen ICMP-Meldungstypnamen oder durch den ICMP-Meldungstyp und den Codenamen ausgewählt werden. |
| *IGMP-Typ* | (Optional) IGMP-Pakete können für die Verschlüsselung durch den ICMP-Meldungstyp oder den Meldungsnamen ausgewählt werden. Ein Meldungstyp ist eine Zahl von 0 bis 15. |
| *Operator* | (Optional) Vergleicht Quell- oder Zielports. Mögliche Operanden enthalten **lt** (kleiner als), **gt** (größer als), **eq** (gleich), **neq** (nicht gleich) und **range** (im Bereich). <br> Wenn sich der Operator hinter der *Quelle* und dem *Quellen-Platzhalter* befindet, muss er dem Quellport entsprechen. <br> Wenn sich der Operator hinter dem *Ziel* und *Ziel-Platzhalter* befindet, muss er dem Zielport entsprechen. <br> Der Operator **range** benötigt zwei Portnummern. Alle anderen Operatoren benötigen nur eine Portnummer. |
| Port | (Optional) Die dezimale Nummer oder der Name eines TCP- oder UDP-Ports. Eine Portnummer ist eine Zahl von 0 bis 65,535. <br> TCP-Portnamen können nur für die TCP-Filterung verwendet werden. UDP-Portnamen können nur für die UDP-Filterung verwendet werden. |
| **established** | (Optional) Gilt nur für das TCP-Protokoll: bedeutet eine eingerichtete Verbindung. Eine Übereinstimmung tritt dann auf, wenn das TCP-Datenpaket die ACK- oder RST-Bits gesetzt hat. Der nicht zutreffende Fall besteht dann, wenn ein erstes TCP-Datenpaket versucht, eine Verbindung aufzubauen. |

| Syntax | Beschreibung |
|---|---|
| log | (Optional) Verursacht die Sendung einer informellen Logging-Meldung über das Paket, das mit dem Eintrag übereinstimmt, an die Konsole (der Meldungslevel, der an die Konsole gemeldet wird, wird durch den Befehl **logging console** bestimmt).<br><br>Die Meldung enthält die Access-Listennummer, ob das Paket zugelassen oder abgelehnt wurde, das Protokoll, ob es TCP, UDP, ICMP oder eine Nummer war, und nach Möglichkeit die Quell- und Zieladressen und Quell- und Zielportnummern. Die Meldung wird nach dem ersten passenden Paket erzeugt und anschließend in 5-Minuten-Intervallen und es enthält dann die Anzahl der zugelassenen oder abgelehnten Pakete des letzten 5-Minuten-Intervalls. |

## Standard

Es ist keine bestimmte Bedingung festgelegt, unter der die Verschlüsselung eines Paketes verursacht wird. Wenn aber ein Paket mit keiner der **deny**- oder **permit**-Befehlsaussagen übereinstimmt, wird das Paket nicht verschlüsselt/entschlüsselt (lesen Sie den folgenden Abschnitt »Benutzerrichtlinien« für weitere Informationen über den Vergleich von Bedingungen in Verschlüsselungs-Access-Listen).

## Befehlsmodus

Access-Listen-Konfiguration

## Benutzungsrichtlinien

Dieser Befehl erschien erstmals in der Cisco-IOS-Version 11.2.

Verwenden Sie diesen Befehl, nachdem Sie den Befehl **ip access-list extended** (Verschlüsselung) ausgeführt haben, um die Bedingungen festzulegen, unter denen ein Paket verschlüsselt/entschlüsselt wird.

Nachdem eine mit Namen bezeichnete Verschlüsselungs-Access-Liste durch die Befehle **permit** und **deny** vollständig erstellt wurde, muss die Verschlüsselungs-Access-Liste in einer Verschlüsselungskarte festgelegt und diese Verschlüsselungskarte muss daraufhin einer Schnittstelle zugeordnet werden. Nachdem dies erfolgt ist, werden die Pakete auf dem Router entweder verschlüsselt/entschlüsselt oder nicht verschlüsselt/entschlüsselt, je nach den Bedingungen, die in den **permit**- und **deny**-Befehlen festgelegt wurden.

Wenn ein Paket mit den Bedingungen in einem **permit**-Befehl übereinstimmt, wird das Paket verschlüsselt/entschlüsselt. Ein Paket wird nicht verschlüsselt/entschlüsselt, wenn keinerlei Bedingungen aus allen **deny**- und **permit**-Befehlen zutreffen. Dies erfolgt, da alle Verschlüsselungs-Access-Listen am Ende eine eingeschlossene »deny«- (»nicht verschlüsseln/entschlüsseln«) Aussage enthalten.

> **STOP**
>
> Wenn Sie Verschlüsselungs-Access-Listen erzeugen, rät Ihnen Cisco dringend davon ab, das Schlüsselwort **any** in den **permit**- oder **deny**-Befehlen zu verwenden, um die Quell- oder Zieladressen festzulegen. Wenn Sie das Schlüsselwort **any** mit einer **permit**-Aussage verwenden, können größte Probleme auftreten, wenn ein Paket in Ihren Router eintritt und es für einen Router bestimmt ist, der nicht für die Verschlüsselung konfiguriert ist. Dies würde verursachen, dass Ihr Router versucht, eine Verschlüsselungssitzung mit einem Nichtverschlüsselungs-Router aufzunehmen.
>
> Wenn Sie in einem **deny**-Befehl das Schlüsselwort **any** fehlerhaft verwenden, können Sie unabsichtlich verursachen, dass kein Paket verschlüsselt wird, was ein großes Sicherheitsrisiko darstellt.

## Beispiele

*Beispiel 1: Eine fehlerhaft konfigurierte Access-Liste*

Dieses erste Beispiel zeigt eine mit Namen bezeichnete Verschlüsselungs-Access-Liste, die fehlerhaft konfiguriert wurde. Nachdem diese Liste einer Schnittstelle mittels einer Verschlüsselungskarte zugeordnet wurde, wird kein UDP-Verkehr verschlüsselt. Dies tritt auf , obwohl auch **permit**-Befehle verwendet wurden.

```
ip access-list extended Router1cryptomap10
  deny UDP any any
  permit UDP 192.168.33.145  0.0.0.15  172.31.0.0  0.0.255.255
  permit UDP 192.168.33.145  0.0.0.15  10.0.0.0    0.255.255.255
```

*Beispiel 2: Eine weitere fehlerhaft konfigurierte Access-Liste*

Das zweite Beispiel zeigt eine weitere fehlerhafte Konfiguration einer Verschlüsselungs-Access-Liste. Dieses Beispiel lässt den Router allen UDP-Verkehr verschlüsseln, der die Schnittstelle verlässt, auch den Verkehr an Router, die nicht für die Verschlüsselung konfiguriert sind. Wenn dies auftritt, versucht der Router eine Verschlüsselungssitzung mit einem nichtverschlüsselnden Router einzurichten.

```
ip access-list extended Router1cryptomap10
  permit UDP 192.168.33.145  0.0.0.15  172.31.0.0  0.0.255.255
  permit UDP 192.168.33.145  0.0.0.15  10.0.0.0    0.255.255.255
  permit UDP any any
```

*Beispiel 3: Eine korrekt konfigurierte Access-Liste*

Das dritte Beispiel verschlüsselt/entschlüsselt nur den Verkehr, dessen Quell- und Zieladressen mit denen in den beiden *permit*-Aussagen übereinstimmen. Der gesamte andere Verkehr wird nicht verschlüsselt/entschlüsselt.

```
ip access-list extended Router1cryptomap10
  permit UDP 192.168.33.145  0.0.0.15  172.31.0.0  0.0.255.255
  permit UDP 192.168.33.145  0.0.0.15  10.0.0.0    0.255.255.255
```

## Verwandte Befehle

Sie können online unter www.cisco.com eine Recherche nach verwandten Befehlen durchführen.

access-list (Verschlüsselung)
deny
ip access-list extended (Verschlüsselung)
show ip access-list

## 27.35 set algorithm 40-bit-des

Verwenden Sie den Crypto-Map-Konfigurationsbefehl **set algorithm 40-bit-des**, um einen 40-Bit-DES-Algorithmustyp innerhalb einer Verschlüsselungskarte festzulegen. Verwenden Sie die **no**-Form dieses Befehls, um einen 40-Bit-DES-Algorithmustyp innerhalb einer Verschlüsselungskarte zu deaktivieren.

set algorithm 40-bit-des [cfb-8 | cfb-64]
no set algorithm 40-bit-des [cfb-8 | cfb-64]

| Syntax | Beschreibung |
|---|---|
| cfb-8 | (Optional) Wählt den 8-Bit-CFB-Modus des 40-Bit-DES-Algorithmus. Wenn bei diesem Befehl kein CFB-Modus angegeben wird, ist der 64-Bit-CFB-Modus die Standardeinstellung. |
| cfb-64 | (Optional) Wählt den 64-Bit-CFB-Modus des 40-Bit-DES-Algorithmus. Wenn bei diesem Befehl kein CFB-Modus angegeben wird, ist der 64-Bit-CFB-Modus die Standardeinstellung. |

## Standard

Wenn kein DES-Algorithmus innerhalb einer Verschlüsselungskarte angegeben ist, treffen alle global aktivierten DES-Algorithmen in der Karte standardmäßig zu. Lesen Sie die Beschreibungen zu den Befehlen **crypto cisco algorithm 40-bit-des** oder **crypto cisco algorithm des**, um zu erfahren, wie DES-Algorithmen global aktiviert werden.

## Befehlsmodus

Crypto-Map-Konfiguration

## Benutzungsrichtlinien

Dieser Befehl erschien erstmals in der Cisco-IOS-Version 11.2.

Mit diesem Befehl legen Sie die 40-Bit-DES-Algorithmustypen in einer vorhandenen Verschlüsselungskarte fest. Die 40-Bit-DES-Algorithmen verwenden einen 40-Bit-DES-Schlüssel. Die in einer Verschlüsselungskarte festgelegten DES-Algorithmen wer-

Kapitel 27 • Befehle der Cisco-Verschlüsselungstechnologie **627**

den zur Verschlüsselung/Entschlüsselung des gesamten Verkehrs auf einer Schnittstelle verwendet, wenn die Verschlüsselungskarte der Schnittstelle zugeordnet wird.

> **ANMERKUNG**
>
> Wenn Sie ein aus den USA exportierbares Betriebssystem verwenden, können Sie nur die 40-Bit-Variante des DES aktivieren und verwenden. Sie können die einfachen DES-Algorithmen weder aktivieren noch verwenden, die bei den exportierbaren Betriebssystem nicht verfügbar sind.

### Beispiel

Das folgende Beispiel legt einen 40-Bit-DES-Algorithmustyp in einer Verschlüsselungskarte fest:

```
Router1(config)# crypto map Research 10
router1(config-crypto-map)# set algorithm 40-bit-des cfb-8
```

### Verwandte Befehle

Sie können online unter www.cisco.com eine Recherche nach verwandten Befehlen ausführen.

**crypto map (globale Konfiguration)**
**set algorithm des**
**show crypto map**
**show crypto mypubkey**

## 27.36 set algorithm des

Verwenden Sie den Crypto-Map-Konfigurationsbefehl **set algorithm des**, um einen einfachen DES-Algorithmustyp innerhalb einer Verschlüsselungskarte festzulegen. Verwenden Sie die **no**-Form dieses Befehls, um einen einfachen DES-Algorithmustyp innerhalb einer Verschlüsselungskarte zu deaktivieren.

**set algorithm des [cfb-8 | cfb-64]**
**no set algorithm des [cfb-8 | cfb-64]**

| Syntax | Beschreibung |
| --- | --- |
| cfb-8 | (Optional) Wählt den 8-Bit-CFB-Modus des einfachen DES-Algorithmus. Wenn bei diesem Befehl kein CFB-Modus angegeben wird, ist der 64-Bit-CFB-Modus die Standardeinstellung. |
| cfb-64 | (Optional) Wählt den 64-Bit-CFB-Modus des einfachen DES-Algorithmus. Wenn bei diesem Befehl kein CFB-Modus angegeben wird, ist der 64-Bit-CFB-Modus die Standardeinstellung. |

## Standard

Wenn kein DES-Algorithmus innerhalb einer Verschlüsselungskarte angegeben ist, treffen alle global aktivierten DES-Algorithmen in der Karte standardmäßig zu. Lesen Sie die Beschreibungen zu den Befehlen **crypto cisco algorithm 40-bit-des** oder **crypto cisco algorithm des,** um zu erfahren, wie DES-Algorithmen global aktiviert werden.

## Befehlsmodus

Crypto-Map-Konfiguration

## Benutzungsrichtlinien

Dieser Befehl erschien erstmals in der Cisco-IOS-Version 11.2.

Mit diesem Befehl legen Sie einfache DES-Algorithmustypen in einer vorhandenen Verschlüsselungskarte fest. Einfache DES-Algorithmen verwenden einen 56-Bit-DES-Schlüssel. Die in einer Verschlüsselungskarte festgelegten DES-Algorithmen werden zur Verschlüsselung/Entschlüsselung des gesamten Verkehrs auf einer Schnittstelle verwendet, wenn die Verschlüsselungskarte der Schnittstelle zugeordnet wird.

> **ANMERKUNG**
>
> Wenn Sie ein aus den USA exportierbares Betriebssystem verwenden, können Sie nur die 40-Bit-Variante des DES aktivieren und verwenden. Sie können die einfachen DES-Algorithmen weder aktivieren noch verwenden, die bei den exportierbaren Betriebssystemen nicht verfügbar sind.

## Beispiel

Das folgende Beispiel legt einen DES-Algorithmustyp in einer Verschlüsselungskarte fest:

```
Router1(config)# crypto map Research 10
router1(config-crypto-map)# set algorithm des cfb-8
```

## Verwandte Befehle

Sie können online unter www.cisco.com eine Recherche nach verwandten Befehlen durchführen.

**crypto map (globale Konfiguration)**
**set algorithm 40-bit-des**
**show crypto map**
**show crypto mypubkey**

## 27.37 set peer

Verwenden Sie den Crypto-Map-Konfigurationsbefehl **set peer**, um einen verschlüsselnden Peer-Router innerhalb einer Verschlüsselungskarte festzulegen. Verwenden Sie die **no**-Form dieses Befehls, um einen verschlüsselnden Peer-Router aus einer Verschlüsselungskarte zu entfernen.

set peer *Schlüsselname*
no set peer *Schlüsselname*

| Syntax | Beschreibung |
| --- | --- |
| *Schlüsselname* | Adressiert die Crypto-Maschine des verschlüsselnden Peer-Routers. |

### Standard

Es ist kein Peer festgelegt.

### Befehlsmodus

Crypto-Map-Konfiguration

### Benutzungsrichtlinien

Dieser Befehl erschien erstmals in der Cisco-IOS-Version 11.2.

Dieser Befehl ist auch in Kapitel 29 »Die Befehle der IPSec-Netzwerksicherheit« beschrieben, in dem er eine etwas unterschiedliche Funktionalität besitzt.

Mit diesem Befehl legen Sie einen verschlüsselnden Peer-Router als den entfernten Verschlüsselungs-Endpunkt einer Route in einer vorhandenen Verschlüsselungskarte fest.

### Beispiel

Das folgende Beispiel erzeugt eine Verschlüsselungskarte und legt einen Peer-Router für die Karte fest:

```
Router1(config)# crypto map Research 10
router1(config-crypto-map)# set peer Router2ESA.HQ
```

### Verwandte Befehle

Sie können online unter www.cisco.com eine Recherche nach verwandten Befehlen durchführen.

**crypto map (globale Konfiguration)**
**show crypto map**
**show crypto mypubkey**

## 27.38 show crypto algorithms

Der Befehl **show crypto cisco algorithms** ersetzt diesen Befehl. Lesen Sie die Beschreibung des Befehls **show crypto cisco algorithms** für weitere Informationen.

## 27.39 show crypto card

Verwenden Sie den privilegierten EXEC-Befehl **show crypto card**, um den funktionellen Zustand eines ESA anzuzeigen. Dieser Befehl ist nur auf Cisco-Routern der Serien 7200, RSP7000 und 7500 mit einem installierten ESA verwendbar.

**show crypto card** [*Slot* | vip]

| Syntax | Beschreibung |
|---|---|
| *Slot* | (Optional) Dieses Argument ist nur auf Cisco-Routern der Serien 7200, RSP7000 und 7500 verwendbar. |
| | Adressiert den anzuzeigenden ESA. Verwenden Sie die Gehäuse-Slotnummer des VIP2, der den ESA beherbergt. |
| vip | (Optional) Dieses Schlüsselwort ist nur auf dem Cisco-Catalyst-Switch der Serie 5000 verwendbar. Es adressiert den VIP2 im Cisco-Catalyst-Switch der Serie 5000. |

### Befehlsmodus

Privilegierter EXEC

### Benutzungsrichtlinien

Dieser Befehl erschien erstmals in der Cisco-IOS-Version 11.2. Das Schlüsselwort **vip** wurde in der Cisco-IOS-Version 12.0 hinzugefügt.

### Beispielanzeige

Es folgt eine Beispielausgabe auf den Befehl **show crypto card**:

```
Router1# show crypto card 1
Crypto card in Slot: 1
Tampered:         No
Xtracted:         No
Password set:     Yes
DSS Key set:      Yes
FW version:       5049702
```

Es folgt eine Beispielausgabe auf den Befehl **show crypto card** für den VIP2 in einem Cisco-Catalyst-Switch der Serie 5000:

```
Router1# show crypto card vip
Crypto card in Slot: vip
Tampered:         No
```

```
Xtracted:        No
Password set:    Yes
DSS Key set:     Yes
FW version:      5049702
```

Tabelle 27.1 erklärt jedes Feld.

*Tabelle 27.1: Feldbeschreibungen zum Befehl show crypto card*

| Feld | Beschreibung |
|---|---|
| Tampered | Yes zeigt an, dass jemand versucht hat, die Verriegelung der ESA-Karte zu lösen. Ein solches Vorgehen löscht den Arbeitsspeicher der ESA-Karte und hat die gleiche Wirkung wie der Befehl **crypto key zeroize dss** für den ESA. |
| Xtracted | Yes zeigt an, dass die ESA-Karte aus dem Router gezogen (entfernt) wurde. |
| Passwort set | Yes zeigt an, dass das Passwort der ESA-Karte schon gesetzt ist. Dieses Passwort wird mit dem Befehl **crypto card clear-latch** oder **crypto key generate dss** vergeben und bei nachfolgenden Ausführungen der Befehle **crypto card clear-latch** und **crypto key generate dss** benötigt. |
| DSS Key set | Yes zeigt an, dass DSS-Schlüssel erzeugt wurden und verwendbar sind. Die DSS-Schlüssel werden mit dem Befehl **crypto key generate dss** erzeugt. |
| FW version | Die Versionsnummer der Firmware der ESA-Karte. |

## 27.40 show crypto cisco algorithms

Verwenden Sie den privilegierten EXEC-Befehl **show crypto cisco algorithms**, um anzuzeigen, welche DES-Algorithmustypen global für Ihren Router aktiviert sind. Dieser Befehl zeigt alle einfachen DES- und 40-Bit-DES-Algorithmustypen an, die global aktiviert sind.

**show crypto cisco algorithms**

### Syntaxbeschreibung

Dieser Befehl besitzt keine Argumente oder Schlüsselwörter.

### Befehlsmodus

Privilegierter EXEC

### Benutzungsrichtlinien

Dieser Befehl erschien erstmals in der Cisco-IOS-Version 11.2.

### Beispielanzeige

Es folgt eine Beispielausgabe auf den Befehl **show crypto cisco algorithms**:

```
Router1# show crypto cisco algorithms
  des cfb-8
```

## Verwandte Befehle

Sie können online unter www.cisco.com eine Recherche nach verwandten Befehlen durchführen.

**crypto cisco algorithm 40-bit-des**
**crypto cisco algorithm des**

## 27.41 show crypto cisco connections

Verwenden Sie den privilegierten EXEC-Befehl **show crypto cisco connections**, um eingerichtete und schwebende (pending) verschlüsselte Sitzungsverbindungen anzuzeigen.

**show crypto cisco connections**

### Syntaxbeschreibung

Dieser Befehl besitzt keine Argumente oder Schlüsselwörter.

### Befehlsmodus

Privilegierter EXEC

### Benutzungsrichtlinien

Dieser Befehl erschien erstmals in der Cisco-IOS-Version 11.2.

### Beispielanzeige

Es folgt eine Beispielausgabe auf den Befehl **show crypto cisco connections**:

```
Router1# show crypto cisco connections
Pending Connection Table
PE              UPE             Timestamp               Conn_id
172.21.115.22   172.21.115.18   Mar 01 1993 00:01:09    -1

Connection Table
PE              UPE             Conn_id New_id  Alg             Time
172.21.115.22   172.21.115.18   -1      1       DES_56_CFB64    Not Set
                flags:PEND_CONN
```

Tabelle 27.2 erklärt jedes Feld.

*Tabelle 27.2: Feldbeschreibungen zum Befehl show crypto cisco connections*

| Feld | Beschreibung |
| --- | --- |
| PE | Protected Entity (geschützte Einheit). Dieses Feld zeigt eine stellvertretende Quell-IP-Adresse an, wie sie in der Verschlüsselungs-Access-Liste der Verschlüsselungskarte festgelegt wurde. Diese IP-Adresse kann jeder Host sein, der auf eine Quelle in der Verschlüsselungs-Access-Liste passt, die für die Verbindung verwendet wird. |
| UPE | Unprotected Entity (ungeschützte Einheit). Dieses Feld zeigt eine stellvertretende Ziel-IP-Adresse an, wie sie in der Verschlüsselungs-Access-Liste der Verschlüsselungskarte festgelegt wurde. Diese IP-Adresse kann jeder Host sein, der auf ein Ziel in der Verschlüsselungs-Access-Liste passt, die für die Verbindung verwendet wird. |
| Timestamp | Zeigt die Zeit an, zu der die Verbindung initiiert wurde. |
| Conn_id | Verbindungs-ID. Eine Nummer, die zur Identifizierung und Nachverfolgung der Verbindung verwendet wird. Diese kann ein positiver ganzer Zahlenwert von 1 bis 299 sein oder jeder negative ganze Zahlenwert. Jeder Verbindung wird eine negative Verbindungs-ID zugeordnet, wenn die Verbindung im Schwebezustand (pending) ist (während der Einrichtung). Wenn die Verbindung eingerichtet (established) ist, wird der Verbindung eine positive Verbindungs-ID zugeordnet. |
| New_id | Neue-Verbindungs-ID. Zeigt die Nummer der Verbindungs-ID, die einer Verbindung zugeordnet wird, nachdem sie eingerichtet wurde. Der *New_id*-Wert ist eine positive Nummer im Bereich von 0 bis 299.<br>Wenn der *New_id*-Wert 0 ist, existiert keine schwebende Verbindung.<br>Wenn der *New_id*-Wert eine positive ganze Zahl zeigt, existiert eine schwebende Verbindung.<br>Sobald die schwebende Verbindung eingerichtet ist, wird der *New_id*-Wert auf die *Conn_id* der eingerichteten Verbindung übertragen und die *New_id* auf 0 zurückgesetzt. |
| Alg | Zeigt an, welcher DES-Verschlüsselungs-Algorithmus für die aktuelle Verbindung verwendet wird.<br>DES_56_CFB8 = einfacher DES (56-Bit) mit 8-Bit-CFB<br>DES_56_CFB64 = einfacher DES (56-Bit) mit 64-Bit-CFB<br>DES_40_CFB8 = 40-Bit-DES mit 8-Bit-CFB<br>DEC_40_CFB64 = 40-Bit-DES mit 64-Bit-CFB<br>Unknown = keine Verbindung |
| Time | Zeigt die Zeit an, zu der die Verbindung initiiert wurde. |
| flags | PEND_CONN = Kennzeichnet den Tabelleneintrag als eine schwebende (pending) Verbindung<br><br>XCHG_KEYS = die Verbindungszeit ist abgelaufen. Damit die verschlüsselte Kommunikation wieder einsetzt, muss der Router erst DH-Nummern austauschen und einen neuen Sitzungs-(DES-)Schlüssel erzeugen.<br><br>TIME_KEYS = die verschlüsselte Kommunikationssitzung ist momentan aktiv (es ist momentan ein Sitzungsschlüssel installiert und die Sitzungszeitdauer läuft mit der Zeit ab).<br><br>BAD_CONN = für diesen Tabelleneintrag existiert keine eingerichtete oder schwebende Verbindung<br><br>UNK_STATUS = ungültiger Zustand (Fehler) |

## 27.42 show crypto cisco key-timeout

Verwenden Sie den privilegierten EXEC-Befehl **show crypto cisco key-timeout**, um die aktuellen Einstellungen der Sitzungsdauer für verschlüsselte Sitzungen anzuzeigen.

**show crypto cisco key-timeout**

### Syntaxbeschreibung

Dieser Befehl besitzt keine Argumente oder Schlüsselwörter.

### Befehlsmodus

Privilegierter EXEC

### Benutzungsrichtlinien

Dieser Befehl erschien erstmals in der Cisco-IOS-Version 11.2.

### Beispielanzeige

Es folgt eine Beispielausgabe auf den Befehl **show crypto cisco key-timeout**:

```
Router1# show crypto cisco key-timeout
Session keys will be re-negotiated every 120 minutes.
```

### Verwandte Befehle

Sie können online unter www.cisco.com eine Recherche nach verwandten Befehlen durchführen.

**crypto cisco key-timeout**

## 27.43 show crypto cisco pregen-dh-pairs

Verwenden Sie den privilegierten EXEC-Befehl **show crypto cisco pregen-dh-pairs**, um die Anzahl der aktuell erzeugten DH-Nummernpaare anzuzeigen.

**show crypto cisco pregen-dh-pairs** [*Slot* | rsm | vip]

| Syntax | Beschreibung |
|---|---|
| *Slot* | (Optional) Adressiert die Crypto-Maschine. Dieses Argument ist nur auf Cisco-Routern der Serien 7200, RSP7000 und 7500 verwendbar. |
| | Wenn kein Slot angegeben wird, wird die Cisco-IOS-Crypto-Maschine ausgewählt. |
| | Verwenden Sie die Gehäuse-Slotnummer der Crypto-Maschinenposition. Für die Cisco-IOS-Crypto-Maschine ist dies die Gehäuse-Slotnummer des Route-Switch-Prozessors (RSP). Für die Versatile-Interface-Prozessor-(VIP2-)Crypto-Maschine ist dies die Gehäuse-Slotnummer des VIP2. Für die ESA-Crypto-Maschine ist dies die Gehäuse-Slotnummer des ESA (beim Cisco 7200) oder die des VIP2 (beim Cisco RSP7000 und 7500). |
| **rsm** | (Optional) Dieses Schlüsselwort ist nur auf dem Cisco-Catalyst-Switch der Serie 5000 verwendbar. Es adressiert das Route-Switch-Modul (RSM) auf dem Cisco-Catalyst-Switch der Serie 5000. |
| **vip** | (Optional) Dieses Schlüsselwort ist nur auf dem Cisco-Catalyst-Switch der Serie 5000 verwendbar. Es adressiert den VIP2 auf dem Cisco-Catalyst-Switch der Serie 5000. |

### Befehlsmodus

Privilegierter EXEC

### Benutzungsrichtlinien

Dieser Befehl erschien erstmals in der Cisco-IOS-Version 11.2. Die Schlüsselwörter **rsm** und **vip** wurden in der Cisco-IOS-Version 12.0 hinzugefügt.

### Beispielanzeige

Es folgt eine Beispielausgabe auf den Befehl **show crypto cisco pregen-dh-pairs**:

```
Router1# show crypto cisco pregen-dh-pairs
Number of pregenerated DH pairs: 1
```

Die in der Ausgabe gezeigte Zahl 1 läßt erkennen, dass ein DH-Nummernpaar bereitsteht und für die nächste verschlüsselte Verbindung verfügbar ist.

Es folgt eine Beispielausgabe auf den Befehl **show crypto cisco pregen-dh-pairs** für einen Cisco-Catalyst-Switch der Serie 5000:

```
Router1# show crypto cisco pregen-dh-pairs rsm
Number of pregenerated DH pairs for Slot rsm: 1
```

Es folgt eine Beispielausgabe auf den Befehl **show crypto cisco pregen-dh-pairs** (mit dem Argument *Slot*) für einen Cisco-Router der Serie 7500:

```
Router1# show crypto cisco pregen-dh-pairs 2
Number of pregenerated DH pairs for Slot 2: 1
```

Wenn Sie auf einem Cisco-Router der Serie 7500 keine Slotnummer angeben, wird standardmäßig die Slotnummer des RSP verwendet.

### Verwandte Befehle

Sie können online unter www.cisco.com eine Recherche nach verwandten Befehlen durchführen.

**crypto cisco pregen-dh-pairs**

## 27.44 show crypto connections

Der Befehl **show crypto cisco connections** ersetzt diesen Befehl. Lesen Sie die Beschreibung des Befehls **show crypto cisco connections** für weitere Informationen.

## 27.45 show crypto engine brief

Verwenden Sie den privilegierten EXEC-Befehl **show crypto engine brief**, um alle Crypto-Maschinen innerhalb eines Cisco-Routers der Serien 7200, RSP7000 oder 7500 anzuzeigen.

**show crypto engine brief**

### Syntaxbeschreibung

Dieser Befehl besitzt keine Argumente oder Schlüsselwörter.

### Befehlsmodus

Privilegierter EXEC

### Benutzungsrichtlinien

Dieser Befehl erschien erstmals in der Cisco-IOS-Version 11.2.

Diese Befehl ist nur auf Cisco-Routern der Serien 7200, RSP7000 und 7500 verwendbar.

### Beispielanzeige

Es folgt eine Beispielausgabe auf den Befehl **show crypto engine brief**. In diesem Beispiel besitzt der Router zwei Crypto-Maschinen: eine Cisco-IOS-Crypto-Maschine und eine ESA-Crypto-Maschine. Beide Crypto-Maschinen besitzen erzeugte DSS-Schlüssel.

```
Router1# show crypto engine brief
crypto engine name:     Router1ESA
crypto engine type:     ESA
```

```
crypto engine state:     dss key generated
crypto firmware version: 5049702
crypto engine in Slot:   1
crypto engine name:      Router1IOS
crypto engine type:      software
crypto engine state:     dss key generated
crypto lib version:      2.0.0
crypto engine in Slot:   4
```

Tabelle 27.3 erklärt jedes Feld.

*Tabelle 27.3: Feldbeschreibungen zum Befehl show crypto engine brief*

| Feld | Beschreibung |
|---|---|
| crypto engine name | Name der Crypto-Maschine, wie er mit dem Argument *Schlüsselname* im Befehl **crypto key generate dss** festgelegt wurde. |
| crypto engine type | Wenn *software* angezeigt wird, befindet sich die Crypto-Maschine entweder im RSP (die Cisco-IOS-Crypto-Maschine) oder in einem VIP2 der zweiten Generation.<br>Wenn *crypto card* oder *ESA* angezeigt wird, ist die Crypto-Maschine einem ESA zugeordnet. |
| crypto engine state | Der Zustand *installed* zeigt an, dass sich eine Crypto-Maschine im angegebenen Slot befindet, sie aber nicht für die Verschlüsselung konfiguriert ist.<br>Der Zustand *dss key generated* zeigt an, dass die Crypto-Maschine im angegebenen Slot die DSS-Schlüssel bereits erzeugt hat.<br>In einem Cisco-Router der Serie 7200 zeigt der Zustand *installed* (*ESA pending*) an, dass die ESA-Crypto-Maschine durch die Cisco-IOS-Crypto-Maschine ersetzt wird, sobald sie einsatzbereit ist. |
| crypto firmware version | Die Versionsnummer der Crypto-Firmware, die auf dem ESA läuft. |
| crypto lib version | Die Versionsnummer der Crypto-Library, die auf dem Router läuft. |
| crypto engine in slot | Die Gehäuse-Slotnummer der Crypto-Maschine. Für die Cisco-IOS-Crypto-Maschine ist dies die Gehäuse-Slotnummer des Route-Switch-Prozessors (RSP). Für die Versatile-Interface-Prozessor-(VIP2-)Crypto-Maschine ist dies die Gehäuse-Slotnummer des VIP2. Für die ESA-Crypto-Maschine ist dies die Gehäuse-Slotnummer des ESA (beim Cisco 7200) oder die des VIP2 (beim Cisco RSP7000 und 7500). |

## Verwandte Befehle

Sie können online unter www.cisco.com eine Recherche nach verwandten Befehlen durchführen.

**show crypto engine configuration**

## 27.46 show crypto engine configuration

Verwenden Sie den privilegierten EXEC-Befehl **show crypto engine configuration**, um die Cisco-IOS-Crypto-Maschine Ihres Router anzuzeigen.

**show crypto engine configuration**

### Syntaxbeschreibung

Dieser Befehl besitzt keine Argumente oder Schlüsselwörter.

### Befehlsmodus

Privilegierter EXEC

### Benutzungsrichtlinien

Dieser Befehl erschien erstmals in der Cisco-IOS-Version 11.2.

### Beispielanzeige

Es folgt eine Beispielausgabe auf den Befehl **show crypto engine configuration** für einen Cisco-Router der Serie 2500:

```
Router1# show crypto engine configuration
engine name:          Router1
engine type:          software
serial number:        01709642
platform:             rp crypto engine
Encryption Process Info:
input queue top:      75
input queue bot:      75
input queue count:    0
```

Es folgt eine Beispielausgabe auf den Befehl **show crypto engine configuration** für einen Cisco-Router der Serie 7500:

```
Router2# show crypto engine configuration
engine name:          Router2IOS
engine type:          software
serial number:        02863239
platform:             rsp crypto engine
Encryption Process Info:
input queue top:      44
input queue bot:      44
input queue count:    0
```

Tabelle 27.4 erklärt jedes Feld.

*Tabelle 27.4: Feldbeschreibungen zum Befehl* **show crypto engine configuration**

| Feld | Beschreibung |
| --- | --- |
| engine name | Name der Crypto-Maschine, wie er mit dem Argument *Schlüsselname* im Befehl **crypto key generate dss** festgelegt wurde. |
| engine type | Sollte immer *software* anzeigen. |
| Serial number | Die Seriennummer des RP oder des RSP. |
| platform | Wenn der Router ein Cisco-Router der Serien RSP7000 oder 7500 ist, zeigt dieses Feld *rsp crypto engine* an. Wenn der Router ein Cisco-Router der Serie 7200 ist, zeigt dieses Feld *rp crypto engine* an. |
| input queue top (Encryption Process Info) | Die Position in der Warteschlange für das (eingehende) Paket, das als Nächstes verarbeitet (entschlüsselt) wird. Dieses Paket befindet sich an der Spitze der kreisförmigen Warteschlange (dieses Feld ist sehr hilfreich bei der Fehlersuche). |
| input queue bot (Encryption Process Info) | Die Position in der Warteschlange für das (eingehende) Paket, das als Letztes in der Schlange verarbeitet (entschlüsselt) wird. Das Paket wurde als Letztes empfangen und an das Ende der kreisförmigen Warteschleife gesetzt (dieses Feld ist sehr hilfreich bei der Fehlersuche). |
| input queue count (Encryption Process Info) | Die Gesamtzahl der Pakete, die sich momentan in der Warteschlange befinden. Dies sind die eingehenden Pakete, die auf ihre Verarbeitung warten (dieses Feld ist sehr hilfreich bei der Fehlersuche). |

**Verwandte Befehle**

Sie können online unter www.cisco.com eine Recherche nach verwandten Befehlen durchführen.

**show crypto engine brief**

## 27.47 show crypto engine connections active

Verwenden Sie den privilegierten EXEC-Befehl **show crypto engine connections active**, um die momentan aktiven verschlüsselten Sitzungsverbindungen für alle Crypto-Maschinen anzuzeigen.

**show crypto engine connections active** [*Slot* | rsm | vip]

| Syntax | Beschreibung |
|---|---|
| *Slot* | (Optional) Adressiert die Crypto-Maschine. Dieses Argument ist nur auf Cisco-Routern der Serien 7200, RSP7000 und 7500 verwendbar.<br>Wenn kein Slot angegeben wird, wird die Cisco-IOS-Crypto-Maschine ausgewählt.<br>Verwenden Sie die Gehäuse-Slotnummer der Crypto-Maschinenposition. Für die Cisco-IOS-Crypto-Maschine ist dies die Gehäuse-Slotnummer des Route-Switch-Prozessors (RSP). Für die Versatile-Interface-Prozessor-(VIP2-)Crypto-Maschine ist dies die Gehäuse-Slotnummer des VIP2. Für die ESA-Crypto-Maschine ist dies die Gehäuse-Slotnummer des ESA (beim Cisco 7200) oder die des VIP2 (beim Cisco RSP7000 und 7500). |
| **rsm** | (Optional) Dieses Schlüsselwort ist nur auf dem Cisco-Catalyst-Switch der Serie 5000 verwendbar. Es adressiert das Route-Switch-Modul (RSM) auf dem Cisco-Catalyst-Switch der Serie 5000. |
| **vip** | (Optional) Dieses Schlüsselwort ist nur auf dem Cisco-Catalyst-Switch der Serie 5000 verwendbar. Es adressiert den VIP2 auf dem Cisco-Catalyst-Switch der Serie 5000. |

### Befehlsmodus

Privilegierter EXEC

### Benutzungsrichtlinien

Dieser Befehl erschien erstmals in der Cisco-IOS-Version 11.2. Die Schlüsselwörter **rsm** und **vip** wurden in der Cisco-IOS-Version 12.0 hinzugefügt.

### Beispielanzeige

Es folgt eine Beispielausgabe auf den Befehl **show crypto engine connections active**:

```
Router1# show crypto engine connections active
Connection Interface  IP-Address    State Algorithm    Encrypt Decrypt
2          Ethernet0  172.21.114.9  set   DES_56_CFB64 41      32
3          Ethernet1  172.29.13.2   set   DES_56_CFB64 110     65
4          Serial0    172.17.42.1   set   DES_56_CFB64 36      27
```

Es folgt eine Beispielausgabe auf den Befehl **show crypto engine connections active** auf einem Cisco-Router der Serie 7500, bei dem sich der VIP in Slot 4 befindet:

```
Router1# show crypto engine connections active 4
Connection Interface  IP-Address    State Algorithm    Encrypt Decrypt
2          Ethernet0  172.21.114.9  set   DES_56_CFB64 41      32
3          Ethernet1  172.29.13.2   set   DES_56_CFB64 110     65
4          Serial0    172.17.42.1   set   DES_56_CFB64 36      27
```

Wenn Sie auf einem Cisco-Router der Serie 7500 keine Slotnummer angeben, wird standardmäßig die Slotnummer des RSP verwendet.

Es folgt eine Beispielausgabe auf den Befehl **show crypto engine connections active** auf einem Cisco-Catalyst-Switch der Serie 5000:

```
Router1# show crypto engine connections active vip
Connection Interface  IP-Address    State Algorithm   Encrypt Decrypt
2          Ethernet0  172.21.114.9  set   DES_56_CFB64 41     32
3          Ethernet1  172.29.13.2   set   DES_56_CFB64 110    65
4          Serial0    172.17.42.1   set   DES_56_CFB64 36     27
```

Wenn Sie auf einem Cisco-Catalyst-Switch der Serie 5000 kein Schlüsselwort angeben, gilt standardmäßig das Schlüsselwort **rsm**.

Tabelle 27.5 erklärt jedes Feld.

*Tabelle 27.5: Feldbeschreibungen zum Befehl show crypto engine connections active*

| Feld | Beschreibung |
|---|---|
| Connection | Kennzeichnet die Verbindung anhand der Nummer. Jede aktive verschlüsselte Sitzungsverbindung wird durch eine positive Zahl von 1 bis 299 gekennzeichnet. Diese Verbindungsnummern entsprechen den Nummern im Tabelleneintrag. |
| Schnittstelle | Kennzeichnet die an der verschlüsselten Sitzungsverbindung beteiligte Schnittstelle. Diese zeigt nur die tatsächliche Schnittstelle an und keine Subschnittstelle (auch wenn eine Subschnittstelle festgelegt ist und für die Verbindung verwendet wird). |
| IP-Address | Zeigt die IP-Adresse der Schnittstelle an. Wenn für die Verbindung eine Subschnittstelle verwendet wird, zeigt dieses Feld *unassigned* an. |
| State | Der Zustand *set* zeigt eine aktive Verbindung an. |
| Algorithm | Zeigt den DES-Algorithmus an, mit dem die Pakete an der Schnittstelle verschlüsselt/entschlüsselt werden. |
| Encrypt | Zeigt die Gesamtzahl der verschlüsselten ausgehenden IP-Pakete an. |
| Decrypt | Zeigt die Gesamtzahl der entschlüsselten eingehenden IP-Pakete an. |

### Verwandte Befehle

Sie können online unter www.cisco.com eine Recherche nach verwandten Befehlen durchführen.

show crypto engine connections dropped-packets

## 27.48 show crypto engine connections dropped-packets

Verwenden Sie den privilegierten EXEC-Befehl **show crypto engine connections dropped-packets**, um Informationen über Pakete anzuzeigen, die während der verschlüsselten Sitzungen auf allen Crypto-Maschinen des Routers verworfen wurden.

show crypto engine connections dropped-packets

### Syntaxbeschreibung

Dieser Befehl besitzt keine Argumente oder Schlüsselwörter.

### Befehlsmodus

Privilegierter EXEC

### Benutzungsrichtlinien

Dieser Befehl erschien erstmals in der Cisco-IOS-Version 11.2.

### Beispielanzeige

Es folgt eine Beispielausgabe auf den Befehl **show crypto engine connections dropped-packets**:

```
Router1# show crypto engine connections dropped-packets
Interface      IP-Address      Drop Count
Ethernet0/0    172.21.114.165  4
```

Die Drop-Count-Zahl zeigt die Gesamtzahl der verworfenen Pakete für die Gesamtlaufzeit der Crypto-Maschine an.

### Verwandte Befehle

Sie können online unter www.cisco.com eine Recherche nach verwandten Befehlen durchführen.

**show crypto engine connections active**

## 27.49 show crypto key mypubkey dss

Verwenden Sie den EXEC-Befehl **show crypto key mypubkey dss**, um die öffentlichen DSS-Schlüssel (für alle Crypto-Maschinen Ihres Router) in hexadezimaler Form anzuzeigen.

**show crypto key mypubkey dss**

### Syntaxbeschreibung

Dieser Befehl besitzt keine Argumente oder Schlüsselwörter.

### Befehlsmodus

EXEC

### Benutzungsrichtlinien

Dieser Befehl erschien erstmals in der Cisco-IOS-Version 11.2.

### Beispielanzeige

Es folgt eine Beispielausgabe auf den Befehl **show crypto key mypubkey dss** für einen Cisco-Router der Serie 2500 mit einer Crypto-Maschine namens Router1.branch:

```
Router1# show crypto key mypubkey dss
Key name: Router1
Serial number: 05706421
Usage: Signature Key
Key Data:
8F1440B9 4C860989 8791A12B 69746E27 307ACACB 62915B02 0261B58F 1F7ABB10
90CE70A9 08F86652 16B52064 37C857D4 7066DAA3 7FC33212 445275EE 542DCD06
```

### Verwandte Befehle

Sie können online unter www.cisco.com eine Recherche nach verwandten Befehlen durchführen.

**show crypto key pubkey-chain dss**

## 27.50 show crypto key pubkey-chain dss

Verwenden Sie den EXEC-Befehl **show crypto key pubkey-chain dss**, um die öffentlichen DSS-Schlüssel der Peer-Router anzuzeigen, die Ihrem Router bekannt sind.

**show crypto key pubkey-chain dss** [name *Schlüsselname* | serial *Serien-Nummer*]

| Syntax | Beschreibung |
| --- | --- |
| *Schlüsselname* | Der Name, der vergeben wurde, als der öffentliche DSS-Schlüssel mit dem Befehl **crypto key pubkey-chain dss** erzeugt wurde. |
| *Seriennummer* | Die Seriennummer des öffentlichen DSS-Schlüssels des Verschlüsselungs-Routers. |

### Befehlsmodus

EXEC

### Benutzungsrichtlinien

Dieser Befehl erschien erstmals in der Cisco-IOS-Version 11.2.

## Beispielanzeige

Es folgt eine Beispielausgabe auf den Befehl **show crypto key pubkey-chain dss**:

```
Router1# show crypto key pubkey-chain dss
Codes: M - Manually configured
Code Usage      Serial Number    Name
M    Signing    03259625         router1
```

Es folgt eine Beispielausgabe auf den Befehl **show crypto key pubkey-chain dss** mit dem Schlüsselwort *Schlüsselname*:

```
Router1# show crypto key pubkey-chain dss name router1
Key name: Router1
Serial number: 03259625
Usage: Signature Key
Source: Manually entered
Data:
8F1440B9 4C860989 8791A12B 69746E27 307ACACB 62915B02 0261B58F 1F7ABB10
90CE70A9 08F86652 16B52064 37C857D4 7066DAA3 7FC33212 445275EE 542DCD06
```

Es folgt eine Beispielausgabe auf den Befehl **show crypto key pubkey-chain dss** mit dem Schlüsselwort *Seriennummer*:

```
Router1# show crypto key pubkey-chain dss serial 03259625
Key name: Router1
Serial number: 03259625
Usage: Signature Key
Source: Manually entered
Data:
8F1440B9 4C860989 8791A12B 69746E27 307ACACB 62915B02 0261B58F 1F7ABB10
90CE70A9 08F86652 16B52064 37C857D4 7066DAA3 7FC33212 445275EE 542DCD06
```

## Verwandte Befehle

Sie können online unter www.cisco.com eine Recherche nach verwandten Befehlen durchführen.

**crypto key exchange dss**
**crypto key generate dss**
**show crypto key pubkey-chain dss**

## 27.51 show crypto key-timeout

Der Befehl **show crypto cisco key-timeout** ersetzt diesen Befehl. Lesen Sie die Beschreibung des Befehls **show crypto cisco key-timeout** für weitere Informationen.

## 27.52 show crypto map

Verwenden Sie den privilegierten EXEC-Befehl **show crypto map**, um die Konfiguration der Verschlüsselungskarte anzuzeigen.

**show crypto map** [**interface** *Schnittstelle* | **tag** *Kartenname*]

| Syntax | Beschreibung |
| --- | --- |
| **interface** *Schnittstelle* | (Optional) Zeigt nur den Verschlüsselungskartensatz an, der der angegebenen Schnittstelle zugeordnet ist. |
| **tag** *Kartenname* | (Optional) Zeigt nur den Verschlüsselungskartensatz mit dem angegebenen *Kartennamen* an. |

### Standard

Wenn keine Schlüsselwörter verwendet werden, werden alle auf dem Router konfigurierten Verschlüsselungskarten angezeigt.

### Befehlsmodus

Privilegierter EXEC

### Benutzungsrichtlinien

Dieser Befehl erschien erstmals in der Cisco-IOS-Version 11.2.

Dieser Befehl wird auch in Kapitel 29 »Befehle der IPSec-Netzwerksicherheit« beschrieben, in dem er eine etwas andere Funktionalität besitzt.

### Beispielanzeige

Es folgt eine Beispielausgabe auf den Befehl **show crypto map**, der auf einem Cisco-Router der Serie 2500 ausgeführt wurde:

```
Router1# show crypto map
Crypto Map "Canada" 10
        Connection Id = UNSET    (2 established,    0 failed)
        Crypto Engine = Router1IOS (2)
        Algorithm = 40-bit-des cfb-64
        Peer = Router2
        PE = 172.21.114.9
        UPE = 192.168.23.116
        Extended IP access list 101
                access-list 101 permit ip host 10.0.0.1 host 192.168.15.0
                access-list 101 permit ip host 172.21.114.9 host 192.168.23.116
```

Es folgt eine Beispielausgabe auf den Befehl **show crypto map,** der auf einem Cisco-Router der Serie 7500 ausgeführt wurde. Es werden zwei Verschlüsselungskarten angezeigt: eine Verschlüsselungskarte namens ResearchSite mit den Untereinträgen 10 und 20 und eine andere Verschlüsselungskarte namens HQ.

```
Router2# show crypto map
Crypto Map "ResearchSite" 10
        Connection Id = 6          (6 established,   0 failed)
        Crypto Engine = Router2IOS (4)
        Algorithm = 40-bit-des cfb-64
        Peer = Router1
        PE = 192.168.15.0
        UPE = 10.0.0.1
        Extended IP access list 102
            access-list 102 permit ip host 192.168.15.0 host 10.0.0.1
Crypto Map "ResearchSite" 20
        Connection Id = UNSET      (0 established,   0 failed)
        Crypto Engine = Router2IOS (4)
        Algorithm = 56-bit-des cfb-64
        Peer = Router3
        PE = 192.168.129.33
        UPE = 172.21.114.165
        Extended IP access list 103
            access-list 103 permit ip host 192.168.129.33 host 172.21.114.165
Crypto Map "HQ" 10
        Connection Id = UNSET      (3 established,   0 failed)
        Crypto Engine = Router2ESA (2)
        Algorithm = 56-bit-des cfb-64
        Peer = Eggplant
        PE = 192.168.129.10
        UPE = 10.1.2.3
        Extended IP access list 104
            access-list 104 permit ip host 192.168.129.10 host 10.1.2.3
```

Die Befehlsausgabe listet jeden einzelnen Verschlüsselungskarten-Eintrag getrennt auf.

Wenn mehr als eine Unteraussage für eine Verschlüsselungskarte vorhanden ist, wird jede Unteraussage nach Sequenznummern getrennt angegeben (nach der *Sequenznummer* des Befehls **crypto map (globale Konfiguration)**). Die Sequenznummer wird nach dem Verschlüsselungskartennamen angezeigt.

Tabelle 27.6 erklärt jedes Feld.

*Tabelle 27.6: show crypto map Feldbeschreibungen zum Befehl*

| Feld | Beschreibung |
| --- | --- |
| Connection Id | Kennzeichnet die Verbindung anhand ihrer Nummer. Jede aktive verschlüsselte Sitzungsverbindung wird durch eine positive Zahl von 1 bis 299 gekennzeichnet. Der Wert UNSET zeigt an, dass momentan keine Verbindung existiert und die Verschlüsselungskarte beansprucht. |
| established | Zeigt die Gesamtzahl von verschlüsselten Verbindungen an, die durch die Verschlüsselungskarte erfolgreich eingerichtet wurden. |
| failed | Zeigt die Gesamtzahl von verschlüsselten Verbindungsversuchen an, die fehlschlugen, während sie die Verschlüsselungskarte beanspruchten. |
| Crypto Engine | Zeigt den Namen der vorherrschenden Crypto-Maschine an, gefolgt von der Crypto-Maschinen-Slotnummer in Klammern. Die Slotnummer kann entweder die RSP-Slotnummer einer Cisco-IOS-Crypto-Maschine, die VIP2-Slotnummer der zweiten Generation eines VIP2, eine ESA-Crypto-Maschinen-Slotnummer oder (nur beim Cisco 7200) eine ESA-Slotnummer einer ESA-Crypto-Maschine anzeigen. (Diese werden nicht auf Routern angezeigt, die nicht Cisco-Router der Serien 7200, RSP7000 oder 7500 sind). |
| Algorithm | Zeigt den Typ des DES-Verschlüsselungs-Algorithmus an, der durch die Verschlüsselungskarte verwendet wird. |
| Peer | Zeigt den Namen der Verschlüsselungskarte des entfernten verschlüsselnden Peer-Routers an. |
| PE | Protected Entity (geschützte Einheit). Dieses Feld zeigt eine stellvertretende Quell-IP-Adresse an, wie sie in der Verschlüsselungs-Access-Liste der Verschlüsselungskarte festgelegt wurde. Diese IP-Adresse kann jeder Host sein, der auf eine Quelle in der Verschlüsselungs-Access-Liste passt, die für die Verbindung verwendet wird. |
| UPE | Unprotected Entity (ungeschützte Einheit). Dieses Feld zeigt eine stellvertretende Ziel-IP-Adresse an, wie sie in der Verschlüsselungs-Access-Liste der Verschlüsselungskarte festgelegt wurde. Diese IP-Adresse kann jeder Host sein, der auf ein Ziel in der Verschlüsselungs-Access-Liste passt, die für die Verbindung verwendet wird. |
| Extended IP access list | Listet die Access-Liste auf, die mit der Verschlüsselungskarte verbunden ist. Wenn keine Access-Liste zugeordnet ist, wird die Meldung »No matching address list set« angezeigt. |

## Verwandte Befehle

Sie können online unter www.cisco.com eine Recherche nach verwandten Befehlen durchführen.

**crypto map (globale Konfiguration)**
**crypto map (Interface-Konfiguration)**

## 27.53 show crypto mypubkey

Der Befehl **show crypto key mypubkey dss** ersetzt diesen Befehl. Lesen Sie die Beschreibung des Befehls **show crypto key mypubkey dss** für weitere Informationen.

## 27.54 show crypto pregen-dh-pairs

Der Befehl **show crypto cisco pregen-dh-pairs** ersetzt diesen Befehl. Lesen Sie die Beschreibung des Befehls **show crypto cisco pregen-dh-pairs** für weitere Informationen.

## 27.55 show crypto pubkey

Der Befehl **show crypto key pubkey-chain dss** ersetzt diesen Befehl. Lesen Sie die Beschreibung des Befehls **show crypto key pubkey-chain dss** für weitere Informationen.

## 27.56 show crypto pubkey name

Der Befehl **show crypto key pubkey-chain dss** ersetzt diesen Befehl. Lesen Sie die Beschreibung des Befehls **show crypto key pubkey-chain dss** für weitere Informationen.

## 27.57 show crypto pubkey serial

Der Befehl **show crypto key pubkey-chain dss** ersetzt diesen Befehl. Lesen Sie die Beschreibung des Befehls **show crypto key pubkey-chain dss** für weitere Informationen.

## 27.58 test crypto initiate-session

Verwenden Sie den privilegierten EXEC-Befehl **test crypto initiate-session**, um eine testweise Verschlüsselungssitzung einzurichten.

**test crypto initiate-session** *Quell-IP-Adresse Ziel-IP-Adresse Kartenname Sequenznummer*

| Syntax | Beschreibung |
| --- | --- |
| *Quell-IP-Adresse* | IP-Adresse des Quell-Hosts. Sollte in einem Eintrag der Verschlüsselungs-Access-Liste als eine gültige Quell-IP-Adresse enthalten sein. |
| *Ziel-IP-Adresse* | IP-Adresse des Ziel-Hosts. Sollte in einem Eintrag der Verschlüsselungs-Access-Liste als eine gültige Ziel-IP-Adresse enthalten sein. |
| *Kartenname* | Bezeichnet die verwendete Verschlüsselungskarte. |
| *Sequenznummer* | Bezeichnet die Sequenznummer der Verschlüsselungskarte. |

## Befehlsmodus

Privilegierter EXEC

## Benutzungsrichtlinien

Dieser Befehl erschien erstmals in der Cisco-IOS-Version 11.2.

Mit diesem Befehl können Sie eine testweise Verschlüsselungssitzung einrichten. Dieser Befehl kann verwendet werden, nachdem Sie alle notwendigen Verschlüsselungs-Konfigurationsschritte auf Ihrem Router abgeschlossen haben. Nachdem Sie diesen Befehl ausgeführt haben, verwenden Sie den Befehl **show crypto cisco connections**, um den Zustand der gerade erzeugten Verbindung zu überprüfen.

## Beispiel

Das folgende Beispiel richtet eine testweise Verschlüsselungssitzung ein und überprüft sie.

Router1 richtet eine testweise Verschlüsselungssitzung mit dem Router2 ein und beobachtet dabei den Verbindungszustand, um zu überprüfen, ob eine verschlüsselte Sitzungsverbindung erfolgreich zustande kommt.

Schritt 1 Router1 richtet testweise eine Verschlüsselungsverbindung mit dem Router2 ein:

```
Router1# test crypto initiate-session 192.168.3.12 192.168.204.110
Router2ESA.TXbranch 10
Sending CIM to: 192.168.204.110 from: 192.168.3.12.
Verbindung id: -1
```

Beachten Sie, dass der Wert der Verbindungs-ID (= Connection id) gleich –1 ist. Ein negativer Wert lässt erkennen, dass die Verbindung eingerichtet wird (CIM bedeutet Connection Initiation Message).

Schritt 2 Router1 führt den Befehl **show crypto cisco connections** aus:

```
Router1# show crypto cisco connections
Pending Connection Table
PE              UPE              Timestamp            Conn_id
192.168.3.10    192.168.204.100  Mar 01 1993 00:01:09 -1
Connection Table
PE              UPE              Conn_id New_id Alg   Time
192.168.3.10    192.168.204.100  -1      1      0     Not Set
                flags:PEND_CONN
```

Schauen Sie in der schwebenden Verbindungstabelle (= Pending Connection Table) nach einem Eintrag mit einem *Conn_id*-Wert, der mit dem zuvor angezeigten Wert der Verbindungs-ID übereinstimmt – in diesem Fall suchen Sie einen Eintrag mit einem *Conn_id*-Wert von –1. Wenn dies der erste Versuch zur Einrichtung einer verschlüsselten Verbindung ist, wird hier nur ein Eintrag angezeigt (wie hier zu sehen ist).

Beachten Sie die PE- und UPE-Adressen für diesen Eintrag.

Schritt 3 Schauen Sie nun in der Verbindungstabelle (= Connection Table) nach einem Eintrag mit denselben PE- und UPE-Adressen. In diesem Fall befindet sich nur ein Eintrag in beiden Tabellen; daher findet sich der richtige Verbindungstabellen-Eintrag schnell.

Schritt 4 Beachten Sie in diesem Verbindungstabellen-Eintrag die Werte für *Conn_id* und *New_id*. In diesem Fall ist der Wert für die *Conn_id* gleich –1 (wie in der schwebenden Verbindungstabelle) und der Wert für die *New_id* ist gleich 1. Der *New_id*-Wert von 1 wird an die Testverbindung vergeben, wenn die Einrichtung abgeschlossen wird (positive Zahlen werden für eingerichtete, aktive Verbindungen vergeben).

Schritt 5 Router1 wartet einige Sekunden, damit die Testverbindung eingerichtet werden kann, und führt den Befehl **show crypto cisco connections** erneut aus:

```
Router1# show crypto cisco connections
Connection Table
PE              UPE               Conn_id New_id Alg     Time
192.168.3.10    192.168.204.100 1       0      10      Mar 01 1993
00:02:00
                flags:TIME_KEYS
```

Schauen Sie wieder wie zuvor nach dem Verbindungstabellen-Eintrag mit denselben PE- und UPE-Adressen. Beachten Sie, dass in diesem Eintrag der *Conn_id*-Wert auf 1 verändert wurde. Dies lässt erkennen, dass die Testverbindung erfolgreich eingerichtet wurde, da der *Conn_id*-Wert nun den *New_id*-Wert aus Schritt 4 angenommen hat. Zudem wurde der *New_id*-Wert zu diesem Zeitpunkt auf 0 zurückgesetzt. Dies zeigt an, dass momentan keine neuen Verbindungen eingerichtet werden.

In der Befehlsausgabe von Schritt 5 wird keine schwebende Verbindungstabelle mehr angezeigt, also sind momentan keine schwebenden Verbindungen vorhanden. Diese gibt auch einen guten Hinweis darauf, dass die Testverbindung erfolgreich eingerichtet wurde.

Der Befehl **show crypto cisco connections** wird in diesem Kapitel detailliert erklärt. Dort können Sie eine Beschreibung finden, wie die Verbindungs-IDs während und nach der Verbindungseinrichtung vergeben werden.

### Verwandte Befehle

Sie können online unter www.cisco.com eine Recherche nach verwandten Befehlen durchführen.

**show crypto cisco connections**

**KAPITEL 28**

# Konfiguration der IPSec-Netzwerksicherheit

Dieses Kapitel beschreibt die Konfiguration der IPSec, ein integriertes System aus offenen Standards, das durch die Internet-Engineering-Task-Force (IETF) entwickelt wurde. Die IPSec ermöglicht eine sichere Übertragung von vertraulichen Informationen über ungeschützte Netzwerke wie das Internet. Sie arbeitet auf der Netzwerkebene und schützt und authentifiziert die IP-Pakete zwischen beteiligten IPSec-Geräten (sogenannten *Peer-Geräten*), wie z.B. Cisco-Routern.

Die IPSec ermöglicht die folgenden optionalen Netzwerksicherheitsdienste. Im allgemeinen wird die lokale Sicherheitspolitik die Verwendung eines oder mehrerer dieser Dienste erforderlich machen:

- Datenvertraulichkeit (Data-Confidentiality) – Der IPSec-Sender kann Pakete verschlüsseln, bevor er sie über ein Netzwerk sendet.
- Die Datenintegrität (Data-Integrity) – Der IPSec-Empfänger kann die vom IPSec-Sender übertragenen Pakete authentifizieren, um zu gewährleisten, dass die Daten während der Übertragung nicht verändert werden.
- Die Daten-Herkunftsauthentifizierung (Data-Origin-Authentication) – Der IPSec-Empfänger kann die Quelle der gesendeten IPSec-Pakete authentifizieren. Dieser Dienst ist abhängig vom Datenintegritätsdienst.
- Der Kopierschutz (Anti-Replay) – Der IPSec-Empfänger kann duplizierte Pakete entdecken und ablehnen.

> **ANMERKUNG**
>
> Der Begriff *Daten-Authentifizierung* wird allgemein für die Datenintegrität *und* die Daten-Herkunftsauthentifizierung verwendet. In diesem Kapitel schließt er auch die Kopierschutz- (Anti-Replay-) Dienste ein, wenn nichts anderes angegeben wird.

Mit der IPSec können Daten über ein öffentliches Netzwerk übertragen werden, ohne dass diese der Gefahr der Observierung, der Veränderung oder des Spoofings ausgesetzt werden. Dies ermöglicht Anwendungen wie virtuelle private Netzwerke (VPNs), also auch Intranets, Extranets und den Zugang für Einwahlbenutzer.

Eine vollständige Beschreibung der in diesem Kapitel verwendeten Befehle zur IPSec-Netzwerksicherheit finden Sie in Kapitel 29 »Befehle zur IPSec-Netzwerksicherheit«. Um eine Beschreibung zu anderen in diesem Kapitel angesprochenen Befehlen zu erhalten, können Sie eine Online-Recherche unter der Adresse www.cisco.com durchführen.

## 28.1 IPSec-Überblick

Die IPSec-Dienste sind nahe verwandt mit denen der Cisco-Verschlüsselungstechnologie (CET), einer proprietären Sicherheitslösung, die mit der Cisco-IOS-Softwareausgabe 11.2 eingeführt wurde (der IPSec-Standard war zum Zeitpunkt der Software-Versionsausgabe 11.2 noch nicht veröffentlicht). Jedoch bietet die IPSec eine robustere Sicherheitslösung und basiert auf Standards. IPSec ermöglicht neben den Daten-Vertraulichkeitsdiensten auch zusätzlich die Daten-Authentifizierungs- und die Kopierschutzdienste, während CET lediglich die Daten-Vertraulichkeitsdienste ermöglicht.

Informationen zum Vergleich von IPSec und CET finden Sie in Kapitel 25 »Überblick über IP-Sicherheit und Verschlüsselung«.

### 28.1.1 Unterstützte Standards

Cisco wendet mit diesem Verfahren die folgenden Standards an:

- **IPSec** – Das IP-Sicherheits-Protokoll. IPSec ist ein integriertes System aus offenen Standards, mit dem die Datenvertraulichkeit, die Datenintegrität und die Datenauthentifizierung zwischen beteiligten Peer-Geräten ermöglicht wird. IPSec führt diese Sicherheitsdienste auf der IP-Schicht aus. Sie nutzt den IKE zur Ausführung der Protokoll- und Algorithmenvereinbarungen entsprechend den lokalen Vorgaben und zur Erzeugung der Verschlüsselungs- und Authentifizierungsschlüssel, die durch IPSec verwendet werden. IPSec kann zum Schutz eines oder mehrerer Datenströme (data flows) zwischen einem Hostpaar, einem Paar von Sicherheits-Gateways oder einem Sicherheits-Gateway und einem Host eingesetzt werden.

  IPSec ist in einer ganzen Reihe von Internet-Konzepten (sog. Drafts) dokumentiert, die alle unter der Adresse www.ietf.org/html.charters/ipsec-charter.html (seit der ersten Veröffentlichung dieses Dokuments) abrufbar sind. Die gesamte IPSec-Ausführung der neuesten Version finden Sie im Internet-Draft »Security-Architecture for the Internet Protocol« (draft-ietf-arch-sec-xx.txt). Eine frühere IPSec-Version ist in den RFCs 1825 bis 1829 beschrieben. Während die Internet-Drafts an die Stelle dieser RFCs treten, führt die Cisco-IOS-IPSec das RFC 1828 (die IP-Authentifizierung mit MD5-Schlüsseln) und das RFC 1829 (die ESP-DES-CBC-Transformierung) aus Gründen der Rückwärtskompatibilität aus.

- **Internet Key Exchange (IKE = Internet-Schlüsselaustausch)** – Ein Mischprotokoll, das den Oakley- und den SKEME-Schlüsselaustausch im Rahmen des ISAKMP ausführt. Obwohl das IKE zusammen mit anderen Protokollen verwendet werden kann, erfolgt seine erstmalige Anwendung durch das IPSec-Protokoll. Das IKE ermöglicht die Authentifizierung der IPSec-Peer-Geräte, es vereinbart die IPSec-Sicherheitsassoziationen und es richtet die IPSec-Schlüssel ein.

  Weitere Informationen über das IKE finden Sie in Kapitel 32 »Konfiguration des Internet-Key-Exchange-Sicherheitsprotokolls«.

Die in der IPSec angewendeten Technologien sind folgende:

- **DES** – Der Data-Encryption-Standard (DES) wird zur Verschlüsselung der Paketdaten verwendet. Die Cisco IOS verwendet den verbindlichen 56-Bit-DES-CBC mit ausdrücklichem IV. Das Cipher-Block-Chaining (CBC) erfordert einen Initialisierungsvektor (IV), um die Verschlüsselung zu starten. Der IV ist ausdrücklich im IPSec-Paket enthalten. Aus Gründen der Rückwärtskompatibilität wendet die Cisco-IOS-IPSec auch die RFC-1829-Version des ESP-DES-CBC an.

- **MD5 (die HMAC-Variante)** – Der Message-Digest 5 (MD5) ist ein zerhackender Algorithmus. Der HMAC ist eine zerhackende Variante, die zur Datenauthentifizierung verwendet wird.

- **SHA (die HMAC-Variante)** – Der Secure-Hash-Algorithm (SHA) ist ein zerhackender Algorithmus. Der HMAC ist eine zerhackende Variante, die zur Datenauthentifizierung verwendet wird.

Die IPSec unterstützt in der Cisco-IOS-Software-Ausführung die folgenden zusätzlichen Standards:

- **AH** – Der Authentifizierungs-Header. Ein Sicherheits-Protokoll, das die Datenauthentifizierung und optionale Kopierschutzdienste ermöglicht. Der AH ist in die zu schützenden Daten eingebettet (in ein ganzes IP-Datagramm).

  Es wird sowohl der ältere AH des RFC 1828 als auch das erneuerte AH-Protokoll durchgeführt. Informationen zum erneuerte AH-Protokoll finden Sie im Internet-Draft »IP Authentication Header« (draft-ietf-ipsec-auth-header-xx.txt).

  Das RFC 1828 legt den MD5-Schlüssel-Authentifizierungsalgorithmus fest, aber es bietet keine Kopierschutzdienste. Das erneuerte AH-Protokoll lässt die Verwendung verschiedener Authentifizierungs-Algorithmen zu. Die Cisco IOS hat die vorgeschriebenen MD5- und SHA- (die HMAC-Varianten) Authentifizierungs-Algorithmen integriert. Das erneuerte AH-Protokoll ermöglicht die Kopierschutzdienste.

- **ESP** – Encapsulating-Security-Payload (Einkapselung der schützenswerten Datenfracht). Ein Sicherheitsprotokoll, das die Datenvertraulichkeitsdienste und die optionale Datenauthentifizierung sowie die Kopierschutzdienste ermöglicht. Das ESP kapselt die zu schützenden Daten ein.

Es wird sowohl das ältere ESP des RFC 1829 als auch das erneuerte ESP-Protokoll durchgeführt. Das erneuerte ESP-Protokoll der neuesten Version finden Sie im Internet-Draft »IP Encapsulating Security Payload« (draft-ietf-ipsec-esp-v2-xx.txt).

Das RFC 1829 legt den DES-CBC als Verschlüsselungsalgorithmus fest, aber er bietet keine Datenauthentifizierungs- oder Kopierschutzdienste. Das erneuerte ESP-Protokoll lässt die Verwendung verschiedener Chiffrieralgorithmen und (optional) verschiedene Authentifizierungsalgorithmen zu. Die Cisco IOS verwendet den vorgeschriebenen 56-Bit-DES-CBC mit explizitem IV als Verschlüsselungsalgorithmus und den MD5 oder den SHA (die HMAC-Varianten) als Authentifizierungsalgorithmen. Das erneuerte AH-Protokoll ermöglicht die Kopierschutzdienste.

### 28.1.2 Eine Liste von Begriffen

**Kopierschutz (Anti-Replay)** – Ein Sicherheitsdienst, mit dem der Empfänger alte oder duplizierte Pakete ablehnen kann, um sich selbst vor Replay-Attacken zu schützen. Die IPSec ermöglicht diesen optionalen Dienst durch die Verwendung einer Sequenznummer in Kombination mit der Daten-Authentifizierung. Die Cisco-IOS-IPSec ermöglicht diesen Dienst immer dann, wenn sie auch den Daten-Authentifizierungsdienst ausführt, mit Ausnahme der folgenden Fälle:

- Das RFC 1828 bietet keine Unterstützung für diesen Dienst.

- Der Dienst ist nicht für manuell eingerichtete Sicherheitsassoziationen verfügbar (dies sind Sicherheitsassoziationen, die durch die Konfiguration und nicht durch das IKE eingerichtet wurden).

**Datenauthentifizierung (Data-Authentication)** – Diese beinhaltet zwei Konzepte:

- Die Datenintegrität (Data-Integrity) (Sicherstellung, dass Daten nicht verändert wurden).

- Die Daten-Herkunftsauthentifizierung (Data-Origin-Authentication) (Sicherstellung, dass die Daten tatsächlich von der angegebenen Quelle stammen).

Die Datenauthentifizierung kann sich entweder auf die reine Integrität oder auf beide Konzepte zusammen beziehen (auch wenn die Daten-Herkunftsauthentifizierung von der Datenintegrität abhängt).

**Daten-Vertraulichkeit (Data-Confidentiality)** – Ein Sicherheitsdienst, durch den geschützte Daten nicht observiert werden können.

**Datenstrom (Data-Flow)** – Eine Verkehrsteilmenge, die durch eine Kombination aus Quelladresse/Maske, Zieladresse/Maske, IP-Next-Protokollfeld und Quell- und Zielports gekennzeichnet ist, bei der die Protokoll- und Portfelder auch die Werte **any** enthalten können. Auf diese Weise werden alle Datenpakete, die eine bestimmte Kombination dieser Werte besitzen, in eine logische Teilmenge (einen Datenstrom) zusammengefasst. Ein Datenstrom kann für eine einzelne TCP-Verbindung zwischen zwei Hosts stehen oder er kann den gesamten Verkehr zwischen zwei Subnetzen repräsentieren. Der IPSec-Schutz wird auf Datenströme angewendet.

**Peer-Gerät (Peer)** – Im Kontext dieses Kapitels sind dies ein Router oder ein anderes Gerät, das an der IPSec beteiligt ist.

**perfect forward secrecy (PFS)** – Perfekte Weitergabe eines Geheimnisses. Eine Verschlüsselungseigenschaft, die mit einem abgeleiteten gemeinsamen Geheimwert verknüpft ist. Wenn beim PFS ein Schlüssel aufgedeckt wird, werden damit die vorherigen und die nachfolgenden Schlüssel nicht aufgedeckt, da aufeinanderfolgende Schlüssel nicht aus dem jeweils vorhergehenden Schlüssel abgeleitet werden.

**Sicherheitsassoziation (Security-Association)** – Eine IPSec-Sicherheitsassoziation (SA) ist eine Beschreibung dessen, wie zwei oder mehrere Einheiten die Sicherheitsdienste im Kontext eines bestimmten Sicherheitsprotokolls (AH oder ESP) verwenden, um mittels eines bestimmten Datenstroms geschützt miteinander kommunizieren zu können. Sie enthält solche Dinge wie die Transformation (Transform) und den gemeinsamen Geheimschlüssel, die für den Schutz des Verkehrs verwendet werden.

Die IPSec-Sicherheitsassoziation wird entweder durch das IKE oder durch die manuelle Benutzerkonfiguration eingerichtet. Sicherheitsassoziationen werden nur in einer Richtung und für jedes Sicherheitsprotokoll getrennt eingerichtet. Wenn daher Sicherheitsassoziationen für die IPSec eingerichtet werden, werden die Sicherheitsassoziationen (für jedes Protokoll) gleichzeitig in beiden Richtungen eingerichtet.

Wenn das IKE zur Einrichtung der Sicherheitsassoziationen für den Datenstrom eingesetzt wird, werden die Sicherheitsassoziationen nach Bedarf eingerichtet und sie werden nach einer bestimmten Zeitdauer ungültig (oder nach einem bestimmten Verkehrsvolumen). Wenn die Sicherheitsassoziationen manuell eingerichtet werden, dann werden sie direkt nach Abschluss der erforderlichen Konfiguration eingerichtet und bleiben dauerhaft bestehen.

**Sicherheitsparameter-Index (Security-Parameter-Index oder SPI)** – Dies ist eine Zahl, die zusammen mit einer Ziel-IP-Adresse und dem Sicherheitsprotokoll eine bestimmte Sicherheitsassoziation eindeutig kennzeichnet. Wenn das IKE zur Einrichtung der Sicherheitsassoziationen eingesetzt wird, ist der SPI für jede Sicherheitsassoziation eine abgeleitete Pseudozufallszahl. Ohne das IKE wird der SPI für jede Sicherheitsassoziation manuell festgelegt.

**Transformation (Transform)** – Eine Transformation listet ein Sicherheitsprotokoll (AH oder ESP) zusammen mit seinen zugehörigen Algorithmen auf. Eine Transformation enthält zum Beispiel das AH-Protokoll mit dem HMAC-MD5-Authentifizierungsalgorithmus. Eine andere Transformation enthält das ESP-Protokoll mit dem 56-Bit-DES-Verschlüsselungsalgorithmus und dem HMAC-SHA-Authentifizierungsalgorithmus.

**Tunnel** – Im Kontext dieses Kapitels ist ein Tunnel ein gesicherter Kommunikationspfad zwischen zwei Peer-Geräten, z.B. zwei Routern. Er bezieht sich nicht auf die Verwendung der IPSec im Tunnelmodus.

### 28.1.3 Gemeinsamer Betrieb von IPSec mit anderen Cisco-IOS-Softwarefunktionen

Sie können CET und IPSec gemeinsam verwenden. Die beiden Verschlüsselungstechnologien können parallel in Ihrem Netzwerk betrieben werden. Jeder Router kann gleichzeitig Verschlüsselungsverbindungen mit IPSec und der Cisco-Verschlüsselungstechnologie ausführen. Selbst eine einzelne Schnittstelle kann die parallele Verwendung von IPSec und CET für den Schutz unterschiedlicher Datenströme unterstützen.

### 28.1.4 Unterstützte Hardware, Switching-Pfade und Einkapselung

IPSec stellt bestimmte Anforderungen an die Hardware, die Switching-Pfade und die Einkapselungsmethoden.

#### Unterstützte Hardware

IPSec wird von VIP2-Schnittstellen (VIP2-40 oder höher) oder von der Encryption-Service-Adapter-(ESA-)Karte nicht unterstützt. Für IPSec gibt es bisher noch keinen Hardwarebeschleuniger (Accelerator).

#### Unterstützte Switching-Pfade

IPSec funktioniert sowohl mit dem Prozess-Switching als auch mit Fast-Switching. IPSec funktioniert nicht mit dem Optimierungs- oder dem Fluss- (Flow-)Switching.

#### Unterstützte Einkapselung

IPSec funktioniert mit den folgenden seriellen Einkapselungen: High-Level-Data-Links-Control (HDLC), Point-to-Point-Protokoll (PPP) und Frame-Relay.

IPSec funktioniert auch mit den GRE- und den IpinIP-Layer-3-, den L2F- und den L2TP-Tunnel-Protokollen. Jedoch werden Tunnel mit mehreren Knoten (Multipoint) nicht unterstützt. Andere Layer-3-Tunnel-Protokolle (DLSw, SRB usw.) werden momentan nicht durch die IPSec unterstützt.

Da sich die IPSec-Arbeitsgruppe noch nicht mit dem Thema der Ausgabe von Gruppenschlüsseln befasst hat, kann die IPSec zur Zeit noch nicht zum Schutz von Gruppenverkehr eingesetzt werden (z.B. für Broadcast- oder Multicast-Verkehr).

### 28.1.5 Einschränkungen

Zum heutigen Zeitpunkt kann IPSec nur auf gerichtete (Unicast-)IP-Datagramme angewendet werden. Da sich die IPSec-Arbeitsgruppe noch nicht mit dem Thema der Ausgabe von Gruppenschlüsseln befasst hat, kann die IPSec zur Zeit noch nicht zum Schutz von Gruppenverkehr eingesetzt werden (z.B. für Broadcast- oder Multicast-Verkehr).

Kapitel 28 • Konfiguration der IPSec-Netzwerksicherheit    **657**

Wenn Sie die Netzwerk-Adress-Übersetzung (NAT = Network-Address-Translation) verwenden, sollten Sie statische NAT-Übersetzungen konfigurieren, damit IPSec korrekt arbeitet. Generell sollte die NAT-Übersetzung erfolgen, bevor der Router die IPSec-Einkapselung anwendet. Mit anderen Worten: IPSec sollte mit globalen Adressen arbeiten.

## 28.1.6  Überblick über die Funktionsweise von IPSec

Einfach gesagt ermöglicht IPSec gesicherte *Tunnels* zwischen zwei Peer-Geräten, z.B. zwei Routern. Sie legen fest, welche Pakete als vertraulich gelten und durch diese gesicherten Tunnels gesendet werden sollen. Zudem legen Sie die Parameter fest, mit denen diese vertraulichen Pakete geschützt werden sollen, indem Sie bestimmte Eigenschaften für diese Tunnel festlegen. Anschließend, wenn das IPSec-Peer-Gerät solch ein vertrauliches Paket entdeckt, richtet er den entsprechenden gesicherten Tunnel ein und sendet das Paket durch den Tunnel zum entfernten Peer-Gerät.

> **ANMERKUNG**
>
> Die Verwendung des Begriffs *Tunnel* in diesem Kapitel bezieht sich nicht auf die Anwendung der IPSec im Tunnelmodus.

Genauer gesagt besteht ein *Tunnel* aus einem Paar von Sicherheitsassoziationen, die zwischen zwei IPSec-Peer-Geräten eingerichtet werden. Die Sicherheitsassoziationen legen fest, welche Protokolle und Algorithmen auf die vertraulichen Pakete angewendet werden sollen, und sie legen auch das Schlüsselmaterial fest, das von den beiden Peer-Geräten verwendet wird. Sicherheitsassoziationen werden nur in einer Richtung und für jedes Sicherheitsprotokoll (AH oder ESP) getrennt eingerichtet.

Mit IPSec legen Sie fest, welcher Verkehr zwischen zwei IPSec-Peer-Geräten geschützt werden soll, indem Sie Access-Listen konfigurieren und diese Access-Listen mit Hilfe von Verschlüsselungskartensätzen (Crypto-Map-Sets) einzelnen Schnittstellen zuweisen. Auf diese Weise kann der Verkehr anhand der Quell- und Zieladresse und einem optionalen Layer-4-Protokoll und dem Port selektiert werden. (Ähnlich wie beim CET werden die Access-Listen beim IPSec nur zur Bestimmung des schützenswerten Verkehrs verwendet und nicht, um zu bestimmen, welcher Verkehr an der Schnittstelle blockiert oder durchgelassen werden soll.) Für die Blockierung und die Zulassung des Verkehrs an der Schnittstelle sind eigene Access-Listen vorgesehen.

Ein Verschlüsselungskartensatz kann mehrere Einträge enthalten, jeder mit einer unterschiedlichen Access-Liste. Die Verschlüsselungskarten-Einträge werden der Reihe nach aufgerufen – der Router vergleicht das Paket mit der Access-Liste, die in diesem Eintrag angegeben ist.

Wenn ein Paket mit einem **permit**-Eintrag in einer bestimmten Access-Liste übereinstimmt und der zugehörige Verschlüsselungskarten-Eintrag mit **cisco** markiert ist, wird CET ausgelöst und die notwendigen Verbindungen werden eingerichtet. Wenn der Verschlüsselungskarten-Eintrag als **ipsec-isakmp** markiert ist, wird IPSec ausgelöst. Wenn keine Sicherheitsassoziation existiert, die die IPSec für die geschützte Übertragung dieses Verkehrs zum Peer-Gerät verwenden kann, setzt IPSec das IKE ein, um mit dem entfernten Peer-Gerät über die Einrichtung der notwendigen IPSec-Sicherheitsassoziationen für den Datenstrom zu verhandeln. Die Verhandlung nutzt die Informationen aus dem Verschlüsselungskarten-Eintrag sowie die Datenstrom-Informationen aus dem angegebenen Access-Listeneintrag. (Dieses Verhalten ist bei dynamischen Verschlüsselungskarten-Einträgen anders. Lesen Sie hierzu den Abschnitt »Erzeugung von dynamischen Verschlüsselungskarten«.)

Wenn der Verschlüsselungskarten-Eintrag als **ipsec-manual** markiert ist, wird IPSec ausgelöst. Wenn keine Sicherheitsassoziation existiert, die IPSec für die geschützte Übertragung dieses Verkehrs zum Peer-Gerät verwenden kann, wird der Verkehr verworfen. In diesem Fall sind die Sicherheitsassotiationen über die Konfiguration eingerichtet, ohne den Einfluss des IKE. Wenn die Sicherheitsassoziationen nicht existieren, wurden nicht alle notwendigen Komponenten für IPSec konfiguriert.

Sind diese beidseitigen Sicherheitsassoziationen (zum gegenüberliegenden Peer-Gerät gerichteten, also ausgehenden) einmal eingerichtet, werden sie auf das auslösende Paket und alle folgenden zugehörigen Pakete angewendet, wenn diese Pakete den Router verlassen. *Zugehörige Pakete* sind Pakete, die dasselbe Access-Listenkriterium erfüllen wie das ursprünglich passende Paket. Zum Beispiel könnte die Vorgabe lauten, dass alle zugehörigen Pakete verschlüsselt werden, bevor sie zum entfernten Peer-Gerät weitergeleitet werden. Die entsprechenden eingehenden Sicherheitsassoziationen werden daraufhin angewendet, wenn der eingehende Verkehr von diesem Peer-Gerät verarbeitet wird.

Wenn das IKE zur Einrichtung der Sicherheitsassoziationen verwendet wird, werden die Sicherheitsassoziationen Laufzeiten besitzen; daher werden sie regelmäßig ablaufen und sie müssen neu verhandelt werden (dies bietet zusätzliche Sicherheit).

Es können mehrere IPSec-Tunnels zwischen zwei Peer-Geräten existieren, um verschiedene Datenströme zu sichern, bei dem jeder Tunnel ein eigenes Paar von Sicherheitsassoziationen verwendet. Zum Beispiel können einige Datenströme nur authentifiziert werden, während andere Datenströme verschlüsselt und authentifiziert werden müssen.

Die Access-Listen in den IPSec-Verschlüsselungskarten-Einträgen bestimmen auch, welchen Verkehr der Router mit IPSec schützen soll. Eingehender Verkehr wird mit den Verschlüsselungskarten-Einträgen verglichen – wenn ein ungeschütztes Paket auf einen **permit**-Eintrag in einer bestimmten Access-Liste passt, die in einem IPSec-Verschlüsselungskarten-Eintrag vermerkt ist, wird das Paket verworfen, da es nicht als IPSec-geschütztes Paket gesendet wurde.

Die Verschlüsselungskarten-Einträge enthalten auch Transformationssets. Ein Transformationsset ist eine akzeptable Kombination aus Sicherheitsprotokollen, Algorithmen und anderen Einstellungen, die auf IPSec-geschützten Verkehr angewendet wer den soll. Während der Verhandlung der IPSec-Sicherheitsassoziationen stimmen die Peer-Geräte der Anwendung eines bestimmten Transformationssets zu, wenn sie einen bestimmten Datenstrom schützen.

### 28.1.7 Verschachtelung des IPSec-Verkehrs über mehrere Peer-Geräte

Sie können den IPSec-Verkehr über eine Kette von IPSec-Peer-Geräten verschachteln. Um beispielsweise den Verkehr über mehrere Firewalls zu leiten (und diese Firewalls haben die Vorgabe, keinen Verkehr durchzulassen, den sie nicht selbst authentifiziert haben), muss der Router folglich IPSec-Tunnels mit jeder einzelnen Firewall einrichten. Die nächste Firewall wird zum nächstgelegene IPSec-Peer-Gerät.

Im Beispiel, das in Bild 28.1 gezeigt wird, verkapselt Router A den für Router C bestimmten Verkehr in IPSec-Paketen (Router C ist das IPSec-Peer-Gerät). Bevor Router A aber diesen Verkehr wirklich senden kann, muss er ihn erst noch einmal in IPSec-Paketen einkapseln, um sie an Router B zu senden (Router B ist das nähere IPSec-Peer-Gerät).

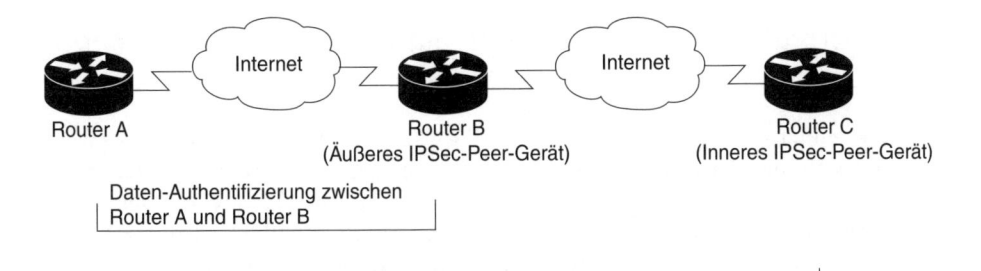

*Bild 28.1: Verschachtelungsbeispiel von IPSec-Peer-Geräten*

Es ist möglich, dass der Verkehr zwischen den äußeren Peer-Geräten auf die eine Art (z.B. durch die Datenauthentifizierung) und der Verkehr zwischen den inneren Peer-Geräten auf eine andere Art geschützt wird (z.B. durch die Datauthentifizierung *und* die Verschlüsselung).

### 28.1.8 Vorbereitungen

Sie müssen das IKE konfigurieren, das in Kapitel 32 »Konfiguration des Internet-Key-Exchange-Sicherheits-Protokolls« beschrieben ist.

Auch wenn Sie das IKE nicht verwenden wollen, müssen Sie es erst deaktivieren, wie es in Kapitel 32 »Konfiguration des Internet-Key-Exchange-Sicherheits-Protokolls« beschrieben ist.

## 28.2 Schrittweise Konfiguration von IPSec

Nachdem Sie die IKE-Konfiguration abgeschlossen haben, konfigurieren Sie IPSec. Führen Sie die Schritte in den folgenden Abschnitten für jedes beteiligte IPSec-Peer-Gerät aus:

- Überprüfung der Access-Listen auf ihre Kompatibilität mit IPSec
- Einstellung der globalen Laufzeiten für die IPSec-Sicherheitsassoziationen
- Erzeugung von Verschlüsselungs-Access-Listen
- Erstellen von Transformationssets
- Erzeugung von Verschlüsselungskarten-Einträgen
- Zuordnung der Verschlüsselungskartensätze auf Schnittstellen
- Überwachung und Verwaltung von IPSec

Konfigurationsbeispiele zu IPSec finden Sie im Abschnitt »Konfigurationsbeispiel zu IPSec« am Ende dieses Kapitels.

### 28.2.1 Überprüfung der Access-Listen auf ihre Kompatibilität mit IPSec

Das IKE verwendet den UDP-Port 500. Die IPSec-ESP- und AH-Protokolle verwenden die Protokollnummern 50 und 51. Stellen Sie sicher, dass Ihre Access-Listen so konfiguriert sind, dass der Verkehr für die Protokolle 50 und 51 und für den UDP-Port 500 nicht an den Schnittstellen blockiert wird, die durch IPSec verwendet werden. In einigen Fällen kann es erforderlich sein, Ihren Access-Listen eine Aussage hinzuzufügen, um diesen Verkehr ausdrücklich zuzulassen.

### 28.2.2 Einstellung der globalen Laufzeiten für die IPSec-Sicherheitsassoziationen

Sie können die globalen Laufzeitwerte ändern, die bei der Verhandlung von neuen IPSec-Sicherheitsassoziationen verwendet werden (diese globalen Laufzeit-Werte können für einen bestimmten Verschlüsselungskarten-Eintrag überstimmt werden).

Diese Laufzeiten gelten nur für die Sicherheitsassoziationen, die durch das IKE eingerichtet werden. Manuell eingerichtete Sicherheitsassoziationen laufen nicht ab.

Es gibt zwei verschiedene Laufzeiten: eine zeitabhängige Laufzeit und eine Laufzeit, die vom übertragenen Verkehrsvolumen abhängig ist. Eine Sicherheitsassoziation läuft ab, wenn die erste dieser Laufzeiten erreicht wird. Die Standardlaufzeiten betragen 3600 Sekunden (1 Stunde) und 4.608.000 Kbyte (10 Mbyte pro Sekunde innerhalb einer Stunde).

Wenn Sie eine globale Laufzeit ändern, wird der neue Laufzeitwert nicht auf die momentan existierenden Sicherheitsassoziationen angewendet, sondern nur bei der Verhandlung von zukünftig einzurichtenden Sicherheitsassoziationen. Wenn Sie die neuen Werte sofort in Kraft setzen wollen, können Sie die gesamte Sicherheitsassoziations-Datenbank oder einen Teil davon entleeren. Weitere Details finden Sie in der Beschreibung des Befehls **clear crypto sa**.

Die IPSec-Sicherheitsassoziationen verwenden einen oder mehrere gemeinsame Geheimschlüssel. Diese Schlüssel und die zugehörigen Sicherheitsassoziationen laufen gemeinsam ab.

Verwenden Sie einen oder mehrere der folgenden Befehle im globalen Konfigurationsmodus, um eine globale Laufzeit für die IPSec-Sicherheitsassoziationen zu ändern:

| Befehl | Zweck |
| --- | --- |
| **crypto ipsec security-association lifetime seconds** *Sekunden* | Ändert die globale zeitabhängige Laufzeit für IPSec-SAs.<br>Dieser Befehl lässt die Sicherheitsassoziation nach einer bestimmten Zeitdauer (in Sekunden) ablaufen. |
| **crypto ipsec security-association lifetime kilobytes** *Kilobytes* | Ändert die globale Laufzeit für IPSec-Sas, die vom Verkehrsvolumen abhängig ist.<br>Dieser Befehl läßt die Sicherheitsassoziation dann ablaufen, wenn eine bestimmte Verkehrsmenge (in Kilobyte) über diese Sicherheitsassoziation durch den IPSec-Tunnel geflossen ist. |
| **clear crypto sa**<br>oder<br>**clear crypto sa peer** *{IP-Adresse | Peer-Gerätename}*<br>oder<br>**clear crypto sa map** *Kartenname*<br>oder<br>**clear crypto sa entry** *Zieladresse Protokoll SPI* | (Optional) Löscht die vorhandenen Sicherheitsassoziationen. Mit diesem Befehl laufen alle existierenden Sicherheitsassoziationen sofort ab. Zukünftige Sicherheitsassoziationen werden die neuen Laufzeiten verwenden. Wenn dieser Befehl nicht ausgeführt wird, werden die vorhandenen Sicherheitsassoziationen nach den zuvor konfigurierten Laufzeiten ablaufen.<br>**Anmerkung:** Wenn Sie den Befehl **clear crypto sa** ohne Parameter ausführen, wird die gesamte SA-Datenbank entleert; dadurch werden alle aktiven Sicherheitssitzungen beendet. Sie können auch die Schlüsselwörter **peer**, **map** oder **entry** verwenden, um nur einen Teil der SA-Datenbank zu löschen. Weitere Informationen finden Sie in der Beschreibung des Befehls **clear crypto sa**. |

## Über die Funktionsweise dieser Laufzeiten

Nehmen wir an, dass für einen bestimmten Verschlüsselungskarten-Eintrag keine eigenen Laufzeitwerte konfiguriert wurden. Wenn der Router über neue Sicherheitsassoziationen verhandeln möchte, wird er seine globalen Laufzeitwerte in der Anfrage an das Peer-Gerät angeben. Er wird diesen Wert als Laufzeit für die neuen Sicherheitsassoziationen verwenden. Wenn der Router eine Verhandlungsanfrage vom Peer-Gerät erhält, wird er aus dem Laufzeitwert des Peer-Geräts und dem lokal konfigurierten Laufzeitwert den jeweils kürzeren für die Laufzeit der neuen Sicherheitsassoziationen verwenden.

Die Sicherheitsassoziation (und die zugehörigen Schlüssel) laufen ab, sobald einer der beiden Werte erreicht wird: die vergangenen Sekunden (durch das Schlüsselwort **seconds** festgelegt) oder das übertragene Verkehrsvolumen in Kilobyte (durch das Schlüsselwort **kilobytes** festgelegt). Die manuell eingerichteten Sicherheitsassoziationen (die in einem Verschlüsselungskarten-Eintrag mit **ipsec-manual** bezeichnet sind) besitzen eine unendlich lange Laufzeit.

Eine neue Sicherheitsassoziation wird *vor* dem Überschreiten der Laufzeitschwelle der existierenden Sicherheitsassoziation verhandelt, um zu gewährleisten, dass eine neue Sicherheitsassoziation einsatzbereit ist, wenn die alte abgelaufen ist. Die neue Sicherheitsassoziation wird entweder 30 Sekunden vor Ablauf der **seconds**-Laufzeit verhandelt oder wenn das Verkehrsvolumen durch den Tunnel nur noch 256 Kbyte von der der **kilobytes**-Laufzeit-Schwelle entfernt ist (je nachdem, was zuerst eintritt).

Wenn während der gesamten Laufzeit der Sicherheitsassoziation kein Verkehr durch den Tunnel übertragen wurde, wird bei Ablauf dieser Laufzeit keine neue Sicherheitsassoziation verhandelt. Statt dessen wird erst dann eine neue Sicherheitsassoziation verhandelt, wenn IPSec ein neues schützenswertes Paket entdeckt.

### 28.2.3 Erzeugung von Verschlüsselungs-Access-Listen

Mit Verschlüsselungs-Access-Listen kann festgelegt werden, welcher IP-Verkehr mittels der Verschlüsselung geschützt und welcher Verkehr nicht geschützt werden soll (diese Access-Listen sind *keine* regulären Access-Listen, mit denen festgelegt wird, welcher Verkehr an einer Schnittstelle blockiert oder weitergeleitet wird). Zum Beispiel kann der gesamte IP-Verkehr zwischen dem Subnetz A und dem Subnetz Y oder der Telnet-Verkehr zwischen Host A und Host B mittels Access-Listen geschützt werden.

Die Access-Listen an sich, sind nicht IPSec-spezifisch – sie unterscheiden sich nicht von denen, die für CET verwendet werden. Allein im Verschlüsselungskarten-Eintrag, der auf die bestimmte Access-Liste zeigt, wird festgelegt, ob IPSec- oder CET-Verarbeitung auf den Verkehr angewendet wird, der mit einem **permit**-Eintrag in der Access-Liste übereinstimmt.

Die Verschlüsselungs-Access-Listen, die mit IPSec-Verschlüsselungskarten-Einträgen verbunden sind, besitzen vier Hauptfunktionen:

- Sie wählen den ausgehenden Verkehr aus, der durch die IPSec geschützt wird (permit = schützen).

- Sie legen den Datenstrom fest, der durch neue Sicherheitsassoziationen geschützt werden soll (durch einen einzelnen **permit**-Eintrag), wenn Verhandlungen für IPSec-Sicherheitsassoziationen aufgenommen werden.

- Sie verarbeiten den eingehenden Verkehr, um den Verkehr auszufiltern und zu verwerfen, der durch IPSec hätte geschützt werden müssen.

– Sie bestimmen, ob Anfragen nach IPSec-Sicherheitsassoziationen für bestimmte Datenströme akzeptiert werden, wenn die vom IPSec-Peer-Gerät stammenden IKE-Verhandlungen verarbeitet werden. (Die Verhandlung wird nur für **ipsec-isakmp**-Verschlüsselungskarten-Einträge ausgeführt.) Damit diese Sicherheitsassoziation akzeptiert wird, wenn das Peer-Gerät die IPSec-Verhandlung initiiert hat, muss in einem **ipsec-isakmp**-Verschlüsselungskarten-Eintrag diese Verschlüsselungs-Access-Liste enthalten sein, in der dieser Datenstrom durch einen *permit*-Eintrag zugelassen wird.

Wenn Sie möchten, dass auf bestimmten Verkehr eine Kombination des IPSec-Schutzes angewendet wird (zum Beispiel nur die Authentifizierung) und auf anderen Verkehr eine andere Kombination des IPSec-Schutzes (zum Beispiel die gleichzeitige Authentifizierung und Verschlüsselung), dann müssen Sie zwei unterschiedliche Verschlüsselungs-Access-Listen erzeugen, um die zwei unterschiedlichen Verkehrsarten festzulegen. Diese unterschiedlichen Access-Listen werden daraufhin in unterschiedlichen Verschlüsselungskarten-Einträgen verwendet, die verschiedene IPSec-Vorgaben festlegen.

Später werden Sie die Verschlüsselungs-Access-Listen bestimmten Schnittstellen zuordnen, wenn Sie die Verschlüsselungskartensätze konfigurieren und den Schnittstellen zuweisen (diese Anweisungen folgen in den Abschnitten »Die Erzeugung der Verschlüsselungskarten-Einträge« und »Die Zuordnung der Verschlüsselungskartensätze zu Schnittstellen«).

Verwenden Sie den folgenden Befehl im globalen Konfigurationsmodus, um Verschlüsselungs-Access-Listen zu erzeugen:

| Befehl | Zweck |
| --- | --- |
| **access-list** *Access-Listennummer* {**deny** | **permit**} *Protokoll Quelle Quell-Platzhalter Ziel Ziel-Platzhalter* [**precedence** *Vorrang*] [**tos** *TOS*] [**log**]<br><br>oder<br><br>**ip access-list extended** *Name*<br><br>Geben Sie anschließend die entsprechenden **permit**- und **deny**-Aussagen ein. | Legt die Bedingungen fest, unter denen IP-Pakete geschützt werden[1] (die Verschlüsselung wird für den Verkehr aktiviert oder deaktiviert, der mit diesen Bedingungen übereinstimmt).<br><br>Cisco empfiehlt Ihnen die Konfiguration von gespiegelten Verschlüsselungs-Access-Listen für die IPSec und dass Sie das Schlüsselwort **any** vermeiden, wie es in den Abschnitten »Die Erstellung von gespiegelten Verschlüsselungs-Access-Listen auf jedem IPSec-Peer-Gerät« und »Die Verwendung des Schlüsselworts any in Verschlüsselungs-Access Listen« beschrieben ist.<br><br>Beachten Sie auch den Abschnitt »Tipps zu Verschlüsselungs-Access-Listen«. |

### Tipps zu Verschlüsselungs-Access-Listen

Durch das Schlüsselwort **permit** wird jeder IP-Verkehr, der mit den angegebenen Bedingungen übereinstimmt, durch die im zugehörigen Verschlüsselungskarten-Eintrag festgelegten Verschlüsselungsvorgaben geschützt. Durch das Schlüsselwort **deny** wird verhindert, dass der betreffende Verkehr durch die im zugehörigen Verschlüsselungskarten-Eintrag festgelegten Verschlüsselungsvorgaben geschützt wird (es wird also nicht zugelassen, dass die Verschlüsselungsvorgaben aus diesem Verschlüsselungskarten-Eintrag auf diesen Verkehr angewendet werden). Wenn dieser Verkehr in allen Verschlüsselungskarten-Einträgen dieser Schnittstelle abgelehnt wird, dann wird der Verkehr nicht durch die Verschlüsselung (entweder CET oder IPSec) geschützt.

Die von Ihnen erzeugte Verschlüsselungs-Access-Liste wird einer Schnittstelle zugeordnet, wenn Sie den zugehörigen Verschlüsselungskarten-Eintrag erstellen und den Verschlüsselungskartensatz der Schnittstelle zuweisen. In verschiedenen Einträgen desselben Verschlüsselungskartensatzes müssen verschiedene Access-Listen verwendet werden (diese zwei Schritte werden in den folgenden Abschnitten beschrieben). Jedoch wird sowohl der eingehende als auch der ausgehende Verkehr mit derselben ausgehenden IPSec-Access-Liste verglichen. Daher werden die Access-Listen-Kriterien in die eine (in Vorwärts-) Richtung auf denjenigen Verkehr angewendet, der Ihren Router verlässt, und sie werden in entgegengesetzter Richtung auf den Verkehr angewendet, der in Ihren Router eintritt. In Bild 28.2 wird der IPSec-Schutz auf den Verkehr zwischen Host 10.0.0.1 und Host 20.0.0.2 angewendet, wenn die Daten die Schnittstelle S0 des Routers A in Richtung Host 20.0.0.2 verlassen. Für den Verkehr von Host 10.0.0.1 zu Host 20.0.0.2 wird der Access-Listeneintrag auf Router A auf die folgende Weise überprüft:

```
source = host 10.0.0.1
dest = host 20.0.0.2
```

Für den Verkehr von Host 20.0.0.1 zu Host 10.0.0.1 wird derselbe Access-Listen-Eintrag auf Router A auf die folgende Weise überprüft:

```
source = host 20.0.0.2
dest = host 10.0.0.1
```

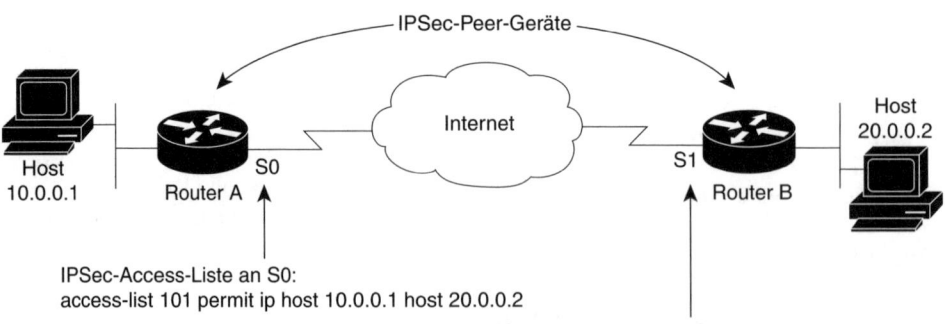

*Bild 28.2: Wie Verschlüsselungs-Access-Listen für die IPSec-Verarbeitung angewendet werden*

Wenn Sie mehrere Aussagen in einer Verschlüsselungs-Access-Liste konfigurieren, die von IPSec verwendet werden, dann wird generell die erste passende **permit**-Aussage verwendet, um den Rahmen der IPSec-Sicherheitsassoziation zu bestimmen. Das bedeutet, dass eine IPSec-Sicherheitsassoziation nur zum Schutz des Verkehrs eingerichtet wird, der mit dem Kriterium in der zugehörigen Aussage übereinstimmt. Wenn nachfolgender Verkehr mit einer anderen **permit**-Aussage der Verschlüsselungs-Access-Liste übereinstimmt, wird eine neue, separate IPSec-Sicherheitsassoziation verhandelt, um den Verkehr zu schützen, der auf die neue Access-Listenaussage passt.

> **ANMERKUNG**
>
> Die Access-Listen von Verschlüsselungskarten-Einträgen, die mit **ipsec-manual** markiert sind, dürfen nur einen einzigen **permit**-Eintrag enthalten und nachfolgende Einträge werden ignoriert. Die durch diesen bestimmten Verschlüsselungskarten-Eintrag eingerichteten Sicherheitsassoziationen gelten also nur für einen einzelnen Datenstrom. Damit mehrere manuell eingerichtete Sicherheitsassoziationen für unterschiedliche Verkehrsarten unterstützt werden können, müssen mehrere Verschlüsselungs-Access-Listen erzeugt und anschließend jede durch einen eigenen **ipsec-manual**-Verschlüsselungskarten-Eintrag angesprochen werden. Jede Access-Liste sollte eine **permit**-Aussage enthalten, mit der bestimmt wird, welcher Verkehr geschützt werden soll.

Es wird jeder ungeschützte eingehende Verkehr verworfen, der auf einen **permit**-Eintrag in der Verschlüsselungs-Access-Liste eines Verschlüsselungskarten-Eintrags passt, der mit IPSec markiert ist, da von diesem Verkehr erwartet wird, dass er zuvor auf der Gegenseite durch IPSec geschützt wurde.

> **ANMERKUNG**
>
> Wenn Sie die Access-Listen Ihres Routers mit einem Befehl wie z.B. **show ip access-lists** ansehen wollen, werden *alle* erweiterten IP-Access-Listen in der Befehlsausgabe angezeigt. Diese enthält erweiterte IP-Access-Listen, die zur Verkehrsfilterung, sowie solche, die zur Verschlüsselung verwendet werden. Die Ausgabe auf **show**-Befehle unterscheidet nicht zwischen der unterschiedlichen Verwendung der erweiterten Access-Listen.

In Kapitel 29 »Befehle zur IPSec-Netzwerksicherheit« finden Sie eine vollständige Beschreibung der erweiterten IP-Access-Listenbefehle, die zur Erzeugung der IPSec-Access-Listen verwendet werden.

### Erzeugung gespiegelter Verschlüsselungs-Access-Listen auf jedem IPSec-Peer-Gerät

Cisco empfiehlt Ihnen, dass Sie für jede Verschlüsselungs-Access-Liste, die in einem statischen Verschlüsselungskarten-Eintrag des lokalen Peer-Geräts angegeben ist, eine gespiegelte Verschlüsselungs-Access-Liste auf dem gegenüberliegenden Peer-Gerät erzeugen. Auf diese Weise wird sichergestellt, dass der Verkehr, auf den der lokale IPSec-Schutz angewendet wird, auf dem gegenüberliegenden Peer-Gerät korrekt verarbeitet werden kann (die Verschlüsselungskarten-Einträge selbst müssen zusätzlich allgemeine Transformationen unterstützen und sie müssen das andere System als Peer-Gerät ausweisen).

Bild 28.3 zeigt einige Beispielszenarien mit gespiegelten und nicht gespiegelten Access-Listen.

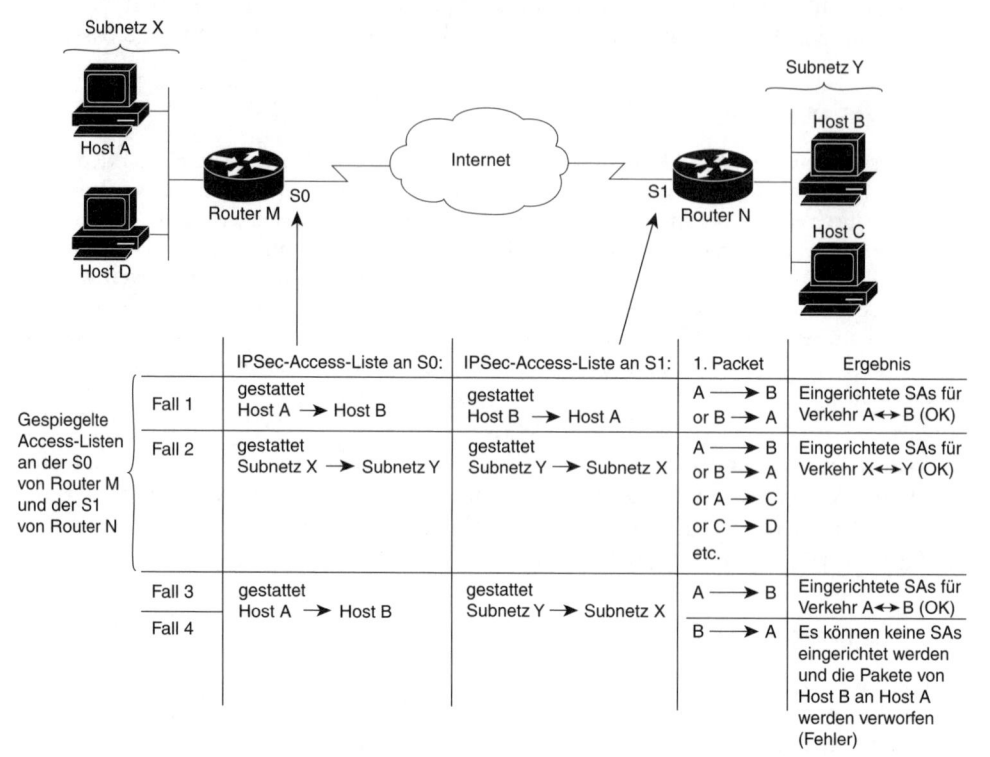

| | | IPSec-Access-Liste an S0: | IPSec-Access-Liste an S1: | 1. Packet | Ergebnis |
|---|---|---|---|---|---|
| Gespiegelte Access-Listen an der S0 von Router M und der S1 von Router N | Fall 1 | gestattet Host A → Host B | gestattet Host B → Host A | A → B oder B → A | Eingerichtete SAs für Verkehr A↔B (OK) |
| | Fall 2 | gestattet Subnetz X → Subnetz Y | gestattet Subnetz Y → Subnetz X | A → B oder B → A oder A → C oder C → D etc. | Eingerichtete SAs für Verkehr X↔Y (OK) |
| | Fall 3 | gestattet Host A → Host B | gestattet Subnetz Y → Subnetz X | A → B | Eingerichtete SAs für Verkehr A↔B (OK) |
| | Fall 4 | | | B → A | Es können keine SAs eingerichtet werden und die Pakete von Host B an Host A werden verworfen (Fehler) |

*Bild 28.3: Gespiegelte und ungespiegelte Verschlüsselungs-Access-Listen (für die IPSec)*

Wie Bild 28.3 erkennen lässt, können die IPSec-SAs immer wie erwartet eingerichtet werden, wenn die Verschlüsselungs-Access-Listen der beiden Peer-Geräte ein Spiegelbild der jeweils anderen darstellen. Jedoch kann eine IPSec-SA nur manchmal eingerichtet werden, wenn die Access-Listen nicht genau gespiegelt sind. Dies kann passieren, wenn ein Eintrag in der Access-Liste eines Peer-Geräts einem Untereintrag in der Access-Liste des anderen Peer-Geräts entspricht, wie es in den Fällen 3 und 4 in Bild 28.3 gezeigt ist. Die Einrichtung der IPSec-SA ist für die IPSec entscheidend – ohne SAs kann IPSec nicht funktionieren, da alle Pakete, die dem Kriterium in der Verschlüsselungs-Access-Liste entsprechen, ohne viel Aufhebens verworfen werden, anstatt sie mit dem IPSec-Schutz weiterzuleiten.

In Bild 28.3 kann im Fall 4 keine SA eingerichtet werden. Der Grund hierfür liegt darin, dass die SAs immer auf der Basis der Verschlüsselungs-Access-Listen angefragt werden, die sich auf der Seite des initiierenden Pakets befinden. Im Fall 4 möchte Router B, dass der gesamte Verkehr zwischen dem Subnetz X und dem Subnetz Y geschützt wird; dies ist aber eine Obermenge der Ströme, die die Verschlüsselungs-Access-Liste des Routers A zulässt, daher wird die Anfrage nicht zugelassen. Der Fall 3 funktioniert, da die Anfrage des Routers A eine Teilmenge der Ströme enthält, die durch die Verschlüsselungs-Access-Liste des Routers B zugelassen wird.

Aufgrund dieser Komplexitäten, die Sie einführen, wenn Sie die Verschlüsselungs-Access-Listen nicht als Spiegelbild auf den IPSec-Peer-Geräten konfigurieren, rät Cisco Ihnen dringend, immer gespiegelte Verschlüsselungs-Access-Listen zu verwenden.

### Verwendung des Schlüsselworts any in Verschlüsselungs-Access-Listen

Wenn Sie Verschlüsselungs-Access-Listen erzeugen, kann der Einsatz des Schlüsselworts **any** große Probleme verursachen. Es wird abgeraten, das Schlüsselwort **any** bei der Festlegung von Quell- oder Zieladressen zu verwenden.

Das Schlüsselwort **any** in einer **permit**-Aussage ist nicht empfehlenswert, wenn Multicast-Verkehr durch die IPSec-Schnittstelle fließt. Das Schlüsselwort **any** kann die Ablehnung von Multicast-Verkehr verursachen (dies gilt sowohl für CET als auch für IPSEC).

Von der Aussage **permit any any** wird dringend abgeraten, da diese den gesamten ausgehenden Verkehr schützen (und der gesamte geschützte Verkehr wird an das Peer-Gerät gesendet, der im zugehörigen Verschlüsselungskarten-Eintrag vermerkt ist) und nur eingehenden Verkehr zulassen wird, der auch geschützt ist. Daraufhin werden alle eingehenden Pakete direkt verworfen, die nicht durch die IPSec geschützt sind, auch die Pakete für Routing-Protokolle, NTP, Echo, Echo-Reply usw. Der Unterschied zwischen CET und IPSec besteht in diesem Fall darin, dass CET die Entschlüsselung versuchen und anschließend die (nun unsinnigen) Daten weiterleiten wird, während IPSec alle Pakete einfach fallen lässt, die nicht IPSec-geschützt sind.

Sie müssen sich sicher sein, welche Pakete Sie als schützenswert festlegen. Wenn Sie das Schlüsselwort **any** in einer **permit**-Aussage verwenden *müssen*, müssen Sie vor diese Aussage eine Reihe von **deny**-Aussagen setzen, um jeden Verkehr auszufiltern (der sonst mit in die **permit**-Aussage fallen würde), den Sie nicht schützen wollen.

## 28.2.4 Erstellen von Transformationssets

Ein Transformationsset repräsentiert eine bestimmte Kombination von Sicherheitsprotokollen und Algorithmen. Während der IPSec-Sicherheitsassoziation-Verhandlung stimmen die Peer-Geräte der Verwendung eines bestimmten Transformationssets für den Schutz eines bestimmten Datenstroms zu.

Sie können mehrere Transformationssets erstellen und anschließend einen oder mehrere dieser Transformationssets in einem Verschlüsselungskarten-Eintrag festlegen. Das im Verschlüsselungskarten-Eintrag vermerkte Transformationsset wird bei der Verhandlung der IPSec-Sicherheitsassoziation verwendet, um die Datenströme zu schützen, die in der Access-Liste des Verschlüsselungskarten-Eintrags angegeben sind.

Während der IKE-Verhandlungen über die IPSec-Sicherheitsassoziationen versuchen die Peer-Geräte ein Transformationsset zu finden, das auf beiden Peer-Geräten gleich ist. Wenn ein solches Transformationsset gefunden wird, wird es ausgewählt und auf den geschützten Verkehr als Teil der IPSec-Sicherheitsassoziationen beider Peer-Geräte angewendet.

Bei manuell eingerichteten Sicherheitsassoziationen findet keine Verhandlung zwischen den Peer-Geräten statt; daher müssen beide Seiten dasselbe Transformationsset verwenden.

Wenn Sie ein Transformationsset verändern, wird diese Änderung nur in den Verschlüsselungskarten-Einträgen vorgenommen, die sich auf das Transformationsset beziehen. Die Änderung wird nicht auf existierende Sicherheitsassoziationen angewendet, aber sie wird in späteren Verhandlungen zur Einrichtung neuer Sicherheitsassoziationen verwendet. Wenn Sie die neuen Einstellungen früher in Kraft setzen wollen, können Sie die gesamte Sicherheitsassoziations-Datenbank entleeren oder nur einen Teil, indem Sie den Befehl **clear crypto sa** ausführen.

Verwenden Sie die folgenden Befehle, um ein Transformationsset zu erstellen; beginnen Sie dabei im globalen Konfigurationsmodus:

## Kapitel 28 • Konfiguration der IPSec-Netzwerksicherheit

| Schritt | Befehl | Zweck |
|---|---|---|
| 1 | **crypto ipsec transform-set** *Transformationssetname Transformation1* [*Transformation2*] [*Transformation3*]] | Erstellt ein Transformationsset. Es gibt sehr komplexe Regeln darüber, welche Einträge Sie für die Transformationsargumente verwenden können. Diese Regeln werden in der Beschreibung des Befehls **crypto ipsec transform-set** erklärt und die Tabelle 28.1 zeigt eine Liste mit erlaubten Transformationskombinationen. Dieser Befehl versetzt Sie in den Crypto-Transform-Konfigurationsmodus. |
| 2 | **initialization-vector size [4 | 8]** | (Optional) Wenn Sie die esp-rfc1829-Transformationen im Transformationsset festgelegt haben, können Sie die Größe des Initialisierungsvektors ändern, der mit der esp-rfc1829-Transformation verwendet wird. |
| 3 | **mode [tunnel | transport]** | (Optional) Ändert den zugehörigen Modus des Transformationssets. Diese Moduseinstellung ist nur auf Verkehr anwendbar, dessen Quell- und Zieladressen den IPSec-Peer-Geräteadressen entspricht. Jeder andere Verkehr wird ignoriert. (Jeder andere Verkehr befindet sich im Tunnelmodus.) |
| 4 | **exit** | Verlässt den Crypto-Transform-Konfigurationsmodus. |
| 5 | **clear crypto sa** oder **clear crypto sa peer** {*IP-Adresse* | *Peer-Gerätename*} oder **clear crypto sa map** *Kartenname* oder **clear crypto sa entry** *Zieladresse Protokoll SPI* | Dieser Schritt hebt alle vorhandenen IPSec-Sicherheitsassoziationen auf. Damit wirkt jede Änderung eines Transformationssets auf alle nachfolgend eingerichteten Sicherheitsassoziationen (manuell eingerichtete SAs werden sofort neu eingerichtet). Anmerkung: Wenn Sie den Befehl **clear crypto sa** ohne Parameter ausführen, wird die gesamte SA-Datenbank entleert; dadurch werden alle aktiven Sicherheitssitzungen beendet. Sie können auch die Schlüsselwörter **peer**, **map** oder **entry** verwenden, um nur einen Teil der SA-Datenbank zu löschen. Weitere Informationen finden Sie in der Beschreibung des Befehls **clear crypto sa**. |

Tabelle 28.1 zeigt erlaubte Transformationskombinationen.

*Tabelle 28.1: Erlaubte Transformationskombinationen*

| AH-Transformation | | ESP-Verschlüsselungs- Transformation | | ESP-Authentifizierungs-Transformation | |
|---|---|---|---|---|---|
| wählen Sie maximal eine aus | | wählen Sie maximal eine aus | | wählen Sie maximal eine aus, aber nur, wenn Sie auch die esp-des-Transformation ausgewählt haben (und nicht die esp-rfc1829) | |
| Transformation | Beschreibung | Transformation | Beschreibung | Transformation | Beschreibung |
| ah-md5-hmac | AH mit dem MD5- (die HMAC-Variante) Authentifizierungsalgorithmus | esp-des | ESP mit dem 56-Bit-DES-Verschlüsselungsalgorithmus | esp-md5-hmac | ESP mit dem MD5- (die HMAC-Variante) Authentifizierungsalgorithmus |
| ah-sha-hmac | AH mit dem SHA-(die HMAC-Variante) Authentifizierungsalgorithmus | esp-rfc1829 | Ältere Version des ESP-Protokolls (nach dem RFC 1829). Erlaubt keine gleichzeitige ESP-Authentifizierungstransformation | esp-sha-hmac | ESP mit dem SHA- (die HMAC-Variante) Authentifizierungsalgorithmus |
| ah-rfc1828 | Ältere Version des AH-Protokolls (nach dem RFC 1828) | | | | |

## 28.2.5 Erzeugung von Verschlüsselungskarten-Einträgen

Befolgen Sie die in diesen Abschnitten beschriebenen Richtlinien und Aufgaben, um Verschlüsselungskarten-Einträge zu erzeugen:

- Allgemeines über Verschlüsselungskarten
- Lastverteilung
- Wie viele Verschlüsselungskarten sollten Sie erzeugen?
- Erzeugen von Verschlüsselungskarten-Einträgen für die Einrichtung manueller Sicherheitsassoziationen

– Erzeugen von Verschlüsselungskarten-Einträgen, mit denen das IKE Sicherheitsassoziationen einrichtet

– Erzeugen von dynamischen Verschlüsselungskarten

### Allgemeines über Verschlüsselungskarten

Die bisher mit CET verwendeten Verschlüsselungskarten werden nun so erweitert, dass sie auch die IPSec-Vorgaben erfüllen können.

Die für IPSec erzeugten Verschlüsselungskarten-Einträge verbinden die folgenden verschiedenen Teile, die zur Einrichtung der IPSec-Sicherheitsassoziationen verwendet werden:

– Welcher Verkehr durch IPSec geschützt werden soll (durch eine Verschlüsselungs-Access-Liste)

– Auflösung der Datenströme, die durch einen Satz von Sicherheitsassoziationen geschützt werden sollen

– Wohin der IPSec-geschützte Verkehr gesendet werden soll (wo das gegenüberliegende IPSec-Peer-Gerät sich befindet)

– Die lokale Adresse, die für den IPSec-Verkehr verwendet wird (siehe den Abschnitt »Zuordnung der Verschlüsselungskartensätze zu Schnittstellen« wegen weiterer Details)

– Welche IPSec-Sicherheit auf diesen Verkehr angewendet werden soll (die Auswahl aus einer Liste mit einem oder mehreren Transformationssets)

– Ob die Sicherheitsassoziationen manuell oder durch das IKE eingerichtet werden

– Andere notwendige Parameter zur Einrichtung einer IPSec-Sicherheitsassoziation

Die Verschlüsselungskarten-Einträge mit gleichen Verschlüsselungskartennamen (aber unterschiedlichen Karten-Sequenznummern) werden in einem Verschlüsselungskartensatz zusammengefasst. Später werden Sie diese Verschlüsselungskartensätze den einzelnen Schnittstellen zuweisen. Daraufhin wird der gesamte IP-Verkehr, der durch die Schnittstelle gelangt, mit dem zugeordneten Verschlüsselungskartensatz verglichen. Wenn ein Verschlüsselungskarten-Eintrag ausgehenden IP-Verkehr als schützenswert erkennt und die Verschlüsselungskarte die Verwendung des IKE vorsieht, dann wird eine Sicherheitsassoziation mit dem entfernten Peer-Router aufgenommen, die sich nach den Parametern richtet, die im Verschlüsselungskarten-Eintrag festgelegt sind. Wenn dies nicht der Fall ist und der Verschlüsselungskarten-Eintrag die Verwendung der manuellen Sicherheitsassoziation festlegt, sollte eine Sicherheitsassoziation bereits über die Konfiguration eingerichtet sein (wenn ein dynamischer Verschlüsselungskarten-Eintrag ausgehenden Verkehr als schützenswert erkennt und keine Sicherheitsassoziation vorhanden ist, wird das Paket verworfen).

Die Vorgaben, die in den Verschlüsselungskarten-Einträgen festgelegt sind, werden während der Verhandlung über die Sicherheitsassoziationen verwendet. Wenn der lokale Router die Verhandlung initiiert, wird er die in den statischen Verschlüsselungskarten-Einträgen festgelegten Vorgaben verwenden, um das Angebot zu erzeugen, das an den angegebenen IPSec-Peer-Router gesendet wird. Wenn der IPSec-Peer-Router die Verhandlung initiiert, wird der lokale Router sowohl die Vorgaben der statischen Verschlüsselungskarten-Einträge als auch die aus allen angegebenen dynamischen Verschlüsselungskarten-Einträgen überprüfen, um zu entscheiden, ob er das Angebot (engl. Offer) des Peer-Routers annehmen oder ablehnen soll.

Damit IPSec erfolgreich zwischen zwei IPSec-Peer-Geräten ausgeführt werden kann, müssen die Verschlüsselungskarten-Einträge beider Peer-Geräte zueinander kompatible Konfigurationsaussagen enthalten.

Wenn zwei Peer-Geräte versuchen eine Sicherheitsassoziation einzurichten, dann müssen beide zumindest einen Verschlüsselungskarten-Eintrag besitzen, der mit einem der Verschlüsselungskarten-Einträge des anderen Peer-Geräts kompatibel ist. Damit zwei Verschlüsselungskarten-Einträge zueinander kompatibel sind, müssen sie mindestens die folgenden Bedingungen erfüllen:

- Die Verschlüsselungskarten-Einträge müssen kompatible Verschlüsselungs-Access-Listen enthalten (zum Beispiel gespiegelte Access-Listen). Wenn das antwortende Peer-Gerät dynamische Verschlüsselungskarten verwendet, müssen die Einträge in der lokalen Verschlüsselungs-Access-Liste durch die Verschlüsselungs-Access-Liste des antwortenden Peer-Gerätes zugelassen werden.

- Alle Verschlüsselungskarten-Einträge müssen an das andere Peer-Gerät gerichtet sein (wenn das antwortende Peer-Gerät keine dynamischen Verschlüsselungskarten verwendet).

- Die Verschlüsselungskarten-Einträge müssen mindestens ein gemeinsames Transformationsset besitzen.

### Lastverteilung

Sie können mehrere entfernte Peer-Geräte festlegen, indem Sie Verschlüsselungskarten verwenden, die eine Lastverteilung zulassen. Wenn ein Peer-Gerät ausfällt, bleibt dennoch ein geschützter Pfad bestehen. Das Peer-Gerät, an das die Pakete gesendet werden, wird durch das letzte Peer-Gerät bestimmt, von dem der Router eine Nachricht über einen bestehenden Datenstrom erhielt (entweder durch empfangenen Verkehr oder durch eine Verhandlungsanfrage). Wenn der Versuch mit dem ersten Peer-Gerät fehlschlägt, versucht das IKE das nächste Peer-Gerät in der Verschlüsselungskarte-Liste zu kontaktieren.

Wenn Sie sich nicht sicher sind, wie jeder Verschlüsselungskarten-Parameter zu konfigurieren ist, um die Kompatibilität mit anderen Peer-Geräten zu garantieren, können Sie auch die Konfiguration dynamischer Verschlüsselungskarten in Betracht ziehen, die im Abschnitt »Erzeugung dynamischer Verschlüsselungskarten« beschrieben ist. Dynamische Verschlüsselungskarten sind sehr nützlich, wenn die Einrichtung der IPSec-Tunnels durch das gegenüberliegende Peer-Gerät initiiert wird (wenn sich z.B. ein IPSec-Router vor einem Server befindet). Sie sind nicht sinnvoll, wenn die Einrich-

Kapitel 28 • Konfiguration der IPSec-Netzwerksicherheit **673**

tung der IPSec-Tunnels lokal initiiert wird, da die dynamischen Verschlüsselungskarten Vorgabenschablonen sind und keine vollständigen Verfahrensaussagen enthalten (auch wenn die Access-Listen aus jedem zugehörigen dynamischen Verschlüsselungskarten-Eintrag für die verschlüsselte Paketfilterung verwendet werden).

### Wie viele Verschlüsselungskarten sollten Sie erzeugen?

Sie können einer einzelnen Schnittstelle nur einen Verschlüsselungskartensatz zuweisen. Der Verschlüsselungskartensatz kann eine Kombination aus CET-, IPSec/IKE- und IPSec/manuellen Einträgen enthalten. Mehrere Schnittstellen können sich denselben Verschlüsselungskartensatz teilen, wenn Sie dieselben Vorgaben auf mehrere Schnittstellen anwenden wollen.

Wenn Sie mehr als einen Verschlüsselungskarten-Eintrag für eine bestimmte Schnittstelle erzeugen, dann sollten Sie die die *Sequenznummer* im Karten-Eintrag einsetzen, um unter den Karteneinträgen eine Rangliste zu vergeben: Je kleiner die *Sequenznummer* ist, desto höher ist die Priorität. Auf der Schnittstelle, der dieser Verschlüsselungskartensatz zugeordnet wurde, wird der Verkehr zuerst mit den Karteneinträgen der höheren Priorität verglichen.

Sie müssen mehrere Verschlüsselungskarten-Einträge für eine bestimmte Schnittstelle erzeugen, wenn eine der folgenden Bedingungen vorliegt:

– Wenn unterschiedliche Datenströme durch verschiedene IPSec-Peer-Geräte verarbeitet werden sollen.

– Wenn Sie verschiedene IPSec-Sicherheitsverfahren auf unterschiedliche Verkehrsarten anwenden wollen (in Richtung desselben oder eines anderen IPSec-Peer-Geräts). Wenn Sie zum Beispiel festlegen wollen, dass der Verkehr zwischen einem Subnetzbereich authentifiziert und der Verkehr zwischen einem anderen Subnetzbereich authentifiziert und verschlüsselt wird. In diesem Fall sollten die unterschiedlichen Verkehrsarten in zwei separaten Access-Listen festgelegt werden und somit müssen Sie einen eigenen Verschlüsselungskarten-Eintrag für jede Verschlüsselungs-Access-Liste erzeugen.

– Wenn Sie zur Einrichtung einer bestimmten Gruppe von Sicherheitsassoziationen nicht das IKE einsetzen und mehrere Access-Listen-Einträge festlegen wollen, müssen Sie separate Access-Listen erzeugen (eine pro **permit**-Eintrag) und einen eigenen Verschlüsselungskarten-Eintrag für jede Access-Liste vornehmen.

### Erzeugung von Verschlüsselungskarten-Einträgen für die Einrichtung manueller Sicherheitsassoziationen

Die Verwendung manueller Sicherheitsassoziationen ist das Ergebnis einer vorherigen Übereinkunft zwischen dem Benutzer des lokalen Routers und dem des IPSec-Peer-Geräts. Die beiden Parteien könnten versuchsweise mit manuellen Sicherheitsassoziationen beginnen und später auf IKE-eingerichtete Sicherheitsassoziationen überwechseln oder das System der Gegenseite kann das IKE nicht unterstützen. Wenn das IKE nicht zur Einrichtung der Sicherheitsassoziationen verwendet wird, findet keine Verhandlung über Sicherheitsassoziationen statt; daher müssen die Konfigurationsinformationen auf beiden Systemen gleich sein, damit der Verkehr erfolgreich durch IPSec verarbeitet werden kann.

Der lokale Router kann die manuell und die IKE-eingerichteten Sicherheitsassoziationen parallel unterstützen, sogar innerhalb eines einzelnen Verschlüsselungskartensatzes. Es lohnt sich kaum, das IKE auf dem lokalen Router zu deaktivieren (nur wenn der Router allein die manuellen Sicherheitsassoziationen unterstützt, was aber unwahrscheinlich ist).

Verwenden Sie die folgenden Befehle, um Verschlüsselungskarten-Einträge für die Einrichtung manueller SAs zu erzeugen (wenn das IKE nicht zur Einrichtung der SAs verwendet werden soll). Beginnen Sie dabei im globalen Konfigurationsmodus:

| Schritt | Befehl | Zweck |
|---|---|---|
| 1 | **crypto map** *Kartenname Sequenznummer* **ipsec-manual** | Kennzeichnet den zu erzeugenden Verschlüsselungskarten-Eintrag (oder den zu ändernden). Dieser Befehl versetzt Sie in den Crypto-Map-Konfigurationsmodus. |
| 2 | **match address** *Access-Listen-ID* | Bezeichnet eine IPSec-Access-Liste. Diese Access-Liste legt fest, welcher Verkehr im Kontext dieses Verschlüsselungskarten-Eintrags durch IPSec geschützt und welcher Verkehr nicht geschützt werden soll (die Access-Liste kann nur einen **permit**-Eintrag enthalten, wenn das IKE nicht verwendet wird). |
| 3 | **set peer** {*Hostname* | *IP-Adresse*} | Bezeichnet das gegenüberliegende IPSec-Peer-Gerät. An dieses Peer-Gerät soll der IPSec-geschützte Verkehr weitergeleitet werden. (Es kann nur ein Peer-Gerät angegeben werden, wenn das IKE nicht verwendet wird.) |
| 4 | **set transform-set** *Transformationssetname* | Legt fest, welches Transformationsset verwendet werden soll. Es muss dasselbe Transformationsset angegeben werden, das auch im entsprechenden Verschlüsselungskarten-Eintrag des gegenüberliegenden Peer-Geräts festgelegt ist. (Es kann nur ein Transformationsset angegeben werden, wenn das IKE nicht verwendet wird.) |
| 5 | **set session-key inbound ah** *SPI Hex-Schlüsseldaten* und **set session-key outbound ah** *SPI Hex-Schlüsseldaten* | Wenn das angegebene Transformationsset das AH-Protokoll beinhaltet, werden hiermit die AH-Sicherheits-Parameter-Indexe (SPIs) und die Schlüssel festgelegt, die auf den eingehenden und ausgehenden geschützten Verkehr angewendet werden. (Dies legt manuell die AH-Sicherheitsassoziation fest, die auf geschützten Verkehr angewendet wird.) |

| Schritt | Befehl | Zweck |
|---|---|---|
| 6 | set session-key inbound esp *SPI* cipher *Hex-Schlüsseldaten* [authenticator *Hex-Schlüsseldaten*] und set session-key outbound esp *SPI* cipher *Hex-Schlüsseldaten* [authenticator *Hex-Schlüsseldaten*] | Wenn das angegebene Transformationsset das ESP-Protokoll beinhaltet, werden hiermit die ESP-SPIs und die Schlüssel festgelegt, die auf den eingehenden und ausgehenden geschützten Verkehr angewendet werden. Wenn das Transformationsset einen ESP-Chiffrieralgorithmus beinhaltet, wird hiermit der Chiffrierschlüssel festgelegt. Wenn das Transformationsset einen ESP-Authentifizierungsalgorithmus beinhaltet, wird hier der Authentifizierungsschlüssel festgelegt. (Dies legt manuell die AH-Sicherheitsassoziation fest, die auf geschützten Verkehr angewendet wird.) |
| 7 | exit | Verlässt den Crypto-Map-Konfigurationsmodus und kehrt zurück in den globalen Konfigurationsmodus. |

Wiederholen Sie diese Schritte, um zusätzlich benötigte Verschlüsselungskarten-Einträge zu erzeugen.

### Erzeugung von Verschlüsselungskarten-Einträgen, die das IKE zur Einrichtung der Sicherheitsassoziationen verwendet

Wenn das IKE zur Einrichtung von Sicherheitsassoziationen verwendet wird, können die IPSec-Peer-Geräte über die Parameter verhandeln, die sie für die neuen Sicherheitsassoziationen verwenden. Dies bedeutet, dass Sie Listen (z.B. Listen mit akzeptablen Transformationen) innerhalb des Verschlüsselungskarten-Eintrags angeben können.

Verwenden Sie die folgenden Befehle, um Verschlüsselungskarten-Einträge zu erzeugen, die das IKE zur Einrichtung der Sicherheitsassoziationen verwenden. Beginnen Sie im globalen Konfigurationsmodus:

| Schritt | Befehl | Zweck |
|---|---|---|
| 1 | crypto map *Kartenname Sequenznummer* ipsec-isakmp | Kennzeichnet den zu erzeugenden Verschlüsselungskarten-Eintrag (oder den zu ändernden). Diese Befehl versetzt Sie in den Crypto-Map-Konfigurationsmodus. |
| 2 | match address *Access-Listen-ID* | Bezeichnet eine erweiterte IPSec-Access-Liste. Diese Access-Liste legt fest, welcher Verkehr im Kontext dieses Verschlüsselungskarten-Eintrags durch IPSec geschützt und welcher Verkehr nicht geschützt werden soll. |

| Schritt | Befehl | Zweck |
|---|---|---|
| 3 | set peer {Hostname | IP-Adresse} | Bezeichnet das gegenüberliegende IPSec-Peer-Gerät. An dieses Peer-Gerät kann der IPSec-geschützte Verkehr weitergeleitet werden. Wiederholen Sie diesen Befehl zur Angabe mehrerer Peer-Geräte |
| 4 | set transform-set Transformationssetname1 [Transformationssetname2... Transformationssetname6] | Dieser Befehl legt fest, welche Transformationssets für diesen Verschlüsselungskarten-Eintrag erlaubt sind. Geben Sie mehrere Transformationssets in der Reihenfolge der Priorität ein (die höchste Priorität zuerst). |
| 5 | set security-association lifetime seconds Sekunden und/oder set security-association lifetime kilobytes Kilobytes | (Optional) Wenn Sie möchten, dass die für diesen Verschlüsselungskarten-Eintrag ausgehandelten Sicherheitsassoziationen andere IPSec-Sicherheitsassoziations-Laufzeiten als die globalen Laufzeiten verwenden, dann geben Sie hier eine Sicherheitsassoziations-Laufzeit für den Verschlüsselungskarten-Eintrag ein. |
| 6 | set security-association level per-host | (Optional) Dieser Befehl legt fest, dass für jedes Quelle/Ziel-Host-Paar separate Sicherheitsassoziationen eingerichtet werden sollen. Ohne diesen Befehl kann ein einzelner IPSec-Tunnel den Verkehr für mehrere Quell-Hosts und mehrere Ziel-Hosts übertragen. Mit diesem Befehl wird der Router, wenn er neue Sicherheitsassoziationen anfordert, eine für den Verkehr zwischen Host A und Host B einrichten und eine andere für den Verkehr zwischen Host A und Host C. Verwenden Sie diesen Befehl vorsichtig, da mehrere Ströme zwischen gleichen Subnetzen die Ressourcen schnell aufbrauchen können. |
| 7 | set pfs [group1 | group2] | (Optional) Dieser Befehl legt fest, dass die IPSec die Perfect-Forward-Secrecy verlangen soll, wenn sie neue Sicherheitsassoziationen für diesen Verschlüsselungskarten-Eintrag anfordert, oder dass sie das PFS in Anfragen vom IPSec-Peer-Gerät suchen soll. |
| 8 | exit | Verlässt den Crypto-Map-Konfigurationsmodus und kehrt zurück in den globalen Konfigurationsmodus. |

Wiederholen Sie diese Schritte, um zusätzlich benötigte Verschlüsselungskarten-Einträge zu erzeugen.

## Kapitel 28 • Konfiguration der IPSec-Netzwerksicherheit

### Erzeugung von dynamischen Verschlüsselungskarten

Dynamische Verschlüsselungskarten (diese benötigen das IKE) können die IPSec-Konfiguration vereinfachen und werden für Netzwerke empfohlen, in denen die Peer-Geräte nicht immer vorbestimmt sind. Ein Beispiel sind mobile Benutzer, die die IP-Adressen dynamisch zugewiesen bekommen. Zuerst müssen sich die mobilen Clients gegenüber dem IKE des lokalen Routers mit etwas anderem als einer IP-Adresse authentifizieren, z.B. durch einen offiziellen Domänennamen. Wenn sie dann authentifiziert sind, kann die Sicherheitsassoziations-Anfrage der mobilen Benutzergeräte durch eine dynamische Verschlüsselungskarte verarbeitet werden, die eigens dafür erzeugt wurde, um Anfragen (die mit lokalen Vorgaben übereinstimmen) von zuvor unbekannten Peer-Geräten zu akzeptieren.

Befolgen Sie diese Anweisungen, um dynamische Verschlüsselungskarten zu konfigurieren:

- Beschreibung der dynamischen Verschlüsselungskarten
- Erzeugung eines dynamischen Verschlüsselungskartensatzes
- Einfügen des dynamischen Verschlüsselungskartensatzes in einen regulären (statischen) Verschlüsselungskartensatz

### Beschreibung der dynamischen Verschlüsselungskarten

Die dynamischen Verschlüsselungskarten sind nur mit dem IKE verfügbar.

Ein dynamischer Verschlüsselungskarten-Eintrag ist im Wesentlichen ein Verschlüsselungskarten-Eintrag ohne jeden konfigurierte Parameter. Er fungiert als eine Vorgabenschablone, in der die fehlenden Parameter später dynamisch konfiguriert werden (als Ergebnis einer IPSec-Verhandlung), um die Erfordernisse eines externen Peer-Geräts zu erfüllen. Dies ermöglicht den Austausch von IPSec-Verkehr zwischen externen Peer-Geräten und dem Router auch dann, wenn der Router keinen eigens konfigurierten Verschlüsselungskarten-Eintrag besitzt, der alle externen Anforderungen des Peer-Geräts berücksichtigt.

Der Router verwendet die dynamischen Verschlüsselungskarten nicht zur Initiierung neuer IPSec-Sicherheitsassoziationen mit externen Peer-Geräten. Die dynamischen Verschlüsselungskarten werden dagegen verwendet, wenn ein externes Peer-Gerät versucht, eine IPSec-Sicherheitsassoziation mit dem Router aufzunehmen. Die dynamischen Verschlüsselungskarten werden natürlich auch zur Überprüfung des Verkehrs verwendet.

Ein dynamischer Verschlüsselungskartensatz ist in Form einer Verknüpfung Teil eines Verschlüsselungskartensatzes. Alle Verschlüsselungskarten-Einträge, die auf dynamische Verschlüsselungskartensätze verweisen, sollten die geringste Priorität unter den Verschlüsselungskarten-Einträgen im Verschlüsselungskartensatz besitzen (also die höchsten Sequenznummern tragen). Auf diese Weise werden die anderen Verschlüsselungskarten-Einträge zuerst überprüft und der dynamische Verschlüsselungskartensatz ist erst dann an der Reihe, wenn die anderen (statischen) Karten-Einträge nicht zutreffen.

Wenn der Router die Anfrage des Peer-Geräts akzeptiert, dann wird er zeitgleich mit der Einrichtung der neuen IPSec-Sicherheitsassoziationen auch einen zeitweiligen Verschlüsselungskarten-Eintrag vornehmen. Dieser Eintrag wird die Ergebnisse der Verhandlung widerspiegeln. Danach wird der Router die normale Verarbeitung ausführen und diesen zeitweiligen Verschlüsselungskarten-Eintrag als einen normalen Eintrag behandeln und auch selbst Anfragen nach neuen Sicherheitsassoziationen ausführen, wenn die existierenden ablaufen (entsprechend der Vorgaben des zeitweiligen Verschlüsselungskarten-Eintrags). Wenn der Strom abläuft (wenn alle zugehörigen Sicherheitsassoziationen ablaufen), wird daraufhin der zeitweilige Verschlüsselungskarten-Eintrag entfernt.

Sowohl bei statischen als auch bei dynamischen Verschlüsselungskarten gilt folgendes: Wenn ungeschützter eingehender Verkehr mit einer **permit**-Aussage in einer Access-Liste übereinstimmt und der zugehörige Verschlüsselungskarten-Eintrag als IPSec markiert ist, wird der Verkehr verworfen, da er nicht durch IPSec geschützt ist (dies liegt daran, dass im Verschlüsselungskarten-Eintrag festgelegt ist, dass dieser Verkehr eigentlich durch die IPSec hätte geschützt werden müssen).

Wenn bei statischen Verschlüsselungskarten-Einträgen der ausgehende Verkehr mit einer **permit**-Aussage in einer Access-Liste übereinstimmt und die zugehörige SA noch nicht eingerichtet wurde, wird der Router neue SAs mit dem gegenüberliegenden Peer-Gerät aufnehmen. Wenn bei dynamischen Verschlüsselungskarten-Einträgen keine SA existiert, wird der Verkehr einfach verworfen (da die dynamischen Verschlüsselungskarten nicht für die Aufnahme neuer SAs verwendet werden).

> **ANMERKUNG**
>
> Seien Sie vorsichtig bei der Verwendung des Schlüsselworts **any** in **permit**-Einträgen innerhalb von dynamischen Verschlüsselungskarten. Wenn der Verkehr dieses **permit**-Eintrags auch Multicast- oder Broadcast-Verkehr enthalten kann, sollte die Access-Liste vorgeschaltete **deny**-Einträge für den entsprechenden Adressbereich enthalten. Die Access-Listen sollten zudem **deny**-Einträge für Netzwerk- und Subnetz-Broadcast-Verkehr enthalten sowie für jeden anderen Verkehr, der nicht durch IPSec geschützt werden soll.

### Erzeugung eines dynamischen Verschlüsselungskartensatzes

Die dynamischen Verschlüsselungskarten-Einträge werden wie reguläre statische Verschlüsselungskarten-Einträge in Sätzen zusammengefasst. Ein Satz ist eine Gruppe von dynamischen Verschlüsselungskarten-Einträgen, die alle denselben *dynamischen-Kartennamen* tragen, aber alle eine unterschiedliche *dynamische-Sequenznummer* besitzen.

Verwenden Sie die folgenden Befehle, um einen dynamischen Verschlüsselungskarten-Eintrag zu erzeugen. Beginnen Sie im globalen Konfigurationsmodus:

| Schritt | Befehl | Zweck |
|---|---|---|
| 1 | **crypto dynamic-map** *dynamischer-Kartenname dynamische-Sequenznummer* | Erzeugt einen dynamischen Verschlüsselungskarten-Eintrag. |
| 2 | **set transform-set** *Transformationssetname1* [*Transformationssetname2*... *Transformationssetname6*] | Dieser Befehl legt fest, welche Transformationssets für diesen Verschlüsselungskarten-Eintrag erlaubt sind. Geben Sie mehrere Transformationssets in der Reihenfolge der Priorität ein (die höchste Priorität zuerst). Diese ist die einzige zwingend erforderliche Konfigurationsaussage in dynamischen Verschlüsselungskarten-Einträgen. |
| 3 | **match address** *Access-Listen-ID* | Bezeichnet eine erweiterte IPSec-Access-Liste. Diese Access-Liste legt fest, welcher Verkehr im Kontext dieses Verschlüsselungskarten-Eintrags durch die IPSec geschützt und welcher Verkehr nicht geschützt werden soll. Wenn dieser Befehl konfiguriert wird, muss der Datenstrom, den das IPSec-Peer-Gerät aufnehmen möchte, auf eine **permit**-Aussage dieser Verschlüsselungs-Access-Liste passen. Wenn dieser Befehl konfiguriert wird, wird der Router jeglichen Datenstrom akzeptieren, den das IPSec-Peer-Gerät einrichten möchte. Wenn dieser Befehl jedoch konfiguriert wurde und die angegebene Access-Liste nicht vorhanden oder leer ist, wird der Router alle Pakete verwerfen. Dieses Verfahren ist das gleiche wie bei den statischen Verschlüsselungskarten, da auch diese verlangen, dass eine angegebene Access-Liste auch wirklich vorhanden ist. Verwenden Sie das Schlüsselwort **any** in der Access-Liste mit größter Vorsicht, da die Access-Liste sowohl zur Paketfilterung als auch für Verhandlungen benutzt wird. |
| 4 | **set peer** {*Hostname* | *IP-Adresse*} | (Optional) Bezeichnet ein externes IPSec-Peer-Gerät. Wiederholen Sie diesen Befehl für mehrere externe Peer-Geräte. Dieser Befehl wird sehr selten in dynamischen Verschlüsselungskarten-Einträgen konfiguriert. Die dynamischen Verschlüsselungskarten-Einträge werden meist für unbekannte externe Peer-Geräte verwendet. |
| 5 | **set security-association lifetime seconds** *Sekunden* und/oder **set security-association lifetime kilobytes** *Kilobytes* | (Optional) Wenn Sie möchten, dass die für diesen Verschlüsselungskarten-Eintrag ausgehandelten Sicherheitsassoziationen andere IPSec-Sicherheitsassoziations-Laufzeiten als die globalen Laufzeiten verwenden, dann geben Sie hier eine eigene Sicherheitsassoziations-Laufzeit für den Verschlüsselungskarten-Eintrag ein. |

| Schritt | Befehl | Zweck |
|---|---|---|
| 6 | set pfs [Gruppe1 | Gruppe2] | (Optional) Dieser Befehl legt fest, dass die IPSec die Perfect-Forward-Secrecy verlangen soll, wenn sie neue Sicherheitsassoziationen für diesen Verschlüsselungskarten-Eintrag anfordert, oder dass sie das PFS in Anfragen vom IPSec-Peer-Gerät suchen soll. |
| 7 | exit | Verlässt den Crypto-Map-Konfigurationsmodus und kehrt zurück in den globalen Konfigurationsmodus. |

Dynamische Verschlüsselungskarten-Einträge zeigen auf Verschlüsselungs-Access-Listen, mit denen der Verkehr eingeschränkt wird, für den die IPSec-Sicherheitsassoziationen eingerichtet werden können. Ein dynamischer Verschlüsselungskarten-Eintrag, der auf keine Access-Liste verweist, wird während der Verkehrsfilterung ignoriert. Ein dynamischer Verschlüsselungskarten-Eintrag mit einer leeren Access-Liste wird den gesamten Verkehr verwerfen. Wenn sich nur ein dynamischer Verschlüsselungskarten-Eintrag im Verschlüsselungskartensatz befindet, muss er akzeptable Transformationssets festlegen.

**Das Einfügen des dynamischen Verschlüsselungskartensatzes in einen regulären (statischen) Verschlüsselungskartensatz**

Sie können einen oder mehrere dynamische Verschlüsselungskartensätze in einen Verschlüsselungskartensatz einfügen, indem Sie Verschlüsselungskarten-Einträge vornehmen, die auf die dynamischen Verschlüsselungskartensätze verweisen. Diese Verschlüsselungskarten-Einträge, die auf die dynamischen Karten verweisen, sollten die Einträge mit der niedrigsten Priorität in einem Verschlüsselungskartensatz sein (sie sollten also die höchsten Sequenznummern besitzen).

Verwenden Sie den folgenden Befehl im globalen Konfigurationsmodus, um einen dynamische Verschlüsselungskartensatz in einen Verschlüsselungskartensatz einzufügen:

| Befehl | Zweck |
|---|---|
| crypto map *Kartenname Sequenznummer* ipsec-isakmp dynamic *dynamischer-Kartenname* | Fügt einen dynamischen Verschlüsselungskartensatz in einen statischen Verschlüsselungskartensatz ein. |

### 28.2.6 Zuordnung der Verschlüsselungskartensätze zu Schnittstellen

Sie müssen jeder Schnittstelle einen Verschlüsselungskartensatz zuordnen, durch die der IPSec- oder CET-Verkehr fließen soll. Die Zuordnung des Verschlüsselungskartensatzes zu einer Schnittstelle beauftragt den Router, den gesamten Schnittstellen-Verkehr mit dem Verschlüsselungskartensatz zu vergleichen und die darin festgelegten Vorgaben während der Verbindungs- oder Sicherheitsassoziations-Verhandlung auf den Verkehr anzuwenden, der durch ein Verschlüsselungsverfahren geschützt werden soll (entweder durch die CET oder die IPSec).

Verwenden Sie den folgenden Befehl im Interface-Konfigurationsmodus, um einer Schnittstelle einen Verschlüsselungskartensatz zuzuordnen:

| Befehl | Zweck |
| --- | --- |
| crypto map *Kartenname* | Ordnet einen Verschlüsselungskartensatz einer Schnittstelle zu. |

Sie können mehrere Schnittstellen zusammenfassen, indem Sie ihnen denselben Verschlüsselungskartensatz zuordnen. Das normale Verhalten ist folgendes:

- Jede Schnittstelle wird einen eigenen Teil der Sicherheitsassoziations-Datenbank beanspruchen.
- Die IP-Adresse der lokalen Schnittstelle wird als lokale Adresse für den IPSec-Verkehr verwendet, der aus dieser Schnittstelle entspringt oder für sie bestimmt ist.

Wenn Sie denselben Verschlüsselungskartensatz zur Zusammenfassung mehreren Schnittstellen zuordnen wollen, müssen Sie ein bestimmte Schnittstelle zur Adressierung festlegen. Dies hat die folgende Wirkung:

- Der Schnittstellenteil der IPSec-Sicherheitsassoziations-Datenbank wird nur einmalig eingerichtet und für den gesamten Verkehr durch alle Schnittstellen genutzt, die sich die Verschlüsselungskarte miteinander teilen.
- Die IP-Adresse der angegebenen Schnittstelle wird als lokale Adresse für den ein- und ausgehenden IPSec-Verkehr von denjenigen Schnittstellen verwendet, die sich denselben Verschlüsselungskartensatz miteinander teilen.

Eine Möglichkeit besteht darin, eine Loopback-Schnittstelle als Adress-Schnittstelle zu verwenden.

Verwenden Sie den folgenden Befehl im globalen Konfigurationsmodus, um mehrere Schnittstellen zusammenzufassen und eine zugehörige Adress-Schnittstelle zu bezeichnen:

| Befehl | Zweck |
| --- | --- |
| crypto map *Kartenname* local-address *Schnittstellen-ID* | Ermöglicht es mehreren Schnittstellen, dieselben Crypto-Karten gemeinsam zu verwenden und dieselbe lokale Adresse zu benutzen. |

### 28.2.7 Überwachung und Verwaltung IPSec

Bestimmte Konfigurationsänderungen wirken nur auf anschließend verhandelte Sicherheitsassoziationen. Wenn Sie die neuen Einstellungen sofort in Kraft setzen wollen, müssen Sie die existierenden Sicherheitsassoziationen aufheben, damit sie mit der veränderten Konfiguration neu eingerichtet werden. Bei manuell eingerichteten Sicherheitsassoziationen müssen Sie die Sicherheitsassoziationen aufheben und neu einrichten lassen, da sich sonst die Änderungen niemals auswirken werden. Wenn der Router gerade IPSec-Verkehr verarbeitet, ist es empfehlenswert, nur den Teil der Sicherheitsassoziations-Datenbank zu entleeren, der durch die Konfigurationsänderungen beeinflusst wird (es werden dann nur die Sicherheitsassoziationen aufgehoben, die durch einen bestimmten Verschlüsselungskartensatz eingerichtet wurden). Das Entleeren der gesamten Sicherheitsassoziations-Datenbank sollte nur bei umfangreichen Änderungen vorgenommen werden oder wenn der Router nur sehr wenig anderen IPSec-Verkehr verarbeitet.

Verwenden Sie einen der folgenden Befehle im globalen Konfigurationsmodus, um IPSec-Sicherheitsassoziationen aufzuheben (und sie neu zu initialisieren):

| Befehl | Zweck |
|---|---|
| clear crypto sa<br><br>oder<br><br>clear crypto sa peer {*IP-Adresse* \| *Peer-Gerätename*}<br><br>oder<br><br>clear crypto sa map *Kartenname*<br><br>oder<br><br>clear crypto sa entry *Zieladresse Protokoll SPI* | Hebt IPSec-Sicherheitsassoziationen auf.<br><br>**Anmerkung:** Der Befehl **clear crypto sa** ohne Parameter wird die gesamte SA-Datenbank entleeren und damit aktive Sicherheitssitzungen unterbrechen. Sie können auch die Schlüsselwörter **peer, map** oder **entry** verwenden, um nur einen Teil der SA-Datenbank zu entleeren. Weitere Information finden Sie in der Beschreibung des Befehls **clear crypto sa**. |

Verwenden Sie einen oder mehrere der folgenden Befehle im EXEC-Modus, um sich Informationen über Ihre IPSec-Konfiguration anzeigen zu lassen:

| Befehl | Zweck |
|---|---|
| show crypto ipsec transform-set | Zeigt Ihre Transformationsset-Konfiguration an. |
| show crypto map [interface *Schnittstelle*\| tag *Kartenname*] | Zeigt Ihre Verschlüsselungskarten-Konfiguration an. |
| show crypto ipsec sa [map *Kartenname* \| address \| identity] [detail] | Zeigt Informationen über IPSec-Sicherheitsassoziationen an. |
| show crypto dynamic-map [tag *Kartenname*] | Zeigt Informationen über dynamische Verschlüsselungskarten an. |
| show crypto ipsec security-association lifetime | Zeigt die globalen Laufzeitwerte für Sicherheitsassoziationen an. |

## 28.3 IPSec-Konfigurationsbeispiel

Es folgt ein Beispiel einer minimalen IPSec-Konfiguration, in der die Sicherheitsassoziationen über das IKE eingerichtet werden. Weitere Informationen über das IKE finden Sie in Kapitel 32 »Konfiguration des Internet-Key-Exchange-Sicherheits-Protokolls«.

Eine IPSec-Access-Liste legt den zu schützenden Verkehr fest:

```
access-list 101 permit ip 10.0.0.0 0.0.0.255 10.2.2.0 0.0.0.255
```

Ein Transformationsset legt fest, wie der Verkehr geschützt wird:

```
crypto ipsec transform-set myset esp-des esp-sha
```

Eine Verschlüsselungskarte verknüpft die IPSec-Access-Liste und das Transformationsset und legt fest, wohin der geschützte Verkehr gesendet wird (an das gegenüberliegende IPSec-Peer-Gerät):

```
crypto map toRemoteSite 10 ipsec-isakmp
 match address 101
 set transform-set myset
 set peer 10.2.2.5
```

Die Verschlüsselungskarte wird einer Schnittstelle zugeordnet:

```
interface Serial0
 ip address 10.0.0.2
 crypto map toRemoteSite
```

**ANMERKUNG**

In diesem Beispiel muss das IKE aktiviert sein.

# KAPITEL 29

# Befehle der IPSec-Netzwerksicherheit

Dieses Kapitel beschreibt die Befehle der IPSec-Netzwerksicherheit. Die IPSec ermöglicht eine sichere Übertragung von vertraulichen Informationen über ungeschützte Netzwerke wie das Internet. Die IPSec-Dienste sind nahe verwandt mit denen der Cisco-Verschlüsselungstechnology (CET), einer proprietären Sicherheitslösung, die mit der Cisco-IOS-Softwareausgabe 11.2 eingeführt wurde. Jedoch bietet die IPSec eine robustere Sicherheitslösung und basiert auf Standards. Die IPSec ermöglicht neben den Datenvertraulichkeits-(Data-Confidentiality-)Diensten auch zusätzlich die Datenauthentifizierungs- und die Kopierschutz-(Anti-Replay-)Dienste, während die CET lediglich die Datenvertraulichkeitsdienste ermöglicht.

Wenn Sie eine vollständige Beschreibung von anderen Befehlen zur Konfiguration der IPSec suchen, können Sie eine Online-Recherche unter der Internetadresse www.cisco.com durchführen.

Informationen zur Konfiguration der IPSec finden Sie in Kapitel 28 »Konfiguration der IPSec-Netzwerksicherheit«.

## 29.1 clear crypto sa

Verwenden Sie den globalen Konfigurationsbefehl **clear crypto sa**, um IPSec-Sicherheitsassoziationen zu löschen.

clear crypto sa
clear crypto sa peer {*IP-Adresse* | *Peer-Gerätename*}
clear crypto sa map *Kartenname*
clear crypto sa entry *Ziel-Adresse Protokoll SPI*
clear crypto sa counters

| Syntax | Beschreibung |
|---|---|
| IP-Adressen | Kennzeichnet die IP-Adresse eines entfernten Peer-Geräts. |
| Peer-Gerätename | Kennzeichnet ein entferntes Peer-Gerät mit dem offiziellen Domänennamen, zum Beispiel *Peer-Geraet.domain.com*. |
| Kartenname | Kennzeichnet den Namen eines Verschlüsselungskartensatzes. |
| Ziel-Adresse | Kennzeichnet die IP-Adresse Ihres Peer-Geräts oder die des entfernten Peer-Geräts. |
| Protokoll | Kennzeichnet entweder das Encapsulation-Security-Protokoll (ESP) oder das Authentication-Header- (AH-)Protokoll. |
| SPI | Kennzeichnet einen SPI (findet sich in der Sicherheitsassoziations-Datenbank). |

### Standard

Wenn die Schlüsselwörter **peer**, **map**, **entry** oder **counters** nicht verwendet werden, werden alle IPSec-Sicherheitsassoziationen gelöscht.

### Befehlsmodus

Globale Konfiguration

### Benutzungsrichtlinien

Dieser Befehl erschien erstmals in der Cisco-IOS-Version 11.3 T.

Dieser Befehl hebt IPSec-Sicherheitsassoziationen auf (er löscht sie).

Wenn die Sicherheitsassoziationen durch das IKE eingerichtet wurden, werden sie gelöscht und zukünftiger IPSec-Verkehr erfordert die Verhandlung neuer Sicherheitsassoziationen (wenn das IKE verwendet wird, werden die IPSec-Sicherheitsassoziationen nur dann eingerichtet, wenn sie benötigt werden).

Wenn die Sicherheitsassoziationen manuell eingerichtet sind, werden die Sicherheitsassoziationen gelöscht und neu installiert (wenn das IKE nicht verwendet wird, werden die IPSec-Sicherheitsassoziationen erzeugt, sobald die Konfiguration abgeschlossen ist).

Wenn die Schlüsselwörter **peer**, **map**, **entry** oder **counters** nicht verwendet werden, werden alle IPSec-Sicherheitsassoziationen gelöscht.

Das Schlüsselwort **peer** löscht alle IPSec-Sicherheitsassoziationen für das angegebene Peer-Gerät.

Das Schlüsselwort **map** löscht alle IPSec-Sicherheitsassoziationen für den bezeichneten Verschlüsselungskartensatz.

Das Schlüsselwort **entry** löscht die IPSec-Sicherheitsassoziation mit der angegebenen Adresse, dem Protokoll und dem SPI.

Wenn jeder der obigen Befehle eine bestimmte Sicherheitsassoziation gelöscht hat, werden alle »Schwester«-Sicherheitsassoziationen – also diejenigen, die während derselben IKE-Verhandlung eingerichtet wurden – auch gelöscht.

Das Schlüsselwort **counters** setzt die Verkehrszähler für jede Sicherheitsassoziation zurück. Er hebt die Sicherheitsassoziationen selbst nicht auf.

Wenn Sie Konfigurationsänderungen in Bezug auf Sicherheitsassoziationen vornehmen, dann werden sich diese Änderungen nicht auf existierende Sicherheitsassoziationen auswirken, sondern nur auf die Verhandlungen über zukünftige Sicherheitsassoziationen. Sie können mit dem Befehl **clear crypto sa** alle Sicherheitsassoziationen neu starten lassen, damit sie die neuesten Konfigurationseinstellungen übernehmen. Wenn Sie bei manuell eingerichtet Sicherheitsassoziationen Änderungen in Bezug auf Sicherheitsassoziationen vornehmen, müssen Sie den Befehl **clear crypto sa** ausführen, bevor die Änderungen überhaupt eine Wirkung zeigen.

Wenn der Router gerade IPSec-Verkehr verarbeitet, ist es empfehlenswert, nur den Teil der Sicherheitsassoziations-Datenbank zu entleeren, der durch die Konfigurationsänderungen beeinflusst wird, um damit zu verhindern, dass eine aktive IPSec-Sitzung plötzlich unterbrochen wird.

Beachten Sie, dass dieser Befehl nur IPSec-Sicherheitsassoziationen aufhebt. Um den IKE-Zustand zu löschen, müssen Sie den Befehl **clear crypto isakmp** ausführen.

## Beispiele

Das folgende Beispiel löscht (und reinitialisiert, wenn erforderlich) alle IPSec-Sicherheitsassoziationen auf dem Router:

```
clear crypto sa
```

Das folgende Beispiel löscht (und reinitialisiert, wenn erforderlich) die eingerichteten, eingehenden und ausgehenden IPSec-Sicherheitsassoziationen zusammen mit der Sicherheitsassoziation, die für die Adresse 10.0.0.1 eingerichtet ist und das AH-Protokoll mit dem SPI 256 verwendet:

```
clear crypto sa entry 10.0.0.1 AH 256
```

## Verwandte Befehle

Sie können online unter www.cisco.com eine Recherche nach verwandten Befehlen durchführen.

**clear crypto isakmp**

## 29.2 crypto dynamic-map

Verwenden Sie den globalen Konfigurationsbefehl **crypto dynamic-map**, um einen dynamischen Verschlüsselungskarten-Eintrag zu erzeugen und in den Crypto-Map-Konfigurationsmodus zu wechseln. Verwenden Sie die **no**-Form dieses Befehls, um einen dynamischen Verschlüsselungskartensatz oder einen -Eintrag zu löschen.

crypto dynamic-map *dynamischer-Kartenname dynamische-Sequenznummer*
no crypto dynamic-map *dynamischer-Kartenname* [*dynamische-Sequenznummer*]

| Syntax | Beschreibung |
|---|---|
| *dynamischer-Kartenname* | Kennzeichnet den Namen des dynamischen Verschlüsselungskartensatzes. |
| *dynamische-Sequenznummer* | Kennzeichnet die Nummer des dynamischen Verschlüsselungs-Eintrags. |

### Standard

Es existieren keine dynamischen Verschlüsselungskarten.

### Befehlsmodus

Globale Konfiguration. Durch diesen Befehl wechseln Sie in den Crypto-Map-Konfigurationsmodus.

### Benutzungsrichtlinien

Dieser Befehl erschien erstmals in der Cisco-IOS-Version 11.3 T.

Mit dynamischen Verschlüsselungskarten erzeugen Sie Vorgabenschablonen, die bei der Verarbeitung von Verhandlungsanfragen nach neuen Sicherheitsassoziationen von einem gegenüberliegenden IPSec-Peer-Gerät eingesetzt werden können. Diese können auch dann verwendet werden, wenn Sie nicht alle Verschlüsselungskarten-Parameter kennen, die für die Kommunikation mit dem gegenüberliegenden Peer-Gerät erforderlich sind (z.B. die IP-Adresse des Peer-Geräts). Wenn Sie zum Beispiel nicht über alle IPSec-Peer-Geräte in Ihrem Netzwerk informiert sind, können Sie über eine dynamische Verschlüsselungskarte Anfragen nach neuen Sicherheitsassoziationen akzeptieren, die von bisher unbekannten Peer-Geräten stammen (jedoch werden diese Anfragen erst verarbeitet, wenn die IKE-Authentifizierung erfolgreich abgeschlossen wurde).

Wenn ein Router eine Verhandlungsanfrage über das IKE von einem anderen IPSec-Peer-Gerät empfängt, wird die Anfrage dahingehend überprüft, ob sie auf einen Verschlüsselungskarten-Eintrag passt. Wenn die Verhandlungsanfrage mit keinem einzigen Verschlüsselungskarten-Eintrag übereinstimmt, wird er abgelehnt, wenn der Verschlüsselungskartensatz nicht einen Verweis auf eine dynamische Verschlüsselungskarte enthält.

Die dynamische Verschlüsselungskarte ist eine Vorgabenschablone. Sie akzeptiert Platzhalter für alle Parameter, die Sie nicht ausdrücklich im dynamischen Verschlüsselungskarten-Eintrag festgelegt haben. Auf diese Weise können Sie IPSec-Sicherheitsassoziationen mit einem bisher unbekannten IPSec-Peer-Gerät einrichten (das Peer-Gerät muss dennoch übereinstimmende Werte für die Verhandlungsparameter der IPSec-Sicherheitsassoziation angeben, die nicht frei wählbar sind).

Wenn der Router die Anfrage des Peer-Geräts akzeptiert, dann wird er zeitgleich mit der Einrichtung der neuen IPSec-Sicherheitsassoziationen auch einen zeitweiligen Verschlüsselungskarten-Eintrag vornehmen. Dieser Eintrag wird die Ergebnisse der Verhandlung widerspiegeln. Danach wird der Router die normale Verarbeitung ausführen und diesen zeitweiligen Verschlüsselungskarten-Eintrag als einen normalen Eintrag behandeln und auch selbst Anfragen nach neuen Sicherheitsassoziationen ausführen, wenn die existierenden ablaufen (entsprechend den Vorgaben des zeitweiligen Verschlüsselungskarten-Eintrags). Wenn der Strom abläuft (wenn alle zugehörigen Sicherheitsassoziationen ablaufen), wird daraufhin der zeitweilige Verschlüsselungskarten-Eintrag entfernt.

Die dynamischen Verschlüsselungskartensätze werden nicht zum Aufbau von IPSec-Sicherheitsassoziationen verwendet. Sie werden hingegen für die Bestimmung des schützenswerten Verkehrs verwendet.

Die einzige erforderliche Konfiguration in einer dynamischen Verschlüsselungskarte besteht in der Ausführung des Befehls **set transform-set**. Jede weitere Konfiguration ist optional.

Die dynamischen Verschlüsselungskarten-Einträge werden wie die regulären statischen Verschlüsselungskarten-Einträge in Sätzen zusammengefasst. Nachdem Sie mit diesem Befehl einen dynamischen Verschlüsselungskartensatz erzeugt haben (der meistens nur einen Karten-Eintrag enthält), fügen Sie einen Eintrag in den übergeordneten Verschlüsselungskartensatz mit dem Befehl **crypto map** (**globale Konfiguration**) ein, in dem Sie auf den dynamischen Verschlüsselungskartensatz verweisen. Der übergeordnete Verschlüsselungskartensatz wird daraufhin einer Schnittstelle zugeordnet.

Alle von Ihnen vorgenommenen Verschlüsselungskarten-Einträge, die auf dynamische Verschlüsselungskarten verweisen, sollten die geringste Priorität unter den Verschlüsselungskarten-Einträgen besitzen. Auf diese Weise werden die anderen Verschlüsselungskarten-Einträge zuerst überprüft und der dynamische Verschlüsselungskartensatz ist erst dann an der Reihe, wenn die anderen (statischen) Karten-Einträge nicht zutreffen.

Damit eine dynamische Verschlüsselungskarte zum Karten-Eintrag mit der niedrigsten Priorität wird, muss der Karten-Eintrag, der auf die dynamische Verschlüsselungskarte verweist, die höchste *Sequenznummer* aller Karten-Einträge in einem Verschlüsselungskartensatz erhalten.

Sowohl bei statischen als auch bei dynamischen Verschlüsselungskarten gilt folgendes: Wenn ungeschützter eingehender Verkehr mit einer **permit**-Aussage in einer Access-Liste übereinstimmt und der zugehörige Verschlüsselungskarten-Eintrag als IPSec markiert ist, wird der Verkehr verworfen, da er nicht durch die IPSec geschützt wurde. (Dies liegt daran, dass im Verschlüsselungskarten-Eintrag festgelegt ist, dass dieser Verkehr eigentlich von der Gegenseite durch die IPSec hätte geschützt werden müssen.)

Wenn bei statischen Verschlüsselungskarten-Einträgen der ausgehende Verkehr mit einer **permit**-Aussage in einer Access-Liste übereinstimmt und die zugehörige SA noch nicht eingerichtet wurde, wird der Router neue SAs mit dem gegenüberliegenden Peer-Gerät aufnehmen. Wenn bei dynamischen Verschlüsselungskarten-Einträgen keine SA existiert, wird der Verkehr einfach verworfen (da die dynamischen Verschlüsselungskarten nicht für die Aufnahme neuer SAs verwendet werden).

> **ANMERKUNG**
>
> Seien Sie vorsichtig bei der Verwendung des Schlüsselworts **any** in **permit**-Einträgen innerhalb von dynamischen Verschlüsselungskarten. Wenn der Verkehr dieses **permit**-Eintrags auch Multicast- oder Broadcast-Verkehr enthalten kann, sollte die Access-Liste vorgeschaltete **deny**-Einträge für den entsprechenden Adressbereich enthalten. Die Access-Listen sollten zudem **deny**-Einträge für Netzwerk- und Subnetz-Broadcast-Verkehr enthalten sowie für jeden anderen Verkehr, der nicht durch die IPSec geschützt werden soll.

### Beispiel

Das folgende Beispiel konfiguriert einen IPSec-Verschlüsselungskartensatz:

```
crypto map mymap 10 ipsec-isakmp
 match address 101
 set transform-set my_t_set1
 set peer 10.0.0.1
 set peer 10.0.0.2
crypto map mymap 20 ipsec-isakmp
 match address 102
 set transform-set my_t_set1 my_t_set2
 set peer 10.0.0.3
crypto map mymap 30 ipsec-isakmp dynamic mydynamicmap
!
crypto dynamic-map mydynamicmap 10
 match address 103
 set transform-set my_t_set1 my_t_set2 my_t_set3
```

Der Verschlüsselungskarten-Eintrag *mymap 30* verweist auf den dynamischen Verschlüsselungskartensatz *mydynamicmap*, der zur Verarbeitung von eingehenden Verhandlungsanfragen nach Sicherheitsassoziationen verwendet werden kann, die nicht auf die Einträge *mymap 10* und *mymap 20* passen. Wenn in diesem Fall das Peer-Gerät ein Transformationsset angibt, das mit einem der Transformationssets in *mydynamicmap* für einen Datenstrom übereinstimmt, der durch die Access-Liste 103 zugelassen wird, dann akzeptiert die IPSec die Anfrage und richtet Sicherheitsassoziationen mit dem Peer-Gerät ein, ohne vorher alles über das entfernte Peer-Gerät zu wissen. Wenn die Anfrage akzeptiert wird, werden die daraus resultierenden Sicherheitsassoziationen (und der zeitweilige Verschlüsselungskarten-Eintrag) entsprechend den Vorgaben eingerichtet, die durch das gegenüberliegende Peer-Gerät angegeben wurden.

Die zu *mydynamicmap 10* gehörende Access-Liste wird auch als Filter verwendet. Eingehende Pakete, die auf eine **permit**-Aussage in dieser Liste passen, werden dann verworfen, wenn sie nicht IPSec-geschützt sind (dies erfolgt auch bei Access-Listen, die zu statischen Verschlüsselungskarten-Einträgen gehören). Ausgehende Pakete, die auf eine **permit**-Aussage passen, für die aber keine zugehörige IPSec-SA besteht, werden ebenso verworfen.

### Verwandte Befehle

Sie können online unter www.cisco.com eine Recherche nach verwandten Befehlen durchführen.

**crypto map (globale Konfiguration)**
**crypto map (Interface-Konfiguration)**
**crypto map local-address**
**match address**
**set peer**
**set pfs**
**set security-association lifetime**
**set transform-set**
**show crypto dynamic-map**
**show crypto map**

## 29.3 crypto ipsec security-association lifetime

Verwenden Sie den globalen Konfigurationsbefehl **crypto ipsec security-association lifetime**, um die globalen Laufzeitwerte zu ändern, die bei der Verhandlung der IPSec-Sicherheitsassoziationen verwendet werden. Verwenden Sie die **no**-Form dieses Befehls, um den Standardwert für eine Laufzeit aufzurufen.

crypto ipsec security-association lifetime {seconds *Sekunden* | kilobytes *Kilobytes*}
no crypto ipsec security-association lifetime {seconds | kilobytes}

| Syntax | Beschreibung |
|---|---|
| seconds *Sekunden* | Kennzeichnet die Anzahl von Sekunden, die eine Sicherheitsassoziation aufrecht erhalten wird. Die Standardeinstellung beträgt 3600 Sekunden (1 Stunde). |
| kilobytes *Kilobytes* | Kennzeichnet das Verkehrsvolumen (in Kilobyte), das während einer Sicherheitsassoziation zwischen IPSec-Peer-Geräte übertragen werden kann, bevor diese Sicherheitsassoziation abläuft. Die Standardeinstellung beträgt 4.608.000 Kbyte. |

**Standard**

3600 Sekunden (1 Stunde) und 4.608.000 Kbyte (10 Mbyte pro Sekunde für eine Stunde)

**Befehlsmodus**

Globale Konfiguration

**Benutzungsrichtlinien**

Dieser Befehl erschien erstmals in der Cisco-IOS-Version 11.3 T.

Die IPSec-Sicherheitsassoziationen verwenden gemeinsame Geheimschlüssel. Diese Schlüssel und die zugehörigen Sicherheitsassoziationen laufen gemeinsam ab.

Nehmen wir an, dass für einen bestimmten Verschlüsselungskarten-Eintrag keine eigenen Laufzeitwerte konfiguriert wurden. Wenn der Router über neue Sicherheitsassoziationen verhandeln möchte, wird er seine globalen Laufzeitwerte in der Anfrage an das Peer-Gerät angeben. Er wird diesen Wert als Laufzeit für die neuen Sicherheitsassoziationen verwenden. Wenn der Router eine Verhandlungsanfrage vom Peer-Gerät erhält, wird er aus dem Laufzeitwert des Peer-Geräts und dem lokal konfigurierten Laufzeitwert den jeweils kürzeren für die Laufzeit der neuen Sicherheitsassoziationen verwenden.

Es gibt zwei verschiedene Laufzeiten: eine zeitabhängige Laufzeit und eine Laufzeit, die vom übertragenen Verkehrsvolumen abhängig ist. Eine Sicherheitsassoziation läuft ab, wenn die erste dieser Laufzeiten erreicht wird.

Wenn Sie eine globale Laufzeit ändern, wird die Änderung nur angewendet, wenn im Verschlüsselungskarten-Eintrag keine eigene Laufzeit vereinbart wurde. Die Änderung wird nicht auf die momentan existierenden Sicherheitsassoziationen angewendet, sondern nur bei der Verhandlung von zukünftig einzurichtenden Sicherheitsassoziationen. Wenn Sie die neuen Werte sofort in Kraft setzen wollen, können Sie die gesamte Sicherheitsassoziation-Datenbank oder einen Teil davon entleeren. Weitere Details finden Sie in der Beschreibung des Befehls **clear crypto sa**.

Verwenden Sie die Befehlsform **crypto ipsec security-association lifetime seconds**, um die globale zeitbezogene Laufzeit zu verändern. Die zeitbezogene Laufzeit lässt die Sicherheitsassoziation ablaufen, wenn die angegebene Zeitdauer in Sekunden vergangen ist.

Verwenden Sie die Befehlsform **crypto ipsec security-association lifetime kilobytes**, um die globale Laufzeit zu verändern, der das übertragene Verkehrsvolumen zugrunde liegt. Die Verkehrsvolumen-Laufzeit lässt die Sicherheitsassoziation ablaufen, wenn die angegebene Verkehrsmenge (in Kilobyte) durch den Schlüssel der Sicherheitsassoziationen geschützt wurde.

Kürzere Laufzeiten können die Ausführung einer erfolgreichen Attacke zur Schlüsselbestimmung erschweren, da der Angreifer weniger verschlüsselte Daten mit demselben Schlüssel zur Auswertung zur Verfügung hat. Jedoch erfordern kürzere Laufzeiten mehr CPU-Zeit für die Einrichtung neuer Sicherheitsassoziationen.

Bei manuell eingerichteten Sicherheitsassoziationen werden die Laufzeitwerte ignoriert (die eingerichteten Sicherheitsassoziationen, die einen **ipsec-manual**-Verschlüsselungskarten-Eintrag besitzen).

*Über die Funktionsweise dieser Laufzeiten*

Die Sicherheitsassoziationen (und die zugehörigen Schlüssel) laufen ab, sobald einer der beiden Werte erreicht wird: die vergangenen Sekunden (durch das Schlüsselwort **seconds** festgelegt) oder das übertragene Verkehrsvolumen in Kilobyte (durch das Schlüsselwort **kilobytes** festgelegt). Die manuell eingerichteten Sicherheitsassoziationen (die in einem Verschlüsselungskarten-Eintrag mit **ipsec-manual** bezeichnet sind) besitzen eine unendlich lange Laufzeit.

Eine neue Sicherheitsassoziation wird *vor* dem Überschreiten der Laufzeitschwelle der existierenden Sicherheitsassoziation verhandelt, um zu gewährleisten, dass eine neue Sicherheitsassoziation einsatzbereit ist, wenn die alte abgelaufen ist. Die neue Sicherheitsassoziation wird entweder 30 Sekunden vor Ablauf der **seconds**-Laufzeit verhandelt oder wenn das Verkehrsvolumen durch den Tunnel nur noch 256 Kbyte von der der **kilobytes**-Laufzeit-Schwelle entfernt ist (je nachdem, was zuerst eintritt).

Wenn während der gesamten Laufzeit der Sicherheitsassoziation kein Verkehr durch den Tunnel übertragen wurde, wird bei Ablauf dieser Laufzeit keine neue Sicherheitsassoziation verhandelt. Statt dessen wird erst dann eine neue Sicherheitsassoziation verhandelt, wenn die IPSec ein neues schützenswertes Paket entdeckt.

### Beispiel

Dieses Beispiel verkürzt beide Laufzeiten, da der Administrator die Vermutung hegt, dass die Schlüssel aufgedeckt werden könnten. Die zeitbezogene Laufzeit wird auf

2700 Sekunden verkürzt (45 Minuten) und die Verkehrsvolumen-Laufzeit auf 2.304.000 Kbyte verkleinert (10 Mbyte pro Sekunde für 1/2 Stunde).

```
crypto ipsec security-association lifetime seconds 2700
crypto ipsec security-association lifetime kilobytes 2304000
```

### Verwandte Befehle

Sie können online unter www.cisco.com eine Recherche nach verwandten Befehlen durchführen.

set security-association lifetime
show crypto ipsec security-association lifetime

## 29.4 crypto ipsec transform-set

Verwenden Sie den globalen Konfigurationsbefehl **crypto ipsec transform-set**, um ein Transformationsset zu erstellen – eine akzeptable Kombination aus Sicherheits-Protokollen und Algorithmen. Verwenden Sie die **no**-Form dieses Befehls, um ein Transformationsset zu löschen.

**crypto ipsec transform-set** *Transformationssetname Transformation1*
  *[Transformation2 [Transformation3]]*
**no crypto ipsec transform-set** *Transformationssetname*

| Syntax | Beschreibung |
| --- | --- |
| *Transformationssetname* | Kennzeichnet den Namen des zu erzeugenden Transformationssets (oder des zu ändernden). |
| *Transformation1* *Transformation2* *Transformation3* | Kennzeichnet bis zu drei Transformationen. Diese Transformationen legen das (die) IPSec-Sicherheitsprotokoll(e) und den (die) Algorithmus(men) fest. Akzeptierte Transformationswerte sind im Abschnitt »Benutzerrichtlinien« beschrieben. |

### Standard

Kein

### Befehlsmodus

Globale Konfiguration. Dieser Befehl ruft den Crypto-Transform-Konfigurationsmodus auf.

### Benutzungsrichtlinien

Dieser Befehl erschien erstmals in der Cisco-IOS-Version 11.3 T.

Ein Transformationsset ist eine akzeptable Kombination aus Sicherheitsprotokollen, Algorithmen und anderen Einstellungen, die auf IPSec-geschützten Verkehr angewendet wird. Während der IPSec-Sicherheitsassoziations-Verhandlung stimmen die Peer-Geräte der Verwendung eines bestimmten Transformationssets für den Schutz eines bestimmten Datenstroms zu.

Sie können mehrere Transformationssets erstellen und anschließend einen oder mehrere dieser Transformationssets in einem Verschlüsselungskarten-Eintrag festlegen. Das im Verschlüsselungskarten-Eintrag vermerkte Transformationsset wird bei der Verhandlung der IPSec-Sicherheitsassoziation verwendet werden, um die Datenströme zu schützen, die in der Access-Liste des Verschlüsselungskarten-Eintrags angegeben sind. Während der IKE-Verhandlungen über die IPSec-Sicherheitsassoziationen versuchen die Peer-Geräte ein Transformationsset zu finden, das auf beiden Peer-Geräten gleich ist. Wenn ein solches Transformationsset gefunden wird, wird es ausgewählt und auf den geschützten Verkehr als Teil der IPSec-Sicherheitsassoziationen beider Peer-Geräte angewendet.

Wenn das IKE nicht für die Einrichtung der Sicherheitsassoziationen verwendet wird, muss ein einzelnes Transformationsset verwendet werden. Das Transformationsset wird dann nicht verhandelt.

Bevor ein Transformationsset in einen Verschlüsselungskarten-Eintrag eingetragen werden kann, muss es durch diesen Befehl erzeugt werden.

Ein Transformationsset legt ein oder zwei IPSec-Sicherheitsprotokolle fest (entweder das ESP oder das AH oder beide) und auch, welche Algorithmen mit dem ausgewählten Sicherheitsprotokoll verwendet werden sollen. Die ESP- und die AH-IPSec-Sicherheitsprotokolle werden im Abschnitt »IPSec-Protokolle: Das Encapsulation-Security-Protokoll und das Authentication-Header-Protokoll« beschrieben.

Ein Transformationsset wird erzeugt, indem ein bis drei Transformationen erstellt werden – jede Transformation bezeichnet ein IPSec-Sicherheitsprotokoll (ESP oder AH) plus den anzuwendenden Algorithmus. Wenn das bestimmte Transformationsset während Verhandlungen für IPSec-Sicherheitsassoziationen verwendet wird, muss das gesamte Transformationsset (die Kombination von Protokollen, Algorithmen und anderen Einstellungen) mit einem Transformationsset auf dem gegenüberliegenden Peer-Gerät übereinstimmen.

In einem Transformationsset können Sie das AH-Protokoll, das ESP oder beides vermerken. Wenn Sie ein ESP in einem Transformationsset festlegen, können Sie eine reine ESP-Verschlüsselungstransformation oder eine ESP-Verschlüsselungstransformation *und* eine ESP-Authentifizierungstransformation festlegen.

Die akzeptablen Transformationskombinationen sind in Tabelle 29.1 gezeigt.

*Tabelle 29.1: Die Auswahl der Transformationen für ein Transformationsset: erlaubte Transformationskombinationen.*

| AH-Transformation wählen Sie maximal eine aus | | ESP-Verschlüsselungs-Transformation wählen Sie maximal eine aus | | ESP-Authentifizierungs-Transformation wählen Sie maximal eine aus, aber nur, wenn Sie auch die esp-des-Transformation ausgewählt haben (und nicht die esp-rfc1829) | |
|---|---|---|---|---|---|
| Transformation | Beschreibung | Transformation | Beschreibung | Transformation | Beschreibung |
| ah-md5-hmac | AH mit dem MD5- (die HMAC-Variante) Authentifizierungsalgorithmus | esp-des | ESP mit dem 56-Bit-DES-Verschlüsselungsalgorithmus | esp-md5-hmac | ESP mit dem MD5- (die HMAC-Variante) Authentifizierungsalgorithmus |
| ah-sha-hmac | AH mit dem SHA-(die HMAC-Variante) Authentifizierungsalgorithmus | esp-rfc1829 | Ältere Version des ESP-Protokolls (nach dem RFC 1829). Erlaubt keine gleichzeitige ESP-Authentifizierungstransformation | esp-sha-hmac | ESP mit dem SHA-(die HMAC-Variante) Authentifizierungsalgorithmus |
| ah-rfc1828 | Ältere Version des AH-Protokolls (nach dem RFC 1828) | | | | |

Es folgen Beispiele von akzeptablen Transformationskombinationen:

- **ah-md5-hmac**
- **esp-des**
- **esp-des** und **esp-md5-hmac**
- **ah-sha-hmac** und **esp-des** und **esp-sha-hmac**
- **ah-rfc1828** und **esp-rfc1829**

Der Parser schützt Sie vor der Eingabe ungültiger Kombinationen. Wenn Sie zum Beispiel eine AH-Transformation verwenden, wird der Parser Ihnen nicht gestatten, eine andere AH-Transformation für das aktuelle Transformationsset zu verwenden.

*Die IPSec-Protokolle: das Encapsulation-Security-Protokoll und das Authentication-Header-Protokoll*

Das ESP- und das AH-Protokoll führen beide Sicherheitsdienste für die IPSec aus.

Das ESP ermöglicht die Paketverschlüsselung und die optionalen Datenauthentifizierungs- und Kopierschutzdienste. Die ältere IPSec-Version des ESP des RFCs 1829 bietet nur die Verschlüsselungsdienste.

Das AH ermöglicht die Datenauthentifizierungs- und die Kopierschutzdienste. Die ältere IPSec-Version des AHs des RFCs 1828 bietet nur die Datenauthentifizierungs-Dienste.

Die ESP verkapselt die geschützten Daten – entweder ein ganzes IP-Datagramm (oder nur die Datenfracht) – mit einem ESP-Header und einem ESP-Nachspann. Das AH wird in die geschützten Daten eingebettet. Es fügt einen AH-Header direkt hinter den äußeren IP-Header und vor das innere IP-Datagramm oder die innere Datenfracht ein. Der Verkehr, der aus den IPSec-Peer-Geräten entspringt oder in ihnen endet, kann entweder im Tunnel- oder im Transportmodus gesendet werden. Jeder andere Verkehr wird im Tunnelmodus übertragen. Der Tunnelmodus verkapselt und schützt ein ganzes IP-Datagramm, während der Transportmodus die Datenfracht eines IP-Datagramms einkapselt/schützt. Weitere Informationen über die Modi finden Sie in der Beschreibung des Befehls **mode**.

*Die Auswahl von passenden Transformationen*

Wenn der Router gesicherte IPSec-Tunnels mit einem Gerät einrichten soll, das nur die älteren IPSec-Transformationen unterstützt (ah-rfc1828 und esp-rfc1829), dann müssen Sie diese älteren Transformationen festlegen. Da das ESP des RFC 1829 keine Authentifizierung ermöglicht, sollten Sie vermutlich immer die ah-rfc1828-Transformation in einem Transformationsset angeben, das das esp-rfc1829 enthält. Für die Zusammenarbeit mit einem Peer-Gerät, das nur die älteren IPSec-Transformationen unterstützt, werden die folgenden Transformationskombinationen empfohlen:

– **ah-rfc1828**

– **ah-rfc1828** und **esp-rfc1829**

Wenn das Peer-Gerät die neueren IPSec-Transformationen unterstützt, ist die Auswahl sehr vielfältig. Die folgenden Tipps können Ihnen dabei helfen, die passenden Transformationen für Ihre Situation auszuwählen:

– Wenn Sie die Datenvertraulichkeit benötigen, dann fügen Sie eine ESP-Verschlüsselungstransformation hinzu.

– Wenn Sie die Datenauthentifizierung für den äußeren IP-Header und die Daten sicherstellen wollen, fügen Sie eine AH-Transformation hinzu (einige Menschen stellen die Vorteile der Integrität der äußeren IP-Headerdaten in Frage).

- Wenn Sie eine ESP-Verschlüsselungstransformation verwenden, sollten Sie auch eine ESP-Authentifizierungstransformation oder eine AH-Transformation in Betracht ziehen, um die Authentifizierungsdienste für das Transformationsset zu ermöglichen.

- Wenn Sie die Datenauthentifizierung (entweder durch das ESP oder das AH) verwenden wollen, können Sie den MD5- oder den SHA- (die HMAC-abgestimmten Zerhackungsvarianten) Authentifizierungsalgorithmus wählen. Der SHA-Algorithmus wird gegenüber dem MD5 allgemein als stärker angesehen, dafür ist er aber langsamer.

- Achten Sie darauf, dass eventuell nicht alle Transformationen durch das IPSec Peer-Gerät unterstützt werden.

Empfohlene Transformationskombinationen:

- **esp-des** und **esp-sha-hmac**

- **ah-sha-hmac** und **esp-des** und **esp-sha-hmac**

*Der Crypto-Transform-Konfigurationsmodus*

Wenn Sie den Befehl **crypto ipsec transform-set** ausführen, wechseln Sie damit in den Crypto-Transform-Konfigurationsmodus. In diesem Modus können Sie die Länge des Initialisierungsvektors für die esp-rfc1829-Transformation ändern oder Sie können den Modus auf Tunnel oder Transport ändern (dies sind optionale Änderungen). Nachdem Sie diese Änderungen vorgenommen haben, geben Sie **exit** ein, um zum globalen Konfigurationsmodus zurückzukehren. Weitere Informationen über diese optionalen Änderungen finden Sie in den Beschreibungen der Befehle **initialization-vector size** und **mode**).

*Die Änderung der existierenden Transformationen*

Wenn im Befehl **crypto ipsec transform-set** für ein existierendes Transformationsset eine oder mehrere Transformationen angegeben werden, dann ersetzen diese neu angegebenen Transformationen die existierenden Transformationen für dieses Transformationsset.

Wenn Sie ein Transformationsset verändern, wird diese Änderung nur in den Verschlüsselungskarten-Einträgen vorgenommen, die sich auf das Transformationsset beziehen. Die Änderung wird nicht auf existierende Sicherheitsassoziationen angewendet, aber sie wird in späteren Verhandlungen zur Einrichtung neuer Sicherheitsassoziationen verwendet. Wenn Sie die neuen Einstellungen früher in Kraft setzen wollen, können Sie die gesamte Sicherheitsassoziations-Datenbank entleeren oder nur einen Teil, indem Sie den Befehl **clear crypto sa** ausführen.

## Beispiel

Dieses Beispiel erzeugt zwei Transformationssets. Das erste Transformationsset wird mit einem IPSec-Peer-Gerät verwendet, das die neueren ESP- und AH-Protokolle unterstützt. Das zweite Transformationsset wird mit einem IPSec-Peer-Gerät verwendet, das nur die älteren Transformationen unterstützt.

```
crypto ipsec transform-set newer esp-des esp-sha-hmac
crypto ipsec transform-set older ah-rfc-1828 esp-rfc1829
```

## Verwandte Befehle

Sie können online unter www.cisco.com eine Recherche nach verwandten Befehlen durchführen.

initialization-vector size
mode
set transform-set
show crypto ipsec transform-set

## 29.5 crypto map (globale Konfiguration)

Verwenden Sie den globalen Konfigurationsbefehl **crypto map**, um einen Verschlüsselungskarten-Eintrag zu erzeugen oder zu verändern und in den Crypto-Map-Konfigurationsmodus zu wechseln. Verwenden Sie die **no**-Form dieses Befehls, um einen Verschlüsselungskarten-Eintrag oder -Satz zu löschen.

**crypto map** *Kartenname Sequenznummer* [cisco]
**crypto map** *Kartenname Sequenznummer* ipsec-manual
**crypto map** *Kartenname Sequenznummer* ipsec-isakmp [dynamic *dynamischer-Kartenname*]
**no crypto map** *Kartenname* [*Sequenznummer*]

> **ANMERKUNG**
>
> Geben Sie den Befehl **crypto map** *Kartenname Sequenznummer* ohne ein Schlüsselwort ein, um einen vorhandenen Verschlüsselungskarten-Eintrag zu verändern. Wenn die angegebene *Sequenznummer* aber noch nicht existiert, werden Sie damit eine CET-Verschlüsselungskarte erzeugen, da dies die Standardeinstellung ist.

| Syntax | Beschreibung |
|---|---|
| cisco | (Standardwert) Mit diesem neuen Verschlüsselungskarten-Eintrag wird angezeigt, dass statt der IPSec die CET für den Schutz des angegebenen Verkehrs verwendet wird. Wenn Sie dieses Schlüsselwort verwenden, sind die IPSec-eigenen Konfigurationsbefehle für Verschlüsselungskarten nicht verwendbar. Stattdessen sind hier die CET-eigenen Befehle verwendbar. |
| Kartenname | Der Name, mit dem Sie den Verschlüsselungskartensatz bezeichnen. |
| Sequenznummer | Die Nummer, die Sie an den Verschlüsselungskarten-Eintrag vergeben. Zusätzliche Erklärungen über die Verwendung dieses Arguments finden Sie im Abschnitt »Benutzungsrichtlinien«. |
| ipsec-manual | Legt fest, dass das IKE nicht zur Einrichtung der IPSec-Sicherheitsassoziationen verwendet wird, um den in diesem Verschlüsselungskarten-Eintrag angegebenen Verkehr zu schützen. |
| ipsec-isakmp | Legt fest, dass das IKE zur Einrichtung der IPSec-Sicherheitsassoziationen verwendet wird, um den in diesem Verschlüsselungskarten-Eintrag angegebenen Verkehr zu schützen. |
| dynamic | (Optional) Kennzeichnet, dass dieser Verschlüsselungskarten-Eintrag auf eine bereits existierende dynamische Verschlüsselungskarte verweist. Die dynamischen Verschlüsselungskarten sind Vorgabenschablonen, die bei der Verarbeitung von Verhandlungsanfragen von einem IPSec-Peer-Gerät verwendet werden. Wenn Sie dieses Schlüsselwort verwenden, wird keiner der Crypto-Map-Konfigurationsbefehle anwendbar sein. |
| dynamischer-Kartenname | (Optional) Kennzeichnet den Namen des dynamischen Verschlüsselungskartensatzes, der als Vorgabenschablone verwendet werden soll. |

### Standard

Es sind keine Verschlüsselungskarten vorhanden.

### Befehlsmodus

Globale Konfiguration. Mit diesem Befehl rufen Sie den Crypto-Map-Konfigurationsmodus auf, wenn Sie nicht das Schlüsselwort **dynamic** verwenden.

### Benutzungsrichtlinien

Dieser Befehl erschien erstmals in der Cisco-IOS-Version 11.2. Die Schlüsselwörter **cisco, ipsec-manual, ipsec-isakmp** und **dynamic** wurden in der Cisco-IOS-Version 11.3 T hinzugefügt. Das Argument *dynamischer-Kartenname* wurde in der Cisco-IOS-Version 11.3 T hinzugefügt.

Dieser Befehl ist auch in Kapitel 27 »Befehle der Cisco-Verschlüsselungs-Technologie« erklärt, in dem er allerdings eine etwas andere Funktionalität besitzt.

Mit diesem Befehl können Sie entweder eine neue Verschlüsselungskarte erzeugen oder eine vorhandene verändern.

Wenn ein Verschlüsselungskarteneintrag erzeugt wurde, können Sie die angegebenen Parameter nicht im globalen Konfigurationslevel ändern, da diese Parameter bestimmen, welche Konfigurationsbefehle auf dem Verschlüsselungskarten-Level gültig sind. Wenn zum Beispiel ein Karten-Eintrag als **ipsec-isakmp** erzeugt wurde, können Sie ihn nicht zu einem **ipsec-manual**- oder **cisco**-Eintrag umwandeln. Dafür müssen Sie ihn löschen und den Karteneintrag neu eingeben.

Nachdem Sie die Verschlüsselungskarten-Einträge vorgenommen haben, können Sie mit dem Befehl **crypto map (Interface-Konfiguration)** den Verschlüsselungskartensatz einer Schnittstelle zuordnen.

*Welche Aufgabe die Verschlüsselungskarten erfüllen*

Verschlüsselungskarten erfüllen zwei Funktionen: Sie filtern/selektieren den schützenswerten Verkehr und sie legen Vorgaben fest, die auf diesen Verkehr angewendet werden. Die erste Funktion beeinflusst den Verkehrsfluss durch eine Schnittstelle. Die zweite Funktion bestimmt die Verhandlungsführung (durch das IKE) im Namen dieses Verkehrs.

Die IPSec-Verschlüsselungskarten verknüpfen folgende Vorgaben miteinander:

– Welcher Verkehr geschützt werden soll

– An welche(s) IPSec Peer-Gerät(e) der geschützte Verkehr weitergeleitet werden kann – dies sind die Peer-Geräte, mit denen eine Sicherheitsassoziation eingerichtet werden kann

– Welche Transformationssets für die Anwendung auf den geschützten Verkehr akzeptabel sind

– Wie die Schlüssel und Sicherheitsassoziationen verwendet/verwaltet werden sollen (oder welches die Schlüssel sind, wenn das IKE nicht verwendet wird)

*Mehrere Verschlüsselungskarten-Einträge mit demselben* Kartennamen *bilden einen Verschlüsselungskartensatz*

Ein *Verschlüsselungskartensatz* ist eine Sammlung aus Verschlüsselungskarten-Einträgen, die alle eine unterschiedliche *Sequenznummer*, aber denselben *Kartennamen* besitzen. Daher kann von einer einzelnen Schnittstelle bestimmter Verkehr an einen IPSec-Peer-Router weitergeleitet werden, bei dem ein bestimmtes Sicherheitsverfahren angewendet wird, und es kann anderer Verkehr an denselben oder an einen anderen IPSec-Peer-Router weitergeleitet werden, bei dem ein anderes IPSec-Sicherheitsverfahren angewendet wird. Um dies zu erreichen, müssen Sie zwei Verschlüsselungskarten-Einträge erzeugen, die beide denselben *Kartennamen* tragen, aber verschiedene *Sequenznummern* besitzen. Ein Verschlüsselungskartensatz kann eine Mischung aus CET- und IPSec-Verschlüsselungskarten-Einträgen enthalten.

*Das Argument* Sequenznummer

Die Nummer, die Sie im Argument *Sequenznummer* vergeben, sollte nicht zufällig gewählt sein. Diese Nummer wird für die Rangfolge mehrerer Verschlüsselungskarten-Einträge innerhalb eines Verschlüsselungskartensatzes verwendet. Innerhalb eines Verschlüsselungskartensatzes wird ein Verschlüsselungskarten-Eintrag mit einer kleineren *Sequenznummer* vor einem Karten-Eintrag mit einer höheren *Sequenznummer* überprüft; somit besitzt der Karten-Eintrag mit der kleineren Nummer eine höhere Priorität.

Stellen Sie sich zum Beispiel einen Verschlüsselungskartensatz mit drei Verschlüsselungskarten-Einträgen vor: *mymap 10*, *mymap 20* und *mymap 30*. Der Verschlüsselungskartensatz namens *mymap* wird der Schnittstelle Serial 0 zugeordnet. Wenn der Verkehr durch die Schnittstelle Serial 0 tritt, wird der Verkehr zuerst mit *mymap 10* verglichen. Wenn der Verkehr mit einem **permit**-Eintrag in der erweiterten Access-Liste von *mymap 10* übereinstimmt, wird er entsprechend den Informationen in *mymap 10* verarbeitet (das erforderliche Eingehen von IPSec-Sicherheitsvereinbarungen oder CET-Verbindungen eingeschlossen). Wenn der Verkehr nicht auf die Access-Liste von *mymap 10* passt, wird der Verkehr mit *mymap 20* und dann mit *mymap 30* verglichen, bis der Verkehr mit einem **permit**-Eintrag in einem Karten-Eintrag übereinstimmt (wenn der Verkehr mit keinem **permit**-Eintrag eines Verschlüsselungskarten-Eintrags übereinstimmt, wird er ohne die Anwendung eines IPSec- [oder CET-] Sicherheitsverfahrens weitergeleitet).

*Die dynamischen Verschlüsselungskarten*

Im Abschnitt »Benutzerrichtlinien« des Befehls **crypto dynamic-map** finden Sie eine Beschreibung der dynamischen Verschlüsselungskarten.

Alle von Ihnen vorgenommenen Verschlüsselungskarteneinträge, die auf dynamische Verschlüsselungskarten verweisen, sollten die geringste Priorität unter den Verschlüsselungskarteneinträgen besitzen. Auf diese Weise werden die anderen Verschlüsselungskarteneinträge zuerst überprüft und der dynamische Verschlüsselungskartensatz ist erst dann an der Reihe, wenn die anderen (statischen) Karteneinträge nicht zutreffen.

Damit eine dynamische Verschlüsselungskarte zum Karteneintrag mit der niedrigsten Priorität wird, muss der Karteneintrag, der auf die dynamische Verschlüsselungskarte verweist, die höchste *Sequenznummer* aller Karteneinträge in einem Verschlüsselungskartensatz erhalten.

Erzeugen Sie dynamische Verschlüsselungskarten-Einträge mit dem Befehl **crypto dynamic-map**. Nachdem Sie einen dynamischen Verschlüsselungskartensatz erzeugt haben, fügen Sie den dynamischen Verschlüsselungskartensatz mit dem Befehl **crypto map (globale Konfiguration)** und dem Schlüsselwort **dynamic** in einen statischen Verschlüsselungskartensatz ein.

## Beispiele

Das folgende Beispiel zeigt die minimal erforderliche Verschlüsselungskarten-Konfiguration, wenn das IKE zur Einrichtung der Sicherheitsassoziationen verwendet wird:

```
crypto map mymap 10 ipsec-isakmp
 match address 101
 set transform-set my_t_set1
 set peer 10.0.0.1
```

Das folgende Beispiel zeigt die minimal erforderliche Verschlüsselungskarten-Konfiguration, wenn die Sicherheitsassoziationen manuell eingerichtet wurden:

```
crypto transform-set someset ah-md5-hmac esp-des
crypto map mymap 10 ipsec-manual
 match address 102
 set transform-set someset
 set peer 10.0.0.5
 set session-key inbound ah 256 9876543210987654987654321098765
 set session-key outbound ah 256 fedcbafedcbafedcfedcbafedcbafedc
 set session-key inbound esp 256 cipher 0123456789012345
 set session-key outbound esp 256 cipher abcdefabcdefabcd
```

Das folgende Beispiel konfiguriert einen IPSec-Verschlüsselungskartensatz, der einen Verweis auf einen dynamischen Verschlüsselungskartensatz enthält.

```
crypto map mymap 10 ipsec-isakmp
 match address 101
 set transform-set my_t_set1
 set peer 10.0.0.1
 set peer 10.0.0.2
crypto map mymap 20 ipsec-isakmp
 match address 102
 set transform-set my_t_set1 my_t_set2
 set peer 10.0.0.3
crypto map mymap 30 ipsec-isakmp dynamic mydynamicmap
!
crypto dynamic-map mydynamicmap 10
 match address 103
 set transform-set my_t_set1 my_t_set2 my_t_set3
```

Die Verschlüsselungskarte *mymap 10* erlaubt die Einrichtung von Sicherheitsassoziationen zwischen dem Router und einem (oder beiden) IPSec-Peer-Gerät für den Verkehr, der mit der Access-Liste 101 übereinstimmt. Die Verschlüsselungskarte *mymap 20* erlaubt, dass eines der beiden Transformationssets mit dem gegenüberliegenden Peer-Gerät für den Verkehr ausgehandelt wird, der mit der Access-Liste 102 übereinstimmt.

Der Verschlüsselungskarten-Eintrag *mymap 30* verweist auf den dynamischen Verschlüsselungskartensatz *mydynamicmap*, der zur Verarbeitung von eingehenden Verhandlungsanfragen nach Sicherheitsassoziationen verwendet werden kann, die nicht auf die Einträge *mymap 10* und *mymap 20* passen. Wenn in diesem Fall das Peer-Gerät ein Transformationsset angibt, das mit einem der Transformationssets in *mydynamicmap* für einen Datenstrom übereinstimmt, der durch die Access-Liste 103 zugelassen wird, dann akzeptiert die IPSec die Anfrage und richtet Sicherheitsassoziationen mit dem Peer-Gerät ein, ohne vorher alles über das entfernte Peer-Gerät zu wissen. Wenn die Anfrage akzeptiert wird, werden die daraus resultierenden Sicherheitsassoziationen (und der zeitweilige Verschlüsselungskarten-Eintrag) entsprechend den Vorgaben eingerichtet, die durch das gegenüberliegende Peer-Gerät angegeben wurden.

Die zu *mydynamicmap 10* gehörende Access-Liste wird auch als Filter verwendet. Eingehende Pakete, die auf eine **permit**-Aussage in dieser Liste passen, werden dann verworfen, wenn sie nicht IPSec-geschützt sind (dies erfolgt auch bei Access-Listen, die zu statischen Verschlüsselungskarten-Einträgen gehören). Ausgehende Pakete, die auf eine **permit**-Aussage passen, für die aber keine zugehörige IPSec-SA besteht, werden ebenso verworfen.

**Verwandte Befehle**

Sie können online unter www.cisco.com eine Recherche nach verwandten Befehlen durchführen.

crypto dynamic-map
crypto map (Interface-Konfiguration)
crypto map local-address
match address
set peer
set pfs
set security-association level per-host
set security-association lifetime
set session-key
set transform-set
show crypto map

## 29.6 crypto map (Interface-Konfiguration)

Verwenden Sie den Interface-Konfigurationsbefehl **crypto map**, um einen zuvor erzeugten Verschlüsselungskartensatz einer Schnittstelle zuzuordnen. Verwenden Sie die **no**-Form des Befehls, um den Verschlüsselungskartensatz von der Schnittstelle zu entfernen.

crypto map *Kartenname*
no crypto map [*Kartenname*]

| Syntax | Beschreibung |
|---|---|
| *Kartenname* | Der Name der Verschlüsselungskarte. Diese Name wurde bei der Erstellung der Verschlüsselungskarte vergeben. |
| | Wenn die **no**-Form dieses Befehls verwendet wird, ist dieses Argument optional. Jeder in diesem Argument verwendete Wert wird ignoriert. |

## Standard

Den Schnittstellen sind keine Verschlüsselungskarten zugeordnet.

## Befehlsmodus

Interface-Konfiguration

## Benutzungsrichtlinien

Dieser Befehl erschien erstmals in der Cisco-IOS-Version 11.2.

Dieser Befehl wird auch in Kapitel 27 »Befehle der Cisco-Verschlüsselungs-Technologie« beschrieben.

Mit diesem Befehl weisen Sie einer Schnittstelle eine Verschlüsselungskarte zu. Sie müssen einer Schnittstelle einen Verschlüsselungskartensatz zuordnen, bevor diese Schnittstelle die CET- oder IPSec-Dienste ausführen kann. Einer Schnittstelle kann nur ein Verschlüsselungskartensatz zugeordnet werden. Wenn mehrere Verschlüsselungskarten-Einträge denselben *Kartennamen*, aber verschiedene *Sequenznummern* besitzen, werden sie als Teil desselben Satzes behandelt und alle der Schnittstelle zugeordnet. Dem Verschlüsselungskarten-Eintrag mit der kleinsten *Sequenznummer* wird die höchste Priorität verliehen und er wird zuerst überprüft. Ein einzelner Verschlüsselungskartensatz kann eine Kombination aus **cisco-**, **ipsec-isakmp-** und **ipsec-manual**-Verschlüsselungskarten-Einträgen enthalten.

## Beispiel

Das folgende Beispiel weist den Verschlüsselungskartensatz *mymap* der Schnittstelle S0 zu. Wenn Verkehr durch S0 tritt, wird der Verkehr mit allen Verschlüsselungskarten-Einträgen des *mymap*-Satzes verglichen. Wenn ausgehender Verkehr mit einer Access-Liste in einem der Verschlüsselungskarten-Einträge von *mymap* übereinstimmt, wird durch die Informationen aus dem Verschlüsselungskarten-Eintrag eine Sicherheitsvereinbarung (bei IPSec) oder eine CET-Verbindung (bei CET) eingegangen (wenn noch keine Sicherheitsassoziation oder Verbindung existiert).

```
interface S0
 crypto map mymap
```

## Verwandte Befehle

Sie können online unter www.cisco.com eine Recherche nach verwandten Befehlen durchführen.

**crypto map (globale Konfiguration)**
**crypto map local-address**
**show crypto map**

## 29.7 crypto map local-address

Verwenden Sie den globalen Konfigurationsbefehl **crypto map local-address**, um eine Schnittstelle festzulegen, die durch die Verschlüsselungskarte für den IPSec-Verkehr verwendet wird. Verwenden Sie die **no**-Form dieses Befehls, um diesen Befehl aus der Konfiguration zu entfernen.

**crypto map** *Kartenname* **local-address** *Schnittstellen-ID*
**no crypto map** *Kartenname* **local-address**

| Syntax | Beschreibung |
|---|---|
| *Kartenname* | Der Name des Verschlüsselungskartensatzes. Dieser Name wurde bei der Erzeugung der Verschlüsselungskarte vergeben. |
| *Schnittstellen-ID* | Kennzeichnet die Schnittstelle, die der Router verwenden soll, um sich selbst gegenüber entfernten Peer-Geräten zu identifizieren. |
| | Wenn das IKE aktiviert ist und Sie eine Zertifizierungsautorität (CA) zum Bezug von Zertifikaten verwenden, dann sollte dies die Schnittstelle sein, deren Adresse in den CA-Zertifikaten angegeben wird. |

**Standard**

Keiner

**Befehlsmodus**

Globale Konfiguration

**Benutzungsrichtlinien**

Dieser Befehl erschien erstmals in der Cisco-IOS-Version 11.3 T.

Wenn Sie zwei Schnittstellen dieselbe Verschlüsselungskarte zuordnen und diesen Befehl nicht anwenden, können dadurch getrennte Sicherheitsassoziationen (mit unterschiedlichen lokalen IP-Adressen) zum selben Peer-Gerät für ähnlichen Verkehr eingerichtet werden. Wenn Sie die zweite Schnittstelle mit der ersten Schnittstelle zusammenfassen wollen, kann es sinnvoll sein, eine einzelne Sicherheitsassoziation (mit einer einzigen lokalen IP-Adresse) für den Verkehr von beiden Schnittstellen zu erzeugen. Eine einzelne Sicherheitsassoziation verringert den Overhead und vereinfacht die Administration.

Dieser Befehl ermöglicht es einem Peer-Gerät, eine einzelne Sicherheitsassoziation einzurichten (mit einer einzigen lokalen IP-Adresse), die von zwei nachgeschalteten Schnittstellen genutzt wird.

Wenn derselbe Verschlüsselungskartensatz mehr als einer Schnittstelle zugeordnet wird, gilt folgendes Standardverhalten:

– Jede Schnittstelle wird einen eigenen Teil der Sicherheitsassoziation-Datenbank beanspruchen.

– Die IP-Adresse der lokalen Schnittstelle wird als lokale Adresse für den IPSec-Verkehr verwendet, der aus dieser Schnittstelle entspringt oder für sie bestimmt ist.

Wenn Sie aber eine lokale Adresse für den Verschlüsselungskartensatz festlegen, hat dies folgende Auswirkungen:

– Es wird nur eine IPSec-Sicherheitsassoziations-Datenbank eingerichtet und für den Verkehr durch beide Schnittstellen genutzt.

– Die IP-Adresse der angegebenen Schnittstelle wird als lokale Adresse für den IPSec- (und den IKE-) Verkehr verwendet, der aus diesen Schnittstellen entspringt oder für sie bestimmt ist.

Eine Möglichkeit besteht darin, eine Loopback-Schnittstelle als Adress-Schnittstelle zu verwenden, da die Loopback-Schnittstelle niemals ausfällt.

### Beispiel

Das folgende Beispiel ordnet den Verschlüsselungskartensatz *mymap* der Schnittstelle S0 und der Schnittstelle S1 zu. Wenn Verkehr entweder durch S0 oder S1 tritt, wird der Verkehr mit allen Verschlüsselungskarten des *mymap*-Satzes verglichen. Wenn der Verkehr durch eine der Schnittstellen auf eine Access-Liste aus einer der *mymap*-Verschlüsselungskarten passt, wird eine Sicherheitsassoziation eingerichtet. Dieselbe Sicherheitsassoziation wird daraufhin auf den Verkehr der beiden Schnittstellen S0 und S1 angewendet, der mit der ursprünglich passenden IPSec-Access-Liste übereinstimmt. Die lokale Adresse, die die IPSec für beide Schnittstellen verwenden wird, ist die IP-Adresse der Schnittstelle *loopback0*:

```
interface S0
 crypto map mymap
interface S1
 crypto map mymap
crypto map mymap local-address loopback0
```

### Verwandte Befehle

Sie können online unter www.cisco.com eine Recherche nach verwandten Befehlen durchführen.

**crypto map (Interface-Konfiguration)**

## 29.8 initialization-vector size

Verwenden Sie den Crypto-Map-Konfigurationsbefehl **initialization-vector size**, um die Länge des Initialisierungsvektors für die *esp-rfc1829*-Transformation zu ändern. Verwenden Sie die **no**-Form dieses Befehls, um die Länge des Initialisierungsvektors auf den Standardwert zurückzusetzen.

**initialization-vector size [4 | 8]**
**no initialization-vector size**

| Syntax | Beschreibung |
|---|---|
| 4 | 8 | (Optional) Kennzeichnet die Länge des Initialisierungsvektors: entweder 4 Byte oder 8 Byte. Wenn weder 4 noch 8 angegeben wird, wird die Standardlänge von 8 Byte verwendet. |

**Standard**

8 Byte

**Befehlsmodus**

Crypto-Map-Konfiguration

**Benutzungsrichtlinien**

Dieser Befehl erschien erstmals in der Cisco-IOS-Version 11.3 T.

Mit diesem Befehl ändern Sie die Länge des Initialisierungsvektors (IV) für die **esp-rfc1829**-Transformation.

Während der Verhandlung muss die lokale IV-Länge mit der IV-Länge im Transformationsset des gegenüberliegenden Peer-Geräts übereinstimmen. Ansonsten werden die beiden Transformationssets nicht als zueinander passend betrachtet.

Nachdem Sie ein Transformationsset erzeugt haben, werden Sie in den Crypto-Map-Konfigurationsmodus versetzt. In diesem Modus können Sie die Länge des **esp-rfc1829**-Initialisierungsvektors entweder auf 4 Bytes oder auf 8 Bytes setzen. Diese Änderung wird nur auf das gerade erzeugte Transformationsset angewendet (Dieser Befehl ist nur verwendbar, wenn das Transformationsset die **esp-rfc1829**-Transformation enthält).

Wenn Sie die IV-Länge bei der ersten Erzeugung des Transformationsset nicht geändert haben, diese IV-Länge für das Transformationsset aber später ändern wollen, müssen Sie das Transformationsset neu eingeben (indem Sie den Transformationsnamen ohne die Transformations-Liste angeben) und daraufhin die IV-Länge ändern.

Wenn Sie diesen Befehl zur Änderung der IV-Länge verwenden, wird diese Änderung nur die Verhandlung nachfolgender IPSec-Sicherheitsassoziationen betreffen, die mit den Verschlüsselungskarten-Einträgen erfolgen, in denen dieses Transformationsset vermerkt ist. Wenn Sie die neuen Einstellungen früher verwenden wollen, können Sie die ganze oder einen Teil der Sicherheitsassoziations-Datenbank entleeren. Lesen Sie die Beschreibung des Befehls **clear crypto sa** für weitere Details.

### Beispiel

Dieses Beispiel erzeugt ein Transformationsset und ändert die IV-Länge auf 4 Bytes:

```
MyPeerrouter(config)# crypto ipsec transform-set older ah-rfc-1828 esp-rfc1829
MyPeerrouter(cfg-crypto-trans)# initialization-vector size 4
MyPeerrouter(cfg-crypto-trans)# exit
MyPeerrouter(config)#
```

### Verwandte Befehle

Sie können online unter www.cisco.com eine Recherche nach verwandten Befehlen ausführen.

**crypto ipsec transform-set**
**mode**

## 29.9  match address

Verwenden Sie den Crypto-Map-Konfigurationsbefehl **match address**, um eine erweiterte Access-Liste in einem Verschlüsselungskarten-Eintrag festzulegen. Verwenden Sie die **no**-Form dieses Befehls, um die erweiterte Access-Liste aus einem Verschlüsselungskarten-Eintrag zu entfernen.

**match address** [*Access-Listen-ID* | *Name*]
**no match address** [*Access-Listen-ID* | *Name*]

| Syntax | Beschreibung |
| --- | --- |
| *Access-Listen-ID* | (Optional) Adressiert die erweiterte Access-Liste durch ihren Namen oder ihre Nummer. Dieser Wert sollte mit dem Argument *Access-Listennummer* oder *Name* der erweiterten Access-Liste übereinstimmen. |
| *Name* | (Optional) Adressiert die mit Namen bezeichnete Verschlüsselungs-Access-Liste. Dieser Name sollte mit dem Argument *Name* der mit Namen bezeichneten Verschlüsselungs-Access-Liste übereinstimmen. |

### Standard

In einem Verschlüsselungskarten-Eintrag sind keine Access-Listen festgelegt.

### Befehlsmodus

Crypto-Map-Konfiguration

**Benutzungsrichtlinien**

Dieser Befehl erschien erstmals in der Cisco-IOS-Version 11.2.

Dieser Befehl wird auch in Kapitel 27 »Befehle der Cisco-Verschlüsselungs-Technologie« beschrieben.

Dieser Befehl wird für alle statischen Verschlüsselungskarten-Einträge benötigt. Wenn Sie einen dynamischen Verschlüsselungskarten-Eintrag vornehmen (mit dem Befehl **crypto dynamic-map**), ist dieser Befehl nicht erforderlich, aber er wird dringend empfohlen.

Mit diesem Befehl legen Sie eine erweiterte Access-Liste in einem Verschlüsselungskarten-Eintrag fest. Sie müssen diese Access-Liste auch mit den Befehlen **access-list** oder **ip access-list extended** erzeugen.

Die mit diesem Befehl angegebene erweiterte Access-Liste wird durch IPSec verwendet (oder durch die CET, je nach den Vorgaben des Verschlüsselungskarten-Eintrags), um zu bestimmen, welcher Verkehr durch die Verschlüsselung geschützt werden soll und welcher Verkehr nicht dafür vorgesehen ist. (Der Verkehr, der durch die Access-Liste zugelassen wird, wird geschützt. Der Verkehr, der durch die Access-Liste abgelehnt wird, wird im Kontext des zugehörigen Verschlüsselungskarten-Eintrags nicht geschützt.)

Beachten Sie, dass die Verschlüsselungs-Access-Liste *nicht* zur Ablehnung oder Zulassung des Verkehrs durch die Schnittstelle verwendet wird. Diese Bestimmung erfolgt über eine Access-Liste, die der Schnittstelle direkt zugeordnet wird.

Die in diesem Befehl angegebene Verschlüsselungs-Access-Liste wird zur Bewertung des eingehenden und des ausgehenden Verkehrs verwendet. Ausgehender (outbound) Verkehr wird mit den Verschlüsselungs-Access-Listen verglichen, die in den Verschlüsselungskarten-Einträgen der Schnittstelle festgelegt sind, um zu bestimmen, ob er durch die Verschlüsselung geschützt werden soll, und wenn ja (wenn der Verkehr mit einem **permit**-Eintrag übereinstimmt), welche Verschlüsselung angewendet wird. (Falls nötig, werden bei statischen IPSec-Verschlüsselungskarten neue Sicherheitsassoziationen (SAs) mit Hilfe der Datenflussidentität entsprechend dem betreffenden **permit**-Eintrag eingerichtet. Im Falle der CET werden neue Verbindungen eingerichtet. Wenn im Falle von dynamischen Verschlüsselungskarten-Einträgen keine SA existiert, wird das Paket verworfen.) Nachdem der Verkehr die regulären Access-Listen der Schnittstelle passiert hat, wird er mit den Verschlüsselungs-Access-Listen verglichen, die in den Verschlüsselungskarten-Einträgen der Schnittstelle festgelegt sind, um zu bestimmen, ob er durch die Verschlüsselung geschützt werden soll, und wenn ja, welche Verschlüsselung angewendet wird. (Im Falle der IPSec wird ungeschützter Verkehr verworfen, da er durch IPSec hätte geschützt werden sollen. Im Falle von CET wird der Verkehr entschlüsselt, obwohl er nie zuvor verschlüsselt wurde.)

Im Falle von IPSec wird die Access-Liste auch zur Identifizierung des Datenflusses verwendet, für den die IPSec-Sicherheitvereinbarungen getroffen wurden. Im ausgehenden Fall wird der **permit**-Eintrag als Datenflussidentität (generell) verwendet, während im eingehenden Fall die Datenflussidentität, die durch den gegenüberliegenden Peer-Router festgelegt wurde, durch die Verschlüsselungs-Access-Liste zugelassen werden muss.

### Beispiel

Das folgende Beispiel zeigt die minimal benötigte Verschlüsselungskarten-Konfiguration, wenn die IKE zur Einrichtung der Sicherheitsassoziationen verwendet wird (dieses Beispiel ist das einer statischen Verschlüsselungskarte).

```
crypto map mymap 10 ipsec-isakmp
 match address 101
 set transform-set my_t_set1
 set peer 10.0.0.1
```

### Verwandte Befehle

Sie können online unter www.cisco.com eine Recherche nach verwandten Befehlen durchführen.

crypto dynamic-map
crypto map (globale Konfiguration)
crypto map (Interface-Konfiguration)
crypto map local-address
set peer
set pfs
set security-association level per-host
set security-association lifetime
set session-key
set transform-set
show crypto map

## 29.10 mode

Verwenden Sie den Crypto-Map-Konfigurationsbefehl **mode**, um den Modus für ein Transformationsset zu ändern. Verwenden Sie die **no**-Form dieses Befehls, um den Modus in die Standardeinstellung des Tunnelmodus zu versetzen.

mode [tunnel | transport]
no mode

| Syntax | Beschreibung |
| --- | --- |
| tunnel | transport | (Optional) Kennzeichnet den Modus für ein Transformationsset: entweder den Tunnel- oder den Transportmodus. Wenn weder **tunnel** noch **transport** angegeben wird, wird der Standard-(Tunnel-)Modus ausgeführt. |

**Standard**

Tunnelmodus

**Befehlsmodus**

Crypto-Map-Konfiguration

**Benutzungsrichtlinien**

Dieser Befehl erschien erstmals in der Cisco-IOS-Version 11.3 T.

Mit diesem Befehl können Sie den Modus für die Transformation ändern. Diese Einstellung wird nur dann verwendet, wenn der zu schützende Verkehr dieselben IP-Adressen wie die beteiligten IPSec-Peer-Geräte besitzen (dieser Verkehr kann entweder im Tunnel- oder im Transportmodus verkapselt werden). Diese Einstellung wird für jeden anderen Verkehr nicht berücksichtigt (der andere Verkehr wird im Tunnelmodus verkapselt).

Wenn der zu schützende Verkehr dieselben IP-Adressen wie die beteiligten IPSec-Peer-Geräte besitzt und der Transportmodus festgelegt wurde, dann wird der Router während der Verhandlung den Transportmodus anbieten, er wird aber sowohl den Transport- als auch den Tunnelmodus akzeptieren. Wenn der Tunnelmodus festgelegt ist, wird der Router den Tunnelmodus anbieten und nur diesen akzeptieren.

Wenn Sie ein Transformationsset erzeugen, werden Sie damit in den Crypto-Map-Konfigurationsmodus versetzt. In diesem Modus können Sie den Modus entweder auf *Tunnel* oder *Transport* ändern. Diese Änderung wird nur auf das gerade erzeugte Transformationsset angewendet.

Wenn Sie den Modus bei der ersten Erzeugung des Transformationssets nicht geändert haben, den Modus für das Transformationsset aber später ändern wollen, müssen Sie das Transformationsset neu eingeben (indem Sie den Transformationsnamen und alle Transformationen angeben) und daraufhin den Modus ändern.

Wenn Sie diesen Befehl zur Änderung des Modus verwenden, wird diese Änderung nur die Verhandlung nachfolgender IPSec-Sicherheitsassoziationen betreffen, die mit den Verschlüsselungskarten-Einträgen erfolgen, in denen dieses Transformationsset vermerkt ist. Wenn Sie die neuen Einstellungen früher verwenden wollen, können Sie die ganze oder einen Teil der Sicherheitsassoziations-Datenbank entleeren. Lesen Sie die Beschreibung des Befehls **clear crypto sa** wegen weiterer Details.

*Der Tunnelmodus*

Im Tunnelmodus wird das gesamte ursprüngliche IP-Paket geschützt (verschlüsselt, authentifiziert oder beides) und mit den IPSec-Headern und dem jeweiligen Nachspann ummantelt (ein ESP-Header und ein ESP-Nachspann, ein AH-Header oder beides). Anschließend wird ein neuer IP-Header vor das Paket gesetzt, der die IPSec-Endpunkte als Quell- und Zieladresse angibt.

Der Tunnelmodus kann mit jedem IP-Verkehr verwendet werden. Der Tunnelmodus muss verwendet werden, wenn die IPSec den Verkehr von Hosts schützt, die sich hinter den IPSec-Peer-Geräten befinden. Zum Beispiel wird der Tunnelmodus in virtuellen privaten Netzwerken (VPNs) verwendet, in denen Hosts aus einem geschützten Netzwerk Pakete an Hosts in einem anderen geschützten Netzwerk über ein IPSec-Peer-Gerätepaar senden. In VPNs überträgt ein IPSec-Peer-Gerät den geschützten Verkehr zwischen sich und dem anderen IPSec-Peer-Gerät durch den Tunnel, wobei die Hosts in ihren geschützten Netzwerken die Endpunkte der Sitzung darstellen.

*Der Transportmodus*

Im Transportmodus wird nur die Datenfracht (Payload) des ursprünglichen IP-Pakets geschützt (verschlüsselt, authentifiziert oder beides). Die Datenfracht wird mit den IPSec-Headern und dem jeweiligen Nachspann ummantelt (ein ESP-Header und ein ESP-Nachspann, ein AH-Header oder beides). Dagegen bleiben die ursprünglichen IP-Header erhalten und werden nicht durch die IPSec geschützt.

Der Transportmodus sollte nur dann verwendet werden, wenn Quelle und Ziel des zu schützenden IP-Verkehrs jeweils ein IPSec-Peer-Gerät ist. Sie können zum Beispiel den Transportmodus zum Schutz von Router-Management-Verkehr verwenden. Durch den festgelegten Transportmodus kann der Router mit dem gegenüberliegenden Peer-Gerät über die Verwendung des Transport- oder des Tunnelmodus verhandeln.

### Beispiel

Dieses Beispiel erzeugt ein Transformationsset und ändert den Modus in den Transportmodus. Dieser Modus wird nur auf den IP-Verkehr mit den Quell- und Zieladressen des lokalen und des gegenüberliegenden IPSec-Peer-Geräts angewendet:

```
MyPeerrouter(config)# crypto ipsec transform-set newer esp-des esp-sha-hmac
MyPeerrouter(cfg-crypto-trans)# mode transport
MyPeerrouter(cfg-crypto-trans)# exit
MyPeerrouter(config)#
```

### Verwandte Befehle

Sie können online unter www.cisco.com eine Recherche nach verwandten Befehlen durchführen.

**crypto ipsec transform-set**
**initialization-vector size**

## 29.11 set peer

Verwenden Sie den Crypto-Map-Konfigurationsbefehl **set peer**, um ein IPSec-Peer-Gerät in einem Verschlüsselungskarten-Eintrag festzulegen. Verwenden Sie die **no**-Form dieses Befehls, um ein IPSec-Peer-Gerät aus einem Verschlüsselungskarten-Eintrag zu entfernen.

set peer {*Hostname* | *IP-Adresse*}
no set peer {*Hostname* | *IP-Adresse*}

| Syntax | Beschreibung |
|---|---|
| *Hostname* | Kennzeichnet das IPSec-Peer-Gerät durch seinen Hostnamen. Dies ist der Hostname des Peer-Geräts, der mit seinem Domänennamen verkettet ist (zum Beispiel *myHost.domain.com*). |
| *IP-Adresse* | Kennzeichnet das IPSec-Peer-Gerät durch seine IP-Adresse. |

**Standard**

Es ist kein Peer-Gerät festgelegt.

**Befehlsmodus**

Crypto-Map-Konfiguration

**Benutzungsrichtlinien**

Dieser Befehl erschien erstmals in der Cisco-IOS-Version 11.2.

Dieser Befehl ist auch in Kapitel 27 »Befehle der Cisco-Verschlüsselungs-Technologie« beschrieben, in dem er eine etwas andere Funktionalität besitzt.

Mit diesem Befehl legen Sie ein IPSec-Peer-Gerät für eine Verschlüsselungskarte fest.

Dieser Befehl ist für alle statischen Verschlüsselungskarten erforderlich. Wenn Sie eine dynamische Verschlüsselungskarte erzeugen (mit dem Befehl **crypto dynamic-map**), ist dieser Befehl nicht erforderlich und er wird auch in den meisten Fällen nicht verwendet (da das Peer-Gerät in der Regel nicht bekannt ist).

Bei **ipsec-isakmp**-Verschlüsselungskarten-Einträgen können Sie mehrere Peer-Geräte angeben, indem Sie diesen Befehl wiederholt ausführen. Die Pakete werden an das Peer-Gerät gesendet, von dem der Router das letzte Paket (entweder Datenverkehr oder eine Verhandlungsanfrage) für einen bestimmten Datenstrom erhielt. Wenn der Versuch mit dem ersten Peer-Gerät fehlschlägt, versucht das IKE das nächste Peer-Gerät in der Liste der Verschlüsselungskarte.

Bei **ipsec-manual**-Verschlüsselungs-Einträgen können Sie nur ein IPSec-Peer-Gerät pro Verschlüsselungskarte angeben. Wenn Sie das Peer-Gerät wechseln wollen, müssen Sie zuerst das alte Peer-Gerät löschen und anschließend das neue Peer-Gerät eingeben.

Sie können das gegenüberliegende IPSec-Peer-Gerät nur dann durch seinen Hostnamen angeben, wenn der Hostname auf einem DNS-Server der IP-Adresse des Peer-Geräts zugeordnet wird oder Sie den Hostnamen manuell mit dem Befehl **ip host** der IP-Adresse zuordnen.

## Beispiel

Das folgende Beispiel zeigt eine Verschlüsselungskarten-Konfiguration, wenn das IKE zur Einrichtung der Sicherheitsassoziationen verwendet wird. In diesem Beispiel kann eine Sicherheitsassoziation entweder mit dem IPSec-Peer-Gerät an 10.0.0.1 oder mit dem Peer-Gerät an 10.0.0.2 eingerichtet werden:

```
crypto map mymap 10 ipsec-isakmp
 match address 101
 set transform-set my_t_set1
 set peer 10.0.0.1
 set peer 10.0.0.2
```

## Verwandte Befehle

Sie können online unter www.cisco.com eine Recherche nach verwandten Befehlen durchführen.

crypto dynamic-map
crypto map (globale Konfiguration)
crypto map (Interface-Konfiguration)
crypto map local-address
match address
set pfs
set security-association level per-host
set security-association lifetime
set session-key
set transform-set
show crypto map

## 29.12  set pfs

Verwenden Sie den Crypto-Map-Konfigurationsbefehl **set pfs**, um festzulegen, dass die IPSec die Perfect-Forward-Secrecy (PFS) verlangen soll, wenn sie nach neuen Sicherheitsassoziationen für diesen Verschlüsselungskarten-Eintrag anfragt, oder dass die IPSec die PFS benötigt, wenn sie Anfragen nach neuen Sicherheitsassoziationen empfängt. Verwenden Sie die **no**-Form dieses Befehls, um festzulegen, dass die IPSec nicht nach der PFS fragen soll.

**set pfs [group1 | group2]**
**no set pfs**

| Syntax | Beschreibung |
| --- | --- |
| group1 | Legt fest, dass IPSec die 768-Bit-Diffie-Hellman-Prime-Modulus-Gruppe verwenden soll, wenn sie den neuen Diffie-Hellman-Austausch ausführt. |
| group2 | Legt fest, dass IPSec die 1024-Bit-Diffie-Hellman-Prime-Modulus-Gruppe verwenden soll, wenn sie den neuen Diffie-Hellman-Austausch ausführt. |

## Standard

Standardmäßig wird die PFS nicht verlangt. Wenn in diesem Befehl keine Gruppe angegeben ist, wird standardmäßig **group1** verwendet.

## Befehlsmodus

Crypto-Map-Konfiguration

## Benutzungsrichtlinien

Dieser Befehl erschien erstmals in der Cisco-IOS-Version 11.3 T.

Dieser Befehl ist nur mit **ipsec-isakmp**-Verschlüsselungskarten-Einträgen und dynamischen Verschlüsselungskarten-Einträgen verwendbar.

Während einer Verhandlung wird die IPSec durch diesen Befehl die PFS verlangen, wenn sie Anfragen nach neuen Sicherheitsassoziationen für den Verschlüsselungskarten-Eintrag sendet. Wenn im Befehl **set pfs** keine Gruppe angegeben wird, wird die Standardeinstellung (**group1**) gesendet. Wenn das Peer-Gerät die Verhandlung beginnt und die lokale Konfiguration das PFS verlangt, muss das gegenüberliegende Peer-Gerät entweder einen PFS-Austausch ausführen oder die Verhandlung wird abgebrochen. Wenn die lokale Konfiguration keine Gruppe festlegt, wird als Standard die **group1** vorausgesetzt und es wird ein Angebot mit der **group1** oder der **group2** akzeptiert. Wenn die lokale Konfiguration die **group2** festlegt, *muss* diese Gruppe im Angebot des Peer-Geräts enthalten sein, da sonst die Verhandlung abgebrochen wird. Wenn die lokale Konfiguration keine PFS verlangt, wird jedes PFS-Angebot vom Peer-Gerät akzeptiert.

Die PFS erhöht die Sicherheitsstufe; denn wenn ein Schlüssel durch einen Angreifer geknackt wird, können nur die Daten entschlüsselt werden, die mit diesem Schlüssel übertragen wurden. Ohne die PFS könnten auch die Daten entschlüsselt werden, die mit anderen Schlüsseln gesendet wurden.

Mit der PFS wird bei jeder neuen Sicherheitsassoziations-Verhandlung ein neuer Diffie-Hellman-Austausch vorgenommen (dieser Austausch benötigt zusätzliche CPU-Zeit).

Die 1024-Bit-Diffie-Hellman-Prime-Modulus-Gruppe namens **group2** bietet mehr Sicherheit als die **group1**, dafür benötigt sie aber auch mehr CPU-Zeit als die **group1**.

## Beispiel

Dieses Beispiel legt fest, dass die PFS bei jeder neuen Sicherheitsassoziations-Verhandlung für die Verschlüsselungskarte *mymap 10* verwendet werden soll:

```
crypto map mymap 10 ipsec-isakmp
 set pfs group2
```

## Verwandte Befehle

Sie können online unter www.cisco.com eine Recherche nach verwandten Befehlen durchführen.

crypto dynamic-map
crypto map (globale Konfiguration)
crypto map (Interface-Konfiguration)
crypto map local-address
match address
set peer
set security-association level per-host
set security-association lifetime
set transform-set
show crypto map

## 29.13 set security-association level per-host

Verwenden Sie den Crypto-Map-Konfigurationsbefehl **set security-association level per-host**, um festzulegen, dass für jedes Quelle/Ziel-Host-Paar eigene IPSec-Sicherheitsassoziationen verlangt werden sollen. Verwenden Sie die **no**-Form dieses Befehls, um festzulegen, dass nur eine Sicherheitsassoziation für jeden **permit**-Eintrag in einer Verschlüsselungskarten-Access-Liste angefordert wird.

set security-association level per-host
no set security-association level per-host

### Syntaxbeschreibung

Dieser Befehl besitzt keine Argumente oder Schlüsselwörter.

### Standard

Bei einer gegebenen Verschlüsselungskarte wird der gesamte Verkehr zwischen zwei IPSec-Peer-Geräten, der auf einen einzelnen **permit**-Eintrag in einer Access-Liste einer Verschlüsselungskarte passt, dieselbe Sicherheitsassoziation verwenden.

### Befehlsmodus

Crypto-Map-Konfiguration

### Benutzungsrichtlinien

Dieser Befehl erschien erstmals in der Cisco-IOS-Version 11.3 T.

Dieser Befehl ist nur für **ipsec-isakmp**-Verschlüsselungskarten-Einträge verwendbar und wird bei dynamischen Verschlüsselungskarten-Einträgen nicht unterstützt.

Mit diesem Befehl legen Sie fest, dass für jedes Quelle/Ziel-Host-Paar eine eigene IPSec-Sicherheitsassoziation verwendet werden soll.

Normalerweise wird IPSec im Rahmen einer gegebenen Verschlüsselungskarte versuchen, Sicherheitsassoziationen mit der angegebenen Auflösung des Access-Listeneintrags aufzunehmen. Wenn der Access-Listeneintrag zum Beispiel *permit ip* zwischen dem Subnetz A und dem Subnetz B vorgibt, dann wird IPSec versuchen, Sicherheitsassoziationen zwischen dem Subnetz A und dem Subnetz B (für jedes IP-Protokoll) einzurichten, und solange keine Sicherheitsassoziationen mit einer feineren Auflösung eingerichtet wurden (durch eine Peer-Gerät-Anfrage), wird der gesamte IPSec-geschützte Verkehr zwischen diesen beiden Subnetzen dieselbe Sicherheitsassoziation verwenden.

Durch diesen Befehl wird IPSec für jedes Quelle/Ziel-Host-Paar eine eigene IPSec-Sicherheitsassoziation verlangen (danach anfragen). In diesem Fall würde jede Host-Paarung (bei der sich ein Host in Subnetz A und der andere Host in Subnetz B befindet) IPSec zu einer Anfrage nach einer eigenen Sicherheitsassoziation veranlassen.

Durch diesen Befehl wird eine Sicherheitsassoziation zum Schutz des Verkehrs zwischen Host A und Host B und eine unterschiedliche Sicherheitsassoziation für den Schutz des Verkehrs zwischen Host A und Host C angefragt.

Der Access-Listeneintrag kann lokale und entfernte Subnetze festlegen oder er kann eine Host- und Subnetz-Kombination enthalten. Wenn der Access-Listeneintrag Protokolle und Ports angibt, werden diese Werte bei der Einrichtung den einzelnen Sicherheitsassoziationen zugeordnet.

Verwenden Sie diesen Befehl mit Bedacht, da mehrere Datenströme zwischen gleichen Subnetzen die Systemressourcen schnell aufbrauchen können.

### Beispiel

Mit dem Access-Listeneintrag **permit ip 1.1.1.0 0.0.0.255 2.2.2.0 0.0.0.255** und der hostweisen Assoziationseinrichtung

- wird ein Paket von 1.1.1.1 nach 2.2.2.1 eine Sicherheitsassoziationsanfrage initiieren, die aussieht, als ob sie durch den Access-Listeneintrag **permit ip host 1.1.1.1 host 2.2.2.1** ausgelöst worden wäre.

- wird ein Paket von 1.1.1.1 nach 2.2.2.2 eine Sicherheitsassoziationsanfrage initiieren, die aussieht, als ob sie durch den Access-Listeneintrag **permit ip host 1.1.1.1 host 2.2.2.2** ausgelöst worden wäre.

- wird ein Paket von 1.1.1.2 nach 2.2.2.1 eine Sicherheitsassoziationsanfrage initiieren, die aussieht, als ob sie durch den Access-Listeneintrag **permit ip host 1.1.1.2 host 2.2.2.1** ausgelöst worden wäre.

Ohne die hostweise Assoziationseinrichtung würde jedes der obigen Pakete die jeweils gleiche Sicherheitsassoziationsanfrage initiieren, die vom Access-Listeneintrag **permit ip 1.1.1.0 0.0.0.255 2.2.2.0 0.0.0.255** stammt.

## Verwandte Befehle

Sie können online unter www.cisco.com eine Recherche nach verwandten Befehlen durchführen.

crypto dynamic-map
crypto map (globale Konfiguration)
crypto map (Interface-Konfiguration)
crypto map local-address
match address
set peer
set pfs
set security-association lifetime
set transform-set
show crypto map

## 29.14 set security-association lifetime

Verwenden Sie den Crypto-Map-Konfigurationsbefehl **set security-association lifetime**, um (für einen bestimmten Verschlüsselungskarten-Eintrag) den globalen Laufzeitwert zu überstimmen, der bei der Verhandlung der IPSec-Sicherheitsassoziationen verwendet wird. Verwenden Sie die **no**-Form dieses Befehls, um den Laufzeitwert eines Verschlüsselungskarten-Eintrags zurück auf den globalen Wert zu setzen.

set security-association lifetime {seconds *Sekunden* | kilobytes *Kilobytes*}
no set security-association lifetime {seconds | kilobytes}

| Syntax | Beschreibung |
| --- | --- |
| seconds *Sekunden* | Kennzeichnet die Anzahl von Sekunden, die eine Sicherheitsassoziation aufrechterhalten wird. |
| kilobytes *Kilobytes* | Kennzeichnet das Verkehrsvolumen (in Kilobyte), das zwischen IPSec-Peer-Geräten während einer Sicherheitsassoziation übertragen werden kann, bevor diese Sicherheitsassoziation abläuft. |

### Standard

Der Sicherheitsassoziationen einer Verschlüsselungskarte werden entsprechend den globalen Laufzeiten verhandelt.

### Befehlsmodus

Crypto-Map-Konfiguration

### Benutzungsrichtlinien

Dieser Befehl erschien erstmals in der Cisco-IOS-Version 11.3 T.

Dieser Befehl ist nur für **ipsec-isakmp**-Verschlüsselungskarten-Einträge und dynamische Verschlüsselungskarten-Einträge verwendbar.

Die IPSec-Sicherheitsassoziationen verwenden gemeinsame Geheimschlüssel. Diese Schlüssel und die zugehörigen Sicherheitsassoziationen laufen gemeinsam ab.

Nehmen wir an, dass für einen bestimmten Verschlüsselungskarten-Eintrag eigene Laufzeitwerte konfiguriert wurden. Wenn der Router über neue Sicherheitsassoziationen verhandeln möchte, wird er die Laufzeitwerte seiner Verschlüsselungskarte in der Anfrage an das Peer-Gerät angeben. Er wird diesen Wert als Laufzeit für die neuen Sicherheitsassoziationen verwenden. Wenn der Router eine Verhandlungsanfrage vom Peer-Gerät erhält, wird er aus dem Laufzeitwert des Peer-Geräts und dem lokal konfigurierten Laufzeitwert den jeweils kürzeren für die Laufzeit der neuen Sicherheitsassoziationen verwenden.

Es gibt zwei verschiedene Laufzeiten: eine zeitabhängige Laufzeit und eine Laufzeit, die vom übertragenen Verkehrsvolumen abhängig ist. Eine Sicherheitsassoziation läuft ab, wenn die erste dieser Laufzeiten erreicht wird.

Wenn Sie eine Laufzeit ändern, wird die Änderung nicht auf die momentan existierenden Sicherheitsassoziationen angewendet, sondern nur bei der Verhandlung von zukünftig einzurichtenden Sicherheitsassoziationen für die Datenströme, die durch diesen Verschlüsselungskarten-Eintrag unterstützt werden. Wenn Sie die neuen Werte sofort in Kraft setzen wollen, können Sie die gesamte Sicherheitsassoziations-Datenbank oder einen Teil davon entleeren. Weitere Details finden Sie in der Beschreibung des Befehls **clear crypto sa**.

Verwenden Sie die Befehlsform **set security-association lifetime seconds**, um die zeitbezogene Laufzeit zu verändern. Die zeitbezogene Laufzeit lässt die Sicherheitsassoziation ablaufen, wenn die angegebene Zeitdauer in Sekunden vergangen ist.

Verwenden Sie die Befehlsform **set security-association lifetime kilobytes**, um die Laufzeit zu verändern, der das Verkehrsvolumen zugrunde liegt. Die Verkehrsvolumen-Laufzeit lässt die Sicherheitsassoziation ablaufen, wenn die angegebene Verkehrsmenge (in Kilobyte) durch den Schlüssel der Sicherheitsassoziationen geschützt wurde.

Kürzere Laufzeiten können die Ausführung einer erfolgreichen Attacke zur Schlüsselbestimmung erschweren, da der Angreifer weniger verschlüsselte Daten mit demselben Schlüssel zur Auswertung zur Verfügung hat. Jedoch erfordern kürzere Laufzeiten mehr CPU-Zeit für die Einrichtung neuer Sicherheitsassoziationen.

Bei manuell eingerichteten Sicherheitsassoziationen werden die Laufzeiten ignoriert (die eingerichteten Sicherheitsassoziationen, die einen **ipsec-manual**-Verschlüsselungskarten-Eintrag besitzen).

*Über die Funktionsweise dieser Laufzeiten*

Nehmen wir an, dass für einen bestimmten Verschlüsselungskarten-Eintrag keine eigenen Laufzeitwerte konfiguriert wurden. Wenn der Router über neue Sicherheitsassoziationen verhandeln möchte, wird er seine globalen Laufzeitwerte in der Anfrage an das Peer-Gerät angeben. Er wird diesen Wert als Laufzeit für die neuen Sicherheitsassoziationen verwenden. Wenn der Router eine Verhandlungsanfrage vom Peer-Gerät erhält, wird er aus dem Laufzeitwert des Peer-Geräts und dem lokal konfigurierten Laufzeitwert den jeweils kürzeren für die Laufzeit der neuen Sicherheitsassoziationen verwenden.

Die Sicherheitsassoziation (und die zugehörigen Schlüssel) laufen ab, sobald einer der beiden Werte erreicht wird: die vergangenen Sekunden (durch das Schlüsselwort **seconds** festgelegt) oder das übertragene Verkehrsvolumen in Kilobyte (durch das Schlüsselwort **kilobytes** festgelegt). Die manuell eingerichteten Sicherheitsassoziationen (die in einem Verschlüsselungskarten-Eintrag mit **ipsec-manual** bezeichnet sind) besitzen eine unendlich lange Laufzeit.

Eine neue Sicherheitsassoziation wird *vor* dem Überschreiten der Laufzeitschwelle der existierenden Sicherheitsassoziation verhandelt, um zu gewährleisten, dass eine neue Sicherheitsassoziation einsatzbereit ist, wenn die alte abgelaufen ist. Die neue Sicherheitsassoziation wird entweder 30 Sekunden vor Ablauf der **seconds**-Laufzeit verhandelt oder wenn das Verkehrsvolumen durch den Tunnel nur noch 256 Kbyte von der der **kilobytes**-Laufzeitschwelle entfernt ist (je nachdem, was zuerst eintritt).

Wenn während der gesamten Laufzeit der Sicherheitsassoziation kein Verkehr durch den Tunnel übertragen wurde, wird bei Ablauf dieser Laufzeit keine neue Sicherheitsassoziation verhandelt. Stattdessen wird nur dann eine neue Sicherheitsassoziation verhandelt, wenn die IPSec ein neues schützenswertes Paket entdeckt.

## Beispiel

Dieses Beispiel verkürzt die zeitbezogene Laufzeit eines bestimmten Verschlüsselungskarten-Eintrags, da erhöhtes Risiko besteht, dass die Schlüssel der Sicherheitsassoziationen dieses Verschlüsselungskarten-Eintrags aufgedeckt werden. Die Verkehrsvolumen-Laufzeit wird nicht verändert, da mit diesen Sicherheitsassoziationen nur wenig Verkehr übertragen wird. Die zeitbezogene Laufzeit wird auf 2700 Sekunden (45 Minuten) verkürzt.

```
crypto map mymap 10 ipsec-isakmp
 set security-association lifetime seconds 2700
```

**Verwandte Befehle**

Sie können online unter www.cisco.com eine Recherche nach verwandten Befehlen durchführen.

crypto dynamic-map
crypto ipsec security-association lifetime
crypto map (globale Konfiguration)
crypto map (Interface-Konfiguration)
crypto map local-address
match address
set peer
set pfs
set security-association level per-host
set transform-set
show crypto map

## 29.15 set session-key

Verwenden Sie den Crypto-Map-Konfigurationsbefehl **set session-key**, um die IPSec-Sitzungsschlüssel in einem Verschlüsselungskarten-Eintrag manuell festzulegen. Verwenden Sie die **no**-Form dieses Befehls, um die IPSec-Sitzungsschlüssel aus einem Verschlüsselungskarten-Eintrag zu entfernen. Dieser Befehl ist nur für **ipsec-manual**-Verschlüsselungskarten-Einträge verwendbar.

set session-key {inbound | outbound} ah *SPI Hex-Schlüsseltext*
set session-key {inbound | outbound} esp *spi* cipher *Hex-Schlüsseltext*
    [authenticator *Hex-Schlüsseltext*]
no set session-key {inbound | outbound} ah
no set session-key {inbound | outbound} esp

| Syntax | Beschreibung |
| --- | --- |
| inbound | Legt den eingehenden IPSec-Sitzungsschlüssel fest (Sie müssen eingehende und ausgehende Schlüssel festlegen). |
| outbound | Legt den ausgehenden IPSec-Sitzungsschlüssel fest (Sie müssen eingehende und ausgehende Schlüssel festlegen). |
| ah | Legt den IPSec-Sitzungsschlüssel für das AH-Protokoll fest. Verwenden Sie ihn, wenn das Transformationsset des Verschlüsselungskarten-Eintrags eine AH-Transformation enthält. |
| esp | Legt den IPSec-Sitzungsschlüssel für das ESP-Protokoll fest. Verwenden Sie ihn, wenn das Transformationsset des Verschlüsselungskarten-Eintrags eine ESP-Transformation enthält. |

| Syntax | Beschreibung |
|---|---|
| SPI | Kennzeichnet den Sicherheitsparameter-Index (SPI), ein Zahl, mit der eine Sicherheitsassoziation eindeutig identifiziert wird. Der SPI ist eine beliebige Zahl, die Sie aus dem Bereich von 256 bis 4.294.967.295 (FFFF FFFF) vergeben können.<br>Sie können denselben SPI in beide Richtungen und für beide Protokolle verwenden. Jedoch sind nicht alle Peer-Geräte so flexibel in der SPI-Vergabe. Bei einer bestimmten Zieladressen/Protokoll-Kombination müssen eindeutige SPI-Werte verwendet werden. Die Zieladresse ist bei *inbound* die des Routers und bei *outbound* die des Peer-Geräts. |
| Hex-Schlüsseltext | Kennzeichnet den Sitzungsschlüssel. Geben Sie ihn in hexadezimaler Form ein.<br>Dies ist eine beliebige hexadezimale Zeichenfolge mit 8, 16 oder 20 Byte Länge.<br>Wenn das Transformationsset der Verschlüsselungskarte einen DES-Algorithmus enthält, geben Sie mindestens 8 Byte pro Schlüssel ein.<br>Wenn das Transformationsset der Verschlüsselungskarte einen MD5-Algorithmus enthält, geben Sie mindestens 16 Byte pro Schlüssel ein.<br>Wenn das Transformationsset der Verschlüsselungskarte einen SHA-Algorithmus enthält, geben Sie 20 Byte pro Schlüssel ein.<br>Längere Schlüssel werden einfach abgeschnitten. |
| cipher | Zeigt an, dass der Schlüsseltext mit der ESP-Verschlüsselungs-Transformation verwendet wird. |
| authenticator | (Optional) Zeigt an, dass der Schlüsseltext mit der ESP-Authentifizierungstransformation verwendet wird. Dieses Argument ist nur dann erforderlich, wenn das Transformationsset des Verschlüsselungskarten-Eintrags eine ESP-Authentifizierungstransformation enthält. |

## Standard

Es sind keine Sitzungsschlüssel festgelegt.

## Befehlsmodus

Crypto-Map-Konfiguration

## Benutzungsrichtlinien

Dieser Befehl erschien erstmals in der Cisco-IOS-Version 11.3 T.

Mit diesem Befehl legen Sie IPSec-Schlüssel für Sicherheitsassoziationen in **ipsec-manual**-Verschlüsselungskarten-Einträgen fest (bei **ipsec-isakmp**-Verschlüsselungskarten-Einträgen werden die Sicherheitsassoziationen mit ihren zugehörigen Schlüsseln durch die IKE-Verhandlung automatisch eingerichtet).

Wenn das Transformationsset der Verschlüsselungskarte ein AH-Protokoll enthält, müssen Sie IPSec-Schlüssel für das AH für den eingehenden und den ausgehenden Verkehr festlegen. Wenn das Transformationsset der Verschlüsselungskarte ein ESP-Verschlüsselungsprotokoll enthält, müssen Sie IPSec-Schlüssel für die ESP-Verschlüsselung für den eingehenden und den ausgehenden Verkehr festlegen. Wenn Ihr Transformationsset ein ESP-Authentifizierungs-Protokoll enthält, müssen Sie IPSec-Schlüssel für die ESP-Authentifizierung für den eingehenden und den ausgehenden Verkehr festlegen.

Wenn Sie innerhalb einer einzelnen Verschlüsselungskarte mehrere IPSec-Sitzungsschlüssel festlegen, können Sie dieselbe SPI-Zahl an alle Schlüssel vergeben. Mit diesem SPI wird die Sicherheitsassoziation der Verschlüsselungskarte eindeutig identifiziert. Jedoch sind nicht alle Peer-Geräte so flexibel in der SPI-Vergabe. Sie sollten die SPI-Vergabe mit dem Betreiber Ihres gegenüberliegenden Peer-Geräts koordinieren, um sicherzustellen, dass der SPI nur einmal für dieselbe Zieladressen/Protokoll-Kombination verwendet wird.

Die durch diesen Befehl eingerichteten Sicherheitsassoziationen laufen nicht ab (im Gegensatz zu den Sicherheitsassoziationen, die durch das IKE eingerichtet werden).

Die Sitzungsschlüssel eines Peer-Geräts müssen mit den Sitzungsschlüsseln des gegenüberliegenden Peer-Geräts übereinstimmen.

Wenn Sie einen Sitzungsschlüssel ändern, wird die Sicherheitsassoziation, die diesen Schlüssel verwendet, gelöscht und neu eingerichtet.

### Beispiele

Das folgende Beispiel zeigt einen Verschlüsselungskarten-Eintrag für manuell eingerichtete Sicherheitsassoziationen. Das Transformationsset *t_set* enthält nur ein AH-Protokoll.

```
crypto ipsec transform-set t_set ah-sha-hmac
crypto map mymap 20 ipsec-manual
 match address 102
 set transform-set t_set
 set peer 10.0.0.21
 set session-key inbound ah 300 1111111111111111111111111111111111111111
 set session-key outbound ah 300 2222222222222222222222222222222222222222
```

Das folgende Beispiel zeigt einen Verschlüsselungskarten-Eintrag für manuell eingerichtete Sicherheitsassoziationen. Das Transformationsset *someset* enthält ein AH- und ein ESP-Protokoll; daher werden Sitzungsschlüssel sowohl für das AH als auch für das ESP jeweils für den eingehenden und den ausgehenden Verkehr konfiguriert. Das Transformationsset enthält ESP-Verschlüsselungs- und ESP-Authentifizierungstransformationen; daher werden für beide Sitzungsschlüssel erzeugt, indem die beiden Schlüsselwörter **cipher** und **authenticator** verwendet werden.

```
crypto ipsec transform-set someset ah-sha-hmac esp-des esp-sha-hmac
crypto map mymap 10 ipsec-manual
 match address 101
 set transform-set someset
 set peer 10.0.0.1
 set session-key inbound ah 300 9876543210987654321098765432109876543210
 set session-key outbound ah 300 fedcbafedcbafedcbafedcbafedcbafedcbafedc
 set session-key inbound esp 300 cipher 0123456789012345
  authenticator 00001111222233334444555566667777888899999
 set session-key outbound esp 300 cipher abcdefabcdefabcd
  authenticator 9999888877776666555544443333222211110000
```

### Verwandte Befehle

Sie können online unter www.cisco.com eine Recherche nach verwandten Befehlen durchführen.

**crypto map (globale Konfiguration)**
**crypto map (Interface-Konfiguration)**
**crypto map local-address**
**match address**
**set peer**
**set transform-set**
**show crypto map**

## 29.16 set transform-set

Verwenden Sie den Crypto-Map-Konfigurationsbefehl **set transform-set**, um in einem Verschlüsselungskarten-Eintrag festzulegen, welche Transformationssets verwendet werden können. Verwenden Sie die **no**-Form dieses Befehls, um alle Transformationssets aus einem Verschlüsselungskarten-Eintrag zu entfernen.

**set transform-set** *Transformationssetname1*
[*Transformationssetname2...Transformationssetname6*]
**no set transform-set**

| Syntax | Beschreibung |
|---|---|
| *Transformationssetname* | Name des Transformationssets. |
| | Bei einem **ipsec-manual**-Verschlüsselungskarten-Eintrag können Sie nur ein Transformationsset angeben. |
| | Bei einem **ipsec-isakmp** oder einem dynamischen Verschlüsselungskarten-Eintrag können Sie bis zu sechs Transformationssets angeben. |

## Standard

Es sind keine Transformationssets enthalten.

## Befehlsmodus

Crypto-Map-Konfiguration

## Benutzungsrichtlinien

Dieser Befehl erschien erstmals in der Cisco-IOS-Version 11.3 T.

Dieser Befehl ist für alle statischen und dynamischen Verschlüsselungskarten-Einträge erforderlich.

Mit diesem Befehl legen sie die Transformationssets in einem Verschlüsselungskarten-Eintrag fest.

Bei einem **ipsec-isakmp**-Verschlüsselungskarten-Eintrag können Sie mit diesem Befehl mehrere Transformationssets festlegen. Geben Sie das Transformationsset mit der höchsten Priorität zuerst ein.

Wenn der lokale Router die Verhandlung aufnimmt, werden die Transformationssets in der Reihenfolge an das Peer-Gerät gesendet, wie sie im Verschlüsselungskarten-Eintrag festgelegt wurden. Wenn das Peer-Gerät die Verhandlung aufnimmt, dann akzeptiert der lokale Router das erste Transformationsset, das mit einem der eigenen im Verschlüsselungskarten-Eintrag enthaltenen Transformationssets übereinstimmt.

Das erste passende Transformationsset, das auf beiden Peer-Geräte gefunden wird, wird für die Sicherheitsassoziation verwendet. Wenn kein passendes Paar gefunden wird, wird die IPSec keine Sicherheitsassoziation einrichten. Der Verkehr wird verworfen, da keine Sicherheitsassoziation vorhanden ist, die den Verkehr schützt.

Bei einem **ipsec-manual**-Verschlüsselungskarten-Eintrag können Sie nur ein Transformationsset festlegen. Wenn das Transformationsset nicht mit dem Transformationsset in der Verschlüsselungskarte des gegenüberliegenden Peer-Geräts übereinstimmt, können die beiden Peer-Geräte nicht korrekt miteinander kommunizieren, da die Peer-Geräte unterschiedliche Regeln zur Verarbeitung des Verkehrs anwenden.

Wenn Sie die Liste der Transformationssets ändern wollen, müssen Sie eine neue Liste von Transformationssets eingeben, um die alte Liste zu ersetzen. Diese Änderung wird nur auf die Verschlüsselungskarten-Einträge angewendet, die auf dieses Transformationsset verweisen. Die Änderung wird nicht auf vorhandene Sicherheitsassoziationen angewendet, sondern nur auf nachfolgend ausgeführte Verhandlungen zur Einrichtung von neuen Sicherheitsassoziationen. Wenn Sie die neuen Einstellungen früher in Kraft setzen wollen, können Sie die ganze oder einen Teil der Sicherheitsassoziations-Datenbank entleeren, indem Sie den Befehl **clear crypto sa** ausführen

Alle in einer Verschlüsselungskarte enthaltenen Transformationssets müssen zuvor mit dem Befehl **crypto ipsec transform-set** erzeugt worden sein.

### Beispiel

Das folgende Beispiel erzeugt zwei Transformationssets und legt fest, dass beide innerhalb eines Verschlüsselungskarten-Eintrags verwendet werden können. (Dieses Beispiel ist nur verwendbar, wenn das IKE zur Einrichtung von Sicherheitsassoziationen verwendet wird. Bei Verschlüsselungskarten, die für manuell eingerichtete Sicherheitsassoziationen verwendet werden, kann nur ein Transformationsset pro Verschlüsselungskarten-Eintrag enthalten sein.)

```
crypto ipsec transform-set my_t_set1 esp-des esp-sha-hmac
crypto ipsec transform-set my_t_set2 ah-sha-hmac esp-des esp-sha-hmac
crypto map mymap 10 ipsec-isakmp
 match address 101
 set transform-set my_t_set1 my_t_set2
 set peer 10.0.0.1
 set peer 10.0.0.2
```

Wenn der Verkehr in diesem Beispiel mit der Access-Liste 101 übereinstimmt, kann die Sicherheitsassoziation entweder das Transformationsset *my_t_set1* (höchste Priorität) oder das Transformationsset *my_t_set2* (zweithöchste Priorität) verwenden, je nachdem, welches Transformationsset auf die Transformationssets des gegenüberliegenden Peer-Geräts passt.

### Verwandte Befehle

Sie können online unter www.cisco.com eine Recherche nach verwandten Befehlen durchführen.

**crypto dynamic-map**
**crypto map (globale Konfiguration)**
**crypto map (Interface-Konfiguration)**
**crypto map local-address**
**match address**
**set peer**
**set pfs**
**set security-association level per-host**
**set security-association lifetime**
**set session-key**
**show crypto map**

## 29.17  show crypto ipsec sa

Verwenden Sie den EXEC-Befehl **show crypto ipsec sa**, um sich die momentan verwendeten Einstellungen der Sicherheitsassoziationen anzeigen zu lassen.

**show crypto ipsec sa** [map *Kartenname* | address | identity] [detail]

| Syntax | Beschreibung |
|---|---|
| map *Kartenname* | (Optional) Zeigt jede vorhandene Sicherheitsassoziation an, die für den mit *Kartenname* bezeichneten Verschlüsselungskartensatz erzeugt wurde. |
| address | (Optional) Zeigt alle vorhandenen Sicherheitsassoziationen an, sortiert nach der Zieladresse (entweder die lokale Adresse oder die Adresse des gegenüberliegenden IPSec-Peer-Geräts) und anschließend nach dem Protokoll (AH oder ESP). |
| identity | (Optional) Zeigt nur die Informationen des angegebenen Datenstroms an. Es werden keine Informationen über die Sicherheitsassoziation angezeigt. |
| detail | (Optional) Zeigt detaillierte Fehlerzähler an (Standard sind die oberen Send/Receive-Error-Zähler). |

### Standard

Wenn kein Schlüsselwort verwendet wird, werden alle Sicherheitsassoziationen angezeigt. Sie werden zuerst nach der Schnittstelle sortiert und dann nach Verkehrsströmen (zum Beispiel Quell-/Zieladresse, Maske, Protokoll, Port). Innerhalb eines Stroms werden die SAs nach Protokoll (ESP/AH) und Richtung (eingehend/ausgehend) sortiert.

### Befehlsmodus

EXEC

### Benutzungsrichtlinien

Dieser Befehl erschien erstmals in der Cisco-IOS-Version 11.3 T.

### Beispielanzeige

Es folgt eine Beispielausgabe auf den Befehl **show crypto ipsec sa**:

```
router#show crypto ipsec sa

interface: Ethernet0
    crypto map tag: router-alice, local addr. 172.21.114.123

   local  ident (addr/mask/prot/port): (172.21.114.123/255.255.255.255/0/0)
   remote ident (addr/mask/prot/port): (172.21.114.67/255.255.255.255/0/0)
   current_peer: 172.21.114.67
     PERMIT, flags={origin_is_acl,}
   #pkts encaps: 10, #pkts encrypt: 10, #pkts digest 10
   #pkts decaps: 10, #pkts decrypt: 10, #pkts verify 10
   #send errors 10, #recv errors 0

    local crypto endpt.: 172.21.114.123, remote crypto endpt.: 172.21.114.67
    path mtu 1500, media mtu 1500
    current outbound spi: 20890A6F
```

```
      inbound esp sas:
       spi: 0x257A1039(628756537)
          transform: esp-des esp-md5-hmac ,
          in use settings ={Tunnel, }
          slot: 0, conn id: 26, crypto map: router-alice
          sa timing: remaining key lifetime (k/sec): (4607999/90)
          IV size: 8 bytes
          replay detection support: Y
      inbound ah sas:
      outbound esp sas:
       spi: 0x20890A6F(545852015)
          transform: esp-des esp-md5-hmac ,
          in use settings ={Tunnel, }
          slot: 0, conn id: 27, crypto map: router-alice
          sa timing: remaining key lifetime (k/sec): (4607999/90)
          IV size: 8 bytes
          replay detection support: Y
      outbound ah sas:
interface: Tunnel0
    crypto map tag: router-alice, local addr. 172.21.114.123

    local  ident (addr/mask/prot/port): (172.21.114.123/255.255.255.255/0/0)
    remote ident (addr/mask/prot/port): (172.21.114.67/255.255.255.255/0/0)
    current_peer: 172.21.114.67
      PERMIT, flags={origin_is_acl,}
     #pkts encaps: 10, #pkts encrypt: 10, #pkts digest 10
     #pkts decaps: 10, #pkts decrypt: 10, #pkts verify 10
     #send errors 10, #recv errors 0

      local crypto endpt.: 172.21.114.123, remote crypto endpt.: 172.21.114.67
      path mtu 1500, media mtu 1500
      current outbound spi: 20890A6F

      inbound esp sas:
       spi: 0x257A1039(628756537)
          transform: esp-des esp-md5-hmac ,
          in use settings ={Tunnel, }
          slot: 0, conn id: 26, crypto map: router-alice
          sa timing: remaining key lifetime (k/sec): (4607999/90)
          IV size: 8 bytes
          replay detection support: Y
      inbound ah sas:
      outbound esp sas:
       spi: 0x20890A6F(545852015)
          transform: esp-des esp-md5-hmac ,
          in use settings ={Tunnel, }
          slot: 0, conn id: 27, crypto map: router-alice
          sa timing: remaining key lifetime (k/sec): (4607999/90)
          IV size: 8 bytes
          replay detection support: Y
      outbound ah sas:
```

## 29.18 show crypto ipsec security-association lifetime

Verwenden Sie den EXEC-Befehl **show crypto ipsec security-association lifetime**, um sich den konfigurierten Laufzeitwert von Sicherheitsassoziationen aus einem bestimmten Verschlüsselungskarten-Eintrag anzeigen zu lassen.

**show crypto ipsec security-association lifetime**

### Syntaxbeschreibung

Dieser Befehl besitzt keine Argumente oder Schlüsselwörter.

### Standard

Keiner.

### Befehlsmodus

EXEC

### Benutzungsrichtlinien

Dieser Befehl erschien erstmals in der Cisco-IOS-Version 11.3 T.

### Beispielanzeige

Es folgt eine Beispielausgabe auf den Befehl **show crypto ipsec security-association lifetime**:

```
router#show crypto ipsec security-association lifetime
security-association lifetime: 4608000 kilobytes/120 seconds
```

Die folgende Konfiguration war in Kraft, als der obige Befehl **show crypto ipsec security-association lifetime** ausgeführt wurde:

```
crypto ipsec security-association lifetime seconds 120
```

## 29.19 show crypto ipsec transform-set

Verwenden Sie den EXEC-Befehl **show crypto ipsec transform-set**, um sich die konfigurierten Transformationssets anzeigen zu lassen.

**show crypto ipsec transform-set** [tag *Transformationssetname*]

| Syntax | Beschreibung |
| --- | --- |
| tag *Transformationssetname* | (Optional) Zeigt nur die Transformationssets mit dem angegebenen *Transformationssetnamen* an. |

## Standard

Wenn kein Schlüsselwort verwendet wird, werden alle auf dem Router konfigurierten Transformationssets angezeigt.

## Befehlsmodus

EXEC

## Benutzungsrichtlinien

Dieser Befehl erschien erstmals in der Cisco-IOS-Version 11.3 T.

*Beispielanzeige*

Es folgt eine Beispielausgabe auf den Befehl **show crypto ipsec transform-set**:

```
router#show crypto ipsec transform-set
Transform set combined-des-sha: { esp-des esp-sha-hmac }
   will negotiate = { Tunnel, },

Transform set combined-des-md5: { esp-des esp-md5-hmac }
   will negotiate = { Tunnel, },

Transform set t1: { esp-des esp-md5-hmac }
   will negotiate = { Tunnel, },

Transform set t100: { ah-sha-hmac }
   will negotiate = { Transport, },

Transform set t2: { ah-sha-hmac }
   will negotiate = { Tunnel, },
   { esp-des }
   will negotiate = { Tunnel, },
```

Die folgende Konfiguration war in Kraft, als der obige Befehl **show crypto ipsec transform-set** ausgeführt wurde:

```
crypto ipsec transform-set combined-des-sha esp-des esp-sha-hmac
crypto ipsec transform-set combined-des-md5 esp-des esp-md5-hmac
crypto ipsec transform-set t1 esp-des esp-md5-hmac
crypto ipsec transform-set t100 ah-sha-hmac
 mode transport
crypto ipsec transform-set t2 ah-sha-hmac esp-des
```

## 29.20 show crypto dynamic-map

Verwenden Sie den EXEC-Befehl **show crypto dynamic-map**, um sich einen dynamischen Verschlüsselungskartensatz anzeigen zu lassen.

**show crypto dynamic-map** [tag *Kartenname*]

| Syntax | Beschreibung |
|---|---|
| tag *Kartenname* | (Optional) Zeigt nur den dynamischen Verschlüsselungskartensatz mit dem angegebenen *Kartennamen* an. |

**Standard**

Wenn keine Schlüsselwörter verwendet werden, werden alle auf dem Router konfigurierten dynamischen Verschlüsselungskarten angezeigt.

**Befehlsmodus**

EXEC

**Benutzungsrichtlinien**

Dieser Befehl erschien erstmals in der Cisco-IOS-Version 11.3 T.

**Beispielanzeige**

Es folgt eine Beispielausgabe auf den Befehl **show crypto dynamic-map**:

```
router#show crypto dynamic-map
crypto map Template"dyn1" 10
        Extended IP access list 152
            access-list 152 permit ip
                source: addr = 172.21.114.67/0.0.0.0
                dest:   addr = 0.0.0.0/255.255.255.255
        Current peer: 0.0.0.0
        security association lifetime: 4608000 kilobytes/120 seconds
        PFS (Y/N): N
        Transform sets={ tauth, t1, }
```

Die folgende Konfiguration war in Kraft, als der obige Befehl **show crypto dynamic-map** ausgeführt wurde:

```
crypto ipsec security-association lifetime seconds 120
!
crypto ipsec transform-set t1 esp-des esp-md5-hmac
crypto ipsec transform-set tauth ah-sha-hmac
!
crypto dynamic-map dyn1 10
 set transform-set tauth t1
 match address 152
crypto map to-router local-address Ethernet0
crypto map to-router 10 ipsec-isakmp
 set peer 172.21.114.123
 set transform-set tauth t1
 match address 150
crypto map to-router 20 ipsec-isakmp dynamic dyn1
!
```

```
access-list 150 permit ip host 172.21.114.67 host 172.21.114.123
access-list 150 permit ip host 15.15.15.1 host 172.21.114.123
access-list 150 permit ip host 15.15.15.1 host 8.8.8.1
access-list 152 permit ip host 172.21.114.67 any
```

## 29.21  show crypto map

Verwenden Sie den EXEC-Befehl **show crypto map**, um sich die Verschlüsselungskarten-Konfiguration anzeigen zu lassen.

**show crypto map** [**interface** *Schnittstelle* | **tag** *Kartenname*]

| Syntax | Beschreibung |
| --- | --- |
| **interface** *Schnittstelle* | (Optional) Zeigt nur den Verschlüsselungskartensatz an, der der angegebenen Schnittstelle zugeordnet ist. |
| **tag** *Kartenname* | (Optional) Zeigt nur den Verschlüsselungskartensatz mit dem angegebenen *Kartenname* an. |

### Standard

Wenn keine Schlüsselwörter verwendet werden, werden alle auf dem Router konfigurierten Verschlüsselungskarten angezeigt.

### Befehlsmodus

EXEC

### Benutzungsrichtlinien

Dieser Befehl erschien erstmals in der Cisco-IOS-Version 11.2.

Dieser Befehl wird auch in Kapitel 27 »Befehle der Cisco-Verschlüsselungs-Technologie« beschrieben, in dem er eine etwas unterschiedliche Funktionalität besitzt.

### Beispielanzeige

Es folgt eine Beispielausgabe auf den Befehl **show crypto map**:

```
router#show crypto map
crypto map: "router-alice" idb: Ethernet0 local address: 172.21.114.123

crypto map "router-alice" 10 ipsec-isakmp
        Peer = 172.21.114.67
        Extended IP access list 141
            access-list 141 permit ip
                source: addr = 172.21.114.123/0.0.0.0
                dest:   addr = 172.21.114.67/0.0.0.0
```

```
        Current peer: 172.21.114.67
        security-association lifetime: 4608000 kilobytes/120 seconds
        PFS (Y/N): N
        Transform sets={ t1, }
```

Die folgende Konfiguration war in Kraft, als der obige Befehl **show crypto map** ausgeführt wurde:

```
crypto map router-alice local-address Ethernet0
crypto map router-alice 10 ipsec-isakmp
 set peer 172.21.114.67
 set transform-set t1
 match address 141
```

Es folgt eine Beispielausgabe auf den Befehl **show crypto map,** als manuell eingerichtete Sicherheitsassoziationen verwendet wurden:

```
router#show crypto map
crypto map "multi-peer" 20 ipsec-manual
        Peer = 172.21.114.67
        Extended IP access list 120
            access-list 120 permit ip
                source: addr = 1.1.1.1/0.0.0.0
                dest:   addr = 1.1.1.2/0.0.0.0
        Current peer: 172.21.114.67
        Transform sets={ t2, }
        Inbound esp spi: 0,
         cipher key: ,
         auth_key: ,
        Inbound ah spi: 256,
            key: 01020304050607080901020304050607080901020304050607080 9,
        Outbound esp spi: 0
         cipher key: ,
         auth key: ,
        Outbound ah spi: 256,
            key: 01020304050607080901020304050607080901020304050607080 9,
```

Die folgende Konfiguration war in Kraft, als der obige Befehl **show crypto map** ausgeführt wurde:

```
crypto map multi-peer 20 ipsec-manual
 set peer 172.21.114.67
 set session-key inbound ah 256
010203040506070809010203040506070809010203040506070809
 set session-key outbound ah 256
010203040506070809010203040506070809010203040506070809
 set transform-set t2
 match address 120
```

Tabelle 29.2 erklärt jedes Feld.

*Tabelle 29.2: Feldbeschreibungen zum Befehl show crypto map*

| Feld | Beschreibung |
| --- | --- |
| Peer | Zeigt die IP-Adresse(n) des (der) gegenüberliegenden IPSec-Peer-Geräts/Geräte. |
| Extended IP access list | Listet die Access-Liste auf, die der Verschlüsselungskarte zugeordnet ist. Wenn keine Access-Liste zugeordnet ist, wird die Meldung »No matching address list set« angezeigt. |
| Current Peer | Bezeichnet das aktuelle, gegenüberliegende IPSec-Peer-Gerät. |
| Sicherheitsassociation lifetime | Zeigt die Laufzeit der Sicherheitsassoziation an. |
| PFS | Zeigt an, ob die IPSec über die Perfect-Forward-Secrecy verhandeln wird, wenn sie neue SAs für diese Verschlüsselungskarte einrichtet. |
| Transform sets | Zeigt den (die) Namen des (der) Transformationssets, das (die) mit der Verschlüsselungskarte verwendet werden kann/können. |
| Inbound | Zeigt die eingehenden IPSec-Sitzungsschlüssel an. |
| Outbound | Zeigt die ausgehenden IPSec-Sitzungsschlüssel an. |

# KAPITEL 30
# Konfiguration der Zusammenarbeit mit Zertifizierungsautoritäten (CAs)

Dieses Kapitel beschreibt die Konfiguration der Zusammenarbeit mit Zertifizierungsautoritäten (CAs), die zur Unterstützung des IP-Sicherheits-(IPSec-)Standards eingesetzt wird. Die CA-Zusammenarbeit (CA-Interoperability) ermöglicht die Kommunikation zwischen Cisco-IOS-Geräten und CAs. Auf diese Weise kann Ihr Cisco-IOS-Gerät digitale Zertifikate von der CA beziehen und einsetzen. Auch wenn IPSec in Ihrem Netzwerk ohne eine CA durchgeführt werden kann, gestattet der Einsatz einer CA eine bessere Verwaltung und Skalierung von IPSec.

Hintergrund- und Konfigurationsinformationen über IPSec finden Sie in Kapitel 28 »Konfiguration der IPSec-Netzwerksicherheit«.

Eine vollständige Beschreibung der in diesem Kapitel verwendeten Befehle finden Sie in Kapitel 31 »Befehle zur Zusammenarbeit mit Zertifizierungsautoritäten«. Für eine Dokumentation über andere in diesem Kapitel erscheinende Befehle können Sie eine Online-Recherche unter www.cisco.com durchführen.

## 30.1 Überblick über die CA-Zusammenarbeit

Ohne die CA-Zusammenarbeit könnten die Cisco-IOS-Geräte beim Betrieb von IPSec keine CAs verwenden. Die CAs bieten eine verwaltbare und skalierbare Lösung für IPSec-Netzwerke. Weitere Details sind im Abschnitt »Überblick über Zertifizierungs-Autoritäten« beschrieben.

### 30.1.1 Unterstützte Standards

Cisco unterstützt mit diesem Verfahren die folgenden Standards:

– **IPSec** – IPSec ist ein integriertes System aus offenen Standards, mit dem die Datenvertraulichkeit, die Datenintegrität und die Datenauthentifizierung zwischen beteiligten Peer-Geräten ermöglicht wird. Es führt diese Sicherheitsdienste auf der IP-Schicht aus. Sie nutzt den IKE zur Ausführung der Protokoll- und Algorithmusvereinbarungen entsprechend den lokalen Vorgaben und zur Erzeugung der

Verschlüsselungs- und Authentifizierungsschlüssel, die durch IPSec verwendet werden. IPSec kann zum Schutz eines oder mehrerer Datenströme (data flows) zwischen einem Host-Paar, einem Paar von Sicherheits-Gateways oder einem Sicherheits-Gateway und einem Host eingesetzt werden.

Weitere Informationen über IPSec finden Sie in Kapitel 28 »Konfiguration der IPSec-Netzwerksicherheit«.

- **Internet Key Exchange (IKE = Internet-Schlüsselaustausch)** – Das IKE ist ein Hybrid-Protokoll, das den Oakley- und den SKEME-Schlüsselaustausch im Rahmen des ISAKMP ausführt. Auch wenn das IKE zusammen mit anderen Protokollen verwendet werden kann, erfolgt seine erstmalige Anwendung durch das IPSec-Protokoll. Das IKE ermöglicht die Authentifizierung der IPSec-Peer-Geräte, es verhandelt über die IPSec-Sicherheits-Assoziationen und es richtet die IPSec-Schlüssel ein.

Weitere Informationen über das IKE finden Sie in Kapitel 32 »Konfiguration des Internet-Key-Exchange-Sicherheits-Protokolls«.

- **Public-Key-Cryptography-Standard #7 (PKCS #7)** – Der PKCS #7 ist ein Standard der RSA-Data-Security Inc., der zur Verschlüsselung und Kennzeichnung von Zertifikat-Registrierungsmeldungen verwendet wird.

- **Public-Key-Cryptography-Standard #10 (PKCS #10)** – Der PKCS #10 ist eine Standardsyntax der RSA-Data Security Inc. für Zertifikatanfragen.

- **RSA-Schlüssel** – Das RSA ist das Public-Key-Cryptographic-System (Verschlüsselungssystem mit öffentlichen Schlüsseln), das von Ron Rivest, Adi Shamir und Leonard Adleman entwickelt wurde. Die RSA-Schlüssel existieren immer paarweise: ein öffentlicher (public) Schlüssel und ein geheimer (private) Schlüssel.

- **X.509v3-Zertifikate** – Die Unterstützung der X.509v3-Zertifikate ermöglicht die Einteilung des IPSec-geschützten Netzwerks, indem jedes Gerät einen digitalen Ausweis erhalten kann. Wenn zwei Geräte miteinander kommunizieren wollen, tauschen sie ihre digitalen Zertifikate aus, um ihre Identität zu beweisen (damit entfällt der sonst notwendige manuelle Austausch der öffentlichen Schlüssel mit jedem Peer-Gerät bzw. das manuelle Festlegen eines gemeinsamen Schlüssels auf jedem Peer-Gerät). Diese Zertifikate werden von einem CA bezogen. X.509 ist Teil des X.500-Standards der ITU.

## 30.1.2 Einschränkungen

Dieses Verfahren ist nur dann von Nutzen und sollte auch nur dann konfiguriert werden, wenn Sie in Ihrem Netzwerk auch gleichzeitig die IPSec und das IKE konfigurieren.

Kapitel 30 • Konfiguration der Zusammenarbeit mit Zertifizierungsautoritäten   **739**

### 30.1.3 Vorbereitungen

Ihrem Netzwerk muss eine CA zur Verfügung stehen, bevor Sie diese Zusammenarbeitsfunktion konfigurieren. Die CA muss das PKI-Protokoll von Cisco, das Cerificate-Enrollment-Protokoll (CEP) unterstützen.

## 30.2 Ein Überblick über Zertifizierungsautoritäten

Dieser Abschnitt liefert Hintergrundinformationen über CAs und enthält die folgenden Themen:

- Zweck der CAs
- Durchführung von IPSec ohne CAs
- Durchführung von IPSec mit CAs
- Wie CA-Zertifikate von IPSec-Geräten eingesetzt werden
- Über Registrierungsautoritäten

### 30.2.1 Zweck der CAs

Die CAs sind verantwortlich für die Verwaltung von Zertifikat-Anfragen und die Ausgabe von Zertifikaten an beteiligte IPSec-Netzwerk-Geräte. Diese Dienste ermöglichen die zentralisierte Schlüsselverwaltung für die beteiligten Geräte.

Die CAs vereinfachen die Administration der IPSec-Netzwerk-Geräte. Sie können eine CA für ein Netzwerk verwenden, das mehrere IPSec-betriebene Geräte wie z.B. Router enthält.

Die digitalen Signaturen, die durch das Verschlüsselungsverfahren der öffentlichen Schlüssel ermöglicht werden, bieten ein Mittel zur digitalen Authentifizierung von Geräten und einzelnen Benutzern. Bei einem Verschlüsselungsverfahren mit öffentlichen Schlüsseln, wie dem RSA-Verschlüsselungssystem, besitzt jeder Benutzer ein Schlüsselpaar mit jeweils einem öffentlichen und einem geheimen Schlüssel. Die Schlüssel ergänzen sich gegenseitig und es kann alles, was mit einem der Schlüssel verschlüsselt wurde, mit dem anderen entschlüsselt werden. Eine Signatur wird erzeugt, wenn Daten mit einem geheimen Schlüssel eines Benutzers verschlüsselt werden. Der Empfänger überprüft die Signatur, indem er die Meldung mit dem öffentlichen Schlüssel des Senders entschlüsselt. Die Tatsache, dass die Meldung mit dem öffentlichen Schlüssel des Senders entschlüsselt werden kann, beweist, dass der Besitzer des geheimen Schlüssels, also der Sender, die Meldung erzeugt haben muss. Dieser Prozess vertraut darauf, dass der Empfänger ein Exemplar des öffentlichen Schlüssels des Senders besitzt und relativ sicher weiß, dass dieser wirklich vom Sender stammt und nicht von jemandem, der vorgibt der Sender zu sein.

Die digitalen Zertifikate ermöglichen diese Verbindung. Ein digitales Zertifikat enthält Informationen zur Identifizierung eines Benutzers oder Geräts, z.B. den Namen, die Seriennummer, das Unternehmen, die Abteilung oder die IP-Adresse. Es enthält zudem eine Kopie des öffentlichen Schlüssels dieser Einheit. Das Zertifikat selbst ist von einer CA und einer dritten Partei signiert, der der Empfänger ausdrücklich zutraut, diese Einheiten zu bestätigen und digitale Zertifikate zu erzeugen.

Damit der Empfänger die Signatur der CA überprüfen kann, muss er erst den öffentlichen Schlüssel der CA besitzen. Normalerweise wird dies out-of-band vorgenommen oder durch einen Vorgang während der Installation. Zum Beispiel sind die meisten Webbrowser standardmäßig mit den öffentlichen Schlüsseln mehrerer CAs konfiguriert. Das IKE kann, als eine Schlüsselkomponente der IPSec, digitale Signaturen verwenden, um Peer-Geräte einzeln zu authentifizieren, bevor es Sicherheits-Assoziationen einrichtet.

Ohne digitale Signaturen müssen Sie zwischen jedem einzelnen Gerätepaar, das den IPSec-Schutz für die gegenseitige Kommunikation einsetzt, die öffentlichen Schlüssel oder Geheimnisse manuell austauschen. Ohne Zertifikate muss bei jedem dem Netzwerk neu hinzugefügten Gerät die Konfiguration aller anderen Geräte geändert werden, wenn diese mit dem neuen Gerät abgesichert kommunizieren sollen. Durch den Einsatz der digitalen Zertifikate wird dagegen jedes Gerät bei einer Zertifizierungsautorität registriert. Wenn zwei Geräten miteinander kommunizieren wollen, tauschen sie Zertifikate aus und signieren die Daten auf digitale Weise, um sich gegenseitig zu authentifizieren. Wenn im Netzwerk ein neues Gerät hinzugefügt wird, registrieren Sie dieses Gerät einfach bei einer CA und es muss keine andere Gerätekonfiguration verändert werden. Wenn das neue Gerät versucht, eine IPSec-Verbindung aufzunehmen, werden automatisch Zertifikate ausgetauscht und das Gerät kann authentifiziert werden.

### 30.2.2 Durchführung der IPSec ohne CAs

Wenn Sie IPSec-Dienste (z.B. die Verschlüsselung) zwischen zwei Cisco-Routern ohne den Einsatz einer CA aktivieren wollen, müssen Sie zuerst sicherstellen, dass jeder Router den Schlüssel des anderen Routers besitzt (z.B. einen öffentlichen RSA-Schlüssel oder einen gemeinsamen Schlüssel). Dies erfordert die manuelle Ausführung der folgenden Schritte:

– Auf jedem Router muss der öffentliche RSA-Schlüssel des anderen Routers eingegeben werden.

– Auf jedem Router muss ein gemeinsamer Schlüssel festgelegt werden, der zwischen den Routern verwendet wird.

In Bild 30.1 verwendet jeder Router den Schlüssel des anderen Routers, um die Identität des anderen Routers zu authentifizieren. Diese Authentifizierung erfolgt immer dann, wenn IPSec-Verkehr zwischen den beiden Routern ausgetauscht wird.

# Kapitel 30 • Konfiguration der Zusammenarbeit mit Zertifizierungsautoritäten  741

Wenn Sie mehrere Cisco-Router in einer netzförmigen Topologie angeordnet haben und möchten, dass IPSec-Verkehr zwischen all diesen Routern übertragen werden kann, dann müssen Sie zuerst gemeinsame Schlüssel oder öffentliche RSA-Schlüssel zwischen all diesen Routern konfigurieren.

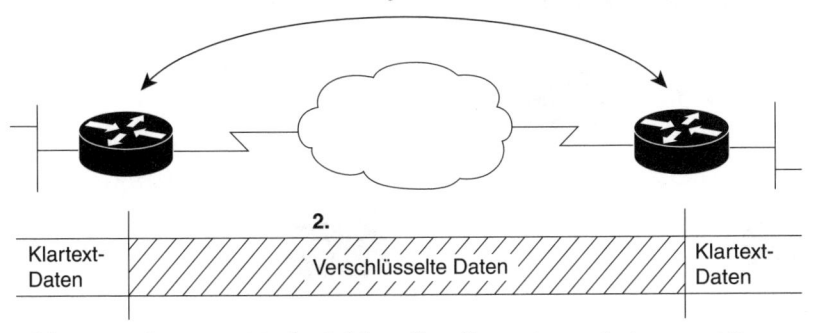

*Bild 30.1: Ohne eine CA: die Schlüsselkonfiguration zwischen zwei Routern*

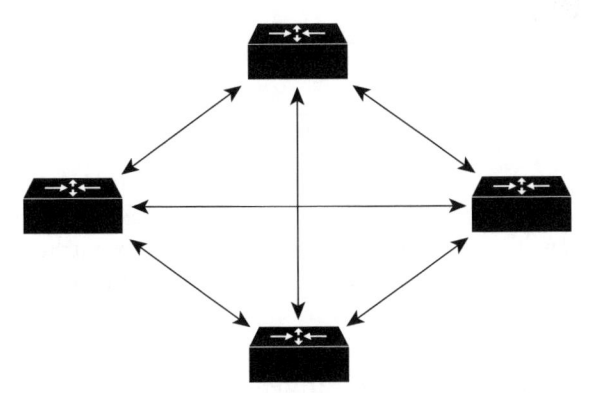

*Bild 30.2: Ohne eine CA: für vier IPSec-Router sind sechs zweiseitige Schlüsselkonfigurationen notwendig*

Jedes Mal, wenn ein neuer Router in das IPSec-Netzwerk eingefügt wird, müssen Sie Schlüssel zwischen dem neuen Router und jedem der vorhandenen Router konfigurieren. (In Bild 30.2 wären vier zusätzliche zweiteilige Schlüsselkonfigurationen notwendig, um einen einzigen Verschlüsselungs-Router in das Netzwerk einzufügen.)

Damit wird klar: Je mehr Geräte die IPSec-Dienste beanspruchen, desto umfangreicher wird die Schlüsseladministration. Offensichtlich ist diese Vorgehensweise bei größeren und komplexeren Verschlüsselungsnetzwerken nicht praktikabel.

## 30.2.3 Durchführung von IPSec mit CAs

Wenn Sie eine CA einsetzen, müssen Sie zwischen den einzelnen Verschlüsselungs-Routern keine Schlüssel konfigurieren. Stattdessen registrieren Sie jeden einzelnen beteiligten Router bei der CA, indem Sie ein Zertifikat für den Router beantragen. Wenn dies ausgeführt wurde, kann jeder beteiligte Router alle anderen beteiligten Router dynamisch authentifizieren. Dies wird in Bild 30.3 illustriert.

Zertifizierungs-Autorität

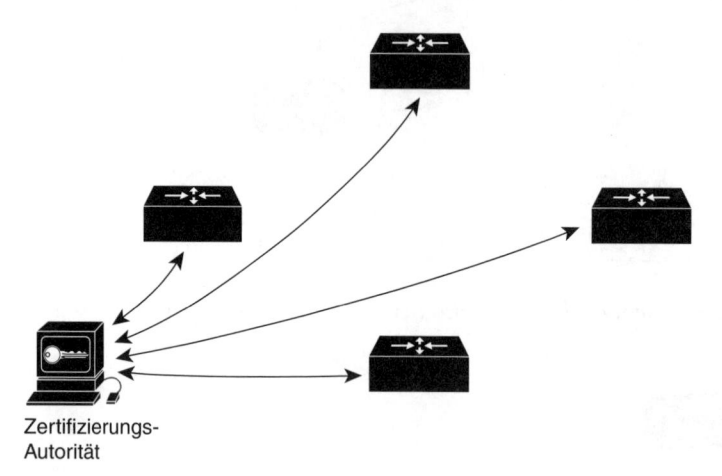

*Bild 30.3: Mit einem CA: jeder einzelne Router sendet bei der Installation Anfragen an die CA*

Wenn Sie einen neuen IPSec-Router in das Netzwerk einfügen wollen, müssen Sie nur diesen neuen Router so konfigurieren, dass er ein Zertifikat bei der CA beantragt. Die Erzeugung mehrerer Schlüsselkonfigurationen auf allen anderen vorhandenen IPSec-Router kann entfallen.

## 30.2.4 Wie CA-Zertifikate von IPSec-Geräte eingesetzt werden

Wenn zwei IPSec-Router miteinander IPSec-geschützten Verkehr austauschen wollen, müssen sie sich erst gegenseitig authentifizieren, da sonst kein IPSec-Schutz stattfinden kann. Die Authentifizierung erfolgt mit dem IKE.

*Ohne* eine CA authentifiziert sich ein Router gegenüber dem nächsten Router entweder durch RSA-verschlüsselte Nonces oder durch einen gemeinsamen Schlüssel. Beide Methoden erfordern es, dass die Schlüssel zuvor zwischen den beiden Routern konfiguriert wurden.

*Mit* einer CA authentifiziert sich ein Router gegenüber dem nächsten Router, indem er ein Zertifikat an den gegenüberliegenden Router sendet und eine Verschlüsselung mit dem öffentlichen Schlüssel ausführt. Jeder Router muss sein eigenes Zertifikat senden, das von der CA ausgegeben und bestätigt wurde. Dieser Prozess funktioniert deshalb, weil jedes Router-Zertifikat den öffentlichen Schlüssel des Routers einkapselt, jedes Zertifikat durch die CA authentifiziert wurde und alle beteiligten Router die CA als eine Authentifizierungsautorität anerkennen. Dies nennt sich IKE mit einer RSA-Signatur.

Ihr Router kann sein eigenes Zertifikat für mehrere IPSec-Sitzungen und an mehrere IPSec-Peer-Geräte senden, bis das Zertifikat ungültig wird. Wenn sein Zertifikat abläuft, muss der Router-Administrator ein neues Zertifikat von der CA beziehen.

CAs können auch die Zertifikate von Geräten widerrufen, wenn diese nicht mehr an der IPSec teilnehmen. Widerrufene Zertifikate werden von anderen IPSec-Geräten nicht anerkannt. Die widerrufenen Zertifikate werden in einer Zertifikat-Widerrufsliste (CRL = Certificate-Revocation-List) gesammelt, die von jedem Peer-Gerät überprüft werden kann, bevor es ein Zertifikat eines anderen Peer-Geräts akzeptiert.

### 30.2.5 Registrierungsautoritäten

Einige CAs betreiben im Rahmen ihrer Ausführung eine Registrierungsautorität (RA). Eine RA ist praktisch ein Server, der als Proxy für die CA fungiert, damit die CA-Funktionen weiter in Kraft bleiben, wenn die CA offline ist.

Einige der in diesem Kapitel beschriebenen Konfigurationsschritte können sich ein wenig unterscheiden, je nachdem, ob Ihre CA eine RA unterstützt oder nicht.

## 30.3 Schrittweise Konfiguration der CA-Zusammenarbeit

Führen Sie die Schritte in den folgenden Abschnitten aus, damit Ihr Cisco-Gerät mit einem CA zusammenarbeiten kann. Einige der Schritte sind optional, die restlichen sind notwendig:

- Verwaltung der NVRAM-Nutzung (optional)
- Konfiguration des Host-Namens und des IP-Domänennamen Ihres Routers
- Erzeugung eines RSA-Schlüsselpaars
- Adressierung einer CA
- Authentifizierung der CA
- Beantragen von eigenen Zertifikaten
- Speicherung der Konfiguration
- Überwachung und Verwaltung der Zusammenarbeit mit der Zertifizierungsautorität (optional)

Sie finden Konfigurationsbeispiele über die CA-Zusammenarbeit im Abschnitt »Konfigurationsbeispiele zur CA-Zusammenarbeit« am Ende dieses Kapitels.

## 30.3.1 Verwaltung der NVRAM-Nutzung (optional)

Wenn Sie eine CA einsetzen, wird Ihr Router Zertifikate und CRLs verwenden. Normalerweise werden bestimmte Zertifikate und CRLs lokal im NVRAM des Routers gespeichert und jedes Zertifikat und CRL belegt einen kleinen Teil des Speichers.

– Welche Zertifikate werden gewöhnlich auf Ihrem Router gespeichert?

– Das Zertifikat Ihres Routers

– Das Zertifikat der CA

– Zwei RA-Zertifikate (nur wenn der CA eine RA unterstützt)

– Welche CRLs werden gewöhnlich auf Ihrem Router gespeichert?

– Wenn Ihre CA keine RA unterstützt, wird nur eine CRL auf Ihrem Router gespeichert.

– Wenn Ihre CA eine RA unterstützt, können mehrere CRLs auf Ihrem Router gespeichert werden.

In einigen Fällen stellt die lokale Speicherung dieser Zertifikate und CRLs kein Problem dar. Jedoch kann in anderen Fällen die Speicherkapazität durchaus von Bedeutung sein – besonders dann, wenn Ihre CA eine RA unterstützt und eine größere Menge von CRLs auf Ihrem Router gespeichert wird.

Um NVRAM einzusparen, können Sie bestimmen, dass die Zertifikate und CRLs nicht lokal gespeichert werden, sondern stattdessen bei Bedarf von der CA bezogen werden sollen. Dieses Vorgehen wird zwar NVRAM einsparen, aber es kann sich leicht negativ auf die Performance auswirken.

Verwenden Sie den folgenden Befehl im globalen Konfigurationsmodus, um den Anfragemodus (Query-Mode) zu aktivieren und damit festzulegen, dass die Zertifikate und CRLs nicht lokal auf Ihrem Router gespeichert werden, sondern stattdessen bei Bedarf neu angefordert werden sollen:

| Befehl | Zweck |
| --- | --- |
| crypto ca certificate query | Aktiviert den Anfragemodus, in dem die Zertifikate und CRLs nicht lokal gespeichert werden. |

**ANMERKUNG**
Der Anfragemodus kann die Verfügbarkeit beeinflussen, wenn die CA nicht online ist.

# Kapitel 30 • Konfiguration der Zusammenarbeit mit Zertifizierungsautoritäten

Wenn Sie zu diesem Zeitpunkt den Anfragemodus nicht aktivieren, sich aber später dafür entscheiden, können Sie den Anfragemodus auch zu späterer Zeit aktivieren, und zwar auch dann, wenn die Zertifikate und CRLs bereits auf Ihrem Router gespeichert wurden. Wenn Sie in diesem Fall den Anfragemodus aktivieren, werden die gespeicherten Zertifikate und CRLs auf dem Router dann gelöscht, wenn Sie Ihre Konfiguration abspeichern (wenn Sie Ihre Konfiguration auf einen TFTP-Server kopieren, um den Anfragemodus zu aktivieren, werden Sie damit alle gespeicherten Zertifikate und CRLs auf dem TFTP-Server abspeichern).

Wenn Sie den Anfragemodus jetzt aktivieren, können Sie den Anfragemodus bei Bedarf später wieder abschalten. Wenn Sie den Anfragemodus später wieder abschalten, können Sie zu dem Zeitpunkt auch den Befehl **copy system:running-config nvram:startup-config** ausführen, um alle aktuellen Zertifikate und CRLs im NVRAM zu speichern (andernfalls könnten sie während eines neuerlichen Bootvorgangs verlorengehen und müssten im nächsten Bedarfsfall neu bezogen werden).

## 30.3.2 Konfiguration des Host-Namens und IP-Domänennamens Ihres Routers

Sie müssen den Host-Namen und den IP-Domänennamen des Routers konfigurieren, wenn dies nicht bereits erfolgt ist. Dies ist notwendig, da der Router einen vollständig qualifizierten Domänen-Namen (FQDN = Fully-Qualified-Domain-Name) mit den Schlüsseln und Zertifikaten verwendet, die durch die IPSec eingesetzt werden, und dieser FQDN basiert auf dem Host-Namen und dem IP-Domänennamen, den Sie an den Router vergeben. Zum Beispiel wird ein Zertifikat *router20.domain.com* genannt, wenn ein Router den Host-Namen *Router20* und den IP-Domänennamen *domain.com* besitzt.

Verwenden Sie die folgenden Befehle im globalen Konfigurationsmodus, um den Host-Namen und den IP-Domänennamen des Routers zu konfigurieren:

| Schritt | Befehl | Zweck |
|---|---|---|
| 1 | **hostname** *Name* | Konfiguriert den Host-Namen des Routers. |
| 2 | **ip domain-name** *Name* | Konfiguriert den IP-Domänennamen des Routers. |

## 30.3.3 Erzeugung eines RSA-Schlüsselpaars

Die RSA-Schlüsselpaare werden zur Signierung und Verschlüsselung der IKE-Schlüsselverwaltungs-Meldungen verwendet und benötigt, damit Sie ein Zertifikat für Ihren Router beziehen können.

Verwenden Sie den folgenden Befehl im globalen Konfigurationsmodus, um ein RSA-Schlüsselpaar zu erzeugen:

| Befehl | Zweck |
|---|---|
| crypto key generate rsa [usage-key ] | Erzeugt ein RSA-Schlüsselpaar. |
| | Verwenden Sie das Schlüsselwort **usage-key**, um damit Schlüssel für eine besondere Verwendung festzulegen, und nicht für den allgemeinen Gebrauch. Beachten Sie die Befehlsbeschreibung für eine Unterscheidung zwischen speziellen und allgemeinen Schlüsseln. |

## 30.3.4 Adressierung einer CA

Sie müssen eine CA adressieren, die von Ihrem Router verwendet werden soll. Verwenden Sie die folgenden Befehle, um eine CA zu adressieren. Beginnen Sie im globalen Konfigurationsmodus:

| Schritt | Befehl | Zweck |
|---|---|---|
| 1 | crypto ca identity *Name* | Adressiert eine CA. Der Name sollte der Domänenname der CA sein. |
| | | Dieser Befehl versetzt Sie in den CA-Identitäts-Konfigurationsmodus. |
| 2 | enrollment url *URL* | Legt die URL der CA fest (die URL sollte jedes nicht standardmäßige *cgi-bin-script*-Verzeichnis angeben). |
| 3 | enrollment mode ra | Wenn Ihr CA-System eine RA betreibt, legt dies den RA-Modus fest. |
| 4 | query url *URL* | Wenn Ihr CA-System eine RA betreibt und das LDAP-Protokoll unterstützt, legt dies die Position des LDAP-Servers fest. |
| 5 | enrollment retry-period *Minuten* | (Optional) Legt eine Zeitdauer für Wiederholungsversuche fest. |
| | | Nach einer Zertifikatsanfrage wartet der Router auf den Empfang eines Zertifikats von der CA. Wenn der Router innerhalb einer bestimmten Zeitdauer kein Zertifikat erhält (die retry-period), sendet der Router eine weitere Zertifikatsanfrage. |
| | | Sie können diese Zeitdauer mit der Standardeinstellung von einer Minute ändern. |
| 6 | enrollment retry-count *Zahl* | (Optional) Legt fest, wie oft der Router nach nicht erfolgreichen Zertifikatsanfragen diese wiederholt, bevor er aufgibt. |
| | | In der Standardeinstellung wird der Router niemals aufgeben. |
| 7 | crl optional | (Optional) Legt fest, dass die Zertifikate von anderen Peer-Geräten weiterhin von Ihrem Router akzeptiert werden, auch wenn die zugehörige CRL nicht durch Ihren Router erreichbar ist. |
| 8 | exit | Verlässt den CA-Identitäts-Konfigurationsmodus. |

# Kapitel 30 • Konfiguration der Zusammenarbeit mit Zertifizierungsautoritäten

Die Abwägung zwischen Sicherheit und Verfügbarkeit wird durch die Befehle **query url** und **crl optional** bestimmt, die in Tabelle 30.1 gegenübergestellt werden.

*Tabelle 30.1: Sicherheit und CA-Erreichbarkeit*

|  | Query – Ja | Query – Nein |
|---|---|---|
| CRL Optional – Ja | Die Sitzungen werden auch dann weitergeführt, wenn die CA nicht erreichbar ist, obwohl es sein kann, dass das Zertifikat widerrufen wird. | Die Sitzungen werden auch dann weitergeführt, wenn die CA nicht erreichbar ist, obwohl es sein kann, dass das Zertifikat widerrufen wird. |
| CRL Optional – Nein | Zertifikate werden nicht akzeptiert, wenn die CA nicht erreichbar ist. | Die Sitzungen werden weitergeführt und werden mit der lokal gespeicherten CRL verglichen. |

## 30.3.5 Authentifizierung der CA

Der Router muss die CA authentifizieren. Dies erfolgt durch den Bezug des Zertifikats, das durch die CA selbst signiert wurde und das den öffentlichen Schlüssel der CA enthält. Da das Zertifikat der CA durch sie selbst signiert wird (die CA signiert auch ihr eigenes Zertifikat), sollte der öffentliche Schlüssel der CA bei diesem Schritt manuell authentifiziert werden, indem Sie den CA-Administrator kontaktieren, um den Fingerabdruck des CA-Zertifikats zu vergleichen.

Verwenden Sie den folgenden Befehl im globalen Konfigurationsmodus, um den öffentlichen Schlüssel der CA zu erhalten:

| Befehl | Zweck |
|---|---|
| **crypto ca authenticate** *Name* | Bezieht den öffentlichen Schlüssel der CA. Verwenden Sie denselben *Namen*, mit dem Sie die CA im Befehl **crypto ca identity** adressiert haben. |

## 30.3.6 Beantragen von eigenen Zertifikaten

Sie müssen für jedes RSA-Schlüsselpaar auf Ihrem Router ein signiertes Zertifikat von der CA beantragen. Wenn Sie RSA-Schlüssel für die allgemeine Verwendung erzeugt haben, besitzt Ihr Router nur ein RSA-Schlüsselpaar und benötigt damit nur ein Zertifikat. Wenn Sie zuvor RSA-Schlüssel für besondere Verwendungen erzeugt haben, besitzt Ihr Router zwei RSA-Schlüsselpaare und benötigt somit zwei Zertifikate.

Verwenden Sie den folgenden Befehl im globalen Konfigurationsmodus, um signierte Zertifikate bei der CA zu beantragen:

| Befehl | Zweck |
|---|---|
| crypto ca enroll Name | Fordert Zertifikate für alle Ihre RSA-Schlüsselpaare an. |
| | Durch diesen Befehl wird Ihr Router so viele Zertifikate anfordern, wie er RSA-Schlüsselpaare besitzt; daher müssen Sie diesen Befehl nur einmal ausführen, auch dann, wenn Sie RSA-Schlüsselpaare zur besonderen Verwendung besitzen. |
| | Anmerkung: Dieser Befehl erfordert die Erzeugung eines Prüf-Passworts, das nicht zusammen mit der Konfiguration gespeichert wird. Dieses Passwort wird für den Fall benötigt, dass Ihr Zertifikat widerrufen werden muss; daher sollten Sie sich dieses Passwort merken. |

**ANMERKUNG**

Wenn Ihr Router neu bootet, nachdem Sie den Befehl **crypto ca enroll** ausgeführt, aber bevor Sie das (die) Zertifikat(e) erhalten haben, müssen Sie den Befehl erneut ausführen und den CA-Administrator benachrichtigen.

### 30.3.7 Die Speicherung Ihrer Konfiguration

Vergessen Sie nie, Ihre Arbeit abzuspeichern, wenn Sie Änderungen an Ihrer Konfiguration vornehmen.

Verwenden Sie den Befehl **copy system:running-config nvram:startup-config**, um Ihre Konfiguration zu sichern. Dieser Befehl speichert auch die RSA-Schlüssel im geheimen NVRAM. Die RSA-Schlüssel werden *nicht* zusammen mit Ihrer Konfiguration gespeichert, wenn Sie einen Befehl wie **copy system:running-config rcp:** oder **copy system:running-config tftp:** ausführen.

### 30.3.8 Überwachung und Verwaltung der Zusammenarbeit mit der Zertifizierungsautorität (optional)

Die folgenden Schritte sind optional und hängen von Ihren individuellen Anforderungen ab:

- Anfrage nach einer CRL
- Löschen der RSA-Schlüssel Ihres Routers
- Löschen der öffentlichen Schlüssel eines Peer-Geräts
- Löschen der Zertifikate aus der Konfiguration
- Anzeigen der Schlüssel und Zertifikate

# Kapitel 30 • Konfiguration der Zusammenarbeit mit Zertifizierungsautoritäten

## Anfrage nach einer CRL

Sie können eine CRL nur dann anfordern, wenn Ihre CA keine RA unterstützt. Die folgende Beschreibung und Ausführung ist nur dann verwendbar, wenn die CA keine RA unterstützt.

Wenn Ihr Router ein Zertifikat von einem Peer-Gerät empfängt, dann bezieht der Router eine CRL von der CA. Der Router überprüft daraufhin die CRL, um sicher zu sein, dass das Zertifikat des Peer-Geräts nicht widerrufen wurde (wenn sich das Zertifikat in der CRL befindet, wird der Router das Zertifikat nicht akzeptieren und er wird das Peer-Gerät nicht authentifizieren).

Eine CRL kann bei abgeschaltetem Anfragemodus für nachfolgende Zertifikate weiterverwendet werden, bis die CRL ungültig wird. Wenn Ihr Router ein Peer-Geräte-Zertifikat nach Ablauf der anzuwendenden CRL empfängt, wird der Router die neue CRL anfordern.

Wenn Ihr Router eine noch gültige CRL besitzt, Sie aber vermuten, dass diese CRL-Inhalte veraltet sind, dann können Sie verlangen, dass sofort die neueste CRL bezogen wird, um die alte CRL zu ersetzen.

Verwenden Sie den folgenden Befehl im globalen Konfigurationsmodus, um eine Anfrage für den sofortigen Bezug der neuesten CRL auszusenden:

| Befehl | Zweck |
| --- | --- |
| crypto ca crl request *Name* | Fordert eine neue CRL an.<br>Dieser Befehl ersetzt die aktuell auf Ihrem Router gespeicherte CRL durch die neueste Version der CRL. |

## Löschen der RSA-Schlüssel Ihres Routers

Bestimmte Umstände können Sie zur Löschung der RSA-Schlüssel auf Ihrem Router nötigen. Wenn Sie zum Beispiel den Verdacht hegen, dass die RSA-Schlüssel in die Öffentlichkeit gelangten und daher nicht weiter verwendet werden sollten.

Verwenden Sie den folgenden Befehl im globalen Konfigurationsmodus, um alle RSA-Schlüssel Ihres Routers zu löschen:

| Befehl | Zweck |
| --- | --- |
| crypto key zeroize rsa | Löscht alle RSA-Schlüssel Ihres Routers. |

Nachdem Sie die RSA-Schlüssel eines Routers gelöscht haben, sollten Sie auch diese beiden zusätzlichen Schritte ausführen:

– Bitten Sie den CA-Administrator darum, die Zertifikate Ihres Routers auf der CA zu widerrufen. Sie müssen dazu das Prüfpasswort angeben, das Sie erzeugt haben, als Sie zu Anfang die Router-Zertifikate mit dem Befehl **crypto ca enroll** bezogen haben.

– Entfernen Sie die Router-Zertifikate manuell aus der Router-Konfiguration, wie es im Abschnitt »Löschen der Zertifikate aus der Konfiguration« beschrieben ist.

### Löschen der öffentlichen Schlüssel eines Peer-Geräts

Bestimmte Umstände können Sie zur Löschung der öffentlichen RSA-Schlüssel von anderen Peer-Geräten aus Ihrer Router-Konfiguration nötigen. Wenn Sie zum Beispiel glauben, dass ein öffentlicher Schlüssel eines Peer-Geräts aufgedeckt wurde, sollten Sie den Schlüssel löschen.

Verwenden Sie die folgenden Befehle, um den öffentlichen RSA-Schlüssel eines Peer-Geräts zu löschen. Beginnen Sie im globalen Konfigurationsmodus:

| Schritt | Befehl | Zweck |
| --- | --- | --- |
| 1 | **crypto key pubkey -chain rsa** | Wechselt in den öffentlichen Schlüsseleingabe-Konfigurationsmodus. |
| 2 | **no named-key** *Schlüsselname* [**encryption** \| **signature**] oder **no addressed-key** *Schlüsseladresse* [**encryption** \| **signature**] | Löscht den öffentlichen RSA-Schlüssel eines Peer-Geräts. Bezeichnet den FQDN oder die IP-Adresse des gegenüberliegenden Peer-Geräts. |
| 3 | **exit** | Kehrt zurück in den globalen Konfigurationsmodus. |

### Löschen der Zertifikate aus der Konfiguration

Fall nötig, können Sie die auf Ihrem Router gespeicherten Zertifikate löschen. Ihr Router speichert sein(e) eigenes/eigenen Zertifikat(e), das Zertifikat der CA und alle RA-Zertifikate (wenn Sie auf dem Router nicht den Anfragemodus aktivieren, wie es im Abschnitt »Verwaltung der NVRAM-Nutzung (optional)« beschrieben ist).

Verwenden Sie die folgenden Befehle im globalen Konfigurationsmodus, um das Zertifikat Ihres Routers oder die RA-Zertifikate aus Ihrer Router-Konfiguration zu entfernen:

| Schritt | Befehl | Zweck |
| --- | --- | --- |
| 1 | **show crypto ca certificate** | Zeigt die auf Ihrem Router gespeicherten Zertifikate an. Merken Sie sich (oder kopieren Sie) die Seriennummer des Zertifikats, das Sie löschen wollen. |
| 2 | **crypto ca certificate chain** *Name* | Wechselt in den Zertifikat-Konfigurationsmodus. |
| 3 | **no certificate** *Zertifikat-Seriennummer* | Löscht das Zertifikat. |

# Kapitel 30 • Konfiguration der Zusammenarbeit mit Zertifizierungsautoritäten

Um das CA-Zertifikat zu löschen, müssen Sie die gesamte CA-Identität entfernen, mit der dann auch alle zur CA gehörigen Zertifikate gelöscht werden – Ihr Router-Zertifikat, das CA-Zertifikat und alle RA-Zertifikate.

Verwenden Sie den folgenden Befehl im globalen Konfigurationsmodus, um eine CA-Identität zu entfernen:

| Befehl | Zweck |
|---|---|
| no crypto ca identity *Name* | Löscht alle Informationen und Zertifikate der CA. |

### Anzeigen der Schlüssel und Zertifikate

Verwenden Sie die folgenden Befehle im EXEC-Modus, um sich die Schlüssel und Zertifikate anzeigen zu lassen:

| Schritt | Befehl | Zweck |
|---|---|---|
| 1 | show crypto key mypubkey rsa | Zeigt die öffentlichen RSA-Schlüssel Ihres Routers an. |
| 2 | show crypto key pubkey-chain rsa | Zeigt eine Liste mit allen öffentlichen RSA-Schlüsseln an, die auf Ihrem Router gespeichert sind. Diese enthält die öffentlichen Schlüssel der Peer-Geräte, die ihre Zertifikate während der eigenen IPSec-Authentifizierung an den Router gesendet haben. |
| 3 | show crypto key pubkey-chain rsa [name *Schlüsselname* \| address *Schlüsseladresse*] | Zeigt Details über einen bestimmten öffentlichen RSA-Schlüssel an, der auf Ihrem Router gespeichert ist. |
| 4 | show crypto ca certificate | Zeigt Informationen über Ihr Zertifikat, das CA-Zertifikat und alle RA-Zertifikate an. |

## 30.4 Was als Nächstes zu tun ist

Nachdem Sie die Konfiguration dieser Funktion abgeschlossen haben, sollten Sie das IKE und IPSec konfigurieren. Die IKE-Konfiguration ist in Kapitel 32 »Konfiguration des Internet-Key-Exchange-Sicherheitsprotokolls« beschrieben, während die IPSec-Konfiguration in Kapitel 28 »Konfiguration der IPSec-Netzwerksicherheit« beschrieben ist.

## 30.5 Konfigurationsbeispiele zur CA-Zusammenarbeit

Die folgende Konfiguration ist für einen Router namens *myrouter*. In diesem Beispiel ist IPSec konfiguriert und das IKE-Protokoll und die CA-Zusammenarbeit sind zur Unterstützung von IPSec konfiguriert.

In diesem Beispiel wurden RSA-Schlüssel zur allgemeinen Verwendung erzeugt, aber Sie werden bemerken, dass die Schlüssel nicht in der Konfiguration gespeichert wurden oder zusammen mit ihr angezeigt werden.

Innerhalb der Konfiguration befinden sich Kommentare, um verschiedene Befehle zu erklären.

```
!
version 11.3
no service password-encryption
service udp-small-servers
service tcp-small-servers
!
! CA interoperability requires you to configure your router's hostname:
hostname myrouter
!
enable secret 5 <removed>
enable password <removed>
!
! CA interoperability requires you to configure your router's IP domain name:
ip domain-name domain.com
ip name-server 172.29.2.132
ip name-server 192.168.30.32
!
! The following configures a transform set (part of IPSec configuration):
crypto ipsec transform-set my-transformset esp-des esp-sha-hmac
!
! The following declares the CA. (In this example, the CA does not support a RA.)
crypto ca identity domain.com
 enrollment url http://ca_server
!
! The following shows the certificates und CRLs stored at the router, including
!   the CA certificate (shown first), the router's certificate (shown next)
!   und a CRL (shown last).
crypto ca certificate chain domain.com
 ! The following is the CA certificate
 !   received via the 'crypto ca authenticate' command:
 certificate ca 3051DF7169BEE31B821DFE4B3A338E5F
  30820182 3082012C A0030201 02021030 51DF7169 BEE31B82 1DFE4B3A 338E5F30
  0D06092A 864886F7 0D010104 05003042 31163014 06035504 0A130D43 6973636F
  20537973 74656D73 3110300E 06035504 0B130744 65767465 73743116 30140603
  55040313 0D434953 434F4341 2D554C54 5241301E 170D3937 31323032 30313036
  32385A17 0D393831 32303230 31303632 385A3042 31163014 06035504 0A130D43
  6973636F 20537973 74656D73 3110300E 06035504 0B130744 65767465 73743116
  30140603 55040313 0D434953 434F4341 2D554C54 5241305C 300D0609 2A864886
  F70D0101 01050003 4B003048 024100C1 B69D7BF6 34E4EE28 A84E0DC6 FCA4DEA8
  04D89E50 C5EBE862 39D51890 D0D4B732 678BDBF2 80801430 E5E56E7C C126E2DD
  DBE9695A DF8E5BA7 E67BAE87 29375302 03010001 300D0609 2A864886 F70D0101
  04050003 410035AA 82B5A406 32489413 A7FF9A9A E349E5B4 74615E05 058BA3CE
  7C5F00B4 019552A5 E892D2A3 86763A1F 2852297F C68EECE1 F41E9A7B 2F38D02A
  B1D2F817 3F7B
  quit
 ! The following is the router's certificate
 !   received via the 'crypto ca enroll' command:
 certificate 7D28D4659D22C49134B3D1A0C2C9C8FC
```

# Kapitel 30 • Konfiguration der Zusammenarbeit mit Zertifizierungsautoritäten   753

```
  308201A6 30820150 A0030201 0202107D 28D4659D 22C49134 B3D1A0C2 C9C8FC30
  0D06092A 864886F7 0D010104 05003042 31163014 06035504 0A130D43 6973636F
  20537973 74656D73 3110300E 06035504 0B130744 65767465 73743116 30140603
  55040313 0D434953 434F4341 2D554C54 5241301E 170D3938 30343234 30303030
  30305A17 0D393930 34323432 33353935 395A302F 311D301B 06092A86 4886F70D
  01090216 0E73636F 742E6369 73636F2E 636F6D31 0E300C06 03550405 13053137
  41464230 5C300D06 092A8648 86F70D01 01010500 034B0030 48024100 A207ED75
  DE8A9BC4 980958B7 28ADF562 1371D043 1FC93C24 8E9F8384 4D1A2407 60CBD7EC
  B15BD782 A687CA49 883369BE B35A4219 8FE742B0 91CF76EE 07EC9E69 02030100
  01A33530 33300B06 03551D0F 04040302 05A03019 0603551D 11041230 10820E73
  636F742E 63697363 6F2E636F 6D300906 03551D13 04023000 300D0609 2A864886
  F70D0101 04050003 410085F8 A5AFA907 B38731A5 0195D921 D8C45EFD B6082C28
  04A88CEC E9EC6927 F24874E4 30C4D7E2 2686E0B5 77F197E4 F82A8BA2 1E03944D
  286B661F 0305DF5F 3CE7
  quit
! The following is a CRL received by the router (via the router's own action):
crl
  3081C530 71300D06 092A8648 86F70D01 01020500 30423116 30140603 55040A13
  0D436973 636F2053 79737465 6D733110 300E0603 55040B13 07446576 74657374
  31163014 06035504 03130D43 4953434F 43412D55 4C545241 170D3938 30333233
  32333232 31305A17 0D393930 34323230 30303030 305A300D 06092A86 4886F70D
  01010205 00034100 7AA83057 AC5E5C65 B9812549 37F11B7B 5CA4CAED 830B3955
  A4DDD268 F567E29A E4B34691 C2162BD1 0540D7E6 5D6650D1 81DBBF1D 788F1DAC
  BBF761B2 81FCC0F1
  quit
!
! The following is a IPSec crypto map (part of IPSec configuration):
crypto map map-to-remotesite 10 ipsec-isakmp
 set peer 172.21.114.196
 set transform-set my-transformset
 match address 124
!
!
interface Loopback0
 ip address 10.0.0.1 255.0.0.0
!
interface Tunnel0
 ip address 10.0.0.2 255.0.0.0
 ip mtu 1490
 no ip route-cache
 no ip mroute-cache
 tunnel source 10.10.0.1
 tunnel destination 172.21.115.119
!
interface FastEthernet0/0
 ip address 172.21.115.118 255.255.255.240
 no ip mroute-cache
 loopback
 no keepalive
 shutdown
 media-type MII
 full-duplex
!
! The IPSec crypto map is applied to interface Ethernet1/0:
interface Ethernet1/0
```

```
 ip address 172.21.114.197 255.255.255.0
 bandwidth 128
 no keepalive
 no fair-queue
 no cdp enable
 crypto map map-to-remotesite
!
crypto isakmp policy 15
 encryption des
 hash md5
 authentication rsa-sig
 group 2
 lifetime 5000
crypto isakmp policy 20
 authentication pre-share
 lifetime 10000
crypto isakmp key 1234567890 address 171.69.224.33
```

# KAPITEL 31
# Befehle für die Zusammenarbeit mit Zertifizierungsautoritäten

Dieses Kapitel beschreibt die Befehle für die Zusammenarbeit mit Zertifizierungs-Autoritäten (CAs). Die CA-Zusammenarbeit wird zur Unterstützung des IP-Sicherheits-(IPSec-)Standards eingesetzt. Die CA-Zusammenarbeit (CA-Interoperability) ermöglicht die Kommunikation zwischen Cisco-IOS-Geräten und CAs. Auf diese Weise kann Ihr Cisco-IOS-Gerät digitale Zertifikate von der CA beziehen und verwenden. Auch wenn die IPSec in Ihrem Netzwerk ohne eine CA durchgeführt werden kann, gestattet der Einsatz einer CA eine bessere Verwaltung und Skalierung von IPSec.

Ohne die CA-Zusammenarbeit könnten die Cisco-IOS-Geräte beim Betrieb der IPSec keine CAs verwenden. Die CAs bieten eine verwaltbare und skalierbare Lösung für IPSec-Netzwerke.

Um eine vollständige Beschreibung über andere in diesem Kapitel verwendete Befehlen zu erhalten, können Sie eine Online-Recherche unter www.cisco.com durchführen.

Informationen zur Konfiguration finden Sie in Kapitel 30 »Konfiguration der Zusammenarbeit mit Zertifizierungsautoritäten (CAs)«.

## 31.1 certificate

Verwenden Sie den Zertifikat-Konfigurationsbefehl **certificate**, um Zertifikate manuell hinzuzufügen. Verwenden Sie die **no**-Form dieses Befehls, um Ihr Router-Zertifikat oder jedes RA-Zertifikat zu löschen, das auf Ihrem Router gespeichert ist.

certificate *Zertifikat-Seriennummer*
no certificate *Zertifikat-Seriennummer*

| Syntax | Beschreibung |
| --- | --- |
| *Zertifikat-Seriennummer* | Gibt die Seriennummer des hinzuzufügenden oder des zu löschenden Zertifikats an. |

## Standard

Für diesen Befehl gibt es keine Standardeinstellung.

## Befehlsmodus

Zertifikatkonfiguration (config-cert-chain)

## Benutzungsrichtlinien

Dieser Befehl erschien erstmals in der Cisco-IOS-Version 11.3 T.

Mit diesem Befehl können Sie ein Zertifikat manuell eingeben. Jedoch wird dieser Befehl sehr selten auf diese Weise eingesetzt. Stattdessen wird dieser Befehl zum Löschen von Zertifikaten verwendet.

## Beispiel

Das folgende Beispiel löscht das Router-Zertifikat. In diesem Beispiel besaß der Router ein allgemein verwendetes (General Purpose) RSA-Schlüsselpaar mit einem zugehörigen Zertifikat. Der Befehl **show** wird in diesem Beispiel ausgeführt, um die Seriennummer des zu löschenden Zertifikats zu bestimmen.

```
myrouter# show crypto ca certificates
Certificate
  Subject Name
    Name: myrouter.companyx.com
    IP Address: 10.0.0.1
  Status: Available
  Certificate Serial Number: 0123456789ABCDEF0123456789ABCDEF
  Key Usage: General Purpose

CA Certificate
  Status: Available
  Certificate Serial Number: 3051DF7123BEE31B8341DFE4B3A338E5F
  Key Usage: Not Set
myrouter# configure terminal
myrouter(config)# crypto ca certificate chain myca
myrouter(config-cert-chain)# no certificate 0123456789ABCDEF0123456789ABCDEF
% Are you sure you want to remove the certificate [yes/no]? yes
% Be sure to ask the CA administrator to revoke this certificate.
myrouter(config-cert-chain)# exit
myrouter(config)#
```

## Verwandte Befehle

Sie können online unter www.cisco.com eine Recherche nach verwandten Befehlen durchführen.

**crypto ca certificate chain**

# 31.2 crl optional

Verwenden Sie den CA-Identitäts-Konfigurationsbefehl **crl optional**, damit Ihr Router auch dann Zertifikate von anderen Peer-Geräten akzeptiert, wenn die zugehörige Zertifikatswiderruf-Liste (CRL = Certificate-Revocation-List) für Ihren Router nicht erreichbar ist. Verwenden Sie die **no**-Form dieses Befehls, um wieder das Standardverhalten aufzurufen, in dem die CRL-Prüfung zwingend vorgeschrieben ist, bevor Ihr Router ein Zertifikat akzeptiert.

**crl optional**
**no crl optional**

## Syntaxbeschreibung

Dieser Befehl besitzt keine Argumente oder Schlüsselwörter.

## Standard

Der Router muss die zugehörige CRL besitzen und überprüfen, bevor er ein Zertifikat eines anderen IPSec-Peer-Geräts akzeptiert.

## Befehlsmodus

CA-Identitätskonfiguration

## Benutzungsrichtlinien

Dieser Befehl erschien erstmals in der Cisco-IOS-Version 11.3 T.

Wenn Ihr Router ein Zertifikat von einem Peer-Gerät empfängt, wird er eine CRL entweder von der CA oder von einem CRL-Verteilungspunkt beziehen, der im Zertifikat eines Peer-Geräts angegeben ist. Der Router überprüft daraufhin die CRL, um sicher zu sein, dass das Zertifikat des Peer-Geräts nicht widerrufen wurde (wenn sich das Zertifikat in der CRL befindet, wird der Router das Zertifikat nicht akzeptieren und er wird das Peer-Gerät nicht authentifizieren).

Bei CA-Systemen, die die Registrierungsautoritäten (RAs) unterstützen, können mehrere CRLs existieren und das Zertifikat eines Peer-Geräts wird angeben, welche CRL durch Ihren Router verwendet und angefordert werden soll.

Wenn Ihr Router die anzuwendende CRL nicht besitzt und auch keine beziehen kann, wird er das Zertifikat eines Peer-Geräts ablehnen – wenn Sie in Ihrer Konfiguration nicht den Befehl **crl optional** vorgenommen haben. Wenn Sie den Befehl **crl optional** verwenden, wird Ihr Router weiterhin versuchen, eine CRL zu beziehen, aber wenn er keine CRL erhält, kann er dennoch das Zertifikat eines Peer-Geräts akzeptieren.

Wenn Ihr Router zusätzliche Zertifikate von Peer-Geräten empfängt, wird Ihr Router weiterhin versuchen, die entsprechende CRL zu beziehen, auch wenn der letzte Versuch nicht erfolgreich war und der Befehl **crl optional** aktiviert wurde. Der Befehl **crl optional** legt nur fest, dass der Router ein Zertifikat eines Peer-Geräts nicht sofort ablehnen muss, wenn die CRL nicht zur Verfügung steht.

### Beispiel

Das folgende Beispiel adressiert eine CA und lässt Ihren Router Zertifikate akzeptieren, wenn die CRLs nicht beziehbar sind. Dieses Beispiel legt auch eine besondere Wiederholungsperiode und eine besondere Anzahl von Wiederholungsanfragen fest (nicht die Standardeinstellungen).

```
crypto ca identity myca
 enrollment url http://ca_server
 enrollment retry-period 20
 enrollment retry-count 100
 crl optional
```

### Verwandte Befehle

Sie können online unter www.cisco.com eine Recherche nach verwandten Befehlen durchführen.

**crypto ca identity**

## 31.3   crypto ca authenticate

Verwenden Sie den globalen Konfigurationsbefehl **crypto ca authenticate**, um die CA zu authentifizieren (durch den Bezug des CA-Zertifikats).

**crypto ca authenticate** *Name*

| Syntax | Beschreibung |
|---|---|
| *Name* | Kennzeichnet den Namen der CA. Dies ist derselbe Name, den Sie verwendeten, als Sie die CA mit dem Befehl **crypto ca identity** adressierten. |

### Standard

Für diesen Befehl gibt es keine Standardeinstellung.

### Befehlsmodus

Globale Konfiguration

### Benutzungsrichtlinien

Dieser Befehl erschien erstmals in der Cisco-IOS-Version 11.3 T.

Dieser Befehl muss ausgeführt werden, wenn Sie erstmals die CA-Unterstützung auf Ihrem Router konfigurieren.

Dieser Befehl authentifiziert die CA gegenüber Ihrem Router, indem dieser das CA-Zertifikat empfängt, das durch die CA selbst signiert wurde und das den öffentlichen Schlüssel der CA enthält. Da das Zertifikat der CA durch diese selbst signiert wird, sollte der öffentliche Schlüssel der CA manuell authentifiziert werden, indem Sie den CA-Administrator kontaktieren, um den Fingerabdruck des CA-Zertifikats zu vergleichen.

Wenn Sie den RA-Modus einsetzen (mit dem Befehl **enrollment mode ra**) und den Befehl **crypto ca authenticate** ausführen, werden von der CA neben dem CA-Zertifikat auch RA-Kennzeichen und Verschlüsselungszertifikate übersendet.

Dieser Befehl wird nicht in der Router-Konfiguration gespeichert. Jedoch werden die öffentlichen Schlüssel, die sich innerhalb der empfangenen CA- (und RA-)Zertifikate befinden, in der Konfiguration als Teil des öffentlichen RSA-Schlüsselberichts (der sogenannte *RSA-Public-Key-Chain*) gespeichert.

Wenn die CA nicht innerhalb einer bestimmten Zeitdauer auf diesen Befehl antwortet, wird wieder die Terminalkontrolle aufgerufen, damit sie sich nicht aufhängt. Wenn dies passiert, müssen Sie den Befehl erneut eingeben.

## Beispiel

In diesem Beispiel fordert der Router das CA-Zertifikat an. Die CA sendet ihr Zertifikat und der Router fordert den Administrator zur Bestätigung des CA-Zertifikats auf, indem er den Fingerabdruck des CA-Zertifikats überprüfen soll. Der CA-Administrator kann den Fingerabdruck des CA-Zertifikats auch einsehen; daher sollten Sie vergleichen, was der CA-Administrator sieht und was der Router am Bildschirm anzeigt. Wenn der Fingerabdruck auf dem Router-Bildschirm mit dem Fingerabdruck übereinstimmt, den der CA-Administrator sieht, dann können Sie das Zertifikat als gültig akzeptieren.

```
myrouter# crypto ca authenticate myca
Certificate has the following attributes:
Fingerprint: 0123 4567 89AB CDEF 0123
Do you accept this certificate? [yes/no] y
myrouter#
```

## Verwandte Befehle

Sie können online unter www.cisco.com eine Recherche nach verwandten Befehlen durchführen.

**crypto ca identity**
**show crypto ca certificates**

## 31.4 crypto ca certificate chain

Verwenden Sie den globalen Konfigurationsbefehl **crypto ca certificate chain**, um in den Zertifikat-Konfigurationsmodus zu wechseln (Sie müssen sich im Zertifikat-Konfigurationsmodus befinden, um Zertifikate zu löschen).

**crypto ca certificate chain** *Name*

| Syntax | Beschreibung |
| --- | --- |
| Name | Bezeichnet den Namen der CA. Verwenden Sie denselben Namen, mit dem Sie die CA mit dem Befehl **crypto ca identity** adressiert haben. |

### Standard

Für diesen Befehl gibt es keine Standardeinstellung.

### Befehlsmodus

Globale Konfiguration.

### Benutzungsrichtlinien

Dieser Befehl erschien erstmals in der Cisco-IOS-Version 11.3 T.

Dieser Befehl versetzt Sie in den Zertifikat-Konfigurationsmodus. Wenn Sie sich im Zertifikat-Konfigurationsmodus befinden, können Sie Zertifikate mit dem Befehl **certificate** löschen.

### Beispiel

Das folgende Beispiel löscht das Router-Zertifikat. In diesem Beispiel besaß der Router ein allgemein verwendetes (General Purpose) RSA-Schlüsselpaar mit einem zugehörigen Zertifikat. Der Befehl **show** wird in diesem Beispiel ausgeführt, um die Seriennummer des zu löschenden Zertifikats zu bestimmen.

```
myrouter# show crypto ca certificates
Certificate
  Subject Name
    Name: myrouter.companyx.com
    IP Address: 10.0.0.1
  Status: Available
  Certificate Serial Number: 0123456789ABCDEF0123456789ABCDEF
  Key Usage: General Purpose

CA Certificate
  Status: Available
  Certificate Serial Number: 3051DF7123BEE31B8341DFE4B3A338E5F
  Key Usage: Not Set
myrouter# configure terminal
```

Kapitel 31 • Befehle für die Zusammenarbeit mit Zertifizierungsautoritäten **761**

```
myrouter(config)# crypto ca certificate chain myca
myrouter(config-cert-chain)# no certificate 0123456789ABCDEF0123456789ABCDEF
% Are you sure you want to remove the certificate [yes/no]? yes
% Be sure to ask the CA administrator to revoke this certificate.
myrouter(config-cert-chain)# exit
myrouter(config)#
```

### Verwandte Befehle

Sie können online unter www.cisco.com eine Recherche nach verwandten Befehlen durchführen.

certificate

## 31.5 crypto ca certificate query

Verwenden Sie den globalen Konfigurationsbefehl **crypto ca certificate query**, um festzulegen, dass Zertifikate und CRLs nicht lokal gespeichert, sondern dass sie bei Bedarf von der CA bezogen werden sollen. Dieser Befehl versetzt den Router in den Anfragemodus. Verwenden Sie die **no**-Form dieses Befehls, damit die Zertifikate und CRLs lokal gespeichert werden (die Standardeinstellung).

**crypto ca certificate query**
**no crypto ca certificate query**

### Syntaxbeschreibung

Dieser Befehl besitzt keine Argumente oder Schlüsselwörter.

### Standard

Die Zertifikate und CRLs werden lokal im NVRAM des Routers gespeichert.

### Befehlsmodus

Globale Konfiguration

### Benutzungsrichtlinien

Dieser Befehl erschien erstmals in der Cisco-IOS-Version 11.3 T.

Normalerweise werden bestimmte Zertifikate und CRLs lokal im NVRAM des Routers gespeichert und jedes Zertifikat und CRL belegt einen kleinen Teil des Speichers.

Um NVRAM einzusparen, können Sie mit diesem Befehl den Router in den Anfragemodus versetzen und damit verhindern, dass die Zertifikate und CRLs lokal gespeichert werden. Stattdessen werden sie bei Bedarf von der CA bezogen. Dieses Vorgehen wird zwar NVRAM einsparen, aber es kann sich leicht negativ auf die Performance auswirken.

### Beispiele

Dieses Beispiel verhindert die lokale Speicherung der Zertifikate und CRLs auf dem Router. Stattdessen werden sie bei Bedarf von der CA bezogen:

```
crypto ca certificate query
```

## 31.6 crypto ca crl request

Verwenden Sie den globalen Konfigurationsbefehl **crypto ca crl request**, um sofort eine neue CRL von der CA anzufordern. Verwenden Sie diesen Befehl nur dann, wenn Ihre CA keine RA unterstützt.

**crypto ca crl request** *Name*.

| Syntax | Beschreibung |
| --- | --- |
| Name | Bezeichnet den Namen der CA. Verwenden Sie denselben Namen, mit dem Sie die CA mit dem Befehl **crypto ca identity** adressiert haben. |

### Standard

Normalerweise fordert der Router nur dann eine neue CRL an, wenn die vorhandene CRL ungültig wurde.

### Befehlsmodus

Globale Konfiguration

### Benutzungsrichtlinien

Dieser Befehl erschien erstmals in der Cisco-IOS-Version 11.3 T.

Verwenden Sie diesen Befehl nur dann, wenn Ihre CA keine RA unterstützt.

Eine CRL listet alle widerrufenen Zertifikate von Netzwerkgeräten auf. Widerrufene Zertifikate werden von Ihrem Router nicht angenommen. Daher kann kein IPSec-Gerät mit einem widerrufenen Zertifikat IPSec-Verkehr mit Ihrem Router austauschen.

Wenn Ihr Router erstmalig ein Zertifikat von einem Peer-Gerät empfängt, bezieht der Router eine CRL von der CA. Ihr Router überprüft daraufhin die CRL, um sicher zu sein, dass das Zertifikat des Peer-Geräts nicht widerrufen wurde (wenn sich das Zertifikat in der CRL befindet, wird der Router das Zertifikat nicht akzeptieren und er wird das Peer-Gerät nicht authentifizieren).

Eine CRL kann für nachfolgende Zertifikate weiterverwendet werden, bis die CRL ungültig wird. Wenn Ihr Router ein Peer-Geräte-Zertifikat nach Ablauf der anzuwendenden CRL empfängt, wird der Router die neue CRL anfordern.

Kapitel 31 • Befehle für die Zusammenarbeit mit Zertifizierungsautoritäten **763**

Wenn Ihr Router eine noch gültige CRL besitzt, Sie aber vermuten, dass diese CRL-Inhalte veraltet sind, dann können Sie mit dem Befehl **crypto ca crl request** verlangen, dass sofort die neueste CRL bezogen wird, um die alte CRL zu ersetzen.

Dieser Befehl wird nicht in der Konfiguration gespeichert.

### Beispiel

Das folgende Beispiel fordert sofort die neueste CRL für Ihren Router an:

```
crypto ca crl request
```

## 31.7  crypto ca enroll

Verwenden Sie den globalen Konfigurationsbefehl **crypto ca enroll**, um Ihr(e) Router-Zertifikat(e) von der CA zu beziehen. Verwenden Sie die **no**-Form dieses Befehls, um eine aktuelle Registrierungsanfrage zu löschen.

**crypto ca enroll** *Name*
**no crypto ca enroll** *Name*

| Syntax | Beschreibung |
|---|---|
| *Name* | Bezeichnet den Namen der CA. Verwenden Sie denselben Namen, mit dem Sie die CA mit dem Befehl **crypto ca identity** adressiert haben. |

### Standard

Für diesen Befehl gibt es keine Standardeinstellung.

### Befehlsmodus

Globale Konfiguration

### Benutzungsrichtlinien

Dieser Befehl erschien erstmals in der Cisco-IOS-Version 11.3 T.

Mit diesem Befehl fordern Sie Zertifikate für alle RSA-Schlüsselpaare Ihres Routers von der CA an. Dieser Schritt wird auch als *Registrierung* (*enrolling*) bei der CA bezeichnet (technisch gesehen sind die Registrierung und der Bezug der Zertifikate zwei verschiedene Ereignisse, es treten aber beide ein, wenn dieser Befehl ausgeführt wird).

Ihr Router benötigt von der CA ein signiertes Zertifikat für jedes eigene RSA-Schlüsselpaar. Wenn Sie RSA-Schlüssel für die allgemeine Verwendung erzeugt haben, besitzt Ihr Router nur ein RSA-Schlüsselpaar und benötigt damit nur ein Zertifikat. Wenn Sie zuvor RSA-Schlüssel für besondere Verwendungen (Special-Usage) erzeugt haben, besitzt Ihr Router zwei RSA-Schlüsselpaare und benötigt also zwei Zertifikate.

Wenn Sie für Ihre Schlüssel bereits ein Zertifikat besitzen, werden Sie diesen Befehl nicht abschließen können. Stattdessen werden Sie aufgefordert, zuerst das vorhandene Zertifikat zu entfernen (Sie können vorhandene Zertifikate mit dem Befehl **no certificate** entfernen).

Der Befehl **crypto ca enroll** wird nicht in der Router-Konfiguration gespeichert.

> **ANMERKUNG**
>
> Wenn Ihr Router neu bootet, nachdem Sie den Befehl **crypto ca enroll** ausgeführt, aber bevor Sie das (die) Zertifikat(e) erhalten haben, dann müssen Sie den Befehl erneut ausführen.

*Beantworten Sie die geforderten Eingaben*

Wenn Sie den Befehl **crypto ca enroll** ausführen, müssen Sie mehrere Eingabeaufforderungen beantworten.

Zuerst werden Sie aufgefordert, ein Prüfpasswort zu erzeugen. Dieses Passwort kann bis zu 80 Zeichen enthalten und es wird für den Fall benötigt, dass Sie Ihr(e) Zertifikat(e) widerrufen müssen. Wenn Sie den CA-Administrator darum bitten, Ihr Zertifikat zu widerrufen, müssen Sie dieses Prüfpasswort zum Schutz vor arglistigen oder versehentlichen Widerrufsanfragen angeben.

> **ANMERKUNG**
>
> Dieses Passwort wird nirgends gespeichert, daher müssen Sie sich dieses Passwort merken.

Wenn Sie das Passwort verlieren, kann der CA-Administrator dennoch das Router-Zertifikat widerrufen, aber er wird verlangen, dass sich der Router-Administrator auf andere Weise persönlich identifiziert.

Sie werden auch gefragt, ob die Seriennummer Ihres Routers im erhaltenen Zertifikat enthalten sein soll. Die Seriennummer wird nicht von IPSec oder dem IKE, aber sie wird von der CA verwendet, entweder um Zertifikate zu authentifizieren oder um später ein Zertifikat einem bestimmten Router zuordnen zu können (beachten sie, dass die gespeicherte Seriennummer die Seriennummer des internen Boards ist und nicht die des Gehäuses). Fragen Sie Ihren CA-Administrator, ob die Seriennummern verwendet werden sollen. Im Zweifel schließen sie die Seriennummer ein.

Normalerweise werden Sie nicht wollen, dass die IP-Adresse im Zertifikat enthalten ist, da die IP-Adresse das Zertifikat stärker an eine bestimmte Einheit bindet. Wenn der Router anders positioniert wird, müssten Sie daraufhin auch ein neues Zertifikat erzeugen. Zudem kann ein Router mehrere IP-Adressen besitzen, die eventuell alle mit der IPSec eingesetzt werden sollen.

Wenn Sie festlegen, dass die IP-Adresse enthalten sein soll, werden Sie aufgefordert, die Schnittstelle der IP-Adresse anzugeben. Diese Schnittstelle sollte der Schnittstelle entsprechen, der Sie Ihren Verschlüsselungskartensatz zuordnen. Wenn Sie Verschlüs-

# Kapitel 31 • Befehle für die Zusammenarbeit mit Zertifizierungsautoritäten

selungskartensätze mehr als einer Schnittstelle zuordnen, sollten Sie die Schnittstelle angeben, die Sie im Befehl **crypto map local-address** bezeichnen werden.

## Beispiel

In diesem Beispiel fordert ein Router mit einem allgemein verwendeten RSA-Schlüsselpaar ein Zertifikat von der CA an. Wenn der Router den Fingerabdruck des Zertifikats anzeigt, überprüft der Administrator diese Nummer, indem er den CA-Administrator anruft, der die Nummer bestätigen soll. Wenn der Fingerabdruck richtig ist, akzeptiert der Routeradministrator das Zertifikat.

Wenn der Router-Administrator die Anfrage sendet, kann einige Zeit vergehen, bis das Zertifikat schließlich vom Router empfangen wird. Die Verzögerung hängt von der ausgeführten CA-Methode ab:

```
myrouter(config)# crypto ca enroll myca
%
% Start certificate enrollment ..
% Create a challenge password. You will need to verbally provide this
    password to the CA Administrator in order to revoke your certificate.
    For security reasons your password will not be saved in the configuration.
    Please make a note of it.
password: <mypassword>
Re-enter password: <mypassword>
% The subject name in the certificate will be: myrouter.companyx.com
% Include the router serial number in the subject name? [yes/no]: yes
% The serial number in the certificate will be: 03433678
% Include an IP address in the subject name [yes/no]? yes
interface: ethernet0/0
Request certificate from CA [yes/no]? yes
% Certificate request sent to Certificate Authority
% The certificate request fingerprint will be displayed.
% The 'show crypto ca certificate' command will also show the fingerprint.
myrouter(config)#
```

Einige Zeit später empfängt der Router das Zertifikat von der CA und zeigt diese Bestätigungsmeldung an:

```
myrouter(config)#   Fingerprint: 01234567 89ABCDEF FEDCBA98 75543210
%CRYPTO-6-CERTRET: Certificate received from Certificate Authority
myrouter(config)#
```

Bei Bedarf kann sich der Router-Administrator den angezeigten Fingerabdruck vom CA-Administrator bestätigen lassen.

Wenn mit der Zertifikatsanfrage ein Problem auftritt und das Zertifikat nicht geliefert wird, wird stattdessen die folgende Meldung an der Konsole angezeigt:

```
%CRYPTO-6-CERTREJ: Certificate enrollment request was rejected by Certificate
Authority
```

Der im Zertifikat verwendete (Subject-)Name wird automatisch vom Namen des RSA-Schlüsselpaars übernommen. Im obigen Beispiel heißt das RSA-Schlüsselpaar *myrouter.domain.com* (der Router hat diesen Namen vergeben).

Die Anfrage nach Zertifikaten für einen Router mit Schlüsseln für besondere Verwendungen (Special-Usage) würde genau so wie das vorherige Beispiel verlaufen, mit der einzigen Ausnahme, dass die CA zwei Zertifikate senden würde. Wenn der Router zwei Zertifikate empfangen hätte, würde der Router dieselbe Bestätigungsmeldung anzeigen:

%CRYPTO-6-CERTRET: Certificate received from Certificate Authority

**Verwandte Befehle**

Sie können online unter www.cisco.com eine Recherche nach verwandten Befehlen durchführen.

show crypto ca certificates

## 31.8 crypto ca identity

Verwenden Sie den globalen Konfigurationsbefehl **crypto ca identity**, um auf Ihrem Router die CA zu adressieren, die er verwenden soll. Verwenden Sie die **no**-Form dieses Befehls, um alle Identitätsinformationen und Zertifikate der CA zu löschen.

crypto ca identity *Name*
no crypto ca identity *Name*

| Syntax | Beschreibung |
|---|---|
| *Name* | Erzeugt einen Namen für die CA (wenn Sie die CA zuvor schon adressiert haben und nur ihre Eigenschaften erneuern wollen, geben Sie hier den zuvor erzeugten Namen an). Es ist möglich, dass für die CA ein bestimmter Name verwendet werden muss, z.B. ihr Domänenname. |

**Standard**

Ihr Router kennt keine CA, bis Sie sie mit diesem Befehl adressieren.

**Befehlsmodus**

Globale Konfiguration

**Benutzungsrichtlinien**

Dieser Befehl erschien erstmals in der Cisco-IOS-Version 11.3 T.

Mit diesem Befehl adressieren Sie eine CA. Durch diesen Befehl wechseln Sie in den CA-Identitäts-Konfigurationsmodus, in dem Sie Eigenschaften der CA mit den folgenden Befehlen angeben können:

– **enrollment url** (gibt die URL der CA an – immer erforderlich).

Kapitel 31 • Befehle für die Zusammenarbeit mit Zertifizierungsautoritäten   **767**

- **enrollment mode ra** (gibt den RA-Modus an; nur erforderlich, wenn Ihr CA-System eine RA betreibt).

- **query url** (gibt die URL des LDAP-Servers an; nur erforderlich, wenn Ihre CA eine RA und das LDAP-Protokoll unterstützt).

- **enrollment retry-period** (legt eine Zeitdauer fest, die der Router zwischen der wiederholten Sendung von Zertifikatsanfragen warten soll – optional).

- **enrollment retry-count** (legt die Menge der gesendeten Zertifikatsanfrageversuche fest, bevor Ihr Router aufgibt – optional).

- **crl optional** (legt fest, dass Ihr Router auch dann Zertifikate von anderen Peer-Geräten akzeptieren kann, wenn die CRL nicht erreichbar ist – optional).

**Beispiele**

Das folgende Beispiel adressiert eine CA und gibt die Eigenschaften der CA an. In diesem Beispiel wird der Name *myca* für die CA erzeugt, die sich unter *http://ca_server* befindet.

Die CA verwendet keine RA oder LDAP und die CA-Skripten sind im Standardverzeichnis gespeichert. Dies ist die Mindestanforderung für die Konfiguration einer CA.

```
crypto ca identity myca
 enrollment url http://ca_server
```

Das folgende Beispiel adressiert eine CA, wobei die CA eine RA betreibt. Die CA-Skripten sind im Standardverzeichnis gespeichert und die CA verwendet statt des LDAP das Zertifikat-Registrierungs-Protokoll (CEP = Certificate-Enrollment-Protokoll). Dies stellt die Minimalversion einer Konfiguration dar, um eine CA zu adressieren, die eine RA einsetzt.

```
crypto ca identity myca_mit_ra
 enrollment url http://ca_server
 enrollment mode ra
 query url ldap://serverx
```

Das folgende Beispiel adressiert eine CA, die eine RA einsetzt und deren *cgi-bin*-Skripten nicht im Standardverzeichnis gespeichert sind. Dieses Beispiel legt zudem von den Standardeinstellungen abweichende Werte für die Zeitdauer und Wiederholungszahl fest und lässt den Router Zertifikate auch dann akzeptieren, wenn die CRLs nicht erreichbar sind.

```
crypto ca identity myca_mit_ra
 enrollment url http://companyx_ca/cgi-bin/somewhere/scripts.exe
 enrollment mode ra
 query url ldap://serverx
 enrollment retry-period 20
 enrollment retry-count 100
 crl optional
```

Wenn im letzten Beispiel der Router nicht innerhalb von 20 Minuten nach der Aussendung einer Zertifikatsanfrage ein Zertifikat von der CA erhält, sendet der

Router die Zertifikatsanfrage erneut. Der Router wird weiterhin alle 20 Minuten eine Zertifikatsanfrage senden, bis er ein Zertifikat empfängt oder 100 Anfragen gesendet wurden.

Wenn die *cgi-bin*-Skriptposition der CA nicht */cgi-bin/pkiclient.exe* auf der CA lautet (die Standardposition des *CA-cgi-bin*-Skripts), dann müssen Sie auch die abweichende Skriptposition in der URL angeben, und zwar in der Form *http://CA_name/script_location*, in der *script_location* den vollständigen Verzeichnispfad zu den CA-Skripten darstellt.

### Verwandte Befehle

Sie können online unter www.cisco.com eine Recherche nach verwandten Befehlen durchführen.

enrollment url
enrollment mode ra
query url
enrollment retry-period
enrollment retry-count
crl optional

## 31.9 crypto key generate rsa

Verwenden Sie den globalen Konfigurationsbefehl **crypto key generate rsa**, um RSA-Schlüsselpaare zu erzeugen.

**crypto key generate rsa [usage-keys]**

| Syntax | Beschreibung |
|---|---|
| usage-keys | (Optional) Gibt an, dass zwei Schlüsselpaare zur besonderen Verwendung (Special-Usage) erzeugt werden sollen und nicht nur ein allgemein verwendetes Schlüsselpaar. |

### Standard

Es sind keine RSA-Schlüsselpaar vorhanden. Wenn das Schlüsselwort **usage-keys** nicht verwendet wird, werden allgemein verwendete Schlüssel erzeugt.

### Befehlsmodus

Globale Konfiguration

### Benutzungsrichtlinien

Dieser Befehl erschien erstmals in der Cisco-IOS-Version 11.3 T.

Mit diesem Befehl erzeugen Sie RSA-Schlüsselpaare für Ihr Cisco-Gerät (z.B. einen Router).

RSA-Schlüssel werden paarweise erzeugt – ein öffentlicher und ein geheimer RSA-Schlüssel.

Wenn Ihr Router bei der Ausführung dieses Befehls bereits RSA-Schlüssel besitzt, werden Sie davor gewarnt und aufgefordert, die vorhandenen Schlüssel durch die neuen Schlüssel zu ersetzen.

> **ANMERKUNG**
>
> Bevor Sie diesen Befehl ausführen, sollten Sie sicherstellen, dass auf Ihrem Router ein Host-Name und ein IP-Domänenname konfiguriert sind (mit den Befehlen **hostname** und **ip domain-name**). Ohne einen Host-Namen und IP-Domänennamen werden Sie den Befehl **crypto key generate rsa** nicht vollständig ausführen können.

Dieser Befehl wird nicht in der Router-Konfiguration gespeichert. Jedoch werden die Schlüssel, die durch diesen Befehl erzeugt werden, in der geheimen Konfiguration im NVRAM gespeichert (die dem Benutzer niemals angezeigt und auch niemals auf einem anderen Gerät gesichert wird).

Es gibt zwei sich gegenseitig ausschließende Arten von RSA-Schlüsselpaaren: Schlüssel zur besonderen Verwendung (Special-Usage) und allgemein verwendete Schlüssel (General-Purpose). Bei der Erzeugung der RSA-Schlüsselpaare werden Sie aufgefordert, entweder Schlüssel zur besonderen Verwendung oder allgemein verwendete Schlüssel zu erzeugen.

*Schlüssel zur besonderen Verwendung*

Wenn Sie Schlüssel zur besonderen Verwendung erzeugen, werden zwei RSA-Schlüsselpaare erzeugt. Ein Paar wird mit jedem IKE-Verfahren verwendet, das RSA-Signaturen zur Authentifizierung verlangt, und das andere Paar wird mit jedem IKE-Verfahren verwendet, das RSA-verschlüsselte Nonces als Authentifizierungsmethode verlangt (Sie konfigurieren RSA-Signaturen oder die RSA-verschlüsselten Nonces in Ihren IKE-Verfahren, die in Kapitel 32 »Die Konfiguration des Internet-Key-Exchange-Sicherheitsprotokolls« beschrieben ist)

Eine CA wird nur mit IKE-Verfahren verwendet, die RSA-Signaturen verlangen, nicht mit IKE-Verfahren, die die RSA-verschlüsselten Nonces erfordern (jedoch könnten Sie mehr als ein IKE-Verfahren festlegen und die RSA-Signaturen in einem Verfahren und die RSA-verschlüsselten Nonces in einem anderen Verfahren verlangen).

Wenn Sie beide RSA-Authentifizierungsmethoden in Ihren IKE-Verfahren einsetzen wollen, kann es sinnvoller sein, Schlüssel zu besonderen Verwendung einzusetzen. Mit den besonderen Schlüsseln werden die Schlüssel nicht unnötig exponiert (ohne Schlüssel zur besonderen Verwendung wird ein Schlüssel für beide Zwecke verwendet damit wird die Gefahr der Schlüsselentdeckung erhöht).

*Allgemein verwendete Schlüssel*

Wenn Sie allgemein verwendete Schlüssel erzeugen, wird nur ein RSA-Schlüsselpaar erzeugt. Dieses Paar wird mit allen IKE-Verfahren verwendet, die entweder RSA-Signaturen oder die RSA-verschlüsselten Nonces verlangen. Daher wird ein allgemein verwendetes Schlüsselpaar vermutlich häufiger verwendet werden als ein Schlüsselpaar zur besonderen Verwendung.

*Die Modul-Länge*

Wenn Sie RSA-Schlüssel erzeugen, werden Sie zur Eingabe einer Modul-Länge (Modulus) aufgefordert. Ein längeres Modul bietet eine stärkere Sicherheit, aber sie benötigt mehr Zeit zur Erzeugung (siehe Tabelle 31.1 für Beispielzeitdauern) und auch der Einsatz dauert länger. Ein Wert unter 512 ist normalerweise nicht empfehlenswert (in bestimmten Situationen funktionieren kürzere Module mit dem IKE nicht richtig; daher empfiehlt Cisco einen minimalen Modulwert von 1024).

*Tabelle 31.1: Benötigte Beispielzeitdauern zur Erzeugung von RSA-Schlüsseln*

| Router | Modul-Länge | | | |
|---|---|---|---|---|
| | 360 Bit | 512 Bit | 1024 Bit | 2048 Bit |
| Cisco 2500 | 11 Sekunden | 20 Sekunden | 4 Minuten und 38 Sekunden | Mehr als 1 Stunde |
| Cisco 4700 | Weniger als 1 Sekunde | 1 Sekunde | 4 Sekunden | 50 Sekunden |

### Beispiele

Dieses Beispiel erzeugt RSA-Schlüssel zur besonderen Verwendung:

```
myrouter(config)# crypto key generate rsa usage-keys
The name for the keys will be: myrouter.companyx.com
Choose the size of the key modulus in the range of 360 to 2048 for your Signature
Keys. Choosing a key modulus greater than 512 may take a few minutes.
How many bits in the modulus[512]? <return>
Generating RSA keys.... [OK].
Choose the size of the key modulus in the range of 360 to 2048 for your Encryption
Keys. Choosing a key modulus greater than 512 may take a few minutes.
How many bits in the modulus[512]? <return>
Generating RSA keys.... [OK].
myrouter(config)#
```

Dieses Beispiel erzeugt allgemein verwendete RSA-Schlüssel:

```
myrouter(config)# crypto key generate rsa
The name for the keys will be: myrouter.companyx.com
Choose the size of the key modulus in the range of 360 to 2048 for your General
Purpose Keys. Choosing a key modulus greater than 512 may take a few minutes.
How many bits in the modulus[512]? <return>
Generating RSA keys.... [OK].
myrouter(config)#
```

# Kapitel 31 • Befehle für die Zusammenarbeit mit Zertifizierungsautoritäten

> **ANMERKUNG**
>
> Sie können nicht gleichzeitig Schlüssel zur besonderen Verwendung und allgemein verwendete Schlüssel erzeugen. Sie können nur die eine oder die andere Art erzeugen.

### Verwandte Befehle

Sie können online unter www.cisco.com eine Recherche nach verwandten Befehlen durchführen.

**show crypto key mypubkey rsa**

## 31.10 crypto key zeroize rsa

Verwenden Sie den globalen Konfigurationsbefehl **crypto key zeroize rsa**, um alle RSA-Schlüssel auf Ihrem Router zu löschen.

**crypto key zeroize rsa**

### Syntaxbeschreibung

Dieser Befehl besitzt keine Argumente oder Schlüsselwörter.

### Standard

Für diesen Befehl gibt es keine Standardeinstellung.

### Befehlsmodus

Globale Konfiguration.

### Benutzungsrichtlinien

Dieser Befehl erschien erstmals in der Cisco-IOS-Version 11.3 T.

Dieser Befehl löscht alle zuvor auf Ihrem Router erzeugten RSA-Schlüssel. Wenn Sie diesen Befehl ausführen, müssen Sie auch diese beiden zusätzlichen Schritte ausführen:

- Bitten Sie den CA-Administrator darum, die Zertifikate Ihres Routers auf der CA zu widerrufen. Sie müssen dazu das Prüfpasswort angeben, das Sie erzeugt haben, als Sie zu Anfang die Router-Zertifikate mit dem Befehl **crypto ca enroll** bezogen haben.

- Entfernen Sie mit dem Befehl **certificate** manuell die Router-Zertifikate aus der Router-Konfiguration.

**772** Network Security

> **ANMERKUNG**
>
> Dieser Befehl kann nicht rückgängig gemacht werden (nachdem Sie Ihre Konfiguration gespeichert haben), und wenn Sie die RSA-Schlüssel gelöscht haben, können Sie keine Zertifikate oder die CA verwenden oder am Austausch von Zertifikaten mit anderen IPSec-Peer-Geräten teilnehmen, solange Sie nicht die CA-Zusammenarbeit neu konfigurieren, indem Sie neue RSA-Schlüssel erzeugen, das CA-Zertifikat erhalten und Ihr eigenes Zertifikat neu beantragen.

Dieser Befehl wird nicht in der Konfiguration gespeichert.

### Beispiel

Dieses Beispiel löscht das allgemein verwendete RSA-Schlüsselpaar, das zuvor für den Router erzeugt wurde. Nachdem das RSA-Schlüsselpaar gelöscht wurde, kontaktiert der Administrator den CA-Administrator und bittet ihn, das Router-Zertifikat zu widerrufen. Der Administrator löscht daraufhin das Router-Zertifikat aus der Konfiguration.

```
crypto key zeroize rsa
crypto ca certificate chain
 no certificate
```

### Verwandte Befehle

Sie können online unter www.cisco.com eine Recherche nach verwandten Befehlen ausführen.

**crypto ca certificate chain**
**certificate**

## 31.11 enrollment mode ra

Verwenden Sie den CA-Identitäts-Konfigurationsbefehl **enrollment mode ra**, um einen RA-Modus zu aktivieren. Verwenden Sie die **no**-Form dieses Befehls, um den RA-Modus zu deaktivieren.

**enrollment mode ra**
**no enrollment mode ra**

### Syntaxbeschreibung

Dieser Befehl besitzt keine Argumente oder Schlüsselwörter.

### Standard

Der RA-Modus ist deaktiviert.

### Befehlsmodus

CA-Identitätskonfiguration

## Benutzungsrichtlinien

Dieser Befehl erschien erstmals in der Cisco-IOS-Version 11.3 T.

Dieser Befehl ist erforderlich, wenn Ihr CA-System eine RA betreibt. Dieser Befehl ermöglicht die Kompatibilität mit RA-Systemen.

## Beispiel

Das folgende Beispiel zeigt die minimal notwendige Konfiguration, mit der eine CA adressiert wird, wenn die CA eine RA betreibt:

```
crypto ca identity myca
 enrollment url http://ca_server
 enrollment mode ra
 query url ldap://serverx
```

## Verwandte Befehle

Sie können online unter www.cisco.com eine Recherche nach verwandten Befehlen durchführen.

**crypto ca identity**

## 31.12 enrollment retry-count

Verwenden Sie den CA-Identitäts-Konfigurationsbefehl **enrollment retry-count**, um festzulegen, wie oft ein Router die Sendung einer Zertifikatsanfrage wiederholen wird. Verwenden Sie die **no**-Form dieses Befehls, um den Wiederholungswert auf die Standardeinstellung von 0 zu setzen und damit unendlich viele Wiederholungen festzulegen.

**enrollment retry-count** *Zahl*
**no enrollment retry-count**

| Syntax | Beschreibung |
|---|---|
| *Zahl* | Gibt an, wie oft der Router eine Zertifikatsanfrage wiederholt, wenn der Router kein Zertifikat von der CA auf die vorherige Anfrage erhält. |
| | Geben Sie eine bis 100 Wiederholungen an. |

## Standard

Der Router wird der CA so lange Zertifikatsanfragen senden, bis er ein gültiges Zertifikat empfängt (unendlich viele Wiederholungen).

## Befehlsmodus

CA-Identitätskonfiguration

### Benutzungsrichtlinien

Dieser Befehl erschien erstmals in der Cisco-IOS-Version 11.3 T.

Nach einer Zertifikatsanfrage wartet der Router auf den Empfang eines Zertifikats von der CA. Wenn der Router innerhalb einer bestimmten Zeitdauer kein Zertifikat erhält (die retry-period), sendet der Router eine weitere Zertifikatsanfrage. Der Router sendet so lange Anfragen, bis er ein gültiges Zertifikat erhält, bis die CA eine Registrierungsfehlermeldung sendet oder bis die konfigurierte Wiederholungszahl erreicht wird (die retry-count). In der Standardeinstellung sendet der Router Anfragen unendlich oft, Sie können jedoch mit diesem Befehl eine endliche Zahl von Wiederholungen festlegen.

Der Wert 0 zeigt an, dass für die wiederholte Sendung der Zertifikatsanfragen kein Limit besteht. Die Standardeinstellung für den retry-count ist 0.

### Beispiel

Dieses Beispiel adressiert eine CA, ändert die Wiederholungszeitdauer auf 10 Minuten und die Wiederholungszahl auf 60 Versuche. Der Router sendet die Zertifikatsanfragen alle 10 Minuten aus, bis der Router das Zertifikat empfängt oder bis etwa 10 Stunden seit der ersten Anfrage vergangen sind, je nachdem, was zuerst eintritt (10 Minuten x 60 Versuche = 600 Minuten = 10 Stunden).

```
crypto ca identity myca
 enrollment url http://ca_server
 enrollment retry-period 10
 enrollment retry-count 60
```

### Verwandte Befehle

Sie können online unter www.cisco.com eine Recherche nach verwandten Befehlen durchführen.

**crypto ca identity**
**enrollment retry-period**

## 31.13 enrollment retry-period

Verwenden Sie den CA-Identitäts-Konfigurationsbefehl **enrollment retry-period**, um die Zeitdauer zwischen der Sendung von wiederholten Zertifikatsanfragen festzulegen. Verwenden Sie die **no**-Form dieses Befehls, um die Zeitdauer auf die Standardeinstellung von einer Minute zu setzen.

**enrollment retry-period** *Minuten*
**no enrollment retry-period**

# Kapitel 31 • Befehle für die Zusammenarbeit mit Zertifizierungsautoritäten    775

| Syntax | Beschreibung |
|---|---|
| *Minuten* | Legt die Anzahl von Minuten fest, die der Router abwartet, bevor er erneut eine Zertifikatsanfrage an die CA sendet, wenn der Router auf die vorherige Anfrage kein Zertifikat von der CA erhält. |
| | Legen Sie eine bis 60 Minuten fest. In der Standardeinstellung wiederholt der Router die Anfrage jede Minute. |

## Standard

Der Router sendet jede Minute eine erneute Zertifikatsanfrage an die CA, bis er ein gültiges Zertifikat erhält.

## Befehlsmodus

CA-Identitätskonfiguration

## Benutzungsrichtlinien

Dieser Befehl erschien erstmals in der Cisco-IOS-Version 11.3 T.

Nach einer Zertifikatsanfrage wartet der Router auf den Empfang eines Zertifikats von der CA. Wenn der Router innerhalb einer bestimmten Zeitdauer kein Zertifikat erhält (die retry-period), sendet der Router eine weitere Zertifikatsanfrage. Der Router sendet so lange Anfragen, bis er ein gültiges Zertifikat erhält, bis die CA eine Registrierungsfehlermeldung sendet oder bis die konfigurierte Wiederholungszahl erreicht wird (die retry-count). In der Standardeinstellung sendet der Router Anfragen unendlich oft, Sie können jedoch mit dem Befehl **enrollment retry-count** eine endliche Zahl von Wiederholungen festlegen).

Mit dem Befehl **enrollment retry-period** können Sie die Wiederholungszeitdauer abweichend von der einminütigen Standardeinstellung festlegen.

## Beispiel

Dieses Beispiel adressiert eine CA und ändert die Wiederholungszeitdauer auf fünf Minuten:

```
crypto ca identity myca
 enrollment url http://ca_server
 enrollment retry-period 5
```

## Verwandte Befehle

Sie können online unter www.cisco.com eine Recherche nach verwandten Befehlen durchführen.

**crypto ca identity**
**enrollment retry-count**

## 31.14 enrollment url

Verwenden Sie den CA-Identitäts-Konfigurationsbefehl **enrollment url**, um den Ort der CA über die Bezeichnung der CA-URL festzulegen. Verwenden Sie die **no**-Form dieses Befehls, um die CA-URL aus der Konfiguration zu entfernen.

**enrollment url** *URL*
**no enrollment url** *URL*

| Syntax | Beschreibung |
|---|---|
| URL | Legt die URL der CA fest, an die Ihre Router Zertifikatanfragen senden soll, z.B.: *http://ca_server*. |
| | Diese URL muss in der Form *http://CA_name* angegeben werden, bei der *CA_name* der DNS-Hostname oder die IP-Adresse der CA ist. |
| | Wenn die *Cgi-bin*-Skriptposition der CA nicht */cgi-bin/pkiclient.exe* auf der CA lautet (die Standardposition des *CA-cgi-bin*-Skripts), dann müssen Sie auch die abweichende Skriptposition in der URL angeben, und zwar in der Form *http://CA_name/script_location*, in der *script_location* den vollständigen Verzeichnispfad zu den CA-Skripten darstellt. |

### Standard

Ihr Router kennt die CA-URL nicht, solange Sie sie nicht mit diesem Befehl festlegen.

### Befehlsmodus

CA-Identitätskonfiguration

### Benutzungsrichtlinien

Dieser Befehl erschien erstmals in der Cisco-IOS-Version 11.3 T.

Mit diesem Befehl legen Sie die CA-URL fest. Dieser Befehl ist notwendig, wenn Sie mit dem Befehl **crypto ca identity** eine CA adressieren.

Die URL muss das CA-Skriptverzeichnis enthalten, wenn sich die CA-Skripten nicht im Standardverzeichnis der *cgi*-Skripten befindet. Der CA-Administrator sollte Ihnen sagen können, wo sich die CA-Skripten befinden.

Wenn Sie die URL einer CA ändern wollen, müssen Sie den Befehl **enrollment url** wiederholen, um die ältere URL zu überschreiben.

## Beispiel

Das folgende Beispiel zeigt die minimale und absolut notwendige Konfiguration, mit der eine CA adressiert werden kann:

```
crypto ca identity myca
 enrollment url http://ca_server
```

## Verwandte Befehle

Sie können online unter www.cisco.com eine Recherche nach verwandten Befehlen durchführen.

crypto ca identity

## 31.15 query url

Verwenden Sie den CA-Identitäts-Konfigurationsbefehl **query url**, um die LDAP-Protokoll-Unterstützung festzulegen. Verwenden Sie die **no**-Form dieses Befehls, um die Anfrage-URL aus der Konfiguration zu entfernen und das Standardanfrage-Protokoll CEP aufzurufen.

**query url** *URL*
**no query url** *URL*

| Syntax | Beschreibung |
|---|---|
| URL | Gibt die URL des LDAP-Servers an, z.B.: *ldap://another_server*. |
|  | Diese URL muss die Form *ldap://server_name* besitzen, in der *server_name* der DNS-Hostname oder die IP-Adresse des LDAP-Servers ist. |

## Standard

Der Router verwendet das CEP.

## Befehlsmodus

CA-Identitätskonfiguration

## Benutzungsrichtlinien

Dieser Befehl erschien erstmals in der Cisco-IOS-Version 11.3 T.

Dieser Befehl ist erforderlich, wenn die CA eine RA und das LDAP unterstützt. Das LDAP ist ein Anfrageprotokoll, das der Router einsetzt, wenn er Zertifikate und CRLs anfordert. Der CA-Administrator sollte Ihnen sagen können, ob die CA das LDAP oder das CEP unterstützt. Wenn die CA das LDAP-Protokoll unterstützt, kann Ihnen der CA-Administrator den LDAP-Ort nennen, von dem Zertifikate und CRLs bezogen werden sollen.

Um die Anfrage-URL zu ändern, müssen Sie den Befehl **query url** wiederholen, um die ältere URL zu überschreiben.

Dieser Befehl ist nur gültig, wenn Sie auch den Befehl **enrollment mode ra** verwenden.

### Beispiel

Das folgende Beispiel zeigt eine notwendige Konfiguration, um eine CA zu adressieren, wenn die CA das LDAP unterstützt:

```
crypto ca identity myca
 enrollment url http://ca_server
 enrollment mode ra
 query url ldap://bobs_server
```

### Verwandte Befehle

Sie können online unter www.cisco.com eine Recherche nach verwandten Befehlen durchführen.

**crypto ca identity**

## 31.16 show crypto ca certificates

Verwenden Sie den EXEC-Befehl **show crypto ca certificates**, um sich Informationen über Ihr Zertifikat, das CA-Zertifikat und alle RA-Zertifikate anzeigen zu lassen.

**show crypto ca certificates**

### Syntaxbeschreibung

Dieser Befehl besitzt keine Argumente oder Schlüsselwörter.

### Befehlsmodus

EXEC

### Benutzungsrichtlinien

Dieser Befehl erschien erstmals in der Cisco-IOS-Version 11.3 T.

Dieser Befehl zeigt Informationen über die folgenden Zertifikate:

- Ihr Zertifikat, wenn Sie eines von der CA angefordert haben (siehe den Befehl **crypto ca enroll**)
- Das CA-Zertifikat, wenn Sie das CA-Zertifikat empfangen haben (siehe den Befehl **crypto ca authenticate**)
- Die RA-Zertifikate, wenn Sie RA-Zertifikate empfangen haben (siehe den Befehl **crypto ca authenticate**)

## Beispielanzeige

Es folgt eine Beispielausgabe auf den Befehl **show crypto ca certificates**, nachdem Sie die CA authentifiziert haben, indem Sie das CA-Zertifikat und den öffentlichen Schlüssel mit dem Befehl **crypto ca authenticate** angefordert haben:

```
CA Certificate
  Status: Available
  Certificate Serial Number: 3051DF7123BEE31B8341DFE4B3A338E5F
  Key Usage: Not Set
```

Das CA-Zertifikat kann die Key Usage (Schlüsselverwendung) als *Not Set* (nicht festgelegt) anzeigen.

Es folgt eine Beispielausgabe auf den Befehl **show crypto ca certificates**. Sie zeigt das Router-Zertifikat und das CA-Zertifikat. In diesem Beispiel wurde zuvor ein einzelnes, allgemein verwendetes RSA-Schlüsselpaar erzeugt und es wurde ein Zertifikat für dieses Schlüsselpaar angefordert, aber noch nicht empfangen:

```
Certificate
  Subject Name
    Name: myrouter.companyx.com
    IP Address: 10.0.0.1
    Serial Number: 04806682
  Status: Pending
  Key Usage: General Purpose
    Fingerprint: 428125BD A3419600 3F6C7831 6CD8FA95 00000000
CA Certificate
  Status: Available
  Certificate Serial Number: 3051DF7123BEE31B8341DFE4B3A338E5F
  Key Usage: Not Set
```

Im letzten Beispiel zeigt der Status des Router-Zertifikats *Pending* (schwebend). Wenn der Router sein Zertifikat von der CA empfängt, wird das Statusfeld in der **show**-Ausgabe auf *Available* (verfügbar) wechseln.

Es folgt eine Beispielausgabe auf den Befehl **show crypto ca certificates** und sie zeigt zwei Router-Zertifikate und das CA-Zertifikat. In diesem Beispiel wurden zuvor RSA-Schlüsselpaare zur besonderen Verwendung erzeugt und es wurde ein Zertifikat für jedes Schlüsselpaar angefordert und empfangen:

```
Certificate
  Subject Name
    Name: myrouter.companyx.com
    IP Address: 10.0.0.1
  Status: Available
  Certificate Serial Number: 428125BDA34196003F6C78316CD8FA95
  Key Usage: Signature

Certificate
  Subject Name
    Name: myrouter.companyx.com
    IP Address: 10.0.0.1
  Status: Available
```

```
Certificate Serial Number: AB352356AFCD0395E333CCFD7CD33897
  Key Usage: Encryption

CA Certificate
  Status: Available
  Certificate Serial Number: 3051DF7123BEE31B8341DFE4B3A338E5F
  Key Usage: Not Set
```

Es folgt eine Beispielausgabe auf den Befehl **show crypto ca certificates**, in dem die CA eine RA unterstützt. In diesem Beispiel wurden die CA- und RA-Zertifikate zuvor mit dem Befehl **crypto ca authenticate** angefordert:

```
CA Certificate
  Status: Available
  Certificate Serial Number: 3051DF7123BEE31B8341DFE4B3A338E5F
  Key Usage: Not Set
RA Signature Certificate
  Status: Available
  Certificate Serial Number: 34BCF8A0
  Key Usage: Signature

RA KeyEncipher Certificate
  Status: Available
  Certificate Serial Number: 34BCF89F
  Key Usage: Encryption
```

**Verwandte Befehle**

Sie können online unter www.cisco.com eine Recherche nach verwandten Befehlen durchführen.

**crypto ca enroll**
**crypto ca authenticate**

# KAPITEL 32

# Konfiguration des Internet-Key-Exchange-Sicherheitsprotokolls

Dieses Kapitel beschreibt die Konfiguration des Internet-Key-Exchange-(IKE-)Protokolls. Das IKE ist ein Protokollstandard zur Schlüsselverwaltung, der zusammen mit dem IPSec-Standard eingesetzt wird. Die IPSec ist ein IP-Sicherheitsverfahren, das eine robuste Authentifizierung und Verschlüsselung von IP-Paketen ermöglicht.

Die IPSec kann ohne das IKE konfiguriert werden, jedoch wird die IPSec durch das IKE verbessert, da durch seine Anwendung zusätzliche Funktionen, Flexibilität und eine vereinfachte Konfiguration des IPSec-Standards ermöglicht wird.

Das IKE ist ein Hybrid-Protokoll, das den Oakley- und den SKEME-Schlüsselaustausch innerhalb der beiden kombinierten Internet-Security-Association- und Key-Management-Protokolle (ISAKMP) durchführt (Die ISAKMP-, Oakley- und Skeme-Sicherheitsprotokolle werden durch das IKE ausgeführt).

Eine vollständige Beschreibung der in diesem Kapitel verwendeten Befehle zur IPSec-Netzwerksicherheit finden Sie in Kapitel 33 »Befehle des Internet-Key-Exchange-Sicherheitsprotokolls«. Um eine Beschreibung zu anderen in diesem Kapitel angesprochenen Befehlen zu erhalten, können Sie eine Online-Recherche unter der Adresse www.cisco.com durchführen.

## 32.1 IKE-Überblick

Das IKE verhandelt automatisch IPSec-Sicherheits-Assoziationen (SAs) und aktiviert die IPSec-gesicherte Kommunikation, ohne zuvor eine aufwendige manuelle Konfiguration zu erfordern.

Vor allem bietet IKE die folgenden Vorteile:

– Durch das IKE entfällt die sonst notwendige manuelle Eingabe aller IPSec-Sicherheitsparameter in den Verschlüsselungskarten auf beiden beteiligten Peer-Geräten.

– Es ermöglicht die Angabe einer Laufzeit für die IPSec Sicherheitassoziation.

- Es ermöglicht die Änderung der Verschlüsselungsschlüssel während der IPSec-Sitzungen.
- Es ermöglicht der IPSec den Betrieb der Kopierschutz-(Anti-Replay-)Dienste.
- Es bietet die Unterstützung der Zertifizierungsautorität (CA), mit der eine verwaltbare und skalierbare IPSec-Durchführung ermöglicht wird.
- Es ermöglicht die dynamische Authentifizierung von Peer-Geräten.

### 32.1.1 Unterstützte Standards

Cisco wendet die folgenden Standards an:

- **IPSec** – Das IP-Sicherheitsprotokoll. IPSec ist ein integriertes System aus offenen Standards, mit dem die Datenvertraulichkeit, die Datenintegrität und die Datenauthentifizierung zwischen beteiligten Peer-Geräten ermöglicht wird. IPSec führt diese Sicherheitsdienste auf der IP-Schicht aus. Sie nutzt den IKE zur Ausführung der Protokoll- und Algorithmen-Vereinbarungen entsprechend den lokalen Verfahren und zur Erzeugung der Verschlüsselungs- und Authentifizierungsschlüssel, die durch IPSec verwendet werden. IPSec kann zum Schutz eines oder mehrerer Datenströme (data flows) zwischen einem Host-Paar, einem Paar von Sicherheits-Gateways oder einem Sicherheits-Gateway und einem Host eingesetzt werden.

    Weitere Informationen über die IPSec finden Sie in Kapitel 28 »Konfiguration der IPSec-Netzwerksicherheit«.

- **Internet Key Exchange (IKE = Internet-Schlüsselaustausch)** – Ein Hybrid-Protokoll, das den Oakley- und den SKEME-Schlüsselaustausch im Rahmen des ISAKMP ausführt. Das IKE kann zusammen mit anderen Protokollen verwendet werden, seine erstmalige Anwendung erfolgt aber mit dem IPSec-Protokoll. Das IKE ermöglicht die Authentifizierung der IPSec-Peer-Geräte, es vereinbart die IPSec-Sicherheits-Assoziationen und es richtet die IPSec-Schlüssel ein.

    Das IKE wird mit der neuesten Version des Internet-Drafts »The Internet Key Exchange« durchgeführt (*draft-ietf-ipsec-isakmp-oakley-xx.txt*).

- **ISAKMP** – Dies ist ein kombiniertes Protokoll, das die Formate der Datenfracht (Payloads) sowie die Mechanismen zur Durchführung eines Schlüsselaustausch-Protokolls und die Verhandlung einer Sicherheits-Assoziation vorgibt.

    Das ISAKMP wird mit der neuesten Version des Internet-Drafts »Internet Security Association and Key Management Protocol (ISAKMP)« durchgeführt (*draft-ietf-ipsec-isakmp-xx.txt*).

- **Oakley** – Ein Schlüsselaustausch-Protokoll, das festlegt, wie authentifiziertes Schlüsselmaterial abgeleitet wird.

- **Skeme** – Ein Schlüsselaustausch-Protokoll, das festlegt, wie authentifiziertes Schlüsselmaterial mit beschleunigter Erneuerung abgeleitet wird.

Die zusammen mit dem IKE angewendeten Teiltechnologien sind die folgenden:

- **DES** – Der Data-Encryption-Standard (DES) wird zur Verschlüsselung der Paketdaten verwendet. Die Cisco IOS verwendet den 56-Bit-DES-CBC mit ausdrücklichem IV.
  Das Cipher-Block-Chaining (CBC) erfordert einen Initialisierungsvektor (IV), um die Verschlüsselung zu starten. Der IV ist ausdrücklich im IPSec-Paket enthalten.

- **Diffie-Hellman** – Ein Verschlüsselungs-Protokoll mit öffentlichen Schlüsseln, mit dem zwei Parteien geheime Daten über einen ungesicherten Kommunikationskanal austauschen können. Das Diffie-Hellman-Protokoll wird innerhalb des IKE angewendet, um Sitzungsschlüssel einzurichten. Es werden die 768-Bit- und die 1024-Bit-Diffie-Hellman-Gruppen unterstützt.

- **MD5 (die HMAC-Variante)** – Der Message-Digest 5 (MD5) ist ein zerhackender Algorithmus. Der HMAC ist eine Variante, der noch eine zusätzliche Aufsplitterung ausführt.

- **SHA (die HMAC-Variante)** – Der Secure-Hash-Algorithm (SHA) ist ein zerhackender Algorithmus. Der HMAC ist eine Variante, der noch eine zusätzliche Aufsplitterung ausführt.

- **RSA-Signaturen** und **RSA-verschlüsselte Nonces** – Das RSA ist das Public-Key-Cryptographic-System (ein Verschlüsselungssystem mit öffentlichen Schlüsseln), das von Ron Rivest, Adi Shamir und Leonard Adleman entwickelt wurde. Die RSA-Signaturen ermöglichen keine Ablehnung, während RSA-verschlüsselte Nonces die Ablehnung ermöglichen.

Das IKE interagiert mit dem folgenden Standard:

- **X.509v3-Zertifikate** – Diese werden zusammen mit dem IKE-Protokoll verwendet, wenn die Authentifizierung öffentliche Schlüssel benötigt. Diese Zertifikatsunterstützung ermöglicht die Einteilung des IPSec-geschützten Netzwerks, indem jedes Gerät einen digitalen Ausweis erhalten kann. Wenn zwei Geräte miteinander kommunizieren wollen, tauschen sie ihre digitalen Zertifikate aus, um ihre Identität zu beweisen (damit entfällt der sonst notwendige manuelle Austausch der öffentlichen Schlüssel mit jedem Peer-Gerät bzw. das manuelle Festlegen eines gemeinsamen Schlüssels auf jedem Peer-Gerät).

### 32.1.2 Eine Liste von Begriffen

**Kopierschutz (Anti-Replay)** – Ein Sicherheitsdienst, mit dem der Empfänger alte oder duplizierte Pakete ablehnen kann, um sich selbst vor Replay-Attacken zu schützen. IPSec ermöglicht diesen optionalen Dienst durch die Verwendung einer Sequenznummer in Kombination mit der Datenauthentifizierung.

**Datenauthentifizierung (Data-Authentication)** – Diese beinhaltet zwei Konzepte:

- Die Daten-Integrität (Data-Integrity) (Sicherstellung, dass Daten nicht verändert wurden)
- Die Daten-Herkunftsauthentifizierung (Data-Origin-Authentication) (Sicherstellung, dass die Daten tatsächlich von der angegebenen Quelle stammen)

Die Datenauthentifizierung kann sich entweder auf die reine Integrität oder auf beide Konzepte zusammen beziehen (auch wenn die Daten-Herkunftsauthentifizierung von der Datenintegrität abhängt).

**Peer-Gerät (Peer)** – Im Kontext dieses Kapitels ist dies ein Router oder ein anderes Gerät, das an der IPSec beteiligt ist.

**perfect forward secrecy (PFS)** – Perfekte Weitergabe eines Geheimnisses. Eine Verschlüsselungs-Eigenschaft, die mit einem abgeleiteten gemeinsamen Geheimwert verknüpft ist. Wenn beim PFS ein Schlüssel aufgedeckt wird, werden damit die vorherigen und die nachfolgenden Schlüssel nicht aufgedeckt, da aufeinanderfolgende Schlüssel nicht aus dem jeweils vorhergehenden Schlüssel abgeleitet werden.

**Zurückweisung (Repudiation)** – Eine Eigenschaft, mit der verhindert wird, dass eine dritte Partei erkennen kann, ob eine Kommunikation zwischen zwei anderen Parteien jemals stattfand. Diese Eigenschaft ist wünschenswert, wenn Sie nicht wollen, dass Ihre Kommunikation nachverfolgt werden kann.

**Zulassung (Nonrepudiation)** ist die gegenteilige Eigenschaft – eine dritte Partei kann erkennen, dass eine Kommunikation zwischen zwei anderen Parteien stattfand. Die Nichtablehnung ist wünschenswert, wenn Sie Ihre Kommunikation nachverfolgen und beweisen wollen, dass sie stattgefunden hat.

**Sicherheits-Assoziation (Security-Association)** – Eine IPSec-Sicherheits-Assoziation (SA) ist eine Beschreibung dessen, wie zwei oder mehrere Einheiten die Sicherheitsdienste verwenden, um geschützt miteinander kommunizieren zu können. Zum Beispiel legt eine IPSec-SA den Verschlüsselungsalgorithmus fest (wenn er verwendet wird), den Authentifizierungsalgorithmus und den gemeinsamen Sitzungsschlüssel, der während der IPSec-Verbindung verwendet wird.

Sowohl IPSec als auch das IKE benötigen und verwenden SAs, um die Parameter ihrer Verbindungen zu bestimmen. Das IKE kann seine eigene SA verhandeln und einrichten. Die IPSec-SA wird entweder durch das IKE oder durch eine manuelle Benutzerkonfiguration eingerichtet.

## 32.2 Schrittweise Konfiguration des IKE

Führen Sie die Schritte in den folgenden Abschnitten aus, um das IKE zu konfigurieren. Die Schritte in den ersten drei Abschnitten sind notwendig. Die restlichen können optional sein, je nachdem, welche Parameter konfiguriert sind.

- Aktivierung oder die Deaktivierung des IKE

Kapitel 32 • Konfiguration des Internet-Key-Exchange-Sicherheitsprotokolls **785**

- Stellen Sie sicher, dass die Access-Listen mit dem IKE kompatibel sind
- Erzeugen von IKE-Verfahren
- Manuelle Konfiguration der RSA-Schlüssel (optional, je nach den IKE-Parametern)
- Konfiguration der zuvor geteilten Schlüssel (optional, je nach den IKE-Parametern)
- Aufheben der IKE-Verbindungen (optional)
- Fehlersuche beim IKE (optional)

IKE-Konfigurationsbeispiele finden Sie im Abschnitt »IKE-Konfigurationsbeispiele« am Ende dieses Kapitels.

### 32.2.1 Aktivierung oder Deaktivierung des IKE

Das IKE ist standardmäßig aktiviert. Das IKE muss nicht für einzelne Schnittstellen aktiviert werden, da es global für alle Schnittstellen des Routers aktiviert ist.

Wenn Sie das IKE nicht zusammen mit Ihrer IPSec-Ausführung verwenden wollen, können Sie es auf allen IPSec-Peer-Geräten deaktivieren.

Wenn Sie das IKE deaktivieren, müssen Sie die folgenden Konzessionen auf den Peer-Geräten hinnehmen:

- Sie müssen alle IPSec-Sicherheits-Assoziationen in den Verschlüsselungskarten auf allen Peer-Geräten manuell festlegen (die Verschlüsselungskarten-Konfiguration ist in Kapitel 28 »Konfiguration der IPSec-Netzwerksicherheit« beschrieben).
- IPSec-Sicherheits-Assoziationen des Peer-Geräts werden für eine bestimmte IPSec-Sitzung niemals ablaufen.
- Während der IPSec-Sitzungen zwischen den Peer-Geräten werden sich die Verschlüsselungsschlüssel niemals ändern.
- Die Kopierschutz-(Anti-Replay-)Dienste werden zwischen den Peer-Geräten nicht verwendbar sein.
- Die CA-Unterstützung kann nicht eingesetzt werden.

Verwenden Sie einen der folgenden Befehle im globalen Konfigurationsmodus, um das IKE zu deaktivieren oder zu aktivieren:

| Befehl | Zweck |
|---|---|
| **no crypto isakmp enable** | Deaktiviert das IKE. |
| **crypto isakmp enable** | Aktiviert das IKE. |

Wenn Sie das IKE deaktivieren, können Sie die restlichen Schritte in diesem Kapitel vernachlässigen und direkt an die IPSec-Konfiguration gehen, die in Kapitel 28 »Konfiguration der IPSec-Netzwerksicherheit« beschrieben ist.

### 32.2.2 Stellen Sie sicher, dass die Access-Listen mit dem IKE kompatibel sind

Die IKE-Verhandlung verwendet das UDP auf dem Port 500. Stellen Sie sicher, dass Ihre Access-Listen so konfiguriert sind, dass der UDP-Verkehr des Ports 500 nicht an den Schnittstellen blockiert wird, der durch das IKE und IPSec erzeugt wird. In einigen Fällen kann es nötig sein, eine Aussage in Ihre Access-Listen einzufügen, die ausdrücklich den UDP-Verkehr auf Ports 500 zulassen.

### 32.2.3 Erzeugung von IKE-Verfahren

Sie müssen auf jedem Peer-Gerät IKE-Verfahren erzeugen. Ein IKE-Verfahren legt eine Kombination von Sicherheitsparametern fest, die während der IKE-Verhandlung verwendet werden.

Befolgen Sie die Richtlinien in diesen Abschnitten, um ein IKE-Verfahren zu erzeugen:

- Warum müssen Sie diese Verfahren erzeugen?
- Welche Parameter legen Sie in einem Verfahren fest?
- Wie stimmen IKE-Peer-Geräte einem passenden Verfahren zu?
- Welchen Wert sollten Sie für jeden Parameter wählen?
- Erzeugung von Verfahren
- Zusätzlich erforderliche Konfigurationen für IKE-Verfahren

#### Warum müssen Sie diese Verfahren erzeugen?

Die IKE-Verhandlungen müssen geschützt werden; daher beginnt jede IKE-Verhandlung damit, dass jedes Peer-Gerät einem gemeinsamen (geteilten) IKE-Verfahren zustimmt. In diesem Verfahren ist festgelegt, welche Sicherheitsparameter angewendet werden, um die nachfolgenden IKE-Verhandlungen zu schützen.

Nachdem die zwei Peer-Geräte einem gemeinsamen Verfahren zugestimmt haben, werden die Sicherheitsparameter dieses Verfahrens durch eine auf jedem Peer-Gerät eingerichtete Sicherheits-Assoziation übernommen und diese Sicherheits-Assoziationen gelten für jeden nachfolgenden IKE-Verkehr während der Verhandlung.

Sie können mehrere Verfahren mit verschiedenen Prioritäten auf jedem Peer-Gerät erzeugen, um sicherzustellen, dass zumindest ein Verfahren mit der eines entfernten Peer-Geräts übereinstimmt.

## Welche Parameter legen Sie in einem Verfahren fest?

In jedem IKE-Verfahren legen sie fünf Parameter fest:

| Parameter | Mögliche Werte | Schlüsselwort | Standardwert |
|---|---|---|---|
| Verschlüsselungs-Algorithmus | 56-Bit-DES-CBC | des | 56-Bit-DES-CBC |
| Hash-Algorithmus | SHA-1 (HMAC variant)<br>MD5 (HMAC variant) | sha<br>md5 | SHA-1 |
| Authentifizierungs-methode | RSA-Signaturen<br>RSA-verschlüsselte Nonces<br>Zuvor mitgeteilte Schlüssel | rsa-sig<br>rsa-encr<br>pre-share | RSA-Signaturen |
| Diffie-Hellman-Gruppe | 768-Bit-Diffie-Hellman oder<br>1024-Bit-Diffie-Hellman | 1<br>2 | 768-Bit-Diffie-Hellman |
| Laufzeit der Sicherheits-Assoziation[1] | Beliebige Anzahl von Sekunden | - | 86.400 Sekunden (ein Tag) |

Diese Parameter gelten für die IKE-Verhandlungen, wenn die IKE-Sicherheits-Assoziation eingerichtet ist.

## Wie stimmen IKE-Peer-Geräte einem passenden Verfahren zu?

Wenn die IKE-Verhandlung beginnt, sucht das IKE nach einem IKE-Verfahren, das auf beiden Peer-Geräten gleich ist. Das Peer-Gerät, das die Verhandlung initiiert, wird alle seine Verfahren an das gegenüberliegende Peer-Gerät senden und dieses Peer-Gerät wird versuchen, ein passendes Verfahren zu finden. Das gegenüberliegende Peer-Gerät sucht nach einer Übereinstimmung, indem es sein Verfahren mit der höchsten Priorität mit den empfangenen Verfahren des anderen Peer-Geräts vergleicht. Das gegenüberliegende Peer-Gerät überprüft jedes seiner Verfahrenen in der Reihenfolge der Priorität (zuerst die höchste Priorität), bis eine Übereinstimmung gefunden wurde.

Eine Übereinstimmung liegt dann vor, wenn die beiden Verfahren der beiden Peer-Geräte dieselben Werte für die Verschlüsselungs-, Zerhackungs-, Authentifizierungs- und Diffie-Hellman-Parameter besitzen und die Verfahren des gegenüberliegenden Peer-Geräts kleiner oder gleich der Laufzeit dem verglichenen Verfahren sind (wenn die Laufzeiten nicht identisch sind, wird die kürzere Laufzeit – also die des Verfahrens des gegenüberliegenden Peer-Geräts – verwendet).

Wenn keine akzeptable Übereinstimmung gefunden wird, lehnt das IKE die Verhandlung ab und die IPSec wird nicht eingerichtet.

Wenn eine Übereinstimmung gefunden wird, schließt das IKE die Verhandlung ab und die IPSec-Sicherheits-Assoziationen werden erzeugt.

---

1 Informationen über diese Laufzeit und ihre Verwendung finden Sie in der Beschreibung des Befehls **lifetime (IKE-Verfahren)**.

> **ANMERKUNG**

Je nachdem welche Authentifizierungsmethode in einem Verfahren festgelegt ist, kann eine zusätzliche Konfiguration erforderlich sein (siehe Abschnitt »Zusätzlich erforderliche Konfigurationen für IKE-Verfahren«). Wenn ein Verfahren eines Peer-Geräts nicht über die erforderliche zusätzliche Konfiguration verfügt, wird das Peer-Gerät das Verfahren nicht berücksichtigen, wenn es versucht, ein übereinstimmendes Verfahren mit dem gegenüberliegenden Peer-Gerät zu finden.

### Welchen Wert sollten Sie für jeden Parameter wählen?

Sie können für jeden Parameter bestimmte Werte gemäss dem IKE-Standard wählen. Warum sollten Sie nun einen Wert einem anderen vorziehen?

Wenn Sie mit einem Gerät zusammenarbeiten, das nur einen der Werte für einen Parameter unterstützt, beschränkt sich Ihre Wahl auf den Wert, der durch das andere Gerät unterstützt wird. Daneben müssen Sie sehr oft zwischen der Sicherheit und Performance abwägen und viele dieser Parameterwerte sind hierbei zu berücksichtigen. Sie sollten Ihre Netzwerksicherheitsrisiken bewerten und daraufhin bestimmen, inwieweit Sie diese Risiken in Kauf nehmen wollen. Daraufhin können Ihnen die folgenden Tipps dabei helfen, den richtigen Wert für jeden Parameter auszuwählen:

- Der Verschlüsselungsalgorithmus besitzt momentan nur eine Option: 56-Bit-DES-CBC.

- Der Zerhackungsalgorithmus besitzt zwei Optionen: SHA-1 und MD5.
  Der MD5 besitzt einen kürzeren Schlüssel und wird als etwas schneller als der SHA-1 betrachtet. Es wurde eine erfolgreiche (aber äußerst schwierige) Attacke auf den MD5 demonstriert. Jedoch verhindert die vom IKE eingesetzte HMAC-Variante diese Attacke.

- Die Authentifizierungsmethode besitzt drei Optionen:
  - Die RSA-Signaturen ermöglichen die Zulassung (Nonrepudiation) für die IKE-Verhandlung (Sie können einer dritten Partei nachweisen, dass Sie wirklich eine IKE-Verhandlung mit dem gegenüberliegenden Peer-Gerät ausführen).
    Die RSA-Signaturen erfordern den Einsatz einer CA. Die Verwendung einer CA kann die Verwaltbarkeit und die Skalierbarkeit Ihres IPSec-Netzwerks deutlich verbessern.
  - Die RSA-verschlüsselten Nonces ermöglichen die Zurückweisung (repudiation) für die IKE-Verhandlung (Sie können einer dritten Partei nicht nachweisen, dass Sie eine IKE-Verhandlung mit dem gegenüberliegenden Peer-Gerät geführt haben). Diese wird eingesetzt, um zu verhindern, dass eine dritte Partei etwas über Ihre Aktivitäten im Netzwerk erfährt.
    Die RSA-verschlüsselten Nonces erfordern, dass die Peer-Geräte die öffentlichen Schlüssel der anderen Geräte besitzen, aber keine CA verwenden. Statt

dessen bestehen zwei Möglichkeiten, wie die Peer-Geräte die öffentlichen Schlüssel der anderen Geräte erhalten:

1) Während der Konfiguration konfigurieren Sie manuell die RSA-Schlüssel (wie es im Abschnitt »Manuelle Konfiguration der RSA-Schlüssel« beschrieben ist) oder

2) Wenn Ihr lokales Peer-Gerät zuvor RSA-Signaturen während einer erfolgreichen IKE-Verhandlung mit einem gegenüberliegenden Peer-Gerät verwendet hat, dann besitzt Ihr lokales Peer-Gerät bereits den öffentlichen Schlüssel des gegenüberliegenden Peer-Geräts (die öffentlichen Schlüssel der Peer-Geräte werden ausgetauscht, während die IKE-Verhandlungen über die RSA-Signaturen erfolgen).

- Der Einsatz von zuvor mitgeteilten Schlüsseln ist sehr mühsam, wenn Ihr gesichertes Netzwerk groß ist, und es passt nicht zu einem wachsenden Netzwerk. Jedoch benötigen sie im Gegensatz zu den RSA-Signaturen keine CA und sie sind in einem kleineren Netzwerk mit weniger als 10 Knoten einfacher einzurichten.

- Die Diffie-Hellman-Gruppe besitzt zwei Einstellungsoptionen: 768-Bit- oder 1024-Bit-Diffie-Hellman.

  Die 1024-Bit-Diffie-Hellman-Gruppe ist schwerer zu knacken, dagegen benötigt ihre Anwendung mehr CPU-Zeit.

- Die Laufzeit für Sicherheits-Assoziationen kann jeden Wert besitzen.
  Generell lässt sich sagen, dass eine kürzere Laufzeit (bis zu einem gewissen Grad) eine sicherere IKE-Verhandlung ermöglicht. Jedoch können mit längeren Laufzeiten zukünftige IPSec-Sicherheits-Assoziationen schneller eingerichtet werden. Weitere Informationen über diese Parameter und ihre Verwendung finden Sie in der Beschreibung des Befehls **lifetime (IKE-Verfahren)**.

## Erzeugung von Verfahren

Sie können mehrere IKE-Verfahren erzeugen, jede mit einer anderen Kombination von Parameterwerten. Jedem von Ihnen erzeugten Verfahren geben Sie eine eigene Priorität (1 bis 10.000, wobei 1 die höchste Priorität besitzt).

Sie können auf jedem Peer-Gerät mehrere Verfahren konfigurieren – aber mindestens ein Verfahren muss genau dieselben Werte für die Verschlüsselungs-, Zerhackungs-, Authentifizierungs- und Diffie-Hellman-Parameter besitzen, die auch ein Verfahren des gegenüberliegenden Peer-Geräts besitzt. (Die Laufzeit-Parameter müssen sich nicht unbedingt gleichen. Lesen Sie hierzu die Details im Abschnitt »Wie stimmen IKE-Peer-Geräte einem passenden Verfahren zu?«)

Wenn Sie keinerlei Verfahren konfigurieren, wird Ihr Router das Standardverfahren verwenden, das immer die niedrigste Priorität besitzt und alle Standardwerte für die Parameter verwendet.

Verwenden Sie die folgenden Befehle, um ein Verfahren zu konfigurieren. Beginnen Sie im globalen Konfigurationsmodus:

| Schritt | Befehl | Zweck |
|---|---|---|
| 1 | crypto isakmp policy *Priorität* | Kennzeichnet das zu erzeugende Verfahren (jedes Verfahren wird eindeutig durch die vergebene Prioritätsnummer identifiziert). (Dieser Befehl versetzt Sie in den Config-Isakmp-Befehlsmodus). |
| 2 | encryption des | Kennzeichnet den Verschlüsselungsalgorithmus. |
| 3 | hash {sha \| md5} | Kennzeichnet den Zerhackungsalgorithmus. |
| 4 | authentication {rsa-sig \| rsa-encr \| pre-share} | Kennzeichnet die Authentifizierungsmethode. |
| 5 | group {1 \| 2} | Kennzeichnet die Diffie-Hellman-Gruppe. |
| 6 | lifetime *Sekunden* | Legt die Laufzeit der Sicherheits-Assoziationen fest. |
| 7 | exit | Verlässt den Config-Isakmp-Befehlsmodus. |
| 8 | show crypto isakmp policy | (Optional) Zeigt alle vorhandenen IKE-Verfahren an. (Verwenden Sie diesen Befehl im EXEC-Modus). |

Wenn Sie für einen Parameter keinen Wert angeben, wird der Standardwert übernommen.

> **ANMERKUNG**
>
> Wenn Sie einen **show running**-Befehl ausführen, werden die Standardverfahren und die Standardwerte für konfigurierte Verfahren nicht in der Konfiguration angezeigt. Verwenden Sie stattdessen den Befehl **show crypto isakmp policy**, um sich die Standardverfahren und alle Standardwerte innerhalb von konfigurierten Verfahren anzeigen zu lassen.

### Zusätzlich erforderliche Konfigurationen für IKE-Verfahren

Je nach der Authentifizierungsmethode, die Sie in Ihrem IKE-Verfahren festlegen, müssen Sie noch bestimmte zusätzliche Konfigurationen ausführen, bevor das IKE und die IPSec dieses IKE-Verfahren erfolgreich einsetzen können.

Jede Authentifizierungsmethode erfordert eine zusätzliche begleitende Konfiguration, die im folgenden beschrieben wird:

– Die RSA-Signaturenmethode – Wenn Sie die RSA-Signaturen als Authentifizierungsmethode in einem Verfahren festlegen, müssen Sie die Peer-Geräte für den Bezug von Zertifikaten von einer CA konfigurieren (natürlich muss auch die CA korrekt konfiguriert sein, damit sie auch Zertifikate erteilt). Konfigurieren Sie diese Zertifikatsunterstützung wie in Kapitel 30 »Konfiguration der Zusammenarbeit mit Zertifizierungs-Autoritäten«.

Mit den Zertifikaten kann jedes Peer-Gerät öffentliche Schlüssel gesichert austauschen (die RSA-Signaturen erfordern, dass jedes Peer-Gerät den öffentlichen

# Kapitel 32 • Konfiguration des Internet-Key-Exchange-Sicherheitsprotokolls 791

Signaturschlüssel des gegenüberliegenden Peer-Geräts besitzt). Wenn beide Peer-Geräte gültige Zertifikate besitzen, werden sie automatisch die öffentlichen Schlüssel austauschen als Teil jeder IKE-Verhandlung, in der RSA-Signaturen verwendet werden.

- Die RSA-verschlüsselte Nonces-Methode – Wenn Sie RSA-verschlüsselte Nonces als Authentifizierungsmethode in einem Verfahren festlegen, müssen Sie sicherstellen, dass jedes Peer-Gerät die öffentlichen Schlüssel der anderen Peer-Geräte besitzt.

  Im Gegensatz zu den RSA-Signaturen verwendet die Methode der RSA-verschlüsselten Nonces keine Zertifikate, um öffentliche Schlüssel auszutauschen. Stattdessen müssen Sie auf die folgende Weise sorgen, dass jedes Peer-Gerät die öffentlichen Schlüssel der anderen Geräte besitzt:

  – Entweder konfigurieren Sie die RSA-Schlüssel manuell, wie es in Abschnitt »Die manuelle Konfiguration der RSA-Schlüssel« beschrieben wird, oder

  – Sie stellen sicher, dass ein IKE-Austausch mit RSA-Signaturen zwischen den Peer-Geräten bereits stattfand (die öffentlichen Schlüssel der Peer-Geräte werden ausgetauscht, während die IKE-Verhandlungen über die RSA-Signaturen erfolgen).

  Um dies sicherzustellen, müssen Sie zwei Verfahren festlegen: ein Verfahren mit höherer Priorität mit RSA-verschlüsselten Nonces und ein Verfahren mit geringerer Priorität mit RSA-Signaturen. Wenn IKE-Verhandlungen stattfinden, werden zuerst die RSA-Signaturen verwendet, da die Peer-Geräte die öffentlichen Schlüssel der anderen Geräte noch nicht besitzen. Danach werden Sie in späteren IKE-Verhandlungen die RSA-verschlüsselten Nonces verwenden können, da die öffentlichen Schlüssel dann bereits ausgetauscht sind.

  Natürlich müssen Sie für diese Alternative die Unterstützung der Zertifizierungsautorität konfigurieren.

- Die Authentifizierungsmethode mit zuvor mitgeteilten Schlüsseln – Wenn Sie zuvor mitgeteilte Schlüssel als Authentifizierungsmethode in einem Verfahren festlegen, müssen Sie diese Schlüssel zuvor verteilen, wie im Abschnitt »Konfiguration der zuvor mitgeteilten Schlüssel« beschrieben.

Wenn die RSA-Verschlüsselung konfiguriert ist und der Signaturmodus verhandelt wird, wird das Peer-Gerät sowohl Signatur- als auch Verschlüsselungsschlüssel anfordern. Grundsätzlich wird der Router alle Schlüssel anfordern, die durch die Konfiguration unterstützt werden. Wenn die RSA-Verschlüsselung nicht konfiguriert ist, wird nur ein Signaturschlüssel angefordert.

### 32.2.4 Manuelle Konfiguration der RSA-Schlüssel

Konfigurieren Sie die RSA-Schlüssel manuell, wenn Sie die RSA-verschlüsselten Nonces als Authentifizierungsmethode in einem IKE-Verfahren festlegen und keine CA einsetzen.

Führen Sie die Schritte in den folgenden Abschnitten auf jedem IPSec-Peer-Gerät aus, das die RSA-verschlüsselten Nonces in einem IKE-Verfahren verwendet, um RSA-Schlüssel manuell zu konfigurieren:

- Erzeugung von RSA-Schlüsseln
- Setzen der ISAKMP-Identität
- Eingabe der öffentlichen RSA-Schlüssel von allen anderen Peer-Geräten

#### Erzeugung von RSA-Schlüsseln

Verwenden Sie die folgenden Befehle, um RSA-Schlüssel zu erzeugen. Beginnen Sie im globalen Konfigurationsmodus:

| Schritt | Befehl | Zweck |
|---|---|---|
| 1 | crypto key generate rsa [usage-keys] | Erzeugt RSA-Schlüssel. |
| 2 | show crypto key mypubkey rsa | Zeigt den erzeugten öffentlichen RSA-Schlüssel an (im EXEC-Modus). |

Wiederholen Sie diese Schritte für jedes Peer-Gerät (ohne CA-Unterstützung), das die RSA-verschlüsselten Nonces in einem IKE-Verfahren verwendet.

#### Das Setzen der ISAKMP-Identität

Sie sollten die ISAKMP-Identität für jedes Peer-Gerät setzen, das zuvor mitgeteilte Schlüssel in einem IKE-Verfahren verwendet.

Wenn zwei Peer-Geräte das IKE zur Einrichtung von IPSec-Sicherheits-Assoziationen verwenden, sendet jedes Peer-Gerät seine Identität an das gegenüberliegende Peer-Gerät. Jedes Peer-Gerät sendet entweder seinen Host-Namen oder seine IP-Adresse, je nachdem, wie Sie die ISAKMP-Identität des Routers gesetzt haben.

In der Standardeinstellung ist die ISAKMP-Identität eines Peer-Geräts seine IP-Adresse. Falls nötig, können Sie die Identität auf den Hostnamen des Peer-Geräts setzen. Generell sollten Sie alle Peer-Geräte-Identitäten gleich einstellen – entweder sollten alle Peer-Geräte ihre IP-Adresse verwenden oder alle Peer-Geräte sollten ihren Host-Namen verwenden. Wenn einige Peer-Geräte ihren Host-Namen und einige Peer-Geräte ihre IP-Adresse zur eigenen Identifizierung gegenüber anderen Geräten verwenden, können IKE-Verhandlungen fehlschlagen, wenn die Identität eines gegenüberliegenden Peer-Geräts nicht erkannt wird und eine DNS-Prüfung die Identität nicht bestimmen kann.

Kapitel 32 • Konfiguration des Internet-Key-Exchange-Sicherheitsprotokolls **793**

Verwenden Sie die folgenden Befehle im globalen Konfigurationsmodus, um eine ISAKMP-Identität eines Peer-Geräts zu setzen:

| Schritt | Befehl | Zweck |
|---|---|---|
| 1 | crypto isakmp identity {address | hostname} | **Auf dem lokalen Peer-Gerät:** Kennzeichnet die ISAKMP-Identität des Peer-Geräts durch die IP-Adresse oder durch den Host-Namen.[1] |
| 2 | ip host *Hostname Adresse1* [*Adresse2... Adresse8*] | **Auf allen gegenüberliegenden Peer-Geräten:** Wenn die ISAKMP-Identität des lokalen Peer-Geräts mit einem Host-Namen festgelegt wurde, wird hiermit auf allen gegenüberliegenden Peer-Geräten der Host-Name des Peer-Geräts der (den) IP-Adresse(n) zugeordnet (dieser Schritt kann unnötig sein, wenn das Host-Namen/Adressenpaar bereits durch einen DNS-Server zugeordnet wird). |

Wiederholen Sie diese Schritte für jedes Peer-Gerät, das die zuvor mitgeteilten Schlüssel in einem IKE-Verfahren verwendet.

### Eingabe der öffentlichen RSA-Schlüssel von allen anderen Peer-Geräten

Verwenden Sie auf jedem Peer-Gerät die folgenden Befehle, um alle öffentliche RSA-Schlüssel der andere Peer-Geräte festzulegen. Beginnen Sie im globalen Konfigurationsmodus:

| Schritt | Befehl | Zweck |
|---|---|---|
| 1 | crypto key pubkey-chain rsa | Wechselt in den öffentlichen Schlüssel-Konfigurationsmodus. |
| 2 | named-key *Schlüsselname* [**encryption** | **signature**] oder addressed-key *Schlüsseladresse* [**encryption** | **signature**] | Zeigt an, welchen öffentliche RSA-Schlüssel des gegenüberliegenden Peer-Geräts Sie festlegen wollen. Verwenden Sie den Befehl **named-key**, wenn das gegenüberliegende Peer-Gerät seinen Hostnamen als ISAKMP-Identität verwendet und geben Sie als *Schlüsselname* den vollständigen Domänennamen an (z.B. *somerouter.domain.com*). Verwenden Sie den Befehl **addressed-key**, wenn das gegenüberliegende Peer-Gerät seine IP-Adresse als ISAKMP-Identität verwendet und geben Sie als *Schlüsselname* die IP-Adresse an. |

---

[1] Lesen Sie die Beschreibung des Befehls **crypto isakmp identity** für Richtlinien, unter welchen Umständen die IP-Adresse bzw. der Host-Name zu verwenden ist.

| Schritt | Befehl | Zweck |
|---|---|---|
| 3 | address *IP-Adresse* | Wenn Sie in Schritt 2 das gegenüberliegende Peer-Gerät mit einem vollständigen Domänennamen bezeichnet haben (mit dem Befehl named-key), dann können Sie auch optional die IP-Adresse des gegenüberliegenden Peer-Geräts angeben. |
| 4 | key-string *Schlüsseltext* quit | Legt den öffentliche RSA-Schlüssel des gegenüberliegenden Peer-Geräts fest. Dies ist der Schlüssel, den sich der Administrator des gegenüberliegenden Peer-Geräts hat anzeigen lassen, als er zuvor den RSA-Schlüssel des Routers erzeugte. |
| 5 | | Wiederholen Sie die Schritte 2 bis 4, um die öffentlichen RSA-Schlüssel aller anderen IPSec-Peer-Geräte festzulegen, die RSA-verschlüsselte Nonces in einem IKE-Verfahren verwenden. |
| 6 | exit | Kehrt in den globalen Konfigurationsmodus zurück. |

Wiederholen Sie diese Schritte auf jedem Peer-Gerät, das die RSA-verschlüsselten Nonces in einem IKE-Verfahren verwendet.

Verwenden Sie den folgenden Befehl im EXEC-Modus, um die öffentlichen RSA-Schlüssel anzusehen. Diesen Befehl können Sie während oder nach der Schlüsselkonfiguration ausführen:

| Befehl | Zweck |
|---|---|
| show crypto key pubkey-chain rsa {name *Schlüsselname* \| address *Schlüsseladresse*} | Zeigt eine Liste mit allen öffentlichen RSA-Schlüsseln, die auf Ihrem Router gespeichert sind, oder es werden Details eines bestimmten öffentlichen RSA-Schlüssels gezeigt, der auf Ihrem Router gespeichert ist. |

### 32.2.5 Konfiguration der zuvor mitgeteilten Schlüssel

Führen Sie diese Schritte auf jedem IPSec-Peer-Gerät aus, das zuvor mitgeteilte Schlüssel in einem IKE-Verfahren verwendet, um sie zu konfigurieren:

– Setzen Sie zuerst die ISAKMP-Identität auf jedem Peer-Gerät. Jede Peer-Geräte-Identität sollte entweder auf den Host-Namen oder auf die IP-Adresse gesetzt werden. In der Standardeinstellung ist eine Peer-Geräte-Identität auf die IP-Adresse gesetzt. Das setzen der ISAKMP-Identitäten wurde in dem früheren Abschnitt »Das Setzen der ISAKMP-Identität« in diesem Kapitel beschrieben.

– Legen Sie als nächstes den gemeinsamen Schlüssel auf jedem Peer-Gerät fest. Beachten Sie, dass zwei Peer-Geräte einen zuvor mitgeteilten Schlüssel gemeinsam verwenden. Sie könnten auf einem einzelnen Peer-Gerät denselben Schlüssel mit mehreren gegenüberliegenden Peer-Geräten gemeinsam nutzen. Jedoch ist das Festlegen von unterschiedlichen gemeinsamen Schlüsseln zwischen unterschiedlichen Peer-Gerätepaaren sicherheitstechnisch sinnvoller.

Verwenden Sie die folgenden Befehle im globalen Konfigurationsmodus, um zuvor mitgeteilte Schlüssel auf einem Peer-Gerät festzulegen:

| Schritt | Befehl | Zweck |
| --- | --- | --- |
| 1 | crypto isakmp key *Schlüsseltext* address *Peer-Geräteadresse* oder crypto isakmp key *Schlüsseltext* hostname *Peer-Geräte-Hostname* | **Auf dem lokalen Peer-Gerät:** Legt den gemeinsam mit einem bestimmten gegenüberliegenden Peer-Gerät verwendeten Schlüssel fest. Wenn das gegenüberliegende Peer-Gerät seine ISAKMP-Identität mit einer Adresse angibt, verwenden Sie in diesem Schritt das Schlüsselwort **address**. Andernfalls verwenden Sie in diesem Schritt das Schlüsselwort **hostname**. |
| 2 | crypto isakmp key *Schlüsseltext* address *Peer-Geräteadresse* oder crypto isakmp key *Schlüsseltext* hostname *Peer-Geräte-Hostname* | **Auf dem gegenüberliegenden Peer-Gerät:** Legt den gemeinsam mit dem lokalen Peer-Gerät verwendeten Schlüssel fest. Dies ist derselbe Schlüssel, den Sie gerade auf dem lokalen Peer-Gerät festgelegt haben. Wenn das lokale Peer-Gerät seine ISAKMP-Identität mit einer Adresse angibt, verwenden Sie in diesem Schritt das Schlüsselwort **address**. Andernfalls verwenden Sie in diesem Schritt das Schlüsselwort **hostname**. |
| 3 | | Wiederholen Sie diese beiden Schritte für jedes gegenüberliegende Peer-Gerät. |

Wiederholen Sie diese Schritte auf jedem Peer-Gerät, das die zuvor mitgeteilten Schlüssel in einem IKE-Verfahren verwendet.

## 32.2.6 Aufheben der IKE-Verbindungen

Sie können bei Bedarf vorhandene IKE-Verbindungen aufheben.

Verwenden Sie die folgenden Befehle im EXEC-Modus, um IKE-Verbindungen aufzuheben:

| Schritt | Befehl | Zweck |
| --- | --- | --- |
| 1 | show crypto isakmp sa | Zeigt vorhandene IKE-Verbindungen an. Zeigt Ihnen die Verbindungskennzeichen für die Verbindungen, die Sie aufheben wollen. |
| 2 | clear crypto isakmp [*connection-id*] | Hebt die IKE-Verbindungen auf. |

## 32.2.7 Fehlersuche beim IKE

Verwenden Sie die folgenden Befehle im EXEC-Modus, um Hilfen bei der IKE-Fehlersuche zu erhalten:

| Befehl | Zweck |
| --- | --- |
| show crypto isakmp policy | Zeigt die Parameter für jedes konfigurierte IKE-Verfahren an. |
| show crypto isakmp sa | Zeigt alle aktuellen IKE-Sicherheits-Assoziationen an. |
| debug crypto isakmp | Zeigt **debug**-Meldungen über IKE-Ereignisse an. |

## 32.3 Was als Nächstes zu tun ist

Nachdem die IKE-Konfiguration abgeschlossen ist, können Sie die IPSec konfigurieren. Die IPSec-Konfiguration wird in Kapitel 28 »Konfiguration der IPSec-Netzwerksicherheit« beschrieben.

## 32.4 IKE-Konfigurationsbeispiel

Dieses Beispiel erzeugt zwei IKE-Verfahren, bei dem das Verfahren 15 die höchste Priorität erhält, das Verfahren 20 die zweithöchste Priorität und die vorhandene Standard-Priorität die niedrigste Priorität bleibt. Es erzeugt auch einen zuvor mitgeteilten Schlüssel, der mit dem Verfahren 20 zusammen mit dem gegenüberliegenden Peer-Gerät verwendet werden soll, dessen IP-Adresse 192.168.224.33 lautet.

```
crypto isakmp policy 15
 encryption des
 hash md5
 authentication rsa-sig
 group 2
 lifetime 5000
crypto isakmp policy 20
 authentication pre-share
 lifetime 10000
crypto isakmp key 1234567890 address 192.168.224.33
```

Im obigen Beispiel würde die Zeile **encryption des** aus dem Verfahren 15 nicht in der angezeigten Konfiguration erscheinen, da dies der Standardwert für den Verschlüsselungsalgorithmus-Parameter ist.

Wenn der Befehl **show crypto isakmp policy** mit dieser Konfiguration ausgeführt wird, zeigt die Ausgabe folgendes:

```
Protection suite priority 15
        encryption algorithm:DES - Data Encryption Standard (56 bit keys)
        hash algorithm:Message Digest 5
        authentication method:Rivest-Shamir-Adleman Signature
        Diffie-Hellman group:#2 (1024 bit)
        lifetime:5000 seconds, no volume limit
```

# Kapitel 32 • Konfiguration des Internet-Key-Exchange-Sicherheitsprotokolls

```
Protection suite priority 20
        encryption algorithm:DES - Data Encryption Standard (56 bit keys)
        hash algorithm:Secure Hash Standard
        authentication method:Pre-Shared Key
        Diffie-Hellman group:#1 (768 bit)
        lifetime:10000 seconds, no volume limit
Standard protection suite
        encryption algorithm:DES - Data Encryption Standard (56 bit keys)
        hash algorithm:Secure Hash Standard
        authentication method:Rivest-Shamir-Adleman Signature
        Diffie-Hellman group:#1 (768 bit)
        lifetime:86400 seconds, no volume limit
```

Beachten Sie, dass die Laufzeit (lifetime) *no volume limit* anzeigt (kein Limit für Verkehrsvolumen). Sie können bisher nur eine zeitabhängige Laufzeit konfigurieren (z.B. 86.400 Sekunden). Limits für Verkehrsvolumen-Laufzeiten sind nicht konfigurierbar.

# KAPITEL 33
# Die Befehle des Internet-Key-Exchange-Sicherheitsprotokolls

Dieses Kapitel beschreibt die Befehle des Internet-Schlüssel-Exchange-Sicherheitsprotokolls (IKE).

Das IKE ist ein Protokollstandard zur Schlüsselverwaltung, das zusammen mit dem IPSec-Standard eingesetzt wird. IPSec ist ein IP-Sicherheitsverfahren, das eine robuste Authentifizierung und Verschlüsselung von IP-Paketen ermöglicht.

IPSec kann ohne das IKE konfiguriert werden, es wird jedoch durch IKE verbessert, da durch dessen Anwendung zusätzliche Funktionen, Flexibilität und eine vereinfachte Konfiguration des IPSec-Standards ermöglicht werden.

IKE ist ein Hybrid-Protokoll, das den Oakley- und den SKEME-Schlüsselaustausch innerhalb der beiden kombinierten Internet-Security-Association- und Schlüssel-Management-Protokolle (ISAKMP) durchführt (die ISAKMP-, Oakley- und Skeme-Sicherheitsprotokolle werden durch das IKE ausgeführt).

Wenn Sie eine vollständige Beschreibung von anderen Befehlen zur Konfiguration des IKE suchen, können Sie eine Online-Recherche unter der Internetadresse www.cisco.com durchführen.

Informationen zur Konfiguration finden Sie in Kapitel 32 »Konfiguration des Internet-Schlüssel-Exchange-Sicherheitsprotokolls«.

## 33.1 address

Verwenden Sie den öffentlichen Schlüsseleingabe-Konfigurationsbefehl **address**, um die IP-Adresse des gegenüberliegenden Peer-Geräts festzulegen, für den Sie öffentliche RSA-Schlüssel manuell konfigurieren wollen. Dieser Befehl sollte nur verwendet werden, wenn der Router eine einzige Schnittstelle besitzt, auf der die IPSec ausgeführt wird.

**address** *IP-Adresse*

| Syntax | Beschreibung |
|---|---|
| *IP-Adresse* | Legt die IP-Adresse des gegenüberliegenden Peer-Geräts fest. |

### Standard

Dieser Befehl besitzt keine Standardeinstellungen.

### Befehlsmodus

Öffentliche Schlüsseleingabe-Konfiguration

### Benutzungsrichtlinien

Dieser Befehl erschien erstmals in der Cisco-IOS-Version 11.3 T.

Verwenden Sie diesen Befehl zusammen mit dem Befehl **named-key**, um das IPSec-Peer-Gerät festzulegen, dessen öffentlichen RSA-Schlüssel Sie als Nächstes manuell konfigurieren wollen.

### Beispiel

Dieses Beispiel legt den öffentlichen RSA-Schlüssel eines IPSec-Peer-Gerät manuell fest:

```
myRouter(config)# crypto key pubkey-chain rsa
myRouter(config-pubkey-chain)# named-key otherpeer.domain.com
myRouter(config-pubkey-key)# address 10.5.5.1
myRouter(config-pubkey-key)# key-string
myRouter(config-pubkey)# 005C300D 06092A86 4886F70D 01010105
myRouter(config-pubkey)# 00034B00 30480241 00C5E23B 55D6AB22
myRouter(config-pubkey)# 04AEF1BA A54028A6 9ACC01C5 129D99E4
myRouter(config-pubkey)# 64CAB820 847EDAD9 DF0B4E4C 73A05DD2
myRouter(config-pubkey)# BD62A8A9 FA603DD2 E2A8A6F8 98F76E28
myRouter(config-pubkey)# D58AD221 B583D7A4 71020301 0001
myRouter(config-pubkey)# quit
myRouter(config-pubkey-key)# exit
myRouter(config-pubkey-chain)# exit
myrouter(config)#
```

### Verwandte Befehle

Sie können online unter www.cisco.com eine Recherche nach verwandten Befehlen durchführen.

**addressed-key**
**crypto key pubkey-chain rsa**
**key-string**
**show crypto key pubkey-chain rsa**

## 33.2 addressed-key

Verwenden Sie den öffentlichen Schlüssel-Konfigurationsbefehl **addressed-key**, um festzulegen, welchen öffentlichen RSA-Schlüssel des Peer-Geräts Sie manuell konfigurieren wollen.

**addressed-key** *Schlüsseladresse* [**encryption** | **signature**]

| Syntax | Beschreibung |
| --- | --- |
| *Schlüsseladresse* | Kennzeichnet die IP-Adresse der RSA-Schlüssel des gegenüberliegenden Peer-Geräts. |
| **encryption** | (Optional) Gibt an, dass der einzugebende öffentliche RSA-Schlüssel ein Verschlüsselungsschlüssel zur besonderen Verwendung (General-Purpose) sein wird. |
| **signature** | (Optional) Gibt an, dass der einzugebende öffentliche RSA-Schlüssel ein Signaturschlüssel zur besonderen Verwendung (Special-Usage) sein wird. |

### Standard

Wenn keines der Schlüsselwörter **encryption** oder **signature** verwendet wird, werden Schlüssel zur allgemeinen Verwendung (General-Purpose) festgelegt.

### Befehlsmodus

Öffentliche Schlüsselkonfiguration. Dieser Befehl ruft den öffentlichen Schlüsseleingabe-Konfigurationsmodus auf.

### Benutzungsrichtlinien

Dieser Befehl erschien erstmals in der Cisco-IOS-Version 11.3 T.

Verwenden Sie diesen Befehl oder den Befehl **named-key**, um festzulegen, welche öffentlichen RSA-Schlüssel des IPSec-Peer-Geräts Sie als Nächstes manuell konfigurieren wollen.

Verwenden Sie nach diesem Befehl den Befehl **key-string**, um den Schlüssel einzugeben.

Wenn das gegenüberliegende IPSec-Peer-Gerät RSA-Schlüssel zur allgemeinen Verwendung festgelegt hat, dürfen Sie die Schlüsselwörter **encryption** oder **signature** nicht verwenden.

Wenn das gegenüberliegende IPSec-Peer-Gerät RSA-Schlüssel zur besonderen Verwendung festgelegt hat, müssen Sie beide Schlüssel manuell eingeben: Führen Sie diesen Befehl und den Befehl **key-string** zweimal aus und verwenden Sie die entsprechenden **encryption**- und **signature**-Schlüsselwörter.

### Beispiel

Dieses Beispiel legt manuell die öffentlichen RSA-Schlüssel von zwei IPSec-Peer-Geräten fest. Das Peer-Gerät mit der Adresse 10.5.5.1 verwendet Schlüssel zur allgemeinen Verwendung und das andere Peer-Gerät verwendet Schlüssel zur besonderen Verwendung.

```
myRouter(config)# crypto key pubkey-chain rsa
myRouter(config-pubkey-chain)# named-key otherpeer.domain.com
myRouter(config-pubkey-key)# address 10.5.5.1
myRouter(config-pubkey-key)# key-string
myRouter(config-pubkey)# 005C300D 06092A86 4886F70D 01010105
myRouter(config-pubkey)# 00034B00 30480241 00C5E23B 55D6AB22
myRouter(config-pubkey)# 04AEF1BA A54028A6 9ACC01C5 129D99E4
myRouter(config-pubkey)# 64CAB820 847EDAD9 DF0B4E4C 73A05DD2
myRouter(config-pubkey)# BD62A8A9 FA603DD2 E2A8A6F8 98F76E28
myRouter(config-pubkey)# D58AD221 B583D7A4 71020301 0001
myRouter(config-pubkey)# quit
myRouter(config-pubkey-key)# exit
myRouter(config-pubkey-chain)# addressed-key 10.1.1.2 encryption
myRouter(config-pubkey-key)# key-string
myRouter(config-pubkey)# 00302017 4A7D385B 1234EF29 335FC973
myRouter(config-pubkey)# 2DD50A37 C4F4B0FD 9DADE748 429618D5
myRouter(config-pubkey)# 18242BA3 2EDFBDD3 4296142A DDF7D3D8
myRouter(config-pubkey)# 08407685 2F2190A0 0B43F1BD 9A8A26DB
myRouter(config-pubkey)# 07953829 791FCDE9 A98420F0 6A82045B
myRouter(config-pubkey)# 90288A26 DBC64468 7789F76E EE21
myRouter(config-pubkey)# quit
myRouter(config-pubkey-key)# exit
myRouter(config-pubkey-chain)# addressed-key 10.1.1.2 signature
myRouter(config-pubkey-key)# key-string
myRouter(config-pubkey)# 0738BC7A 2BC3E9F0 679B00FE 53987BCC
myRouter(config-pubkey)# 01030201 42DD06AF E228D24C 458AD228
myRouter(config-pubkey)# 58BB5DDD F4836401 2A2D7163 219F882E
myRouter(config-pubkey)# 64CE69D4 B583748A 241BED0F 6E7F2F16
myRouter(config-pubkey)# 0DE0986E DF02031F 4B0B0912 F68200C4
myRouter(config-pubkey)# C625C389 0BFF3321 A2598935 C1B1
myRouter(config-pubkey)# quit
myRouter(config-pubkey-key)# exit
myRouter(config-pubkey-chain)# exit
myrouter(config)#
```

### Verwandte Befehle

Sie können online unter www.cisco.com eine Recherche nach verwandten Befehlen durchführen.

**crypto key pubkey-chain rsa**
**key-string**
**named-key**
**show crypto key pubkey-chain rsa**

## 33.3 authentication (IKE-Verfahren)

Verwenden Sie Konfigurationsbefehl **authentication (IKE-Verfahren)**, um die Authentifizierungsmethode in einem IKE-Verfahren festzulegen. Die IKE-Verfahren bestimmen mehrere Parameter, die während der IKE-Verhandlung verwendet werden. Verwenden Sie die **no**-Form dieses Befehls, um die Authentifizierungsmethode auf den Standardwert zu setzen.

**authentication {rsa-sig | rsa-encr | pre-share}**
**no authentication**

| Syntax | Beschreibung |
| --- | --- |
| rsa-sig | Legt die RSA-Signaturen als Authentifizierungsmethode fest. |
| rsa-encr | Legt die RSA-verschlüsselten Nonces als Authentifizierungsmethode fest. |
| pre-share | Legt die zuvor mitgeteilten Schlüssel als Authentifizierungsmethode fest. |

**Standard**

RSA-Signaturen

**Befehlsmodus**

ISAKMP-Verfahrenskonfiguration (config-isakmp)

**Benutzungsrichtlinien**

Dieser Befehl erschien erstmals in der Cisco-IOS-Version 11.3 T.

Mit diesem Befehl legen Sie die in einem IKE-Verfahren verwendete Authentifizierungsmethode fest.

Wenn Sie die RSA-Signaturen festlegen, müssen Sie Ihren Peer-Router zum Bezug von Zertifikaten von einer Zertifizierungsautorität (CA) konfigurieren.

Wenn Sie RSA-verschlüsselte Nonces festlegen, müssen Sie sicherstellen, dass jedes Peer-Gerät die öffentlichen RSA-Schlüssel der anderen Peer-Geräte besitzt (lesen Sie hierzu die Beschreibungen der Befehle **crypto key pubkey-chain rsa**, **addressed-key**, **named-key**, **address** und **key-string**).

Wenn Sie zuvor mitgeteilte Schlüssel festlegen, müssen Sie diese einzeln konfigurieren (lesen Sie hierzu die Beschreibungen der Befehle **crypto isakmp identity** und **crypto isakmp key**).

**Beispiel**

Dieses Beispiel konfiguriert ein IKE-Verfahren mit zuvor mitgeteilten Schlüsseln als Authentifizierungsmethode (alle andere Parameter behalten ihre Standardeinstellungen):

```
MyPeerRouter(config)# crypto isakmp policy 15
MyPeerRouter(config-isakmp)# authentication pre-share
MyPeerRouter(config-isakmp)# exit
MyPeerrouter(config)#
```

**Verwandte Befehle**

Sie können online unter www.cisco.com eine Recherche nach verwandten Befehlen durchführen.

**crypto isakmp key**
**crypto isakmp policy**
**crypto key generate rsa**
**encryption (IKE-Verfahren)**
**group (IKE-Verfahren)**
**hash (IKE-Verfahren)**
**lifetime (IKE-Verfahren)**
**show crypto isakmp policy**

## 33.4 clear crypto isakmp

Verwenden Sie den globalen Konfigurationsbefehl **clear crypto isakmp**, um aktive IKE-Verbindungen aufzuheben.

**clear crypto isakmp** [*Verbindungs-ID*]

| Syntax | Beschreibung |
| --- | --- |
| *Verbindungs-ID* | (Optional) Gibt an, welche Verbindungen aufgehoben werden sollen. Wenn dieses Argument nicht verwendet wird, werden alle vorhandenen Verbindungen aufgehoben. |

**Standard**

Wenn das Argument *Verbindungs-ID* nicht verwendet wird, werden mit diesem Befehl alle vorhandenen Verbindungen aufgehoben.

**Befehlsmodus**

Globale Konfiguration

**Benutzungsrichtlinien**

Dieser Befehl erschien erstmals in der Cisco-IOS-Version 11.3 T.

Mit diesem Befehl heben Sie aktive IKE-Verbindungen auf.

Kapitel 33 • Die Befehle des Internet-Key-Exchange-Sicherheitsprotokolls **805**

### Beispiel

Dieses Beispiel hebt eine IKE-Verbindung zwischen zwei Peer-Geräten auf, die über die Schnittstellen 172.21.114.123 und 172.21.114.67 miteinander verbunden sind:

```
MyPeerRouter# show crypto isakmp sa
     dst             src           state         conn-id    slot
172.21.114.123  172.21.114.67    QM_IDLE           1         0
155.0.0.2       155.0.0.1        QM_IDLE           8         0
MyPeerRouter# configure terminal
Enter configuration commands, one per line.  End mit CTRL-Z.
MyPeerRouter(config)# clear crypto isakmp 1
MyPeerRouter(config)# exit
MyPeerRouter# show crypto isakmp sa
     dst             src           state         conn-id    slot
155.0.0.2       155.0.0.1        QM_IDLE           8         0
MyPeerrouter#
```

### Verwandte Befehle

Sie können online unter www.cisco.com eine Recherche nach verwandten Befehlen durchführen.

**show crypto isakmp sa**

## 33.5 crypto isakmp enable

Verwenden Sie den globalen Konfigurationsbefehl **crypto isakmp enable**, um das IKE global auf Ihrem Peer-Router zu aktivieren. Verwenden Sie die **no**-Form dieses Befehls, um das IKE auf dem Peer-Gerät zu deaktivieren.

**crypto isakmp enable**
**no crypto isakmp enable**

### Syntaxbeschreibung

Dieser Befehl besitzt keine Argumente oder Schlüsselwörter.

### Standard

Das IKE ist aktiviert.

### Befehlsmodus

Globale Konfiguration

### Benutzungsrichtlinien

Dieser Befehl erschien erstmals in der Cisco-IOS-Version 11.3 T.

# Network Security

Das IKE ist in der Standardeinstellung aktiviert. Das IKE muss nicht für einzelne Schnittstellen aktiviert werden, da es global für alle Schnittstellen eines Routers aktiviert wird.

Wenn Sie das IKE nicht zusammen mit Ihrer IPSec-Ausführung verwenden wollen, können Sie es auf allen IPSec-Peer-Geräten deaktivieren.

Wenn Sie das IKE deaktivieren, müssen Sie die folgenden Konzessionen auf den Peer-Geräten hinnehmen:

- Sie müssen alle IPSec-Sicherheits-Assoziationen in den Verschlüsselungskarten auf allen Peer-Geräten manuell festlegen (die Verschlüsselungskarten-Konfiguration ist in Kapitel 28 »Konfiguration der IPSec-Netzwerksicherheit« beschrieben).

- Die IPSec-Sicherheits-Assoziationen des Peer-Geräts werden für eine bestimmte IPSec-Sitzung niemals ablaufen.

- Während der IPSec-Sitzungen zwischen den Peer-Geräten werden sich die Verschlüsselungsschlüssel niemals ändern.

- Die Kopierschutz-(Anti-Replay-)Dienste werden zwischen den Peer-Geräten nicht verwendbar sein.

- Die CA-Unterstützung kann nicht eingesetzt werden.

### Beispiel

Dieses Beispiel deaktiviert das IKE auf einem Peer-Gerät (daraufhin sollte auf allen gegenüberliegenden Peer-Geräten derselbe Befehl ausgeführt werden).

```
no crypto isakmp enable
```

## 33.6 crypto isakmp identity

Verwenden Sie den globalen Konfigurationsbefehl **crypto isakmp identity**, um die Identität festzulegen, die der Router mit dem IKE-Protokoll verwendet. Setzen Sie immer dann eine ISAKMP-Identität, wenn Sie die zuvor mitgeteilten Schlüssel festlegen. Verwenden Sie die **no**-Form dieses Befehls, um die ISAKMP-Identität auf den Standardwert (die Adresse) zu setzen.

**crypto isakmp identity** {address | hostname}
**no crypto isakmp identity**

| Syntax | Beschreibung |
| --- | --- |
| address | Setzt die ISAKMP-Identität auf die IP-Adresse der Schnittstelle, die zur Kommunikation mit dem gegenüberliegenden Peer-Gerät während der IKE-Verhandlungen verwendet wird. |
| hostname | Setzt die ISAKMP-Identität auf den Hostnamen, der mit dem Domänennamen verknüpft ist (zum Beispiel myHost.domain.com). |

# Kapitel 33 • Die Befehle des Internet-Key-Exchange-Sicherheitsprotokolls

## Standard

Für die ISAKMP-Identität wird die IP-Adresse verwendet.

## Befehlsmodus

Globale Konfiguration

## Benutzungsrichtlinien

Dieser Befehl erschien erstmals in der Cisco-IOS-Version 11.3 T.

Mit diesem Befehl legen Sie eine ISAKMP-Identität entweder durch die IP-Adresse oder den Host-Namen fest.

Gewöhnlich wird das Schlüsselwort **address** verwendet, wenn vom Peer-Gerät nur eine Schnittstelle (und damit nur eine IP-Adresse) für die IKE-Verhandlungen verwendet wird und die IP-Adresse bekannt ist.

Das Schlüsselwort **hostname** sollte verwendet werden, wenn sich auf dem Peer-Gerät mehr als eine Schnittstelle befindet, die für IKE-Verhandlungen verwendet werden kann, oder wenn die IP-Adresse der Schnittstelle unbekannt ist (z.B. bei dynamisch vergebenen IP-Adressen).

Generell sollten Sie alle Peer-Geräte-Identitäten gleich einstellen, entweder durch die IP-Adresse oder durch den Host-Namen.

## Beispiele

Das folgende Beispiel verwendet zuvor mitgeteilte Schlüssel auf zwei Peer-Geräten und es setzt beide ISAKMP-Identitäten auf ihre IP-Adressen.

Auf dem lokalen Peer-Gerät (bei 10.0.0.1) wird die ISAKMP-Identität gesetzt und es wird der zuvor mitgeteilte Schlüssel eingegeben:

```
crypto isakmp identity address
crypto isakmp key sharedkeystring address 192.168.1.33
```

Auf dem gegenüberliegenden Peer-Gerät (bei 192.168.1.33) wird die ISAKMP-Identität gesetzt und es wird derselbe zuvor mitgeteilte Schlüssel eingegeben:

```
crypto isakmp identity address
crypto isakmp key sharedkeystring address 10.0.0.1
```

> **ANMERKUNG**
>
> Wenn im obigen Beispiel der Befehl **crypto isakmp identity** nicht ausgeführt worden wäre, wären die ISAKMP-Identitäten auch auf die IP-Adressen gesetzt worden, da dies die Standardidentität ist.

Das folgende Beispiel verwendet zuvor mitgeteilte Schlüssel auf zwei Peer-Geräten und es setzt beide ISAKMP-Identitäten auf ihre Host-Namen.

# Network Security

Auf dem lokalen Peer-Gerät wird die ISAKMP-Identität gesetzt und es wird der zuvor mitgeteilte Schlüssel eingegeben:

```
crypto isakmp identity hostname
crypto isakmp key sharedkeystring hostname RemoteRouter.domain.com
ip host Remoterouter.domain.com 192.168.0.1
```

Auf dem gegenüberliegenden Peer-Gerät wird die ISAKMP-Identität gesetzt und es wird derselbe zuvor mitgeteilte Schlüssel eingegeben:

```
crypto isakmp identity hostname
crypto isakmp key sharedkeystring hostname LokaleRouter.domain.com
ip host Lokalerouter.domain.com 10.0.0.1 10.0.0.2
```

Im obigen Beispiel werden die Host-Namen für die Peer-Geräte-Identitäten verwendet, da das lokale Peer-Gerät zwei Schnittstellen besitzt, die während einer IKE-Verhandlung verwendet werden können.

Im obigen Beispiel werden auch die IP-Adressen den Host-Namen zugeordnet. Diese Zuordnung ist nicht notwendig, wenn die Host-Namen der Router bereits über das DNS zugeordnet werden.

### Verwandte Befehle

Sie können online unter www.cisco.com eine Recherche nach verwandten Befehlen durchführen.

**authentication (IKE-Verfahren)**
**crypto isakmp key**

## 33.7 crypto isakmp key

Verwenden Sie den globalen Konfigurationsbefehl **crypto isakmp key**, um einen zuvor mitgeteilten Authentifizierungsschlüssel zu konfigurieren. Sie müssen diese Schlüssel immer dann konfigurieren, wenn Sie zuvor mitgeteilte Schlüssel in einem IKE-Verfahren festlegen. Verwenden Sie die **no**-Form dieses Befehls, um einen zuvor mitgeteilten Authentifizierungsschlüssel zu löschen.

crypto isakmp key *Schlüsseltext* address *Peer-Geräte-Adresse*
crypto isakmp key *Schlüsseltext* hostname *Peer-Geräte-Hostname*
no crypto isakmp key *Schlüsseltext* address *Peer-Geräte-Adresse*
no crypto isakmp key *Schlüsseltext* hostname *Peer-Geräte-Hostname*

| Syntax | Beschreibung |
|---|---|
| *Schlüsseltext* | Legt den zuvor mitgeteilten Schlüssel fest. Sie können jede Kombination aus alphanumerischen Zeichen von bis zu 128 Byte Länge eingeben. Dieser zuvor mitgeteilte Schlüssel muss auf beiden Peer-Geräten identisch sein. |

# Kapitel 33 • Die Befehle des Internet-Key-Exchange-Sicherheitsprotokolls 809

| Syntax | Beschreibung |
|---|---|
| Peer-Geräte-Adresse | Legt die IP-Adresse des gegenüberliegenden Peer-Geräts fest. |
| Hostname | Legt den Host-Namen des gegenüberliegenden Peer-Geräts fest. Dies ist der Host-Name des Peer-Geräts verknüpft mit seinem Domänennamen (zum Beispiel myHost.domain.com). |

## Standard

Für zuvor mitgeteilte Authentifizierungsschlüssel gibt es keine Standardeinstellung.

## Befehlsmodus

Globale Konfiguration

## Benutzungsrichtlinien

Dieser Befehl erschien erstmals in der Cisco-IOS-Version 11.3 T.

Mit diesem Befehl konfigurieren Sie zuvor mitgeteilte Authentifizierungsschlüssel. Sie müssen diesen Befehl auf beiden Peer-Geräten ausführen.

Wenn ein IKE-Verfahren zuvor mitgeteilte Schlüssel als Authentifizierungsmethode beinhaltet, müssen diese zuvor mitgeteilten Schlüssel auf beiden Peer-Geräten konfiguriert sein, sonst kann das Verfahren nicht eingesetzt werden (das Verfahren wird nicht zum Vergleich durch den IKE-Prozess herangezogen). Der Befehl **crypto isakmp key** ist der zweite erforderliche Schritt in der Konfiguration der zuvor mitgeteilten Schlüssel auf den Peer-Geräten (der erste Schritt erfolgt mit dem Befehl **crypto isakmp identity**).

Verwenden Sie das Schlüsselwort **address**, wenn die ISAKMP-Identität des gegenüberliegenden Peer-Geräts auf die IP-Adresse gesetzt wurde.

Verwenden Sie das Schlüsselwort **hostname** wenn die ISAKMP-Identität des gegenüberliegenden Peer-Geräts auf den Host-Namen gesetzt wurde.

Wenn Sie das Schlüsselwort **hostname** verwenden, kann es auch notwendig sein, dass Sie den Host-Namen des gegenüberliegenden Peer-Geräts allen IP-Adressen der gegenüberliegenden Peer-Geräte-Schnittstellen zuordnen, die während der IKE-Verhandlung verwendet werden können (dies erfolgt mit dem Befehl **ip host**). Sie müssen den Host-Namen den IP-Adressen zuordnen, wenn dies nicht bereits auf einem DNS-Server geschieht.

## Beispiel

Das gegenüberliegende Peer-Gerät namens *RemoteRouter* legt eine ISAKMP-Identität durch die Adresse fest:

```
crypto isakmp identity address
```

Das lokale Peer-Gerät *LocalRouter* legt auch eine ISAKMP-Identität fest, aber durch den Host-Namen:

```
crypto isakmp identity hostname
```

Anschließend muss der zuvor mitgeteilte Schlüssel auf jedem Peer-Gerät eingegeben werden.

Auf dem lokalen Peer-Gerät wird der zuvor mitgeteilte Schlüssel eingegeben und das gegenüberliegende Peer-Gerät durch seine IP-Adresse gekennzeichnet:

```
crypto isakmp key sharedkeystring address 192.168.1.33
```

Auf dem gegenüberliegenden Peer-Gerät wird der zuvor mitgeteilte Schlüssel eingegeben und das lokale Peer-Gerät durch dessen Host-Namen gekennzeichnet:

```
crypto isakmp key sharedkeystring hostname LocalRouter.domain.com
```

Das gegenüberliegende Peer-Gerät ordnet auch dem Host-Namen des lokalen Peer-Geräts mehrere IP-Adressen zu, da das lokale Peer-Gerät zwei Schnittstellen besitzt, die beide während einer IKE-Verhandlung mit dem lokalen Peer-Gerät verwendet werden können. Die zwei IP-Adressen der Schnittstellen (10.0.0.1 und 10.0.0.2) werden beide dem Host-Namen des gegenüberliegenden Peer-Geräts zugeordnet:

```
ip host LocalRouter.domain.com 10.0.0.1 10.0.0.2
```

(Diese Zuordnung wäre nicht notwendig gewesen, wenn *LocalRouter.domain.com* bereits über das DNS zugeordnet worden wäre).

In diesem Beispiel gibt ein gegenüberliegendes Peer-Gerät seine ISAKMP-Identität mit der Adresse an und das lokale Peer-Gerät gibt seine ISAKMP-Identität mit dem Host-Namen an. Je nach den Gegebenheiten in Ihrem Netzwerk könnten beide Peer-Geräte ihre ISAKMP-Identität jeweils mit der Adresse oder mit dem Host-Namen angeben.

**Verwandte Befehle**

Sie können online unter `www.cisco.com` eine Recherche nach verwandten Befehlen durchführen.

**authentication (IKE-Verfahren)**
**crypto isakmp identity**
**ip host**

## 33.8 crypto isakmp policy

Verwenden Sie den globalen Konfigurationsbefehl **crypto isakmp policy**, um ein IKE-Verfahren festzulegen. Ein IKE-Verfahren bestimmt einen Satz aus Parametern, die während der IKE-Verhandlung verwendet werden. Verwenden Sie die **no**-Form dieses Befehls, um ein IKE-Verfahren zu löschen.

**crypto isakmp policy** *Priorität*
**no crypto isakmp policy**

# Kapitel 33 • Die Befehle des Internet-Key-Exchange-Sicherheitsprotokolls  **811**

| Syntax | Beschreibung |
|---|---|
| *Priorität* | Identifiziert das IKE-Verfahren eindeutig und verleiht dem Verfahren eine Priorität. Geben Sie eine ganze Zahl von 1 bis 10.000 ein, wobei eine 1 die höchste Priorität und 10.000 der kleinste Priorität besitzt. |

## Standard

Es gibt ein Standardverfahren, das immer die kleinste Priorität besitzt. Dieses Standardverfahren enthält Standardwerte für die Verschlüsselungs-, Zerhackungs-, Authentifizierungs-, Diffie-Hellman-Gruppen- und Laufzeitparameter (die Standardeinstellungen der Parameter sind im Abschnitt »Benutzerrichtlinien« aufgelistet).

Wenn Sie ein IKE-Verfahren erzeugen und für einen bestimmten Parameter keinen Wert eingeben, wird für diesen Parameter der Standardwert verwendet.

## Befehlsmodus

Globale Konfiguration

## Benutzungsrichtlinien

Dieser Befehl erschien erstmals in der Cisco-IOS-Version 11.3 T.

Mit diesem Befehl legen Sie die Parameter fest, die während einer IKE-Verhandlung verwendet werden (diese Parameter werden zur Erzeugung der IKE-SA verwendet).

Dieser Befehl ruft den ISAKMP-Verfahrens-Konfigurationsmodus (config-isakmp) auf. Im ISAKMP-Verfahrens-Konfigurationsmodus sind die folgenden Befehle verwendbar, um in einem Verfahren die Parameter festzulegen:

- **encryption (IKE-Verfahren)**; Standardeinstellung = 56-bBit-DES-CBC
- **hash (IKE-Verfahren)**; Standardeinstellung = SHA-1
- **authentication (IKE-Verfahren)**; Standardeinstellung = RSA-Signaturen
- **group (IKE-Verfahren)**; Standardeinstellung = 768-Bit-Diffie-Hellman
- **lifetime (IKE-Verfahren)**; Standardeinstellung = 86.400 Sekunden (ein Tag)

Wenn Sie für ein Verfahren einen dieser Befehle auslassen, wird für diesen Parameter der Standardwert verwendet.

Geben Sie **exit** ein, um den *config-isakmp*-Befehlsmodus zu verlassen.

Sie können auf jedem Peer-Gerät, das an der IPSec beteiligt ist, mehrere Verfahren konfigurieren. Wenn die IKE-Verhandlung beginnt, dann versucht sie, ein gleich konfiguriertes Verfahren auf beiden Peer-Geräten zu finden, wobei nacheinander die Verfahren mit der höchsten Priorität berücksichtigt werden, die auf dem gegenüberliegenden Peer-Gerät festgelegt sind.

## Beispiel

Das folgende Beispiel konfiguriert zwei Verfahren für das Peer-Gerät:

```
crypto isakmp policy 15
 hash md5
 authentication rsa-sig
 group 2
 lifetime 5000
crypto isakmp policy 20
 authentication pre-share
 lifetime 10000
```

Die obige Konfiguration verursacht die folgenden Verfahren:

```
MyPeerRouter# show crypto isakmp policy
Protection suite priority 15
 encryption algorithm:DES - Data Encryption Standard (56 bit keys)
 hash algorithm: Message Digest 5
 authentication method:Rivest-Shamir-Adleman Signature
 Diffie-Hellman Group:#2 (1024 bit)
 lifetime:      5000 seconds, no volume limit
Protection suite priority 20
 encryption algorithm:DES - Data Encryption Standard (56 bit keys)
 hash algorithm: Secure Hash Standard
 authentication method:Pre-Shared Key
 Diffie-Hellman Group:#1 (768 bit)
 lifetime:      10000 seconds, no volume limit
Default protection suite
 encryption algorithm:DES - Data Encryption Standard (56 bit keys)
 hash algorithm: Secure Hash Standard
 authentication method:Rivest-Shamir-Adleman Signature
 Diffie-Hellman Group:#1 (768 bit)
 lifetime:      86400 seconds, no volume limit
```

## Verwandte Befehle

Sie können online unter www.cisco.com eine Recherche nach verwandten Befehlen durchführen.

**authentication (IKE-Verfahren)**
**encryption (IKE-Verfahren)**
**group (IKE-Verfahren)**
**hash (IKE-Verfahren)**
**lifetime (IKE-Verfahren)**
**show crypto isakmp policy**

## 33.9 crypto key generate rsa

Verwenden Sie den globalen Konfigurationsbefehl **crypto key generate rsa**, um RSA-Schlüsselpaare zu erzeugen.

**crypto key generate rsa [usage-keys]**

# Kapitel 33 • Die Befehle des Internet-Key-Exchange-Sicherheitsprotokolls

| Syntax | Beschreibung |
|---|---|
| usage-keys | (Optional) Gibt an, dass zwei Schlüsselpaare zur besonderen Verwendung (Special-Usage) erzeugt werden sollen und nicht nur ein allgemein verwendetes Schlüsselpaar. |

## Standard

Es sind keine RSA-Schlüsselpaar vorhanden. Wenn das Schlüsselwort **usage-keys** nicht verwendet wird, werden allgemein verwendete Schlüssel erzeugt.

## Befehlsmodus

Globale Konfiguration

## Benutzungsrichtlinien

Dieser Befehl erschien erstmals in der Cisco-IOS-Version 11.3 T.

Mit diesem Befehl erzeugen Sie RSA-Schlüsselpaare für Ihr Cisco-Gerät (z.B. einen Router).

RSA-Schlüssel werden paarweise erzeugt – ein öffentlicher RSA-Schlüssel und ein geheimer RSA-Schlüssel.

Wenn Ihr Router bei der Ausführung dieses Befehls bereits RSA-Schlüssel besitzt, werden Sie davor gewarnt und aufgefordert, die vorhandenen Schlüssel durch die neuen Schlüssel zu ersetzen.

> **ANMERKUNG**
>
> Bevor Sie diesen Befehl ausführen, sollten Sie sicherstellen, dass auf Ihrem Router ein Host-Name und ein IP-Domänenname konfiguriert sind (mit den Befehlen **hostname** und **ip domain-name**). Ohne einen Host-Namen und IP-Domänennamen werden Sie den Befehl **crypto key generate rsa** nicht vollständig ausführen können.

Dieser Befehl wird nicht in der Router-Konfiguration gespeichert. Jedoch werden die Schlüssel, die durch diesen Befehl erzeugt werden, in der geheimen Konfiguration im NVRAM gespeichert (die dem Benutzer niemals angezeigt und die auch niemals auf einem anderen Gerät gesichert wird).

Es gibt zwei sich gegenseitig ausschließende Arten von RSA-Schlüsselpaaren: Schlüssel zur besonderen Verwendung (Special-Usage) und allgemein verwendete Schlüssel (General-Purpose). Bei der Erzeugung der RSA-Schlüsselpaare werden Sie aufgefordert, entweder Schlüssel zur besonderen Verwendung oder allgemein verwendete Schlüssel zu erzeugen.

*Schlüssel zur besonderen Verwendung*

Wenn Sie Schlüssel zur besonderen Verwendung erzeugen, werden zwei RSA-Schlüsselpaare erzeugt. Ein Paar wird mit jedem IKE-Verfahren verwendet, das RSA-Signaturen zur Authentifizierung verlangt, und das andere Paar wird mit jedem IKE-Verfahren verwendet, das RSA-verschlüsselte Nonces als Authentifizierungsmethode verlangt. (Sie konfigurieren RSA-Signaturen oder die RSA-verschlüsselten Nonces in Ihren IKE-Verfahren, die in Kapitel 32 »Die Konfiguration des Internet-Key-Exchange-Sicherheitsprotokolls« beschrieben sind.)

Eine CA wird nur mit IKE-Verfahren verwendet, die RSA-Signaturen verlangen, nicht mit IKE-Verfahren, die die RSA-verschlüsselten Nonces erfordern (jedoch könnten Sie mehr als ein IKE-Verfahren festlegen und die RSA-Signatures in einem Verfahren und die RSA-verschlüsselten Nonces in einem anderen Verfahren verlangen).

Wenn Sie beide RSA-Authentifizierungsmethoden in Ihren IKE-Verfahren einsetzen wollen, kann es sinnvoller sein, Schlüssel zu besonderen Verwendung einzusetzen. Mit den besonderen Schlüsseln werden die Schlüssel nicht unnötig exponiert (ohne Schlüssel zur besonderen Verwendung wird ein Schlüssel für beide Zwecke verwendet; damit wird die Gefahr der Schlüsselentdeckung erhöht).

*Allgemein verwendete Schlüssel*

Wenn Sie allgemein verwendete Schlüssel erzeugen, wird nur ein RSA-Schlüsselpaar erzeugt. Dieses Paar wird mit allen IKE-Verfahren verwendet, die entweder RSA-Signaturen oder die RSA-verschlüsselten Nonces verlangen. Daher wird ein allgemein verwendetes Schlüsselpaar vermutlich häufiger verwendet als ein Schlüsselpaar zur besonderen Verwendung.

*Die Modul-Länge*

Wenn Sie RSA-Schlüssel erzeugen, werden Sie zur Eingabe einer Modul-Länge (Modulus) aufgefordert. Ein längeres Modul bietet eine stärkere Sicherheit, aber sie benötigt mehr Zeit zur Erzeugung (siehe Tabelle 33.1 für Beispielzeitdauern) und auch der Einsatz dauert länger. Ein Wert unter 512 ist normalerweise nicht empfehlenswert (in bestimmten Situationen funktionieren kürzere Module mit dem IKE nicht richtig, daher empfiehlt Cisco einen minimalen Modulwert von 1024).

*Tabelle 33.1: Benötigte Beispielzeitdauern zur Erzeugung von RSA-Schlüsseln*

| Router | Modul-Länge | | | |
| --- | --- | --- | --- | --- |
| | 360 Bit | 512 Bit | 1024 Bit | 2048 Bit |
| Cisco 2500 | 11 Sekunden | 20 Sekunden | 4 Minuten und 38 Sekunden | Mehr als 1 Stunde |
| Cisco 4700 | Weniger als 1 Sekunde | 1 Sekunde | 4 Sekunden | 50 Sekunden |

# Kapitel 33 • Die Befehle des Internet-Key-Exchange-Sicherheitsprotokolls

## Beispiele

Dieses Beispiel erzeugt RSA-Schlüssel zur besonderen Verwendung:

```
myRouter(config)# crypto key generate rsa usage-keys
The name for the keys will be: myRouter.domain.com
Choose the size of the key modulus in the range of 360 to 2048 for your Signature
Keys. Choosing a key modulus greater than 512 may take a few minutes.
How many bits in the modulus[512]? <return>
Generating RSA  keys.... [OK].
Choose the size of the key modulus in the range of 360 to 2048 for your Encryption
Keys. Choosing a key modulus greater than 512 may take a few minutes.
How many bits in the modulus[512]? <return>
Generating RSA  keys.... [OK].
myrouter(config)#
```

Das folgende Beispiel erzeugt RSA-Schlüssel zur allgemeinen Verwendung:

```
myRouter(config)# crypto key generate rsa
The name for the keys will be: myRouter.domain.com
Choose the size of the key modulus in the range of 360 to 2048 for your General
Purpose Keys. Choosing a key modulus greater than 512 may take a few minutes.
How many bits in the modulus[512]? <return>
Generating RSA  keys.... [OK].
myrouter(config)#
```

> **ANMERKUNG**
>
> Sie können nicht gleichzeitig Schlüssel zur besonderen Verwendung und allgemein verwendete Schlüssel erzeugen. Sie können nur die eine oder die andere Art erzeugen.

## Verwandte Befehle

Sie können online unter www.cisco.com eine Recherche nach verwandten Befehlen ausführen.

**show crypto key mypubkey rsa**

## 33.10 crypto key pubkey-chain rsa

Verwenden Sie den globalen Konfigurationsbefehl **crypto key pubkey-chain rsa**, um in den öffentlichen Schlüsseleingabe-Konfigurationsmodus zu wechseln (um die öffentlichen RSA-Schlüssel von anderen Geräten manuell einzugeben).

**crypto key pubkey-chain rsa**

### Syntaxbeschreibung

Dieser Befehl besitzt keine Argumente oder Schlüsselwörter.

## Standard

Dieser Befehl besitzt keine Standardeinstellungen.

## Befehlsmodus

Globale Konfiguration. Dieser Befehl ruft den öffentlichen Schlüsseleingabe-Konfigurationsmodus auf.

## Benutzungsrichtlinien

Dieser Befehl erschien erstmals in der Cisco-IOS-Version 11.3 T.

Mit diesem Befehl wechseln Sie in den öffentlichen Schlüssel-Konfigurationsmodus. Verwenden Sie diesen Befehl, wenn Sie öffentliche RSA-Schlüssel von anderen IPSec-Peer-Geräten manuell eingeben müssen. Sie müssen die Schlüssel von anderen Peer-Geräten eingeben, wenn Sie RSA-verschlüsselte Nonces als Authentifizierungsmethode in einem IKE-Verfahren auf Ihrem Peer-Router konfigurieren.

## Beispiel

Dieses Beispiel legt die öffentlichen RSA-Schlüssel von zwei anderen IPSec-Peer-Geräten manuell fest. Die gegenüberliegenden Peer-Geräte verwenden ihre IP-Adresse als Identität.

```
myRouter(config)# crypto key pubkey-chain rsa
myRouter(config-pubkey-chain)# addressed-key 10.5.5.1
myRouter(config-pubkey-key)# key-string
myRouter(config-pubkey)# 00302017 4A7D385B 1234EF29 335FC973
myRouter(config-pubkey)# 2DD50A37 C4F4B0FD 9DADE748 429618D5
myRouter(config-pubkey)# 18242BA3 2EDFBDD3 4296142A DDF7D3D8
myRouter(config-pubkey)# 08407685 2F2190A0 0B43F1BD 9A8A26DB
myRouter(config-pubkey)# 07953829 791FCDE9 A98420F0 6A82045B
myRouter(config-pubkey)# 90288A26 DBC64468 7789F76E EE21
myRouter(config-pubkey)# quit
myRouter(config-pubkey-key)# exit
myRouter(config-pubkey-chain)# addressed-key 10.1.1.2
myRouter(config-pubkey-key)# key-string
myRouter(config-pubkey)# 0738BC7A 2BC3E9F0 679B00FE 53987BCC
myRouter(config-pubkey)# 01030201 42DD06AF E228D24C 458AD228
myRouter(config-pubkey)# 58BB5DDD F4836401 2A2D7163 219F882E
myRouter(config-pubkey)# 64CE69D4 B583748A 241BED0F 6E7F2F16
myRouter(config-pubkey)# 0DE0986E DF02031F 4B0B0912 F68200C4
myRouter(config-pubkey)# C625C389 0BFF3321 A2598935 C1B1
myRouter(config-pubkey)# quit
myRouter(config-pubkey-key)# exit
myRouter(config-pubkey-chain)# exit
myrouter(config)#
```

Kapitel 33 • Die Befehle des Internet-Key-Exchange-Sicherheitsprotokolls **817**

**Verwandte Befehle**

Sie können online unter `www.cisco.com` eine Recherche nach verwandten Befehlen durchführen.

address
addressed-key
key-string
named-key
show crypto key pubkey-chain rsa

## 33.11 encryption (IKE-Verfahren)

Verwenden Sie den ISAKMP-Verfahrens-Konfigurationsbefehl **encryption** (IKE-Verfahren), um den Verschlüsselungsalgorithmus in einem IKE-Verfahren festzulegen. Ein IKE-Verfahren bestimmt einen Satz aus Parametern, die während der IKE-Verhandlung verwendet werden. Verwenden Sie die **no**-Form dieses Befehls, um den Verschlüsselungsalgorithmus auf den Standardwert zu setzen.

**encryption des**
**no encryption**

| Syntax | Beschreibung |
|--------|--------------|
| Des    | Legt den 56-Bit-DES-CBC als Verschlüsselungsalgorithmus fest. |

**Standard**

Der 56-Bit-DES-CBC-Verschlüsselungsalgorithmus.

**Befehlsmodus**

ISAKMP-Verfahrenskonfiguration (config-isakmp)

**Benutzungsrichtlinien**

Dieser Befehl erschien erstmals in der Cisco-IOS-Version 11.3 T.

Mit diesem Befehl legen Sie den in einem IKE-Verfahren verwendeten Verschlüsselungsalgorithmus fest.

**Beispiel**

Dieses Beispiel konfiguriert ein IKE-Verfahren mit dem 56-Bit-DES-Verschlüsselungsalgorithmus (alle anderen Parameter werden in den Standardeinstellungen belassen):

```
MyPeerRouter(config)# crypto isakmp policy 15
MyPeerRouter(config-isakmp)# encryption des
```

```
MyPeerRouter(config-isakmp)# exit
MyPeerrouter(config)#
```

**Verwandte Befehle**

Sie können online unter www.cisco.com eine Recherche nach verwandten Befehlen durchführen.

**authentication (IKE-Verfahren)**
**crypto isakmp policy**
**group (IKE-Verfahren)**
**hash (IKE-Verfahren)**
**lifetime (IKE-Verfahren)**
**show crypto isakmp policy**

## 33.12 group (IKE-Verfahren)

Verwenden Sie den ISAKMP-Verfahrens-Konfigurationsbefehl **group** (IKE-Verfahren), um die Diffie-Hellman-Gruppe in einem IKE-Verfahren festzulegen. Ein IKE-Verfahren bestimmt einen Satz aus Parametern, die während der IKE-Verhandlung verwendet werden. Verwenden Sie die **no**-Form dieses Befehls, um die Diffie-Hellman-Gruppe auf ihren Standardwert zu setzen.

**group {1 | 2}**
**no group**

| Syntax | Beschreibung |
|---|---|
| 1 | Legt die 768-Bit-Diffie-Hellman-Gruppe fest. |
| 2 | Legt die 1024- Bit-Diffie-Hellman-Gruppe fest. |

**Standard**

768-Bit-Diffie-Hellman (Gruppe 1)

**Befehlsmodus**

ISAKMP-Verfahrenskonfiguration (config-isakmp)

**Benutzungsrichtlinien**

Dieser Befehl erschien erstmals in der Cisco-IOS-Version 11.3 T.

Mit diesem Befehl legen Sie die in einem IKE-Verfahren verwendete Diffie-Hellman-Gruppe fest.

Kapitel 33 • Die Befehle des Internet-Key-Exchange-Sicherheitsprotokolls **819**

## Beispiel

Dieses Beispiel konfiguriert ein IKE-Verfahren mit der 1024-Bit-Diffie-Hellman-Gruppe (alle andere Parameter werden in den Standardeinstellungen belassen):

```
MyPeerRouter(config)# crypto isakmp policy 15
MyPeerRouter(config-isakmp)# group 2
MyPeerRouter(config-isakmp)# exit
MyPeerrouter(config)#
```

## Verwandte Befehle

Sie können online unter www.cisco.com eine Recherche nach verwandten Befehlen durchführen.

**authentication (IKE-Verfahren)**
**crypto isakmp policy**
**encryption (IKE-Verfahren)**
**hash (IKE-Verfahren)**
**lifetime (IKE-Verfahren)**
**show crypto isakmp policy**

## 33.13 hash (IKE-Verfahren)

Verwenden Sie den ISAKMP-Verfahrens-Konfigurationsbefehl **hash (IKE-Verfahren)**, um den Zerhackungsalgorithmus in einem IKE-Verfahren festzulegen. Ein IKE-Verfahren bestimmt einen Satz aus Parametern, die während der IKE-Verhandlung verwendet werden. Verwenden Sie die **no**-Form dieses Befehls, um den Zerhackungsalgorithmus auf den Standardwert zu setzen.

**hash {sha | md5}**
**no hash**

| Syntax | Beschreibung |
|---|---|
| Sha | Legt den SHA-1 (die HMAC-Variante) als Zerhackungsalgorithmus fest. |
| md5 | Legt den MD5 (die HMAC-Variante) als Zerhackungsalgorithmus fest. |

## Standard

Der SHA-1-Zerhackungsalgorithmus.

## Befehlsmodus

ISAKMP-Verfahrenskonfiguration (config-isakmp)

### Benutzungsrichtlinien

Dieser Befehl erschien erstmals in der Cisco-IOS-Version 11.3 T.

Mit diesem Befehl legen Sie den in einem IKE-Verfahren verwendeten Zerhackungsalgorithmus fest.

### Beispiel

Dieses Beispiel konfiguriert ein IKE-Verfahren mit dem MD5-Zerhackungsalgorithmus (alle andere Parameter werden in den Standardeinstellungen belassen):

```
MyPeerRouter(config)# crypto isakmp policy 15
MyPeerRouter(config-isakmp)# hash md5
MyPeerRouter(config-isakmp)# exit
MyPeerrouter(config)#
```

### Verwandte Befehle

Sie können online unter www.cisco.com eine Recherche nach verwandten Befehlen durchführen.

authentication (IKE-Verfahren)
crypto isakmp policy
encryption (IKE-Verfahren)
group (IKE-Verfahren)
lifetime (IKE-Verfahren)
show crypto isakmp policy

## 33.14 key-string

Verwenden Sie den öffentlichen Schlüsseleingabe-Konfigurationsbefehl **key-string**, um einen öffentlichen RSA-Schlüssel eines gegenüberliegenden Peer-Geräts manuell festzulegen.

**key-string**
  *Schlüsseltext*

| Syntax | Beschreibung |
|---|---|
| *Schlüsseltext* | Geben Sie den Schlüssel in hexadezimaler Form ein. Während Sie die Schlüsseldaten eingeben, können Sie die Eingabetaste drücken, um weitere Daten einzugeben. |

### Standard

Dieser Befehl besitzt keine Standardeinstellungen.

## Befehlsmodus

Öffentliche Schlüsseleingabe-Konfiguration

## Benutzungsrichtlinien

Dieser Befehl erschien erstmals in der Cisco-IOS-Version 11.3 T.

Mit diesem Befehl können Sie manuell den öffentlichen RSA-Schlüssel eines IPSec-Peer-Geräts eingeben. Bevor Sie diesen Befehl ausführen, müssen Sie das gegenüberliegende Peer-Gerät entweder mit dem Befehl **addressed-key** oder mit dem Befehl **named-key** identifizieren.

Wenn möglich, sollten Sie die Schlüsseldaten kopieren und einfügen, da Sie so Tippfehler vermeiden können.

## Beispiel

Dieses Beispiel legt manuell den öffentlichen RSA-Schlüssel eines IPSec-Peer-Geräts fest:

```
myRouter(config)# crypto key pubkey-chain rsa
myRouter(config-pubkey-chain)# named-key otherpeer.domain.com
myRouter(config-pubkey-key)# address 10.5.5.1
myRouter(config-pubkey-key)# key-string
myRouter(config-pubkey)# 005C300D 06092A86 4886F70D 01010105
myRouter(config-pubkey)# 00034B00 30480241 00C5E23B 55D6AB22
myRouter(config-pubkey)# 04AEF1BA A54028A6 9ACC01C5 129D99E4
myRouter(config-pubkey)# 64CAB820 847EDAD9 DF0B4E4C 73A05DD2
myRouter(config-pubkey)# BD62A8A9 FA603DD2 E2A8A6F8 98F76E28
myRouter(config-pubkey)# D58AD221 B583D7A4 71020301 0001
myRouter(config-pubkey)# quit
myRouter(config-pubkey-key)# exit
myRouter(config-pubkey-chain)# exit
myrouter(config)#
```

## Verwandte Befehle

Sie können online unter www.cisco.com eine Recherche nach verwandten Befehlen durchführen.

**addressed-key**
**crypto key pubkey-chain rsa**
**named-key**
**show crypto key pubkey-chain rsa**

## 33.15 lifetime (IKE-Verfahren)

Verwenden Sie den ISAKMP-Verfahrens-Konfigurationsbefehl **lifetime** (IKE-Verfahren), um die Laufzeit einer IKE-SA festzulegen. Verwenden Sie die **no**-Form dieses Befehls, um die SA-Laufzeit auf den Standardwert zu setzen.

**lifetime** *Sekunden*
**no lifetime**

| Syntax | Beschreibung |
|---|---|
| *Sekunden* | Legt die Zeitdauer in Sekunden für jede SA fest, bevor sie abläuft. Verwenden Sie eine ganze Zahl von 60 bis 86.400 Sekunden. |

**Standard**

86.400 Sekunden (1 Tag)

**Befehlsmodus**

ISAKMP-Verfahrenskonfiguration (config-isakmp)

**Benutzungsrichtlinien**

Dieser Befehl erschien erstmals in der Cisco-IOS-Version 11.3 T.

Mit diesem Befehl legen Sie fest, wie lange eine IKE-SA dauert, bevor sie abläuft.

Wenn das IKE mit Verhandlungen beginnt, besteht sein erster Schritt darin, den Sicherheitsparametern für seine eigene Sitzung zuzustimmen. Die akzeptierten Parameter werden daraufhin auf eine SA auf jedem Peer-Gerät übertragen. Die SA wird vom Peer-Gerät so lange aufrecht erhalten, bis die SA-Laufzeit abläuft. Bevor eine SA abläuft, kann sie für nachfolgende IKE-Verhandlungen wieder verwendet werden; damit wird bei der Einrichtung neuer IPSec-SAs Zeit eingespart. Neue SAs werden verhandelt, bevor die aktuellen SAs ablaufen.

Wenn Sie daher die Einrichtungszeit für die IPSec verkürzen wollen, sollten Sie eine längere IKE-SA-Laufzeit konfigurieren. Je kürzer dagegen eine Laufzeit ist, desto sicherer wird (bis zu einem gewissen Grad) die IKE-Verhandlung sein.

Beachten Sie: Wenn Ihr lokales Peer-Gerät eine IKE-Verhandlung zwischen sich und einem gegenüberliegenden Peer-Gerät initiiert, kann ein IKE-Verfahren nur dann ausgewählt werden, wenn die Verfahrenslaufzeit des gegenüberliegenden Peer-Geräts kürzer oder gleich der Verfahrenslaufzeit des lokalen Peer-Geräts ist. Wenn dabei die Laufzeiten nicht gleich sind, wird die kürzere Laufzeit ausgewählt. Noch einmal: Wenn die beiden Verfahrenslaufzeiten der Peer-Geräte nicht gleich sind, muss die Laufzeit des initiierenden Peer-Geräts länger und die Laufzeit des antwortenden Peer-Geräts kürzer sein. Unter diesen Umständen wird die kürzere Laufzeit verwendet werden.

# Kapitel 33 • Die Befehle des Internet-Key-Exchange-Sicherheitsprotokolls

## Beispiel

Dieses Beispiel konfiguriert ein IKE-Verfahren mit einer Sicherheits-Assoziations-Laufzeit von 600 Sekunden (10 Minuten); alle anderen Parameter werden in den Standardeinstellungen belassen:

```
MyPeerRouter(config)# crypto isakmp policy 15
MyPeerRouter(config-isakmp)# lifetime 600
MyPeerRouter(config-isakmp)# exit
MyPeerrouter(config)#
```

## Verwandte Befehle

Sie können online unter www.cisco.com eine Recherche nach verwandten Befehlen durchführen.

authentication (IKE-Verfahren)
crypto isakmp policy
encryption (IKE-Verfahren)
group (IKE-Verfahren)
hash (IKE-Verfahren)
show crypto isakmp policy

## 33.16 named-key

Verwenden Sie den öffentlichen Schlüssel-Konfigurationsbefehl **named-key**, um festzulegen, welchen öffentlichen RSA-Schlüssel des Peer-Geräts Sie manuell konfigurieren wollen. Dieser Befehl sollte nur verwendet werden, wenn der Router eine einzige Schnittstelle mit der IPSec betreibt.

**named-key** *Schlüsselname* [encryption | signature]

| Syntax | Beschreibung |
|---|---|
| *Schlüsselname* | Kennzeichnet den Namen der RSA-Schlüssel des gegenüberliegenden Peer-Geräts. Dieser ist immer der vollständige Domänenname des gegenüberliegenden Peer-Geräts, zum Beispiel Router.domain.com. |
| encryption | (Optional) Gibt an, dass der einzugebende öffentliche RSA-Schlüssel ein Verschlüsselungsschlüssel zur besonderen Verwendung (General-Purpose) sein wird. |
| Signature | (Optional) Gibt an, dass der einzugebende öffentliche RSA-Schlüssel ein Signaturschlüssel zur besonderen Verwendung (Special-Usage) sein wird. |

## Standard

Wenn keines der Schlüsselwörter **encryption** oder **signature** verwendet wird, werden Schlüssel zur allgemeinen Verwendung (General-Purpose) festgelegt.

## Befehlsmodus

Öffentliche Schlüsselkonfiguration. Dieser Befehl ruft den öffentlichen Schlüsseleingabe-Konfigurationsmodus auf.

## Benutzungsrichtlinien

Dieser Befehl erschien erstmals in der Cisco-IOS-Version 11.3 T.

Verwenden Sie diesen Befehl oder den Befehl **addressed-key**, um festzulegen, welche öffentlichen RSA-Schlüssel des IPSec-Peer-Geräts Sie als Nächstes manuell konfigurieren wollen.

Verwenden Sie nach diesem Befehl den Befehl **key-string**, um den Schlüssel einzugeben.

Wenn das gegenüberliegende IPSec-Peer-Gerät RSA-Schlüssel zur allgemeinen Verwendung festgelegt hat, dürfen Sie die Schlüsselwörter **encryption** oder **signature** nicht verwenden.

Wenn das gegenüberliegende IPSec-Peer-Gerät RSA-Schlüssel zur besonderen Verwendung festgelegt hat, müssen Sie beide Schlüssel manuell eingeben: Führen Sie diesen Befehl und den Befehl **key-string** zweimal aus und verwenden Sie die entsprechenden **encryption**- und **signature**-Schlüsselwörter.

## Beispiel

Dieses Beispiel legt manuell die öffentlichen RSA-Schlüssel von zwei IPSec-Peer-Geräten fest. Das Peer-Gerät mit der Adresse 10.5.5.1 verwendet Schlüssel zur allgemeinen Verwendung und das andere Peer-Gerät verwendet Schlüssel zur besonderen Verwendung.

```
myRouter(config)# crypto key pubkey-chain rsa
myRouter(config-pubkey-chain)# named-key otherpeer.domain.com
myRouter(config-pubkey-key)# address 10.5.5.1
myRouter(config-pubkey-key)# key-string
myRouter(config-pubkey)# 005C300D 06092A86 4886F70D 01010105
myRouter(config-pubkey)# 00034B00 30480241 00C5E23B 55D6AB22
myRouter(config-pubkey)# 04AEF1BA A54028A6 9ACC01C5 129D99E4
myRouter(config-pubkey)# 64CAB820 847EDAD9 DF0B4E4C 73A05DD2
myRouter(config-pubkey)# BD62A8A9 FA603DD2 E2A8A6F8 98F76E28
myRouter(config-pubkey)# D58AD221 B583D7A4 71020301 0001
myRouter(config-pubkey)# quit
myRouter(config-pubkey-key)# exit
myRouter(config-pubkey-chain)# addressed-key 10.1.1.2 encryption
myRouter(config-pubkey-key)# key-string
myRouter(config-pubkey)# 00302017 4A7D385B 1234EF29 335FC973
myRouter(config-pubkey)# 2DD50A37 C4F4B0FD 9DADE748 429618D5
myRouter(config-pubkey)# 18242BA3 2EDFBDD3 4296142A DDF7D3D8
myRouter(config-pubkey)# 08407685 2F2190A0 0B43F1BD 9A8A26DB
myRouter(config-pubkey)# 07953829 791FCDE9 A98420F0 6A82045B
myRouter(config-pubkey)# 90288A26 DBC64468 7789F76E EE21
```

# Kapitel 33 • Die Befehle des Internet-Key-Exchange-Sicherheitsprotokolls

```
myRouter(config-pubkey)# quit
myRouter(config-pubkey-key)# exit
myRouter(config-pubkey-chain)# addressed-key 10.1.1.2 signature
myRouter(config-pubkey-key)# key-string
myRouter(config-pubkey)# 0738BC7A 2BC3E9F0 679B00FE 098533AB
myRouter(config-pubkey)# 01030201 42DD06AF E228D24C 458AD228
myRouter(config-pubkey)# 58BB5DDD F4836401 2A2D7163 219F882E
myRouter(config-pubkey)# 64CE69D4 B583748A 241BED0F 6E7F2F16
myRouter(config-pubkey)# 0DE0986E DF02031F 4B0B0912 F68200C4
myRouter(config-pubkey)# C625C389 0BFF3321 A2598935 C1B1
myRouter(config-pubkey)# quit
myRouter(config-pubkey-key)# exit
myRouter(config-pubkey-chain)# exit
myrouter(config)#
```

## Verwandte Befehle

Sie können online unter www.cisco.com eine Recherche nach verwandten Befehlen durchführen.

address
addressed-key
crypto key pubkey-chain rsa
key-string
show crypto key pubkey-chain rsa

## 33.17 show crypto isakmp policy

Verwenden Sie den EXEC-Befehl **show crypto isakmp policy**, um sich die Parameter für jedes IKE-Verfahren anzeigen zu lassen.

**show crypto isakmp policy**

### Syntaxbeschreibung

Dieser Befehl besitzt keine Argumente oder Schlüsselwörter.

### Befehlsmodus

EXEC

### Benutzungsrichtlinien

Dieser Befehl erschien erstmals in der Cisco-IOS-Version 11.3 T.

### Beispielanzeige

Es folgt eine Beispielausgabe auf den Befehl **show crypto isakmp policy**, nachdem zwei IKE-Verfahren konfiguriert wurden (mit den jeweiligen Prioritäten 15 und 20):

```
MyPeerRouter# show crypto isakmp policy
Protection suite priority 15
        encryption algorithm:DES - Data Encryption Standard (56 bit keys)
        hash algorithm:Message Digest 5
        authentication method:Rivest-Shamir-Adleman Signature
        Diffie-Hellman Group:#2 (1024 bit)
        lifetime:5000 seconds, no volume limit
Protection suite priority 20
        encryption algorithm:DES - Data Encryption Standard (56 bit keys)
        hash algorithm:Secure Hash Standard
        authentication method:Pre-Shared Key
        Diffie-Hellman Group:#1 (768 bit)
        lifetime:10000 seconds, no volume limit
Default protection suite
        encryption algorithm:DES - Data Encryption Standard (56 bit keys)
        hash algorithm:Secure Hash Standard
        authentication method:Rivest-Shamir-Adleman Signature
        Diffie-Hellman Group:#1 (768 bit)
        lifetime:86400 seconds, no volume limit
```

> **ANMERKUNG**
>
> Obwohl die Laufzeit (lifetime) *no volume limit* (kein Limit für Verkehrsvolumen) anzeigt, können Sie bisher nur eine zeitabhängige Laufzeit konfigurieren (z.B. 86.400 Sekunden). Limits für Verkehrsvolumen-Laufzeiten sind nicht konfigurierbar.

### Verwandte Befehle

Sie können online unter www.cisco.com eine Recherche nach verwandten Befehlen durchführen.

**authentication (IKE-Verfahren)**
**crypto isakmp policy**
**encryption (IKE-Verfahren)**
**group (IKE-Verfahren)**
**hash (IKE-Verfahren)**
**lifetime (IKE-Verfahren)**

## 33.18  show crypto isakmp sa

Verwenden Sie den EXEC-Befehl **show crypto isakmp sa,** um sich alle aktuellen IKE-SAs auf einem Peer-Gerät anzeigen zu lassen.

**show crypto isakmp sa**

### Syntaxbeschreibung

Dieser Befehl besitzt keine Argumente oder Schlüsselwörter.

# Kapitel 33 • Die Befehle des Internet-Key-Exchange-Sicherheitsprotokolls  827

## Befehlsmodus

EXEC

## Benutzungsrichtlinien

Dieser Befehl erschien erstmals in der Cisco-IOS-Version 11.3 T.

## Beispielanzeige

Es folgt eine Beispielausgabe auf den Befehl **show crypto isakmp sa**, nachdem IKE-Verhandlungen erfolgreich zwischen zwei Peer-Geräten abgeschlossen wurden:

```
MyPeerRouter# show crypto isakmp sa
    dst             src           state           conn-id   slot
172.21.114.123 172.21.114.67     QM_IDLE            1        0
155.0.0.2      155.0.0.1         QM_IDLE            8        0
```

Die Tabellen 33.2 bis 33.4 zeigen die verschiedenen Zustände (states), die in der Ausgabe auf den Befehl **show crypto isakmp sa** angezeigt werden können. Wenn eine ISAKMP-SA existiert, befindet sie sich meistens im Ruhezustand (OAK_QM_IDLE). Bei einem sehr lange dauernden Austausch können einige der OAK_MM_xxx-Zustände beobachtet werden.

*Tabelle 33.2: Zustände im Main-Modusaustausch*

| Zustand | Erklärung |
| --- | --- |
| OAK_MM_NO_STATE | Die ISAKMP-SA wurde erzeugt, aber sonst ist noch nichts passiert. Dies ist ein Vorstadium – und noch kein Zustand. |
| OAK_MM_SA_SETUP | Die Peer-Geräte haben den Parametern für die ISAKMP-SA zugestimmt. |
| OAK_MM_KEY_EXCH | Die Peer-Geräte haben die öffentlichen Diffie-Hellman-Schlüssel ausgetauscht und einen gemeinsamen Geheimtext erzeugt. Die ISAKMP-SA ist nicht authentifiziert. |
| OAK_MM_KEY_AUTH | Die ISAKMP-SA wurde authentifiziert. Wenn der Router diesen Austausch initiiert, wechselt dieser Zustand sofort zu OAK_QM_IDLE und es beginnt ein Quick-Modusaustausch. |

*Tabelle 33.3: Zustände im aggressiven Modusaustausch*

| Zustand | Erklärung |
| --- | --- |
| OAK_AG_NO_STATE | Die ISAKMP-SA wurde erzeugt, aber sonst ist noch nichts passiert. Dies ist ein Vorstadium – und noch kein Zustand. |
| OAK_AG_INIT_EXCH | Die Peer-Geräte haben den ersten Austausch im aggressiven Modus vollzogen, aber die SA ist noch nicht authentifiziert. |
| OAK_AG_AUTH | Die ISAKMP-SA wurde authentifiziert. Wenn der Router diesen Austausch initiiert, wechselt dieser Zustand sofort zu OAK_QM_IDLE und es beginnt ein Quick-Modusaustausch. |

*Tabelle 33.4: Zustände im Quick-Modusaustausch*

| Zustand | Erklärung |
|---|---|
| OAK_QM_IDLE | Die ISAKMP-SA ist im Wartezustand. Sie bleibt mit ihrem Peer-Gerät authentifiziert und kann für einen nachfolgenden Quick-Modusaustausch verwendet werden. Sie ist im Ruhezustand. |

**Verwandte Befehle**

Sie können online unter www.cisco.com eine Recherche nach verwandten Befehlen durchführen.

**crypto isakmp policy**
**lifetime (IKE-Verfahren)**

## 33.19 show crypto key mypubkey rsa

Verwenden Sie den EXEC-Befehl **show crypto key mypubkey rsa**, um sich den (die) öffentlichen RSA-Schlüssel Ihres Routers anzeigen zu lassen.

**show crypto key mypubkey rsa**

**Syntaxbeschreibung**

Dieser Befehl besitzt keine Argumente oder Schlüsselwörter.

**Befehlsmodus**

EXEC

**Benutzungsrichtlinien**

Dieser Befehl erschien erstmals in der Cisco-IOS-Version 11.3 T.

Dieser Befehl zeigt den (die) öffentlichen RSA-Schlüssel Ihres Routers an.

**Beispielanzeige**

Es folgt eine Beispielausgabe auf den Befehl **show crypto key mypubkey rsa**. Die RSA-Schlüssel zur besonderen Verwendung wurden zuvor mit dem Befehl **crypto key generate rsa** für diesen Router erzeugt:

```
% Key pair was generated at: 06:07:49 UTC Jan 13 1996
Key name: myRouter.domain.com
 Usage: Signature Key
 Key Data:
  005C300D 06092A86 4886F70D 01010105 00034B00 30480241 00C5E23B 55D6AB22
  04AEF1BA A54028A6 9ACC01C5 129D99E4 64CAB820 847EDAD9 DF0B4E4C 73A05DD2
  BD62A8A9 FA603DD2 E2A8A6F8 98F76E28 D58AD221 B583D7A4 71020301 0001
```

```
% Key pair was generated at: 06:07:50 UTC Jan 13 1996
Key name: myRouter.domain.com
 Usage: Encryption Key
 Key Data:
  00302017 4A7D385B 1234EF29 335FC973 2DD50A37 C4F4B0FD 9DADE748 429618D5
  18242BA3 2EDFBDD3 4296142A DDF7D3D8 08407685 2F2190A0 0B43F1BD 9A8A26DB
  07953829 791FCDE9 A98420F0 6A82045B 90288A26 DBC64468 7789F76E EE21
```

### Verwandte Befehle

Sie können online unter www.cisco.com eine Recherche nach verwandten Befehlen durchführen.

crypto key generate rsa

## 33.20 show crypto key pubkey-chain rsa

Verwenden Sie den EXEC-Befehl **show crypto key pubkey-chain rsa**, um sich die öffentlichen RSA-Schlüssel der Peer-Geräte anzeigen zu lassen, die auf Ihrem Router gespeichert sind.

show crypto key pubkey-chain rsa [name *Schlüsselname* | address *Schlüsseladresse*]

| Syntax | Beschreibung |
| --- | --- |
| name *Schlüsselname* | (Optional) Gibt den Namen eines bestimmten öffentlichen Schlüssels an, der angezeigt werden soll. |
| address *Schlüsseladresse* | (Optional) Gibt die Adresse eines bestimmten öffentlichen Schlüssels an, der angezeigt werden soll. |

### Standard

Wenn keine Schlüsselwörter verwendet werden, zeigt dieser Befehl eine Liste aller öffentlichen RSA-Schlüssel an, die auf Ihrem Router gespeichert sind.

### Befehlsmodus

EXEC

### Benutzungsrichtlinien

Dieser Befehl erschien erstmals in der Cisco-IOS-Version 11.3 T.

Dieser Befehl zeigt die auf Ihrem Router gespeicherten öffentlichen RSA-Schlüssel an. Es werden sowohl die öffentlichen RSA-Schlüssel der Peer-Geräte, die manuell auf Ihrem Router konfiguriert wurden, angezeigt als auch die Schlüssel, die Ihr Router über andere Mittel empfangen hat (z.B. durch ein Zertifikat, wenn die CA-Unterstützung konfiguriert ist).

Wenn ein Router neu bootet, geht jeder durch Zertifikate bezogene Schlüssel verloren. Dies liegt daran, dass der Router die Zertifikate erneut anfordert, wodurch der öffentliche Schlüssel neu abgeleitet wird.

Verwenden Sie die Schlüsselwörter **name** oder **address**, um Details über einen bestimmten öffentlichen RSA-Schlüssel anzuzeigen, der auf Ihrem Router gespeichert ist.

### Beispielanzeige

Es folgt eine Beispielausgabe auf den Befehl **show crypto key pubkey-chain rsa**:

```
Codes: M - Manually Configured, C - Extracted from certificate
Code  Usage        IP-address     Name
M     Signature    10.0.0.1       myRouter.domain.com
M     Encryption   10.0.0.1       myRouter.domain.com
C     Signature    172.16.0.1     RouterA.domain.com
C     Encryption   172.16.0.1     RouterA.domain.com
C     General      192.168.10.3   routerB.domain1.com
```

Dieses Beispiel zeigt manuell konfigurierte öffentliche RSA-Schlüssel zur besonderen Verwendung des Peer-Geräts *somerouter*. Dieses Beispiel zeigt auch drei Schlüssel, die über Zertifikate von Peer-Geräten bezogen wurden: Schlüssel zur besonderen Verwendung vom Peer-Gerät *routerA* und ein Schlüssel zur allgemeinen Verwendung vom Peer-Gerät *routerB*.

Im obigen Beispiel wird die Zertifikatsunterstützung verwendet. Wenn die Zertifikatsunterstützung nicht verwendet werden würde, würde keiner der Peer-Geräte-Schlüssel das C in der Codespalte zeigen, stattdessen müssten alle manuell konfiguriert werden.

Es folgt eine Beispielausgabe auf den Befehl **show crypto key pubkey rsa name somerouter.domain.com**:

```
Key name: someRouter.domain.com
Key address: 10.0.0.1
 Usage: Signature Key
 Source: Manual
 Data:
  305C300D 06092A86 4886F70D 01010105 00034B00 30480241 00C5E23B 55D6AB22
  04AEF1BA A54028A6 9ACC01C5 129D99E4 64CAB820 847EDAD9 DF0B4E4C 73A05DD2
  BD62A8A9 FA603DD2 E2A8A6F8 98F76E28 D58AD221 B583D7A4 71020301 0001
Key name: someRouter.domain.com
Key address: 10.0.0.1
 Usage: Encryption Key
 Source: Manual
 Data:
  00302017 4A7D385B 1234EF29 335FC973 2DD50A37 C4F4B0FD 9DADE748 429618D5
  18242BA3 2EDFBDD3 4296142A DDF7D3D8 08407685 2F2190A0 0B43F1BD 9A8A26DB
  07953829 791FCDE9 A98420F0 6A82045B 90288A26 DBC64468 7789F76E EE21
```

# Kapitel 33 • Die Befehle des Internet-Key-Exchange-Sicherheitsprotokolls

> **ANMERKUNG**
>
> Das Source-Feld im obigen Beispiel zeigt mit *Manual* an, dass die Schlüssel manuell auf dem Router konfiguriert wurden und nicht im Zertifikat des Peer-Geräts.

Es folgt eine Beispielausgabe auf den Befehl **show crypto key pubkey rsa address 192.168.10.3:**

```
Key name: RouterB.domain.com
Key address: 192.168.10.3
 Usage: General Purpose Key
 Source: Certificate
 Data:
  0738BC7A 2BC3E9F0 679B00FE 53987BCC 01030201 42DD06AF E228D24C 458AD228
  58BB5DDD F4836401 2A2D7163 219F882E 64CE69D4 B583748A 241BED0F 6E7F2F16
  0DE0986E DF02031F 4B0B0912 F68200C4 C625C389 0BFF3321 A2598935 C1B1
```

> **ANMERKUNG**
>
> Das Source-Feld im obigen Beispiel zeigt mit *Certificate* an, dass der Router die Schlüssel durch ein Zertifikat eines anderen Routers empfangen hat.

# TEIL 5

# Weitere Sicherheitsfunktionen

34 Konfiguration der Passwörter und Privilegien

35 Befehle zu Passwörtern und Privilegien

36 Authentifizierung der Nachbar-Router: Überblick und Richtlinien

37 Konfiguration der IP-Sicherheitsoptionen

38 Befehle der IP-Sicherheitsoptionen

# KAPITEL 34
# Konfiguration der Passwörter und Privilegien

Mit Passwörtern und eingerichteten privilegierten Levels können Sie die Terminal-Zugangskontrolle in Ihrem Netzwerk auf einfache Weise reglementieren.

Dieses Kapitel beschreibt die folgenden Themen und Vorgehensweisen:

– Zugangsbeschränkung auf privilegierte EXEC-Befehle

– Verschlüsselung von Passwörtern

– Konfiguration von mehreren privilegierten Levels

– Wiederherstellung eines verlorenen *Enable*-Passworts

– Wiederherstellung eines verlorenen *Line*-Passworts

– Konfiguration der Identifikationsunterstützung

– Konfigurationsbeispiele zu Passwörtern und Privilegien

Eine vollständige Beschreibung der in diesem Kapitel verwendeten Befehle finden Sie in Kapitel 35 »Befehle zu Passwörtern und Privilegien«. Um eine Beschreibung zu anderen in diesem Kapitel angesprochenen Befehlen zu erhalten, können Sie eine Online-Recherche unter der Adresse www.cisco.com ausführen.

## 34.1 Zugangsbeschränkung zu privilegierten EXEC-Befehlen

Mit den folgenden Schritten können Sie den Zugang zur System-Konfigurationsdatei und zu privilegierten EXEC-(enable-)Befehlen reglementieren:

– Setzen oder Ändern eines statischen Enable-Passworts

– Schutz der Passwörter mit den Befehlen *enable password* und *enable secret*

– Setzen oder Ändern eines Line-Passworts
– Aktivierung des TACACS-Passwortschutzes für den privilegierten EXEC-Modus

## 34.1.1 Setzen oder Ändern eines statischen Enable-Passworts

Verwenden Sie den folgenden Befehl im globalen Konfigurationsmodus, um ein statisches Passwort für die Zugangskontrolle zum privilegierten EXEC-(enable-)Modus zu setzen oder zu verändern:

| Befehl | Zweck |
|---|---|
| enable password *Passwort* | Setzt ein neues Passwort oder ändert ein vorhandenes Passwort für den privilegierten Befehlslevel. |

Beispiele zum Setzen von *enable*-Passwörtern für verschiedene privilegierte Levels finden Sie im Abschnitt »Beispiele für mehrere privilegierte Levels« am Ende dieses Kapitels.

## 34.1.2 Schutz der Passwörter mit den Befehlen enable password und enable secret

Sie können eine zusätzlichen Sicherheitsstufe einrichten, die sich besonders für Passwörter eignet, die über das Netzwerk gesendet oder auf einem TFTP-Server gespeichert werden. Verwenden Sie hierzu die Befehle **enable password** oder **enable secret**. Beide Befehle erfüllen die gleiche Aufgabe: Mit diesen Befehlen können Sie ein verschlüsseltes Passwort festlegen, das ein Benutzer eingeben muss, um Zugang in den *enable*-Modus (den Standardmodus) zu erhalten oder auch in jeden anderen von Ihnen eingerichteten privilegierten Level.

Cisco empfiehlt Ihnen, den Befehl **enable secret** zu verwenden, da er einen verbesserten Verschlüsselungsalgorithmus einsetzt. Verwenden Sie den Befehl **enable password** nur, wenn Sie mit einem älteren Cisco-IOS-Softwarebetriebsystem oder mit älteren Boot-ROMs booten, die den Befehl **enable secret** noch nicht kennen.

Wenn Sie den Befehl **enable secret** konfigurieren, hat er Vorrang vor dem Befehl **enable password**. Die beiden Befehle können nicht gleichzeitig aktiv sein.

Verwenden Sie einen der folgenden Befehle im globalen Konfigurationsmodus, um den Router zur Anforderung eines enable-Passworts zu konfigurieren:

| Befehl | Zweck |
| --- | --- |
| **enable password** [**level** *Level*] {*Passwort* \| *Verschlüsselungstyp verschlüsseltes-Passwort*} or **enable secret** [**level** *Level*] {*Passwort* \| *Verschlüsselungstyp verschlüsseltes-Passwort*} | Setzt ein Passwort für einen privilegierten Befehlsmodus. Setzt ein geheimes Passwort, das mit der nicht reversiblen Verschlüsselungsmethode gespeichert wird (wenn mit den beiden Befehlen *enable password* und *enable secret* jeweils ein Passwort gesetzt wurde, müssen die Benutzer das *enable secret*-Passwort angeben). |

Verwenden Sie die Option **level** mit einem dieser Befehle, um ein Passwort für einen bestimmten privilegierten Level zu setzen. Nachdem Sie den Level festgelegt und ein Passwort gesetzt haben, geben Sie dieses Passwort nur an diejenigen Benutzer aus, die auf diesen Level zugreifen müssen. Verwenden Sie den Konfigurationsbefehl **privilege level**, um mit ihm Befehle festzulegen, die in verschiedenen Levels ausführbar sein sollen.

Wenn Sie den Befehl **service password-encryption** aktiviert haben, wird das von Ihnen eingegebene Passwort verschlüsselt. Wenn Sie es mit dem Befehl **more system: running-config** anzeigen, wird es in verschlüsselter Form angezeigt.

Wenn Sie einen Verschlüsselungstyp angeben, müssen Sie ein verschlüsseltes Passwort liefern – ein verschlüsseltes Passwort, das Sie aus einer anderen Router-Konfiguration kopieren.

**ANMERKUNG**

Ein verlorenes verschlüsseltes Passwort können Sie nicht wiederherstellen. Sie müssen den NVRAM löschen und ein neues Passwort setzen. Lesen Sie in diesem Kapitel die Abschnitte »Wiederherstellung eines verlorenen Enable-Passworts« oder »Wiederherstellung eines verlorenen Line-Passworts«, wenn Sie Ihr Passwort verloren oder vergessen haben.

### 34.1.3 Setzen oder Ändern eines Line-Passworts

Verwenden Sie den folgenden Befehl im globalen Konfigurationsmodus, um ein Passwort auf einer Verbindung zu setzen oder zu verändern:

| Befehl | Zweck |
| --- | --- |
| **password** *Passwort* | Setzt ein neues Passwort oder ändert ein vorhandenes Passwort für den privilegierten Befehlslevel. |

### 34.1.4 Aktivierung des TACACS-Passwortschutzes für den privilegierten EXEC-Modus

Sie können das TACACS-Protokoll aktivieren, damit dieses überprüft, ob ein Benutzer Zugang zum privilegierten EXEC-(enable-)Modus erhalten darf. Verwenden Sie hierzu den folgenden Befehl im globalen Konfigurationsmodus:

| Befehl | Zweck |
| --- | --- |
| enable use-tacacs | Aktiviert den TACACS-eigenen Benutzer-ID- und Passwort-Prüfmechanismus für den privilegierten EXEC-Level. |

Wenn Sie den TACACS-Passwortschutz für den privilegierten EXEC-Modus aktivieren, fordert der EXEC-Befehl **enable** zur Eingabe eines neuen Benutzernamens und eines Passworts auf. Diese Informationen werden daraufhin an den TACACS-Server zur Authentifizierung gesendet. Wenn Sie das erweiterte TACACS verwenden, wird auch jeder UNIX-Benutzer-Identifizierungscode an den TACACS-Server übertragen.

**STOP**

Wenn Sie den Befehl **enable use-tacacs** verwenden, müssen Sie auch den Befehl **tacacs-server authenticate enable** ausführen, da Sie sonst aus dem privilegierten EXEC-(enable-)Modus ausgesperrt werden.

**ANMERKUNG**

Wenn der Befehl **enable use-tacacs** ohne das erweiterte TACACS verwendet wird, kann jede Person mit einem gültigen Benutzernamen und Passwort auf den privilegierten EXEC-Modus zugreifen, was ein großes Sicherheitsrisiko darstellt. Der Grund liegt darin, dass ohne das erweiterte TACACS die TACACS-Anfrage, die auf den Befehl **enable** erfolgt, nicht von einem normalen Login-Versuch zu unterscheiden ist.

## 34.2 Die Verschlüsselung von Passwörtern

Da Pakete durch Protokoll-Analyzer eingesehen (und Passwörter gelesen) werden können, bietet Ihnen die Cisco-IOS-Software die Möglichkeit, die Zugangssicherheit durch die Konfiguration von verschlüsselten Passwörtern zu erhöhen. Die Verschlüsselung verhindert, dass das Passwort in der Konfigurationsdatei gelesen werden kann.

Verwenden Sie den folgenden Befehl im globalen Konfigurationsmodus, um die Cisco-IOS-Software zur Verschlüsselung der Passwörter zu konfigurieren:

| Befehl | Zweck |
| --- | --- |
| service password-encryption | Verschlüsselt ein Passwort. |

Der wirkliche Verschlüsselungsprozess setzt ein, wenn die aktuelle Konfiguration geschrieben oder ein Passwort konfiguriert wird. Die Passwortverschlüsselung wird auf alle Passwörter angewendet, also auf Authentifizierungsschlüssel-Passwörter, das privilegierte Befehlspasswort, Passwörter für Konsolen- und virtuelle Terminalverbindungen und BGP-Nachbarpasswörter. Der Befehl **service password-encryption** sollte hauptsächlich eingesetzt werden, um unautorisierten Personen keine Möglichkeit zu bieten, Ihr Passwort in Ihrer Konfigurationsdatei einzusehen.

> **STOP**
>
> Der Befehl **service password-encryption** bietet keine sehr hohe Sicherheitsstufe für Ihr Netzwerk. Wenn Sie diesen Befehl verwenden, sollten Sie deshalb zusätzliche Maßnahmen für die Netzwerksicherheit ergreifen.

Auch wenn Sie ein verlorenes verschlüsseltes Passwort nicht wiederbestimmen können (Sie können das ursprüngliche Passwort nicht wiederauffinden), können Sie dieses Problem dennoch beheben. Lesen Sie in diesem Kapitel die Abschnitte »Wiederherstellung eines verlorenen Enable-Passworts« oder »Wiederherstellung eines verlorenen Line-Passworts«, wenn Sie Ihr Passwort verloren oder vergessen haben.

## 34.3 Konfiguration von mehreren privilegierten Levels

In der Standardeinstellung besitzt die Cisco-IOS-Software zwei Passwort-Sicherheitsmodi: den Benutzer-Modus (EXEC) und den privilegierten Modus (enable). Sie können bis zu 16 hierarchische Befehlslevels für jeden Modus konfigurieren. Durch die Konfiguration mehrerer Passwörter können Sie unterschiedlichen Benutzergruppen den Zugriff auf bestimmte Befehle gestatten.

Wenn Sie zum Beispiel wollen, dass der Befehl **configure** einem kleineren Benutzerkreis zur Verfügung steht als der Befehl **clear line**, können Sie den Sicherheitslevel 2 auf den Befehl **clear line** setzen und das Passwort für den Level 2 breiter streuen, während Sie den Sicherheitslevel 3 auf den Befehl **configure** setzen und das Passwort für den Level 3 nur wenigen Benutzern mitteilen.

Die folgenden Schritte beschreiben die Konfiguration von zusätzlichen Sicherheitslevels:

– Setzen des privilegierten Levels für einen Befehl

– Änderung des privilegierten Standard-Levels für Verbindungen

– Anzeige der aktuellen privilegierten Levels

– Einloggen in einen privilegierten Level

## 34.3.1 Setzen des privilegierten Levels für einen Befehl

Verwenden Sie die folgenden Befehle im globalen Konfigurationsmodus, um den privilegierten Level für einen Befehl zu setzen:

| Schritt | Befehl | Zweck |
|---|---|---|
| 1 | **privilege** *Modus* **level** *Level Befehl* | Setzt den privilegierten Level für einen Befehl. |
| 2 | **enable password level** *Level* [*Verschlüsselungsart*] *Passwort* | Setzt das *enable*-Passwort für einen privilegierten Level. |

## 34.3.2 Änderung des privilegierten Standardlevels für Verbindungen

Verwenden Sie den folgenden Befehl im Line-Konfigurationsmodus, um den privilegierten Standardlevel für eine bestimmte Verbindung oder eine Gruppe von Verbindungen zu ändern:

| Befehl | Zweck |
|---|---|
| **privilege level** *Level* | Setzt einen privilegierten Standardlevel für eine Verbindung. |

## 34.3.3 Anzeige der aktuellen privilegierten Levels

Verwenden Sie den folgenden Befehl im EXEC-Modus, um sich den aktuellen privilegierten Level anzeigen zu lassen, auf den Sie mit dem von Ihnen verwendeten Passwort zugreifen können:

| Befehl | Zweck |
|---|---|
| **show privilege** | Zeigt Ihren aktuellen privilegierten Level an. |

## 34.3.4 Das Einloggen in einen privilegierten Level

Verwenden Sie den folgenden Befehl im EXEC-Modus, um sich in einen Router mit einem bestimmten privilegierten Level einzuloggen:

| Befehl | Zweck |
|---|---|
| **enable** *Level* | Loggt in einen bestimmten privilegierten Level ein. |

Verwenden Sie den folgenden Befehl im EXEC-Modus, um in einen bestimmten privilegierten Level zu wechseln:

| Befehl | Zweck |
|---|---|
| disable *Level* | Wechselt in einen bestimmten privilegierten Level. |

## 34.4 Wiederherstellung eines verlorenen Enable-Passworts

Bei einem verlorenen Passwort können Sie den Zugang zum *enable*-Modus auf einem Router durch eine der drei Prozeduren wiederherstellen, die in diesem Abschnitt beschrieben werden. Die jeweilige Prozedur hängt von Ihrer Router-Plattform ab.

Auf den meisten Plattformen können Sie eine Passwort-Wiederbestimmung ausführen, ohne die Hardware-Jumper umzustecken, aber alle Plattformen erfordern das Neuladen der Konfiguration. Die Passwortwiederherstellung kann nur vom Konsolenport des Routers erfolgen. Tabelle 34.1 zeigt, welche Prozedur zur Passwortwiederbestimmung auf welcher Router-Plattform anzuwenden ist.

*Tabelle 34.1: Plattform-spezifische Prozeduren zur Passwortwiederbestimmung*

| Prozedur zur Passwort-Wiederbestimmung | Router-Plattform |
|---|---|
| Prozedur 1 zur Passwort-Wiederherstellung | Cisco-Serie 2000 |
| | Cisco-Serie 2500 |
| | Cisco-Serie 3000 |
| | Cisco-Serie 4000 mit 680x0 Motorola-CPU |
| | Cisco-Serie 7000 mit der Cisco-IOS-Version 10.0 oder neuer, die in ROMs auf der RP-Karte installiert ist |
| | IGS -Serie mit der Cisco-Version IOS 9.1 oder neuer in ROMs |
| Prozedur 2 zur Passwort-Wiederherstellung | Cisco 1003 |
| | Cisco-Serie 1600 |
| | Cisco-Serie 3600 |
| | Cisco-Serie 4500 |
| | Cisco-Serie 7200 |
| | Cisco-Serie 7500 |
| | IDT-Orion-basierter Router |
| | AS5200- und AS5300-Plattformen |

## 34.4.1 Prozess der Passwortwiederherstellung

Beide Prozeduren zur Passwortwiederbestimmung beinhalten die folgenden grundlegenden Schritte:

Schritt 1    Konfigurieren Sie den Router so, dass er bootet, ohne den Konfigurationsspeicher (NVRAM) zu lesen. Dies Vorgang wird gelegentlich als Test-System-Modus bezeichnet.

Schritt 2    Booten Sie das System neu.

Schritt 3    Rufen Sie den *enable*-Modus auf (dies kann im Test-System-Modus ohne ein Passwort erfolgen).

Schritt 4    Lesen oder ändern Sie das Passwort oder löschen Sie die Konfiguration.

Schritt 5    Rekonfigurieren Sie den Router so, dass er bootet und wie gewöhnlich den NVRAM liest.

Schritt 6    Booten Sie das System neu.

> **ANMERKUNG**
>
> Einige Passwort-Wiederbestimmungen erfordern ein Break-Signal von einem Terminal. Sie müssen wissen, wie Ihr Terminal oder PC-Terminalemulator dieses Signal senden kann. In ProComm erzeugen zum Beispiel die Tasten [Alt]+[B] in der Standardeinstellung das Break-Signal und bei einem Windows-Terminal drücken Sie [Pause] oder [Strg]+[Pause]. Bei einem Windows-Terminal können Sie eine Funktionstaste einstellen, die ein Break-Signal senden soll. Hierzu müssen Sie die Funktionstasten aus dem Terminalfenster auswählen und eine als Breaktaste festlegen, indem Sie die Tasten [⇧]+[6], [⇧]+[4] drücken und ein großgeschriebenes [B] eingeben).

## 34.4.2 Prozedur 1 zur Passwortwiederherstellung

Setzen Sie diese Prozedur zur Wiederherstellung von verlorenen Passwörtern auf den folgenden Cisco-Routern ein:

- Cisco-Serie 2000
- Cisco-Serie 2500
- Cisco-Serie 3000
- Cisco-Serie 4000 mit 680x0 Motorola-CPU
- Cisco-Serie 7000 mit der Cisco-IOS-Version 10.0 oder neuer, die in ROMs auf der RP-Karte installiert ist. Der Router kann die Cisco-IOS-Versionssoftware 10.0 aus dem Flash-Memory booten, aber er benötigt auch die ROMs auf der Prozessorkarte.
- IGS-Serien mit der Cisco-IOS-Version 9.1 oder neuer in ROMs

Führen Sie die folgenden Schritte aus, um ein Passwort mit der Prozedur 1 wieder zu bestimmen:

Schritt 1   Verbinden Sie ein Terminal oder einen PC mit einer Terminalemulations-Software mit dem Konsolenport des Routers.

Schritt 2   Geben Sie den Befehl **show version** ein und überprüfen Sie die Einstellung des Konfigurationsregisters. Gewöhnlich zeigt sie 0x2102 oder 0x102.

Der Wert des Konfigurationsregisters befindet sich in der letzten Zeile der Anzeige. Achten Sie darauf, ob das Konfigurationsregister auf *enable Break* oder *disable Break* gesetzt ist.

Die werksseitige Standardwert für das Konfigurationsregister ist 0x2102. Beachten Sie, dass die dritte Zahl von links in diesem Wert eine 1 ist, die das Break deaktiviert. Wenn die dritte Zahl *nicht* 1 ist, ist das Break aktiviert.

Schritt 3   Schalten Sie den Router aus und wieder an.

Schritt 4   Drücken Sie die [Break]-Taste des Terminals innerhalb von 60 Sekunden nach dem Einschalten des Routers.

Die Eingabeaufforderung *rommon>* erscheint ohne Router-Name. Wenn sie nicht erscheint, sendet das Terminal nicht das richtige Break-Signal. In diesem Fall müssen Sie das Terminal oder die Terminalemulations-Einstellung überprüfen.

Schritt 5   Geben Sie an der Eingabeaufforderung *rommon>* die Zeichenfolge **o/r0x42** ein, um aus dem Flash-Memory zu booten, oder **o/r0x41**, um aus den Boot-ROMs zu booten.

> **ANMERKUNG**
>
> Das erste Zeichen ist das Zeichen o und nicht die Zahl Null. Wenn Sie Flash-Memory besitzen und er intakt ist, ist 0x42 die beste Einstellung. Verwenden Sie 0x41 nur, wenn der Flash-Memory gelöscht oder nicht installiert ist. Wenn Sie 0x41 verwenden, können Sie nur die Konfiguration einsehen oder löschen. Sie können das Passwort nicht ändern.

Schritt 6   Geben Sie an der Eingabeaufforderung *rommon>* den Initialisierungsbefehl ein, um den Router zu initialisieren.

Damit wird der Router neu booten, aber seine gespeicherte Konfiguration ignorieren und stattdessen das Betriebssystem im Flash-Memory verwenden. Die System-Konfigurationsanzeige erscheint.

> **ANMERKUNG**
>
> Wenn Sie normalerweise über das Netzwerk booten (mit dem Befehl **boot network**) oder sich mehrere Betriebssysteme im Flash-Memory befinden und Sie ein nicht standardmäßiges Betriebssystem booten, kann sich das Betriebssystem im Flash unterscheiden.

Schritt 7   Geben Sie bei allen Dialog-Eingabeaufforderungen der Systemkonfiguration **no** als Antwort ein, bis die folgende Meldung erscheint:

```
Press RETURN to get started!
```

Schritt 8   Drücken Sie **Return**.

Die Eingabeaufforderung router> erscheint.

Schritt 9   Geben Sie den Befehl **enable** ein.

Die Eingabeaufforderung router# erscheint.

Schritt 10   Wählen Sie eine der folgenden Optionen:

- Geben Sie den Befehl **more nvram:startup-config** ein, um das Passwort anzuzeigen, wenn es nicht verschlüsselt ist.

- Geben Sie die folgenden Befehle ein, um das Passwort zu ändern (wenn es zum Beispiel verschlüsselt ist):

```
Router # configure memory
Router # configure terminal
Router(config)# enable secret 1234abcd
Router(config)# ctrl-z
Router # write memory
```

> **ANMERKUNG**
>
> Der Befehl **enable secret** bietet eine erhöhte Sicherheitsstufe, da das *enable secret*-Passwort mit einer nicht reversiblen Verschlüsselungsfunktion gespeichert wird. Jedoch können Sie kein verschlüsseltes Passwort wieder bestimmen, wenn es verlorengegangen ist.

Schritt 11   Geben Sie den Befehl **configure terminal** an der EXEC-Eingabeaufforderung ein, um in den Konfigurationsmodus zu wechseln.

Schritt 12   Geben Sie den Befehl **config-register** ein und den Wert, den Sie in Schritt 2 eingesehen haben.

Schritt 13   Drücken Sie [Strg]+[Z], um den Konfigurationseditor zu beenden.

Schritt 14   Geben Sie den Befehl **reload** an der privilegierten EXEC-Eingabeaufforderung ein und führen Sie den Befehl **write memory** aus, um die Konfiguration zu speichern.

## 34.4.3 Prozedur 2 zur Passwortwiederherstellung

Setzen Sie diese Prozedur auf den folgenden Cisco-Routern ein:

- Cisco-Serie 1003
- Cisco-Serie 1600
- Cisco-Serie 3600
- Cisco-Serie 4500
- Cisco-Serie 7200
- Cisco-Serie 7500
- IDT-Orion-basierte Router
- AS5200- und AS5300-Plattformen

Führen Sie die folgenden Schritte aus, um ein Passwort mit der Prozedur 1 wieder zu bestimmen:

Schritt 1  Verbinden Sie ein Terminal oder einen PC mit einer Terminalemulations-Software mit dem Konsolenport des Routers.

Schritt 2  Geben Sie den Befehl **show version** ein und überprüfen Sie die Einstellung des Konfigurationsregisters. Gewöhnlich zeigt sie 0x2102 oder 0x102.

Der Wert des Konfigurationsregisters befindet sich in der letzten Zeile der Anzeige. Achten Sie darauf, ob das Konfigurationsregister auf *enable Break* oder *disable Break* gesetzt ist.

Der werksseitige Standardwert für das Konfigurationsregister ist 0x2102. Beachten Sie, dass die dritte Zahl von links in diesem Wert eine 1 ist, die das Break deaktiviert. Wenn die dritte Zahl *nicht* 1 ist, ist das Break aktiviert.

Schritt 3  Schalten Sie den Router aus und wieder an.

Schritt 4  Drücken Sie die [Break]-Taste des Terminals innerhalb von 60 Sekunden nach dem Einschalten des Routers.

Die Eingabeaufforderung rommon> erscheint ohne Router-Name. Wenn sie nicht erscheint, sendet das Terminal nicht das richtige Break-Signal. In diesem Fall müssen Sie das Terminal oder die Terminalemulations-Einstellung überprüfen.

Schritt 5  Geben Sie an der Eingabeaufforderung rommon> den Befehl **confreg** ein.

Die folgende Eingabeaufforderung erscheint:

```
Do you wish to change configuration[y/n]?
```

Schritt 6 Geben Sie **yes** ein und drücken Sie ⏎.

Schritt 7 Geben Sie bei allen nachfolgenden Fragen **no** ein, bis die folgende Eingabeaufforderung erscheint:

```
ignore system config info[y/n]?
```

Schritt 8 Geben Sie **yes** ein.

Schritt 9 Geben Sie bei allen nachfolgenden Fragen **no** ein, bis die folgende Eingabeaufforderung erscheint:

```
change boot characteristics[y/n]?
```

Schritt 10 Geben Sie **yes** ein.

Die folgende Eingabeaufforderung erscheint:

```
enter to boot:
```

Schritt 11 Geben Sie bei dieser Eingabeaufforderung entweder eine 2 ein und drücken Sie ⏎ für den Flash-Memory oder geben Sie eine 1 ein, wenn der Flash-Memory gelöscht ist. Wenn der Flash-Memory gelöscht ist, muss der Cisco 4500 an den Cisco-Kundendienst gesendet werden. Wenn Sie eine 1 eingeben, können Sie die Konfiguration nur einsehen oder löschen. Sie können das Passwort nicht ändern.

Es wird eine Konfigurationsübersicht angezeigt und die folgende Eingabeaufforderung erscheint:

```
Do you wish to change configuration[y/n]?
```

Schritt 12 Antworten Sie mit **no** und drücken Sie ⏎.

Die folgende Eingabeaufforderung erscheint:

```
rommon>
```

Schritt 13 Geben Sie den Befehl **reload** an der privilegierten EXEC-Eingabeaufforderung ein, oder schalten Sie Ihren Cisco-Router der Serien 4500 oder 7500 aus und wieder ein.

Schritt 14 Wenn der Router bootet, geben Sie bei allen Setup-Fragen **no** ein, bis die folgende Eingabeaufforderung erscheint:

```
router>
```

Schritt 15 Geben Sie den Befehl **enable** ein, um in den *enable*-Modus zu gelangen.

Die Eingabeaufforderung Router# erscheint.

Schritt 16 Wählen Sie eine der folgenden Optionen:

- Geben Sie den Befehl **more nvram:startup-config** ein, um das Passwort anzuzeigen, wenn es nicht verschlüsselt ist.

– Geben Sie die folgenden Befehle ein, um das Passwort zu ändern (wenn es zum Beispiel verschlüsselt ist):

```
Router # configure memory
Router # configure terminal
Router(config)# enable secret 1234abcd
Router(config)# ctrl-z
Router # write memory
```

**ANMERKUNG**

Der Befehl **enable secret** bietet eine erhöhte Sicherheitsstufe, da das *enable secret*-Passwort mit einer nicht reversiblen Verschlüsselungsfunktion gespeichert wird. Jedoch können Sie kein verschlüsseltes Passwort wieder bestimmen, wenn es verlorengegangen ist.

Schritt 17   Geben Sie den Befehl **configure terminal** an der EXEC-Eingabeaufforderung ein, um in den Konfigurationsmodus zu wechseln.

Schritt 18   Geben Sie den Befehl **config-register** ein und den Wert, den Sie in Schritt 2 eingesehen haben.

Schritt 19   Drücken Sie [Strg]+[Z], um den Konfigurationseditor zu beenden.

Schritt 20   Geben Sie den Befehl **reload** an der privilegierten EXEC-Eingabeaufforderung ein und führen Sie den Befehl **write memory** aus, um die Konfiguration zu speichern.

## 34.5   Wiederherstellung eines verlorenen Line-Passworts

Wenn Ihr Router die Nonvolatile-Memory-Option besitzt, können Sie sich aus Versehen aus Ihrem eigenen *enable*-Modus aussperren, wenn Sie die Passwort-Prüfung auf der Terminalverbindung der Konsole aktivieren und anschließend das *Line*-Passwort vergessen. Führen Sie die folgenden Schritte aus, um ein verlorenes *Line*-Passwort wieder zu bestimmen:

Schritt 1   Bringen Sie den Router in den Factory-Diagnostic-Modus.

Lesen Sie das Hardware-Installations- und Wartungshandbuch Ihres Geräts, um genaue Informationen über die Einstellung des Prozessor-Konfigurationsregisters für den Factory-Diagnostic-Modus zu erhalten. Die Tabelle 34.2 zeigt eine Übersicht über die Hardware- oder Software-Einstellungen für verschiedene Geräte, mit denen der Factory-Diagnostic-Modus eingestellt werden kann.

Schritt 2   Geben Sie **Yes** ein, wenn Sie gefragt werden, ob Sie die Adressen des Herstellers (Manufacturer) eingeben wollen.

Die folgende Eingabeaufforderung erscheint:

TEST-SYSTEM >

**Schritt 3** Führen Sie den Befehl **enable** aus, um in den *enable*-Modus zu wechseln:

TEST-SYSTEM > enable

**Schritt 4** Geben Sie den Befehl **more nvram:startup-config** ein, um die System-Konfiguration einzusehen und das Passwort zu finden. Verändern Sie nichts im Factory-Diagnostic-Modus.

TEST-SYSTEM # more nvram:startup-config

**Schritt 5** Um in den Normalbetrieb zurückzukehren, starten Sie den Router neu oder setzen das Konfigurationsregister zurück.

**Schritt 6** Loggen Sie sich in den Router mit dem Passwort ein, das Sie in der Konfigurationsdatei gefunden haben.

---

**ANMERKUNG**

Im Diagnostik-Modus sind alle Debug-Funktionen aktiviert.

---

Lesen Sie das Hardware-Installations- und Wartungshandbuch Ihres Geräts, um genaue Informationen über die Einstellung des Prozessor-Konfigurationsregisters für den Factory-Diagnostic-Modus zu erhalten. Die Tabelle 34.2 zeigt eine Übersicht über die Hardware- oder Software-Einstellungen für verschiedene Geräte, mit denen der Factory-Diagnostic-Modus eingestellt werden kann.

*Tabelle 34.2: Konfigurationsregister-Einstellungen für den Factory-Diagnostic-Modus*

| Plattform | Einstellung |
|---|---|
| Modulare Geräte | Setzen Sie den Jumper im Bit 15 des Prozessor-Konfigurationsregisters und starten Sie neu; entfernen Sie den Jumper nach Beendigung. |
| Cisco AS5100 Cisco AS5200 Cisco AS5300 Cisco-Serie 1600 Cisco-Serie 2500 Cisco-Serie 3000 Cisco-Serie 3600 Cisco-Serie 4000 Cisco-Serie 4500 Cisco-Serie 7000 Cisco-Serie 7200 Cisco-Serie 7500 | Verwenden Sie den Befehl **config-register**, um das Prozessor-Konfigurationsregister auf 0x8000 zu setzen; geben Sie anschließend **initialize** und **boot** auf dem System ein. Verwenden Sie den Befehl **reload**, um neu zu starten, und setzen Sie zum Schluss das Prozessor-Konfigurationsregister wieder auf 0x2102. |

## 34.6 Konfiguration der Identifizierungsunterstützung

Mit der Identifizierungsunterstützung können Sie einen Transmission-Control-Protokoll- (TCP-)Port für eine Identifizierung abfragen. Diese Funktion aktiviert ein ungesichertes Protokoll, das im RFC 1413 beschrieben ist, um die Identität eines Clients weiterzumelden, der eine TCP-Verbindung aufnimmt, sowie die eines Hosts, der auf diese Verbindung antwortet. Mit der Identifizierungsunterstützung können Sie sich mit einem TCP-Port auf einem Host verbinden, eine einfache Zeichenfolge senden, um Informationen anzufragen, und eine einfache Zeichenfolge als Antwort erhalten.

Verwenden Sie den folgenden Befehl im globalen Konfigurationsmodus, um die Identifizierungsunterstützung zu konfigurieren:

| Befehl | Zweck |
|---|---|
| ip identd | Aktiviert die Identifizierungsunterstützung. |

## 34.7 Konfigurationsbeispiele zu Passwörtern und Privilegien

Dieser Abschnitt beschreibt mehrere Beispiele über privilegierte Level- und Benutzernamen-Authentifizierung und enthält die folgenden Abschnitte:

- Beispiele über mehrere privilegierte Levels
- Beispiele zu Benutzernamen

### 34.7.1 Beispiele über mehrere privilegierte Levels

Dieser Abschnitt bietet Beispiele zur Verwendung mehrerer privilegierter Levels, um festzulegen, welche Benutzer verschiedene Befehlssätze verwenden dürfen.

**Benutzer dürfen Verbindungen zurücksetzen**

Wenn Sie Benutzern das Zurücksetzen von Verbindungen erlauben wollen, können Sie einen der folgenden Schritte ausführen:

- Ändern Sie den privilegierten Level für die Befehle **clear** und **clear line** auf 1 oder den normalen Benutzer-Level auf folgende Weise. Damit können Benutzer Verbindungen zurücksetzen.

    ```
    privilege exec level 1 clear line
    ```

- Ändern Sie den privilegierten Level für die Befehle **clear** und **clear line** auf den Level 2. Verwenden Sie hierzu den globalen Konfigurationsbefehl **privilege level**, um den privilegierten Level 2 festzulegen. Legen Sie anschließend ein enable-

Passwort für den privilegierten Level 2 fest und geben Sie dieses nur an die Benutzer, die dieses Passwort wissen sollen.

```
enable Password level 2 pswd2
privilege exec level 2 clear line
```

### Setzen eines Enable-Passworts für Systemoperatoren

Im folgenden Beispiel setzen Sie ein *enable*-Passwort für den privilegierte Level 10 für Systemoperatoren und stellen die Befehle **clear** und **debug** jedem zur Verfügung, der diesen privilegierten Level aufrufen kann:

```
enable password level 10 pswd10
privilege exec level 10 clear line
privilege exec level 10 debug ppp chap
privilege exec level 10 debug ppp error
privilege exec level 10 debug ppp negotiation
```

Das folgende Beispiel erniedrigt den privilegierten Level für den Befehl **more system: running-config** und die meisten Konfigurationsbefehle auf den Operatorlevel, damit die Konfiguration von einem Operator eingesehen werden kann. Es belässt den privilegierten Level für den Befehl **configure** auf 15. In der Ausgabe auf den Befehl **more system:running-config** werden nur dann einzelne Konfigurationsbefehle angezeigt, wenn der privilegierte Level für einen Befehl auf 10 erniedrigt wurde. Benutzer dürfen nur die Befehle einsehen, deren privilegierter Level kleiner oder gleich dem aktuellen privilegierten Level ist.

```
enable password level 15 pswd15
privilege exec level 15 configure
enable password level 10 pswd10
privilege exec level 10 more system:running-config
```

### Deaktivierung eines privilegierten Levels

Im folgenden Beispiel ist der Befehl **show ip route** auf den privilegierten Level 15 gesetzt. Damit nicht alle **show ip**- und **show**-Befehle auf den privilegierten Level 15 gesetzt sind, werden diese Befehle auf den privilegierten Level 1 gesetzt.

```
privilege exec level 15 show ip route
privilege exec level 1 show ip
privilege exec level 1 show
```

### 34.7.2 Beispiele zu Benutzernamen

Die folgende Beispielkonfiguration richtet geheime Passwörter auf den Routern A, B und C ein, um den drei Routern die Verbindung untereinander zu ermöglichen.

Um die Verbindungen zwischen den Routern A und B zu authentifizieren, geben Sie folgende Befehle ein:

Auf Router A:

```
username B password a-b_secret
```

Auf Router B:

```
username A password a-b_secret
```

Um die Verbindungen zwischen den Routern A und C zu authentifizieren, geben Sie folgende Befehle ein:

Auf Router A:

```
username C password a-c_secret
```

Auf Router C:

```
username A password a-c_secret
```

Um die Verbindungen zwischen den Routern B und C zu authentifizieren, geben Sie folgende Befehle ein:

Auf Router B:

```
username C password b-c_secret
```

Auf Router C:

```
username B password b-c_secret
```

Wenn Sie nun zum Beispiel folgenden Befehl eingeben:

```
username bill password westward
```

wird das System diesen Befehl so anzeigen:

```
username bill password 7 21398211
```

Die verschlüsselte Version des Passworts ist somit 21398211. Das Passwort wurde durch den Cisco-eigenen Verschlüsselungsalgorithmus verschlüsselt, der durch die 7 gekennzeichnet ist.

Wenn Sie jedoch den folgenden Befehl eingeben, dann erkennt das System, dass das Passwort bereits verschlüsselt ist, und führt keine Verschlüsselung durch. Stattdessen zeigt es den Befehl genau so an, wie Sie ihn eingegeben haben:

```
username bill password 7 21398211
username bill password 7 21398211
```

# KAPITEL 35

# Befehle zu Passwörtern und Privilegien

Dieses Kapitel beschreibt die Befehle, die zur Einrichtung des Passwortschutzes und zur Konfiguration von privilegierten Levels verwendet werden. Mit dem Passwortschutz können Sie den Zugang zu einem Netzwerk oder einem Netzwerkgerät reglementieren. Durch privilegierte Levels können Sie die Befehle festlegen, die verschiedene Benutzer ausführen dürfen, wenn sie sich in ein Netzwerkgerät eingeloggt haben.

Informationen über die Einrichtung des Passwortschutzes oder die Konfiguration von privilegierten Levels finden Sie in Kapitel 34 »Konfiguration der Passwörter und Privilegien«. Konfigurationsbeispiele zu den Befehlen aus diesem Kapitel finden Sie im Abschnitt »Konfigurationsbeispiele zu Passwörtern und Privilegien« am Ende des Kapitels 34 »Konfiguration der Passwörter und Privilegien«.

## 35.1 enable

Verwenden Sie den EXEC-Befehl **enable**, um sich auf einen bestimmten Level des Routers einzuloggen.

**enable** [*Level*]

| Syntax | Beschreibung |
|--------|--------------|
| Level  | (Optional) Bezeichnet den privilegierten Level, auf den sich ein Benutzer in den Router einloggt. |

**Standard**

Level 15

**Befehlsmodus**

EXEC

### Benutzungsrichtlinien

Dieser Befehl erschien erstmals in der Cisco-IOS-Version 10.0.

> **ANMERKUNG**
>
> Der Befehl **enable** ist mit dem privilegierten Level 0 verknüpft. Wenn Sie die Autorisierung der Authentifizierungs-, Autorisierungs- und Accounting-(AAA-)Funktion für einen privilegierten Level größer als 0 konfigurieren, wird dieser Befehl nicht im Befehlssatz des privilegierten Levels enthalten sein.

### Beispiel

Im folgenden Beispiel loggt sich der Benutzer auf dem privilegierten Level 5 eines Routers ein:

```
enable 5
```

### Verwandte Befehle

Sie können online unter www.cisco.com eine Recherche nach verwandten Befehlen durchführen.

**disable**
**privilege level (global)**
**privilege level (line)**

## 35.2 enable password

Verwenden Sie den globalen Konfigurationsbefehl **enable password**, um ein lokales Passwort für die Zugangskontrolle zu verschiedenen privilegierten Levels zu setzen. Verwenden Sie die **no**-Form dieses Befehls, um das erforderliche Passwort zu entfernen.

**enable password** [level *Level*] {*Passwort* | [*Verschlüsselungstyp*] *verschlüsseltes-Passwort*}
**no enable password** [level *Level*]

| Syntax | Beschreibung |
| --- | --- |
| **level** *Level* | (Optional) Level, für den das Passwort gilt. Sie können mit den Zahlen 0 bis 15 bis zu 16 privilegierte Levels festlegen. Der Level 1 enthält die normalen Benutzerprivilegien des EXEC-Modus. Wenn Sie dieses Argument nicht im Befehl angeben oder die **no**-Form des Befehls verwenden, ist die Standardeinstellung des privilegierten Levels der Level 15 (die üblichen *enable*-Privilegien). |
| *Passwort* | Das Passwort, das Benutzer eingeben müssen, um in den *enable*-Modus zu gelangen. |

| Syntax | Beschreibung |
|---|---|
| *Verschlüsselungs-typ* | (Optional) Ein Cisco-proprietärer Algorithmus, der zur Verschlüsselung des Passworts verwendet wird. Zur Zeit ist lediglich der Verschlüsselungstyp 7 verfügbar. Wenn Sie den *Verschlüsselungstyp* angeben, muss das anschließend eingegebene Argument ein verschlüsseltes Passwort sein (ein bereits durch einen Cisco-Router verschlüsseltes Passwort). |
| *verschlüsseltes-Passwort* | Ein verschlüsseltes Passwort, das Sie eingeben bzw. aus einer anderen Router-Konfiguration kopieren. |

## Standard

Es ist kein Passwort festgelegt. Die Standardeinstellung ist Level 15.

## Befehlsmodus

Globale Konfiguration

## Benutzungsrichtlinien

Dieser Befehl erschien erstmals in der Cisco-IOS-Version 10.0.

Verwenden Sie die Option **level** mit diesem Befehl, um ein Passwort für einen bestimmten privilegierten Level zu setzen. Nachdem Sie den Level festgelegt und ein Passwort gesetzt haben, geben Sie dieses Passwort nur an Benutzer, die auf diesen Level zugreifen müssen. Verwenden Sie den Konfigurationsbefehl **privilege level (global)**, um mit ihm Befehle festzulegen, die in verschiedenen Levels ausführbar sein sollen.

Normalerweise geben Sie keinen Verschlüsselungstyp ein. Gewöhnlich geben Sie einen Verschlüsselungstyp nur dann ein, wenn Sie ein Passwort in diesen Befehl hineinkopieren (kopieren und einfügen), das bereits durch einen anderen Cisco-Router verschlüsselt wurde.

### STOP

Wenn Sie einen Verschlüsselungstyp angeben und anschließend ein Klartextpasswort eingeben, werden Sie den enable-Modus nicht mehr betreten können. Es gibt keine Möglichkeit, ein verlorenes verschlüsseltes Passwort wieder zu bestimmen.

Wenn der Befehl **service password-encryption** aktiviert ist und ein **more nvram:startup-config**-Befehl ausgeführt wird, dann wird die verschlüsselte Form des Passworts angezeigt, das Sie mit dem Befehl **enable password** erzeugt haben.

Sie können die Passwort-Verschlüsselung mit dem Befehl **service password-encryption** aktivieren oder deaktivieren.

Ein enable-Passwort hat die folgenden Eigenschaften:

- Es muss 1 bis 25 groß- und kleingeschriebene alphanumerische Zeichen enthalten.
- Das erste Zeichen darf keine Zahl sein.
- Es kann vorangestellte Leerzeichen besitzen, die aber ignoriert werden. Leerzeichen innerhalb oder am Ende der Zeichenfolge werden dagegen berücksichtigt.
- Es kann das Fragezeichen (?) enthalten, wenn Sie bei der Erzeugung des Passworts vor dem Fragezeichen die Tastenkombination [Strg]+[V] drücken. Um beispielsweise das Passwort *abc?123 zu* erzeugen, müssen Sie folgendes ausführen:
- Geben Sie **abc** ein.
- Drücken Sie [Strg]+[V].
- Geben Sie **?123** ein.

  Wenn das System Sie zur Eingabe des *enable*-Passworts auffordert, müssen Sie vor dem Fragezeichen kein [Strg]+[V] mehr drücken. Sie können einfach **abc?123** an der Passwortaufforderung eingeben.

## Beispiele

Das folgende Beispiel aktiviert das Passwort *pswd2* für den privilegierten Level 2:

```
enable password level 2 pswd2
```

Das folgende Beispiel setzt das verschlüsselte Passwort *$1$i5Rkls3LoyxzS8t9* für den privilegierten Level 2 mit dem Verschlüsselungstyp 7, das aus einer Router-Konfigurationsdatei kopiert wurde:

```
enable password level 2 7 $1$i5Rkls3LoyxzS8t9
```

## Verwandte Befehle

Sie können online unter www.cisco.com eine Recherche nach verwandten Befehlen durchführen.

**disable**
**enable**
**enable secret**
**privilege level (global)**
**service password-encryption**
**show privilege**
**more nvram:startup-config**

## 35.3 enable secret

Verwenden Sie den globalen Konfigurationsbefehl **enable secret**, um eine zusätzliche Sicherheitsstufe auf den Befehl **enable password** zu setzen. Verwenden Sie die **no**-Form dieses Befehls, um die *enable secret*-Funktion zu deaktivieren.

**enable secret** [**level** *Level*] {*Passwort* | [*Verschlüsselungstyp*] *verschlüsseltes-Passwort*}
**no enable secret** [**level** *Level*]

| Syntax | Beschreibung |
|---|---|
| **Level** *Level* | (Optional) Level, für den das Passwort gilt. Sie können mit den Zahlen 0 bis 15 bis zu 16 privilegierte Levels festlegen. Der Level 1 enthält die normalen Benutzerprivilegien des EXEC-Modus. Wenn Sie dieses Argument nicht im Befehl angeben oder die **no**-Form des Befehls verwenden, ist die Standardeinstellung des privilegierten Levels der Level 15 (die üblichen *enable*-Privilegien). Dasselbe gilt für die **no**-Form des Befehls. |
| *Passwort* | Das Passwort, das Benutzer eingeben müssen, um in den *enable*-Modus zu gelangen. Dieses Passwort sollte sich von dem Passwort unterscheiden, das mit dem Befehl **enable password** erzeugt wurde. |
| *Verschlüsselungstyp* | (Optional) Ein Cisco-proprietärer Algorithmus, der zur Verschlüsselung des Passworts verwendet wird. Zur Zeit ist lediglich der Verschlüsselungstyp 7 verfügbar. Wenn Sie den *Verschlüsselungstyp* angeben, muss das anschließend eingegebene Argument ein verschlüsseltes Passwort sein (ein bereits durch einen Cisco-Router verschlüsseltes Passwort). |
| *verschlüsseltes-Passwort* | Ein verschlüsseltes Passwort, das Sie eingeben bzw. aus einer anderen Router-Konfiguration kopieren. |

### Standard

Es ist kein Passwort festgelegt. Die Standardeinstellung ist Level 15.

### Befehlsmodus

Globale Konfiguration

### Benutzungsrichtlinien

Dieser Befehl erschien erstmals in der Cisco-IOS-Version 11.0.

Mit diesem Befehl können Sie eine zusätzliche Sicherheitsstufe für das *enable*-Passwort einrichten. Der Befehl **enable secret** ermöglicht eine erhöhte Sicherheitsstufe, indem das *enable secret*-Passwort mit einer nicht reversiblen Verschlüsselungsfunktion gespeichert wird. Die Sicherheitsstufe der Verschlüsselung eignet sich vor allem in Umgebungen, in denen die Passwörter über das Netzwerk gesendet oder auf einem TFTP-Server gespeichert werden.

Normalerweise geben Sie keinen Verschlüsselungstyp ein. Gewöhnlich geben Sie einen Verschlüsselungstyp nur dann ein, wenn Sie ein Passwort in diesen Befehl hineinkopieren (kopieren und einfügen), das bereits durch einen anderen Cisco-Router verschlüsselt wurde.

> **STOP**
>
> Wenn Sie einen Verschlüsselungstyp angeben und anschließend ein Klartextpasswort eingeben, werden Sie den *enable*-Modus nicht mehr betreten können. Es gibt keine Möglichkeit, ein verlorenes verschlüsseltes Passwort wieder zu bestimmen.

Wenn Sie in den Befehlen **enable password** und **enable secret** dasselbe Passwort verwenden, erhalten Sie eine Fehlermeldung, in der sie gewarnt werden, dass dieses Vorgehen nicht sehr empfehlenswert ist, das Passwort wird aber dennoch akzeptiert. Wenn Sie dasselbe Passwort verwenden, werden Sie damit die zusätzliche Sicherheitsstufe für den Befehl **enable secret** wertlos machen.

> **ANMERKUNG**
>
> Wenn Sie ein Passwort mit dem Befehl **enable secret** gesetzt haben, wird ein Passwort, das mit dem Befehl **enable password** gesetzt wurde, nur dann funktionieren, wenn der Befehl **enable secret** deaktiviert wurde oder eine ältere Version der Cisco-IOS-Software verwendet wird, z.B. wenn ein älteres *rxboot*-System betrieben wird. Zudem besteht keine Möglichkeit, ein verlorenes verschlüsseltes Passwort wieder zu bestimmen.

Wenn der Befehl **service password-encryption** aktiviert ist und ein **more nvram:startup-config**-Befehl ausgeführt wird, dann wird die verschlüsselte Form des Passworts angezeigt, das Sie hier erzeugt haben.

Sie können die Passwort-Verschlüsselung mit dem Befehl **service password-encryption** aktivieren oder deaktivieren.

Ein *enable*-Passwort hat die folgenden Eigenschaften:

– Es muss 1 bis 25 groß- und kleingeschriebene alphanumerische Zeichen enthalten.
– Das erste Zeichen darf keine Zahl sein.
– Es kann vorangestellte Leerzeichen besitzen, die aber ignoriert werden. Leerzeichen innerhalb oder am Ende der Zeichenfolge werden dagegen berücksichtigt.
– Es kann das Fragezeichen (?) enthalten, wenn Sie bei der Erzeugung des Passworts vor dem Fragezeichen die Tastenkombination [Strg]+[V] drücken. Um beispielsweise das Passwort *abc?123 zu* erzeugen, müssen Sie folgendes ausführen:
– Geben Sie **abc** ein.
– Drücken Sie [Strg]+[V].
– Geben Sie **?123** ein.

## Kapitel 35 • Befehle zu Passwörtern und Privilegien

Wenn das System Sie zur Eingabe des *enable*-Passworts auffordert, müssen Sie vor dem Fragezeichen kein [Strg]+[V] mehr drücken. Sie können einfach **abc?123** an der Passwortaufforderung eingeben.

### Beispiele

Das folgende Beispiel legt das **enable secret**-Passwort *gobbledegook* fest:

```
enable secret gobbledegook
```

Nachdem ein **enable secret**-Passwort gesetzt wurde, müssen Benutzer dieses Passwort angeben, um Zugang zu erhalten. Alle Passwörter, die durch **enable password** gesetzt wurden, sind damit außer Kraft gesetzt.

```
password: gobbledegook
```

Das folgende Beispiel aktiviert das verschlüsselte Passwort *$1$FaD0$Xyti5Rkls3LoyxzS8* für den privilegierten Level 2 mit dem Verschlüsselungstyp 5, das aus einer Router-Konfigurationsdatei kopiert wurde:

```
enable password level 2 5 $1$FaD0$Xyti5Rkls3LoyxzS8
```

### Verwandte Befehle

Sie können online unter www.cisco.com eine Recherche nach verwandten Befehlen durchführen.

**enable**
**enable password**

## 35.4 ip identd

Verwenden Sie den globalen Konfigurationsbefehl **ip identd**, um die Identifizierungsunterstützung zu aktivieren. Verwenden Sie die **no**-Form dieses Befehls, um die Identifizierungsunterstützung zu deaktivieren.

**ip identd**
**no ip identd**

### Syntaxbeschreibung

Dieser Befehl besitzt keine Argumente oder Schlüsselwörter.

### Standard

Die Identifizierungsunterstützung ist nicht aktiviert.

### Befehlsmodus

Globale Konfiguration

## Benutzungsrichtlinien

Dieser Befehl erschien erstmals in der Cisco-IOS-Version 11.1.

Der Befehl **ip identd** liefert genaue Informationen über den Host-TCP-Port. Jedoch wird kein Versuch unternommen, sich gegen unautorisierte Anfragen zu schützen.

## Beispiel

Das folgende Beispiel aktiviert die Identifizierungsunterstützung:

```
ip identd
```

## 35.5 password

Verwenden Sie den *Line*-Konfigurationsbefehl **password**, um ein Passwort für eine Verbindung zu setzen. Verwenden Sie die **no**-Form dieses Befehls, um das Passwort aufzuheben.

**password** *Passwort*
**no password**

| Syntax | Beschreibung |
|---|---|
| *Passwort* | Zeichenfolge, die das *Line*-Passwort festlegt. Das erste Zeichen darf keine Zahl sein. Die Zeichenfolge kann alle alphanumerischen Zeichen und Leerzeichen enthalten und sie darf bis zu 80 Zeichen lang sein. Sie können das *Passwort* nicht in der Form *Zahl-Leerzeichen-Irgendwas* eingeben. Das Leerzeichen nach der Zahl verursacht Probleme. Zum Beispiel ist *hello 21* ein gültiges Passwort, aber *21 hello* nicht. Die Passwortprüfung berücksichtigt Groß- und Kleinschreibung. Zum Beispiel unterscheidet sich das Passwort *Secret* vom Passwort *secret*. |

## Standard

Es ist kein Passwort festgelegt.

## Befehlsmodus

Line-Konfiguration

## Benutzungsrichtlinien

Dieser Befehl erschien erstmals in der Cisco-IOS-Version 10.0.

Wenn ein EXEC-Prozess auf einer Verbindung mit Passwortschutz gestartet wird, fordert der EXEC zur Eingabe des Passworts auf. Wenn der Benutzer das richtige Passwort eingibt, zeigt der EXEC seine normale privilegierte Eingabeaufforderung. Der Benutzer kann dreimal versuchen, ein Passwort einzugeben, bevor der EXEC aussteigt und das Terminal in den Wartezustand versetzt.

**Beispiel**

Das folgende Beispiel entfernt das Passwort von den virtuellen Terminalverbindungen 1 bis 4:

```
line vty 1 4
 no password
```

**Verwandte Befehle**

Sie können online unter www.cisco.com eine Recherche nach verwandten Befehlen durchführen.

**enable password**

## 35.6 privilege level (global)

Verwenden Sie den globalen Konfigurationsbefehl **privilege level,** um den privilegierten Level für einen Befehl zu setzen. Verwenden Sie die **no**-Form dieses Befehls, um für einen bestimmten Befehl die Standardprivilegien aufzurufen.

**privilege** *Modus* **level** *Level Befehl*
**no privilege** *Modus* **level** *Level Befehl*

| Syntax | Beschreibung |
|---|---|
| *Modus* | Konfigurationsmodus. In Tabelle 35.1 sind die Optionen für dieses Argument aufgelistet. |
| level | Der privilegierte Level, der dem angegebenen Befehl zugeordnet wird. Sie können mit den Zahlen 0 bis 15 bis zu 16 privilegierte Levels festlegen. |
| *Befehl* | Der Befehl, dem der privilegierte Level zugeordnet wird. |

Tabelle 35.1 zeigt die möglichen Optionen für das Argument *Modus* im Befehl **privilege level.**

*Tabelle 35.1: Optionen des Arguments Modus*

| Argument Options | Mode |
|---|---|
| configuration | Globale Konfiguration |
| controller | Kontroller-Konfiguration |
| exec | EXEC |
| hub | Hub-Konfiguration |
| interface | Interface-Konfiguration |
| ipx-router | IPX-Router-Konfiguration |
| line | Line-Konfiguration |
| map-class | Map-Class-Konfiguration |
| map-list | Map-List-Konfiguration |
| route-map | Route-Map-Konfiguration |
| Router | Router-Konfiguration |

## Standards

Mit dem **enable**-Passwort gelangen Sie in den Level 15.

Der Level 1 ist der EXEC-Modus mit den normalen Benutzerprivilegien.

## Befehlsmodus

Globale Konfiguration

## Benutzungsrichtlinien

Dieser Befehl erschien erstmals in der Cisco-IOS-Version 10.3.

Das Passwort, das bei Eingabe des globalen Konfigurationsbefehls **privilege level** für einen privilegierten Level verlangt wird, wird mit dem Befehl **enable password** konfiguriert.

Der Level 0 kann verwendet werden, um eine eingeschränkte Anzahl von Befehlen für bestimmte Benutzer oder Verbindungen festzulegen. Sie können zum Beispiel dem Benutzer *guest* nur die Ausführung der Befehle **show users** und **exit** gestatten.

> **ANMERKUNG**
>
> Dem privilegierten Level 0 sind fünf Befehle zugeordnet: **disable, enable, exit, help** und **logout**. Wenn Sie die AAA-Autorisierung für einen privilegierten Level größer 0 konfigurieren, sind diese fünf Befehle nicht enthalten.

Wenn Sie einen Befehl auf einen privilegierten Level setzen, werden alle Befehle, deren Syntax eine Untermenge dieses Befehls ist, auch auf diesen Level gesetzt. Wenn Sie zum Beispiel den Befehl **show ip route** auf Level 15 setzen, werden auch die **show**-Befehle und **show ip**-Befehle automatisch auf den privilegierten Level 15 gesetzt – solange Sie diese nicht einzeln auf unterschiedliche Levels setzen.

## Beispiel

Die Befehle im folgenden Beispiel setzen den Befehl **configure** auf den privilegierten Level 14 und richten das Passwort *SecretPswd14* ein, das Benutzer eingeben müssen, um die Befehle des Levels 14 ausführen zu können:

```
privilege exec level 14 configure
enable secret level 14 SecretPswd14
```

## Verwandte Befehle

Sie können online unter www.cisco.com eine Recherche nach verwandten Befehlen durchführen.

**enable password**
**enable secret**
**privilege level (line)**

## 35.7 privilege level (Line)

Verwenden Sie den *Line*-Konfigurationsbefehl **privilege level**, um den privilegierten Standardlevel für eine Verbindung zu setzen. Verwenden Sie die **no**-Form dieses Befehls, um den normalen Benutzerlevel für die Verbindung zu setzen.

**privilege level** *Level*
**no privilege level**

| Syntax | Beschreibung |
|---|---|
| *Level* | Der privilegierte Level, der der angegebenen Verbindung zugeordnet wird. |

### Standards

Mit dem **enable**-Passwort gelangen Sie in den Level 15.

Der Level 1 ist der EXEC-Modus mit den normalen Benutzerprivilegien.

### Befehlsmodus

*Line*-Konfiguration

### Benutzungsrichtlinien

Dieser Befehl erschien erstmals in der Cisco-IOS-Version 10.3.

Benutzer können den von Ihnen mit diesem Befehl gesetzten privilegierten Level aussetzen, indem sie sich über die Verbindung einloggen und einen anderen privilegierten Level aufrufen. Sie können den privilegierten Level durch den Befehl **disable** erniedrigen. Wenn ein Benutzer das Passwort für einen höheren privilegierten Level kennt, kann er dieses Passwort verwenden, um in den höheren privilegierten Level zu gelangen.

Der Level 0 kann verwendet werden, um eine eingeschränkte Anzahl von Befehlen für bestimmte Benutzer oder Verbindungen festzulegen. Sie können zum Beispiel dem Benutzer *guest* nur die Ausführung der Befehle **show users** und **exit** gestatten.

Sie können einen sehr hohen privilegierten Level für Ihre Konsolenverbindung setzen, um die Nutzung dieser Verbindung einzuschränken.

### Beispiele

Die Befehle im folgenden Beispiel konfigurieren die Auxiliary-Verbindung mit dem privilegierten Level 5. Jede Person, die die Auxiliary-Verbindung nutzt, besitzt in der Standardeinstellung den privilegierten Level 5.

```
line aux 0
 privilege level 5
```

Der Befehl im folgenden Beispiel setzt alle **show ip**-Befehle, also auch alle **show**-Befehle, auf den privilegierten Level 7:

```
privilege exec level 7 show ip route
```

Dies ist gleichbedeutend mit dem folgenden Befehl:

```
privilege exec level 7 show
```

Die Befehle im folgenden Beispiel setzen den Befehl **show ip route** auf den Level 7 und die Befehle **show** und **show ip** auf den Level 1:

```
privilege exec level 7 show ip route
privilege exec level 1 show ip
```

### Verwandte Befehle

Sie können online unter www.cisco.com eine Recherche nach verwandten Befehlen durchführen.

**enable password**
**privilege level (line)**

## 35.8  service password-encryption

Verwenden Sie den globalen Konfigurationsbefehl **service password-encryption**, um die Passwörter zu verschlüsseln. Verwenden Sie die **no**-Form dieses Befehls, um die Standardeinstellung aufzurufen.

**service password-encryption**
**no service password-encryption**

### Syntaxbeschreibung

Dieser Befehl besitzt keine Argumente oder Schlüsselwörter.

### Standard

Keine Verschlüsselung

### Befehlsmodus

Globale Konfiguration

### Benutzungsrichtlinien

Dieser Befehl erschien erstmals in der Cisco-IOS-Version 10.0.

Der wirkliche Verschlüsselungsprozess setzt ein, wenn die aktuelle Konfiguration geschrieben oder ein Passwort konfiguriert wird. Die Passwortverschlüsselung wird auf alle Passwörter angewendet, also auf Authentifizierungsschlüssel-Passwörter, das privilegierte Befehlspasswort, Passwörter für Konsolen- und virtuelle Terminalver-

Kapitel 35 • Befehle zu Passwörtern und Privilegien **865**

bindungen und BGP-Nachbarpasswörter. Dieser Befehl sollte hauptsächlich eingesetzt werden, damit unautorisierte Personen keine Möglichkeit erhalten, das Passwort in Ihrer Konfigurationsdatei einzusehen.

Wenn die Passwortverschlüsselung aktiviert ist, werden bei der Eingabe eines **more system:running-config**-Befehls die Passwörter in verschlüsselter Form angezeigt.

---
**STOP**

Der Befehl **service password-encryption** bietet keine sehr hohe Sicherheitsstufe für Ihr Netzwerk. Wenn Sie diesen Befehl verwenden, sollten Sie deshalb zusätzliche Maßnahmen für die Netzwerksicherheit ergreifen.

---
**ANMERKUNG**

Ein verlorenes verschlüsseltes Passwort können Sie nicht wiederbestimmen. Sie müssen den NVRAM löschen und ein neues Passwort setzen.

---

### Beispiel

Das folgende Beispiel aktiviert die Passwortverschlüsselung:

```
service password-encryption
```

### Verwandte Befehle

Sie können online unter www.cisco.com eine Recherche nach verwandten Befehlen durchführen.

**enable password**
**key**-Zeichenfolge
**neighbor password**

## 35.9  show privilege

Verwenden Sie den EXEC-Befehl **show privilege**, um Ihren aktuellen privilegierten Level anzuzeigen.

**show privilege**

### Syntaxbeschreibung

Dieser Befehl besitzt keine Argumente oder Schlüsselwörter.

### Befehlsmodus

EXEC

## Benutzungsrichtlinien

Dieser Befehl erschien erstmals in der Cisco-IOS-Version 10.3.

## Beispielanzeige

Es folgt eine Beispielanzeige auf den Befehl **show privilege**. Der aktuelle privilegierte Level ist 15:

```
Router# show privilege
Current privilege level is 15
```

## Verwandte Befehle

Sie können online unter www.cisco.com eine Recherche nach verwandten Befehlen durchführen.

**enable password**
**enable secret**

## 35.10 username

Verwenden Sie den globalen Konfigurationsbefehl **username**, um ein Authentifizierungssystem auf der Basis von Benutzernamen einzurichten.

username *Name* {nopassword | password *Passwort* [*Verschlüsselungstyp verschlüsseltes-Passwort*]}
username *Name* password *Geheimtext*
username *Name* [access-class *Nummer*]
username *Name* [autocommand *Befehl*]
username *Name* [callback-dialstring *Telefonnummer*]
username *Name* [callback-rotary *Rotary-Gruppennummer*]
username *Name* [callback-line [tty] *Verbindungsnummer* [*letzte-Verbindungsnummer*]]
username *Name* [nocallback-verify]
username *Name* [noescape] [nohangup]
username *Name* [privilege level]

| Syntax | Beschreibung |
|---|---|
| *Name* | Hostname, Servername, Benutzer-ID oder Befehlsname. Das Argument *Name* darf nur aus einem Wort bestehen. Leer- und Fragezeichen sind nicht erlaubt. |
| **nopassword** | Dieser Benutzer muss zum Einloggen kein Passwort angeben. Dies ist meist in Kombination mit dem Schlüsselwort **autocommand** sinnvoll. |
| **password** | Legt ein möglicherweise verschlüsseltes Passwort für diesen Benutzernamen fest. |
| *Passwort* | Das Passwort, das ein Benutzer eingibt. |

| Syntax | Beschreibung |
|---|---|
| *Verschlüsselungstyp* | (Optional) Einstellige Zahl, die festlegt, ob der direkt nachfolgende Text verschlüsselt wird, und wenn ja, welcher Verschlüsselungstyp verwendet wird. Die zur Zeit möglichen Verschlüsselungstypen sind 0 (der direkt nachfolgende Text wird nicht verschlüsselt) und 7 (der direkt nachfolgende Text wird mit einem Cisco-eigenen Verschlüsselungsalgorithmus verschlüsselt). |
| *verschlüsseltes-Passwort* | Das verschlüsselte Passwort, das ein Benutzer eingibt. |
| **password** | (Optional) Das Passwort für das Argument *Name*. Ein Passwort muss aus 1 bis 25 Zeichen bestehen, es kann eingebettete Leerzeichen enthalten und muss die letzte Option im Befehl **username** sein. |
| *Geheimtext* | Legt für die CHAP-Authentifizierung den Geheimtext für den lokalen Router oder das gegenüberliegende Gerät fest. Der Geheimtext wird verschlüsselt, wenn er auf dem lokalen Router gespeichert wird. Der Geheimtext kann jede Zeichenfolge von bis zu 11 ASCII-Zeichen enthalten. Es gibt keine Mengenbeschränkung für Benutzernamen- und Passwortkombinationen, mit der jede Anzahl von externen Geräten authentifiziert werden kann. |
| **access-class** | (Optional) Legt eine ausgehende Access-Liste fest, die die Access-Liste überstimmt, die durch den *Line*-Konfigurationsbefehl **access-class** festgelegt ist. Sie wird für die gesamte Dauer der Benutzersitzung verwendet. |
| *Nummer* | Access-Listennummer. |
| **autocommand** | (Optional) Verursacht die automatische Ausführung des Befehls, wenn der Benutzer sich eingeloggt hat. Wenn der Befehl abgeschlossen ist, wird die Sitzung beendet. Da der Befehl jede Länge besitzen und eingebettete Leerzeichen enthalten kann, müssen die Befehle mit dem Schlüsselwort **autocommand** die letzte Option in der Zeile sein. |
| *Befehl* | Die Befehlszeichenfolge. Da der Befehl jede Länge besitzen und eingebettete Leerzeichen enthalten kann, müssen die Befehle mit dem Schlüsselwort **autocommand** die letzte Option in der Zeile sein. |
| **callback-dial-string** | (Optional) Nur für den asynchronen Rückruf: Sie können hiermit eine Telefonnummer angeben, die dem DCE-Gerät übergeben wird. |
| *Telefonnummer* | Nur für den asynchronen Rückruf: die Telefonnummer, die dem DCE-Gerät übergeben wird. |
| **callback-rotary** | (Optional) Nur für den asynchronen Rückruf: Sie können hiermit eine Rotary-Gruppennummer angeben. Es wird die nächste verfügbare Verbindung in der Rotary-Gruppe ausgewählt. |
| *Rotary-Gruppennummer* | Nur für den asynchronen Rückruf: eine ganze Zahl zwischen 1 und 100, die die Gruppe von Verbindungen angibt, auf der Sie einem bestimmten Benutzername den Rückruf ermöglichen wollen. |
| **callback-line** | (Optional) Nur für den asynchronen Rückruf: bestimmte Verbindung, auf der Sie einem bestimmten Benutzername den Rückruf ermöglichen wollen. |
| **tty** | (Optional) Nur für den asynchronen Rückruf: asynchrone Standardverbindung. |

| Syntax | Beschreibung |
|---|---|
| *Verbindungs-nummer* | Nur für den asynchronen Rückruf: relative Nummer der Terminalverbindung (oder die erste Verbindung in einer zusammenhängenden Gruppe), auf der Sie einem bestimmten Benutzernamen den Rückruf ermöglichen wollen. Die Nummerierung beginnt mit Null. |
| *Letzte-Verbindungsnummer* | (Optional) Relative Nummer der letzten Verbindung in einer zusammenhängenden Gruppe, auf der Sie einem bestimmten Benutzernamen den Rückruf ermöglichen wollen. Wenn Sie das Schlüsselwort nicht angeben (z.B. **tty**), dann sind die *Verbindungsnummer* und *letzte-Verbindungsnummer* absolute und keine relativen Verbindungsnummern. |
| **nocallback-verify** | (Optional) Die Authentifizierung ist für den EXEC-Rückruf auf der angegebenen Verbindung nicht notwendig. |
| **noescape** | (Optional) Verhindert, dass ein Benutzer ein Escape-Zeichen auf dem Host ausführen kann, mit dem der Benutzer verbunden ist. |
| **nohangup** | (Optional) Verhindert, dass der Sicherheits-Server die Benutzerverbindung nach dem Abschluss eines automatischen Befehls unterbricht (der mit dem Schlüsselwort **autocommand** eingerichtet wurde). Stattdessen wird dem Benutzer eine weitere Login-Aufforderung präsentiert. |
| **privilege** | (Optional) Setzt den privilegierten Level für den Benutzer. |
| *Level* | (Optional) Zahl zwischen 0 und 15, die den privilegierten Level für den Benutzer festlegt. |

### Standard

Es ist kein Authentifizierungssystem auf der Basis von Benutzernamen eingerichtet.

### Befehlsmodus

Globale Konfiguration

### Benutzungsrichtlinien

Die folgenden Befehle erschienen erstmals in der Cisco-IOS-Version 10.0:

username *Name* {nopassword | password *Passwort* [*Verschlüsselungstyp verschlüsseltes-Passwort*]}
username *Name* password *Geheimtext*
username *Name* [access-class *Nummer*]
username *Name* [autocommand *Befehl*]
username *Name* [noescape] [nohangup]
username *Name* [privilege *Level*]

Die folgenden Befehle erschienen erstmals in der Cisco-IOS-Version 11.1:

username *Name* [callback-dialstring *Telefonnummer*]
username *Name* [callback-rotary *Rotary-Gruppennummer*]
username *Name* [callback-line [tty] *Verbindungsnummer* [*letzte-Verbindungsnummer*]]
username *Name* [nocallback-verify]

Der Befehl **username** ermöglicht die Benutzernamen- und/oder Passwortauthentifizierung nur für das Login (es ermöglicht keine Benutzernamen- und/oder Passwortauthentifizierung für den enable-Modus, wenn zusätzlich der Befehl **enable use-tacacs** konfiguriert wurde).

Es können mehrere **username**-Befehle verwendet werden, um verschiedene Optionen für einen einzelnen Benutzer festzulegen.

Führen Sie einen **username**-Eintrag für jedes externe System aus, mit dem der lokale Router kommunizieren soll und von dem er die Authentifizierung benötigt. Das externe Gerät muss einen **username**-Eintrag für den lokalen Router besitzen. Dieser Eintrag muss dasselbe Passwort enthalten wie der Eintrag des lokalen Routers für dieses externe Gerät.

Dieser Befehl kann sehr hilfreich sein, um Benutzernamen festzulegen, die eine besondere Eigenschaft besitzen. Sie können diesen Befehl zum Beispiel für den Benutzernamen *Info* verwenden, der kein Passwort verlangt und mit dem sich ein Benutzer mit einem allgemeinen Informationsdienst verbinden kann.

Der Befehl **username** ist als Teil der Konfiguration für das Challenge-Handshake-Authentifizierungsprotokoll (CHAP) erforderlich. Führen Sie einen **username**-Eintrag für jedes externe System aus, von dem der lokale Router die Authentifizierung verlangen soll

### Anmerkung

Damit der lokale Router auf externe CHAP-Challenge-Pakete antworten kann, muss ein Eintrag der Form **username** *Name* mit dem Eintrag **hostname** *Name* übereinstimmen, der bereits auf Ihrem Router vorgenommen wurde.

Wenn kein *Geheimtext* festgelegt wurde und der Befehl **debug serial-interface** aktiviert wird, wird eine Fehlermeldung angezeigt, wenn eine Verbindung eingerichtet wurde und die CHAP-Challenge nicht angewendet wird. Sie können die CHAP-Debug-Informationen mit den Befehlen **debug serial-interface** und **debug serial-packet** aufrufen.

### Beispiele

Um einen Dienst auszuführen, der dem UNIX-Befehl **who** gleicht, der an der Login-Eingabe eingegeben werden kann und die aktuellen Benutzer des Routers auflisten soll, besitzt der Befehl **username** die folgende Form:

```
username who nopassword nohangup autocommand show user
```

Um einen Informationsdienst auszuführen, der keine Angabe eines Passworts verlangt, besitzt der Befehl die folgende Form:

```
username info nopassword noescape autocommand telnet nic.ddn.mil
```

Um eine ID festzulegen, mit der man sich auch dann einloggen kann, wenn alle TACACS-Server ausfallen, besitzt der Befehl die folgende Form:

```
username superuser password superpassword
```

Die folgende Beispielkonfiguration aktiviert das CHAP auf der seriellen Schnittstelle 0. Es legt auch ein Passwort für den lokalen Server namens *server_l* und für einen externen Server namens *server_r* fest.

```
hostname server_l
interface serial 0
 encapsulation ppp
 ppp authentication chap
 username server_l password oursystem
 username server_r password theirsystem
```

Wenn Sie in Ihre Konfigurationsdatei schauen, werden dort die Passwörter verschlüsselt sein und die Anzeige wird der folgenden ähneln:

```
hostname server_l
interface serial 0
 encapsulation ppp
 ppp authentication chap
 username server_l password 7 1514040356
 username server_r password 7 121F0A18
```

### Verwandte Befehle

Sie können online unter www.cisco.com eine Recherche nach verwandten Befehlen durchführen.

**arap callback**
**callback-forced-wait**
**debug callback**
**ppp callback**

# KAPITEL 36
# Authentifizierung der Nachbar-Router: Überblick und Richtlinien

Sie können Ihren Router durch die Konfiguration der Nachbar-Router-Authentifizierung vor dem Empfang von betrügerischen Routen-Updates schützen.

Dieses Kapitel beschreibt die Nachbar-Router-Authentifizierung als Bestandteil eines kompletten Sicherheitsplans. Es beschreibt auch die Nachbar-Router-Authentifizierung an sich, wie sie funktioniert und warum Sie sie einsetzen sollten, um Ihre gesamte Netzwerksicherheit zu verstärken.

Dieses Kapitel bezeichnet die Nachbar-Router-Authentifizierung mit *Nachbarauthentifizierung*. Zuweilen wird die Nachbar-Router-Authentifizierung auch mit *Routen-Authentifizierung* bezeichnet.

Dieses Kapitel beschreibt die folgenden Themen:

- Vorteile der Nachbarauthentifizierung
- Protokolle, die die Nachbarauthentifizierung einsetzen
- Unter welchen Umständen die Nachbarauthentifizierung konfiguriert werden sollte
- Funktionsweise der Nachbarauthentifizierung
- Schlüsselverwaltung (der Schlüsselketten)

## 36.1 Vorteile der Nachbarauthentifizierung

Wenn die Nachbarauthentifizierung konfiguriert ist, wird sie immer dann ausgeführt, wenn Routing-Updates zwischen Nachbar-Routern ausgetauscht werden. Diese Authentifizierung gewährleistet, dass ein Router zuverlässige Routing-Informationen von einer vertrauten Quelle erhält.

Ohne die Nachbarauthentifizierung können unautorisierte oder absichtlich verfälschte Routing-Updates die Sicherheit Ihres Netzwerkverkehrs gefährden. Eine Sicherheitsgefährdung kann eintreten, wenn eine feindliche Partei Ihren Netzwerkverkehr umleitet oder analysiert. Zum Beispiel kann ein unautorisierter Router ein fingiertes Routing-Update senden, um Ihren Router dazu zu bringen, den Verkehr an ein falsches Ziel zu senden. Dieser umgeleitete Verkehr kann daraufhin analysiert werden, um vertrauliche Informationen über Ihre Organisation auszuspähen, oder er wird einfach nur eingesetzt, um die Kommunikationsfähigkeit Ihrer Organisation über das Netzwerk zu behindern.

Die Nachbarauthentifizierung verhindert, dass Ihr Router solche betrügerischen Routen-Updates empfängt.

## 36.2 Protokolle, die die Nachbarauthentifizierung einsetzen

Die Nachbar-Authentifizierung kann für die folgenden Routing-Protokolle konfiguriert werden:

- Border-Gateway-Protokoll (BGP)
- DRP-Server-Agent
- Intermediate-System-to-Intermediate-System (IS-IS)
- IP-Enhanced-Interior-Gateway-Routing-Protokoll (IGRP)
- Open-Shortest-Path-First (OSPF)
- Version 2 des Routing-Information-Protokolls (RIP)

## 36.3 Unter welchen Umständen die Nachbarauthentifizierung konfiguriert werden sollte

Sie sollten jeden Router mit der Nachbarauthentifizierung konfigurieren, der alle folgenden Bedingungen erfüllt:

- Der Router verwendet eines der oben angesprochenen Routing-Protokolle.
- Es besteht die Möglichkeit, dass der Router ein falsches Routen-Update empfängt.
- Wenn der Router ein falsches Routen-Update empfangen würde, könnte Ihr Netzwerk bloßgestellt werden.
- Wenn Sie einen Router mit der Nachbarauthentifizierung konfigurieren, müssen Sie auch den Nachbar-Router mit der Nachbar-Authentifizierung konfigurieren.

## 36.4 Funktionsweise der Nachbarauthentifizierung

Wenn die Nachbarauthentifizierung auf einem Router konfiguriert ist, authentifiziert der Router die Quelle jedes empfangenen Routing-Update-Pakets. Dies wird durch den Austausch eines authentifizierenden Schlüssels erreicht (der manchmal auch als Passwort bezeichnet wird), der sowohl dem sendenden als auch dem empfangenden Router bekannt ist.

Es können zwei Nachbarauthentifizierungsarten verwendet werden: die Klartext-Authentifizierung und die Authentifizierung mit dem Message-Digest-Algorithmus der Version 5 (MD5). Beide Formen haben die gleiche Funktionsweise, mit der Ausnahme, dass der MD5 statt des eigentlichen authentifizierenden Schlüssels einen Meldungs-Digest sendet. Der Meldungs-Digest wird mit dem Schlüssel und einer Meldung erzeugt, jedoch wird der Schlüssel selbst nicht gesendet. Damit wird verhindert, dass er während der Übertragung gelesen werden kann. Die Klartextauthentifizierung sendet den eigentlichen authentifizierenden Schlüssel über die Leitung.

**ANMERKUNG**

Es sei angemerkt, dass der Einsatz der Klartextauthentifizierung als Teil Ihrer Sicherheitsstrategie nicht empfehlenswert ist. Diese wird hauptsächlich verwendet, um versehentliche Änderungen in der Routing-Infrastruktur zu vermeiden. Die MD5-Authentifizierung wird hingegen als Sicherheitsverfahren sehr empfohlen.

**STOP**

Wie bei allen Schlüsseln, Passwörtern und anderen Sicherheitsgeheimnissen, ist es unbedingt notwendig, dass Sie die authentifizierenden Schlüssel streng überwachen, die in der Nachbarauthentifizierung eingesetzt werden. Die Sicherheitsvorteile dieser Funktion hängen davon ab, dass Sie all Ihre authentifizierenden Schlüssel sicher verwahren. Auch wenn Sie Router-Verwaltungsaufgaben mit dem Simple-Network-Management-Protokoll (SNMP) ausführen, dürfen Sie das Risiko im Zusammenhang mit der Sendung von Schlüsseln durch das unverschlüsselte SNMP nicht vernachlässigen.

## 36.4.1 Klartextauthentifizierung

Alle beteiligten Nachbar-Router benötigen einen gemeinsamen authentifizierenden Schlüssel. Dieser Schlüssel wird auf jedem Router über die Konfiguration festgelegt. Mit einigen Protokollen können mehrere Schlüssel festgelegt werden. Dann benötigt jeder Schlüssel zur Identifikation eine Schlüsselnummer.

Wenn ein Routing-Update gesendet wird, tritt allgemein die folgende Authentifizierungsfolge auf:

Schritt 1   Ein Router sendet ein Routing-Update mit einem Schlüssel und der zugehörigen Schlüsselnummer an den Nachbar-Router. Bei Protokollen mit nur einem Schlüssel ist die Schlüsselnummer immer Null.

Schritt 2   Der empfangende (Nachbar-) Router vergleicht den empfangenen Schlüssel mit dem gleichen Schlüssel, der sich in seinem Arbeitsspeicher befindet.

**Schritt 3** Wenn die beiden Schlüssel übereinstimmen, akzeptiert der empfangende Router das Routing-Update-Paket. Wenn die beiden Schlüssel nicht übereinstimmen, wird das Routing-Update-Paket abgelehnt.

Diese Protokolle verwenden die Klartextauthentifizierung:

- DRP-Server-Agent
- IS-IS
- OSPF
- RIP-Version 2

### 36.4.2 MD5-Authentifizierung

Die MD5-Authentifizierung funktioniert auf ähnliche Weise wie die Klartextauthentifizierung, mit der Ausnahme, dass der Schlüssel niemals über die Verbindung gesendet wird. Stattdessen verwendet der Router den MD5-Algorithmus, um einen Meldungs-Digest aus dem Schlüssel zu erzeugen (auch als *Zerhackung* bezeichnet). Der Meldungs-Digest wird daraufhin an Stelle des eigentlichen Schlüssels gesendet. Dies gewährleistet, dass niemand die Verbindung aushorchen und den Schlüssel während der Übertragung ausspähen kann.

Diese Protokolle verwenden die MD5-Authentifizierung:

- OSPF
- RIP-Version 2
- BGP
- IP-Erweitertes IGRP

## 36.5 Schlüsselverwaltung (von Schlüsselketten)

Für diese Routing-Protokolle können Sie Schlüsselketten (Key-Chains) konfigurieren:

- RIP-Version 2
- IP-erweitertes IGRP
- DRP-Server-Agent

Diese Routing-Protokolle bieten die zusätzliche Schlüsselverwaltungs-Funktion mit Schlüsselketten. Wenn Sie eine Schlüsselkette konfigurieren, legen Sie ein Reihe von Schlüsseln mit Laufzeiten fest und daraufhin verwendet die Cisco-IOS-Software jeden dieser Schlüssel im Rotationsverfahren. Dies verringert die Wahrscheinlichkeit, dass die Schlüssel ausgespäht werden.

Jedem Schlüssel innerhalb der Schlüsselkette muss eine Zeitdauer zugeordnet werden, für die der Schlüssel aktiviert ist (also seine Laufzeit). Während der Laufzeit cincs gegebenen Schlüssels werden die Routing-Update-Pakete mit diesen aktivierten Schlüssel gesendet. Die Schlüssel können nicht während der Zeitperioden verwendet werden, in denen sie nicht aktiviert sind. Daher wird empfohlen, dass sich bei einer bestimmten Schlüsselkette die Schlüssel-Aktivierungszeiten überlappen, um Zeitperioden ohne aktivierte Schlüssel zu vermeiden. Wenn eine Zeitlang keine aktivierten Schlüssel vorhanden sind, kann keine Nachbarauthentifizierung erfolgen und die Routing-Updates werden fehlschlagen.

Es können mehrere Schlüsselketten festgelegt werden.

Es ist wichtig, dass der Router die genaue Zeit besitzt, damit dieser die Schlüssel synchron zu den anderen beteiligten Routern wechseln kann und alle Router den gleichen Schlüssel im selben Moment verwenden.

**KAPITEL 37**

# Konfiguration der IP-Sicherheitsoptionen

Cisco ermöglicht die Unterstützung der IP-Sicherheitsoptionen (IPSO), die im RFC 1108 beschrieben sind. Die Cisco-Ausführung erfüllt nur die Minimalanforderungen des RFC 1108, da die Cisco-IOS-Software nur eine 4-Byte-IPSO akzeptiert und erzeugt.

Die IPSO wird generell in Übereinstimmung mit den Sicherheitsvorgaben des US-Verteidigungsministeriums angewendet.

Eine vollständige Beschreibung der IPSO-Befehle finden Sie in Kapitel 38 »Die Befehle der IP-Sicherheitsoptionen« Um eine Beschreibung zu anderen in diesem Kapitel angesprochenen Befehlen zu erhalten, können Sie eine Online-Recherche unter der Adresse www.cisco.com durchführen.

Dieses Kapitel beschreibt die Konfiguration der IPSO für die einfachen und die erweiterten Sicherheitsoptionen, die im RFC 1108 beschrieben sind. Dieses Kapitel beschreibt auch die Konfiguration der IPSO-Verfolgung. Es enthält die folgenden Abschnitte:

– Konfiguration der einfachen IP-Sicherheitsoptionen

– Konfiguration der erweiterten IP-Sicherheitsoptionen

– Konfiguration der DNSIX-Verfolgungsspurfunktion

– Konfigurationsbeispiele zur IPSO

## 37.1 Konfiguration der einfachen IP-Sicherheitsoptionen

Die einfache IPSO-Unterstützung von Cisco bietet die folgenden Möglichkeiten:

– Sie legt Sicherheitslevels auf der Basis von Schnittstellen fest

– Sie kann auf Schnittstellen einzelne Levels oder mehrere Levels festlegen

– Sie ermöglicht ein Etikett (Label) für eingehende Pakete

- Sie entfernt die Etiketten schnittstellenweise
- Sie ordnet die Optionen so, dass die einfachen Sicherheitsoptionen vornan stehen

Führen Sie die Schritte in den folgenden Abschnitten aus, um die einfache IPSO zu konfigurieren:

- Die Aktivierung der IPSO und das Setzen der Sicherheitsklassifizierungen
- Die Festlegung, wie die IP-Sicherheitsoptionen ausgeführt werden sollen

### 37.1.1 Aktivierung der IPSO und das Setzen der Sicherheitsklassifizierungen

Verwenden Sie einen der folgenden Befehle im Interface-Konfigurationsmodus, um die IPSO zu aktivieren und die Sicherheitsklassifizierungen auf einer Schnittstelle zu setzen:

| Befehl | Zweck |
| --- | --- |
| ip security dedicated *Level Autorität* [*Autorität*...] | Setzt auf einer Schnittstelle die erforderlichen IPSO-Klassifizierungen und Autoritäten. |
| ip security multiLevel *Level1* [*Autorität1*...] to *Level2 Autorität2* [*Autorität2*...] | Setzt auf einer Schnittstelle den erforderlichen IPSO-Bereich von Klassifizierungen und Autoritäten. |

Verwenden Sie den Befehl **no ip security**, um eine Schnittstelle in ihren Standardzustand zu versetzen.

### 37.1.2 Festlegung, wie die IP-Sicherheitsoptionen ausgeführt werden sollen

Verwenden Sie die folgenden optionalen Befehle im Interface-Konfigurationsmodus, um festzulegen, wie die IP-Sicherheitsoptionen ausgeführt werden sollen:

| Befehl | Zweck |
| --- | --- |
| ip security ignore-authorities | Mit diesem Befehl ignoriert eine Schnittstelle bei allen eingehenden Paketen das Autoritätsfeld. |
| ip security implicit-labelling [*Level Autorität* [*Autorität*...]] | Klassifiziert Pakete, die kein IPSO mit einem eingeschlossenen Sicherheitsetikett besitzen. |
| ip security extended-allowed | Akzeptiert Pakete auf einer Schnittstelle, auf der eine erweiterte Sicherheitsoption aktiv ist. |

| Befehl | Zweck |
|---|---|
| ip security add | Gewährleistet, dass alle Pakete, die den Router über eine Schnittstelle verlassen, eine einfache Sicherheitsoption enthalten. |
| ip security strip | Entfernt jede einfache Sicherheitsoption, die sich in einem Paket befindet, das den Router über eine Schnittstelle verlässt. |
| ip security first | Erzeugt eine Rangfolge der Sicherheitsoptionen in einem Paket. |
| ip security reserved-allowed | Behandelt jedes Paket als gültig, das die Sicherheitslevel *Reserved1* bis *Reserved4* aufweist. |

### Standardwerte für die Schlüsselwörter des Befehls

Um die Vorgaben der IPSO vollständig zu erfüllen, wurden die Standardwerte für die untergeordneten Schlüsselwörter sehr komplex. Die Anwendung der Standardwerte beinhaltet folgendes:

- Die Standardeinstellung für alle untergeordneten Schlüsselwörter ist *aus*, mit Ausnahme des **implicit-labelling** (unaufgefordertes Etikettieren) und **add** (Hinzufügen).

- Der Standardwert für **implicit-labelling** ist *an*, wenn auf der Schnittstelle *Unklassifiziertes Genser* eingestellt ist. Ansonsten ist der Wert *aus*.

- Der Standardwert für **add** ist *an*, wenn die Schnittstelle nicht *Unklassifiziertes Genser* ist. Ansonsten ist der Wert *aus*.

Die Tabelle 37.1 enthält eine Liste mit allen Standardwerten.

*Tabelle 37.1: Die Standardwerte für die Security-Schlüsselwörter*

| Schnittstellentyp | Level | Autorität | implicit-labelling | Add IPSO |
|---|---|---|---|---|
| Kein | Kein | Kein | An | Aus |
| Dediziert | Unklassifiziert | Genser | An | Aus |
| Dediziert | Jeder | Jede | Aus | An |
| Mehrfachlevel | Jeder | Jede | Aus | An |

Der Standardwert für jede Schnittstelle ist *Dediziert, Unklassifiziert Genser*. Beachten Sie, dass dies das **implicit-labelling** bedeutet. Dies mag ungewöhnlich erscheinen, aber es macht das System vollständig transparent für Pakete ohne Optionen. Diese Einstellung wird erzeugt, wenn Sie den Interface-Konfigurationsbefehl **no ip security** verwenden.

## 37.2 Konfiguration der erweiterten IP-Sicherheitsoptionen

Die erweiterte IPSO-Unterstützung von Cisco erfüllt die Vorschriften des Department-of-Defense-Intelligence-Information-System-Network-Security-for-Information-Exchange (DNSIX). Die erweiterte IPSO-Funktionalität kann Internet-Verkehr mit erweiterten Sicherheitsoptionen bedingungslos akzeptieren oder ablehnen, indem sie diese Optionen mit konfigurierten zulässigen Werten vergleicht. Mit dieser Unterstützung können DNSIX-Netzwerke zusätzliche Sicherheitsinformationen verwenden, um eine höhere Sicherheitsstufe zu gewährleisten, als mit der einfachen IPSO zu erreichen wäre.

Cisco unterstützt auch einen Teil der Sicherheitsfunktionen, die in der DNSIX-Version 2.1 festgelegt sind. Es unterstützt speziell die folgenden DNSIX-Verfahren:

- Wie die erweiterte IPSO ausgeführt wird
- Die Verfolgungsspurfunktion

In der DNSIX 2.1-Dokumentation sind zwei Arten von erweiterten IPSO-Feldern festgelegt. Diese werden auch von der Cisco-Ausführung des erweiterten IPSO unterstützt – die Felder der Netzwerk-Level-erweiterten-Sicherheitsoption (NLESO) und der Auxiliary-erweiterten-Sicherheitsoption (AESO).

Die NLESO-Verarbeitung verlangt den Vergleich der Sicherheitsoptionen mit konfigurierten zulassenden Informationen, Quellen und Compartment-Bitwerten und erfordert, dass der Router die erweiterten Sicherheitsoptionen in den IP-Header einfügen kann.

Die AESO ähnelt der NLESO, mit der Ausnahme, dass ihre Inhalte nicht verglichen und als gültig betrachtet werden, wenn ihre Quelle in der AESO-Tabelle aufgelistet ist.

Führen Sie die Schritte in den folgenden Abschnitten aus, um das erweiterte IPSO zu konfigurieren:

- Die Konfiguration der globalen Standardeinstellungen
- Die Zuweisung der ESOs zu einer Schnittstelle
- Die Zuweisung der AESOs zu einer Schnittstelle

Die DNSIX-Version 2.1 verursacht den Slow-Switching-Code.

## 37.2.1 Konfiguration der globalen Standardeinstellungen

Verwenden Sie den folgenden Befehl im globalen Konfigurationsmodus, um globale Standardeinstellungen für die erweiterte IPSO zu konfigurieren, die AESOs eingeschlossen:

| Befehl | Zweck |
| --- | --- |
| ip security eso-info *Quelle Compartmentgrösse Standard-Bit* | Konfiguriert die Standardeinstellungen systemweit. |

## 37.2.2 Zuweisung der ESOs zu einer Schnittstelle

Verwenden Sie die folgenden Befehle im Interface-Konfigurationsmodus, um die minimalen und maximalen zu berücksichtigenden Levels für eine Schnittstelle festzulegen:

| Befehl | Zweck |
| --- | --- |
| ip security eso-min *Quelle Compartmentbits* | Setzt den minimalen zu berücksichtigenden Level für eine Schnittstelle. |
| ip security eso-max *Quelle Compartmentbits* | Setzt den maximalen zu berücksichtigenden Level für eine Schnittstelle. |

## 37.2.3 Die Zuweisung der AESOs zu einer Schnittstelle

Verwenden Sie den folgenden Befehl im Interface-Konfigurationsmodus, damit die erweiterten IPSO-Quellen als AESO-Quellen behandelt werden:

| Befehl | Zweck |
| --- | --- |
| ip security aeso *Quelle Compartmentbits* | Legt die AESO-Quellen fest. |

# 37.3 Konfiguration der DNSIX-Verfolgungsspurfunktion

Die Verfolgungsspurfunktion ist ein UDP-basiertes Protokoll, das eine Verfolgungsspur über IPSO-Sicherheitsverletzungen aufnimmt. Mit dieser Funktion kann das System über Sicherheitsfehler in eingehenden und ausgehenden Paketen berichten. Die Verfolgungsspurfunktion sendet DNSIX-Verfolgungsspurmeldungen, wenn ein Datenpaket aufgrund von IPSO-Sicherheitverletzungen abgelehnt wird. Mit dieser Funktion können Sie firmeneigene Sicherheitsinformationen konfigurieren.

Die DNSIX-Verfolgungsspurfunktion besteht aus zwei Protokollen:

- Das DNSIX-Message-Deliver-Protokoll (DMDP) ermöglicht einen grundlegenden Mechanismus zur Meldungsübertragung für alle DNSIX-Elemente.
- Das Network-Audit-Trail-Protokoll ermöglicht eine gepufferte Loggingfunktion, mit denen Anwendungen Berichtsinformationen erstellen können. Diese Informationen werden daraufhin an das DMDP übergeben.

Führen Sie die Schritte in den folgenden Abschnitten aus, um die DNSIX-Verfolgungsfunktion zu konfigurieren:

- Aktivierung der DNSIX-Verfolgungsspurfunktion
- Angabe des Hosts, der die Verfolgungsspurmeldungen empfangen soll
- Einstellung der Übertragungsparameter

### 37.3.1 Aktivierung der DNSIX-Verfolgungsspurfunktion

Verwenden Sie den folgenden Befehl im globalen Konfigurationsmodus, um die DNSIX-Verfolgungsspurfunktion zu aktivieren:

| Befehl | Zweck |
|---|---|
| dnsix-nat source *IP-Adresse* | Startet das Modul zur Verfolgungsaufnahme. |

### 37.3.2 Angabe des Hosts, der die Verfolgungsspurmeldungen empfangen soll

Verwenden Sie die folgenden Befehle im globalen Konfigurationsmodus, um die erste und zweite Adresse der Hosts festzulegen, die die Verfolgungsmeldungen empfangen sollen:

| Schritt | Befehl | Zweck |
|---|---|---|
| 1 | dnsix-nat primary *IP-Adresse* | Legt die Hauptadresse für die Verfolgungsspur fest. |
| 2 | dnsix-nat secondary *IP-Adresse* | Legt die zweite Adresse für die Verfolgungsspur fest. |
| 3 | dnsix-nat authorized-redirection *IP-Adresse* | Legt die Adresse eines Sammelzentrums fest, das die Haupt- und die zweite Adresse ändern darf. Die angegebenen Hosts können das Ziel der Meldungen ändern. |

## 37.3.3 Einstellung der Übertragungsparameter

Verwenden Sie die folgenden Befehle im globalen Konfigurationsmodus, um die Übertragungsparameter festzulegen:

| Schritt | Befehl | Zweck |
|---|---|---|
| 1 | **dnsix-nat transmit-count** *Zahl* | Legt die Anzahl von Berichten in einem Paket fest, bevor es an ein Sammelzentrum gesendet wird. |
| 2 | **dnsix-dmdp retries** *Zahl* | Legt die Anzahl von wiederholten Übertragungsversuchen für das DMDP fest. |

## 37.4 Konfigurationsbeispiele zur IPSO

In diesem Abschnitt werden drei IPSO-Beispiele gezeigt:

- Beispiel 1
- Beispiel 2
- Beispiel 3

### 37.4.1 Beispiel 1

In diesem Beispiel sind drei Ethernet-Schnittstellen gezeigt. Diese Schnittstellen werden mit den Sicherheitslevels *Confidential Genser*, *Secret Genser* und *Confidential* bis *Secret Genser* betrieben, die in Bild 37.1 gezeigt sind.

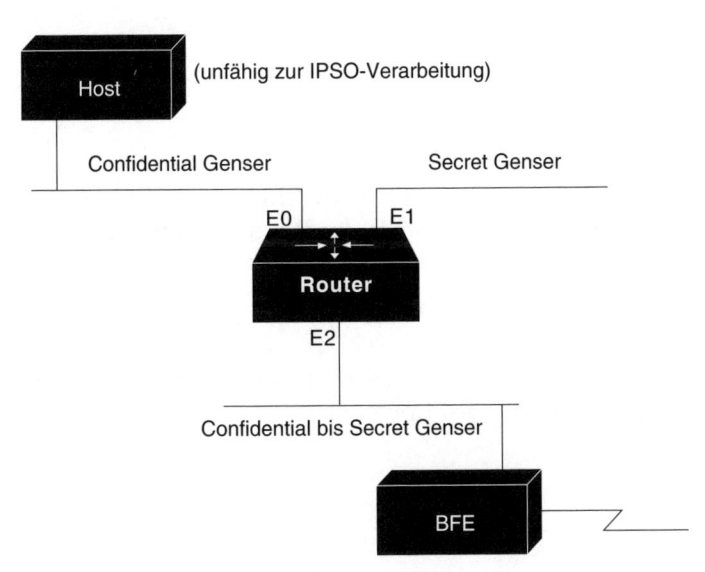

*Bild 37.1: Die IPSO-Sicherheits-Levels*

Die folgenden Befehle richten die Schnittstellen für die Konfiguration in Bild 37.1 ein:

```
interface ethernet 0
 ip security dedicated confidential genser
interface ethernet 1
 ip security dedicated secret genser
interface ethernet 2
 ip security multilevel confidential genser to secret genser
```

Es ist möglich, dass eine Einrichtung wesentlich komplexer ist.

### 37.4.2 Beispiel 2

Im folgenden Beispiel können die Geräte an Ethernet 0 keine Sicherheitsoption erzeugen und müssen daher Pakete ohne eine Sicherheitsoption akzeptieren. Diese Hosts verstehen keine Sicherheitsoptionen. Daher sollten Sie einer solchen Schnittstelle auch keine zuweisen. Darüber hinaus verwenden die Hosts auf den anderen beiden Netzwerken die erweiterte Sicherheitsoption zum Informationsaustausch; daher müssen Sie diese durch das System lassen. Schließlich erfordert ein Host (ein Blacker-Front-End) auf Ethernet 2, dass die Sicherheitsoption die erste vorhandene Option ist, und diese Bedingung muss auch festgelegt werden. Die neue Konfiguration folgt:

```
interface ethernet 0
 ip security dedicated confidential genser
 ip security implicit-labelling
 ip security strip
interface ethernet 1
 ip security dedicated secret genser
 ip security extended-allowed
!
interface ethernet 2
 ip security multilevel confidential genser to secret genser
 ip security extended-allowed
 ip security first
```

### 37.4.3 Beispiel 3

Dieses Beispiel konfiguriert einen Cisco-Router mit HP-UX CMW DNSIX-Hosts. Die folgenden Befehle sollten auf jeder LAN-Schnittstelle des Routers konfiguriert werden, damit zwei DNSIX-Hosts miteinander kommunizieren können:

```
ip security multilevel unclassified nsa to top secret nsa
ip security extended allowed
```

Die DNSIX-Hosts müssen die IP-Adressen des Routers nicht kennen und die DNSIX-Hosts müssen keine M6RHDB-Einträge für den Router erstellen.

**KAPITEL 38**

# Befehle der IP-Sicherheitsoptionen

Dieses Kapitel beschreibt die Befehle der IP-Sicherheitsoptionen (IPSO). Die IPSO wird generell in Übereinstimmung mit den Sicherheitsvorgaben des US-Verteidigungsministeriums angewendet.

Wenn Sie eine vollständige Beschreibung von anderen Befehlen zur Konfiguration des IPSO suchen, können Sie eine Online-Recherche unter der Internetadresse www.cisco.com ausführen.

Information zur IPSO-Konfiguration finden Sie in Kapitel 37 »Konfiguration der IP-Sicherheitsoptionen«.

## 38.1 dnsix-dmdp retries

Verwenden Sie den globalen Konfigurationsbefehl **dnsix-dmdp retries**, um die Zahl der wiederholten Sendeversuche festzulegen, die vom Message-Delivery-Protokoll (DMDP) der Department-of-Defense-Intelligence-Information-System-Network-Security-for-Information-Exchange (DNSIX) verwendet wird. Verwenden Sie die **no**-Form dieses Befehls, um die Standardanzahl von Wiederholungsversuchen aufzurufen.

dnsix-dmdp retries *Zahl*
no dnsix-dmdp retries *Zahl*

| Syntax | Beschreibung |
|---|---|
| *Zahl* | Legt fest, wie oft das DMDP eine Meldung wiederholt senden wird. Geben Sie eine ganze Zahl von 0 bis 200 ein. Die Standardeinstellung ist vier Wiederholungen, wenn keine Bestätigung empfangen wird. |

### Standard

Die Meldungen werden viermal wiederholt, wenn keine Bestätigung empfangen wird.

**Befehlsmodus**

Globale Konfiguration

**Benutzungsrichtlinien**

Dieser Befehl erschien erstmals in der Cisco-IOS-Version 10.0.

**Beispiel**

Das folgende Beispiel setzt die Anzahl der wiederholten Sendeversuche für DMDP-Meldungen auf 150:

```
dnsix-dmdp retries 150
```

**Verwandte Befehle**

Sie können online unter www.cisco.com eine Recherche nach verwandten Befehlen ausführen.

dnsix-nat authorized-redirection
dnsix-nat primary
dnsix-nat secondary
dnsix-nat source
dnsix-nat transmit-count

## 38.2 dnsix-nat authorized-redirection

Verwenden Sie den globalen Konfigurationsbefehl **dnsix-nat authorized-redirection**, um die Adresse eines Sammelzentrums festzulegen, das die primäre und die sekundäre Adresse der Hosts ändern darf, an die die Verfolgungsmeldungen gesendet werden. Verwenden Sie die **no**-Form dieses Befehls, um eine Adresse zu löschen.

**dnsix-nat authorized-redirection** *IP-Adresse*
**no dnsix-nat authorized-redirection** *IP-Adresse*

| Syntax | Beschreibung |
|---|---|
| *IP-Adresse* | IP-Adresse des Hosts, von dem umgeleitete Anfragen zugelassen werden. |

**Standard**

Eine leere Adressenliste

**Befehlsmodus**

Globale Konfiguration

### Benutzungsrichtlinien

Dieser Befehl erschien erstmals in der Cisco-IOS-Version 10.0.

Verwenden Sie mehrere der Befehle **dnsix-nat authorized-redirection**, um eine Reihe von Hosts festzulegen, die das Ziel für Verfolgungsmeldungen ändern dürfen. Umgeleitete Anfragen werden mit der konfigurierten Liste verglichen und wenn die Adresse nicht dazu berechtigt ist, wird die Anfrage abgelehnt und eine Verfolgungsmeldung erzeugt. Wenn keine Adresse festgelegt ist, werden keine umgeleiteten Meldungen akzeptiert.

### Beispiel

Das folgende Beispiel legt die Adresse des Sammelzentrums 192.168.1.1 fest, das die primäre und die sekundäre Adresse der Hosts ändern darf:

```
dnsix-nat authorization-redirection 192.168.1.1
```

## 38.3 dnsix-nat primary

Verwenden Sie den globalen Konfigurationsbefehl **dnsix-nat primary**, um die IP-Adresse des Hosts festzulegen, an den die DNSIX-Verfolgungsmeldungen gesendet werden. Verwenden Sie die **no**-Form dieses Befehls, um einen Eintrag zu löschen.

**dnsix-nat primary** *IP-Adresse*
**no dnsix-nat primary** *IP-Adresse*

| Syntax | Beschreibung |
|---|---|
| *IP-Adresse* | IP-Adresse des Haupt-Sammelzentrums. |

### Standard

Messages are not sent.

### Befehlsmodus

Globale Konfiguration

### Benutzungsrichtlinien

Dieser Befehl erschien erstmals in der Cisco-IOS-Version 10.0.

Bevor Verfolgungsmeldungen gesendet werden können, muss eine IP-Adresse konfiguriert werden.

### Beispiel

Das folgende Beispiel konfiguriert die IP-Adresse eines Hosts, an den DNSIX-Verfolgungsmeldungen gesendet werden:

```
dnsix-nat primary 172.1.1.1
```

## 38.4  dnsix-nat secondary

Verwenden Sie den globalen Konfigurationsbefehl **dnsix-nat secondary**, um eine alternative IP-Adresse für den Host zu setzen, an den die DNSIX-Verfolgungsmeldungen gesendet werden. Verwenden Sie die **no**-Form dieses Befehls, um einen Eintrag zu löschen.

**dnsix-nat secondary** *IP-Adresse*
**no dnsix-nat secondary** *IP-Adresse*

| Syntax | Beschreibung |
| --- | --- |
| *IP-Adresse* | IP-Adresse für das zweitrangige Sammelzentrum. |

### Standard

Es ist keine alternative IP-Adresse bekannt.

### Befehlsmodus

Globale Konfiguration

### Benutzungsrichtlinien

Dieser Befehl erschien erstmals in der Cisco-IOS-Version 10.0.

Wenn das Hauptsammelzentrum nicht erreichbar ist, werden die Verfolgungsmeldungen statt dessen an das zweitrangige Sammelzentrum gesendet.

### Beispiel

Das folgende Beispiel konfiguriert die alternative IP-Adresse eines Hosts, an den DNSIX-Verfolgungsmeldungen gesendet werden:

```
dnsix-nat secondary 192.168.1.1
```

## 38.5 dnsix-nat source

Verwenden Sie den globalen Konfigurationsbefehl **dnsix-nat source**, um das Modul zur Verfolgungsaufnahme zu starten und die Quelladresse der Verfolgungsspur festzulegen. Verwenden Sie die **no**-Form dieses Befehls, um das DNSIX-Modul zur Verfolgungsaufnahme aufzuheben.

**dnsix-nat source** *IP-Adresse*
**no dnsix-nat source** *IP-Adresse*

| Syntax | Beschreibung |
|---|---|
| *IP-Adresse* | Quell-IP-Adresse für DNSIX-Verfolgungsmeldungen. |

**Standard**

Deaktiviert

**Befehlsmodus**

Globale Konfiguration

**Benutzungsrichtlinien**

Dieser Befehl erschien erstmals in der Cisco-IOS-Version 10.0.

Der Befehl **dnsix-nat source** muss vor jedem anderen **dnsix-nat**-Befehl ausgeführt werden. Die konfigurierte IP-Adresse wird als Quell-IP-Adresse für die DMDP-Protokoll-Pakete verwendet, die an eines der Sammelzentren gesendet werden.

**Beispiel**

Das folgende Beispiel aktiviert das Modul zur Verfolgungsaufnahme und legt fest, dass die Quell-IP-Adresse für alle erzeugten Verfolgungsmeldungen die Haupt-IP-Adresse der Ethernet-Schnittstelle 0 enthalten soll:

```
dnsix-nat source 192.168.2.5
interface ethernet 0
 ip address 192.168.2.5 255.255.255.0
```

## 38.6 dnsix-nat transmit-count

Verwenden Sie den globalen Konfigurationsbefehl **dnsix-nat transmit-count**, damit das Modul zur Verfolgungsaufnahme mehrere Verfolgungsmeldungen im Datenpuffer sammelt, bevor es die Meldungen an ein Sammelzentrum sendet. Verwenden Sie die **no**-Form dieses Befehls, um die Standardmenge der Verfolgungsmeldungen aufzurufen.

**dnsix-nat transmit-count** *Zahl*
**no dnsix-nat transmit-count** *Zahl*

| Syntax | Beschreibung |
|---|---|
| *Zahl* | Anzahl von Verfolgungsmeldungen, die im Puffer gesammelt werden, bevor sie an den Server übertragen werden. Es ist eine ganze Zahl von 1 bis 200 möglich. |

### Standard

Es werden einzelne Meldungen gesendet.

### Befehlsmodus

Globale Konfiguration

### Benutzungsrichtlinien

Dieser Befehl erschien erstmals in der Cisco-IOS-Version 10.0.

Eine Verfolgungsmeldung wird gesendet, sobald die Meldung durch den IP-Paket-Verarbeitungscode erzeugt wird. Das Modul zur Verfolgungsaufnahme kann aber stattdessen mehrere Verfolgungsmeldungen puffern, bevor es sie an ein Sammelzentrum überträgt.

### Beispiel

Das folgende Beispiel konfiguriert das System zur Pufferung von fünf Verfolgungsmeldungen, bevor es sie an ein Sammelzentrum überträgt:

```
dnsix-nat transmit-count 5
```

## 38.7 ip security add

Verwenden Sie den Interface-Konfigurationsbefehl **ip security add**, um allen ausgehenden Paketen eine einfache Sicherheitsoption zu verleihen. Verwenden Sie die **no**-Form dieses Befehls, um das Hinzufügen einer einfachen Sicherheitsoption zu allen ausgehenden Paketen zu deaktivieren.

**ip security add**
**no ip security add**

### Syntaxbeschreibung

Dieser Befehl besitzt keine Argumente oder Schlüsselwörter.

### Standard

Der Befehl ist deaktiviert, wenn der Sicherheitslevel der Schnittstelle *Unklassifiziert Genser* ist (oder wenn sie nicht dafür konfiguriert ist). Ansonsten ist er standardmäßig aktiviert.

### Befehlsmodus

Interface-Konfiguration

### Benutzungsrichtlinien

Dieser Befehl erschien erstmals in der Cisco-IOS-Version 10.0.

Wenn ein ausgehendes Paket keine Sicherheitsoption besitzt, fügt ihm dieser Interface-Konfigurationsbefehl eine hinzu, und zwar als erste IP-Option. Das Sicherheitsetikett, das dem Optionsfeld hinzugefügt wird, ist das Etikett, das für dieses Paket berechnet wurde, als es in den Router eintrat. Da diese Aktion erst dann erfolgt, wenn alle Sicherheitstests bestanden wurden, wird dieses Etikett entweder das Gleiche sein, oder es liegt innerhalb des Bereichs der Schnittstelle.

### Beispiel

Das folgende Beispiel fügt jedem Paket eine Sicherheitsoption hinzu, das die Ethernet-Schnittstelle 0 verlässt:

```
interface ethernet 0
 ip security add
```

### Verwandte Befehle

Sie können online unter www.cisco.com eine Recherche nach verwandten Befehlen durchführen.

**ip security dedicated**
**ip security extended-allowed**

ip security first
ip security ignore-authorities
ip security implicit-labelling
ip security multilevel
ip security reserved-allowed
ip security strip

## 38.8 ip security aeso

Verwenden Sie den Interface-Konfigurationsbefehl **ip security aeso**, um Auxiliary-erweiterte-Sicherheits-Optionen (AESOs) einer Schnittstelle zuzuweisen. Verwenden Sie die **no**-Form dieses Befehls, um die AESO auf einer Schnittstelle zu deaktivieren.

ip security aeso *Quelle Compartment-Bits*
no ip security aeso *Quelle Compartment-Bits*

| Syntax | Beschreibung |
| --- | --- |
| *Quelle* | Erweiterte-Sicherheitsoptions-(ESO-)Quelle. Dies kann eine ganze Zahl von 0 bis 255 sein. |
| *Compartment-Bits* | Compartment-Bits in hexadezimaler Form. |

### Standard

Deaktiviert

### Befehlsmodus

Interface-Konfiguration

### Benutzungsrichtlinien

Dieser Befehl erschien erstmals in der Cisco-IOS-Version 10.0.

Die Compartment-Bits werden nur dann festgelegt, wenn diese AESO in ein Paket eingefügt werden soll. Jedes Paket, das auf diesem Level an dieser Schnittstelle eingeht, sollte die AESOs besitzen.

Neben der Erkennung werden die AESO-Informationen nicht weiter ausgewertet. Die AESO-Inhalte werden nicht überprüft und sie werden als gültig betrachtet, wenn die Quelle in der konfigurierbaren AESO-Tabelle enthalten ist.

Die Konfiguration jeder schnittstellenweise erweiterten IPSO-Information aktiviert automatisch den Befehl **ip security extended-allowed** (der standardmäßig deaktiviert ist).

## Beispiel

Das folgende Beispiel legt die erweiterte Sicherheitsoptionsquelle mit 5 fest und setzt die Compartment-Bits auf 5:

```
interface ethernet 0
 ip security aeso 5 5
```

## Verwandte Befehle

Sie können online unter www.cisco.com eine Recherche nach verwandten Befehlen durchführen.

ip security eso-info
ip security eso-max
ip security eso-min
ip security extended-allowed

## 38.9   ip security dedicated

Verwenden Sie den Interface-Konfigurationsbefehl **ip security dedicated**, um den Level der Klassifizierung und Autorität auf der Schnittstelle festzulegen. Verwenden Sie die **no**-Form dieses Befehls, um auf der Schnittstelle die Standardklassifizierung und Autoritäten aufzurufen.

ip security dedicated *Level Autorität [Autorität...]*
no ip security dedicated *Level Autorität [Autorität...]*

| Syntax | Beschreibung |
| --- | --- |
| *Level* | Der Vertraulichkeitsgrad der Informationen. Die Level-Schlüsselwörter sind in Tabelle 38.1 aufgelistet. |
| *Autorität* | Die Organisation, die den in einem Netzwerk verwendeten Satz von Sicherheitsleveln festlegt. Die Autoritäts-Schlüsselwörter sind in Tabelle 38.2 aufgelistet. |

## Standard

Deaktiviert

## Befehlsmodus

Interface-Konfiguration

## Benutzungsrichtlinien

Dieser Befehl erschien erstmals in der Cisco-IOS-Version 10.0.

Jeder Verkehr, der in das System über diese Schnittstelle eintritt, muss eine Sicherheitsoption besitzen, die genau zu diesem Etikett passt. Jeder Verkehr, der diese Schnittstelle verlässt, wird mit diesem Etikett versehen sein.

Die folgenden Begriffe gelten für die Beschreibungen der IPSO in diesem Abschnitt:

- **level** – Der Vertraulichkeitsgrad der Informationen. Zum Beispiel sind die Daten, die mit TOPSECRET markiert sind, vertraulicher als Daten, die mit SECRET markiert sind. Die Level-Schlüsselwörter und ihre zugehörigen Bit-Muster sind in Tabelle 38.1 gezeigt.

*Tabelle 38.1: Die IPSO-Level-Schlüsselwörter und die zugehörigen Bit-Muster*

| Level-Schlüsselwort | Bit-Muster |
|---|---|
| Reserved4 | 0000 0001 |
| **TopSecret** (Streng Geheim) | 0011 1101 |
| **Secret** (Geheim) | 0101 1010 |
| **Confidential** (Verschlusssache) | 1001 0110 |
| Reserved3 | 0110 0110 |
| Reserved2 | 1100 1100 |
| **Unclassified** (Nicht klassifiziert) | 1010 1011 |
| Reserved1 | 1111 0001 |

- **Autorität** (Authority) – Eine Organisation, die den in einem Netzwerk verwendeten Satz von Sicherheitsleveln festlegt. Zum Beispiel enthält die Genser-Autorität Levelnamen, die von der U.S.-Defense-Communications-Agency (DCA) festgelegt wurden. Die Autoritäts-Schlüsselwörter und ihre zugehörigen Bit-Muster sind in Tabelle 38.2 gezeigt.

*Tabelle 38.2: Die IPSO-Autoritäts-Schlüsselwörter und die zugehörigen Bit-Muster*

| Autoritäts-Schlüsselwort | Bit Pattern |
|---|---|
| Genser | 1000 0000 |
| Siop-Esi | 0100 0000 |
| DIA | 0010 0000 |
| NSA | 0001 0000 |
| DOE | 0000 1000 |

- **Etikett** (Label) – Eine Kombination aus einem Sicherheitslevel und einer oder mehreren Autoritäten.

## Beispiel

Das folgende Beispiel legt einen vertraulichen Level zusammen mit der Genser-Autorität fest:

```
ip security dedicated confidential Genser
```

## Verwandte Befehle

Sie können online unter www.cisco.com eine Recherche nach verwandten Befehlen durchführen.

ip security add
ip security extended-allowed
ip security first
ip security ignore-authorities
ip security implicit-labelling
ip security multilevel
ip security reserved-allowed
ip security strip

## 38.10 ip security eso-info

Verwenden Sie den globalen Konfigurationsbefehl **ip security eso-info**, um systemweite Standardeinstellungen für erweiterte IPSO-Informationen zu konfigurieren. Verwenden Sie die **no**-Form dieses Befehls, um die Standardeinstellungen aufzurufen.

ip security eso-info *Quelle Compartmentgrösse Standardbit*
no ip security eso-info *Quelle Compartmentgrösse Standardbit*

| Syntax | Beschreibung |
| --- | --- |
| *Quelle* | Hexadezimaler oder dezimaler Wert, der die erweiterte IPSO-Quelle repräsentiert. Dies ist eine ganze Zahl von 0 bis 255. |
| *Compartmentgrösse* | Maximal erlaubte Byte-Anzahl von Compartment-Informationen für eine bestimmte erweiterte IPSO-Quelle. Dies ist eine ganze Zahl von 1 bis 16. |
| *Standardbit* | Standard-Bitwert für alle ungesendeten Compartmentbits. |

## Standard

Deaktiviert

## Befehl mode

Globale Konfiguration

## Benutzungsrichtlinien

Dieser Befehl erschien erstmals in der Cisco-IOS-Version 10.0.

Dieser Befehl konfiguriert die ESO-Informationen, einschließlich der AESO. Die übertragenen Compartment-Infos werden soweit aufgefüllt, wie es im Argument *Compartmentgrösse* festgelegt wurde.

## Beispiel

Das folgende Beispiel legt systemweite Standardeinstellungen für die Quelle, die Compartment-Grösse und den Standard-Bitwert fest:

```
ip security eso-info 100 5 1
```

## Verwandte Befehle

Sie können online unter www.cisco.com eine Recherche nach verwandten Befehlen durchführen.

**ip security eso-max**
**ip security eso-min**

## 38.11 ip security eso-max

Verwenden Sie den Interface-Konfigurationsbefehl **ip security eso-max**, um den maximalen Vertraulichkeitslevel für eine Schnittstelle festzulegen. Verwenden Sie die **no**-Form dieses Befehls, um die Standardeinstellung aufzurufen.

**ip security eso-max** *Quelle Compartment-Bits*
**no ip security eso-max** *Quelle Compartment-Bits*

| Syntax | Beschreibung |
|---|---|
| *Quelle* | Die ESO-Quelle. Dies ist eine ganze Zahl von 1 bis 255. |
| *Compartment-Bits* | Compartment-Bits in hexadezimaler Form. |

## Standard

Deaktiviert

## Befehlsmodus

Interface-Konfiguration

## Benutzungsrichtlinien

Dieser Befehl erschien erstmals in der Cisco-IOS-Version 10.0.

Mit diesem Befehl legen Sie den maximalen Vertraulichkeitslevel für eine bestimmte Schnittstelle fest. Bevor Sie die schnittstellenabhängigen Compartment-Informationen für eine bestimmte Netzwerk-Levelerweiterte-Sicherheitsoptions-(NLESO-)Quelle konfigurieren können, müssen Sie den globalen Konfigurationsbefehl **ip security eso-info** ausführen, um die Standardinformationen festzulegen.

Diese erweiterten Sicherheitsoptionen sollten sich mit dem minimalen Level in jedem an der Schnittstelle eingehenden Paket befinden und sie sollten mit den konfigurierten Compartment-Bits übereinstimmen. Jedes ausgehende Paket muss diese ESOs besitzen.

Auf jedem Paket, das über diese Schnittstelle empfangen oder ausgesendet wird, sollten sich alle im IP-Header enthaltenen NLESO-Quellen innerhalb des Bereichs des minimalen und maximalen Vertraulichkeitslevels befinden, der für die Schnittstelle konfiguriert wurde.

Wenn lokal erzeugter Verkehr aus dieser Schnittstelle ausgesendet wird oder Sicherheitsinformationen hinzugefügt werden (mit dem Befehl **ip security add**), können die maximalen Compartment-Bit-Informationen zur Erzeugung der NLESO-Quellen verwendet werden, die in den IP-Header eingefügt werden.

Es können maximal 16 NLESO-Quellen pro Schnittstelle konfiguriert werden. Aufgrund der eingeschränkten IP-Header-Länge erscheinen maximal neun dieser NLESO-Quellen im IP-Header eines Pakets.

### Beispiel

Im folgenden Beispiel wird die ESO-Quelle mit 240 und die Compartment-Bits werden mit 500 festgelegt:

```
interface ethernet 0
 ip security eso-max 240 500
```

### Verwandte Befehle

Sie können online unter www.cisco.com eine Recherche nach verwandten Befehlen durchführen.

ip security eso-info
ip security eso-min

## 38.12 ip security eso-min

Verwenden Sie den Interface-Konfigurationsbefehl **ip security eso-min**, um den minimalen Vertraulichkeitslevel für eine Schnittstelle zu konfigurieren. Verwenden Sie die **no**-Form dieses Befehls, um die Standardeinstellung aufzurufen.

ip security eso-min *Quelle Compartment-Bits*
no ip security eso-min *Quelle Compartment-Bits*

| Syntax | Beschreibung |
|---|---|
| *Quelle* | Die ESO-Quelle. Dies ist eine ganze Zahl von 1 bis 255. |
| *Compartment-Bits* | Compartment-Bits in hexadezimaler Form. |

## Standard

Deaktiviert

## Befehlsmodus

Interface-Konfiguration

## Benutzungsrichtlinien

Dieser Befehl erschien erstmals in der Cisco-IOS-Version 10.0.

Mit diesem Befehl legen Sie den minimalen Vertraulichkeitslevel für eine bestimmte Schnittstelle fest. Bevor Sie die schnittstellenabhängigen Compartment-Informationen für eine bestimmte Netzwerk-Level-erweiterte-Sicherheitsoptions-(NLESO-)Quelle konfigurieren können, müssen Sie den globalen Konfigurationsbefehl **ip security eso-info** ausführen, um die Standardinformationen festzulegen.

Diese erweiterten Sicherheitsoptionen sollten sich mit dem minimalen Level in jedem an der Schnittstelle eingehenden Paket befinden und sie sollten mit den konfigurierten Compartment-Bits übereinstimmen. Jedes ausgehende Paket muss diese ESOs besitzen.

Auf jedem Paket, das über diese Schnittstelle empfangen oder ausgesendet wird, sollten sich alle im IP-Header enthaltenen NLESO-Quellen innerhalb des Bereichs des minimalen und maximalen Vertraulichkeitslevels befinden, der für die Schnittstelle konfiguriert wurde.

Wenn lokal erzeugter Verkehr aus dieser Schnittstelle ausgesendet wird oder Sicherheitsinformationen hinzugefügt werden (mit dem Befehl **ip security add**), können die maximalen Compartment-Bit-Informationen zur Erzeugung der NLESO-Quellen verwendet werden, die in den IP-Header eingefügt werden.

Es können maximal 16 NLESO-Quellen pro Schnittstelle konfiguriert werden. Aufgrund der eingeschränkten IP-Header-Länge erscheinen maximal neun dieser NLESO-Quellen im IP-Header eines Pakets.

## Beispiel

Im folgenden Beispiel wird die ESO-Quelle mit 5 und die Compartment-Bits werden mit 5 festgelegt:

```
interface ethernet 0
 ip security eso-min 5 5
```

## Verwandte Befehle

Sie können online unter www.cisco.com eine Recherche nach verwandten Befehlen durchführen.

**ip security eso-info**
**ip security eso-max**

## 38.13 ip security extended-allowed

Verwenden Sie den Interface-Konfigurationsbefehl **ip security extended-allowed**, um Pakete auf einer Schnittstelle zu akzeptieren, die eine erweiterte Sicherheitsoption besitzen. Verwenden Sie die **no**-Form dieses Befehls, um die Standardeinstellung aufzurufen.

**ip security extended-allowed**
**no ip security extended-allowed**

### Syntaxbeschreibung

Dieser Befehl besitzt keine Argumente oder Schlüsselwörter.

### Standard

Deaktiviert

### Befehlsmodus

Interface-Konfiguration

### Benutzungsrichtlinien

Dieser Befehl erschien erstmals in der Cisco-IOS-Version 10.0.

Packets mit erweiterten Sicherheitsoptionen werden abgelehnt.

### Beispiel

Das folgende Beispiel lässt die Schnittstelle *Ethernet 0* Pakete mit einer erweiterten Sicherheitsoption akzeptieren:

```
interface ethernet 0
 ip security extended-allowed
```

### Verwandte Befehle

Sie können online unter www.cisco.com eine Recherche nach verwandten Befehlen durchführen.

ip security add
ip security dedicated
ip security first
ip security ignore-authorities
ip security implicit-labelling
ip security multilevel
ip security reserved-allowed
ip security strip

## 38.14 ip security first

Verwenden Sie den Interface-Konfigurationsbefehl **ip security first**, um den Sicherheitsoptionen in einem Paket eine Rangfolge zu geben. Verwenden Sie die **no**-Form dieses Befehls, damit die Pakete mit Sicherheitsoptionen nicht an den Anfang des Optionsfelds gesetzt werden.

**ip security first**
**no ip security first**

### Syntaxbeschreibung

Dieser Befehl besitzt keine Argumente oder Schlüsselwörter.

### Standard

Deaktiviert

### Befehlsmodus

Interface-Konfiguration

### Benutzungsrichtlinien

Dieser Befehl erschien erstmals in der Cisco-IOS-Version 10.0.

Wenn dieser Interface-Konfigurationsbefehl verwendet wird und sich in einem ausgehenden Paket eine einfache Sicherheitsoption befindet, diese aber nicht die erste IP-Option ist, dann wird das Paket an den Anfang des Optionsfelds gesetzt.

Kapitel 38 • Befehle der IP-Sicherheitsoptionen **901**

## Beispiel

Das folgende Beispiel stellt sicher, dass ein Paket mit einer einfachen Sicherheitsoption im Optionsfeld, das die Schnittstelle *Ethernet 0* verlässt, an den Anfang des Optionsfelds gesetzt wird:

```
interface ethernet 0
 ip security first
```

## Verwandte Befehle

Sie können online unter www.cisco.com eine Recherche nach verwandten Befehlen durchführen.

ip security add
ip security dedicated
ip security extended-allowed
ip security ignore-authorities
ip security implicit-labelling
ip security multilevel
ip security reserved-allowed
ip security strip

## 38.15 ip security ignore-authorities

Verwenden Sie den Interface-Konfigurationsbefehl **ip security ignore-authorities**, damit die Cisco-IOS-Software das Autoritätsfeld aller eingehenden Pakete ignoriert. Verwenden Sie die **no**-Form dieses Befehls, um diese Funktion zu deaktivieren.

**ip security ignore-authorities**
**no ip security ignore-authorities**

### Syntaxbeschreibung

Dieser Befehl besitzt keine Argumente oder Schlüsselwörter.

### Standard

Deaktiviert

### Befehlsmodus

Interface-Konfiguration

### Benutzungsrichtlinien

Dieser Befehl erschien erstmals in der Cisco-IOS-Version 10.0.

Wenn das Autoritätsfeld eines Pakets ignoriert wird, wird an Stelle dieses Feldwerts der Autoritätswert der Schnittstelle verwendet. Der Befehl **ip security ignore-authorities** kann nur auf Schnittstellen mit dedizierten Sicherheitslevels konfiguriert werden.

### Beispiel

Im folgenden Beispiel wird die Schnittstelle *Ethernet 0* das Autoritätsfeld von allen eingehenden Paketen ignorieren:

```
interface ethernet 0
 ip security ignore-authorities
```

### Verwandte Befehle

Sie können online unter www.cisco.com eine Recherche nach verwandten Befehlen durchführen.

ip security add
ip security dedicated
ip security extended-allowed
ip security first
ip security implicit-labelling
ip security multilevel
ip security reserved-allowed
ip security strip

## 38.16 ip security implicit-labelling

Verwenden Sie den Interface-Konfigurationsbefehl **ip security implicit-labelling**, damit die Cisco-IOS-Software auch die Pakete an der Schnittstelle akzeptiert, die keine Sicherheitsoption enthalten. Verwenden Sie die **no**-Form dieses Befehls, um Sicherheitsoptionen zu verlangen.

**ip security implicit-labelling** [*Level Autorität* [*Autorität...*]]
**no ip security implicit-labelling** [*Level Autorität* [*Autorität...*]]

| Syntax | Beschreibung |
| --- | --- |
| *Level* | (Optional) Vertraulichkeitsgrad der Informationen. Wenn auf Ihrer Schnittstelle mehrere Sicherheitslevels aktiviert sind, müssen Sie dieses Argument angeben (die *Level*-Schlüsselwörter sind in der Tabelle 38.1 im Befehlsabschnitt **ip security dedicated** aufgelistet). |
| *Autorität* | (Optional) Die Organisation, die den in einem Netzwerk verwendeten Satz von Sicherheitslevels festlegt. Wenn auf Ihrer Schnittstelle mehrere Sicherheitslevels aktiviert sind, müssen Sie dieses Argument angeben. Sie können mehr als eine Autorität festlegen. (Die *Autorität*-Schlüsselwörter sind in der Tabelle 38.2 im Befehlsabschnitt **ip security dedicated** aufgelistet). |

## Standard

Aktiviert, wenn der Sicherheitslevel der Schnittstelle *Unklassifizierter Genser* (oder wenn er nicht konfiguriert) ist. Ansonsten ist der Standard deaktiviert.

## Befehlsmodus

Interface-Konfiguration

## Benutzungsrichtlinien

Dieser Befehl erschien erstmals in der Cisco-IOS-Version 10.0.

Wenn auf Ihrer Schnittstelle mehrere Sicherheitslevels aktiviert sind, müssen Sie die erweiterte Form des Befehls verwenden (mit den optionalen Argumenten, die in Klammern angegeben sind), da mit den Argumenten die genauen Levels und Autoritäten angegeben werden, die zur Etikettierung der Pakete verwendet werden. Wenn auf Ihrer Schnittstelle die dedizierte Sicherheit aktiviert ist, werden die zusätzlichen Argumente ignoriert.

## Beispiel

Im folgenden Beispiel wird auf einer Schnittstelle die Sicherheit aktiviert; sie wird unetikettierte Pakete akzeptieren:

```
ip security dedicated confidential genser
ip security implicit-labelling
```

## Verwandte Befehle

Sie können online unter www.cisco.com eine Recherche nach verwandten Befehlen durchführen.

**ip security add**
**ip security dedicated**
**ip security extended-allowed**
**ip security first**
**ip security ignore-authorities**
**ip security multilevel**
**ip security reserved-allowed**
**ip security strip**

## 38.17 ip security multiLevel

Verwenden Sie den Interface-Konfigurationsbefehl **ip security multilevel**, um den Bereich der Klassifizierungen und Autoritäten auf einer Schnittstelle festzulegen. Verwenden Sie die **no**-Form dieses Befehls, um die Sicherheitsklassifizierungen und -Autoritäten zu entfernen.

ip security multilevel *Level1* [*Autorität1*...] to *Level2 Autorität2* [*Autorität2*...]
no ip security multilevel

| Syntax | Beschreibung |
|---|---|
| *Level1* | Vertraulichkeitsgrad der Informationen. Der Klassifizierungslevel der eingehenden Pakete muss größer oder gleich diesem Wert sein, damit eine Verarbeitung stattfindet (die *Level*-Schlüsselwörter sind in der Tabelle 38.1 im Befehlsabschnitt **ip security dedicated** aufgelistet). |
| *Autorität1* | (Optional) Die Organisation, die den in einem Netzwerk verwendeten Satz von Sicherheitslevels festlegt. Die Autoritäts-Bits müssen eine Obermenge dieses Werts sein (Die *Autorität*-Schlüsselwörter sind in der Tabelle 38.2 im Befehlsabschnitt **ip security dedicated** aufgelistet). |
| to | Trennt den Bereich der Klassifizierungen und Autoritäten. |
| *Level2* | Vertraulichkeitsgrad der Informationen. Der Klassifizierungslevel der eingehenden Pakete muss kleiner oder gleich diesem Wert sein, damit eine Verarbeitung stattfindet (die *Level*-Schlüsselwörter sind in der Tabelle 38.1 im Befehlsabschnitt **ip security dedicated** aufgelistet). |
| *Autorität2* | (Optional) Die Organisation, die den in einem Netzwerk verwendeten Satz von Sicherheitslevels festlegt. Die Autoritäts-Bits müssen eine passende Teilmenge dieses Werts sein (die *Autorität*-Schlüsselwörter sind in der Tabelle 38.2 im Befehlsabschnitt **ip security dedicated** aufgelistet). |

**Standard**

Deaktiviert

**Befehlsmodus**

Interface-Konfiguration

**Benutzungsrichtlinien**

Dieser Befehl erschien erstmals in der Cisco-IOS-Version 10.0.

Jeder Verkehr, der das System betritt oder verlässt, muss eine Sicherheitsoption innerhalb dieses Bereichs besitzen. Innerhalb des Bereichs bedeutet, dass die folgenden beiden Bedingungen vorliegen:

- Der Klassifizierungslevel muss größer oder gleich dem *Level1* sein und kleiner oder gleich dem *Level2*.

- Die Autoritäts-Bits müssen eine Obermenge der *Autorität1* und eine passende Teilmenge der *Autorität2* sein. D.h. die *Autorität1* legt für ein Paket die erforderlichen Autoritäts-Bits fest und die *Autorität2* legt die erforderlichen Bits plus alle optionalen Autoritäten fest, die zusätzlich enthalten sein können. Wenn das *Autorität1*-Feld eine leere Menge ist, muss ein Paket ein oder mehr der Autoritäts-Bits der *Autorität2* besitzen.

## Beispiel

Das folgende Beispiel legt die Levels *Unclassified* bis *Secret* und die NSA-Autorität fest:

```
ip security multilevel unclassified to secret nsa
```

## Verwandte Befehle

Sie können online unter www.cisco.com eine Recherche nach verwandten Befehlen durchführen.

**ip security add**
**ip security dedicated**
**ip security extended-allowed**
**ip security first**
**ip security ignore-authorities**
**ip security implicit-labelling**
**ip security reserved-allowed**
**ip security strip**

## 38.18 ip security reserved-allowed

Verwenden Sie den Interface-Konfigurationsbefehl **ip security reserved-allowed**, um alle Pakete als gültig zu betrachten, die die Sicherheitslevels *Reserved1* bis *Reserved4* besitzen. Verwenden Sie die **no**-Form dieses Befehls, um keine Pakete zuzulassen, die die Sicherheitslevels *Reserved3* und *Reserved2* besitzen.

**ip security reserved-allowed**
**no ip security reserved-allowed**

## Syntaxbeschreibung

Dieser Befehl besitzt keine Argumente oder Schlüsselwörter.

## Standard

Deaktiviert

## Befehlsmodus

Interface-Konfiguration

## Benutzungsrichtlinien

Dieser Befehl erschien erstmals in der Cisco-IOS-Version 10.3.

Wenn Sie auf einer Schnittstelle mehrere Sicherheitslevels aktiviert haben und beispielsweise festlegen, dass der höchste Level *Confidential* und der tiefste *Unclassified* ist, dann akzeptiert und verarbeitet die Cisco-IOS-Software keine Pakete mit den Sicherheitslevels *Reserved3* und *Reserved2*, weil sie nicht definiert sind.

Wenn Sie die IPSO verwenden, um Übertragungen aus unklassifizierten Schnittstellen zu blockieren, und Sie hierzu einen der reservierten Sicherheitslevels verwenden, *müssen* Sie diese Funktion aktivieren, um die Netzwerksicherheit aufrechtzuerhalten.

### Beispiel

Das folgende Beispiel lässt die reservierten Sicherheitslevels durch die Ethernet-Schnittstelle 0:

```
interface ethernet 0
 ip security reserved-allowed
```

### Verwandte Befehle

Sie können online unter www.cisco.com eine Recherche nach verwandten Befehlen durchführen.

ip security add
ip security dedicated
ip security extended-allowed
ip security first
ip security ignore-authorities
ip security implicit-labelling
ip security multilevel
ip security strip

## 38.19  ip security strip

Verwenden Sie den Interface-Konfigurationsbefehl **ip security strip**, um an einer Schnittstelle jede Sicherheitsoption auf ausgehenden Pakete zu entfernen. Verwenden Sie die **no**-Form dieses Befehls, um die Sicherheitsoptionen wieder einzusetzen.

**ip security strip**
**no ip security strip**

### Syntaxbeschreibung

Dieser Befehl besitzt keine Argumente oder Schlüsselwörter.

### Standard

Deaktiviert

### Befehlsmodus

Interface-Konfiguration

## Benutzungsrichtlinien

Dieser Befehl erschien erstmals in der Cisco-IOS-Version 10.0.

Die Entfernung findet statt, nachdem alle Sicherheitstests im Router erfolgreich abgeschlossen wurden. Dieser Befehl ist auf Schnittstellen mit mehreren Levels nicht erlaubt.

## Beispiel

Das folgende Beispiel entfernt alle Sicherheitsoptionen auf den ausgehenden Paketen der Ethernet-Schnittstelle 0:

```
interface ethernet 0
  ip security strip
```

## Verwandte Befehle

Sie können online unter www.cisco.com eine Recherche nach verwandten Befehlen durchführen.

**ip security add**
**ip security dedicated**
**ip security extended-allowed**
**ip security first**
**ip security ignore-authorities**
**ip security implicit-labelling**
**ip security multilevel**
**ip security reserved-allowed**

## 38.20 show dnsix

Verwenden Sie den privilegierten EXEC-Befehl **show dnsix**, um sich Zustandsinformationen und die aktuelle Konfiguration des DNSIX-Moduls zur Verfolgungsaufnahme anzeigen zu lassen.

**show dnsix**

### Syntaxbeschreibung

Dieser Befehl besitzt keine Argumente oder Schlüsselwörter.

### Befehlsmodus

Privilegierter EXEC

### Benutzungsrichtlinien

Dieser Befehl erschien erstmals in der Cisco-IOS-Version 10.0.

## Beispielanzeige

Es folgt eine Beispielanzeige auf den Befehl **show dnsix**:

```
Router# show dnsix

Audit Trail Enabled with Source 192.168.2.5
        State: PRIMARY
        Connected to 192.168.2.4
        Primary 192.168.2.4
        Transmit Count 1
        DMDP retries 4
        Authorization Redirection List:
            192.168.2.4
        Record count: 0
        Packet Count: 0


        Redirect Rcv: 0
```

# Teil 6

# Anhänge

Anhang A: RADIUS-Attribute
Anhang B: TACACS+-Attribut-Werte-Paare

# ANHANG A

# RADIUS-Attribute

Die Remote-Authentication-Dial-In-Benutzer-Service-(RADIUS-)Attribute werden verwendet, um bestimmte Authentifizierungs-, Autorisierungs- und Accounting-(AAA-)Elemente in einem Benutzerprofil festzulegen, das auf dem RADIUS-Dämon gespeichert wird. Dieser Anhang listet die RADIUS-Attribute auf, die zur Zeit unterstützt werden.

Dieser Anhang ist in zwei Abschnitte unterteilt:

– Die unterstützten RADIUS-Attribute

– Eine Liste zur Beschreibung der RADIUS-Attribute

Der erste Abschnitt listet die Cisco-IOS-Versionen auf, in denen der Internet-Engineering-Task-Force-(IETF-)RADIUS und der herstellerproprietäre RADIUS ausgeführt werden. Der zweite Abschnitt liefert eine umfassende Liste und Beschreibung der IETF-RADIUS- und der herstellerproprietären RADIUS-Attribute.

## A.1 Die unterstützten RADIUS-Attribute

In der Tabelle A.1 sind die Cisco-unterstützten IETF-RADIUS-Attribute aufgelistet sowie die Cisco-IOS-Versionen, in denen sie ausgeführt werden. In den Fällen, in denen die Attribute ein Sicherheits-Server-eigenes Format besitzen, ist das Format angegeben.

> **ANMERKUNG**
>
> Die Attribute, die in speziellen (AA-) oder in früheren Entwicklungs-(T-)IOS-Versionen ausgeführt werden, werden in dem nächsten Haupt-Release enthalten sein.

*Tabelle A.1: Die unterstützten RADIUS-(IETF-)Attribute*

| Nummer | Attribut | 11.1 | 11.2 | 11.3 | 11.3 AA | 11.3T | 12.0 |
|---|---|---|---|---|---|---|---|
| 1 | User-Name | Ja | Ja | Ja | Ja | Ja | Ja |
| 2 | User-Password | Ja | Ja | Ja | Ja | Ja | Ja |
| 3 | CHAP-Password | Ja | Ja | Ja | Ja | Ja | Ja |
| 4 | NAS-IP Address | Ja | Ja | Ja | Ja | Ja | Ja |
| 5 | NAS-Port | Ja | Ja | Ja | Ja | Ja | Ja |
| 6 | Service-Type | Ja | Ja | Ja | Ja | Ja | Ja |
| 7 | Framed-Protocol | Ja | Ja | Ja | Ja | Ja | Ja |
| 8 | Framed-IP-Address | Ja | Ja | Ja | Ja | Ja | Ja |
| 9 | Framed-IP-Netmask | Ja | Ja | Ja | Ja | Ja | Ja |
| 10 | Framed-Routing | Ja | Ja | Ja | Ja | Ja | Ja |
| 11 | Filter-Id | Ja | Ja | Ja | Ja | Ja | Ja |
| 12 | Framed-MTU | Ja | Ja | Ja | Ja | Ja | Ja |
| 13 | Framed-Compression | Ja | Ja | Ja | Ja | Ja | Ja |
| 14 | Login-IP-Host | Ja | Ja | Ja | Ja | Ja | Ja |
| 15 | Login-Service | Ja | Ja | Ja | Ja | Ja | Ja |
| 16 | Login-TCP-Port | Ja | Ja | Ja | Ja | Ja | Ja |
| 18 | Reply-Message | Ja | Ja | Ja | Ja | Ja | Ja |
| 19 | Callback-Number | Nein | Nein | Nein | Nein | Nein | Nein |
| 20 | Callback-ID | Nein | Nein | Nein | Nein | Nein | Nein |
| 22 | Framed-Route | Ja | Ja | Ja | Ja | Ja | Ja |
| 23 | Framed-IPX-Network | Nein | Nein | Nein | Nein | Nein | Nein |
| 24 | State | Ja | Ja | Ja | Ja | Ja | Ja |
| 25 | Class | Ja | Ja | Ja | Ja | Ja | Ja |
| 26 | Vendor-Specific | Ja | Ja | Ja | Ja | Ja | Ja |
| 27 | Session-Timeout | Ja | Ja | Ja | Ja | Ja | Ja |
| 28 | Idle-Timeout | Ja | Ja | Ja | Ja | Ja | Ja |
| 29 | Termination-Action | Nein | Nein | Nein | Nein | Nein | Nein |
| 30 | Called-Station-Id | Ja | Ja | Ja | Ja | Ja | Ja |
| 31 | Calling-Station-Id | Ja | Ja | Ja | Ja | Ja | Ja |
| 32 | NAS-Identifier | Nein | Nein | Nein | Nein | Nein | Nein |
| 33 | Proxy-State | Nein | Nein | Nein | Nein | Nein | Nein |
| 34 | Login-LAT-Service | Ja | Ja | Ja | Ja | Ja | Ja |
| 35 | Login-LAT-Node | Nein | Nein | Nein | Nein | Nein | Nein |
| 36 | Login-LAT-Group | Nein | Nein | Nein | Nein | Nein | Nein |
| 37 | Framed-AppleTalk-Link | Nein | Nein | Nein | Nein | Nein | Nein |
| 38 | Framed-AppleTalk-Network | Nein | Nein | Nein | Nein | Nein | Nein |
| 39 | Framed-AppleTalk-Zone | Nein | Nein | Nein | Nein | Nein | Nein |
| 40 | Acct-Status-Type | Ja | Ja | Ja | Ja | Ja | Ja |
| 41 | Acct-Delay-Time | Ja | Ja | Ja | Ja | Ja | Ja |
| 42 | Acct-Input-Octets | Ja | Ja | Ja | Ja | Ja | Ja |
| 43 | Acct-Output-Octets | Ja | Ja | Ja | Ja | Ja | Ja |
| 44 | Acct-Session-Id | Ja | Ja | Ja | Ja | Ja | Ja |
| 45 | Acct-Authentic | Ja | Ja | Ja | Ja | Ja | Ja |
| 46 | Acct-Session-Time | Ja | Ja | Ja | Ja | Ja | Ja |
| 47 | Acct-Input-Packets | Ja | Ja | Ja | Ja | Ja | Ja |

*Tabelle A.1: Die unterstützten RADIUS-(IETF-)Attribute (Fortsetzung)*

| Nummer | Attribut | 11.1 | 11.2 | 11.3 | 11.3 AA | 11.3T | 12.0 |
|---|---|---|---|---|---|---|---|
| 48 | Acct-Output-Packets | Ja | Ja | Ja | Ja | Ja | Ja |
| 49 | Acct-Terminate-Cause | Ja | Ja | Ja | Ja | Ja | Ja |
| 50 | Acct-Multi-Session-Id[1] | Nein | Nein | Nein | Nein | Nein | Nein |
| 51 | Acct-Link-Count[2] | Nein | Nein | Nein | Nein | Nein | Nein |
| 60 | CHAP-Challenge | Nein | Nein | Nein | Nein | Nein | Nein |
| 61 | NAS-Port-Type | Ja | Ja | Ja | Ja | Ja | Ja |
| 62 | Port-Limit | Ja | Ja | Ja | Ja | Ja | Ja |
| 63 | Login-LAT-Port | Nein | Nein | Nein | Nein | Nein | Nein |
| 200 | IETF-Token-Immediate | Nein | Nein | Nein | Nein | Nein | Nein |

In der Tabelle A.2 sind die Cisco-unterstützten herstellerproprietären RADIUS-Attribute aufgelistet sowie die Cisco-IOS-Versionen, in denen sie ausgeführt werden. In den Fällen, in denen die Attribute ein Sicherheits-Server-eigenes Format besitzen, ist das Format angegeben.

**ANMERKUNG**

Die Attribute, die in speziellen (AA-) oder in früheren Entwicklungs-(T-)IOS-Versionen ausgeführt werden, werden in dem nächsten Haupt-Release enthalten sein.

*Tabelle A.2: Die unterstützten herstellerproprietären RADIUS-Attribute*

| Nummer | Herstellerproprietäre Attribute | 11.1 | 11.2 | 11.3 | 11.3AA | 11.3T | 12.0 |
|---|---|---|---|---|---|---|---|
| 17 | Change-Password | Nein | Nein | Ja | Ja | Ja | Ja |
| 21 | Password-Expiration | Nein | Nein | Ja | Ja | Ja | Ja |
| 64 | Tunnel-Type | Nein | Nein | Nein | Nein | Nein | Nein |
| 65 | Tunnel-Medium-Type | Nein | Nein | Nein | Nein | Nein | Nein |
| 66 | Tunnel-Client-Endpoint | Nein | Nein | Nein | Nein | Nein | Nein |
| 67 | Tunnel-Server-Endpoint | Nein | Nein | Nein | Nein | Nein | Nein |
| 68 | Tunnel-ID | Nein | Nein | Nein | Nein | Nein | Nein |
| 108 | My-Endpoint-Disc-Alias | Nein | Nein | Nein | Nein | Nein | Nein |
| 109 | My-Name-Alias | Nein | Nein | Nein | Nein | Nein | Nein |
| 110 | Remote-FW | Nein | Nein | Nein | Nein | Nein | Nein |
| 111 | Multicast-GLeave-Delay | Nein | Nein | Nein | Nein | Nein | Nein |
| 112 | CBCP-Enable | Nein | Nein | Nein | Nein | Nein | Nein |
| 113 | CBCP-Mode | Nein | Nein | Nein | Nein | Nein | Nein |
| 114 | CBCP-Delay | Nein | Nein | Nein | Nein | Nein | Nein |
| 115 | CBCP-Trunk-Group | Nein | Nein | Nein | Nein | Nein | Nein |

1 Nur Stop-Berichte, die Multisitzungs-IDs enthalten, da Start-Berichte ausgesendet werden, bevor Anwendungen über mehrere Verbindungen stattfinden.
2 Nur Stop-Berichte, die Verbindungszähler enthalten, da Start-Berichte ausgesendet werden, bevor Anwendungen über mehrere Verbindungen stattfinden.

*Tabelle A.2: Die unterstützten herstellerproprietären RADIUS-Attribute (Fortsetzung)*

| Nummer | Herstellerproprietäre Attribute | 11.1 | 11.2 | 11.3 | 11.3AA | 11.3T | 12.0 |
|---|---|---|---|---|---|---|---|
| 116 | AppleTalk-Route | Nein | Nein | Nein | Nein | Nein | Nein |
| 117 | AppleTalk-Peer-Mode | Nein | Nein | Nein | Nein | Nein | Nein |
| 118 | Route-AppleTalk | Nein | Nein | Nein | Nein | Nein | Nein |
| 119 | FCP-Parameter | Nein | Nein | Nein | Nein | Nein | Nein |
| 120 | Modem-PortNo | Nein | Nein | Nein | Nein | Nein | Nein |
| 121 | Modem-SlotNo | Nein | Nein | Nein | Nein | Nein | Nein |
| 122 | Modem-ShelfNo | Nein | Nein | Nein | Nein | Nein | Nein |
| 123 | Call-Attempt-Limit | Nein | Nein | Nein | Nein | Nein | Nein |
| 124 | Call-Block-Duration | Nein | Nein | Nein | Nein | Nein | Nein |
| 125 | Maximum-Call-Duration | Nein | Nein | Nein | Nein | Nein | Nein |
| 126 | Router-Preference | Nein | Nein | Nein | Nein | Nein | Nein |
| 127 | Tunneling-Protocol | Nein | Nein | Nein | Nein | Nein | Nein |
| 128 | Shared-Profile-Enable | Nein | Nein | Nein | Nein | Nein | Nein |
| 129 | Primary-Home-Agent | Nein | Nein | Nein | Nein | Nein | Nein |
| 130 | Secondary-Home-Agent | Nein | Nein | Nein | Nein | Nein | Nein |
| 131 | Dialout-Allowed | Nein | Nein | Nein | Nein | Nein | Nein |
| 133 | BACP-Enable | Nein | Nein | Nein | Nein | Nein | Nein |
| 134 | DHCP-Maximum-Leases | Nein | Nein | Nein | Nein | Nein | Nein |
| 135 | Primary-DNS-Server | Nein | Nein | Nein | Nein | Ja | Ja |
| 136 | Secondary-DNS-Server | Nein | Nein | Nein | Nein | Ja | Ja |
| 137 | Client-Assign-DNS | Nein | Nein | Nein | Nein | Nein | Nein |
| 138 | User-Acct-Type | Nein | Nein | Nein | Nein | Nein | Nein |
| 139 | User-Acct-Host | Nein | Nein | Nein | Nein | Nein | Nein |
| 140 | User-Acct-Port | Nein | Nein | Nein | Nein | Nein | Nein |
| 141 | User-Acct-Key | Nein | Nein | Nein | Nein | Nein | Nein |
| 142 | User-Acct-Base | Nein | Nein | Nein | Nein | Nein | Nein |
| 143 | User-Acct-Time | Nein | Nein | Nein | Nein | Nein | Nein |
| 144 | Assign-Ip-Client | Nein | Nein | Nein | Nein | Nein | Nein |
| 145 | Assign-IP-Server | Nein | Nein | Nein | Nein | Nein | Nein |
| 146 | Assign-IP-Global-Pool | Nein | Nein | Nein | Nein | Nein | Nein |
| 147 | DHCP-Reply | Nein | Nein | Nein | Nein | Nein | Nein |
| 148 | DHCP-Pool-Number | Nein | Nein | Nein | Nein | Nein | Nein |
| 149 | Expect-Callback | Nein | Nein | Nein | Nein | Nein | Nein |
| 150 | Event-Type | Nein | Nein | Nein | Nein | Nein | Nein |
| 151 | Session-Svr-Key | Nein | Nein | Nein | Nein | Nein | Nein |
| 152 | Multicast-Rate-Limit | Nein | Nein | Nein | Nein | Nein | Nein |
| 153 | IF-Netmask | Nein | Nein | Nein | Nein | Nein | Nein |
| 154 | Remote-Addr | Nein | Nein | Nein | Nein | Nein | Nein |
| 155 | Multicast-Client | Nein | Nein | Nein | Nein | Nein | Nein |
| 156 | FR-Circuit-Name | Nein | Nein | Nein | Nein | Nein | Nein |
| 157 | FR-LinkUp | Nein | Nein | Nein | Nein | Nein | Nein |
| 158 | FR-Nailed-Grp | Nein | Nein | Nein | Nein | Nein | Nein |

*Tabelle A.2: Die unterstützten herstellerproprietären RADIUS-Attribute (Fortsetzung)*

| Nummer | Herstellerproprietäre Attribute | 11.1 | 11.2 | 11.3 | 11.3AA | 11.3T | 12.0 |
|---|---|---|---|---|---|---|---|
| 159 | FR-Type | Nein | Nein | Nein | Nein | Nein | Nein |
| 160 | FR-Link-Mgt | Nein | Nein | Nein | Nein | Nein | Nein |
| 161 | FR-N391 | Nein | Nein | Nein | Nein | Nein | Nein |
| 162 | FR-DCE-N392 | Nein | Nein | Nein | Nein | Nein | Nein |
| 163 | FR-DTE-N392 | Nein | Nein | Nein | Nein | Nein | Nein |
| 164 | FR-DCE-N393 | Nein | Nein | Nein | Nein | Nein | Nein |
| 165 | FR-DTE-N393 | Nein | Nein | Nein | Nein | Nein | Nein |
| 166 | FR-T391 | Nein | Nein | Nein | Nein | Nein | Nein |
| 167 | FR-T392 | Nein | Nein | Nein | Nein | Nein | Nein |
| 168 | Bridge-Address | Nein | Nein | Nein | Nein | Nein | Nein |
| 169 | TS-Idle-Limit | Nein | Nein | Nein | Nein | Nein | Nein |
| 170 | TS-Idle-Mode | Nein | Nein | Nein | Nein | Nein | Nein |
| 171 | DBA-Monitor | Nein | Nein | Nein | Nein | Nein | Nein |
| 172 | Base-Channel-Count | Nein | Nein | Nein | Nein | Nein | Nein |
| 173 | Minimum-Channels | Nein | Nein | Nein | Nein | Nein | Nein |
| 174 | IPX-Route | Nein | Nein | Nein | Nein | Nein | Nein |
| 175 | FT1-Caller | Nein | Nein | Nein | Nein | Nein | Nein |
| 176 | Backup | Nein | Nein | Nein | Nein | Nein | Nein |
| 177 | Call-Type | Nein | Nein | Nein | Nein | Nein | Nein |
| 178 | Group | Nein | Nein | Nein | Nein | Nein | Nein |
| 179 | FR-DLCI | Nein | Nein | Nein | Nein | Nein | Nein |
| 180 | FR-Profile-Name | Nein | Nein | Nein | Nein | Nein | Nein |
| 181 | Ara-PW | Nein | Nein | Nein | Nein | Nein | Nein |
| 182 | IPX-Node-Addr | Nein | Nein | Nein | Nein | Nein | Nein |
| 183 | Home-Agent-IP-Addr | Nein | Nein | Nein | Nein | Nein | Nein |
| 184 | Home-Agent-Password | Nein | Nein | Nein | Nein | Nein | Nein |
| 185 | Home-Network-Name | Nein | Nein | Nein | Nein | Nein | Nein |
| 186 | Home-Agent-UDP-Port | Nein | Nein | Nein | Nein | Nein | Nein |
| 187 | Multilink-ID | Nein | Nein | Nein | Nein | Ja | Ja |
| 188 | Num-In-Multilink | Nein | Nein | Nein | Nein | Ja | Ja |
| 189 | First-Dest | Nein | Nein | Nein | Nein | Nein | Nein |
| 190 | Pre-Input-Octets | Nein | Nein | Nein | Nein | Ja | Ja |
| 191 | Pre-Output-Octets | Nein | Nein | Nein | Nein | Ja | Ja |
| 192 | Pre-Input-Packets | Nein | Nein | Nein | Nein | Ja | Ja |
| 193 | Pre-Output-Packets | Nein | Nein | Nein | Nein | Ja | Ja |
| 194 | Maximum-Time | Nein | Nein | Ja | Ja | Ja | Ja |
| 195 | Disconnect-Cause | Nein | Nein | Ja | Ja | Ja | Ja |
| 196 | Connect-Progress | Nein | Nein | Nein | Nein | Nein | Nein |
| 197 | Data-Rate | Nein | Nein | Nein | Nein | Ja | Ja |
| 198 | PreSession-Time | Nein | Nein | Nein | Nein | Ja | Ja |
| 199 | Token-Idle | Nein | Nein | Nein | Nein | Nein | Nein |
| 201 | Require-Auth | Nein | Nein | Nein | Nein | Nein | Nein |
| 202 | Number-Sessions | Nein | Nein | Nein | Nein | Nein | Nein |
| 203 | Authen-Alias | Nein | Nein | Nein | Nein | Nein | Nein |

*Tabelle A.2: Die unterstützten herstellerproprietären RADIUS-Attribute (Fortsetzung)*

| Nummer | Herstellerproprietäre Attribute | 11.1 | 11.2 | 11.3 | 11.3AA | 11.3T | 12.0 |
|---|---|---|---|---|---|---|---|
| 204 | Token-Expiry | Nein | Nein | Nein | Nein | Nein | Nein |
| 205 | Menu-Selector | Nein | Nein | Nein | Nein | Nein | Nein |
| 206 | Menu-Item | Nein | Nein | Nein | Nein | Nein | Nein |
| 207 | PW-Warntime | Nein | Nein | Nein | Nein | Nein | Nein |
| 208 | PW-Lifetime | Nein | Nein | Ja | Ja | Ja | Ja |
| 209 | IP-Direct | Nein | Nein | Ja | Ja | Ja | Ja |
| 210 | PPP-VJ-Slot-Comp | Nein | Nein | Ja | Ja | Ja | Ja |
| 211 | PPP-VJ-1172 | Nein | Nein | Nein | Nein | Nein | Nein |
| 212 | PPP-Async-Map | Nein | Nein | Nein | Nein | Nein | Nein |
| 213 | Third-Prompt | Nein | Nein | Nein | Nein | Nein | Nein |
| 214 | Send-Secret | Nein | Nein | Nein | Nein | Nein | Nein |
| 215 | Receive-Secret | Nein | Nein | Nein | Nein | Nein | Nein |
| 216 | IPX-Peer-Mode | Nein | Nein | Nein | Nein | Nein | Nein |
| 217 | IP-Pool-Definition | Nein | Nein | Ja | Ja | Ja | Ja |
| 218 | Assign-IP-Pool | Nein | Nein | Ja | Ja | Ja | Ja |
| 219 | FR-Direct | Nein | Nein | Nein | Nein | Nein | Nein |
| 220 | FR-Direct-Profile | Nein | Nein | Nein | Nein | Nein | Nein |
| 221 | FR-Direct-DLCI | Nein | Nein | Nein | Nein | Nein | Nein |
| 222 | Handle-IPX | Nein | Nein | Nein | Nein | Nein | Nein |
| 223 | Netware-Timeout | Nein | Nein | Nein | Nein | Nein | Nein |
| 224 | IPX-Alias | Nein | Nein | Nein | Nein | Nein | Nein |
| 225 | Metric | Nein | Nein | Nein | Nein | Nein | Nein |
| 226 | PRI-Number-Type | Nein | Nein | Nein | Nein | Nein | Nein |
| 227 | Dial-Number | Nein | Nein | Nein | Nein | Nein | Nein |
| 228 | Route-IP | Nein | Nein | Ja | Ja | Ja | Ja |
| 229 | Route-IPX | Nein | Nein | Nein | Nein | Nein | Nein |
| 230 | Bridge | Nein | Nein | Nein | Nein | Nein | Nein |
| 231 | Send-Auth | Nein | Nein | Nein | Nein | Nein | Nein |
| 232 | Send-Passwd | Nein | Nein | Nein | Nein | Nein | Nein |
| 233 | Link-Compression | Nein | Nein | Ja | Ja | Ja | Ja |
| 234 | Target-Util | Nein | Nein | Ja | Ja | Ja | Ja |
| 235 | Maximum-Channels | Nein | Nein | Ja | Ja | Ja | Ja |
| 236 | Inc-Channel-Count | Nein | Nein | Nein | Nein | Nein | Nein |
| 237 | Dec-Channel-Count | Nein | Nein | Nein | Nein | Nein | Nein |
| 238 | Seconds-of-History | Nein | Nein | Nein | Nein | Nein | Nein |
| 239 | History-Weigh-Type | Nein | Nein | Nein | Nein | Nein | Nein |
| 240 | Add-Seconds | Nein | Nein | Nein | Nein | Nein | Nein |
| 241 | Remove-Seconds | Nein | Nein | Nein | Nein | Nein | Nein |
| 242 | Data-Filter | Nein | Nein | Ja | Ja | Ja | Ja |
| 243 | Call-Filter | Nein | Nein | Ja | Ja | Ja | Ja |
| 244 | Idle-Limit | Nein | Nein | Ja | Ja | Ja | Ja |
| 245 | Preempt-Limit | Nein | Nein | Nein | Nein | Nein | Nein |
| 246 | Callback | Nein | Nein | Nein | Nein | Nein | Nein |
| 247 | Data-Svc | Nein | Nein | Nein | Nein | Nein | Nein |

*Tabelle A.2: Die unterstützten herstellerproprietären RADIUS-Attribute (Fortsetzung)*

| Nummer | Herstellerproprietäre Attribute | 11.1 | 11.2 | 11.3 | 11.3AA | 11.3T | 12.0 |
|---|---|---|---|---|---|---|---|
| 248 | Force-56 | Nein | Nein | Nein | Nein | Nein | Nein |
| 249 | Billing Number | Nein | Nein | Nein | Nein | Nein | Nein |
| 250 | Call-By-Call | Nein | Nein | Nein | Nein | Nein | Nein |
| 251 | Transit-Number | Nein | Nein | Nein | Nein | Nein | Nein |
| 252 | Host-Info | Nein | Nein | Nein | Nein | Nein | Nein |
| 253 | PPP-Address | Nein | Nein | Nein | Nein | Nein | Nein |
| 254 | MPP-Idle-Percent | Nein | Nein | Nein | Nein | Nein | Nein |
| 255 | Xmit-Rate | Nein | Nein | Nein | Nein | Nein | Nein |

Weitere Informationen über die Cisco-Ausführung des RADIUS finden Sie in Kapitel 8 »Konfiguration des RADIUS«.

## A.2 Eine Liste zur Beschreibung der RADIUS-Attribute

Die folgenden Seiten liefern eine detaillierte Liste mit Beschreibungen zu den bekannten RADIUS-Attributen:

Die Tabelle A.3 listet die IETF-RADIUS-Attribute auf und beschreibt sie. In Fällen, in denen das Attribut ein Sicherheits-Server-eigenes Format besitzt, wird das Format angegeben.

*Tabelle A.3: Die RADIUS-(IETF-)Attribute*

| Nummer | Attribut | Beschreibung |
|---|---|---|
| 1 | User-Name | Gibt den Namen des zu authentifizierenden Benutzers an. |
| 2 | User-Password | Gibt das Passwort des Benutzers oder die Eingabe des Benutzers nach einem Access-Challenge-Paket an. Passwörter, die länger als 16 Zeichen sind, werden mit den Vorgaben des IETF-Drafts #2 (oder eines neueren) verschlüsselt. |
| 3 | CHAP-Password | Enthält den Antwortwert, mit dem ein PPP-Challenge-Handshake-Authentication-Protokoll-(CHAP-)Benutzer auf ein Access-Challenge-Paket antwortet. |
| 4 | NAS-IP Address | Legt die IP-Adresse des Netzwerk-Access-Servers fest, der die Authentifizierung verlangt. |

*Tabelle A.3: Die RADIUS-(IETF-)Attribute (Fortsetzung)*

| Nummer | Attribut | Beschreibung |
|---|---|---|
| 5 | NAS-Port | Enthält die physikalische Portnummer des Netzwerk-Access-Servers, der den Benutzer authentifiziert. Der NAS-Portwert (32 Bit) besteht aus einem oder zwei 16-Bit-Werten (je nach der Einstellung des Befehls **radius-server extended-portnames**). Jede 16-Bit-Nummer sollte als fünfstellige dezimale ganze Zahl auf folgende Weise interpretiert werden:<br>– Für asynchrone Terminal-Verbindungen, asynchrone Netzwerkschnittstellen und virtuelle asynchrone Schnittstellen ist der Wert **00ttt**, bei dem **ttt** die Verbindungsnummer oder die Nummer der asynchronen Schnittstelle ist.<br>– Für normale synchrone Netzwerkschnittstellen ist der Wert **10xxx**.<br>– Für Kanäle einer Primary-Rate-ISDN-Schnittstelle ist der Wert **2ppcc**.<br>– Für Kanäle einer Basic-Rate-ISDN-Schnittstelle ist der Wert **3bb0c**.<br>– Für andere Schnittstellentypen ist der Wert **6nnss**. |
| 6 | Service-Type | Kennzeichnet den angefragten oder gelieferten Diensttyp:<br>– In einer Anfrage:<br>Framed für bekannte PPP- oder SLIP-Verbindung.<br>Administrative-user für den Befehl **enable**.<br>– In einer Antwort:<br>Login – Baue eine Verbindung auf.<br>Framed – Starte das SLIP oder das PPP.<br>Administrative User – Starte eine EXEC oder das **enable ok**.<br>Exec User – Starte eine EXEC-Sitzung.<br>Der Diensttyp wird durch einen bestimmten nummerischen Wert gekennzeichnet:<br>– 1: Login<br>– 2: Framed<br>– 3: Rückruf-Login<br>– 4: Rückruf-Framed<br>– 5: Ausgehend<br>– 6: Administrativ<br>– 7: NAS-Eingabe<br>– 8: Reine Authentifizierung<br>– 9: Rückruf-NAS-Eingabe |

*Tabelle A.3: Die RADIUS-(IETF-)Attribute (Fortsetzung)*

| Nummer | Attribut | Beschreibung |
|---|---|---|
| 7 | Framed-Protocol | Kennzeichnet die verwendete Einkapselung für den Framed-Zugang. Die Einkapselung wird durch einen der folgenden nummerischen Werte angegeben:<br>– 1: PPP<br>– 2: SLIP<br>– 3: ARA<br>– 4: Gandalf-proprietäres Einfach-/Mehrfachverbindungs-Protokoll<br>– 5: Xylogics-proprietäres IPX/SLIP |
| 8 | Framed-IP-Address | Kennzeichnet die IP-Adresse, die für den Benutzer konfiguriert wird. |
| 9 | Framed-IP-Netmask | Kennzeichnet die IP-Netzmaske, die für den Benutzer konfiguriert wird, wenn dieser ein Router zu einem Netzwerk ist. Dieser Attributwert erzeugt eine statische Route für die Framed-IP-Address mit der angegebenen Maske. |
| 10 | Framed-Routing | Kennzeichnet die Routing-Methode für den Benutzer, wenn dieser ein Router zu einem Netzwerk ist. Für dieses Attribut werden nur Werte für *Keine*, *Senden* und *Lauschen* unterstützt. Die Routing-Methode wird durch einen nummerischen Wert gekennzeichnet:<br>– 0: Kein<br>– 1: Sende Routing-Pakete<br>– 2: Lausche nach Routing-Paketen<br>– 3: Sende Routing-Pakete und lausche nach Routing-Paketen |
| 11 | Filter-Id | Kennzeichnet den Namen der Filterliste für den Benutzer und besitzt folgendes Format: *%d*, *%d.in* oder *%d.out*. Dieses Attribut ist dem letzten Diensttyp-Befehl zugeordnet. Verwenden Sie beim login und EXEC das *%d* oder *%d.out* als den Verbindungs-Access-Listenwert von 0 bis 199. Verwenden Sie für den Framed-Dienst das *%d* oder *%d.out* als ausgehende Schnittstellen-Access-Liste und das *%d.in* für die eingehende Access-Liste. Die Nummern kodieren sich je nach dem verwendeten Protokoll selbst. |
| 12 | Framed-MTU | Kennzeichnet die Maximum-Transmission-Unit (MTU), die für den Benutzer konfiguriert werden kann, wenn die MTU nicht durch das PPP oder andere Verfahren verhandelt wird. |

*Tabelle A.3: Die RADIUS-(IETF-)Attribute (Fortsetzung)*

| Nummer | Attribut | Beschreibung |
|---|---|---|
| 13 | Framed-Compression | Kennzeichnet ein Komprimierungsprotokoll für die Verbindung. Mit diesem Attribut wird dem PPP- oder SLIP-autocommand, der während der EXEC-Autorisierung erzeugt wird, ein /compress hinzugefügt. Dies wird zur Zeit nicht für die Nicht-EXEC-Autorisierung ausgeführt. Das Komprimierungsprotokoll wird durch einen der folgenden nummerischen Werte gekennzeichnet:<br>– 0: Keine<br>– 1: VJ-TCP/IP-Header-Komprimierung<br>– 2: IPX-Header-Komprimierung |
| 14 | Login-IP-Host | Kennzeichnet den Host, mit dem sich der Benutzer verbindet, wenn das Login-Dienst-Attribut enthalten ist. |
| 15 | Login-Service | Kennzeichnet den verwendeten Dienst, mit dem sich der Benutzer mit dem Login-Host verbinden soll. Der Dienst wird durch einen der folgenden nummerischen Werte gekennzeichnet:<br>– 0: Telnet<br>– 1: Rlogin<br>– 2: TCP-Clear<br>– 3: PortMaster<br>– 4: LAT |
| 16 | Login-TCP-Port | Legt den TCP-Port fest, mit dem der Benutzer verbunden wird, wenn das Login-Dienst-Attribut auch vorhanden ist. |
| 18 | Reply-Message | Kennzeichnet den Text, der dem Benutzer angezeigt werden kann. |
| 19 | Callback-Number | Legt eine Telefonnummer fest, die bei einem Rückruf gewählt wird. |
| 20 | Callback-ID | Legt den Namen (der aus einem oder mehr Oktetten besteht) eines anzurufenden Orts fest, der durch den Netzwerk-Access-Server interpretiert werden soll. |
| 22 | Framed-Route | Ermöglicht die Konfiguration von Routing-Informationen für den Benutzer auf diesem Netzwerk-Access-Server. Es wird das RADIUS-RFC-Format (Netz/Bits [Router [Metrik]]) und die ältere gepunktete Maske (Netzmaske [Router [Metrik]]) unterstützt. Wenn das Routerfeld ausgelassen oder auf 0 gesetzt wird, wird die IP-Adresse des Peer-Geräts verwendet. Die Metriken werden bisher noch ignoriert. |
| 23 | Framed-IPX-Network | Legt die IPX-Netzwerk-Nummer fest, die für den Benutzer konfiguriert werden soll. |
| 24 | State | Ermöglicht den Austausch von Zustandsinformationen zwischen Netzwerk-Access-Server und RADIUS-Server. Dieses Attribut ist nur auf CHAP-Challenge-Pakete anwendbar. |
| 25 | Class | (Accounting) Beliebiger Wert, den der Netzwerk-Access-Server in alle Accounting-Pakete für diese Benutzer einfügt, wenn sie durch den RADIUS-Server gesendet werden. |

*Tabelle A.3: Die RADIUS-(IETF-)Attribute (Fortsetzung)*

| Nummer | Attribut | Beschreibung |
|---|---|---|
| 26 | Vendor-Specific | Erlaubt den Herstellern die Unterstützung ihrer eigenen erweiterten Attribute, die nicht allgemeinen anwendbar sind. Die Cisco-RADIUS-Ausführung unterstützt eine herstellereigene Option durch das in der Beschreibung empfohlene Format. Die Hersteller-ID von Cisco ist 9 und die unterstützte Option besitzt den Herstellertyp 1, der *cisco-avpair* genannt wird. Der Wert ist eine Zeichenfolge der Form:<br>`Protokoll : Attribut sep Wert`<br>Das *Protokoll* ist ein Wert des Cisco-*Protokoll*-Attributs für einen bestimmten Autorisierungstyp. *Attribut* und *Wert* sind ein passendes AV-Paar, das in der Cisco-TACACS+-Beschreibung festgelegt ist, und *sep* ist ein = für vorgeschriebene Attribute und ein * für optionale Attribute. Damit kann der vollständige Funktionssatz der TACACS+-Autorisierung auch für den RADIUS verwendet werden. Zum Beispiel:<br>`cisco-avpair= "ip:addr-pool=first"`<br>`cisco-avpair= "shell:priv-lvl=15"`<br>Das erste Beispiel wird während der IP-Autorisierung die Funktion der mehrfach bezeichneten IP-Adressen-Pools von Cisco aktivieren (während der IPCP-Adressvergabe durch das PPP). Das zweite Beispiel wird einem Benutzer, der sich von einem Netzwerk-Access-Server einloggt, direkten Zugriff auf EXEC-Befehle verleihen.<br>Die Tabelle A.4 enthält eine vollständige Liste der unterstützten TACACS+-AV-Paare, die mit dem IETF-Attribut 26 verwendet werden können.<br>Cisco hat zwei neue herstellereigene RADIUS-Attribute (des IETF Attributs 26) hinzugefügt, damit der RADIUS das MS-CHAP unterstützt:<br>– Hersteller-ID-Nummer: 311 (Microsoft)<br>  Herstellertyp-Nummer: 11<br>  Attribut: MSCHAP-Challenge<br>  Beschreibung: Enthält das Challenge, das von einem Netzwerk-Access-Server an einen MS-CHAP-Benutzer gesendet wird. Es kann sowohl in Access-Anfrage, als auch in Access-Challenge-Paketen verwendet werden.<br>– Hersteller-ID-Nummer 311: (Microsoft)<br>  Herstellertyp-Nummer: 11<br>  Attribut: MSCHAP-Response<br>  Beschreibung: Enthält den Antwortwert, der durch einen PPP-MS-CHAP-Benutzer als Antwort auf das Challenge-Paket gesendet wird. Es wird nur in Access-Anfrage-Paketen verwendet. Dieses Attribut ist identisch mit dem PPP-CHAP-Kennzeichen. |

*Tabelle A.3: Die RADIUS-(IETF-)Attribute (Fortsetzung)*

| Nummer | Attribut | Beschreibung |
| --- | --- | --- |
| 27 | Session-Timeout | Setzt die maximale Dienstzeitdauer in Sekunden, die dem Benutzer zur Verfügung steht, bevor die Sitzung abläuft. Dieser Attributwert wird die benutzerabhängige absolute Zeitdauer. Dieses Attribut gilt nicht für PPP-Sitzungen. |
| 28 | Idle-Timeout | Setzt die maximale Anzahl von zusammenhängenden Sekunden, die dem Benutzer während einer leerlaufenden Verbindung gestattet werden, bevor die Sitzung abläuft. Dieser Attributwert wird der benutzerabhängige Sitzungs-Timeout. Dieses Attribut gilt nicht für PPP-Sitzungen. |
| 29 | Termination-Action | Die Beendigung wird durch einen der folgenden nummerischen Werte gekennzeichnet:<br>– 0: Standard<br>– 1: RADIUS Anfrage |
| 30 | Called-Station-Id | (Accounting) Ermöglicht es dem Netzwerk-Access-Server, die Telefonnummer des angerufenen Benutzers als Teil des Access-Anfrage-Pakets zu senden (mittels der Dialed-Number-Identification [DNIS] oder einer ähnlichen Technik). Dieses Attribut wird nur von ISDN- und Modemanrufen auf dem Cisco AS5200 unterstützt, wenn er mit PRI verwendet wird. |
| 31 | Calling-Station-Id | (Accounting) Ermöglicht es dem Netzwerk-Access-Server, die Telefonnummer des Anrufenden als Teil des Access-Anfrage-Pakets zu senden (mittels der Dialed-Number-Identification [DNIS] oder einer ähnlichen Technik). Dieses Attribut besitzt denselben Wert wie das *remote-addr* des TACACS+. Dieses Attribut wird nur von ISDN- und Modemanrufen auf dem Cisco AS5200 unterstützt, wenn er mit PRI verwendet wird. |
| 32 | NAS-Identifier | Zeichenfolge, die den Netzwerk-Access-Server identifiziert, der die Access-Anfrage aussendet. |
| 33 | Proxy-State | Ein Attribut, das von einem Proxy-Server an eine anderen Server gesendet werden kann, wenn er Access-Anfragen weiterleitet. Dieses muss unverändert im Access-Akzeptierungs-, Access-Ablehnungs-oder Access-Challenge-Paket zurückgesendet und durch den Proxy-Server entfernt werden, bevor dieser die Antwort an den Netzwerk-Access-Server sendet. |
| 34 | Login-LAT-Service | Kennzeichnet das System, mit dem der Benutzer durch das LAT verbunden werden soll. Dieses Attribut ist nur im EXEC-Modus verfügbar. |
| 35 | Login-LAT-Node | Kennzeichnet den Knoten, mit dem der Benutzer automatisch durch das LAT verbunden werden soll. |

*Tabelle A.3: Die RADIUS-(IETF-)Attribute (Fortsetzung)*

| Nummer | Attribut | Beschreibung |
|---|---|---|
| 36 | Login-LAT-Group | Adressiert die LAT-Gruppen-Codes, die dieser Benutzer verwenden darf. |
| 37 | Framed-AppleTalk-Link | Kennzeichnet die AppleTalk-Netzwerknummer, die für serielle Verbindungen zum Benutzer (einem anderen AppleTalk-Router) verwendet werden soll. |
| 38 | Framed-AppleTalk-Network | Kennzeichnet die AppleTalk-Netzwerknummer, die der Netzwerk-Access-Server verwendet, um dem Benutzer einen AppleTalk-Knoten zuzuweisen. |
| 39 | Framed-AppleTalk-Zone | Kennzeichnet die AppleTalk-Standard-Zone, die für diesen Benutzer verwendet wird. |
| 40 | Acct-Status-Type | (Accounting) Kennzeichnet, ob diese Accounting-Anfrage den Beginn des Benutzer-Dienstes (start) oder das Ende (stop) markiert. |
| 41 | Acct-Delay-Time | (Accounting) Zeigt an, wieviele Sekunden der Client versucht hat, einen bestimmten Bericht zu senden. |
| 42 | Acct-Input-Octets | (Accounting) Zeigt an, wieviele Oktette während der Laufzeit dieses Dienstes vom Port empfangen wurden. |
| 43 | Acct-Output-Octets | (Accounting) Zeigt an, wieviele Oktette während der Laufzeit dieses Dienstes an den Port gesendet wurden. |
| 44 | Acct-Session-Id | (Accounting) Ein eindeutiges Accounting-Kennzeichen, das das Auffinden von Start- und Stop-Berichten in einer Log-datei vereinfacht. Die Acct-Session-ID-Nummern starten jedesmal mit 1, wenn die Stromversorgung des Routers unterbrochen oder wenn die Software neu geladen wird. |
| 45 | Acct-Authentic | (Accounting) Zeigt an, wie der Benutzer authentifiziert wurde, ob durch den RADIUS, den Netzwerk-Access-Server selbst oder durch ein anderes externes Authentifizierungsprotokoll. Dieses Attribut wird auf *radius* gesetzt, wenn Benutzer durch den RADIUS authentifiziert werden, *remote* für die TACACS+- und Kerberos-Authentifizierung bzw. *local* für das lokale, das *enable*-, das Verbindungs- und das *if-needed*-Authentifizierungsverfahren. Bei allen anderen Verfahren wird das Attribut nicht verwendet. |
| 46 | Acct-Session-Time | (Accounting) Zeigt die Zeitdauer (in Sekunden) an, die der Benutzer den Dienst empfangen hat. |
| 47 | Acct-Input-Packets | (Accounting) Zeigt an, wieviele Pakete während der Laufzeit dieses Dienstes für einen Framed-Benutzer vom Port empfangen wurden. |
| 48 | Acct-Output-Packets | (Accounting) Zeigt an, wieviele Pakete während der Laufzeit dieses Dienstes für einen Framed-Benutzer an den Port gesendet wurden. |

*Tabelle A.3: Die RADIUS-(IETF-)Attribute (Fortsetzung)*

| Nummer | Attribut | Beschreibung |
|---|---|---|
| 49 | Acct-Terminate-Cause | (Accounting) Berichtet über Details, warum die Verbindung beendet wurde. Die Gründe für die Beendigung sind durch eine der folgenden nummerischen Werte gekennzeichnet:<br>– 1: Benutzeranfrage<br>– 2: Unterbrochene Leitung<br>– 3: Unterbrochener Dienst<br>– 4: Ablauf des Leerlaufzeitgebers<br>– 5: Ablauf des Sitzungszeitgebers<br>– 6: Administrative Zurücksetzung<br>– 7: Administratives Neubooten<br>– 8: Port-Fehlzustand<br>– 9: NAS-Fehlzustand<br>– 10: NAS-Anfrage<br>– 11: NAS-Neuboot<br>– 12: Port nicht benötigt<br>– 13: Port wurde zuvor entleert<br>– 14: Port setzte kurzzeitig aus<br>– 15: Dienst nicht verfügbar<br>– 16: Rückruf<br>– 17: Benutzerfehler<br>– 18: Host-Anfrage |
| 50 | Acct-Multi-Session-Id[1] | (Accounting) Ein eindeutiges Accounting-Kennzeichen, mit dem mehrere zusammengehörige Sitzungen in einer Logdatei verknüpft werden. Jede Sitzung innerhalb einer Mehrfachverbindungssitzung besitzt einen eindeutigen Acct-Session-Id-Wert, aber teilt sich die gemeinsame Acct-Multi-Session-Id. |
| 51 | Acct-Link-Count[2] | (Accounting) Kennzeichnet die bekannte Verbindungsanzahl in einer bestimmten Mehrfachverbindungssitzung zu dem Zeitpunkt, wo der Bericht erzeugt wird. Der Netzwerk-Access-Server kann dieses Attribut in jede Accounting-Anfrage einfügen, die Mehrfachverbindungen besitzen kann. |
| 60 | CHAP-Challenge | Enthält das CHAP-Challenge, das vom Netzwerk-Access-Server an einen PPP-CHAP-Benutzer gesendet wird. |

---

1 Nur Stop-Berichte, die Multisitzungs-IDs enthalten, da Start-Berichte ausgesendet werden, bevor Anwendungen über mehrere Verbindungen stattfinden.
2 Nur Stop-Berichte, die Verbindungszähler enthalten, da Start-Berichte ausgesendet werden, bevor Anwendungen über mehrere Verbindungen stattfinden.

*Tabelle A.3: Die RADIUS- (IETF-) Attribute (Fortsetzung)*

| Nummer | Attribut | Beschreibung |
|---|---|---|
| 61 | NAS-Port-Type | Kennzeichnet den physikalischen Port-Typ, über den der Netzwerk-Access-Server den Benutzer authentifiziert. Die physikalischen Ports werden durch die folgenden nummerischen Werte gekennzeichnet:<br>– 0: Asynchron<br>– 1: Synchron<br>– 2: ISDN-Synchron<br>– 3: ISDN-Asynchron (V.120)<br>– 4: ISDN-Asynchron (V.110)<br>– 5: Virtuell |
| 62 | Port-Limit | Setzt die maximale Port-Anzahl, die der Benutzer vom Netzwerk-Access-Server beanspruchen kann. |
| 63 | Login-LAT-Port | Legt den Port fest, mit dem der Benutzer durch das LAT verbunden wird. |
| 200 | IETF-Token-Immediate | Legt fest, wie der RADIUS mit Passwörtern umgeht, die er von Login-Benutzern empfängt, wenn deren Dateieintrag einen Hand-held-Sicherheitskarten-Server angibt.<br>Der Wert für dieses Attribut wird durch einen der folgenden nummerischen Werte gekennzeichnet:<br>– 0: Nein, d.h. das Passwort wird ignoriert.<br>– 1: Ja, d.h. das Passwort wird für die Authentifizierung verwendet. |

Die Tabelle A.4 zeigt die unterstützten TACACS+-AV-Paare und ihre Bedeutungen für das herstellereigene Attribut (26). Weitere Informationen über die TACACS+-AV-Paare finden Sie in Anhang B »TACACS+-Attribut-Werte-Paare«.

*Tabelle A.4: Die unterstützten TACACS+-AV-Paare*

| Attribut | Beschreibung |
|---|---|
| service=x | Der primäre Dienst. Die Angabe eines Service-Attributs zeigt an, dass dies eine Anfrage zur Autorisierung oder für das Accounting dieses Dienstes ist. Die zur Zeit verwendbaren Werte sind **slip, ppp, arap, shell, ttydaemon, connection** und **system**. Dieses Attribut muss immer enthalten sein. |
| protocol=x | Ein Protokoll, das ein Teil des Dienstes ist. Ein Beispiel wäre jedes PPP-NCP. Die zur Zeit bekannten Werte sind **lcp, ip, ipx, atalk, vines, lat, xremote, tn3270, telnet, rlogin, pad, vpdn, osicp, deccp, ccp, cdp, bridging, xns, nbf, bap, multilink** und **unknown**. |
| cmd=x | Ein Shell-(EXEC-)Befehl. Dieser gibt den Befehlsnamen für einen Shell-Befehl an, der ausgeführt werden soll. Dieses Attribut muss angegeben werden, wenn *service=shell* ist. Ein NULL-Wert zeigt an, dass die Shell selbst angesprochen wird. |

*Tabelle A.4: Die unterstützten TACACS+-AV-Paare (Fortsetzung)*

| Attribut | Beschreibung |
| --- | --- |
| cmd-arg=x | Ein Argument eines Shell-(EXEC-)Befehls. Dieses gibt ein Argument für den auszuführenden Shell-Befehl an. Es können mehrere *cmd-arg*-Attribute angegeben werden und sie sind abhängig von der Reihenfolge. |
| acl=x | ASCII-Zahl, die eine Verbindungs-Access-Liste bezeichnet. Wird nur verwendet, wenn der *service=shell* ist. |
| inacl=x | ASCII-Kennzeichen für eine eingehende Schnittstellen-Access-Liste. Wird zusammen mit *service=ppp* und *protocol=ip* verwendet. Benutzerbezogene Access-Listen funktionieren zur Zeit noch nicht mit ISDN-Schnittstellen. |
| inacl#<n> | ASCII-Access-Listen-Kennzeichen für eine eingehende Access-Liste, die für die Dauer der aktuellen Verbindung eingerichtet und einer Schnittstelle zugeordnet werden soll. Wird mit *service=ppp* und *protocol=ip* bzw. *service=ppp* und *protocol=ipx* verwendet. Benutzerbezogene Access-Listen funktionieren zur Zeit noch nicht mit ISDN-Schnittstellen. |
| outacl=x | ASCII-Kennzeichen für eine ausgehende Schnittstellen-Access-Liste. Wird mit *service=ppp* und *protocol=ip* bzw. *service=ppp* und *protocol=ipx* verwendet. Enthält eine ausgehende IP-Access-Liste für das SLIP oder das PPP/IP (z.B. *outacl=4*). Die eigentliche Access-Liste muss zuvor auf dem Router konfiguriert sein. Benutzerbezogene Access-Listen funktionieren zur Zeit noch nicht mit ISDN-Schnittstellen. |
| outacl#<n> | ASCII-Access-Listen-Kennzeichen für eine eingehende Access-Liste, die für die Dauer des aktuellen Zustands eingerichtet und einer Schnittstelle zugeordnet werden soll. Wird mit *service=ppp* und *protocol=ip* bzw. *service=ppp* und *protocol=ipx* verwendet. Benutzerbezogene Access-Listen funktionieren zur Zeit noch nicht mit ISDN-Schnittstellen. |
| zonelist=x | Ein numerischer *zonelist*-Wert. Wird mit *service=arap* verwendet. Legt eine *AppleTalk*-Zonenliste für das ARA fest (z.B. *zonelist=5*). |
| addr=x | Eine Netzwerk-Adresse. Wird mit *service=slip*, *service=ppp* und *protocol=ip* verwendet. Enthält die IP-Adresse, die der externe Host verwenden soll, wenn er sich über das SLIP oder das PPP/IP verbindet (z.B. *addr=10.2.3.4*). |
| addr-pool=x | Legt den Namen eines lokalen Pools fest, von dem die Adresse des externen Hosts bezogen werden soll. Wird mit *service=ppp* und *protocol=ip* verwendet.<br>Beachten Sie, dass **addr-pool** nur in Kombination mit lokalen Pools funktioniert. Es wird der Name eines lokalen Pools angegeben (der zuvor auf dem Netzwerk-Access-Server konfiguriert werden muss). Verwenden Sie den Befehl **ip-local pool**, um lokale Pools zu erstellen. Zum Beispiel:<br>`ip address-pool local`<br>`ip local pool boo 10.0.0.1 10.0.0.10`<br>`ip local pool moo 10.0.0.1 10.0.0.20`<br>Daraufhin können Sie das TACACS+ einsetzen, um mit *addr-pool=boo* oder *addr-pool=moo* festzulegen, von welchem Adress-Pool Sie die Adresse für diesen externen Knoten beziehen wollen. |

*Tabelle A.4: Die unterstützten TACACS+-AV-Paare (Fortsetzung)*

| Attribut | Beschreibung |
|---|---|
| routing=x | Legt fest, ob die Routing-Informationen an diese Schnittstelle weitergegeben und von ihr akzeptiert werden. Wird mit *service=slip*, *service=ppp* und *protocol=ip* verwendet. Die Funktion ist gleich der /*routing*-Flag in SLIP- und PPP-Befehle. Kann entweder *true* (wahr) oder *false* (falsch) enthalten (z.B. *routing=true*). |
| route | Legt eine Route fest, die einer Schnittstelle zugeordnet werden soll. Wird mit *service=slip*, *service=ppp* und *protocol=ip* verwendet. Während der Netzwerk-Autorisierung kann das *route*-Attribut verwendet werden, um eine benutzerabhängige statische Route festzulegen, die durch das TACACS+ auf folgende Weise eingerichtet wird:<br>route="Zieladresse Maske [Gateway]"<br>Dieses Zeichenfolge gibt eine zeitweilige statische Route an, die zugeordnet werden soll. *Zieldresse*, *Maske* und *Gateway* werden in der gepunktetdezimalen Form erwartet, mit derselben Bedeutung wie im Konfigurationsbefehl **ip route** auf einem Netzwerk-Access-Server.<br>Wenn das *Gateway* nicht angegeben wird, ist das Gateway die Adresse des Peer-Geräts. Die Route wird aufgehoben, wenn die Verbindung endet. |
| route#<n> | Dieses AV-Paar legt wie das Routen-AV-Paar eine Route fest, die einer Schnittstelle zugeordnet werden soll, jedoch sind diese Routen nummeriert, um mehrere Routen zuordnen zu können. Wird mit *service=ppp* und *protocol=ip* und *service=ppp* und *protocol=ipx* verwendet. |
| timeout=x | Die Zeitdauer in Minuten, bis eine EXEC- oder ARA-Sitzung unterbrochen wird (z.B. *timeout=60*). Der Wert *Null* bedeutet keine Unterbrechung. Wird mit *service=arap* verwendet. |
| idletime=x | Setzt eine Zeitdauer in Minuten, nach der eine leer laufende Sitzung beendet wird. Funktioniert nicht mit dem PPP. Der Wert *Null* bedeutet keine Unterbrechung. |
| autocmd=x | Legt einen Autobefehl fest, der bei einem EXEC-Start ausgeführt werden soll (z.B. *autocmd=telnet muruga.com*). Wird nur mit *service=shell* verwendet. |
| noescape=x | Verhindert, dass Benutzer ein Escape-Zeichen eingeben können. Wird mit *service=shell* verwendet. Kann entweder *true* (wahr) oder *false* (falsch) enthalten (z.B. *noescape=true*). |
| nohangup=x | Wird mit *service=shell* verwendet. Legt die Nichtauflegoption fest, d.h. nachdem eine EXEC-Shell beendet wird, wird dem Benutzer eine weitere Login- (Benutzername-) Eingabeaufforderung angezeigt. Kann entweder *true* (wahr) oder *false* (falsch) enthalten (z.B. *nohangup=false*). |
| priv-lvl=x | Der privilegierte Level der an den EXEC vergeben wird. Wird mit *service=shell* verwendet. Privilegierte Level reichen von 0 bis 15, bei denen 15 der höchste Level ist. |
| callback-dialstring | Legt die Telefonnummer für einen Rückruf fest (z.B.: *callback-dialstring=408-555-1212*). Der Wert ist NULL oder eine Zahlenfolge. Ein NULL-Wert zeigt an, dass der Dienst die Zahlenfolge durch andere Mittel beziehen kann. Wird mit *service=arap*, *service=slip*, *service=ppp*, *service=shell* verwendet. Nicht gültig für ISDN. |

*Tabelle A.4: Die unterstützten TACACS+-AV-Paare (Fortsetzung)*

| Attribut | Beschreibung |
|---|---|
| callback-line | Die Nummer einer TTY-Verbindung, die für den Rückruf verwendet werden soll (z.B. *callback-line=4*). Wird mit *service=arap*, *service=slip*, *service=ppp*, *service=shell* verwendet. Nicht gültig für ISDN. |
| callback-rotary | Die Nummer einer Rotary-Gruppe (zwischen 0 und 100 einschließlich), die für den Rückruf verwendet werden soll (z.B. *callback-rotary=34*). Wird mit *service=arap*, *service=slip*, *service=ppp*, *service=shell* verwendet. Nicht gültig für ISDN. |
| nocallback-verify | Zeigt an, dass keine Rückrufverifizierung erforderlich ist. Der einzige gültige Wert für diesen Parameter ist 1 (z.B. *nocallback-verify=1*). Wird mit *service=arap*, *service=slip*, *service=ppp*, *service=shell* verwendet. Es findet beim Rückruf keine Authentifizierung statt. Nicht gültig für ISDN. |
| tunnel-id | Legt den Benutzernamen fest, der zur Authentifizierung des Tunnels verwendet wird, über den die individuelle Benutzer-MID ausgeführt wird. Dies ist gleichbedeutend mit dem *externen Namen* im Befehl **vpdn outgoing**. Wird mit *service=ppp* und *protocol=vpdn* verwendet. |
| ip-addresses | Durch Leerzeichen getrennte Liste möglicher IP-Adressen, die für die Endpunkte eines Tunnels verwendet werden können. Wird mit *service=ppp* und *protocol=vpdn* verwendet. |
| nas-password | Legt das Passwort für den Netzwerk-Access-Server während der L2F-Tunnel-Authentifizierung fest. Wird mit *service=ppp* und *protocol=vpdn* verwendet. |
| gw-password | Legt das Passwort für das Home-Gateway während der L2F-Tunnel-Authentifizierung fest. Wird mit *service=ppp* und *protocol=vpdn* verwendet. |
| rte-ftr-in#<n> | Legt eine eingehende Access-Liste fest, die für die Dauer der aktuellen Verbindung eingerichtet und auf Routing-Updates der aktuellen Schnittstelle angewendet werden soll. Wird mit *service=ppp* und *protocol=ip* und mit *service=ppp* und *protocol=ipx* verwendet. |
| rte-ftr-out#<n> | Legt eine ausgehende Access-Liste fest, die für die Dauer der aktuellen Verbindung eingerichtet und auf Routing-Updates der aktuellen Schnittstelle angewendet werden soll. Wird mit *service=ppp* und *protocol=ip* und mit *service=ppp* und *protocol=ipx* verwendet. |
| sap#<n> | Erstellt statische Service-Advertising-Protokoll-(SAP-)Einträge, die für die Dauer einer Verbindung eingerichtet werden sollen. Wird mit *service=ppp* und *protocol=ipx* verwendet. |
| sap-fltr-in#<n> | Legt eine eingehende SAP-Filter-Access-Liste fest, die für die Dauer der aktuellen Verbindung eingerichtet und auf Routing-Updates der aktuellen Schnittstelle angewendet werden soll. Wird mit *service=ppp* und *protocol=ipx* verwendet. |
| sap-fltr-out#<n> | Legt eine ausgehende SAP-Filter-Access-Liste fest, die für die Dauer der aktuellen Verbindung eingerichtet und auf Routing-Updates der aktuellen Schnittstelle angewendet werden soll. Wird mit *service=ppp* und *protocol=ipx* verwendet. |

*Tabelle A.4: Die unterstützten TACACS+-AV-Paare (Fortsetzung)*

| Attribut | Beschreibung |
| --- | --- |
| pool-def#<n> | Legt die IP-Adress-Pools auf dem Netzwerk-Access-Server fest. Wird mit *service=ppp* und *protocol=ip* verwendet. |
| pool-timeout= | Legt (zusammen mit *pool-def*) die IP-Adress-Pools auf dem Netzwerk-Access-Server fest. Wenn während der IPCP-Adressverhandlung ein IP-Pool-Name für einen Benutzer angegeben wird (siehe das Attribut *addr-pool*), wird überprüft, ob der angegebene Pool auf dem Netzwerk-Access-Server eingerichtet ist. Wenn ja, wird der Pool für eine IP-Adresse angefragt. |
| source-ip=x | Wird als Quell-IP-Adresse für alle VPDN-Pakete verwendet, die als Teil eines VPDN-Tunnels erzeugt werden. Dies ist gleichbedeutend mit dem globalen Konfigurationsbefehl **vpdn outgoing** von Cisco. |
| max-links=<n> | Beschränkt die Verbindungsanzahl, die ein Benutzer in einem Bündel von mehrfachen Verbindungen einsetzen kann. Wird mit *service=ppp* und *protocol=multilink* verwendet. Der Bereich für *<n>* ist 1 bis 255. |
| load-threshold=<n> | Setzt den Lastschwellwert, ab dem zusätzliche Verbindungen in einem Bündel von mehrfachen Verbindungen entweder eingerichtet oder aufgehoben werden. Wenn die Last den angegebenen Wert übersteigt, werden zusätzliche Verbindungen eingerichtet. Wenn die Last unter den angegebenen Wert sinkt, werden Verbindungen aufgehoben. Wird mit *service=ppp* und *protocol=multilink* verwendet. Der Bereich für *<n>* ist 1 bis 255. |
| interface-config= | Legt benutzerabhängige AAA-Schnittstellen-Konfigurationsinformationen mit virtuellen Profilen fest. Die Informationen, die nach dem Gleichheitszeichen (=) folgen, können jeden Cisco-IOS-Interface-Konfigurationsbefehl enthalten. |
| ppp-vj-slot-compression | Weist den Cisco-Router an, die Slot-Komprimierung nicht anzuwenden, wenn Van-Jacobsen-komprimierte Pakete über eine PPP-Verbindung gesendet werden. |
| link-compression= | Legt fest, ob die Stac-Komprimierung über eine PPP-Verbindung ein- oder ausgeschaltet werden soll.<br>Die Verbindungskomprimierung wird durch einen der folgenden nummerischen Werte festgelegt:<br>– 0: Keine<br>– 1: Stac<br>– 2: Stac-Draft-9<br>– 3: MS-Stac |
| old-prompts | Ermöglicht es den Providern, die Eingabeaufforderungen des TACACS+ wie die eines älteren Systems erscheinen zu lassen (TACACS und Erweitertes TACACS). Auf diese Weise können Administratoren vom TACACS/Erweiterten TACACS auf das TACACS+ aufrüsten, ohne dass es der Benutzer bemerkt. |
| dns-servers= | Adressiert einen DNS-Server (primär oder sekundär), der durch Microsoft-PPP-Clients des Netzwerk-Access-Servers während der IPCP-Verhandlung angefragt werden kann. Wird mit *service=ppp* und *protocol=ip* verwendet. Die IP-Adresse jedes DNS-Servers wird in gepunktet-dezimaler Form eingegeben. |

*Tabelle A.4: Die unterstützten TACACS+-AV-Paare (Fortsetzung)*

| Attribut | Beschreibung |
|---|---|
| wins-servers= | Adressiert einen Windows-NT-Server, der durch Microsoft-PPP-Clients des Netzwerk-Access-Servers während der IPCP-Verhandlung angefragt werden kann. Wird mit *service=ppp* und *protocol=ip* verwendet. Die IP-Adresse jedes Windows-NT-Servers wird in gepunktet-dezimaler Form eingegeben. |

Die Tabelle A.5 listet die unterstützten TACACS+-AV-Paare für das Accounting und deren Bedeutung für das herstellereigene (26) Attribut auf. Weitere Informationen über die TACACS+-AV-Paare finden Sie in Anhang B »TACACS+-Attribut-Werte-Paare«.

*Tabelle A.5: Die unterstützten TACACS+-Accounting-AV-Paare*

| Attribut | Beschreibung |
|---|---|
| service | Der vom Benutzer genutzte Dienst. |
| port | Der Port, in den sich der Benutzer eingeloggt hat. |
| task_id | Start- und Stop-Berichte desselben Ereignisses müssen gleiche (eindeutige) *task_id*-Nummern besitzen. |
| start_time | Der Zeitpunkt, als die Aktion einsetzte (in Sekunden seit dem Zeitpunkt des 1.1.1970 um 0:00 h). Die Uhr muss konfiguriert sein, um diese Information zu erhalten. |
| stop_time | Der Zeitpunkt, als die Aktion endete (in Sekunden seit obigem Zeitpunkt). Die Uhr muss konfiguriert sein, um diese Information zu erhalten. |
| elapsed_time | Die für die Aktion verbrauchte Zeit in Sekunden. Hilfreich, wenn das Gerät nicht mit der korrekten Zeit läuft. |
| timezone | Das Kürzel für die Zeitzone für alle in diesem Paket enthaltenen Zeitangaben. |
| priv_level | Der mit dieser Aktion verbundene privilegierte Level. |
| cmd | Der vom Benutzer ausgeführte Befehl. |
| protocol | Das mit dieser Aktion verbundene Protokoll. |
| bytes_in | Die während dieser Verbindung empfangenen Bytes. |
| bytes_out | Die während dieser Verbindung gesendeten Bytes. |
| paks_in | Die während dieser Verbindung empfangene Paketanzahl. |
| paks_out | Die während dieser Verbindung gesendete Paketanzahl. |
| event | Information im Accounting-Paket, die eine Zustandsänderung im Router beschreibt. Die beschriebenen Ereignisse sind ein Accounting-Start und ein Accounting-Stopp. |
| reason | Eine Information im Accounting-Paket, die das Ereignis beschreibt, das eine Systemänderung verursachte. Die beschriebenen Ereignisse sind das Neuladen eines Systems, das Herunterfahren eines Systems oder wenn das Accounting neu konfiguriert wird (wenn es an- oder abgeschaltet wird). |

*Tabelle A.5: Die unterstützten TACACS+-Accounting-AV-Paare (Fortsetzung)*

| Attribut | Beschreibung |
| --- | --- |
| mlp-sess-id | Liefert die Nummer zur Identifizierung des Bündels von Mehrfachverbindungen, wenn die Sitzung endet. Dieses Attribut wird an Sitzungen vergeben, die Teil eines Bündels von Mehrfachverbindungen sind. Dieses Attribut wird in Authentifizierungsantwort-Paketen gesendet. |
| mlp-links-max | Liefert die bekannte Verbindungsanzahl in einer bestimmten Mehrfachverbindungssitzung zu dem Zeitpunkt, wo der Bericht erzeugt wird. |
| disc-cause | Gibt den Grund an, warum die Verbindung unterbrochen wurde. Das *Disconnect-Cause*-Attribut wird in Accounting-Stop-Berichten gesendet. Wenn die Unterbrechung auftritt, bevor die Authentifizierung stattfindet, verursacht dieses Attribut auch dann die Erzeugung von Stop-Berichten, wenn noch keine Start-Berichte erzeugt wurden. In Tabelle A.7 finden Sie eine Liste der Disconnect-Cause-Werte und deren Bedeutung. |
| disc-cause-ext | Erweitert das *disc-cause*-Attribut, um herstellereigene Gründe für eine Verbindungsunterbrechung zu unterstützen. |
| pre-bytes-in | Liefert die vor der Authentifizierung empfangenen Bytes. Dieses Attribut wird in Accounting-Stop-Berichten gesendet. |
| pre-bytes-out | Liefert die vor der Authentifizierung gesendeten Bytes. Dieses Attribut wird in Accounting-Stop-Berichten gesendet. |
| pre-paks-in | Liefert die vor der Authentifizierung empfangene Paketanzahl. Dieses Attribut wird in Accounting-Stop-Berichten gesendet. |
| pre-paks-out | Liefert die vor der Authentifizierung gesendete Paketanzahl. Dieses Attribut wird in Accounting-Stop-Berichten gesendet. |
| pre-session-time | Gibt die vergangene Zeitdauer in Sekunden an, seit der Anrufannahme bis zum Abschluss der Authentifizierung. |
| data-rate | Liefert die mittlere Übertragungsrate (Bits pro Sekunde) über die gesamte Laufzeit der Verbindung. Dieses Attribut wird in Accounting-Stop-Berichten gesendet. |
| xmit-rate | Liefert die Übertragungsgeschwindigkeit, die zwischen zwei Modems ausgehandelt wurde. |

Obwohl ein IETF-Draft-Standard für den RADIUS eine Methode für den Austausch herstellerproprietärer Informationen zwischen dem Netzwerk-Access-Server und dem RADIUS-Server vorgibt, haben einige Hersteller den Satz von RADIUS-Attributen auf ihre eigene Weise erweitert. Die Tabelle A.6 listet die bekannten herstellerproprietären RADIUS-Attribute auf:

*Tabelle A.6: Die herstellerproprietären RADIUS-Attribute*

| Nummer | Herstellerproprietäre Attribute | Beschreibung |
| --- | --- | --- |
| 17 | Change-Password | Bezeichnet eine Anfrage zur Änderung eines Benutzerpassworts. |
| 21 | Password-Expiration | Liefert ein Ablaufdatum für ein Benutzerpasswort im Benutzer-Dateieintrag. |

*Tabelle A.6: Die herstellerproprietären RADIUS-Attribute (Fortsetzung)*

| Nummer | Herstellerproprietäre Attribute | Beschreibung |
|---|---|---|
| 64 | Tunnel-Type | (Ascend 5) Keine Beschreibung verfügbar. |
| 65 | Tunnel-Medium-Type | (Ascend 5) Keine Beschreibung verfügbar. |
| 66 | Tunnel-Client-Endpoint | (Ascend 5) Keine Beschreibung verfügbar. |
| 67 | Tunnel-Server-Endpoint | (Ascend 5) Keine Beschreibung verfügbar. |
| 68 | Tunnel-ID | (Ascend 5) Keine Beschreibung verfügbar. |
| 108 | My-Endpoint-Disc-Alias | (Ascend 5) Keine Beschreibung verfügbar. |
| 109 | My-Name-Alias | (Ascend 5) Keine Beschreibung verfügbar. |
| 110 | Remote-FW | (Ascend 5) Keine Beschreibung verfügbar. |
| 111 | Multicast-GLeave-Delay | (Ascend 5) Keine Beschreibung verfügbar. |
| 112 | CBCP-Enable | (Ascend 5) Keine Beschreibung verfügbar. |
| 113 | CBCP-Mode | (Ascend 5) Keine Beschreibung verfügbar. |
| 114 | CBCP-Delay | (Ascend 5) Keine Beschreibung verfügbar. |
| 115 | CBCP-Trunk-Group | (Ascend 5) Keine Beschreibung verfügbar. |
| 116 | Appletalk-Route | (Ascend 5) Keine Beschreibung verfügbar. |
| 117 | Appletalk-Peer-Mode | (Ascend 5) Keine Beschreibung verfügbar. |
| 118 | Route-Appletalk | (Ascend 5) Keine Beschreibung verfügbar. |
| 119 | FCP-Parameter | (Ascend 5) Keine Beschreibung verfügbar. |
| 120 | Modem-PortNo | (Ascend 5) Keine Beschreibung verfügbar. |
| 121 | Modem-SlotNo | (Ascend 5) Keine Beschreibung verfügbar. |
| 122 | Modem-ShelfNo | (Ascend 5) Keine Beschreibung verfügbar. |
| 123 | Call-Attempt-Limit | (Ascend 5) Keine Beschreibung verfügbar. |
| 124 | Call-Block-Duration | (Ascend 5) Keine Beschreibung verfügbar. |
| 125 | Maximum-Call-Duration | (Ascend 5) Keine Beschreibung verfügbar. |
| 126 | Router-Preference | (Ascend 5) Keine Beschreibung verfügbar. |
| 127 | Tunneling-Protocol | (Ascend 5) Keine Beschreibung verfügbar. |
| 128 | Shared-Profile-Enable | (Ascend 5) Keine Beschreibung verfügbar. |
| 129 | Primary-Home-Agent | (Ascend 5) Keine Beschreibung verfügbar. |
| 130 | Secondary-Home-Agent | (Ascend 5) Keine Beschreibung verfügbar. |
| 131 | Dialout-Allowed | (Ascend 5) Keine Beschreibung verfügbar. |
| 133 | BACP-Enable | (Ascend 5) Keine Beschreibung verfügbar. |
| 134 | DHCP-Maximum-Leases | (Ascend 5) Keine Beschreibung verfügbar. |
| 135 | Primary-DNS-Server | Adressiert einen primären DNS-Server, der durch Microsoft-PPP-Clients des Netzwerk-Access-Servers während der IPCP-Verhandlung angefragt werden kann. |
| 136 | Secondary-DNS-Server | Adressiert einen sekundären DNS-Server, der durch Microsoft-PPP-Clients des Netzwerk-Access-Servers während der IPCP-Verhandlung angefragt werden kann. |
| 137 | Client-Assign-DNS | Keine Beschreibung verfügbar. |

*Tabelle A.6: Die herstellerproprietären RADIUS-Attribute (Fortsetzung)*

| Nummer | Herstellerproprietäre Attribute | Beschreibung |
|---|---|---|
| 138 | User-Acct-Type | Keine Beschreibung verfügbar. |
| 139 | User-Acct-Host | Keine Beschreibung verfügbar. |
| 140 | User-Acct-Port | Keine Beschreibung verfügbar. |
| 141 | User-Acct-Key | Keine Beschreibung verfügbar. |
| 142 | User-Acct-Base | Keine Beschreibung verfügbar. |
| 143 | User-Acct-Time | Keine Beschreibung verfügbar. |
| 144 | Assign-Ip-Client | Keine Beschreibung verfügbar. |
| 145 | Assign-IP-Server | Keine Beschreibung verfügbar. |
| 146 | Assign-IP-Global-Pool | Keine Beschreibung verfügbar. |
| 147 | DHCP-Reply | Keine Beschreibung verfügbar. |
| 148 | DHCP-Pool-Number | Keine Beschreibung verfügbar. |
| 149 | Expect-Callback | Keine Beschreibung verfügbar. |
| 150 | Event-Type | Keine Beschreibung verfügbar. |
| 151 | Session-Svr-Key | Keine Beschreibung verfügbar. |
| 152 | Multicast-Rate-Limit | Keine Beschreibung verfügbar. |
| 153 | IF-Netmask | Keine Beschreibung verfügbar. |
| 154 | Remote-Addr | Keine Beschreibung verfügbar. |
| 155 | Multicast-Client | Keine Beschreibung verfügbar. |
| 156 | FR-Circuit-Name | Keine Beschreibung verfügbar. |
| 157 | FR-LinkUp | Keine Beschreibung verfügbar. |
| 158 | FR-Nailed-Grp | Keine Beschreibung verfügbar. |
| 159 | FR-Type | Keine Beschreibung verfügbar. |
| 160 | FR-Link-Mgt | Keine Beschreibung verfügbar. |
| 161 | FR-N391 | Keine Beschreibung verfügbar. |
| 162 | FR-DCE-N392 | Keine Beschreibung verfügbar. |
| 163 | FR-DTE-N392 | Keine Beschreibung verfügbar. |
| 164 | FR-DCE-N393 | Keine Beschreibung verfügbar. |
| 165 | FR-DTE-N393 | Keine Beschreibung verfügbar. |
| 166 | FR-T391 | Keine Beschreibung verfügbar. |
| 167 | FR-T392 | Keine Beschreibung verfügbar. |
| 168 | Bridge-Address | Keine Beschreibung verfügbar. |
| 169 | TS-Idle-Limit | Keine Beschreibung verfügbar. |
| 170 | TS-Idle-Mode | Keine Beschreibung verfügbar. |
| 171 | DBA-Monitor | Keine Beschreibung verfügbar. |
| 172 | Base-Channel-Count | Keine Beschreibung verfügbar. |
| 173 | Minimum-Channels | Keine Beschreibung verfügbar. |
| 174 | IPX-Route | Keine Beschreibung verfügbar. |
| 175 | FT1-Caller | Keine Beschreibung verfügbar. |
| 176 | Backup | Keine Beschreibung verfügbar. |
| 177 | Call-Type | Keine Beschreibung verfügbar. |
| 178 | Group | Keine Beschreibung verfügbar. |
| 179 | FR-DLCI | Keine Beschreibung verfügbar. |
| 180 | FR-Profile-Name | Keine Beschreibung verfügbar. |
| 181 | Ara-PW | Keine Beschreibung verfügbar. |

*Tabelle A.6: Die herstellerproprietären RADIUS-Attribute (Fortsetzung)*

| Nummer | Herstellerproprietäre Attribute | Beschreibung |
|---|---|---|
| 182 | IPX-Node-Addr | Keine Beschreibung verfügbar. |
| 183 | Home-Agent-IP-Addr | Bezeichnet die IP-Adresse des Home-Agenten (in gepunktet-dezimaler Form) wenn das Ascend-Tunnel-Management-Protokoll (ATMP) verwendet wird. |
| 184 | Home-Agent-Password | Liefert für das ATMP das Passwort, mit dem sich ein fremder Agent authentifiziert. |
| 185 | Home-Network-Name | Liefert für das ATMP den Namen des Verbindungsprofils, an den der Home-Agent alle Pakete sendet. |
| 186 | Home-Agent-UDP-Port | Bezeichnet die UDP-Portnummer die der fremde Agent zur Sendung von ATMP-Meldungen an den Home-Agenten verwendet. |
| 187 | Multilink-ID | Liefert die Identifikationsnummer des Bündels von Mehrfachverbindungen, wenn die Sitzung endet. Dieses Attribut wird an alle Sitzungen vergeben, die Teil eines Mehrfachverbindungsbündels ist. Das *Multilink-ID*-Attribut wird in Authentifizierungsantwort-Paketen gesendet. |
| 188 | Num-In-Multilink | Liefert die verbleibende Sitzungsanzahl in einem Bündel von Mehrfachverbindungen, wenn die in einem Accounting-Stop-Paket angezeigte Sitzung endet. Dieses Attribut wird an alle Sitzungen vergeben, die Teil eines Mehrfachverbindungsbündels ist. Das *Num-In-Multilink*-Attribut wird in Authentifizierungsantwort-Paketen und in einigen Accounting-Anfrage-Paketen gesendet. |
| 189 | First-Dest | Liefert die Ziel-IP-Adresse des ersten nach der Authentifizierung empfangenen Pakets. |
| 190 | Pre-Input-Octets | Liefert die Anzahl der eingegangenen Oktette vor der Authentifizierung. Das *Pre-Input-Octets*-Attribut wird in Accounting-Stop-Berichten gesendet. |
| 191 | Pre-Output-Octets | Liefert die Anzahl der ausgesendeten Oktette vor der Authentifizierung. Das *Pre-Output-Octets*-Attribut wird in Accounting-Stop-Berichten gesendet. |
| 192 | Pre-Input-Packets | Liefert die Anzahl der eingegangenen Pakete vor der Authentifizierung. Das *Pre-Input-Packets*-Attribut wird in Accounting-Stop-Berichten gesendet. |
| 193 | Pre-Output-Packets | Liefert die Anzahl der ausgesendeten Oktette vor der Authentifizierung. Das *Pre-Output-Packets*-Attribut wird in Accounting-Stop-Berichten gesendet. |
| 194 | Maximum-Time | Gibt die maximal erlaubte Zeitdauer (in Sekunden) für eine Sitzung an. Wenn die Sitzung das Zeitlimit erreicht, wird die Verbindung unterbrochen. |

*Tabelle A.6: Die herstellerproprietären RADIUS-Attribute (Fortsetzung)*

| Nummer | Herstellerproprietäre Attribute | Beschreibung |
|---|---|---|
| 195 | Disconnect-Cause | Gibt den Grund an, warum die Verbindung unterbrochen wurde. Das *Disconnect-Cause*-Attribut wird in Accounting-Stop-Berichten gesendet. Wenn die Unterbrechung auftritt, bevor die Authentifizierung stattfindet, wird dieses Attribut auch dann die Erzeugung von Stop-Berichten verursachen, wenn noch keine Start-Berichte erzeugt wurden. In Tabelle A.7 finden Sie eine Liste der *Disconnect-Cause*-Werte und deren Bedeutungen. |
| 196 | Connect-Progress | Zeigt den Verbindungszustand, bevor die Verbindung unterbrochen wurde. |
| 197 | Data-Rate | Liefert die mittlere Übertragungsrate (Bits pro Sekunde) über die gesamte Laufzeit der Verbindung. Das *Data-Rate*-Attribut wird in Accounting-Stop-Berichten gesendet. |
| 198 | PreSession-Time | Gibt die vergangene Zeitdauer in Sekunden zwischen der Anrufannahme und dem Abschluss der Authentifizierung an. Das *PreSession-Time*-Attribut ist *sent in accounting-stop records*. |
| 199 | Token-Idle | Zeigt die maximal erlaubte Zeitdauer (in Minuten) an, die ein gecachetes Token zwischen Authentifizierungen existieren darf. |
| 201 | Require-Auth | Zeigt an, ob für eine Class, die CLID-authentifiziert wurde, eine zusätzliche Authentifizierung erforderlich ist. |
| 202 | Number-Sessions | Enthält die Anzahl der aktiven Sitzungen (pro Class), die an den RADIUS-Accounting-Server gemeldet werden. |
| 203 | Authen-Alias | Bezeichnet den Login-Namen des RADIUS-Servers während der PPP-Authentifizierung. |
| 204 | Token-Expiry | Gibt die Lebenszeit eines gecacheten Tokens an. |
| 205 | Menu-Selector | Enthält eine Zeichenfolge, mit der ein Benutzer zur Eingabe von Daten aufgefordert wird. |
| 206 | Menu-Item | Enthält eine einzelne Menüzeile für ein Benutzerprofil. Es können bis zu 20 Menüzeilen pro Profil vergeben werden. |
| 207 | PW-Warntime | (Ascend 5) Keine Beschreibung verfügbar. |
| 208 | PW-Lifetime | Hiermit können Sie eine benutzerabhängige Zeitdauer (in Tagen) für die Gültigkeit eines Passworts festlegen. |
| 209 | IP-Direct | Legt in einem Benutzerdateieintrag die IP-Adresse fest, an die der Cisco-Router Pakete vom Benutzer umleitet. Wenn Sie dieses Attribut in einen Benutzerdateieintrag einfügen, umgeht der Cisco-Router alle internen Routing- und Bridging-Tabellen und sendet alle auf der WAN-Schnittstelle dieser Verbindung empfangenen Pakete an die angegebene IP-Adresse. |

*Tabelle A.6: Die herstellerproprietären RADIUS-Attribute (Fortsetzung)*

| Nummer | Herstellerproprietäre Attribute | Beschreibung |
|---|---|---|
| 210 | PPP-VJ-Slot-Comp | Weist den Cisco-Router an, die Slot-Komprimierung nicht anzuwenden, wenn VJ-komprimierte Pakete über eine PPP-Verbindung gesendet werden. |
| 211 | PPP-VJ-1172 | Lässt das PPP den 0x0037-Wert für die VJ-Komprimierung verwenden. |
| 212 | PPP-Async-Map | Übergibt dem Cisco-Router die asynchrone Control-String-Map für die PPP-Sitzung. Die angegebene Kontroll-Zeichenkette wird über die PPP-Verbindung als Daten übertragen und von Anwendungen eingesetzt, die über die Verbindung ausgeführt werden. |
| 213 | Third-Prompt | Legt eine dritte Eingabeaufforderung (nach dem Benutzernamen und dem Passwort) für zusätzliche Benutzerangaben fest. |
| 214 | Send-Secret | Aktiviert ein verschlüsseltes Passwort, das an Stelle eines regulären Passworts in Hinauswählprofilen verwendet wird. |
| 215 | Receive-Secret | Aktiviert ein verschlüsseltes Passwort, das durch den RADIUS-Server bestätigt werden muss. |
| 216 | IPX-Peer-Mode | (Ascend 5) Keine Beschreibung verfügbar. |
| 217 | IP-Pool-Definition | Legt einen Adressen-Pool der folgenden Form fest: *X a.b.c Z*, wobei *X* die Pool-Index-Nummer, *a.b.c* die erste IP-Adresse des Pools und *Z* die Anzahl der IP-Adressen im Pool angibt. Zum Beispiel reserviert *3 10.0.0.1 5* die Adressen *10.0.0.1* bis *10.0.0.5* für die dynamische Zuweisung. |
| 218 | Assign-IP-Pool | Lässt den Router die Benutzer- und IP-Adressen aus dem IP-Pool beziehen. |
| 219 | FR-Direct | Legt fest, ob das Verbindungsprofil im Frame-Relay-Redirect-Modus betrieben wird. |
| 220 | FR-Direct-Profile | Gibt den Namen des Frame-Relay-Profils an, der diese Verbindung an den Frame-Relay-Switch überträgt. |
| 221 | FR-Direct-DLCI | Kennzeichnet den DLCI, der diese Verbindung an den Frame-Relay-Switch überträgt. |
| 222 | Handle-IPX | Gibt an, wie die NCP-Watchdog-Anfragen verarbeitet werden. |
| 223 | Netware-Timeout | Legt die Zeitdauer in Minuten fest, die der RADIUS-Server auf NCP-Watchdog-Pakete antwortet. |
| 224 | IPX-Alias | Hiermit können Sie einen Alias für IPX-Router festlegen, der nummerierte Schnittstellen benötigt. |
| 225 | Metric | Keine Beschreibung verfügbar. |
| 226 | PRI-Number-Type | Keine Beschreibung verfügbar. |
| 227 | Dial-Number | Keine Beschreibung verfügbar. |
| 228 | Route-IP | Zeigt an, ob das IP-Routing für den Dateieintrag des Benutzers erlaubt ist. |
| 229 | Route-IPX | Ermöglicht Ihnen die Aktivierung des IPX-Routings. |

*Tabelle A.6: Die herstellerproprietären RADIUS-Attribute (Fortsetzung)*

| Nummer | Herstellerproprietäre Attribute | Beschreibung |
|---|---|---|
| 230 | Bridge | Keine Beschreibung verfügbar. |
| 231 | Send-Auth | Gibt das zu verwendende Protokoll (PAP oder CHAP) für die Benutzernamen-Passwort-Authentifizierung an, die nach der CLID-Authentifizierung erfolgt. |
| 232 | Send-Passwd | Keine Beschreibung verfügbar. |
| 233 | Link-Compression | Zeigt an, ob die Stac-Komprimierung über eine PPP-Verbindung ein- oder ausgeschaltet werden soll. Die Verbindungskomprimierung wird durch einen der folgenden nummerischen Wert festgelegt:<br>– 0: Keine<br>– 1: Stac<br>– 2: Stac-Draft-9<br>– 3: MS-Stac |
| 234 | Target-Util | Enthält den prozentualen Lastschwellwert für die Aktivierung eines zusätzlichen Kanals, wenn PPP-Mehrfachverbindungen verwendet werden. |
| 235 | Maximum-Channels | Gibt die maximal zulässige/reservierte Anzahl von Kanälen an. |
| 236 | Inc-Channel-Count | Keine Beschreibung verfügbar. |
| 237 | Dec-Channel-Count | Keine Beschreibung verfügbar. |
| 238 | Seconds-of-History | Keine Beschreibung verfügbar. |
| 239 | History-Weigh-Type | Keine Beschreibung verfügbar. |
| 240 | Add-Seconds | Keine Beschreibung verfügbar. |
| 241 | Remove-Seconds | Keine Beschreibung verfügbar. |
| 242 | Data-Filter | Legt die benutzerabhängigen IP-Datenfilter fest. Diese Filter werden nur dann eingesetzt, wenn ein Anruf mit einem ausgehenden RADIUS-Profil vorgenommen oder mit einem eingehenden RADIUS-Profil beantwortet wird. Die Filtereinträge werden auf der Basis der ersten Übereinstimmung angewendet. Daher ist die Reihenfolge wichtig, in der die Filtereinträge vorgenommen werden. |
| 243 | Call-Filter | Legt die benutzerabhängigen IP-Datenfilter fest. Auf einem Cisco-Router ist dieses Attribut identisch mit dem *Data-Filter*-Attribut. |
| 244 | Idle-Limit | Legt die maximale Zeitdauer (in Sekunden) fest, die eine Sitzung im Leerlauf sein darf. Wenn die Sitzung das Leerlaufzeitlimit erreicht, wird die Verbindung unterbrochen. |
| 245 | Preempt-Limit | Keine Beschreibung verfügbar. |
| 246 | Callback | Hiermit können Sie den Rückruf aktivieren bzw. deaktivieren. |
| 247 | Data-Svc | Keine Beschreibung verfügbar. |
| 248 | Force-56 | Keine Beschreibung verfügbar. |
| 249 | Billing Number | Keine Beschreibung verfügbar. |
| 250 | Call-By-Call | Keine Beschreibung verfügbar. |

*Tabelle A.6: Die herstellerproprietären RADIUS-Attribute (Fortsetzung)*

| Nummer | Herstellerproprietäre Attribute | Beschreibung |
|---|---|---|
| 251 | Transit-Number | Keine Beschreibung verfügbar. |
| 252 | Host-Info | Keine Beschreibung verfügbar. |
| 253 | PPP-Address | Kennzeichnet die IP-Adresse, die an die anrufende Einheit während der PPP-IPCP-Verhandlungen gemeldet wird. |
| 254 | MPP-Idle-Percent | Keine Beschreibung verfügbar. |
| 255 | Xmit-Rate | (Ascend 5) Keine Beschreibung verfügbar. |

Die Tabelle A.7 listet die Werte und deren Bedeutung für das *Disconnect-Cause*-Attribut (195) auf.

*Tabelle A.7: Die Werte des Disconnect-Cause-Attributs*

| Value | Beschreibung |
|---|---|
| Unknown (2) | Grund unbekannt. |
| CLID-Authentication-Failure (4) | Fehler bei der Authentifizierung der Nummer der anrufenden Partei. |
| No-Carrier (10) | Keine Leitung verfügbar. Dieser Wert tritt bei Modem-Verbindungen auf. |
| Lost-Carrier (11) | Leitungsunterbrechung. Dieser Wert tritt bei Modem-Verbindungen auf. |
| No-Detected-Result-Codes (12) | Die Modem-Result-Codes wurden nicht gefunden. Dieser Wert tritt bei Modem-Verbindungen auf. |
| User-Ends-Session (20) | Der Benutzer beendet eine Sitzung. Dieser Wert tritt bei EXEC-Sitzungen auf. |
| Idle-Timeout (21) | Der Leerlaufzeitgeber für die Benutzereingabe ist abgelaufen. Dieser Wert tritt bei allen Sitzungstypen auf. |
| Exit-Telnet-Session (22) | Unterbrechung wegen Beendigung der Telnet-Sitzung. Dieser Wert tritt bei EXEC-Sitzungen auf. |
| No-Remote-IP-Addr (23) | Konnte nicht auf SLIP/PPP wechseln. Das externe Ende besitzt keine IP-Adresse. Dieser Wert tritt bei EXEC-Sitzungen auf. |
| Exit-Raw-TCP (24) | Unterbrechung wegen Beendigung des reinen TCP. Dieser Wert tritt bei EXEC-Sitzungen auf. |
| Password-Fail (25) | Falsche Passwörter. Dieser Wert tritt bei EXEC-Sitzungen auf. |
| Raw-TCP-Disabled (26) | Das reine TCP ist deaktiviert. Dieser Wert tritt bei EXEC-Sitzungen auf. |
| Control-C-Detected (27) | Es wurde Control-C eingegeben. Dieser Wert tritt bei EXEC-Sitzungen auf. |
| EXEC-Process-Destroyed (28) | Der EXEC-Prozess wurde aufgehoben. Dieser Wert tritt bei EXEC-Sitzungen auf. |

*Tabelle A.7: Die Werte des Disconnect-Cause-Attributs (Fortsetzung)*

| Value | Beschreibung |
|---|---|
| Timeout-PPP-LCP (40) | Das Zeitlimit für die PPP-LCP-Verhandlung ist überschritten. Dieser Wert tritt bei PPP-Sitzungen auf. |
| Failed-PPP-LCP-Negotiation (41) | Die PPP-LCP-Verhandlung ist fehlgeschlagen. Dieser Wert tritt bei PPP-Sitzungen auf. |
| Failed-PPP-PAP-Auth-Fail (42) | Die PPP-PAP-Authentifizierung ist fehlgeschlagen. Dieser Wert tritt bei PPP-Sitzungen auf. |
| Failed-PPP-CHAP-Auth (43) | Die PPP-CHAP-Authentifizierung ist fehlgeschlagen. Dieser Wert tritt bei PPP-Sitzungen auf. |
| Failed-PPP-Remote-Auth (44) | Die externe PPP-Authentifizierung ist fehlgeschlagen. Dieser Wert tritt bei PPP-Sitzungen auf. |
| PPP-Remote-Terminate (45) | Das PPP hat eine Anfrage zur Beendigung von der externen Seite empfangen. Dieser Wert tritt bei PPP-Sitzungen auf. |
| PPP-Closed-Event (46) | Eine höhere Schicht hat eine Sitzungsbeendigung verlangt. Dieser Wert tritt bei PPP-Sitzungen auf. |
| Session-Timeout (100) | Das Zeitlimit der Session wurde überschritten. Dieser Wert tritt bei allen Sitzungsarten auf. |
| Session-Failed-Security (101) | Die Sitzung wurde aus Sicherheitsgründen abgelehnt. Dieser Wert tritt bei allen Sitzungsarten auf. |
| Session-End-Callback (102) | Die Sitzung wurde für einen Rückruf beendet. Dieser Wert tritt bei allen Sitzungsarten auf. |
| Invalid-Protocol (120) | Der Anruf wurde abgelehnt, weil das verwendete Protokoll deaktiviert ist. Dieser Wert tritt bei allen Sitzungsarten auf. |

# ANHANG B

# TACACS+-Attribut-Werte-Paare

Mit den Attribut-Werte-(AV-)Paaren des Terminal-Access-Controller-Access-Control-Systems-Plus (TACACS+) werden bestimmte Authentifizierungs-, Autorisierungs- und Accounting-Elemente in einem Benutzerprofil festgelegt, das auf dem TACACS+-Daemon gespeichert wird. Dieser Anhang listet die TACACS+-AV-Paare auf, die zur Zeit unterstützt werden.

## B.1  Die TACACS+-AV-Paare

Die Tabelle B.1 listet die unterstützten TACACS+-AV-Paare auf und gibt die Cisco-IOS-Verion an, in der sie angewendet werden.

*Tabelle B.1: Die unterstützten TACACS+-AV-Paare*

| Attribut | Beschreibung | 11.0 | 11.1 | 11.2 | 11.3 | 12.0 |
| --- | --- | --- | --- | --- | --- | --- |
| acl=x | ASCII-Zahl, die eine Verbindungs-Access-Liste bezeichnet. Wird nur verwendet, wenn der *service=Shell* ist. | Ja | Ja | Ja | Ja | Ja |
| addr-pool=x | Legt den Namen eines lokalen Pools fest, von dem die Adresse des externen Hosts bezogen werden soll. Wird mit *service=ppp* und *protocol=ip* verwendet. Beachten Sie, dass **addr-pool** nur in Kombination mit lokalen Pools funktioniert. Es wird der Name eines lokalen Pools angegeben (der zuvor auf dem Netzwerk-Access-Server konfiguriert werden muss). Verwenden Sie den Befehl **ip-local pool**, um lokale Pools zu erstellen. Zum Beispiel:<br>`ip address-pool local`<br>`ip local pool boo 10.0.0.1 10.0.0.10`<br>`ip local pool moo 10.0.0.1 10.0.0.20` | Ja | Ja | Ja | Ja | Ja |

*Tabelle B.1: Die unterstützten TACACS+-AV-Paare (Fortsetzung)*

| Attribut | Beschreibung | 11.0 | 11.1 | 11.2 | 11.3 | 12.0 |
|---|---|---|---|---|---|---|
| | Daraufhin können Sie das TACACS+ einsetzen, um mit *addr-pool=boo* oder *addr-pool=moo* festzulegen, von welchem Adress-Pool Sie die Adresse für diesen externen Knoten beziehen wollen. | | | | | |
| addr=x | Eine Netzwerk-Adresse. Wird mit *service=slip*, *service=ppp* und *protocol=ip* verwendet. Enthält die IP-Adresse, die der externe Host verwenden soll, wenn er sich über das SLIP oder das PPP/IP verbindet (z.B. *addr=10.2.3.4*). | Ja | Ja | Ja | Ja | Ja |
| autocmd=x | Legt einen Autobefehl fest, der bei einem EXEC-Start ausgeführt werden soll (z.B. *autocmd=telnet domain.com*). Wird nur mit *service=shell* verwendet. | Ja | Ja | Ja | Ja | Ja |
| callback-dialstring | Legt die Telefonnummer für einen Rückruf fest (z.B.: *callback-dialstring=408-555-1212*). Der Wert ist NULL oder eine Zahlenfolge. Ein NULL-Wert zeigt an, dass der Dienst die Zahlenfolge durch andere Mittel beziehen kann. Wird mit *service=arap*, *service=slip*, *service=ppp*, *service=shell* verwendet. Nicht gültig für ISDN. | Nein | Ja | Ja | Ja | Ja |
| callback-line | Die Nummer einer TTY-Verbindung, die für den Rückruf verwendet werden soll (z.B.: *callback-line=4*). Wird mit *service=arap*, *service=slip*, *service=ppp*, *service=shell* verwendet. Nicht gültig für ISDN. | Nein | Ja | Ja | Ja | Ja |
| callback-rotary | Die Nummer einer Rotary-Gruppe (zwischen 0 und 100 einschließlich), die für den Rückruf verwendet werden soll (z.B.: *callback-rotary=34*). Wird mit *service=arap*, *service=slip*, *service=ppp*, *service=shell* verwendet. Nicht gültig für ISDN. | Nein | Ja | Ja | Ja | Ja |
| cmd-arg=x | Ein Argument eines Shell-(EXEC-)Befehls. Dieser gibt ein Argument für den auszuführenden Shell-Befehl an. Es können mehrere *cmd-arg*-Attribute angegeben werden und sie sind abhängig von der Reihenfolge. | Ja | Ja | Ja | Ja | Ja |

*Tabelle B.1: Die unterstützten TACACS+-AV-Paare (Fortsetzung)*

| Attribut | Beschreibung | 11.0 | 11.1 | 11.2 | 11.3 | 12.0 |
|---|---|---|---|---|---|---|
| cmd=x | Ein Shell-(EXEC-)Befehl. Dieses gibt den Befehlsnamen für einen Shell-Befehl an, der ausgeführt werden soll. Dieses Attribut muss angegeben werden, wenn *service=shell* ist. Ein NULL-Wert zeigt an, dass die Shell selbst angesprochen wird. | Ja | Ja | Ja | Ja | Ja |
| dns-servers= | Adressiert einen DNS-Server (primär oder sekundär), der durch Microsoft-PPP-Clients des Netzwerk-Access-Servers während der IPCP-Verhandlung angefragt werden kann. Wird mit *service=ppp* und *protocol=ip* verwendet. Die IP-Adresse jedes DNS-Servers wird in gepunktet-dezimaler Form eingegeben. | Nein | Nein | Nein | Ja | Ja |
| gw-password | Legt das Passwort für das Home-Gateway während der L2F-Tunnel-Authentifizierung fest. Wird mit *service=ppp* und *protocol=vpdn* verwendet. | Nein | Nein | Ja | Ja | Ja |
| idletime=x | Setzt eine Zeitdauer in Minuten, nach der eine leer laufende Sitzung beendet wird. Funktioniert nicht mit dem PPP. Der Wert Null bedeutet keine Unterbrechung. | Nein | Ja | Ja | Ja | Ja |
| inacl#<n> | ASCII-Access-Listen-Kennzeichen für eine eingehende Access-Liste, die für die Dauer der aktuellen Verbindung eingerichtet und einer Schnittstelle zugeordnet werden soll. Wird mit *service=ppp* und *protocol=ip* bzw. *service=ppp* und *protocol=ipx* verwendet. Benutzerbezogene Access-Listen funktionieren zur Zeit noch nicht mit ISDN-Schnittstellen. | Nein | Nein | Nein | Ja | Ja |
| inacl=x | ASCII-Kennzeichen für eine eingehende Schnittstellen-Access-Liste. Wird zusammen mit *service=ppp* und *protocol=ip* verwendet. Benutzerbezogene Access-Listen funktionieren zur Zeit noch nicht mit ISDN-Schnittstellen. | Ja | Ja | Ja | Ja | Ja |

*Tabelle B.1: Die unterstützten TACACS+-AV-Paare (Fortsetzung)*

| Attribut | Beschreibung | 11.0 | 11.1 | 11.2 | 11.3 | 12.0 |
|---|---|---|---|---|---|---|
| interface-config= | Legt benutzerabhängige AAA-Schnittstellen-Konfigurationsinformationen mit virtuellen Profilen fest. Die Informationen, die nach dem Gleichheitszeichen (=) folgen, können jeden Cisco-IOS-Interface-Konfigurationsbefehl enthalten. | Nein | Nein | Nein | Ja | Ja |
| ip-addresses | Durch Leerzeichen getrennte Liste möglicher IP-Adressen, die für die Endpunkte eines Tunnels verwendet werden können. Wird mit *service=ppp* und *protocol=vpdn* verwendet. | Nein | Nein | Ja | Ja | Ja |
| link-compression= | Legt fest, ob die Stac-Komprimierung über eine PPP-Verbindung ein- oder ausgeschaltet werden soll. Die Verbindungs-Komprimierung wird durch einen der folgenden nummerischen Werte festgelegt:<br>– 0: Keine<br>– 1: Stac<br>– 2: Stac-Draft-9<br>– 3: MS-Stac | Nein | Nein | Nein | Ja | Ja |
| load-threshold =<n> | Setzt den Lastschwellwert, ab dem zusätzliche Verbindungen in einem Bündel von mehrfachen Verbindungen entweder eingerichtet oder aufgehoben werden. Wenn die Last den angegebenen Wert übersteigt, werden zusätzliche Verbindungen eingerichtet. Wenn die Last unter den angegebenen Wert sinkt, werden Verbindungen aufgehoben. Wird mit *service=ppp* und *protocol=multilink* verwendet. Der Bereich für <n> ist 1 bis 255. | Nein | Nein | Nein | Ja | Ja |
| max-links=<n> | Beschränkt die Verbindungsanzahl, die ein Benutzer in einem Bündel von mehrfachen Verbindungen einsetzen kann. Wird mit *service=ppp* und *protocol=multilink* verwendet. Der Bereich für <n> ist 1 bis 255. | Nein | Nein | Nein | Ja | Ja |

*Tabelle B.1: Die unterstützten TACACS+-AV-Paare (Fortsetzung)*

| Attribut | Beschreibung | 11.0 | 11.1 | 11.2 | 11.3 | 12.0 |
|---|---|---|---|---|---|---|
| nas-password | Legt das Passwort für den Netzwerk-Access-Server während der L2F-Tunnel-Authentifizierung fest. Wird mit *service=ppp* und *protocol=vpdn* verwendet. | Nein | Nein | Ja | Ja | Ja |
| nocallback-verify | Zeigt an, dass keine Rückruf-Verifizierung erforderlich ist. Der einzige gültige Wert für diesen Parameter ist 1 (z.B. *nocallback-verify=1*). Wird mit *service=arap*, *service=slip*, *service=ppp*, *service=shell* verwendet. Es findet beim Rückruf keine Authentifizierung statt. Nicht gültig für ISDN. | Nein | Ja | Ja | Ja | Ja |
| noescape=x | Verhindert, dass Benutzer ein Escape-Zeichen eingeben können. Wird mit *service=shell* verwendet. Kann entweder true (wahr) oder false (falsch) enthalten (z.B. *noescape=true*). | Ja | Ja | Ja | Ja | Ja |
| nohangup=x | Wird mit service=shell verwendet. Legt die Nichtauflegoption fest, d.h. nachdem eine EXEC-Shell beendet wird, wird dem Benutzer eine weitere Login- (Benutzername-)Eingabeaufforderung angezeigt. Kann entweder true (wahr) oder false (falsch) enthalten (z.B. *nohangup=false*). | Ja | Ja | Ja | Ja | Ja |
| old-prompts | Ermöglicht es den Providern, die Eingabeaufforderungen des TACACS+ wie die eines älteren Systems erscheinen zu lassen (TACACS und Erweitertes TACACS). Auf diese Weise können Administratoren vom TACACS/Erweiterten TACACS auf das TACACS+ aufrüsten, ohne dass es der Benutzer bemerkt. | Ja | Ja | Ja | Ja | Ja |
| outacl#<n> | ASCII-Access-Listen-Kennzeichen für eine eingehende Access-Liste, die für die Dauer des aktuellen Zustands eingerichtet und einer Schnittstelle zugeordnet werden soll. Wird mit *service=ppp* und *protocol=ip* bzw. *service=ppp* und *protocol=ipx* verwendet. Benutzerbezogene Access-Listen funktionieren zur Zeit noch nicht mit ISDN-Schnittstellen. | Nein | Nein | Nein | Ja | Ja |

*Tabelle B.1: Die unterstützten TACACS+-AV-Paare (Fortsetzung)*

| Attribut | Beschreibung | 11.0 | 11.1 | 11.2 | 11.3 | 12.0 |
|---|---|---|---|---|---|---|
| outacl=x | ASCII-Kennzeichen für eine ausgehende Schnittstellen-Access-Liste. Wird mit *service=ppp* und *protocol=ip* bzw. *service=ppp* und *protocol=ipx* verwendet. Enthält eine ausgehende IP-Access-Liste für das SLIP oder das PPP/IP (z.B. *outacl=4*). Die eigentliche Access-Liste muss zuvor auf dem Router konfiguriert sein. Benutzerbezogene Access-Listen funktionieren zur Zeit noch nicht mit ISDN-Schnittstellen. | Ja (PPP /IP only) | Ja | Ja | Ja | Ja |
| pool-def#<n> | Legt die IP-Adress-Pools auf dem Netzwerk-Access-Server fest. Wird mit *service=ppp* und *protocol=ip* verwendet. | Nein | Nein | Nein | Ja | Ja |
| pool-timeout= | Legt (zusammen mit *pool-def*) die IP-Adress-Pools auf dem Netzwerk-Access-Server fest. Wenn während der IPCP-Adressverhandlung ein IP-Pool-Name für einen Benutzer angegeben wird (siehe das Attribut *addr-pool*), wird überprüft, ob der angegebene Pool auf dem Netzwerk-Access-Server eingerichtet ist. Wenn ja, wird der Pool für eine IP-Adresse angefragt. | Nein | Nein | Ja | Ja | Ja |
| ppp-vj-slot-compression | Weist den Cisco-Router an, die Slot-Komprimierung nicht anzuwenden, wenn Van-Jacobsen-komprimierte Pakete über eine PPP-Verbindung gesendet werden. | Nein | Nein | Nein | Ja | Ja |
| priv-lvl=x | Der privilegierte Level, der an den EXEC vergeben wird. Wird mit *service=shell* verwendet. Privilegierte Level reichen von 0 bis 15, bei denen 15 der höchste Level ist. | Ja | Ja | Ja | Ja | Ja |
| protocol=x | Ein Protokoll, das ein Teil des Dienstes ist. Ein Beispiel wäre jedes PPP-NCP. Die zur Zeit bekannten Werte sind **lcp, ip, ipx, atalk, vines, lat, xremote, tn3270, telnet, rlogin, pad, vpdn, osicp, deccp, ccp, cdp, bridging, xns, nbf, bap, multilink** und **unknown**. | Ja | Ja | Ja | Ja | Ja |

*Tabelle B.1: Die unterstützten TACACS+-AV-Paare (Fortsetzung)*

| Attribut | Beschreibung | 11.0 | 11.1 | 11.2 | 11.3 | 12.0 |
|---|---|---|---|---|---|---|
| route | Legt eine Route fest, die einer Schnittstelle zugeordnet werden soll. Wird mit *service=slip*, *service=ppp* und *protocol=ip* verwendet. Während der Netzwerk-Autorisierung kann das *route*-Attribut verwendet werden, um eine benutzerabhängige statische Route festzulegen, die durch das TACACS+ auf folgende Weise eingerichtet wird: route="Zieladresse Maske [Gateway]" Dieses Zeichenfolge gibt eine zeitweilige statische Route an, die zugeordnet werden soll. *Zieldresse*, *Maske* und *Gateway* werden in der gepunktet-dezimalen Form erwartet, mit derselben Bedeutung, wie im Konfigurationsbefehl **ip route** auf einem Netzwerk-Access-Server. Wenn das *Gateway* nicht angegeben wird, ist das Gateway die Adresse des Peer-Geräts. Die Route wird aufgehoben, wenn die Verbindung endet. | Nein | Ja | Ja | Ja | Ja |
| route#\<n\> | Dieses AV-Paar legt wie das Routen-AV-Paar eine Route fest, die einer Schnittstelle zugeordnet werden soll, jedoch sind diese Routen nummeriert, um mehrere Routen zuordnen zu können. Wird mit *service=ppp* und *protocol=ip* und *service=ppp* und *protocol=ipx* verwendet. | Nein | Nein | Nein | Ja | Ja |
| routing=x | Legt fest, ob die Routing-Informationen an diese Schnittstelle weitergegeben und ob diese von ihr akzeptiert werden. Wird mit *service=slip*, *service=ppp* und *protocol=ip* verwendet. Die Funktion ist gleich der /routing-Flag in SLIP- und PPP-Befehle. Kann entweder true (wahr) oder false (falsch) enthalten (z.B. *routing=true*). | Ja | Ja | Ja | Ja | Ja |

*Tabelle B.1: Die unterstützten TACACS+-AV-Paare (Fortsetzung)*

| Attribut | Beschreibung | 11.0 | 11.1 | 11.2 | 11.3 | 12.0 |
|---|---|---|---|---|---|---|
| rte-ftr-in#<n> | Legt eine eingehende Access-Liste fest, die für die Dauer der aktuellen Verbindung eingerichtet und auf Routing-Updates der aktuellen Schnittstelle angewendet werden soll. Wird mit *service=ppp* und *protocol=ip* und mit *service=ppp* und *protocol=ipx* verwendet. | Nein | Nein | Nein | Ja | Ja |
| rte-ftr-out#<n> | Legt eine ausgehende Access-Liste fest, die für die Dauer der aktuellen Verbindung eingerichtet und auf Routing-Updates der aktuellen Schnittstelle angewendet werden soll. Wird mit *service=ppp*, *protocol=ip*, *service=ppp* und *protocol=ipx* verwendet. | Nein | Nein | Nein | Ja | Ja |
| sap#<n> | Erstellt statische Service-Advertising-Protokoll-(SAP-)Einträge, die für die Dauer einer Verbindung eingerichtet werden sollen. Wird mit *service=ppp* und *protocol=ipx* verwendet. | Nein | Nein | Nein | Ja | Ja |
| sap-fltr-in#<n> | Legt eine eingehende SAP-Filter-Access-Liste fest, die für die Dauer der aktuellen Verbindung eingerichtet und auf Routing-Updates der aktuellen Schnittstelle angewendet werden soll. Wird mit *service=ppp* und *protocol=ipx* verwendet. | Nein | Nein | Nein | Ja | Ja |
| sap-fltr-out#<n> | Legt eine ausgehende SAP-Filter-Access-Liste fest, die für die Dauer der aktuellen Verbindung eingerichtet und auf Routing-Updates der aktuellen Schnittstelle angewendet werden soll. Wird mit *service=ppp* und *protocol=ipx* verwendet. | Nein | Nein | Nein | Ja | Ja |
| service=x | Der primäre Dienst. Die Angabe eines Service-Attributs zeigt an, dass dies eine Anfrage zur Autorisierung oder für das Accounting dieses Dienstes ist. Die zur Zeit verwendbaren Werte sind **slip, ppp, arap, shell, tty-daemon, connection** und **system**. Dieses Attribut muss immer enthalten sein. | Ja | Ja | Ja | Ja | Ja |

*Tabelle B.1: Die unterstützten TACACS+-AV-Paare (Fortsetzung)*

| Attribut | Beschreibung | 11.0 | 11.1 | 11.2 | 11.3 | 12.0 |
|---|---|---|---|---|---|---|
| source-ip=x | Wird als Quell-IP-Adresse für alle VPDN-Pakete verwendet, die als Teil eines VPDN-Tunnels erzeugt werden. Dies ist gleichbedeutend mit dem globalen Konfigurationsbefehl **vpdn outgoing** von Cisco. | Nein | Nein | Ja | Ja | Ja |
| timeout=x | Die Zeitdauer in Minuten, bis eine EXEC- oder ARA-Sitzung unterbrochen wird (z.B. timeout=60). Der Wert Null bedeutet kein Zeitlimit. Wird mit *service=arap* verwendet. | Ja | Ja | Ja | Ja | Ja |
| tunnel-id | Legt den Benutzernamen fest, der zur Authentifizierung des Tunnels verwendet wird, über den die individuelle Benutzer-MID ausgeführt wird. Dies ist gleichbedeutend mit dem *externen Namen* im Befehl **vpdn outgoing**. Wird mit *service=ppp* und *protocol=vpdn* verwendet. | Nein | Nein | Ja | Ja | Ja |
| wins-servers= | Adressiert einen Windows-NT-Server, der durch Microsoft-PPP-Clients des Netzwerk-Access-Servers während der IPCP-Verhandlung angefragt werden kann. Wird mit *service=ppp* und *protocol=ip* verwendet. Die IP-Adresse jedes Windows-NT-Servers wird in gepunktet-dezimaler Form eingegeben. | Nein | Nein | Nein | Ja | Ja |
| zonelist=x | Ein nummerischer *zonelist*-Wert. Wird mit *service=arap* verwendet. Legt eine AppleTalk-Zonenliste für das ARA fest (z.B. zonelist=5). | Ja | Ja | Ja | Ja | Ja |

Weitere Informationen über die Konfiguration des TACACS+ finden Sie in Kapitel 10 »Konfiguration des TACACS+«. Weitere Informationen über die Konfiguration der TACACS+-Authentifizierung finden Sie in Kapitel 4 »Konfiguration der Autorisierung«.

## B.2 TACACS+-Accounting-AV-Paare

Die Tabelle B.2 listet die unterstützten TACACS+-Accounting-AV-Paare auf und die Cisco-IOS-Versionen, in denen sie angewendet werden.

*Tabelle B.2: Die unterstützten TACACS+-Accounting-AV-Paare*

| Attribut | Beschreibung | 11.0 | 11.1 | 11.2 | 11.3 | 12.0 |
|---|---|---|---|---|---|---|
| bytes_in | Die während dieser Verbindung empfangenen Bytes. | Ja | Ja | Ja | Ja | Ja |
| bytes_out | Die während dieser Verbindung gesendeten Bytes. | Ja | Ja | Ja | Ja | Ja |
| cmd | Der vom Benutzer ausgeführte Befehl. | Ja | Ja | Ja | Ja | Ja |
| data-rate | Dieses AV-Paar wurde umbenannt. Siehe nas-rx-speed. | | | | | |
| disc-cause | Gibt den Grund an, warum die Verbindung unterbrochen wurde. Das Disconnect-Cause-Attribut wird in Accounting-Stop-Berichten gesendet. Wenn die Unterbrechung auftritt, bevor die Authentifizierung stattfindet, wird dieses Attribut auch dann die Erzeugung von Stop-Berichten verursachen, wenn noch keine Start-Berichte erzeugt wurden. In Tabelle B.3 finden Sie eine Liste der Disconnect-Cause-Werte und deren Bedeutung. | Nein | Nein | Nein | Ja | Ja |
| disc-cause-ext | Erweitert das disc-cause-Attribut, um herstellereigene Gründe für eine Verbindungsunterbrechung zu unterstützen. | Nein | Nein | Nein | Ja | Ja |
| elapsed_time | Die für die Aktion verbrauchte Zeit in Sekunden. Hilfreich, wenn das Gerät nicht mit der korrekten Zeit läuft. | Ja | Ja | Ja | Ja | Ja |
| event | Information im Accounting-Paket, die eine Zustandsänderung im Router beschreibt. Die beschriebenen Ereignisse sind ein Accounting-Start und ein Accounting-Stopp. | Ja | Ja | Ja | Ja | Ja |
| mlp-links-max | Liefert die bekannte Verbindungsanzahl in einer bestimmten Mehrfachverbindungssitzung zu dem Zeitpunkt, wo der Bericht erzeugt wird. | Nein | Nein | Nein | Ja | Ja |
| mlp-sess-id | Liefert die Nummer zur Identifizierung des Bündels von Mehrfachverbindungen, wenn die Sitzung endet. Dieses Attribut wird an Sitzungen vergeben, die Teil eines Bündels von Mehrfachverbindungen sind. Dieses Attribut wird in Authentifizierungsantwort-Paketen gesendet. | Nein | Nein | Nein | Ja | Ja |

*Tabelle B.2: Die unterstützten TACACS+-Accounting-AV-Paare (Fortsetzung)*

| Attribut | Beschreibung | 11.0 | 11.1 | 11.2 | 11.3 | 12.0 |
|---|---|---|---|---|---|---|
| nas-rx-speed | Liefert die mittlere Übertragungsrate (Bits pro Sekunde) über die gesamte Laufzeit der Verbindung. Dieses Attribut wird in Accounting-Stop-Berichten gesendet. | Nein | Nein | Nein | Ja | Ja |
| nas-tx-speed | Liefert die Übertragungsgeschwindigkeit, die zwischen zwei Modems ausgehandelt wurde. | Nein | Nein | Nein | Ja | Ja |
| paks_in | Die während dieser Verbindung empfangene Paketanzahl. | Ja | Ja | Ja | Ja | Ja |
| paks_out | Die während dieser Verbindung gesendete Paketanzahl. | Ja | Ja | Ja | Ja | Ja |
| port | Der Port, in den sich der Benutzer eingeloggt hat. | Ja | Ja | Ja | Ja | Ja |
| pre-bytes-in | Liefert die vor der Authentifizierung empfangenen Bytes. Dieses Attribut wird in Accounting-Stop-Berichten gesendet. | Nein | Nein | Nein | Ja | Ja |
| pre-bytes-out | Liefert die vor der Authentifizierung gesendeten Bytes. Dieses Attribut wird in Accounting-Stop-Berichten gesendet. | Nein | Nein | Nein | Ja | Ja |
| pre-paks-in | Liefert die vor der Authentifizierung empfangene Paketanzahl. Dieses Attribut wird in Accounting-Stop-Berichten gesendet. | Nein | Nein | Nein | Ja | Ja |
| pre-paks-out | Liefert die vor der Authentifizierung gesendete Paketanzahl. Dieses Attribut wird in Accounting-Stop-Berichten gesendet. | Nein | Nein | Nein | Ja | Ja |
| pre-session-time | Gibt die vergangene Zeitdauer in Sekunden von der Anrufannahme bis zum Abschluss der Authentifizierung an. | Nein | Nein | Nein | Ja | Ja |
| priv_level | Der mit dieser Aktion verbundene privilegierte Level. | Ja | Ja | Ja | Ja | Ja |
| protocol | Das mit dieser Aktion verbundene Protokoll. | Ja | Ja | Ja | Ja | Ja |
| reason | Eine Information im Accounting-Paket, die das Ereignis beschreibt, das eine Systemänderung verursacht hat. Die beschriebenen Ereignisse sind das Neuladen eines Systems, das Herunterfahren eines Systems oder wenn das Accounting neu konfiguriert wird (wenn es an- oder abgeschaltet wird). | Ja | Ja | Ja | Ja | Ja |

*Tabelle B.2: Die unterstützten TACACS+-Accounting-AV-Paare (Fortsetzung)*

| Attribut | Beschreibung | 11.0 | 11.1 | 11.2 | 11.3 | 12.0 |
|---|---|---|---|---|---|---|
| service | Der vom Benutzer genutzte Dienst. | Ja | Ja | Ja | Ja | Ja |
| start_time | Der Zeitpunkt, als die Aktion einsetzte (in Sekunden seit dem Zeitpunkt des 1.1.1970 um 0:00 h). Die Uhr muss konfiguriert sein, um diese Information zu erhalten. | Ja | Ja | Ja | Ja | Ja |
| stop_time | Der Zeitpunkt, als die Aktion endete (in Sekunden seit obigem Zeitpunkt). Die Uhr muss konfiguriert sein, um diese Information zu erhalten. | Ja | Ja | Ja | Ja | Ja |
| task_id | Start- und Stop-Berichte desselben Ereignisses müssen gleiche (eindeutige) task_id-Nummern besitzen. | Ja | Ja | Ja | Ja | Ja |
| timezone | Das Kürzel für die Zeitzone für alle in diesem Paket enthaltenen Zeitangaben. | Ja | Ja | Ja | Ja | Ja |
| xmit-rate | Dieses AV-Paar wurde umbenannt. Siehe nas-tx-speed. | | | | | |

Die Tabelle B.3 listet die Werte und deren Bedeutung für das Disconnect-Cause-Attribut (disc-cause) auf.

*Tabelle B.3: Die Werte des Disconnect-Cause-Attributs*

| Wert | Beschreibung |
|---|---|
| CLID-Authentication-Failure (4) | Fehler bei der Authentifizierung der Nummer der anrufenden Partei. |
| Control-C-Detected (27) | Es wurde Control-C eingegeben. Dieser Wert tritt bei EXEC-Sitzungen auf. |
| EXEC-Process-Destroyed (28) | Der EXEC-Prozess wurde aufgehoben. Dieser Wert tritt bei EXEC-Sitzungen auf. |
| Exit-Raw-TCP (24) | Unterbrechung wegen Beendigung des reinen TCP. Dieser Wert tritt bei EXEC-Sitzungen auf. |
| Exit-Telnet-Session (22) | Unterbrechung wegen Beendigung der Telnet-Sitzung. Dieser Wert tritt bei EXEC-Sitzungen auf. |
| Failed-PPP-CHAP-Auth (43) | Die PPP-CHAP-Authentifizierung ist fehlgeschlagen. Dieser Wert tritt bei PPP-Sitzungen auf. |
| Failed-PPP-LCP-Negotiation (41) | Die PPP-LCP-Verhandlung ist fehlgeschlagen. Dieser Wert tritt bei PPP-Sitzungen auf. |
| Failed-PPP-PAP-Auth-Fail (42) | Die PPP-PAP-Authentifizierung ist fehlgeschlagen. Dieser Wert tritt bei PPP-Sitzungen auf. |
| Failed-PPP-Remote-Auth (44) | Die externe PPP-Authentifizierung ist fehlgeschlagen. Dieser Wert tritt bei PPP-Sitzungen auf. |

*Tabelle B.3: Die Werte des Disconnect-Cause-Attributs (Fortsetzung)*

| Wert | Beschreibung |
| --- | --- |
| Idle-Timeout (21) | Der Leerlaufzeitgeber für die Benutzereingabe ist abgelaufen. Dieser Wert tritt bei allen Sitzungstypen auf. |
| Invalid-Protocol (120) | Der Anruf wurde abgelehnt, weil das verwendete Protokoll deaktiviert ist. Dieser Wert tritt bei allen Sitzungsarten auf. |
| Lost-Carrier (11) | Leitungsunterbrechung. Dieser Wert tritt bei Modem-Verbindungen auf. |
| No-Carrier (10) | Keine Leitung verfügbar. Dieser Wert tritt bei Modem-Verbindungen auf. |
| No-Detected-Result-Codes (12) | Die Modem-Result-Codes wurden nicht gefunden. Dieser Wert tritt bei Modem-Verbindungen auf. |
| No-Remote-IP-Addr (23) | Konnte nicht auf SLIP/PPP wechseln. Das externe Ende besitzt keine IP-Adresse. Dieser Wert tritt bei EXEC-Sitzungen auf. |
| Password-Fail (25) | Falsche Passwörter. Dieser Wert tritt bei EXEC-Sitzungen auf. |
| PPP-Closed-Event (46) | Eine höhere Schicht hat eine Sitzungsbeendigung verlangt. Dieser Wert tritt bei PPP-Sitzungen auf. |
| PPP-Remote-Terminate (45) | Das PPP hat eine Anfrage zur Beendigung von der externen Seite empfangen. Dieser Wert tritt bei PPP-Sitzungen auf. |
| Raw-TCP-Disabled (26) | Das reine TCP ist deaktiviert. Dieser Wert tritt bei EXEC-Sitzungen auf. |
| Session-End-Callback (102) | Die Sitzung wurde für einen Rückruf beendet. Dieser Wert tritt bei allen Sitzungsarten auf. |
| Session-Failed-Security (101) | Die Sitzung wurde aus Sicherheitsgründen abgelehnt. Dieser Wert tritt bei allen Sitzungsarten auf. |
| Session-Timeout (100) | Das Zeitlimit der Session wurde überschritten. Dieser Wert tritt bei allen Sitzungsarten auf. |
| Timeout-PPP-LCP (40) | Das Zeitlimit für die PPP-LCP-Verhandlung ist überschritten. Dieser Wert tritt bei PPP-Sitzungen auf. |
| Unknown (2) | Grund unbekannt. |
| User-Ends-Session (20) | Der Benutzer beendet eine Sitzung. Dieser Wert tritt bei EXEC-Sitzungen auf. |

Weitere Informationen über die Konfiguration des TACACS+ finden Sie in Kapitel 10 »Konfiguration des TACACS+«. Weitere Informationen über die Konfiguration des TACACS+-Accountings finden Sie in Kapitel 6 »Konfiguration des Accountings«.

# Stichwortverzeichnis

**A**
AAA (Authentifizierung, Autorisierung und Accounting)
–, Accounting
– –, Aktivierung 211
– –, AV-Paare 213
– –, Befehl 208
– –, EXEC 206, 208
– –, Konfigurationsbeispiel 214
– –, mit Namen bezeichnete Methodenlisten 199
– –, Netzwerk 201, 202, 203, 204
– –, System 208, 209
– –, Unterdrückung für Sitzungen mit dem Benutzernamen Null 212, 221
– –, Verbindung 204, 206
– –, Zwischenberichte 212, 213, 223
–, Authentifizierung
– –, Änderung des Passwort-Eingabetextes 80, 130, 131
– –, ARA-Authentifizierung 75, 76
– –, FAIL-Antworten 63
– –, Kerberos-Beispiel 103
– –, Konfiguration 64
– –, Login-Authentifizierung 65, 66, 67, 68, 69, 71
– –, Meldungsanzeigen 105, 121
– –, Methoden 64
– –, Methodenlisten 61, 62, 63
– –, NASI-Authentifizierung 76, 77, 78
– –, PPP-Authentifizierung 69, 70, 71, 72, 73
– –, privilegierter EXEC, Befehlsmodus 79, 122
– –, RADIUS-Beispiele 99
– –, Skalierbarkeits-Beispiel 104, 115
– –, TACACS+-Beispiel 101, 102
– –, TACACS-Beispiel 102, 103
– –, Überstimmung 80, 125
–, Autorisierung
– –, Arten 168
– –, AV-Paare 177
– –, Kerberos 173, 175, 181
– –, Konfiguration 171
– –, Konfiguration von mit Namen bezeichneten Methodenlisten 175, 177, 211, 215
– –, Methoden 170
– –, mit Namen bezeichnete Methodenlisten 168, 187
– –, RADIUS 180
– –, rückwärtiges Telnet 177, 181, 192
– –, TACACS+ 179, 180
– –, Vorbereitungen 170, 171, 209
–, doppelte Authentifizierung 82, 83
– –, automatisierte 88, 112, 113, 114
– –, Beispiele 105, 106, 107, 108, 110, 111, 112
– –, Gefahren 83
– –, Konfiguration 83
– –, Zugriff auf Benutzerprofile 85
–, Konfiguration 56, 57, 61
–, Musterlösung 24, 53
–, Protokolle

– –, erweitertes TACACS 25
– –, Kerberos 25
– –, TACACS 25
– –, TACACS+ 25, 262
aaa accounting 210, 212, 217, 221
aaa accounting suppress null-username 212, 221, 222
aaa accounting update 212, 222, 223
aaa authentication arap 73, 117, 120
aaa authentication banner 81, 120, 121
aaa authentication enable default 79, 121, 122, 123
aaa authentication fail-message 81, 123, 125
aaa authentication local-override 80, 125, 126
aaa authentication login 65, 126, 128, 321
aaa authentication nasi 76, 128, 130
aaa authentication password-prompt 80, 130, 131
aaa authentication ppp 69, 132, 134
aaa authentication username-prompt 134, 135
aaa authentication username-prompt 134, 135
aaa authorization 171, 173, 185, 186, 189
aaa authorization config-commands 189, 191
aaa authorization reverse-access 176, 191, 194
aaa nas-port extended 239, 245, 247
aaa new-model 57, 65, 69, 73, 76, 81, 135, 136, 194, 196
aaa processes 72, 136, 137
Abfangen von Daten, Schutz 36, 37
Abfangmodus (TCP-Abfangfunktion), Einstellung 425, 426
Abgefangene Daten, siehe Abfangen von Daten, entführte Daten 36
Abgelehnte-Login-Meldungen 105, 121
ACCEPT-Antwort
–, RADIUS 233
–, TACACS+-Daemon 264
access profile 85
access-enable 393, 394
Access-Kontrolle, kontext-basierte 447
Access-Kontroll-Listen, siehe Access-Listen 361

access-list 384, 425, 464, 530, 569, 570, 571, 572, 574, 575, 576, 578, 612, 613, 622, 623, 663
Access-Listen 26, 35
–, dynamische
– –, Anzeige der Einträge 389
– –, Konfiguration 385, 386
– –, Schlüssel-Schloss-Sicherheit 379
–, einfache gegenüber erweiterten 364
–, erweiterte 26
–, Erzeugung 364
–, Firewalls 372
–, Konfiguration
– –, CBAC-Konfiguration 457, 459
– –, Erstellung auf TFTP-Servern 368
– –, Konfigurationsgründe 363, 364
– –, Vergabe von Namen/Nummern 365, 366
– –, Zustandskriterien 366
– –, Zuweisung zu Schnittstellen 368
–, reflexive
– –, Ausführung einer Sitzungsfilterung 402, 403
– –, Auswahl einer Schnittstelle 405
– –, Beschränkungen 405
– –, Erstellung 409, 420
– –, externe Schnittstellenkonfiguration 407, 411, 413
– –, globale Zeitdauerwerte 411
– –, interne Schnittstellenkonfiguration 413, 414
– –, konfigurieren 403
– –, Überblick 401, 402
– –, Verankerung 410, 411
– –, Vorteile 402
– –, Wirkungsweise 403
–, Sitzungsfilterung 402
–, Verschlüsselungs-Access-Listen
– –, Änderung der Limits 544, 560, 587, 588, 590, 591
– –, Einrichtung 531, 555, 556, 557, 559
– –, Erzeugung 665, 667
–, Zweck 362
access-profile 82, 85, 137, 140, 141
access-template 394, 396
Accounting
–, Aktivierung 211
–, AV-Paare 213
–, Befehl 208

– –, aaa accounting 217, 221
– –, aaa accounting suppress null-
  username 221, 222
– –, aaa accounting update 222, 223
– –, accounting 223, 225
– –, ppp accounting 225, 226
– –, show accounting 226, 227, 228
–, EXEC 206, 208
–, Konfiguration 214
–, Konfiguration des TACACS+ 268
–, mit Namen bezeichnete Methodenlisten
  199
–, Netzwerk 201, 202, 203, 204
–, System 208, 209
–, Unterdrückung bei NULL-
  Benutzernamen-Sitzungen 212, 221
–, Verbindung 204, 206
–, Zwischenberichte 212, 213, 223
accounting 210, 223, 225
Accounting-AV-Paare
–, TACACS+, unterstützte 931, 952
Accounting-Zwischenberichte 212, 213,
  223
address 794, 799, 801
addressed-key 793, 801, 802, 803, 824
AESO (Auxiliary-Erweiterte-Sicherheits-
  Option) 880
Aggressive Grenzwerte, TCP-
  Abfangfunktion 428
AH (Authentifizierungs-Header) 653
Aktivierung
–, Authentifizierung für privilegierten
  EXEC-Befehlsmodus 79, 122
–, TCP-Abfangfunktion 425
Allgemeine debug-Befehle (CBAC) 467,
  468
Allgemeines CHAP-Passwort, Erzeugung
  94, 154
ank 316
Anwendbare Pakete, IPSec-Wirkungsweise
  658
Anwendungsschicht-Protokolle, Erstellung
  einer Überprüfungsregel 462, 463, 485
any, Schlüsselwort in Verschlüsselungs-
  Access-Listen 667
application-protocol debug, Befehle
  (CBAC) 468
ARA-Authentifizierung
–, Konfiguration

– –, Gast-Login 75
– –, Line-Passwort-Methode 75
– –, lokale Passwort-Methode 75
– –, RADIUS-Methode 75
– –, TACACS+-Methode 76
arap authentication 73, 141, 143
arap use-tacacs single-line 284
arap use-tacacs 285, 290, 292
ark 317
Attribute, RADIUS 240
–, Disconnect-Cause-Werte 938, 952,
  953
–, hersteller-proprietäre 931, 932, 933,
  934, 936, 937, 938
–, IETF 917, 918, 919, 921, 922, 923,
  925
–, unterstützte
– –, hersteller-proprietäre 914, 915, 916
– –, IETF 912, 913
Attribut-Werte-Paare 177
Ausgehende PAP-Authentifizierung,
  Aktivierung 94
Aussagekriterien, Konfiguration von
  Access-Listen 366
Auswahl, Schnittstellen
–, Konfiguration von reflexiven Access-
  Listen 405
Ausweise (Kerberos) 310
Ausweis-Weiterleitung, Konfiguration des
  Kerberos 320
authentication 790, 803, 804
Authentifizierung
–, AAA-Skalierbarkeits-Beispiel 104, 115
–, ARA-Authentifizierung, Konfiguration
  75, 76
–, Befehle 134, 135
– –, aaa authentication arap 117, 120
– –, aaa authentication banner 120, 121
– –, aaa authentication enable default
  121, 123
– –, aaa authentication fail-message 123,
  125
– –, aaa authentication local-override 125,
  126
– –, aaa authentication login 126, 128
– –, aaa authentication nasi 128, 130
– –, aaa authentication password-prompt
  130, 131
– –, aaa authentication ppp 132, 134

– –, aaa new-model 135, 136
– –, aaa processes 136, 137
– –, access-profile 137, 140, 141
– –, arap authentication 141, 143
– –, clear ip trigger-authentication 143, 144
– –, ip trigger-authentication 144, 145, 147
– –, login tacacs 148, 149
– –, login-authentication 147, 148
– –, nasi authentication 149, 150
– –, ppp authentication 150, 153
– –, ppp chap hostname 153, 154
– –, ppp chap password 154, 156
– –, ppp chap refuse 156, 157
– –, ppp chap wait 157, 158
– –, ppp pap sent-username 158, 160
– –, ppp use-tacacs 160, 161
– –, show ip trigger-authentication 161, 163
– –, show ppp queues 163, 164
– –, timeout login response 164, 166
–, Benutzeraktionen, Konfiguration des TACACS 281
–, CAs 747
–, CHAP/PAP
– –, Ablehnung von CHAP-Anfragen 95
– –, ausgehende Authentifizierung 94
– –, Erzeugung eines allgemeinen CHAP-Passworts 94, 154
– –, zweiseitige Authentifizierung 94
–, Daten-Authentifizierung 654, 784
–, doppelte 82, 83
– –, automatisierte 88, 112, 113, 114
– –, Beispiele 105, 106, 107, 108, 110, 111, 112
– –, Gefahren 83
– –, Konfiguration 83
– –, Zugriff auf Benutzerprofile 85
–, FAIL-Antworten 63
–, Firewalls 375
–, Kerberos 310
– –, Beispiel 103
– –, Bezug eines TGT vom KDC 312
– –, gegenüber dem Grenzrouter 312
– –, gegenüber Netzwerkdiensten 313
–, Konfiguration 64
–, Konfiguration des TACACS+ 268
– –, Beispiele 269

–, Login-Authentifizierung, Konfiguration 65, 66, 67, 68, 69, 71
–, lokale, Schlüssel-Schloss-Sicherheit 390
–, Meldungsanzeigen 105, 121
–, Methoden 64
–, Methodenlisten 61, 62, 63
–, MS-CHAP 96, 98
– –, Konfigurationsbeispiel 114
–, Nachbar
– –, Klartext-Authentifizierung 873, 874
– –, Konfiguration von Schlüsselketten 874, 875
– –, Konfigurationsgründe 872
– –, MD5-Authentifizierung 874
– –, Protokolle 872
– –, Vorteile 871
– –, Wirkungsweise 872, 873
–, NASI-Authentifizierung, Konfiguration 76, 77, 78
–, Password-Eingabetext, Änderung 80, 130, 131
–, Peer-Router 513, 514
–, PPP-Authentifizierung
– –, AAA-Skalierbarkeit 73
– –, Konfiguration 69, 70, 71, 72
–, privilegierter EXEC, Befehlsmodus
– –, Aktivierung 79, 122
–, RADIUS
– –, Beispiel 99
– –, Konfigurationsbeispiel 241
–, Schlüssel-Schloss-Sicherheit 387
–, TACACS 102, 103
–, TACACS+ 101, 102
– –, Schlüssel-Schloss-Sicherheit-Beispiel 390, 391
–, TACACS-Passwortschutz, Konfiguration 99, 279
–, Überstimmungen 80, 125
–, Verwendung von CAs 742, 743
Authentifizierungs-Header, siehe AH 653
authorization 173, 196, 197
autocommand, Befehl, Konfiguration 387
autocommand access-enable 385
Automatisierte doppelte Authentifizierung 88
Automatisierte doppelte Konfiguration 112, 113, 114
Autorisierung
–, Arten 168

–, AV-Paare 177
–, Befehle
– –, aaa authorization 185, 186, 189
– –, aaa authorization config-commands 189, 191
– –, aaa authorization reverse-access 191, 194
– –, aaa new-model 194, 196
– –, authorization 196, 197
– –, ppp authorization 197
–, Firewalls 375
–, Kerberos 173, 175, 181, 310
–, Konfiguration 171
– –, mit Namen bezeichnete Methodenlisten 175, 177, 211, 215
–, Konfiguration des TACACS+ 268
– –, Beispiele 271, 272
–, Methoden 170
–, mit Namen bezeichnete Methodenlisten 168, 187
–, RADIUS 240
– –, Beispiel 180
– –, Konfigurationsbeispiel 241
–, rückwärtiges Telnet 177, 181, 192
–, TACACS+ 179, 180
–, Vorbereitungen 170, 171, 209
autoselect arap 73, 284, 285
autoselect during-login 73, 284, 285
Auxiliary-Erweiterte-Sicherheits-Option (AESO) 880
AV-Paare
–, Accounting 213
–, Konfiguration des TACACS+ 268
–, TACACS+, unterstützte 926, 928, 929, 930, 931, 937, 941, 944, 949, 952
AV-Paare (Autorisierung) 177

## B

Befehl accounting 208
Befehle
–, aaa accounting 210, 212, 217, 221
–, aaa accounting suppress null-username 212, 221, 222
–, aaa accounting update 212, 222, 223
–, aaa authentication arap 73, 117, 120
–, aaa authentication banner 81, 120, 121
–, aaa authentication enable default 79, 121, 122, 123

–, aaa authentication fail-message 81, 123, 125
–, aaa authentication local-override 80, 125, 126
–, aaa authentication login 65, 126, 128, 321
–, aaa authentication nasi 76, 128, 130
–, aaa authentication password-prompt 80, 130, 131
–, aaa authentication ppp 69, 132, 134
–, aaa authentication username-prompt 134, 135
–, aaa authorization 171, 173, 185, 186, 189
–, aaa authorization config-commands 189, 191
–, aaa authorization reverse-access 176, 191, 194
–, aaa nas-port extended 239, 245, 247
–, aaa new-model 57, 65, 69, 73, 76, 81, 135, 136, 194, 196
–, aaa processes 72, 136, 137
–, access profile 85
–, access-enable 393, 394
–, access-list 384, 425, 464, 530, 569, 570, 571, 572, 574, 575, 576, 578, 612, 613, 622, 623, 663
–, access-profile 82, 85, 137, 140, 141
–, access-template 394, 396
–, accounting 210, 223, 225
–, address 794, 799, 801
–, addressed-key 793, 801, 802, 803, 824
–, ank 316
–, Anzeige der Syntax 43, 44, 45, 47
–, arap authentication 73, 141, 143
–, arap use-tacacs 285, 290, 292
–, arap use-tacacs single-line 284
–, ark 317
–, authentication 790, 803, 804
–, authorization 173, 196, 197
–, autocommand, Konfiguration 387
–, autocommand access-enable 385
–, autoselect arap 73, 284, 285
–, autoselect during-login 73, 284, 285
–, certificate 755, 757
–, clear access-template 389, 396, 397
–, clear crypto connection 578, 579, 580
–, clear crypto isakmp 795, 804, 805

–, clear crypto sa  661, 669, 682, 685, 686, 688
–, clear crypto sa entry  661, 669, 682
–, clear crypto sa map  661, 669, 682
–, clear crypto sa peer  661, 669, 682
–, clear ip trigger-authentication  88, 143, 144
–, clear kerberos creds  323, 337, 338
–, connect  321, 338, 339, 340, 341, 354
–, copy  524, 748
–, crl optional  746, 757, 758
–, crypto ca authenticate  747, 758, 760
–, crypto ca certifcate chain  750
–, crypto ca certificate chain  760, 761
–, crypto ca certificate query  744, 761, 762
–, crypto ca crl request  749, 762, 763
–, crypto ca enroll  748, 763, 764, 766
–, crypto ca identity  746, 766, 768
–, crypto card  580, 582
–, crypto card clear-latch  536, 538, 582, 583
–, crypto card enable  540, 542
–, crypto card shutdown  541, 542, 550
–, crypto cisco algorithm 40-bit-des  529, 583, 585
–, crypto cisco algorithm des  529, 585, 587
–, crypto cisco connections  546, 587, 589
–, crypto cisco entities  546, 589, 591
–, crypto cisco key-timeout  544, 591, 593
–, crypto cisco pregen-dh-pairs  544, 593, 595
–, crypto dynamic-map  679, 688, 689, 691
–, crypto ipsec security-association lifetime  691, 693, 694
–, crypto ipsec security-association lifetime kilobytes  661
–, crypto ipsec security-association lifetime seconds  661
–, crypto ipsec transform-set  669, 694, 695, 699
–, crypto isakmp enable  785, 805, 806
–, crypto isakmp identity  793, 806, 808
–, crypto isakmp key  795, 808, 809, 810
–, crypto isakmp policy  790, 810, 812
–, crypto key exchange dss  526, 595, 597
–, crypto key exchange dss passive  525, 597, 599
–, crypto key generate dss  524, 599, 602
–, crypto key generate rsa  746, 768, 771, 792, 812, 815
–, crypto key pubkey-chain dss  602, 603, 604
–, crypto key pubkey-chain rsa  750, 793, 815, 817
–, crypto key zeroize dss  536, 539, 543, 547, 604, 605, 606
–, crypto key zeroize rsa  749, 771, 772
–, crypto map  532, 533, 606, 607, 609, 611, 674, 675, 680, 681, 699, 700, 704, 706
–, crypto map local-address  706, 708
–, debug aaa per-user  85, 87
–, debug crypto isakmp  796
–, debug ip inspecct udp  467
–, debug ip inspect  467, 468
–, debug ip inspect detail  467
–, debug ip inspect events  467
–, debug ip inspect function-trace  467
–, debug ip inspect object-deletion  467
–, debug ip inspect tcp  467
–, debug ip inspect timers  467
–, debug ip trigger-authentication  88
–, deny  611, 616, 617, 618, 625
–, disable  841
–, dnsix-dmdp retries  883, 885, 886
–, dnsix-nat authorized-redirection  882, 886, 887
–, dnsix-nat primary  882, 887, 888
–, dnsix-nat secondary  882, 888, 889
–, dnsix-nat source  882, 889, 890
–, dnsix-nat transmit-count  883, 890, 891
–, enable  840, 853, 854
–, enable last-resort  292, 293
–, enable last-resort password  280
–, enable last-resort succeed  280
–, enable password  836, 837, 839, 854, 856, 858
–, enable password level  840
–, enable secret  837, 839, 857, 858, 859
–, enable use-tacacs  279, 293, 294, 838
–, encapsulation ppp  92, 97
–, encryption  817, 818
–, encryption des  790
–, enrollment mode ra  746, 772, 773

–, enrollment retry-count 746, 773, 774
–, enrollment retry-period 746, 774, 776
–, enrollment url 746, 776, 777
–, evaluate 410, 415, 416, 417
–, exit 669, 675, 676, 680, 746, 750, 790, 794
–, group 790, 818, 819
–, hash 790, 819, 820
–, help 43
–, hostname 745
–, initialization-vector size 669, 708, 709
–, interface 69, 173, 210, 384
–, interface bri 88
–, interface serial 88
–, ip access-group 384, 409, 410
–, ip access-list extended 408, 410, 530, 617, 618, 663
–, ip access-list standard 464
–, ip domain-name 745
–, ip host 793
–, ip identd 849, 859, 860
–, ip inspect 466, 477, 479
–, ip inspect audit trail 466, 475, 476
–, ip inspect dns-timeout 460, 476, 477
–, ip inspect max-incomplete high 460, 479, 480
–, ip inspect max-incomplete low 460, 480, 482
–, ip inspect name 462, 464, 465, 482, 483, 485, 487
–, ip inspect one-minute high 460, 487, 488
–, ip inspect one-minute low 460, 488, 490
–, ip inspect tcp finwait-time 460, 490, 491
–, ip inspect tcp idle-time 460, 491, 492
–, ip inspect tcp max-incomplete host 460, 492, 494
–, ip inspect tcp synwait-time 460, 494, 495
–, ip inspect udp idle-time 460, 495, 496
–, ip radius source-interface 247, 248
–, ip reflexive-list timeout 411, 417, 419
–, ip security add 879, 891, 892
–, ip security aeso 881, 892, 893
–, ip security dedicated 878, 893, 895
–, ip security eso-info 881, 895, 896
–, ip security eso-max 881, 896, 897

–, ip security eso-min 881, 897, 899
–, ip security extended-allowed 878, 899, 900
–, ip security first 879, 900, 901
–, ip security ignore-authorities 878, 901, 902
–, ip security implicit-labelling 878, 902, 903
–, ip security multilevel 878, 903, 905
–, ip security reserved-allowed 879, 905, 906
–, ip security strip 879, 906, 907
–, ip tacacs source-interface 285, 294, 295
–, ip tcp intercept connection-timeout 427, 431, 432
–, ip tcp intercept drop-mode 426, 432, 433
–, ip tcp intercept finrst-timeout 426, 433, 434
–, ip tcp intercept list 425, 434, 435
–, ip tcp intercept max-incomplete high 428, 435, 437
–, ip tcp intercept max-incomplete low 428, 437, 438
–, ip tcp intercept mode 425, 438, 439
–, ip tcp intercept one-minute high 428, 439, 441
–, ip tcp intercept one-minute low 428, 441, 442
–, ip tcp intercept watch-timeout 426, 442, 443
–, ip trigger-authentication 88, 144, 145, 147
–, kerberos clients mandatory 322, 341, 342
–, kerberos credential forward 320
–, kerberos credentials forward 342, 343
–, kerberos instance map 323, 343, 344
–, kerberos local-realm 318, 344, 345
–, kerberos preauth 345, 346
–, kerberos realm 318, 346, 347
–, kerberos server 318, 347, 349
–, kerberos srvtab entry 349, 350
–, kerberos srvtab remote 319, 350, 351
–, key config-key 351, 352
–, key-string 794, 820, 822
–, lifetime 790, 822, 823
–, line 65, 73, 76, 173, 210
–, line VTY 384

–, login  89, 387
–, login local  385
–, login tacacs  98, 148, 149, 278, 385
–, login-authentication  65, 147, 148
–, match address  532, 618, 620, 674, 675, 679, 709, 711
–, mode  669, 711, 713
–, named-key  793, 823, 825
–, nasi authentication  76, 149, 150
–, no aaa authorization config-command  175
–, no addressed-key  750
–, no certificate  750
–, no crypto ca identity  751
–, no crypto isakmp enable  785
–, no ip inspect  496, 497
–, no login  89
–, no named-key  750
–, password  89, 385, 387, 536, 538, 837, 860, 861
–, permit  408, 419, 420, 620, 626
–, ppp accounting  210, 225, 226
–, ppp authentication  69, 70, 93, 150, 153, 283
–, ppp authentication ms-chap  97
–, ppp authorization  173, 197
–, ppp chap hostname  153, 154
–, ppp chap password  95, 154, 156
–, ppp chap refuse  95, 156, 157
–, ppp chap wait  95, 157, 158
–, ppp pap sent-username  94, 158, 160
–, ppp use-tacacs  160, 161, 283
–, privilege  840
–, privilege level  840, 861, 863, 864
–, query url  746, 777, 778
–, quit  794
–, radius-server attribute nas-port extended  239, 248, 249
–, radius-server configure-nas  238, 249, 250
–, radius-server dead-time  236, 250, 251
–, radius-server extended-portnames  251, 252
–, radius-server host  235, 238, 252, 253
–, radius-server host non-standard  253, 255
–, radius-server key  235, 238, 255, 256, 257
–, radius-server optional passwords  255

–, radius-server retransmit  236, 257, 258
–, radius-server timeout  236, 258
–, radius-server vsa send  237, 239, 259
–, service password-encryption  90, 838, 864, 865
–, set algorithm 40-bit-des  532, 626, 627
–, set algorithm des  532, 627, 629
–, set peer  532, 629, 630, 674, 676, 679, 713, 715
–, set pfs  676, 680, 715, 717
–, set security-association level per-host  676, 717, 719
–, set security-association lifetime  719, 722
–, set security-association lifetime kilobytes  676, 679
–, set security-association lifetime seconds  676, 679
–, set session-key  722, 725
–, set session-key inbound ah  674
–, set session-key inbound esp  675
–, set session-key outbound ah  674
–, set session-key outbound esp  675
–, set transform-set  674, 676, 679, 725, 727
–, show access-lists  389
–, show accounting  213, 226, 227, 228
–, show crypto ca certificates  750, 751, 778
–, show crypto card  630, 631
–, show crypto cisco algorithms  529, 631, 632
–, show crypto cisco connections  548, 632
–, show crypto cisco key-timeout  544, 634
–, show crypto cisco pregen-dh-pairs  634, 636
–, show crypto dynamic-map  682, 731, 732, 733
–, show crypto engine brief  636, 637, 638
–, show crypto engine configuration  542, 543, 638, 639
–, show crypto engine connections active  548, 639, 641
–, show crypto engine connections dropped-packets  641, 642
–, show crypto ipsec sa  682, 727, 729, 730
–, show crypto ipsec security-association lifetime  682, 730

Stichwortverzeichnis  **963**

–, show crypto ipsec transform-set  682, 730, 731
–, show crypto isakmp policy  790, 796, 825, 826
–, show crypto isakmp sa  795, 796, 826, 828
–, show crypto key mypubkey dss  524, 542, 642, 643
–, show crypto key mypubkey rsa  751, 792, 828, 829
–, show crypto key pubkey-chain dss  643, 644
–, show crypto key pubkey-chain rsa  751, 794, 829
–, show crypto map  548, 645, 647, 648, 682, 733
–, show dnsix  907, 908
–, show ip accounting  397, 398, 399
–, show ip inspect  497
–, show ip inspect all  466
–, show ip inspect config  466
–, show ip inspect interfaces  466
–, show ip inspect name  466
–, show ip inspect session  466
–, show ip trigger-authentication  88, 161, 163
–, show kerberos creds  323, 352, 353
–, show ppp queues  163, 164
–, show privilege  840, 865, 866
–, show tcp intercept connections  428, 443, 444
–, show tcp intercept statistics  428, 444
–, TACACS
– –, Vergleichstabelle  277
–, tacacs-server attempts  282, 295, 296
–, tacacs-server authenticate  281, 296, 297
–, tacacs-server directed-request  297, 298
–, tacacs-server extended  283, 298, 299
–, tacacs-server host  266, 282, 299, 301
–, tacacs-server key  267, 301, 302
–, tacacs-server last-resort  302, 303
–, tacacs-server last-resort password  99, 279
–, tacacs-server last-resort succeed  99, 279
–, tacacs-server login-timeout  303
–, tacacs-server notify  281, 303, 304
–, tacacs-server optional-passwords  279, 304, 305

–, tacacs-server retransmit  282, 305, 306
–, tacacs-server timeout  282, 306, 308
–, telnet  321, 353, 356
–, test crypto initiate-session  548, 648
–, timeout login response  79, 164, 166
–, username  90, 385, 387, 866
–, xst  317
Benachrichtigung über Benutzeraktionen, Konfiguration des TACACS  280
Benutzeraktionen-Authentifizierung, Konfiguration des TACACS  281
Benutzeraktionen-Benachrichtigung, Konfiguration des TACACS  280
Benutzer-EXEC-Befehlsmodus  49
Benutzer-Level-Passwortschutz
–, Konfiguration des TACACS  278
–, Deaktivierung  278
Benutzernamen, Konfiguration  850
Benutzerprofile, Zugriff nach doppelter Authentifizierung  85
Bereiche (Kerberos)  311
Betrügerische Routen-Updates, Schutz  37
Blockade von Paketen, Erstellen von Kriterien  366

**C**

CA (Zertifizierungs-Autorität)  508, 739
–, Adressierung  746, 747
–, Authentifizierung  747
–, Durchführung der IPSec mit  742
–, Durchführung der IPSec ohne  740, 741
–, Registrierungs-Autoritäten (RAs)  743
–, Verwendung von  742, 743
–, Zweck der  740
CA-Zusammenarbeit  737, 755
–, Konfiguration  743
– –, Adressierung eines CAs  746, 747
– –, Anforderung von Zertifikaten  748
– –, Anzeige der Schlüssel/Zertifikaten  751
– –, Authentifizierung der CAs  747
– –, Beispiele  753
– –, CRL-Anfragen  749
– –, Hostname/IP-Domänenname für die  745
– –, Löschen von Zertifikaten  751
– –, NVRAM-Speichernutzung  744
– –, RSA-Schlüsselpaarerzeugung  745, 746

– –, Speicherung der Konfiguration 748
–, unterstützte Standards 737, 738
CBAC (kontext-basierte Access-Kontrolle) 373, 447
–, Abschalten 470
–, Beispiel zur Wirkungsweise 452
–, Beschränkungen 454, 455
–, Einschränkungen der 448
–, Fähigkeiten 448, 475
–, Fehlermeldungen 468, 469
– –, Erkennung von Dienstablehnungsattacken 469, 470
– –, Verfolgungsspur 470
–, Fehlersuche 467
– –, allgemeine Befehle 467, 468
– –, Anwendungsprotokoll-Befehle 468
– –, Transportschicht-Befehle 468
–, Firewalls 373
–, FTP 454
–, IPSec 455
–, Konfiguration 455, 456
– –, Anzeige von Informationen 466
– –, Beispiel 470, 471, 472, 473
– –, Erstellung Überprüfungsregel 461, 462, 465, 485
– –, IP-Access-Listen-Konfiguration 457, 459
– –, Zeitdauern und Grenzwerte 461, 488, 489
– –, Zuweisung Überprüfungsregel 466
–, Paket-Überprüfung 450
–, UDP-Sitzungsabschätzung 450
–, unterstützte Protokolle 453, 454
–, Verschlüsselung 454, 455
–, Wirkungsweise 449, 451
CCO (Cisco-Connection-Online) 42
certificate 755, 757
CET (Cisco-Verschlüsselungs-Technologie) 374, 503
–, Abschalten der 546, 547
–, Fehlersuche 548, 551
–, Firewalls 374
–, Konfiguration 522, 523
– –, Aktivierung der DES-Verschlüsselungsalgorithmen 528, 529, 554, 555
– –, Austausch der öffentlichen DSS-Schlüssel 525, 526, 527
– –, DSS-Schlüsselerzeugung 523, 551, 552

– –, Einkapselung 521, 522
– –, Löschen der DSS-Schlüssel 564, 565, 567
– –, mit einem ESA 563, 564
– –, mit einem ESA im VIP2 535
– –, mit einem ESA in Cisco-Routern der Serie 7200 537, 541, 542, 543
– –, mit GRE-Tunnels 533, 534, 561, 562, 563
– –, Multicast 522
– –, Netzwerktopologie 518
– –, Sicherung der Konfiguration 533
– –, simultane Sitzungen 522
– –, Verschlüsselungs-Access-Listen-Limits 544, 560, 587, 588, 590, 591
– –, Verschlüsselungs-Karten 529, 531, 533, 555, 556, 557, 559
– –, Verschlüsselungsmaschinen 519, 520
– –, VIP2-Beschränkungen 522
– –, Zeitdauer von Sitzungen 543, 544
– –, zuvor erzeugte DH-Nummern 544
–, Peer-Router 511, 512
–, Sitzungen 512
–, Testlauf 547, 567, 568
–, Vergleich mit der IPSec 504, 507
–, Wirkungsweise 513, 514, 516
CHALLENGE-Antwort, RADIUS 233
Challenge-Handshake-Authentifizierungs-Protokoll, (CHAP) 82
CHANGE PASSWORD-Antwort, RADIUS 233
CHAP, (Challenge-Handshake-Authentifizierungs-Protokoll) 82
–, Ablehnung von Anfragen 95
–, Erzeugung eines allgemeinen Passworts 94, 154
–, zweiseitige Authentifizierung 94
Cisco Connection Online (CCO) 42
Cisco IOS 12.0 Bridging and IBM Networking Solutions (italic) 39
Cisco IOS 12.0 Dial Solutions (italic) 40
Cisco IOS 12.0 Grundlagen der Konfiguration (italic) 38
Cisco IOS 12.0 Interface Configuration (italic) 38
Cisco IOS 12.0 Network Protocols, Vol 1, IP (italic) 38
Cisco IOS 12.0 Network Protocols, Vol 2, IPX, AppleTalk and Mor 39

Cisco IOS 12.0 Network Security (italic) 39
Cisco IOS 12.0 Quality of Service Solutions (italic) 39
Cisco IOS 12.0 Referenzbibliothek 38
Cisco IOS 12.0 Solutions for Multiservice Applications (italic) 39
Cisco IOS 12.0 Switching Services (italic) 38
Cisco IOS 12.0 Wide Area Networking Solutions (italic) 38
Cisco IOS-Verschlüsselungsmaschine 519, 541, 542
Cisco-Router der Serie 7200
–, Konfiguration der CET mit einem ESA 537, 541, 542, 543
–, Löschen von DSS-Schlüsseln 567
Cisco-Router der Serie 7500
–, Löschen von DSS-Schlüsseln 565
Cisco-Verschlüsselungs-Technologie, siehe CET 374, 503
clear access-template 389, 396, 397
clear crypto connection 578, 579, 580
clear crypto isakmp 795, 804, 805
clear crypto sa entry 661, 669, 682
clear crypto sa map 661, 669, 682
clear crypto sa peer 661, 669, 682
clear crypto sa 661, 669, 682, 685, 686, 688
clear ip trigger-authentication 88, 143, 144
clear kerberos creds 323, 337, 338
Client-Unterstützung, Kerberos 312
–, Bezug eines TGT 312
–, Grenzrouter-Authentifizierung 312
–, Netzwerkdienst-Authentifizierung 313
connect 321, 338, 339, 340, 341, 354
CONTINUE Antwort, TACACS+-Daemon 264
copy 524, 748
CRL (Zertifikat-Widerrufs-Liste) 743
–, Anforderung 749
crl optional 746, 757, 758
crypto algorithm 40-bit-des, Befehl
–, siehe crypto cisco algorithm 580
crypto algorithm des, Befehl
–, siehe crypto cisco algorithm des co 580
crypto ca authenticate 747, 758, 760
crypto ca certificate chain 750, 760, 761
crypto ca certificate query 744, 761, 762

crypto ca crl request 749, 762, 763
crypto ca enroll 748, 763, 764, 766
crypto ca identity 746, 766, 768
crypto card clear-latch 536, 538, 582, 583
crypto card enable 540, 542
crypto card shutdown 541, 542, 550
crypto card 580, 582
crypto cisco algorithm 40-bit-des 529, 583, 585
crypto cisco algorithm des 529, 585, 587
crypto cisco connections 546, 587, 589
crypto cisco entities 546, 589, 591
crypto cisco key-timeout 544, 591, 593
crypto cisco pregen-dh-pairs 544, 593, 595
crypto clear-latch, Befehl
–, siehe crypto card clear-latch 595
crypto dynamic-map 679, 688, 689, 691
crypto esa, Befehl
–, siehe crypto card 595
crypto gen-signature-keys, Befehl
–, siehe crypto key generate dss 595
crypto ipsec security-association lifetime kilobytes 661
crypto ipsec security-association lifetime seconds 661
crypto ipsec security-association lifetime 691, 693, 694
crypto ipsec transform-set 669, 694, 695, 699
crypto isakmp enable 785, 805, 806
crypto isakmp identity 793, 806, 808
crypto isakmp key 795, 808, 809, 810
crypto isakmp policy 790, 810, 812
crypto key exchange dss passive 525, 597, 599
crypto key exchange dss 526, 595, 597
crypto key generate dss 524, 599, 602
crypto key generate rsa 746, 768, 771, 792, 812, 815
crypto key pubkey-chain dss 602, 603, 604
crypto key pubkey-chain rsa 750, 793, 815, 817
crypto key zeroize dss 536, 539, 543, 547, 604, 605, 606
crypto key zeroize rsa 749, 771, 772
crypto key-exchange passive, Befehl
–, siehe crypto key exchange ds 599
crypto key-exchange, Befehl

–, siehe crypto key exchange dss comman 595
crypto key-timeout, Befehl
–, siehe crypto cisco key-timeout comman 604
crypto map local-address 706, 708
crypto map 532, 533, 606, 607, 609, 611, 674, 675, 680, 681, 699, 700, 704, 706
crypto pregen-dh-pairs, Befehl
–, siehe crypto cisco pregen-dh-pair 611
crypto public-key, Befehl
–, siehe crypto key pubkey-chain dss comm 611
crypto sdu connections, Befehl
–, siehe crypto cisco connections co 611
crypto sdu entities, Befehl
–, siehe crypto cisco entities 611
crypto zeroize, Befehl
–, siehe crypto key zeroize dss 611
Crypto-Transform-Konfigurationsmodus 698

## D

Darsteller (Kerberos) 311
Data-Encryption-Standard
–, siehe DES 512, 653, 783
Daten-Authentifizierung 654, 784
Datenfluss 654
Daten-Vertraulichkeit 654
debug aaa per-user 85, 87
debug crypto isakmp 796
debug ip inspect detail 467
debug ip inspect events 467
debug ip inspect function-trace 467
debug ip inspect object-deletion 467
debug ip inspect tcp 467
debug ip inspect timers 467
debug ip inspect udp 467
debug ip inspect 467, 468
debug ip trigger-authentication 88
debug-Befehle, Fehlersuche CET 551
deny 611, 616, 617, 618, 625
Department-of-Defense-Intelligence-Information-System-Network-Security-for-Information-Exchange, siehe DNSIX 880
DES (Data-Encryption-Standard) 512, 653, 783

DES-Verschlüsselungsalgorithmen, Aktivierung 528, 529, 554, 555
DH (Diffie-Hellman), öffentlicher Schlüsselalgorithmus 512
DH-Nummern, zuvor erzeugte 544
Dienstablehnungsattacken
–, Erkennungs-Fehlermeldungen, CBAC 469, 470
–, Schutz vor, siehe TCP-Abfangfunktion 423
Dienstausweise (Kerberos) 311
Diffie-Hellman 783
–, siehe DH, öffentlicher Schlüsselalgorithmus 512
Digital-Signature-Standard, siehe DSS 512
disable 841
Disconnect-Cause-Attribut-Werte 938, 952, 953
DNSIX (Department-of-Defense-Intelligence-Information-System-Network-Security-for-Information-Exchange) 880
–, erweiterte IPSO-Unterstützung 880
–, globale Standardeinstellungen 881
–, Verfolgungsspurfunktion 881, 882
dnsix-dmdp retries 883, 885, 886
dnsix-nat authorized-redirection 882, 886, 887
dnsix-nat primary 882, 887, 888
dnsix-nat secondary 882, 888, 889
dnsix-nat source 882, 889, 890
dnsix-nat transmit-count 883, 890, 891
Doppelte Authentifizierung 82, 83
–, automatisierte 88, 112, 113, 114
–, Beispiele 105
– –, Konfiguration der ersten Stufe (PPP) 106, 107
– –, Konfiguration der zweiten Stufe (benutzerabhängig) 107, 108
– –, lokale Host-Konfiguration 106
– –, TACACS+-Konfiguration 108, 110, 111, 112
–, Gefahren 83
–, Konfiguration 83
–, Zugriff auf Benutzerprofile 85
DSS (Digital-Signature-Standard) 512
DSS-Schlüssel
–, Löschen 542, 543
–, Peer-Router-Authentifizierung 513, 514

DSS-Schlüsselpaare
-, Erzeugung 523, 551, 552
-, Fehlersuche CET 549, 600
-, Löschen 564, 565, 567
-, Passwort-Anfragen, Fehlersuche CET 550
DSW (verteiltes Switching) 522
Dynamische Access-Listen
-, Anzeige der Einträge 389
-, Konfiguration, Tipps 385, 386
-, siehe auch Schlüssel-Schloss-Sicherheit 379
Dynamische Verschlüsselungs-Karten, Konfiguration der IPSec 677, 678, 680, 690

E
Einfache IPSO-Unterstützung, Ausführungsvorgaben 879
Einkapselung
-, IPSec-Unterstützung 656
-, Konfiguration der CET 521, 522
-, Sicherheits-Datenfracht, siehe ESP 653
Einloggen in privilegierte Level 841
Einschränkung der Login-Versuche, Konfiguration des TACACS 282
Einzelnes Logon (Kerberos) 310
enable last-resort password 280
enable last-resort succeed 280
enable last-resort 292, 293
enable password level 840
enable password 836, 837, 839, 854, 856, 858
enable secret 837, 839, 857, 858, 859
enable use-tacacs 279, 293, 294, 838
enable 840, 853, 854
enable-Passwörter
-, Erstellung für Systembetreiber 850
-, Wiederbestimmung 842, 845
enable-Passwort-Methode, NASI-Authentifizierung 77
encapsulation ppp 92, 97
encryption des 790
encryption 817, 818
enrollment mode ra 746, 772, 773
enrollment retry-count 746, 773, 774
enrollment retry-period 746, 774, 776
enrollment url 746, 776, 777
entführte Daten, Schutz 36, 37

Entpacken, SRVTABs 317
ERROR-Antwort, TACACS+-Daemon 264
Erstellung 543, 544
Erweiterte Access-Listen 26
Erweiterte IPSO-Unterstützung 880
-, globale Standardeinstellungen 881
Erweitertes TACACS 25, 261, 276, 289
-, Authentifizierungs-Beispiel 102, 103
-, Konfiguration 278
- -, Aktivierung des erweiterten TACACS-Modus 282
- -, Benutzeraktionen-Authentifizierung 281
- -, Benutzeraktionen-Benachrichtigung 280
- -, Benutzer-Level-Passwortschutz 278
- -, Deaktivierung des Benutzer-Level-Passwortschutzes 278
- -, Login-Versuchsbeschränkungen 282
- -, privilegierter Level-Passwortschutz 280
-, Passwortschutz, Konfiguration 99, 279
ESA
-, Aktivierung 564
-, Auswahl Verschlüsselungsmaschine 564
-, Konfiguration der CET auf Cisco-Routern der Serie 7200 537, 541, 542, 543
-, Konfiguration der CET in einem VIP2 535
-, Zurücksetzen 535, 536, 537, 539, 563, 564, 582
ESA-Verschlüsselungsmaschine 520, 541
-, Fehlersuche CET 549
Escape-Steuerzeichen, Telnet 356
ESP (Encapsulating-Security-Payload) 653
evaluate 410, 415, 416, 417
EXEC-Accounting 206, 208
exit 669, 675, 676, 680, 746, 750, 790, 794
Externe Client-Unterstützung
-, Kerberos 312
- -, Bezug eines TGT 312
- -, Grenzrouter-Authentifizierung 312
- -, Netzwerkdienst-Authentifizierung 313
Externe Schnittstellen
-, Auswahl 405

–, Konfiguration von reflexiven Access-Listen 407, 411, 413

**F**
FAIL-Antworten in der Authentifizierung 63
Fehlermeldungen
–, CBAC 468, 469
– –, Dienstablehnungsattacken, Erkennung 469, 470
– –, Verfolgungsspur 470
–, in der Authentifizierung 63
Fehlersuche
–, CBAC 467
– –, allgemeine Befehle 467, 468
– –, Applikations-Protokoll-Befehle 468
– –, Transportschicht-Befehle 468
–, CET 548, 551
–, doppelte Authentifizierung 85, 87
Filterung
–, siehe Access-Listen 361
–, Verkehr 26, 35
Firewalls
–, CBAC 448, 475
–, Cisco IOS-Software, Funktionsset 370, 371, 374, 375
–, Erzeugung 371
–, Konfiguration 375, 377
–, Überblick 369
FQDN (Fully-Qualified-Domain-Name) 745
FTP, CBAC 454

**G**
Gespiegelte Verschlüsselungs-Access-Listen, Erstellung 665, 667
Globale Laufzeiten für Sicherheits-Assoziationen 660, 661
Globale Standardeinstellungen, erweiterte IPSO, Konfiguration 881
Globale Zeitdauern, Konfiguration von reflexiven Access-Listen 411
Globale Zeitgeber/Grenzwerte, Konfiguration der CBAC 461, 488, 489
Globaler Konfigurationsmodus 49
Grenzrouter-Authentifizierung, Kerberos 312
Grenzwerte, Konfiguration der CBAC 461, 488, 489

Gre-Tunnels, Konfiguration der CET 533, 534, 561, 562, 563
group 790, 818, 819
guest logins, ARA-Authentifizierung 75

**H**
Halboffene Sitzungen, Konfiguration der CBAC 461, 488, 489
Hardware, IPSec-Unterstützung 656
hash 790, 819, 820
help 43
Hersteller-proprietäre RADIUS-Attribute 931, 932, 933, 934, 936, 937, 938
–, unterstützte 914, 915, 916
Hersteller-spezifische Attribute, Konfiguration des RADIUS 236, 241, 259
Hintergrundprozesse, AAA-Authentifizierung für das PPP 73
Hostname, Konfiguration der CA-Zusammenarbeit 745
hostname 745
Humane Faktoren, Entwicklung von Sicherheitsverfahren 32

**I**
Identifizierungs-Unterstützung, Konfiguration 849
IETF-RADIUS-Attribute 917, 918, 919, 921, 922, 923, 925
–, unterstützte 912, 913
IKE (Internet-Key-Exchange) 507, 653, 782
–, Begriffsliste 784
–, Konfiguration 784, 785
– –, Aktivierung/Deaktivierung 786
– –, Aufheben von IKE-Verbindungen 796
– –, Beispiele 796, 798
– –, Erzeugung IKE Verfahren 786, 788, 790
– –, Konfiguration von zuvor mitgeteilten Schlüsseln 794
– –, manuelle Konfiguration von RSA-Schlüsseln 792, 794
–, Sicherheits-Assoziationen
– –, Erzeugung von Verschlüsselungs-Karten 675
–, Sicherheitsprotokoll 781
–, siehe auch IPSec 781

–, Überblick 781
–, Unterstützte Standards 782
initialization-vector size 669, 708, 709
interface bri 88
interface serial 88
interface 69, 173, 210, 384
Interface-Konfigurationsmodus 49
Interne Schnittstellen
–, Auswahl 405
–, Konfiguration von reflexiven Access-Listen 413, 414
Internet-Key-Exchange, siehe IKE 507, 653, 782
Internet-Key-Exchange-Sicherheitsprotokoll, siehe IKE 781
Internet-Security-Association-and-Key-Management-Protokoll, siehe ISAKMP 782
ip access-group 384, 409, 410
ip access-list extended 408, 410, 530, 617, 618, 663
ip access-list standard 464
ip domain-name 745
ip host 793
ip identd 849, 859, 860
ip inspect audit trail 466, 475, 476
ip inspect dns-timeout 460, 476, 477
ip inspect max-incomplete high 460, 479, 480
ip inspect max-incomplete low 460, 480, 482
ip inspect name 462, 464, 465, 482, 483, 485, 487
ip inspect one-minute high 460, 487, 488
ip inspect one-minute low 460, 488, 490
ip inspect tcp finwait-time 460, 490, 491
ip inspect tcp idle-time 460, 491, 492
ip inspect tcp max-incomplete host 460, 492, 494
ip inspect tcp synwait-time 460, 494, 495
ip inspect udp idle-time 460, 495, 496
ip inspect 466, 477, 479
ip radius source-interface 247, 248
ip reflexive-list timeout 411, 417, 419
ip security add 879, 891, 892
ip security aeso 881, 892, 893
ip security dedicated 878, 893, 895
ip security eso-info 881, 895, 896
ip security eso-max 881, 896, 897

ip security eso-min 881, 897, 899
ip security extended-allowed 878, 899, 900
ip security first 879, 900, 901
ip security ignore-authorities 878, 901, 902
ip security implicit-labelling 878, 902, 903
ip security multilevel 878, 903, 905
ip security reserved-allowed 879, 905, 906
ip security strip 879, 906, 907
ip tacacs source-interface 285, 294, 295
ip tcp intercept connection-timeout 427, 431, 432
ip tcp intercept drop-mode 426, 432, 433
ip tcp intercept finrst-timeout 426, 433, 434
ip tcp intercept list 425, 434, 435
ip tcp intercept max-incomplete high 428, 435, 437
ip tcp intercept max-incomplete low 428, 437, 438
ip tcp intercept mode 425, 438, 439
ip tcp intercept one-minute high 428, 439, 441
ip tcp intercept one-minute low 428, 441, 442
ip tcp intercept watch-timeout 426, 442, 443
ip trigger-authentication 88, 144, 145, 147
IP-Access-Listen, CBAC-Konfiguration 457, 459
IP-Domänenname, Konfiguration der CA-Zusammenarbeit 745
IP-Poolabfragen, Konfiguration des RADIUS 238, 249
IPSec (IP-Sicherheitsprotokoll) 503, 504, 651, 652, 737, 782
–, Ausführung
– –, mit CAs 742
– –, ohne CAs 740, 741
–, Begriffsliste 654, 655, 783
–, CBAC 455
–, Einkapselungs-Unterstützung 656
–, Firewalls 375
–, Hardware-Unterstützung 656
–, im Vergleich zur CET 504, 507
–, Konfiguration
– –, Aufheben von Sicherheits-Assoziationen 681, 683

– –, Beispiel 684
– –, Erstellung von Transformationssets 668, 669, 670, 695, 696
– –, Erzeugung von Verschlüsselungs-Access-Listen 665, 667
– –, globale Laufzeiten für Sicherheits-Assoziationen 660, 661
– –, Verschlüsselungs-Karten 670, 672, 673, 675, 677, 678, 680, 690
– –, Zuweisung von Verschlüsselungs-Karten zu Schnittstellen 681
–, Performance 507
–, siehe auch IKE 781
–, Switching-Pfad-Unterstützung 656
–, Überblick 504, 652, 685
–, Unterstützte Standards 652
–, Verschachtelung von Verkehr an mehrere Peer-Geräte 659
–, Verwendung von CAs 742, 743
–, Wirkungsweise 658
IP-Sicherheitsoption, siehe IPSO 877
IP-Sicherheitsprotokoll, siehe IPSec 652, 782
IP-Sitzungsfilterung, siehe reflexive Access-Listen 401
IPSO (IP-Sicherheitsoption) 877
–, DNSIX-Verfolgungsspurfunktion 881, 882
–, einfache Unterstützung, Ausführungsvorgaben 879
–, erweiterte Unterstützung 880
–, globale Standardeinstellungen 881
ISAKMP (Internet-Security-Association-and-Key-Management-Protokoll) 782
ISAKMP-Identität, Einstellung 792

## K

KDC (Schlüssel-Verteilungs-Zentrum) 309, 311, 337
–, Bezug eines TGTs vom 312
–, Konfiguration 316
Kerberisiert 311
Kerberos 25
–, Ausweise 310
–, Authentifizierungs-Beispiel 103
–, Autorisierung 173, 175, 181, 310
–, Begriffsliste 312
–, Bereich 311
–, Client-Unterstützung 312
– –, Bezug eines TGTs 312
– –, Grenzrouter-Authentifizierung 312
– –, Netzwerkdienst-Authentifizierung 313
–, Darsteller 311
–, Dienstausweise 311
–, Konfiguration 315
– –, Ausweis-Weiterleitung 320
– –, KDC-Konfiguration 316
– –, verschlüsselte kerberisierte Telnet-Sitzungen 335
–, Konfiguration für Nicht-Kerberos-Router 324, 325, 327, 329, 330, 331, 332, 334
–, Login-Authentifizierung 67, 68, 71
–, PPP-Authentifizierung 71
–, SRVTAB 311
–, Stufen 311
–, TGT (Ticket-Granting-Ticket) 311
–, Überblick 309, 310, 312, 337
kerberos clients mandatory 322, 341, 342
kerberos credential forward 320
kerberos credentials forward 342, 343
kerberos instance map 323, 343, 344
kerberos local-realm 318, 344, 345
kerberos preauth 345, 346
kerberos realm 318, 346, 347
kerberos server 318, 347, 349
Kerberos servers 311
kerberos srvtab entry 349, 350
kerberos srvtab remote 319, 350, 351
key config-key 351, 352
key-string 794, 820, 822
Klartext-Authentifizierung, Nachbar-Router-Authenifizierung 873, 874
Konfiguration
–, AAA 56, 57, 61
–, AAA-Authentifizierung 64
–, Access-Listen
– –, Aussagekriterien 366
– –, Erzeugung auf TFTP-Servern 368
– –, Konfigurationsgründe 363, 364
– –, Vergabe von Namen/Nummern 365, 366
– –, Zuweisung zu Schnittstellen 368
–, Accounting 214
–, ARA-Authentifizierung
– –, Gast-Logins 75
– –, Line-Passwort-Methode 75

– –, lokale Passwort-Methode 75
– –, RADIUS-Methode 75
– –, TACACS+-Methode 76
–, Authentifizierung, Methodenlisten 61, 62, 63
–, autocommand 387
–, automatisierte doppelte Authentifizierung 86
– –, Beispiele 112, 113, 114
–, Autorisierung 171
– –, mit Namen bezeichnete Methodenlisten 175, 177, 211, 215
–, Benutzernamen 850
–, CA-Zusammenarbeit 743
– –, Adressierung der CAs 746, 747
– –, Anforderung von Zertifikaten 748
– –, Anzeige der Schlüssel/Zertifikate 751
– –, Authentifizierung der CAs 747
– –, Beispiele 753
– –, CRL-Anforderungen 749
– –, Hostname/IP-Domänenname für 745
– –, Löschen von Zertifikaten 751
– –, NVRAM-Speichernutzung 744
– –, RSA-Schlüsselpaarerzeugung 745, 746
– –, Speicherung der Konfiguration 748
–, CBAC 455, 456
– –, Anzeige von Informationen 466
– –, Beispiel 470, 471, 472, 473
– –, Erstellung einer Überprüfungsregel 461, 462, 465, 485
– –, IP-Access-Listen-Konfiguration 457, 459
– –, Zeitdauer und Grenzwerte 461, 488, 489
– –, Zuweisung einer Überprüfungsregel 466
–, CET 522, 523
– –, Aktivierung der DES-Verschlüsselungsalgorithmen 528, 529, 554, 555
– –, Austausch der öffentlichen DSS-Schlüssel 525, 526, 527
– –, DSS-Schlüsselerzeugung 523, 551, 552
– –, Einkapselung 521, 522
– –, Löschen von DSS-Schlüsseln 564, 565, 567
– –, mit einem ESA 563, 564

– –, mit einem ESA in Cisco-Routern der Serie 7200 537, 541, 542, 543
– –, mit einem ESA in einem VIP2 535
– –, mit Gre-Tunnels 533, 534, 561, 562, 563
– –, Multicast 522
– –, Netzwerktopologie 518
– –, Sicherung der Konfiguration 533
– –, simultane Sitzungen 522
– –, Verschlüsselungs-Access-Listen-Limits 544, 560, 587, 588, 590, 591
– –, Verschlüsselungs-Karten 529, 531, 533, 555, 556, 557, 559
– –, Verschlüsselungsmaschinen 519, 520
– –, VIP2-Beschränkungen 522
– –, Zeitdauer von Sitzungen 543, 544
– –, zuvor erzeugte DH-Nummern 544
–, DNSIX-Verfolgungsspurfunktion 881, 882
–, doppelte Authentifizierung 83
– –, Beispiele 105, 106, 107, 108, 110, 111, 112
–, dynamische Access-Listen, Tipps zu 385, 386
–, erweiterte IPSO-Unterstützung 880
– –, globale Standardeinstellungen 881
–, erweitertes TACACS 278
– –, Aktivierung des erweiterten TACACS-Modus 282
– –, Authentifizierung von Benutzeraktionen 281
– –, Benachrichtigung über Benutzeraktionen 280
– –, Benutzer-Level-Passwortschutz 278
– –, Beschränkung der Login-Versuche 282
– –, Deaktivierung des Passwortschutzes auf Benutzerlevel 278
– –, privilegierter Level-Passwortschutz 280
–, Firewalls 375, 377
–, Identifizierungs-Unterstützung 849
–, IKE 784, 785
– –, Aktivierung/Deaktivierung 786
– –, Aufheben von IKE-Verbindungen 796
– –, Beispiele 796, 798
– –, Erzeugung von IKE-Verfahren 786, 788, 790

– –, manuelle Konfiguration von RSA-
  Schlüsseln 792, 794
– –, zuvor mitgeteilte
  Schlüsselkonfiguration 794
–, IPSec
– –, Aufheben von Sicherheits-
  Assoziationen 681, 683
– –, Beispiel 684
– –, Erstellen von Transformationssets
  668, 669, 670, 695, 696
– –, Erzeugung von Verschlüsselungs-
  Access-Listen 665, 667
– –, globale Laufzeiten für Sicherheits-
  Assoziationen 660, 661
– –, Verschlüsselungs-Karten 670, 672,
  673, 675, 677, 678, 680, 690
– –, Zuweisung von Verschlüsselungs-
  Karten zu Schnittstellen 681
–, Kerberos 315
– –, KDC-Konfiguration 316
– –, verschlüsselte kerberisierte Telnet-
  Sitzungen 335
– –, Weiterleitung von Ausweisen 320
–, Login-Authentifizierung 65, 66
– –, Kerberos-Methode 67, 68, 71
– –, Line-Passwort-Methode 68
– –, lokale Passwort-Methode 68
– –, RADIUS-Methode 68
– –, TACACS+-Methode 69
–, mehrere privilegierte Level 839
– –, Einloggen 841
–, Meldungsanzeigen 105, 121
–, MS-CHAP 114
–, Nachbar-Authentifizierung,
  Konfigurationsgründe 872
–, NASI-Authentifizierung 76, 77
– –, enable-Passwort-Methode 77
– –, Line-Passwort-Methode 78
– –, lokale Passwort-Methode 78
– –, TACACS+-Methode 78
–, Nicht-Kerberos-Router mit dem
  Kerberos 324, 325, 327, 329, 330, 331,
  332, 334
–, PPP-Authentifizierung 69, 70
– –, AAA-Skalierbarkeit 73
– –, Kerberos-Methode 71
– –, lokale Passwort-Methode 71
– –, RADIUS-Methode 71
– –, TACACS+-Methode 72

–, RADIUS 234, 235, 266
– –, Authentifizierungs- and
  Autorisierungsbeispiel 241
– –, hersteller-spezifische Attribute 236,
  241, 259
– –, IP-Pool-Anfragen 238, 249
– –, Server-Kommunikation 235, 236
– –, statische Routenanfragen 238, 249
–, reflexive Access-Listen
– –, Auswahl einer Schnittstelle 405
– –, Erstellung Access-Listen 409, 420
– –, externe Schnittstellen 407, 411, 413
– –, globale Zeitdauern 411
– –, interne Schnittstellen 413, 414
– –, konfigurieren 403
– –, Verankerung von Access-Listen 410,
  411
–, Schlüsselketten für Nachbar-
  Authentifizierung 874, 875
–, Schlüssel-Schloss-Sicherheit 384, 385
– –, lokales Authentifizierungsbeispiel
  390
– –, TACACS+-Authentifizierungsbeispiel
  390, 391
– –, Tipps 385
– –, Überprüfung der Konfiguration 388
– –, Vorbereitungen für 383, 384
–, TACACS 278
– –, Aktivierung des erweiterten TACACS-
  Modus 282
– –, Beispiele 286, 287
– –, Benutzeraktionen-Authentifizierung
  281
– –, Benutzeraktionen-Benachrichtigung
  280
– –, Benutzer-Level-Passwortschutz 278
– –, Deaktivierung des Benutzer-Level-
  Passwortschutzes 278
– –, Login-Versuchsbeschränkungen
  282
– –, privilegierter Level-Passwortschutz
  280
–, TACACS+
– –, Accounting 268
– –, Authentifizierung 268, 269
– –, Autorisierung 268, 271, 272
– –, AV-Paare 268
– –, Server-Host-Identifizierung 267
–, TACACS-Passwortschutz 99, 279

–, TCP-Abfangfunktion 424
– –, Abfang- oder Überwachungsmodus 425, 426
– –, aggressive Grenzwerte 428
– –, Aktivierung der TCP-Abfangfunktion 425
– –, Überwachung 428
– –, Unterbrechungsmodus 426
– –, Zeitgeber 427
Konsolen-Alarmmeldungen, siehe Fehlermeldungen 468
Kontext-basierte Access-Kontrolle, siehe CBAC 373, 447
Kopierschutz 654, 783
krb5.conf-Datei 319

## L
Lastverteilung mit Verschlüsselungs-Karten
–, Konfiguration der IPSec 672
Laufzeiten, globale, für Sicherheits-Assoziationen 660, 661
lifetime 790, 822, 823
line VTY 384
line 65, 73, 76, 173, 210
Line-Passwörter, Wiederbestimmung 848
Line-Passwort-Methode
–, ARA-Authentifizierung 75
–, Login-Authentifizierung 68
–, NASI-Authentifizierung 78
login local 385
login tacacs 98, 148, 149, 278, 385
login 89, 387
login-authentication 65, 147, 148
Login-Authentifizierung, Konfiguration 65, 66
–, Kerberos-Methode 67, 68, 71
–, Line-Passwort-Methode 68
–, lokale Passwort-Methode 68
–, RADIUS-Methode 68
–, TACACS+-Methode 69
Login-Meldungen, Beispiele 105, 121
Login-Versuchsbeschränkungen, Konfiguration des TACACS 282
Lokale Authentifizierung, Schlüssel-Schloss-Sicherheit-Beispiel 390
Lokale Host-konfiguration, doppelte Authentifizierungs-Beispiele 106
Lokale Passwort-Methode
–, ARA-Authentifizierung 75

–, Login-Authentifizierung 68
–, NASI-Authentifizierung 78
–, PPP-Authentifizierung 71
Löschen
–, öffentliche RSA-Schlüssel 750
–, Zertifikate 751

## M
Manuelle Sicherheits-Assoziationen, Erzeugung von Verschlüsselungs-Karten 673
match address 532, 618, 620, 674, 675, 679, 709, 711
MD5 (Message-Digest 5) 653, 783
MD5-Authentifizierung, Nachbar-Router-Authentifizierung 874
Mehrere Peer-Geräte, Verschachtelung des IPSec-Verkehrs 659
Mehrere privilegierte Level
–, Erlaube Benutzern das Löschen von Zeilen-Beispiel 849, 850
–, Konfiguration 839
– –, Einloggen 841
Mehrere Verschlüsselungs-Karten, Konfiguration der IPSec 673
Meldungsanzeigen, Konfiguration 105, 121
Message-Digest 5 653, 783
Message-Digest-Algorithmus Version 5, siehe MD5-Authentifizierung 873
Methodenlisten 61, 62, 63
–, für das Accounting 199
–, für die Autorisierung 168, 187
–, Konfiguration der Autorisierung 175, 177, 211, 215
Microsoft CHAP 96
Mit Namen bezeichnete Methodenlisten
–, für das Accounting 199
–, für die Autorisierung 168, 187
–, Konfiguration der Autorisierung 175, 177, 211, 215
mode 669, 711, 713
Modul-Länge, Erzeugung von RSA-Schlüsseln 770, 814
MS-CHAP (Microsoft-Challenge-Handshake-Authentication-Protokoll) 96, 98
–, Konfigurationsbeispiel 114
Multicast, Konfiguration der CET 522

## N

Nachbar-Authentifizierung
–, Klartext-Authentifizierung 873, 874
–, Konfiguration von Schlüsselketten 874, 875
–, Konfigurationsgründe 872
–, MD5-Authentifizierung 874
–, Protokolle 872
–, Vorteile 871
–, Wirkungsweise 872, 873
named-key 793, 823, 825
Namen, Vergabe an Access-Listen 365, 366
NASI (NetWare-Asynchronous-Services-Interface) 76
nasi authentication 76, 149, 150
NASI-Authentifizierung, Konfiguration 76, 77
–, enable-Passwort-Methode 77
–, Line-Passwort-Methode 78
–, lokale Passwort-Methode 78
–, TACACS+-Methode 78
NAT (Netzwerk-Adress-Übersetzung) 374
–, Firewalls 374
NetWare-Asynchronous-Services-Interface, siehe NASI-Authentifizierung 76
Netzwerk-Accounting 201, 202, 203, 204
Netzwerk-Address-Übersetzung, siehe NAT 374
Netzwerkdienst-Authentifizierung, Kerberos 313
Netzwerkgeräte, Schutz vor unautorisiertem Zugriff 35
Netzwerk-Level-Erweiterte-Sicherheits-Option (NLESO) 880
Netzwerktopologie, Auswahl für CET 518
Netzwerk-Zugangs-Clients 262
Nicht-Kerberos-Router, Konfiguration für Kerberos 324, 325, 327, 329, 330, 331, 332, 334
NLESO (Netzwerk-Level-Erweiterte-Sicherheits-Option) 880
no aaa authorization config-command 175
no addressed-key 750
no certificate 750
no crypto ca identity 751
no crypto isakmp enable 785
no ip inspect 496, 497
no login 89
no named-key 750
Note, Beschreibung 24
NULL-Benutzernamen-Sitzungen, Unterdrückung des Accounting 212, 221
Nummern, Vergabe an Access-Listen 365, 366
NVRAM-Speichernutzung, Konfiguration der CA-Zusammenarbeit 744

## O

Oakley-Schlüsselaustausch-Protokoll 782
Öffentliche DSS-Schlüssel, Austausch 525, 526, 527
Öffentliche RSA-Schlüssel löschen 750
Öffentliche Schlüssel, Löschen, from Peer-Geräte 750

## P

Pakete
–, akzeptable Pakete, IPSec-Wirkungsweise 658
–, Verschlüsselung, Peer-Router 511, 512
–, verworfene, Fehlersuche CET 549
–, Weiterleitung/Blockade, Erstellung von Kriterien für die 366
Paket-Überprüfung, CBAC 450
PAP (Passwort-Authentifizierungs-Protokoll) 82
–, ausgehende Authentifizierung 94
–, zweiseitige Authentifizierung 94
password 89, 385, 387, 536, 538, 837, 860, 861
Passwort-Authentifizierungs-Protokoll (PAP) 82
Passwort-Eingabeaufforderung, Änderung 80, 130, 131
Passwörter 280
–, Benutzer-Level Passwortschutz 278
–, enable-Passwörter
– –, Erstellung für Systembetreiber 850
– –, Wiederbestimmung 842, 845
–, für DSS-Schlüsselpaare, Fehlersuche CET 550
–, Line-Passwörter, Wiederbestimmung 848
–, TACACS-Schutz, Einstellung 838
–, Verschlüsselung 837, 838, 839

## Stichwortverzeichnis

Peer-Geräte 655, 784
–, gespiegelte Verschlüsselungs-Access-Listen 665, 667
–, ISAKMP-Identität 792
–, mehrere, Verschachtelung des IPSec-Verkehrs zu 659
–, öffentliche Schlüssel löschen 750
–, Übereinkunft über IKE-Verfahren 787, 788
Peer-Router 511, 512
–, Authentifizierung 513, 514
–, Sitzungen, Einrichtung 515
Perfect-Forward-Secrecy (PFS) 655, 784
Performance
–, IPSec 507
–, von Routern, Schlüssel-Schloss-Sicherheit 383
permit 408, 419, 420, 620, 626
PFS (Perfect-Forward-Secrecy) 655, 784
PKCS #10 (Public-Key-Cryptography-Standard #10) 738
PKCS #7 (Public-Key-Cryptography-Standard #7) 738
PPP
–, AAA-Skalierbarkeits-Beispiel 104, 115
–, Authentifizierung
– –, TACACS+-Beispiel 101, 102
– –, TACACS-Beispiel 102, 103
–, CHAP/PAP-Authentifizierung
– –, Ablehnung von CHAP-Anfragen 95
– –, ausgehende Authentifizierung 94
– –, Erzeugung eines allgemeinen CHAP-Passworts 94, 154
– –, zweiseitige Authentifizierung 94
–, doppelte Authentifizierung 82, 83
– –, automatisierte 88
– –, Gefahren 83
– –, Konfiguration 83
– –, Zugriff auf Benutzerprofile 85
–, MS-CHAP-Authentifizierung 96, 98
– –, Konfigurationsbeispiel 114
ppp accounting 210, 225, 226
ppp authentication ms-chap 97
ppp authentication 69, 70, 93, 150, 153, 283
ppp authorization 173, 197
ppp chap hostname 153, 154
ppp chap password 95, 154, 156
ppp chap refuse 95, 156, 157
ppp chap wait 95, 157, 158
ppp pap sent-username 94, 158, 160
ppp use-tacacs 160, 161, 283
PPP-Authentifizierung
–, doppelte Authentifizierungs-Beispiele 106, 107
–, Konfiguration 69, 70
– –, AAA-Skalierbarkeit 73
– –, Kerberos-Methode 71
– –, lokale Passwort-Methode 71
– –, RADIUS-Methode 71
– –, TACACS+-Methode 72
privilege level 840, 861, 863, 864
privilege 840
Privilegierte Levels
–, Deaktivierung 850
–, Konfiguration 839
– –, Einloggen 841
–, mehrere, Benutzern das Löschen von Zeilen-Beispiel erlauben 849, 850
Privilegierter EXEC-Befehlsmodus 49
–, Aktivierung der Authentifizierung für 79, 122
Privilegierter EXEC-Modus, TACACS-Passwortschutz 838
Privilegierter Level-Passwortschutz, Konfiguration des TACACS 280
Privilegierter Level-Schutz, Konfiguration des TACACS 280
Protokolle
–, Access-Listen, Bezeichnung mit Namen 365, 366
–, Anwendungsschicht, Erstellung einer Überprüfungsregel 462, 463, 485
–, CBAC-unterstützte 453, 454
–, CHAP (Challenge-Handshake-Authentifizierungs-Protokoll) 82
– –, Ablehnung von Anfragen 95
– –, Erzeugung eines allgemeinen Passworts 94, 154
– –, zweiseitige Authentifizierung 94
–, erweitertes TACACS 25, 261, 276, 289
–, Kerberos 25, 309, 337
–, MS-CHAP 96, 98
– –, Konfigurationsbeispiel 114
–, Nachbar-Authentifizierung 872
–, PAP (Passwort-Authentifizierungs-Protokoll) 82
– –, ausgehende Authentifizierung 94

– –, zweiseitige Authentifizierung 94
–, TACACS (Terminal-Access-Controller-Access-Control-System) 25, 261, 275, 276, 289
– –, Befehlsvergleichstabelle 277
–, TACACS+ 25, 261, 262, 276, 289
– –, Konfiguration 267, 268
– –, Konfigurationsbeispiele 269, 271, 272
– –, Überblick 262
Public-Key-Cryptography-Standard #10 (PKCS #10) 738
Public-Key-Cryptography-Standard #7 (PKCS #7) 738

## Q

query url 746, 777, 778
quit 794

## R

RADIUS (Remote-Authentication-Dial-In-User-Service) 231
–, AAA-Skalierbarkeits-Beispiel 104, 115
–, Accounting, AV-Paare 213
–, ARA-Authentifizierung 75
–, Attribute 240
– –, Disconnect-Cause-Werte 938, 952, 953
–, Authentifizierungs-Beispiel 99
–, Autorisierung 240
– –, AV-Paare 177
– –, Beispiel 180
–, Befehle
– –, aaa nas-port extended 245, 247
– –, ip radius source-interface 247, 248
– –, radius-server attribute nas-port extended 248, 249
– –, radius-server configure-nas 249, 250
– –, radius-server dead-time 250, 251
– –, radius-server extended-portnames 251, 252
– –, radius-server host 252, 253
– –, radius-server host non-standard 253, 255
– –, radius-server key 255, 256, 257
– –, radius-server optional passwords 255
– –, radius-server retransmit 257, 258
– –, radius-server timeout 258
– –, radius-server vsa send 259

–, doppelte Authentifizierungs-Beispiele 106
– –, AAA-Serverkonfiguration 107, 108
–, hersteller-proprietäre Attribute 931, 932, 933, 934, 936, 937, 938
–, hersteller-spezifische Attribute für MS-CHAP 97
–, IETF-Attribute 917, 918, 919, 921, 922, 923, 925
–, Konfiguration 234, 235, 266
– –, Authentifizierungs- und Autorisierungs-Beispiel 241
– –, hersteller-spezifische Attribute 236, 241, 259
– –, IP-Pool-Abfragen 238, 249
– –, Server-Kommunikation 235, 236
– –, statische Routen-Abfragen 238, 249
–, Login-Authentifizierung 68
–, PPP-Authentifizierung 71
–, unterstützte Attribute
– –, hersteller-proprietäre 914, 915, 916
– –, IETF 912, 913
–, Wirkungsweise 233, 234, 263, 265
radius-server attribute nas-port extended 239, 248, 249
radius-server configure-nas 238, 249, 250
radius-server dead-time 236, 250, 251
radius-server extended-portnames 251, 252
radius-server host non-standard 253, 255
radius-server host 235, 238, 252, 253
radius-server key 235, 238, 255, 256, 257
radius-server optional passwords 255
radius-server retransmit 236, 257, 258
radius-server timeout 236, 258
radius-server vsa send 237, 239, 259
RAs (Registrierungs-Autoritäten) 743
reflexive Access-Listen
–, Beschränkungen 405
–, Erstellung 409, 420
–, Firewalls 372
–, globale Zeitdauern 411
–, Konfiguration
– –, Auswahl einer Schnittstelle 405
– –, externe Schnittstellen 407, 411, 413
– –, interne Schnittstellen 413, 414
– –, konfigurieren 403
–, Sitzungsfilterungs-Ausführung 402, 403
–, Überblick 401, 402

–, Verankerung 410, 411
–, Vorteile 402
–, Wirkungsweise 403
Registrierungs-Autoritäten (RAs) 743
REJECT-Antwort
–, RADIUS 233
–, TACACS+-Daemon 264
Remote-Authentication-Dial-In-User-Service 231
Routen-Authentifizierung 871
Routen-Updates, betrügerische, Schutz 37
Router-Performance, Schlüssel-Schloss-Sicherheit 383
RPC-Überprüfung, Konfiguration der CBAC 485
RSA-Schlüssel 738
–, manuelle Konfiguration 792, 794
RSA-Schlüsselpaare, Konfiguration der CA-Zusammenarbeit 745, 746
RSA-Signaturen 783
RSA-verschlüsselte Nonces 783
Rückwärtiges Telnet, Autorisierung 177, 181, 192

**S**

SA (Sicherheits-Assoziation) 655, 784
Schlüssel
–, Anzeige 751
–, zur allgemeinen Verwendung erzeugen 770, 814
Schlüsselketten, Konfiguration, für die Nachbar-Authentifizierung 874, 875
Schlüssel-Schloss-Sicherheit
–, Einsatz 381
–, Firewalls 372
–, Konfiguration 384, 385
– –, lokale Authentifizierungsbeispiele 390
– –, TACACS+-Authentifizierungsprüfung 390, 391
– –, Tipps 385
– –, Überprüfung der Konfiguration 388
– –, Vorbereitungen 383, 384
–, Router-Performance 383
–, Spoofing-Risiko 382
–, Überblick 379
–, Verwaltung 388, 389
–, Vorteile 380
–, Wirkungsweise 381, 382

Schlüssel-Verteilungs-Zentrum, siehe KDC 309, 337
Schnittstellen
–, Auswahl, Konfiguration von reflexiven Access-Listen 405
–, externe, Konfiguration von reflexiven Access-Listen 407, 411, 413
–, interne, Konfiguration von reflexiven Access-Listen 413, 414
–, Zuweisung einer Überprüfungsregel, Konfiguration der CBAC 466
–, Zuweisung von Access-Listen 368
–, Zuweisung von Verschlüsselungs-Karten 681
Secure-Hash-Algorithmus 653, 783
Server, Kerberos 311
Server-Host-Identifizierung, Konfiguration des TACACS+ 267
Server-Kommunikation, Konfiguration des RADIUS 235, 236
service password-encryption 90, 838, 864, 865
set algorithm 40-bit-des 532, 626, 627
set algorithm des 532, 627, 629
set peer 532, 629, 630, 674, 676, 679, 713, 715
set pfs 676, 680, 715, 717
set security-association level per-host 676, 717, 719
set security-association lifetime kilobytes 676, 679
set security-association lifetime seconds 676, 679
set security-association lifetime 719, 722
set session-key inbound ah 674
set session-key inbound esp 675
set session-key outbound ah 674
set session-key outbound esp 675
set session-key 722, 725
set transform-set 674, 676, 679, 725, 727
SHA (Secure-Hash-Algorithmus) 653, 783
show access-lists 389
show accounting 213, 226, 227, 228
show crypto algorithms, Befehl
–, siehe show crypto cisco algorithm 630
show crypto ca certificates 750, 751, 778
show crypto card 630, 631
show crypto cisco algorithms 529, 631, 632

show crypto cisco connections 548, 632
show crypto cisco key-timeout 544, 634
show crypto cisco pregen-dh-pairs 634, 636
show crypto connections, Befehl
–, siehe show crypto cisco connections 636
show crypto dynamic-map 682, 731, 732, 733
show crypto engine brief 636, 637, 638
show crypto engine configuration 542, 543, 638, 639
show crypto engine connections active 548, 639, 641
show crypto engine connections dropped-packets 641, 642
show crypto ipsec sa 682, 727, 729, 730
show crypto ipsec security-association lifetime 682, 730
show crypto ipsec transform-set 682, 730, 731
show crypto isakmp policy 790, 796, 825, 826
show crypto isakmp sa 795, 796, 826, 828
show crypto key mypubkey dss 524, 542, 642, 643
show crypto key mypubkey rsa 751, 792, 828, 829
show crypto key pubkey-chain dss 643, 644
show crypto key pubkey-chain rsa 751, 794, 829
show crypto key-timeout, Befehl
–, siehe show crypto cisco key-time 644
show crypto map 548, 645, 647, 648, 682, 733
show crypto mypubkey, Befehl
–, siehe show crypto key mypubkey dss 648
show crypto pregen-dh-pairs, Befehl
–, siehe show crypto cisco preg 648
show crypto pubkey name, Befehl
–, siehe show crypto key pubkey-chain 648
show crypto pubkey serial, Befehl
–, siehe show crypto key pubkey-chain 648

show crypto pubkey, Befehl
–, siehe show crypto key pubkey-chain ds 648
show dnsix 907, 908
show ip accounting 397, 398, 399
show ip inspect all 466
show ip inspect config 466
show ip inspect interfaces 466
show ip inspect name 466
show ip inspect session 466
show ip inspect 497
show ip trigger-authentication 88, 161, 163
show kerberos creds 323, 352, 353
show ppp queues 163, 164
show privilege 840, 865, 866
show tcp intercept connections 428, 443, 444
show tcp intercept statistics 428, 444
Sicherheits-Assoziation (SA) 655, 784
–, Aufheben 681, 683
–, globale Laufzeiten für 660, 661
–, IKE, Erzeugung von Verschlüsselungs-Karten 675
–, manuelle, Erzeugung von Verschlüsselungs-Karten 673
Sicherheits-Parameter-Index (SPI) 655
Sicherheitsrisiken 33
–, Abfangen von Daten 36, 37
–, betrügerische Routen-Updates 37
–, unautorisierter Zugriff auf Netzwerkgeräte 35
Sicherheits-Verfahren 28
–, Entwicklung
– –, humane Faktoren 32
– –, umfassende und skalierbare 32
Sicherung, CET-Konfiguration 533
Simultane Sitzungen, Konfiguration der CET 522
Sitzungen (CET) 512
–, Einrichtung 515
–, simultane 522
–, Zeitdauer von 543, 544
Sitzungsfilterung, siehe reflexive Access-Listen 401
Skalierbare Sicherheit, Entwicklung von Sicherheits-Verfahren 32
Skalierbarkeit
–, AAA, PPP-Authentifizierung 73

# Stichwortverzeichnis

–, AAA-Beispiel 104, 115
Skeme-Schlüsselaustauschprotokoll 782
Speicher, NVRAM-Speichernutzung, Konfiguration der CA-Zusammenarbeit 744
Speicherung, Konfigurationsänderungen der CA-Zusammenarbeit 748
SPI (Sicherheits-Parameter-Index) 655
Spoofing, Risiko mit der Schlüssel-Schloss-Sicherheit 382
SRVTAB (Kerberos) 311
–, Entpacken 317
–, Erzeugung 316, 317
Standards
–, CA-Zusammenarbeit-Unterstützung 737, 738
–, IKE-Unterstützung 782
–, IPSec unterstützte 652
Standardwerte für Schlüsselworte, IPSO-Befehle 879
Statische Routenabfragen, Konfiguration des RADIUS 238, 249
Stufen (Kerberos) 311
Stufenzuordnung, Kerberos 181
Switching-Pfade, IPSec-Unterstützung 656
SYN-Flutattacken, Schutz 423
Syntax von Befehlen, Anzeige 43, 44, 45, 47
Syslog-Meldungen, siehe Fehlermeldungen 468
System-Accounting 208, 209
Systembetreiber, Erstellung von enable-Passwörtern für 850

## T

TACACS (Terminal-Access-Controller-Access-Control-System) 25, 261, 275, 276, 289
–, Authentifizierungs-Beispiel 102, 103
–, Befehlvergleichstabelle 277
–, Konfiguration 278
– –, Aktivierung des erweiterten TACACS-Modus 282
– –, Beispiele 286, 287
– –, Benutzeraktionen-Authentifizierung 281
– –, Benutzeraktionen-Benachrichtigung 280
– –, Benutzer-Level-Passwortschutz 278
– –, Deaktivierung des Benutzer-Level-Passwortschutzes 278
– –, Login-Versuchsbeschränkungen 282
– –, privilegierter Level-Passwortschutz 280
–, Passwortschutz
– –, Einstellung 838
– –, Konfiguration 99, 279
TACACS+ 25, 261, 262, 276, 289
–, Accounting, AV-Paare 213
–, Accounting-AV-Paare, unterstützte 931
–, ARA-Authentifizierung 76
–, Authentifizierungs-Beispiel 101, 102
–, Autorisierung
– –, AV-Paare 177
– –, Beispiel 179, 180
–, AV-Paare, unterstützte 926, 928, 929, 930, 937, 944
–, doppelte Authentifizierungs-Beispiele 106, 108, 110, 111, 112
–, Konfiguration
– –, Accounting 268
– –, Authentifizierung 268, 269
– –, Autorisierung 268, 271, 272
– –, AV-Paare 268
– –, Server-Host-Identifizierung 267
–, Login-Authentifizierung 69
–, NASI-Authentifizierung 78
–, PPP-Authentifizierung 72
–, Überblick 262
–, unterstützte Accounting-AV-Paare 952
–, unterstützte AV-Paare 941, 949
TACACS+ Authentifizierung, Schlüssel-Schloss-Sicherheits-Beispiel 390, 391
tacacs-server attempts 282, 295, 296
tacacs-server authenticate 281, 296, 297
tacacs-server directed-request 297, 298
tacacs-server extended 283, 298, 299
tacacs-server host 266, 282, 299, 301
tacacs-server key 267, 301, 302
tacacs-server last-resort password 99, 279
tacacs-server last-resort succeed 99, 279
tacacs-server last-resort 302, 303
tacacs-server login-timeout 303
tacacs-server notify 281, 303, 304
tacacs-server optional-passwords 279, 304, 305
tacacs-server retransmit 282, 305, 306
tacacs-server timeout 282, 306, 308

TCP-Abfangfunktion
–, Firewalls 373
–, Konfiguration 424
– –, Abfang- oder Überwachungsmodus 425, 426
– –, aggressive Grenzwerte 428
– –, Aktivierung der TCP-Abfangfunktion 425
– –, Überwachung 428
– –, Unterbrechungsmodus 426
– –, Zeitgeber 427
–, Überblick 423
TCP-Überprüfung, Konfiguration der CBAC 465
Technische Unterstützung, CCO (Cisco-Connection-Online) 42
Telnet, rückwärtiges Telnet, Autorisierung 177, 181, 192
telnet 321, 353, 356
Telnet-Escape-Steuerzeichen 356
Telnet-Sitzungen
–, Einrichtung, Fehlersuche CET 549
–, verschlüsseltes kerberisiertes Telnet, Konfiguration des Kerberos 335
Terminal-Access-Controller-Access-Control-System 261, 276
test crypto initiate-session 548, 648
Testverfahren, CET-Konfiguration 547, 567, 568
Text, Passwort-Eingabeaufforderung, Änderung 80, 130, 131
TFTP-Server, Erzeugung von Access-Listen auf 368
TGT, Bezug vom KDC 312
TGT (Ticket-Granting-Ticket) 311
Ticket-Granting-Ticket (TGT) 311
timeout login response 79, 164, 166
Topologie, Auswahl für CET 518
Transformationen 655
–, Änderung von vorhandenen 698
–, Auswahl 697, 698
–, Crypto-Transform-Konfigurationsmodus 698
Transformationssets, Erstellung 668, 669, 670, 695, 696
Transportmodus (IPSec) 713
Transportschicht debug-Befehle (CBAC) 468
Tunnelmodus (IPSec) 712

Tunnels 655
–, IPSec-Wirkungsweise 657

U
Überprüfung, Schlüssel-Schloss-Sicherheits-Konfiguration 388
Überprüfungsregel
–, Erstellung, Konfiguration der CBAC 461, 462, 465, 485
–, Zuweisung, Konfiguration der CBAC 466
Überstimmungen, Authentifizierung 80, 125
Überwachungsmodus (TCP-Abfangfunktion), Einstellung 425, 426
UDP-Sitzungsabschätzung, CBAC 450
UDP-Überprüfung, Konfiguration der CBAC 465
Umfassende Sicherheit, Entwicklung von Sicherheits-Verfahren 32
Unautorisierter Zugriff auf Netzwerkgeräte, Schutz 35
Ungültige DSS-Schlüsselpaare, Fehlersuche CET 549, 600
Unterbrechungsmodus (TCP-Abfangfunktion), Einstellung 426
Unterstützte RADIUS-Attribute
–, hersteller-proprietäre 914, 915, 916
–, IETF 912, 913
Unterstützte TACACS+-Accounting-AV-Paare 931, 952
Unterstützte TACACS+-AV-Paare 926, 928, 929, 930, 937, 941, 944, 949
username 90, 385, 387, 866

V
Verankerung, reflexive Access-Listen 410, 411
Verbindungs-Accounting 204, 206
Verfahren, siehe Sicherheits-Verfahren 28
Verfolgungsspur Fehlermeldungen, CBAC 470
Verfolgungsspurfunktion (DNSIX), Konfiguration 881, 882
Verfolgungsspurmeldungen, CBAC 467
Verkehr, Filterung 26, 35
Verkehrsfilterung
–, siehe Access-Listen 361
–, siehe CBAC 448, 475

Verschachtelung, IPSec-Verkehr zu mehreren Peer-Geräten 659
Verschlüsselte kerberisierte Telnet-Sitzungen, Konfiguration des Kerberos 335
Verschlüsselung 37
–, CBAC und 454, 455
–, CET 503
–, IPSec 504
–, Passwörter 837, 838, 839
–, Quellen für zusätzliche Informationen 517
–, Zweck der 510
Verschlüsselungs-Access-Listen
–, Änderung der Limits 544, 560, 587, 588, 590, 591
–, Einrichtung 531, 555, 556, 557, 559
–, Erzeugung 665, 667
Verschlüsselungs-Karten
–, Konfiguration der CET 529, 531, 533, 555, 556, 557, 559
–, Konfiguration der IPSec 670
– –, dynamische Verschlüsselungs-Karten 677, 678, 680, 690
– –, IKE-Sicherheits-Assoziationen 675
– –, Lastausgleich 672
– –, manuelle Sicherheits-Assoziationen 673
– –, mehrere Verschlüsselungs-Karten 673
– –, Zuweisung zu Schnittstellen 681
Verschlüsselungsmaschine 519, 520
–, Auswahl 540, 541, 542, 564
–, Cisco IOS 519, 541, 542
–, ESA 520, 541
–, Fehlersuche CET 549
–, VIP2 519
Verteiltes Switching (DSW) 522
Verworfene Pakete, Fehlersuche CET 549
VIP2, Konfiguration der CET mit einem ESA 535
VIP2 Verschlüsselungsmaschine 519
–, Konfiguration der CET, Beschränkungen 522
Vollständig qualifizierter Domänenname (FQDN) 745

## W
Weiterleitung, Pakete, Erstellung von Kriterien für die 366
Wiederbestimmung
–, enable-Passwörter 842, 845
–, Line-Passwörter 848

## X
X.509v3-Zertifikate 738, 783
xst 317

## Z
Zeitdauer von Sitzungen (CET) 543, 544
Zeitgeber
–, Konfiguration der CBAC 461, 488, 489
–, TCP-Abfangfunktion 427
Zeitgeberwerte, global, Konfiguration von reflexiven Access-Listen 411
Zeitweilige Access-Listen, siehe dynamische Access-Listen 388
Zertifikate
–, Anforderung, Konfiguration der CA-Zusammenarbeit 748
–, Anzeige 751
–, Löschen 751
Zertifikat-Widerruf-Liste (CRL) 743
Zertifizierungs-Autorität 508, 739
Zertifizierungs-Autoritäts (CA)-Zusammenarbeit 737
Zurückweisung 784
Zuvor mitgeteilte Schlüssel 794

# new technology

**O. Pott/G. Wielage**
## XML
NEW TECHNOLOGY

Dieses Buch liefert in kompakter Form Praxiswissen, das Sie für den Einsatz von XML benötigen. Es vergleicht die Sprachen SGML, HTML, Dynamic HTML und XML, führt systematisch in XML ein und schildert fundiert die Syntax der Sprache. Inklusive vollständiger Sprachspezifikation für den Einsatz als Referenz.

296 Seiten, 1 CD-ROM
ISBN 3-827**2-5485**-X, DM 69,95

**M. Masterson/H. Knief/S. Vinick/ E. Roul**
## DNS unter Windows NT
NEW TECHNOLOGY

Mit Hilfe dieses Buches lernen Sie, zuverlässige DNS-Systeme zu entwickeln und zu verwalten. Sie lernen auch, WINS, ein weiteres Namenssystem des Internet, mit DNS zu verbinden. Am Schluß des Buches wird gezeigt, wie Sie Ihr eigenes DNS entwickeln können, indem Sie mit anderen Sysops und Internet-Providern kooperieren.

408 Seiten
ISBN 3-827**2-5522**-8, DM 79,95

**Gene Henriksen**
## Windows NT und Unix integrieren
NEW TECHNOLOGY

Mit dem Nebeneinander zweier Betriebssystemwelten befaßt sich dieser Titel. Von der Einführung in Windows NT und Unix, Netzwerkplanung, Filesharing, Drucken bis hin zu komplexen Problemen dieser beiden Welten bleibt kaum eine Frage offen.

376 Seiten, 1 CD-ROM
ISBN 3-827**2-9570**-X, DM 89,95

**E. Schmid/ C. Cartus/R. Blume**
## PHP
NEW TECHNOLOGY

PHP als webserverseitige, in HTML eingebettete Skriptsprache ermöglicht es auf einfache Weise, Multimedia-, E-Commerce- und andere Webanwendungen zu erstellen. Insbesondere in Verbindung mit dem marktführenden Apache-Webserver wird PHP in der aktuellen Version 3 auf einer großen und stetig wachsenden Anzahl von Servern eingesetzt. Das erste deutsche Buch zu diesem zukunftsträchtigen Thema stellt PHP im praktischen Einsatz vor und ist als Handbuch und Nachschlagewerk ein Muß für alle, die sich professionell mit dem WWW beschäftigen.

368 Seiten, 1 CD-ROM
ISBN 3-827**2-5524**-X, DM 89,95

Markt&Technik-Produkte erhalten Sie im Buchhandel, Fachhandel und Warenhaus.
Pearson Education Deutschland GmbH · Martin-Kollar-Straße 10–12 · 81829 München · Telefon (0 89) 4 60 03-0 · Fax (0 89) 4 60 03-100
Aktuelle Infos rund um die Uhr im Internet: **www.mut.de**

Pearson Education

# new technology

*Anonymous*
**Hacker's Guide**
NEW TECHNOLOGY

Ein kontroverser, umfassender Leitfaden zur Netzwerksicherheit, insbesondere für Rechner und Netze mit Zugang zum Internet. Der Autor vermittelt Insiderwissen der Hackerszene, verschweigt keine aktuelle Sicherheitslücke und informiert über neueste Hackermethoden und Sicherheitstechnologien. Bei jeder Sicherheitslücke wird ausführlich dargestellt, wie sie ausgenutzt werden kann und welche Gegenmaßnahmen getroffen werden sollten.

832 Seiten, 1 CD-ROM
ISBN 3-8272-5460-4, DM 89,95

**Markt&Technik**
www.mut.de

Markt&Technik-Produkte erhalten Sie im Buchhandel, Fachhandel und Warenhaus.
Markt&Technik Buch- und Software-Verlag GmbH · Martin-Kollar-Straße 10–12 · 81829 München · Telefon (0 89) 4 60 03-222 · Fax (0 89) 4 60 03-100

# Cisco Press

**CISCO SYSTEMS**
CISCO PRESS

*Cisco Systems, Inc.*
**Cisco IOS – Grundlagen der Konfiguration**

Dieses verständliche Nachschlagewerk bietet eine umfassende, detaillierte und vollständige Übersicht über Router- und Server-Support und Konfigurationstechniken. Zusätzlich zu Implementationsanweisungen und Aufgaben lehrt dieses Buch auch die Router- und Server-Kommandos an sich sowie die Syntax für jedes Kommando.

1184 Seiten
ISBN 3-8272-**2033**-5, DM 198,–

*M. Ford u.a.*
**Handbuch Netzwerk-Technologien**

Dieses Buch zeigt Ihnen auf verständliche Weise die verschiedenen Alternativen im Bereich der Internet-Netzwerke auf. Es behandelt die aktuellsten Technologien für WANs und zeigt, wie sie sich effektiv in einem Netzwerk einsetzen lassen.

752 Seiten
ISBN 3-8272-**2034**-3, DM 99,95

**Markt&Technik**
www.mut.de

Markt&Technik-Produkte erhalten Sie im Buchhandel, Fachhandel und Warenhaus.
Markt&Technik Buch- und Software-Verlag GmbH · Martin-Kollar-Straße 10–12 · 81829 München · Telefon (0 89) 4 60 03-222 · Fax (0 89) 4 60 03-100

# Welche Software für welches Kind?

**Jährlich aktualisierte Ausgaben!**

**NEU!**

**Thomas Feibel's
Großer Kinder-Software-
Ratgeber 2000**

Über 450 Produkte von Freizeit bis Schule werden vorgestellt – mit übersichtlichen Tabellen und eindeutigen Bewertungen. Erstmals geben Kinder als kritische Juniortester ihre Erfahrungen mit den neuen Produkten weiter.
496 Seiten, ISBN 3-8272-**5556**-2
DM 29,95

**Lernen am Computer
Thomas Feibel's Großer
Lern-Software-Ratgeber 2000**

Richtig lernen – der Computer als ideales Werkzeug, um mit richtig ausgewählter Software Lernende zu unterstützen. Über 300 Programme werden ausführlich besprochen.
384 Seiten, ISBN 3-8272-**5563**-5
DM 29,95

**Die Highlights der beiden Ratgeber:**
- Ausführliche Besprechungen der Software
- Übersichtskasten inkl. Wertung und Altersangabe zu jedem Programm, Angabe aller wichtigen Daten zum Produkt
- Umfangreicher Serviceteil (Glossar, Herstelleradressen, alphabetisches Titelverzeichnis bzw. Stichwortverzeichnis)

**Unverzichtbare Nachschlagewerke für Eltern und Pädagogen**

**Markt&Technik**
www.mut.de

Markt&Technik-Produkte erhalten Sie im Buchhandel, Fachhandel und Warenhaus.
Markt&Technik Buch- und Software-Verlag GmbH · Martin-Kollar-Straße 10 – 12 · 81829 München · Telefon (0 89) 4 60 03-222 · Fax (0 89) 4 60 03-100

# Netzwerke

*Matthias Hertel u.a.*
**Lotus Domino & Notes 5**
KOMPENDIUM

Das Handbuch mit allem, was Netz- und Groupware-Experten in Unternehmen über das neueste Release des Domino-Servers und des Notes-Clients wissen müssen. In vier Hauptteilen und einem ausführlichen Anhang werden vertiefte Kenntnisse der Grundlagen, des Einsatzes, der Administration und der Anwendungsentwicklung vermittelt. Das Buch führt in die Zusammenhänge und Hintergründe ein und spricht Probleme an – sein Anspruch: Komplexes Fachwissen wird mit praktischer Erfahrung in einer gut nachvollziehbaren Weise zusammengeführt, zum Nachschlagen und zum Optimieren vorhandener Lösungen.

ca. 1000 Seiten, 1 CD-ROM
ISBN 3-827**2-5473**-6, DM 99,95

*Olaf G. Koch*
**Microsoft Exchange Server 5.5**
KOMPENDIUM

Von der Integration von Exchange bis zur Migration aus anderen Mailsystemen finden Sie alle nötigen Infos und Praxisbeispiele, die Sie brauchen, um gleich mit der Arbeit beginnen zu können. Sie erfahren, wie Sie Groupware und mailgestützte Anwendungen einrichten. Sie lernen anhand von detaillierten Beschreibungen und praktischen Beispielen, wie Sie alle Exchange-Server-Komponenten für Ihre Client-Server-Umgebung einsetzen. Auf CD-ROM: interaktiver Beispiel-Test für die MCSE-Prüfung zu Exchange Server 5.5 (amerikanische Originalfassung).

1104 Seiten, 1 CD-ROM
ISBN 3-827**2-5426**-4, DM 99,95

**Markt&Technik**
www.mut.de

Markt&Technik-Produkte erhalten Sie im Buchhandel, Fachhandel und Warenhaus.
Markt&Technik Buch- und Software-Verlag GmbH · Martin-Kollar-Straße 10–12 · 81829 München · Telefon (0 89) 4 60 03-222 · Fax (0 89) 4 60 03-100

# COSMOS CONSULTING

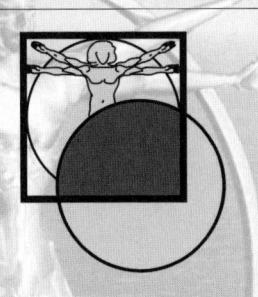

## IT DIENSTLEISTUNGEN

**Was können wir für Sie tun?**

Suchen Sie Ressourcen oder Know-How für Ihre IT-Projekte? Wir können Sie in folgenden Bereichen unterstützen:

**COSMOS NET** — Beratung, Konzeption und Realisierung von komplexen Netzwerken und Serviceleistungen

**COSMOS DEV** — Individuelle oder angepaßte Softwareentwicklungen für Ihre Arbeitsprozesse

**COSMOS ISP** — Anbindung Ihres Unternehmens an das Internet mit allen verfügbaren Services

**COSMOS WEB** — Grafische und funktional überzeugende Entwicklung Ihres Web-Auftritts

**COSMOS TEC** — Auf Sie zugeschnittene Hardwareprodukte, herstellerübergreifend oder aus unserem Haus

**COSMOS COM** — Telefonanlagen eingebunden in Ihre IT-Infrastruktur

**COSMOS TEACH** — Effektive Schulungen die mit Ihnen zur Lösung führen

**COSMOS PRESS** — Unabhängiger Journalismus

Die Synergien unserer Geschäftsbereiche bieten Ihnen die Möglichkeit, auf ein einzigartiges Wissensnetzwerk zurückzugreifen - Wir entwickeln für Sie Lösungen, die sich an internationalen Standards und marktführenden Herstellern orientieren. Fordern Sie detaillierte Informationen zu unseren Geschäftsfeldern an oder vereinbaren Sie mit uns einen Termin, damit wir Ihnen ein Angebot erstellen können.

## DAS IT-Systemhaus

Cosmos Consulting GmbH   Klenzestr.23   80469 München   Tel.: +49 89 451503 0   Fax: +49 89 451503 800   info@cosmosnet.de